汉字汉语论稿续编

李运富 ◎ 著

中国社会科学出版社

图书在版编目(CIP)数据

汉字汉语论稿续编/李运富著. —北京：中国社会科学出版社，2019.1
ISBN 978-7-5203-3666-6

Ⅰ.①汉… Ⅱ.①李… Ⅲ.①汉语-语言学-文集②汉字-文字学-文集 Ⅳ.①H1-53②H12-53

中国版本图书馆CIP数据核字(2018)第267823号

出 版 人	赵剑英
责任编辑	任 明
责任校对	周 昊
责任印制	李寡寡

出　　版	中国社会科学出版社
社　　址	北京鼓楼西大街甲158号
邮　　编	100720
网　　址	http：//www.csspw.cn
发 行 部	010-84083685
门 市 部	010-84029450
经　　销	新华书店及其他书店
印刷装订	北京君升印刷有限公司
版　　次	2019年1月第1版
印　　次	2019年1月第1次印刷
开　　本	787×1092　1/16
印　　张	41.5
插　　页	2
字　　数	987千字
定　　价	168.00元

凡购买中国社会科学出版社图书，如有质量问题请与本社营销中心联系调换
电话：010-84083683
版权所有　侵权必究

前　　言

2008年，我从2007年底前发表的论文中选出60篇[①]，编为《汉字汉语论稿》，算是对我五十岁前不够成熟的学术历程的一个总结。转眼又过了十年，我已年逾花甲，进入孔子所说的"耳顺"阶段。郑玄注："耳顺，闻其言，而知微旨也。"皇侃疏："但闻其言，即解微旨，是所闻不逆于耳，故曰耳顺也。"闻言知意不是"耳"的生理功能增强了，而是人的阅历经验丰富了。所以说，人过六十，似乎比五十岁更值得回顾和总结。但我回顾的结果，根本达不到"耳顺"的高度，不仅对别人的"微旨"常常把握不准，甚至连自己的"言论"也往往陷入狐疑。

按理说，这次的《汉字汉语论稿续编》应该只收上次文集截止日期之后的，但考虑到上次未收的一些文章有的是因为古文字字形排版困难而割舍的，有的虽然学术价值不是太高却有一定的纪念意义，体现着我的某些特殊学术经历，所以想这次最好把2017年底以前正式刊发的文稿尽量收全。辛苦了我的博士生刘正印和宋丹丹，他们在我提供的目录清单和部分电子底稿的基础上，花了差不多半年时间作补充性搜集、录入和校对，交给我的续编集成稿将近100万字，出乎我的意料。当然其中有几篇是2018年发表的或未出版的，不应在续编范围内，被我首先撤了出来。但剩下的我仍然没有勇气全部收编入集，于是想了个两全的办法，把有些不太合适全文编入的列出篇题作为附录"存目"，既能体现篇目之"全"，又能略微减省篇幅并避免某些失当，还能在必要时起索引作用。"存目"共32篇（分两次或多次连载的按1篇计），大致包括这样几种情况的文章：一是没有找到原刊原文的；二是篇幅太长的；三是基本内容跟入集的别文重复的；四是非专题性的一般综述；五是没有学术内涵也没有特别纪念意义的；六是本人非第一作者的；七是用英文在国外发表的。

《汉字汉语论稿续编》中全文收录的文章共80篇（分两次或多次连载的按1篇计）。这80篇文章大致按内容安排，分为"学术史研究""汉字研究""词汇语义训诂研究""语法修辞研究""综合及其他"五个部分。相关内容的文章写作时间或先或后，某些观点或表述可能不一致，原则上当以时间在后的为准。为了让读者在阅读之前知道文章的写作背景，我们在每篇文章的标题下面脚注本文的原载书刊及出版时间，并根据需要略加说明。所收文章除个别内容表述上有所修改外，一般保持原样，有明显排校错误或用字不当者予以校正，发表时被编辑删改的如有不当也酌情补勘；原文各篇的注释位置作了统一调整，但各篇的注释格式、参考文献格式以及标题序号和例

[①] 有些篇是分上下两次发表的，为了方便阅读，收录时加以整合，所以实际上不止60篇。

句标号等行文方面的格式改起来工作量太大，没有强求统一；早期的一些论文在引文注释方面可能不太符合现在的规范标准，改之或有不尽。另有几篇原文是用繁体字发表的，为了保持原貌，避免繁简转换造成字词关系的不对应，本集收录时仍然使用繁体。

如果说五十岁以前的文章比较偏重语言文字和文献材料的描写和考证，那近十年的研究似乎理论意识更强烈一些。可理论永远难以"至善"，不如材料可以板上钉钉，所以大致说来，我对理论的思考主要是追求"通"，尽量能够自圆其说，而不敢要求"真善美"。按照"通"的标准，自以为在两个领域提出了一些值得关注的说法。一是在文字学领域，提出"汉字研究三平面理论""汉字职用学理论""跨文化汉字研究理论"和"汉字教学理论"等；二是在词汇语义学领域，提出"语义场词项属性分析框架""复合词的来源、词素义分析方法和词汇意义生成方式"以及对"典故词""佛缘词""成语""熟语"等概念和源流问题的重新认识。除了理论方面，本人对汉字汉语的学术研究历史也很感兴趣，论集中关于"古今字"和《说文解字》某些问题的探讨，自己认为还是下了点功夫的。何余华写过一篇总结我学术情况的文章，归纳得比较全面，叫《学史求真，学理求通——李运富教授学术述略》，发表于《文化学刊》2017年第6期"学林人物"专栏，今特附录集末，以便参考。

据说人生可以分为三阶段。出生到二十岁属于成长和学习阶段，二十至六十岁属于为社会做贡献的阶段，六十岁以后则属于享受福利阶段。可我觉得六十岁以前贡献社会的并不多，目前还缺乏安心享受的资本。于是我在临近六十岁时作了一项重大抉择，2016年毅然加盟地处中原的郑州大学，创建了"汉字文明研究中心"。所以最近几年的研究重点转到了文字学领域，这个集子里面的文章跟汉字相关的也比较多些，聊可算作来到郑州大学后的一个小成果吧。"汉字文明研究中心"成立还不到两年，我们规划的研究方向和建设目标很多还刚刚起步，真可谓任重而道远。这种情况下，作为六十岁纪念的结集，《汉字汉语论稿续编》的意义恐怕不完全是"顾后"（以往），还应该有点"瞻前"（未来）才是。希望七十岁出《汉字汉语论稿三编》时，有更多成果是在"汉字文明研究中心"孵化蕴育的，希望七十岁时"汉字文明研究中心"已茁壮成长，"后生可畏"也已成事实，老朽就真的可以安享晚年了。

李运富

2018年4月2日于郑州大学专家公寓

目　录

学术史研究

汉语学术史研究的基本原则 …………………………………………………（3）
异时用字的变化与"古今字"的研究 …………………………………………（9）
早期有关"古今字"的表述用语及材料辨析 ………………………………（14）
论王筠"分别文、累增字"的学术背景与研究意图 ………………………（32）
从"分别文""累增字"与"古今字"的关系看后人对这些术语的
　　误解 ……………………………………………………………………（40）
《说文解字》的析字方法和结构类型非"六书"说 …………………………（50）
"六书"性质及价值的重新认识 ………………………………………………（60）
《说文解字》"含形字"分析
　　——許慎漢字形體分析研究之一 …………………………………（72）
《说文解字》"从某字"分析
　　——許慎漢字形體分析研究之二 …………………………………（90）
汉字"独体""合体"论 ………………………………………………………（107）
"形声相益"新解与"文""字"关系辨正 …………………………………（115）

汉字研究

"汉字学三平面理论"申论 …………………………………………………（127）
论汉字职用的考察与描写 …………………………………………………（142）
"两"字职用演变研究 ………………………………………………………（153）
汉字超语符功能论析 ………………………………………………………（174）
传世文献的改字及其考证 …………………………………………………（189）
汉字的文化阐释 ……………………………………………………………（204）
历史悠久，内涵丰富：中国汉字魅力无限 …………………………………（220）
汉字的历史与现实
　　——专访北京师范大学古代汉语研究所所长李运富 …………（226）

汉字演变的研究应该分为三个系统
　　——《古汉字结构变化研究》是汉字结构系统的
重大研究成果 ································ (234)
汉字结构演变研究的新成果
　　——评张素凤《汉字结构演变史》 ·················· (237)
"异体字"研究也要重视"用"
　　——张青松《〈正字通〉异体字研究》序 ·············· (241)
楚国简帛文字资料综述 ································ (244)
楚国简帛文字研究概观 ································ (255)
考釋出土文字應當重視構形理據 ························ (263)
楚國簡帛文字叢考 ···································· (272)
《楚国简帛文字构形系统研究》后记 ······················ (303)
《汉字学新论》后记 ···································· (306)
《汉字职用研究》前言 ·································· (309)
汉字的构形原理与讲解原则 ······························ (314)
汉字教学的理与法 ···································· (326)
汉字的特点与对外汉字教学 ······························ (330)
汉字教育的泛文化意识 ································ (342)
古代的形體分析方法及其在現代的應用 ·················· (347)
文字不只是语言的代码
　　——领悟《说文解字》的丰富内涵 ·················· (353)
坚守汉字的文化担当 ·································· (355)
第三届汉字与汉字教育国际研讨会学术综述 ·············· (357)

词汇语义训诂研究

论汉语词汇意义系统的分析与描写 ························ (365)
论汉语复合词意义的生成方式 ·························· (376)
论汉语复合词的词素意义 ······························ (391)
佛缘复合词语的俗解异构 ······························ (402)
宋代墓志複音詞來源考察 ······························ (413)
論"典故詞"的詞典處理
　　——以《辭源》"射"字頭爲例 ···················· (428)
论造词用典与言辞用典 ································ (437)
略谈源自佛教的汉语熟语 ······························ (451)
"一丝不挂"多义源流考辨 ······························ (473)

从成语的"误解误用"看汉语词汇的发展 …………………………………（485）
汉语同义词研究大有作为
　　——《〈汉书〉单音节形容词同义关系研究》序 …………………（495）
善学者明其理　善行者推其法
　　——王宁先生新著《训诂学原理》简介 ……………………………（498）

语法修辞研究

数量结构的误用 ……………………………………………………………（503）
《马氏文通》的价值，九十年汉语语法学的不足及其他
　　——全国青年汉语史研究会第二届年会综述 ………………………（504）
《左传》中"吾""我"格表示的分裂条件 …………………………………（508）
《中國古典語法》前言 ………………………………………………………（518）
锐意创新　独具特色
　　——读李维琦先生《修辞学》 ………………………………………（520）
简评宗廷虎先生《中国现代修辞学史》 …………………………………（524）
修辞同义关系的"同"与"异"
　　——序程国煜《〈诗经〉修辞同义词研究》 ………………………（526）
1978—1990年修辞学再度繁荣综述 ………………………………………（531）
80年代修辞学史研究概述 …………………………………………………（536）
关于修辞学的对象和范围研究述评 ………………………………………（540）
修辞现象分类综述 …………………………………………………………（550）
文艺修辞学研究概观 ………………………………………………………（553）
《二十世纪汉语修辞学综观》后记 ………………………………………（562）

综合及其他

当务之急在于全面提高教师的文化素质
　　——21世纪中小学语文教育改革漫议 ………………………………（567）
借古鉴今谈语文阅读教学 …………………………………………………（576）
"语文"的核心是"言语作品" ……………………………………………（581）
《新概念语文·中学文言文读本》前言 …………………………………（584）
《三国演义》导读 …………………………………………………………（586）
《大学语文》序 ……………………………………………………………（598）
《古代汉语教程》前言 ……………………………………………………（600）
《古汉语字词典》前言 ……………………………………………………（602）

《汉字汉语论稿》前言 …………………………………………………（605）
《谢灵运集》前言 ………………………………………………………（608）
《〈吕氏春秋〉精选本》前言 …………………………………………（616）
涌泉之恩述点滴
　　——写在维琦先生论集出版之时 …………………………………（627）
说"和" ……………………………………………………………………（632）
北京市社科规划工作见闻点滴 …………………………………………（634）
全国青年汉语史研究会第二届年会在广州举行 ………………………（636）
肩历史重任，创学术新风
　　——1989年全国青年汉语史研究会首届理事会纪要 ……………（637）
章太炎黄侃研究中心成立 ………………………………………………（638）
继承优秀文化传统　开创现代学术新风
　　——"章太炎黄侃先生纪念会暨国际学术研讨会"综述 …………（639）

附　录

李运富未入集文章存目 …………………………………………………（645）
学史求真，学理求通
　　——李运富教授学术述略 …………………………………………（647）

学术史研究

汉语学术史研究的基本原则[①]

我从大学毕业进入高校教师行列，接触学问已经快30年了。虽然自己取得的成就不大，却有一些切身的体会，愿意借此机会略加阐述，以供后学者借鉴参考。我的体会可以总结为两句话：学史求真，学理求通。这可以看作一切学术研究的基本原则。

做学术研究首先要区分学理与学史。

学理是指某门学科的理论和方法，包括学科应有的论题和内容以及相关的概念、术语、类别、规律、体系等。学理也称为学。黄侃先生说："夫所谓学者，有系统条理，而可以因简驭繁之法也。明其理而得其法，虽字不能遍识，义不能遍晓，亦得谓之学。不得其理与法，虽字书罗胸，亦不得名学。"[②] 可见"学"要有"法"有"理"，"法"指分析现象的方法，"理"指解释现象的理论。学史是指某门学科的研究历史，即已经产生的研究者、研究材料、研究方法、研究过程、研究成果和研究流派等。学史也叫学术史，有泛学术史（如"清代学术史"）、学科学术史（如"中国语言学史"）、分科学术史（如"中国语法学史"）、专题学术史（如"古今字研究史"）等等。学理是开放性的，需要不断地探求和完善；学史是封闭型的，已经产生的学术研究事实无法改变。研究学理的目的是为了分析现象、解释问题、建立学科系统；研究学史的目的是为了推动学术发展而清理家底、奠定基础，以便在新的学术研究中吸取已有的成果、借鉴历史的经验。

由于学理和学史的性质不同，研究目的的不同，因而需要遵循不同的研究原则。研究学理可以从材料和现象出发，提出自己的方法和理论，只要能"通"，就是有价值的，所以研究学理关键在于"求通"。所谓"求通"，是指提出的"学理"要符合逻辑、符合规律、符合科学、符合系统，能有效地分析材料、解释现象、沟通关系。通不通、通的程度如何，是判断一种理论或方法优劣高低的主要标准。限于篇幅，学理求通方面的问题暂且略过，本文下面只谈研究学史的原则，并且只以汉语言文字学史为例。

研究学问是从继承前人的成果开始的，用我的博士生导师王宁先生的话说，就是要"以前人的研究终点作为自己的研究起点"，这样学术才会进步。而要找到前人的研究终点，就得对学术史有所了解，所以可以说研究学术史是从事一切学术研究工作的基础。何九盈先生指出："一个不重视学术史的学科，不可能成为一个好的学科；一个不懂学术史

[①] 本文原载《湖北师范学院学报》（哲学社会科学版）2010年第4期，收入《当代语言学者论治学》，华中师范大学出版社2011年版。

[②] 黄侃讲述，黄焯编定：《文字声韵训诂笔记》，上海古籍出版社1983年版，第2页。

的学人，不可能成为一个健全的学人。"①事实上，我们研究任何课题，包括硕博士生做论文，都首先会测查综述与课题有关的既有成果，这就是专题性的学术史。可见学术史的研究，只要是学者，人人都在做，并不陌生。但我们也发现，对学术史上的许多概念或观点，不同学者往往会有不同的理解，这是不符合"史"的客观性的，值得引起我们注意。学史不同于学理，不能随意构拟，而应该尊重历史事实，坚持"求真"的基本原则。

所谓"求真"，包括三方面的内容：一是求真有，二是求真意，三是求真评。

一　求真有

历史就是事实，有则有，无则无，属于甲则甲，属于乙则乙，先则先，后则后。既不能无中生有，也不能视而不见；既不能张冠李戴，也不能前后颠倒。这就得全面搜集第一手资料，并且资料要真实无误。见到资料再说话，见到什么就说什么，说"有"易，说"无"难，慎作全称判断和初始判断。

例如有人说中国古代没有语法观念，语法学思想是近代才产生的。这就是对中国古代大量的语法研究事实视而不见。不用说唐代孔颖达已经提出"语法"的概念，不用说宋代以后的词类研究特别是虚词研究蔚然成学，单是先秦两汉的语法研究事实就足以证明这个说法是欠慎重的。孔子对"乐正夔一足"的分析，涉及单复句问题。《墨子·小取》对"马四足""马或白"的分析，涉及名词单复数问题。《穀梁传》提出"聚辞""散辞"，分析了语序及句子成分；又提出"缓辞""急辞"，辨析了虚词语用功能。如果这些还嫌不够的话，请看孙良明先生的《中国古代语法学探究》（增订本）②。

再如一般认为把"六书"分为"四体二用"是清代学者戴震的功劳，而其实宋代学者王柏、郑樵等已有此思想，其后元明学者也多有论述，并明确使用了"四体""二用"的术语，可见戴震只是继承了前人的学说，并非此说的始创者。③

二　求真意

前人虽有论述某个问题的事实，但其论点观念如何，当推其本意，正确理解，不可误会，切忌以今律古，强人就己。正如王国维所说："不屈旧以就新，亦不绌新以从旧，然后能得古人之真。"④"得古人之真"就是要求得古人的原意或本意。关于某个问题，人家

---

① 何九盈：《中国现代语言学史散步》，载《中国现代语言学史》（修订本），商务印书馆2008年版，第759—760页。

② 孙良明：《中国古代语法学探究》（增订本），商务印书馆2005年版。

③ 参见张斌、许威汉主编《中国古代语言学资料汇纂·文字学分册》，福建人民出版社1993年版。党怀兴：《宋元明六书学研究》，中国社会科学出版社2003年版。

④ 方麟选编：《王国维文存》，江苏人民出版社2014年版，第716页。

说了什么，是什么意思，这是首先要搞清楚的。至于人家的说法是否正确，是否合乎学理，则属于另外一回事。谈论"学理"的时候，可以不采用甚至批评人家的说法，但如果是介绍、引用或沿用别人的说法，就必须忠实原意，不能有半点篡改和歪曲。这一点说起来容易，真正做到却很难，常有人把自己对学理的认识强加给古人，误解或篡改古人的原意，然后引用来作为自己理论的依据或作为自己批评的对象。结果有的学理可通，而学史不符，有的学史失真，学理亦误。除了强人就己、混淆学史和学理的做法外，以今律古、断章取义、牵强附会、比合异同等原因，也会导致对古人真实原意的误解。所以研究学术史，为了求得古人的"真意"，应该注意如下几点。

第一，全面考察某个人的学术思想。

古人之论述往往简略、零散，分类也常不清晰，所以要正确理解古人原意，真正替古人说话而不是说我们自己的话，那就要结合古人所举的例证以及见于别处的相关材料全面体会，不能按自己的观念去解释，否则就可能误解古人原意，从而篡乱学术史实。

例如王念孙在《读书杂志》中提出"连语"的概念，其表述为："凡连语之字，皆上下同义，不可分训。"有人把其中的"上下同义"理解为一个意义，"不可分训"理解为"不能拆开解释"，所以把"连语"看成复音单纯词。其实，所谓"上下同义"，是指组成连语的前后两个语素意义相同；"不可分训"，是从反面说明"上下同义"，即不能把同义的两个语素分别训解为不同的意义。可见王念孙的"连语"应该是同义并列复合词，而不是单纯词。因为王氏对他所举的23个连语实例都作了拆分讲解，可证"不可分训"的"分"不是指"拆分、分开"。王氏每每指出分开讲解的上下二字"皆某之义"，为"同义之字"，可证"上下同义"是指两个语素意义相同，不是指一个语素、一个意义。王所批评的是把连语的二字分别解释为不同意思，其"分"指的是分别为二义，故云："凡若此者，皆取同义之字而强为区别，求之愈深，失之愈远，所谓大道以多歧亡羊者也。"又说："双声之字，不可分为二义。"如果再联系其子王引之《经义述闻》把"连语"叫作"复语"，并指出："古人训诂，不避重复，往往有平列二字、上下同义者。解者分为二义，反失其指。"就能进一步看清"连语"（复语）上下字之间构词上的"平列"关系和语素上的"同义"关系，绝不能误解为单纯词。[①]

第二，结合学术大背景理解具体问题。

有时，单就某句话而言，容易作出泛时的误解或歧解，其实任何具体的学术问题都是出现在一定的时代，必然跟那个时代的学术大背景一致。注意到这一点，就可避免不符合学术背景的随意解释。

例如唐封演《封氏闻见记》："魏时有李登者，撰《声类》十卷，凡11520字，以五声命字，不立诸部。"《魏书·江式传》："[晋时吕]静别放故左校令李登《声类》之法，作《韵集》五卷，宫商角徵羽各为一篇。"一般认为"不立诸部"是"不设立若干韵部"的意思，推断李登《声类》没有分韵部，仿作的《韵集》也不分韵部。到隋朝陆法言的《切韵》才有韵部。但没有韵部的韵书会是什么样子，不可思议。何久盈先生指出，"诸

---

① 参见李运富《王念孙父子的"连语"观及其训解实践》（上下），《古汉语研究》1990年第4期/1991年第2期。

部"的"部"并不是指"韵部",因为当时的韵部不叫"部"而叫"韵",如《切韵》193韵,字形的"部首"才叫"部",如《说文解字》540部,可见封氏所说的"诸部"是指字形的部首而言,并非指韵部。①原意是说《声类》不像《说文》那样按若干部首来统辖所收的字,而是按照宫商角徵羽五个"声"来归纳各个韵部的字。这跟《切韵》按平、上、去、入四个声调分韵归字的编排体例是基本一致的。

第三,区分异质现象,避免牵合混同。

有些问题相关,古人往往联系论说,所用术语近似类同却缺乏明确界定,因而容易混淆。这时需要将有关材料对比分析,找出相互间的差异,揭示其不同的性质。不宜拘泥字面,牵合混同。

例如古人有"连文""连言""连语""謰语""连绵字""连类"(而及)"并言"等说法,因为字面上都有"并连"之类的意义,今人常混而同之,或以为偏义复词,或以为单纯词。其实,这些名称所指的现象非常复杂,应该加以细致区分。"连文""连言""连语"基本上是指同义词连用和同义并列复合词,强调的是相连两字的"同义";"謰语"是音义关系都结合紧密的复音词,强调的是相连两字的"双声""叠韵""叠音"等语音关系;"连绵字"的范围最宽,只要是两字相连表达一个整体意思的都算,强调的是表义的整体性;"连类"(而及)所连的"类"有的是同类,有的是反类,同类多为人事关联,与构词无关,反类只取偏义,大多发展成"偏义复词";阎若璩的"并言"跟"连类"同,而孔颖达的"并言"却指的是具体语境中两个词语的意义并含在一个词语中,也就是两个相关的词语只出现一个,而省去另一个,所以也叫作"省文"或"省言"。这些名称所指,有的角度不同,范围不同,可能交叉或包含,如"连语""謰语"交叉,而"连绵字"可以包含"连文""连语""謰语";有的则是完全不同的性质,根本无法相容,如"江汉朝宗于海"属"连类"例,是"因其一并及其一",表达中多出了相关的意义项,理解时应该排除,而"大夫不得造车马"属孔颖达的"并言"例,是"从一而省文",表达中少去了相关的意义项,理解时应该增补。②如此复杂的学术史内容,不加细致的考察辨析,仅据字面牵合混同,岂能得"古人之真"?

第四,沿用学术史概念不宜改变内涵。

现代学理研究,可以借鉴和沿用学术史上一些有价值的名称术语,但不应随意改变概念内涵。如果你认为原来的概念内涵是错误的,可以不沿用,而根据需要采用现代的术语或创造新术语。如果使用传统术语,就应该保持古人的原意,这样才能跟历史沟通。

例如前面提到的"连绵字"也作"联绵字",见于宋代张有《复古编》,辨析了58个双音节例词,元代曹本作《续复古编》,收联绵字107个,也都是双音词。他们辨析的都是训诂实践中容易出现错误的词语,并非收录所有联绵字。后来明末朱郁仪编《骈雅》,清末王国维编《联绵字谱》,近人符定一编《联绵字典》,始扩大范围,力求穷尽。从辨析和收编的材料看,古人眼里的"联绵字"应该只是意义关系结合比较紧密因而需要整体理解和应用的"复音体"(有单纯词,有合成词,也有词组或固定结构),可现代人非

---

① 参见何九盈《中国古代语言学史》,北京大学出版社2006年版。
② 参见李运富《论意域项的赘举、偏举与复举》,《中国语文》1998年第2期。

得按照自己的理解把"联绵字"定义为单纯词，然后据以批判古人的"联绵字"举例或收集不合单纯词的标准，真是冤杀古人也。你要研究单纯词就叫"单纯词"好了，为什么一定得挪用古人的"联绵字"来指称单纯词呢？①

又如"古今字"也是个学术史概念，它的内涵是什么，应该以古人的观念为准。古人在文献注释中把同一词语不同时代的不同用字现象用"古今字"或"古字某""今字某"等说法来沟通，可见它原本是训诂术语，目的是告诉读者文献中的某个字相当于另一时代的某个字，因而可以按那个字来理解这个字。古人关注的是不同时代使用的两个字之间具有相同的记词功能，至于这两个字其他方面的属性并非"古今字"所要表述的，所以古今字从别的角度看也可以是异体字、通假字、同源字、正俗字，等等。东汉的郑众、郑玄是较早关注古今字现象的代表，后来的张揖、颜师古、孔颖达，直到清代的段玉裁、王筠等，都沿用这一训诂术语。段玉裁还对郑玄的"古今字"观念作了论述，他在《经韵楼集》中说："凡郑言古今字者，非如《说文解字》谓古文、籀、篆之别，谓古今所用字不同。"在《说文·八部》"余"字注下说："余、予古今字。凡言古今字者，主谓同音，而古用彼今用此，异字。若《礼经》古文用'余一人'，《礼记》用'予一人'。"又《说文·言部》"谊"字注云："凡读经传者，不可不知古今字。古今无定时，周为古则汉为今，汉为古则晋宋为今，随时异用者谓之古今字。"这些认识符合历史真实。同为清代人的王筠承继了郑玄、段玉裁等人的古今字思想，同时从另一角度提出了"分别文""累增字"概念，这两个概念跟"古今字"处于不同学术系统或者说不同的层次，理论上畛域分明，但材料上可能交叉，就是说一组字既可以是古今字关系，也可以是分别文或累增字关系，因为分别文和累增字可以是形成古今字的一条途径，它们是从不同角度立说的，这既不矛盾，也不能相互取代。可是稍后的徐灏却把"分别文"拉到"古今字"系统，当作古今字的一类，认为"凡古今字有二例：一为造字相承，增偏旁；一为载籍古今本也"。② 所谓"造字相承增偏旁"，就是王筠"加偏旁"的"分别文"和"累增字"；所谓"载籍古今本"就是段玉裁的"古今人用字不同"。其实这是对王筠"分别文"的误解，因为王筠的"分别文""累增字"是从文字滋生发展的角度说的，接近于我们今天所说的"分化字"，并不是训诂意义上的用字问题。今人受徐灏的影响，进一步把"古今人用字不同"的本借字、异体字等用字现象排除在"古今字"范围外，因而被承认为"古今字"的就只剩下"母字—分化字"了，训诂学意义上的"古今字"被改造成了文字学意义上的"古今字"，殊不知此"古今字"已非彼"古今字"，既然已经偷换成今人的概念，那为什么还要用古人的名义呢？除了窜乱学术史外，似乎没有别的积极意义。③

---

① 参见李运富《是误解不是挪用——兼谈古今"联绵字"观念上的差异》，《中国语文》1991年第5期。
② ［清］徐灏：《说文解字注笺》，续修四库本，第10页a。
③ 参见李运富《早期有关"古今字"的表述用语及材料辨析》，《励耘学刊》（语言卷）2007年第2辑。又李运富指导的刘琳博士学位论文《段玉裁〈说文解字注〉古今字研究》、苏天运硕士学位论文《张揖〈古今字诂〉研究》、关玲硕士学位论文《颜师古〈汉书注〉古今字研究》。

三　求真评

研究学术史的目的是为了更好地为现实服务，因此在弄清事实、理解原意之后，就应该加以客观评价，确定其历史地位，分析其贡献价值，指出其缺点局限，以便今人借鉴利用。评价上的求真是要出于真心，说出真话，符合真情，这就需要实事求是、客观公允，用历史观在发展中看问题，用主流观从总体上看问题，切忌感情好恶，人为地拔高或贬低。

例如近代国学大师章太炎曾对当时人迷信甲骨文金文提出质疑，他的学生黄侃也没有对甲骨文金文表现出积极的态度，所以有人认为章黄学派学术思想保守，反对新生事物，阻碍学术进步，奉《说文》为圭臬而不容半点批评，等等。其实这样的评价有失公允，因为他们忽略了章太炎提出质疑的出发点，也无视章黄前后态度的转变，更没有根据当时的整个学术背景和章黄的实际学术活动来分析。我们认为，章黄对甲骨文金文的态度跟当时考古学派某些人的学风和人品有关，主要的原因当然是担心材料有假和识字无据，用假的或不可靠的文字来窜乱正统的文字，这是他们难以接受的。但随着考古发掘的科学化和辨伪技术的提高，章黄对甲骨文金文的态度有所转变，特别是黄侃还亲自做了不少的研读。章黄奉《说文》为文字正宗，并不等于墨守而不容批评，事实上章黄自己就纠正过不少《说文》的疏漏，如黄侃认为"句"不当立为部首，而"蜀"则应该立为部首。可见章黄看重《说文》的地位是着眼于总体而言的。从两千年来《说文解字》的权威性看，从传世文献的历史积淀看，从文化体系的完整性看，章黄重视"正统"的学术思想具有一定积极意义，不应该简单否定。[①]

再如对《释名》《文始》等学术专著的评价，也有总体与个别、理论与材料、创始与完善的认识问题。大凡创始性的发明，总会存在欠严密周到的缺陷和个别或少量材料的失误，如果纠缠这些小节，就会觉得这些书不严谨，有不少错误，不值得一提，因而肆意贬低；但其实它们往往开启一个学术新纪元，在学术史上的进步作用和对后世的影响是巨大的，这就要求评论者克服狭隘的眼光和个人的好恶，从创始的高度，从理论方法的高度，全面地总体地看，才能发现这些书的真正价值，才能客观认定它们的学术地位，才能求得评价之真。只有真实的评价才有学术借鉴的意义。

[①] 参见李运富《章太炎黄侃先生的文字学研究》，《古汉语研究》2004年第2期。

异时用字的变化与"古今字"的研究[①]

一 异时用字的变化

汉字是一种自身能够表情达意、又能够记录语言的符号。当汉字记录语言的时候,字符单位与语符单位并非一对一的固定关系,一个字可以记录不同的词,一个词也可以用不同的字来记录。这种同字异词和同词异字的现象,既为汉字的使用带来了方便,也为文本的阅读带来了困难。特别是异时用字的变化,使得汉字汉语的对应关系错综复杂。例如现在用"吃饭"两个字来记录汉语中｛吃饭｝这个词,理解起来没有什么问题。可历史上的"吃"最初是用来记录口吃的｛吃｝,说话结巴义,跟吃饭无关。而吃饭的｛吃｝开始用"喫",后来用过异体字"嚓""嚇",也借用通假字"乞""吃"等,其中通假字"吃"成了现代的规范字。吃饭的｛饭｝本字是"飯",汉代已有草写成"饭"的,前者是古代的主用字形,后者成为现代的规范字形;此外｛饭｝还用过异体字"餘""飪"和通假字"弁""便""辨"等。裘锡圭先生指出:"文字的用法,也就是人们用哪一个字来代表哪一个词的习惯,古今有不少变化。如果某种古代的用字方法已被遗忘,但在某种或某些传世古书里还保存着,就会给阅读古书的人造成麻烦。"[②]

古今用字变化的原因是多方面的,既与语言文字本身的变化有关,也与社会历史文化的因素有关。用字变化可以反映不同时代的用字背景和用字习惯,因此不仅阅读古书需要研究异时用字变化,描写汉字发展史也需要研究异时用字变化。

二 古代学者的"古今字"观念

这种异时用字不同的麻烦古人早就注意到,并且在注释古书中用"古字""今字"或"古今字"等表述加以说明。如:

[①] 本文为国家社会科学基金重大项目(13&ZD129)相关成果,原载《中国社会科学报》2017 年 9 月 5 日,题为《"古今字"研究需厘清概念》,内容有较多删减。现据作者原题原稿收入。又《中国社会科学网》2017 年 9 月 5 日全文转载。

[②] 裘锡圭:《考古发现的秦汉文字资料对于校读古籍的重要性》,《中国社会科学》1980 年第 5 期。

(1)《周礼·夏官》："诸侯之缫斿九就。"郑玄注引郑众："'缫'当为'藻'。'缫',古字也,'藻',今字也,同物同音。"

(2)《礼记·曲礼》："君天下曰天子,朝诸侯、分职授政任功曰予一人。"郑玄注："《觐礼》曰:'伯父实来,余一人嘉之。''余''予',古今字。"

例(1)郑注是说在记录{五彩丝绳}这个词项时,古代用"缫"字而汉代用"藻"字,它们的功能"同物同音"。例(2)的注释说明,在记录{自称}的词项上,时代早的《仪礼》用的是"余",时代晚的《礼记》用的是"予",它们构成"古今字"关系。

古代学者提出"古今字"的主要目的是为了解读文献,通常用大家熟知的"今字"沟通功能相同而比较生僻的"古字"。如：

(3)"故人不耐无乐,乐不耐无形,形而不为道,不耐无乱。"形,声音动静也。耐,古书能字也。后世变之,此独存焉。(《礼记注疏》卷三十九)

(4)"适足以曳君自损也。"善曰：晋灼曰"曳,古贬字也"。(《文选》卷八李善注)

例(3)注指明"耐"是"能"的古字,二者构成古今字关系,文献传抄刊刻过程中古字"耐"多数都被改成今字"能",只有《礼记》保留古代的用字习惯,倘若没有训释者的沟通,便很难建立借字"耐"字与词语{能够}之间的关联。例(4)读者见到"曳"很难理解字形所指的音义,李善引晋灼注认为"曳"是"贬"的古字,意思就明白了。

关于"古今字"的训诂目的和用字实质,清代的段玉裁有非常精准的认识。他的有关论述如下：

《经韵楼集》卷四："凡郑言古今字者,非如《说文解字》谓古文、籀、篆之别,谓古今所用字不同。"

《说文·亼部》"今"字注："古今人用字不同,谓之古今字。"

《说文·八部》"余"字注："余、予古今字。凡言古今字者,主谓同音,而古用彼今用此,异字。若《礼经》古文用'余一人',《礼记》用'予一人'。"

《说文·言部》"谊"字注："凡读经传者,不可不知古今字。古今无定时,周为古则汉为今,汉为古则晋宋为今,随时异用者谓之古今字。"

可见古人所说的"古今字"是个训诂学概念,属于异时用字问题。凡是不同时代的文献记录同一词项而使用了不同的字,都可以叫"古今字"。其要点有三：一是"同物同音",即文献中功能相同,记录的是相同词语；二是"文字不同",使用一组不同的字符来记录同一语言单位；三是使用时代有先后,先"古"后"今"是相对的。

三　现代"古今字"研究的误区

现代"古今字"的研究存在许多问题和不足，主要有以下三个误区。

1. 在"古今字"的性质上，把用字问题误认为造字问题。如前所述，"古今字"是个学术史概念，指的是不同时代使用不同字符记录同一词项的用字现象。可20世纪以来，大多数学者都把"古今字"看作造字现象，典型的说法如："古今字是字形问题，有造字相承的关系。产生在前的称古字，产生在后的称今字。在造字时间上，古今字有先后之分，古今之别。古今字除了'时'这种关系外，还有一个重要的特点，就是古字义项多，而今字只有古字多种意义中的一个，今字或分担古字的引申义，或取代古字的本义。"① 这样的"古今字"也被叫作"分化字"。但实际上"分化字"是单方概念，"古今字"是组概念；"分化字"与"母字"之间音义有别，而"古字"与"今字"必须音义相同；"母字"在单个义项上可以跟"分化字"构成用字层面的"古今字"关系，但构成"古今字"关系的字组并不限于有造字相承关系的"母字"与"分化字"。所以把用字的"古今"关系看作造字的"分化"关系，既不合学理，也不合学史。

2. 在"古今字"的材料上，把不同角度的归属误当成概念纠葛。"古今字"是着眼于时代的先后对同词异字现象的一种表述，它所适用的材料，换个角度也可以同时归属于别的关系。如"線"与"綫"与"线"，从使用的时代先后看，"線—綫""線/綫—线"都可以称为"古今字"；从字词的形义关系看，则"線—綫""綫—线"可以归属"异体字"；从笔画的繁简看，"綫—线"又属于"繁简字"。这种同一对象可以有多种归属的情况，是切换观察角度造成的，是符合思维逻辑的。材料可以同时归属不同类别，并不等于同时归属的不同类别的概念之间有什么交叉纠缠的地方。"綫—线"可以分别归属"古今字""异体字""繁简字"，并不意味着"古今字"包括"异体字""繁简字"，或者"古今字"跟"异体字""繁简字"彼此交叉。事实上，交叉的是材料（多属），就这几个概念而言，它们属于不同的系统，分类角度和标准都不相同，彼此之间并无关系，因而无须作内涵和外延上的关系分辨，当然更不能彼此对立，将材料作是此则非彼的绝对划分。正如张三跟李四从家庭关系说属"夫妻"，从学历关系说可以属"同学"，从籍贯角度说可以属"同乡"，但我们不能说这几组概念彼此包含或交叉，也不能说这几组概念是对立的，张三、李四属于夫妻，就不能属于"同学"，属于"同学"就不能属于"同乡"。遗憾的是，现代人对于"古今字"的研究，主要精力恰恰放在"古今字"跟"异体字""通假字""同源字""繁简字"等等字际关系的辨析上，几乎所有古代汉语教材都有这方面的辨析内容，结果或包含，或交叉，或对立，材料与概念混同，越辨越乱。

3. 在"古今字"的学史评价上，强人就己，误设臧否。由于上述两方面的原因，现代学者往往先入为主地把"古今字"看成"分化字"，并以此为检验是非的标准去评判古人有关"古今字"的论述和材料分析，结果常常出现不符合历史事实的论断。如段玉裁

---

① 参见贾延柱《常用古今字通用字字典》，辽宁人民出版社1988年版，第17页。

有时会把"古今字"的古字称为"假借字"或把今字称为"俗字"等，有人就从概念对立出发，批评段氏判断失误，认为既然说某某是"古今字"，就不能再说它们是"假借字"或"俗字"。其实段玉裁是从不同角度来分析同组材料而已，说它们是"古今字"乃着眼于用字时代的先后，说某个字是"假借字"或"俗字"则是进一步说明某个字的来源或属性；这些概念所处层面不同，解释目的不同，根本就不矛盾。又如有人认为王筠把"古今字"称为"分别文""累增字"，从而促进了"古今字"的科学研究。其实在王筠的著作中这几个术语是并存的，前者指称用字现象，后者指称造字现象，彼此内涵不同，无法相互取代；而现代人将王筠的"古今字"与"分别文"混同起来，强人就己，才有这种违背王筠本意的评价。

四 "古今字"研究的正确方向和学术价值

20世纪以来研究或涉及"古今字"材料的论著（含教材）在300种以上，单篇论文约240篇，内容多属概念争论和字例分析，至今没有对历代注明和列举的古今字材料进行全面汇总，也没有对历代学者有关古今字的学术观点进行系统梳理，致使现代人在论述"古今字"问题时，或误解历史，或无顾历史，把本来属于不同时代用字不同的异字同用现象混淆于孳乳造字形成的文字增繁现象，并且陷于各种概念的辨析泥坑而无法自拔。这种以今律古想当然的学史研究误区亟须拨正。

研究学术史的最高原则是求真。首先要从学术事实出发，在特定的历史背景和学术环境中，准确理解古人的原意，透视"古今字"的真实面貌，这样才能弄清楚现代学者对"古今字"发生误解的根源，进而客观评价"古今字"的学术史意义并发掘其现代研究价值。

笔者主持的国家社会科学基金重大项目"古今字资料库建设及相关专题研究"正是沿着这样的思路进行的。通过对历代注释材料和列举材料的全面搜集和辨析，我们提取到具有"古今"同用关系的字组10000多组，建成"历代注列古今字字组汇编"数据库，围绕"古今字字组"设置"字组关系""语用实例""注列原文""相关研究"等重要参数。以此为基础，对"古今字"学术史进行全面系统的梳理和研究。我们把"古今字"学术史分为四个阶段叙述：唐以前，宋元明，清代，现代。唐以前的"古今字"以解读文献为目的，跟经典的古今版本、经学的古今流派、语言的古今变化等交织杂糅，需要在材料上仔细甄别。宋元明时期，"古今字"不再限于具体文本的解读，比较注重相关字组的类聚，以致常常把同一字符的不同形体也当作"古今字"看待。清代的"古今字"研究进入学理高度，特别注意不同时代用字现象的归纳和同一词项用字行废的分析，基本上超脱了解读文献的实用目的。现代的"古今字"研究偏离了初衷，从用字范畴走向造字范畴，强调形体分化而产生新字的孳乳方式，甚至把没有形体相承关系的用字差异排除在"古今字"之外。这样的"古今字"其实已经不是古人的"古今字"了。

正本清源，还原真实，学术史料才有利用价值。汇编历代注列"古今字"字组和系统描述"古今字"学术史，对现代学术的意义主要有两个方面。

一是理论方面，有助于研究汉字职用演变规律和解释汉字职用现象的理论问题，从而建立"汉字职用史"和"汉字职用学"。因为"古今字"反映了不同时代的用字面貌，汉字的职能和语词的用字为什么会发生变化，变化的结果由哪些因素决定，汉字使用的基本规则和行废规律，汉字职用的分布特点等，都需要历史的描述和理论的阐发。

二是应用方面，古代学者注列的古今字材料，以及对相关材料的考证和解说，有助于扫除古籍阅读中的字词障碍，这正是"古今字"学说原始功能的延续；汉字使用的普遍现象和个性特点也可以帮助整理古籍，包括版本断代、古书改字和用字转换等；"古今字"所沟通的字词关系是大量的，厘清每个字的记词历史和每个词的用字历史，使每个字符的形跟每个语符的音义建立符合实际的确定性联系，字典词书的编撰和修订就有了丰富而坚实的材料依据，这是"古今字"研究更重要的应用价值。

早期有关"古今字"的表述用语及材料辨析[①]

一

关于"古今字",现代人有两种看法:一种认为是历时文献中记录同词同义而先后使用了不同形体的一组字,先使用的叫古字,后使用的叫今字,合称古今字;另一种认为是为了区别记录功能而以原来的某个多功能字为基础分化出新字的现象,原来的母字叫古字,后来分化的新字叫今字,合称古今字。这两种观点从字例来说,前者包括后者,即凡具有分化关系的一组字往往也具有先后同用关系,因而都可以属于古今字;但古今字绝不限于具有形体分化关系的字,而且形体分化的古今关系跟汉字使用的古今关系有时并不一致,所以从理论来说,它们属于两个不同的学术系统,前者意在沟通文献中不同用字的相同功能,以便正确解读文献,属于训诂学的范畴;后者意在探讨汉字孳乳演变的原因,以便描写汉字发展繁衍的规律,属于汉字学的范畴。

历史地看,"古今字"是传统训诂家们在注解文献时提出的一个概念,其内涵跟现代人的第一种观点基本相符。现代人的第二种观点实际上跟传统的"古今字"不是一回事,为了避免混淆,在阐述第二种观点所指的文字分化现象时,最好不要使用"古今字"这个具有训诂意义的概念,更不能以今律古,把古代注释家所标注的"古今字"都看成母字与分化字。关于这些思想,已经有很多学者从不同角度进行过不同程度的论述,如裘锡圭[1]、蒋绍愚[2]、王宁[3]、陆锡兴[4]、杨润陆[5]、龚嘉镇[6]、刘新春[7]、孙雍长[8]等,著作检查即见,毋庸赘引。

当我们把"古今字"还原为传统的训诂学概念后,研究的重点就在训诂学家们是如何认识古今字的,这属于学术史的范畴。我们一贯强调,学理求通,学史求真。那么,"古今字"的学史之"真"已经求到了吗?综观今人的各种论述,检核古人的各种材料,我们觉得,有关"古今字"的某些结论和评价恐怕并不符合学术史的真实,或者存在一定的疑问,还有许多值得进一步讨论的地方。限于篇幅,本文只就早期有关"古今字"的表述用语及材料进行若干辨析。

[①] 本文原载《励耘学刊》(语言卷)2007年第2辑(总第6辑),学苑出版社2008年版。

二

就目前材料来看，东汉初期的郑众（？—83）就已经具有"古今字"的观念。这一点刘新春（2003）早已指出："郑众已经充分意识到经籍中存在古今字的现象，只是他还没有使用'古今字'这个术语。在训诂实践中郑众对古今字已经有了清醒的认识。"他举的例子有：《周礼·饎人》："饎人：奄二人，女饎八人，奚四十人。"郑玄注引郑司农（郑众官任司农，故称郑司农）云："故书饎作糦。"《周礼·宗伯》："小宗伯之职，掌建国之神位，右社稷，左宗庙。"郑司农云："立读为位，古者立、位同字，古文《春秋经》'公即位'为'公即立'。"《周礼·宗伯》："凡国之大事治其礼仪以佐宗伯"，郑司农云："义读为仪，古者书仪但为义，今时所谓义为谊。"据此刘氏总结说："从中我们可以看出郑众对古今异字现象已经有了自己的看法，他所说的'古文某，今作某''故书某作某'实际上就是古今字，只是他没有运用这一术语罢了。"

今按，刘新春所举各例引用郑玄的注释不完整，导致其中郑司农的注跟原文用字对不上号，如原文并没有"立"字、"义"字，可郑司农的注却有针对"立"和"义"的。为了正确理解这几个注例跟"古今字"的关系，我们根据阮元校勘本《十三经注疏》[①]把它们补引如下：

（1）《周礼注疏》卷九："饎人：奄二人，女饎八人，奚四十人。"郑玄注："郑司农云：饎人，主炊官也。《特牲·馈食礼》曰'主妇视饎爨'。故书'饎'作'糦'"。（701）

（2）《周礼注疏》卷十九："小宗伯之职，掌建国之神位，右社稷，左宗庙。"郑玄注："故书'位'作'立'。郑司农云：'立'读为'位'，古者'立''位'同字，古文《春秋经》'公即位'为'公即立'。"（766）

（3）《周礼注疏》卷十九："凡国之大事，治其礼仪以佐宗伯。"郑玄注："故书'仪'为'义'。郑司农云：'义'读为'仪'。古者书'仪'但为'义'，今时所谓'义'为'谊'。"（770）

从上述引例可见，刘新春除了所引注文跟原文不能对应外，还存在其他方面的问题。首先，他说郑司农"所说的'古文某，今作某''故书某作某'实际上就是古今字"，但郑司农并没有"古文某，今作某"这样的表述，是为无中生有。其次，他说"'故书某作某'实际上就是古今字"，也很不准确，实际上"故书某作某"主要是个校勘术语，指的是不同版本之间的文字差异，不等于"古今字"（详见后文论证）。第三，他为郑司农"没有使用'古今字'这一术语"感到遗憾，而把"古文某今作某""故书某作某"看作

[①] 阮元校勘《十三经注疏·附校勘记》，中华书局影印 1979 年版。本文所引各种注释材料皆据本书，括号内的数字为本书页码。

郑司农表述古今字的术语，说明他没有真正理解郑司农的古今字思想，忽略了郑司农表述古今字关系的真正"术语"和典型材料。当然，说"术语"未必够格，最好是说"表述用语"，这里权且沿用刘新春的说法，也是一般的说法。其实，古人对古今字现象的表述不限于"古今字"这一典型术语，绝大多数情况下是用古、今用字对举（包括暗含对举）的类似表述来指称的，这些古、今对举的表述如果确实指古今字现象，就应该算是古今字的术语。在上述三个引例中，如果说"故书'饎'作'饋'"可以看作版本校勘术语的话，那"古者'立''位'同字"和"古者书'仪'但为'义'，今时所谓'义'为'谊'"的表述倒是应该看作古今字用语的。所谓"古者'立''位'同字"，即都用"立"字，意味着今字"立""位"分用，那么在"wei"（位置）这个词项上，古用"立"今用"位"，构成古今字。"书'仪'"的"书"不同于"故书"的"书"，后者指书本，前者指书写，文本中写哪个字，实际上就是用哪个字。所以"古者书'仪'但为'义'"意思是今天用"仪"字表示的词项古代文献用没有"亻"旁的"义"字表示；"今时所谓'义'为'谊'"意思是今天用"义"字表示的词项古代文献用"谊"字表示。其中揭示了古"义"今"仪"、古"谊"今"义"两组古今字关系。

当然，仅靠这两条材料，是难以说明"在训诂实践中郑众对古今字已经有了清醒的认识"的。实际上除了刘新春提到的这两条材料外，郑司农对于古今字还有更多的注释沟通，其中不乏典型的表述用语和明确的内涵界定。今补充如下：

（4）《周礼注疏》卷十九："凡师不功，则助牵主车。"郑玄注："故书功为工。郑司农'工'读为'功'，古者'工'与'功'同字。"（770）

（5）《周礼注疏》卷三十二："诸侯之缫斿九就，瑉玉三采，其馀如王之事，缫斿皆就，玉瑱玉笄。"郑玄注："……。缫斿皆就，皆三采也。每缫九成，则九斿也。公之冕用玉百六十二。玉瑱，塞耳者。故书'瑉'作'璑'。郑司农云：'缫'当为'藻'。'缫'，古字也，'藻'，今字也，同物同音。'璑'，恶玉名。"（854）

（6）《周礼注疏》卷五："辨四饮之物：一曰清，二曰醫，三曰浆，四曰酏。"郑玄注："郑司农说以《内则》曰：'饮，重醴，稻醴，清糟，黍醴，清糟，粱醴，清糟。或以酏为醴，浆、水、臆。'《周礼·酒正》'后致饮于宾客之礼'有'醫、酏、糟'。糟音声与酏相似，醫与臆亦相似，文字不同，记之者各异耳，此皆一物。"（669）

（7）《周礼注疏》卷二十六："史以书叙昭穆之俎簋。"郑玄注："故书'簋'或为'九'。郑司农云：'九'读为'轨'。书亦或为'簋'，古文也。"（818）

例（4）跟例（2）一样，"古者'工'与'功'同字"，意思是现代的"功"古代也用"工"表示，"工""功"构成古今字关系。

例（5）是郑玄在对整段文字作过解释并指出"故书'瑉'作'璑'"后，才引用郑司农的话，那么按理后面都应该是郑司农说的。特别是最后"璑，恶玉名"，显然是郑司农对"故书"中的"璑"所作的解释，郑玄的本子没有"璑"字，当然不会对"璑"字加以解释。所以可以确认这段话是郑司农说的，那其中"缫，古字也；藻，今字也"

这样典型的古今字术语就属于他的发明，特别是"同物同音"也就是"同义同音"的表述更进而揭示了古今字概念的实质。

例（6）的注释语中没有"古""今"字样，但对照例（5）的表述，我们可以判断这里也是在分析古今字关系。即《周礼》用"糟"，《礼记》用"蒩"；《周礼》用"醫"，《礼记》用"臆"。它们音声"相似"，义"皆一物"，但"文字不同"，故"记之者各异"，这种"异"有时代先后之别，所以构成古今字关系。阮元校勘记引段玉裁《周礼汉读考》云："今《内则》'蒩'作'糟'，疑是用《周礼》改也。司农云'糟音声与蒩相似'，谓之相似，则非一字也。'蒩'之本义当是艸类，从艸酒声，故沈重音子由反。'糟'，曹声，古读如摯。同在第三部。'糟'是正字，'蒩'是假借字。……'醫'是正字，'臆'是假借字。今本《内则》作醷者，俗制也。"可见这是由本字和通假字构成的古今字。

例（7）有点复杂。按照现在的引文，我们可以推知，郑玄所据的版本作"簋"，郑司农所据的"故书"版本作"几"，同时他看到有的版本作"簋"。郑司农认为，"几"应该读为"轨"，而作"簋"的是"古文"。那这"古文"指什么呢？有两种可能。一是指用字关系，即"轨"为今字，"簋"为古字。但似不符合用字实际，因为在俎簋的意义上先秦多借用"轨"字，后来才通用"簋"字。如出土的战国晚期的"轨敦"就自铭"轨"字。《仪礼》"宰夫设黍稷六簋于俎西"郑玄注："古文簋皆作轨。"二是指"古文"版本，即郑司农的注本作"几"，他在注释"几"的时候，说明有的书作"簋"，这个"书"应是泛指郑司农当时能见到的各种版本，大概嫌"书亦或为"太泛，故又进一步指出作"簋"的书就是"古文"版本。当然，由于《周礼》只有古文学派，所以这个"古文"不可能指学派版本，只能指版本的时代性而言，"古文"版本相当于"旧版本"（说详后文）。这样虽然勉强可通，但《周礼》注中"书亦或为某"出现30余次，其他都不再具体说明版本情况，为何独有此例需要说明作"簋"的是"古文"版本呢？可见这两种理解都有困难。阮元校勘记引段玉裁《周礼汉读考》云：原文"簋"当作"轨"。郑注当作："故书轨或为九。郑司农云：'九读为轨。书亦或为轨，簋古文也。'""'簋古文也'四字句绝，谓此'轨'字乃'簋'之古文。不径易'九'为'轨'者，'簋'，秦时小篆必从周人作'轨'也。"按照段玉裁的校改，则"轨"为古文，"簋"为今文，指的就不是版本问题，而是客观存在的古今字关系了。虽然"簋古文也"不太符合郑玄注释古今字的习用格式"某，古文某也"（例见下文），但这毕竟是郑司农的注释，不必跟郑玄强求一致。郑司农在"书亦或为某"后，常常对"某"作进一步解释，所以这里指出"书亦或为轨"的"轨"是"簋"的古字，当按"簋"字理解。

从以上所引郑司农确认的古今字材料和有关表述可以看出，他所谓古今字应该具备五个条件：1. 同义（"同物""一物"）；2. 同音（"同音""音声相似"）；3. 不同字（"文字不同"）；4. 使用时代有先后（"记之者各异"）；5. 属于通行的文字现象。概括起来可以说，古今字是指不同时代记录同一词项所常用的不同字。

三

比郑众晚百年左右的郑玄（127—200），在郑众的基础上，对古今字的认识无疑会有所进步。正如大家所津津乐道的，是郑玄首先使用了"古今字"这个表示字组关系的术语，其注例如下：

（1）《礼记·曲礼下》："君天下曰天子，朝诸侯、分职授政任功曰予一人。"郑玄注："《觐礼》曰：'伯父实来，余一人嘉之。''余''予'，古今字。"（1260）

就是说，在表达第一人称代词"yu"这个词项上，《仪礼·觐礼》用"余"，《礼记·曲礼》用"予"，它们具有先后关系，所以是"古今字"。

但实际上，郑玄的这条注释材料是有疑问的，需要加以说明才能成立。

问题首先出在引例上。郑玄用《仪礼》作"余"、《礼记》作"予"来证明"余予古今字"，但查中华书局影印阮元校勘本《十三经注疏》，其《仪礼注疏·觐礼第十》原文为："天子曰：非他。伯父实来，予一人嘉之；伯父其入，予一人将受之。"（1089）明明用"予"，跟《礼记·曲礼》中的"予"一致，怎么能证明"余、予古今字"的关系呢？是否刻印错误或版本不同？可阮元在此并没有提出校勘，而且遍查其他版本的《仪礼》，也全都作"予一人"，没有作"余一人"的①，甚至其他语句中表"我"意义的字也全都作"予"，没有作"余"的。《礼记·曲礼下》"予一人"的郑玄注虽引《觐礼》"余一人嘉之"，但孔颖达的正义却引作"予"："知摈者之辞者，以《觐礼》云：摈者曰：'伯父实来，予一人嘉之。'此经亦称'予一人'，故知摈者辞。"（1260）尽管孔颖达未对郑玄引文的差异作出说明，但我们相信他看到的《仪礼》版本是不作"余"的，所以才会不照录郑玄的引文。因此，我们只能推断《仪礼·觐礼》本来就是用"予"，郑玄的引文缺乏依据。

段玉裁也似乎发现了这个引文问题，在《说文解字注》八部"余"字下说："余、予古今字。……若《礼经》古文用'余一人'，《礼记》用'予一人'。"在予部"予"字下说："予我之予，《仪礼》古文、《左氏》皆作'余'。郑曰：余、予古今字。"他的意思是，《仪礼》的"古文"版本用"余"，跟我们今天看到的版本用"予"者不同，而郑玄引用的正是"古文"版本。《仪礼》确实有古文版本和今文版本的不同，但如果古文版本作"余"而今文版本作"予"的话，郑玄的《仪礼》注是应该会说明的。例如《仪礼·觐礼》"尚左"注："古文尚作上。""四傳摈"注："古文傳作傅。"就以本句"伯父實来，予一人嘉之"而言，郑玄的注中特别说明"今文實作寔，嘉作贺"，如果"予"

---

① 如丛书集成本《仪礼（附校录）》（中华书局1985年影印，底本为士礼居丛书本），作"予一人"。卢文弨辑《仪礼注疏详校》（丛书集成本，中华书局1985年影印）这句话未出校，说明他所见的本子都作"予一人"。四部丛刊本也作"予一人"。

"余"有今文、古文的版本差异，郑玄注为何只说明"實""嘉"二字的版本差异却不指出"予"字有今古文的不同呢？这里不仅郑玄的注没有涉及"予"字有作"余"字者，贾公彦的疏也没有就"予"的使用发表看法，而实际上贾公彦是非常注意郑玄关于《仪礼》"古文""今文"版本的注释体例的。例如《仪礼·丧服》"冠六升""衰三升"郑玄注："布八十缕为升，升字当为登。登，成也。今之《礼》皆以登为升，俗误已行久矣。"《仪礼注疏》卷二十八贾公彦疏："云'今之《礼》皆以登为升，俗误已行久矣'者，案郑注《仪礼》之时，古今二《礼》并观，叠古文者，则从经今文，若叠今文者，则从经古文。今此注而云'今之《礼》皆以登为升'，与诸注不同，则今古《礼》皆作升字，俗误已行久矣也。若然，《论语》云'新谷既升'，升亦训为成。今从登不从升者，凡织纴之法，皆缕缕相登上乃成缯布，登义强于升，故从登也。"（1098）意思是，如果古文、今文两家版本用字有不同，郑玄综合的版本取今文的话，就在注里指出古文作某，取古文的话，也在注里指出今文作某。这里古文版本、今文版本都作"升"，而郑玄从意义分析认为今文版本应该作"登"，只是因为"俗误"才形成现在的样子。连这种版本讹误混同的情况郑注和贾疏都加以说明，如果《仪礼》的"予一人"是从今文而古文版本作"余一人"的话，那郑玄的注是一定会"叠出"的，否则就不合他的注释体例；如果真的不合体例，贾疏也不会轻易放过，一定会在疏中指出来。可《仪礼》的郑玄注和贾公彦疏都没有提及"予"有作"余"者，那就只能说明《仪礼》的古文和今文在"予"的使用上没有差异。段玉裁想用"古文"来掩盖郑玄的失误是徒劳的。

  既然《仪礼》中的第一人称代词确实不用"余"字而用"予"字，跟《礼记》一样，没有古今用字的差别，那么如果执着于这两部书的话，就会推不出"余予古今字"的结论。怎么看待郑玄的这个失误呢？我们认为，这只是郑玄引例的偶然失察，并不影响他对"余、予古今字"性质的判定，因为在更广泛的古代文献中，"余、予"确实具有前后用字不同的现象。例如十三经，除《周易》没有"余""予"二字外，《尚书》《诗经》《论语》《孟子》《三礼》《公羊传》《穀梁传》的第一人称代词都用"予"而不用"余"①，《左传》的第一人称代词则用"余"而不用"予"。所以如果从《尚书》《诗经》等早期文献与《左传》的用字看，可以说"予、余古今字"；以《左传》为古，以晚于《左传》的书本为今的话，也可以说"余、予古今字"；而且，汉代以后又习用"余"字，这样《孟子》《公羊传》等战国文献跟汉代文献又回到"予"古"余"今了。甚至唐朝以后，"余""予"混用，而"予"有时多于"余"，反又成了"余"古"予"今。这种随时异用、古今不定的现象正好说明郑玄对"余、予"古今字关系的认识是从总体的用字习惯着眼的，只要求有相对的时间差，至于谁先谁后，具体什么时限，哪本书跟哪本书不同等，并不太拘泥。郑玄甚至认为，有的古字和今字可以在同一时代、同一版本中出现，也不影响它们在通行性上的古今关系，例如《礼记·礼运》"故圣人耐以天下为一家"郑玄注："耐，古'能'字，传书世异，古字时有存焉，则亦有今误矣。"（1422）在通行今字的时代，"古字时有存焉"，可见对古今字的时代差异不必抠死。郑玄虽然没

---

  ① 《诗经·谷风》有"伊余来墍"一例，马瑞辰《毛诗传笺通释》原文注文皆作"予"，因而可疑。《孟子》引用"书曰'洚水警余'"，但传世《尚书》本作"洚水警予"，也可疑。

有对"予""余"的具体使用情况调查清楚，但他感觉从普遍的用字现象来说，"余、予"具有古今对应的关系，因而认定它们是古今字，所以就凭印象随便举了个例子，没想到这个例子恰好举错了。但即使《仪礼》中没有我义的"余"字，也不影响他对"余、予古今字"关系的判定。其实"余、予古今字"包含"予、余古今字"的意思，并不一定"余"古"予"今，"余"字也不一定非要出于《仪礼》，就郑玄当时的用字情况看，应该是"予"为古字，"余"为今字。正因为"余、予"的古今关系变动不居，所以郑玄、孔颖达、段玉裁的说法会不一致，引例也常出现差错。例如孔颖达在《礼记·玉藻》"凡自称，天子曰予一人"的疏证里说："'凡自称，天子曰予一人'者，按《曲礼下》云天子曰'余一人'，予、余不同者，郑注《曲礼》云：'余、予古今字耳。'盖古称予，今称余，其义同。"(1485)《曲礼下》明明作"予一人"，郑玄注也正是针对"予"字而言的，孔氏却误引作"余一人"；段氏以"余"为古字，"予"为今字，而孔氏却说"古称予，今称余"，两人相反。由此可见，郑玄的偶然失误也并非不可谅解。

孔颖达说"盖古称予，今称余，其义同"，表述"予""余"的关系用"称"而不用"文"或"字"，就是说，"余""予"的不同，是称谓的不同，而不是用字的不同。这就把郑玄的"古今字"理解成了"古今语"，从而引出"余、予古今字"表述的第二个疑问："余""予"究竟是古今字关系还是古今语关系？

其实产生这个疑问的并不止孔颖达一人，与他同时的颜师古也不同意把"余、予"看作古今字。其《匡谬正俗》①卷三云：

> 予，郑玄注《曲礼下篇》："予，古余字。"因郑此说，近代学者遂皆读予为余。案《尔雅》云："卬、吾、台、予、朕、身、甫、余、言，我也。"此则"予"之与"余"义皆训我，明非同字。许慎《说文》："予，相推予也。""余，词之舒也。"既各有音义，本非古今字别。《诗》云："迨天之未阴雨，彻彼桑土，绸缪牖户。今女下民，或敢侮予。"……《楚辞》云："帝子降兮北渚，目眇眇兮愁予。袅袅兮秋风，洞庭波兮木叶下。"……历观词赋"予"无"余"音。若以《书》云"予一人"，《礼》曰"余一人"，便欲通之以古今字，至如《夏书》云"非台小子，敢行称乱"，岂得便言"台、余"古今字耶？邶《诗》云"人涉卬否，卬须我友"，岂得又言"卬、我"古今字乎？

颜氏所引郑玄注"予，古余字"虽跟郑玄注原文"余、予古今字"的表述字面不符，但意思并不违背，因为如前所论，郑玄说"余、予古今字"其实是包括"予、余古今字"的。不过，颜师古并不承认"余、予"属于"古今字"关系，所以对郑玄的注提出了批评。颜师古对"古今字"可能有自己的认识，其是非优劣当另文讨论。这里要说的是，他拿来批评郑玄"余、予古今字"的理由其实并不很充分。第一，郑玄没有说过"古今字"必须原本"同字（词）"，古今字属于用字现象，构造上同音同义的异体字可以形成古今字，本来"各有音义"的字由于固定的兼用或借用习惯也可以在某个意义上构成古

---

① 丛书集成初编本《匡谬正俗》，中华书局1985年版，第24页。

今字关系，因此"余、予"作为古今字不仅可以在使用上"义皆训我"，而且可以在结构上"各有音义"，颜氏引《尔雅》《说文》来证明余、予"本非古今字别"是牵强的。第二，颜引《诗经》和《楚辞》的用韵只证明"予"读上声，难以证明"予"无"余"音。"予""余"的上古音按现在的标准都是喻四、鱼部，差别仅在于声调的一上一平。况且，"予""余"表示第一人称代词的意义时都属于借用（也可以看作音符构字），而文字借用是允许读音相近的。所以"古今字"虽然要求"同物同音"，但"同物（义）"是绝对的，而"同音"却是相对的，可以包括"音声相似"的情况，所以不宜抠得太死：只要使用中记录的是同一个词项就行，既然用字时代不同，读音稍有差异是合乎情理的。正因为使用中记录的是同一词项，即使认定它们在这个意义上同音也是可行的，所以"近代学者遂皆读予（我义）为余"，如《周礼》陆德明音义："予一人，依字音羊汝反，郑云'余、予古今字'，则同音馀。"这是比较圆通的处理办法，是不应该遭到非议的。第三，颜氏以"台、余""卬、我"等古今语作比较，否定"余、予"的古今字性质，实有抬杠之嫌，因为前者的语音差别比后者大得多（台，之部；卬，阳部；我，歌部；而予、余皆在鱼部），它们之间缺乏可比性。总之，颜师古把自己的古今字观强加于郑玄，或有不合则加批评，这不符合历史辩证法。相对来说，在对待"余予古今字"的问题上，还是段玉裁的理解比较切合郑玄的实际："凡言古今字者，主谓同音，而古用彼今用此，异字。……余、予本异字异义，非谓予、余本即一字也。颜师古《匡谬正俗》不达斯恉，且又以予上声、余平声为分别，又不知古音平上不甚区分，重悂貤缪。"①

"余、予"的随时异用、古今不定，也说明它们确实是"古今字"关系，而不是"古今语"关系。因为古今语的不同通常是不可逆转的，很难想象有了新的词语，还会反复交替地使用旧词语。语言是不断向前发展的，而文字的使用却是有习惯的。颜师古、孔颖达把文献中交替出现的"余、予"看成古今语，既不符合语言发展的规律，也不会符合郑玄的本意。

其实，郑玄（包括郑司农）对古今字和古今语的区别是有明确认识的，这从他们的注释用语和表述方式上可以看出来。郑玄等注释"古今语"时，除了"某，某也"等一般方式外，也标明"古"或"今"，并用"名""谓""称""曰"等配合说明，但整个注释语绝不出现"文""字"或"书"等表明文字性质的字眼。例如：

《周礼注疏》卷一"大府"郑玄注："大府，为王治藏之长，若今司农矣。"（642）

《周礼注疏》卷四"职外内饔之爨亨煮"郑玄注："爨，今之竈。"（662）

《周礼注疏》卷五"四曰酏"郑玄注："酏，今之粥。"（669）

《周礼注疏》卷九"囿人"郑玄注："囿，今之苑。"（700）

《周礼注疏》卷十二"置其絼"郑玄注引郑司农云："絼，著牛鼻绳，所以牵牛者。今时谓之雉，与古者名同。"（720）

《周礼注疏》卷十二"为畿封而树之"郑玄注："畿上有封，若今时界矣。"

---

① 参见段玉裁《说文解字·八部》"余"字注，上海古籍出版社1981年版，第49页。

(720)

《周礼注疏》卷二十八"司甲"郑玄注："甲，今之铠也。"（832）

《仪礼注疏》卷二十四"百名以上书于策"郑玄注："名，书文也，今谓之字。"贾公彦疏："郑注《论语》亦云'古者曰名，今世曰字。'"（1072）

以上"大府/司农""爨/竈""酏/粥""囿/苑""緌/雉""封/界""甲/铠""名/字"各组名词或单音，或复音，分别表达的都是同一事物，可语音上差别很大，各自都是不同的词语，郑司农所谓"今时谓之雉，与古者名同"措辞不准确，其实并非指名称相同，而是说所指的事物相同。这些不同的词语具有古今对应关系，注释家就利用这种对应关系以今释古，帮助现代人理解古代的词语。对此，贾公彦的疏有很多精当的说明。如"爨"之于"竈"，贾公彦疏："云'爨，今之竈'者，《周礼》《仪礼》皆言'爨'，《论语》王孙贾云'宁媚于竈'，《礼记·祭法》'天子七祀'之中亦言'竈'，若然，自孔子已后皆言'竈'，故郑言'爨，今之竈'。""囿"之于"苑"，贾公彦疏："此据汉法以况古。古谓之囿，汉家谓之苑。"表达同一事物而古今使用不同的名称，这是语言变化的结果（包括事物本身的变化而引起语言变化的情况），跟文字的使用无关。所以这类古今对应的词语可以叫作"古今语"，而不属于"古今字"。郑玄等注释"古今语"时决不使用"文""字"或"书"来表述，这种几乎没有例外的注释表述特点，正说明郑玄对"古今语"（同一事物的名称不同）和"古今字"（同一词语的用字不同）的区别是有清醒认识的，因而他所说的"余予古今字"既然称之为"字"，就一定是指同一词项的古今用字不同，而不是像孔颖达、颜师古等所理解的同一事物的古今用语不同。

总之，我们认为郑玄把"余""予"看成"古今字"，跟郑众的古今字思想是一致的，因为它们在记录第一人称代词时同音（音声相似）、同义，而且是不同时代所使用的不同字。有了这些条件，也就符合郑众的古今字标准了。

由于"古今字"这个术语是郑玄首先使用的，所以不少人把郑玄看作揭示古今字现象的发明人，这是混同"术语"与"现象"的结果，不符合学术史的研究实际。刘新春（2003）虽然看到郑玄之前的郑众"对古今字已经有了清醒的认识"，但他也十分看重"古今字"这一术语，不仅为郑众"还没有使用'古今字'这个术语"感到遗憾，而且盛赞郑玄"使用了'古今字'这一术语，并在自己的训诂实践中运用它来解释书中文字的古今异用现象"。实际上，遍注群经的郑玄就只使用过上面引述的这一次"古今字"术语，并没有"在自己的训诂实践中运用它（按，应指'古今字'术语）来解释书中文字的古今异用现象"。郑玄对"书中文字的古今异用现象"的说明除了使用过这一次"古今字"外，大多是继承郑众古字、今字对举或分言的表述方式，当然也还使用过一些别的表述方式，其实并无固定的"术语"。例如：

（2）《周礼注疏》卷四十："终日驰骋，左不楗。"郑玄注："杜子春云：'楗读为蹇。……书楗或作券。'玄谓：'券'，今'倦'字也。"（914）

（3）《诗·小雅·鹿鸣》："视民不恌，君子是则是效。"郑玄笺："'视'，古

'示'字也。"（406）

（4）《礼记·曲礼上》："幼子常视毋诳。"郑玄注："'视'，今之'示'字。"（1234）

（5）《周礼注疏》卷二十五："乃舍萌于四方。"郑玄注："……玄谓'舍'读为'释'，'舍萌'犹'释菜①'也。古书'释菜''释奠'多作'舍'字。"（808）

（6）《礼记·礼运》："故圣人耐以天下为一家。"郑玄注："耐，古'能'字，传书世异，古字时有存者，则亦有今误矣。"（1422）

上述例（2）"玄谓：券，今倦字也"意思是说，古"书或作券"的"券"字相当于汉代（今）的"倦"字，古今用字不同而已。例（3）说"视，古示字也"，例（4）说"视，今之示字"，同一个"视"，或言"古示字"，或言"今之示字"，看似不严密，但仔细思辨，其实也不相混，关键在"之"的有无。无"之"，"示"不属"古"，"古示字"意谓古书中表达今"示"义的字。有"之"，"示"即属"今"，"今之示字"意谓相当于现代的"示"字。后"之"虽可省，而前"之"不可增。《礼记正义》曰："古者观视于物，及以物视人，则皆作示傍著见；后世已来，观视于物，作示傍著见，以物示人单作示字。故郑注经中视字者，是今之以物示人之示也。是举今以辨古。"例（5）说"古书'释菜''释奠'多作'舍'字"，意思是今天"释菜""释奠"的"释"在古书中多用"舍"字记录，这不是具体版本的校勘，也是就用字现象而言。例（6）"耐，古'能'字"是说"耐"是古代用来表示今天"能"词项的字。"释"与"舍"、"耐"与"能"古代同音或音近，可以通假使用，都构成古今字关系。

郑玄表示古今字关系最常用的说法是"某，古文某"，例如：

（7）《周礼注疏》卷二十六"以志日月星辰之变动"郑玄注："志，古文识。识，记也。"（819）

（8）《周礼注疏》卷四十一"衡四寸"郑玄注："衡，古文横，假借字也。"（923）

（9）《周礼注疏》卷四十一"以其笴厚为之羽深"郑玄注："笴，读为稾，谓矢干。古文假借字。"②（924）

（10）《周礼注疏》卷四十一"置槷以县，视以景"郑玄注："故书槷或作弋。杜子春云：'槷当为弋，读为弋。'玄谓：槷，古文臬，假借字。"（927）

（11）《周礼注疏》卷四十二"宽缓以荼"郑玄注："荼，古文舒，假借字。"（937）

---

① "释菜"原作"释采"，此据阮元校勘记改。

② 阮刻本"笴"原作"笴"。校记云："唐石经诸本同误也。《汉读考》笴作笴，注及下凡相笴同。云：矢干曰稾，曲竹捕鱼曰笴，萧豪尤侯合音最近，故易字而云笴者，古文假借字。若如今经作笴，本训矢干，何必易为稾云古文假借乎？"

所谓"志，古文识"，意思是："志"是古代文献中表示"识记"这个词项常用的字符。显然这已经不是具体的版本校勘工作，而是用字现象的归纳。所以贾公彦的疏说："云'志，古文识，识，记也'者，古之文字少，志意之志与记识之志同，后代自有记识之字，不复以志为识，故云'志，古文识，识即记'也。"所谓"衡，古文横，假借字也"，意思是："衡"是古代文献中相当于现代"横"的用字，这是个假借字。也可以简单地理解为"'衡'就是古代文献中'横'的假借字"。余例类推。这些"古文"都泛指古代文献，不是具体的某个版本，因而它揭示的是古今不同的常见用字现象，不是个别的版本异文。用"古文"联系起来的两个字的关系都符合上述"古今字"的条件，因而都是指的古今字。

上述可见，郑玄具有自觉的古今字观念是无可怀疑的，但他的思想来源于郑众，有关古今字的内涵和范围是郑众界定的，郑玄在理论上没有超出郑众的地方。比较来说，郑玄的贡献有两点：1. 在引述郑众的古今字材料之外，新发现了一些古今字材料，如"余—予""券—倦""视—示""舍—释""耐—能""志—识""衡—横""笴—稾""埶—槷""荼—舒"等。2. 在继承郑众表述古今字关系用语的同时，改造和创设了一些新的表述方式。如郑众说"某，古字也""某，今字也"，郑玄改为"某，古某字""某，今某字"；郑众说"某，某古文也"，郑玄改为"某，古文某"。将古字和今字合起来称为"古今字"则是郑玄的发明，尽管他本人只用过一次，却一直为后人所沿用。当然，我们也不能因此过高地评价郑玄，甚至把古今字的发明权都归于郑玄。郑众虽然没有使用过"古今字"这个术语，但他并非没有表述古今字关系的术语；而且古今字关系也并不一定要用"古今字"这个术语来表示。所以对于古今字的研究事实和某个人在研究史上的贡献，不能光凭术语，还需要根据材料进行认真辨析和全面综合。

四

注释中沟通古今字关系固然要出现"古"或"今"字，但有"古"或"今"字的注释并不一定都是在讲古今字。古人注释言"古""今"者，所指可能是古今文字的字体，可能是古文文字的结构，可能是古今文版本，也可能是古今语词，而不一定是古今用字的问题。古今语词跟文字无关，因而注释中不会使用"文""字"表述，所以跟"古今字"的注释是容易区别的，这在前面我们已经说过。但如果注释语中既有"古"或"今"，又有"文"或"字"，问题就比较复杂了，比如"古文""今文"，既可以指古今字而言，也可能不是指古今字而言，需要根据注释目的和文献材料认真辨析才行。上一节我们举过郑玄用"古文"表述古今字的例子，而实际上"古文"还有更复杂的含义，特别是跟经学版本关系密切，容易混淆。

孙雍长（2006）说："早在西汉，经学中便已有了今、古文之分，如《史记·儒林列传》：'孔氏有古文《尚书》，而安国以今文读之。'西汉人所说'古文''今文'，与后来所说的'古今字'虽不完全是一回事，却是其概念的滥觞。因为所谓以'今文'读'古文'《尚书》，并不只是指字体的古今不同，而主要还是指用后世的'分别文'

'通假字'或'异体字'等形式的'今文'去读以'初文''古字'为主，一字多用的'古文'典籍。"这里就牵涉到"古今字"跟"古文""今文"的关系问题。我们承认古今字概念的形成跟"古文""今文"有关，但不同意简单地把"古文""今文"跟"古今字"对应起来，混为一谈。首先，"古文"典籍中不一定都是"初文""古字"或"一字多用"，"分别文""通假字"或"异体字"也不只出现在"今文"中。其次，汉代的"古文""今文"有多种含义，不同含义的"古文""今文"跟古今字的关系也不同，应该分别对待。其中最基本的两个含义是：一指字体，汉代通行的隶书叫今文，秦代以前的书体叫古文；二指经籍版本，由汉儒口授而用当时隶书记录下来的或由此演变而成的经籍版本叫今文，各地发现的由先秦遗留下来用先秦字体书写的或源此而成的经籍版本叫古文。有的经书古文版本和今文版本都不只一种。作为版本的古文、今文不等于字体的古文、今文，字体可以转换，版本是无法转换的。事实上古文经发现以后大都"隶古定"转换成了隶书文本，但它们的版本来源仍然属于"古文"。在经学中，所谓"古文""今文"大都是指版本而言，一般不单独指字体和字符。所以"孔氏有古文《尚书》，而安国以今文读之"，无论"读之"是根据今文版本的隶体字去认读古文版本的古体字，还是用今文版本的某个字符去解读古文版本的某个字符，都不影响其中"古文""今文"作为版本概念的性质，因为字体和字符依附于版本而存在，也就是版本里面包括字体和字符。同一种"古文"版本，可以字体相同，也可以字体不同（转写）；"古文"版本的来源虽然早于"今文"版本，但古文版本中的字符的产生和使用不一定都比今文版本的字符早，也就是说，今文版本中可以出现早用的古字，古文版本中可能出现晚起的今字。所以，版本概念的"古文""今文"既不同于字体概念的"古文""今文"，也不同于字符使用关系的"古今字"，它们彼此之间只有异同关系，没有源流关系，不能说"古文、今文"是"古今字"的"滥觞"。

值得注意的是，版本关系既可以从来源看，也可以从书写形成的时代看，这就导致"古文""今文"在指称版本时含义也是不确定的。例如贾公彦疏解《周礼》郑玄注"嫔，故书作宾"时说："言'故书'者，郑注《周礼》时有数本。刘向未校之前，或在山岩石室有古文，考校后为今文。古今不同，郑据今文注，故云'故书作宾'。"① 我们知道，从来源看，《周礼》只有"古文"，没有"今文"。可这里把经过刘向整理转写的来源于"古文"的本子也叫"今文"，就主要是从版本书写的时代上说的。其实，郑玄所谓"故书"，并不等于"古文"。郑玄的"故书"主要指郑兴、郑众、杜子春等人注释过的书，应该属于刘向整理后的"今文"，当然也可以指刘向整理前的"古文"；与"故书"相对的是"今书"，大概指郑玄时通行的各种版本。阮元《周礼注疏校勘记序》认为郑玄"云'故书'者，谓初献于秘府所藏之本也。其民间传写不同者，则为今书"。② 我们觉得不妥，郑玄注中凡言"故书某作某"的，一定会接着引用杜子春、郑兴、郑众对后一

---

① 参见《周礼注疏卷二·天官冢宰·大宰》"以九贡致邦国之用：一曰祀贡，二曰嫔贡，……"注疏。阮刻本第 648 页。

② 关于《周礼》注中"故书""今书"的所指，还有很多不同说法，本文不一一辨正。参见李玉平《试析郑玄〈周礼注〉中的"古文"与"故书"》所引，《古籍整理研究学刊》2005 年第 5 期。

个"某"的注释，可见这些"故书"就是指杜、郑等的注本，而不是专指原来用古文字体书写的"古文"本。《周礼》注中的"古文"在指称版本时跟"故书"一样，也不同于一般的相对今文经学的古文，而是相对于经过整理转写的本属于古文学派的"今文"而言的。郑众引用别的版本一般说"书亦或为"，"书"是笼统的泛指；偶尔也说"故书""古书"，指的则是更前的版本，其中也包括来自古文而经过整理的"今文"和未经刘向整理的古文字体的"古文"。可见，"故（古）书""今书"属于时代性的泛指，而"古文""今文"既可指来源不同的版本，也可指时代不同的版本，彼此关系错综复杂，只有采用多角度的观察方法，才能正确理解经典注释中所用各种名称的实际所指。就郑玄注释中的"古文"而言，除了上节举过的用来表述古今字关系的例子外，更多的是用来指称古文版本。不过，《周礼》注中的"古文"是指时代在前的版本，相当于"旧版本"，而《仪礼》注中的"古文"则是指来源于古文字体的版本，相当于"古文学派的版本"。先看《周礼》注中指称版本的"古文"：

（1）《周礼注疏》卷四"宾客之禽献"郑玄注："献，古文为獸。"杜子春云："当为献。"（661）

（2）《周礼注疏》卷四十"栗氏"郑玄注："栗，古文或作㮚。"（916）

所谓"献，古文为獸"，意思是：这个句子中的"献"字，早先的版本写作"獸"。所谓"栗，古文或作㮚"，意思是：这里的"栗"字，有的旧版本写作"㮚"。这显然是在做版本校勘工作，所以前例又引杜子春的说法对版本异文作出取舍："当作献"。其实，"古文"是指古今字而言还是指古今版本而言，在整个注释的目的和表述上也是有区别的，前者意在沟通不同用字的相同功能，表述用语一般是"某，古文某"，如上节例（8）"衡，古文横"；后者意在比较文字异同并加以校勘，表述用语一般是"某，古文为某"或"某，古文作某"。"古文"后面有无"为"或"作"字，意思截然不同。"古文为獸"，"獸"是"古文"中的用字；"古文横"，"横"不是"古文"中的用字而是今文用字。可见这两种表述方式的实际内涵是不同的。

就经学来源而言，《周礼》只有古文学派，所以《周礼》注中的"古文"在版本意义上不可能指版本来源而言，一定是指版本的时代性而言。这跟《仪礼》注中的"古文"涵义不同，《仪礼》在经学上有今古文之别，郑玄注《仪礼》是古今兼容，综合为一种新的版本，所以注中说"古文"指的就是古文学派的版本，"今文"即今文学派的版本，都是就版本来源而言的。关于《仪礼》郑玄注中"古文""今文"的含义及其注释体例，贾公彦的《仪礼》疏有详细说明：

《仪礼注疏》卷一："布席于门中，闑西阈外，西面。"郑玄注："古文闑为槷，阈为蹙。"贾公彦疏："云'古文闑为槷，阈为蹙'者，遭于暴秦，燔灭典籍，汉兴，求录遗文之后，有古书、今文。《汉书》云：鲁人高堂生为汉博士，传《仪礼》十七篇，是今文也。至武帝之末，鲁恭王坏孔子宅，得古《仪礼》五十六篇，其字皆以篆书，是为古文也。古文十七篇与高堂生所传者同，而字多不同，其馀三十九篇绝无师说，秘在于馆。郑注《礼》之时，以今、古二字并之。若从今文不从古文，即今文在经，'闑''阈'之等是也，于注内叠出古文，'槷''橜'之属是也。若从古文不从今文，则古文在经，注内叠出今文，即下文'孝友时格'郑注云：'今文格为假。'又《丧服》注'今文无冠布缨'之等是也。此注不从古文槷橜者，以槷橜非门限之义，故从今不从古也。《仪礼》之内，或从今，或从古，皆逐义强者从之。若二字俱合义者，则互换见之，即下文云'壹揖壹让升'注云'古文壹皆作一'，《公食大夫》'三牲之肺不离赞者辩取之一以授宾'注云'古文一为壹'，是大小注皆叠。今古文二者俱合义，故两从之。又郑叠古今之文者，皆释经义尽乃言之。若叠今古之文讫，须别释馀义者，则在后乃言之，即下文'孝友时格'注云'今文格为假'，又云'凡醮不祝'之类是也。若然，下记云'章甫殷道'，郑云：'章，明也。殷，质言以表明丈夫也。甫，或为父，今文为斧。'事相违，故因叠出今文也。"（946）

可见《仪礼》注中的"古文""今文"原本是校勘术语，指的是不同字体来源版本的文字差异，并不拘泥造成差异的时代性和字符音义的对应性。例如：

(3)《仪礼注疏》卷二十六下"以瑞玉有繅"注："今文玉为圭（璧），繅或为璪。"①（1089）

(4)《仪礼注疏》卷二十七"迎于外门外"注："古文曰迎于门外也。"（1091）

(5)《仪礼注疏》卷三十"齐牡麻绖，冠布缨"注："今文无冠布缨。"②（1104）

(6)《仪礼注疏》卷三十五"东乡"注："今文乡为面。"（1130）

(7)《仪礼注疏》卷三十五"决用正，王棘若檡棘"注："古文王为玉（三），今文檡为也（泽）。"③（1131）

(8)《仪礼注疏》卷三十七"主人拜稽颡，成踊"注："今文无成。"（1141）

其中"玉"之于"圭（璧）"，"乡"之于"面"，属于同义词关系；"王"之于"玉（三）"属于正误字关系；而"外门外"与"门外"，"冠布缨"和"成"字的有无，属于衍漏字关系。可见，这些所谓"古文""今文"，其首要功能在于版本异文的校勘，而不在于揭示古今用字的音义对应关系。

如果"古文""今文"是着眼于版本来源的话，就难以表示绝对的时代先后关系，某

---

① 阮刻本作"圭"，校记云："严本通解同，毛本圭作璧。"
② 原文被"疏"间为两段，"注"在第二段后，作："疏衰裳，齐牡麻绖，冠布缨，削杖，布带，疏屦，期者。[疏]……传曰：问者曰：何冠也？曰：齐衰大功，冠其受也；缌麻小功，冠其衰也。带缘各视其冠。"郑玄注："缘如深衣之缘，今文无冠布缨。"注文格式特殊，今引其要。
③ 阮刻本作"古文王为玉，今文檡为也"，校记云："玉，徐本集释俱作玉，通解毛本作三。""檡为也，徐本作'泽为也'，毛本集释通解俱作'檡为泽'。张氏曰：注曰'今文泽为也'，案杭本云'檡为泽'，从杭本。按，'也'疑'宅'字之误。"

些来源于篆书而经过整理改写的"古文"派版本，未必比来源于隶书的某些"今文"派版本更早，反之亦然。如果古文、今文版本互相吸收融合，那就更加难以客观反映用字的时代先后关系了。因此，即使"古文""今文"版本的不同用字具有同音同义的关系，有时也难以断定它们就是古今字，尽管它们有的确实是古今字，但作注者的意图仍然是版本校勘，而不是有意识的古今字分析。例如：

(9)《仪礼注疏》卷二十六下"天子赐舍"郑玄注："今文赐皆作锡。"①(1088)

(10)《仪礼注疏》卷二十七"大史是右"郑玄注："古文是为氏也。"(1092)

(11)《仪礼注疏》卷二十七"尚左"郑玄注："古文尚作上。"(1093)

(12)《仪礼注疏》卷二十七"祭地瘗"郑玄注："古文瘗作殪。"(1094)

(13)《仪礼注疏》卷三十五"缀足用燕几"郑玄注："今文缀为对。"(1129)

(14)《仪礼注疏》卷三十五"为铭各以其物……书铭于末"郑玄注："今文铭皆为名，末为帗也。"②(1130)

(15)《仪礼注疏》卷三十五"环幅不凿"郑玄注："古文环作还。"(1130)

(16)《仪礼注疏》卷七"君子欠伸，问日之早晏"郑玄注："古文伸作信，早作蚤。"

以上注例都是用"为"或"作"来表述的，形式上跟古今字的注例有明显区别。其中"赐/锡""氏/是""上/尚""殪/瘗""缀/对""铭/名""末/帗""环/还""信/伸""蚤/早"，前者为"古文"版本的用字，后者为"今文"版本的用字，它们在具体的版本异文中是同音同义的，但并不意味着它们具有跟"古""今"版本一致的先后用字关系。如例(9)的版本异文是古"赐"今"锡"，而实际上古书的一般用字情况是古"锡"今"赐"，即假借字"锡"代表的是先秦的用字现象，后造本字"赐"反而应该是汉代的用字现象。当然，"古今无定时"，在具体文本中"赐"成为"锡"的古字、"锡"变作"赐"的今字也是可能的。但我们认为，在上述材料中，作注者的本意并不在说明"赐""锡"的时代先后关系，只是客观反映它们在不同字体来源版本中的用字事实而已。所以贾公彦疏解例(16)曰："云'古文伸作信，早作蚤'者，此二字古通用，故《大宗伯》云'侯执信圭'，为信字。《诗》云：'四之日其蚤，献羔祭韭。'为蚤字。既通用，叠古文者，据字体，非直从今为正，亦得通用之义也。"就是说，尽管"伸"和"信"、"早"和"蚤"可以通用，可以看作古今字，无须勘"正"，但郑玄注释仍然要用"作"来"叠古文"，因为他是"据字体"，目的在存版本之异，而非通文字之用。

尽管"古文""今文"指称版本异文与指称古今用字目的不同，表述用语也有区别，

---

① 阮刻本作"今文赐皆作锡"，校记云："严本集释同，毛本无皆字。"今按，以下文接着有"赐伯父舍"句，故郑注上句连而言之。

② 阮刻本作"今文铭皆为名，末为帗也"，校记云："毛本末作未，徐本集释未作末，通解未为二字未刻，余与徐本同。案未乃末字之误。"

但并非毫无关系。因为"古今字"存在于古文版本和今文版本中，当古文今文的版本跟音义相同的不同字形的使用在时代的先后关系上一致时，所谓"古文""今文"就既可指版本而言，也可指字符关系而言。例如《仪礼注疏》卷六"视诸衿鞶"郑玄注："'视'乃正字，今文作'示'，俗误行之。""今文作'示'"本来是版本问题，但正好也反映了"视"跟"示"的古今对应关系，从"俗误行之"可见汉代在显示的意义上是通行"示"的。所以对这个"今文"就既可从特定的今文版本理解，也可从当时一般文献的用字来理解。贾公彦疏云："'视乃正字，今文作示，俗误行之'者，案《曲礼》云'童子常视毋诳'，注云：'视，今之示字。'彼注破视从示，此注以视为正字，以示为俗误。不同者，但古文字少，故眼目视瞻与以物示人皆作视字，故此注云视乃正字，今文作示，是俗人以今示解古视，故云误也。彼注云'视，今之示字'者，以今晓古，故举今文示而言。两注相兼乃具也。"（973）同样是"视"与"示"，一处按版本校勘用语注释，一处按沟通古今字关系用语注释，"两注相兼"就兼顾了个别版本的校勘和时代用字的习惯两个方面。

正是在这种具有明确时代关系的古文版本和今文版本的比较中，注释家逐渐认识到有些字在不同时代具有比较固定的音义对应关系，因而把这种既有时代先后关系又音义相同的对应字组用"古""今"加"文""字"的表述方式特别标示出来，这就产生了自觉的古今字观念。这种观念的形成在只通今文经的经学家那里是难以发生的，只有到了东汉的古文经学家，他们往往同时研读今文经，并且习惯把古文经和今文经的不同版本加以对照比勘，从中发现古今对应关系，并扩大到普遍用字规律的认识，才会最终形成古今字观念。

古今字观念的形成是以摆脱版本的束缚为标志的，即使涉及"古文""今文"，也不再专指个别的版本异文，而是反映某种带有规律性的用字现象。例如前文所举郑司农"古者书仪但为义，今时所谓义为谊"的表述，就不再限于某个具体的版本，而是对"古者"（前代）和"今时"（后代）在表达"仪"和"义"两个意义时分别使用不同字符这种现象的基本归纳：即古用"义"今用"仪"、古用"谊"今用"义"。这种用字现象在许多书里都能找到例证，反映的是比较固定的对应关系。又如郑司农云："立读为位，古者立、位同字，古文《春秋经》'公即位'为'公即立'。""古者立、位同字"（都写作"立"），意味着"今时立、位不同字"（分用），那么在表达"位"的意义时，古写作"立"，今写作"位"，从而构成古今字。郑司农本在为《周礼》作注，却引"古文《春秋经》"为例，可见已经不是同书版本的校勘问题，意在说明这种古今对应的现象很普遍。再如郑司农说："缫当为藻。缫，古字也，藻，今字也，同物同音。"这里既有"古""今"的不同，还有"同物同音"的限制，而且也不是针对具体的版本异文，因为"缫""藻"的古今对应在文献中常见，并不限于《周礼》。例如《礼记》陆德明音义："藻音早，本又作缫。"（1256）"缫，本又作璪，亦作藻，同子老反。"（1433）《仪礼注疏》卷十九"取圭垂缫"郑玄注："今文缫作璪。"（1047）又"圭与缫皆九寸"郑玄注："古文缫或作藻，今文作璪。"（1072）如此甚多，说明"缫""藻"（璪）在时代不同的文本中常互作。至于郑玄所分析的古今字，如"余—予""券—倦""视—示""舍—释""耐—能""志—识""衡—横""笱—罶""埶—臬""荼—舒"等，也是不同时代的常见用字现象，并不限于个别版本。由此看来，我们可以认为，不同时代的古今版本异文，有个别现象，也有常见现象；有音义对应的，也有音义不对应的。而所谓古今字，则只反映不同时代的常见用字现象，音义总是对应的。这种古今对应用字的常见性和固定性也应该看作古今字的一个条件。

五

现在我们来概括一下前文的主要观点。

（一）古今字观念形成于东汉时期。较早论述古今字现象的学者是东汉初期的郑众（司农），他虽然没有使用"古今字"这个术语，但有其他表述古今字关系的用语，而且对古今字的内涵做了基本的界定。东汉晚期的郑玄，在古今字的理论阐述上并未超过郑众，但他首次使用了"古今字"这个组合术语，还使用过其他一些不同于郑众的古今字表述方式，在具体古今字例的分析上也有所扩充。

（二）从郑众和郑玄的有关表述及字例分析看，古今字要表述的问题是，就某个词项而言，不同时代通行用什么字（并非某个时代只能用什么字）。古字和今字的关系要符合五个条件：第一，同义（同物）；第二，同音（包括音近）；第三，不同字；第四，用字时代有先后，先后时差是相对的；第五，不是个别版本的异文，而是常见的用字现象（不一定全部）。注释家指明古今字，是想用常见的文字对应关系来确定具体文本中某个用字所代表的词项。

（三）郑众和郑玄等注释家对古今字关系的表述方式多种多样，或古、今分言，或古、今对举，或古、今连用，但一定在整个表述中出现"文"或"字"。这一点跟用今词释古词的古今语对举现象有明显区分，古今语对释的时候可以出现"古"和"今"，但一般不会使用"文"和"字"，除非把某组古今语误会为古今字。

（四）古今字观念的产生受到汉代今古文经学的影响，但古今字不等于"古文"和"今文"。所谓"古文""今文"具有多种含义。第一，指称字体。秦代以前的字体叫古文，汉代的隶书叫今文。第二，指称版本。版本中又有两组对应关系，一是古文学派的版本跟今文学派的版本对称古文、今文；二是古文学派版本系统内部未经整理转写的版本跟经过整理转写之后的版本对称古文、今文。第三，指称文献中的用字。同一词项，古代文献用某字叫古文某，后代文献用某字叫今文某。只有第三种涵义的"古文""今文"指的是古今字。同一个字在不同时代的字体变异或写法不同，不是郑众等人所说的古今字。异时版本之间同一位置的用字不同，可能跟古今字相关，但郑玄等人的注释目的究竟在沟通古今字还是在校勘版本异文，其表述用语也是有区别的：校勘版本异文时一般用"某，古文（今文）作（为）某"的方式，沟通古今字时则一般使用"某，古文（今文）某"或"某，今（古）之某字"的方式。

（五）后人对郑众、郑玄等注释家有关古今字的用语和材料多所误解和误用，评价也或有不实，值得引起我们注意。

参考文献

[1] 裘锡圭:《文字学概要》,商务印书馆 1988 年版。
[2] 蒋绍愚:《古汉语词汇纲要》,北京大学出版社 1989 年版。
[3] 王宁、林银生、周之朗、秦永龙、谢纪锋:《古代汉语通论》,北京师范大学出版社 1996 年版。
[4] 陆锡兴:《谈古今字》,《中国语文》1981 年第 5 期。
[5] 杨润陆:《论古今字的定称与定义》,《古汉语研究》1999 年第 1 期。
[6] 龚嘉镇:《古今字说》,向光忠主编《文字学论丛》(第一辑),吉林文史出版社 2001 年版。
[7] 刘新春:《古今字再论》,《语言研究》2003 年第 4 期。
[8] 孙雍长:《论"古今字"及辞书对古今字的处理》,《辞书研究》2006 年第 2 期。

论王筠"分别文、累增字"的学术背景与研究意图[①]

一 引言

清代"朴学"之风盛行，是我国传统语言文字学发展的高峰时期。清代学者继承和发扬汉唐以来的优秀学术成果，多有增益之功，因此这一时期的学术成就在历史上具有承前启后的重要意义。在文字学领域，王筠对于"分别文、累增字"问题的发现与阐述，就是清代学者研究汉字发展演变的重要成果之一，后代学者对此给予了高度的重视。

综观有关著述，从研究思路上看，后代学者就"分别文、累增字"开展的研究工作大致有两种类型：一是在理论应用方面，以"分别文、累增字"理论为阶梯，进一步探究汉字关系及汉字孳乳演变的规律；二是在学史总结方面，讨论王筠发明"分别文、累增字"的重要意义，评价它在学术史当中的地位和价值。相对来说，从"分别文、累增字"角度研究汉字孳乳规律的成果较多，各种相关问题都有论述；而在学史总结方面，一般从"古今字"角度对"分别文、累增字"的学术贡献加以品评，很少有人对王筠提出"分别文、累增字"的缘起和目的进行研究。因此本文拟在正确理解王筠著作文本的基础上探求"分别文、累增字"的理论背景，进而分析王筠提出这两个术语的真实目的。

二 "分别文、累增字"的理论背景

作为清代"《说文》四大家"之一，王筠治《说文》可谓孜孜不倦。其成果除《说文韵谱校》《说文系传校录》《文字蒙求》外，更有代表作《说文句读》《说文释例》传世。其中成书于道光十七年（1837年）的《说文释例》，一改传统《说文》学著作随《说文》正文加注的模式，以不同的研究主题为纲，围绕主题汇集例证并阐发己意，可谓别具一格。《说文释例》自序言："筠少喜篆籀，不辨正俗。年近三十，读《说文》而乐之。……羊枣脍炙，积二十年，然后于古人制作之意、许君著书之体、千余年传写变乱之故、鼎臣以私意窜改之谬犁然辨晳，具于匈中。爰始条分缕析，为之疏通其意。体例所

[①] 本文原载《励耘学刊》（语言卷）2012年第2辑（总第16辑），学苑出版社2013年版。署名李运富/蒋志远。

拘，无由沿袭前人，为吾一家之言而已。"① 其整合《说文》条理线索、发掘内涵的旨趣于此可见一斑。

我们所关注的"分别文、累增字"问题，王筠是在《说文释例》卷八的第一章"分别文、累增字"内集中讨论的。在该章的开篇，王筠鲜明地提出自己对于这两种现象的论断，进而列举了众多《说文》中的例子来佐证。为研究论述的方便，先抄录章首的有关表述于下（括号内为原书正文下的小字注释）：

> 分别文、累增字（此亦异部重文，以其由一字递增也，别辑之）
> 字有不须偏旁而义已足者，则其偏旁为后人递加也。其加偏旁而义遂异者，是为分别文，其种有二：一则正义为借义所夺，因加偏旁以别之者也（冉字之类）；一则本字义多，既加偏旁则只分其一义也（公字不足兼公侯义）。其加偏旁而义仍不异者，是谓累增字，其种有三：一则古义深曲，加偏旁以表之者也（哥字之类）；一则既加偏旁，即置古文不用者也（今用復而不用复）；一则既加偏旁而世仍不用，所行用者反是古文也（今用因不用㘽）。凡类此者，许君说解，必殊别其文。②

此论标志着"分别文、累增字"理论的问世，其相关背景理论应是"重文"而非"古今字"，因为王筠在章题注释中说"分别文、累增字"是"别辑"的"异部重文"，且该章排在卷六"同部重文"和卷七"异部重文"之后。

所谓"同部重文"，实际上就是《说文》中标明的"重文"。"同部"的"部"，指许慎所立的《说文》540部；而"重文"则与"正篆"相对，指《说文》各部"正篆"字头之下所附的"古文""或体""籀文"等数类与"正篆"所记音义对应但形体不同，且于各部字数统计时算入"重×"的字。

王筠讨论"同部重文"的目的，是要通过汇集今本《说文》中的"正篆"及其所辖"重文"在《玉篇》中分属异部的例子，从而试图论证今本《说文》"正篆"下之"重文"多是由后代抄手将本应分属异部的同音同义字"妄为迻并"③而成的。

有学者早已指出，王筠这一探求《说文》原貌的构想尚有较大缺陷④，但是就这些论述而言，我们从另一角度可以看出他对"重文"的理解，即是把"重文"看作"同音同义"的通用字。正是因为从"同部重文"中把握了"重文""同音同义"的实质，他才推而广之，发现"异部"之间也存在"同音同义"的字际关系，并且认为这些"同音同义"的"重文"是许慎有意安排在"异部"的。所以他说：

> 《说文》者，主分别之书也。汉碑之存于今者，皆出东汉，其体雅俗杂陈，半不合于六书。当群言淆乱之时，许君发愤有作，又恐竹帛迻誊，易滋鱼豕，故即同音同

---

① （清）王筠：《说文释例》卷一，中华书局1987年版，第1页。
② （清）王筠：《说文释例》卷八，中华书局1987年版，第173页。
③ （清）王筠：《说文释例》卷六，中华书局1987年版，第126页。
④ 单周尧：《读王筠〈说文释例·同部重文篇〉札记》，《古文字研究》第17辑，中华书局1989年版。

义之字，不尽使之类聚。①

这些没有"类聚"在同部中的"同音同义"字，就构成"异部重文"。"异部重文"是王筠的一个重要发现。他在《说文释例》卷七"异部重文"专节中用241组实例证明这种现象的客观存在，并且揭示了《说文》将"重文"安排于"异部"的目的或用意：

> 许君之意，苟其为字也，两体明白，即别隶之，以觊传之永久而不误。而义既同，其声又同，细心人读之，无难知为一字也。②

王筠对"异部重文"的阐述，体现了他对《说文》材料的总体把握以及对具体汉字音义关系的洞悉，被黄侃先生誉为"不刊之作"③。根据王筠的说法，同音同义的"重文"而安排于"异部"，主要是为了"别"形体。"异部重文"之间形体差异的类型有多种，"分别文"即是其一。王筠正是在讨论"异部重文"的形体关系时，进一步发现了"分别文"现象，故在卷七末尾的一条"异部重文"例字后分析说：

> 首部𩠟，截也，或作𠜾；斤部断，截也，古文作𠚎、𣂩。截义既同，而𩠟之或体从叀，断之古文从𠂤，𠂤为叀之古文，叀本从叀，是𩠟、断一字也。筠案：一字递增，是分别文一类。④

可见在考察"𩠟""断"这一组"异部重文"时，王筠已经意识到这组字另有"分别文"的性质。因此紧接着上文所引的这段话，王筠便开始在卷八首章专门讨论由"一字递增"造成的"异部重文"之例，也就是"分别文、累增字"。而上文所引卷八首章中王筠对章题的注解，也正反映本章的著述思路与卷七的一脉相承。

由此我们可以推论：王筠对于"分别文"以至"累增字"的认识，和他对"异部重文"中"由一字递增"这种类别的观察有很深的渊源。王筠正是在观察"异部重文"的基础上，才进一步发现并总结了"分别文"和"累增字"现象。我们可以将王筠从"重文"到"分别文、累增字"研究的思维脉络归纳为下页图。

需要说明的是，一般认为《说文》的"重文"等于现代的"异体字"，其实不然，《说文》的"重文"大多数是异体字，但也有同义换读字、通假字、同源字等⑤，实际上

---

① （清）王筠：《说文释例》卷六，中华书局1987年版，第126页。
② （清）王筠：《说文释例》卷七，中华书局1987年版，第165页。
③ 黄侃：《文字声韵训诂笔记》，上海古籍出版社1983年版，第94页。
④ （清）王筠：《说文释例》卷七，中华书局1987年版，第171页。
⑤ 参见沈兼士《汉字义读法之一例——〈说文〉重文之新定义》，载《沈兼士学术论文集》，中华书局1986年版；张晓明：《〈说文〉小篆"重文"研究》，硕士学位论文，北京师范大学，2000年；黄天树：《〈说文〉重文与正篆关系补论》，《语言》2000年第1卷。

```
        ┌──────┐
        │ 重文 │
        └──┬───┘
       ┌───┴───┐
   ┌───▼──┐ ┌──▼────┐
   │同部重文│ │异部重文│
   └──────┘ └───┬───┘
            ┌───▼────┐
            │由一字递增│↓
            └────────┘
            ┌──────────┐
            │分别文、累增字│
            └──────────┘
```

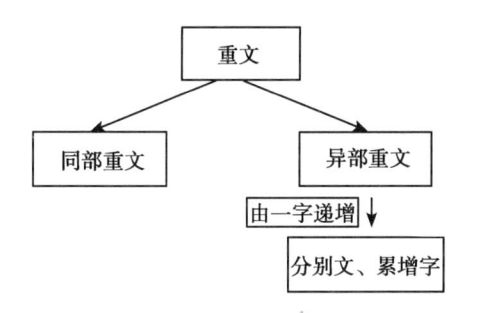

只是功能基本对应的通用字，并非严格意义的异体字。王筠将"分别文、累增字"看作"异部重文"，那么他对"重文"的理解应该也是宽泛的，不能用严格的异体字概念来要求。

另外，既把"分别文"归属于"音义相同"的"重文"，又说"分别文""加偏旁而义遂异"，这里的"同""异"表述上似有矛盾。我们的理解是，"音义相同"就同一个词项而言，"加偏旁而义遂异"就同形"本字"的不同词项而言。例如"莫"包含"莫$_1$"（黄昏）、"莫$_2$"（否定词）、"莫$_3$"（代词）等多个同形词项，说"暮"为"莫"的"分别文"，是指"暮"把"莫$_1$"从形体上跟意义不同的"莫$_2$""莫$_3$"分别开；说"暮"为"莫"的"重文"，是指"暮"跟"莫$_1$"这个词项音义相同。可见实际上两种说法角度不同，针对的词项不同，所以并不矛盾。

三 "分别文、累增字"的研究意图

如上所述，王筠的"分别文、累增字"是在研究《说文》"异部重文"时提出的概念，理论上属于"异部重文"的下位分类，应该放在"重文"的框架下进行论述。可王筠把"分别文、累增字"单独提出来作为卷八的章节，而与卷六"同部重文"、卷七"异部重文"并列，这是为什么呢？

我们认为，王筠这样安排是有深意的。他在分析"分别文、累增字"与"本字"的"重文"属性时，发现它们有一个特殊的地方，即都是"由一字递增"而形成，其中暗含着文字形体由少而多的发展规律，可以进一步探讨汉字"递增"的原由和方式，这些内容已经超出"重文"分类的视域，于是王筠把"分别文、累增字"从"重文"中特意"别辑"出来进行专门研究，以便弄清楚汉字形体用"递增"方式孳乳演变的具体情况。

正是出于探究汉字孳乳演变的意图，王筠把平面静止的"重文"关系研究转向了历时动态的滋生造字研究。因此他对"分别文、累增字"的研究就不仅仅是按照"重文"的标准作出"音义相同"的简单判断，而是在更广阔的视野里，对这两类"重文"现象的成因、构造方式以及使用关系，作了更加全面更加深入的考察和分析。

王筠认为，"字有不须偏旁而义已足者，则其偏旁为后人递加也"是这两类"重文"动态滋生的共同特征，而它们的区别则在于"递加"偏旁造出的新字与"本字"在所记意义上存在着不同关系："加偏旁而义遂异者"是"分别文"；"加偏旁而义仍不异者"

是"累增字"。如上文所论，指称两个字是否属于"本字"与"分别文、累增字"的关系，除了观察形体上的"造字相承"特征外，还要结合二字所记的词项具体分析。王筠的有关分析不仅见于《说文释例》，也见于《说文句读》等。

"分别文"顾名思义，即新字有分别"本字"某些词项功能的作用。王筠认为，新字的"递增"方式虽然相同，但为什么要"递增"的动因是不同的，有的"正义为借义所夺，因加偏旁以别之也"，有的"本字义多，既加偏旁则只分其一义也"。正是这不同的原因推动着汉字孳乳增繁。例如：

　　a.《易》曰"象也者，像也"，乃以中古分别字释上古假借字也。①
　　b. 或者，封域也。古邦、封通用，故许君以邦释國。而金刻國字皆作或，知國亦或之分别文。②
　　c. 女部娶，为取之分别文，故说之曰"取妇也"。③

第一类"正义为借义所夺，因加偏旁以别之也"如例a、b所示，当"本字"记录有假借义时，"分别文"可以区别记录"本字"的假借义或本义（"正义"）。例a中，"象"字记录有"象₁"（大象）、"象₂"（相似）等同形词项，根据汉字形义同一的原则，"象₁"是其本义，"象₂"是假借义。王筠说"以中古分别字释上古假借字"，是指后世在"象"的基础上增加偏旁造出"像"记录"象₂"后，因为"象""像"都记载词项"象₂"，所以《易》用"像"解释"象"。而例b中，"或"字亦记载着同形的"或₁"（封域）、"或₂"（副词）等同形词项，同样根据形义同一的原则，"或₁"当是"或"的本义，后由在"或"基础上造出"國"字记录，而"或"专用于记录"或₂"。王筠正是根据"或""國"都记载词项"或₁"，所以认定二者是"本字"与"分别文"的关系。值得注意的是，上文中提到的"象₁"与"像""或₂"与"國"，虽然它们在形体上有"由一字递增"的特征，但因为它们并未记录共同的词项，因此不能视作"本字"与"分别文"。例a、b所反映的情形若从历时角度的字际关系④来看，则"象"与"像"在"相似"义上构成"假借字"与"后起本字"的关系；"或"与"国"在"封域"义上构成"古本字"与"重造本字"的关系。

第二类"本字义多，既加偏旁则只分其一义"如例c所示，当"本字义多"时，后世往往会在"本字"基础上"加偏旁"造出"分别文"区别记录"本字"的部分词义（"分其一义"）。例c中，"取"字《说文》训"捕取也，从又，从耳，《周礼》'获者取左耳'"，其构形理据即是以手取耳，"割取"是其本义。后此义引申出"娶妇"义，后人遂将"取"字添加偏旁"女"，造出"分别文"的"娶"来专门记录它。所以，结合《说文》"娶，取妇也"的训释可见，就"娶妇"义而言，"取""娶"都是其本字，

---

① （清）王筠:《说文释例》卷八，中华书局1987年版，第176页。
② （清）王筠:《说文解字句读》卷十二，中华书局1988年版，第226页。
③ （清）王筠:《说文释例》卷八，中华书局1987年版，第176页。
④ 本文分析汉字字际关系的理论框架和用语参考李运富《论汉字的字际关系》，《语言》2002年第3卷。

而从历时角度字际的关系来看，"取"和"娶"之间则构成"源本字"与"分化本字"的关系。

综上所述，我们可以将王筠所论的"分别文"各种情形以及其内部的字际关系归纳为下表：

分别文的构造动因	正义为借义所夺，因加偏旁以别之也		本字义多，既加偏旁则只分其一义也
具体情况	分别文记录假借义	分别文记录本义	分别文记录引申义
举 例	象/像（相似）	或/國（封域）	取/娶（娶妇）
字际关系	假借字—后起本字	古本字—重造本字	源本字—分化本字

"累增字"的定义为"其加偏旁而义仍不异者"，是指"本字"与在其基础上"加偏旁"构成的"累增字"二者所承担的记录职能一致。新造的"累增字"没有将"本字"所记的部分词项分别开，这是它与"分别文"明显的区别。应当注意的是，王筠论"累增字""其种有三"，实际上是从两个角度来阐述的："古义深曲，加偏旁以表之者"，这是从动机的角度说"累增字"为何产生，即"累增字"要使"本字"字义更加明确；而"既加偏旁，即置古文不用者"以及"既加偏旁而世仍不用，所行用者反是古文也"则是从使用的角度说"累增字"产生之后是否会替代"古文"（从造字的角度说就是"本字"）。例如：

d. 皅下云"艸华之白也"；艸部葩下云"华也"，只云"皅声"。皅下云"白"者，字隶白部也，不为异。①

e. 口部因、手部捆，皆曰"就也"。②

例 d、e 摘自《说文释例》卷八"累增字"一节，其中王筠指论"葩"与"捆"分别是"皅"与"因"的"累增字"。例 d 中，王筠认为《说文》训"皅，艸华之白也"，是许慎将"皅"字归在白部，因而说解上有对"白"义的照应。而实际上"皅""葩"同是"艸华"之义，二字音义相同，不存在形体所记词项上的差异，所以"葩"是基于"皅"字增添偏旁"艸"而造的"累增字"。同样，"因""捆"二字音义相同，后者也是在前者基础上增添偏旁"手"而造的"累增字"。

但"葩"与"捆"这两个"累增字"在造出后的命运是截然不同的。从文献测查的结果来看，"葩"产生后即替代了"本字"（古文）"皅"，"皅"字后世就不再使用；但是"捆"产生后没能替代"本字""因"，成为不被社会接受而仅存于字书当中的"死字"。从本质上来看，"累增字"与"本字"在记词功能上是一致的，其差异就在于"累增字"为了使"本字"所记词义更加凸显，而在形体上较"本字"增加了偏旁。因此就

---

① （清）王筠：《说文释例》卷八，中华书局1987年版，第180页。

② 同上。

文献系统的字际关系角度而言,"𦱆"与"葩"、"囙"与"㧒"这样的"本字"与"累增字"都属于异体字和异体字的关系。综上所述,我们可以将王筠所论"累增字"的具体情形及其内部的字际关系归纳为下表:

累增字的构造动因	古义深曲,加偏旁以表之	
累增字的使用情况	既加偏旁,即置古文不用也	既加偏旁而世仍不用,所行用者反是古文也
举　　例	𦱆/葩（艹华）	囙/㧒（就也）
字际关系	异体字—异体字	

可见,无论是"分别文"还是"累增字",王筠在指出其"加偏旁"的构造方式的基础上,重点探讨的是它们的产生动因,或加偏旁以别借义,或加偏旁以分引申义,或加偏旁以显本义。这些都属于汉字滋生发展的问题。即使在"累增字"部分谈到"使用"现象,也是着眼于字符的存废,反映的是汉字系统中个体成员的发展变化,其意图并不在揭示不同时代文献用字上的同功能替换关系。

王筠对具体材料的分析和表述,使用"分别文"和"累增字"的区别一般比较严格,但个别字例也有值得商榷的。例如:

　　f.《说文》爰、援下皆曰"引也",是爰为古文,援为后来分别文。①

"皆曰'引也'",说明"其加偏旁而义仍不异",则"爰、援"应当属于"累增字",可王筠说"援为后来分别文"。也许是考虑到"爰"还有别的意义和用法（比如借用为虚词）需要"分别"吧,但"囙、㧒""皆曰'就也'",而且"囙"也有"㧒"所不具备的其他义项和用法,可王筠把"㧒"当作"囙"的典型"累增字"处理,明显跟把"援"当作"爰"的"分别文"原则不一致。当然这种个别材料的归类失当并不影响"分别文、累增字"总体上属于通过"加偏旁"而"一字递增"的孳乳造字现象。

四　结语

综上所述,所谓"分别文、累增字"原是王筠研究《说文》"重文"时发现的一种有规律的汉字滋生现象,即"由一字递增"而产生新的"重文"。"重文"只是平面的静止关系,而"分别文、累增字"的提出则揭示了构造"重文"的手段和"重文"之间历时性的动态关系,包括"古本字—重造本字""源本字—分化本字""假借字—后起本字"等。这些历时性的字际关系,不仅反映出汉字滋生发展的部分规律,也与不同时代

---

① （清）王筠:《说文释例》卷十二,中华书局1987年版,第299页。

汉字的使用规律密切相关，因而常被人等同于"古今字"。但实际上，王筠专门讨论"分别文、累增字"既不再以"重文"为目标，因为前面讨论过的"重文"已经成为背景知识；也不是为了研究"古今字"，因为《说文释例》中"古今字"的概念同时存在而着眼点不同①。因此，研究"分别文、累增字"，一方面要还原王筠提出这组概念的理论背景，另一方面要明确王筠的研究目的不在"重文"，也不在"古今字"，这样才能真正认识到王筠"分别文、累增字"对于揭示汉字滋生发展规律和有关历时字际关系的学术价值。

参考文献

［1］李运富：《论汉字的字际关系》，《语言》第 3 卷，首都师范大学出版社 2002 年版。

［2］李运富：《论汉字的记录职能》，《徐州师范大学学报》2003 年第 1 期、2003 年第 2 期。

［3］李运富：《早期有关"古今字"的表述用语及材料辨析》，《励耘学刊》（语言卷）2007 年第 2 辑，学苑出版社 2008 年版。

［4］蒋志远：《王筠"古今字"观念》，《大庆师范学院学报》2010 年第 2 期。

［5］蒋志远：《王筠古今字研究》，硕士学位论文，北京师范大学，2011 年。

［6］刘琳：《段玉裁〈说文解字注〉"古今字"研究》，博士学位论文，北京师范大学，2007 年。

［7］黄天树：《〈说文〉重文与正篆关系补论》，《语言》第 1 卷，首都师范大学出版社 2000 年版。

［8］张晓明：《〈说文〉小篆"重文"研究》，硕士学位论文，北京师范大学，2000 年。

［9］单周尧：《读王筠〈说文释例·同部重文篇〉札记》，《古文字研究》第 17 辑，中华书局 1989 年版。

---

① 王筠提到"古今字"时往往着眼于古籍注释，指功能相当的前后不同用字；讲"分别文、累增字"则着眼于字形"递增"，指新造功能相当的字。在"递增"造字的层面，跟新造字相对的称"本字"，在"替换"用字的层面，跟分别文、累增字相对的称"古文"。累增字与本字的关系大致可以属于古今字，但分别文与本字的关系不宜简单看作古今字。关于"分别文、累增字"与"古今字"的实际关系，我们将另文论述。

从"分别文""累增字"与"古今字"的关系看后人对这些术语的误解[①]

一 引言

"古今字"在传统语言文字学领域有着悠久的历史,它最早由汉代训诂家们提出,指的是文献中记录同一个词项而不同时代使用了不同字符的"历时同词异字"现象。但是现代学者对"古今字"则有两种不同的理解。一部分学者认同"古今字"指文献用字的"历时同词异字"现象;另一部分学者则认为"古今字"专指有"造字相承"关系的字。对于后者,裘锡圭曾指出:"近年来,还有人明确主张把'古今字'这个名称专用来指有'造字相承的关系'的字。他们所说的古今字,跟古人所说的古今字,不但范围有大小的不同,而且基本概念也是不一致的。"[②] 我们同意裘锡圭的看法,也认为着眼于"造字相承"来理解"古今字"是不符合前人"古今字"观念的。那么这种违背古人"古今字"观念的思想是怎样形成的呢?这就有必要考察"古今字"术语的传承及其与相关概念的牵连情况。

从有关的研究成果来看[③],自汉代郑众、郑玄提出"古今字"(含同义的不同表述),直到清代段玉裁、王筠之时,"古今字"都是用于沟通字词关系的训诂术语,指称"历时同词异字"的文献用字现象,其概念传承稳定。学者们除了在文献注释中大量分析"古今字"实例,也有专门讨论"古今字"问题和集中描写"古今字"现象的,如魏张揖的《古今字诂》、唐颜师古的《匡谬正俗》、清段玉裁的《说文解字注》等。稍晚于段玉裁的王筠,在研究汉字"重文"时从造字角度发现通过添加偏旁而增繁文字的"分别文""累增字"现象,并偶尔用"分别文"或"累增字"指称"古今字"的"今字"。那么,王筠的"分别文""累增字"是否就等于"古今字"?后人把"古今字"限定于形体上有

[①] 本文为国家社会科学基金重点项目(13AYY006)相关成果,原载《苏州大学学报》(哲学社会科学版)2013年第3期。署名李运富/蒋志远。

[②] 裘锡圭:《文字学概要》,商务印书馆1988年版,第273页。

[③] 参见李运富《早期有关"古今字"的表述用语及材料辨析》(《励耘学刊》(语言卷)2007年第2辑)、苏天运《张揖〈古今字诂〉研究》(北京师范大学2006级硕士学位论文)、关玲《颜师古的古今字研究》(北京师范大学2006级硕士学位论文)、刘琳《〈说文段注〉古今字研究》(北京师范大学2004级博士学位论文)、蒋志远《论王筠的"古今字"观念》(《大庆师范学院学报》2010年第2期)。

"造字相承"关系的"分别文"和"累增字"是否承袭了王筠的观点？出于"学史求真"的愿望，本文从辨析"分别文""累增字"与"古今字"的关系入手，还原古人各种表述的本义，继而考察"古今字"被误解的真实过程。

二 "分别文""累增字"与"古今字"的关系

"分别文""累增字"是王筠在《说文释例》中用专章阐述的新发明。《说文释例》卷八"分别文、累增字"（原注：此亦异部重文，以其由一字递增也，别辑之）："字有不须偏旁而义已足者，则其偏旁为后人递加也。其加偏旁而义遂异者，是为分别文，其种有二：一则正义为借义所夺，因加偏旁以别之也（冉字之类）；一则本字义多，既加偏旁则只分其一义也（公字不足兼公侯义）。其加偏旁而义仍不异者，是谓累增字，其种有三：一则古义深曲，加偏旁以表之者也（哥字之类）；一则既加偏旁，即置古文不用者也（今用復而不用复）；一则既加偏旁而世仍不用，所行用者反是古文也（今用因不用𡇞）。凡类此者，许君说解，必殊别其文。"[①] 由此可见"分别文""累增字"是从《说文》"重文"中的"异部重文"里"别辑"出的两种类别，反映着一个汉字"递增"偏旁后造出新字的规律，新字的记词功能若与原字有差异就构成"分别文"，反之则构成"累增字"。这一发明的实质，是把在《说文》中处于平面静态的一部份"异部重文"从造字的角度进行动态分析，从而使"分别文""累增字"超越"重文"研究的视域而成为专门探讨造字孳乳问题的汉字学理论。[②] 而"古今字"并非王筠自创的术语，他也没有对"古今字"作专门的解说和阐述，从他使用"古今字"分析的实例以及对郑众、郑玄、张揖、郭璞、陆德明、颜师古、段玉裁等前人的"古今字"言论的转引来看[③]，他的"古今字"观念基本是继承前人而来，指的仍然是"历时同词异字"的用字现象。

在王筠的眼里，"分别文""累增字"是从造字角度说的文字增繁现象，而"古今字"是从用字角度说的文献字词关系。它们角度不同，功能不同，所以在王筠的学术体系中并存并用，可以交叉说明（如"累增字"的后两类就分析了造字后的用字情况），但不能互相取代。实际上王筠对它们的使用也的确各有侧重，凡用"古今字"表述的字例意在沟通文献历时字词关系，目的是"通意义"，即古今两字功能相同；用"分别文""累增字"指称的则意在说解原字与后出字之间的"造字相承，增偏旁"的关系，目的是"明孳乳"，即后出字与原字形义相关。具体分析王筠的注例和用语习惯，也能证明"分别文""累增字"与"古今字"确实是不能等同的两组概念，主要证据有：

（一）"古今字"（含单用的"古字"和"今字"）指称的字例可以没有"增偏旁"的形体关系。例如：

---

① （清）王筠：《说文释例》卷八，中华书局1987年版，第173页。
② 参见李运富、蒋志远《论王筠"分别文""累增字"的学术背景与研究意图》，《励耘学刊》2012年第2辑（总第16辑）。
③ 参见蒋志远《王筠古今字研究》附表，硕士学位论文，北京师范大学，2008年。

《说文句读》第二上:"䚻,喜也。"此即《释诂》"繇,喜也"。郭所据本以同音之繇易之,注曰:"《礼记》曰'人喜则斯陶、陶斯咏、咏斯猶',猶即繇也,古今字耳。"

《说文句读》第四上:案爵、雀盖古今字也。

《说文句读》第四下:《集韵》苹,吕静作籓,籓见《竹部》,"大箕也"。是苹、籓为古今字也。

《说文释例》卷七:篝与《羽部》翳,说皆曰"翳也"。翳下引《诗》作翿。《释言》:"翿,纛也;纛,翳也。"《释文》纛字又作翳,《说文》无纛,而翳、纛又当是古今字。

《说文释例》卷十七:《出部》黜下云:"槷黜,不安也。"……《易·困卦》上六《释文》云"臲卼"。……槷黜即上之臲卼,古今字也。

《䒾友蛾术编》卷下:《洛神赋》《名都篇》皆曹子建作也。赋曰"命俦啸侣",诗曰"鸣俦啸匹旅",两句同义。鸣、命叠韵,侣今字,旅古字也。

上举"猶/繇""爵/雀""苹/籓""翳/纛""槷黜/臲卼""侣/旅"被王筠称为"古今字",这些字因为没有"造字相承增偏旁"的形体关系,显然不属于"分别文"或"累增字"。

(二)"古今字"就文献中某个词项的一组用字而言,通常是一对一的;"分别文""累增字"就孳乳造字而言,如果某个字孳乳出多个字,则多个字可以同时称"皆"为某个字的分别文或累增字,这时的"分别文"或"累增字"不能改用"古今字"或"今字"。例如:

《说文句读》第八上:夏、伸皆当为申之分别文。申、夏下皆曰"神也"。

《说文句读》第十二下:婚,字与湑同,皆省之分别文也。

《说文句读》第十三下:疑𢠱是古文,礙、礓皆其累增字。

《说文句读》第十三下:恊、勰、协三字,则只是劦之分别文。

《说文句读》第十四下:絫、垒皆厽之分别文耳。

《说文释例》卷八:《匕部》顷下云"头不正也",《人部》倾、《阜部》陨皆曰"仄也"。……云不正,则凡不正者之统词矣。仄亦不正也。知倾、陨皆为顷之分别文。

(三)"本字"[①] 与"分别文""累增字"的关系有时并不相当于"古今字"的关系,因为造字的孳乳顺序与用字的时间顺序不一定相同,只有当"分别文"或"累增字"跟"古文"对言时,才可能会相当于"古今字"的"今字"。例如:

---

① 这个"本字"是王筠使用的术语,指孳乳分化出新字的母字,跟一般相对于通假字而言的本字含义不同。本文除引用王筠原文外,使用王筠这个"本字"概念时加引号,以区别一般的本字。

《说文句读》第十下:"𩑢,进也。从厽,从中,允声。《易》曰:𩑢升大吉。"《升卦》文。今作允。案𩑢即允之累增字也。故《从部》㒦下云"允,允进也"。是允本有进义。

《说文句读》第十二上:掼与《辵部》遦,皆贯之分别文。古有习贯之语而无专字,借贯为之,后乃作遦、掼以为专字,写经者苦其繁,故今本仍作贯也。

前例"𩑢即允之累增字也",则"𩑢"的增旁造字在后,但实际用字关系是"今作允",就是说"𩑢"用为古字,而"允"用为今字,明显跟"允—𩑢"的累增时序不同。后例"遦、掼"是"贯"的分别文,可"写经者苦其繁,故今本仍作贯也",也就是本字"贯"被用为今字,分别文"遦、掼"反倒成了古字。可见"本字—累增字""本字—分别文"的关系不等于"古字—今字"的关系。

(四)"古今字"着眼文献用字和功能沟通,所以"古今字"出现的语境常有文献注释和字词关系方面的表述;"分别文""累增字"着眼文字孳乳,所以提到它们时常有"后作""后起"之类表示文字产生之类的用语。例如:

《说文句读》第二上:《苍颉篇》:"啁,嘲也。"……以嘲释啁,乃以今字释古字之法,汉人多有之。

《说文句读》第三上:"向,言之讷也。"向、讷,古今字也。《檀弓》"其言呐呐然,如不出诸其口"变向之形为呐,《穀梁集解·序》《释文》引字书云"讷或作呐"。许君以讷说向,此以异部重文为说解之例。

《说文句读》第五上:《酉部》收酒字,而两字说解大同,则酉、酒是古今字,与《豆部》桓字同。

《说文句读》第九上:《汉书·儒林传》:"鲁徐生善为颂。"此颂皃之本义也。借为雅颂。《诗序》曰:"颂者,美盛德之形容。"以容说颂,以今字解古字也。

《说文句读》第九下:"厕,清也。"《广韵》引作"圊也",此以今字代古字,使人易晓也。

《说文句读》第十上:《毛传》:"威,灭也。"……案毛以今字释古字。

《说文句读》第十上:"爒,火燣车网绝也。"燣一引作燥,亦通。网一引作辋,则以今字改之,取易晓也。

《说文释例》卷七:《𠒞部》羁与部首眲,盖古今文。眲,左右视也,苟非有所惊悬,何为左右视哉?是足赅举目惊羁然之义矣。

《说文释例》卷十三:《荀子·臣道》:"边境之臣处,则疆垂不丧。"注:"垂与陲同。"按,此以今字释古字也。

《说文释例》卷十三:观"戜"下引"西伯既戜黎",为戜引之也;"䉉"下引"西伯戡䉉",为䉉引之也。改易之文多矣,戜、戡要当是古今字。

《说文释例》卷十六:"甖"下云"甃也"……说解中以今字说古字亦时有之。

《说文释例》卷十八:"髟"下云"长发猋猋",《玉篇》"长发髟髟也",两书皆是,不可互改也。许君用猋者,发明假借;……顾氏用髟者,直解之也,正如《史记》《汉书》之同文者，此用古字，彼用今字，对勘之而自明。

上述各例皆注明为"古今字"，讲的都是文献用字和典籍解读（释义）问题，目的在"使人易晓"，与汉字的滋生构造无关。而下面的注例则不同：

《说文句读》第五上：案《诗·采薇》"象弭鱼服"，服为古字，箙则后作之专字也。（按，王筠所谓"专字"指的就是"分别字"。）

《说文句读》第八上：《广韵》袀下引《左传》"均服"，而云"字书从衣"，则本经不从衣可知。是知在《左传》则均为正字，袀为后人分别字。（可见王筠的"分别字"不限于"增偏旁"，也包括"改换偏旁"。）

《说文句读》第十一下：虹之籀文从申，云"申，电也"，知申是古电字，电则后起之分别文。

《说文句读》第十二下：古只有專字，嫥则后起之分别文。

《说文释例》卷一：要之毌字足该贯义，贯盖后起之分别文矣。

《说文释例》卷十二：《说文》爰、援下皆曰"引也"，是爰为古文，援为后来分别文。

《毛诗重言》中篇：《节南山》"维石巖巖"，《传》："积石皃。"《释文》："巖本或作嚴。"案：嚴者古字，巖则后作之分别文。

上述注例都提到"分别文"，但"分别文"前面大都有"后起""后作""后来""后人"等修饰语，可见"分别文"是后来构造产生的，这就不只是用字问题，而重在说明这个字是为了"分别"而滋生出的"专字"，讲的是字的来源（包括产生动机和产生方式），而不是如何解释或如何使用这个字。

那么"分别文""累增字"是否跟"古今字"毫无关系呢？也不是的。因为"分别文""累增字"其实不是个组概念，不是指一组字的双方，而是指后出的单方。跟它们相对的另一方（王筠叫"本字"或"正字"）由于时间在前，一般就成为"古字"，所以上举"分别文"也大都相对于"古字"而言。如果这种"古字"跟后起的"分别字"或"累增字"在使用上意义相当，那就构成了"古今字"关系。所以表面上看起来"古字—分别文"和"古字—今字"好像没有什么区别，都可以反映"古今字"的事实，这可能正是后人把"分别文""累增字"等同于"古今字"的内在原因吧。可实际上"分别文"虽然处于跟"古字"对应的"今字"的位置，却并不能取代"今字"而表达"古今字"的含义，因为"其加偏旁而义遂异者，是为分别文"，"义遂异"是"分别文"的特点，而"古今字"是"音义同"的，所以只有"加偏旁而义仍不异"的"累增字"才可能同时是"古今字"。比如"采"曾经代表{采}{彩}{寀}{睬}等词项，后出的专字有"採""彩""寀""睬"等。当我们说"採"是"分别字"的时候，只能相对于"采"的{彩}{寀}{睬}等词项而言，但它们之间并不是"古今字"关系，如"採—采{彩}"不是"古今字"。如果就"古今字"而言，只能是"採—采{採}"或"彩—采{彩}"等，而它们各自音义同，当然不可能是"分别文"。

那怎么理解王筠在分析"古今字"的时候，常拿"分别文"放在"今字"的位置来跟"古文"相对呢？我们认为，与其说王筠这里的"分别文"表述不准确，毋宁多想想王筠可能有深意。其深意就在，这里的"分别文"不是用来取代"今字"以表述"古今字"关系的，而是用来说明"今字"的来源的。比如"嚴者古字，巖则后作之分别文"，这个句子要表述的不仅是"嚴—巖"为"古今字"关系，更主要的目的在于揭示这个今字"巖"是由于要区别"嚴"所负载的别的词项而产生的一个"分别文"，也就是由"嚴{严肃}"等词项的"分别文"的"巖"充当了"嚴{山岩}"这个"古字"的"今字"。可见这里的"古今字"是针对{山岩}词项而言，"分别文"是针对{严肃}等词项而言，它们不在同一个术语系中。

在涉及"古今字"的时候，王筠不仅用"分别文"或"专字"来说明"今字"的构造来源或文字属性，也用"汉字"（汉代产生的字）"俗字""借字"等术语从别的角度加以说明；不仅说明"今字"，有时也说明"古字"的来源或属性，使用的术语有"假借字""通借字""借"等。不只是从用字时代上摆出"古今字"关系，而且进一步从其他角度说明其中"古字"和"今字"的来源或属性，这正是王筠对"古今字"研究高出前人的地方。例如：

《菉友蛾术编》卷上：以婉说娿，乃以汉字说古字。

《说文句读》第十四上："轨，车徹也。"《诗释文》《众经音义》皆引作辙，乃以俗字易古字，使人易晓也。

《说文释例》卷七：《玉篇》："燗，火焰也。"焰即燗之俗字，此以俗字释古字之法也。

《毛诗重言》中篇：《长发》"敷政優優"，《传》："和也。"《说文》引作"布政憂憂"，《左传》引布字同。憂者古字，優则借字。

《说文释例》卷八："像"下云："象也，从人、象，象亦声。"小徐只云"象声"。《易》曰"象也者，像也"，乃以中古分别字释上古假借字也，许君则颠倒用之。

《说文句读》第十上：《楚辞·远游》"时暧曃其曭莽兮"，《注》云"日月晻黮而无光也"。黱、曭古今字是也，缘借黱为鄹既久，故加日以别之。

《说文释例》卷十五："作，起也，从人乍声。"钟鼎文以"乍"为"作"，然则"乍"是上古通借字，"作"是中古分别字。

《说文句读》第七下：主者，古文假借字也。宝则后起之分别字也。

《说文句读》第八上：菫当是古文借字，《广部》"廑，少劣之居"则后起之专字。

《说文句读》第八上：玄是古借字，袨则后作之专字也。

《说文句读》第九上："紒，簪结也。"……《士冠礼》注亦云"古文紒为结"，可知结为古文假借字，紛、紒则后起之专字也。

《说文句读》第九上："鬄，用梳比也。"比，今作篦。用梳比次第之以成髻，因谓之鬄也。《周礼》作次，盖古借字，鬄则后起之专字。

《说文句读》第九下：靁者，古文借字；廇者，中古所作之专字；《左·宣二年传》"三进及溜"，则俗字也。

《说文句读》第十上：《书·文侯之命》："卢弓一，卢矢百。"古假借字也，玈则继起之分别字。

《说文句读》第十三下：强者，古假借字，勥则后起之专字也。

上述可见，"分别文"（专字）、"累增字"确实经常使用于"古今字"场合，但它们不是用来取代"古今字"的同义术语，而是像"汉字""俗字""假借字""通借字""借字"等一样，是从不同角度用来进一步说明"古今字"的"古字"或"今字"的形体来源、构造时代、使用属性、社会评价等内容的。所以王筠眼中的"分别文""累增字"绝不等同于"古今字"。

三　后人的误解

如果忽略"古今字"与"分别文""累增字"不同的立足平面和使用目的，由于术语的配搭和材料的交重，这几个异质的概念确实容易混同并进而产生误解。根据我们的考察，将"古今字"和"分别文""累增字"等同起来并误解"古今字"只限于"造字相承关系"的观念滥觞于清人徐灏。

徐灏的代表作《说文解字注笺》较王筠的《说文释例》晚出数十年，该书就段玉裁《说文解字注》为笺，对"古今字"例多有指点，并间下己意。其中较为知名的一段出现在"祐"字条下：

"祐，助也。从示，右声。"注曰：古只作右。○笺曰：右、祐古今字。凡古今字有二例：一为造字相承，增偏旁；一为载籍古今本也。（《说文解字注笺》卷一上）

这段笺语在指明右、祐是"古今字"外，还明确主张把"古今字"种类二分为"造字相承，增偏旁"和"载籍古今本"。对此，洪成玉[①]、孙雍长[②]、李淑萍[③]等学者都曾指出，所谓"造字相承，增偏旁"，即脱胎于王筠的"分别文""累增字"；而"载籍古今本"，则是归纳段玉裁"凡言'古今字'者，主谓同音，而古用彼今用此，异字""古今无定时，周为古则汉为今，汉为古则晋宋为今，随时异用者谓之古今字"等论点而成。段玉裁和王筠本来都是面对所有"古今字"立论的，现在却让他们各自代表一部分而加合起来才等于"古今字"。徐灏这样做一方面是出于对王筠"分别文""累增字"的误解

---

① 参见洪成玉《古今字概述》，《北京师范大学学报》（哲学社会科学版）1992 年第 3 期。
② 参见孙雍长《论"古今字"暨辞书对古今字的处理》，《辞书研究》2006 年第 2 期。
③ 参见李淑萍《清儒古今字观念之传承与嬗变——以段玉裁、王筠、徐灏为探讨对象》，《文与哲》2007 年第 11 期。

而将"造字相承，增偏旁"的文字孳乳现象全部当成"古今字"；另一方面却无法用"分别文""累增字"涵盖所有的"古今字"事实，只好再用"载籍古今本"来作为补充。

但"造字相承增偏旁"属于汉字孳乳的构形问题，"载籍古今本"属于不同时代的用字问题，"二例"不是符合逻辑的类别划分。一方面，所谓"载籍古今本"反映的是段玉裁的"古今字"观念，即"历时同词异形"现象，它不能构成"古今字"的下位概念；另一方面，"造字相承，增偏旁"说的是汉字"由一字递增"的历时孳乳现象，它可以解释部分"载籍古今本"的成因，却无法和"载籍古今本"相提并论。由于角度不同，"载籍古今本"和"造字相承增偏旁"可以指向同一组材料，如上例"右—祐"，在"佑助"的意义上，古本用"右"今本用"祐"，这是"载籍古今本"，而换个角度看，右、祐之间又是"造字相承增偏旁"的关系。由此可见徐灏提出的两种"古今字"类别可针对同一材料而论，它们不属同一个逻辑层面，是不能成立的。

如果仅仅是分类不当，最多导致材料归属的混乱，不会引起概念内涵的改变。但徐灏表面上将"古今字"分为两类（两个角度），而实际上却只关注一个角度，造成了"古今字"范围缩小的事实。据刘伊超统计，《说文解字注笺》中徐灏共指明314组"古今字"，其中80%以上的"今字"和"古字"都属"造字相承，增偏旁"之类①。李淑萍的调查也指出，徐灏着重关注的是"造字相承增偏旁"现象，对"载籍古今本"语焉不详，甚至连《说文解字注》中段玉裁明言的"古今字"，如余和予、谊和义、容和颂之类，他的笺语都未予继承②。由此可见，徐灏讲"古今字"是以有"造字相承增偏旁"关系的字为重点的，这容易给后人造成"古今字"即指"造字相承增偏旁"现象的错觉。如洪成玉认为："徐灏虽然提出了'古今字有二例'，但从他在《说文解字注笺》中对古今字的分析来看，主要倾向于前一例，即把'造字相承，增偏旁'的看作是典型的古今字。……'古今字有二例'其价值只存在于'造字相承，增偏旁'。"③

受徐灏影响，在传统的"古今字"认识之外，开始有学者明确地将"古今字"定义成具有"造字相承关系"的字，这就不仅仅是误解"分别文"和"累增字"了，而是进一步改变了"古今字"的内涵。正如前引裘锡圭之言："他们所说的古今字，跟古人所说的古今字，不但范围有大小的不同，而且基本概念也是不一致的。"

持这种不一致的"古今字"观念的学者，以王力的意见最具代表性，影响较大。他在《同源字典·序》中说："清儒在文字学上的成就是空前的……王筠讲分别字、累增字，徐灏讲古今字，其实都是同源字。那么为什么他们写不出一部同源字典或语源字典来呢？这是由于他们是从文字的角度上研究问题，不是从语言的角度研究问题。"④ 这段话中，王筠的"分别字（文）""累增字"已与徐灏的"古今字"等同，被认为都是"从文字的角度研究问题"，"其实都是同源字"。尽管王筠的"分别文""累增字"不全是

---

① 参见刘伊超《〈说文解字注笺〉古今字研究》，硕士学位论文，北京师范大学，2006年。
② 参见李淑萍《清儒古今字观念之传承与嬗变——以段玉裁、王筠、徐灏为探讨对象》，《文与哲》2007年第11期。
③ 洪成玉：《古今字概述》，《北京师范大学学报》（哲学社会科学版）1992年第3期。
④ 王力：《同源字典》，商务印书馆1982年版，第1页。

"同源字"，但它们源自"异部重文"研究，说是"从文字的角度研究问题"当然过得去，可徐灏讲的"古今字"却未必如此。《说文解字注笺》一方面将"造字相承增偏旁"的"分别文""累增字"全部归入"古今字"，同时对"幞—簾""磎—溪"① 这样由其他原因造成的"古今字"也间有关照，尽管它们不是论述的重点。从总体上看，徐灏眼里的"古今字"和专指"造字相承"现象的"分别文"（也包括"累增字"）仍有一定区别。

王力主编的《古代汉语》教材也设有"古今字"一节②，其中更为明确地指出"古今字"的产生，是由于"古字'兼职'多"，后起的"今字"只是"分担其中一个职务"，认为"'责、舍'等是较古的字，'债、捨'等是比较后起的字。我们可以把'责债''舍捨'等称为古今字。……'责''舍'所移交给'债''捨'的只是它们所担任的几个职务中的一个。"发端于徐灏的"古今字"偏解至此已演变成脱离传统观念的误解，反映文献异时用字现象的"古今字"变成了立足"造字相承关系"重新定义的新术语。随着《古代汉语》教材的推广，这一主张在高校教学中几乎成了共识。如洪成玉认为："王力先生主编的《古代汉语》出版，该教材专门设立章节，介绍古今字的内容。……是近二三百年来对古今字研究的总结，反映了迄今为止最新的研究成果。"③ 从此以后，学术界把训诂学术语"古今字"当作汉字学术语用来专门探讨孳乳造字问题的情况屡见不鲜。

更有甚者，学者们执持以上误解后的观念反过来评价前人的"古今字"研究。如洪成玉认为"（王筠）没有囿于汉人关于古今字的见解，也没有因袭段玉裁的说法。他在分析了古字和今字的关系以后，提出了分别文的说法"④，"王筠所说的分别字，就是古今字，此外，他还从造字角度提出了累增字这一术语，累增字其实也是古今字"⑤；李淑萍认为"王筠藉由分析古字和今字的关系，从中归纳出文字发展的规律，提出'分别文''累增字'的概念"⑥，"王筠提出'分别文''累增字'之说，……着重于汉字形体的增益与孳乳演变，因此，王筠在古今字研究上的贡献应当肩负着'概念转向'的地位"⑦；等等。但我们看到"分别文""累增字"是王筠从"异部重文"中发现的类别，其实和"古今字"在学术来源上并无联系。他的"古今字"观念和汉人以及段玉裁是一致的，并未因"分别文""累增字"现象的发明而改变。所以不论是抛开王筠的论述将"分别文""累增字"与"古今字"强画等号，还是把他看作"古今字""概念转向"的始作俑者都是有失公允的。而对于徐灏的"古今字"，孙雍长曾说："（徐灏）对王筠的看法不以为

---

① 徐灏在《说文解字注》"帘"字下笺曰："幞、簾古今字耳，古无竹帘，以布为之，故从巾。"同书"磎"字下徐灏笺曰："今字作溪。"
② 参见王力《古代汉语（第一册）》，中华书局1999年版，第171页。
③ 洪成玉：《古今字辨正》，《首都师范大学学报》（哲学社会科学版）2009年第3期。
④ 洪成玉：《古今字概述》，《北京师范大学学报》（哲学社会科学版）1992年第3期。
⑤ 洪成玉：《古今字辨正》，《首都师范大学学报》（哲学社会科学版）2009年第3期。
⑥ 李淑萍：《清儒古今字观念之传承与嬗变——以段玉裁、王筠、徐灏为探讨对象》，《文与哲》2007年第11期。
⑦ 同上。

然，认为'古今字'概念不应限于造字问题，不应将'载籍古今本'中的用字问题排除在外，所以提出'古今字有二例：一为造字相承，增偏旁；一为载籍古今本也'。"[①] 而事实上王筠从未把"古今字""限于造字问题"，反而是徐灏过分强调"分别文""累增字"这类"造字相承"问题，而对"载籍古今本"语焉不详，以致误导后人对"古今字"概念产生歧解。凡此种种，或誉或毁，皆难符事实，所谓"以今律古""强人就己"者莫过于是。我们认为这种不从客观材料出发，无视古人原意而以误解后的今人观念评论学术史的研究态度是值得商榷的。

---

① 孙雍长：《论"古今字"暨辞书对古今字的处理》，《辞书研究》2006年第2期。

《说文解字》的析字方法和结构类型非"六书"说[①]

一 "六书"不等于分析汉字结构的方法和类型

"六书"之名始见于《周礼》。首次说出六书具体名目的，是东汉班固承袭西汉末刘歆《七略》而作的《汉书·艺文志》：

> 古者，八岁入小学，故周官保氏掌养国子，教之六书，谓象形、象事、象意、象声、转注、假借，造字之本也。

提到六书名目的还有刘歆的再传弟子郑众，见于汉末郑玄《周礼注》所引：

> 六书，象形、会意、转注、处事、假借、谐声也。

对六书解释最详细的是刘歆另一再传弟子贾逵的学生许慎，他在《说文解字·叙》中说：

> 周礼八岁入小学，保氏教国子，先以六书。一曰指事，指事者，视而可识，察而见意，上下是也；二曰象形，象形者，画成其物，随体诘诎，日月是也；三曰形声，形声者，以事为名，取譬相成，江河是也；四曰会意，会意者，比类合谊，以见指㧑，武信是也；五曰转注，转注者，建类一首，同意相受，考老是也；六曰假借，假借者，本无其字，依声托事，令长是也。

上述三家所列六书名目大同小异，其中象形、转注、假借，全同；其他皆名异实同，象事、处事和指事同，象意和会意同，象声、谐声和形声同。班固明确指出六书是"造字之本"，即六种造字的方法。而根据许慎的定义和举例，则"六书"的命名角度和命名方式并不一致，不都是就造字而言。"象形"的定义"画成其物，随体诘诎"重点在"画"，说的是形体的来源和取形的方式，跟"象形"的命名基本一致。"会意"定义为

[①] 本文原载《中国文字研究》第14辑，大象出版社2011年版。

"比类合谊，以见指㧑"，"形声"定义为"以事为名，取譬相成"，是就造字的手段和过程而言，跟命名也有相适应的一面。说"假借"是"本无其字，依声托事"，虽然有人理解为一种"不造字"的造字手段，但毕竟没有构造出新的形体，更应该看成一种用字记词的手段。"转注"是"建类一首，同意相受"，这一模糊的表述争议最多，至今没有公认的说法。我们认为，"转注"是类聚字形、用一个部首辗转注解一系列汉字的方法，它既可用于编撰字书，也可用于帮助儿童集中认读和系统掌握汉字。至于"指事"的"视而可识，察而见意"，则是针对已经存在的字形而言，"视"和"识"、"察"和"见意"都是在字形已然存在的基础上进行分析和考察的过程，而"指事"的命名却是着眼于构件功能或造字目的的，命名和解释都与造字无关。

这里需要区别几个相关而不同的概念：一是"取形"，指构造汉字的形体从何而来；二是"造字"，指怎样从无到有，取用一定的形体构造出某个字符；三是"用字"，指取用现有的字符记录某个词语；四是"析字"，指对现有字符的形体跟本用词语的关系进行分析；五是"类字"，指根据汉字的属性认同别异，类聚群组，以便系统掌握。从"六书"是古代小学教授童蒙的内容来看，许慎的解释多半是可信的。作为小学的教学内容，应该具有常识性、实用性和选择性，而不必具有学术性和系统性，更不可能是艰深的。所以我们认为"六书"是针对学童掌握汉字而选择讲授的几项浅易、典型而又实用的内容，包括汉字形体的来源（取形）、汉字符号的构造（造字）、汉字的分析（析字）、汉字的系联（类字）、汉字的运用（用字）等方面，而每个方面都不是系统完整的。就是说，"六书"是教学概念，不是学术概念，它反映了古代小学识字教育的基本内容，但不能反映完整的学术系统。那么，把"六书"全都看成"造字之本"可能是错觉，把"六书"当作汉字结构的六种类型也是行不通的。难怪唐初的颜师古在注《汉书》时这样替班固解说："文字之义总归六书，故曰立字之本焉。""立字之本"恐怕并非"造字之本"，因为就"创造"的意义而言，"造"比"立"要明白得多，颜师古完全没有必要换字解释，可见这里并非解释班固的原意，而是委婉地表示了不同意见，"立"的含义比"造"要宽泛得多，不一定都指造字或构字而言。

事实上，"六书"中只有前四书跟汉字的形体相关，这就是所谓"四体二用"说。但"四体"通常都理解为造字方法，也不等于汉字的四种结构类型。造字方法确实可以为分析汉字结构提供线索和依据，但造字法不同于析字法，汉字的构造过程跟汉字结构关系的分析不能完全对应，它们的思维是逆向的，对造字过程的描述是历时的，对结构关系的分析是平面的，因而它们的种类并不一致。何况"六书"中涉及的造字法和析字法都不完整，就更无法系统对应了。

但长期以来，"六书"被误解为专门用来分析汉字形体结构的方法和类型。事实上按六书来分析汉字或者把汉字归入六书，只有少数字例适合，绝大多数汉字无法按六书分析和归类。于是从宋代开始就不断有人研究六书的下位分类或调整六书的名目，弄出许多"变例"和"兼类"来[①]。到清代的王筠变本加厉，在《文字蒙求》和《说文释例》中，设置了更多的六书小类。例如，象形字中有"以会意定象形者""以会意定象形而别加一

---

① 参见党怀兴《六书理论中的兼书说》，载《宋元明六书学研究》，中国社会科学出版社2003年版。

形者""兼声意之象形""似会意之象形""全无形而以意声为形者"等；指事字中除"纯体指事"外，又有"以会意定指事者""即意即事者""兼意兼声兼形者""省象形字以指事者""形不可象变而为指事者""借象形为指事者""亦借象形为指事而兼意者"等。这些分类，兼变交叉，层次混乱，条例繁多，难以操作，显然不会是"六书"的原意，也不符合许慎《说文解字》分析字形结构的实际类型。这样的"六书"连专家都搞不清楚，古人怎么可能会拿来教小学生呢！现代的专家也搞不清"六书"，于是提出"三书""四书""五书""新六书""七书""八书"等众多学说①，但都未能彻底解决汉字的结构分析和归类问题。因为这些"几书"跟"六书"的思路是一样的，只是在类型的数量上和类型的名目上作了分合调整。可"六书"本来就不是分析汉字结构的系统方法，当然也不代表汉字结构的完整类型，不从根本上认识到这一点，不先确定汉字的有效分析方法，而仍然沿着"六书"的思维定式考虑问题，这就难以从根本上完成汉字结构的科学分析和类型归纳。

二 《说文解字》的析字方法不是"六书"

许慎在《说文解字》中对所收的近万个汉字逐一作了结构分析，但他并没有归纳出汉字总体的结构类型，用来表述结构类型的术语也不统一。后人把汉字的结构分析跟"六书"等同起来，以为许慎是按照"六书"来分析汉字结构的，其实是以今律古、以己度人，并不符合许慎的本意。许慎对汉字结构的分析固然跟"六书"有某种程度的联系，但并不是一码事。许慎在《叙》中除了从教学角度提出并介绍"六书"外，并没有明确说自己要按照"六书"来解说汉字，《说文解字》中实际分析的结果并不能用"六书"来表达，因为许慎对汉字结构分析的用语跟"六书"的名称有许多不相应之处，结构类型也远不是"六书"所能概括的。

首先，"六书"中的"转注"在《说文解字》的结构分析中没有对应的字例，因为"转注"既不是造字方法，也不是析字方法，而是编纂汉字的类聚方法。《说文》540部的设立倒是按照"转注"方法来进行的，所谓"建类一首，同意相授"，就是把具有相同构件的字归为一类，用共同具有的构件字作部首，部首的意义授予属于这个部首的每一个字，所以同部首的字都跟部首的意义相关（或者说都包含着部首的意义）。换句话说，凡是属于某一个部首的字，形体上都包含着这个部首，意义上也都属于跟部首义相关的类，所以说"凡某之属皆从某"。

其次，"假借""本无其字"，只是给原来没有字记录的词语配了一个借用的形体。借用的形体一律按本来的构造意图分析结构，所以《说文解字》的结构分析中也没有假借一类。但《说文》又往往在本字结构分析后引用经书，从用字的角度揭示假借现象的存在，例如：

---

① 参见林季苗（法国里昂第三大学）：《汉字分类及认知之研究与对外教学应用》。2005 年 8 月 24—26 日在德国美因茨大学召开的"西方学习者汉字认知研讨会"宣读论文，来源：http：//www. docin. com/p-31902157. html。

《可部》：哥（哥），声也。从二可。古文以为謌（歌）字。
《宀部》：完（完），全也。从宀元声。古文以为宽字。
《臤部》：臤（臤），坚也。从又臣声。凡臤之属皆从臤。读若铿锵之铿。古文以为贤字。
《乌部》：乌（乌），孝鸟也。象形。孔子曰："乌，盱呼也。"取其助气，故以为乌呼。凡乌之属皆从乌（臣铉等曰：今俗作呜，非是）。
《丂部》：丂（丂），气欲舒出。勹上碍于一也。丂古文以为亏字，又以为巧字。凡丂之属皆从丂。

这种用"以为"表示的假借现象是从用字角度说的，有的后来另造了本字，但当初是"本无其字"而借用的。用字现象的归纳跟汉字结构的分析不在同一平面上。

除了"转注"和"假借"跟形体结构的分析无法对应外，其他"四书"也不能用来表述汉字结构的分析和类型，换句话说，跟"四书"有关的汉字，在《说文》的形体结构分析中有许多不同的表述方式，无法将它们对应地归为四类。例如，一般认为，《说文》中使用"象形"或"象某某之形"之类表述的就是"象形字"，其实未必都是如此：

《亦部》：亦（亦），人之臂亦也。从大，象两亦之形。
《刃部》：刃（刃），刀坚也。象刀有刃之形。
《牛部》：牟（牟），牛鸣也。从牛，象其声气从口出。
《不部》：不（不），鸟飞上翔不下来也。从一，一犹天也。象形。
《之部》：之（之），出也。象艸过中，枝茎益大，有所之。一者，地也。
《齿部》：齿（齿），口龂骨也。象口、齿之形，止声。
《竹部》：筦（筦），可以收绳也。从竹，象形，中象人手所推握也。
《囗部》：圂（圂），厕也。从囗，象豕在囗中也。会意。
《牛部》：牵（牵），引前也。从牛，象引牛之縻也，玄声。
《木部》：櫜（櫜），茱舌也。从木；入，象形；晡声。

上举各字《说文》的解释都含有"象形"之类的表述，但显然不符合六书"象形"的定义，也就是不能归入"象形字"。"亦"（腋）形、"刃"形、"牟"的声气形是无法"画"出的，所谓"象（形）"其实只是人为规定的标志。"不""之"中的"一"或为天，或为地，也只是象征标志而已，没有"随体诘诎"，即使其他构件象形，整个字符也不能看作"象形字"。"齿""筦"虽然各有象形的构件，但同时或有声符，或有义符，整个字形很难归入"象形字"。"圂"明明"象豕在囗中"，却被归入了"会意"字。"牵""櫜"的构形既有象形的构件，又有表义的构件，还有标音的构件，当然更不能算"象形字"了。可见许慎分析汉字时所说的"象形"并不等于"六书"的"象形"。作为"六书"教学系统内容之一的"象形"是"造字法"的立场，它着眼于字符的形体从何而来、如何构造，是通过词语关联到客观事物，再由客观事物的形体构想出字符形体，所以"六书"的"象形"是指"造字者描画客观事物的形体而构造出某个字样"。许慎对"形"的分析着眼于字样（构件）的功能，是通过字样联系到客观事物，再由客观事物关联到所记录的词语，所以他的"象形"是指"某个字样跟某个客观事物的形体相似"，或者"某个字样象征着某个客观事物"，这是"析字法"的立场。造字的"象形"与析字的"象形"虽然相关，所以才会有一些相应，但本质上不是同一个概念。正因为如此，造字的"象形"只能叫"象形"，它所使用的方法只限于描画，用描画（"象"）方法造出的字叫"象形字"，或者用描摹客观事物的方法来取形叫"象形"；而析字的"象形"指的是功能，可以用不同的方法来分析具有象形功能的形体，也可以用不同的说法来描述这种形体的功能，字样中具有象形功能的构字单位叫"象形构件"，包含有象形构件的字样不一定都是"象形字"。

再如，大都认为，《说文》中使用"从某"一定指意义而言，所以"从某从某""从某某"的是"会意字"，其实也不尽然。"从某"可以表示象形：

《鳥部》：鳥（鳥），长尾禽总名也。象形。鸟之足似匕，从匕。
《黽部》：黽（黽），鼅黽也。从它，象形。黽头与它头同。
《壺部》：壺（壺），昆吾圜器也。象形。从大，象其盖也。
《豆部》：豆（豆），古食肉器也。从口，象形。
《青部》：青（青），帱帐之象。从冂；屮，其饰也。
《网部》：网（网），庖牺所结绳以渔。从冂，下象网交文。
《巾部》：巾（巾），佩巾也。从冂，丨象糸也。

"鳥""黽""壺""豆"等字在说明其总体象形功能的同时，都用"从某"分析出部分形体，这些被分出的形体大都能独立成字，但实际上跟独立成字的意义无关。如"鳥"字从"匕"，并不是鸟的结构跟饭匙有关，而是说代表鸟足的那部分形体跟"匕"字的写法一样；"壺"字"从大"，并非跟大小相关，仍然是"象其盖也"；"从它""从口"的功能也是"象形"，而不是表义。"从冂""从冂"虽然没有明确说是"象形"，其实也是从整体象形中分出的部分，这些部分跟另外"某"个字形相同，但跟同形的这个"某"字的意义无关，它的实际功能可以从另一部分象形构件推导出来，是事物总体的剩余部分的象形。如"青"字说"屮，其饰也"，就是"冂"的装饰部分，那么"冂"当然是象帱帐之形了，跟帽子义的"冂"无关，而帱帐与其装饰物是连为一体的，所以实际上"青"是独体象形。同样，"网"中的"冂"象网的纲绳，"巾"字的"冂"象布块，都跟另一部分形体合成整体，而与覆冒的"冂"义无关。

"从某"也可以起标志作用：

《冊部》：冊（冊），穿物持之也。从一横贯，象宝货之形。
《至部》：至（至），鸟飞从高下至地也。从一，一犹地也。象形。
《七部》：七（七），阳之正也。从一，微阴从中衺出也。
《刃部》：刃（刃），伤也。从刃从一。
《又部》：尹（尹），治也。从又丿，握事者也。

上举字中的"从一"和"从丿"都是象征某个事物的标志。"从某"甚至还可以示音：

《言部》：譜（譜），加也。从言，从曾声。
《革部》：靼（靼），柔革也。从革，从旦声。
《筋部》：笏（笏），筋之本也。从筋，从夗省声。䇔，笏或从肉建。
《木部》：梅（梅），枏也。可食。从木每声。楳，或从某。

《木部》：柄（柄），柯也。从木丙声。棅，或从秉。

"从曾声""从旦声""从夗省声"直接用"从"连带"声"，则"从某"之"某"为示音构件无疑。根据前面"从夗省声""从木每声""从木丙声"的分析，可以推知"或从肉建"的"建""或从某"的"某""或从秉"的"秉"也是示音构件。

"从某"还可能是功能不明的记号：

《戈部》：戠（戠），阙。从戈从音。

《又部》：叜（叜），老也。从又从灾。阙。

"戠"字音义不明，故"阙"，那么字形的"从戈从音"理据何在自然也不明，所以构件"戈"和"音"属于功能不明的记号性构件。"叜"虽然知其义为"老也"，但"从又从灾"跟"老"有什么关系，许慎不知，所以也只好"阙"。

可见"从某"并不一定跟意义有关，所以即使说"从某某""从某从某"，也不一定是会意字。上面对"戠"和"叜"的分析就难断定是否为会意字。再如：

《亼部》：亼（亼），三合也。从入一，象三合之形。

《日部》：日（日），实也。太阳之精不亏。从囗一。象形。

《丵部》：業（業），大版也。所以饰县钟鼓。捷業如锯齿，以白画之。象其鉏铻相承也。从丵从巾，巾象版。

《了部》：孑（孑），无右臂也。从了乚，象形。

《了部》：孓（孓），无左臂也。从了丿，象形。

《内部》：离（离），山神，兽也。从禽头，从厹，从屮。欧阳乔说：离，猛兽也（徐铉曰："从屮，义无所取，疑象形。"笔者按，"禽头"与"屮"应是一个象形整体。)

《彑部》：彖（彖），豕也。从彑从豕。读若弛。

《夊部》：夏（夏），中国之人也。从夊从页从臼。臼，两手；夊，两足也。

上举各字都是独体象形字，而许慎分析为"从某某"或"从某从某"，有的"从某"跟字义没有任何关系，如"亼"字"从入、一"，"日"字"从囗、一"，"業"字"从丵从巾"，有的看似意义相关，其实是整体与部分的关系，完全可以不拆分，许慎之所以要拆，并不是因为它们意义相关，而是为了归部或类比其他字形[①]。

三 许慎分析汉字的方法

许慎的析字方法和类型表述跟六书不一致，其根本的差别在于六书的名称和类型是针对汉字知识而言，《说文解字》所用的术语和类型却是针对构件而言。所以许慎的析字法应该叫作"构件分析法"而不是"六书分析法"。许慎的构件分析有两种情况。

(一) 构件功能分析

根据汉字跟词语的关系，将某个汉字拆分为若干构件，然后说明每个构件的功能及功

[①] 参见李运富《说文解字"含形字"分析》，载《民俗典籍文字研究》第6辑，商务印书馆2009年版。

能关系。如：

《木部》：果（果），木实也。从木，[田] 象果形，在木之上。

《丘部》：丘（丘），土之高也，非人所为也。从北从一。一，地也；人居在丘南，故从北。

《牛部》：牵（牵），引前也。从牛，[冂] 象引牛之縻也，玄声。

《马部》：函（函），舌也。[马] 象形。舌体马马。从马，马亦声。

《上部》：上（上），高也。此古文上，[丨] 指事也。

许慎把“果”字拆分为“木”“田”两个构件，说明其中的“木”跟树木的“木”形义相关（从木），而“田”的功能是“象果形”，“在木之上”则说明“田”跟“木”的功能关系，它们是形与形的组合，所以要讲究位置。可见其中的“木”既有象形的作用，又有表义的作用，属于兼功能构件。其余各字的构件功能分析可以类推。

（二）构件形体类比

从全字中拆分出部分形体，目的并非说明功能，而是跟另一个具有同形关系的字进行认同，以帮助辨析字形，或提示构意。这种部件一般不能独立为构件，但为指称方便，在没有必要区分的时候，也可以统称为构件。例如：

《角部》：角（角），兽角也。象形。角与刀、鱼相似。

《魚部》：魚（魚），水虫也。象形。鱼尾与燕尾相似。

《壶部》：壶（壶），昆吾圜器也。象形。从大，象其盖也。

《亼部》：亼（亼），三合也。从入一，象三合之形。

《日部》：日（日），实也。太阳之精不亏。从囗一。象形。

《网部》：网（网），庖牺所结绳以渔。从冂，下象网交文。

《木部》：木（木），冒也。冒地而生。东方之行。从屮，下象其根。

说“角与刀、鱼相似”，不是指“角”这种实物跟“刀”和“鱼”那两种实物相似，而是指“角”的小篆字形跟“刀”“鱼”的小篆字形的上部相似。说“壶”从“大”，并非指“壶”跟“大”字的音义有什么关系，而是指“壶”字小篆形体的上部跟“大”的小篆形体相同，可以类比，可以按照熟悉的“大”来认知和书写“壶”的上部形体，至于“壶”上“大”形的功能则是“象其盖也”，跟“大小”的“大”没关系。可见这类形体的分析着重于同形的类比，而不是功能的认定。其余类推。

同形类比也包括变异的构件。例如：

《㫗部》：㫗（㫗），厚也。从反亯（亯）。

《帀部》：帀（帀），周也。从反之（之）而帀也。

《𠂣部》：𠂣（𠂣），归也。从反身（身）。

《可部》：叵（叵），不可也。从反可（可）。

《卅部》：世（世），三十年为一世。从卅（卅）而曳长之。亦取其声也。

《𠫓部》：𠫓（𠫓），不顺忽出也。从到子（子）。

以上类比的构件在形体上或“反”或“到（倒）”或“曳长”，都有变形，但经过视觉调整，仍然可以从形体上认同。这种形体变异的认同，往往在意义上也有关，如反“之”

为"帀"，反"身"为"盲"（归），不"可"为"叵"，倒"子"不顺（𠫓）等，可以看作既有形体的类比，又有功能的说明。

上述两种分析汉字结构的方法，分析功能是主要的。有的形体类比认同后，会进一步说明功能，如说"日"字从"囗一"，是形体类比，然后又说"象形"，才是"日"字的构形功能。如果某个形体功能不明，许慎会采用阙疑的办法，分析时直接说"阙"：

《叩部》：單（單），大也。从叩、甲，叩亦声。阙。

《辵部》：邎（邎），高平之野，人所登。从辵、备、录。阙。

《言部》：謚（謚），行之迹也。从言、兮、皿。阙。（徐锴曰："兮，声也。"）；

《東部》：棘（棘），二東，曹从此。阙。

《自部》：臬（臬），宫不见也。阙。

《舟部》：朕（朕），我也。阙。

《丸部》：𠁽（𠁽），阙。

"單"字分析为："从叩、甲，叩亦声。阙。""阙"指其中的构件"甲"功能不明，按今天的说法可以看作记号或代号。"邎"字"从辵、备、录"，"辵"跟"人所登"有关，可以看作表义构件；而"备、录"功能不明，所以说"阙"。"謚"字所阙者乃"兮""皿"两个构件的功能；"棘"字明显从"二東"，但这两个"東"只是形体的类比，与"東"字的功能无关，所以也只能"阙"。后面几个字没有分析构件，因为其中的构件都功能不明，就总体上"阙"了。"阙"的办法不能造字，却是析字中难以回避的处理措施。

四 《说文解字》的结构类型

许慎用的是构件分析法，有的构件有功能，有的构件功能不明，将这些构件组合起来，就是汉字的结构类型。

具体说，《说文解字》所分析的构件共有五种，即象形构件、表义构件、示音构件、标志构件，还有功能不明的代号构件。这五种构件三种以上组合的情况比较少，可以统称为"多功能合体字"；还有一种构件变异，属于特殊情况，可以单独列出；剩下的都属于构件功能的两两组合，其类型可以推演出来：

		象形	表义	示音	标志	代号
象形	象形独体字	形形合体字	形义合体字	形音合体字	形标合体字	形代合体字
表义	表义独体字	义形合体字	义义合体字	义音合体字	义标合体字	义代合体字
示音	示音独体字	音形合体字	音义合体字	音音合体字	音标合体字	音代合体字
标志	标志独体字	标形合体字	标义合体字	标音合体字	标标合体字	标代合体字
代号	代号独体字	代形合体字	代义合体字	代音合体字	代标合体字	代代合体字
	变异独体字	多功能合体字				

机械类型可得35种，除异序重复者15种，减去借用形体者2种（示音独体字、表义独体字是借用现成形体记录新词，可以不作结构分析），实际应有独体字3种，合体字15种，加上一种特殊的变异独体字，一种多功能合成的合体字（包括兼功能字），共20种。这20种结构类型是用许慎的析字方法推导出来的，许慎实际分析的类型是不是如此呢？我们可以根据许慎的析字材料归纳一下：

1. 象形独体字。如《口部》："口（ㅂ），人所以言食也。象形。"
2. 标志独体字。如《一部》："一（一），惟初太始，道立于一，造分天地，化成万物。"
3. 变异独体字。如《匕部》："匕（ᄂ），变也。从到（倒）人。"
4. 代号独体字。如《卩部》："卩（卪），卪也。阙。"
5. 形形合体字。如《工部》："巨（巨），规巨也。从工，象手持之。"（工为矩形）
6. 形义合体字。如《禾部》："秫（秫），稷之黏者。从禾；术，象形。"
7. 形音合体字。如《齿部》："齿（齒），口断骨也。象口、齿之形，止声。"
8. 形标合体字。如《勺部》："勺（勺），挹取也。象形，中有实，与包同意。"
9. 义义合体字。如《示部》："祟（祟），神祸也。从示从出。"
10. 义音合体字。如《页部》："颉（䪼），直项也。从页吉声。"
11. 义标合体字。如《音部》："音（音），声也。……从言含一。"（"一"为区别标志）
12. 音音合体字。如《比部》："毖（毖），慎也。从比必声。"（"比"跟字义无关，其作用应该也是标音）
13. 音标合体字。如《白部》："百（百），十十也。从一、白。"（"一"为区别标志）
14. 标标合体字。如《丨部》："中（中），内也。从口。丨，上下通。"（"口"象征范围，"丨"标志范围的中心）
15. 义代合体字。如《夂部》："夏（夏），行夏夏也。从夂，阙。读若仆。"
16. 音代合体字。如《上部》："旁（旁），溥也。从二，阙；方声。"
17. 代代合体字。如《㳄部》："㳄（㳄），二水也。阙。"（字从二水，音义皆阙）
18. 多功能合体字。如《虫部》："蠋（蠋），马蠋也。从虫、目，益声。勹，象形。"

除"形代合体字""标代合体字"一时找不到许慎分析过的适当例字外，其他有18种类型能够跟前面推出的结构类型相应，可见许慎的《说文解字》实际就是按照"构件分析法"在分析汉字，而不是按照"六书"。虽然许慎有时套用"六书"的术语，但实际上并没有把六书看成汉字结构分析的方法，也不认为汉字的结构只有六种或四种。后人用"六书"的类型来检验许慎对汉字的分析而多指责许慎的分析不合六书，其实是不公允的，因为汉字结构分析的类型本来就不等于"六书"。这一点许慎是有明确意识的，所以除了偶尔套用"六书"术语，大多数结构分析用的是另外的术语，这些术语之间并没有严格的对应关系。由于许慎用来分析汉字结构的术语比较混乱，他自己也没有作过认真的归纳，所以汉字结构究竟有多少种类型，他心里恐怕也没有准数。好在他的分析材料明摆着，我们只要替他归纳出来，就可以看出他的分析方法和结构类型并不等于"六书"了。

当然，尽管"六书"总体上不是汉字结构分析的理论方法，也不是汉字结构类型的系统概括，但作为古代小学教儿童掌握常用汉字的六项内容，其中有的跟汉字结构的分析相关，所以《说文解字》实际分析的汉字结构类型中也能找出跟"六书"类型基本对应的几种来，它们是：

构件分析法类型	六书类型
象形独体字	象形
标志独体字	指事
形标合体字	指事
义义合体字	会意
义音合体字	形声

除这几种外，其他类型无法纳入六书。而且这种对应其实是很勉强的，"六书"概念从整字构成的角度说，《说文解字》的分析从构件功能角度说，两者并不完全一致。例如《说文解字》的"象形"其实就不等于六书的"象形"，这在前面已经说过。

总之，"六书"属于教学层面，《说文解字》作为分析汉字形体结构的专著属于学术层面。"六书"从教学需要出发，涉及汉字多方面的知识内容，其中包括形体的构造和结构的分析，但只选择了最基本实用的，类别系统并不完整；《说文解字》专门研究汉字形体结构，具有明确统一的析字方法，涉及的汉字结构类型更为全面，可以根据构件分析的结果做出系统归纳。

"六书"性质及价值的重新认识[①]

汉字是记录汉语的有形符号，也是学习汉语的重要媒介。在基础教育的语文教学中，汉字从来都是不能忽略的，而从古至今的汉字教学又都与"六书"密切相关，所以"六书"的性质及其与汉字教学的关系值得深入研究。

一 "六书"本义

古代把有关汉字的知识概括为"六书"，作为小学的教学科目之一。《周礼·地官·保氏》说："保氏掌谏王恶，而养国子以道，乃教之六艺：一曰五礼，二曰六乐，三曰五射，四曰五驭，五曰六书，六曰九数。"正如"五礼""九数"是关于礼制和算术的几个方面的内容，"六书"也是关于汉字的几个方面的知识。所谓"五""六""九"等都是各自领域的几个重要知识点或重要技术项目，而不一定是该领域的全部知识、全部技能，更不会是系统的理论。这是由小学教育的对象和目标所决定的。小学的教学内容一为基础，二要实用，三得容易接受，所以必须选择某些浅易实用的知识或技能并概括为"五""六""九"的名目，以便指称和授受。这跟"四书五经"的概称法道理一样。

东汉许慎对"六书"的教学性质和具体内容作了如下说明：

> 周礼，八岁入小学，保氏教国子，先以六书。一曰指事，指事者，视而可识，察而见意[②]，上下是也；二曰象形，象形者，画成其物，随体诘诎，日月是也；三曰形声，形声者，以事为名，取譬相成，江河是也；四曰会意，会意者，比类合谊，以见指㧑，武信是也；五曰转注，转注者，建类一首，同意相受，考老是也；六曰假借，假借者，本无其字，依声托事，令长是也。（《说文解字·叙》）

许慎的说明只是概括性的提示，并非概念定义。根据许慎的提示，结合汉字学知识系统和小学汉字教学的实际需要，我们认为"六书"涉及汉字知识多方面的内容。

[①] 本文原载《世界汉语教学》2012年第1期。
[②] 《说文解字·叙》原文作"视而可识，察而可见"，此据段玉裁《说文解字注》改。

(一) 汉字形体的来源——这由前两书体现

"一曰指事。指事者，视而可识，察而见意，上下是也。"讲的是汉字形体的来源之一：人为规定的指事标志。指事标志的规定要让人一看就能识别，仔细考察就能体会出意图。这是从制定符号的要求和效果上对"指事"的说明。例如"上、下"古文作"⊥、丅"，甲骨文作"━、━"，其中古文的长横和甲骨文的曲线象征参照物，相应的竖线或短横指示方位在参照物之上或之下，表示参照物的属于象征性标志，指示方位的属于指示性标志，统称为"指事"标志。凡指事标志都是人为规定的符号，这种符号虽然区别性较低，但在早期汉字的形体构拟时无法缺避，不限于纯粹由指事符号构拟的汉字，非指事符号组构汉字时也往往需要指事符号的参与。远古陶器、岩石上刻绘的"文字"中有许多这类指事性符号，可为明证。

"二曰象形。象形者，画成其物，随体诘诎，日月是也。"讲的是汉字形体的另一个来源，而且是主要的来源。这就是描摹客观事物的形体而产生象形性的汉字符号。例如"日、月"的古文字形（⊙、☽）就是描摹圆形的太阳和半圆形的月亮而成。"画成其物"可以是单体，也可以是复体；可以是实体，也可以是虚体；可以是静态，也可以是动态。凡有形可象者都可以通过描摹而转化为字形符号。这种"画成"的字形符号跟艺术性的"图画"相似甚至同形，但目的和功能不同，因而本质也不同。一般认为"文字起源于图画"，如果这个"图画"指的是创造文字的描摹方法或者指起源阶段跟图画近似的象形文字，那无可厚非；倘若指的是艺术性图画，那就难以成立。事实上"书画同源"，其形体都源自客观事物，文字与图画是兄弟关系而非父子关系。多姿多彩的客观事物不仅是美术绘画的无穷资源，也为汉字形体的构拟提供了蓝本。①

"指事"符号和"象形"符号是汉字形体的两大来源，也是唯二来源。后来多种功能的汉字形体组合或形体演变都是以这两个来源的形体为基础的。所以告诉小学生汉字形体的这两个来源，就等于掌握了所有汉字的形体。值得注意的是，"指事"和"象形"就形体的创制来源而言，同时也对应于构字功能（作为构件的功能），即人为规定的"指事"符号在作为构件构字时具有"指事"功能（象征或指示），描摹客观事物的"象形"符号在作为构件构字时具有"象形"功能。但"指事""象形"并不整体对应作为记录单位的"字符"的结构类型，因为含有"指事"构件和"象形"构件的字可能属于多种结构类型。就是说，"指事"可以产生"指事字"（独体标志字、标标合体字），但不等于"指事字"（指事构件跟别的构件组合成的字不宜称为指事字），"象形"可以产生"象形字"（独体象形字、形形合体字），但不等于"象形字"（象形构件跟别的构件组合成的字不宜称象形字）。

(二) 汉字的构合方法——这由"会意""形声"二书体现

"三曰形声。形声者，以事为名，取譬相成，江河是也。"这是就汉字的结构而言的，即一个字符的形体由具有什么功能的构件构成。"以事为名，取譬相成"，虽然字面上有许多不同解释，但大都认为是由一个表义的构件和一个标音的构件组成的合体字（义音

---

① 关于象形与图画的关系，以及象形、图画与汉字起源的关系，参见李运富（2006）。

合体字)。如"江、河""水(氵)"是表义的构件,"工、可"是分别标音的构件。

"四曰会意。会意者,比类合谊,以见指㧑,武信是也。"这也是讲汉字结构的,一般认为"比类"即比合两个以上的构件形体组合成新字形,"合谊"即会合构件之义,"以见指㧑"即体现出新字形的构造本义,这样的"会意字"在结构上就属于"义义合体字"。如"武"比合"止""戈"两个构件,会合"止(趾)"的行走义和"戈"的武器义,以体现出扛着武器行走的"威武"本义。"信"字比合"人""言"两个构件,会合"人"义和"言"义,体现出人言求信的"诚信"本义。

"形声""会意"抓住了汉字的主要结构类型,在小篆阶段,掌握"形声字"(义音合体字)和"会意字"(义义合体字),就可能掌握90%以上的汉字。如果加上讲形体来源时包含的部分对应类型"独体标志字""标标合体字"和"独体象形字""形形合体字",那汉字的基本结构类型就都提到了,其他结构类型虽还有很多,但大都是基本结构类型的变化,构字量也较少,对小学生可以暂时不讲。

(三) 汉字的类聚群分——这由"转注"一书体现

讲解了汉字形体的来源和主要结构类型后,学生已经认识了相当数量的汉字。汉字数量一多,就需要类聚群分,否则一盘散沙,仍然难以掌握。于是"转注"成为学生必须学习的知识。"转注者,建类一首,同意相受,考老是也。"意思是根据意义归纳事类,根据形体统一部首。同一事类或同一部首中的字意义相关,内含相同的意义要素,可以辗转贯注,彼此系联,所以叫作"转注"。这是古代童蒙教科书中最基本的文字类聚方法:"建类"是基础,通常把同一事类、物类、义类(词义近同或反对)的字编排在一起;"一首"是辅则,可以随机将义符相同近或声符相同近的字编排在一起。如《急就篇》开头说:"急就奇觚与众异,罗列诸物名姓字,分别部居不杂厕,用日约少诚快意,勉力务之必有喜。"作者把不同单字有意识地按姓名、衣服、饮食、器用等分类组织,并编排成韵语,或三言,或四言,或七言,朗朗上口,有助于儿童识记。其中许多意义密切相关的字部首(偏旁)也往往相同,于是自然类聚:

  烝栗绢绀缙红繎,青绮绫縠靡润鲜。
  绨络缣练素帛蝉,绛缇絓紬丝絮绵。
  ……
  袍襦表里曲领裙,襜褕袷複褶袴裈。
  禅衣蔽膝布母縛,针缕补缝绽紩缘。

《仓颉篇》虽已失传,据考证"其例与急就同"(孙星衍《仓颉篇序》),也在许多地方把意义相关部首相同的字类聚到一起,如《阜阳汉简》中的《仓颉篇》残卷:

  黠𪐨黯黜勘黔黤
  ……
  捣挈携控抵扞拘

这种按义归类或据形系联的文字类聚方法，就是"建类一首，同意相受"的"转注"。可见"转注"强调的是字际关系，是字群的类聚，而不是个体字符的讲解。《说文解字》"凡某之属皆从某"的540部类，就是用"转注"方法"据形系联、分别部居"的结果①。需要注意的是，"六书"中面向小学的"转注"虽有"分别部居"的思路和局部类聚的实例，但无论是"建类"还是"一首"都是不完整的，而且也未必叫作"类"和"首"。许慎《说文》的540"部"和每部立"首"的类聚框架应该是"转注"的学术提高，"其建首也，立一为耑，……毕终于亥"是《说文》特有的。许慎对小学"转注"这一类聚方法的解释实际上是借用了《说文解字》的部首构架，现见材料还难以证实《说文解字》之前已有严密的"建类一首"的文字类聚，当然也有可能《说文解字》以前确已存在"建类一首"的文字类聚或编排方法，只是有关材料失传了。

汉字具有多方面的属性，因而利用汉字的属性来类聚群分的方法也多种多样。"六书"介绍的"转注"法只是其中一种，它利用的是汉字的形义关系，把具有相同形体和相关意义的字归纳为一类，有利于学生"据形系联"，系统掌握相关字形和相关意义。

（四）汉字的记录职能——这由"假借"一书体现

学习汉字的目的不在掌握字形，而在通过字形来记录和反映语言。汉语的基本单位是单音节词项，也就是负载某项意义的单音节形式。一般而言，单音节的个体字符在构形时应该跟汉语的某个单音节词项对应。但汉语的词项是开放的，无法穷尽的，人们不能为每一个词项都构造一个对应的字符，所以为了满足记录汉语的需要，必须尽量扩展已有字符的记录功能。"假借"就是使用汉字时扩展已有字符记录职能的好办法。"本无其字，依声托事，令长是也。""本无其字"的词项可能是一个单义语素，也可能是一个多义语素中的某个义项形式。为了便于表述和理解，可以暂时忽略语音形式而把词项直接称为义项。借用本来具有固定义项的字符来记录另一个同音或音近的义项，这些义项之间可能具有引申关系，也可能毫无关系。后人把"假借"限定为意义无关联的借用，未必符合"六书"原意。例如"令"字，构形理据对应于"号令"义，而使用中可以记录意义有关联的长官义（"县令"），也可以记录意义无关联的美善义（"令爱"）；"长"的构形本义为长短之"长"，而使用中可以记录意义有关联的生长之"长"，也可以记录意义关系不大的长官之"长"。这些跟字形没有直接联系的不同义项原来都是"本无其字"的，因为同音（有意义关联的同音和无意义关联的同音）而借用同一字形，从而大大缓解了字少而义多（语素多、词多）的矛盾。

---

① 许多学者都意识到"转注"跟"部首"的关系，参见丁福保（1928、1932）。又陆宗达（1996）云："'建类一首'似指全书分五百四十部，每部建立一个部首而言。《说文解字·后叙》说：'其建首也，立一为耑。方以类聚，物以群分。同牵条属，共理相贯。'这几句话，正是对'建类一首'的具体说明。'同意相受'则指这些字的训义互相关联。从许慎所举例字来看，'考'在老部，这就是'建类一首'。'老'字的说解云'考'，'考'字下云'老也'，这就是'同意相受'。"但陆先生认为许慎对"转注"的解释是错误的，他把"转注"理解为文字发展的一种动因：词语音义变化派生新词新义而产生新字或分化为不同的字。这就偏向借题发挥的"六书学"，而非"六书"本义了。

汉字的构形有理据，但汉字的使用不能限于理据。因而出现同字异词（异义）、同词异字（异形）的复杂情况。汉字的单位（单字）与其所记录的汉语的单位（词项）不能完全对应，简单地说就是字词关系不对应，这是汉字的重要特点，也是汉字难学的主要原因。让学生从小了解汉字的这种同音借用方法，既是使用汉字的必然，也是阅读文献了解字义的需要。所以成为小学语文科目的"六书"之一是合情合理的。

由上述可见，"六书"原是教学用语，是古代小学教儿童掌握常用汉字的六项知识内容的统称，性质并不一致，"六书"的各"书"不是按逻辑关系划分的类别，也不是整体的理论系统。"六书"的内容有的跟汉字的形体来源相关，有的跟汉字的结构分析相关，有的跟汉字的类聚群分相关，有的跟汉字的使用职能相关。这些知识点都是最基本的、典型的，而且每个方面点到即止，不必深入系统地讲解。基础教育的实用性和可接受性决定了"六书"的非学术性。就是说，"六书"之名不属于学术层面，而属于基础教育层面；不是具有特定内涵的学术概念，而是便于指称的教学用语。正如"六艺""五射""九数""四书五经"一样，"六书"只是某个领域相关内容的概称，可以当作教学体系，而不宜看成理论系统。

二 "六书"的学术性偏离

但是，后人对于"六书"的理解和应用发生了严重偏离，将本来属于教学层面的知识体系提高到学术层面，认为"六书"是汉字的某种具有系统性的理论，或者"六书"可以改造成某种具有系统性的理论，于是围绕"六书"的理论体系进行了多方面的阐发和探讨，在学术史上形成了"六书学"[1]。归纳起来，针对所谓"六书理论"，大致有两种研究思路。

（一）把"六书"看成完整的理论系统，在某个理论框架内对"六书"的名义和"六书"之间的关系进行种种猜测，试图作出符合某种理论的解释。主要观点有以下三种。

1. "六书"是六种造字的方法。

既然是"六种造字方法"，就得讲清楚每种方法究竟如何"造字"，以及各种造字方法之间究竟有什么不同，又有什么关联，也就是为什么可以而且只能分为"六种"。但两千年来没有人能够说清楚。例如"指事"明明就形体的功能而言，造字时使用的"视而可识，察而见意"的形体是人为规定的，至于如何规定形体、如何用规定的形体构造出新的字符，"指事"反映不了。"转注""假借"如何造字更是聚讼纷纭，迄无的论。

把"六书"看成六种造字方法，大概源自班固的"造字之本"说[2]。但班固的"造

---

[1] 属于"六书学"的成果很多，无法细叙。可参见丁福保（1928、1932）"六书总论"部分；张斌、许威汉（1993）；党怀兴（2003）。

[2] 班固《汉书·艺文志》："古者，八岁入小学，故周官保氏掌养国子，教之六书，谓象形、象事、象意、象声、转注、假借，造字之本也。"

字"不一定指构形而言。唐初颜师古《汉书注》："文字之义总归六书，故曰立字之本焉。"所谓"文字之义""立字之本"应该不是指创造字形，因为在"创造"的意义上，"造"比"立"明白得多，颜师古没有必要换字解释。"立"的含义比"造"宽泛，实指学习字掌握字而言；"义"也应该是指文字学的知识要点，而不是具体字形的意义。那么颜师古的意思是：文字的要义（基本规律和主要内容）概括为"六书"，所以"六书"是掌握汉字知识的根本。①

对于基础教育而言，教学汉字知识的目的是为了识字、写字、用字和读书，绝不会要小学生去"造字"，所以给小学生讲连专家也说不清楚的"六种造字方法"是不符合常理的。"六书"的某些"书"可能跟"造字"相关（如"象形""形声"），但不是"六书"都要跟"造字"相关，更不会各是一种具体的"造字方法"，而且"造字方法"也不应该成为小学教学的独立科目。

2. "六书"是汉字结构的六种类型。

汉字结构类型是对既有字形的功能理据进行分析和归纳的结果。如果把"六书"看作汉字结构的六种类型，并且认为这是一个具有理论价值的类型体系，可以涵盖所有的汉字，那么首先得说明：如何分析汉字的结构？如何归纳结构的类型？特别是这"六种结构"彼此如何区分？为什么是而且只能是这"六种结构"？所有汉字都能归入这"六种结构"吗？围绕这些问题，两千多年来争论不休，但迄今也没有任何人能够完全说明。

为了能将所有汉字归入"六书"，从宋代开始，就为"六书"分出许多小类和兼类。例如宋人郑樵《六书略》② 分"象形"为三："曰正生，曰侧生，曰兼生。"正生十类：天物之形、山川之形、井邑之形、艸木之形、人物之形、鸟兽之形、虫鱼之形、鬼物之形、器用之形、服饰之形。侧生六类：象貌之形、象数之形、象位之形、象器之形、象声之形、象属之形。兼生二类：形兼声、形兼义。共十八类。"指事"除正例外，也分出三个兼类："事兼声""事兼形""事兼意"。郑樵的分类标准不一，象形、指事、会意、形声，混杂难辨。明人赵宧光《六书长笺》③ 将象形分为独体、多体、合体、聚体、变体、离合体、加体、省体等八类。"象形有独体，如水木人女之类；有多体，如艸竹虫龙之类；有合体，如舜林从麤之类；有聚体，如苗菻樂巢之类；有变体，如尸儿之类；有离合体，如折匀癸䇎之类；有加体即附体，如之出未束之类；有省体，如中从艸省、才片并从木省之类。"其中所谓"合体、聚体、离合体"后人多看作会意，所谓"加体"也被后人认为包含指事、会意。那么实际上象形、指事、会意三者之间的界限也是混淆不清。

---

① 陈燕（2011）也注意到颜师古"立字之本"跟班固"造字之本"的差异，她的表述是："颜师古得许慎六书真谛，不用'造字之本'来概括六书，很有道理。我们以为'立字之本'应当包含了与汉字相关的问题，除了汉字构成或造字法所涉及的字形、字音、字义之外，还有字序，即汉字排序法。"

② （宋）郑樵撰，王树民点校：《六书略》，《通志·二十略》（上），中华书局1995版。

③ 赵宧光：《说文长笺·六书长笺》，中国科学院图书馆藏明崇祯四年赵均小宛堂刻本，见《四库全书存目丛书》，齐鲁书社1997年版。

到清代的王筠，又提出正例和变例，正变之下还有次类、小类，同时包括许多兼类。如《说文释例》① 将"指事"分为正例一，变例八；"象形"分为正例一而其类五，变例十；"会意"分为正例三，变例十二。这些分类角度不同、层次不同、标准不同，很难实际操作。如"指事"变例有以会意定指事者、即意即事者、兼意兼声兼形者、增象形字为指事者、省象形字以指事者、形不可象变而为指事者、借象形为指事者、亦借象形为指事而兼意者。王筠集"兼类"之大成，共分有十三种兼类，"凡兼二者十，兼三者二，兼四者一，其说可谓备矣"②。这个"备"固然有赞赏的意思，但正变省借，数类并兼，能说的不能说的都说了，竟至一种类型而可以"兼"属四类，那分类还有什么意义，人们能据这样的类别体系来分析和归纳汉字的结构吗！

无论对"六书"的名义作出什么样的解释，也无论为"六书"设置多少正例、变例、兼类、次类，最终都不能用"六书"将汉字结构的类别划分清楚，说明"六书"本来就不是单一性质的类别系统。尽管有的书跟汉字结构类型相关（如形声、会意），但并非每一书都是一种结构类型，也并非所有的汉字结构都只能属于这六种类型。正如沈兼士（1986）所批评："六书之分，固非绝对有别、判若鸿沟者也。今郑氏舍本逐末，倒果为因，以六书为纲，别立细目，而以文字分类系于其下。脱有出入，复削足就履，设变例以弥缝之。如象形中有形兼声、形兼意，指事中有事兼声、事兼形、事兼意。遂使后之学者变本加厉，争论纷纭，歧路愈多，真义愈隐，庸人自扰，甚无谓也。"俞敏（1979）也对"六书"特别是王筠迁就六书的兼类说提出了尖锐的讽刺："《文字蒙求》里分类的结果居然有'借象形为指事而兼意者'，'所从之字不成意，转由所从之字之所从与从所从之字者以得意'。前一条好像说'借氢为氧而又兼氮者'，这是哪国化学？后一条比'吃葡萄不吐葡萄皮儿'乏味多了。到这般地步，那学者难免露出饾饤之气，那结论也类似儿戏了！"

把"六书"当作汉字结构的六种类型，大概跟许慎的《说文解字》有关。《说文解字》是通过分析汉字的结构理据来说解文字本义的书，由于许慎在该书的序言中提到并解释了"六书"，大家就认为许慎是按照"六书"在说文解字的，因而"六书"就成了分析和归纳汉字结构的类型理论。其实，许慎只是在介绍汉字的发展历史、汉字的教学和研究情况时客观介绍了原已存在的"六书"，并非自己提出"六书"理论，也没有表明《说文解字》要按照"六书"来分析字形结构。如果不先入为主，客观考察《说文解字》的析字方法和结构类型，就会发现许慎说解文字使用的是"构件分析法"，实际分析出的各种结构类型大约20种，除少数情况被"六书"提及，总体上跟"六书"没有对应关系，因而无法用《说文解字》证明"六书"是一个结构类型系统。③ 相反，《说文解字》的科学析字方法和完备结构类型，可以反证没有总体对应关系的"六书"不是专讲结构类型的。

---

① 王筠：《说文释例》，武汉市古籍书店影印世界书局印行本1983年版。

② 王荣：《六书互兼较》，参见丁福保（1932：174）。

③ 有关《说文解字》的析字方法、结构类型以及《说文解字》跟"六书"的关系，参见李运富（2009、2011a、2011b）。

3. "六书"的前四书是有关形体的,后二书是有关使用的,即所谓"四体二用"。

"四体二用"说肇始于宋人,元明续有论述,明人吴元满《六书总要·六书总论》说:"象形,文之纯,指事,文之加也;会意,字之纯,谐声,字之变也;假借、转注,则字之用也。"又《谐声指南·引》:"六书形事意声,四者为体;假借转注,二者为用。"① 至清人戴震《答江慎修先生论小学书》论述得更为详明。"四体二用"说是鉴于把"六书"看成同一性质的东西而无法自圆其说的重新解释,它的重要贡献是突破了"六书"的整体系统性,而认为"六书"具有"体""用"两种不同性质的知识内容。但是这种对"六书"的重新认识尚不彻底,它只是把"一个体系"分解为"两个体系",仍然在寻求"书"与"书"之间的理论系统性,因而仍然无法解决"四体"这个"系统"的内部区别和外部周全问题,也没有解决"二用"这个"系统"中"转注"为什么要数字一用的问题②,以及新的解释跟许慎的解释、跟"六书"名目的关系问题。所以"四体二用"说可以给我们启示,但未必是"六书"本义。

(二) 把"六书"系统当作学术研究的目标,对"六书"名目加以修正改造,或借"六书"之名目阐发自己的汉字学思想。

当"六书"作为理论体系无法合理解释时,人们没有检讨自己理解的偏差,而是认为"六书"理论体系本身存在问题。于是,出现了许多调整"六书"次序、变更"六书"名目、增减"六书"类项、借"六书"之名行研究文字学理论之实的种种学说。例如关于文字的结构类型或构造方式,大家沿着"六书"的路子提出了种种"新"的"若干书",试图建立"新"的类型体系③:

新二书:表意字,形声字(王力)
　　　　无声符字,有声符字(黄天树)
新三书:象形,象意,形声(唐兰)
　　　　象形,假借,形声(陈梦家)
　　　　表形,假借,形声(刘又辛)
　　　　表意,假借,形声(裘锡圭)
　　　　写实法,象征法,标音法(张世禄)
　　　　形象,形音,形意(卜伟光)
　　　　形义,音义,形声(赵诚)
　　　　表义,记音,形声(林沄)
新四书:形表法,义表法,形义兼表法,取音法(戴君仁)
　　　　表意法,表音法,音义法,记号法(张玉金)

---

① 吴元满:《六书总要》《谐声指南》,载《四库全书存目丛书》,齐鲁书社1997年版。
② "数字一用"除了词义引申造成的同义词外,属于文字使用方面的,都是消极现象,不应作为理论或方法提倡,这样理解"转注",跟其他五书立场不一致。
③ 据林季苗(法国里昂第三大学)《汉字分类及认知之研究与对外教学应用》附表增补并重新整理。此文为作者在德国美因茨大学召开的西方学习者汉字认知研讨会上(2005.8.24—26)宣读的论文。

新五书：指事，象形，会意，形声，假借（王元鹿）
　　　　象物，象事，象意，假借，形声（朱振家）
　　　　独体表意，合体会意，形声，假借，形声兼会意（林季苗）
新六书：笔画直接组合，增添笔画，符号组合，符号，会意，形声（李瑛）
　　　　象形，会意，形声，转注，假借，会意兼形声（李家祥）
　　　　象形，指示，象事，会意，形声，变体（詹鄞鑫）
　　　　象形，指事，会意，形声，假借，记号（孙化龙）
　　　　象物，象事，转意，会意，谐声，形声（葛英会）
新七书：纯粹表形，纯粹表意，纯粹表音，纯粹约定，兼表形意，兼表形音，兼表音意（龙宇纯）
　　　　象物，象事，象意，标示，形声，会意，假借（王凤阳）
新八书：传统六书，加，比喻造字法，综合造字法（任学良）
新九书：传统六书，加，会意兼象形，会意兼形声，形声兼象形（高亨）

这些类目都是在"六书"基础上进行加减替并，有的仍用"六书"之名而已非"六书"之实，有的连名目也全然不同。那么，这样的"六书"或"六书的变体"已经不是周秦汉时期的教学"六书"，而是对教学"六书"出于误解的偏离或者出于有意的借题发挥，即使类别清晰，也属于研究性质，与基础教育的汉字教学脱节了。

三 "六书"的教学价值

由于把教学的"六书"混同于《说文解字》的形体分析，发现原有"六书"跟形体分析不合时，又试图加以改造，于是后代学者把"六书"引向了学术研究，产生了所谓"六书学"。"六书学"除了借助"六书"的名目和排序研究汉字的发生、发展外，核心内容是汉字的结构分类。汉字的结构是可以分类的，但"六书"不是用来给汉字分类的，借助"六书"来研究汉字的结构类别势必突破"六书"的局限，最终导致否定"六书"的系统性。作为学术史的存在，"六书学"并不会消失，而且还可能继续发展，因为"六书"的内容不限于字形结构，还可以借助"象形""指事"研究汉字的起源，借助"转注"研究汉字的字际关系，借助"假借"研究汉字的使用规律和字词对应等。不过，我们应该明白，这种所谓"六书学"，其实是借题发挥，借"六书"之名而行研究汉字形体结构或某种汉字理论之实，这样的"六书"已经成了汉字结构学甚至整个汉字学的代名词，不再是周秦汉时的教学"六书"。如果说这种源自"六书"的学术研究也是"六书"的价值的话，那是以否定"六书"的系统性为前提的，是偏离"六书"的整体属性而对其中的某个方面进行专题挖掘的结果。

从"六书"本义出发，我们认为"六书"的系统性不是表现在学术理论上，而是表现在教学科目的知识要点选择上，所以我们应该更加重视"六书"的教学价值。今天的基础教育科目跟古代不同，但就语文而言，"六书"涉及的有关知识仍然是中小学汉字教学不可忽略的，而且传统"六书"的知识建构和教学要点选择很值得现代基础语文教育借鉴。

（一）万物有源，文字的线条、点画怎么来的，应该让学生知道。"视而可识，察而见意"的"指事"符号是最简单、最容易产生的形体，人类只要具有动手能力并掌握某种书写工具（手指、石块、树枝、刀笔等），就能无意识地画出某种线条或线条组合，如果给这种线条或线条组合赋予一定含意，那就成了文字符号。当然，这样简单的文字符号极其有限，汉字形体的主要来源是"画成其物、随体诘诎"的"象形"符号。象形有具体之形，有抽象之形，有虚拟之形，于是汉字的形体渐趋丰富，形成基础。后来产生的所有字符就形体来源而言都不外乎"指事"和"象形"两途。抓住这两个要点，汉字形体的问题就基本上解决了。

后代讲"六书"者，把"指事"和"象形"当作两种结构类型，就大大限制了它本来的形体溯源作用。独体的"指事字"和"象形字"是极少的，而包含"指事"符号（构件）和"象形"符号（构件）的字却是大量的，就形源而言甚至是全部的，所以恢复"指事""象形"的形源本义，对汉字教学意义重大。

（二）汉字的结构理据和结构类型当然是汉字教学的重点，但对小学生而言，结构分类不必太细，不必周全，掌握基本功能和主要结构即可。"指事""象形"的主要教学目标是揭示汉字形体的来源，同时也反映了汉字构造的两种功能构件——标志构件和象形构件，加上在独体指事字、独体象形字基础上产生的表义构件和示音构件，汉字的构造理据和结构类型就可以得到很好的说明。但"六书"教学体系并没有全面展示汉字的结构类型，只抓住两种典型的字量多的结构介绍，这就是"形声"和"会意"。"形声"结构由表义构件和示音构件组成，"会意"结构由表义构件和表义构件组成，它们共占汉字总量的90%以上。其他结构类型还有很多，学术上可以研究，可以像《说文解字》那样做全面的汉字形体结构分析，也可以建立完整的汉字结构体系，而小学教学中没有必要面面俱到。对于汉字结构的教学，重要的是讲清每个构件的功能，学生知道某个字由哪个（些）构件组成，这个构件具有什么功能或这些构件各自表达什么功能，就足够了，千万不要让学生陷入结构系统的分类或归类之中，这应该是"六书"作为汉字教学体系给我们的最大启示。《说文解字》属于专门研究汉字结构的专著，它也只是分析构件的功能和整字的构意（理据），并不全面归纳总结汉字结构的类型。这很值得我们深思。

后代讲"六书"者，无论是研究领域，还是教学领域，都把"六书"当作汉字结构的类型系统，希望用"六书"的名目或方法来分析所有的汉字，结果陷入分类、归类的泥坑而不能自拔。"六书"虽然包含汉字结构的分析原理，但总体上不是汉字结构分析的理论方法，不是汉字结构类型的系统概括。所以除了从"六书"的部分"书"入手进行汉字结构的专题研究外，总体上沿用"六书"的框架来给汉字分类归类是行不通的。古人提出的"变例""兼类"等，无法弥合"六书"的类型系统，今人的各种"新书"，除非完全抛开"六书"，只要沿用"六书"的框架，无论名目增减，总体上仍然难以符合逻辑类别。有的"几书"虽然比"六书"少，表面看起来畛域分明，实际上层次多，角度不一，类别仍然不清。例如《文字学概要》分"表意字、假借字、形声字"，其中"表意字"又分成"抽象字、象物字、指示字、象物字式的象事字、会意字、变体字"六种，而"会意字"再分成"图形式会意字、利用偏旁间的位置关系的会意字、主体和器官的会意字、重复同一偏旁而成的会意字、偏旁连读成语的会意字和其他"六类。此外还有

"不能纳入三书的文字",包括"记号字、半记号字、变体表音字、合音字、两声字"等,总共有20多类。这作为学术探讨固然可贵,倘若作为"六书"的替代品用于汉字教学,不知基础教育中有多少学生能够掌握。

作为教学体系,"六书"只是古代小学汉字教学的几个实用知识点的选择,本身不是独立的学术理论,不构成某种类型系统。在现代基础教育中运用"六书",只宜借鉴它的知识要点和教学理念,不能盲目地在结构类型上求全责备、非此即彼。现代中小学和对外汉语教学中以分类、归类为目的的汉字结构教学法严重违背了"六书"的教学原理,是亟须纠正的一种汉字教学偏向。

(三)汉字是有系统的,不宜总是一个一个地学、一个一个地记,如果利用汉字的属性类聚群分,可以收到事半功倍的效果。"六书"的"转注"给了我们这方面的启发。"转注"着眼于形义联系,按意"建类",按形体"一首",将同"类"和同"首"的字类聚到一起,"集中识字",彼此关联,系统掌握,这是历史证明行之有效的好方法。其实,汉字类聚的标准不只是"类""首",相近的形体、相同的结构、相同的构件、相同的读音、相同的职能等,汉字的任何一项属性都可以作为联系的纽带,从而在一定字量的基础上将不同的个体字符集中起来认知、记忆、掌握。

现代的汉字教学,往往随文识字,一篇课文里的生字被抽取出来单个单个地认读,或者死记硬背,或者随形联想,一个字编一个理由,字与字之间缺乏理性联系,这样的汉字教学有可能讲活一个而搞乱一片,其效果是不能跟"转注"之类的系联法同日而语的。

(四)"六书"教学体系给我们的另一个启示是,汉字教学不能局限于形体,还应关注用字记词的功能。字符单位是有限的,而语言词项是无限的,拘泥于形体理据的原始造意,难免表情达意无字可用,阅读文献也可能不明字符的实际功能。这样的汉字教学无法与现实语言结合,也无法走进历史文献。所以,汉字教学应该讲授"假借"之类的用字法则,记录某个义项的字可以用来记录另一个相关的义项,记录某个词项的字可以用来记录另一个语音相同的词项。学生们掌握了这样的用字方法,明白了形体构造无法跟义项词项完全对应的原理,使用汉字和理解汉字才能得心应手、灵活自如。

现代汉字教学将主要精力放在字形的书写训练和构造的理据归类上,而忽略了字词的对应关系,致使部分学生能写会认许多字,却不能高效地用汉字表达语言,也难以正确地解读文献。这是长期把"六书"之"假借"当作造字方法或结构类型而偏离了"六书"的教学目标所造成的消极后果。汉字教学之"难"不在形体本身,而在形体功能的实现。只有在"本无其字"情况下,知道如何"依声托事",学生才算真正掌握了汉字这个记录语言的工具,才不会被汉字的形体束缚,才能避免处处从本字本义出发而脱离汉字的实际使用。所以现代汉字教学一方面要借助形体分析,同时不能无视文字"假借"现象普遍存在的事实。

四 结语

"六书"在汉代以前,只出现于"小学"教育语境,它的性质应该属于基础教育中的一门教学科目，"六书"之名是对该科目知识内容的概称。"六书"的具体内容涉及汉字的形体来源、理据构造、类聚关系、用字法则等，构成汉字基础知识的教学体系，但不是单一理论的类型系统。

"六书"长期被看作六种造字方法或六种结构类型，这不符合"六书"的原始功能。在学术史上，"六书"引起了汉字理论的各种专题研究，从而产生"六书学"。"六书学"具有学术研究的理论价值，但偏离了"六书"的基础教学领域。"六书学"或出于误解，或出于借题发挥，属于理论性的学术研究，因而不等于教学性质的"六书"。

"六书"作为小学科目的教学体系，其知识的基础性、实用性，以及教学实践的历史传承性，使得"六书"在今天的语文基础教育领域仍然发挥着重要作用。对基础教育而言，需要的不是系统全面的理论概念和逻辑类型，而是典型实用的基础知识，便于称呼记忆的简洁名目。"六书"所选择的知识要点和拟定的名目非常适合基础教育的需要，所以否定"六书"本身的理论意义不等于否定"六书"的教学价值。现代的汉字教学存在诸多偏误，回归或借鉴传统"六书"可能是一条很好的出路。从"六书"本义出发，今天的汉字教学应该摆脱唯结构类型是求的陷阱，同时关注字源、字构、字类和字用等知识要点，让学生初步构建汉字基础知识的综合体系。

参考文献

[1] 陈燕：《秦汉时期的汉字字序法》，《天津师范大学学报》2011年第2期。

[2] 丁福保：《说文解字诂林》，中华书局1928年版。

[3] 丁福保：《说文解字诂林补遗》，上海医学书局1932年版。

[4] 党怀兴：《宋元明六书学研究》，中国社会科学出版社2003年版。

[5] 李运富：《论"汉字起源"的具体所指》，《民俗典籍文字研究》第3辑，商务印书馆2006年版。

[6] 李运富：《〈说文解字〉"含形字"分析》，《民俗典籍文字研究》第6辑，商务印书馆2009年版。

[7] 李运富：《〈说文解字〉的析字方法和结构类型非"六书"说》，《中国文字研究》第14辑，大象出版社2011年版。

[8] 李运富：《〈说文解字〉"从某字"分析》，《民俗典籍文字研究》第8辑，商务印书馆2011年版。

[9] 陆宗达：《六书简论》，见陆宗达《陆宗达语言学论文集》，北京师范大学出版社1996年版。

[10] 裘锡圭：《文字学概要》，商务印书馆1988年版。

[11] 沈兼士：《影印元至治本郑樵六书略序》，见沈兼士《沈兼士学术论文集》，中华书局1986年版。

[12] 俞敏：《六书献疑》，《中国语文》1979年第1期。

[13] 张斌，许威汉主编：《中国古代语言学资料汇纂·文字学分册》，福建人民出版社1993年版。

《説文解字》"含形字"分析[1]
——許慎漢字形體分析研究之一

"六書"是傳統小學的重要概念,許慎在《説文解字·敘》裏對"六書"逐一定義,並各舉兩個例字。他沒有對六書的總體性質進行闡釋,也沒有説明《説文解字》要按照六書來分析字形。可長期以來,"六書"被當作許慎分析漢字形體結構的方法和類型,只是由於在《説文解字》的具體分析中找不到"轉注"字和"假借"字,從而引起了一些爭議。目前比較公認的看法是:"六書"中的"轉注"和"假借"是用字方法,許慎用來分析形體結構的只有前面的"四書"(象形、指事、會意、形聲)。這就是從宋代開始逐漸有人提及而到明代最終定型的所謂"四體二用"説[2]。對於"四體",雖然有人看作造字方法,但更多的是看作析字方法,或者説當作造字法的同時也當做析字法,因而認爲《説文解字》就是按照"四書"在分析漢字的"形體",也就是説,《説文解字》所收的九千多個漢字都可以歸入"四書"。儘管事實上根本做不到,但從宋代到清代到當代,學者們千方百計絞盡腦汁用各種"變例"來維護"四書"(六書)[3],或者增減爲"七書""八書""三書""二書"等[4],在現代的語文教育中,更是普遍用"四書"(六書)在分析解説漢字的結構,幾乎所有的漢字學著作談論漢字結構時必然提及"四書"(六書),都試圖將每個字落實到屬於"四書"(六書)的某一"書",結果處處碰壁,深陷"四書"(六書)的分類歸類而難以自拔。

之所以造成這種局面,關鍵在於對"六書"的性質和作用沒有充分認識和準確把握,對許慎分析漢字的方法和類型沒有細緻考察和全面總結,結果隻言片語,彼此牽扯,捉襟見肘,似是而非。"六書"是否同一性質的概念,由於古人論述較少,全憑後人猜測,一時難有定論;但許慎分析漢字的方法是有數千個字例見存的,只要我們擯棄先入爲主的"六書"觀念,實事求是地對這些字例的分析進行細緻考察和全面總結,就應該能夠得出比較客觀的結論。一旦我們弄清楚許慎的分析方法和漢字結構的實際類型,反過來就可以判斷"六書"跟漢字結構的關係。經過考察,我們基本上可以推斷"六書"或者"四書"不是對漢字結構類型的系統分析,漢字的結構類型根本不是用"六書"或"四書"

---

[1] 本文原載《民俗典籍文字研究》(第6輯),商務印書館2009年版。
[2] 參見党懷興《宋元明六書學研究》,中國社會科學出版社2003年版。
[3] 參見鄭樵《六書略》、王筠《説文釋例》等。
[4] 參見林季苗(法國里昂第三大學)《漢字分類及認知之研究與對外教學應用》,載 GuderA、江新和萬業馨編《漢字的認知與教學》,北京語言大學出版社2007年版。張標:《二十世紀説文學流別考論》,中華書局2003年版。

能分析得了的。爲了說明這個問題，我們將從考察《説文解字》的實際分析入手，用若干篇文章來逐項展示許慎的分析跟"六書"的關係。本文主要對"含形字"進行考察，意在用事實説明許慎的"象形"分析不等於"六書"的"象形"字。

一　"含形字"中"形"的所指

本文的"形"可能有兩個含義：一指字符之形，二指事物之形。"字符"是記錄語言的書寫使用單位。爲了區別，我們在表述字符之"形"的時候，通常使用"字樣""字形"或"形體"等説法。指稱整個字符的字樣或形體叫"全字"，構成字樣的帶有一定功能的可分析單位叫"構件"，一般不獨立分析或者没有獨立功能的書寫單位叫"部件"。不同字符之間相同的形體叫"同形"。而指事物之形時，一般祗稱"形"或具體説明什麽事物之"形"。所謂"含形字"，是指該字樣中含有表示某種事物之"形"的構件。"含形字"是用來圈定考察材料範圍的臨時名稱，不是科學的術語，也不是漢字的結構類型。一個含"形"字樣，可能由一個構件構成，也可能由多個構件組成。

籠統地説，"含形字"中的"形"指構件所表事物之形，但事物之形是千差萬別的，有實形有虛形，有物形有事形，有事物全形，有事物部分之形，甚至還指别的字符之形（這祇能看作特殊事物）；而且，有的形對構件而言，有的形對部件而言，有的形既對全字而言又對構件而言。具體情况如何，且看許慎的有關解釋。

（一）所含"形"指具體實在的物體（包括物體的部分）。如：

《口部》：口（凵），人所以言食也。象形。

《又部》：又（㐅），手也。象形。三指者，手之列多，略不過三也。

《牛部》：牛（半），大牲也。牛，件也；件，事理也。象角頭三、封尾之形。

《冊部》：冊（䚮），符命也。諸侯進受於王也。象其札一長一短，中有二編之形。

《卜部》：兆（㲋），灼龜坼也。从卜；兆，象形。

《肉部》：胃（𦞩），穀府也。从肉；囟，象形。

《箕部》：箕（𠔋），簸也。从竹；𠔿，象形；丅，其丌也。

《井部》：井（丼），八家一井。【】象構韓形；丶，𤮺之象也。古者伯益初作井。

《臼部》：臼（𦥑），舂也。古者掘地爲臼，其後穿木石。【】象形。中，米也（"舂"是從"臼"的功用上加以解釋）。

這種情况下，"形"是看得見摸得着的實體，字義一般表示名物（釋義可能從别的角度説明）。"口""又""牛""冊"是單構件字，看似説全字象形，實際為構件象形；其中"又""牛""冊"還作了構件内部表示事物某部分的形體部件的説明。"兆""胃""箕"是全字中的某個構件象形。"井""臼"都由兩個構件組成，每個構件分别象形。表述這類"形"通常用"象形""象……（之）形""象……""……（之）形"等程式化術語。但也有不用術語的，如"中，米也""下，其丌也"等。值得注意的是，多構件字中，説某構件象形時，往往省略該構件主體，如丼字"象構韓形"指的是構件"井"。引例中用"【】"號標識者都屬這種情况。

（二）所含"形"指實在物體呈現的某種狀態或組合的某種事象（情景）。如：

《丩部》：丩（𠬝），相糾繚也。一曰瓜瓠結丩起。象形。

《卤部》：卤（卤），艸木實垂卤卤然。象形。

《釆部》：釆（𥸸），辨別也。象獸指爪分別也。

《牙部》：牙（㕯），牡齒也。象上下相錯之形。

《乙部》：乙（𠃉），象春艸木冤曲而出，陰气尚彊，其出乙乙也。

《爨部》：爨（爨），齊謂之炊爨。臼象持甑，冂爲竈口，廾推林內火。

《耑部》：耑（𤼃），物初生之題也。上象生形，下象其根也。（中象地。）

《艸部》：芻（芻），刈艸也。象包束艸之形。

《甲部》：甲（甲），東方之孟，陽气萌動，从木戴孚甲之象。

《舟部》：般（般），辟也。象舟之旋，从舟；从殳，殳所以旋也。

這種情況下，物體一般是實在的，而所象物體之"形"（狀態或情景）卻是看得見而摸不着的，只能感知其"形"。其"形"可能是靜態，也可能是動態，字義則可指物體的靜態（形容詞）、動態（動詞），也可指具有某種靜態或動態的事物（名詞）。表示狀態的"形"有的指全字而言，實際上也是指構件而言，如"丩""釆""牙""乙"；有的指全字中的某個構件而言，如"爨"中的"臼"。對多構件字，通常有針對性地説明某構件的象形功能，如"耑"説明其中一個構件"上象生形，下象其根也"；但也可能是在總體説明中暗含對構件功能的分解，既有組合的事象之形，也有構件單表的事物之形，如"芻"説"象包束艸之形"，除了"包束艸"這個動態事象外，也意味着這個字有象勹形和象草形的兩個構件。這種情況所用的術語更爲靈活多樣，如用"從……（之）象"來説明幾個象形構件的組合關係，而用"從……""爲……""……之象"等來表述某個構件的象形功能。

（三）所含"形"爲難以把握的抽象事物或虛擬事物。如：

《亏部》：亏（𠃑），於也。象气之舒亏。从丂，从一。一者，其气平之也。

《曰部》：曰（𠙴），詞也。从口，乙聲。亦象口气出也。

《曰部》：曶（曶），出气詞也。从曰，【 】象气出形。

《兮部》：乎（乎），語之餘也。从兮，【 】象聲上越揚之形也。

《欠部》：欠（𣣓），張口气悟也。象气从人上出之形。

《牛部》：牟（牟），牛鳴也。从牛，象其聲气从口出。

《羊部》：芈（芈），羊鳴也。从羊，象聲气上出。與牟同意。

《雨部》：雨（雨），水从雲下也。一象天，冂象雲，水霝其閒也。

《不部》：不（不），鳥飛上翔不下來也。从一，一猶天也。【 】象形。

《至部》：至（𦤳），鳥飛从高下至地也。从一，一猶地也。【 】象形。不，上去；而至，下來也。

《毛部》：毛（𣎵），艸葉也。从垂穗，上貫一，下有根，象形。

《韭部》：韭（𧐢），菜名。一種而久者，故謂之韭。【 】象形，在一之上。一，地也。

《屮部》：屯（屯），難也。【 】象艸木之初生，屯然而難。从屮貫一。一，地也。

《土部》：土（土），地之吐生物者也。二象地之下、地之中；【 】物出形也。

《之部》：之（㞢），出也。【 】象艸過中，枝莖益大，有所之。一者，地也。
《亦部》：亦（亦），人之臂亦也。从大，【 】象兩亦之形。
《刃部》：刃（刃），刀堅也。象刀有刃之形。
《勺部》：勺（勺），挹取也。【 】象形，中有實。與包同意。
《予部》：予（予），推予也。象相予之形。
《八部》：八（八），別也。象分別相背之形。
《甶部》：甶（甶），鬼頭也。象形。
《鬼部》：鬼（鬼），人所歸爲鬼。从人，象鬼頭。鬼陰气賊害，从厶。

前兩類字樣之形跟所象的物形和事形是相似的，是可以"看"出來的。這裏的"形"指抽象事物或虛擬事物，其特點是字樣之形跟事物之形無法對應，"看"不出它們的相似，用來表示某個事物的字形實際上只是個抽象的象徵性符號，並不是依據事物描畫出來的實形。這是因爲被表現的事物本身無形，或形不固定，或形難描畫。如"气""聲""口气""聲气"都是抽象的，看不見摸不着（霧气、水气、哈气等特殊情況可見），更沒有定形，所以"亏""曰""曶""乎""欠""牟""芈"等字用了不同的形體來象徵這捉摸不定的"气"。"雨""不""至""乇""韭""屯""土""之"等字都用"一"來象徵"天"或"地"，因爲天地雖然是有客觀形體的，可見可感，但大得無法把握，誰也看不到天地的全貌，其形無從定狀，只好用個簡單的符號"一"來象徵。人的腋窩和刀的鋒刃也是客觀的，但它們依附於人體和刀體，很難分割獨立成形，所以"亦"字和"刃"字祇能用簡單線條來標識。"勺"中有實，但實不確定，所以也用一個線條來象徵。"予"和"八"表達的事物並不確定，所以字形跟事物之形也無法對應相似。"鬼頭"是什麼形象誰也不知道，表現這類事物的字樣要麼是象徵符號，要麼是虛擬的象形符號，因爲事物本身無形可象。可見這類抽象事物之"形"跟表現它們的字樣之形沒有必然的聯繫，它們不是像似其形，而是象徵其意，所以對這類抽象的字"形"所代表的事物，許慎有時用"猶"來表述，有時直接說明代表的事物，而不用"象"類術語。這類字有許多被後來人歸入六書的"指事字"，而許慎是把它們當作"含形字"來分析的。

（四）所含之"形"指同樣是符號的另一個字樣（特殊事物）。

這是一種特殊情況，有的字樣分析說"象……""與……同（似）"，其實並非指象其他某個客觀事物的形，而是指象另外某個字符的形。例如：

《角部》：角（角），獸角也。象形。角與刀、魚相似。
《虎部》：虎（虎），山獸之君。从虍，虎足象人足，象形。
《畫部》：畫（畫），界也。【 】象田四界。聿，所以畫之。
《卮部》：卮（卮），圜器也。一名觛。所以節飲食。【 】象人，卩在其下也。
《鼎部》：鼎（鼎），三足兩耳，和五味之寶器也。……【 】象析木，以炊也。

"角與刀魚相似"，不是說"角"的樣態跟刀、魚這兩個事物相似，而是說"角"字形體的上部跟"刀、魚"二字形體的上部相似，書寫時可以參照。說"虎足象人足"，也不符合客觀事理，所以這裏的"象人足"實際應該是指虎字中代表虎足的那部分形體象代表人足的那個"人"字的形體（"夂、夊、夂"字中的"人"都表示人足。寫法跟虎字下面表示虎足的形體同似）。段玉裁把"人"改成"儿"，當作義符，是不妥的。即使改成"儿",也是指字形而言,不可能指客觀人體的足。"畫"字下面"象田四界",應該是說"畫"字下部在四界中有個跟田字形體一樣的形體,這個四界及田形合起來都是象用聿畫出的線條,跟田土疆界之實體形無關,田界之形是不可能用"聿"(筆)來畫的。"卮"是一種圓形酒器,說它"象人",顯然不是指人體而言,而是指"卮"字除"卪"之外的部分象一個倒寫的"人"字,所以說"卪在其下","其"所代指的正是倒寫的"人"字形而不是人的身體。說"鼎"字下面"象析木",其中的"析木"也不是指客觀事物而言,因爲客觀上如果是動態的劈開木頭,則應有刀斧的參與才能顯示,如果是靜態的被劈開的木頭,那形狀實難描畫,所以"析木"實際是指把"木"字的形體分成兩半,恰好跟"鼎"字的下部形體吻合。至於跟"炊"聯繫起來,那是從"析木"的意義出發的,並非客觀情景的再現。類似字例很多,詳參下文"同形部件類比法"。

還有跟被分析字的古文形體比附的情況,通常表述爲"從古文之象"或"象古文之形"。這種情況針對的是同一個字符,它們的形體相近但有差異,而形體功能相同,所以就不僅僅是比附字形,而是要通過比附的字形來理解被析字的功能和意義,因爲比附的古文字形構意更明顯,所以要"從"它的"象"來體會字義。如:

《弟部》:弟(弟),韋束之次弟也。从古字之象。
《民部》:民(民),眾萌也。从古文之象。
《革部》:革(革),獸皮治去其毛,革更之。象古文革之形。

"弟"字的小篆形體跟古字形體"弟"略有差異,"从古字之象",更能看出用韋革束縛他物而呈現的次第形狀。"民"的小篆形體也不同於古文形體"民",古文形體更能看出植物萌芽的狀態,所以許慎是"从古文之象"而釋民爲"眾萌"的。小篆的"革"不太容易看出"獸皮治去其毛"的意思,這個意思更"象古文革(革)之形"。聯繫古文字並不是對小篆本身進行構件拆分和功能解釋,而是借助相似字形更明確的功能來認定小篆形體比較隱晦的功能。

上述四種情況,含"形"所指的內容各不相同,其中第3、第4兩種內容是難以爲六書"象形字"所容納的,因爲它們不符合六書"象形"的定義。但許慎是當作"象形"構件來分析的。許慎所說的"象形"一般都指構件(部件)而言,單構件字看似說全字,實際上也是指構件。對多構件的組合字,有時會總體說象什麼形,但其中一定會包含參與組合的構件所象之形,因而是既有組合之形,也有構件之形的。"構件"是許慎分析象形功能的基本單位。說某構件象形,是指某構件的形體象某種客觀事物(包括特殊事物)的形狀。除第4種象特殊事物(另一字形)之外,其他所象事物之形都與字符所表達的詞義相關。

許慎分析的"形"內容各異,字樣之"形"與事物之"形"的對應也複雜多樣。同類的事物可以用不同的形體來表現,同樣的形體也可以表達不同的事物。這是值得注意的。例如同是氣體,"亏""曰""㕽""乎""欠""牟""羋"等字用來對應的形體不同;而同樣的構件"一",或象天,或象地,或象氣,還可以象簪(《夫部》:"夫(夫),丈夫也。从大,一以象簪也。"),象血(《血部》:"血(血),祭所薦牲血也。从皿,一象血形。"),象丹(《丹部》:"丹(丹),巴越之赤石也。【】象采丹井,一象丹形。")等等。

还有一点值得注意的是，許慎表述字樣的象形内容時，雖然一般是在釋義後專門進行，但有時卻結合在釋義的表述之中，釋義語既是訓解字義，也在説明字樣所指的事物。如上舉"至"字先解釋爲"鳥飛从高下至地也"，這裏面就包含兩個構件—象鳥形、象地形的説明；然後用"从一，一猶地也"作補充。"弟"解釋爲"韋束之次弟也"，實際上就是分析字樣象用韋條束縛他物而呈現出次第的狀態；至於"从古字之象"則是借助另一個字形來類比小篆字形的象形功能，而不是對小篆"弟"字形體本身的分析。"乙"字"象春艸木冤曲而出，陰气尚彊，其出乙乙也"，直接用釋義代替字樣功能的説明。所以我們考察許慎對"象形"内容的表述要結合釋義表述一起進行。

二 "含形字"中"形"的分析

上文説明含形字的"形"所指内容複雜多樣，那麼許慎是如何分析這些"形"的呢？也就是如何把這些"形"（事物）跟字樣聯繫起來，或者説用什麽方法解析字樣中含有的"形"。從許慎的實際分析看，我們認爲可以歸納爲如下幾種方法。

（一）構件功能分析法

就是把漢字看成由構件組成，而構件是有明確功能的。説明字樣的某個構件跟什麽事物相似或代表什麽事物，跟字義（有的是詞義，有的是字形解説義）是什麽關係，對表達語詞起什麽作用，等等，這就是從功能上分析字形，所以叫作構件功能分析法。一個字可以由一個構件組成（獨體字），也可以由多個構件組成（合體字），構件功能分析法意在説明每個構件在表達字義或語詞上所起的作用。分析出象形構件是構件功能分析法的一種。例如：

《囱部》：囱（囱），在牆曰牖，在屋曰囱。象形。
《大部》：大（大），天大，地大，人亦大。故大象人形。
《冎部》：冎（冎），剔人肉置其骨也。象形，頭隆骨也。
《囧部》：囧（囧），窻牖麗廔闓明。象形。
《丂部》：丂（丂），嘑也，艸木之華未發函然。象形。
《冄部》：冄（冄），毛冄冄也。象形。
《飛部》：飛（飛），鳥翥也。象形。
《入部》：入（入），内也。象从上俱下也。
《出部》：出（出），進也。象艸木益滋，上出達也。

以上都是祇有一個構件的獨體象形字，許慎説明了這個構件跟事物的關係，同時説明了事物跟字義的關係。本文基本不考慮許慎所説各種關係的正誤，只看他分析了哪些關係，是怎樣分析的。例如"囱"的構件象"窗戶"形，字義指屋頂上（"在屋"）的天窗；"大"的構件"象人形"，字義指人的特性"大"，因爲"天大地大人亦大"；"冎"的構件"象頭隆骨形"，字義是"剔人肉置其骨"，看來"頭隆骨"只是"骨"的一個代表；"囧"的構件"象網格稀疏的窗戶形"，字義指窗戶的作用"闓明"。如此等等，無論構件的功能指向具體事物還是抽象事物，無論字義是名詞還是動詞形容詞，構件、事物、字義三者之間都是密切相關的。

以上都是一個構件組成的獨體象形字。但這個"一""獨"應指事物的抽象概念，就是說所象的應是"類"形，而不是事物的個體。例如"羽"象兩片羽毛之形，不能認爲它有兩個構件，包含兩個事物之形。同樣的道理，"竹""朿""毛""齊""开"等都包含若干個體，而許慎分析爲一個"象形"構件，指的都是單一事物的"形"（實體或狀態）。

有的字樣被分析出兩個以上的事物之"形"，"形"與"形"相互依存，共同構成一個"事象"。跟"事象"相關的字義可能表示事象中某個構件所象之"形"的事物；也可能表示與構件之"形"相關的另一個事物；但更多情況下，字義往往表示構件組合的"事象"所體現出的動作或狀態。如：

《眉部》：眉（眉），目上毛也。从目，【】象眉之形，上象頟理也。
《石部》：石（石），山石也。在厂之下；口，象形。
《木部》：果（果），木實也。从木，【】象果形，在木之上。
《玉部》：玉（玉），石之美。……象三玉之連。丨，其貫也。
《鬻部》：鬻（鬻），歷也。古文，亦鬲字。象孰飪五味气上出也。
《工部》：巨（巨），規巨也。从工，象手持之。
《亯部》：亯（亯），度也，民所度居也。从回，象城亯之重，兩亭相對也。或但从口。
《朩部》：朩（朩），分枲莖皮也。从屮，八象枲之皮莖也。

"眉"字下有目形上有頟理，其義單指眉；"石"有山崖有石塊，義限於石塊；"果"象果形在木之上，其義沒有木；"玉"字有玉形有貫形，字義單指玉；"鬻"字有鬲形有氣出形，字義專指鬲；"巨"字象手持工，字義專指工（規榘）；"亯"字有內城形有外郭形有兩亭形，字義專指郭；"朩"字"从屮"屬比附字形，實際功能象枲的枝莖，"八"則象莖皮（原文"皮莖"疑"莖皮"之倒，段玉裁改爲"枲皮"，意同），而字義專指枲莖之皮。凡此，皆多形自然組合，由一形而連帶近旁依附之形，其中祇有一形發揮表詞功能，另一形或幾形起陪襯作用。又如：

《囗部》：圂（圂），廁也。从囗，象豕在囗中也。會意。
《夫部》：夫（夫），丈夫也。从大，一以象簪也。周制以八寸爲尺，十尺爲丈。人長八尺，故曰丈夫。

"圂"字"象豕在囗中"，"囗"象豬圈，全字有豬形有圈形，但不指豬"豕"也不指"囗"圈，而是"會意"出"廁"來，"廁"是帶有豬圈的房子，而不是豬圈本身。"夫"字"从大"，並非大小的大，而是象人形，並且不是一般的人，而是加戴簪子的成年人"丈夫"，這是兩形組合會出的新意。可見具有象形功能的構件參與構造的"含形字"也可能是六書的"會意字"，而不是"象形字"。再如：

《西部》：西（西），鳥在巢上。象形。日在西方而鳥棲，故因以爲東西之西。
《丮部》：丮（丮），持也。象手有所丮據也。
《夊部》：夊（夊），行遲曳夊夊，象人兩脛有所躧也。
《生部》：生（生），進也。象艸木生出土上。

《凶部》：凶（凶），惡也。象地穿交陷其中也。
《癶部》：登（登），上車也。从癶、豆。象登車形。
"西"爲"鳥在巢上"，有鳥形有巢形，但既不指鳥也不指巢，而是"鳥在巢上"這一事象所體現的"棲息"；"丮""象手有所丮據"，但既不指手也不指丮據之物，而義爲"持"；"夂""象人兩脛有所躧"，但既不指人脛也不指所躧之物，而指行走遲曳之狀；"生""象草木生出土上"，但既不指草或木，也不指土，而指生長；"凶""象地穿交陷其中"，但不指地穿也不指陷地中之物，而指凶惡；"登""从癶"，爲的是歸部，實際上象兩脚，"豆"象登車之踏脚物，所以組合爲"象登車形"，字義不指脚也不指踏脚之物，而指"上車"的動作。凡此，都由多個"形"參構組合出一幅事象，會出一個新意，每個構件的功能都不等於字符的功能。這些字也都屬於六書的"會意字"而不是"象形字"。

上述包含多個事物之"形"的字樣，就構件而言是"象形"，就全字而言屬"象事"，字義則可指物，也可指事。這些字樣都可以分析出象形構件，可以叫"含形字"，卻不能都叫作"象形字"，也不能都屬於"會意字"（字符義等於構件義的應該不屬於會意字）。

在分析象形構件的功能時，有兩種關係值得注意。

一是整體與部分的關係。許慎除了總體上表述某構件的象形功能外，有時還對其中的部分象形功能作更細的分析說明，這種部分功能的分析，目的是爲了通過認識部分來認識總體，並不意味着負載它們的字形部分可以獨立爲另一個構件。例如：

《象部》：象（象），長鼻牙，南越大獸，三年一乳。象耳牙四足之形。
《馬部》：馬（馬），怒也，武也。象馬頭髦尾四足之形。
《燕部》：燕（燕），玄鳥也。籋口，布翄，枝尾。象形。
《勿部》：勿（勿），州里所建旗。象其柄，有三游。雜帛，幅半異。所以趣民，故遽稱勿勿。
《率部》：率（率），捕鳥畢也。象絲罔，上下其竿柄也。
《田部》：田（田），陳也。樹穀曰田。象四口；十，阡陌之制也。（"口"非說話之口，而是田塊。）
《斗部》：斗（斗），十升也。象形，有柄。
《鬲部》：鬲（鬲），鼎屬。實五觳。斗二升曰觳。象腹交文，三足。
《首部》：首（首），百同。古文百也。巛象髮，謂之鬊，鬊即巛也。
《豕部》：豕（豕），彘也。竭其尾，故謂之豕。象毛足而後有尾。讀與豨同。

"象""馬""燕""勿""率""田"等對整個字樣的各部分所象的形做了全面分析，各部分象事物部分之形，合起來象事物總體之形。"斗""鬲""首""豕"等字祇指出其中的某些部分象什麼，由於釋義已經說明它們是什麼東西，所以總體象形不會產生誤解。

二是不同層次的關係。許慎對"含形字"中"形"的分析有時不在一個平面上，因而顯示出層次性。例如：

《彡部》：弱（弱），橈也。【】上象橈曲，彡象毛，氂橈弱也。弱物並，故从二弓。
《包部》：包（包），象人裹妊；巳在中，象子未成形也。

"弱"字首先分析基礎構件"叧",那是由兩個象形構件曲橈板(弓)和毛(彡)構成;然後說這個物件是成雙成對的,所以要由兩個"叧"構成。"包"字說"巳在中,象子未成形",這是"巳"的象形功能;又說"象人裹妊",這是"包"的象形功能。可見許慎對這些字的分析有兩個層次。

其實前面所舉由兩個以上象形構件組合的字樣,它們的象形功能都是兩層的,一層是構件本身的象形功能,一層是構件組合後的全字象形功能。如"雨"字的"一"象天,"冂"象雲,小點象雨水,這是第一層;組合後,象"水從雲下"之動態情景,這是第二層。但許慎不是每個字都明確表述其層次關係,往往祇講構件象形,全字的組合象形則用釋義代替;或者祇有全字的象形說明,而構件的象形包含在全字解說之中。儘管表述方式不同,我們仍能體會出許慎的"象形"具有層次性。不同層次的功能代表的是各自獨立的不同事物的組合關係,不是同一事物的整體與部分的關係。

(二) 同形部件類比法

許慎對代表某個事物之"形"的構件(也就是獨體象形字樣)的分析,有時會拆分出一些跟事物音義無關的"部件"(我們把不具獨立功能的形體單位叫"部件",以與具有獨立功能的"構件"相區別),拆分這些部件的原因是另有"同形"的構件或部件,分析的目的不在講解被分析字本身的構造功能,而是聯繫不同的字符進行形體類比,以幫助辨析字形,或提示構意。大致可以分爲兩種情況:一種是意義毫無關聯的類比,一種是意義似有關聯的類比。

1. 意義毫無關聯的字形類比。

有的類比對象是某組字符的部分形體,如:

《角部》:角(𧢲),獸角也。象形。角與刀、魚相似。

《芻部》:芻(𦏆),如野牛而青。象形。與禽、离頭同。

《㲋部》:㲋(𡮢),獸也。似兔,青色而大。象形。頭與兔同,足與鹿同。

《魚部》:魚(𤋳),水蟲也。象形。魚尾與燕尾相似。

以上"角""芻""㲋""魚"先說總體象形功能,再拿另一個或幾個字形有相同相似的部分來比較。但這種相同相似祇是就字形的比較辨析而言,並非說這個被分析的字樣同時具有象另外一個事物的功能。如"角與刀魚相似",不是說"角"字的結構跟刀、魚這兩個事物有什麼關係,而是說"角"字形體的上部跟"刀"字的形體和"魚"字形體的上部相似,書寫時可以參照。"芻""如野牛而青",並不象"禽、离",而且"禽"爲走獸總名,根本無形可比,所以"與禽、离頭同"當然是指它們的字形都用一往上彎曲的部分來代表它們的頭部,這是字形的相似和構意的相同。以此類推,"㲋"字"頭與兔同,足與鹿同","魚"字"魚尾與燕尾相似",也是指不同字符的相同形體而言。這些字例顯示,許慎用"與……似""與……同"或"似……"等方式表述的,不是某一個字的構件功能分析,而是不同字的形體類比分析。

這種部分字形的類比許慎也用"从某省"來表述。例如:

《谷部》:㕢(㕢),舌皃。从谷省,象形。

《亯部》:亯(亯),獻也。从高省,曰象進孰物形。

《畗部》：畗（畗），滿也。从高省，象高厚之形。

"囟"整個就是一副舌頭的樣子，"谷"爲"口上阿"，嘴唇往上翻並不一定看見舌頭，還有牙齒擋着呢，所以意義上無關。後兩字都説"从高省"，其實跟"高"的音義也無關，"亠"原本也應該是跟下面整體象形的。照此體例，上舉的"與魚相似""頭與兔同，足與鹿同"等似乎也可以説成"从魚省""从兔省""从鹿省"等，因爲類比的字符同形的都衹有一部分，性質是一樣的。

有的同形，是被分析字的部分，而用來類比的字符卻是全形。如：

《鳥部》：鳥（鳥），長尾禽總名也。象形。鳥之足似匕，从匕。
《黽部》：黽（黽），鼃黽也。从它，象形。黽頭與它頭同。
《壺部》：壺（壺），昆吾圜器也。象形。从大，象其蓋也。
《豆部》：豆（豆），古食肉器也。从口，象形。
《亼部》：亼（亼），三合也。从入一，象三合之形。
《日部》：日（日），實也。太陽之精不虧。从囗一。象形。
《丵部》：業（業），大版也。所以飾縣鍾鼓。捷業如鋸齒，以白畫之。象其鉏鋙相承也。从丵从巾，巾象版。
《冂部》：冂（冂），幬帳之象。从冂；屮，其飾也。
《网部》：网（网），庖犧所結繩以漁。从冂，下象网交文。
《巾部》：巾（巾），佩巾也。从冂，丨象糸也。

"鳥""黽""壺""豆""亼""亼""日""業"等字在説明其總體象形功能的同時，都用"从某"分析出部分形體，這些被分出的形體大都能獨立成字，相當於用來類比字的全形，但實際上跟獨立成字的功能無關。如"鳥"字从"匕"，並不是鳥的結構跟飯匙有關，而是説代表鳥足的那部分形體跟"匕"字的寫法一樣；"壺"字"从大"，並非跟大小相關，仍然是"象其蓋也"；"業"字从"丵"从"巾"，並非與叢生草和布巾相關，實際上"丵"仍然象"鉏鋙"，"巾"仍然"象版"，合起來"象其鉏鋙相承也"。"亼""从入、一"，"日""从囗、一"，也都與"亼""日"的總體象形功能無關。可見"从"並非"會意字"專用的表示意義構件的術語。

"冂""网""巾"等字雖然沒有从總體上説"象形"，而是直接分拆爲幾個部分，這些部分有的正好跟另外某個字符的全形相同，因而加以比附。其實所謂"从某"也跟"某"的功能無關，它的實際功能可以從另一部分象形構件推導出來，是事物總體的剩餘部分的象形。如"冂"字説"屮，其飾也"，就是"冂"的裝飾部分，那麽"冂"當然是象幬帳之形了，跟帽子的"冂"無關，而幬帳與其裝飾物是連爲一體的，所以實際上"冂"是獨體象形。同樣，"网"中的"冂"象網的綱繩，"巾"的"冂"象布塊，都跟另一部分形體合成整體，而與覆冒的"冂"無關。

2. 意義似有關聯的字形類比。

另一種情況是，从總體象形功能中拆分出來的"部件"意義上似有某種聯繫，而實際上這個"部件"是字樣所象事物本身的一種狀態，功能上與總體象形重複，或者被包含在整體象形之中，無法拆分出來獨立存在，因而也就無所謂意義。之所以強行拆分，也應該主要是出於字形上的比附，也不排除故意比附事物形體和意義上的關聯，通過另一個或幾個相關的字來幫助理解被分析字。但這種比附關聯是非常牽強的，所以本質上仍然是一種字際關係的類比，而不是單字結構的分析。如：

《中部》：中（ψ），艸木初生也。象丨出形，有枝莖也。古文或以爲艸字。
《高部》：高（高），崇也。象臺觀高之形。从冂。口與倉、舍同意。
《戈部》：戈（𢦏），平頭戟也。从弋，一橫之。象形。
《門部》：門（𨳇），聞也。从二戶。象形。
《木部》：木（朩），冒也。冒地而生。東方之行。从屮，下象其根。
《交部》：交（𠅘），交脛也。从大，象交形。

"中"象初生"有枝莖"的草木，應該是整體象形，其中的"丨"象枝幹，是草木的一部分；但許慎又説它"象丨出形"，因爲《説文》裏有個獨立的"丨"字，許慎解釋爲："上下通也。引而上行讀若囟，引而下行讀若退。"許慎認爲"因而上行"跟草木的出生義相關，所以拆出來加以比附，實際上"中"字並不是由獨立的"丨"字構成。"高"字"象台觀高之形"，是就整個字樣而言的，象的是一種狀態。説它从"冂"，是因爲字形中有一部分跟"冂"同形，而"冂"具有垣、院的構意，如許慎分析"市""㕻"所從之"冂"，所以意義上似乎也有聯繫；説"口與倉、舍同意"，也是因爲"高"字樣裏的"口"形跟"倉、舍"裏面的"口"形不但同形，而且都象建築物。但其實"高"字並非由另一個"冂"和"口"構成，"冂""口"跟"亠"應是一個臺觀建築整體，最多能代表建築物的某部分，而不能拆開爲另一個具有獨立功能的構件。"戈"字"象形"，指的是整體象"平頭戟"之形，所謂"从弋，一橫之"只是字形的比附説明，但"弋"象橛，跟"戟"插地之形相類，也容易被附會爲有意義聯繫。"門"也是整體"象形"，"从二戶"同樣是字形的類比，不是説客觀意義上的兩個"戶"搆成一個"門"。但"門戶"同義，不能説毫無關係。"木"字當然是整體象形，許慎説"下象其根"，那"上"象其枝幹不言自明，可它卻説"從屮"，不過是類比字形而已，但古人"草""木"同類，樹木的枝幹跟草的莖葉相似，也不能説毫無關聯，但能説"木"字是由表示草莖葉的"屮"字構成的嗎？

"交"的構件功能"象交脛之人形"或"象人交脛形"，字符功能卻指交叉的"交"。許慎分析"交"字"从大，象交形"，並不意味着這個字可以分析爲兩個構件，"从大"只是拿"大"字的形義來做比較，實際意思是説，"交"跟"大"一樣也是"象人形"，不過是"象交脛之人形"。實際上這裏的"交脛"祇是"大（人）"的一種動態或狀態，是無法跟"大（人）"分開的。"子""孑""耴"也是整體不能分開的，卻都比附了意义相關的同形字符。類似的字例還有很多，如《夭部》："夭，屈也。从大，象形。"《矢部》："矢（夨），傾頭也。从大，象形。"《允部》："允（㐬），㢒，曲脛也。从大，象偏曲之形。"《了部》："了（孑），尥也。从子無臂，象形。"等等。這些"象形"都是指單一事物的整體狀態而言，所謂"从某"只是具有類似功能的相關字形的類比提示，不是從整體象形中拆分出去的獨立表義構件（構形中並非取其義而是比附其形），因而我們把它看作許慎分析獨體象形字的一種方法，而不是另一種客觀存在的漢字結構新類型。

（三）強拆字形歸部法

　　有的字樣本來是一個事物的整體象形，但許慎爲了分部和歸部的系統需要，將這類"獨體象形字"人爲分析成"帶義含形字"。這種情況跟類比似有意義關聯的同形部件相似，其差別在於："類比同形部件"是因爲另有同形字或同形部件存在，"从某"的"某"是本來就有的，而且被分析字本身都是部首字或者有部可歸的字；這裏說的"強拆字形"是不"強拆"就沒有辦法歸部，拆出來的形體可以是原本存在的，而絕大多數情況是本來沒有這麼個獨立表義的字，只是許多不好歸部的獨體象形字樣裏有這麼個相同相似的部分，就把它分離出來獨立成爲部首，因而含有這個形體的那些本來是獨體的字就被分析成"从某"，剩下的部分才被當作象形構件。例如：

　　《了部》：孑（𡿨），無右臂也。从了乚，象形。
　　《了部》：孓（𡿩），無左臂也。从了丿，象形。
　　《耳部》：聅（𦖩），耳垂也。从耳下垂，象形。《春秋傳》曰"秦公子輒"者，其耳下垂，故以爲名。
　　《内部》：萬（𥜹），蟲也。从厹，象形。
　　《内部》：禹（𥜉），蟲也。从厹，象形。
　　《内部》：禺（𥜺），周成王時，州靡國獻禺。人身，反踵，自笑，笑即上脣掩其目。食人。北方謂之土螻。《尔疋》云："禺禺，如人，被髮。"一名梟陽。从厹，象形。
　　《内部》：离（𥜼），蟲也。从厹，象形。
　　《内部》：离（𥜽），山神，獸也。从禽頭，从厹，从屮。歐陽喬說：离，猛獸也。（徐鉉曰："从屮，義無所取，疑象形。"筆者按，"从禽頭""从屮"都屬於同形部件類比法，其實"禽頭"與"屮"應是一個象形整體。）
　　《夊部》：夋（𡕢），璹蓋也。象皮包覆璹，下有兩臂，而夊在下。
　　《夊部》：夏（𩓣），中國之人也。从夊从頁从𦥑。𦥑，兩手；夊，兩足也。
　　《夊部》：夒（𡙲），貪獸也。一曰母猴，似人。从頁，巳、止、夊，其手足。（臣鉉等曰：巳、止，皆象形也。）
　　《夊部》：夔（𡕦），神魖也。如龍，一足，从夊；象有角、手、人面之形。
　　《彑部》：彘（𧰧），豕也。从彑，下象其足。
　　《彑部》：𢑚（𧰨），豕也。後蹏發謂之𢑚。从彑，矢聲，从二匕。𢑚足與鹿足同。
　　《彑部》：彖（𧰨），豕也。从彑从豕。讀若弛。
　　《彑部》：彖（𧰨），豕走也。从彑，从豕省。

　　"孑""孓""聅"就個體字形的功能來分析的話，都可以看作獨體象形字，但放到《說文解字》的系統中，就出現了問題：這些獨體象形字不再參構別的字，因而本身不能成爲部首，那麼它們如何編排呢？許慎的辦法是從象形整體中拆分出跟別的部首同形的部分，從而將這些字歸入別的部首下。在拆分形體的時候儘量做到能有意義聯繫。"孑""孓"本來是斷單臂人的象形，爲了歸部，強行分出"了"來以便歸入"了"部，而"了"爲斷雙臂者，意義上正好有關係。"聅"字其實是耳下垂的整體象形，分出"耳"來，下垂之象無以體現，但無所歸部，所以許慎祇好認爲它"从耳"，歸入"耳"部。

"萬""禹""胄""离""离"等字其實也應該都是某種動物的整體象形，但這些象形字無法按意義形體歸於別的部，因而無法進入編排系統，除非各自成爲無屬字的單身部首。《説文解字》雖然確實有無屬字的單身部首①，但應屬錯誤處理或例外，如果無屬字部首過多，系統就不復存在。所以許慎對這些本來不應拆分的獨體象形構件進行手術分離，從中規範出一個共有的形體單位"内"來作爲獨立的部首字，於是原來那些無法歸部的字都可以隸屬於"内"部，並且都具有相關的動物類意義。這種方法導致了不少字的重新分析，從而大大增强了《説文解字》人爲規範的系統性，並對以後的漢字發展產生積極影響。《説文解字》的"夊"部、"互"部、"丶"部、"丨"部、"丿"部、"乀"部、"乚"部、"弓"部等等，都是用這種方法分析出來的。

通過上面的考察，我們發現許慎對具有"象形"功能的形體進行分析時採用了三種方法：一是着眼於字符本身的形體功能分析，將具有不同功能的形體分析爲不同的構件，用構件功能分層次組合出字符的意義，這可以叫作"構件功能分析法"；二是聯繫不同字符來分析，對不同字符的同形部件進行類比，以達到形體認知和功能參照的目的，這可以叫作"同形部件類比法"；三是從編排系統出發來分析，爲了便於歸部，而强行把整體象形的某個部分拿出來當作部首，這可以叫作"强分部首歸類法"。三種方法各有不同的目的，它們共同完成了對"含形字"的全面分析。這些分析方法跟六書的"象形"有某種關聯，但顯然不是一回事。

三 "含形字"的結構類型

我們歸納漢字的結構類型主要着眼於構件的拆分和功能的組合，也就是根據許慎對漢字構件及其功能的分析來概括。在許慎分析"含形字"的三種方法中，"構件功能分析法"直接面對的是漢字結構，所以構件功能分析的結果也直接反映漢字結構的類型。"同形部件類比法"是一種外部聯繫的認知方法，不是單字本身的結構分析，因而跟結構類型無關。"强拆字形歸部法"雖然不是功能結構的自然分析，但在許慎的"系統"中已經導致人爲構件的產生，對結構類型有一定的影響。上文論述"構件功能分析法"時已經介紹過由一個象形構件構造的獨體象形字和由兩個以上象形構件組合而成的字，實際上就代表了"含形字"的兩大結構類型，即：

類型1：獨體象形結構。如"山""羊""鹿""交"等字。

類型2：多形組合結構。如"丹""果""雨""爨"等字。

除此之類，有的字樣既包含象事物之"形"的構件，也有其他"非象形"構件。這就出現了第三種類型，即：

類型3：象形+非象形結構。

---

① 《説文解字》中共有35個無屬字部首，其中32個部首是可以另做處理的。許慎之所以將它們列爲部首，除了字形字義分析錯誤外，原因是受到漢代唯心主義哲學思想主要是陰陽五行説的影響，將數字、干支字都立作了部首。參見馮玉濤、趙兵戰《〈説文解字〉無從屬字部首評析》，《寧夏大學學報》2001年第6期。

"非象形"構件不是説構件本身在任何情況下都不象形，而是指在被分析字樣中它不以"形"的功能參構，也就是字樣所代表的事物並不需要該構件的"形"發揮作用，而是取它別的方面的功能。有的取音，有的取義，有的音義兼取。這樣的"非象形"構件跟"象形構件"可以組合出多種實際類型。

（一）形+聲（音）

《内部》：内（内），獸足蹂地也。【】象形，九聲。
《宋部》：宋（宋），艸木盛宋宋然。【】象形，八聲。
《氐部》：氐（氐），巴蜀山名岸脅之旁箸欲落墮者曰氐，氐崩，聞數百里。【】象形，乁聲。
《齒部》：齒（齒），口齗骨也。【】象口、齒之形，止聲。
《莧部》：莧（莧），山羊細角者。从兔足，苜聲。（"从兔足"，類比"兔"字足形而言"莧"字下面象"山羊細角者"之足形。）
《冂部》：市（市），買賣所之也。市有垣，从冂；从乁，乁，古文及，象物相及也；之省聲。（"冂"非"遠界也"之"冂"，而是象圍牆之形。）
《臼部》：要（要），身中也。象人要自臼之形，从臼；交省聲。（"从臼"屬類比同形，實際上跟"象人要自臼之形"重複，故應看作整體象形。）

（二）形+義

《肉部》：肩（肩），髆也。从肉，【】象形。
《竹部》：筌（筌），可以收繩也。从竹，【】象形，中象人手所推握也。
《豊部》：豊（豊），行禮之器也。从豆，象形。
《豐部》：豐（豐），豆之豐滿者也。从豆，【】象形。
《木部》：朵（朵），樹木垂朵朵也。从木，【】象形。此與采同意。
《木部》：枾（枾），兩刃臿也。从木；丰，象形。宋魏曰枾也。
《巢部》：巢（巢），鳥在木上曰巢，在穴曰窠。从木，【】象形。
《禾部》：秫（秫），稷之黏者。从禾；术，象形。
《衣部》：衰（衰），艸雨衣。秦謂之萆。从衣，【】象形。
《兒部》：覓（覓），冕也。周曰覓，殷曰吁，夏曰收。从兒，【】象形。
《土部》：凷（凷），墣也。从土，一屈，象形。
《車部》：軎（軎），車軸耑也。从車，【】象形。
《釆部》：番（番），獸足謂之番。从釆；田，象其掌。
《田部》：疇（疇），耕治之田也。从田，【】象耕屈之形。
《丘部》：丘（丘），土之高也，非人所爲也。从北从一。一，地也；人居在丘南，故从北。
《疋部》：疋（疋），足也。上象腓腸，下从止。（許慎以"止"爲"下基"義，故云"从止"。）
《㗊部》：器（器），皿也。【】象器之口，犬所以守之。

《谷部》：谷（🔲），口上阿也。从口，【】上象其理。
《兮部》：兮（🔲），語所稽也。从丂，八象气越亏也。
《虍部》：虞（🔲），鐘鼓之柎也。飾爲猛獸，从虍，異象其下足。
《虎部》：彪（🔲），虎文也。从虎，彡象其文也。
《禾部》：禾（🔲），嘉穀也。二月始生，八月而孰，得時之中，故謂之禾。禾，木也。木王而生，金王而死。从木，从巫省，巫象其穗。
《兒部》：兒（🔲），孺子也。从儿，【】象小兒頭囟未合。
《只部》：只（🔲），語巳詞也。从口，【】象气下引之形。
《又部》：叉，手指相錯也。从又，【】象叉之形。
《又部》：叉（🔲），手足甲也。从又，【】象叉形。
《又部》：夬（🔲），分決也。从又，中象決形。

以上是一個"義"構件加一個"形"構件的字例，根據許慎的分析，也有一個"義"構件加兩個"形"構件的，或者一個"形"構件加兩個"義"構件的。如：

《水部》：淵（🔲），回水也。从水，【】象形。左右，岸也；中象水皃。
《斗部》：斝（🔲），玉爵也。夏曰琖，殷曰斝，周曰爵。从吅从斗，冂象形。與爵同意。或說斝受六斗。
《豚部》：豚（🔲），小豕也。从彖省，象形。从又持肉，以給祠祀。
《八部》：兊（🔲），詞之必然也。从入、丨、八。八象气之分散。
《鼓部》：鼓（🔲），郭也。春分音，萬物郭皮甲而出，故謂之鼓。从壴，支象其手擊之也。（象其手擊之，手中有卜，故實爲二形。）
《鬯部》：鬯（🔲），以秬釀鬱艸，芬芳攸服，以降神也。从凵，凵，器也；中象米；匕，所以扱之。
《亼部》：舍（🔲），市居曰舍。从亼；屮，象屋也；口，象築也。
《矢部》：矦（🔲），春饗所躲矦也。从人；从厂，象張布；矢在其下。

（三）形+義+聲

《木部》：棗（🔲），𣐈𣐈也。从木；入，象形；㫃聲。
《能部》：能（🔲），熊屬。足似鹿，从肉，㠯聲。能獸堅中，故稱賢能；而彊壯，稱能傑也。（"足似鹿"，指字形中象能足的部分跟鹿字象鹿足的部分相似。）
《蟲部》：蠲（🔲），馬蠲也。从虫、目，益聲。勹，象形。（其實"目""勹"連體象形。）
《禸部》：禽（🔲），走獸總名。从厹，【】象形，今聲。禽、离、兕頭相似。
《牛部》：牽（🔲），引前也。从牛，【】象引牛之縻也，玄聲。
《隹部》：䴏（🔲），周燕也。从隹，屮象其冠也，㐬聲。
《身部》：身（🔲），躳也。【】象人之身，从人，厂聲。
《辰部》：辰（🔲），震也。三月，陽气動，靁電振，民農時也，物皆生。从乙、匕，象芒達；厂，聲也。辰，房星，天時也。从二，二，古文上字。（"象芒達"指"乙、匕"結合的部分。）

《履部》：履（履），足所依也。从尸从彳从夂，舟象履形。一曰尸聲。（按"一曰"，則"从彳从夂，舟象履形，尸聲"。）

《金部》：金（金），五色金也。黄爲之長。久薶不生衣，百鍊不輕，从革不違。西方之行。生於土，从土；左右注，象金在土中形；今聲。

《龍部》：龍（龍），鱗蟲之長。能幽，能明，能細，能巨，能短，能長；春分而登天，秋分而潛淵。从肉，【】飛之形，童省聲。（徐鉉曰：【】象夗轉飛動之皃。）

（四）形+義兼聲（聲兼義）

《丶部》：主（主），鐙中火主也。从呈，象形。从丶，丶亦聲。

《舜部》：舜（舜），艸也。楚謂之葍，秦謂之藑。蔓地連華。【】象形。从舛，舛亦聲。

《马部》：甬（甬），舌也。【】象形。舌體马马。从马，马亦聲。

《疋部》：䟽（䟽），門戶疏窻也。从疋，疋亦聲。囱象䟽形。

四 "含形字"不等於六書"象形字"

許慎對"六書"的"象形"這樣定義："象形者，畫成其物，隨體詰詘，日月是也。"根據這個定義和例字，我們可以肯定三點：1. 這裏的"象形"指的是構造形體的方法，即如何產生某個形體；2. 這裏的"象形"指的是整個字符，即具有記錄功能的"書"（按許慎的説法"著於竹帛謂之書"，可見"書"是具有記錄功能的字符，"象形"爲六書之一，當然也是指字符而言）；3. 這裏的象形針對的是具有"體"的"物"而言，記錄的應該是名物詞。概括起來説就是：六書的"象形"指用描畫物體形貌的方法構造的記錄漢語名物詞的字符，簡稱爲"象形字"。

那麼，能否把六書的"象形字"當作汉字的結構類型來看待？《説文解字》中分析字形結構時所説的"象形"是否就是六書的"象形"？或者説，包含有"象形"成分的"含形字"是否都屬於六書的"象形字"？通過上述對"含形字"的全面分析，我們的看法是否定的。下面的比較可以顯示它們的差異。

1. 六書的象形字只能用"象形"來表述；而許慎分析含形字時所用的術語除"象形"外，還有"象……之形""象……""爲……形""與……相似""从……之象""从……"等不同説法，甚至不用任何術語，直接描述字樣構件代表什麼事物。可見六書的"象形"是對字符性質的指稱，而許慎的分析用語"象形"（包括相關説法）是對構件功能的描述。

2. 六書"象形"的"形"只指具體的可畫的物體，含義比較單一，這是從造字角度加以限制的結果，因爲只有具體可畫的物體之形才可以單獨成字；而許慎所謂"形"有具象有抽象，有實形有虛形，有事物之形，有字符之形，含義非常寬泛，這是立足於構形而不限於構字的結果，只要根據事物構擬出某個形體，或者只要某個形體代表着某種事物，都屬於象形，而不管它是否能獨立成字。

3. 六書的"象形"是針對具有記錄功能的整個字符而言，沒有層級，構件或構件細節的象形不能叫作"象形字"；而許慎所說的"象形"是針對組成漢字的構件而言，構件內部可以分析到所象事物的細節局部，構件外部可以組合出上層的物象、事象甚至意象，所以許慎的"形"實際上有三個層次：構件本體之形、構件局部之形、構件組合之形。都以構件爲立足點，而不以字符爲立足點。

4. 六書的象形字是"畫成"的"物體"，表達的一定是具有實體的名物詞；而許慎分析構件的"形"是寬泛的，因而含有象形構件的字所表示的概念並不限於名物，可以有動詞、形容詞甚至虛詞。

5. 如果把六書的"象形"當作漢字的一種結構類型，那"含形字"中只有"獨體象形結構"能夠與之相當，"多形組合結構"有的被當作變體象形字或指事字，有的被看成會意字，處理就很不一致，而"象形+非象形結構"的四種類型就完全不屬於"象形字"，所以《說文》分析的"含形字"無法跟六書的"象形字"對應。六書的"象形"可能是一種類型，但不是着眼於結構分析的類型，至少不能概括跟"形"相關的所有類型。

因此我們認爲，《說文解字》中的"含形字"不等於六書的"象形字"。"六書"是前人提出的用於小學教學的內容名稱，不是系統的學術概念，因而涉及的內容性質可能不一，類別可能不全。許慎只是在《說文》敘言中介紹漢字的發展歷史和漢字的研究教學情況時對前人的"六書"內容加以解釋，並沒有說這是自己用來分析漢字結構的方法或理論。《說文解字》中確實有少量的字形分析跟"六書"相合，但這應該看作教學系統和學術系統的交叉和適應，其實它們的角度和性質是不同的。作爲"六書"教學系統內容之一的"象形"是"構字法"的立場，它着眼於字符的形體如何產生，是通過詞語關聯到客觀事物，再由客觀事物的形體構想出字符形體，所以"六書"的"象形"是指"造字者描畫客觀事物的形體而構造出某個字樣"。許慎對"形"的分析着眼於字樣（構件）的功能，是通過字樣聯繫到客觀事物，再由客觀事物關聯到所記錄的詞語，所以他的"象形"是指"某個字樣跟某個客觀事物的形體相似"，或者"某個字樣象徵着某個客觀事物"，這是"析字法"的立場。造字的"象形"與析字的"象形"雖然相關，所以才會有一些相應，但本質上不是同一個概念。正因爲如此，造字的"象形"祇能叫"象形"，它所使用的方法祇限於描畫，用描畫（"象"）方法造出的字叫"象形字"；而析字的"象形"指的是功能，可以用不同的方法來分析具有象形功能的形體，也可以用不同的說法來描述這種形體的功能，字樣中具有象形功能的構字單位叫"象形構件"，包含有象形構件的字樣叫"含形字"。許慎分析漢字結構的象形不等於造字的象形，但二者都用"象形"這一術語，容易導致誤解。

許慎在分析漢字結構的實踐中雖然參考了造字法，但他知道造字法和析字法是兩個不同的系統，造字的方法類型不等於漢字結構類型，其中可能有部分重合，但總體上適應的範圍不同。所以許慎用來分析漢字結構的方法不是照搬前人總結的造字方法，所分析得出的漢字結構類型也不等於造字法的類型或者教學漢字的字種類型。遺憾的是許慎沒有就自己使用的分析方法加以說明，也沒有對自己分析的結構類型進行總結。但只要學術史的事實存在，學術史的真實內容就總有解密的一天。今天我們發現，長期以來，把"六書"當作許慎的"六書"，當作《說文解字》說解文字的原則或方法，當作許慎分析和歸納的漢字結構類型，可能并不符合許慎的原意。

如果許慎分析漢字結構的理論根據不是"六書"，那"六書"是幹什麽用的？許慎又是根據什麽來分析漢字結構的呢？這個問題待我們考察完許慎分析的所有結構類型後再來總結回答。

參考文獻

［1］（東漢）許慎：《説文解字》，中華書局影印版 1963 版。
［2］（清）段玉裁：《説文解字注》，上海古籍出版社影印整理本 1981 年版。
［3］《説文解字》全文檢索測試版，http：//shuowen.chinese99.com。
［4］王寧：《漢字構形學講座》，上海教育出版社 2002 年版。
［5］李運富：《漢字構形原理與中小學漢字教學》，長春出版社 2001 年版。
［6］李運富：《漢字漢語論稿》，學苑出版社 2008 年版。

《説文解字》"从某字"分析[①]
——許慎漢字形體分析研究之二

我曾撰寫《〈説文解字〉"含形字"分析》一文,作爲研究許慎漢字形體分析方法的成果之一發表於《民俗典籍文字研究》第六輯(商務印書館 2009 年 11 月版)。通過對《説文》"含形字"的考察,發現許慎的分析方法和分析類型跟"六書"無法對應,從而認爲"六書"不是漢字結構的系統類型,也不是許慎據以分析漢字結構的理論方法。"六書"的性質有待重新認識,漢字的結構類型有待重新歸納。本文作爲姊妹篇,沿用前文的研究思路和方法,擬通過考察《説文解字》中的"从某字",從另一個角度繼續探討許慎對漢字的分析及其跟傳統"六書"的關係。

所謂"从某字",是指《説文解字》對漢字形體分析的表述中含有"从某"之類詞句的字。"从某字"是用來圈定考察材料範圍的臨時名稱,不是科學的術語,也不是漢字的結構類型。由於對一個字形的分析可以同時使用多個術語表述,所以我們對"从某字"的考察,跟已經做過的對"含形字"的考察,在字例材料的列舉上可能會交叉重複,但分析角度和要說明的問題是不同的。

許慎分析"从某字"的具體表述形式多種多樣,主要有"从某……""从某某""从某某某""从某从某""从某省从某""从某从某省""从某省从某省""从某某聲""从某某省聲""从某从某,某亦聲""从反某""从到(倒)某""从(數)某"(如"从二匕")等,其中的"某"都指代一個有音有義的字符或部首。還有某字"从此"(如"二入也兩从此")的説法,"此"代表前面出現過的某個構件;也有"从某+某的部份"(如"从禽頭")或"从某+某的變異描述"(如"从一下垂")等説法,這種屬於"某"的"部分"或從"某""變異"而來的形體通常不成字,但它們依附的"某"在《説文解字》文字系統中都是具有明確音義的。

根據《説文解字》全文檢索測試版[②]統計,該軟件所收錄的大徐本《説文》説解共 9831 條(含新附字),其中包含"从某"表述的有 9790 條,除去部首字中只有"凡某之屬皆从某"例語的 227 條,實際用"从某"解說的 9563 條,占全部解說字條的 97.27%,可見"从某字"構成《説文解字》的主體,"从"是許慎分析漢字形體的一個重要術語。

[①] 本文原載《民俗典籍文字研究》(第九輯),商務印書館 2012 年版。

[②] 網址:http://shuowen.chinese99.com/index.php。

一　"从某"中"某"的功能

要理解"从某"這個術語的准確含義，必須首先弄清楚用"从"引出的"某"的實際功能。一般認爲，《説文解字》中"从某"的"某"是用來"表義"的，因而"从某某""从某从某"是解析"會意字"①的專用術語。其實，"从某"的"某"功能多樣，要根據構字環境具體情況具體分析。

（一）"某"爲表義構件

《説文解字》"从某"的"某"絶大多數是表義構件這没有問題，因爲漢字構形系統中表義構件本來就最多。一般所謂會意字中的"从某"、形聲字中的"从某"、會意兼形聲字中的"从某"，其"某"都可以看作表義構件。例如：

《刀部》：初（初），始也。从刀从衣。裁衣之始也。
《角部》：解（解），判也。从刀判牛角。
《目部》：睡（睡），坐寐也。从目垂。
《玉部》：球（球），玉聲也。从玉求聲。
《土部》：坪（坪），地平也。从土从平，平亦聲。

此類是大家都認可的，不詳析。但下述各種功能通常被大家忽略。

（二）"某"爲象形構件

《鳥部》：鳥（鳥），長尾禽總名也。象形。鳥之足似匕，从匕。
《黽部》：黽（黽），鼃黽也。从它，象形。黽頭與它頭同。
《壺部》：壺（壺），昆吾圜器也。象形。从大，象其蓋也。
《亦部》：亦（亦），人之臂亦也。从大，象兩亦之形。
《豆部》：豆（豆），古食肉器也。从口，象形。
《冂部》：青（青），幬帳之象。从冂；㞢，其飾也。
《网部》：网（网），庖犧所結繩以漁。从冂，下象网交文。
《巾部》：巾（巾），佩巾也。从冂，丨象糸也。
《入部》：人（人），三合也。从入一，象三合之形。
《日部》：日（日），實也。太陽之精不虧。从口一。象形。
《丵部》：業（業），大版也。所以飾縣鍾鼓。捷業如鋸齒，以白畫之。象其鉏鋙相承也。从丵从巾，巾象版。
《内部》：萬（萬），蟲也。从厹，象形。
《内部》：禹（禹），蟲也。从厹，象形。

---

①　一般把六書的"會意"理解爲"義""義"相會而現意，局限于表義構件與表義構件的組合。其實"比類合誼"包括兩種情況，即物類形體的比并和詞義關聯的組合。這裏按照一般説法來討論問題。

《内部》：闦（𤜵），周成王時，州靡國獻闦。人身，反踵，自笑，笑即上唇掩其目。食人。北方謂之土螻。《尔疋》云："闦闦，如人，被髮。"一名陽。从厹，象形。

《内部》：禽（𥜨），蟲也。从厹，象形。

《内部》：离（𥜨），山神，獸也。从禽頭，从厹，从中。歐陽喬説：离，猛獸也。

《彑部》：㣇（𧰧），豕也。从彑，下象其足。

《彑部》：彘（𧰨），豕也。後蹏發謂之彘。从彑，矢聲，从二匕。彘足與鹿足同。

《彑部》：彖（𧰦），豕也。从彑从豕。

《彑部》：彖（𧰢），豕走也。从彑，从豕省。

《夊部》：夏（𦣠），中國之人也。从夊从頁从𦥑。𦥑，兩手；夊，兩足也。

《夊部》：夒（𦣞），貪獸也。一曰母猴，似人。从頁，巳、止、夊，其手足。（臣鉉等曰：巳、止，皆象形也。）

《夊部》：夔（𦣢），神魖也。如龍，一足，从夊；象有角、手、人面之形。

《了部》：孑（𡥀），無右臂也。从了乚，象形。

《了部》：孓（𡥁），無左臂也。从了丿，象形。

《耳部》：耴（𦣝），耳垂也。从耳下垂，象形。《春秋傳》曰"秦公子輒"者，其耳下垂，故以爲名。

上述"从某"的"某"在構字中實際起象形作用。包括三種情況。

1. 所从的是同形字符，實際象某物的一部分，與所从字符的意義毫無關係。如"鳥"字"从匕"，實際"匕"象鳥足；"黽"字"从它"，實際"它"象黽頭；"壺"字"从大"，實際"大"象壺蓋；"亦"字"从大"，則"大"象人形；"豆"字"从口"，實際"口"象器口；"青"字"从丹"，實際"丹"象幬帳；"网"字"从冂"，實際"冂"象綱繩；"巾"字"从冂"，實際"巾"象佩巾；它們都是整字所象某物的一部分，象部分之形其功能也屬象形。

2. 所从的是《説文》的某個意義相關的部首，但這些部首大都是許慎從構形系統出發人爲設立的，跟獨立使用具有明確音義的字元不同，實際上這些所从的部首仍然是整字所象某物的一部分，其構字功能在象形而不在表義。如"内"部的"萬、禽、闦、离、离"，"彑"部的"㣇、彘、彖、彖"，"夊"部的"夏、夒、夔"等，整體都是象形字，"内"（象動物之腿）"彑"（象動物之頭）"夊"（象人腿足）是許慎從類似的整體象形字中離析出來用以分部歸類的部首，一般不作爲獨立字符使用。

3. 所从的是獨立字符，而且該字符義與參構字意義也似乎相關，但實際上參構字也是一個象形整體，所从的"字符"只是跟整體象形字的某個部分同形而已，許慎聯繫同形字符的意義分析，是出於系統形義相關的體例需要，而實際上所从的"某"只起象形作用，完全可以不牽扯其字符義。如"孑孓"所从的"了"，"耴"所从的"耳"等，拿掉"了""耳"表義的話，原字剩下的部份就無法講解，所以"了""耳"在"孑孓""耴"的構造中主要作用不是表義，而是象形。

（三）"某"爲標誌構件

《亏部》：亏（𠃌），於也。象气之舒亏。从丂从一。一者，其气平之也。

《又部》：尹（𢍱），治也。从又丿，握事者也。
《毌部》：毌（毌），穿物持之也。从一橫貫，[〇] 象寶貨之形。
《至部》：至（𦤳），鳥飛从高下至地也。从一，一猶地也。[𦤳] 象形。
《刃部》：刅（㓕），傷也。从刃从一。
《七部》：七（𠤎），陽之正也。从一，微陰 [𠃌] 从中衺出也。

"丂"字"从丂从一"，"丂"訓"氣欲舒出"，與"亐"意義近同，自然可以看作表義構件，而"一者，其氣平之也"，則屬象徵性標誌構件，因爲"一"無"氣平"之義；"尹"字从"又丿"，"又"象手形，"丿"則象徵所握之事物，屬象徵性標誌構件；"毌"字"从一橫貫"，被貫者"〇""象寶貨之形"，"一"則象徵所以貫之物，屬象徵性標誌構件；"至"字"从一"，"一"象徵地面，剩下的部份"𦤳"象鳥形，以上所"从"之"某"都是跟象形構件共同構字的標誌構件。"刅"字"从刃从一"，"刃"表義，"一"則標誌傷口。"七"字"从一"，象徵地面，剩下的部份"𠃌"象徵陰氣，兩個構件都屬象徵性標誌。象徵性標誌表示的事物不確定，或者事物難以具象，這是跟象形性構件能表示具體事物不完全一樣的。

（四）"某"爲示音構件

《言部》：譄（譄），加也。从言，从曾聲。
《革部》：靼（靼），柔革也。从革，从旦聲。
《筋部》：笏（笏），筋之本也。从筋，从夗省聲。𦂔，笏或从肉建。
《木部》：梅（楳），枏也，可食。从木每聲。楳，或从某。
《木部》：柄（棅），柯也。从木丙聲。棅，或从秉。
《夊部》：夂（𠂇），跨步也。从反夊。䟎从此。
《十部》：千（𠦃），十百也。从十从人。
《示部》：禮（禮），履也。所以事神致福也。从示从豊，豊亦聲。

"从曾聲""从旦聲""从夗省聲"直接用"从"連帶"聲"，則"从某"之"某"爲示音構件無疑。根據前面"从夗省聲""从木每聲""从木丙聲"的分析，可以推知"或从肉建"的"建""或从某"的"某""或从秉"的"秉"也是示音構件。"夂"字下說"䟎从此"，即"䟎从夂"，而"䟎"字下說"从禸夂聲"，可知"从夂"標音。"千"字"从十从人"，从"十"勉強與"十百"的數量義相關，从"人"的功能除了示音外，不好作出別的解釋。"禮"字"从豊，豊亦聲"，則"豊"既有表義功能，又有示音功能，屬於兼功能構件。這類"从某从某，某亦聲"的字很多，而且由於版本不同，數量也不一致，本文對此不作專門討論。

（五）"某"爲代號構件

《戈部》：戠（戠），闕。从戈从音。
《又部》：叜（叜），老也。从又从灾。闕。
《吅部》：單（單），大也。从吅里，吅亦聲。闕。
《辵部》：邍（邍），高平之野，人所登。从辵、备、录。闕。

《人部》：从（从），二人也。兩从此。闕。
《䢜部》：䢜（䢜），鄰道也。从邑从㠯。闕。

所謂代號構件，也可以叫記號構件，是指功能不明的構件，往往由於形體訛變，代替了原來某個功能明確的構件所致。《説文解字》中一般用"闕"來表示。"戠"字音義不明，所以解釋爲"闕"，那麼字形的"从戈从音"理據何在自然也不明，所以構件"戈"和"音"屬於功能不明的代號性構件。"叜"雖然知其義爲"老也"，但"从又从灾"跟"老"有什麼關係，許慎不知，所以也只好"闕"。"單"从吅甲"，知"吅亦聲"，則"闕"指"甲"功能不明。"𨖍"字"从辵备录，闕"，既歸入"辵"部，且字義爲"人所登"，則"辵"當爲表義構件，而"备""录"則功能不明。"兩"字所從的"二入"功能不明，"䢜"字所從的"㠯"也功能不明，這些注"闕"的構件都可以看作代號構件。

（六）"某"爲變異的原字形

利用已有字形加以變化而構成新的字符，是漢字滋生的一個途徑，許慎發現了漢字構造的這種規律，往往用"从反某""从到（倒）某""从某省""从某（變異描述）""从（變異描述）某"等表述方式來分析這類字形，其中的"某"指出變異前的原字形，原字形所代表的字符跟變異後的形體所代表的字符往往有形音義某方面的聯繫，所以就"某"的功能性質來說可以分屬於前幾類，這裏是從變異的特定角度將它們歸納到一起。

《西部》：丙（丙），舌皃。从谷省，象形。
《富部》：富（富），滿也。从高省，[田] 象高厚之形。
《𣆪部》：𣆪（𣆪），獻也。从高省，曰象進孰物形。
《了部》：了（了），尬也。从子無臂，象形。
《𠂆部》：𠂆（𠂆），厚也。从反𣆪（𣆪）。
《帀部》：帀（帀），周也。从反之（𡳿）而帀也。
《𠃑部》：𠃑（𠃑），歸也。从反身（𨈧）。
《叵部》：叵（叵），不可也。从反可（可）。
《𠫓部》：𠫓（𠫓），不順忽出也。从到子（子）。
《卋部》：世（世），三十年爲一世。从卅（卅）而曳長之。亦取其聲也。

"丙"字"从谷省"，是說"丙"的形體來源于"谷"的省變，省變前的"谷""从口，上象其理"，實際上是形形合體而象"口上阿"之形；省變後的"丙"仍然"象形"，象的是整個"舌皃"；口上阿則現舌貌，故二字意義相關。"富"字"从高省，象高厚之形"，是說"富"的上部"亠"爲"高"字之省，下面的"田"則"象高厚之形"，這是當作義形合體字來分析的，"高"與"高厚之形"意義相關。"𣆪"字"从高省，曰象進孰物形"也是當作義形合體字分析的，"高"與"進獻"意義勉強相關。"了"字"从子無臂"，相當於"从子省"去兩臂，整體仍屬象形，而有臂、無臂都是指人，意義也算相關，但並非構件的功能相關，而是兩個字符的意義相關。其他所"从"的"某"，通過"反"或"到（倒）"或某些線條的"曳長"，就變異成了新字（被解析的這個字），變異前和變異後的兩個形體雖有不同，但經過視覺調整，仍然可以認同。

這種形體變異的認同，往往在意義上也有關聯，如反"之"爲"帀"，反"身"爲"冃"（歸），不"可"爲"叵"，倒"子"不順（𠫓）等。不過這種意義的關聯要通過"變異"才能實現，分析形體時既要交代形體的來源，更要說明功能實現的方式——變異。這是一種特殊的形體分析，所以本文把它們單獨歸爲一類。

上述分析可見，"从某"的"某"功能多樣，"从某"不是專用來分析表義構件的，因而"从某某""从某从某"的字也不一定就是會意字。那麼，分析形體時用"从某"來表述的字究竟會有哪些結構類型呢？下面做專題歸納。

二 "从某字"的結構類型

漢字的結構類型可以根據構件的功能組合關係來歸納，由於分合的條件和名稱不同，實際歸納的類型可能有差異，但祇要思路和方法一致，歸納的類型體系就都是合理的。[①]許慎自己沒有特意歸納結構類型，但他使用的分析字形的方法是基本統一的（構件分析法），我們可以根據他在《說文解字》中對一萬多個漢字形體的構件功能分析把他心目中的漢字結構類型歸納出來。就"从某字"來說，涉及的結構類型有如下幾種。

（一）獨體字

由一個構件組成，也就是零組合的漢字。"从某"涉及兩種獨體字：

1. 象形獨體字

前面所舉"从某"之"某"具象形功能的字大都是獨體象形字。這裏重舉幾例予以分析：

《木部》：木（朩），冒也。冒地而生。東方之行。从屮，下象其根。

《日部》：日（日），實也。太陽之精不虧。从囗一。象形。

《丵部》：業（業），大版也。所以飾縣鍾鼓。捷業如鋸齒，以白畫之。象其鉏鋙相承也。从丵从巾，巾象版。

《了部》：孑（孑），無右臂也。从了乚，象形。

《了部》：孓（孓），無左臂也。从了丿，象形。

《内部》：离（离），山神，獸也。从禽頭，从厹，从屮。

《彑部》：彖（彖），豕也。从彑从豕。讀若弛。

雖然許慎對這些字使用了"从某"進行分析，但不能因此認爲他是把這些字當合體字看待的（如果非要看作合體字，也不是功能合體字，跟兩個以上功能構件組合而成的合體字不同）。例如"木"字"下象其根"，則知"从屮"乃"上象其枝"，合起來就是樹木的整體象形。"日"字"从囗一"，而實際跟"囗""一"的音義無關，就形體功能

[①] 參見王寧《漢字構形學講座》，上海教育出版社2002年版；李運富《楚國簡帛文字構形系統研究》，嶽麓書社1997年版；李運富《漢字構形原理與中小學漢字教學》，長春出版社2001年版；李運富《漢字學新論》，北京師範大學出版社2011年版。

而言，也屬整體"象形"。"業"字"从丵从巾"，"巾象版"，則"丵"象版上"鋸齒"狀的承柱，"丵""巾"兩部分合起來成爲整體，才能"飾縣鍾鼓"。"孑"無右臂，"孓"無左臂，都是特殊人體象形，而"从了乚""从了丿"，看似與整字意義相關，其實也是同一事物整體與部分的關係，完全可以不拆分。"离"字"从禽頭，从内，从凶"，徐鉉說："从凶，義無所取，疑象形。"其实"凶"與"禽頭"與"厹"應是一個象形整體。"彖"字"从彑从豕"其實也是一個象形整體。這些獨體象形字沒有功能組合關係，完全可以不拆分，許慎之所以要拆，並不是因爲它們有功能組合，而是爲了歸部或類比其他字形。關於這一點後文有專門闡述。

2. 變異獨體字

前面所舉"从某"之"某"爲變異原字形的字，除"富""寅"外，都是獨體變異字。再如：

《夂部》：㐄（ ），跨步也。从反夂。
《邑部》：邑（ ），从反邑。𨛜字从此。闕。
《匕部》：匕（ ），相與比敘也。从反人。
《旡部》：旡（ ），飲食气屰不得息曰旡。从反欠。
《司部》：司（ ），臣司事於外者。从反后。
《印部》：𠨍（ ），按也。从反印。
《丸部》：丸（ ），圜，傾側而轉者。从反仄。
《𠂢部》：𠂢（ ），水之衺流別也。从反永。
《巳部》：㠯（ ），用也。从反巳。
《匕部》：匕（ ），變也。从到人。

變異字如果是整體發生變異（即除變異的字形外沒有增加別的構件），則不管變異之前是獨體還是合體，都是把原字形當作一個構件看待的，所以變異後的字形都是獨體。

(二) 合體字

由兩個或兩個以上的構件組合而成的字。"从某字"屬於合體構形的有如下幾種。

1. 形形合體字

"从某"的"某"具有象形功能，整個字由兩個或兩個以上的象形性構件組合而成，形與形之間具有形體依存關係。例如：

《茻部》：莫（ ），日且冥也。从日在茻中。
《木部》：果（ ），木實也。从木，[田]象果形在木之上。
《北部》：北（ ），乖也。从二人相背。
《夂部》：夏（ ），中國之人也。从夂从頁从𦥑。𦥑，兩手；夂，兩足也。

"莫"字所"从"的"日"必須在草"茻"之中，才能體現出"日且冥"的字形構意；"果"字所从的"木"必須在"田"形之下，才能體現出"木實"的構意；"北"字所从的"二人"必須"相背"，才能體現"乖"的構意；"夏"字"从夂从頁从𦥑"，必須"夂"在"頁"下，"𦥑"分兩邊，才能成爲"中國之人"。這些字中的每個構件都象形，而且形與形相互依存才能顯義，所以是形形合體字而不是義義合體字。有的字如

"莫""果"分析爲形義合體字的話也未嘗不可，但從構件之間的位置組合看，當作形形合體字更理性。下面的字也都屬於形形合體字，不再詳析：

《鬯部》：鬯（鬯），以秬釀鬱艸，芬芳攸服，以降神也。从凵，凵，器也；中象米；匕，所以扱之。

《舛部》：舛（舛），對臥也。从夊丅相背。

《桀部》：桀（桀），磔也。从舛在木上也。

《巢部》：巢（巢），鳥在木上曰巢，在穴曰窠。从木，[巢]象形。

《尾部》：尾（尾），微也。从到毛在尸後。古人或飾系尾，西南夷亦然。

《炙部》：炙（炙），炮肉也。从肉在火上。

《鼓部》：鼓（鼓），郭也。春分之音，萬物郭皮甲而出，故謂之鼓。从壴，支象其手擊之也。

《先部》：先（先），首笄也。从人，匕象簪形。

《兒部》：兒（兒），頌儀也。从人，白象人面形。

2. 形標合體字

前面舉過的"天""尹""至""冊"等都是由一個象形構件和一個標誌構件合成的字，其中的標誌構件用"从"表述。此類還有：

《立部》：立（立），住也。从大立一之上。

《不部》：不（不），鳥飛上翔不下來也。从一，一猶天也。[不]象形。

《寸部》：寸（寸），十分也。人手卻一寸動脈，謂之寸口。从又从一。

《旦部》：旦（旦），明也。从日見一上。一，地也。

《血部》：血（血），祭所薦牲血也。从皿，一象血形。

《甘部》：甘（甘），美也。从口含一。一，道也。

《木部》：本（本），木下曰本。从木，一在其下。

《木部》：末（末），木上曰末。从木，一在其上。

《木部》：朱（朱），赤心木。松柏屬。从木，一在其中。

"立"字"从大立一之上"，徐鉉說："大，人也。一，地也。"即"大"象正面站立的人形，"一"則象徵地面，是象形構件加標誌構件的合體字。"不"字"从一"，象徵天，剩下的部分（不）象鳥形，也屬於形標合體字。"寸"字"从又从一"，"又"象手形，"一"指示手上寸口的位置，屬於指示性標誌構件和象形構件的組合。"旦"字"从日見一上"，"日"象形而"一"象徵地平線。"血"字"从皿"，實象形；"一象血形"，實爲象徵性標誌。"甘"字从"口"象形，"一"象徵"道"（實際上象徵甘甜之食物），故爲形標合體字。"本""末""朱"三字都是在象形構件"木"的不同部位加指示標誌構件"一"，通過物體的部位顯示構意，這些都是形標合體字。

3. 形義合體字

《雲部》：雲（雲），山川气也。从雨，云象雲回轉形。

《肉部》：胃（胃），穀府也。从肉，㕚象形。

《竹部》：笰（笰），可以收繩也。从竹，[互]象形，中象人手所推握也。

《王部》：閏（閏），餘分之月，五歲再閏，告朔之禮，天子居宗廟，閏月居門中。从王在門中。《周禮》曰："閏月，王居門中，終月也。"

《豊部》：豊（豐），行禮之器也。从豆，[豐]象形。

《耒部》：耒（耒），手耕曲木也。从木推丯。

"雩""胃""筀"的形義合成關係許慎已經說得很清楚。"閏"字中的"王"雖然"居門中"，但並非作爲王者的人的形象，而是一個抽象概念，應看作表義構件，跟象形構件"門"構成合體字。"豊"字上部是表示器皿的"凵"和表示玉串的"玨"形形組合，"豆"無法參與形形相合，祇宜看作表器類的義符。"耒"字"从木推丯"，"木"指木材製作的犁柄，所以是表義而不是象樹木之形；"丯"則是犁頭之形，所以整字屬形義合體字。

4. 義義合體字

《走部》：走（走），趨也。从夭止。夭，止者屈也。

《釆部》：悉（悉），詳盡也。从心从釆。

《半部》：半（半），物中分也。从八从牛。牛爲物大，可以分也。

《二部》：二（二），地之數也。从偶一。

"走"字"从夭止"，"夭"本來可以看作象形構件，象人跑步的樣子。但許慎不是這樣看的，他取"夭"的"屈"義，則是用"止"表示行走，用"夭"表示行走者彎曲的狀態，從而組合出"跑步行走"的意思，所以徐鍇說："走則足屈，故从夭。"可見許慎是把"走"分析爲義義合體字的。"悉"字"从心从釆"，表示心細能分辨事物，"釆"取辨別義，所以也是義義合體字。"半"字"从八从牛"，取義將牛中分，"八"義爲分剖，"牛"是龐體動物可分，故義義合體爲"半"。"二"字"从偶一"，就是兩個一，兩個一相加等於二，所以是義義合體字。

5. 義音合體字

《水部》：江（江），水。出蜀湔氐徼外崏山，入海。从水工聲。

《水部》：河（河），水。出焞煌塞外昆侖山，發原注海。从水可聲。

《冥部》：冥（冥），幽也。从日从六，冖聲。日數十，十六日而月始虧幽也。

《力部》：功（功），以勞定國也。从力从工，工亦聲。

通常所說的形聲字和會意兼形聲字都可以屬於此類。

6. 義標合體字

《示部》：示（示），天垂象，見吉凶，所以示人也。从二（二，古文上字）。三垂，日月星也。觀乎天文，以察時變，示神事也。

《小部》：小（小），物之微也。从八，丨見而分之。

《音部》：音（音），聲也。生於心，有節於外，謂之音。宮商角徵羽，聲；絲竹金石匏土革木，音也。从言含一。

"示"字从"二"表義，三垂象徵日月星，屬象徵性標誌構件。"小"字从"八"，表分別義，"丨"象徵所分之物，屬象徵性標誌構件。"音"字从"言"表義，"一"爲區別性標誌（跟"言"字區別）。這些字都是由表義構件和標誌性構件組合而成。

7. 標標合體字

《十部》：十（十），數之具也。一爲東西，丨爲南北，則四方中央備矣。

《厽部》：厽（𠫓），三合也。从厶一，象三合之形。

"十"字的"一"代表東西，"丨"代表南北，則爲兩個象徵性標誌的組合。"厽"從"厶一"而"象三合之形"，這個"象形"並不具體，可以代表任何三個物件，所以是象徵性的，可見許慎的"从厶一"祇是比附字形，實際上是把"厶一"看作三個象徵性標誌構件的組合，表示多個事物集合在一起。

8. 義代合體字

《兩部》：兩（㒳），再也。从冂，闕。《易》曰："參天兩地。"

《辵部》：邍（𨔊），高平之野，人所登。从辵、备、录。闕。

"再"爲二義，"冂"爲覆蓋，覆蓋者物不單，意義勉強相關。而"冂"形之外則"闕"，功能不明，是爲代號。全字由表義構件和代號構件組成。"邍"字所從"辵"與"人所登"意義相關，可看作表義構件，而"备""录"功能不明，則爲代號，全字屬義代合體字。

9. 音代合體字

《豈部》：豈（𢍍），還師振旅樂也。一曰欲也，登也。从豆，微省聲。

《吅部》：單（單），大也。从吅甲，吅亦聲。闕。

"豈"字按許慎的分析，上面的斜山是示音構件，而"从豆"則功能不明，因爲"豆"的形音義跟"還師振旅樂"都沒有關係，應該看作失去了功能的代號。"單"字按許慎的意思，"吅"是兼功能，既表義又標音，但如何表義，實牽強；"甲"的功能則"闕"，爲代號無疑，故全字可看作音（義）代合體字。

10. 代代合體字

《戈部》：戠（𢧵），闕。从戈从音。

《又部》：叜（𠁁），老也。从又从灾。闕。

《从部》：从（从），二人也。兩从此。闕。

"戠"字音義"闕"，則"从戈从音"功能不明，雖分爲兩個構件，其實都是代號，故爲代代合體字。"叜"字雖知其義爲"老"，而何以"从又从灾"則"闕"，所以也是由功能不明的兩個代號組成。"从"的"二人"實際上是析形，相當於"从二人"，但除了知道"兩从此"外，"从"的音義及"二人"的功能皆"闕"，因而所从的兩個"人"，也相當于兩個代號。這些可以分析爲兩個代號的字，從形體分析着眼，固然可以看作"合體字"，而從功能考慮的話，其實沒有組合關係，看作一個獨體代號也未嘗不可。

11. 多功能合體字

《茻部》：葬（𦳊），藏也。从死在茻中；一其中，所以薦之。《易》曰："古之葬者，厚衣之以薪。"

《上部》：旁（𣃟），溥也。从二，[冂]闕，方聲。

《曰部》：曰（𠚲），詞也。从口，乙聲，亦象口气出也。

"葬"字分三個構件，"茻"象草叢形，"死"表死人義，"一"象徵"所以薦之"的柴草木板等。"旁"字也分三個構件，"二（上）"表義，"方"示音，中間的部份（冂）"闕"，"闕"就是功能不明，屬代號性構件。"曰"字雖然只有兩個構件，但其中的"乙"既表聲，又"象口气出"（實爲象徵性標誌構件），加上"口"的表義或象形，也有三種功能。這些由三種以上不同功能構件（包括兼功能）組合的字，都屬於多功能合體字。此外還有：

《舜部》：舜（䑞），艸也。……蔓地連華。［䑞］象形，从舛，舛亦聲。
《身部》：身（𧛕），躳也。［𧛕］象人之身，从人，厂声。
《能部》：能（𦢻），熊屬。足似鹿，从肉，㠯聲。
《龍部》：龍（龖），鱗蟲之長。……从肉，飛之形，童省聲。
《金部》：金（金），五色金也。……生於土，从土；左右注，象金在土中形；今聲。
《牛部》：牽（牽），引前也。从牛，［冂］象引牛之縻也，玄聲。

由以上分析可見，"从某字"可以是而且大多是"會意字"（義義合體字）或"形聲字"（義音合體字），但不一定如此。由於"从某"的"某"功能多樣，跟"某"組合的其他構件也多種多樣，所以"从某字"的結構類型多達十三種。

三　"从"的性質及作用

既然"从某"的"某"具有多種功能，用"从某"解說的字的結構也多種多樣，就足以説明"从"不是用來解釋構件功能的，因而不宜把"从"看成表義構件的專用術語，也不能把"从某从某"或"从某某"之類的字都看作"六書"的"會意字"。其實，《説文解字》中的分析用語"从"跟傳統"六書"沒有對應關係，不是某一書或某類功能構件的專用術語。

那麽，許慎解説字形時大都使用"从"（占97.27%）的目的是什麽呢？或者説"从"的實際含義是什麽呢？根據《説文》的實際使用情況，我們覺得"从某"是許慎分析複合形體的術語，條件是某個字形中包含另一個或幾個已有的字或同形的部分，"从某"就是指出某個字中能夠析出某部分可以跟別的字形認同的形體。被"从"析出的形體在《説文解字》字系中都是有音有義的（"从禽頭""从垂穗"等極少數不成字的形體也是從有音有義的成字中析出的），但構字時的功能卻未必都與成字時的音義相關，所以"从"除了肯定該構件是字形中已有的現成字形外，並不能明確表示其構字的功能。儘管由於構字環境的限定和提示，"从某"的"某"大多數情況下能顯示其表義的作用，如與"某聲""某亦聲"并舉的"从某"，一般都是表義的，"从某从某""从某某"中的"某"也大多是表義的，但這些表義的功能並非由"从"表示，所以當構字環境不能明確顯示構件意義的時候，即便使用了"从"，也往往需要進一步指明所从之"某"的具體功能。如：

《辟部》：辟（𨐨），法也。从卩从辛，節制其辠也；从口，用法者也。
《尸部》：屋（𡲦），居也。从尸，尸，所主也（一曰尸，象屋形）。从至，至，所至止。室、屋皆从至。

以上每個用"从"析出的構件，許慎都另外做了具體功能的説明。"節制其辠"説明構件"卩"取"節制"義，構件"辛"取"辠"義。可見"从"的作用在於析出已有成字構件，不在説明構件功能。也許可以認爲上述"从某"雖然沒有説明具體功能，但至少歸納了"表義"的功能類別，其實這也是表象，因爲用"从"析出的構件很多時候並不表義，非表義的具體功能往往也另有說明。例如：

《不部》：不（𣎴），鳥飛上翔不下來也。从一，一猶天也。[𣎴] 象形。

《至部》：至（𦤳），鳥飛从高下至地也。从一，一猶地也。[𦤳] 象形。

《亏部》：亏（亐），於也。象气之舒亏。从丂从一。一者，其气平之也。

《尺部》：尺（尺），十寸也。人手卻十分動脈爲寸口。十寸爲尺。尺，所以指尺規榘事也。从尸从乙。乙，所識也。周制，寸、尺、咫、尋、常、仞諸度量，皆以人之體爲法。

前三字所从之"一"分別象徵天、象徵地、象徵氣之平，都是象徵性標誌構件；"乙，所識也"，則爲指示位置的標誌性構件。它們都不表義。再如：

《門部》：門（門），聞也。从二戶，象形（《戶部》：戶，護也。半門曰戶。象形）。

《臥部》：臥（臥），休也。从人、臣，取其伏也。

"門"字"从二戶"，並不是有兩個"門戶"，只是其中包含着正反兩個"戶"的形體，客觀事物上也是兩個"戶"形合成一個"門"形，所以"二戶"在這裏的實際功能是"象形"，而不是通過"戶"的詞義來參與構造的。"臥"字"从人臣"，也不表義，而"取其伏也"，只有"人臣"組合爲人俯身下視（用"臣"凸顯人目）的形狀，才能"取其伏"，所以从構件功能上講，"人臣"是形形組合而不是義義組合。

有時用"从"析出的構件許慎沒有任何功能的直接說明，但通過分析，可以知道它們的具體功能不在表義。例如：

《足部》：足（足），人之足也，在下。从止、口。

因爲足"在下"，所以"从止"，"止"是"下基"，可以說意義上有關聯。但"从口"，無論看作"kou"還是看作"wei"，都與"足"義無關。用"从"析出"口"，只是告訴讀者"足"的字形包含着一個跟"口"同形的部分，這部分形體的功能則如徐鍇所說："口象股脛之形。"

《習部》：習（習），數飛也。从羽从白。

按《白部》："白，此亦自字也。省自者，詞言之气，从鼻出，與口相助也。"這個意義跟"習"沒有任何關係，我們不知道許慎是怎麼看待"白"在"習"字中的功能，他用"从"析出"白"來，顯然只是因爲本來有個同形的"白"字。段玉裁改爲"从羽白聲"，是从"白"功能分析的唯一可能。

《麥部》：麥（麥），芒穀，秋種厚薶，故謂之麥。……从來，有穗者；从夊。

許慎沒有說明"从夊"的功能，徐鉉曰："夊，足也。周受瑞麥來麰，如行來。故从夊。"段玉裁注："从夊者，象其行來之狀。"這都是受到許慎"來"字解釋的影響。《來部》："來，周所受瑞麥來麰。一來二縫，象芒束之形。天所來也，故爲行來之來。""來"有行來義不"从夊"，"麥"爲芒穀卻"从夊"，如果這個"夊"取行來義，顯然不合常理。其實，"來""麥"意義相同，構形異體，"來"形無根而"麥"形有根，麥中之"夊"本爲麥根的象形，因爲跟行來義的"夊"同形，許慎才用"从"分析出來，以便形體上參照認知。

《毌部》：毌（毌），穿物持之也。从一橫貫，[毌] 象寶貨之形。

"一"的作用在"横貫",則應爲横貫之物,跟成字"一"的音義無關。所以"一"的實際功能在象徵,象徵横貫之物(如繩簽之類)的"一"與象寶貨之形的"⊙"構成形標合體字。"从一"者,關聯部首之"一",但與部首之"一"音義無關。

有的"从"出構件在許慎眼裏也許是表義的,我們也可以替他分析出意義聯繫來,但實際上很牽强,而且許慎在表義分析的同時,也往往還有另外的非表義解説,顯示出"从"並不帶有"表義"的固性。所謂"从某"表義,也許只是巧合,也許是爲了照顧系統,其實並不一定是許慎對於形體功能的本位分析。例如:

《木部》:木(木),冒也。冒地而生。東方之行。从屮,下象其根。

《説文》中"屮"訓"草木初生",與"木"的"冒地而生"自然有關,但"下象其根","上"應該象枝幹,"木"的整體象形的功能許慎不會不知道,之所以要牽合"冒地而生"的意義,應該是因爲字形中包含着已有成字"屮"的緣故。凡是字形系統中已有的現成形體,都力求分析出來,功能上可以相關,也可以不相關,這是許慎分析字形的一個原則。分析字形不等於分析構意,構意理據的分析屬於另一個層面。在分析字形的時候,可能只顧部分形體跟別字的同形關系,而臨時游離本字形的構意,"从某"的意義牽合很多就是這樣產生的。下面的例子也都屬於這種情況:

《豆部》:豆(豆),古食肉器也。从口,象形。

食器有口,所以"从口"表義也説得過去。但許慎明明説"象形",這個"象形"當然是包括器口的,可見"豆"中"口"形的實際功能應是象形,用"从"析出,目的在同形類比。所以我們認爲此類"从某字"應該看作象形獨體字。下面幾例同。

《矢部》:矢(矢),弓弩矢也。从入,象鏑栝羽之形。

箭頭當然可以"入",似乎與"入"意義相關,但如果這項功能獨立,則其他形體的功能不可解,所以許慎又説"象鏑栝羽之形",這才是實際功能。"从入"只是比附"入"的形體而已。

《高部》:高(高),崇也。象臺觀高之形。从冂;口與倉、舍同意。

"冂"爲遠界,"口"表範圍,也似乎跟"臺觀高"意義相關,但其實它們是構成"象臺觀高之形"的必要部份,不能拆離,拆除了"冂"和"口",餘下的形體無法體現出"臺觀高"。所以許慎一方面要類比字形,説明其中包含著"冂""口",同時又説明它們"象形"的真實功能,還進一步指出這裏的"口"的功能跟包圍的"口"或口舌的"口"無關,而跟"倉""舍"二字下面的那個"口"功能相同,都是表示建築物牆體的形狀。

《㕻部》:㕻(㕻),度也,民所度居也。从回,象城㕻之重,兩亭相對也。或但从口。

"从回""从口",都有回轉的意義,似乎與城市的回還相通有關,但其實它們是"兩亭相對"的建築物基礎,本身"象城郭之重",之所以説它們"从回"或"从口",也是出於比附現有字形的認知需要。

《㐭部》:㐭(㐭),穀所振入。……从入,回象屋形,中有户牖。

"回象屋形"指的是牆體而言(上舉各字可證),可以"中有户牖",但如果上無屋頂,是不能作爲"穀所振入"的倉庫來使用的,所以从象形的角度分析構意,"入"應該是屋頂的象形，跟"回"構成倉廩整體。將"入"獨立，從意義的角度牽合"穀所振入"，就使象形的部份構意不完整。許慎的本意應該是能夠看到這一點的，所以"從入"的真實功能仍然是象形，而同時類比"入"字，牽合"入"義。

《冃部》：冃（冃），小兒蠻夷頭衣也。從冂；二，其飾也。

"二"爲"其飾"，則"冂"當象頭衣主體之形，否則"飾"無所附。而析爲"從冂"，雖與帽子的覆蓋功用相關，但並非帽子詞彙意義的必要組成內容。

《㡀部》：㡀（㡀），敗衣也。從巾，象衣敗之形。

《巿部》：巿（巿），韠也。上古衣蔽前而已，巿以象之。……從巾，象連帶之形。

"㡀""巿"屬於衣服類，跟"巾"字的意義當然有聯繫。但就這兩個字本身而言，"從巾"并不取其義，而取其形，因爲"㡀"中的"巾"必象衣布形，指示"衣敗之形"的幾個標誌點才有所依附，構意才能顯現。"巿"字單獨析出"巾"形，其餘部分就不足以象形，所以"巿"也應該是一個象形整體才對。這兩個字拆爲"從巾"，是系統形義聯繫的需要。它們的意義聯繫表現在字符（記錄職能）層面，而不是在構意（構件功能）層面。

也許有人會說，這種情況應該可以算作"兼功能"吧，即所"從"的某個形體既表義又象形。所謂"兼功能"，是某個構件在構字時按照甲功能可以解釋構意，按照乙功能也可以解釋構意，於是可以把兩種功能合起來同時兼有。上舉"從某，象形"的情況卻不如此，它們所"從"的"某"都是整體象形的一部份，只有在承認象形的基礎上，才可以勉強作意義的關聯，如果離開象形，只按照意義功能就無法合理解釋構意，可見"從某"的意義是在象形基礎上的牽合，本身沒有獨立性，不是構字的真實功能，只是比附字形的偶然巧合。

既然功能上"從"出構件可以跟其成字時的意義沒有關係，那許慎爲什麼要做這樣的分析？上面的字例已經告訴我們，許慎對漢字的分析實際上有兩個層面：形體——功能。這兩個層面有時統一，有時不統一。不統一的時候形體跟功能無關，就是只分析形體而不關注功能。離開功能的形體分析目的在於建立形體系統的內部聯繫和書寫層面的類比認知。例如：

《豈部》：豈（豈），陳樂立而上見也。從屮從豆。

"屮"義"象草木初生"，草木生長有向上的特點，"豈""立而上見"，所以分析爲"從屮"，但這種意義的聯繫顯然是牽合的，並非本字構意的必然。而"豆"爲"食肉器"，意義跟"豈"更不沾邊了。實際上"豈"整體象形，中部是鼓體，下面是立架，上面是裝飾。許慎之所以分析爲"從屮從豆"，就是因爲字形上包含這樣兩個部份，恰好跟已有的成字"屮""豆"同形，把它們分析出來，便於不同字種形體上的聯繫比較，這對形體的系統分析和書寫認知是有益的，因爲可以借助"屮"和"豆"來把握"豈"的形體結構，而"同形"的構件功能與成字的意義之間是否一定有關，並非許慎"從某"的必要條件。有關當然更好，可以儘量聯繫，無關也不強求，照樣可以"從某"。

用"從某"來類比的同形字（或有同形部分的字），有的並非實用漢字，而是許慎分析形體需要所建立的"部首"，這些"部首"被人爲賦予固定的音義，所以在許慎眼裏也是"成字"，可以成爲其他字的所"從"。這類所"從"的"某"跟"成字"部首往往存在意義上的聯繫，但這種聯繫一般是強制性的，功能上往往重複或包含，實際上也僅僅起到形體類比的作用，對認識字的構意不是必需。例如：

《羊部》：羊（羊），祥也。从丫，象頭角足尾之形。孔子曰："牛羊之字以形舉也。"

"羊"字"以形舉"，"象頭角足尾之形"，本來是無須再作構件分析的。但因爲許慎的部首系統中有個"丫"字，而"羊"字形體中正好包含有這個部分，所以許慎用"从"把它提取出來。"丫"爲"羊角"，也與"羊"的意義相關。可實際上"丫"字並不存在，只是許慎規定的部首，"羊"字象形包括"羊角"，"丫"不是獨立的功能單位，析出"丫"除了跟部首形體的類比價值，對"羊"的構意分析沒有必要。

《虎部》：虎（虎），山獸之君。从虍，虎足象人足。象形。

"虍"也是許慎規定的非實用部首字，就"虎"來說，也是整體象形，無須另外"从虍"。許慎之所以用"从"析出，完全是爲了牽合部首，並非功能分析的必要。由於分出了"虍"，又趁勢將象"虎足"形的部份與"人"字的形體比附，其實跟"人"的音義無關。

《才部》：才（才），艸木之初也。从丨上貫一，將生枝葉。一，地也。

徐鍇曰："上一，初生歧枝也。下一，地也。""將生枝葉"，則"丨"必爲莖杆，功能爲象形，許慎分析爲"从丨"，欲牽合"丨"的"引而上行"義，但"丨"並非實際字符，而是許慎規定的部首，有此部首，故有"从"出，並非功能本然。或者説，許慎分析的構意，有的屬於形體系統（部首之間和字符之間的形義關係），有的屬於字符本身（字符內部構件與構件的功能關係）。形體系統可以賦予構件具有某項功能，但只有屬於字符本身構形需要的，才能看作某字某構件的實際功能。"丨"在許慎的形體系統中雖然具有"引而上行"義，"才"中含"丨"，意義上可以關聯，但"才"字本身的構造中，"丨"的功能是象莖杆形。如果説"才"字確有"引而上行"的義素的話，那是由"象草木之初"的整體構意體現的，不是由"从丨"決定的。

《毛部》：毛（毛），艸葉也。从垂穗，上貫一，下有根。象形。

按《巫部》："巫（巫），草木華葉垂。象形。""毛"字"从垂穗"，意思是"毛"字中包含"垂"字中表示"穗"的形體。這既是形體的類比，也是意義的牽合。段玉裁注："直者，莖也。斜垂者，華之穗也。禾篆亦以下垂象其穗。"《禾部》："禾，嘉穀也。……禾，木也。木王而生，金王而死。从木，从巫省。巫象其穗。"許慎以"巫"爲形義紐帶，用"从"的表述把"毛""禾"等字聯繫起來，這是一種系統的關聯講解，即所謂"凡某之屬皆从某"，"凡某之屬"一般共同部首，但也有異部相"从"者。凡異部相"从"者，大都出於形體關聯的需要，而不是對個體字形構造理據的必然分析。

《㫃部》：㫃（㫃），旌旗之游㫃蹇之皃。从屮，曲而垂下，㫃相出入也。

按段注："'从屮曲而垂下㫃相出入也'此十一字當作'从屮，曲而下垂者游，从入，游相出入也'十五字。从屮者，與豈肯户同意，謂杠首之上見者。曲而下垂者象游。游相出入者，謂从風往復如一出一入然，故从入。大徐云：'此字从屮下垂，當只作屮，相承多一畫'。玉裁謂：从屮謂竿首，下垂謂游也，鼎臣殊誤會。"可見就"㫃"字本身而言，許慎的分析應該是左邊象"旌旗之游㫃蹇之皃"，右邊从"入"。"屮"形只是旌旗竿首，與"屮"之草木初生義無關。而就系統言，許慎認爲凡具"屮"形都有向上突出的意義，"屮"部諸字如此，非"屮"部而含"屮"形者也應如此，所以"豈肖豆"等字都"从屮"，其實這些字的構意都與向上義無關，所以只好在象形的基礎上牽合形體的"上見"貌，以維護"屮"的形義系統。

"从（變異的）某"或"从某（變異）"，也是爲了聯繫"某"字的形體來認識所析字，就所析字構件的功能來說，與所从"某"字的形體相關，而不一定與所从字代表的"某"詞的意義相關。例如：

《冖部》：冖（冂），覆也。从一下垂也。
《片部》：片（片），判木也。从半木。
《非部》：非（非），違也。从飛下翄，取其相背。
《卂部》：卂（卂），疾飛也。从飛而羽不見。
《夕部》：夕（夕），莫也。从月半見。

"从一下垂"並非由"一"取義，而是"一"的字形兩端下垂象覆蓋之形。"从半木"也不是"木"的樹木義參與構字，而是"木"字的形體只出現一半才跟"判木"義相關。"从飛下翄"也好，"从飛而羽不見"也好，都與"飛"的詞義沒有直接關係，而是从"飛"的形體變異中體會構意，所以"非""取其相背"，"卂"也是因爲"飛"字沒有了表示羽毛的形體，才體現"疾飛"之意的。至於"夕"的"从月半見"也是就字形說的，若論意義，則"月"半見全見都可以是"莫"，甚至不見也不能說就沒有"莫"。可見這類字的分析中"从"所系聯的主要是形體而不是意義。

"从古文（字）"之類的表述，也屬於形體的系聯，功能的分析表現在所从古文（字）的形體上。例如：

《弟部》：弟（弟），韋束之次弟也。从古字之象。𨸏，古文弟从古文韋省，丿聲。
《又部》：厷（厷），臂上也。从又，从古文。𠃋，古文厷，象形。
《民部》：民（民），眾萌也。从古文之象。𦉫，古文民。

所謂"从古文（字）"，並不是對本字形體功能的分析，而是聯繫古文的形體，然後再對古文的形體進行分析，通過古文的形體功能來認知本字的構意。這裏面的"从"僅僅起到關聯字形的作用，並沒有半點功能的暗示。如"弟""从古字之象"，而"古文弟从古文韋省，丿聲"，這種"義音"組合功能不是"从"決定的。"厷"字"从古文"，而"古文厷，象形"，也不是一般認爲的表義。

至於"闕"類字的"从某"分析，有的更是純粹的形體系聯，根本沒有着眼於本字構意功能的解說，也無關於所从"某"字的音義。如"夋"字"从又从灾，闕"，雖然系聯了"又"和"灾"，但與"又""灾"的音義無關，也不知"又""灾"在"夋"字中的功能是什麼，所以純粹是形體上的同形分析和系聯。

總而言之，通過上面大量實際材料的分析，我們認爲，"从某"的形義關聯是屬於系統的，所以有時並不反映作爲構件的實際功能。因而"从"不是一個具體字符的構件功能術語，而是一個系統關聯術語。"从"所關聯的主要是相同或近似的形體，而且是具有明確音義的成字（包括成字的省變）形體。意義關聯則是抽象層面的，宏觀層面的，部類層面的，有時難免跟構字的實際功能不一致。即使"形聲字"中的"从某"，也具有宏觀上歸類系聯的作用，而不僅僅是表示構字時的某個"義"。所以我們認爲《說文解字》

中"从某"的"从",其主要作用在於宏觀層面的形義系聯(包括純形系聯),而不是構件功能的具體解說。正因爲如此,分析中的"从某"才可以是純形體而無關功能的;正因爲如此,構字時的"从某"才可以雖有功能而並不都是表義的。

於是,我們可以作出這樣的結論:《説文》中"从某"的"某"構字功能多種多樣,"从某字"的結構類型也多種多樣,"从"是用來分析字際形體關係和系統形義聯繫的術語,不是分析個體字符內部的功能結構關係的術語,"从某字"跟"六書"沒有對應關係。

參考文獻

[1] (東漢)許慎:《説文解字》,中華書局 1963 年版。
[2] (清)段玉裁:《説文解字注》,上海古籍出版社 1981 年版。
[3]《説文解字》全文檢索測試版,http://shuowen.chinese99.com。
[4] 王寧:《漢字構形學講座》,上海教育出版社 2002 年版。
[5] 李運富:《漢字構形原理與中小學漢字教學》,長春出版社 2001 年版。
[6] 李運富:《漢字漢語論稿》,學苑出版社 2008 年版。
[7] 李運富:《〈説文解字〉"含形字"分析》,《民俗典籍文字研究》(第 6 輯),商務印書館 2009 年版。
[8] 李運富:《〈説文解字〉的析字方法和結構類型非"六書"說》,《中國文字研究》第 14 輯,大象出版社 2011 年版。

汉字"独体""合体"论[1]

一 许慎的"文"与"字"

讨论汉字的"独体""合体"问题,首先面对的是"独体为文,合体为字"的说法。明代张自烈《正字通》在"文"字的注解中说:"许慎曰'独体为文,合体为字'。"清代陈梦雷《古今图书集成·字学典》也有"许叔重云'独体为文,合体为字'"一句。但是引用者没有注明具体出处,我们也查不到任何许慎说过这两句话的证据,估计是对《说文解字·叙》中一段话的误解:

  仓颉之初作书,盖依类象形,故谓之文。其后形声相益,即谓之字。文者,物象之本;字者,言孳乳而浸多也。

后人大都认为许慎所说的"文"就是"独体字","字"就是"合体字",于是把"独体为文,合体为字"的发明权归于许慎。

但实际上许慎这里论述的是文字产生的途径问题,与独体、合体不是一回事。许慎认为,汉字的产生有两个来源:第一个是"依类象形",即根据客观事物的"类"属特征描画出字形符号,这种反映"物象之本"的原生符号叫作"文";第二个是"形声相益",当理解为"形化人声而相互增益",即将现有的文符(形)跟语言(声)结合,使语言(声)的音义属性形化为可视符号,然后将负载语言音义信息的符号相互组合而创制新的字形符号,这种从原有符号孳生出来的新符号摆脱了客观事物的局限,所以能"孳乳浸多",所以叫作"字"。可见许慎的"文""字"是从字形的来源或创制过程角度说的,不是对汉字结构的静态分析。如果说"字"由"文"构成,当然是"合体"字,那"依类象形"的"文"却未必是独体(如"瓜"就有瓜身和藤蔓两体),也未必都是具有记录职能的符号(如"巢"的上部象鸟窝形,但它并未成为独立的字符)。实际上,象形的"文"只是取之"物象"并反映物象的符号,当初尚未跟语言单位对应,如果要分析其结构的话,应该依据"物象"关系。到了"形声相益"阶段,字符根据语言的音义关系来构造,才摆脱客观物象的局限而大量孳生,也才可能从语言音义的角度来分析字的结构。

---

[1] 本文为国家社会科学基金重大项目(13&ZD129)相关成果,原载《中国文字学报》第6辑,商务印书馆2015年版。

因此,"文"与"字"反映的是不同性质符号的创造问题,强调的是符号形体的来源和创制"初""后"的逻辑顺序,不是着眼结构的"独""合"立说的。

其实,许慎讲到的"依类象形"和"形声相益"都是就"文""字"的主体情况而言,作为原生的"文",还有人为规定的标示符号,作为孳生的"字",还有用现成字符变异而成的新字符。就结构而言,人为规定的标示符号很少独立成字,通常要依附别的符号(主要是象形符号)来构字,那所构的新字无疑应该是合体;而变异形成的新字符无论原来的形体是独体的还是合体的,变异之后都是无法拆解的独体。由此也可证明"文""字"跟"独体""合体"没有必然的对应关系。

二 "独体""合体"的源流与问题

既然许慎没有说过"独体为文,合体为字"的话,"文""字"的区分并非以结构的独合为据,那这种观念起于何时,是谁提出的呢?

根据考察,"独体为文,合体为字"的说法始于南宋郑樵的《通志·六书略》,有关论述见于两处:

《指事第二》序曰:指事类乎象形:指事,事也;象形,形也。指事类乎会意:指事,文也;会意,字也。<u>独体为文,合体为字</u>。形可象者,曰象形,非形不可象者指其事,曰指事,此指事之义也。

《七音序》:汉儒识文字而不识子母,则失制字之旨;江左之儒识四声而不识七音,则失立韵之源。<u>独体为文,合体为字</u>,汉儒知以说文解字而不知文有子母,生字为母,从母为子。子母不分,所以失制字之旨。四声为经,七音为纬,江左之儒知纵有平上去入为四声,而不知衡有宫、商、角、徵、羽、半徵、半商为七音,纵成经,衡成纬,经纬不交,所以失立韵之源。

第一处结合"六书"立说,郑樵大概把许慎论述"文""字"时提到的"象形"和"形声"等同于"六书"的"象形"和"形声",以为不全,于是进一步指出"指事"也是"文",而"会意"则属"字"。这样,一方面把"六书"的前四书跟"文""字"对应起来:象形、指事属"文",形声、会意属"字";另一方面把"文""字"跟"独体""合体"等同起来:独体为"文",合体为"字"。于是很容易推出这样的结论:象形、指事是独体字,形声、会意是合体字。这种观点并不符合许慎的原意。

第二处拿"四声""七音"的关系来类比"文"与"字"的关系未必妥当,但把"文""字"关系比作"母""子"关系则跟许慎的思想基本一致,体现了"文"的原生性质和"字"的孳生性质。

宋代是个标新立异的时代,其中有发明也有臆说。宋代人对于"六书"基本上是在"借题发挥",用教学性质的"六书"之名研究文字学理论之实,从而形成不合"六书"原意的"六书学"。许慎的"文""字"观也被宋人糅进了"六书学",所以出现了"文"

"字"与"独体""合体"以及"六书"前"四书"的对应关系。

这种稀里糊涂的对应给后代带来深远影响，历代文字学者递相引用阐发，"独体为文、合体为字"成为传统文字学领域根深蒂固的重要观念。例如：

  元代周伯琦《说文字原》："独体为文，文者，依类放象也；合体为字，字者，孳也，形声相益，孳乳浸多。"

  明代赵㧑谦《六书本义》："独体为文，合体为字。象形指事，文也。象形，文之纯；指事，文之加也。会意谐声，字也。谐声，字之纯；会意，字之间也。假借、转注则文字之俱也。"

  近人刘师培《攈书》："上古之时有语言而无文字，造字之初，象形为首……象形不能括两开之事物，于是以指事表之。若会意形声，皆其后起者也。郑渔仲之言曰'独体为文、合体为字'，故文统象形指事二体，字者孳乳而浸多也，合数字而成一意者皆是，即会意形声二体也。四者为经，造字之本也；转注假借为纬，用字之法也。"

  近人胡朴安《中国文字学史·绪言》："何谓文？独体之谓；何谓字？合体之谓。""何谓独体？象形、指事之文，分析不开者。例如'文'，以交错其画而成为独体。何谓合体？合象形或指事之文，或二文，或多文，用会意或形声之法，合之以为字。例如'字'，从宀、从子，以并合而成为合体。故曰独体为文，合体为字。"

这些学者的表述各不相同，但都承袭了郑樵的观念是毫无疑问的。至于今天的文字学界，"独体为文，合体为字"则已经成为共识，并在这种理论指导下，首先将汉字分为"独体字"和"合体字"两大类，然后又按照"六书"来分析个体字符，将所谓"象形字""指事字"归入"独体字"，"形声字""会意字"归为"合体字"，从而形成现代汉字学的结构类型体系。

这种结构类型体系虽然其来有自，但理论上是欠科学的，实践上是行不通的。

首先，"六书"作为古代小学的教学科目，并不全是讲的结构，前面的"四书"性质也不一样；"文""字"讲的是汉字构造的两种途径；"独体""合体"则是对汉字结构的分类。这三套术语虽然相关，但角度不同，内涵不同，简单对应起来就难免产生矛盾。例如既说"象形字""指事字"是"文"是"独体字"，而实际分析结构时又出现"合体象形""合体指事""准独体"之类的说法，还有小于"文""字"单位的"象形"和"指事"构件，等同起来难以自圆。

其次，"独体为文，合体为字"只是对"文"和"字"的一个定性（正误暂且不论），那什么是"独体"，什么是"合体"呢？其中的"体"究竟指什么？这个问题首倡者郑樵没有说明，沿袭者也没有论述。现代虽然有一些"界定"，但根本经不起推敲。

《汉语大词典》2.0 版：

  【独体】汉字字体结构之一。汉字的结构可分独体与合体。分析不开、独立成字的，为独体；两个或两个以上的独体构成的字，为合体。

【合体字】由两个或两个以上的独体组合成的汉字称为合体字。如"解"由"刀、牛、角"合成,"秧"由形符"禾"和声符"央"合成。

《现代汉语词典》第5版：

【独体】不能分为两个或几个偏旁的汉字结构。(【偏旁】条下解释说：在汉字形体中常常出现的某些组成部分,如……"亻",……"口",……"扁",……"令",都是偏旁。)

【合体】汉字按结构可分独体、合体。合体是由两个或更多的独体合成的,如"解"由"角、刀、牛"合成,"横"由"木"和"黄"合成。

上引表述有三个要点：1."独体字"必须能独立成字；2."合体字"由独体字构成；3. 所有汉字不是"独体"就是"合体"。那么可以合理推论：所谓"体"是指能够独立成字的形体；合体字的组成部分都是可以独立成字的；所有汉字都可以归入"独体字"或"合体字"。但事实上,无论是古代汉字,还是现代汉字,都包含有大量的"非字"构件,如果"非字"构件不是"体",那分析结构时如何处理"非字"部分？包含有"非字"构件的字该如何归类？例如楷书的"春",下面是成字的"日",上面是非字"夫",这是算能分还是不能分？该归入独体字还是合体字？按照合体字的定义,它显然不符,但归入独体字,大家能认可吗？又如小篆的"金",《说文解字》分析为"土、今、丶丶"三部分,其中包含"土""今"两个独体字,应该符合合体字的界定,可"丶丶"象藏在土中的金块,不能独立成字,这就不符合合体字由独体字构成的界说。再如繁体楷书"龘",里面也既有成字构件又有非字构件,那算不算合体字？分析汉字结构,无法回避大量存在的"非字"构件,而"非字"构件在现有定义的"独体""合体"结构系统中没有位置,这势必造成汉字结构的无法穷尽分析和无法合理归类。

最后,对"独体""合体"的判分标准不一,在实际操作中没有对不同标准确定优先和替补规则,随意取舍,难以得出相同的结果。于是出现奇怪的现象,本来属于学理的认识和逻辑的分类,大家依据标准就应该能够判断的,却要通过行政来"规范"。例如2009年教育部和国家语言文字工作委员会发布了《现代常用独体字规范》,"本规范规定了现代汉字中常用的独体字,给出了《现代常用独体字表》"。表中列出的独体字共256字。

古人提出"独体""合体"是从功能的角度分析的,但并没有对功能标准作出具体的解释或规定,而只是拿"四书"来作简单对应,结果"独体""合体"的判断要依赖"四书"的判断来进行,事实上效果很不理想。那么现代人的"独体""合体"是着眼于什么而言的呢？上面强调"成字"的各种说法并不明确,因为"成字"的形体在另一个"字"中并不一定具有功能,如"射"中的"身"和"寸",无疑能够独立"成字",可在"射"字中它们失去了功能,而"射"通常是算作合体字的,那它所"合"的"体"就不是指功能而是指形体。再看《现代常用独体字规范》是如何规定的：

"独体字"是"由笔画组成、不能或不宜再行拆分、可以构成合体字的汉字"。

而"汉字的合体结构有12种，分为：上下、上中下、左右、左中右、左上包、右上包、左三包、左下包、上三包、下三包、全包围、镶嵌结构"。

这显然也是从形体角度立说的，即使说"独体字""可以构成合体字"，也是指"上下""左右""全包围"之类的形体特征而言。如此看来，虽然同是"独体""合体"，现代人已经偷偷改换了古人的概念。事物是发展变化的，改了就改了，本来也没有什么绝对不可，只要确实按照新的理解去判断就行。但实际上，人们在确定"独体""合体"的时候，并非完全按照"形体"的标准。如上述《现代常用独体字规范》中又有这样的说明：

> 现代常用独体字规范的制定原则是：尊重字理、从形出发、立足现代、面向应用。
> 现代常用独体字的确定规则是：1. 字形结构符合字理和独体字定义的汉字；2. 符合独体字定义的草书楷化的简化字；3. 交重结构，不能拆分的汉字。

"立足现代、面向应用"跟判断标准无关，"尊重字理"讲的是功能，"从形出发"着眼的是形体，即使不考虑排序，"功能""形体"也是半对半，这与前面对"独体""合体"的定义纯粹从形体考虑已然不符。而三条确定规则也不一致，除了"符合独体字定义"这种废话外，第1条讲的是"字理"，也就是功能，第2条讲的是来源"草书楷化"，第3条讲的是形体"交重不分"，重在书写。"来源"与结构分析无关，所以真正的判断标准也只有"字理"（功能）和"形体"两个方面。

现在可以看出来，现代人判分"独体""合体"的理论标准有两个：功能、形体。现代人把"形体"列为标准之一，甚至作为主要的标准，有一定道理，因为汉字形体演变到现代，许多已经失去理据，完全从功能出发来分析汉字可能遇到很多无法分析的障碍。那么能否完全按照"形体"标准呢，也不能，因为在没有功能约束的情况下，形体的分析单位有时很难确定。由此说来，采用多重标准并非问题所在，问题的症结在于多重标准没有操作规则，即什么时候只用一个标准就行了，什么时候必须兼顾多个标准；使用多个标准时也没有规定哪个标准优先，哪个标准替补。所以在"功能"和"形体"的双重标准下应该有一些细则。没有细则就造成实际操作中的标准混乱，使得判分结果无法检验、无法类推，不得不硬性"规定"。以《现代常用独体字表》所列256字为例，其中有些字的判定标准就难以解释。

"二""三"被当作独体字理由何在？功能上"二"是两个"一"相加，"三"是三个"一"相加，有理有据，可分析；形体上"二"可以分拆为两个"一"，上下结构，"三"可以分拆为三个"一"，上中下结构。它们由两个或三个独体的"一"构成，为什么不归入合体字？

"石""天""里""果""本""末""秉""夫"的字形古今变化不大，所以理据还比较清楚，如果按照功能标准，它们应该是合体字，现在判定为独体字，必然是只根据形体标准，即形体黏连或交重而无法拆分。依据这个标准的话，那"支""皮""去""良""有""老""表""死""先""丢""舌""系""古""左""右""赤""县""克"

"韭"等常用字也应该看作独体字才是，可是没有。

"八""儿""刁""寸""与""小""川""个""么""凡""门""义""刃""习""太""犬""尤""云""兆""玉""示""术""火""为""斗""心""鼠"等形体上呈分离状态，应该是可以分拆的，而之所以不分拆为合体字，当然是因为它们不能分拆为两个以上的独体字或偏旁。如果依此为标准，那"曹""秦""青""扫""寻""乱""旧""归""师""应""赵""区""每""顷""曾""段"等常用字也应该看作独体字才对，可是没有。

"言"如果单就形体而言，可以拆分为两个以上的独体字（口一一）或偏旁，之所以仍当作独体字，大概是因为其中还有非字的部分"亠"。照此类推的话，"燕""囊""爨""前""牵""鱼"等字应该算独体字，可是没有。

以上只是从独体字角度检验，如果反推到合体字，会发现更多不合定义、不知用什么标准判定的字例。凡此说明，现有判分独体字、合体字的标准是不成熟的，无法操作的，所以不同人会有不同的判断结果。如"互动百科"收录一个《简化汉字独体字表》，列独体字 280 个，跟《现代常用独体字表》比对，互不包含者达 58 个字，尽管其中个别属于常用不常用的不同，但差异仍然在 50 个以上。

三 科学的"独体""合体"观

将汉字的结构分为"独体""合体"两大类是可以的，关键是要说清楚"体"是什么。前述把"体"看作"独体字"是行不通的，一则无法解释"独体字"，说"独体字是只有一个独体字的字"或"独体字是由独体字构成的字"，不合逻辑；二则无法穷尽分析汉字形体，因为汉字结构中存在大量"非字"形体（包括部分非字偏旁）。那么究竟如何定义"体"比较科学呢？

"独体""合体"既然是汉字结构的分类，那其中的"体"应该是汉字结构的分析单位。汉字构形学告诉我们，汉字是由构件构成的，任何汉字都可以分析为一个或多个构件。[①] 所以汉字结构的最小分析单位应该是"构件"，那么"独体""合体"的"体"也应该指"构件"。就是说，由一个构件构成的字叫"独体字"，由两个或两个以上构件构成的字叫"合体字"。这样定义，内涵非常清晰，关系符合逻辑，操作起来才可能方便。

无论是原生字，还是孳生字，构造之初，其构件都是具有某种功能的，或象形，或标示，或表义，或表音，因而按照功能标准拆分构件，归纳类型，就能解决汉字的结构分析问题。但随着时代发展，汉字的形体及其表达的音义会产生变化，有些构件就会改换功能或者失去功能。改换功能的仍然可以按照功能标准分析，而失去功能的构件就无法以功能做标准了。因此，要想对汉字结构进行全面分析，就应该考虑形体因素。失去功能的形体有两种情况，一是跟另一个有功能的成字或偏旁同形，二是完全没有功能联系的笔画或笔画组合体。这两种情况因为跟别的形体单位关系不同，所以在结构分析时可以分别看作不

---

① 参见王宁《汉字构形学讲座》，上海教育出版社 2002 年版。

同单位，但它们都属于无功能构件，所以又可以合成一类，都叫作"代号"（是原来某个有功能形体的替代符号）构件。这样一来，汉字结构的分析单位就有四种功能构件和一种无功能构件，它们独立构字或组合构字，就形成各种不同的独体字和合体字。理论上汉字结构体系应该如下表所示。①

		象形	表义	表音	标示	代号
象形	象形独体字	形形合体字	形义合体字	形音合体字	形标合体字	形代合体字
表义	表义独体字	义形合体字	义义合体字	义音合体字	义标合体字	义代合体字
表音	示音独体字	音形合体字	音义合体字	音音合体字	音标合体字	音代合体字
标示	标示独体字	标形合体字	标义合体字	标音合体字	标标合体字	标代合体字
代号	代号独体字	代形合体字	代义合体字	代音合体字	代标合体字	代代合体字
	变异独体字	多功能合体字				

上表显示，理论上两两组合可得30种结构类型。减去其中异序重复者10种（名称上可换用），借用形体者2种（示音独体字、表义独体字是借用现成形体记录新词，可以不作结构分析），实际有18种。另加特殊的变异独体字1种，多功能合体字1种（包含三种以上不同功能构件的汉字很少，故不细分），共20种。这20种结构类型涵盖古今，可以用来分析所有汉字。

这种结构系统是以对象字符的"构件"分析为基础的，根据构件的多少判断是独体字还是合体字，根据构件的功能判断是哪种独体字或哪种合体字。构件功能的确定，则要依据构形理据，也就是构件跟字符职务的关系。如果一个字符的构件都有功能，就只按功能标准分析结构；如果一个字符的构件都失去功能，就只按形体标准（同形代号和纯代号）分析结构；如果字符中既有功能构件又有无功能构件，那就功能优先，同形随后，余笔归为纯代号。其中还可以有一些细则，比如"同形"就大不就小；无功能单笔不作"同形"分析等。这样的构件分析，总体上看好像有多重标准，但运用排除法操作程序，则每次操作实际上只有一种标准：即首先按功能标准分析构件，除功能构件之外的属无功能构件；再按形体标准分析无功能构件，除同形代号构件之外的属纯代号构件。这样分析避免了来源、书写等非结构因素的干扰，只要面对确定字形（不同时代的字形可能会有不同的分析结果），遵守分析规则和顺序，就不会混乱。例如"伞"，一看就知道是个象形功能构件，所以判定为"象形独体字"；"更"一看就知道是无功能的形体单位，应该判定为"代号独体字"；"舂"象双手持杵舂米形，应该是"形形合体字"；"齿"可以分析为下部象口齿形，"止"表音，所以是"形音合体字"；"眉"可以分析为上部象眉毛形，"目"表义，所以是"形义合体字"；"刃"应该分析为"刀"象形，"、"标示，具有两个构件，所以是"形标合体字"；"丛"可以分析为"从"表音，"一"标示区别，所以是"音标合体字"；"太"可以分析为"大"表义，"、"标示区别，所以是"义标

---

① 参见李运富《汉字学新论》，北京师范大学出版社2012年版，第145页。

合体字";"源"应该分析为"氵"表义,"原"表音,所以是"义音合体字";"里"可以分析为"田""土"皆表义,所以是"义义合体字";"鸡"应该分析为"鸟"表义,"又"同形代号,所以是"义代合体字";"历"可分析为"力"表音,"厂"同形代号,所以是"音代合体字";"类"可以分析为"米"同形代号,"大"同形代号,所以是"代代合体字";"牵"可以分析为"牛"表义,"冖"象绳形,"玄"表音,所以是"多功能合体字"。依此类推,用这种方法分析汉字的结构,归纳独体、合体类型,就是既有理论,又便操作的了。①

---

① 参见王宁《汉字构形学讲座》,上海教育出版社 2002 年版;李运富《楚国简帛文字构形系统研究》,岳麓书社 1997 年版;李运富《汉字学新论》,北京师范大学出版社 2012 年版。

"形声相益"新解与"文""字"关系辨正[①]

《说文解字·叙》:"仓颉之初作书,盖依类象形,故谓之文。其后形声相益,即谓之字。文者,物象之本;字者,言孳乳而浸多也。"这段话主要是谈"文"和"字"的关系的,但如何理解"文""字"关系却见仁见智,通行说法是"独体为文,合体为字"。这种说法是否符合许慎原意,关键在"形声相益"如何解释。笔者曾发表《汉字"独体""合体"论》一文[②],初步提及许慎的"文""字"观,而重点在讨论"独体""合体"问题;本文拟从"形声相益"的训诂入手,进一步还原许慎对"文""字"关系的认识。

一 "形声相益"旧说质疑

对"形声相益"的理解,大致有三种说法。第一,等同于"六书"的"形声字",即用形符加声符的方式构造形声字,那么字面意思应该是"形符与声符互相加合"。第二,包括"六书"的"形声字"和"会意字",即形符加形符构造会意字,形符加声符构造形声字,那么字面意思就应该是"形符与声符互相加合,形符与形符互相加合"。第三,陈梦家《殷墟卜辞综述》:"我们所说的形声,是把《说文·序》'形声相益谓之字'解释为:(1)形与声之相益,(2)形与形之相益,(3)声与声之相益。"[③]"相益"也是互相加合的意思。

第二种和第三种说法使得一句话表达两句话或三句话的内容,属于"增字增义"的训诂,当然不可取。但这还不是要害,最令人怀疑的有两点,而这两点是上述三种说法共同的问题:

1. 把"形声"理解为"形符"和"声符"两个并列成分,其中的"形符"又实际上被理解为"义符"或者包含义符,指表义功能而言。但问题是,"形"在古代文献中可以作名词表示"形体、形状、形貌"等,也可以作动词表示"形容、表现、成形"等,却从未见有表示"意义"或"形符"(义符)的用法;而且"声"除了名词义"语音、语

[①] 本文是国家社会科学基金重大项目"古今字资料库建设及相关专题研究"(13&ZD129)和国家社会科学基金重点项目"历代训注古今字汇编及资料库建设"(13AYY006)的相关成果。原载《语言科学》2017年第2期。又《语言文字学》2017年第11期全文转载。

[②] 李运富:《汉字"独体""合体"论》,《中国文字学报》(第6辑),商务印书馆2015年版。

[③] 陈梦家:《殷墟卜辞综述》,中华书局1988年版,第79页。

言"和动词义"标识语音"外,也不能独立表达"声符"义。可见用"义符""声符"来解释"形声"恐怕缺乏训诂依据。如果说"义符"原来都是象形的,所以叫作"形",即"形"仍然指"象形"而言,那"声符"实际上原来也都是象形的,为什么不也叫作"形"?还有"六书"中的"形声"一般也理解为"形符+声符"的并列结构,其实在训诂上同样讲不通。除了"形""声"没有表示"义符""声符"这样的名词义外,还可以举出两个理由:一是许慎"六书"中的"形声",班固引作"象声",郑玄注作"谐声",而班固、许慎、郑玄的学说皆出于西汉学者刘歆,属于"同门",故表述虽异,大意应同,依"象声""谐声"推知,"形声"亦当为动宾结构;二是大家公认"六书"的前四书性质基本相同,命名的表述方式也应该一致,"象形、指事、会意"都是动宾式表述,那么"形声"不应该单独是并列结构。可见后人用来分析字形结构的所谓"形符""声符"并不等于《说文·叙》中"形声相益"的"形声",也不符合"六书"中"形声"的原意。①

2. 把"相益"理解为"相互加合"也有严重的训诂障碍。因为"益"在古代没有"加合"或"组合"的意义,与之相关的常见义是"增加"。如果按照"增加"义把"相益"理解为"相互增加",则既不合逻辑,也不合语法。从逻辑看,"增"只能是一方对另一方的单向关系,不可能是"互相"的并列关系或交叉关系;而且增加的只是原物的数量或另一种与原物并存的东西,"增加"后并不产生"新物品",所以"相互增加"义不可能用来表述"造字"。从语法看,古代使用"益"的"增加"义时,通常是要带宾语的,如《汉语大词典》"增加"义项下所举的几个例子都是带有宾语的:

> 《易·谦》:"天道亏盈而<u>益</u>谦。"孔颖达疏:"减损盈满而增益谦退。"
> 《国语·周语下》:"〔郄氏〕有是宠也,而<u>益</u>之以三怨,其谁能忍之!"
> 南朝宋鲍照《拟行路难》诗之九:"还君金钗玳瑁簪,不忍见此<u>益</u>愁思。"
> 宋曾巩《请西北择将东南益兵札子》:"窃以谓西北之宜,当择将率;东南之备,当<u>益</u>戍兵。"

可见"相益"的"益"如果是"增加"义,那"相"就不应该是副词义的"互相";既然不是"互相",那"形声"也就形不成并列关系。所以"形声相益"的正确语义还需要探求。

---

① 关于"六书"的"形声",已经有不少人提出新解,其中就有按照动宾关系来理解的,如段玉裁《说文·彡部》"形,象也"注:"形声者,谓形其声之形也。"又《说文·序》"三曰形声"注:"刘歆班固谓之象声,形声即象声也。其字半主义,半主声。半主义者,取其义而形之;半主声者,取其声而形之。不言义者,不待言也。得其声之近似,故曰'象声'、曰'形声'";黄以周《六书通故》:"形声,先郑谓之谐声,与象形、指事、会意、谐声皆上字虚下字实,文法一律,许谓之形声者,名之形于声者也;《乐记》云:'感于物而动,故形于声。'又云:'情动于中,故形于声。''形声'二字出诸此,与谐声之义一也。旧解以'形声'为半主形半主声,非许意。"黄氏所说"虚"指动词,"实"指名词,"形声"为动宾结构。后人多有沿袭段、周说而否定"形声"并列说者,但"形声相益"的"形声"尚未有从训诂角度提出异说的。

二 "文""字"关系旧说质疑

《说文·叙》中的"文"与"字"具有"初""后"的时间关系是显而易见的,但这种时间关系反映的实质是什么,却仍然值得讨论。一般认为,先"文"后"字"体现的是结构上的独体与合体关系,先有独体,后用独体组合为合体。如胡朴安《中国文字学史·绪言》说:

> 何谓文?独体之谓;何谓字?合体之谓。
> 何谓独体?象形、指事之文,分析不开者。例如"文",以交错其画而成为独体。何谓合体?合象形或指事之文,或二文,或多文,用会意或形声之法,合之以为字。例如"字",从宀、从子,以并合而成为合体。故曰独体为文,合体为字。①

"独体为文,合体为字"的说法大概起源于宋代的郑樵,其《通志·六书略》有两处论述:

> 《指事第二》序曰:"指事类乎象形:指事,事也;象形,形也。指事类乎会意:指事,文也;会意,字也。独体为文,合体为字。"
> 《七音序》:"独体为文,合体为字,汉儒知以说文解字,而不知文有子母,生字为母,从母为子,子母不分,所以失制字之旨。"

郑樵这样说可能是出于对《说文·叙》的误解,受其影响,明代张自烈《正字通》在"文"字注解中就干脆直接说"许慎曰'独体为文,合体为字'",清代陈梦雷《古今图书集成·字学典》也说"许叔重云'独体为字,合体为文'",把发明权完全归于许慎了。实际上许慎从来没有说过"独体为文,合体为字"之类的话,后人杜撰的这种说法不是根据许慎原文正确解读出来的,而是把后世的观念凭空强加给了许慎,所谓"以今律古""强人就己"是也。这些学者自己觉得许慎区分"文"和"字"的目的在区分独体和合体,同时还把"六书"的前四书区分为"文"和"字",于是形成"文=独体=象形+指事""字=合体=形声+会意"的对应关系。这种观念不仅不符合许慎的原意,而且理论上欠科学,实践上也行不通。②

首先,"独体为文,合体为字"只是对"文"和"字"的一个定性(正误暂且不论),那什么是"独体"?什么是"合体"?其中的"体"是什么?"独"和"合"的语义指向是整个"字"还是构成字的"构件"?这些问题首倡者郑樵没有说明,沿袭者大都

---

① 胡朴安:《中国文字学史(全二册)》,商务印书馆1998年版,第1页。
② 本节的观点在李运富《汉字"独体""合体"论》(《中国文字学报》第6辑,商务印书馆2015年版)中已有提出,为了思路的系统和结构的完整,这里略加复述并有所补充。

也没有说清楚。胡朴安说"独体"就是"象形、指事之文,分析不开者","合体"即"合象形或指事之文,或二文,或多文,用会意或形声之法,合之以为字",简言之就是"象形、指事之文为文,合象形、指事之文为字",实际上就是"独体"等于"象形字""指事字"。受此影响,现代人大都把"独体"理解为"能够独立成字而不可再加分析的形体",也就是把"独体"等同于"独体字",可"文"也是"独体字",于是"独体为文"就等于"文为文"或"独体字为独体字"或者"独体字构成独体字"了;进一步推论,"合体为字"就等于"组合独体的文成为合体的字",也就是说"合体字都是由独体字构成的"。这样推出来的结论显然不合逻辑,因为我们无法回答"独体字是怎么构成独体字的""既然合体由独体构成,那独体的'体'跟合体的'体'是同一概念吗""独体和合体能成为并列的结构类别吗"这类的问题。而且也不符合汉字的构成事实,因为汉字结构中有很多的"非字成分",构成合体字的构件不全都是能够"独立成字"的"独体字"①,如果说合体字只能由独体字构成的话,那合体字中那些"非字成分"该如何处理?如"爨"的形体内部都能够分析为独体字吗?

其次,把"文"对应于"象形、指事"都看作"独体","字"对应于"形声、会意"都看作"合体",并不符合许慎对汉字形体分析的实际,现代人按照这种对应关系来分析字形的话也会捉襟见肘、漏洞百出。如《说文·亦部》:"亦,人之臂亦也。从大,象两亦之形。"徐灏笺:"隶变作'亦',即古'腋'字,从大,左右作点,指事。"明明分成"大"和"左右点"两个部分,却要说成"指事"而看作"独体"。又如《说文》:"二,地之数也。从偶一。"明明是两个"一"偶合为"二",也通常会被看作"指事"的"独体"。再如"反正为乏""反可为叵""变用为甩"之类,新字明明是一个不可拆分的整体(独体),却偏偏被归入"会意字"(合体)。正因为"文""字"与"四书"的对应关系属于主观上的"拉郎配",并不符合事实,所以分析中就难免出现"合体象形""合体指事""准独体""准合体""变体会意"等等自相矛盾的说法。

可见许慎对"文"与"字"关系的论述绝非着眼于"独体""合体"的结构不同,后世"独体为文,合体为字"的说法经不起推敲。

三 "形声相益"新解

要正确认识"文"与"字"的关系,首先得理解"形声相益"的真实含义。前面已经说过,"形声"没有表示"义符、声符"这种名词义的用法,"益"也不能解释为"加

---

① 萧璋先生看到了这个问题,在《"形声相益,即谓之字"说》(载《沈兼士先生诞生一百周年纪念论文集》,紫禁城出版社1990年版)中对"形声"的成分作了补充说明:"可知'形声相益'之'形'既指独立成字的初文作为会意、形声的意符,也指加在作为意符的某独立成字的初文上的不成文字的点画符识,或者无所加而改变其独立成字的初文之形以示意。'形声相益'之'声',既指独立成字的初文作为形声的字符,也指假借的'依声托事'的'声'。内容宽广,固不限于专指会意、形声和独立成字的初文。"但萧先生意在维护和补救旧说,添加了许多言外之意,无法从根本上解决"形声相益"的训诂问题。

合"或"组合",那么我们只能寻求另外的解释。

大家容易把"形声相益"理解为"义符和声符加合",恐怕是受到"相"的"互相"义的引导。其实"相"不限于"互相"义,《说文·叙》中就出现"相"的三种用法,如"取譬相成""皆自相似""父子相传",其中"相似"的"相"为"互相","相传"的"相"为"递相"应该没有问题,但"取譬相成"的"相"就不宜解释为"互相"或"递相",而应该是"偏相",即指代某一个对象而不是双方。"以事为名,取譬相成"的"形声"其实就是"象声""谐声",指字形中的某个构件具有"标音"(形化语音)功能,而不是指全字结构。① 既然"六书"的"形声"不是指整个字的结构,而是单指构件的功能,那"以事为名,取譬相成"的解释语当然也是针对某种构件而言,不能就全字理解为"半主义、半主声"②。沿此思路考虑,"以事为名,取譬相成"应该是指"形声构件"而言,意即这样的构件是"根据字符表达的事物拟定名称,并取个读音近似的字来标示这个名称的读音"。注意,汉代的"名"已经没有"字"的用义,也不能够表"义",所以把"为名"解释成"造字"或"半主义"都缺乏依据。"取譬相成"即"取譬成之","之"(相)代指"名",即跟字符对应的词语的名称(语音)。"成"在此可取"成就""实现""确定"诸义,而不可解释为"合成"③。"取譬"之法犹《说文解字》"读如""读若"之例,正是就"形声"构件的标音功能而言。段玉裁对"以事为名"的解释跟前面对"形声"的解释不相应,但以"江河"为例把"取譬相成"解释为"譬其声如'工''可',因取'工''可'成其名"则非常合适,跟我们把"譬"理解为譬况的读音、把"相成"理解为实现名称的读音("成其名")是基本一致的。

如果"六书"的"形声"确是动宾结构,"取譬相成"的"相"可为单指,那么"形声相益"的结构关系应该跟"取譬相成"类似,也可以理解为"形_动声_宾以益之"。这里的"形声"也是动宾结构,只是不同于六书"形声"专指构件的标音功能,而是就造字取形的途径和方法而言,所以"声"应该不限于语音,还包括语义,"声"就是有音有义的语言④,"形声"即"形化语言",也就是把语言的音或义转化为可视符号(形),或者说根据语言的音或义来构造字形。"形"本来有显示、成形、标识之类的动词用法,上引段玉裁、黄以周皆已证明。又宋人戴侗《六书故·六书通释》说:"凡六书,皆以形人声而已矣。""形人声"就是"记录语言",也就是"把人类语言转化为可视的形体",可

---

① "六书"并非指全字的结构类型而言,除"转注"指类聚方法、"假借"指用字方法外,"象形""指事""会意"和"形声"都应该是指构件的功能,即汉字构造时,有的构件起象形作用,有的构件起指事作用,有的构件起表义作用,有的构件起标音作用。限于篇幅和主题,这个问题将另文专论。

② 在这个问题上段玉裁出现了矛盾的说法。上文引到段氏把"形声"理解为"形其声",是就"其字"的"半主声"而言,"不言义者,不待言也。"可解释定义语"以事为名,取譬相成"时却又说:"'以事为名',谓半义也;'取譬相成'谓半声也。'江''河'之字,以'水'为名,譬其声如'工''可',因取'工''可'成其名。"这样"形声"与其解释语"以事为名,取譬相成"之间就不对应,如果我们认为段氏"形声"的解释是对的,那"以事为名,取譬相成"就得另寻他解。

③ "相成"确实有互相补充、互相成全义,但针对的往往是对立的双方,而不是要合成一体。如《礼记·乐记》:"小大相成,终始相生。"《文子·九守》:"刚柔相成,万物乃生。"

④ "声"有语言或言义义,参见《汉语大字典》"声"字下义项、《汉语大词典》"声"字下义项3。

见我们把"形声"解释为"形化语言"在训诂上是说得过去的。"益"当然只能取"增加"义,增加什么呢?或者在什么基础上增加呢?联系前文:"仓颉之初作书,盖依类象形,故谓之文;其后形声相益,即谓之字。"可知应该是增加造字取形的方法,也就是在依据客观事物"象形"造"文"的基础上增加依据语言音义来构形的"形声"造"字"方法。所以"形声相益"就是"形化语言以益象形",按句法分析,"形声相益"可以递相转换为"形声以益之"——"以形声益之"——"益之以形声",这就跟《国语》"益之以三怨"的语意结构一致了,也跟"取譬相成"即"取譬成之"——"取譬以成名"的语意结构相应了。

四 "文""字"关系辨正

"形声相益"既明,则"文"与"字"的关系就好说了。"文"和"字"都是古人所创造的"书"。之所以要分别"初作"的叫作"文",是因为这种书的形体是"依据物类"描摹出来的,是"物象之本"(即本于物象);"其后"创造的之所以被称为"字",是因为这种书的形体是根据语言音义构造的(不排除"象形"法的同时运用),是可以"孳乳而浸多"的。可见《说文解字·叙》这段话的用意不在给"文"和"字"下定义,而在解释为什么要分别叫作"文"和"字"。从原文原意出发的话,可知"文"与"字"的区分,着眼点不是结构的"独体"与"合体",而是形体的构造依据和方法,它反映了许慎对文字构造方法和取形途径的认识。在许慎看来,汉字形体的构造大致可分两个阶段:第一个阶段是"象形",即根据客观事物的类属特征或共相("依类")描画出字形符号,这种原生符号叫作"文";第二个阶段是"形声",即把已有的"文"当作标音符号或表义符号参与构字(包括形音合成、义音合成、音音合成、标音合成、形义合成、义义合成、标义合成等类型①),这就可以突破客观物象的限制而构造出更多的字符,用这种具有孳生性质的方法造出的符号就叫作"字"。许慎的"文""字"之分,揭示了汉字形体的来源或创制过程,对分析汉字形体结构的"独""合"特征有参考价值,但"文""字"本身并非对汉字结构类型的静态分析。

正因为"文"与"字"是造字取形的来源和方法问题,不是结构的独体与合体问题,所以不能一概说"文"都是"独体","字"都是由"文""合成"的。事实上"依类象形"的"文"也可能有合体,如《说文解字》分析"雨"的形体:"水从云下也。一象天,冂象云,水霝其间也。"分析"西"字:"鸟在巢上,象形。"还有"涉""春"等所谓象形性的"会意字"也符合根据客观事象构造字形的原则,也应该属于"文"的范围。而"字",也可能并不限于"合体",如"甩""冇""乒乓"等变异字,取意义相关或声音相近的既有字形加以改造,其方法当然是根据语言音义构形的,所以应该算"字",但构字的功能单位却是"独"一的。而且,"依类象形"的"文"不一定都是具有独立音

---

① 各种构造类型的具体含义及例字参见李运富《汉字学新论》第六章第二节"汉字结构的类型"。

义的字符,很多时候象形所得仅仅是构件,需要跟别的构件组合才能成为不同类型的字。① 如《说文解字》分析"果"字:"木实也。从木,[田]象果形在木之上。"分析"牵"字:"引前也。从牛,[冂]象引牛之縻也,玄声。"其中象果形的"田"和象引牛之縻的"冂"都是只有象形功能的构件而不是具有独立音义的字。象"牵"这类既有按"形声"原则选取的音义构件也有直接源自"象形"的无音义构件的字,怎么能用独体的"文"和合体的"字"来对立区分呢?可见"文"与"字"不应该是对汉字个体的逻辑分类,把"文""字"等同于"独体""合体"就有很多问题说不清。我们只能认为,许慎的"文""字"之分反映的是创造汉字符号过程中形体的不同来源问题,强调的是造字取形的方法和这种方法的发展顺序,至于个体汉字的构造,则可能只用这种方法或那种方法,到了第二个阶段也可能两种方法都用。这样的话,"文"与"字"就无法跟结构类型的"独体""合体"必然一致,也无法跟"六书"建立起必然的对应关系。

其实,古人也有不从独体、合体这样的结构类型来看待"文""字"关系的,如宋代朱熹说:

> 大凡字,只声形二者而已。如"杨"字,"木"是形,"易"是声,其余多有只从声者。
>
> 凡字,如"杨、柳"字,"木"是文,"易、卯"是字;如"江、河"字,"水"是文,"工、可"是字。字者,滋也,谓滋添者是也。
>
> 此谓有文有字。文是形,字是声。文如从"水"从"金"从"木"从"日"从"月"之类;字是"皮、可、工、奚"之类。故郑渔仲云:"文,眼学也;字,耳学也。"盖以形、声别也。②

朱熹所引的郑渔仲就是郑樵,前面说过郑樵是"独体为文,合体为字"论者,而这里又说"文,眼学也;字,耳学也",可见他同时也认识到"文、字"可以"以形、声别"。朱熹赞同郑樵的"以形、声别",明确指出"文是形,字是声"。从朱熹分析的实例看,所谓"形、声"不是文字的结构类型,而是指构件的功能,即具有表义功能的构件叫"文",具有标音功能的构件叫"字",如"江、河"中的"水"是文,"工、可"是字。这种根据构件功能来区分"文""字"的做法,避免了独体、合体的类型纠葛,而且触及了语言音义跟文字构造的关系,但他对"文""字"功能的限定过于狭隘死板,因而带来更多新的问题。首先是"字"的层次错乱,"凡字,如杨柳字,木是文,易卯是字"中的三个"字",第一个泛指所有文字,集合概念,第二个指具体的某个字,属个体概念,第三个专指标音构件,是特指概念。其次,所谓"形"显然不再是象形的形,主要是指表义功能,那就跟把"形声字"和"形声相益"中的"形"理解为"义符"一样,缺乏"形"当"义"讲的训诂根据。再次,将"文""字"之分只限于形符(表义构件)和声符(标音构件),无法说明每个汉字及汉字系统,因为汉字不全都是"形+声"模式。

---

① 参见李运富《〈说文解字〉"含形字"分析》,载《民俗典籍文字研究》第6辑,商务印书馆2009年版。
② (宋)黎靖德编《朱子语类》第八册卷一百四十,中华书局1986年版,第3335页。

所以说朱熹回避独体、合体的区分是明智的，但它主要就"形声字"的构件功能立说，并没有回到"文""字"产生的轨道，没有真正解决《说文解字·叙》提出的"文""字"关系问题。

现代的陆宗达先生对"文""字"之间的关系及其与"六书"的关系，也有不同于"独体""合体"说的认识，他的有关表述是：

> 文与字的区分，与六书之说不是从同一角度出发的。六书是从文字的构形方法来分的，文与字是从构形的发展来说的。许慎用"初"和"后"说明了由文到字的发展。①

> 文字的概念要和六书区别开。文字都是由象形向标声方向发展的。文是最初的图画，因为文字是为语言造的，语言是用声音表达思想的，所以后来大都转入标声。这一点，世界各国一样。汉字也不例外。不同的是，汉字未造标音符号，还用文字标音。字，是文字发展到标音阶段产生的。文是本，字是由文孳乳起来的。象形、指事、会意都是图画文，形声才是字。如"朿"，象形，指树上长的有尖的刺（木芒），孳乳为"刺"（刺伤），"莿"（草木束扎人），"策"（马鞭，古人马鞭带束（针）用以扎马……）。三字都是形声字，而且由一个语根分化出来。章太炎先生著《文始》，就是用一个象形文贯穿好多形声字，这种做法，可以说是本了许慎之原意。②

陆先生的说法有两点我们非常赞同，一是"文与字的区分，与六书之说不是从同一角度出发的"，所以"文字的概念要和六书区别开"；二是"文与字是从构形的发展来说的。许慎用'初'和'后'说明了由文到字的发展"。但陆先生没有展开论述，也没有就许慎"依类象形，故谓之文""形声相益，即谓之字"等原文及学界的有关解释进行训诂学上的辨正；而且一方面主张"文字的概念要和六书区别开"，一方面说"象形、指事、会意都是图画文，形声才是字"，仍旧把"文""字"跟"六书"对应起来，只是对应的单位不同而已；还有他虽然认识到"文与字是从构形的发展来说的"，但所谓"发展"着眼的是"文"的"象形"功能和"字"的"标音"功能，所以说"文字都是由象形向标声方向发展的""字，是文字发展到标音阶段产生的"，这是就字符（整字）的表达功能而言，并非真正"是从构形的发展来说的"。再者，陆先生把"字"限定在六书的"形声"字范围，甚至认为"用一个象形文贯穿好多形声字"即"由一个语根分化出来"的，才是符合"许慎之原意"的"字"，恐怕也过于狭隘。可见陆先生的上述看法虽有值得借鉴的地方，但总体上并未揭示"文"与"字"及其与"六书"关系的实质，所以有再加辨正和申说的必要。

朱熹说和陆宗达说都着眼于功能，朱熹落实在构件层面，是静态的功能分析；陆宗达立足于发展来谈，体现了阶段意识。但他们都没有扣住许慎的言论分析，所以只是谈自己

---

① 陆宗达：《〈说文解字〉的文字与说解》，载《陆宗达语言学论文集》，北京师范大学出版社1996年版，第273页。

② 参见陆宗达《〈说文〉简述》，载《陆宗达语言学论文集》，北京师范大学出版社1996年版。

对"文""字"的一些看法，无论对错都不能代表许慎的思想，也就是他们的观点属于"汉字学"范畴，而不属于"汉字学史"范畴。本文所论从解读许慎《说文解字·叙》原文入手，目的在还原许慎本人的思想，所以无论观点还是思路都与朱熹和陆先生不同。

参考文献

[1] 陈梦家：《殷墟卜辞综述》，中华书局1988年版。

[2] 陆宗达：《陆宗达语言学论文集》，北京师范大学出版社1996年版。

[3] 李运富：《汉字"独体""合体"论》，《中国文字学报》（第6辑），商务印书馆2015年版。

[4] 李运富：《汉字学新论》，北京师范大学出版社2012年版。

[5] 李运富：《〈说文解字〉"含形字"分析》，《民俗典籍文字研究》（第6辑），商务印书馆2009年版。

[6] 萧璋：《"形声相益，即谓之字"说》，《沈兼士先生诞生一百周年纪念论文集》，紫禁城出版社1990年版。

[7]（宋）黎靖德：《朱子语类》第八册，中华书局1986年版。

汉字研究

"汉字学三平面理论" 申论[①]

从 1996 年开始，我们在许多论著中流露或明确提到汉字的"三维属性"，并逐渐以此为基础形成"汉字学三平面理论"[②]；从 1997 级开始，我先后指导了 40 余篇（部）硕博士论文（含访问学者和博士后）对汉字学三个平面之一的汉字职用平面展开研究（见文末附录），并在 2005 年发表《汉字语用学论纲》正式提出建立"汉字职用学"[③]，2012 年出版《汉字学新论》[④]，初步用"三个平面"思想系统讨论汉字问题，从而构成以"汉字形态""汉字结构""汉字职用"为本体的三维汉字学新体系。十多年关于"汉字学三平面理论"的探索和实践，已经在学术界产生广泛影响，据不完全统计，专文评论、明确引述和实际运用了"汉字三平面理论"（主要是"汉字职用学"）的论著在 300 篇（部）以上[⑤]。但上述"汉字学三平面理论"除了在我们的论著中简单提及和实际操作外，主要是靠讲学的方式传播[⑥]，至今没有公开发表专题论文。那么现在，在有了十多年的研究实践后，在已经引起广泛关注和讨论的基础上，我们想用这篇文章对"汉字学三

[①] 本文为国家社会科学基金重大项目（13&ZD129）相关成果，原载《北京师范大学学报》（社会科学版）2016 年第 3 期。收入本集时附录略有增补。又《语言文字学》2016 年第 9 期全文转载，《中国社会科学文摘》2016 年第 10 期摘录万余字，《中国社会科学网》2016 年 11 月 14 日全文转载。

[②] 参见何余华《汉字"形构用"三平面研究的回顾与展望》，《语文研究》2016 年第 2 期。

[③] 李运富：《汉字语用学论纲》，《励耘学刊》（语言卷）2005 年第 1 辑。作者后来将"汉字语用学"改称为"汉字职用学"。

[④] 李运富《汉字学新论》，作为国家社会科学基金后期资助项目成果由北京师范大学出版社 2012 年 5 月出版，2014 年获北京市第十三届哲社优秀成果二等奖，2015 年获教育部第七届高等学校科学研究优秀成果（人文社会科学）三等奖。

[⑤] 相关评述文章有：陈灿：《"字用学"的构建与汉字学本体研究的"三个平面"——读李运富先生〈汉字汉语论稿〉》，《语文知识》2008 年第 4 期；张素凤：《内容丰富、观点新颖、学理与学史并重——李运富先生〈汉字汉语论稿〉述要》，《励耘学刊》（语言卷）总第 7 辑，学苑出版社 2008 年版；张道升：《李运富先生对汉字学理论的贡献》，《求索》2012 年第 9 期；郭敬燕：《汉字研究从"形音义"到"形意用"——读李运富〈汉字学新论〉》，《语文知识》2013 年第 4 期；赵家栋、殷艳冬：《浅议〈汉字学新论〉之新》，《中国文字研究》2016 年第 23 辑。其他论著恕不一一罗列。

[⑥] 除本校面向本科生和研究生的课堂讲授外，作为学术讲座先后讲过"汉字研究三平面"和"汉字职用学"专题的单位和会议有：日本东京大学（2002），日本"中国出土文献研究会"（2002），北京师范大学"中国传统语言文字学高级研讨班"（2004），安徽大学（2012）、陕西师范大学"汉语言文字学高级研讨班"（2013）、浙江财经大学（2013）、渤海大学（2014）、唐山师范学院（2014）、湖北大学（2015）、中国人民大学（2015）、成都大学（2015）、西南交通大学（2015）、中国传媒大学（2015）、浙江师范大学（2016）、暨南大学（2016）等。

平面理论"作一个延展式的论述，故取名"申论"。

一 "汉字三要素说"的理论缺陷

在我们提出汉字"三维属性"和"汉字学三平面"之前，汉字研究和汉字教学是以"汉字三要素说"作为基本理论支撑的。

所谓"汉字三要素"，是说每个汉字都由"形、音、义"三要素构成，是"三位一体"的，因此研究汉字也好，教学汉字也好，都必须把这三个要素搞清楚。这种说法源自《说文解字》以来的研究传统。段玉裁注《说文解字》体例说："凡文字有义、有形、有音，……凡篆一字，先训其义，……次释其形，……次释其音，……合三者以完一篆"①，因此研究汉字要"三者互相求"②。王筠也说："夫文字之奥，无过形音义三端。而古人之造字也，正名百物，以义为本，而音从之，于是乎有形。后人之识字也，由形以求其音，由音以考其义，而文之说备。"③ 这不仅成为传统公认的研究汉字的法则，甚至被当作识读汉字的检验标准，所以吴玉章说："认识一个汉字必须要知道它的形、声、义三个要素，三个中间缺少一个，就不能算做认识了这个字。"④

"汉字三要素"说从古代沿袭到现代，自然有它的实用价值，但理论上的缺陷也无法回避。

第一，它从通过字形解读文献语言的实用目的出发，把文字和语言捆绑成一体，混淆了文字与语言的区别。段玉裁说："圣人之制字，有义而后有音，有音而后有形；学者之考字，因形以得其音，因音以得其义。"⑤ 钱大昕也说："古人之意不传，而文则古今不异，因文字而得古音，因古音而得古训，此一贯三之道。"⑥ 这种由文字之"形"，探求语言之"音"，以获得文献之"义"的层级思路，其"形音义"本来是不在同一平面的，而客观上却形成了"体制学"（形）、"音韵学"（音）、"训诂学"（义）三足鼎立且同属于"文字学"的传统学术格局。所以宋人晁公武说："文字之学凡有三：其一体制，谓点画有衡（横）纵曲直之殊；其二训诂，谓称谓有古今雅俗之异；其三音韵，谓呼吸有清浊高下之不同。论体制之书，《说文》之类是也；论训诂之类，《尔雅》《方言》之类是也；论音韵之书，沈约《四声谱》及西域反切之学是也。三者虽各一家，其实皆小学之类。"⑦ 章太炎说："文字之学，宜该形音义三者。"⑧ 齐佩瑢说："自三代以来，文字的变

---

① （清）段玉裁：《说文解字注·一部》，"元"字注，上海古籍出版社 1981 年版，第 1 页。
② （清）段玉裁：《广雅疏证·序》，见王念孙《广雅疏证》，江苏古籍出版社 1984 年版，第 2 页。
③ （清）王筠：《说文释例·自序》，中华书局 1987 年版，第 2 页。
④ 吴玉章：《新文字与新文化运动》，载《文字改革文集》，中国人民大学出版社 1978 年版，第 39 页。
⑤ （清）段玉裁：《广雅疏证·序》，见王念孙《广雅疏证》，江苏古籍出版社 1984 年版，第 2 页。
⑥ （清）钱大昕：《潜研堂文集》卷二十四《小学考·序》，上海古籍出版社 1989 年版，第 3 页。
⑦ （宋）晁公武：《郡斋读书志》卷一，见孙猛《郡斋读书志校正》，上海古籍出版社 1990 年版，第 145 页。
⑧ 章太炎：《国学讲演录》，华东师范大学出版社 1995 年版，第 5 页。

迁很大。论字形，则自契文、金文、古籀、篆文、隶书、正书、草书、行书。论字义，则自象形、指事、会意、转注、假借、形声，而历代训诂诸书。论字音，则自周秦古音、《切韵》《中原音韵》，而注音字母、各地方音。这种种的变迁，形音义三方面的演变，都应属于文字学研究的范围。"① 在民国时代的高校课程中，文字学就包括"中国文字学形篇"（容庚）、"中国文字学义篇"（容庚）、"文字学音篇"（钱玄同）和"文字学形义篇"（朱宗莱）等分支。可见"形音义三要素"说的结果，导致传统文字学与语言学不分，语言的声音和意义被直接纳入文字学范畴，这种包含了"形音义三要素"的文字学，实际上等于"语言文字学"。

把语言的"音、义"当作文字学的内容，显然不符合现代语言与文字属于不同符号系统的认识，据此难以构建起科学的汉字学理论体系，因为文字的"形"与语言的"音""义"根本不在同一层面，不具有鼎立或并列的逻辑关系。20世纪初文字学家开始意识到文字和语言的差别，就逐渐将"音韵、训诂"的研究内容从传统"文字学"中剥离出去，如顾实《中国文字学》（1926）、何仲英《文字学纲要》（1933）等所论的"文字学"即已排除音韵、训诂的内容，至唐兰《古文字学导论》（1935）、《中国文字学》（1949）则旗帜鲜明地提出"文字学本来就是字形学，不应该包括训诂和音韵。一个字的音和义虽然和字形有联系，但在本质上，它们是属于语言的。严格说起来，字义是语义的一部分，字音是语音的一部分，语义和语音是应该属于语言学的"②。

第二，现代的"形音义三要素说"造成个体汉字分析跟整体汉字学系统不一致。自唐兰以后，现代文字学已经把音韵学和训诂学的内容排除了，可汉字具有"形音义三要素"的学说继续沿袭，而且更明确更强化了，特别在汉字教学领域。但仔细分析，现代的所谓"汉字三要素"跟古人的"形音义互相求"其实不完全相同。在古人眼里，个体汉字的"形音义"三位一体，而分开来的学科关系也归结为一体：

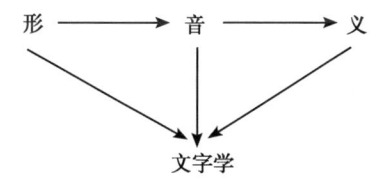

形 ⟶ 音 ⟶ 义
↘ ↓ ↙
文字学

图1 传统"形音义"三要素的学理关系

即"因形以得其音，因音以得其义"，形制学、音韵学、训诂学三者递联各自独立，而同属于文字学范畴。现代的"形""音""义"在学科上分属于文字学和语言学，其关系实为对立的两端：

文字学 ←形↔音、义→ 语言学

图2 现代"形音义"三要素的学理关系

---

① 齐佩瑢：《中国文字学概要》，国立华北编译馆1942年版，第17页。
② 唐兰：《中国文字学》，上海古籍出版社2005年版，第4—5页。

因而现代的"文字学"已经不包括独立的"音""义"因素，可在个体汉字的教学和解说上却仍然要分出"形、音、义"三个要素，这就势必造成个体汉字的分析和学术系统的不对应。

第三，就个体汉字而言，即使把它跟对应的语言单位捆绑为一体，也未必都能分析出"形、音、义"三个要素来，因为个体汉字跟语言单位的对应关系有三种：形↔音义（结合体）；形↔音；形↔义。这三种关系都是两两对立，根本不存在能够独立鼎足或并列的"三要素"。如果把跟"字"对应的"词"（音义结合体）强行分出"音""义"还勉强能凑合"三要素"的话，那"形↔音""形↔义"对应时就无论如何也分析不出"三要素"来。事实上"音"和"义"对于汉字来说并不是必不可少的，汉字有时可以只表音或者只表义。借用现成汉字音译外来词语是常见现象，也有造出来专表音不表义的汉字，如翻译佛经时在音近汉字上增加构件"口"造出专用新字"啵、嘿、咯、啼"等，或用两个汉字拼合成一个切音字，如"地、驰、馳、鞋"等①。这些汉字都是为记音专造，"义"不是它们所具有的元素。而像网络用字中的"囧""囝""槑""天"等虽然能表达一定意义，但使用之初并不记录语言中特定的音，实际上不具备"音"的元素。所谓"要素"应该是某个事物必须具有的实质或本质的组成部分，"音""义"既然可缺，就不是所有汉字必备的"要素"。所以梁东汉先生说："过去一般文字学家都把形、音、义看作'文字的三要素'，认为任何一个字都必须具备这三个要素，否则它就不是文字。这种'三要素论'是不科学的，它在某种条件下可以成立，但是当一个字只是代表词的一个音节时，这种说法就站不住脚了。"②

第四，在"形音义"三要素中，"形"是什么，一直没有明确的固定所指。从古代的研究实践看，"形"主要指"结构"，《说文解字》就是专门分析结构的，传统文字学如果排除音韵学和训诂学的话，实际上就是"结构学"。就现代而言，在专家眼里或学术层面，该"形"一般也是指结构，汉字研究基本上就在围绕"汉字结构"的分类和归类打圈圈，外形的书写则被划归书法学，汉字学著作和教材中的字体演变实为综合性的字料介绍，所以汉字的外形从来没有独立出来成为汉字学的研究对象。但在普通人眼里，特别在基础教育领域，"形音义"的"形"指的却是外形，掌握"形"就是指能够认识某个字形或者写出某个字形，至于这个字形的结构理据一般是不讲或不知道的。这样的"形音义"汉字等于"字典式"汉字，缺乏理据性和系统性，更没有汉字在使用中的动态表现。当然，更多的时候，所谓"形"是模糊的，可能指个体的外形，可能指整体的风格（字体），可能指结构理据，也可能指形体构架，还可能指甲骨文、金文等某种文字材料。概念不清，系统难成，模糊的"形音义三要素"说在一定程度上妨碍了汉字学的正常发展和有效应用。

---

① 郑贤章：《〈龙龛手镜〉研究》，湖南师范大学出版社2004年版，第63—77页。
② 梁东汉：《汉字的结构及其流变》，上海教育出版社1959年版，第3页。

二 "汉字三维属性"与"汉字学三个平面"

自唐兰以后，大家都认可应该把训诂学（义）、音韵学（音）的内容从文字学中剔除，但这样一来，文字学就只剩下"形"了，而且对"形"的理解模糊，结果现在的所谓"汉字学"大都内容单薄且重点不一，或以"六书"为核心，或以古文字考释为追求，或以当代规范为目标，有的加上字体演变，有的加上"古今字、通假字、异体字"等内容，这些内容着眼于文献解读，实际仍然属于训诂学。所以至今"汉字学"没有一个符合学理的独立而又完整的体系。

造成这种局面的原因不在于拿掉了"形音义"的"音、义"，而在于对"汉字"的本体属性缺乏正确的认识。剩下来的"形"当然是汉字的本体，但"形"的所指必须明确区分，不能再模糊游移，否则汉字学的立足点就不稳固，许多理论问题也说不清楚。不少学者已经意识到这个问题，主张汉字的"形"应该细分为字体和结构两个方面，如王力指出："关于字形，应该分为两方面来看：第一是字体的变迁；第二是字式的变迁。字体是文字的笔画姿态，字式是文字的结构方式，二者是不能混为一谈的。"① 王宁先生创建"汉字构形学"②，明确区分"异写字"和"异构字"，也体现了"形体"和"结构"不能混同的思想。但学者们把形体和结构区别开来，目的大都是为了"分类"，很少把"形体"和"结构"作为汉字的不同属性看待，因而也很少建立起不同的系统，或者只有结构方面的系统而没有相应的形体系统。

我们认为汉字的外部形态和内部结构不是同一系统中的类别问题，而是不同视角的认知问题，它们反映了汉字的不同属性，因而属于不同的学术系统。如果汉字学包含形体和结构两个互有联系而又各自分立的学术系统，那其内容自然就丰富多了。但这还不是汉字学的全部，汉字作为一种符号，必然有其表达职能，没有职能就不成其为符号，离开职能而空谈汉字的"形"，或把"形"又分为"形"和"构"，都不能算是完整的汉字学。

要讲汉字的职能，是不是又得把"音、义"请回来？当然不是！汉字与语言的"音义"确实密切相关，但从汉字本体出发研究的应该是"字"与"音义"的关系，而不是语言层面的"音""义"本身，更不是语音系统和词义系统。所谓"字"与"音义"的关系是双向的，甚至是多方交错的，包括某"字"可以记录哪些"音义"或"音""义"，某"音义"或某"音"某"义"可以用哪些"字"记录，这些在文献中客观存在的各种字词关系、字际关系和词际关系既反映了"字"的职能，也反映了"语言"的用字面貌，我们把它统称为汉字的"职用"。

汉字的"职用"还有超语符的，也就是可以不记录语言层面的音义，而直接通过汉字形体的离散变异、排序组合等手段实现表情达意的功能。如以笔画表超语符义（"丶丁上心禾"表｛一二三四五｝），以构件表超语符义（"吕"表｛口对口接吻｝），以外形

---

① 王力：《汉语史稿》，中华书局1958年版，第52—53页。
② 参见王宁《汉字构形学讲座》，上海教育出版社2002年版。

表超语符义（"大"形睡姿、"十"字路口），变化字形表超语符义（把"酒"字的三点水加粗放大表示酒里掺水太多）等。①

可见汉字的"职用"并不等于语言的"音义"。语言的"音义"不属于汉字要素，而记录"音义"的职能以及与"音义"无关的超语符职能，还有语言的用字现象等，都应该属于汉字的研究范畴，所以汉字"职用"也是汉字本体的属性之一。

这样一来，我们在理论上不赞成"汉字三要素"说，而重新从外形、结构和职用三个不同角度来认识汉字的属性，称为汉字的"三维属性"。图示如下：

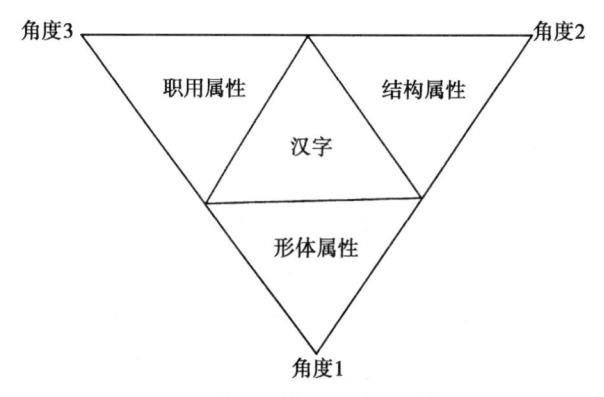

```
         角度3                            角度2
              职用属性       结构属性
                      汉字
                    形体属性

                      角度1
```

图3　汉字的"三维属性"

汉字在排除属于语言层面的语音和语义后，只有分别从形体、结构、职用三个角度进行独立考察，才能真正认清汉字的本体属性。我们把形体、结构、职用看作汉字的"本体"属性，跟汉字使用者对汉字的感知和理解是一致的。因为我们日常所说的"字"要么指外形，要么指结构，要么指功能，很少用抽象的"符号"意义。例如说"朵字跟朶字不同""这个字写得很漂亮"，其中加点的"字"就是指的外部形态。在这种情况下，外部形态不同就得算作不同的字。即凡线条、图素或笔画在数量、交接方式、位向或体式等方面具有差异的字样，也就是不能同比例重合的形体，都得算不同的字（形），如"户""戶""戸"算三个字。如果说"泪字是会意字""泪字跟淚字是不同的字"，其中加点的"字"则指内部结构。在这种情况下，只有内部结构不同的形体才算不同的字，写法或外形不同而结构相同的仍然算一个字，如上举的"朵""朶"算一个字，三个"户"形也算一个字，而"泪""淚"则算两个字。但有时我们也可以说"泪和淚是一个字""体可以分为两个字，一记愚笨义，一记身体义"，这时的"字"实际上指的是词，是就其记录功能而言的。可见"字"的含义所指实有三个，正好跟我们所说的"汉字三维属性"一致，因而"形体、结构、职用"这三维属性都是汉字的"本体"，而独立的"音""义"则不属于汉字。

既然汉字具有形体、结构、职用三个方面的本体属性，那么研究汉字也应该从这三个维度进行，针对汉字的不同属性分别描写汉字的形体系统、结构系统、职用系统，这样就会自然形成汉字研究的"三个学术平面"，从而产生汉字形体学、汉字结构学、汉字职用

---

① 李运富、何余华：《论汉字的超语符职能》（英文），《世界汉字通报》2015年（创刊号）。

学三门分支学科，正如我们在《汉字语用学论纲》中已经表述的那样：

> 正因为汉字的"字"具有不同的内涵和实质，从而决定了汉字学研究必然要区分不同的观察角度，形成不同的学术系统。根据上面所说的三种指称内涵，汉字的本体研究从学理上来说至少应该产生三种平面的"学"。即：
>
> （一）从外部形态入手，研究字样含义的"字"，主要指字样的书写规律和变异规律，包括书写单位、书写方法、书写风格、字体类型、字形变体等等，这可以形成汉字样态学，也可以叫作汉字形体学，简称为字样学或字形学。
>
> （二）从内部结构着眼，研究字构含义的"字"，主要指汉字的构形理据和构形规律，包括构形单位、构件类别、构形理据、组合模式以及各种构形属性的变化等等，这可以叫作汉字构形学或汉字结构学，简称为字构学。
>
> （三）从记录职能的角度，研究字用含义的"字"，主要指怎样用汉字来记录汉语，包括记录单位、记录方式、使用属性、字词对应关系、同功能字际关系等等，这可以叫作汉字语用学，简称为字用学。[①]

后来为了避免跟语言学中的"语用学"混同，也为了兼顾字符的职能和语符的用字两个方面，我们把"汉字语用学"改称"汉字职用学"，并且认为汉字职用学还应该包括汉字的超语符职能而不必限于"语用"。但"汉字职用学"仍可简称"字用学"。

汉字形体学、汉字结构学、汉字职用学这三个学术系统不是并列的，也不是层叠的，而是同一立体物的不同侧面，有些内容彼此关联，相互交叉。但交叉是指材料的归属而言，不是指理论系统而言。在理论上三个平面应该分立，具体问题应该放到相应平面讨论，而研究对象的统一和材料的多属共联，使它们形成三维的一体，分立而不分离。图示如下：

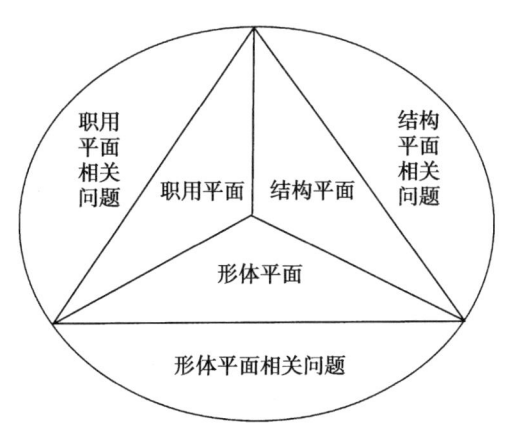

图4 汉字学的"三个平面"

[①] 李运富：《汉字语用学论纲》，载《励耘学刊》（语言卷）总第1辑，学苑出版社2005年版。

总之，从认识汉字本体的三维属性出发，分别研究汉字的形体、结构、职用，形成互有联系而各自独立的三个学术平面，从不同角度共同构建综合的立体式的汉字学新体系，这就是我们提出的"汉字三维属性"与"汉字学三个平面"。

三 "汉字职用学"是"三个平面"的重点

如果说把"形"区别为"形体"和"结构"建立汉字形体学分科和汉字结构学分科符合很多人的想法，并且已经有了较好的基础，那么提出并论证汉字职用学则是我们的贡献，也是"汉字学三个平面理论"得以形成的关键或标志，因为在此之前的汉字学没有把"职用"当作独立的系统看待，汉字学始终是以"形"（字体、结构）为核心的。

感谢王宁先生最先提出"汉字字用学"概念，并认为"汉字字用学，就是汉字学中探讨汉字使用职能变化规律的分科"[1]。我们秉承这一思想，发展完善有关理论，建立起系统的"汉字职用学"，并自觉把"汉字职用学"当作汉字学的本体，使之成为"汉字学的三个平面"之一[2]。现在我们进一步认为，"汉字职用学"不仅属于汉字学的本体，而且应该成为汉字学的研究重点。这不仅因为"汉字职用学"刚刚提出还不是很成熟，需要集中力量进行理论完善和职用现象的实际考察，而且可以从其他方面论证"职用"在汉字三平面中的重要地位。

第一，虽然形体、结构、职用都是汉字的本体属性，但它们的地位和价值并不完全等同。这牵涉到对事物本质属性的认识问题。属性指事物本身固有的不可缺少的性质。它是以现实性为依据的，即某个事物实有什么而不是该有什么。正如"人"除了自然属性外还有社会属性甚至心理属性，汉字的属性也是多方面的，所以把形体、结构、职用都看作汉字固有的本体属性这种做法没有问题。但对使用和研究汉字的人来说，哪种属性更重要些可能看法不一。以前的文字学重视形体、结构，有人甚至把结构上的属性看作汉字的本质属性。当多种属性属于不同角度时，要确定谁是本质谁是非本质其实很难，汉字的定性存在很多争议就是证明。但在不否定其他属性的前提下，论证谁更重要些还是可以做到的。如果说重要的就是本质的，那汉字的本质属性也是可以论证的，但不一定是结构。我们还是拿"人"的属性来比况吧。

马克思主义认为，"人有两种属性，一是人的自然属性，二是人的社会属性。人之所以为人，关键不在于人的自然性，而在于人的社会性。人的本质是一切社会关系的总和，人与动物的本质区别在于人的社会劳动，人与人的本质区别在于社会关系。"[3] 可见人的本质由两方面体现，一是人与动物的区别，二是人与人的区别。就人与动物的区别而言，人的本质在于社会劳动，这是整个人类与动物的根本不同；从人与人的区别来说，人的本质在于社会关系，由于人们所在的社会集团不同，所处的社会地位不同，因而人与人不

---

[1] 王宁：《〈说文解字〉与汉字学》，河南人民出版社 1994 年版，第 47 页。
[2] 李运富：《汉字语用学论纲》，载《励耘学刊》（语言卷）总第 1 辑，学苑出版社 2005 年版。
[3] 《马克思恩格斯选集》第 1 卷，人民出版社 1995 年版，第 56 页。

同，所以人的最根本的特性是人的社会性。自然属性是人存在的基础，但人之所以为人，不在于人的自然性，而在于人的社会性。

建筑物跟文字的类比可能更切近。建筑物的外形和结构都是本体属性，彼此也都有一定的区别特征，但不是根本性的，因为它们属于自然属性，除了设计者建造者，一般只在欣赏和寻找时才会注意这些。作为建筑物的使用者来说，大都更关注建筑物的功用，也就是建筑物的社会属性，所以学校的建筑物都是根据功用来命名和指称的：图书馆、体育馆、食堂、教学楼、办公楼、学生宿舍等，这是区别建筑物的实用性分类，也是本质性分类。

同样的道理，汉字的本质属性可能也不在自然的形体和结构方面，而在带有社会性的职用方面。因为形体本身有时很难跟别的符号（例如图画、标记）区别，只有创造符号的目的和实际功用才能将文字与非文字区别开来。在文字内部，不同的文字之间，主要的差异或特点不是形体和结构而是职用，例如汉字跟东巴文在形体和结构上有很多相同、相通的地方，但每个符号所表示的功能并不相同，所以它们是两种不同的文字符号。同种文字的不同字符之间，根本性的差异仍然不是自然性的外形或结构，而是反映造字目的和体现实际功能的职用，所以同样的字形可以根据职用差异区分为不同的字，形体不同的字样如果功能相同也可以归纳为同一个字。而且对具体"字"的命名和指称，一般也是选取功用的角度，如这个"人"字会说成"这个 rén 字"，而不说"这个一撇一捺字"。可见从学理上来说，形体的"字"、结构的"字"只是分析字料时对属性的指称，不是作为单个符号的"字"，只有带着实际功能的职用"字"，才有符号意义上的个体称谓。那么能够区别个体符号的职用当然应该是汉字的本质属性，或者说是相对更重要的属性。

第二，人们学习和研究汉字的目的主要不是为了写字和分析字，而是为了用字表达自己的思想和理解别人用字表达的思想。汉字作为一种符号，形体是其存在形式，职用才是它的价值体现，而结构只是联系"体"与"用"的"中介"。正如要认识一个人，重要的不是了解他的自然属性（肉体和组织结构），而是他的社会属性（身份及关系）；要使用某个建筑物，重要的不是熟悉它的外形和结构，而是它具有的主要功能。同理，学习和研究汉字重要的也是掌握其社会性的职用，而不宜把主要精力花在自然性的字形和结构上。在某种条件下（例如会打字），字形不会书写没有关系，结构理据不会分析也没有关系，但如果不知道某个字可以记哪些词，或者某个词应该用哪个字，那就根本不会用字。

第三，从学术史的研究实践看，虽然传统文字学理论上以"字体"演变和"结构"分析为主，没有明确把"职用"当作汉字的本体，但实际上汉字研究始终没有离开"职用"，甚至可以说，"职用"才是学者们真正关注的重点。如《说文解字》被看作研究"形制"的代表，而其主要目的在通过形体分析证明汉字的本用职能，同时用"古文以为某"的方式揭示文献中的借用现象，用"重文"体例归纳异字同用现象，用"一曰"体例反映同字异用现象，可见许慎的目光始终是盯着"用"的。历史上大量的字典辞书、传注笺疏、学术笔记、字词考证等，无不涉及汉字的使用，随处可以找到有关汉字使用现象和使用规律的论述，如"借字""通假字""古今字""正俗字""通用字""某行某废"等术语，其实都是从不同角度对用字现象的指称，郑玄、张揖、颜之推、颜师古、孔颖达、张守节、洪迈、王观国、王楙、顾炎武、王鸣盛、梁章钜、段玉裁、孙诒让、黄侃等学者，其实也都是研究字用的专家。所以古代虽然没有"汉字职用学"的系统理论，但却具有丰富的"汉字职用研究史"。只是这些研究事实和成果都被掩盖在训诂材料中，被当成了训诂学的内容。实际上训诂材料是综合性的，字用研究的内容完全可以从训诂材料中提取出来独立成"史"成"学"。

总之，尽管汉字学的三个平面是从三个不同角度看的，理论上处于同一层级，但实际上地位并不等同，如果要给它们的重要性排个序的话，应该是"形体〈结构〈职用"。看到这个表达式，我们会感到惊讶：原来我们的"汉字学"在理论上竟然把最重要的"职用"给忽略了！

四　"汉字学三平面理论"的意义和价值

"汉字学三平面理论"是从认识"汉字的三维属性"出发的。"三维属性"不是对传统"三要素"的简单分合，而是有着本质差异的两种学术思路。"三要素"的"三位一体"是虚假的，实际上"形"属文字系统，"音义"属语言系统，两者是分离的，语言系统的"音义"结合体也被分离为"音"和"义"，所以它们的关系是"形−（音−义）"，以此为依据建立起来的传统"文字学""音韵学""训诂学"属于不同的学科；现代的"文字学"只有"形"，没有"音""义"，而单个汉字仍强调"形、音、义"，结果单字要素的分析跟学科体系内容不对应。"三维属性"则是同一事物的不同方面，形体、结构、职用三者分立而不分离，所以它们的关系是"形+构+用"，以此为基础建立起来的"汉字形体学""汉字结构学""汉字职用学"都属于"汉字学"，是立足于汉字本体而形成的分立而不分离的三维学术体系。这种以"三维属性"为根基的"汉字学三平面理论"的提出，具有重要的理论意义和广泛的应用价值。

（一）理论意义

第一，"三平面理论"突破了以往跨学科的庞杂汉字学体系和虽属本体但片面薄弱的汉字学体系，既立足本体，又全面周到，从而完善了汉字学体系，丰富了汉字学内容。我们于 2012 年出版的专著《汉字学新论》正是从汉字的"三维属性"出发，以"形体、结构、职用"三个平面的汉字本体分析为纲，以"汉字属性、汉字起源、汉字关系、汉字文化、汉字整理"等相关问题为纬，尝试创建了立足"三个平面"多角度讨论问题的立体式研究思路和多维度知识体系。在这个体系中，形体、结构、职用都可以充分展开，形成分科小系统，从此再不用担心"汉字学不研究音义还有什么可研究的"这样的问题。

第二，"三平面理论"保证了单个汉字的属性分析跟学科体系的平面建设的一致性，并且主张把汉字的材料分析和各种具体问题的讨论分别放到相应平面的学术系统中进行，从而避免把不同平面的东西搅和到一个平面而引起的种种争议，大大提高了汉字学理论的解释力。例如"异体字"，有的认为只要形体不同就是异体字，有的强调只有结构不同的才算异体字，有的说用法交叉的不同词的字也是异体字，这些观点在同一系统中显然不能共存，于是争论不休。如果用"三平面理论"看待，在形体系统中，可以说功能相同而形体不同的字都是异体字；在结构系统中，可以说功能相同而结构不同的字才是异体字；在职用平面，音义交叉的同源字限定用法相同的义项时也可以说是异体字，它们在相应的平面都是可以成立的，而离开特定的平面系统就谁也不能说服谁，争论在所难免。① 关于汉字的性质也是如此，各种说法林林总总，长期聚讼纷纭，其原因乃在于片面地各执其是。如果从汉字的"形体、结构、功用"三个平面分别观察，则汉字性质问题完全可以统一认识：在形体方面，汉字属二维方块型；在结构方面，汉字以表意构件为主而兼用示音和记号构件；在功用方面，汉字主要记录音节（含语素音节和纯音节），也可超语符直接表意。只要角度明确，说汉字是"方块文字"可以，说汉字是"表意文字"可以，说汉字是"音节文字"也不算错，综合起来说"汉字是用表意构件兼及示音和记号构件组构单字以记录汉语语素和音节的平面方块型符号系统"也行，何必偏执一隅而是此非彼！②

第三，"三平面理论"摆脱了汉字必须记录汉语的认识，把只要具有形、构、用属性并且没有时空限制的表意符号都纳入汉字考察范围，较好地解决了史前文字与有史文字的联系，对汉字起源问题的解释更合情理。我们认为争论汉字起源，首先应界定"汉字"的内涵和"起源"的具体所指。汉字起源实际上包括"源出"（汉字形体的来源、创造者、创造方式等）、"源头"（汉字本体的出现时代和初期字类等）、"源流"（由初期汉字发展为功能完备的系统汉字的过程）。其中每一项"源"的认定都与汉字"三维属性"的分析有关。如"源出"的形体，我们不同意"汉字起源于图画"说，而支持"书画同源"，即书画都源自对客观事物的描摹，其早期的本质区别不在形体而在职用。就"源头"而言，我们认为具备"形、构、用"三维属性的字符早在距今八千年左右就已出现，最初可能产生的是职用度高的数字、名物字和标记字。"源流"是自源而流，主流体系的形成取决于结构方式的高效和职用的满足，因而"形声"构字（利用语言音义直接构造汉字）是形成能够完整记录语言的系统汉字的关键。③

第四，"三平面理论"中的"汉字职用学"开辟了汉字学新的研究方向，同时健全了汉字发展史研究的框架。汉字学研究长期忽略汉字的职用，讲汉字发展史一般也只讲形体的演变，很少有人讲汉字结构的演变，汉字职用的演变更是空白。我们认为，"汉字具有形（形体）、意（构意）、用（功能）三个要素，汉字的本体研究也相应地分为字形（外部形态）、字构（内部结构）、字用（记录职能）三个系统。汉字形、意、用的演变不可能全都同步进行，合在一起叙述有时是说不清楚的，所以关于汉字的演变研究最好也要分为字形的演变、字构的演变、字用的演变三个系统来进行"④。特别是汉字职用演变史应该是汉字发展史最重要的组成部分，离开汉字职用演变史的梳理就不成其为完整的汉字发展史。汉字职用演变史的梳理将打破传统汉字发展史研究的瓶颈，突破汉字发展史即字体演变史的误区，引起汉字发展史研究框架、论证思路的体系性变革，从而重构三维式的完

---

① 李运富：《关于"异体字"的几个问题》，《语言文字应用》2006年第1期。
② 李运富、张素凤：《汉字性质综论》，《北京师范大学学报》2006年第1期。
③ 李运富：《论"汉字起源"的具体所指》，载《民俗典籍文字研究》第3辑，商务印书馆2006年版。
④ 李运富：《汉字演变的研究应该分为三个系统》，《唐山师范学院学报》2009年第1期。

整的汉字发展史。张素凤《古汉字结构变化研究》（中华书局2008）、《汉字结构演变史》（上海古籍出版社2012），黄德宽等《古汉字发展论》（中华书局2014）已尝试从"形构用"三维视角考察汉字历史，验证了"三平面理论"对汉字发展史研究的必要性和可行性。

第五，"三平面理论"不仅完善了汉字学自身的体系建设，同时找到了所有文字共有的属性范畴，从而破解了不同文字间差异比较难题，为普通文字学和比较文字学作出了贡献。共有属性范畴的比较才是有效比较，通过有效比较才能显示特点。在"形音义"三要素下，汉字跟其他文字的比较点难以确定，因为"音义"每个字都不同，不同的文字之间无法比较，而原来的"形"内涵模糊，比较起来也游移不定，所以汉字的特点至今没有统一的表述。明确"三维属性"以后，就可以从外形、结构、职用三个维度分别比较，有效描述各自的异同和特点。例如汉字跟英文比，外形上汉字呈"平面方块型"，英文属"线型"；结构上汉字以"表意"构件为主，英文以"表音构件"为主；职用上汉字记录汉语的"音节"，字跟词（语素）不一一对应，英文记录英语的"词"，字跟词基本一致。按不同属性分别比较和描述，清晰明白。① 而且可以跟各种不同文字比，比较对象不同，特点的表述也可能不同，例如汉字跟韩文比，结构上汉字以表意为主而韩文基本是标音的，差异明显，但外形上都是平面方块型的，差异就没有跟英文的大。根据不同对象比较的结果而作出的不同描述，不代表汉字的特点或属性变了，正如张三跟李四比属于高个，跟王五比属于矮个，而他自己的身高并没有变化。这说明世界上的文字可能并不是"一分为二"式的简单类型，需要根据不同的属性分别比较而进行多维度分类。"三平面理论"可能成为世界文字科学分类的突破点。

（二）应用价值

汉字"三平面理论"，特别是其中的重要平面"汉字职用学"理论，被广泛运用于汉字本体研究之外的其他领域，涉及疑难字词考释、古籍整理、字书编纂、汉字教学、汉字规范及其他文字的研究等。

疑难字词考释。这是在传世文献和古文字材料中常见的训诂工作。但传统的"以形索义"往往限于本字本义，古文字考释往往迷信"以字证字"，即追求相当于后世的某个字。其实使用中的汉字训诂意义虽然单一，而要考证这单一的意义却牵涉所用字的各种属性及字词关系的众多成员，这就需要借鉴"汉字三平面理论"特别是"汉字职用学"理论，包括形体演变分析以确定字种，结构理据分析以确定本用，字符曾用状况的全面调查以提供该字可能具有的职能，然后才能根据语境的用字要求，在合理的字词关系和字际关系中确定该语境中该字符的实际职用。只有对"字"的各种属性及其跟语境的关系都作出合理解释，也就是"字用"和"用字"合理对接，形成严密的不存在断环和反证的"证据链"，才算靠得住的"完全考释"。现在的古文字考释有许多属于"不完全考释"，需要将"三平面汉字学"跟"训诂学"结合起来进行补证或重证。②

---

① 李运富：《汉字的特点与对外汉字教学》，《世界汉语教学》2015年第3期。
② 李运富：《论出土文本字词关系的考证和表述》，《古汉语研究》2005年第2期。

古籍整理。这主要属于文献学的范畴,"汉字三平面理论"的应用价值体现在两个方面,一是将古籍文本整理为当代文本时,有个文字转换问题。古籍整理的文字转换必须保证表达功能不变(讹误校勘除外),这是个刚性原则。但根据不同的整理目的,在功能不变的情况下用字可以不同,因此文字转换就可能出现三种情况:(1)形体对应转写,即按照线条笔画形状进行转写,转写的字形跟原字形基本相当,结构和字种都无变化;(2)结构对应转写,即忽略外部形态而按照原版字形的结构进行构件对应和同质组合转写,转写的字形跟原字形笔画数量和交接样态可以不同甚至差异很大,但结构属性相当,字位仍然同一;(3)功能对应转写,即不仅忽略字形,也忽略结构属性,而仅仅按照职用功能相当进行转写,转写的字跟原字可以是结构不同的异体字,甚至可以是不同的字种(如用本字替换通假字)。这三种转换正好跟汉字属性的三个平面对应。① 第二个方面的价值是利用汉字的属性考察判定文本的书写年代或校正文本的改字讹字现象。传世文献由于种种原因可能出现文字的失真,如果属于讹误引起了文意理解的障碍,通常可以用校勘法予以纠正,但如果是后人因为当代的用字习惯而有意无意地把某字改了且并不影响文意,那往往不会引人注意,从而掩盖文本失真现象。发现这类失真现象并恢复古籍的本来用字面貌,比较有效的办法就是考察字符的出现时代和职能演变情况,以及特定范围的用字习惯。② 对那些时代不明的文本,也可以考察其中的汉字属性,包括字形特征和用字习惯,然后放在历史演变的链条上,就有可能判断该文献的书写或刻版时代,但不一定能判断文献的著作时代。

字典的编纂修订。传统的大型字书基本上只提供"形音义三要素","形"还往往只有字头。现代的《汉语大字典》才开始罗列有代表性的各种古文字字形,同时转录《说文解字》等对结构作简单说明,主要内容则是众多的音义项。但这些音义项大都由历代字书累积而来,并未做全面彻底的文献测查和系统的字词关系整理,因而存在收字原则不明确、职用时代不清晰、字词关系和字际关系欠沟通等问题。例如收字的随意性大,没有对"字"的单位进行界定和归整,许多字头仅仅是另一字头的异写或讹变,甚至包含大量的古文字笔画转写字形,如果依此为准则,那字典的收字是无穷尽的。从汉字的"三维属性"看,字典不应该是形态平面的个体汇集,而应该是有结构差异的字位收录。字位的职用情况则应该表现为字典中音义项的有序排列和字头间的相互沟通,职用的时代清晰和项别齐全是衡量大型字典质量高低的标准,但符合这些标准的字典目前还没有出现。汉字职用学要求对个体字位历时记录过的词项、个体词位历时使用过的字形进行穷尽性分析与研究,这种通史性的全面测查可以帮助字书编纂逐步达到完善的程度,避免该收未收或不该收却误收的现象。而且,随着单字职用、单词用字、汉字职用断代描写的成果不断涌现,也可以编纂一些新型工具书,如"汉语单音词用字汇纂""汉字职用断代语料库"等。③

---

① 李运富:《论古籍电子化的保真原则和整理原则》,《古籍整理研究学刊》2000年第1期。
② 裘锡圭:《简帛古籍的用字方法是校读传世先秦秦汉古籍的重要根据》,《中国出土古文献十讲》,复旦大学出版社2004年版;李运富、李娟:《传世文献中的改字及其考证》,《文献语言学》第2辑,中华书局2016年版。
③ 徐加美的《现代汉语字典中的字用学概念和研究内容》(《语文学刊》2011年第18期)一文与此节内容相关,可以参阅。

汉字教学与规范。汉字教学，包括对外汉字教学，一直受到"形音义三要素"束缚，形成"字典式"的教学模式，机械呆板，缺乏动态感和系统性，而且在字形书写和结构类型上过度规范，如笔顺规范和独体合体规范等，对与学习汉字根本目的直接相关的"职用"却不重视，结果教学效果自然不佳。我们认为，在汉字教学中过度强调形体规范，连一笔一画的书写顺序都要固定，其实并没有多大意义，因为对汉字职用的认知是不考虑书写顺序的，事实上人们使用汉字时也很少严格按照"书写规范"写字，而且现代的信息技术可以使全字一次性呈现，根本没有书写过程，所以形体上只要能够区别为不同的字就行。至于结构理据分析，相对比较重要一些，但实际上也是为掌握职用服务的，目的在说明形体与职用的关系，对一般使用者而言，不知道结构理据也不是什么大问题，而且结构理据如何分析很多时候是由职用决定的。如此看来，汉字教学的重点应该在职用，结合语言来说，就是要重视字符与语符的对应关系。人们总以为汉字的难教难学是由于汉字字数多、笔画多，因而把主要精力花在写字、认字上，其实这是把汉字跟外文的"字母"比较产生的误区。例如汉字相对于英文而言，主要难点应该在职用，因为英文在职用上是表词文字（分词连写的一串"字母"相当于汉语的一个"字"），字词严格对应，字符与语符的掌握是同步的，所以容易；而汉字在职用上是音节文字，字跟词不一一对应，同字异词、同词异字的现象普遍存在，所以认识再多的字，如果不掌握字词的对应关系，照样读不懂文章。当然，汉字教学注重职用，并不是就可以忽视字形和结构，事实上这三个方面是相互为用的，掌握字形属性的各种区别要素，可以有效识别不同的形体；分析结构属性的理据关系，可以了解字符的构造意图和文化背景；沟通字词的不同对应关系，可以减少使用汉字的错误和提高解读文章的能力。①

其他文字研究。前面说过，所有文字符号都具有形体、结构、职用三维属性，因此我们的"三平面理论"也可以用来研究其他文字。王耀芳曾运用"汉字三平面理论"探讨东巴文的整理与研究，取得理想成果②。那么，西夏文、藏文、蒙古文、彝文、壮文、江永女书等境内少数民族文字，甚至韩文、日文、泰文等境外文字，运用"三维属性"和"三平面理论"去研究也应该是可行的，希望有人尝试。

【附录】李运富指导的与汉字职用相关的论文：
1. 赵菁华：《郭店楚简〈老子〉与马王堆帛书〈老子〉用字比较研究》（1997级硕）
2. 肖晓晖：《秦楚玺印文字比较研究》（1997级硕）
3. 刘畅：《〈包山楚简〉字用研究》（1998级硕）
4. 叶峻荣：《定州简本〈论语〉与传世本〈论语〉异文研究》（1998级硕）

---

① 李运富：《汉字的特点与对外汉字教学》，《世界汉语教学》2015年第3期。运用"三平面"理论讨论汉字教学问题的文章还有：张素凤、郑艳玲：《汉字学理论在识字教学中的应用》，《唐山师范学院学报》2010年第3期；张秋娥：《汉语国际教育中的汉字教育散论》，［韩］《汉字汉文教育》第30辑，2013年1月；张喆：《基于"汉字三平面"理论的对外汉字教学》，载《理念与追求：汉语国际教育实践探索集》，中国社会科学出版社2015年版。

② 王耀芳：《东巴经〈超度死者·献肉汤〉（下卷）字释选释及文字研究》，硕士学位论文，西南大学，2014年；又见王耀芳：《汉字字用学理论对东巴文研究的适用性探究》，载《学行堂语言文字论丛》第4辑，四川大学出版社2014年版。

5. 张晓明：《〈说文〉重文研究》（1998级硕）
6. 李玉平：《郑玄〈周礼注〉对字际关系的沟通》（2000级硕）
7. 王旭燕：《〈说文〉部首字中头部字的历时职能考察》（2000级硕）
8. 赵莲峰：《现代政区地名用字状况考察》（2001级硕）
9. 温敏：《现代常用汉字职能测查》（2001级硕）
10. 韩琳：《黄侃手批〈说文解字〉字词关系研究》（2002级博）
11. 王丽：《郭店楚墓竹简异体字研究》（2003级硕）
12. 李京勋（韩）：《〈论语〉异文研究》（2003级博）
13. 刘琳：《段注"古今字"研究》（2004级博）
14. 苏天运：《张揖〈古今字〉研究》（2006级硕）
15. 喻英贤：《〈论语〉字用研究》（2006级硕）
16. 关玲：《颜师古〈汉书注〉古今字研究》（2006级硕）
17. 李秀林：《内蒙古公共场所社会用字调查研究》（2006级硕）
18. 曹云雷：《王观国〈学林〉字用学思想研究》（2007级硕）
19. 于笑妍：《宋代碑刻新见字研究》（2007级硕）
20. 张长弘：《宋代碑刻楷书异体字研究》（2007级硕）
21. 蒋志远：《王筠"古今字"研究》（2008级硕）
22. 刘姗姗：《〈集韵〉"古文"研究》（2008级硕）
23. 朱莉：《〈广韵〉异体字研究》（2010级硕）
24. 姜雯洁：《"取"字职用研究》（2011级硕）
25. 时玲玲：《"内"字职用及相关字词研究》（2011级硕）
26. 蒋志远：《唐以前"古今字"学术史研究》（2011级博）
27. 雷励：《〈集韵〉异体字研究》（2011年博士后）
28. 张道升：《〈五侯鲭字海〉研究》（2011年博士后）
29. 张喆：《〈易经〉出土本及今本用字研究》（2012级博）
30. 李娟：《景祐本〈史记〉〈汉书〉用字异文研究》（2012级博）
31. 何余华：《汉语常用量词用字研究》（2012级硕）
32. 武媛媛：《数词{三}的用字演变研究》（2012级硕）
33. 吴国升：《春秋出土文献用字研究》（2012年访学）
34. 张青松：《〈辞源〉字际关系用语研究》（2012年访学）
35. 钟韵：《清代"古今字"学术史研究》（2013级博）
36. 韦良玉：《太平天国文献特殊用字研究》（2013级硕）
37. 刘琼：《民国〈申报〉异形同用字研究——论民国用字特点和原因》（2013级硕）
38. 徐多懿：《〈清华简·系年〉用字研究》（2014级硕）
39. 朱赛：《〈孙子兵法〉简本与传世本用字比较研究》（2014级硕）
40. 殷宏雁：《〈红楼梦〉结构助词"de"的用字调查》（2014年访学）
41. 黄甜甜：《从文献用字看历代字书中的"古文"》（2014年博士后）

论汉字职用的考察与描写

汉字职用学是汉字学新体系的三个平面之一[②]，它要以全面考察汉字的"职能"演变和汉字的"使用"现象为基础来建立。汉字的"职能"是指汉字本身所具有的表示各种信息和情感的能力，如汉字可以通过构造理据表达相关的事物或记录语言的某个单位，也可以通过外形来显示某些信息和意图。汉字的"使用"是指用字者根据表达需要把汉字当作符号来加以利用的行为，有的使用跟汉字的构造目的一致，是为"本用"；有的使用不能直接体现汉字的构意但跟构意相关，是为"兼用"；有的使用不是从汉字构造出发，而是利用汉字已有的音义功能来表达另一同音（以声托事）或同义（同义换读）的对象，是为"借用"；如果仅仅利用汉字的外形或全字中的部分形体表示某些特定含义，则为"偏用"。"偏用"往往是超语符的，不跟语符单位的具体音义对应。

汉字的"职能"和"使用"是从不同的主体来表述的，实际上它们既有联系又有区别，有的职能是构造汉字时赋予的，有的职能是在使用中产生的。我们在不加区别的时候统称为"职用"。汉字的职用情况很复杂，考察与描写需要真实有效的材料、关系清晰的术语、合适可行的视角和丰富实用的内容。

一　汉字职用的考察材料

要考察汉字的职用，材料必须真实有效。我们看到的汉字材料大致有三种类型：一是文献文本中的使用文字；二是字典辞书中的贮存文字；三是艺术作品中的艺术文字。考察职用的主要材料当然是第一种。第二种虽然收集排列了个体字符的某些职用项别，但它属于第二手材料，可能存在集项不全、来源不明、解释不准、字形讹变、书证错误等问题，因此应该谨慎利用，最好有文献实例用来验证。第三种也能体现汉字的某种职用，如艺术欣赏价值和偏用修辞效果等，但属于特殊领域，范围有限，不是汉字职用学考察的主要对象。所以下面主要讲文献文本中的文字材料。

文献是比较笼统的说法，具体呈现则是一个个文本。文本可以从文字形成的角度分为

---

① 本文为国家社会科学基金重大项目"古今字资料库建设及相关专题研究"（13&ZD129）相关成果，原载《上海师范大学学报》（哲学社会科学版）2017年第1期。又《高等学校文科学术文摘》2017年第2期转摘，题为《建构汉字职用学：汉字职用的考察与描写》。

② 参见李运富《"汉字学三平面理论"申论》，《北京师范大学学报》2016年第3期。

手写本和铸刻本等,也可以从载体的角度分为甲骨本、简本、帛本、石碑本、纸本等,还可以从时代的角度分为唐写本、宋刊本等。广义地说,文字的所有载体形式都可以称为文本,包括青铜器、玺印、砖瓦等。称文献的时候,着重于内容,提供的是语料;称文本的时候,着重于文字,提供的是字料。字料跟语料不同,语料反映的是话语,只要话语的结构和意义不变,用字可以不同;字料反映的是文字现象,要求记录语言的文字保持原形原貌。① 现在研究语言的历史,有许多的语料库可供利用;而研究汉字的使用历史,却缺乏保持了原形原貌的字料库。有的所谓"字料库"只是单字形体的集合,脱离了使用环境,那也是不能用来考察职用的。所以我们考察文字职用情况,目前条件下只能利用书写时代明确的文本。

关于文献材料,太田辰夫《中国语历史文法·跋》中有"同时资料"和"后时资料"的说法:

> 所谓"同时资料",指的是某种资料的内容和它的外形(即文字)是同一时期产生的。……不过即使不是这样严格地考虑,粗略地说,比如宋人著作的宋刊本,姑且看作同时资料也可以。语言的大变动大约是和朝代的更迭一起产生的,因此,可以认为,如果是同一朝代之内,某种资料外形即使比内容产生得晚,两者的差距也不会太大的。
>
> 所谓"后时资料",基本上是指外形比内容产生得晚的那些资料,即经过转写转刊的资料,但根据对同时资料的不严格的规定,后时资料的内容和外形间有无朝代的差异就很重要。比如唐人集子宋刊本就是后时资料。中国的资料几乎大部分是后时资料,它们尤其成为语言研究的障碍。②

太田先生是就语言研究而言的,注重的是文献内容的时代性和真实性,利用"后时资料"的目的仍然在研究文献内容所代表的时代的语言现象,而不是文献形式(文字)产生时代的语言现象。但就文字研究而言,文献内容的时代性并不很重要,文字书写使用的时代才是最重要的。只要文献的文字形式形成的时代明确,无论是"同时资料"还是"后时资料",都可以用来研究文字形成时代的职用现象,即利用"同时资料"可以研究文献内容形成时代(当然也是文字形式形成时代)的用字现象,而利用"后时资料"也可以研究"后时"(文本形成时代)的用字现象。因为研究汉字职用主要看字符跟语符的对应关系,而不是字符跟文章的关系,所以不受文献内容的局限。比如《老子》这部文献,假设其成书在战国时期(其实可能在春秋末),那郭店楚简中的简本《老子》可以看作"同时文献",根据郭店简本可以研究战国时期的语言现象和用字现象;后来又有西汉马王堆帛书本《老子》,当然属于"后时资料",它不能据以研究西汉的语言现象,却可以用来研究西汉的用字现象;同理,现代的简化字版本《老子》当然不代表现代的语言,但也可以用来研究现代的用字。因此对汉字职用研究来说,文献内容的时代性虽然可能对

---

① 李国英、周晓文:《字料库建设的必要性与可行性》,《北京师范大学学报》2009年第5期。
② [日]太田辰夫:《中国语历史文法》,蒋绍愚、徐昌华译,北京大学出版社2003年版,第374—375页。

后时文献的用字产生影响，但考察文献内容的语言现象跟考察文字的使用现象并不是一回事，要区别对待。考察文字的职用当以文字的书写使用时代为准，而不以文献内容的形成时代为据。事实上，即使"同时资料"对"后时资料"产生影响，一般也是指文本用字上的影响，而不是文献内容的影响。

如此说来，汉字职用研究在材料上主要关注文本。通过原始文本和后出文本（抄本、翻刻本和重排本等）及其相互关系，来研究不同个体文本、不同时代文本、不同地域文本的文字职用情况及其演变关系。所以考察和研究汉字职用应该具有版本学知识。

如果某种文献只有后出文本流传，而我们却希望研究该文献产生时原始文本的用字面貌，并考证流传文本和后出文本中的改字现象，那最有效的材料不是该文献的内容，也不是该文献的后出文本，而是跟该文献产生同时代的其他文献的同时文本。例如西汉形成的文献《史记》已经见不到"原始文本"，那如果要考察《史记》原文的用字情况，就应该借助西汉时期形成的各种文本，如西汉的简帛文本、碑刻文本、青铜文本、玺印文本等，这些文本可以是"同时资料"（文献内容是西汉产生的），也可以是"后时资料"（文献内容是秦代以前的），只要文本的书写时代是西汉（如先秦文献的西汉抄本等），就是有效的。我们可以通过这些材料考证西汉时代的已有字符和用字习惯，从而判断《史记》后时文本中不合西汉文字情况的用字，以求尽量恢复《史记》原本的用字面貌。当然，《史记》的后时资料，以及跟《史记》文献同时的其他文献的后时资料并非毫无用处，通过后时资料中用字现象的大数据统计，也可以发现原文献时代的用字习惯，从而帮助判断原文献的用字真伪。

在考证文献的原始文本用字和后出文本改字情况时，古代的某些文献注释材料也是可以利用的。因为原文献的用字一经注释家选为注释对象而出注，就相当于加了一层保鲜膜，通常能体现用字的原貌。例如今本《史记》："岂学此啬夫谍谍利口捷给哉。"我们判断其中的"谍谍"原本应该是"喋喋"，根据就主要是古人的注释。因为南朝刘宋时的裴骃在给《史记》作集解时引用了晋朝晋灼《汉书音义》中的"喋，音牒"，说明他所见到的《史记》文本用字是"喋"而非现在所见的"谍"，否则他不会引用晋灼的这条注音。而到唐代司马贞作《史记索隐》时早已改成了"谍"字，因为司马贞的注释说："《汉书》作'喋喋'。喋喋，多言也。"这说明司马贞见到的《史记》文本已经是改用"谍"字了，否则他没有必要拿《汉书》作异文出注。①

二 汉字职用描写的用语

时代明确的文本字样是考察汉字职用的基础材料，从基础材料中归纳离析出字符单位和语符单位，并建立相关的一套术语，实际的职用情况才能清晰地描写出来。

---

① 参见李运富、李娟《传世文献的改字及其考证》，载《文献语言学》第 2 辑，中华书局 2016 年版。

(一) 字符单位

作为符号使用的文字叫作"字符",这是个泛称,其中包括"字样""字位""字种"等不同的指称单位。"字样"是文本中自然呈现的一个个独立的形体,将构形属性相同的字样归并到一起,就形成字符的基本单位"字位"。如果字样之间具有构形属性的差异(包括构件类型、构件数量、构件分布、构件功能、构件关系、构件变异等),就区分为不同的字位。如"世""丗""卋"虽然外形不同,但构形属性相同,应该归纳为同一个字位;而"世"与"也"构形属性不同,就应该区别为两个字位。同一个字位内部具有不同形体时,可以根据某种原则任选其一作为这个字位的"基形",其余则称为这个字位的"变形"。如"世"作为基形的话,则"丗""卋"可称变形。不同的字位如果构形指向的表达功能基本相同,就可能形成更大的字符单位,即"字种"。一个字种可以有多个字位,也可以只有一个字位。如"衣"作为字种,从古到今虽然有许多变形,但基本上都属于一个字位;而"裤"这个字种,则有"裤""绔""袴"等多个字位。同一个字种具有多个字位时,多个字位之间可以互称"异构字",也可以根据某种原则任选其一作为这个字种的"代表字",其余则称为这个代表字的"异构字"。如"裤""绔""袴"是一组异构字,而假定"裤"为代表字的话,则"绔""袴"为"裤"的异构字。

(二) 语符单位

文本的表面是字符,而字符的背后是语符。语符的基本单位有"词音""词项""词位"和"词族"。"词音"是某个词中的特定音节(不等于泛音节),词音带有某项意义时就成为"词项",意义上具有关联的若干词项构成"词位",源自同一词位而发生音变或形变的亲缘词位形成"词族"。如"斯大林"的 {斯0} ({ } 表示语符单位,0 表示无义)是特定词里一个没有意义的音节;《诗·陈风·墓门》"墓门有棘,斧以斯之"的 {斯1} 是表示劈砍义的词项;而词项 {斯1}(劈砍)、{斯2}(分散)、{斯3}(离开)(1、2、3 表示不同义项)等属于同一词位 {斯};由词位 {斯} 派生出 {撕} {嘶} {澌} 等新词位,则形成一个词族 {斯+}(+表示派生)。词族不是汉字职用考察的直接对象,只用来说明词位关系。通常讲的某"词"在没有区分需要的情况下既可以指词项,也可以指词位,但不能指称词族和词音。

(三) 字符与语符的关系

文本的字符记录着承载内容的语符。如果某字符是为某语符专门构造的(形体与语符的音义密切相关),那该字符就是该语符的"本字",该语符就是该字符的"本词",用本字(包括变形和异构)记录本词(同一词位中跟字符形体密切相关的词项)的用法称为"本用"。用本词的本字记录同一词位的其他相关词项以及分化为不同词位的派生词项的用法叫"兼用",用甲词的本字去记录没有意义关联而音同或音近的乙词的用法叫"借用",甲词的本字相对于乙词而言叫作"借字"。

如果以"字位"作基本字符单位,以"词音"和"词项"作基本语符单位。那字符与语符可能构成如下关系:

```
                        字符之间关系
                    字₁    字₂    字₃
                                       字符与语符的关系

               语₃    语₂    语₁
              语符之间的关系
```

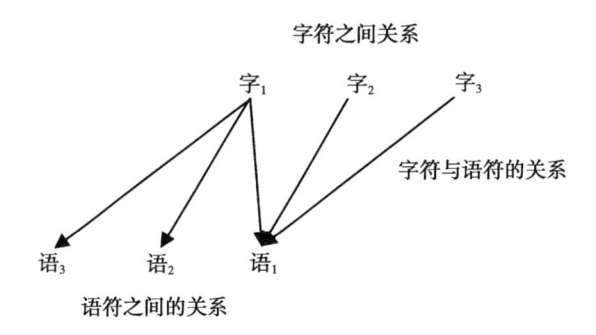

当一个字符对应一个语符时，那可能是"1字位（1字种）—1词音"，如"喫—{喫0}"；也可能是"1字位（1字种）——1词项（词位）"，如"郑—{郑}（地名）"。如果考察的文本材料充足，这种单一对应的情况其实是很少的。

当多个字符对应一个语符（词音或词项）时，那多个字符之间的关系可能是：

本用—本用。即记录同一语符的字都是这个语符的本字，包括"异构字"和"源本字—分化本字""古本字—重造本字"。"古本字"和"重造本字"也是异构关系，只是具有明显的时间先后和字形孳乳关系，如"云、雲—{云彩}""戉、钺—{钺斧}""莫、暮—{暮晚}"等。

本用—借用。即记录同一语符的几个字位，有的是这个语符的本字，有的是这个语符的借字。包括"本字—通假字"和"假借字—后起本字"。前者如"伸、信—{伸展}"，后者如"采、彩—{彩色}"。

借用—借用。即记录同一语符的字都是这个语符的借字。包括"假借字—假借字"和"通假字—通假字"。前者如"女、汝—{汝}（你）"，"斯、史—{斯0}（斯坦福）"；后者如"裁、财、纔—{才}"。

当一个字符对应多个语符（词音或词项）时，那多个语符之间的关系可能有：

无意义关系的同音（音近）语符（词音或词项），如"史—{历史}{史丹福}""信—{信任}{伸展}"。

有引申关系的同位语符（词位），如"节—{竹节}{关节}{节气}{节操}{节制}{节约}{调节}"。

音义皆有关系的同源语符（词族），如"斯—{撕}{嘶}{澌}{廝}"等。

采用上述名称术语及关系类型，庶几能将文本中实际存在的字符和语符的各种复杂现象描写清楚。[①]

三　汉字职用的考察视角与基本内容

汉字数以万计，汉字的使用历史悠久，异时异地变化多端，要一下子呈现所有汉字的

[①] 参见李运富《论汉字的字际关系》，载《语言》第3卷，首都师范大学出版社2002年版；《论汉字的记录职能》（上）（下），《徐州师范大学学报》2003年第1期、第2期。

职用情况是不可能的。有效的办法是化整为零，从个体、类别、局部入手，积累材料，汇聚现象，总结规律，比较异同，最后才能获得汉字使用的总体面貌和贯通历史。就个体的考察而言，大致有两个角度：一是从字位出发，考察某个字位自产生以后记录职能和表达使用的变化情况；二是从词位出发，考察某个词位产生以后人们使用过哪些字来记录它。以这两个视角的个体考察为基础，就可以将所有文本材料根据需要按人、按时、按地、按题材等分类进行局部考察和描写。

（一）字符的职能考察

我们以字位作为字符职能的基本考察单位。一个字位的产生，必然具有某种表达职能。在记录语言的前提下，初生的字位只跟某个语符单位对应，或是某个音节，或是某个词位。如果某个词位具有多个词项，那初生的字位通常只跟其中的一个词项（偶尔也有两个词项的）对应。考证初生字位对应的语符单位（跟形体密切相关的词项），就是考证字位的本用，这是字符职能考察的起点，是非常重要也很不容易的一项工作。字符本用的考证要以字形的构意分析和文本的实际职能为依据。

确定字符的本用职能以后，得考察该字符的职能变化情况。一个字符永远只对应一个语符（音节或词项）的情况是极少的，绝大多数字符的职能都会在使用过程中发生变化。变化的情况通常有三种，一是职能增多（扩展），二是职能减少（简缩），三是时增时减反复交错。这是就特定的某个字符而言。如果涉及两个以上的相关字符，则还有职能转移和职能兼并的情况。①

职能增多的途径不外乎兼用和借用。一个字符本用时通常只对应一个语符单位，但语符单位是不封闭的，随时都在滋生变化，而字符不可能毫无节制地新生，所以利用已有的字符扩展其职用就成为解决字符记录语符矛盾的有效手段。当字符突破本用局限，兼用记录引申词项及派生词位，或借用记录同音词位时，该字符的实用职能就增多了。

字符职能的不断增多，可能影响文本表达的清晰度，于是字符职能在增加的前提下也有减少的情况。除了被记语符单位的自然死亡外，减少特定字符职能的手段主要是把某项职能分工或转移给别的字符承担，如同字种的不同字位各自分担某种职能，改变原字形产生新字位或重新另造字位分担原字符的某项或某几项职能，从而使原字符的记录职能得以减少。

字符职能的增减往往涉及别的字符。例如一个字符增加了某项职能，那这项增加的职能所对应的语符单位是新产生的，还是原来就有的？如果是原来就有的，那原来是由哪个字符记录的，原来的这个字符跟换用的现在的字符是什么关系？为什么要换用？如果是新产生的，那它跟这个字符原来记录的语符之间是什么关系？为什么还可以用这个字符记录而不产生新的字符？又如一个字符减少了某项职能，那这项减少的职能是因为所记录的语符死亡了，还是把职能转移给别的字符了？如果是转移给了别的字符，那这别的字符跟原字符是什么关系，别的字符接受转移来的新职能后，原职能有无变化，是否引起连锁反应（互换职能或多位传递）？凡此种种，在进行字符职能考察时都是应该详细描写和逐项解释的。

---

① 参见李运富《论汉字职能的变化》，《古汉语研究》2001 年第 4 期。

最后，我们希望能用一个总表直观地全面反映每个被考察字符的职能演变情况。

"两"字职用情况一览表

用字 (相关字)	记录 词项	义值	词项关系	使用 属性	字际关系	殷商	西周早	西周中	西周晚	战国	秦汉	魏晋南北朝	唐宋	元明	清	现代
两	{两1}	马二匹	本词	本用		+	+									
两	{两2}	车一辆	由1引申 (派生)	兼用	源本字		+	+	+	+	+					
(辆)				本用	分化本字								+	+	+	+
两	{两3}	军队编制单位	由2引申	兼用			+	+	+							
两	{两4}	数词二	由1引申	兼用					+	+	+	+	+	+	+
……																

注：表中的"+"号表示该时代使用了该字，加粗则表示为主用功能。

（二）语符的用字考察

语符的考察单位可以是"词音"，也可以是"词（词项或词位）"。如"斯大林"的{斯}用过哪些字，"葡萄"的{葡}用过哪些字，属于词音用字的考察；"吃饭"的{吃}用过哪些字，"饮食"的{饮}用过哪些字，属于词项或词位用字的考察。

语符用字考察的第一步是确定词或词音的产生时代及最初用字。最初用字可能是这个语符的专造本字，也可能是原有字的借用（借字）。

一个语符单位从产生开始，一直使用同一个字符的情况很少，往往先后使用过多个字符。在确定语符的最初用字后，还需要把该语符在历史上用过的所有字符都考辨出来。进而分析每个字的来源和彼此之间的属性关系，说明为什么同一个语符可以用不同的字符来记录，解释每次历时替换用字的原因。如果同一语符共时使用了不同字符，也得说明这不同字符之间的关系。除了说明历时用字和共时用字的各种关系，还得测查不同字符的历时分布和共时分布情况，用数据频率反映哪个字是主用字、哪个字是陪用字、哪个字是偶用字等。不同的字符记录同一个语符，表达功能是不是完全相等，有没有选择用字的主观心理和特殊用意，这些也是需要注意考察的。例如所谓"异体字"通常认为"任何时候都可以互换"，但理论上讲，如果异体字的使用功能真的完全相同，就没有同时存在的价值。可历史上所谓"异体字"却是大量的长期共时存在着，而且许多异体字是明知有别的字而特意另造出来的，这些"异体字"在古代文献中能否被统一规范，古籍整理时全部替换为当代通行字，这样做也许会丢失古人选择用字时的某些语用信息。其实"异体字"的价值在"同用"而不在"异体"，书面上的"异体字"相当于语言中的"同义词"，同义词可供选用，异体字也是可供选用的。之所以要选，就说明同中有异。那么考察同一语符的不同用字，留意不同用字的功能之异就是理所应当的。

最后，我们也希望能用一个图表直观地展现某个语符单位的全部用字情况。

数词｛三｝的用字情况

所用字位	字位变体	字形分析	使用属性	字际关系	使用时代											
					殷商	西周	春秋战国	秦汉	魏晋南北朝	隋唐	五代十国	宋辽金	元	明	清	民国
1 三		从三一	本用	本字	+	+	+	+	+	+	+	+	+	+	+	+
2 参	叁	象参宿三星形，彡声	借用	1—2 本字借字		+	+	+	+							
3 品	晶	截取参字上部象征三数	本用	1—3 异构本字 2—3 借字本字				+								
4 叁	叄	改造专用字。三表义，"参"省声	本用	1—4 异构本字 2—4 借字本字 3—4 异构本字							+	+	+	+	+	+

注：表中的"+"表示该时代的文献中出现了该字，加粗则表示是习用字。

（三）文本用字考察

文本用字考察面对的不是一字一词，而是构成文本的所有字词。虽然个位字数构成的文本也叫文本，但单个文本的职用考察一般要求字位数在 100 个以上，低于 100 个字位的文本缺乏系统描写价值，可以作为单字考察的材料或进行文本归类考察。文本职用考察的具体内容应该包括以下七个方面。

1. 字样数、字位数、字种数。字样数是文本中自然书写的可见字符单位，基本相当于文献内容的音节数。文本中的合文可以拆开为单文计算，重文符号可以重复单字计算。字位数是根据结构属性对字样进行的归纳，结构属性以直接构件为分析对象，直接构件的功能相同、组合关系和布局位置也相同的算作一个字位，同一字位中不具有结构功能区别价值的间接构件和具体写法可以不同。一个词位对应的专造字符称为一个字种，几个不同的字位如果都是为了记录同一词位而造，结构属性不同而表达对象相同，可以归并为一个字种。

2. 词音数、词项数、词位数。根据文本内容，将不能独立表义但有一定音节的语言单位析出为词音，几个词音的连缀才能表达某个意义单位；将有意义内涵而表达功能相同的最小语言单位归纳为词项，词项处于语言的组合之中；语音相同、意义相关的若干词项可以聚合为一个词位，词位处于语言的系统之中。特定文本中的词位不一定呈现完整系统。确定词音、词项和词位的数量，字符的职用才可以对应说明。

3. 字频统计。字频统计的对象是字位。一个字位使用次数的多少，可以反映它在文字系统中的地位和使用者的用字习惯。通常把全部用字中见次率排在前 10% 的字叫高频字，见次率排在后 10% 的字叫低频字，其余为中频字。为什么这些字频次高，那些字频次低，需要从多方面考察解释原因。

4. 字符职能。根据字位跟语符（词音、词项、词位）的对应关系，找出单用字，归纳多用字。一个字位记录多个语符项时，应该说明所记多个语符项之间的关系，区别同位词、同族词、同音词等。

5. 语符用字。根据字符单位跟语符单位的对应关系，反向考察每个语符单位的用字情况。有的语符只用一个字位记录，有的语符会用多个字位记录。对一个语符使用了多个字符的，要进一步考察这多个字符的分布及其关系，细致分析选择不同字符使用的心理因素和附加效能。

6. 使用属性。根据使用字符跟所记语符之间有无构意目的关联，定性每个字属于本用还是借用，分别统计本用和借用的数量和占比，从而分析该文本用字是以本用为主还是以借用为主，为什么会如此。

7. 用字现象的归纳讨论。在上述考察基础上，对文本中带有规律性、普遍性和有探讨追究价值的用字现象进行专题讨论。

（四）类别材料的用字比较考察

以上考察角度无论从"字符"出发，还是从"语符"出发，或者着眼于文本的"字—词"综合，都是就单一的对象而言（一个字符单位、一个语符单位、一个语篇的文本单位），其实这些单一的对象又都是可以扩展成"组"成"类"来进行考察的。如"独体字"的职用考察、"常用词"的用字考察、甲骨文用字考察、战国楚简用字考察、汉赋用字考察、韩愈诗文用字考察、清代御批文档用字考察，等等。类别材料的考察以单一材料的考察为基础，除了单位数量的增多外，基本考察方法和考察内容大致相同。但有了类别考察，才会有同一类别各成员之间的比较和不同类别之间的比较。

类别比较是发现某类材料职用特点和观察汉字职用发展演变的有效途径。比较考察可以按照各种标准分类进行。同一标准划分的各类别材料的比较，在比较单位、参数设置、概念内含、指称用语等方面应该一致。下面举例说明一些主要的比较形式（可类推）：

独体字符的职能与合体字符的职能比较。理论上讲，独体字是汉字系统的基础，产生时代通常较早，使用历史往往较长，记录职能一般都比较丰富且变化较多，跟其他字符的职能关系更为复杂。合体字，特别是分化专用字，由于出现时代较晚，使用范围有限，职能的复杂程度一般不及独体字。但实际情况如何，各种不同类型的字符之间有无使用职能的明显差别，需要分类考察和系统比较才能清楚。

自源语符的用字跟他源语符的用字比较。自源语符指汉语自身的词项、词位和词音，往往有专门构造的本用字符（本字），有些临时借用的字符后来也大都分化出专用本字，长期借用的情况当然也是存在的。他源语符指来自其他语种的词项、词位和词音，这些词语的用字应该会跟自源语符的用字有很大不同，特别是音译时的用字，有的专门新造音译字，有的借用已有同音字。如果借用同音字，初期选字的分歧和后期逐步地规范，这样的用字过程和有关现象是很值得考究的。

同一文献不同文本的用字比较。同一种文献在流传过程中往往会产生不同的文本，后出的文本除了抄写或翻刻时无意识的错讹外，还往往受当代用字习惯和个人用字爱好的影响而有意改换前文本的用字，如果将同一文献的不同文本进行比较考察，就会发现各文本的用字变化。例如《老子》一书成于春秋末年，现在能看到的各种文本很多，如战国郭店竹简本、西汉马王堆帛书《老子》甲乙本、西汉竹书本（又名北大竹简本）、汉严遵

《老子指归》本、汉河上公本、魏晋王弼本、唐初傅奕本、唐景龙碑本、唐敦煌手抄本、宋徽宗《老子注》道藏本、元刻老子道德经麻沙本、明刊薛蕙《老子集解》本、清世祖御注道德经《四库全书》手抄本，等等，这些不同的版本或全或残，章节和文字数量也不完全一致，但主要内容相同，绝大多数的词语可以对应，将它们按时代先后串起来，比较各自的用字情况，就能展现同一文献的用字变化情况，考证文献的早期文本面貌和后世的改字换字过程。

不同时代的用字比较。历时比较是汉字职用发展研究的必由之路。为了说明汉字发展跟社会形态的关系，汉字职用的历时考察可以按照一般的历史朝代划分。先把每个朝代的文本集中或抽样，考察该时代材料范围内的字位、字种、词项、词位、字符职能、语符用字、字频、字符使用属性、用字现象和用字习惯等，然后将不同时代的各项参数进行比较，看后代新增了哪些字位和字种，消失了哪些字位和字种，字符职能有无增减调整、一字多用和多字同用现象有无变化、本用和借用的属性占比有无变化，等等。通过这样的历代比较，汉字职用的发展历史才能贯通，各时代的汉字使用习惯和特点才能显现，与汉字发展相关的各种理论问题才能得到实事求是的解释。

不同地域的用字比较。战国文字曾作为文字具有地域区别的典型，但现在提供的各地域系别的"文字特点"其实并非"特点"，而只是该地文字具有的一些现象，这些现象在别的地域也可能出现。要真实反映战国文字有无地域特点，应该拿各地域的文字现象进行全面的属性比较，通过比较显示的各地差异才能算是特点。地域特点应该对本地具有普遍性，对别地具有排他性。战国文字的地域特点也可以从用字角度进行考察，看同样的语符单位在不同地域是否习惯用不同的字符表达。[①] 实际上，地域文字的比较不限于战国时期，任何时代的不同地域都可以进行比较，例如春秋时代的不同诸侯国、三国、南北朝、北宋南宋、江南江北、关内关外、国内国外等。比较不等于差异，没有差异也可能成为比较的结果。

不同作者的用字比较。用字是人为现象，除了社会的约定俗成，个人爱好也会有所体现。例如司马迁和班固的用字就不完全相同，故有"班固好古文"之说；章太炎先生喜欢初文本字，所以他的用字风格也跟他所处时代的整体用字习惯不同。这些现象通过比较来认识是很有意思的。

不同社会集团的用字比较。某个集团建立特有的用字规则，集团中的个人用字服从于集体规则的话，就会形成某个集团或某个行业的用字特点。如王莽篡汉、武则天改唐，都曾新造一些字符、颁行一些特殊用字规则，因而使王莽政权和武则天政权下的汉字使用与前代不尽相同。再如太平天国作为一个临时的小政权，也有自己的语言文字政策，使太平天国的文献用字不同于同时的清代社会用字。还有一些行业，如古代的布业、盐业、粮业、医药业，甚至某些丐帮、黑帮、土匪等特殊集团，都有自己的一些用字规则，形成集团用字特征。

除上述外，凡不同性质的文献，其用字现象都是可以比较的。如出土文献与传世文献用字比较，官方文书与民间文书用字比较，手写文献和版刻文献用字比较，韵文诗赋和小

---

① 参见李运富《战国文字"地域特点"质疑》，《中国社会科学》1997 年第 5 期。

说散文用字比较，等等。

总之，用字材料的考察角度多种多样，有效比较的用字材料也多种多样，可根据研究汉字职用的目的需要自由选择考察对象和材料范围。如果每个或大多数的字符和语符的职能及用字情况都得到考察，每个或大多数的类别和断代的用字现象都有较客观的描写和比较，那汉字职用的历史就会清晰地呈现，汉字职用学理论的完善就会得到事实的支持和验证。

参考文献

［1］李运富：《"汉字学三平面理论"申论》，《北京师范大学学报》2016年第3期。

［2］李国英、周晓文：《字料库建设的必要性与可行性》，《北京师范大学学报》2009年第5期。

［3］［日］太田辰夫：《中国语历史文法》，蒋绍愚、徐昌华译，北京大学出版社2003年版。

［4］李运富、李娟：《传世文献的改字及其考证》，《文献语言学》第2辑，中华书局2016年版。

［5］李运富：《论汉字的字际关系》，《语言》第3卷，首都师范大学出版社2002年版。

［6］李运富：《论汉字的记录职能》（上）（下），《徐州师范大学学报》2003年第1期、第2期。

［7］李运富：《论汉字职能的变化》，《古汉语研究》2001年第4期。

［8］李运富：《战国文字"地域特点"质疑》，《中国社会科学》1997年第5期。

"两"字职用演变研究[①]

"字"与"词"相对,"词"有语言系统的"词位"(包含一个或多个互相联系的义项的词语单位)和言语系统的"词项"(只有一个义项的词语形式)之分。由于"字"跟"词位"的不对应性及"词位"的同一性难以判断,我们研究汉字的职用只针对文献言语系统,所谓"汉字的职能"具体表现为在文献中用某个字符记录汉语的某个词项。互有差异的义值表述为不同的义项,负载某一义项的语音形式就是言语中的词项,所以某个字符在使用中记录某个词项就会具有一定的读音和表达义值。

现代汉语中的"两"字主要有三种用法:一是记录｛数词｝[②],如"两本书""过两天再说";二是记录指代性副词｛双方都｝,如"两可""两全其美";三是记录｛重量单位｝,如"半斤八两""50 克为 1 两"。[③]

但在汉语史上,"两"字的记录职能变化非常大,与"两"字有关的一系列字词关系、词际关系长期纠缠不清。这与前人在论述"两"字有关问题时缺乏对文献材料的全面测查有关,也跟理论认识模糊有关。如"字""词"不分,"词位"与"词项"不分,"字用"(字符的职能属性)与"用字"(词语的书面形式)不分,等等。本文运用"字用学"有关理论和方法[④],尝试从"字用"角度,对"两"字的职用演变作系统梳理,细致描写"两"字的本用(记录表达义值与字符形体构意有密切联系的词项)、兼用(记录与本用义值有某种联系的词项)、借用(记录与本用义值无关的词项或音节)情况,厘清其中的字词关系,探讨"两"字职用变化的规律和原因。

一 "两"字的形体构意及其本用职能

"两"字的构形理据及其本义,历来众说纷纭,前贤信守《说文解字》,为弥合《说

[①] 本文为国家社会科学基金重点项目(13AYY006)和国家社会科学基金重大项目(13&ZD129)相关成果。原载《励耘语言学刊》2014 年第 2 辑(总第 20 辑),学苑出版社 2014 年版,收入本辑时略有增补。署名李运富/何余华。

[②] 本文用"｛ ｝"号表示某一词项,以与"字"区别和对应。"｛ ｝"号里面可能是词项的代码,也可能是词项义值或其他能区别词项的说明。

[③] 中国社会科学院语言研究所词典编辑室:《现代汉语词典》(第 6 版),商务印书馆 2012 年版,第 811 页。

[④] 李运富:《汉字语用学论纲》,载《励耘学刊》(语言卷)2005 年第 1 辑,学苑出版社 2005 年版;李运富:《汉字学新论》,北京师范大学出版社 2012 年版。

文解字》难免多方牵附；后来学者结合出土文献，也创有诸多新论。本文无法一一介绍[①]，只就跟我们意见密切相关的结合论述。

"两"字的初形作"兩"，始见西周初期金文，如 ▨（盠驹尊）、▨（卫盉）。春秋时出现上面加横的同功能字"两"，并逐渐替代"兩"成为社会习用字，汉代以后无论是出土文献还是传世文献，都只见"两"形而难见"兩"形。但《说文解字·兩部》将"兩"和"两"作为两个不同的字收录：

> 兩，再也。从冂，阙。《易》曰：参天兩地。凡兩之属，皆从兩。
> 两，二十四铢为一两。从一，从兩。兩，平分也。兩亦声。

段玉裁注："兩，再也。再部曰：再者，一举而二也。凡物有二，其字作兩，不作两。两者，二十四铢之称也。今字两行而兩废矣。"

可见许、段都认为"兩"记录数词{二}，"两"记录重量单位{二十四铢}，是两个不同的字。对此，徐灏[②]、张舜徽[③]、于省吾[④]等认为"兩、两本一字"，"两字从一，乃后增体"，其说甚详。我们认同"兩两一字"说，下文"兩"形亦用"两"字代指，不作区分。

"两"字的形体来源及形义关系有不同说法，最有影响力的是于省吾[⑤]、沈镜澄[⑥]等认为"两"的字形来源于"车"的前部，即车辕、车衡和两个车轭的组合，其构形本义即以部分代整体，表示{车}。汤余惠[⑦]进一步认为"丙"字是"两"字初文："丙"字甲骨文作▨或▨形，象车衡缚有只轭；"两"字作▨或▨，象车衡缚有双轭。"丙""两"的本用都是{车}。

说"两"字和"丙"字的形体取自车驾的前部或者象形"车"字的前部，也属于表示{车}义的象形字，似有可疑之处。第一，殷商至周初实行的车制是一车配两马，车体用单辕连接前端的衡木，衡木左右各缚一轭用于套马，如图1所示。所以"车"字初文 ▨、▨或▨等跟商代车辆实物是吻合的。但如果是截取"车"的前部而产生▨或▨▨，则形体有所不合，一则车衡是直木或两头向上翘起，何以▨、▨的衡两端都有那么长的折垂线？二则车轭应该是捆绑在车衡上，何以▨、▨的车轭大都远离车衡？我们没有看到任何象形的"车"字有如此处理车衡和车轭的。或许可以用衡上两端的饰物来解释▨、▨的边垂线，因为如图2所示，西安张家坡周墓的车衡两端有垂着用朱色织

[①] 李圃主编《古文字诂林》第7卷，上海教育出版社2003年版，第109—119页。
[②] （清）徐灏：《说文解字注笺》（续修四库全书），上海古籍出版社2002年版，第94页。
[③] 张舜徽：《说文解字约注》，华中师范大学出版社2009年版，第1852—1854页。
[④] 于省吾：《释两》，载《古文字研究》第10辑，中华书局1983年版，第1—10页。
[⑤] 同上。
[⑥] 沈镜澄：《说"兩"》，《中国语文》1984年第5期，第388—389页。
[⑦] 汤余惠：《商代甲骨文中的"丙"和"两"》，《史学集刊》1991年第2期。

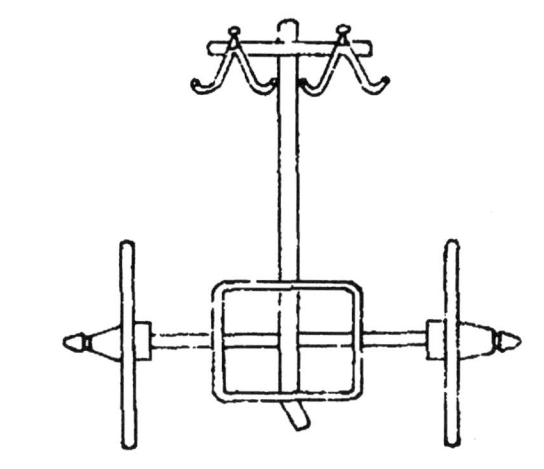

图 1　安阳大司空村出土的殷车复原图

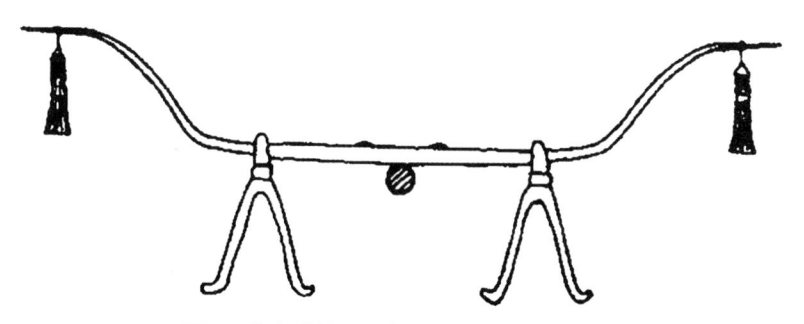

图 2　张家坡第 2 号墓 2 号车的错衡复原图

物串上贝、蚌而成的饰物①，其他墓葬出土的车马坑中也常发现衡末装置有垂流苏、钟铃之类的饰物，所以金文中的"车"字也有在衡上画出饰物的，如 ▨（父己车鼎）▨（车父己簋）。但用金文形体说明甲骨文形体的来源似不合适，何况金文"车"的饰物也是"挂"在衡上的（衡端伸出），怎么会两端折转为"冂"形呢？

第二，凡象形表义，如果以部分代整体，那这"部分"大都应该是实物的主体部分或具有代表性特征的部分，所以用车厢、车轮和车轴的组合代表整辆车合情合理，而用车的前半部分代表整辆车已不太合适，怎么还可能用半边衡一个轭的"丙"来代表整辆车呢！

第三，如果"丙""两"真是用部分象形的构字方法来表示｛车｝，那就应该是"车"的异体字才对，怎么可能是另外两个仍然表示｛车｝的不同的词（读音不同）呢？"丙""两""车"如果都表示｛车｝，其区别何在？如果没有区别，为什么能够共存？

第四，说"丙""两"的本义是｛车｝，关键问题还在于没有用例证明。通常举《甲骨文合集》（36481）"车二丙，盾百八十三"为例来证明"丙"有｛车｝义，但该片甲骨"二丙"上面的字很不清晰，是否必为"车"字尚待考察，即使是"车二丙"，由于

---

① 郭宝钧：《殷周车器研究》，文物出版社 1998 年版，第 38 页。

出现了名词"车","丙"也应该是量词而不是指称车体的名词。同理,出现于西周金文的"两"字早期用法也限于"名+数+两"的结构中,显然也应该是量词而不是名词。真正脱离数词的限制并且没有名词共现因而确实表示车辆实体的所谓名词"两"是到唐代以后才出现的修辞用法,如"圣两归丹禁,承乾动四夷"(《读玄宗幸蜀记》)。

鉴于以上说法形义皆不合,其他此处未提及的种种形体分析也大都与"丙""两"的初期用例无关,所以我们觉得"丙""两"的构意可以存疑。如果非得提供一种说法的话,我们宁可作出这样一种假设:"丙""两"确实取形义于车驾前部,但不是直接的象形表义,而是取现成的字加以"变异",产生跟原字形义既相关又相异的新字。即取"车"字的一部分加以改造,使其不再像车衡缚一轭或两轭之形,而变成一个近似的新符号;也不再表示原来的{车}义,而用变异于"衡木缚有只轭"形的"丙"表示{马一匹},用变异于"衡木缚有双轭"形的"两"表示{马两匹}。无论表示{马一匹}的"丙",还是表示{马两匹}的"两",都是用"变异"手段为量词所造的专用字。这种"变异"造字的手段,许慎《说文解字》早有揭示,如"𠂆"为"从一而下垂","世"为"从卅而曳长之","帀"为"从反之而帀也",等等。

汉语量词的来源主要有两种,一是名词和动词的量词化,二是专用量词。有人认为专用量词产生较晚,所以把"丙""两"的本义定为名词的{车}。其实像"朋"(贝二串)、"珏"(玉二块)、"隻"(鸟一只)、"雙"(鸟二只)、"秉"(禾一把)、"兼"(禾二把)等专用量词大都产生得较早,"丙""两"应该也属于这类专用量词。专用量词实际上等于"(名物)+数词+量词",既有特定的对象,也有确定的数量,因而不同于普通量词。汉语的普通量词确实产生得相对较晚,有些就是专用量词使用范围扩大而形成的。

如上所述,"两(网)"字是截取"车"字前面部分加以改造而产生的"变异"字符,用来计量跟车轭相应的马匹的量,我们记为{两}(马二匹或马一对)。这种形义密切相合的本义就是"两"字的本用职能,见于西周早中期的金文。例如:

(1) 伯赐小臣宅画册,戈九;易(锡)金车,马两。(西周早期《小臣宅簋》8.4201)

(2) 宾马两,金十钧(西周早期《小臣守簋盖》8.4179—4181)

(3) 师黄宾醻(璋)一,马两。(西周中期《卥簋》8.4195)

(4) 王乎虢叔召瘐,赐驹两。(西周中期《瘐鼎》5.2742)

"两"作为专门计量"马二匹"的量词用法的历史并不长,随着车马制度的变化,到西周晚期就不太使用了。

二 "两"字的兼用职能

所谓兼用职能,是指记录与本用义值有某种联系的引申或派生词项。"两"字在记录形义密切相关的本用词项{马二匹}的基础上,记录了如下兼用词项。

（一）记录词项 {两₂}，表示车辆单位

殷商的车制是"一车配两马"或者"两马驾一车"，故表示"共驾一车的马两匹"的量词 {两₁} 也可以用来计量一辆车，从而派生出新的专用量词 {两₂}（车一辆）。如果直接将字形的两轭跟一辆车的关系对应起来，则表示"车一辆"的 {两₂} 也可以看作"两"字的本用。字形构意直接关联两个词项的情况并不罕见①。这里将记录 {两₂} 的用法看作兼用，比较便于描写。"两"字记录 {两₂} 的用法始见于西周早期，沿用至魏晋，后来另造专用字"辆"记录。例如：

（5）俘车卅两（西周早期《小盂鼎》5.2839）。
（6）俘车百□两（西周早期《小盂鼎》5.2839）。
（7）嘉遣我赐卤（滷）赍（积）千两。（春秋早期《晋姜鼎》5.2826）。
（8）之子于归，百两御之。（《诗经·召南·鹊巢》）毛传："百两，百乘也。诸侯之子嫁于诸侯，送御皆百乘。"
（9）子产曰："丧焉用币，用币必百两。"（《左传·昭公十年》）杜预注："载币用车百乘。"

该项记录职能使用的时限较长，但使用量并不多。这是因为西周中晚期开始车制发生变化，多为四匹马拉一辆车，因而出现另外两个量词：表示 {马四匹} 的 {乘₁}，表示 {四匹马拉的车一辆} 的 {乘₂}。于是量词 {两₂} 和量词 {乘₂} 都可表示 {车一辆}。实际使用中 {乘₂} 的频率高于 {两₂}，如先秦简帛文献中量词 {两₂} 秦简2例，楚简2例，而量词 {乘₂} 在楚简中却高达50多例。但如果是牛车的话，通常只能用"两"字记录而不使用"乘"字，这大概是因为牛车没有用四头牛拉的吧。例如：

（10）十人，车牛一两，见牛者一人。（《睡虎地秦简·秦律十八种·金布律》72）
（11）十五人，车牛一两，见牛者一人。（《睡虎地秦简·秦律十八种·金布律》73）
（12）輶车一两，牛车十两。（《马王堆三号墓汉简·遣策》73）
（13）牛车一两。（《居延汉简》11.4）

魏晋时期产生了专门用于记录车辆数量的"辆"字，于是"两"字的该项记录职能很快被"辆"取代，而"乘"作为车辆量词仍然通行。到唐代，一般人已经不太熟悉魏晋以前"两"作为车辆量词的用法，所以颜师古注释《汉书》时常常对"两"字的这种用法加以说明。例如：

---

① 李运富：《汉字学新论》，北京师范大学出版社2012年版，第196—198页。

(14) 初，大司农取民牛车三万两为僦，载沙便桥下，送致方上，车直千钱，延年上簿诈增僦直车二千，凡六千万，盗取其半。(《汉书·酷吏传》) 师古曰："一乘为一两。"

(15) 船长千丈，木千章，竹竿万丈，轺车百乘，牛车千两。(《汉书·货殖传》) 师古曰："车一乘曰一两，谓之两者，言其辕轮两两而耦。"

(二) 记录词项 {两$_3$}，表示军队编制单位

先秦时期盛行车战，战车的多寡甚至成了综合国力的象征，而周代军队编制每辆战车配备二十五名士卒，所以量词 {两$_2$}（车一辆）派生出军队编制单位 {两$_3$}，用于计量车辆配备的士卒，二十五人为 {两$_3$}。因该军事编制只在周代施行过，"两"字记录 {两$_3$} 的用例也多见于周代文献，后世罕见。例如：

(16) 乃会万民之卒伍而用之，五人为伍，五伍为两，四两为卒。(《周礼·地官·小司徒》) 郑玄注："伍、两、卒、师、军皆众之名。两，二十五人"。

(17) 乃通吴于晋，以两之一卒适吴，舍偏两之一焉。(《左传·成公七年》) 杜预注："《司马法》：'百人为卒，二十五人为两。军九乘为小偏，十五乘为大偏。'盖留九乘车及一两二十五人，令吴习之。"

(18) 我曲楚直，不可谓老。其君之戎分为二广，广有一卒，卒偏之两。(《左传·宣公十二年》) 杜预注："十五乘为一广，《司马法》：'百人为卒，二十五人为两。'"

(三) 记录词项 {两$_4$}，表数词"二"

"两"字本义词项 {两$_1$}（马二匹或马一对）在数量上是"一加一的和"，故派生出表"二"数的词项 {两$_4$}。从西周至今，记录数词 {两$_4$} 始终是"两"字最主要的职能。例如：

(19) 叔向父为备宝毁两，宝鼎二。(西周晚期《叔向父为备簋》7.3870)

(20) 于大无嗣折（誓）、于大嗣命用璧、两壶、八鼎。(春秋时期《洹子孟姜壶》15.9729)

(21) 两堂间百毛（尺），两堂间八十毛（尺）。(战国晚期《兆域图铜版》16.10478)

(22) 舌出齐唇吻，下遗矢弱，污两卻（脚）。(《睡虎地秦简·封诊式》66)

(23) 若两轮之相转，而终不相败。(《郭店楚墓竹简·语丛》4·20)

数词 {两$_4$} 作为词素还可大量参构其他复合词，如"两仪、两珥、两袒、两握、两视、两雄、两当"等，其中"两"字所记录的都是数词义。"两当"类似今天的背心，也写作"两当、两裆、裲裆"。《释名·释衣服》："裲裆，其一当胸，其一当背，因以名之也。"毕沅云:"一当胸一当背,此两当之义也。亦不当有衣旁。"皮锡瑞曰:"裲裆字古作两当。"① 毕沅、皮锡瑞认为"不当有衣旁""裲裆字古作两当",诚为卓见!通检唐以前文献材料,在吐鲁番出土文书中俱作"两当",唐以前的传世文献中也多作"两当",隋唐前后才开始增衣旁造出专用字形"裲裆"。《释名》成书于汉末,其中的"裲裆"疑是后世传抄刊刻过程中用字"当代化"的结果。如下"两当"的用例:

(24) 故两当一领,故绢衫一领。(阿斯塔那408号墓文书)
(25) 清(綪)尖一枚,两当一枚,紫襦(繻)一枚,帛绳根一枚。(阿斯塔那62号墓文书北凉缘禾五年随葬衣物疏1—2)
(26) 故帛练两当一领,故帛练襦一领,故帛练小裈一立。(阿斯塔那2号墓文书北凉缘禾六年翟万随葬衣物疏3)
(27) 先帝赐臣铠,黑、光明各一领,两当铠一领。今代以升平,兵革无事,乞悉以付铠曹自理。(曹植《上先帝赐铠表》)

(四) 记录词项 {两$_5$},表"两次、两度"

南北朝时期开始出现表示动作行为频率的副词用法 {两$_5$},具体含义为 {两次、两度},这应该是由表示"二"义的数词 {两$_4$} 引申而来。例如:

(28) 妇告翼,翼便为于道开卤簿盘马,始两转,坠马堕地,意色自若。(《世说新语·雅量》)
(29) 遭逢二明主,前后两迁逐。(李白《流夜郎半道承恩放还,兼欣克复之美书怀示息秀才》)
(30) 比年两见之,宾主更献酬。(苏轼《送李公择》)

(五) 记录词项 {两$_6$},表"加倍、翻一番"

表示增加跟原数相等的数,即加倍、翻一番,是为词项 {两$_6$}。这个词项也是由数词 {两$_4$} 派生出来的,因为"加倍"的结果蕴含"一加一"的语义特征。除几个经典用例反复出现外,"两"字记录该职能的频次较少,因为汉语史上表示"加倍"义多使用 {二} 和 {倍}。

(31) 有天道焉,有人道焉,有地道焉。兼三才而两之,故六。(《易传》)
(32) 一龠容千二百黍,重十二铢,两之为两,二十四铢为两,十六两为斤。

---

① (清)王先谦:《释名疏证补·释衣服》,中华书局2008年版。

(《汉书·律历志》)

(六) 记录词项 {两$_7$},表示"不专一、三心二意"

由于数词 {两$_4$} 所表达的概念"二"是非单一的、变动不居的,进而抽象出"不专一、三心二意"义用于描述人的心理状态。但"两"字的该项记录职能并不常见,这与该概念的表达多用语词 {贰} 有关,且 {两$_7$} 的产生多是受 {贰} 影响同步引申的结果。

(33) 心未尝不臧也,然而有所谓虚;心未尝不两也,然而有所谓壹;心未尝不动也,然而有所谓静。(《荀子·解蔽》)

(七) 记录词项 {两$_8$},用于称量成双分开的鞋子、袜子或裤子

《诗经》中已有"两"字记录称量鞋子义的 {两$_8$} 的用例,信阳楚简和睡虎地秦简中用例更多,汉代称量范围进一步扩展到袜子、裤子等具有成双特点的衣物。量词 {两$_8$} 显然由本义词项 {两$_1$} 的对称配置特征派生而来,在魏晋以前量词 {两$_8$} 都由"两"字记录,后来虽然借用"量、辆"字或造专字"緉、鞆"等来分担,但直到该词项消亡,"两"字都没有把记录 {两$_8$} 的职能全部转交给其他字。例如:

(34) 葛履五两。(《诗经·齐风·南山》)孔颖达疏:"履必两只相配,故以一两为一物"。
(35) 男子西有鬓秦簚履一两。(《睡虎地秦墓竹简·封诊式》59)
(36) 一两缘繹屦;一两丝纴屦;一两郏缇屦;一两諠屦;一两𦅜屦。(《信阳汉简·遣策》2)
(37) 丝履一两,……缯履一两,……袜(袜)三两。(《尹湾汉墓简牍》M6D12反)
(38) 牛皮绔二两,革履二两。(《敦煌汉简》1146)

(八) 记录词项 {两$_9$},称量布帛的一匹

古代布帛由于是从两端往中间卷起,每匹布可以卷成两卷,故用量词 {两$_9$} 计量,相当于量词 {匹}。量词 {两$_9$} 也是由本义词项 {两$_1$} 派生而来,配置的二物为布帛的两端。西周金文已有"两"字记录 {两$_9$}(布帛单位)的用例,但因词义与 {匹} 相同,加之"两"字记录职能过于繁重且极易与重量单位 {两$_{10}$} 混淆,并未行用开来,至两汉零星散见,隋唐以后除在某些仿古文献中出现外,逐渐消亡。

(39) 舍矩姜帛三两。(西周中期《九年卫鼎》5.2831)

（40）司男女之无夫家者而会之，凡嫁子娶妻，入币纯帛无过五两。(《周礼·地官·司徒》) 郑玄注："五两十端也，必言两者，欲得其配合之名，十者，象五行十日相成也。"

（41）重锦三十两。(《左传·闵公三年》) 杜预注："以二丈双行故名两，三十两，三十匹也。"

（42）申丰从女贾，以币锦二两，缚一如瑱，适齐师。(《左传·昭公二十六年》) 杜预注："二丈为一端，二端为一两，所谓匹也；二两二匹。"

（43）布□绛一两，见。……丝绨一两，见。行縢一两，见。袤绛一两，见。(敦煌汉简2327)

（九）记录词项 {两$_{10}$}，表重量单位"二十四铢"

前贤研究多认为"两"字记录重量单位{两$_{10}$}（二十四铢）的用法汉代始见，但在战国金文和包山楚简、睡虎地秦简中发现大量"斤、两、铢"共现同一语境的现象，其用例很难说记录的不是重量单位。两汉时期"两"字记录重量单位大量出现于简帛材料和传世文献中，和数词{两$_4$}作为"两"字最为稳固高频的记录职能持续至今。

（44）四斤十二两。(战国时期《秦王子鼎》4.2530)

（45）十一斤十四两。(战国晚期《三年诏事鼎》5.2651)

（46）十三斤八两四朱（铢）。(战国晚期《卅年私官鼎》5.2658)

（47）贷陞异之黄金十益一益四两以翟种。(《包山楚简》111)

（48）贷陞异之采金一百益二益四两。(《包山楚简》115)

（49）衡石不正，十六两以上，赀官啬夫一甲；不盈十六两到八两，赀一盾。(《睡虎地秦简·效律》3)

"两"字何以能够记录"重量单位"，段玉裁、徐灏认为{两$_{10}$}相当于两个"十二铢"的黄钟之重，所引书证为《汉书·律历志》："衡权本起于黄钟之重，一龠容千二百黍，重十二铢，两之为两，二十四铢为两。"或引《宋书·律志序》："十二铢而当半两。衡有左右，因而倍之，故二十四铢而当一两"。从出土文物来看，虽然战国时代"诸侯力政，不统于王"，但各国重量单位的差异逐渐消除，几个主要诸侯国几乎都是以250g为一斤，15.6g为一两，0.65g为一铢[①]。而在楚国左家公山铜环权、钧益铜环权、雨台山铜环权中都发现有"十二铢"的铜权，且两个"十二铢"铜权之重恰等于"一两"铜权之重，证明段玉裁、徐灏等人观点不谬。{两$_{10}$}由两个半两之重配合而成，与"两"字的本义特征是相通的，所以"两"字记录重量单位不应看作假借的用法[②]。

[①] 丘光明：《试论战国衡制》，《考古》1982年第5期。

[②] 有的学者认为"两"字记录重量单位"二十四铢"是假借的用法，如杜鹃《量词"两"考辨》，《北方论丛》2005年第3期。

（十）记录词项 {两₁₁}，表"两件事物、两个人"或"双方"

"两"字构形理据中包含两件事物（马两匹），于是派生出词项 {两₁₁}，表"两件事物"或"两个人"，也指"同一事物的两个方面"或"双方"。清代中叶以前该词项都用"两"字记录，清代中叶以后用专造字"俩"分化记录"两个人"。

（50）吾未至乎事之情也，而既有阴阳之患矣；事若不成，必有人道之患。是两也，为人臣者不足以任，子其有以语我来。（《庄子·人间世》）

（51）蛇遂分为两，径开。行数里，醉，因卧。后人来至蛇所，有一老妪夜哭。（《史记·高祖本纪》）

（52）夫高祖命当自王，信、良之辈时当自兴，两相遭遇，若故相求。（王充《论衡》）

（53）你若不煞我，我还却煞你。两既忽相逢，终须一个死。（王梵志《死去长眠乐》）

{两₁₁} 在组合中如果带上宾语，就会形成特殊用法，产生"意动"或"使动"的临时含义，表示把同类事件看作性质不同的两种事件，或者把同一事件实际分作不同的两件事物。例如：

（54）秋，楚人围陈，纳顿子于顿。何以不言遂？两之也。（《公羊传·僖公二十五年》）

（55）二十有八年春，晋侯侵曹，晋侯伐卫。曷为再言晋侯？非两之也。（《公羊传·僖公二十八年》）

（56）禘祫既是一祭，分而两之，事无所据。（《魏书》）

（十一）记录词项 {两₁₂}，表"同时兼具二事或同时涉及双方"

"两"的构形本义为"一车对称配置二马"，由此引申指同时兼具二物或一物的两个方面，从而派生出词项 {两₁₂}。这种用法的"两"早见于先秦文献，例如：

（57）秋早寒则冬必暖矣，春多雨则夏必旱矣。天地不能两，而况于人类乎？人之与天地也同。（《吕氏春秋·情欲》）

（58）二曰：利不可两，忠不可兼。不去小利则大利不得，不去小忠则大忠不至。（《吕氏春秋·权勋》）

（59）心生而有知，知而有异，异也者，同时兼知之；同时兼知之，两也。（《荀子·解蔽》）

(十二) 记录词项 {两₁₃}，表"双方同时、双方都"

西周晚期，由词项 {两₁₂}（同时兼具二事或同时涉及双方）派生出指代性副词 {两₁₃}，表示"双方同时、双方都"之类的意义。"两"字的这项记录职能先秦时期已经非常成熟，出现频率一直较高，并持续稳固到现代汉语中。例如：

(60) 姜，大岳之后也。山岳则配天，物莫能两大。(《左传·庄公二十二年》)
(61) 及罗，罗与卢戎两军之，大败之。(《左传·桓公十三年》)
(62) 闻所不知若所知，则两知之，说在告。(《墨子·经下第四十一》)
(63) 公两赐之，曰："以晏子不夺人之功，以占梦者不蔽人之能。"(《晏子春秋》)
(64) 宣王谓摎留曰："吾欲两用公仲、公叔，其可乎？"(《战国策》)
(65) 子驷畏诛，故两亲晋、楚。(《史记·郑世家》)
(66) 怠慢之为安，若者必危；情胜之为安，若者必灭。故圣人一之于礼义，则两得之矣。(《史记·礼书》)

现代成语"两全其美""两败俱伤""势不两立"等，其中的"两"用法同上。

(十三) 记录词项 {两₁₄}，表"等同、匹敌"

"两"的构形本义"一车对称配置马二匹"，其中的两匹马地位等同，构成匹敌对当关系，由此派生出词项 {两₁₄}，表示"等同、匹敌"义。先秦至明清"两"字的该职能较为常见，"无两""一时无两"甚至成为习用语。例如：

(67) 并后，匹嫡，两政，耦国，乱之本也。(《左传·桓公十八年》) 王引之："两政者，宠臣之权与正卿相敌也。"
(68) 人言善亦勿听，人言恶亦勿听，持而待之，空然勿两之，淑然自清。(《管子·白心》) 翔凤案："勿两之，勿与为耦。即言善不以为善，言恶不以为恶也。"
(69) 佚而无穷、贵而不傲、富而不骄、两而不争、闻而不遥、遥而不绝、穷而不匮者，鲜矣。(《逸周书》) 朱右曾集训集释："两，谓权相侔也。"
(70) 君后三岁而侯。侯八岁为将相，持国秉，贵重矣，于人臣无两。(《史记·绛侯周勃世家》)
(71) 惟晚与璁、萼异，为所轧，不获以恩礼终。然其才一时无两，或比之姚崇云。(《明史·杨一清传》)

(十四) 记录词项 {两₁₅}，表"使马匹比并整齐"

因驾一车的两匹马始终并驾齐驱，在 {两₁} 的基础上派生出"使马匹比并整齐"义。《左传·宣公十二年》"御下两马"中的"两"记录的就是该词项，俞樾

《群经评议》说:"两者,两两排比之也。一车有四马,两马在中曰服,两马在边曰骖。……然则两马者,使服与服耦,骖与骖耦也。"① 杜注孔疏释为"整饰"是随文释义的结果,并不符合词义引申规律,《汉语大词典》"两"条据此归纳的义项"整治,修饰"②,应予以修订。该项记录职能用例较少,历代注疏辞书反复转引的均为《左传》用例。

(72) 吾闻致师者,左射以菆,代御执辔,御下两马,掉鞅而还。(《左传·宣公十二年》) 杜预注:"两,饰也"。孔颖达疏:"饰马者,谓随宜刷刮马。"

三 "两"字的借用职能

"借用"是指将字形当作语音符号去记录与该字形体无关但音同音近的词语或音节。汉字的借用是以音同、音近为前提条件的,不管被记录的对象原本是否有本字。"两"字借用只见有记录音节的情况。

(一) 记录 {魍魉} 的第二个音节

"魍魉"表"古代传说中的山川精怪、鬼怪""影子外层的淡影""恍惚、迷茫无所依"等,一般认为它是个双音单纯词,有"蜽蜽""罔阆""方良""罔两"等不同的书写形式,而写作"罔两"之"两"与 {魍魉} 的词义并无联系,只是根据音同音近借去记录该词项的一个音节,后才根据相关意义增"虫"旁或"鬼"旁造出专用字"蜽"或"魉"记录。《说文解字》已收"蜽"字,但"两"字的这种用法明清时仍较为常见。例如:

(73) 故民入川泽、山林,不逢不若。螭魅罔两,莫能逢之。(《左传·宣公三年》) 杜预注:"罔两,水神。"
(74) 罔两问景曰:"曩子行,今子止;曩子坐,今子起。何其无特操与?"(《庄子·齐物论》) 郭象注:"罔两,景外之微阴也。"
(75) 哀形体之离解兮,神罔两而无舍。(《楚辞·东方朔〈七谏·哀命〉》) 王逸注:"罔两,无所据依貌。"

(二) 记录 {伎俩} 的第二个音节

现代汉语表示 {花招、诡计} 义的"伎俩"一词,最初表 {技能} 义,在近代以前也写作"技俩"。其中的音节"俩"有时候借用"两"字记录,例如:

---

① 俞樾:《群经评议》(续修四库全书),上海古籍出版社 2002 年版,第 416 页。
② 罗竹风主编:《汉语大词典》,上海辞书出版社 1986 年版,第 555 页。

(76) 邯郸郭公九十九, 技两渐尽入滕口。大儿缘高冈, 雉子东南走。不信吾时言, 当看岁在酉。(《乐府诗集·杂歌谣辞五·邯郸郭公歌》)

(77) 但此等丧心病狂徒随处游荡, 若肆其妄诞伎俩则亦何所不至, 臣现在督率各属严为查访, 如续有查获访出别项情节应据实具奏。(《清代文字狱档》)

四 "两"字职用的演变

汉字的职能不是一成不变的, 由于字符数量与言语词项的严重失衡, 扩展字符的使用职能是必然的手段。单个字符的职能被扩展后, 可能造成阅读理解障碍或者系统内部的纠纷, 于是重新调整——减缩或转移个体汉字的职能也是常见的现象。要梳理清楚个体汉字职能的演变, 必须将字形分析与文献用例结合起来考察。有的字符构意清晰, 本用明确, 发展线索会比较容易梳理; 但也有不少字符初形构意难以解释, 因而本用不明, 其职用情况就只能根据文献调查来描写了。所以相对来说, 文献调查对于字用的研究应该是根本性的, 任何一个字符的职能来源及其演变情况都会在文献中有所反映。就"两"字的文献使用情况看, 其职能演变大致以汉末魏初为分水岭, 汉末魏初以前通过兼用、借用实现职能的扩展, 汉末魏初以后通过借用他字分担、增旁分化新字等方式实现职能的不断减缩, 最后形成现代"两"字职用的简单格局。

(一)"两"字职用的扩展

西周初期"两"字产生时仅记录专用量词{马二匹}, 相关职能较为单一, 字词关系也比较简单, 但随着使用的日益频繁, "两"字的职能通过兼用、借用两种途径不断扩展。

1. 兼用扩展

字符职能的兼用扩展是以对应词语的词义引申和词项派生为前提的, 有其义, 有其词, 才会有此用。殷商制度"一车配备两马", 根据"二匹马"的数量特征产生{两$_1$}词项, 其核心义是"对称配置的两个"。由此出发, {两$_1$}不断派生新的词项, "两"字也相应地扩展使用职能。派生的主要线索有: ①由两马共驾一车, 引申指"车一辆", 派生专用量词{两$_2$}; 据周代军制每辆车配25名士卒, 故由{两$_2$}派生出表示军队编制单位的{两$_3$}。②本义词项{两$_1$}在数量上具有"一加一"的特点, 故派生出表数词"二"的{两$_4$}; 由名物计数转记动作行为的频率, 则数词{两$_4$}可派生出表频度"两次、两度"的副词{两$_5$}; 数词{两$_4$}表示"一加一的和", 也就是"一"的两倍, 故可引申指"加倍、翻番", 从而派生出{两$_6$}; 数词{两$_4$}的数值不单一, 转指心理状态的不单一(多心), 表示"不专一、三心二意", 就派生出{两$_7$}。③一车所配二马谓之"两", 引申凡有两个对称配置的事物(由两对称部分组成)都可用"两"来计量, 故由{两$_1$}可以派生出衣物(如鞋、袜、裤、上衣等)量词{两$_8$}、布帛长度单位量词{两$_9$}(一匹布帛有对称卷起的两端)、重量单位量词{两$_{10}$}(包含两个相同的十二铢)。④由{两$_1$}"对称配置的二马"中"二马"的语义特征, 引申泛指其他两件事物或两个人，于是产生 {两₁₁}；或一件事物同时兼具的两个方面，于是有 {两₁₂}；{两₁₂} 进一步虚化则派生出表示"双方都"义的指代性副词 {两₁₃}。⑤共驾一车的二马对称并列，故由 {两₁} 引申指两物势均力敌，派生出表示"等同、匹敌"义的 {两₁₄}；从"二马对称并列"的语义特征出发，还产生一种特殊用法：把处于不对称并列状态的马排列整齐，这就是出现于《左传》中的 {两₁₅}。

由此可见，从记录 {两₁} 到记录 {两₁₅}，"两"字的职能逐渐扩展，这个职能扩展的过程到魏晋时期已经基本完成。"两"字之所以能够用来记录 {两₁} — {两₁₅}，是因为这些词项互为关联，具有内在的引申或派生性血缘关系。如图 3 所示。

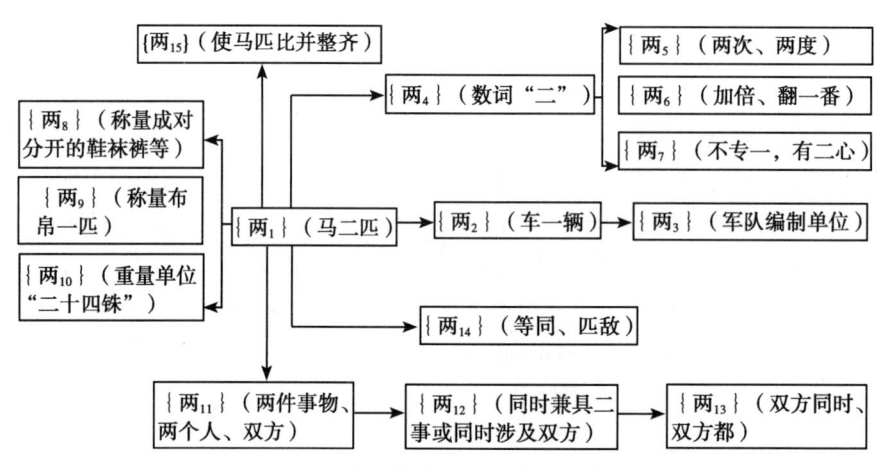

图 3　"两"字所记各词项引申、派生关系图

2. 借用扩展

"两"字还分别记录过 {魍魉} 和 {伎俩} 的第二个音节，这属于职能的借用扩展。前一种用法出现在西汉以前，后一种用法见于南北朝以后。文字借用以同音或音近为条件，所记录的语言单位可以是词项（音义结合体），也可以是纯音节。"两"字的借用职能只见记录音节。

（二）"两"字职用的缩减

通过兼用、借用极大地缓解了汉字与汉语的矛盾，不须为每个语词都专造一个新字记录。但随着记录职能的不断扩展，"两"字记录的语词过多，常给交际带来误解歧义。例如：

(78) 布缕八斤，绵十两，靴六两，……叠缕卅两。（《哈拉和卓99号墓文书·高昌某家失火烧损财物帐》）

(79) □一□，履一两，缟一两，不一两，……县官帛布一两，七斤。（《居延汉简》卷三）①

---

① 该例转引自刘世儒《魏晋南北朝量词研究》，中华书局1965年版，第201页。

其中的"两"有的表示一双，有的表示一匹，有的表示重量，有的也可能表示长度，它们在字形上没有区分，都由"两"字记录，这样势必造成理解的障碍。于是语言文字要求表达清晰的规律开始起调整作用，往往会通过新造字形或借用其他字形来分化和减少"两"字繁重的记录职能，这就是汉字职能的缩减。

汉字职能缩减可能是所记词项数的减少，也包括记录同一词项使用频率的降低。除了个别语词消亡外，所谓"减缩"并非针对整个汉字系统而言，因为整个汉字系统的职能要与语言系统相对应，是无法减缩的。单个字符减缩后的职能往往会被其他字符（借用的某字符、原字符的分化字、新造字等）承担，所以就总体而言是通过字符职能的调整以达到新的平衡。

如上所述，"两"字总体上至少有 17 种使用职能，但这些职能并不是全都同时共用的，伴随某些职能项的扩展，也随时会有另一些职能的减缩，现代我们看到的"两"字常用功能只记录三个词项（量词、数词、副词），其他职用就是在历史的不同时期被减缩掉了。

1. "两"字原记的某个词项消失

汉字职能的发展变化不仅受文字自身发展规律的制约，也受汉语词汇系统发展演变的影响。如果词汇系统中某个词项消亡，记录它的字符就不再具有这项职能，如随着军事制度的变迁，秦汉后表示军队编制单位的 {两$_3$} 已经消失，那么"两"字也就不再记录 {两$_3$}，等于"两"字在原来基础上减缩了一项职能。语词的历时更替也是导致原字职能减缩的一个途径，如衣物量词 {两$_8$} 产生于《诗经》时代，明清时期彻底被量词 {双}{条} 取代，"两"字记录该词项的职能也就消亡；布帛长度单位 {两$_9$} 产生于西周消亡于魏晋，隋唐以后除极个别仿古文献已很难看到"两"字记录该词项。再如"两"字记录的 {两$_6$}（加倍、翻番）、{两$_7$}（不专心、三心二意）、{两$_{15}$}（使马匹比并整齐）等弱势词项都只有短暂的历史，只有少数用例出现于某个时期，后代未见新用例，实际上已经消亡，因而"两"字也不再具有这些职能。

2. 造新字分担"两"字的记录职能

从汉末魏初开始，陆续开始为"两"字记录的不同词项造增旁分化字分担"两"字的某些记录职能，有的分化字完全取代了"两"字某项记录职能，有的分化字与"两"字共同分担某项记录职能。

A. 增旁分化"緉""鞆"分担词项 {两$_8$}

东汉末年增"糹"旁造"緉"字分担量词 {两$_8$}。《说文》："緉，履两枚也。……从糹从兩，兩亦声。"据此"緉"字构意可以理解为成双成对的丝织物，专用来记录 {两$_8$}①。"緉"字产生的目的应该是为了分化"两"字的这项职能，但实际上分化没有

---

① 《说文》还有"緉，……一曰绞也"的解释，那个"緉$_2$"可以看作记录量词 {两$_8$} 的"緉$_2$"的同形字。"緉$_2$"训为"绞也"可能源于扬雄《方言》："緉，音两。繾，音爽。绞也。谓履中绞也，音校。关之东西或谓之緉，或谓之繾。绞，通语也。"戴震《方言疏证》："朱骏声《说文通训定声》：'緉，绳单曰纽，两股曰繾，亦曰緉。'是'緉'谓两股相交之绳，特指'履中绞'。"表两股相交之绳义与称量鞋子的量词义相差较远，二者应是形体的偶合。

完全成功，文献中"緉"字记录{两₈}的用例较少，占绝对优势的仍是使用"两"字。例如：

(80) 今致龙虎组缇履一緉。(秦嘉《与妇淑书》)
(81) 并献文履七緉，袜百副。(曹植《冬至献履袜颂表》)

唐五代以后除"緉、两"字记录词项{两₈}外，又新造异体字"鞅"来记录，同时还借用"量"字来记录（见下文）。这几个字长期共用，频率分布仍以"两"占优势，相沿至明清。"鞅"的用例如：

(82) 曾于讲堂阶上临阶而立，取鞋一鞅以臂夹，令有力者后拔之，鞋底中断，博通脚终不移。(《朝野佥载》卷六)
(83) 又买内乡新麻鞋数百鞅。(温庭筠《干䐶子》)
(84) 凡娶妇之家，先下丝麻鞋一鞅，取其和鞋之义。(马缟《中华古今注·麻鞋》)

"緉""鞅"在记录{两₈}的功能上虽然没有能够完全取代"两"字，但无疑降低了"两"字记录{两₈}的频率，也可以算作"两"字职用的一种减缩。

B. 增旁分化"辆"分担词项{两₂}

为分担"两"记录车辆单位{两₂}的职能，南北朝时为该词项专造"辆"字记录，但并没有立即取代，而是长期与"两"字共用，明清时期"辆"字才占据使用优势，到现代汉语中"两"字的该项职能已彻底转让给了"辆"字。

(85) 及碑始立，其观视及笔写者车乘日千余辆，填塞街陌矣。(《水经注》卷16)
(86) 镇西将军厚追击之，获其辎重千余辆，士女六千余人。(崔鸿《十六国春秋》明万历刻本)
(87) 四月，乙连饥甚，段辽以车数千辆，输乙连粟，兰勃要击获之。(崔鸿《十六国春秋》明万历刻本)

对于"辆"字的产生时代，略有争议。林宛蓉据例(88)以为睡虎地秦简已产生"辆"形①，复核原简秦律十八种第130支简作"两"形，当是引用释文不当所致错讹。也有学者据例(89)以为居延汉简即已产生"辆"形，但居延汉简记录量词{两₂}50多例无一例外均作"两"字，传世文献《史记》《汉书》也无"辆"字用例；若秦汉确已分化，何以《说文解字》收录"緉"形未见"辆"字，更不应在南北朝中期以前如此

---

① 林宛蓉：《殷周金文数量词研究》，硕士学位论文，东吴大学（台湾），2006年。

长时期内中断，此"辆"字恐别有解释而非用于记录车辆单位①。而我们在北魏《冠军将军妻刘氏墓志》："桃夭有时，百䩆（辆）于归"发现"䩆"字，该字当为"辆"字的省写，至此我们可以推论"辆"字的产生约在南北朝时期或以前。②

(88) 一脂、攻间大车一两，用胶一两、脂二锤。（《睡虎地竹简·秦律十八种·司空》130）

(89) ☐☐☐贾不四百，车辆折轴一。（《居延汉简》136.26）

C. 增旁分化"裲"分担词项 {两$_4$} 中 {两当} 一词的记录职能

隋唐以前，前当胸后当背类似今背心的衣物都用"两当"记录，隋唐开始增加"衣旁"分化出"裲"字记录其中的语素 {两$_4$}，文献中虽仍可见"两"字记录的用例，但出现频率已经大为下降，比例以"裲"字为胜。

(90) 直阁将军、诸殿主帅，朱服，正直绛衫，从则裲裆衫。（唐代杜佑《通典》）

(91) 右自清游以下诸卫将军，并平巾帻，紫裲裆，大口葱，锦縢蛇金隐起，带弓箭横刀。（《大唐开元礼》）

D. 增旁分化"挵"分担词项 {两$_{15}$}

前文已述《左传·宣公十二年》："御下两马，掉鞅而还"中"两"字记录 {两$_{15}$}（使马匹比并整齐），有的版本"两"字写作"挵、㮒"，"㮒"字《玉篇》（元刊本）、《广韵》《集韵》都有收录，释作"松脂"，《正字通》："㮒，檩字之讹，旧注松脂，训同"，足见"㮒"与车马无涉，而在用字史上"木"旁"手"旁因形近发生讹混，文献往往而是，有的版本作"㮒"，当是与"挵"字讹混的结果。"挵"字则是基于 {两$_{15}$}（使马匹比并整齐）增手旁分化的字形。因诸家训释均拘泥杜注孔疏，《汉语大字典》"挵"条袭用旧说释作"整饰"，当予以修订。但这个字形并没有新的用例，为了一个用例而造一个专字，与其说是"分化"，毋宁说是为了凸显动作意义。

E. 增旁分化"魉""蜽""俩$_1$"字分担"两"借记纯音节的职能

"两"字被当作语音符号借去记录他词，扩展了"两"字的职能，后世往往将"两"作为表音构件与某个表义构件组合起来，另造专用新字取代"两"字的借用职能。如"蜩蜽""魍魉"中的第二个音节秦汉以后用"两"字记录的频率下降，"伎俩$_1$"的第二个音节唐宋以后用"两"字记录的频率也大为下降。"两"字的职能相应得到减缩。

F. 增旁分化"俩$_2$"字取代"两"记录 {两个人} 的职能

清代中叶开始，随着 {两个人} 从 {两$_{11}$} 中变音分化出来，原来"两"字记录

---

① 刘世儒：《魏晋南北朝量词研究》，中华书局1965年版，第183页。
② 北魏《冠军将军妻刘氏墓志》所见材料是收入本集时增补的例证。

{两个人}的职能被新造分化字"俩₂"取代。"俩₂"(liǎ)与"伎俩"的"俩₁"(liǎng)应看作同形字,它们记录的是音义不同的不同词项。

(92) 原来是假温柔,我今奉劝你把冷性儿拿回,看奴的行为,重叙佳期,咱俩交情更比从前分外厚。(《白雪遗音》卷一,马头调岭儿调)

(93) 今见兄弟撒起泼来,一面竭力抵挡,一面嘴里说:"你打死我罢!"起先他兄弟俩斗嘴的时候,一众家人都在外间。静悄悄的不敢则声。(《官场现形记》)

(94) 小金子道:"不瞒三爷说,我们俩今儿都有客。"只听陶三爷把桌子一拍,茶碗一摔……(《老残游记》)

3. 借字分担"两"字的记录职能

在《五里牌楚简》11-1"□屦三良,鞁屦"中便出现借用音近字"良"分担"两"字记录鞋袜单位的用法,刘国胜先生指出"良、两"音近可通,"三两"也就是"三双"。① 汉魏之际开始借同音字"量"记录词项{两₈},《匡谬正俗》曰:"或问曰:今人呼屦、舄、屐、履之属,一具为一量,于义何邪?答曰:字当作两;诗云'葛履五两',相偶之名,屦之属二乃成具,故谓之两,两音转变,故为量尔。"

(95) 操一量不借,挂屋后楮上。(应劭《风俗通义·怪神》)
(96) 并遗足下贵室错彩罗谷裘一领,织成鞾一量。(曹操《与太尉杨彪书》)

魏晋南北朝借字"量"取代了"两"字的优势地位记录量词{两₈},在吐鲁番出土文书中俯拾即是,致使"两"字记录的频率大为下降。借用"量"字一方面是因为"两"字记录职能过于繁重,加之魏晋南北朝社会动荡,国家对社会用字缺乏有力的规范,"量"字较为常见且易于书写,以致专造字"緉"未能广泛行用。

(97) 绛地丝履一量。(阿斯塔那305号墓文书缺名衣物疏1—5)
(98) 帛絓袜一量。(阿斯塔那305号墓文书缺名衣物疏2—4)
(99) 或有诣阮,见自吹火蜡屐,因叹曰:"未知一生当着几量履!"(《世说新语·雅量》)

宋元时期"辆"字被大量借去记录量词{两₈},用例频繁,借字"量"除在一些刻意仿古的诗文中偶有存用外,已呈消亡趋势。此后因量词{双}{对}开始大规模使用,成为计量成双成对事物的主要量词,"两"字记录{两₈}的使用频率急剧下降,到明清已很难看到用例。

(100) 安州土出丝履,敬立赍十数辆,散甥侄。竞取之,唯义独不取。俄而所

---

① 此则材料系收入本集时所增补。

余之一辆，又稍大，诸甥侄之剩者，义再拜而受之。（《太平广记》卷二百四十三治生）

（101）又令小儿拾破麻鞋，每三辆以新麻鞋一辆换之，远近知之，送破麻鞋者云集，数日获千余量。（《太平广记》卷二百四十三治生）

（102）归去后，安排着，一辆麻鞯，定期踏遍名山。（《松隐集》卷四十）

战国至今，"两"字记录重量单位 {两₁₀} 在历史上始终占绝对优势，但个别时期也出现借用"量"字来记录词项 {两₁₀} 的现象。

（103）粟三硕，张兵马使买银一量打椀用。（敦煌籍帐文书·净土寺直岁愿达牒）

（104）黄麻陆斗，高孔目入熟铜肆量造佛焰用。（敦煌籍帐文书·净土寺直岁愿达牒）

经过上述职能减缩，现代的"两"字只剩下三项常用职能：①记录表数二的数词 {两}；②记录重量单位词 {两}；③记录"两败俱伤"的副词 {两}。

五 "两"字职用总结

综上所述，"两"字的职用及其演变情况可用下表展示。

表1　　　　　　　　　　"两"字职用一览表

用字(相关字)	记录词项	义值	音义关系	使用属性	字际关系	殷商	西周早	西周中	西周晚	战国	秦汉	魏晋南北朝	唐宋	元明	清	现代
两	{两₁}	马二匹	本义	本用		+	+									
两	{两₂}	车一辆	由{两₁}引申	兼用	源本字	+	+	+	+	+	+	+	+	+		
(辆)				本用	分化本字								+	+	+	+
两	{两₃}	军队编制单位	由{两₂}引申	兼用			+	+								
两	{两₄}	数词二	由{两₁}引申	兼用	源本字					+	+	+	+	+	+	+
(裲)				本用	分化本字								+	+	+	+
两	{两₅}	两次、两度	由{两₄}引申	兼用								+	+	+	+	
两	{两₆}	加倍、翻一番	由{两₄}引申	兼用						+	+	+				
两	{两₇}	不专一、三心二意	由{两₄}引申	兼用						+						

续表

用字(相关字)	记录词项	义值	音义关系	使用属性	字际关系	殷商	西周早	西周中	西周晚	战国	秦汉	魏晋南北朝	唐宋	元明	清	现代
两	{两}₈	称量成对分开的鞋袜裤等	由{两}₁引申	兼用	源本字		+	+	+	+	+	+				
(緉)				本用	分化本字							+	+	+	+	
(緉)				本用	分化本字							+	+	+		
(量)				借用	借字							+	+			
(辆)				借用	借字							+	+			
(良)				借用	借字					+						
两	{两}₉	称量布帛一匹	由{两}₁引申	兼用			+	+	+	+	+	+①				
两	{两}₁₀	重量单位二十四铢	由{两}₁引申	兼用	本字					+	+	+	+	+	+	+
(量)				借用	借字							+				
两(俩)₂	{两}₁₁	两件事物、两个人、双方	由{两}₁引申	兼用	源本字					+	+	+	+	+		
				本用	分化本字										+	+
两	{两}₁₂	同时兼具二事或同时涉及两方面	由{两}₁₁引申	兼用						+	+					
两	{两}₁₃	双方同时、双方都	由{两}₁₂引申	兼用						+	+	+	+	+	+	+
两	{两}₁₄	等同、匹敌	由{两}₁引申	兼用						+	+	+	+	+	+	+
两	{两}₁₅	使马匹比并整齐	由{两}₁引申	兼用	源本字					+						
(挮)				本用	分化本字								+			
两	记录{魍魉}中的第二个音节	同音，义无关		借用	借字					+	+					
(魉)				本用	后起本字							+	+	+	+	+
(蜽)				本用	后起本字							+	+	+	+	+
两	记录{伎俩}中的第二个音节	同音，义无关		借用	借字								+	+	+	
(俩)₁				本用	本字								+	+	+	+

　　上表完整反映了"两"字职用从古到今的情形。以本用为起点，通过兼用和借用的方式，"两"字职能先后扩展到 17 项之多；又由于某些词项的消亡，另造新字的分化，借用他字调整等，"两"字的职能也在随时减缩，真正共时使用的职能并不太多，如最多的魏晋时期，共时使用的职能也只有 11 项，其中还有 6 项的使用频率极低，这是因为字词关系总体上要求对应明确，表达清晰。发展到现代只剩下 3 项主要职能，这 3 项职能在历史上一直处于优势地位，所以能够比较稳定地传承下来。

　　个体字符产生之初，其职能应该是单纯明确的。后来在使用过程中职能或增或减，往

---

① 仅见于个别文人用典文献中，可不计。另表中涂色部分为以相关字分化"两"字记录职能的情形。

往出现复杂曲折的变化。这种变化是语言和文字辩证互动的结果。由于语言的繁衍派生，新事物的层出不穷，理论上说词项的增益是无止境的，而汉字的字种不能无限制地增加，所以利用既有字符来兼记或借记新生词项就成为字符职能扩展的必然；但到了一定程度，当某字的记录职能扩展得过于繁重开始影响文献阅读的准确性时，文字系统就会进行内部调整，开始采取增旁分化、另造新字、借用他字等方式来分担原字的某些记录职能。还有当文字本身发生变化不能准确或明显地反映语言时，也会对文字进行改造或重新调整字词关系。这些应该属于总体规律，在"两"字的职用演变史上得到了具体验证。先后跟"两"字职用演变发生直接关系的字有"辆""緉""鞆""蜽""魎""俩$_1$""俩$_2$""挧""裲""量"等，这些字种有的取代"两"字独立记录某个词项或某个音节，使"两"字原来的职能项别减少，有的在某个时段跟"两"字共用，只起到减少"两"字某项职能使用频率的作用。

汉字超语符功能论析[①]

通常认为文字是记录语言的符号，记录语言是文字存在的唯一理由，所以文字是语言的翻版，语言是第一性的，文字是第二性的，文字符号只有转换为对应的语言符号才能表达意义（索绪尔，1996：50—51）。这就是说文字只有语符功能。但实际上文字还具有超语符的功能，至少汉字是如此。汉字的"超语符功能"不是指汉字本身的形体和结构在造字环境下的构意和文化义，而是指在使用状态下的具体语言环境中表达了某些超出语言中对应符号的内容，也就是语符链中的汉字含有相应语符无法传达的某些信息，这些信息不是来自语言符号，而是源自汉字的形体，所以我们把它称为"汉字的超语符功能"。本文将分别不同情况，比较系统地探讨"汉字超语符功能"的运用形式、表达效果和功能理据。

一 利用汉字构件表达超语符信息

汉字是由构件组构的一套符号系统，反过来说，汉字也都是可以按照构件功能来分解的。在构字的层面分解构件，其功能是内含的，只跟全字对应的语符相关，而不能作为独立的字符表达或记录语符，因而构件理论上应该属于造字或析字系统，不属于用字或语符系统（李运富，2012：138—158）。但是由于汉字构件功能的可解释性，加上许多构件可转化为成字，所以在汉字的实际使用过程中，组成汉字的构件有时会被有意地当作"字符"来发挥作用，这时的构件并不等于造字的构件，构件的功能也不再是担当参构字的理据。这种具有语意表达层面功能的构件通常有两种表现形式，一是构件隐含在语符链的字符中，二是构件转化为字符明显地串在语符链中，它们的作用都不是直接表达相应语符的意义。

（一）构件隐含在字符中表达超语符信息

汉字记录语言是以全字为单位的，如汉字符号"某"记录语言符号｛某｝，因而汉字"某"能够表示汉语｛某｝的音义信息。但有时汉字"某"除了整体表示汉语｛某｝的

[①] 本文为国家社会科学基金重大项目（13&ZD129）相关成果。提交2015年4月由北京大学举办的"源远流长：汉字国际学术研讨会暨AEARU第三届汉字文化研讨会"，后被收入《源远流长：汉字国际学术研讨会暨AEARU第三届汉字文化研讨会论文集》，北京大学出版社2017年版。署名李运富/何余华。

对应信息外，还可能通过某个构件的功能显示语言中仅凭｛某｝感知不到的信息，也可能完全不用｛某｝的语符义而只取"某"字内部的构件义。

1. 全字表达语符义而构件暗示语境义

在早期的古汉字中，经常可见多个字形记录语言中的同一个词，但不同的字形由于构件不同可以用来区别词在具体语境中的不同所指，而语言中的词是没有意义差别的，所以这种汉字比它对应的语言符号表义更具体更丰富，溢出了语言符号的功能。与田猎及牲畜有关的卜辞中就大量存在这类现象（刘兴林，1994），它们多以某个表义构件作为基础构件，在不同的语境中根据涉及对象的不同换用不同的构件，从而产生具有专指意义的异体字。这些异体字共同记录着汉语中的某个词语，这个词语作为语言符号的意义是相同的，而由于用字不同，字中的不同构件往往能够显示具体语境中与这个词语相关的不同主体或不同对象的信息。如语言中的语词｛牧｝只能表示抽象的"放养牲畜"义，至于放养的是什么牲畜，就得根据语境的实际情况去判断了，但甲骨文中记录语词｛牧｝时，却通过构件不同的字形来显示这个语词无法确定的信息，用从牛的 ✲ 形表示放养牛，用从羊的 ✲ 形表示放养羊，用从马的 ✲ 形表示放养马，对象信息非常清晰。记录词语｛逐｝表田猎追逐义时，甲骨文也存在从豕 ✲、从犬 ✲、从鹿 ✲、从兔 ✲ 等不同形体，它们最初也具有区别不同田猎对象的功能，后来才逐渐同用，混而不别，并最终选用"逐"一个字形来对应｛逐｝，构件的区别对象的功能不复存在。再如同是记录捕鱼义的语词｛渔｝，卜辞中根据捕鱼方法的差异也有不同的形体，如 ✲、或 ✲ 形。字符"牢""陷"（臽）、"牝"、"牡"、"祭"等在甲骨卜辞中也都存在类似的情况，大都经历了"以形别义—混而同用—优选某字"的演变过程。

其实现代汉字也有这种情况，如"他、她、它、牠"共同记录汉语中的第三人称｛tā｝，并未分化成不同的词，而书面上看字形我们却能区分"他"字表达的是男性第三人称，"她"字记录的女性第三人称，"牠"字用来指称动物，"它"字用来指称事物。同样，第二人称代指｛nǐ｝的性别也可以通过字形来区分："你"指称男性，"妳"指称女性。这种区别作用是它们对应的语言符号所不具备的。

据说纳西族的东巴文中也大量存在字形随语言环境而变化的情形（邓章应，2009），如记录语词｛放牧｝，当语境中的放牧对象为牛时，从人执杖牧牛作 ✲，当放牧对象为羊时，从人执杖牧羊作 ✲；记录语词｛劈砍｝，根据所劈对象的差异，劈砍对象是土地时作 ✲，劈砍对象是人时作 ✲，劈砍对象是树木时作 ✲，分别写作不同的形体；记录语词｛躲避｝，根据躲藏处所的不同，躲于岩下写作 ✲，躲于箩下写作 ✲，躲于树下写作 ✲。这种字形用不同的构件表示不同的语境意义，不是对应语言符号的常规语言意义。

2. 全字表达语符义而构件暗含言外义

这种情况有时是为了某种特殊的需要，把原来记录某个语词的用字加以改造，使其在记录这个语词的同时，通过新的构件组合暗含着该词意义之外与语境无甚关联的某种意义。据史书记载，唐朝武则天当皇帝时先后新造过17个字，包括"曌"（照）、"𠁈"（君）、"㤚"（臣）、"圀"（国）、"𤯔"（人）、"𡔈"（初）、"𠡦"（年）等。这些词语本来都有通用的对应字符记录，武则天为什么还要另外造字呢，显然不完全是为了记录语言，而是想赋予这些字符某些语言之外的含义，这些言外之意就是通过新的构件及其组合例如武则天姓武名｛照｝，对应的"照"字从火昭声，昭又有明义，原来的造意也没有什么不好。但武则天想让世人知道，女人跟男人一样能当皇帝，君临天下的不应该只是男人，于是把记录自己名字的"照"字改造为"曌"，以体现她的这种深刻意图：日月当空照，日代表阳，象征男人，月代表阴，象征女人，日月（男女）地位是平等的。后来骆宾王写《为徐敬业讨武曌檄》，檄文中故意把"曌"又改造为"瞾"，"瞾"字上部从"瞿"省，《说文解字》："瞿，鹰隼之视也。"不由得使人想起夜鹰那两只可怕的眼睛：ᴗ✺。显然这个字改为鹰眼当空，意在比喻武则天像鹰瞿一样凶残可怕，暗示这样的残暴统治应该推翻。再如"国"字原本外囗内或，外义内声（古文字"或"同"域"，可看作会意），构意也十分清晰，可武则天听信人言，以为"或"与"惑"形音皆近，国内迷惑而不祥，于是另造"囧"，表示八方土地都属于武氏天下。另据传说，还有人建议武皇帝把"国"字改为"囻"，以显示整个天下都是武家的；后又有人说"囻"字暗含武困囗中意，犹"囚"字的人困囗中，大不吉利，于是献"囻"字者遭到斩首。其他武氏新字也大都在表词之外暗含某种特殊的寓意，如"君"（䛜）暗含"天下太平"或"天下大吉"意，"臣"（恖）暗含"忠于一人"意，"人"（𤯔）暗含"一生一世"意，"初"（𡔈）暗含"天下光明普照人间大地"意，"年"（𠦚）暗含"千千万万"意。这些寓意尽管比较隐晦，也不是语境中必需的，但只要留心观察字形包含的构件（有些构件稍有变形或共笔），就能体会出造字者和用字者的意图，因为这些主观"会意"式的构件组合跟"地"（埊）等具有客观理据性的构件组合会意是不一样的，它带有造字和用字者的主观愿望。

民间有许多新造俗字，有的可以用于某些特殊场合，如商场里经常见到的"小心弄手！"，其中的"弄"正字作"扒"，因为人们骂小偷为三只手，改为"弄"字，更能警醒人们提防"三只手"。又如"喜"字在结婚时往往写作"囍"，也是为了体现双喜临门、好事成双的心理和愿望。这些字在使用时也不仅仅是为了记录｛扒｝｛喜｝等语符，其暗含的言外之义一般并不难体会。

还有不少地名、人名、商店名的用字，也往往在名称之外暗含着字形构件的某些意蕴。例如今河南洛阳因地处雒水之北，战国时名作"雒阳"。秦时盛行五行学说，秦始皇按"五德始终"推理认为周朝属火德，秦灭周当属水德，于是改"雒阳"作"洛阳"，该"洛"字与《说文解字》所释陕西北部河名用字"洛"同形。东汉光武帝定都洛阳后，认为汉尚火德，应忌"水"，故复用"雒"字。事见《三国志·魏书·文帝纪》裴松之注引鱼豢《魏略》："诏以汉火行也，火忌水，故'洛'去'水'而加'隹'。魏于行次为土，土，水之牡也，水得土而乃流，土得水而乃柔，故除'隹'加'水'，变'雒'为'洛'。"《汉书·地理志》颜师古注："如鱼氏说，则光武以后改为'雒'字也。"晋张华《博物志·地理考》亦载其事。今按，"雒"为鸟名，连"阳"无所取义，可谓"不辞"。如若同音假借，从"各"得声者众，何以选用"从隹各声"的"雒"呢？其实用"雒"正是取与"隹"相关的"火"意，因为五行南方属"火"，而南方的神物标志正是"朱雀"，俗称"火鸟"。本来也可以改用"烙"字的，但那太显白，不含蓄。同样的因为避凶求吉，到曹魏黄初元年，"雒阳"又改回了"洛阳"。可见汉魏统治者更换"洛""雒"的用字,并非表示语言中的地名有什么不妥,而是迷信五行相生相克,借助字中的构件"水"和"隹"(火)以赋予有利于本朝命运的寓意。

再如中国人给小孩取名前往往要先算命,如果说命中缺水,那名字中一定会放上"淼"之类含有构件"水"的字;如果说命中缺火、土、金、木,那也一定会取个"焱""垚""鑫""森"之类含有相应构件的名字。命名用字除了寄寓五行相生的意思外,还可以蕴含其他许多美好的愿望,如人名中常用到的"喆"字,本是"哲"的异体字,但因其包含两个构件"吉",除了标记音义外还能传达出父母希望孩子一生吉祥如意的愿景。有个卖鱼的商铺取名叫"晶晶众鱻鑫","晶晶"是店主的名字,"众鱻鑫"是鱼店的名字,合起来除了记录相应语词的音义而成为店名外,显然还能传达出名称之外的某些寓意,即这些字中的构件暗含着店主的愿望:每一天都有很多人来店里购买新鲜的鱼从而让店主赚得很多的金钱。这些含义当然不是名称本身表示的,而是文字的构件透露的(六个"日"、三个"人"、三个"鱼"、三个"金")。

3. 全字表达语符义而构件具有烘托义

这种情况主要见于利用字形做成的对联。某些对联除了音义语法的对仗外,字形之间的构件互有关联,彼此呼应,往往还能烘托出某种特殊意趣,通过形体视觉的感受加深读者的印象。例如:

(1) 烟锁池塘柳,炮镇海城楼。
(2) 泪洒湘江流满海,嗟叹嚎啕哽咽喉。
(3) 浩海汪洋波涛涌溪河满注,雷霆霹雳霭雲雾霖雨雰霏。
(4) 远近达道逍遥过,进退连还运遇通。

例(1)据说是关于镇海楼的一副绝对,字符除了紧扣海边炮台写意外,更以上下联字符的构件中依次包含"火、金、水、土、木",从而传达出语言之外的内容,海边炮台为"五行"铸就,具备五种元素,所以固若金汤。例(2)至例(4)则是上下联字符以同样的偏旁部首配成,目的在表义之外借相同的构件营造意境,增加视觉冲击感。如(2)是一位文人祭奠投江而死的屈原写下的诗句,上联七字都包含表义构件"氵(水)",让人联想起屈原投江和作者赋诗时因悲痛而泪流成河,下联七字都包含表义构件"口",作者赋诗时而号啕大哭、时而泣不成声的场景跃然纸上。例(3)是某地的海神庙悬挂的对联,以满眼的"氵(水)""雨"传达出海神司雨的职能,也寓意百姓祈求海神保佑风调雨顺。(4)是流传至今的车马店的名联,全部字符包含有构件"辶",既是车马店功能的写照,更给人以强烈的视觉冲击,寓意路路畅通、马到成功。

4. 全字虚表语符义而构件表实际义

有时用某个字,字符所代表的语言意义是虚的,作者实际表达的意义暗含在字符的构件上,构件的意义往往也并非构字的原义,而是用字者特意关联或特意赋予的,需要"智慧"才能理解,所以也常带有调侃和开玩笑的智巧意味。例如:

(5) 人饷魏武一杯酪,魏武啖少许,盖头上题"合"字,以示众。众莫能解。

次至杨修，修便啖，曰："公教人啖一口也，复何疑？"（《世说新语·捷悟》）

（6）嵇康与吕安善，每一相思，千里命驾。安后来，值康不在，喜出户延之；不入，题门上作"鳳"字而去。喜不觉，犹以为忻。（《世说新语·简傲》）

（7）传说和珅家里修造了一间亭子，想要大学士纪晓岚题字。纪晓岚灵机一动题了"竹苞"二字，和珅乐不可支，以为出自《诗经·小雅·斯干》："如竹苞矣，如松茂矣"。谁知有次乾隆皇帝驾临和府，看到题字后，哈哈大笑，说："这是纪晓岚嘲笑和爱卿家里不学无术，个个草包啊！"

对于例（5），一般人会从全字的语符义考虑，苦思冥想曹操写的"合"字与该字对应的音义是什么关系，殊不知，曹操是将想要表达的语意暗含在"人一口"三个构件上，并将"人一口"组合成"合"字，杨修的过人之处在于将字符分拆成构件来理解其意，尽管"人一口"并非"合"的客观构字理据，但却符合曹操的用字之意。例（6）"鳳"字包含"鳥""凡"两个构件，嵇喜不懂分拆字形构件，将吕安"凡鸟"的骂人话反当成是赞语，此处"鳳"字原本记录的｛百鸟之王｝的音义只是表面的虚设，用字者所要传达的实际信息放在将字符分拆以后的构件里。例（7）纪晓岚所要表达的实际信息不是"竹苞"二字对应的语符音义，而是暗含在字符构件上的音义"个个草包"。可见出于特定的修辞目的，字形表面上表示了一定的语言意义，说话人真正要表达的却是隐藏在字符构件中的言外之意。这种超越字符语言意义的表达方式，一方面可使表达含蓄委婉、风趣幽默，尤其像例（6）"凡鸟"、例（7）"个个草包"的骂人话经过字符表面的掩饰，绵里藏针、不温不火，嘲讽效果更加突出；另一方面可使汉字的运用富有趣味性，显现出用字者高超的智慧和极富魅力的表达能力。

全字虚表语符义甚至可以虚到完全不表，而纯粹通过构件的重新分析来表达跟字符对应的语符之外的新义。例如：

（8）她勇敢地问："喜欢我吗？"他回答了，但没有声音，也没有言语，只做了一个"呂"字。（周立波《山乡巨变》）

例（8）中的"呂"字与它通常所记录的语言符号｛呂｝（表姓氏或古代乐律名称）没有任何关联，这里只是利用"呂"字的形体结构"口对口"传达出男子亲吻了女子的意思，语句"只做了一个'呂'字"可以换说成"只做了个亲吻的动作"或"只吻了她"，但就表达的委婉含蓄，留给读者的想象空间而言，与用"呂"字表达相差甚远。

这种用某字而并不记录相应的某词，仅取字形构件表示词外之意的现象在现代的网络语言中异军突起，比较常见。如"槑"（méi）字，《集韵·灰韵》："梅，古或作槑"，表示的是语言中的梅树梅花义，可在网络"槑男槑女""槑完槑了"等表达中，"槑"不是｛梅｝的字符，也没有对应的语言单位，而是由该字并列的两个"呆"构件，想象出很呆很傻、比呆还呆的意思。再如把"天"（天）分解为"王八"两个构件用来骂人，把"炗"（音 yín，光明）按照"开火"想象，在网络游戏中表示"遇强则强，斗志昂扬，热血沸腾，你越厉害我越要找你挑战，希望在竞争或对抗中一比高下"等无法跟语符对应的超语言意义，都属于这种情况。

（二）构件串连在语符链中表达非语符信息

上面所说的构件都处于字符内部，没有在语符链中独立出现，所以构件不对应语符，其表意功能是暗含的，需要读者根据文化背景或者语言环境去体会。如果本来属于某个全字的构件却被当作字符在语符链中出现，那按理应该记录了语符义，但实际上也有不表示语符义或者表面上有语符义而实际所指属非语符义的情况。这种情况大都带有游戏性质，不同于日常的语言表达。

1. 构件字符和由构件组合的全角字符在语句中共现

这种情况多见于利用字形离合关系做成的对联中，对联表面有完整的语义表达，而其中暗含着某些字符的构件离合，所以也有很强的形体智趣享受。例如：

(9) 鉏麑触槐，死做木边之鬼；豫让吞炭，终为山下之灰。
(10) 冻雨洒窗，东二点，西三点；切瓜分客，横七刀，竖八刀。
(11) 二人土上坐，一月日边明。
(12) 人曾是僧，人弗能成佛；女卑为婢，女又可称奴。

例（9）中的"木边之鬼"就语符义而言是扣住"死"字说的，但同时是前句"槐"字构件的拆分，或者反过来说"槐"是"木边之鬼"的组合。下联"炭"与"山下之灰"的关系同。例（10）中"东二点，西三点"既是对"冻雨洒窗"的实景描绘，同时是对"冻""洒"二字构件的巧妙拆分，"二点"指构件"冫"（冰），"三点"指构件"氵"（水）。同理，"横七刀，竖八刀"既是对"切瓜分客"语意情境的描绘，也是对"切""分"二字形体结构的巧妙说明。例（11）是金章宗和李妃的对联，上联将"坐"字分拆开，既是应景之作，又符合构形理据；李妃倒也机智，将"日、月"组合出"明"，皇帝为"日"，妃子是"月"，月只有在日边才能拥有光辉，暗含的构件义巧妙地应合了当时的人物关系。例（12）是苏小妹和佛印的趣联，表面是讲的事理，暗地里巧含智趣，因为"人曾"组合为"僧"，"人弗"组合为"佛"，"女卑"组合为"婢"，"女又"组合为"奴"，这些构件字和组合成的字都巧妙地镶嵌在句子里，既表语义，又显字趣。

这种离合文字构件形成的对联有时仅仅是为了游戏，并无实际语言价值，但其中总有部分是可以按照语符理解的。例如：

(13) 四维羅，马累骡，羅上骡下罗骑骡；
   八牛朱，犬者猪，朱后猪前朱赶猪。

此例的"四维""马累""八牛""犬者"只是单纯对"羅""骡""朱""猪"四个字的形体拆解，跟作为姓氏的"羅"和"朱"，跟作为动物的"骡"和"猪"都没有语义关联，可见不是语符的组合，但后句"羅上骡下罗骑骡"和"朱后猪前朱赶猪"却是符合逻辑事理的语言表述，后面的语言表述巧妙地呼应了前面的字形拆解。

2. 由构件字符构成语句而相应的全角字符不共现

如果将某字的构件转化为字符构成语符链，而与构件相关的字符却不在语句中出现，那就带有字谜的性质，需要读者用点心思去猜解语句的实际所指。这时语句中的字符表面上记录的是语符，有一个完整的语符链，也有明确的语义，但实际上是在分析某个字的形体，目的在智巧游戏，并没有什么语言价值。换句话说，字谜的谜面往往用某个字中拆分出来的构件（并非造字构件，也包括随意拆分出来的某个部件或笔划）组成语句，目的是为了扣谜底，而不是为了交际需要，所以语句中有些构件字符的功能是超语符的。例如：

(14) 十年枕戈不脱衣。
(15) 见人就笑；有耳听不见。
(16) 夫人莫入；拿不出手。
(17) 给一半留一半；半真半假。

例（14）属"合成谜底法"，由两个以上的构件字符合成谜底字形。谜面"十年枕戈不脱衣"，取其中构件字符"十、戈、衣"组合成谜底"裁"字，"十、戈、衣"对应的语符义跟它们实际表达的作为"裁"的构件也无关。例（15）属于"谜底加字法"，通过告知谜底加上一字所组成的字用以暗示谜底。"见人就笑"，意思是谜底加上"人"构件就成了"笑"字，由此得知谜底为"竺"，句中的"人"表示的并非{人}这个词，而是"人"这个字形，"笑"也不是哭笑的{笑}而是"笑"这个字形。"有耳听不见"是说谜底加一"耳"构件就成为听不见的"聋"，因此谜底应为"龙"字，其中的"耳"也并非语词{耳}，而是指字形"耳"。例（16）属"谜底减字法"，告知一字减去某一构件而得出谜底。如"夫人莫入"意思是在"夫"字的基础上减去"人"构件，得到谜底"二"，句中的"夫人"与其对应的语言符号毫无关联，实际上指的是"夫"字中的"人"形。"拿不出手"这里表示的也不是语符义，而是指"拿"这个字形不出现下部的"手"形，那谜底就是"合"字。例（17）属"离合法"，即先离后合，拆取两个字符中的部分构件组合成谜底。如"给一半留一半"跟给予和留存的语符义无关，实指"给"字的一半形体"纟"和"留"字的一半形体"田"，两个构件组合起来就是谜底"细"字。同样，"半真半假"是取"真"字的一半"直"和"假"字的一半"亻"再合成谜底"值"字。

上述语句中的构件字符并不表示跟字符对应的语符的语义，而是实指字形。由于没有具体语境，属于纯粹的字谜游戏。这种字谜性质的超语符功能也可以构造比较完整的语境，但其中的相关字符仍然指字形而言，不能按照语符的意义去理解。例如：

(18) 千里草，何青青，十日卜，不得生。（汉代民间《怨歌》）
(19) 魏武尝过曹娥碑下，杨修从。碑背上见题作"黄绢幼妇，外孙齑臼"八字，魏武谓修曰："解不？"答曰："解。"魏武曰："卿未可言，待我思之。"行三十里，魏武乃曰："吾已得。"令修别记所知。修曰："黄绢，色丝也，于字为'绝'；幼妇，少女也，于字为'妙'；外孙，女子也，于字为'好'；齑臼，受辛也，于字为'辤'；所谓'绝妙好辤（辞）'也。"魏武亦记之，与修同，乃叹曰："我才不及卿，乃觉三十里。"（《世说新语·捷悟》）

例（18）的"千里草"表面上指茫茫草原上的草，实际上指由这三个字形（草取艹形）组合起来的"董"字；"十日卜"表面上可以理解为连续占卜十日，实际指由这三个字形组合起来的"卓"字。可见作者的这两句话并非要表达"千里草、十日卜"对应的语符意义，而是指字形组合后的"董卓"二字。东汉末年董卓专权跋扈，百姓苦不堪言，但慑于董卓淫威不敢公开反抗，只能用这种离合字形的方式含蓄地表达怨恨。例（19）更为隐晦，要将字面语符义做同义解释，而解释的语句不能再按语符义理解，必须落实到用来组合谜底的构件字形："黄绢"即"有色丝绢"，"色丝"组合为"绝"字；"幼妇"即"少女"，"少女"组合为"妙"字；"外孙"乃"女儿之子"，"女子"组合为"好"字；"齑臼"是"承受辛物之臼"，"受辛"组合为"辤"（辞）字。整个语段的言外之意是字形组合得出的"绝妙好辞"。这种表意方式既不同于正常的字符记词表意法，也不同于构件理据析字法，明显带有游戏的文化意味，应该是先秦就已存在的"隐语"（谜语）文化事象对汉字使用带来的影响。

也有直接将某个字的形体拆分为几个构件字而镶嵌到语句中，这几个字符的功能只是代指被拆的原字，不表达它们各自对应的语符意义。这种情况形式上像字谜，实际上没有字谜的语符义伪装，而是直接把拆分的构件字组合起来就能获得代指的原字。例如：

（20）他们就动手打起来，有的丘八还跑上戏台胡闹。（巴金《家》）
（21）肖队长说："看是谁打八刀，跟谁打八刀。"肖队长说到这儿，笑着加一句："童养媳是不准打八刀的"。（周立波《暴风骤雨》）
（22）张俊民道："胡子老官，这事凭你作法便了。做成了，少不得言寸身。"王胡子道："我那个要你谢。"（《儒林外史》）
（23）我送来一包毒药，夫人可叫心腹丫头给十八子送茶时下在壶里，岂不结果了么？（姚雪垠《李自成》）

例（20）读者看到的字符是"丘八"，但与"丘""八"相应的语符义无关，而是指由"丘八"组合成的"兵"字，所以"丘八"的功能是超语符的。例（21）中的"八刀"是"分"字的拆分，"八刀"作为字符在句中也是代指"分"字而非记录相应语符。例（22）张俊民所要表达的是"谢"，但没有直接说出，而将该字拆分成三个字符"言、寸、身"用到句中代指，听话人在接收信息后，如果仅仅领会"言、寸、身"的语符义是难以理解句意的，必须将"言、寸、身"组合为"谢"字才能准确破译说话人的所指。例（23）中的"十八子"也非语符义"十八个孩子"，而是代指"李"字，"李"又代指"李自成"。

这种拆分字形构件嵌入语句而代指被拆字的用字方法，在当代网络用语中也时常见到。如表达"强"义说成"弓虽",表达"好帖"义说成"女子巾占",多是出于求新求异的心理。这些拆分字形的构件字虽然连贯在语句中,实际上并不表示语符义,而是指超语符的字形,只有将它们组合成原字,才能由原字表达语符义,从而准确领悟说话人的意指。

二 利用汉字外形表达超语符信息

构件是构字单位,不是记录语言的符号,汉字使用中让构件表示出的意义是超语符的。即使全字,如果不表示全字对应的语言单位,而是利用全字的外形来显示某种信息,那也是超语符的功能。利用全字外形表达超语符义的情况主要有两种。

(一) 借字形譬况事物形状

有时虽使用汉字但不记录汉语,也就是跟该字对应的语言符号的音义无关,而纯粹以字的外形譬况某物的形状,这种语境下的字符功能不在记录语言的音义,所以是超语符的。这些用来譬况事物形貌的字,原本并非根据该事物描摹产生,所以跟先民"画成其物,随体诘诎"的造字行为不同,只是现成字形的借用。例如:

(24) 有两只小小山鸡争着饮水,蹬翻了小碗,往青石板上一跑,石板上印上很多小小的"个"字。(杨朔《泰山极顶》)

(25) 但到夜里,我热的醒来的时候,却仍然看见满床摆着一个"大"字,一条臂膊还搁在我的颈子上。(鲁迅《阿长与〈山海经〉》)

例(24)语境中的"个"字与它通常所记录的语符﹛个﹜(通用个体量词,称量单独的人或物)没有任何关系,纯粹是借用"个"字的形体来描摹小鸡的爪印,以字形描摹出事物的外观形状就是"个"字所要传达的超语符内容,所以我们也可以不把这里的"个"当字看,而把原句改写为"石板上印上很多小小的像'个'形的爪印",或者根本不出现"个"而直接说成"石板上留下了很多小小的爪印",所表达的句意大致对当。例(25)中用汉字"大"形来描摹长妈妈伸展开双手双脚、仰面朝天的睡姿,同样能收到形象生动的效果,但这种效果也不是用"大"字通过记录语词大小之﹛大﹜的方式来达到的,而只是借用了"大"字的形体,因为它与长妈妈的睡姿相似。

这两例在语符链中只出现"'个'字""'大'字"的表述,没有点明形体的作用,用字意图比较隐晦。而下面的例子直接说出"某字形",则其取形不取音义的超语符功能更为明显:

(26) 也许是来炸南温泉的?最好还是躲一躲。他站起来,瞧着那排"人"字形的银色飞机,嗡嗡地飞了过来。(老舍《鼓书艺人》)

(27) 克明又进去请了老太爷出来,先是克明一辈的儿子和媳妇朝着他排成

"一"字形，跪下去叩头请安，然后是觉字辈和淑字辈的孙儿、孙女给他拜贺。(巴金《家》)

（28）今将兵分作三阵，亦如"品"字形状，旁两军结阵勿进，待我领中军入战，佯败诱他前追，两军自后截杀，我回军共围而击之，蔑不胜矣！(《海国春秋》)

例（26）借用"人"字的形体描摹飞机飞行时排列出的形状特征，与"人"字通常记录的｛人｝词音义无涉，追求的只是二者形体间的相似性；例（27）借用"一"字的形体来描摹众儿子和媳妇跪拜时所呈现的整齐队形，反映的是客观事物的形状，与语言层面"一"字记录的语词｛一｝无关；例（28）"品"字传达的信息也并非作为语言要素的｛品｝，纯粹是以"品"字形体状摹军队数组的形状。

用字形譬况客观事物形状的时候，字形基本上不记录语言层面的音义，仅仅是基于字形和该事物外表特征的相似性而进行的描摹，目的是在认知事物时通过联想这些汉字的形体以激活整个事物的形状，使读者在最短的时间内产生如见其物的感觉。这种字形表达方式产生的修辞效果要远远高于普通的记词表达方式，能使语言既形象生动、富有趣味，又简洁凝练、干脆利落。如例（25）描述长妈妈的睡姿，也许可以置换成"却仍然看见长妈妈展开双手双脚，仰面而睡，挤占了大半张床的空间"，但读来趣味性、表达的形象性大打折扣，而且语句显得拖沓冗长。

生活中借用汉字形体来描摹事物形貌的例子还有很多，如"丁字牌""一字改锥""一字长蛇阵""工字楼""十字路口""之字路""八字脚""米字格""丁字尺""品字屋""王字花纹"等。能够被借用来描摹事物形状的汉字多数结构较为简单，形体特征明显，少数形体复杂的汉字也能被借用，但外部轮廓的特征也是极为明晰突出的，如"金字塔""国字脸""亞字形栏杆"等。

(二) 借字形关联相似事物的属性信息

现代网络中有些字并不记录实际语符或者开始不记录语符，而是靠字形表达跟字形相似事物的属性意义，有的后来用得多了，人们赋予它固定的音义，才逐渐成为语言中的词。这些字很多都是湮没无闻的古字，研究文字学的专家学者都未必认识，只能在大型字书中找到，因古字形体酷似客观世界中的某种形状，便借用其形体来关联某形状的事物，但并非如上节那样只譬况该事物的形状，而是与该形状相关的意义。借形的过程中实际上对该字符的构形理据进行了重新分析，产生了新的理据意义，随着使用频率的不断增多，便借用旧音赋予新字符，真正开始记录语言，新义与字符原本对应的语言单位没有关联。

例如古字"囧"（jiǒng）同"冏"，是象形独体字，象窗户之形，在古汉语里表示窗户、明亮等义，但长期湮没无闻，是个死字。这个字符在网络语言中的"重生"，是因为"囧"字的形体酷似人在郁闷、尴尬时的面部表情，"八"象人郁闷时的眉眼，"口"象张开的嘴，外部象人脸的轮廓，这样一种脸相能让人联想到"郁闷、悲伤、无奈"等相关表情，所以这个字在网民中不用它记录相应的语符｛冏｝，而用其外形表示与"郁闷、悲伤、无奈"等相关表情的非语符意义。只是使用频繁以后，人们借其旧音，赋予新义，从而成为汉语中的一个新词，"囧"字的超语符功能才又回到记录语符的正轨。

古汉字"冂"（yuán）在网络中也有类似的以形表义的非语符用法。"冂"字古同"圆"，清徐珂《清稗类钞·舟车》："吉林有以巨木刳作小舠，使之两端锐削；底冂弦平者，称曰馘艒。""冂"当是"圆"字在传写过程中形成的俗讹字，在日本被作为货币单位专用字。因为"冂"字外形酷似鼠标，又与金钱货币有关，网民便广泛用来指称用鼠标花钱网购或指称网购族，如"冂族"等。古代记录{圆}词的"冂"字是个记号字，理据不明，网民重新分析为像鼠标之形，成了象形独体字。但其表义并非"鼠标"，而是以鼠标为工具的网购花钱行为，语言中没有相应的语符，所以"冂"字的这项功能是超语符的。由于"冂"字在网络语境中使用频率没有"囧"字高，尚未约定俗成为一个新的词语，所以至今仍然是一个不记录语符的象形符号。

上面提到的"槑"字是从构件上分析为"比呆还呆"的，其实也可以从外形上来联想。如有人认为"呆"字的"口"象脑袋之形，"木"象人体的躯干和手足之形，"槑"字外形象两个小人手牵着手，所以被用来表示情侣热恋中的状态，恋爱中的的男女犯"傻"犯"呆"，再自然不过，因而"槑"能表示"很傻、很天真"之义。但无论是靠构件表义还是靠外形表义，"槑"字的网络用法都与语词{梅}无关系，都属于超语符的功能。

这类可以表示超语符意义的"古字新用"，往往限于原有记录职能已呈消亡态势的古字。因为文字的功能具有约定俗成的社会性，只有在荒废生疏的情况下，网民对古字原有的形体和意义之间的规约性已经缺乏认知，才容易导致对其进行重新分析而使之发挥新的功能，否则势必影响语言表达的准确性，带来误解歧义。

三　变异正常字形表达超语符信息

为了实现某种特定的表达效果，汉字在对应语言某个单位的同时，也可以通过变异正常字形来表达该字符对应语符之外的信息。例如变换字体字号、改变汉字置向、增损形体笔画、变异汉字形态、综合布局字形等。

（一）变换字体字号

在书面语言中，有时可以通过改变字符的字体和大小来传达语符之外的信息，或提醒读者注意，或淡化读者印象，或显示句法结构和文章层次等，这种非语符内容的传达是通过字形的不同一般来感知的。例如：

(29) **现在**，既不是过去的奴隶，也不是未来的手段。

(30) 全场 **25 元** 起！

(31) **今夫**平居里巷相慕悦，酒食游戏相征逐，诩诩强笑语以相取下，握手出肺肝相示，指天日涕泣，誓生死不相背负，真若可信；一旦临小利害，仅如毛发比，反眼若不相识。落陷穽，不一引手救，反挤之，又下石焉**者**，皆是**也**。（韩愈《柳

子厚墓志铭》)

例（29）"现在"的字体为黑体，不同于前后其他文字，那么它除了表示相应的语符义，应该还传达出"现在"是作者想要重点突出强调的语言信息，即比起"过去"和"未来"，"现在"是最重要的，所以提醒读者注意。例（30）是很多厂商惯用的技巧，购物者往往只看到突出大写的"25元"而兴起购买欲望，却没有看到字型大大缩小的"起"字，这正是表达者有意改变字号所要达到的引诱效果。例（31）是个非常复杂的句子，一般人很难弄清楚它的结构，不利于准确理解句意。如果在文字表现时做一些特殊标记，把"今夫""者""也"等能显示关系的词的字符予以加粗、放大、变体等，那其"者……也"的判断句式及"者"字结构的起点就都一目了然。这些非语符信息都是通过改变字符的字体或字号而显示出来的。现代报刊中随处都有这种汉字功能的运用，阅读报刊时应该留意体会。

（二）改变汉字置向

通过改变汉字形体的位置和方向也能传达出不少言外之义，言外之义要通过与正排的字形所能记录的信息进行对比才能获得。如将"福"字倒贴表"福倒（到）了"，正常贴置的"福"字是没有这层含义的，"到了"的寓意也是"福"字记录的语言符号所无法表达的。"开门见礼"与"福"类似表示"礼倒（到）了"，在正排的"开门见"的烘托下，"礼"字夺人眼目，所能传递出的言语信息和修辞效果也就显而易见了。"独臂英雄擒三强盗"中的字符"放倒"果真"倒"了，传达出对强盗的蔑视和嘲谑，使得语言更加形象生动，这些言语信息都是字符"放倒"对应的语言单位所不具备的。再如"雷峰塔倒了"，让读者仿佛能够想见一座高塔轰然倒塌的情景。这些字符仍旧记录对应的语言单位的音义，但通过改变置向却传达出了语言音义之外的新内容。在"文化大革命"中，汉字的这种非语符功能得到空前发挥，许多被批斗者胸前挂一块标牌，上面的字形写得七倒八歪，从字形上就可以体会出群众誓把那些人批倒批臭的情绪。

（三）增损形体笔画

中国数千年的封建礼制始终注重"为尊者讳，为亲者讳，为贤者讳"，为了避讳或追求委婉典雅，古人有时通过缺笔、增笔的方式来记录词语，这样一来固然牺牲了汉字职能的明确性，但却传达出了对尊者、亲者、贤者的敬重，这是读者在还原作者的意指时能够解读出的言外之义。缺笔避讳一般是省去最后一笔，称为"敬末"，如宋人为避太祖赵匡胤的讳，"胤"字缺笔为"胤"；清人为避康熙帝玄烨的讳，将"烨"缺笔作"烨"。孔子作为大圣人，其名"丘"也是需要避讳的，缺笔作"乚"。

在汉语中，通过对记录某语言单位的字符增加笔画或减损笔画传达言外之意的情况并不限于避讳，题字时故意缺笔、增笔也可以表达词语之外的某种特殊含义。如泰山上的摩崖题字"虫二"，乍看不知何意，因为跟这两个字相应的语符义不成辞或不合情境，仔细体会，原来是"風月无边"！繁体"風"字去掉外框则剩下"虫"，"月"字去掉外框只剩下"二"，恢复原形其相应的语符义仍是"風月"，由减笔手段传达出的"无边"信息是超语符的。清人纪晓岚给曲阜孔府题写对联"与国咸休安富尊荣公府第,同天并老文章道德圣人家",整联字体工整字形规范,只有每句的第六字特意增损,"富"字"宀"上少一点,"章"字最末一竖贯穿到构件"立",这种变异写法并不影响{富}{章}的语符义表达,同时能体味出"富贵无顶,文章通天"的非语符信息。康熙皇帝曾经给西湖十景之一的"花港观鱼"题词,写成"花港观魚",将"魚"字下面的"四点"减省为"三点",这当然不是康熙写了错字,而是在正常表达的语符义{鱼}的同时,还赋予其非语符信息:康熙故意将"魚"下"灬"理解为"火"(如同"热烈煎熬"等字的四点),并且按照"三点为水"的构字规律减笔,表示将"鱼"从火中拯救出来放归水中,以体现皇帝宅心仁厚、恩泽万物。如果留心中国各地旅游景点的题词书法,会发现很多这类增减了笔画而含有特殊意蕴的字形。当然对书法作品中的笔画增减不能随意附会,有的可能仅仅是书写习惯或追求美观所致,不一定有什么深意。

(四) 变异汉字形态

用特写手法夸张地改变汉字的正常形态,也可以含蓄地表示某种超语符的特殊意义。如将"寿"字写得又细又长,就能寓意"长寿",这是{寿}词本身无法传达的。再看下面的两幅图:

图1　徐鹏飞漫画《提点建议》　　　　　图2　2008北京奥运会会徽

图1的点睛之笔是第四个画面中"酒"字的构件"氵"被买酒者涂粗放大,意在嘲讽店家的酒"水太多",表达风趣幽默,意味深长,这些信息是"酒"字记录的语言单位{酒}所不能够传递给读者的,所以也属于超语符信息。

图2是2008年北京奥运会的会徽,寓意"舞动的北京",包含着丰富的文化信息。其中主体部分是一枚"京"字中国印,这个"京"字不同于正常的样态,是变了形的,可以分析出的信息有:首先,它所对应的语符{京}表示本届奥运会的举办城市"北京",它填补了奥运会历史举办城市名单的最大一处空白。其次,"京"字变异像奔跑的"人"形,代表着生命的美丽与灿烂,在人形的舞动中,"以运动员为中心"和"以人为本"的体育内涵被艺术地解析和升华。同时,"京"字的变形又巧妙地隐约像"文"字,

寓意"人文",体现出北京"人文奥运"的承诺,将中国悠久的"人文精神"融入奥林匹克运动的历史洪流之中。这些信息隐含在变了形的"京"字中,是超越了语符{京}的。

四 结语

汉字能表达非语符信息的事实还有很多,限于篇幅,本文不再列举了。

从以上事实可以看出,汉字作为平面符号,主要功能是记录汉语,同时,可以利用汉字本身的属性特点表达记录语符之外的某些功能,如以字符的构件表示某些跟字符所记语符不对应的信息,以字符的外形表达非对应语符的信息,以变异的字形表示对应语符之外的信息等。这说明汉字符号是一个自足的系统,既具有跟汉语相适应的一面,可以承担记录汉语的职责,也具有一些自身特有的功能,可以超越记录的对应语符而发挥交际作用,所以汉字并非汉语的翻版,汉字可以在需要的时候独立表达信息。

汉字能够具有非语符功能,是由它的来源和结构特点决定的。汉字的形体主要来自对客观事物的描摹,所以"依类象形"的字符在起源阶段不必记录特定的语符,而是直接表达客观事物,字符形体跟事物客体靠相似性关联,而不是靠语音关联,所以字符往往可识而不可读,如果要用语符来表达字符所指向的事物的话,就会具有灵活性,即人们可以用不同的语词去指称它的意义。起源阶段这种字符跟语符的不对应性,以及字形直接表达事物的相似原则,在汉字高度发展和成熟以后,在汉字跟汉语完美结合以后,仍然作为基因遗存着,影响着人们理解汉字和使用汉字的意识和行为,所以利用汉字的外形来表达超语符信息就是其来有自了。另一方面,汉字的形体布局和构件组合呈方块,无论是笔画还是构件都可以在二维的平面内调整,有的调整出于美观的需要,有的调整则有信息的差异。汉字的这种平面组合性结构特点给汉字的变异使用和构件拆分表达非语符信息提供了可能和经验启示,所以无论是离合构件、理据重构,还是增减笔画、移动置向、改变形态,都可以成为表情达意的一种手段。这应该是汉字不同于拼音文字的优势。

有人从"文化学"的角度来分析上述汉字现象,可以说是"隔靴搔痒",并未触及本质。其实汉字的超语符功能并未离开语言环境,所以尽管字符跟语符不一致,但仍然属于语言表达的范畴,是利用汉字的形体和结构来协助语言表情达意的一种修辞方式,我们可以把它叫作"汉字修辞"(李运富,1992)。传统修辞学研究往往排斥非语言要素作为修辞材料,现代修辞学虽然已经涉及汉字修辞(曹石珠,2006),但很少从"超语符"的视角来认识和阐述。深入挖掘汉字属性的超语符功能,可以为汉语交际提供更多表达方式,使语言表达获得多样的修辞效果,如用"个"字描摹小鸡行走过的痕迹,用"吕"字传达"接吻"的信息,这些"字符"其实都不是"语符",但就表达的简洁凝练、生动形象、含蓄幽默等效果而言,远非语符形式所能媲美。汉字修辞为汉语表达提供了更多选择的可能,所以修辞学研究应该扩展自己的视野,将汉字的超语符功能纳入自己的研究体系。这对丰富语言修辞手段,发挥汉字修辞妙用,完善汉语修辞学理论,都是非常有意义的。

参考文献

［1］ Ferdinand de. Saussure：《普通语言学教程》，高名凯译，商务印书馆1996年版。
［2］ 曹石珠：《汉字修辞研究》，岳麓书社2006年版。
［3］ 李运富：《二十世纪汉语修辞学综观》，新世纪出版社1992年版。
［4］ 李运富：《汉字学新论》，北京师范大学出版社2012年版。
［5］ 刘兴林：《甲骨文田猎、畜牧及与动物相关字的异体专用》，《华夏考古》1994年第4期。
［6］ 邓章应、白小丽：《纳西东巴文语境异体字及其演变》，《中央民族大学学报（哲社版）》2009年第4期。

传世文献的改字及其考证[①]

一

一种文献的初始文本生成后，在传世过程中除非不再产生新的版本，否则就难免出现错讹和改字。无意识的错讹往往会造成原文的解读困难，历来为训诂学校勘学所重视；有意识的改字一般并不影响原文的解读，跟训诂关系不大，但改字直接反映了写字者的用字心理和时代习惯，是研究汉字职能变化和字词关系变化的极好材料，所以也有越来越多的学者加以关注。

义不变而字变，改字者总是有某种目的的。或为了适应当代的用字习惯，或为了书写的方便快捷，或为了猎奇而使用新出字，或为了减少理解的困难而将通假字换成本字等。太田辰夫（1987：375）《中国语历史文法·跋》中说很多文献整理者"由于缺乏语言变化的知识而把文字任意改成时髦的了。看来把文字改成时髦的，这一点，从古到今所有的校订者无一例外地一直在做。"李荣（1987：76）在《文字问题》中指出："传世古籍屡经抄刊，屡经'当代化'，某字某种演变始于何时往往无法查考，始见于何书也难于查考。我们只能一面采用前人的说法，一面根据文献来验证补充。"张涌泉（2010：159）《汉语俗字研究》："古籍在流传过程中，文字不断地被'当代'化。传世古籍一经六朝以迄唐五代人的染指，无不打上俗字的烙印，至宋以后刊版流行，则又往往以正字改易俗字。"

这些学者注意到改字现象的"当代化"问题，但在考证"当代化"改字时，通常运用的是传统"校勘四法"，很少提出或运用别的方法。我们认为，"当代化"改字现象有时并非仅靠"校勘法"就能判定的，因我们今天看到的各种"版本异文"和"引用异文"大都属于"后时材料"[②]，未必就是真正的异文，或许异文本身也是由于改字而形成

[①] 本文为国家社会科学基金重点项目（13AYY006）的相关成果。原载《文献语言学》第2辑，中华书局2016年版。署名李运富/李娟。

[②] 太田辰夫《中国语历史文法》把文献资料分为"同时资料"和"后时资料"两种，本文参照这种分法并变通某些说法以指称有关材料。"所谓'同时资料'，指的是某种资料的内容和它的外形（即文字）是同一时期产生的。"当然不必限于作者自写的文本，"粗略地说，比如宋人著作的宋刊本，姑且看作同时资料也可以。""所谓'后时资料'，基本上是指外形比内容产生得晚的那些资料，即经过转写转刊的资料，但根据对同时资料不严格的规定，后时资料的内容和外形间有无朝代的差异就很重要。比如唐人集子宋刊本就是后时资料。中国的资料几乎大部分是后时资料。"（蒋绍愚、徐昌华译，北京大学出版社2003年版，第374—375页）。

的。所以确定文献中的某个字是否有意"改字",或者"异文"中究竟哪个是改字,有时不能靠"异文"本身来校勘,还需要用别的更严密的考证方法。

文献用字是否被后世改动,主要看"嫌疑字"的形义是否符合文献的时代。所以我们认为考证文献改字除了校勘的基本方法外,还有两种方法可以运用:一是通过考证相关字符的产生和使用时代以确定"改字",二是通过考证相关义项的产生和使用时代以确定"改字"。

考证的有效材料大致有四种:一是其他文献的"同时材料"(如有本文献的同时材料就无须考证);二是"同时代书写材料",即文献内容是前代的,而记录文献的文字是跟被考文献同时代书写的;三是古代注家说明了用字情况(如字际关系和字形结构等)的"注释材料",原文献的用字情况一经注释家特别出注说明,就相当于加了一层保鲜膜,通常能体现用字的原貌;四是跟被考文献同时代的"后时材料",这种材料不能主证,但可以通过"使用频率"的统计和比较来佐证某个时代的用字习惯,还可以跟其他相对可靠的材料互证。

通常所谓出土文献、碑刻文献、手写本、宋刻本、明刻本等跟上述材料是指称角度的不同,实际所指可能相同。其中既有"同时材料",也有不少文字跟文献内容并不同时的"后时材料",相对于原文献而言,出土材料本身也存在改字的可能。但出土文献、碑刻文献等一般书写时代明确,即使不是"同时材料",也可以作"同时代的书写材料",用来证明"同时代"的被考文献的用字,因同时代的书写材料可能具有用字习惯的一致性。

二

通过考证相关字符的产生和使用时代以确定"改字",其实是有学者提到过的方法。裘锡圭(1988:272)在讨论《史记》《汉书》中的古今字异文时说:"一般都认为司马迁作《史记》多用今字,班固作《汉书》多用古字。《汉书》的确有用古字的地方。但是,有些人举出来的《史记》用今字、《汉书》用古字的例子,如《史记》用'烹'《汉书》用'亨',《史记》用'早'《汉书》用'蚤'等(《汉书》颜师古注屡言'蚤'古早字),却是有问题的。从我们现有的关于古代用字情况的知识来看,在司马迁和班固的时代,从'火'的'烹'根本还没有出现;把早晚的{早}写作'蚤'在班固的时代是很常见的,在司马迁的时代更是普遍现象。《史记》原本一定也跟《汉书》一样,是以'亨'表{烹},以'蚤'表{早}的,后来才被传抄、刊刻的人改成了'烹'和'早'。就这两个例子来说,《史记》《汉书》都用了当时的通行字,根本不存在一古一今的问题,只不过《史记》所用的字被后人改成了他们所用的今字而已。《汉书》里被后人改成今字的字,要比《史记》少得多。人们之所以会产生《史记》多今字《汉书》多古字的印象,这是一个重要原因。"裘先生这段话虽然针对的是"古今字"问题,但其中暗含了一种重要的考证改字的方法,就是在缺乏本文献的"同时材料"的情况下,要调查具体字符的出现时代以及相关时代的用字习惯。如果我们看到某个版本上的"甲"字在该文献产生时代及以前时代都没有出现过,而且"同时代书写材料"显示该文献时代记录该词项习惯用的是"乙"字，传世文献的字频统计也能提供佐证，那么基本上就可以判断"甲"为后世的改字。例如：

【景—影】

传世文献中，很早就有用"影"记录｛阴影｝的例子。如《尚书》（四部丛刊景宋本）："惠迪吉，从逆凶，惟影响。"孔安国传："若影之随形，响之应声也。"《史记·平津侯主父列传》（景祐本，下同）："夫匈奴之性，兽聚而鸟散，从之如搏影。"又《平津侯主父列传》："未有树直表而得曲影者也。"其他如汉代的《春秋繁露》《韩诗外传》《盐铁论》《淮南鸿烈解》《说苑》等都有用"影"记录｛阴影｝的用例。甚至连汉人注释材料中也有很多｛阴影｝义的"影"字，如上引孔安国传。再如《史记·天官书》："日方南金居其南，日方北金居其北。"唐张守节正义："郑玄云：'方犹向也，谓昼漏半而置土圭表阴阳，审其南北也。影短于土圭谓之日南，是地于日近南也；长于土圭谓之日北，是地于日近北也。凡日影于地，千里而差一寸。'《周礼》云：'日南则影短多暑，日北则影长多寒。'孟康云：'金谓太白也。影，日中之影也。'"《孟子》（四部丛刊景宋大字本）："君行仁政，斯民亲其上，死其长矣。"赵岐章指："言上恤其下，下赴其难。恶出于己，害及其身，如影响自然也。"《淮南鸿烈解·说林训》（北宋本，下同）："使景曲者，形也。"许慎注："形曲，则影曲也。"

但我们看到的这些传世文献的版本大都是宋代以后的，属于"后时文献"。后时文献不能证明"同时文献"的用字。这些文献的"同时"版本已佚，我们只能根据"同时代"的文本用字来考证。从同时代的材料看，汉代以前尚无"影"字，｛阴影｝义是用"景"字记录的。

《说文·日部》："景，光也。从日，京声。"段注："光所在处，物皆有阴。""后人名阳曰光，名光中之阴曰影，别制一字，异义异音。"可见"景"的本义是｛日光｝，如《陌上桑》："景未移，行数千。寿如南山不忘愆。"日光照耀在物体上地面会留下阴影，所以"景"引申可记录｛阴影｝，在汉代出土文献和碑刻文献中记录｛阴影｝义时全用"景"字。如《马王堆汉墓帛书·老子乙本卷前古佚书》："如景之隋刑，如向之隋声，如衡之不臧重与轻。[76]"《居延新简》："孤山里景□。[E.P.T59:167]"东汉《祀三公山碑》："神熹其位，甘雨屡降，报如景响。"《潘干墓碑》："于是远人聆声景附，乐受一廛。"《唐公房碑》："休谒往来，转景即至，阖郡惊焉。"《樊敏碑》："所历见慕，遗歌景形。"《隶释·金乡长侯成碑》："于是儒林众儁，惟想邢景，乃树立铭石，曰扬渼渼。"《隶释·费凤碑》："不悟奄忽终，藏形而匿景。"《隶释·老子铭》："背弃流俗，舍景匿形。"汉代以前的传世文献也有不用"影"记录｛阴影｝义的，如《汉书》（景祐本，下同）无"影"字，共30个｛阴影｝义都用"景"字记录，分别见于《艺文志》《天文志》《郊祀志》《五行志》《律历志》《楚元王传》《张冯汲郑传》《蒯伍江息夫传》《司马相如传》《董仲舒传》《扬雄传》《贾邹枚路传》《眭两夏侯京翼李传》《杨胡朱梅云传》《王莽传》和《叙传》。

"影"字不见于《说文》，那么用"影"记录｛阴影｝是什么时候才有的事呢？大概由于"景"还可记录｛光明｝｛景色｝｛大｝等义项，为了分担"景"的记录职能，使文字的表义更加明确，人们在"景"的基础上增加"彡"生成新字"影"来专门记录{阴影}。王观国（1988：323）引徐铉《新修字义》曰："景非设饰之物，不合从彡。""以此知是俗书影字，于偏旁之义，皆不可攷。"因而断言："古之日影字不从彡，只用景字。"这个所谓俗字"影"，南北朝时期的颜之推认为是到晋代才出现的。《颜氏家训·书证》（四部丛刊景明本）："《尚书》曰：'惟影响。'《周礼》云：'土圭测影，影朝影夕。'《孟子》曰：'图影失形。'《庄子》云：'罔两问影。'如此等字皆当为光景之景。凡阴景者，因光而生，故即谓为景。《淮南子》呼为景柱，《广雅》云：'晷柱挂景。'并是也。至晋世葛洪《字苑》，傍始加彡，音于景反。"晋代以后的字书也都收录了"影"字，如唐初日本空海和尚据原本《玉篇》删改而成的《篆隶万象名义》："影，于景反，随形也。"《广韵·梗韵》（泽存堂本，下同）："影，形影。"《集韵·梗韵》（潭州宋刻本，下同）："景，物之阴影也。葛洪始作影。"《类篇》（汲古阁本，下同）："影，于境切。物之阴影也。葛洪始作影。"日本学者佐野光一（昭和六十年：633）通过对汉代的出土文献进行研究，也认为"盖自汉以后，虚始为墟，犹形景为影，本乎稚川也。"段玉裁曾对颜说提出怀疑："惠定宇说汉《张平子碑》即有影字，不始于葛洪。"但陈直予以驳正："或说汉《张平子碑》即有影字，不始于葛洪。张碑原石久佚，殊不可据。东晋末《爨宝子碑》云：'影命不长。'此影字之始见。又东魏《武定六年邑主造石像铭》云：'台钧相望，珪璋叠影。'景之作影，在六朝时始盛行耳。"看来颜之推的说法是可信的。那么上引各种汉魏以前的文献，其传世各种版本中如果用了"影"来记录{阴影}，就应该是后世改字的结果。所以王楙（1987：234）说："古之阴影字用景字……自葛洪撰字苑，始加彡为阴影字。古之战阵字用陈字……至王羲之小学章，独自旁作车为战阵字。而今魏汉间书，或书影字阵字，后人改之耳，非当时之本文也。"王观国（1988：20）也指出："明皇不好隶古，天宝三载，诏集贤学士卫包改古文尚书从今文，故有今文尚书，今世所传尚书，乃今文尚书也。今文尚书多用俗字，如改说为悦，改景为影之类，皆用后世俗书。"这说明实际情况应该以晋为分界线，晋以前"景"是记录{阴影}义的习用字，晋及晋以后"影"逐渐取代"景"成为记录{阴影}义的习用字，凡不符合这种用字时代性的后时文本都可能是改字造成的。

【倦—勌】

在传世文献中，记录{疲倦}义的"勌"最早见于春秋战国时期，如《庄子·应帝王》（四部丛刊景明世德堂刊本）："有人于此，向疾彊梁，物彻疏明，学道不勌。"汉代文献中出现更多，如《汉书·韩彭英卢吴传》："今足下举勌敝之兵，顿之燕坚城之下，情见力屈，欲战不拔，旷日持久，粮食单竭。若燕不破，齐必距境而以自彊。"《盐铁论·禁耕》（明弘治涂氏江阴梾本）："今陛下继大功之勤，养劳勌之民，此用糜鬵之时。"《孔丛子·诘墨》（明翻宋本）："臣闻孔子圣人，然犹居虑勌，惰廉隅不脩。"《论衡·道虚篇》（上海涵芬楼藏明通津草堂刊本，下同）："周章远方，终无所得，力勌望极，默复归家。"但实际上这都是后时文献改字的结果，魏晋以前尚无"勌"字，凡{疲倦}义大都用"倦"字记录。

《说文·力部》："券，劳也。从力，卷省声。"臣铉等曰："今俗作倦，义同。"段

注:"今皆作倦,盖由与契券从刀相似而避之也。"《说文·人部》:"倦,罢也。从人,卷声。"可见"券"与"倦"异构字,都是记录｛疲倦｝的本字。战国时期已经出现"倦"字,历代沿用。如《上海博物馆藏战国楚竹书(二)·从政》:"敦行不倦,持善不厌,虽世不识,必或知之。"《上海博物馆藏战国楚竹书(三)·仲弓》:"刑政不缓,德教不倦。"《郭店楚简·唐虞之道》:"四肢倦懈,耳目聪明衰,禅天下而授贤,退而养其生,此以知其弗利也。"《马王堆汉墓帛书·十问》:"明大道者,亓行陵云,上自麋摇,水溜能远,夐登能高,疾不力倦,□□□□□巫成 招□□不死。"东汉《袁博残碑》:"常以易诗尚书授,训诲不倦。"《子游残碑》:"否则独善(阙数字)□著书不倦。"此外,《隶释·济阴太守孟郁修尧庙碑》《隶释·安平相孙根碑》《隶释·从事武梁碑》《隶释·玄儒娄先生碑》《隶释·凉州刺史魏元丕碑》《隶释·太尉刘宽碑》等也有"倦"记录｛疲倦｝的用例。《史记》无"勌"字,而用"倦"记录｛疲倦｝达20次,分别见于《高祖本纪》《平准书》《乐书》《孔子世家》《外戚世家》《孟子荀卿列传》《游侠列传》《司马相如列传》《屈原贾生列传》《东越列传》《仲尼弟子列传》《楚世家》《淮阴侯列传》《平原君虞卿列传》,这说明到汉代"倦"仍然是｛疲倦｝义的习用字。

"勌"不见于《说文解字》,也不见于汉代的出土文献及碑刻文献。该字可能是为了区别"券"与"券"而将"券"的声符"卷"写完整,于是产生从力卷声的又一个异构字"勌"。最早的可靠用例见于北魏时期的碑刻文献,如《元子直墓志》:"丝纶告勌,执戟云疲,唯梁请牧,连率是縻。"《高猛妻元瑛墓志》:"加以批囤问史,好学罔勌。"在其他文献中尚不多见。慧琳《一切经音义》(狮谷莲社刻本)"不倦"条:"不倦,下拳卷反。《声类》云:'倦,犹疲也。'《说文》云:'劳也,罢也。从人,卷声。'录作勌,误也。"这一记载说明慧琳编撰《一切经音义》时"倦"依然是记录｛疲倦｝的习用字,而把"勌"看作误字。在唐代碑刻文献中"倦"的可靠用例有72个,"勌"却只有1个,即《韩君妻赵摩墓志》:"举案以对良人,忧勤之志无勌。"可见"勌"到了唐代还不怎么常见。

但到宋代,"勌"字就用得多了,字书也开始收录这个字。宋本《玉篇·力部》(影泽存堂本):"勌,居员切。劳也。"《广韵·线韵》:"倦,疲也。或作勌。"《增修互注礼部韵略》(文渊阁四库本,下同)去声三十三线:"勌,渠卷切。罢也,厌也,懈也,劳也。勌、券,俗作倦。"《礼部韵略》是科举考试用书,在一定程度上反映了当时的实际用字面貌,它把"倦"看作俗字,那么"勌"反而成了宋代的规范字。宋代的"同时材料"也可证明当时确实习用"勌"来记录｛疲倦｝义。如《太平御览》(影宋本):"猎者时徍寄宿,文夜为檐水,而无勌色。"《参寥子诗集》(上海涵芬楼景印宋刊本):"度谷勌闻车轧轧,穿林愁听马萧萧。"《温国文正公文集·奉和早朝书事》(宋绍熙刊本):"疋马精神勌,前驺意思豪。"《沈氏三先生文集》(明覆宋本):"年来病勌厌寻山,且寄清冷白水间。"

由上述可知,魏晋以前的文献不应该有"勌"字,传世魏晋前的文献如果有"勌"字,应该是把原文本的"倦"当代化为"勌"的结果。如《汉书》用"倦"记录｛疲倦｝义19例(分别见于《武帝纪》《食货志》《礼乐志》《匈奴传》《西南夷两粤朝鲜传》《王贡两龚鲍传》《扬雄传》《严朱吾丘主父徐严终王贾传》《司马相如传》《赵充国辛庆忌传》《贾邹枚路传》《谷永杜邺传》《隽疏于薛平彭传》和《王莽传》），而用"勌"记录{疲倦}义只有2例，这2例就应该是后时改字造成的。《汉书·严朱吾丘主父徐严终王贾传上》："留而守之，历岁经年，则士卒罢勌，食粮乏绝。"颜师古注："罢读曰疲，勌亦倦字。"这条注释说明两个问题：一是在唐以前已经有人把习用的"倦"字改成了"勌"；二是到唐代"勌"字还不大为人熟知，所以才需要用社会上通行的"倦"给它作注。直到宋代，"勌"字取代"倦"成社会规范字，所以宋刻本会把许多汉以前文献中的"倦"当代化改为"勌"。但习用"勌"的时间可能并不太长，元明以后"倦"杀了个回马枪，重又占据了习用地位。

【温—瞷】

《史记·封禅书》："至中山，瞷瞷，有黄云盖焉。"

"瞷"在这里记录的是{暖}。

"瞷"不见于《说文解字》，汉代出土文献及汉魏六朝碑刻文献皆不见"瞷"字。在《史记》时代前后记录{温暖}义一般使用"温"字。根据"同时代材料"考证，"瞷"大概出现于五代，那么五代前的《史记》不可能使用"瞷"字。

《说文·水部》："温，水。出犍涪，南入黔水。"可见，"温"的本义是水名。但至晚在秦代，"温"就可以记录{暖}。《关沮秦汉墓简牍》："而炙之炭火，令温勿令焦，即以傅黑子，寒辄更之。"[318]在汉代出土文献中，"温"记录{暖}的频率很高。《张家山汉简》"温"5见，其中记录{暖}义4见，如《张家山汉简·引书》："冬日，数浴沐，手欲寒，足欲温，面欲寒，身欲温。"《武威汉简》"温"6见，皆用于记录{暖}义，如《武威汉代医简》："温饮一小桮，日三饮。"[80乙]《马王堆汉墓帛书》"温"35见，其中记录{暖}26见，如《五十二病方·诸伤》："稍石直温汤中，以洒痏。"《杂疗方》："取醇酒半桮，温之勿热。"《居延汉简》"温"2见，其中记录{暖}1见，即"以温汤饮一刀刲，日三，夜再，行解，不出汗。"《居延旧简》"温"4见，其中记录{暖}1见，即"以温汤饮一刀刲"。《敦煌汉简》1见，即"于兰莫乐于温，莫悲于寒"[1409]。《随州孔家坡汉墓简牍》"温"11见，皆用于记录{暖}，如"必温，不温，民多疾，草木、五谷生不齐"[469]。东汉《鲁峻碑》："内怀温润，外撮强虐。"《淮南鸿烈解》："寒不能煖。"许慎注："煖，温。"《春秋繁露》（上海涵芬楼藏武英殿聚珍版本）："冬温夏寒。"

宋景祐本《史记》用"温"记录{暖}义有6个用例，分别见于《孝武本纪》《乐书》《天官书》《田敬仲完世家》和《扁鹊仓公传》。而用"瞷"仅上举1例，且该用例在《孝武本纪》中"瞷瞷"写作"晏温"，集解引如淳曰："三辅谓日出清济为晏，晏而温也。"此外，《增修互注礼部韵略》："瞷，《史记·封禅书》'至中山瞷温'，亦作䁔。"宋景祐本《汉书》无"瞷"字，而用"温"记录{暖}义有29个用例，分别见于《天文志》《郊祀志》《五行志》《艺文志》《西南夷两粤朝鲜传》《循吏传》和《眭两夏侯京翼李传》。可见，在《史记》和《汉书》中，"温"都是记录{暖}的习用字。那么《史记》中这个仅见的"瞷"就应该是后世的偶尔改字。

可靠的"瞷"字见于五代时《可洪音义》的收录："瞷瞷，上乌昆反，下奴短反。"我们将"瞷"放在基本古籍库中检索，发现从宋代开始用例逐渐增多，故推测"瞷"可能是唐五代时期产生的新字。宋代的字书已普遍收录此字，如《集韵》："暄，日出而温。"《类篇》："暄，日出而温。"《增修互注礼部韵略》："暄，日暖。《史记·封禅书》'至中山，曣暄'，《汉书·扬雄传》作'晏温'。"《班马字类附补遗》（宋写本）："暄，《史记·封禅书》'曣暄，有黄云盖焉'，《武帝纪》作'晏温'。"宋代的同时文献中，也有"暄"的用例，如《温国文正公文集·次韵和邻几秋雨十六韵》（宋绍熙刊本）："曣暄方有望，蔚荟已随生。"此外，《西山文集》（明正德刊本）也有"暄"的用例，即"鸣銮凤驾，喜景气之曣暄；奠璧宵升，仰月星之明概"。

可见宋代通行用"暄"记录｛温暖｝义，《史记》中的这个"暄"大概也是在宋代被改用的。但宋代把古代文献的"温"改"暄"并不普遍。《史记》的这个"温"之所以被改为"暄"，大概也受到前字"曣"的形旁"日"的类化影响。对于宋人改前代文献用字，卢文弨曾云："今之所贵于宋本者，谓经屡写则必不逮前时也。然书之失真，亦每由于宋人。宋人每好逞臆见而改旧文。"①

【砂—沙】

《史记·衞将军骠骑列传》："会日且入，大风起，砂砾击面，两军不相见，汉益纵左右翼绕单于。"

这个例子中的"砂"字，《汉书·卫青霍去病传》作"沙"。"砂"和"沙"在这里都是记录｛细碎的石粒｝义。

"沙"，甲骨文写作 ，金文写作 (休盘)，小篆写作 。《说文·水部》："沙，水散石也。从水从少，水少沙见。"段注："石散碎谓之沙。"《马王堆汉墓帛书·五十二病方》："胻伤：取久溺中泥，善择去其蔡、沙石。₃₃₀"《疏勒河流域出土汉简》："日不显目兮黑云多，月不可视兮风非沙。₆₃₆；疏＊₆₈₇"《居延新简》："房可廿余骑萃出块沙中。E.P.T58:17"《居延旧简》："地热多沙。₅₀₂·₁₅A"东汉《韩勑造孔庙礼器碑》："离败圣舆食粮，亡于沙丘。"《说苑·杂言》（平湖葛氏传朴堂藏明钞本，下同）："得其人，如聚沙而雨之；非其人，如聚聋而鼓之。"可见，"沙"的本义是｛细碎的石粒｝。

"砂"不见于《说文》。汉代的传世文献除《史记》外，"砂"还见于《说苑·谈丛》："蓬生枲中不扶自直，白砂入泥与之皆黑。"《吴越春秋》（乌程刘氏嘉业堂藏明刊本）："飞石扬砂，疾于弓弩。""飞砂石以射人，人莫能入。"《前汉纪》（无锡孙氏小绿天藏明嘉靖本，下同）："漠北地平，少草木，多大砂。"但是在汉代的出土文献和碑刻文献中皆不见"砂"字。"砂"字最早见于北朝东魏《南宗和尚塔铭》："师世家砂候社水峪村人氏，禀性温良，仁慈好善，为僧戒行。"但是它记录的不是｛细碎的石粒｝，而是地名。《正名要录》（影敦煌文献，下同）："右字形虽别，音义是同，古而典者居上，今而要者居下，……沙砂。"宋本《玉篇·石部》："砂，色加切。俗沙字。"《类篇》："砂，师加切。水散石也。"《集韵》："沙 砂，师加切。《说文》水散石也……亦从石。"

《史记》用"沙"记录｛细碎的石粒｝3见，分别见于《留侯世家》《屈原贾生列

---

① （清）卢文弨：《抱经堂文集·卷二·重雕经典释文缘起》，中华书局1985年版，第24页。

传》和《淮阴侯列传》。用"砂"记录该义项仅1见，即上文所举用例。《汉书》无"砂"，用"沙"记录｛细碎的石粒｝12见，《韩彭英卢吴传》《司马相如传》《扬雄传》《李广苏建传》《卫青霍去病传》《赵充国辛庆忌传》《酷吏传》《傅常郑甘陈段传》和《西域传》皆1见，《匈奴传》3见。

综上所述，《史记》中的"砂"可能是发生在唐代前后的改字。将"沙"改成"砂"大致有两个原因：一、受下文"砾"的"石"旁类化影响；二、从字形上"砂"的形旁"石"能更好地提示本义｛细碎的石粒｝的意义类别。

【炉（爐）—鑪】

《史记·屈原贾生列传》："且夫天地为炉兮，造化为工；阴阳为炭兮，万物为铜。"

这个例子中的"炉"，《汉书·贾谊传》作"鑪"。"炉"和"鑪"在这里都是记录｛火炉｝义。

"炉"不见于《说文解字》，汉代出土文献及碑刻文献皆不见。《汉书》无"炉"字，《史记》"炉"2见，除上文所举用例外，还有1例见于《刺客列传》："夫以鸿毛燎于炉炭之上，必无事矣。""炉"除了在《史记》中出现外，还见于《前汉纪》："炉分为十，一炉中消铁，散如流星飞去。"《申鉴》（江南图书馆藏明文始堂刊本）："故大冶之炉可使无刚。"但是，这些文献是明代的版本，其中的用字很可能被后人改动过。那么"炉"出现在什么时代呢？现在能找到的最早用例见于北齐《高建墓志》："至如日华飞观，庭燃百枝，风清曲沼，水文千叶，牀施象席，阶陈凤炉。"宋本《玉篇·火部》："炉，火炉也。"《正名要録》："右字形虽别音义是同，古而典者居上，今而要者居下……炉鑪。"《干禄字书》（唐石刻本）："壺壶、炉鑪、蒲蒲、蘓苏、圖图，并上俗下正。"唐《成君墓志》："因心不亏，其操炉香屡爇。"《王錬墓志》："阴阳相扇兮洪炉炽焚，万物变化兮各归其根。"《剑阁诗刻》："东吴千年管钥谁熔，范只自先天造化炉。"

｛火炉｝一开始由"盧"记录，"盧"甲骨文写作 、，金文写作 ，小篆写作 ![]。《说文·皿部》："盧，饭器也。"徐灏注笺："盧，即古鑪字。"于省吾《殷契骈枝续编》："（甲骨文）为鑪之象形初文。上象器身，下象欵足……加虍为声符，乃由象形孳乳为形声。""后世作盧，从皿，已为蘩增字。"郭沫若《殷周青铜器铭文研究》："许书之释盧为饭器者，盖假借之义。"郭沫若《新郑古器之一二考核》："盧，余谓此乃古人然炭之鑪也。鑪字其后起者也（今人作炉，又其后起）。"《张家山汉简·奏谳书》："臣有诊炙肉具，桑炭甚美，铁卢甚磬。"165《居延汉简》："索盧酒处一。"《居延新简》："炭盧。ESC;84"可见，"盧"的本义是｛火炉｝。

《说文·金部》："鑪，方鑪也。"臣铉等曰："今俗别作炉，非是。"段注："方对下圜言之，凡然炭之器曰鑪。"徐灏注笺："鑪，古祗作盧，相承增金旁。"贾谊《新书》（江南图书馆藏明正德长沙椠本，下同）："且夫天地为鑪，造化为工。"《淮南鸿烈解》："譬若钟山之玉，炊以鑪炭，三日三夜，而色泽不变。"《论衡》："火之在鑪，水之在沟，气之在躯，其实一也。"可见，"鑪"的本义是｛火炉｝。《释名·释地》："地不生物曰卤。卤，炉也，如炉火处也。"毕沅疏证："炉，《水经注》引作卢，今加火旁，俗。"《史记》"鑪"1见，但记录的不是｛火炉｝。《汉书》"鑪"4见，分别见于《五行志》

2、《贾谊传》1 和《扬雄传》1。

综上所述,《史记》中的"炉"可能是发生在南北朝时期的改字。孙奕(2014:388)《履斋示儿篇》引《雌黄》云:"晋宋以来,多能书者,至梁大变。萧子云改易字体,邵陵王颇行伪字,'前'上为'草','能'傍作'长'之类是也。至为一字唯见数点,或妄斟酌,遂使转移。北朝丧乱之余,书迹猥陋,专辄造字,猥拙甚于江南。"《史记》所用原字有两种可能:一是写作"卢",汉代出土文献中多用"卢"记录{火炉};二是写作"鑪",《汉书》保留了《史记》的原本用字。改字发生的原因可能是"炉"字产生后,与"鑪"相比它不仅书写简便而且从字形上也能看出本义{火炉}的构造意图,符合造字规律,容易被大众接受。

三

上述例证说明,传世文献中的用字如果见于"同时代书写材料",则基本可以证明该字的使用是符合"时代性"的,但要确证其属于原用字,还得附加一个条件,就是该字表达的义项也应该符合当时的实际情况,即其实有义项在本文献的具体语境中能够讲得通,上述例证除了字符出现的有无,义项上也是符合时代性要求的。如果当时有其字而非其义,则该字也有可能是后时的改字。所以在改字与被改字同时存在的情况下,我们就需要通过义项的时代性来考证改字现象。例如:

【谍—喋】

(1) 夫绛侯、东阳侯称为长者,此两人言事曾不能出口,岂敩此啬夫谍谍利口捷给哉!(《史记·张释之冯唐列传》)

(2) 夫绛侯、东阳侯称为长者,此两人言事曾不能出口,岂效此啬夫喋喋利口捷给哉!(《汉书·张冯汲郑传》)

"喋"[①] 和"谍"在这里记录{多言}义,它们是否都符合原文献的用字呢?可验以汉代的"同时材料"和"同时代的书写材料"。

"喋"不见于《说文解字》,但汉代有其字,且可以记录{多言}义。东汉《张迁碑》:"帝游上林,问禽狩所有,苑令不对,更问啬夫,啬夫事对,于是进啬夫为令,令退为啬夫。释之议为不可:苑令有公卿之才,啬夫喋喋小吏,非社稷之重。"这段话叙述的内容与《史记》《汉书》相同,其中的用字应与汉代的真实用字最接近。此外,《汉纪》(四部丛刊景明嘉靖刻本)对此事亦有记载,用的也是"喋",即"上问上林尉禽兽,簿尉不能对,虎圈啬夫代尉对,响应无穷。上曰:'为吏不当如此邪。'诏释之拜啬夫,欲为上林令。释之进曰:'陛下以周勃、张相如何如人?'上曰:'长者也。'释之曰:

[①] "喋",景祐本《汉书》写作"啑",因二者是异写的关系,没有构意上的差别,所以我们将其写成通行的"喋"。

'此两人称为长者,言事曾未出口,岂若啬夫喋喋利口捷给哉!'"在《史记》中,用"喋"记录{多言}有2个用例,见于《匈奴列传》。《汉书》用"喋"记录{多言},除上文所举用例外,还有2个用例见于《匈奴传》。

"谍"在汉代亦有之,但与{多言}义无涉。《说文·言部》:"谍,军中反闲也。从言,枼声。"《周礼·秋官·掌戮》(四部丛刊明翻宋岳氏本,下同):"掌戮掌斩杀贼谍而搏之。"郑玄注:"谍,谓奸寇反闲者。"可见,"谍"的本义是{间谍}。此外,"谍"在汉代还记录{公文}义和{谱系}义,如《隶释·济阴太守孟郁修尧庙碑》:"复刊碑勒谍,昭示来世。"

《史记》中"谍"有10个用例,分别见于《三代世表》3、《十二诸侯年表》4、《廉颇蔺相如列传》1、《张释之冯唐列传》2,其中有7个记录的是{谱系}义,1个记录的是{间谍}义,还有2个记录的是{多言}义。《汉书》中"谍"有3个用例,分别见于《礼乐志》《艺文志》和《扬雄传》,记录的都是{谱系}义。可见,在《史记》和《汉书》中"谍"是记录假借义{谱系}的习用字。同时,我们对汉代其他传世文献中的"谍"进行测查,发现它的用例有8个,其中,3个用于记录{间谍}义,如《淮南鸿烈解》:"善用间谍,审错规虑,……出于不意,敌人之兵无所适备,此谓知权。"3个用于记录{谱系},如《扬子云集》(清文渊阁四库全书本):"灵宗初谍伯侨兮,流于末之扬侯。"2个用于记录{多言},即汉徐干《中论·覈辩》(上海涵芬楼借江安传氏双鉴楼藏明嘉靖乙丑青州刊本景印):"然而好说而不倦,谍谍如也。"在魏晋时期的其他文献中,我们没有发现"谍"记录{多言}的情况。所以《汉书》中的"喋"符合汉代的用字情况,而《史记》中的"谍"则有可能是后人的改字。

《史记》:"岂敩此啬夫谍谍利口捷给哉。"集解引晋灼曰:"音牒。"索隐:"《汉书》作'喋喋'。喋喋,多言也。"《汉书》:"岂效此啬夫喋喋利口捷给哉。"晋灼曰:"喋,音牒。"这说明南朝刘宋时的裴骃在给《史记》作集解时,见到的依然是"喋"而非现在所见的"谍",否则他不会引用晋灼《汉书音义》中的注释,因为晋灼在给《汉书》作音义时出的注释就是"喋,音牒"而非"谍"字。并且裴骃和颜师古在对相同的字词作注涉及引用前人的注语时,他们引述的注语内容大多相同。到唐代司马贞写作《史记索隐》时,见到的就是已经改过的"谍"字了。《玉篇·言部》(罗本玉篇):"谍,徒颊反。……《史记》:'岂效此啬夫谍谍利口捷给哉。'野王案:辨利之皃也。"《金楼子》(清知不足斋丛书本):"虽谍谍利口,致戒啬夫。便便嘲,且闻谑浪。"由此,我们认为后人改"喋"为"谍"可能是发生在南朝宋梁之际。

那么改字发生的原因是什么呢?可能是因为"喋"除了记录{多言}外,还经常用于记录{流血貌}。为了分担"喋"的记录职能,同时更好地提示{多言}的意义类别和范畴,人们以"言"为形符,造出"谍"字,而恰好与间谍的谍同形。另一种可能是形符"口"与"言"义相通,如《说文》"吟"的或体作"訡","咏"的或体作"詠"等,所以在使用中人们误以"谍"是"喋"的异构字,也能表达多言义。

【侮—姆】

(1)四人者年老矣,皆以为上慢侮人,故逃匿山中,义不为汉臣。(《史记·留

侯世家》)

(2) 四人年老矣，皆以上嫚姆士，故逃匿山中，义不为汉臣。(《汉书·张陈王周传》)

"侮"和"姆"在这里记录的是{轻慢}义。

"侮"甲骨文写作 (粹1318)，金文写作 (中山王鼎)，小篆写作 。《说文·人部》："侮，伤也。从人，每声。㑃，古文从母。"《诗·大雅·烝民》："不侮矜寡，不畏彊御。"孔颖达疏："不欺侮于鳏寡孤独之人。"《居延新简》："常衆所欺侮。"E. P. T51:230《隶释·汉成阳令唐扶颂》："忧耆闵稚，不侮烹矜。"可见，"侮"的本义是{欺侮}，引申可记录{轻慢}。《定州汉墓竹简论语》："[不知天命而畏也，狎大]人，侮圣人之言也。"485

《说文·女部》："姆，女师也。从女，每声。读若母。"《礼记·内则》(四部丛刊景宋本)："女子十年不出，姆教婉娩听从。"《仪礼·士昏礼》(四部丛刊景明徐氏翻宋刻本)："壻御妇车授绥，姆辞不受。"可见，"姆"的本义是{女师}。北魏《王遗女墓志》："至高太后以女历奉三日，终始靡愆，蒋训紫闱，光讽唯阐，故超升傅姆焉。"北齐《高显国妃敬氏墓志》："方谓永延嫔德，长祚姆师，嶬山尚远，石火已谢。"《五经文字》(后知不足斋本)："姆姆，二同，并莫又反，女师也。又音母。今《礼记》并用下字。"宋本《玉篇》："姆，同姆。""姆，音茂，女师也。"可见，从汉至唐"姆"都只记录{女师}这一个义项。唯独在《汉书》和《新书》中出现"姆"记录{轻慢}的用例，所以，我们认为这里的"姆"可能是后世的改字。

《史记》无"姆"字，用"侮"记录{轻慢}9见，分别见于《高祖本纪》3、《礼书》1、《留侯世家》1、《陈丞相世家》1、《孔子世家》1、《老子韩非列传》1和《魏豹彭越列传》1。《汉书》用"侮"记录{轻慢}9见，分别见于《高帝纪》3、《五行志》1、《霍光金日磾传》2、《魏豹田儋韩王信传》1、《佞幸传》1和《王莽传》1；用"姆"记录{轻慢}2见，即《贾谊传》："今匈奴嫚姆侵掠，至不敬也。"师古曰："姆，古侮字。"和《张陈王周传》："皆以上嫚姆士。"师古曰："嫚，与慢同。姆，古侮字。"《班马字类附补遗》(宋写本)："姆，《汉书·张良传》'上慢姆士'，古侮字。"这说明景祐本《汉书》"上嫚姆士"中的"姆"在唐以前的本子中就已经出现。

汉代其他传世文献中，用"侮"记录{轻慢}83见，分别见于《蔡中郎集》4、《大戴礼记》3、《春秋繁露》2、《论衡》2、《潜夫论》4、《中论》2、《前汉纪》5、《风俗通义》2、《吴越春秋》1、《扬子法言》5、《太玄经》4、《古列女传》4、《说苑》11、《新序》9、《淮南鸿烈解》4、《孔丛子》8、《新书》3、《盐铁论》1、《韩诗外传》3、《尚书大传》6。用"姆"记录{轻慢}1见，即《新书》："今匈奴嫚姆侵掠，至不敬也。"

综上所述，我们认为"上嫚姆士"中的"姆"可能是唐以前的改字。改字发生的原因或是受前字"嫚"的形旁"女"影响而改"侮"的"人"旁为"女"旁。诸如此类受前后字影响而改换形旁的还有"稷"改为"禝"。"东魏《封延之墓志》：'真所谓社禝之卫，匪躬之臣者矣。''禝'，本当作'稷'，由于受'社'的影响，形旁类化，改'禾'

部为'礻'部"等。① 上文论述的"矘瞴""砂砾"也属这种情况，看来受上下文类化改字可以总结一条规律。当然改"侮"为"姆"也可能是因"人"旁和"女"旁类义相通而改，如"嫉"的异体字写作"㑵"。改字发生后颜师古为之作注，"姆"记录｛轻慢｝逐渐得到认可，于是记录｛女师｝的"姆"和记录｛轻慢｝的"姆"构成同形字关系。但是这个改字并不彻底，在唐代前期其他抄本中依然有写作"侮"的情况，如日本大谷文书中的一件残片保留了《汉书·张陈王周传》的部分内容，该残片用的就是"侮"。② 唐代的正字书《五经文字》只收录了"姆"的一个义项｛女师｝，这说明"姆"记录｛轻慢｝在唐代没有得到社会的认可。到宋代，不仅韵书字书收录了"姆"的｛轻慢｝义，如《集韵》："侮伆侳悔姆务，《说文》伤也。一曰慢也。古作伆侳悔，或作姆务。"《类篇》："姆，罔甫切。伤也。一曰慢也。又满补切。女师也。又莫候切。"《佩觿》（铁华本）："姆姆，上莫古、莫布二翻，女师。下古侮字。"而且有同时文献用例，如《诚斋集·墓志铭》（宋写本）："是缀是附，畴予敢姆。"

四

传世文献中的改字情况有时相当复杂，可能一改再改，可能是多种因素造成，所以不能简单地用有意、无意来区分，也不能用单一的方法来证明。这时就需要综合考证，弄清每一个环节的来龙去脉。例如：

【匦—鐀】

(1) 卒三岁而迁为太史令，紬史记石室金匦之书。（《史记·太史公自序》）
(2) 卒三岁而迁为太史令，紬史记石室金鐀之书。（《汉书·司马迁传》）
(3) 周道废，秦拨去古文，焚灭诗书，故明堂石室金匦玉版图籍散乱。（《史记·太史公自序》）
(4) 周道既废，秦拨去古文，焚灭诗书，故明堂石室金鐀玉版图籍散乱。（《汉书·司马迁传》）

"匦"和"鐀"在这里记录的是｛匣子｝义。
《说文·匚部》："匦，匣也。从匚，贵声。""匦"字见于战国中期的《包山楚简》："呆瘇在漾陵之厽（参）鈢（玺），闗（闲）迎（御）之典匦。"[13] 汉代以后沿用，如《张家山汉简·二年律令》："民宅园户籍、年细籍、田比地籍、田命籍、田租籍，谨副上县廷，皆以箧若匣匦盛，缄闭。"[331] 《隶释·张平子碑》："金匦壬板之舆，讖契图纬之文。"《淮南鸿烈解·精神训》："夫有夏后氏之璜者，匣匦而藏之，宝之至也。"《论衡·

---

① 参见毛远明《汉魏六朝碑刻异体字研究》，商务印书馆2012年版，第346—347页。
② 参见荣新江《〈史记〉与〈汉书〉——吐鲁番出土文献札记之一》，《新疆师范大学学报》（哲学社会科学版）2004年第1期。

别通》:"富人之宅,以一丈之地为内,内中所有柙匮所赢缣布丝绵也。"可见,"匮"是记录{匣子}的本字,在汉代的出土文献、碑刻文献和传世文献中都能找到"匮"记录{匣子}的用例。

"鐀"不见于《说文》,汉代出土文献及碑刻文献皆不见此字,汉代传世文献除《汉书》外也找不到其他用例。《史记》无"鐀",用"匮"记录{匣子}4见,分别见于《鲁周公世家》1、《樊郦滕灌列传》1和《太史公自序》2。《汉书》用"匮"记录{匣子}15见,分别见于《高帝纪》1、《艺文志》1、《爰盎晁错传》1、《樊郦滕灌傅靳周传》1、《外戚传》1、《元后传》1和《王莽传》9;用"鐀"记录{匣子}2见,皆见于《司马迁传》。此外,"鐀"除了在《汉书》中有2个用例外,直到宋代才能找到其他用例。因此,我们怀疑"鐀"可能是后人的改字。

《汉书》原本所用的字大概有两种可能。第一种可能是用"馈"字,因在"紬史记石室金鐀之书"句下颜师古注释说:"馈与匮同。"颜师古《汉书注·叙例》:"《汉书》旧文多有古字,解说之后屡经迁易,后人习读,以意刊改,传写既多,弥更浅俗,今则曲覈古本,归其真正。"这说明唐以前古本《汉书》用的是"馈"。"馈"字出现很早,也见于战国中期的《包山楚简》,写作 ,小篆写作 。《说文·食部》:"馈,饷也。从食,贵声。"《周礼·天官·膳夫》:"凡王之馈,食用六穀,膳用六牲。"郑玄注:"进物于尊者曰馈。"《外黄令高彪碑》:"圣朝宗虔,特加礼馈。"可见,"馈"的本义是{进食于人}。由{进食于人}可引申出{食物},《诗·小雅·伐木》:"于粲洒扫,陈馈八簋。"《史记》"馈"8见,记录的是{赠送}{运送粮饷}或{祭祀}。《汉书》"馈"7见,记录的是{赠送}{食物}或{祭祀},没有记录{匣子}的用例,在《白虎通德论》中"馈"记录的依旧是{食物}。汉代其他的传世文献中我们也没有发现"馈"记录{匣子}的情况。但是"馈"和"匮"有通假的条件,读音相近,在西晋碑刻文献中,有"匮"通"馈"的用例,即《徐君妻管洛墓碑》:"整脩中匮,仆御肃然。"因此,我们认为之所以没有在汉代发现"馈"通"匮"记录{匣子}的用例,可能是因为现在可见的汉代文献有限。第二种可能是《汉书》本来用的是和《史记》一样的"匮"字。"匮"不仅是记录{匣子}的本字,也是习用字,所以《汉书》一开始可能用的就是"匮",只是后来流传到唐以前才被人改成了读音相近的"馈"。

那传世版本中的"鐀"是怎么来的呢?我们认为"鐀"是"馈"的讹误字,讹误大致发生在唐代。理由有三:第一,楷书"食"和"金"字形相近,并且受前字"金"的影响也容易将从食的"馈"写成从金的"鐀",这些因素使讹误发生具备了可能条件;第二,在唐代的碑刻文献中,我们发现了将"馈"错写成"鐀"的事实,例如《王令墓志》:"仙娥而亮彩虔恭靡忒嫔风绚乎中鐀。"唐传世文献中,也发现了1个用例,《盈川集·为梓州官属祭陆郪县文》(明童氏刊本):"哀哀弱嗣,朝暮一溢;皎皎孀妻,鐀乎下室。"这些"鐀"都应该作"馈",典出《易·家人》:"无攸遂,在中馈。"孔颖达疏:"妇人之道,……其所职,主在于家中馈食供祭而已。"第三,颜师古在给《汉书》作注时所依据的唐以前的古本用的是"馈",而到宋人李曾伯写《班马字类附补遗》时所见的版本已写作"鐀",《班马字类附补遗》(宋写本):"鐀,《汉书·太史公传》:'紬金鐀石室之书',与匮同。补遗:旧本作'馈',盖转写误。"那为什么不按照李曾伯的说法,把

"馈"看作讹误字，而认《汉书》原用字就是"鐼"呢？如果这样，则颜师古的注文也应该是"鐼与匮同"而被后人"转写误""馈与匮同"了（事实上也确有将颜注再误"鐼"的，如《汉语大词典》"鐼"字头下所引颜注）。这种推论情理上是说得过去的，但无奈缺乏"同时代书写材料"的支持，因除《汉书·司马迁传》的2例外，汉代以前甚至唐代以前的所有文献资料都无法找到"鐼"字。

就造字理据而言，{匣子}义的"匮"可以有异体字"柜"（柜），但有意新造"鐼"字的可能性很小，因铁柜子并不多，在已有"匮""柜"的情况下不会专为铁柜子造"鐼"字，所以这个字看作假借字"馈"的误写或因形改正也许更合理。尽管唐人把"馈"写成鐼是出于讹误，但从字形上把"鐼"的"金"旁看作柜子的制作材料也勉强可行，所以积非成是，记录{匣子}义的"鐼"字在宋代得到认可而被收进了字书韵书，如《类篇》："鐼，求位切。匣也。"《集韵·至韵》（潭州宋刻本）："匮鐼柜，求位切。《说文》'匣也'。或作鐼柜匮。一曰乏也。"《增修互注礼部韵略》："鐼，匣也。《司马迁》'紬石室金鐼之书'，亦作匮。"而且有许多同时材料的用例，如《容斋四笔》（宋刊本）卷第八第十七则："传其子迁，紬金鐼石室之书，网罗天下放失旧。"《诚斋集·李仁甫侍讲阁学挽诗》（宋写本）："芝庭过晁董，金鐼续春秋。"此外还有高频使用"鐼"字的同时代文献可旁证，如沈括《梦溪笔谈》（丛书集成初编本）卷二："大夫七十而有阁。天子之阁，左达五，右达五。阁者，板格，以庋膳者，正是今之立鐼。今吴人谓立鐼厨者，原起于此。以其贮食物也，故谓之厨。"洪适《盘洲文集·乐章·蝶恋花》（上海涵芬楼影印旧钞本）："鹂语金鐼诗人新，得句江山应道来。"麗元英《文昌杂录·序》（文渊阁）："昔太史公父子紬金鐼石室之书，而《世本》《战国策》《楚汉春秋》咸补旧闻之阙，后之学者殆将有考于斯。"杨至质《勿斋先生文集·代回严州卫守》："书登金鐼，密联东壁之辉，车拥朱幡，高压客星之次。"这些书的版本虽不是宋本，但它们可以作为证明宋代用"鐼"记录{匣子}义的旁证。

总之，由于颜师古的注文出现了"馈"或"鐼"字，《汉书》中的"鐼"就不太可能是"匮"的直接改换，因颜师古之前没有"鐼"字，则被注释的字应该是"馈"，而"鐼"既然不是一个现成的字，当然也不可能看成"匮"的借字，那么最大的可能就是《汉书》本来用的是通假字"馈"，而被唐宋时人错写或改造成"鐼"，并且在宋代得到认可而看成"匮""柜"的异构字。

参考文献

［1］班固：《汉书》，北京图书馆出版社2003年版。
［2］国家文物局古文献研究室：《马王堆汉墓帛书》，文物出版社1980年版。
［3］甘肃省博物馆、中国科学院考古研究所：《武威汉简》，中华书局2005年版。
［4］甘肃省文物考古研究所：《敦煌汉简》，中华书局1991年版。
［5］河北省文物研究所定州汉墓竹简整理小组：《定州汉墓竹简论语》，文物出版社1997年版。
［6］洪适：《隶释》，商务印书馆1983年版。
［7］湖北省荆州市周梁玉桥遗址博物馆：《关沮秦汉墓简牍》，中华书局2001年版。

[8] 湖北省文物考古研究所、随州市考古队：《随州孔家坡汉墓简牍》，文物出版社 2006 年版。

[9] 林梅村、李均明：《疏勒河流域出土汉简》，文物出版社 1984 年版。

[10] 李荣：《文字问题》，商务印书馆 1987 年版。

[11] 马怡、张荣强：《居延新简释校》，天津古籍出版社 2013 年版。

[12] 裘锡圭：《文字学概要》，商务印书馆 1988 年版。

[13] 司马迁撰、裴骃集解：《史记集解》，二十五史编刊馆 1955 年版。

[14] 孙奕：《履斋示儿篇》，中华书局 2014 年版。

[15] ［日］太田辰夫：《中国语历史文法》，蒋绍愚、徐昌华译，北京大学出版社 1987 年版。

[16] 王观国：《学林》，中华书局 1988 年版。

[17] 王楙：《野客丛书》，中华书局 1987 年版。

[18] 许慎：《说文解字》，中华书局 1963 年版。

[19] 张守中：《张家山汉简文字编》，文物出版社 2012 年版。

[20] 张涌泉：《汉语俗字研究》，商务印书馆 2010 年版。

[21] ［日］佐野光一：《木简字典》，雄山阁出版株式会社昭和六十年版。

汉字的文化阐释[①]

前些年汉字学领域对"汉字文化"炒得很热，似乎汉字包括了所有文化，分析汉字可以获得整部中华文明史，因而纷纷提出要建立"汉字文化学"。事实上所谓"汉字文化学"并没有新的内容，无非是把原来汉字形体分析中本已存在或本应涉及的文化因素抽出来按"农业""服饰""战争""祭祀""酒""玉"等分成若干类，或者把词义等语言单位表达的内容也混入"汉字文化"，殊不知这样的文化分类是无穷尽的，而且不是以研究汉字为目的的。汉字固然与"文化"相关，但相关未必都要成"学"，人类社会中没有任何事物不与"文化"相关，例如桌子、椅子、杯子、房子、车子……，交通标志、数学符号、八卦图形、艺术绘画……，都能分析出若干种文化现象，难道都要建立起"××文化学"？

在没有独立对象和明确范围的情况下，先不必忙于建立所谓"汉字文化学"，但这并不意味着研究汉字可以排斥文化。对于"汉字学"而言，分析"文化"现象应该作为阐释汉字现象的手段，而不是汉字学研究的目的。即使作为手段运用，也不应该流于泛滥，而要限制在汉字"形体"的关联上。基于这样的认识，本文站在"汉字学"的立场，就文化与汉字的关系、汉字学如何利用文化事项阐释汉字现象等问题，作比较全面的论述。

一　文化及其与汉字的关系

（一）文化定义

"文"的本义是指纹身，引申指花纹、文章、文学、文德、天文、人文等；"化"的本义指变化，引申指教化等。《易·贲》云："观乎天文，以察时变；观乎人文，以化成天下。"这是"文"和"化"配合使用的例子，即"以人文化成天下"。后来西汉刘向《说苑·指武》说："圣人之治天下也，先文德而后武力。凡武之兴，为不服也，文化不改，然后加诛。"这里的"文化"直接连用，是状中关系的词组，指用文德进行教化和感化，是一种政治手段。再后来，"文化"可以作名词用，但仍是一个政治术语，指文德教化的结果，跟"武功"相对。如蜀杜光庭《贺鹤鸣化枯树再生表》："修文化而服遐荒，

[①] 本文原载《中国文字学报》2012年第1期。

耀武威而平九有。"唐李鼎祚《周易集解》卷五引魏王弼曰："观我生，自观其道也，为众观之主，当宣文化，光于四表，上之化下，犹风之靡草，百姓有过，在予一人。"可见，中国本土的"文化"无论是词组还是词，无论作动词还是作名词，无论指手段还是指结果，都是就君主政治而言，都是跟武威相对而言。

现代意义的"文化"一词实际上是外来的。关于"文化"的定义，众说纷纭，据美国人类学家克罗伯和克拉克洪的统计，从1871年到1951年就已经有166种说法①。如果以文化概念所指的外延来划分，这些定义大致可分为三类：（1）限定为人类精神方面。英国人类学家E·B·泰勒在《原始文化》一书中提出："文化或文明，就其民族学意义来说，乃是包括知识、信仰、艺术、道德、法律、习俗和任何作为一名社会成员而获得的能力以及习性在内的复合整体。"（2）包含物质和精神两方面。上海辞书出版社1982年出版的《简明社会科学词典》说："文化，人类在社会发展过程中所创造的物质财富和精神财富的总和。"（3）泛指人类社会的一切。德国法学家S·普分多夫在17世纪指出：文化是社会的人的活动所创造的东西和有赖于人和社会生活而存在的东西的总和，它是不断向前发展的、使人得到完善的社会生活的物质要素和精神要素的统一。第三种定义除了物质、精神外，还包括各种关系和各种方式，因而是最全面的。我们现在要讨论的"文化"基本上是取第三种定义。

（二）汉字与文化的关系

根据上面的第三种"文化"定义，"汉字"本身就是一种文化现象。汉字是记录汉语的视觉符号系统，是文化的重要载体，而汉字本身也是人类创造的，也是一种文化。也就是说，汉字是汉文化的一个子项。

但是，在讨论汉字与文化的关系时，"文化"是不包括"汉字"的，"汉字与文化"的关系，实际上是汉字作为一个文化项与其他文化项之间的关系，这种关系具有"互证"的性质②，即通过汉字的分析可以印证某种文化现象的存在，而某种文化现象的存在也可能解释汉字构形的原理。例如汉字"虹"，它所记录的概念用科学的眼光看是自然界的云气聚结而在阳光作用下形成的，属于无生物，而中国古人则将其幻想为有生的"虫"，于是有了甲骨文的象形字"♒"；到小篆另造"虹"字，虽然其结构形式变为形声，但长虫的意象特征却没有变化。"虹"的构形意象，与文献的"虹饮"恰可互证。《汉书·燕王刘旦传》："是时天雨，虹下属宫中饮井水，井水竭。"南朝梁江淹《敕为朝贤答刘休范书》："闻彼虹饮鼠舞之异，早见物征；河北陇上之谣，已露童咏。"唐宋之问《自衡阳至韶州谒能禅师》诗："猿啼山岭晓，虹饮江皋雾。"于是，从"♒""虹"的构形，我们可以窥见造字时人们对"虹"这种自然现象的认识，而通过当时人们对"虹"的认识和有关文献的记载，也能很好地解释"♒""虹"形体的成因。这就是汉字与文化的互证。

---

① 参见《文化：一个概念定义的考评》，下文所引E·B·泰勒和S·普分多夫的定义即出此文。见《中国大百科全书》译引，中国大百科全书出版社1991年版。

② 参见王宁《汉字与文化》，《北京师范大学学报》1991年第6期。

汉字与文化之所以具有这样的互证关系，是因为汉字的创造和演变渗透了、固化了当时的文化信息。汉字的音义虽然来源于汉语，而汉字的形体及其与汉语音义的结合则源于对客观事物的认识。在汉字的创造过程中，汉人祖先将自己对外部世界的感受和观念，将自身的情感体验和道德标准融入了汉字，使得汉字能够体现中国人的文化思想和民族精神。所以汉字不是有声汉语的记录形式，而且是可以直接反映客观存在、体现认识主体心灵的符号。从这个角度讲，汉字不仅是一种文化的负载体，而且是文化的"化石"。

汉字的形体和职能虽然经过了几千年的发展演变，但其理智性的结构特点、艺术性的意象本质并没有发生根本性的变化。汉字形体，尤其是古汉字的形体，沉淀了非常丰富的历史文化信息。与拼音文字相比，汉字所涉及的文化项更多，跟古代社会的文化事项关系会更密切。汉字作为文化的产物，与其他文化项之间关系密切，以致在远离当初文化环境的今天，它们仍然可以互证互释。

（三）汉字文化的研究立场

汉字与文化的互证关系是一种客观事实，但这种可以互证的事实不只存在于汉字与其他文化项之间，任何一个文化项与其他文化项之间都是具有互证关系的，所以联系其他文化项来研究本体文化项并不是汉字学的特色，没有必要过分渲染。

汉字与文化既然是互证关系，而"互证"本身涉及两个以上的学科，这就有个研究立场的问题。如果用汉字来证文化，目的是说明文化现象，那应该属于文化学（实际上还要具体到某个文化项的学科）；如果用别的文化现象来证汉字，目的在阐释汉字现象，那应该属于汉字学。很明显，站在汉字学的立场，我们需要做的应该是用其他文化项（不确定）来阐释汉字现象，而不是用汉字的材料来归纳其他文化现象——这样做不是没有价值，而是超出了汉字学的范围。

有一个文化项介于汉字与其他文化项之间，跟汉字的关系特别密切，那就是"语言"。其他任何一个文化项不是跟每个汉字都有关的，而语言却跟每个汉字都有关，因为语言把自己的音和义固化在汉字身上，成熟汉字的职责就是记录语言。于是，当我们探讨汉字与其他文化项的关系的时候，常常不由自主地把语言夹带在里面，有时候甚至把语言跟文化的关系错当成汉字跟文化的关系。所以我们在站稳汉字学立场时，要特别注意汉字和汉语的区分。例如有不少人利用《说文解字》来研究汉字文化，但不是从汉字的构形出发，而是用其中某个部的字或相关字所反映的词义内容来证明古代的农业文化、祭祀文化、服饰文化、酒文化、玉石文化，等等，比如说《牛部》《马部》有许多牛马的名称，对牛马的毛色、年龄、形体、功用区分得很细，从而证明古代畜牧业的发展以及牛马跟人类生活的密切关系等，这就不是真正的汉字文化，而是语言文化，是汉字记录的语言单位的内容所反映出来的文化。

站在汉字学的立场，用其他文化现象来阐释汉字现象，必须紧扣着"字"来进行。汉字具有外形、结构、职能三个方面的属性，那么我们就应该从汉字的外部形态、内部结构和字符职能三个方面着眼，看这些属性的形成受到哪些文化因素的影响。

二　汉字形态的文化阐释

汉字形态是指汉字的外形，包括书写单位、书写单位的组构、字体字貌等。这里面包括很多具体现象，本文只针对汉字的方块特征、构形布局、字体发展三个问题从文化的角度来加以阐释。

（一）汉字方块特征的文化阐释

方形是汉字形态的基本特征。汉字的这种方块形布局可以追溯到原始的陶器刻符，虽然从甲骨文到现代楷书，其间有过小篆的长圆和隶书的扁方等态势的不同，但总体来讲，保持方块形是基本不变的。那么，汉字的外形为什么是方块形而不是线形的呢？是什么决定了汉字的这种外形特征呢？这就值得我们探讨。

最根本的原因恐怕在于汉字构形的最初方式是"依类象形"，即根据客观事物的共象"画成其物，随体诘诎"。客观物体是以空间形式存在的，具体对象的空间转化为平面符号的话，一般是块状的，即使条状的对象，描绘出来也总是长度有限的条块状。可见，对于以依类象形为基础的表意文字体系来说，客观对象的空间性决定了平面符号的块状性，尽管初始阶段的块状大小方圆并不规整。这一点凡是自源的象形文字都是相同的，例如古埃及的象形文字也是块状的。但其他的象形文字很多已经死亡而换成了线形文字，汉字却不但没有变成线形，而且更加规整为方块。这是因为汉字始终坚持以表意为主体的构形原则。

如果说块状是由汉字构形的内因所决定，那么方块的定型则有文化的外因在起作用。如果没有文化的影响，块状的象形字也可能是圆形的或不规则形的。那么有哪些文化因素影响了汉字的定型呢？首先是书写工具。最早的书写工具应该是"硬笔"——棍棒、石块、刀具等，而"硬笔"是比较容易形成方折直线的，这是方块汉字的框架基础。其次是文字载体。早期的载体是大地、石块、树叶等未经加工的自然物，对方块的形成没有强制性。但随着文字载体向甲骨、青铜器物、简牍、布帛、纸张、印版等材料更替，方块的意识越来越强化和定型。甲骨上的自然格纹对汉字的方块化不会没有影响；简牍的长条形限制了书写汉字的宽度（手持毛笔的姿势适合于竖写），为了在一支竖着的简上多写字，字的长度也要适当限制。这种长宽的二维限定，对汉字方块的形成影响最大。以至后来用布帛和纸张写字时也习惯取方块，顺着布帛和纸张的直边书写，或者打出纵横交错的方格书写，汉字再也不会突破方框的局限。但这时的方块还是可以或长（如小篆）或扁（如隶书）的，真正的正方形方块汉字是随着楷书的规范而由雕刻的印版定型的。一方面木板雕刻横平竖直的正方块最便利，另一方面印刷形体的固化传播加深了人们对方块定型的心理意识。这都是跟汉字直接相关的一些因素。从远一点说，对于汉字方块形的恒久坚持，也可能跟汉民族对于"方"的体认有一定关系。古人认为"天圆地方"，因此"方"成了我们立足的大地的象征，如"方州""方载""方局"等都是指大地。进而"万物莫不比方"（《庄子·田子方篇》），许多人造的事物如城池、房屋、田亩、车辆、器具等，大多从方取形，以方为美。除了这种空间的指称和审美功能外，"方"在汉民族的思想观念中还具有"准则""规范"的意义，是正直贤良的一种象征，于是产生了诸如"方正""方直""方贞""方亮""方峻""方廉""方洁""方严""公方""刚方""敦方"等用于道德品行评价的具有褒义色彩的词语。汉字的方块形特征之所以越来越强化也许正是顺应了人们对"方"的好感。

（二）汉字布局特征的文化阐释

汉字构形初期受到客观事物本体的影响，不是太规整。随着汉字的成熟，特别是方块形确立以后，汉字的总体布局越来越规整，其中的基本特征就是对称均衡。一个构件的讲究笔划线条的对称均衡，几个构件的讲究构件配合的对称均衡。对称不等于相同，均衡不等于平均，对称均衡的实质在于协调稳当。例如"羊"字（ 𦍌 𦍌 𦍌 羊），从甲骨文到楷书，都是以中轴为重心，两边均衡布线，显得对称平稳。又如"雨"字（ 𠕒 𠕒 𠕒 𠕒 雨 雨），无论取雨点多少，摆布都是均衡对称的，而且能找到重心，显得很稳当。对多构件汉字来说，如果不需要注意逻辑关系和方位关系，同时每个构件的笔划线条大体差不多的话，那么两个构件的一般呈左右、上下或内外摆布（如"林""棗""回"），三个构件的一般呈品字形或𣈶字形摆布（如"磊""𣈶"），四个构件的一般呈䍃字形或𣊫字形摆布（如"䦉""𣊫"），这些是汉字形体布局的基本类型，因为它们对称均衡，显得稳当。也有一些其他的布局模式，但即使不对称不均衡，也一定是稳当的。为了布局总体的均衡稳当，有时同一构件处于不同位置时可能改变形态，如"手"字在"拿、拜、看、打、奉、承"等楷书字中的写法不同。如果几个构件的笔划线条相差较大，那也有可能通过变形来调整各个构件在方块中所占的空间位置，变构件对称为形体视觉对称，使其构形总体显得均衡稳当，如"顷"在"颖、颍、颀、倾"等楷书字中的位置和形态就不同，还有"贼、杂、旌、徙、赖、党、修"等字的构件也跟常规的位置和写法不同。另外，处于左边、上部和外面的构件通常占用的空间较小，而右边、下部和里面的构件一般占用空间略大。这种种变化都是出于形态布局整体对称均衡的需要。

那么，汉字的构形布局为什么会讲究对称均衡呢？这除了汉字的方块空间为布局调整提供了便利条件外，恐怕主要跟汉族人的审美意识和心理感受有关。对称美是汉族人的重要审美观念，所谓"好事成双""门当户对""对联""对偶"，等等，在生活的各个方面和各种物质文明上，无不打下对称审美的烙印，汉字构形总体上的对称均衡特征，正是这种审美意识造就的。但所谓对称均衡，并不等于形体空间的完全相当，而主要是一种审美心理感受。例如，在一个平面构图中，处在中心的人物或建筑要大于两侧，看上去较重的形体应该放在下部，对右边形体的感觉要重于左边，否则就感觉有些失衡，这就是视觉审美的心理感受，用它来解释"圆""匡""衡""曼"等中部构件为什么要大于周边构件，"置""昱""需""仓"等下部构件为什么要大于上部构件，"法""物""视""得"等右边的构件为什么要大于左边的构件，就合乎情理了。刘赞爱《论汉字构成的视觉美》[①]认为，每个汉字都是一个视觉样式，均衡、对比、节奏、调和是其美学法则，运用现代心

[①] 载《江西师范大学学报》1993年第3期。

理学、美学理论研究汉字，可以更深入地认识汉字的构成模式与心理感应，揭示汉字书写的艺术底蕴。这就是从文化的角度对汉字构形布局的特点进行阐释。

（三）汉字书体风格的文化阐释

尽管古今汉字的外形特征都可以用"方块"来概括，但各时期"方块"表现出的书体总风格（字体）是前后不一的。由甲骨文而金文，由金文而古文大篆，由古文大篆而小篆隶书，由秦隶而汉隶，由汉隶而楷书，由楷书而行书草书，汉字在书写体式和总体风格上发生了多次大的变化。这些字体的变化当然有汉字自身演变规律的推动，但更多更直接的原因却是文化因素的影响。正如启功先生《关于古代字体的一些问题》[①] 中所说："在下列条件下，各有不同的字体：时代、用途（如鼎彝、碑版、书册、信札等）、工具（如笔、刀等）、方法（如笔写、刀刻、范铸等）、写者、刻者、地区不同，则字体亦不同。而同在某一条件下，如加入其他条件时，字体便又不同"（例如两器同属鼎彝，加上其他关系，字体即不相同；同一写者所写两件字迹，加上其他关系，亦互不相同等等）。可见影响文字书写式样和书写风格的因素是多方面的，其中主要的文化因素可以归纳为以下四点：

1. 载体和书写工具的影响；
2. 职能和使用场合的影响；
3. 社会规范和书法家的影响；
4. 个人素质和习惯的影响。

例如甲骨文和金文字体的不同，主要是由书写材料和书写工具的不同造成的。甲骨文用刀具在甲骨上刻画，使得字形线条单瘦、直硬方折；而金文用模型在青铜器上浇铸，使得字形线条粗壮、曲折圆滑。又如小篆和隶书的形成，则主要是使用场合与社会规范的结果。小篆是秦朝为了统一文字而由专家人为规范出来的，线条匀称，纵长内敛，庄重严谨，富有艺术气质，但不便书写和应用，所以实际上并未通行；而隶书主要出于基层公务员之手，属于民间草体，线条逐渐笔画化，扁平外张，运笔随意，书写便利，所以由秦隶发展到汉隶，就上升成为规范的实用字体。至于书法家书写风格的形成，那自然是个人素质和习惯影响的结果，跟汉字本体的关系不是很大。

有一种观点认为，汉字形体的演变，特别是书体风格的不同，主要是国别地域造成的，因而把战国时期的文字按照国别分成若干个系，认为每个系的文字都有自己的书写特点。其实战国时期各种文字材料的书写风格跟国家地区并没有单一整齐的对应关系[②]，即使有，也不应该是由地域或国家决定的，而是不同地域或国家写字用字的人以及跟书写有关的文化因素造成的。

---

① 载《文物》1962 年第 6 期。
② 参见李运富《战国文字"地域特点"质疑》，《中国社会科学》1997 年第 5 期。

三　汉字结构的文化阐释

汉字结构主要指汉字的构形理据，也就是汉字形体跟语言音义的内在联系。这是最能体现古人造字意图的部分，因而也是考察古代文化的最好材料。通过汉字的结构，可以窥见古人的思维方式、道德情操、社会意识、礼制风俗和生产生活状况。反过来，如果这些文化内涵有文献可以证实的话，恰好又是汉字结构理据的文化解释，即可以从文化的角度说明汉字为什么有这样的结构。汉字结构的基本单位是构件。一个构件有多种功能，不同的构件有不同的组合关系，相同和相类的构件可以形成聚合关系，通过构件的组合关系和聚合关系及其演变，可以探析各种不同的文化内涵，也可以用不同的文化内涵解释构件的组合和聚合原理。站在汉字学的立场，我们更关注文化内涵对汉字结构的解释力。

（一）构件组合的文化阐释

构件组合体现在个体汉字中。某个汉字为什么用这样的构件做这样的组合，为什么能够记录这样的词语，常常要联系有关历史文化背景才能解释清楚。例如：

"取"字现代常用义是"拿到手里"，其字形由"耳""又"两个构件组成，对于没有古文字学知识的人来说，"取"的意义很难由构件"耳""又"的意义得到解释，其理据比较隐晦。《说文解字·又部》："取，捕取也。从又从耳。《周礼》'获者取左耳'，《司马法》曰：'载献聝'，聝者，耳也。""又"是手，用手执耳这样的构件组合为什么就能表达"捕取"的语言意义呢？因为古代战争有割取敌人左耳以计战功的制度，这在《周礼》和《司马法》中都有记载，正是很好的文化注脚。

"葬"字小篆字形从茻从死从一，作𦺇。《说文解字·茻部》："葬，藏也。从死在茻中，一其中，所以荐之。《易》曰'古之葬者厚衣之以薪'。"要解释清楚"葬"字的构形理据，也必须联系古代的丧葬习俗，用现代的葬俗无法作出合理的解释。所以《说文》引《易》来说明字形中"一"的作用，它象征着荐垫或包裹死者的"薪"。那为什么从"茻"呢？我们还可以补充一些文化信息来说明。《孟子·滕文公下》："盖上世尝有不葬其亲者，其亲死，则举而委之于壑。"可见，远古时期葬制并不是把死者埋入地下，而是将死者遗体投到荒野。后来，随着人类文明意识的进步，开始给死者遗体铺垫草席和覆盖柴薪。《易·系辞》说："古之葬者，厚衣之以薪，葬之中野，不树不封，丧期无数。"段玉裁《说文解字注》"吊"字下说："古者人民朴质，饥食鸟兽，渴饮雾露，死则裹以白茅，投之中野。"抛尸荒野，自然就有草丛，这就是"葬"字从"茻"的理据。显然"葬"字的构形与"厚衣之以薪""裹以白茅"而"投之中野"的远古葬俗是一致的。到后来才将死者遗体埋入地下，直至春秋时期，才开始封建坟堆，而这样的葬俗已经跟字形结构无关了。

再以"孟"字为例，这个字的构形原来一直没有说清楚。《说文·子部》："孟，长也。从子皿声。"但汉字构形系统中"皿"没有作声符的，而且虽然许慎说"皿读若猛"，但实际上"皿"跟"孟"除了都是唇音声母外，韵母是否一定相同也还需要证明（文献能够证明的是"孟"与"猛"都属阳部,而难以断定"皿"也属阳部①)。所以有不少人对"孟"字构形另寻解释,其中就包含文化因素。②《左传·隐公元年》:"惠公元妃孟子。"孔颖达疏:"孟、仲、叔、季,兄弟姊妹长幼之别字也。孟、伯俱长也。"可见"孟"与"长"同义,指的是"长子"(包括男女),即第一个孩子,所以常用来称呼兄弟姐妹中排行第一者。这可以跟字形的"子"密合。那字形为什么从"皿"呢(金文中的"孟"字都象用器皿盛着小孩形,如⌘⌘⌘⌘⌘⌘)?《说文解字》:"皿,饭食之用器也,象形。"张玉金《当代中国文字学》认为,远古时候有食子的风俗,"孟"字的金文字形正象用器皿盛小孩子,以备食用。③"孟"字又有在"子"上加"八"形的,"八"表示剖分,正是为食用而"解子"的意思。那么,远古为什么会有食子风俗,食子为什么就有长子的意思呢?这在字形上仍然得不到合理解释,需要继续从文化学的角度深挖根源。

据文献记载,中国古代某些少数民族地区有"杀首子""食首子"的习俗。《墨子·鲁问》:"楚之南有啖人之国者桥,其国之长子生则鲜(解)而食之,谓之宜弟。"《墨子·节葬》又说:"昔者越之东有輆沐之国者,其长子生,则解而食之,谓之宜弟。"《汉书·元后传》:"羌胡尚杀首子,以荡肠正世。"《后汉书·南蛮传》:"交趾其西有啖人国,生首子辄解而食之,谓之宜弟。"《太平寰宇记》贵州风俗条也记载,乌浒之夷"男女同浴,生首子则食之"。可见这些习俗中"杀"和"食"的对象都是"长子""首子"。中原地区考古发现许多砍或锯下的头盖骨,应当有一部分也是来自被杀食的"首子",可惜没有文献明证。

中原地区虽然未见明文记载"杀首子""食首子"习俗,却在远古时期发生过类似的"弃子"现象。这种现象可以由甲骨文"弃"的字形得到证明,"弃"的甲骨文字形"⌘⌘"正表示双手将簸箕中的小孩子丢弃之状。古代文献对弃婴现象多有记载,中原地区和少数民族都有,比较著名的如:周祖后稷、周幽王后褒姒、徐偃王、高句丽王朱明、齐顷公无野、楚令尹子文、吴王勋、宋芮司徒女、乌孙王昆莫、沙陀突厥先祖朱耶赤心等,他(她)们都有出生后被遗弃的经历。《史记·周本纪》叙述周的始祖后稷被父母抛弃时说:"稷生后,母以为不祥,弃之隘巷,马牛过者皆避不践;徙置之林中,适会山林多人,迁之;而弃渠中冰上,飞鸟以其翼覆荐之。姜嫄以为神,遂收养之。初欲弃之,因名弃。"《诗经·大雅·生民》对这件事也有记录。《天问》:"稷为元子,帝何竺(毒)之?投之于冰上,鸟何燠之?"根据《诗·大雅·生民》"先生如达"和《天问》"稷为元子",不难看出后稷是"首子"。

屈原首先对后稷遭弃的原因提出了质疑与思考,后人关于远古杀食或抛弃长子的行为解释纷纭。刘盼遂指出,古代夫妇制度未定,"妻生首子时,则夫往往疑其挟他种而来,

---

① 颜之推《颜氏家训·音辞》篇就曾对许慎"皿读若猛"的注音提出怀疑。
② 参见张素凤《"孟"字的文化意蕴》,《文史知识》2006年第4期;又《古汉字结构变化研究》,中华书局2008年版,第226—228页。
③ 张玉金:《当代中国文字学》,广东教育出版社2000年版,第163页。

妒嫉实甚，故有杀首子之风"①。就是说远古时期杀食首子、丢弃首子的习俗，与对子女血统的怀疑有关。这需要进一步从人类社会的发展历程来探寻其原因。母系氏族社会婚姻形式先后有"男女杂交的血婚""伙婚""对偶婚"等制度形式，其主要特点是群婚与杂交、民知其母而不知其父。随着对偶婚的发展，子女的父系血统日益明显，再加上社会生产力的发展，剩余产品的出现，财富的日益累加，男子的地位日益提高，男子在生产中逐渐居于统治地位，母系社会开始向父系社会过渡。男子为了把财产传给出自己血统的子女，对女子的贞操开始要求严格，这样，群婚杂交制逐渐归于消亡。但这是一个十分漫长的发展过程，其间必然存在着男子重视自己子女的血统与群婚杂交遗风的尖锐矛盾，这种矛盾，使男子对女子婚前贞操产生不信任，因而对第一个子女血统产生怀疑和否定，这就导致了有些男子婚配后，把妻或妾所生的第一个孩子杀掉或遗弃的现象。

汉字现象的文化解释可以不是唯一的。对"孟"字构形的文化背景，裘锡圭根据世界各地流行过的献新祭祀和中国古代的尝祭习俗，提出了另外一种解释。他说："我国古代杀首子的习俗，显然也应该解释为把头生子女献给鬼神。在古书的有关记载里没有提到杀首子的祭祀性质，是由于记载的人对这种习俗缺乏深入的了解。献第一批收获于鬼神，是为了能平安地保有、食用收获的其他部分，并在来年继续得到新的收获。献首子当然也是为了以后能得到新的孩子，并使他们能够安全地成长。所以《墨子》说杀首子是为了'宜弟'，是很有道理的。""我国自古以来认为吃献祭过的食物能得福，所以祭祀之后有'归胙''归福'之事，即把祭祀过的酒肉送给有关的人吃。"所以"我国古代有些地方杀首子后还要'食之'，这无疑具有献新祭后的圣餐的性质，其目的应是求福、'宜弟'。"②裘先生的解释跟刘盼遂的解释其实并不矛盾，也许最初的原因或深层的心理是血缘疑忌，而后来的习俗或表面的借口演变为礼仪祭祀，它们可以共同证成"孟"字构形的合理。

可见文字的创制，不仅受到当时客观世界的影响，还要受到口耳相传的历史知识的影响：创制表示"往昔"意义的"昔"字时，采用了口耳相传的洪水意象；创制表示"遗弃"意义的"弃"字时，采用了口耳相传的"弃子"意象；同样，在表现"兄弟姊妹中排行最大者"这一意义时，采用了口耳相传的杀、食首子的意象，即把小孩（首子）放在饭食之用器"皿"里，这就是"孟"字的造字理据。"孟"字由兄弟姊妹"排行第一"的义项引申为其他事物的"第一"或"开始"义，如四季中的第一个月分别称作孟春、孟夏、孟秋、孟冬。

汉字的结构理据都是文化事象的反映，所以用文化事象解读汉字结构是从古至今一直在使用的方法，关键是所用文化事象是否准确。大凡对汉字构件的功能及功能组合的理据分析错误或牵强的，不是因为没有讲文化，而是关联的文化事象不是构造字形所依据的文化事象。

---

① 刘盼遂：《天问校笺》，载《国学论丛》1929年第2卷第1期，第287页。转引自姜亮夫《屈原赋校注》，人民文学出版社1957年版，第356页。

② 裘锡圭：《杀首子解》，载《中国文化》第9期，生活·读书·新知三联书店1994年版。

（二）构件聚合的文化阐释

　　构件聚合是针对某一类汉字的结构而言，属于汉字结构系统的问题。例如汉字为什么会主要选择"义音合成"（形声）的方式构字？"义音合成"时，为什么大多数是义符在左而声符在右？汉字的象形构件为什么会逐渐减少而几近消亡？汉字中表示钱财意义的字为什么大都从"贝"？为什么表示心理活动的字大都从"心"从"页"？古文字中"艹"和"木"、"心"和"页"作为表义构件为什么能够通用？《说文解字》中以"者"为声符的字为什么现在不表音了？如此等等，都需要将相关的字类聚起来作统一解释，而解释的途径除了汉字系统本身，有时还需要借助其他文化事象。限于篇幅，这里不可能对所有可以聚合的结构现象进行文化解释，只举从"心"和从"页"的字为例加以说明。

　　汉字构形中有一种现象很值得注意，就是表示心理情感和思虑智愚方面意义的字可以从"心"，也可以从"页"（首），而以从"心"的居多。例如（释义析形皆据《说文解字》）：

> 志，意也。从心之声。
> 恃，思也。从心付声。
> 忠，敬也。从心中声。
> 憭，慧也。从心尞声。
> 顗，谨庄皃。从頁豈声。
> 顤，痴，不聪明也。从頁豪声。

诸如此类的字《说文解字》中很多，不烦详引。
有时记录同一个词的异体字或从"心"或从"页"，"心""页"通用。例如：

　　顚（颐）——惛（怋）　《说文·页部》："顚，系头殟也。"《说文·心部》："惛，不憭也。"《玉篇·页部》："顚，《庄子》云：'问焉则顚然。'顚，不晓也。亦作惛。"可见顚、惛为异体关系，音义全同，都是不聪明的意思。"顚"字又作"颐"，"惛"字又作"怋"，见《玉篇·心部》和《龙龛手鉴·页部》，则"颐""怋"也是"心""页"相通的异体字。

　　顦顇——憔悴　《说文·页部》："顦，顦顇也。""顇，顦顇也。"段玉裁注："《楚辞·渔父》：'颜色憔悴。'其字各不同，今人多用憔悴字。许书无憔篆。悴则训忧也。"唐慧琳《一切经音义》卷三引《韵英》："顦顇，或从心作憔悴。"又卷六十二引《苍颉篇》："顦顇，忧伤也。"《玉篇·页部》："顦，顦顇，忧貌。亦作'憔'。"《集韵·宥韵》："憔，憔悴，忧患也。"《楚辞·九叹·怨思》："身憔悴而考旦兮，日黄昏而长悲。"王逸注："憔悴，忧貌。"可见"顦顇"与"憔悴"是一对"心""页"通用的异体字。

　　頯——儚　《集韵·登韵》："儚，《尔雅》'儚儚，惛也。'或作頯。"《字汇·页部》："頯，惛也，迷也。'或作儚。"又《字汇补·心部》："儚与儚同。"《说文·心部》："㦖，不明也。"可见，顅、儚、㦖三字为一组异体字，音义相同，均为表心理活动的"惛"。其中"㦖""儚"属于"页""心"义符通用的异体字。

顺——𩒨 《说文·页部》："顺，理也。从页川。"段玉裁注："顺者，理也。顺之所以理之，未有不顺民情而能理者。人自顶以至于踵，顺之至也；川之流，顺之至也，故字从页川。会意。"徐灏《说文解字注笺·页部》："人之恭谨慈顺曰顺。""顺"与心智情感有关，因此《诗·大雅·皇矣》"克顺克比"，毛传："慈和遍服曰顺。"又《尔雅·释言》："惠，顺也。"《孟子》赵岐注："顺，爱也。"《金文编》《汉语大字典》二书的"顺"下均收有如下两个金文形体："𩒨""𢡆"，前一字形从"页川"，后一形体从"心川"，正是一组"心""页"通用的异体字。

甚至还有在一个字里面既从"心"又从"页"，或与"页"功能相当构件的情况，例如：

恖是"忧"的古字。《说文·心部》："恖，愁也。从心页。"段玉裁注："此会意。如思从心囟，由心彻于囟也。"《尔雅·释诂》："恖，思也。"

思《说文·思部》："思，睿也。从心从囟。"《集韵·之韵》："思，古作恖。"《楚辞·离骚》："恖九州岛之博大兮"王逸注："恖，古文思。""囟"是头盖骨会合之处，即囟门。段玉裁《说文·思部》注曰："《韵会》曰：'自囟至心如丝相贯不绝也。'会意。"朱骏声《说文通训定声》"思"下曰："按从心从囟，会意。思者，心通于脑，故从囟。"徐灏《说文解字注笺》云："人之精髓在脑，脑主记识，故思从囟。""囟"代表头脑，"页"也是首脑，同义，从心从囟相当于从心从页。

恼（㛴）《说文·女部》："㛴，有所恨也。从女㟭省声。今汝南人有所恨曰㛴。"段玉裁注："恨者，怨也。形声中有会意也。㛴之从㟭者，与思之从囟同意也。"《正字通·女部》："㛴，今作恼。""恼"字从心从㟭（脑），也相当于从心从页。

那么，怎么解释上述从"心"从"页"的字都与心智情感意义相关的构形现象呢？原来古人认为人的思维活动或者精神活动不但与头脑有关，更主要的是与心脏相关。因为心脏跳动，一般人容易感知，所以把心脏看作思维器官的比较普遍，可能是古人的共识。《孟子·告子上》说："心之官则思。"《荀子·解蔽》云："心者，形之君也，而神明之主也。"《尔雅·释诂》："谋，心也。"就是这种认识的反映。这种认识也影响了汉语，所谓"心想""心思""心意""心智""小心""粗心""烦心""耐心""说心里话""言为心声"等等，在语义系统中被认可并融入了"心"的思维情感作用，一直传承到今天。但不能因此说中国古人只知道"心"是思维器官，完全不知"脑"也能有精神活动，对"脑"的认识是近代科学的发现。事实上，古代的医生、术士已经感觉到"首""脑"能够主宰精神的功能，就是说，从先秦到近代这一漫长的过程中，古人在认为"心"是思维器官的同时，也一直认为"脑"亦有思维能力，亦为思维器官。例如《素问·五脏别论》："方士或以脑髓为脏。"方士们把脑髓别论为"五脏"之"脏"，这个"脏"包括有思维功能的器官无疑。又，《素问·本病论》："神失守位，即神游上丹田，在太乙帝君泥丸宫下。"泥丸宫即泥丸（脑）所在之处，道家称之为上丹田。"神游上丹田"表明有医家已认识到了头脑是神（精神意识）的活动场所。又《灵枢·大惑论》："裹撷筋骨血气之精，而与脉并于系，上属于脑，后出于项中，故邪中于项，图逢其身之虚，其入深，则随眼系以入于脑。入于脑则脑转，脑转则引目系急，目系急则目眩以转矣。"这表明有医家已注意到了脑与精神活动及视觉、听觉的关系。又《素问·脉要精微论》："头者，精明之府。"现代中医学者解释说："精明，指精气神明，即精气神明集聚之处。"① 可见，这时有医家也已注意到脑髓在人体中的地位，认识到了头脑是思维器官了。汉代纬书《春秋·元命苞》继承先秦医家之说，进一步明确说："人精在脑""头者神所居"。这里所说的"精""神"，实际就是今人所谓思维意识。魏晋皇甫谧《黄帝甲乙经》："头者，精明之府，头倾视深，神将夺矣。"此"神"即精神意识，也明确指出了"神"在于脑，动脑则会伤神。这跟《素问·灵兰秘典论》说"心伤则神去，神去则死矣"的意思是一样的，也正说明古人把"心"和"脑"都看成思维器官。只是"心"的认识较普遍，"脑"的认识较专业。②

正因为如此，汉字构形才可能在以"心"为主表示思维情感的同时，会出现用"页""囟""𦣞"表心理思维的构件，也才可能出现"心""页"配合、"心""页"通用表示心理思维活动的字形。否则，上述汉字构形现象就无法解释。

四　汉字职能的文化阐释

汉字的基本职能是记录汉语，有时也能发挥语言之外的作用。这两个方面都可能受到其他文化因素的影响。下面的论述只是举例性质，类似的文化阐释现象还有很多。

（一）文化因素对用字记词职能的影响

一个字符可以用来记录哪些词语，一个词语可以用哪些字来记录，不同时代、不同地域、不同的人可能会有不同，这种不同有时从文字系统本身很难加以解释，只有通过文化的纽带把文字和语言联系起来，才能把字词关系的变化说清楚。例如记录某词某义本来有某个固定的字，但突然废弃不用而要临时构造某个新字来用，如唐代用"國"取代"國"、用"曌"取代"照"，现代用"弄"取代"扒"、用"囍"取代"喜"等，这些字的使用，就是避凶趋吉或者追求某种特殊含意等文化因素影响的结果。

以上用字现象是以改变原字结构而创造新字符为前提的。文化因素也可以直接影响对已有字符的选用。例如：

《说文解字·网部》："罪，捕鱼竹网。从网、非。秦以罪为辠字。"《辛部》："辠，犯法也。从辛从自，言罪人蹙鼻苦辛之忧。秦以辠似皇字，改为罪。""自"为"鼻"的

---

① 参见皮袭休主编《古典医著选》，江苏科学技术出版社1988年版，第49页。
② 参见刘敬林《古人有关人脑思维能力的认识及其在文字构形上的反映》，载《励耘学刊》（总第2辑），学苑出版社2005年版。

古本字。许慎告诉我们：秦代为什么不用先秦的"辠"字而要改用"罪"字呢？主要是因为秦始皇觉得原来的"辠"字像"皇"字，有伤他的皇威，于是下令废除"辠"字，而借用本来表示"捕鱼网"的"罪"代替"辠"的功能，"罪"字也因此失去了本用职能。（如果把从网非声的义音合体字"罪"重新解析为"法网治非"的义义合体字，作为记录罪罚义的另一个本字，那就是改变结构重新造字的问题了，即罪罚的"罪₁"与渔网的"罪₂"构成同形字关系。）

《说文解字·水部》："洛，水。出左冯翊归德北夷界中，东南入渭。从水各声。"《隹部》："雒，鵋鶀也。从隹各声。""洛"为水名，古代山之南水之北称阳，洛阳在洛水的北面，故称"洛阳"，字当用"洛"。但由于统治者的迷信，帝都"洛阳"的"洛"字在汉魏时曾经反复更改用字。《汉书·地理志》颜师古注引鱼豢《魏略》云："汉火德，忌水，故'洛'去'水'而加'隹'。"颜注："如鱼氏说，则光武以后改为'雒'字也。""雒"为鸟名，连"阳"无所取义，可谓"不辞"。到曹魏黄初元年，"雒阳"又改回"洛阳"。《三国志·魏书·文帝纪》裴松之注引《魏略》曰："诏以汉火行也，火忌水，故'洛'去'水'而加'隹'。魏于行次为土，土，水之牡也，水得土而乃流，土得水而乃柔，故除'隹'加'水'，变'雒'为'洛'。"晋张华《博物志·地理考》也有类似记载："旧洛字作水边各，火行也，忌水，故去水而加隹。又魏于行次为土，水得土而流，土得水而柔，故复去隹加水，变雒为洛焉。""洛""雒"古音相同，汉魏统治者迷信五行相生相克的五德终始论，认为"洛"字的结构与本王朝命运攸关，因此将帝都的用字更来换去。

《说文解字·贝部》："贝，海介虫也。居陆名猋，在水名蜬。象形。古者货贝而宝龟，周而有泉，至秦废贝行钱。"就是说，对于货币，周代叫作"泉"，秦代叫作"钱"，实际上是用不同的字记录同一个词，更改用字的原因可能跟货币的形制有关。汉承秦制，用的也是"钱"字。但王莽时期又曾一度改用"泉"字，为什么呢？据《后汉书·光武帝纪》记载，原来王莽篡汉称帝后，嫉恶刘氏，因为"钱"字有"金刀"（"戋"相当于"刀"），而"劉"字正好是由"卯、金、刀"组成，便下令改称"钱"为"货泉"，实际上是用"泉"字取代"钱"字。

这些用字的变化无法从汉字系统本身找到缘由，只能通过历史文献的记载，结合古代帝王对字形的迷信心理才能探寻到内在的动因。不过这些体现帝王意志的用字变化由于违背汉字发展的自然规律而没有得到广大汉字使用者的认同，大多没有被后代继承。

另外一些被更多汉字使用者所普遍接受的用字规律同样反映了古人的某些文化心理。其中最为典型的就是古人为了避讳或追求委婉、典雅而特意借用音同音近字。改变正常用字而借用别的字，或者用缺笔甚至空字的方法来记录语词，无疑会给文献阅读带来不便，古人宁可牺牲汉字职能的明确性，因为他们更看重"为尊者讳、为亲者讳、为贤者讳"的封建礼制，这就是其他文化因素影响汉字使用的外力。

（二）文化因素造成的汉字特殊表达方式

汉字的职能有时不是靠字符直接记录语言，而是用字的部分形体通过某些特殊方式来实现；或者在记录语言表达语言含义之外还能表达其他内容。造成这些现象的动因往往是汉字之外的文化因素。

1. 字谜——汉字形体的分合表意

字谜是利用汉字的形体分合来表达意思的一种特殊方式。早在《世说新语·捷悟》篇中就曾记载三国时期的几个与构件拆合相关的字谜：

> 人饷魏武一杯酪，魏武啖少许，盖头上提"合"字以示众，众莫能解。次至杨修，修便啖，曰："公教人啖一口也，复何疑？"

> 魏武尝过曹娥碑下，杨修从。碑背上见题作"黄绢幼妇，外孙齑臼"八字，魏武谓修曰："解不？"答曰："解。"魏武曰："卿未可言，待我思之。"行三十里，魏武乃曰："吾已得。"令修别记所知。修曰："黄绢，色丝也，于字为'绝'；幼妇，少女也，于字为'妙'；外孙，女子也，于字为'好'；齑臼，受辛也，于字为'辤'（辞）；所谓'绝妙好辞'也。"魏武亦记之，与修同，乃叹曰："我才不及卿，乃觉三十里。"

以上所举二例正是利用汉字构件的拆分和重组编创设计的字谜。前者属分拆字形表意，即将"合"字分解，表达"人一口"的意思；后者属组合字形表意，及组合"色丝"表达"绝"义，组合"少女"表示"妙"义，组合"女子"表达"好"义，组合"受辛"表达"辤（辞）"义。这种表意方式既不同于正常的字符记词表意法，也不同于功能构件造字法，明显带有游戏的文化意味，应该是先秦就已存在的"隐语"（谜语）这种文化事象对汉字使用带来的影响。以上字谜实际上还带有点语意交际的目的，后来的字谜则发展成一种纯游戏的智力娱乐项目，谜底不需要镶嵌到语句中去理解了。例如：

> 合成谜底法：半真半假（值）；彼此各有一半（跛）；一口咬掉多半截（名）。
> 谜底加字法：存心不善，有口难言（亚）；有耳听不见（龙）。
> 谜底减字法：夫人莫入（二）；一了百了（白）。
> 笔划加减法：加上一直减少一点（步）。
> 多字提示法：天没有地有，我没有他有，山上没有池里有（也）。
> 字形比况法：左是山，右是山，上是山，下是山，山连山，山靠山，山咬山，不是山（田）。

字谜有很多种，只有上述跟形体密切相关的字谜才可以纳入"汉字文化"的论说范围，其他利用字音、字义造成的字谜不在话下，因为"音义"是语言赋予字形的，反映的是语言内容，即使跟文化相关，也属于语言文化。

2. 对联——汉字形体的配合表意

对联是一种言简意赅的对偶文学，具有高度的语意概括性、严格的韵律规则性和独特的文化民族性。如果只是语义相对、语音相对、词性相对，那也不存在汉字文化问题；但其中有些对联是利用汉字的形体相互配合来表达某种寓意的，那阐释寓意就是从文化上对汉字形体运用的必要说明。对联中"形体配合"，不是一个字，而是一组字，并且这组字的形体或结构必须具有相似相类的特点；所谓"寓意"，不一定是语义，也可能是言外之意或游戏情趣。主要有两种形式：

一是拆合字形配成对联。例如：

二人土上坐；一月日边明。
冻雨洒窗，东二点，西三点；切瓜分客，横七刀，竖八刀。
人曾是僧，人弗能成佛；女卑为婢，女又可称奴。
骑奇马，张长弓，琴瑟琵琶八大王，王王在上，单戈成战；
伪为人，袭龙衣，魑魅魍魉四小鬼，鬼鬼犯边，合手即拿。

二是同样偏旁部首配成对联。例如：

烟锁池塘柳；炮镇海城楼。（"火金水土木"对"火金水土木"）
湛江港清波滚滚；渤海湾浊流滔滔。（全部"水"旁对全部"水"旁）
寄寓客家，牢守寒窗空寂寞；迷途逝远，返迴达道遊逍遥。（全部"宀"对全部"辶"）

3. 字形诗——寓意于形的游戏诗

字形诗旧称"神智体"，是一种近乎谜语的诗体，相传为苏东坡首创。宋神宗熙宁年间，辽国派使者到宋朝。使者自以为诗才无双，不把宋朝的文人放在眼里。宋神宗便派多才多艺的苏东坡去接待他。在辽使的挑衅下，苏东坡提笔写下一首《晚眺》诗，每句只有三个字，字形却变异无常（见图）。

辽使看了，不知所云，只能服输。苏东坡解释说：

第一句"亭"字写得很长，"景"字又写得极短，"畫"字下边缺少"人"（当时的"畫"字有"田"中作"人"的写法），念作"长亭短景无人畫"。第二句"老"字写得特别大，"拖"字横写，"筇"的"竹"字头写得极瘦，念作"老大横拖瘦竹筇"。第三句"首"字反着写，"雲"字中间写断，"暮"字下边的"日"倾斜，念作"回首断雲斜日暮"。第四句"江"字中的"工"弯曲，"蘸"字倒写，"峰"字"山"旁侧写，念作"曲江倒蘸侧山峰"。整首诗应该念成：

长亭短景无人畫，老大横拖瘦竹筇。
回首断雲斜日暮，曲江倒蘸侧山峰。

苏东坡的"神智体"诗正是充分利用了汉字书写形态的变化、笔画的缺省、构件的离合、置向的侧倒等方式来蕴含部分诗意，使得汉字不仅靠符号记录语言表意，也能用形体本身寓含更为丰富的内容。

自从苏东坡创此诗体之后，文人们竞相效仿，流传下来许多类似神智体的"诗"，也叫作"怪字诗""形意诗"，就是通过改变汉字的正常形体来曲折地表现诗意。这种诗以意写字，以形入诗，构思巧妙，发人深思，实际上已成为一种文字游戏，以至在民间也有流传。相传潮州才女尤孟娘因丈夫外出很久不归，也没捎过口信，她思念丈夫心切，便写下一首《闺怨》诗，也是利用汉字的形体来表意的：

根据字形，应该读为：

斜月三更門半开，夜长横枕意心歪。
短命倒（到）今无口信，肝长（肠）望断没人來。

这种通过文字变形来表达特殊意义的用法，不是文字本身的正常职能，而是智巧游戏的文化因素赋予给字形的，严格说来，这种变形特意字并不等于通用的字符。为什么要违背常规，将汉字的形体加以变化，不借助诗歌形式和特殊的交际背景，就难以得到合理解释。

总而言之，借助汉字之外的文化因素对汉字本身在形体、结构、职能等方面的某些现象进行解释和论证，不仅是必要的，也是可能的。这样的文化阐释工作，文化是工具和手段，目标和落脚点在文字，因而属于汉字学本身应有的内容，不需要另外建立"汉字文化学"。

历史悠久，内涵丰富：中国汉字魅力无限[①]

习近平总书记说："汉字是中华文明的重要标志，也是传承中华文明的重要载体。在长期使用汉字的过程中，中华民族发明了造纸术、活字印刷术。这两项重大发明既使历史悠久、博大精深的中华文化得到广泛传承，又使其得到交流，并向世界传播。"[②] 这段话明确指出汉字不仅是中华文明的重要元素，而且是传承中华文明和传播中华文化的重要符号。汉字历史悠久，内涵丰富，并且与时俱进，至今魅力无穷。汉字具有的生命力、创造力、表现力、凝聚力和影响力铸就了中国人的文化自信。

一　汉字源远流长，具有历史生命力

世界历史上产生过四大自源古文字，即古埃及象形文字、美洲玛雅文字、苏美尔楔形文字和中国汉字。这四种古文字的前三种都已消亡，唯有汉字一直延续发展至今。

汉字起源于何时尚有争议。《尚书·多士》提到"惟殷先人，有册有典"，可见汉字的使用应该在商代之前。尽管目前可以释读的最早文献是商代晚期的殷墟甲骨文，但考古发现了大量商代晚期以前的各类陶文和相关的文字资料，如藁城台西陶文、清江吴城陶文、新干陶文、小双桥陶文、郑州商城陶文、偃师商城陶文等，它们可追溯到商汤时代，地域分布既有商王都城的，也有地方的，或受商文化影响的长江以南地区的。[③] 这些材料说明完整的汉字体系可能早在夏商之际便已形成。而新发现的距今8000年左右的贾湖文化、大地湾文化和大麦地文化还有可能将汉字起源的时代推到更早。[④]

即使从殷墟甲骨文算起，汉字也有将近4000年的历史了。历经周秦汉魏晋、唐宋元明清，直到现代，或铸刻，或书写，或版印，或数字化，汉字始终是记录汉语而形成浩瀚中华文献典籍的符号。尽管也有篆隶之分、正俗之别、繁简之变，但万变不离其宗，汉字构形的基本原理和汉字使用的基本规律古今相通，总体系统是相对稳定的，因而现代人能够考释几千年前的古汉字，能够解读甲骨文、金文等古代文献，这是中华文明得以传承的

[①] 本文为国家社会科学基金重大项目（13&ZD129）相关成果。原载《孔学堂》（中英双语）2017年第4期。
[②] 《习近平普京旁征博引妙解"汉语年"》，中国新闻网，2010.3.24。
[③] 黄德宽：《殷墟甲骨文之前的商代文字》，载《汉字理论丛稿》，商务印书馆2006年版，第5—31页。
[④] 李运富：《汉字学新论》，北京师范大学出版社2012年版，第23—26页。

重要保障。正如习近平总书记所说:"中国字是中国文化传承的标志,殷墟甲骨文距离现在 3000 多年,3000 多年来汉字结构没有变,这种传承是真正的中华基因。"[①] "为什么中华民族能够在几千年的历史长河中顽强生存和不断发展呢?很重要的一个原因,是我们民族有一脉相承的精神追求、精神特质、精神脉络。今天我们使用的汉字同甲骨文没有根本区别,老子、孔子、孟子、庄子等先哲归纳的一些观念也一直延续到现在。这种几千年连贯发展至今的文明,在世界各民族中是不多见的。"[②]

汉字能够具有如此绵长而旺盛的生命力,当然首先是其系统的科学性和基因的稳固性决定的,同时也与汉字系统与时俱进的自我调节和自觉优化密切相关。数千年的汉字不是没有变化,而是每次变化都能在维护基因相承的前提下更加适应时代的需要,这种变化不是推翻或否定原有系统,而是自然渐变,逐步改良。它主要通过个体汉字的异形替换和局部属性的适当调节,使整个汉字系统逐渐演进并越来越优化,所以汉字变化的前后总保持着内在联系和发展脉络。例如为了书写便利而发生的汉字"隶变"被认为是古今汉字的分水岭,应该可以说是"巨变"了,但实际上不仅隶变前后的汉字在形体上能够找到各自的源流序列,而且隶变的时间也经历了从古隶到汉隶的漫长过程。又如为了大众文化扫盲而推行的现代简化字曾经饱受诟病,而实际上 80% 以上的现代简化字都有历史依据,许多简化字从唐宋就开始使用,有的甚至是更古老的初文的恢复,所以绝大多数简化字都是汉字自身演变的结果。汉字演变的自然自律和优化追求,正是汉字生命力经久不衰的重要原因。

"盖文字者,经艺之本,王政之始,前人所以垂后,后人所以识古。"[③] 人类因文字的产生而得以积累生产生活经验,得以延续和传播文化与文明,从而推动社会不断发展进步。应该说,文字历时越长,蕴含的内容越丰富深刻,产生的影响越久远,所以作为自源文字而唯一延续发展至今的汉字,是历史留下的具有生命力的珍贵遗产。

二 汉字内涵丰富,具有文化创造力

汉字是华夏民族的集体创造和智慧结晶,它来源于先民对自然环境的感知和对生产生活的感悟,因而汉字浸透着华夏祖先的物质情趣和精神风貌,蕴含着中华民族的悠久历史和灿烂文明。汉字的丰富内涵体现了先民的文化意识,也体现了先民的理性创造力。汉字是有理据的,有理据的文字是可以解释的。汉字的理据是文化创造的结果,所以汉字的构形可以进行文化解释。所谓文化解释实际上是汉字文化与其他文化的互证。当汉字的某种现象无法从汉字本身很好说明时,就可以联系其他文化事项来解释;相应地,借助汉字的阐释关联其他文化事项,也可以再现文化创造的过程,获得对古代历史文化的认知。

例如汉字个体的外形大致是方块的,而且几千年不变。这跟英文等拼音文字在视觉上

---

① 《习近平的用心,让祖国的花朵更鲜艳》,党建网,2017.6.3。

② 《习近平:从小积极培育和践行社会主义核心价值观》,新华网,2014.5.30。

③ (东汉)许慎:《说文解字·叙》,中华书局 2013 年版,第 317 页。

形成显著差别。之所以如此,可能跟很多文化因素有关:汉字是自源的,最初创制的符号取象于客观实物形体,描摹下来就是块状的;汉字的书写材料如简牍帛书及后来的雕版等,大都为条块或方正形状,依边线或条块成行书写时,会自然切分成一个个小方块;汉字形体绝大多数由两个构件组成,一个或多个构件组成的也讲究对称和平稳,而且上下左右中的方位观念也常参与构意,这种形体组合模式最容易形成方块构架,有时也需要方块来成全构意;汉民族还具有"崇方意识",古人认为"天圆地方",故"方"为立身之本,"方正"具有"准则""规范"意义,是正直贤良的象征。这种种因素导致先民创造了方块形汉字。

在汉字的构造理据方面,蕴含着更多的文化元素。例如汉字系统中为什么表示钱财之类意义的字大多含有"贝"(财资贸贫贱赏赐贿赂账)?《说文解字》解释为:"古者货贝而宝龟,周而有泉,至秦废贝行钱。"原来古代曾经用"贝"作为通货("贝""泉""钱"都相当于现代的钱)进行交易,古人正是依据货币制度创造了大批含"贝"的字。为什么汉字中表示思想和心理活动意义的字大都含有"心"(思想意志念愿惧怕怡恨)?《孟子》说:"心之官则思。"原来古人认为心脏这个器官是主管人的思想意识的,说明当时对人体生理还没有完全认知大脑的功能,古人正是根据当时的生理认知水平把"心"当作思想类义符来参与构字。"葬"字为什么是"艹"(草)字头?小篆形体写作茻,下面也是草,合起来是"茻"(莽),中间还有一横。要解释清楚"葬"字的构形理据,必须联系古代的丧葬习俗。《孟子·滕文公下》:"盖上世尝有不葬其亲者,其亲死,则举而委之于壑。"《易·系辞》:"古之葬者,厚衣之以薪,葬之中野,不树不封,丧期无数。"可见,远古时期葬俗并不是把死者埋入地下,而是将死者遗体投到荒野,有的在死者遗体下铺垫草席,上面覆盖柴薪。故《说文解字》这样解释:"茻,藏也。从死在茻中,一其中,所以荐之。"抛尸荒野,覆盖柴草,这就是"葬"字从"艹"或"茻"的原因。借此解释,不仅懂得了古人创造"葬"字的理据,而且可以了解中国丧葬习俗的发展概况。

汉字是文化的产物,因而"凡解释一字即是作一部文化史"。[①] 今天穿越历史云烟,追溯文字初创和演变原理,挖掘贮存在汉字中的文化基因和文化内涵,无疑具有体认先民文化创造力、传承优秀文化遗产的重要意义。

三 汉字职用灵活,具有超常表现力

一般把文字看作记录语言的符号或工具。汉字的主要功能当然也是记录汉语,但它绝不限于记录汉语。汉字的功能是多种多样的,在实际使用中非常灵活。无论是借用汉字的外形,还是离合构件、重构理据,或者是增减笔画、移动置向、改变形态,都可以成为表情达意的手段,甚至产生字谜、字形对联、拆字游戏、用字避讳、特殊寓意、书法艺术等

[①] 陈寅恪写给沈兼士的信,见《沈兼士学术论文集》,中华书局1986年版,第202页。

文化形式。① 这些超常的职用是现存其他文字所无法比拟的。

首先，汉字可以通过形体直接表示客观事物。例如起源阶段的汉字是根据客观事物的形状描摹而成的形体，这些形体是逐个产生的，一时难以完整记录成句的语言，它们最初的功能应该是直接代表事物，而不表达语言，所以可以在语言不同无法沟通的部落之间传递信息。如描摹出动物鹿的共象"🦌"代表鹿这类事物，不同语言的人看到这个字形都能联想到现实中的鹿，从而达到相互理解沟通的目的。当然作为字符的"🦌"不等于图画的鹿，区别在于图画表现的是具象的个体，而文字表现的是抽象的物类，象形的"🦌"字可以代表任何一只鹿，而不是某只具体的鹿。

其次，当汉字发展到可以连贯表意时，也未必跟语言的词句严格对应，有时单字表述的可能是一个事件而非一个词语。如《甲骨文合集》10405 的 字不只记录"车"这个语词，而是表示"车轴断裂"这个事件；甲骨文还用 表示"田车颠覆"， 、 、 等表示"车辕断裂"，都是表示事件而不是跟某个语词对应的。②

再次，即使汉字跟汉语完全结合以后，汉字在记录汉语时，也不全是被动地表达语词的意义，很多时候会通过字种的选择暗含"言外之义"。如传世文献记载楚国先祖"穴熊"或"鬻熊"等，都用"熊"字，其后代还以"熊"为姓氏，但出土的春秋战国楚系文献多借"酓"字记录楚先祖名或氏名。裘锡圭认为"把楚先公和楚王之名中的'熊'写作'酓'，并不是简单的文字通假现象，而是带有减弱甚至掩盖楚人与熊的关系的意图的"。③ 再如《庄子·人间世》："夫爱马者，以筐盛矢，以蜄盛溺。""盛矢"不是盛箭，而是盛屎；"盛溺"即盛尿。为什么不用"屎""尿"而用"矢""溺"？古代文献中用"矢""溺"代替"屎""尿"的现象很普遍，这应该不是古人都无意识地用了"别字"，而很可能是有意回避"屎""尿"字本身的秽气，而选用音同（近）的"矢""溺"字来追求言外的委婉文雅。为了表达"言外之意"而没有合适的字符可以选用时，甚至可以新造字种来实现。如唐代女皇武则天为了暗示女性跟男性一样能当皇帝，给自己的名字新造出"曌"字，这个字除了整体对应"照"表达照耀的词义外，还可以用字形中的"日"代表阳和男人，"月"代表阴和女性，日月并列空中寓意男女都能统治天下。而骆宾王作《为徐敬业讨武曌檄》，故意把"曌"又改造为"瞾"，当空的不再是日月，而是鹰隼之视的"䀠"，鹰隼之视（👁👁）凶狠惊惧，暗喻武氏残暴。又如太平天国也曾对辖区内的用字进行改造，记录清朝皇帝"咸丰"一词时增犬旁写作"猃猣"，明显附加鄙薄之情，无异于利用字形骂"狗皇帝"。通过变异字形的手段，也可以临时增加超出原字音义的信息。如在特定场合将"寿"字写得又细又长可以祝贺"长寿"，将"福"字写倒可以祝愿"福到（倒）了"，将"酒"字的三点水写得特别大可以表示对酒中掺水太多

---

① 参见李运富、何余华《汉字超语符功能论析》，《源远流长：汉字国际学术研讨会暨 AEARU 第三届汉字文化研讨会论文集》，北京大学出版社 2017 年版，第 153—173 页。

② 黄天树：《甲骨文所见的一些原生态文字现象》，载《黄天树甲骨金文论集》，学苑出版社 2014 年版，第 1—9 页。

③ 裘锡圭：《"东皇太一"与"大鼗伏羲"》，《裘锡圭学术文集·简牍帛书卷》，复旦大学出版社 2012 年版，第 560 页。

的不满，将"魚"字下面的四点写成三点可以寓意鱼水之欢等。

最后，汉字在使用中也可以完全脱离原有音义，直接利用形体结构表情达意。如古代商界利用"丶丁上心禾"等字的笔画数分别表一、二、三、四、五等数词，周立波小说《山乡巨变》利用"吕"字的两个口形表示口对口接吻，现代网络利用"囧"字的脸型情态表示郁闷、悲伤、无奈之类，利用"円"字的鼠标形象表示网络购物之类，利用"槑"字的两个小人形象表示情侣。日常生活中也常有借用字形譬况事物形状的现象，如"八字须""十字路口""金字塔""国字脸""亞字形栏杆"等。这些汉字的使用都与其相应的音义无关。

四　汉字沟通方言，具有民族凝聚力

汉字记录汉语可以记词（音义结合体），也可以只记音或只记义，当语音发生变异时，汉字的记义功能可以凸显，因而它能够突破古今汉语时间上的语音差异，而且能够在空间上沟通不同方言，为维护中华民族大一统发挥了巨大作用。

语言的分化通常会削弱民族文化和国家的认同感，破坏国家民族的凝聚力和向心力，甚至造成国家分裂。如罗马帝国由于不同地区显著的语言文化差异，导致先分裂为希腊语区和拉丁语区，拉丁语区又进一步分化成更多国家（法语、西班牙语、意大利语、葡萄牙语和罗马尼亚语都源于古拉丁语）。中国幅员辽阔，汉语内部不同方言间的语音、词汇、语法差异也很明显，但汉民族始终拥有强大的凝聚力，国家统一成为历史主流，这里实有汉字的一份功劳。随着时代和地域的变化，汉语在不断发展变异，而记录它们的汉字却相对稳定，长期承载着汉语的不同变体，以至形成跟口语脱节的书面语和通行各方言的共同语。汉字的超时空性与汉字的构形和使用特点密切相关，汉字的基础形体取象于客观事物，可以直接表意；滋生形体的组合可以没有标音构件，但一般会有表意构件，纯粹的语音构形是极少的，所以汉字是表意主构文字；而且汉字记录汉语时重在记词记义，不必准确记音。正因为如此，不同时代不同方言的人才能够忽略读音而见字知义，即使十里不同音，也可万里而同字。汉字的这种超时空性的表意功能使汉民族长期保有共同的文化基础，进而巩固了民族意识的稳定和国家政治的统一。即使像政治体制不同的港澳台及外国的华语社区，由于共同使用表意汉字，也能维系文化上的相依相通。

中国境内的少数民族大都也采用汉字作为共同的书面语记录符号，这种字缘使各民族间情感得以认同，文化得以沟通，政令得以畅行，所以中国在不断更换的朝代中各民族的和谐相处是主流形态。可以说，在国家统一、民族团结方面，汉字居功甚伟。

五　汉字传播广泛，具有跨文化影响力

汉字起源于中华黄河流域，是华夏文化的代表。汉字在发展中不断向其他文化传播，传向境内少数民族地区，传向域外其他国家。汉字的传播分三种情况：一是汉字记录的汉

语文献跨文化流传，或者在跨文化环境中用汉字生成汉语文献；二是借用汉字记录别的语种，从而形成准汉字外语文献；三是受汉字影响而新创本民族文字，从而形成类汉字外语文献。从汉语汉字，到外语准汉字，再到外语类汉字，也可以看作汉字传播的三个阶段。

以东亚和东南亚而言，通常认为汉字在两汉之际已经传入朝鲜，长期作为朝鲜官方规范文字，公元四世纪前后朝鲜人民创造出"乡札""吏读""口诀文字"三种书写形式，主要以汉字转写来记录朝鲜语，到公元15世纪才模仿汉字笔画创制出自己的字母文字"谚文"。1784年在日本九州出土"汉委奴国王"金印，又曾出土新莽时期的货币，说明两汉时期汉字也已传入日本。日本奈良时代的《万叶集》完全用汉字记录，还有日本借用汉字时的"音读"和"训读"，利用汉字形体创造的"片假名"和"平假名"，都体现了汉字传播的渊源。在越南的历史上，越语和汉语长期并行，而汉字是唯一的官方文字，越南古代的历史文化资料都以汉字书写。直至11世纪，越南人才借鉴汉字的造字方法并利用汉字的形体元素创造出自己的民族文字"喃字"。

在中国境内，许多少数民族都直接使用汉语汉字，也有不少民族借用汉字或受汉字影响而创造了自己的民族文字，如白族的白文、纳西族的东巴文、党项族的西夏文、契丹族的契丹文、壮族的壮文、侗族的侗文、水族的水书等，其文字形体和造字、用字方法都或多或少受到汉字影响。如记录壮语的古方块壮字就是唐宋时期壮族人利用汉字的偏旁部首、根据汉字的造字方法而创造的，宋代学者庄绰《鸡肋篇》、范成大《桂海虞衡志》提及广西有种土俗字，其实就是古壮字。

可以说，汉字不仅是中华文明的传承者，同时在少数民族地区，在东亚、东南亚汉字文化圈，以及"一带一路"沿线各国的文明发展进程中也留下了深深的印迹，汉字已经成为世界共同珍视的文化资源，是现代社会各国进一步增进文化认同、加强交流合作、谋求共同发展的重要纽带。随着中国政治地位的提高和经济实力的增强，汉字文化的国际影响力将越来越大。

汉字从远古发展至今，其历史生命力、文化创造力、超常表现力、民族凝聚力和跨文化影响力举世瞩目，足以令中华儿女引以自豪，并充满文化自信。在中华民族的伟大复兴进程中，汉字担负着传统文化发扬光大的历史使命，同时是开启现代文化和走向国际化大门的钥匙。正如中国文字学会会长黄德宽所言："汉字数千年来持续发展并沿用至今，成为世界语言文字发展史上的奇迹。其独特的结构特征、丰富的文化内涵、悠久的使用历史、历久弥新的生命力，蕴含着一系列理论课题和巨大的理论价值。"[①] 汉字及其蕴含和附带的各种文化元素在新时代依然生机勃发，魅力无限！

[①] 黄德宽：《略论汉字发展史研究的几个问题》，载《中国文字学报》（第六辑），商务印书馆2015年版，第1页。

汉字的历史与现实[1]
——专访北京师范大学古代汉语研究所所长李运富

【汉字的产生】

三联生活周刊：根据现有典籍和历史出土文物的研究，能否解答一个最基本的疑问：汉字是如何产生的？

李运富：甲骨文是我们目前能看到的最早的一批比较成熟的汉字，但是汉字不可能一开始就这么成熟。最早的汉字产生于什么时候，这个问题学术界有争议，现在很难说清楚。我们能够推知的是汉字产生的方式，即如何创造出形体符号来表达某一个信息或记录某一个语言单位。根据我们的研究，汉字产生的方式，或者说汉字形体的来源，主要有四种情况：一是根据客观事物的形体进行描摹而产生象形符号；二是人为规定某些标志符号；三是利用已有的字形组合出新字；四是对已有字形进行改造而变为新字。

三联生活周刊：那"象形符号"具体如何理解？

李运富：这个比较好理解，就是根据所要表达的客观事物的实体或情景进行描摹，产生一个平面的形体符号来代表这个事物。比如要表达老虎的意思，就根据老虎的形状描画出一个像老虎样子的符号"𪞊"，于是就有了代表老虎的"虎"字。需要注意的是，描摹客观事物形体的时候，按照《说文》的说法是要"依类象形"，就是根据某一类事物的总体特征来勾画出某个形体，而不是根据个体。如果描摹的是个体形状，代表的是个体特征，那就是图画。比如人物肖像，不论是工笔还是速描，都只代表某一个特定的人，这就是画；而古人根据所有人的特征抽象出一个简单的象形符号"𠆢"，它不像任何一个具体的人，而可以代表所有的人，这就是象形的字。

象形字取形的客观对象既有人类之外的动物、植物、日月山川、器皿工具等事物，也有人体本身，这就是古人所说的"近取诸身，远取诸物"。根据人体和事物构造字形时，描摹的对象通常是单体事物，但也可以是相关的几个事物。比如为瓜果的"瓜"造字，可以根据瓜的基本形状画一个圆圈或长圆形，但跟圆圈或长圆形相似的事物多了，怎么能够确定是瓜呢？于是古人连同瓜藤一起画出"瓜"，长在藤上的圆形物当然就是"瓜"；又如眉毛，只画一条曲线，可以代表的事物多了，不一定就是眉毛，如果在曲线下再画一个眼睛"⽬"，那么就是眼睛上面的东西，眉毛的意义就出来了。

三联生活周刊：具体的事物可以描摹，那抽象的概念呢，如何表示？

李运富：这就是汉字形体的第二种来源，要人为规定一些符号。有些东西是没有形体可描摹的，是抽象的概念，用象形描摹的办法，就不能解决问题。比如方位概念，上和

---

[1] 本文原载《三联生活周刊》2013年8月7日第32期。

下,如何能象形描摹?这时候就需要人为规定一些符号,来表达或帮助表达某些抽象概念,古人称为指事符号,我们叫它标志符号。比如"上"和"下",古文字写作"⌣"和"⌢",其中那条长的弧线代表某个参照物,而短线则指示方位:短线在参照物之上的就表示"上",短线在参照物之下的就表示"下",可见这两个字就是分别由两种标志符号构成的,长弧线是象征性标志,短线是指示性标志。

完全由标志性符号构成的字并不多,大多数标志符号是配合象形符号来构字的。例如"立"字古文字作"𠄞",上面是人的象形,下面一横就是象征地面的标志,合起来表示人站立在地面上,所以是"立"字。又如"彭"的本义表示鼓声,甲骨文作"𢒔"形,其中的"壴"就是鼓的象形,而声音是没法象形的,所以用"彡"作标志,象征敲鼓发出的声音。这种象征性标志不等于象形符号,因为它们无形可象或者跟客观事物不像。指示性标志只能跟别的构件配合才能构字表义,上举"上""下"中的短线作为指示标志就是跟象征性标志配合的。当然更多情况下是跟象形性构件配合,如"木"是树的象形字,在"木"的下面加一横指示树的根部,就构成"本"字,表示树根的意思,所以"根本"成为同义复合词;在"木"的上面加一横指示树的末端,就构成"末"字,表示树梢的意思,所以有"本末倒置"的说法,虽然意义引申了,但"末"跟"本"还是相对的。

三联生活周刊:以上两种方式能够产生所有汉字吗?

李运富:不能。根据客观世界的形体来构造文字符号,必然要受到客观事物本身的制约,所以象形构字法是有局限的。人为添加的标志更是辅助性的,难以大量构字。描摹客观事物所得的象形符号和人为规定的标志符号只能构造最基本的一批字,我们把这种原创形体的字叫作原生字。原生字一旦跟语言结合,记录语言的词,就会有音有义。这时,原生字就可以转化为表义或标音的符号,相互组合而产生新的字符。这就是汉字形体来源的第三种方式,利用已有的字形相互组合构造新字。例如义符跟义符组合产生会意字"林",义符跟音符组合产生形声字"笠"等。义符和音符也可以跟象形符号和标志符号组合,产生新的字"齿"。这些相互组合的字可以再跟别的字组合成新字"龄",于是汉字迅猛发展起来。特别是义符和音符的组合(形声字),体现了语言音义结合的本质,而且区别性强,义符相同的用音符来区别(湘沅河洛),音符相同的用义符来区别(构购钩沟),所以很快成为汉字的主要构形模式,促进了汉字系统的成熟。

利用已有的文字来构造新字,除了相互组合外,还有一种方式叫变异。就是将已有的某个字形加以改造而变成另一个新字。新字与旧字同时存在,音义上往往有联系。改造的方法可以是减少原字的笔画,也可以是改变原字的笔形。例如古代有一种军用物品叫"刁斗",这个"刁"字就是利用已有的音近字"刀"改造变异而成的,姓刁的"刁"也沾了这个变异字的光。现代也还有用这种方法造字的,如方言中的"冇"字,就是利用反义的"有"减少两笔而造成的;乒乓球的"乒乓",也是利用音近的"兵"字通过减少笔画而造成的。

利用已有字形进行组合或者变异而产生新字,这种新字的形体和音义都是从已有的原生字那里来的,我们把它叫作孳生字。孳生字摆脱了客观事物的局限,直接利用现有的字形和语言的音义来构造新字,这是汉字发展的关键一步:掌握了孳生的方法,汉字产生的效率才大大提高，创造新的字符几乎无所不能，于是能够形成系统满足记录语言的需要了。

三联生活周刊：原生字与孳生字的产生可以从时间上截然划分吗？

李运富：总体上说，原生字在前，孳生字在后。最初用象形符号和标志符号构造的字应该都是原生字，只有产生了一定量的原生字，才能产生孳生字，所以孳生字相对来说在后。但也有少数个别的原生字产生的时间比较晚。比如"伞"，它是象形的原生字，产生的时间比较晚，大概在魏晋时期才出现；"凹""凸"也是原生字，属于象征性的标志符号，大概汉代才可见到。这些原生字比许多孳生字要晚，甲骨文里的孳生字就已经比较多了。

孳生字的大量产生是在战国时期，主要的孳生方式是义音合成。汉字是单音节的，一个字一个音，汉语的基本单位也是单音节的词，于是造字时一字一词正好搭配。但有一个问题，语言中的词是无穷无尽的，开放系统，但汉字的形体是有限的，要用有限的形体来记录无限的词，这就发生了矛盾，不可能为语言中的每一个词构造一个字形，因此，人们想到一个有效的方法，同音的词可以用同一个字来记录，这就是假借。借同音的字来记录其他没有专门造字的词，这在字数还不太多的早期文字中是很普遍的现象，甲骨文、金文、战国文字中都有很多的假借字。

假借字多了又会带来新的问题，那就是在具体的文献中，某个字究竟记录的是哪个词，表达的是什么意思，不太清晰。所以就需要区别，区别最常用的方式，就是在同音字上加注义符。比如凡是与水相关的，加上"水（氵）"旁，凡是与祭祀相关的，加上"示（礻）"旁，凡是跟衣服相关的，加上"衣（衤）"旁，在原来只是假借表音的字上，给它们加上一个义符，这就孳生出大量义音合成字，即所谓形声字，字形中一部分表音，一部分表义。在秦代的小篆字系中，形声字占90%左右。

【汉字的演变】

三联生活周刊：汉字产生以后有没有变化？都有哪些变化？

李运富：任何事物都不是一成不变的，汉字也不例外。汉字的变化除了字数的增减外，就同一个字种而言，变化主要表现在三个方面：形体、结构和用法。

形体方面有书写风格的变化，从甲骨文、金文、大篆、小篆，到隶书、草书、楷书，每种字体的外貌形态是不一样的。也有书写要素的变化，如笔画的类型，笔画的数量，笔画的交接和布局等。其中笔画数量的增减就是"繁简"变化的问题。汉字形体的繁化和简化不是绝对的，而是辩证地协调发展。就个体字符而言，各个朝代都是既有繁化又有简化的。简化当然是为了便于书写，而繁化则是为了表达清晰或者美观。例如在象形的"𠚕"上增加"止"而变成"齿"，笔画当然增多了，但这个字的意思也更明确了，不会误解为牙齿以外的事物。就总体而言，汉字也是既有繁化的阶段也有简化的阶段，例如金文、大篆比甲骨文总体上要繁化，小篆比大篆总体上要简化，隶书、草书又比小篆更简化，而楷书的繁体阶段比隶、草总体上繁化，现代的简化字楷书系统又比繁体字楷书系统简化。可见汉字的繁简不是单线条发展的，有起有伏，或此或彼，只是我们正处于简化的阶段，所以感觉简化成为总趋势。

结构方面的变化是由构件的功能或作用来决定的。前面说过，汉字产生时，有的形体有象形功能，有的形体起标志作用，有的形体能够表义或者表音，这些具有一定功能的形体在做结构分析时就叫作构件。字符的构件和功能发生变化，整个字的结构就发生了变化。结构变化有两种结果，一种是具有甲功能的构件变成具有乙功能的构件，或者增减某种功能构件，结果引起字符的理据重构，就是对字形的构意重新作出解释。例如"🐓"像公鸡形状，是个象形字；后来增加一个声符"奚"写作"🐓"，就变为形音合成字，即字形中有一个构件是象形的，有一个构件是表音的；再后来把其中象鸡形的构件换成表示鸟类的义符"鳥"，写作"鷄"，就变成了义音合成字，即字形中有一个构件是表义的，有一个构件是表音的。这些字形的结构都有理据，只是各种字形的结构理据不同而已。另一种结果是原来具有某种功能的构件后来变得没有功能了，导致某些字成为无法分析结构理据的记号字或部分记号字。例如"鷄"现代简化为"鸡"，右边的"鸟"仍然是义符表示鸡的类属，但左边的"又"就仅仅是个简化符号，丧失了构意功能，所以"鸡"变成了部分记号字。而表示用手张弓射箭的形形合体字"🏹"演变为"射"字，其中的所有构件都失去了原有的象形功能，"身""寸"跟射箭没有任何关系，就变成了完全的记号字。

用法上的变化很复杂。最初创造的字通常是体现一个意义，记录一个词。但由于字少词多，字符大都会被借用，表示跟原字意义有关或无关但音同音近的其他词和义，所以几乎每个字符都会有一个记录职能增多的过程，历代积累下来，有的字就会记录过很多词很多义，这就是我们在大型字典中能看到一个字头下列有许多音义的原因。例如《汉语大字典》的"辟"字头下就列有3个音项，40多个义项，涉及10多个词语。当然，具体到某一个时代，字符的用法不可能这么复杂。因为如果一个字的用法太多，势必造成阅读理解的困难，古人会通过孳生新字的办法来减少原字的记录功能。例如"辟"字曾经记录过的某些意义后来逐渐被"避、臂、璧、壁、嬖、薛、襞、繴、譬、癖、僻、劈、霹、闢、礔"等分化字分担，所以"辟"在某一个时代的用法并没有那么多。用法上的变化还有一种有趣的现象，就是职务转移。如"童"字原来是僮仆、罪奴的意思，"僮"原来是儿童的意思，但至少在唐代，用法就反过来了，用"童"记录儿童义，而"僮"记录僮仆义，各自原来的职务互相转移了。

所以无论是字的形体、结构，还是用法，都要用发展变化的眼光去看待。

三联生活周刊：那么汉字的变化是什么原因推动的？有没有规律可循？

李运富：汉字演变的原因是多方面的，有文字系统本身的，也有社会文化方面的。就文字系统本身而言，主要是它的工具性在起作用，体现为表达上的区别律和书写上的简易律。表达上，人们希望一字一词，字词的关系要清晰，字与字之间要有功能的区别，让人一看就知道是在表达什么意义。为了达到这样的效果，字数就越多越好，字形就越繁越好，字的用法就越少越好，因为字数多才能满足记录不同词语的需求，字形繁才能显示更多信息而便于识别，字的用法少才易于阅读理解。这就是汉字在数量上不断孳生增多、在形体上有时增繁的原因。但就书写而言，人们却又希望字数越少越好，字形越简单越好，字的用法越多越好。因为字数越少，需要掌握的生字就少；字形越简单，书写起来就越快捷；字的用法越多，使用的时候就不必细细分辨，许多词许多义都可以用同一个字。这就是汉字在数量上和形体上有时要简化的原因。这两个规律是辩证的，它造就了汉字从古到今的繁简协调变化。当汉字表达不很明确的时候，就适当繁化；当汉字繁化到使用起来很不方便的时候，就适当简化，这就是汉字从古到今发展演变的基本规律。

汉字的发展演变当然也会受到社会文化因素的影响。例如书写工具和载体的不同，个人书写习惯和社会审美意识的不同，专家的规范和行政的干预等，都可能导致汉字发生变化。

甲骨文的纤细方折，金文的肥实婉转，简帛文字的飘逸灵秀，版刻文字的规整方正，无不跟工具和载体相关；隶草行楷、蔡（蔡邕）王（王羲之）张（张旭）欧（欧阳询）等不同书体的形成，大概跟社会审美意识和个人书写习惯相关；而秦代小篆字系的诞生，则是专家规范和行政干预的典型代表。

三联生活周刊：刚才提到专家规范和行政干预的问题，能否结合历史谈得更具体一点，它与社会的发展有明显关联吗？

李运富：汉字作为符号系统，首先是自然发展的。但作为社会共同使用的工具，又必然会受到社会的影响，其中就包括专家的整理规范和行政的政策干预。从历史上看，文字的整理和规范工作一直是专家和政府配合进行的，因为最初掌握文字的专家本身就是史官，国家的文教政策和专家的职责是一致的。例如"籀文"（大篆）的整理推广，据说就是周宣王的史官籀施行的，秦代的"书同文"政策和小篆字系的整理规范，也是李斯、赵高等大臣推动的。但当专家与政府分离后，政府的法规政策如果不是采用专家的建议，就可能出现不符合汉字发展规律的情况，从而影响规范效果。相对来说，专家的整理规范对汉字的发展演变可能影响更大。例如汉代政府对文字的使用有严格要求，朝廷会专门召集人研究和讲解文字，并且立有相关法规。根据记载，汉代的官吏任职，特别是史官，要经过专门的文字考试，大臣和官吏给皇帝写奏折上书，如有错字，会受到严厉惩处。《史记》记载有个叫石建的人，官至郎中令，写了一封奏折给皇帝，皇帝批转下来后，石建发现自己写了一个错字，把隶书"馬"字下面的五笔写成了四笔，少写一笔，结果"甚惶恐"，担心"上谴死矣！"少写一笔就可能掉脑袋，汉代对文字的规范措施不可谓不严厉。但文字的发展，不一定接受行政的控制，汉代一方面官方要求很严，另一方面文字的书写和使用却很混乱。据说东汉的伏波将军马援曾给皇帝建议要统一全国的印章用字，因为他发现"成皋令印字为'白'下'羊'，丞印'四'下'羊'，尉印'白'下'人'，'人'下'羊'。即一县长吏印文不同，恐天下不正者多"。同一个县的三种官职的玺印所刻的"皋"字竟然都不相同，可见当时文字的混乱，也说明汉代官方的行政规范没有什么效果。在这种情况下，文字学专家许慎花30年精力著作《说文解字》，就是针对隶变之后汉代人随意书写文字和胡乱讲解文字而进行的规范工作。尽管许慎整理和分析的是小篆字形，但由于方法科学，系统性强，客观上揭示了所有汉字的结构规律，因而成为后来历代文字规范的依据，极大地影响了后代文字的发展。

自许慎以后，历代的汉字整理和规范工作大都是依靠专家来进行的，真正影响汉字发展的是专家们具有规范性的著作和字典，而不是政府的法规条令。例如唐代颜元孙《干禄字书》、张参《五经文字》，宋代张有《复古编》，明代梅膺祚《字汇》、张自烈《正字通》，清代龙启瑞《字学举隅》等。当然，专家对文字的整理和规范工作通常也会得到政府的支持，有的甚至就是官方的任命或委托，如南朝梁武帝、简文帝父子在社会短暂的稳定时期关注文字规范，命顾野王编纂第一部楷书字典《玉篇》，从而奠定了楷书的正统地位；清代的《康熙字典》也是康熙大帝命张玉书、陈廷敬等学者编撰的。

大凡在动荡的社会里，汉字的随意性比较大，当一个社会稳定的时候，就会出现对汉字的整理和规范，比如战国时期文字就比较乱，出现很多的异体，秦统一之后，就开始整理文字，书同文，这就是社会发展提出的要求。小篆字系是由官方提倡而由专家人为规范的结果。事实上每一部大型字书的产生，都出现在社会繁荣、至少是社会比较安定的时候。动乱年代是很难进行大规模的文字整理和规范工作的。20世纪初叶在军阀混战、抗日烽火中，民国政府试图推行简化字而没有成功就是很好的例证。

【汉字的现实问题】

三联生活周刊：那么我们的现行汉字还有没有整理规范的必要？前几年对研制新的《通用规范汉字表》曾有讨论，你怎么看？

李运富：新中国成立后，随着社会主义建设事业的发展和人民群众学习文化热情的高涨，党和政府组织专家大规模地进行整理异体字、简化繁难字的工作，建立并全力推行科学适用的正字法，在大陆实现了前所未有的长时间和广范围的书面用字的统一规范。

但是，一方面建国以来的汉字整理和规范工作并未尽善尽美，就以简化字而论，虽然为功甚巨，但存在的问题也不少。举几个主要的：有的简化字很个性化，没有考虑相关字的系统简化，如"異"简化为"异"，"糞"中的"異"却简化为"共"，而"翼、冀、戴"等字中的"異"却又不简化，结果使得汉字系统中的"異"形照样存在，平白无故却多出一个"异"字来；有的简化符号跟某字或某构件同形，而且代替的构件繁杂，无法归类，从而破坏了原有的系统性，如"又"在原有构形系统中是个表示手的构件，而简化字中作为简化符号代替了12个以上的构件或不同的形体："观（觀）汉（漢）鸡（鷄）对（對）树（樹）圣（聖）风（風）邓（鄧）戏（戲）仅（僅）轰（轟）叠（疊）"，这就使得"又"作为构件的功能发生混乱，而且这些被代替的构件在现代汉字系统中大多数并没有消失，仍然在别的字中存在，整体系统并没有得到简化；有的同音替代造成一个简化字对应多个繁体字，从而给整理古籍和跟港台进行繁体字沟通时带来麻烦，如"发（髮發）""干（幹乾榦）"等；有的偏旁类推在不注意功能和层次的情况下会产生大量人为生造的怪字。特别是1977年公布的《第二次汉字简化方案》出现了更多不符合汉字系统和汉字演变规律的现象，虽然很快废止，但影响残留至今。还有异体字整理、新旧字形替换等，也都存在一些问题。如此等等，说明当时的种种规范措施并不是达到了完善程度，其中的弊端在经过几十年的实践后已经逐步显现出来。

另一方面，即使原有的各种规范文件和条例的制定适应当时的情况，现在时过境迁，也未必还完全适用。因为社会在发展，语言文字自身也在变化，规范整理工作应该与时俱进。例如进入信息社会后，各种电脑字库、电脑字体的出现，网络文字如火星文、象形文的创造，同音字的大量使用等，增加了文字的复杂性；传统文化的复兴，国际交流的频繁，古籍用字和繁体字的接触机会大量增加；层出不穷的古文字材料，提出了如何释读、转写和保存古文字形体的新课题；科技的进步，人口数量的急剧增加，地理环境日新月异的变化，导致科技名词用字、人名用字、地名用字等的新需求；教育程度的提高，对外汉字教学的拓展，汉字书写条件的变化等，也影响汉字发展的新趋势。凡此种种，都在呼吁新的规范理念和新的规范标准。

因此，无论从弥补原有规范的缺失看，还是从语言文字发展的现状看，在原有基础上对现行汉字进行新的规范，研制新的《通用规范汉字表》都是十分必要的。

三联生活周刊：那您如何看待近些年出现的汉字繁简之争？

李运富：由于新中国推行的简化字本身存在一些缺陷，加上改革开放以来接触繁体字的机会增多，有人批评简化字甚至提出要恢复繁体字，这种主张的动机可以理解，而且在条件许可情况下适当学习一些繁体字也是有益的。但把简化字跟繁体字对立起来，开展你死我活的斗争则大可不必，其中有些认识是不全面的，甚至错误的。

首先，新中国推行简化字并非大逆不道，事实上历朝历代都有汉字简化的现象，20世纪初叶民国政府也曾推行过简化字，所以不要把简化字政治化。新中国推行的第一批简化字只有500多个单字，加上偏旁类推也才2000多个，在现行汉字系统中只占少部分，大部分现行汉字是传承古代的，所以简化字跟繁体字是部分字符的对应，而不是整个系统的替换。第一批简化字虽然存在某些问题，但总体上是成功的，是符合汉字发展规律的，是有历时根据和群众基础的，就单字而言80%以上的字形并非生造而是在历史上出现过，偏旁类推也很容易掌握，所以60多年来能够为社会广泛接受使用，为提高全民文化水平提供了极大便利，为发展社会主义文化事业做出了巨大贡献，至今仍然是适应记录现代汉语并且符合使用者心理需求的，所以全盘否定简化字并不符合客观事实。

其次，历史经验表明，任何文字系统都不可能尽善尽美。当现行文字系统存在某些缺陷的时候，文字发展的自律会进行有效的内部调整，专家学者也可以进行人为规范和局部微调，但决不可以推倒重来也不需要推倒重来，因为文字符号的工具性决定了它具有约定俗成性和宽容性。汉字历史上不乏繁化的现象甚至形成繁化的阶段，但都是以改造现有文字形成新的系统而向前发展的，没有任何一个阶段的文字是推翻现行体制而回到从前的某个阶段的。所以提出全面恢复繁体字是不符合历史规律的。

再次，恢复繁体字论者的主要理由是简化字破坏了传统文化，甚至导致华夏文明已死。这其实有所误解。把汉字跟文化绑架在一起，包括两方面的所指。一指汉字本身的文化，一指汉字记载的文献文化。就汉字本身的文化而言，繁体字有繁体字的文化，简化字有简化字的文化，它们是并存关系或者使用范围不同的互补关系，而不是一方使另一方断绝灭亡的关系。繁体字只是在通用文字领域被规范为不使用，但繁体字的字形并没有被消灭，在学术领域和古籍领域仍然使用，即使非专家学者，只要想学繁体字或研究繁体字，可以随时获得繁体字，这怎么能说繁体字的文化灭亡了呢！所谓繁体字的文化，实际指的是结构理据所反映的文化。但繁体字的理据并不都是清晰的，现代人对繁体字理据的解说也并不都是符合原意的，要通过繁体字来了解古代文化的话，效果实在有限，还不如老老实实去读几部古书。再说，简化字本身就是一种新的文化，简化字也有自己的理据，而且许多理据并不比繁体字的理据差，例如"态"的理据比"態"更明确，"灭"的理据比"滅"更符合生活实际，"尘"的理据比"塵"更容易理解，"从"的理据比"從"更清晰，"伞"的理据比"傘""繖"更形象。所以既有繁体字又有简化字，只能说汉字的文化现象更丰富了，而不能说汉字文化消失了。从汉字记载的文献文化来说，则简化字跟繁体字是一样的，因为文献的思想内容不会因为文字简化而变化。试想读简化字版的《论语》会跟繁体字版《论语》不一样吗？繁体的《史记》跟简体的《史记》会有不同吗？所以担心简化字会破坏和消亡华夏文明，实在是杞人忧天。

最后，评价文字系统的优劣不能光看理据，即使经过研究比较发现繁体字的理据程度总体上比简化字要高，也不能就此认为繁体字一定比简化字好。文字符号的优劣主要看系统性强不强，字符之间是否具有足够的区别度，是否能够跟语言相适应而准确地记录语言，是否能够便利地书写和使用，当然能够尽量地保持理据也是一个重要方面。所以不能简单地说是繁体字好还是简化字好。就系统来说，最好繁简适中，区别度和简易度协调；就个体字符来说，该繁就繁，该简就简。如果现行的个别简化字确实不当，可以恢复也可以重造，但总体上我们赞同语言学家王宁先生的说法：追求系统的优化，而不是片面的简化或繁化。

汉字演变的研究应该分为三个系统[①]
——《古汉字结构变化研究》是汉字结构系统的重大研究成果

关于汉字的演变，通常只作字料的总体比较，如说甲骨文有什么特点，金文有什么特点，小篆有什么特点等，然后列出一个从甲骨文到楷书的发展序列。我们认为，这种笼统的比较往往偏重表面的字体，而且多属举例性质，难以反映汉字发展的实质和全貌。这是因为汉字具有形（形体）、意（构意）、用（功能）三个要素，汉字的本体研究也相应地分为字形（外部形态）、字构（内部结构）、字用（记录职能）三个系统。汉字形、意、用的演变不可能同步进行，合在一起叙述有时是说不清楚的，所以关于汉字的演变研究最好也要分为字形的演变、字构的演变、字用的演变三个系统来进行。

用三个系统的眼光来看，不管是自觉还是不自觉，从前关于字形的演变论述得比较充分，而字构演变和字用演变的研究则相对薄弱。就字构而言，尽管已有不少成果对历代汉字的共时系统做过结构分析和描写，但利用这些成果，以探讨汉字结构演变为目的，对不同时期的汉字结构体系作全面的纵向比较的却还几乎是一个空白。笔者曾经发表过一篇文章《论汉字结构的演变》[②]，有的结构理据消失了，有的结构理据重新分析了，有的结构理据隐含在系统之中了；就演变的规律来说，不外乎义化、音化、代号化三种方式；就演变的原因来说，有书写方面的，有职能方面的，还有文化方面的。但这篇文章也是举例性的，搭了个汉字结构演变研究的框架而已，并没有细致的论述和系统材料的比较。举举例子，搭搭框架，是很容易的；要全面分析材料，系统比较异同，深入解释原因，就非下苦功夫不可。值得高兴的是，张素凤《古汉字结构变化研究》一书的出版，为我们提供了这方面真正下过苦功夫的重大成果，其价值也正好体现在全面分析材料、系统比较异同、深入解释原因上。

一 全面分析材料

该书为了描写古汉字结构变化的情况，不是用举例方式，而是针对《汉语古文字字形表》《甲骨文字典》《甲骨文字诂林》《古文字诂林》及《说文解字》所收录的甲骨文、

[①] 本文原载《唐山师范学院学报》2009年第3期。
[②] 李运富：《论汉字结构的演变》，《河北大学学报》2007年第2期。

金文与秦篆进行全面的测查和分析。尽管书中用来比较的有效字形只有一千多个，但这是从所有材料中经过分析筛选得出的。筛选的标准主要是字形的本用职能相当，就是说，只有构意明确并且是记录同一语词的不同时代的字形才能用来比较。作者要选出这样可以用来比较的字，首先必须面对材料范围内所有的字。那些最后被排除掉的字形也是花费了作者许多心血的，可以说排除和舍弃本身就是研究的成果。这一点通常不太为人注意，所以要特别强调一下。例如，作者认为《字形表》等字书所收录的字有两种情况需要剔除。一是小篆字形与商周字形虽然有传承关系，但与字形相对应的语词不同，这样的字应该排除。如甲骨文"彡"与小篆"彡"虽然字形相近，但与字形相切合的本义之间没有任何联系，所对应的语词读音也没有相同相近关系，就是说这两个字形所对应的本词不同，属于形近字，应将其排除。二是把传世文献中经常被借用记录某个语词的小篆字形与该语词的商周字形对应，这样的字也要排除。如："各"字甲骨文本义是"到来"，这个字后来增加表义构件"彳"变为音义合成结构，但《说文》中还没有这个从"彳"的字，先秦文献中，这个字经常借用本义为"木长兒"的"格"字，《字形表》把"各"的甲骨文和"格"的小篆字形对应，是不妥的，应该剔除。再如甲骨文"𠂤"字，《字形表》等都跟"堕"和"墜"对应，而"墜"字《说文》尚无，"堕"字本义又与"𠂤"无关，与"𠂤"字意义一致的是小篆"隊"字，因此，与甲骨文"𠂤"对应的小篆字形应改为"隊"。可见，为了求取有效而全面的比较材料，作者对《字形表》等所收录的古汉字字形进行了穷尽性的分析考察，经过层层筛选，最后确定跟小篆具有职能对应关系的古汉字共有1549个，其中最早字形是甲骨文的有1025个，最早字形是西周文字的有524个。这个数据的得出是不容易的，而有了这个数据的材料，就可以避免结构演变现象的遗漏，就能保证有关结论的可信。这是以往举例式研究所达不到的效果。

二　系统比较异同

汉字结构的变化表现为不同时代结构属性的差异。而差异是通过比较得出的，比较的前提又是比较对象本身结构属性的明确。因此，作者首先要对经过考察得出的具有本职功能对应关系的1549个字的结构属性进行具体分析，根据构意确定每个构件的功能和每个字形的结构模式。这方面虽有汉字构形学理论作指导，但实际分析中仍然困难重重。例如甲骨文、金文中存在大量的假借字，如果按照这些字的本词来分析构意，就难以跟小篆中对应的后出本字的结构进行有效比较，于是作者运用"音本字"理论，把假借字看作所记词项的"音本字"，将其结构分析为"音零合成字"，从而在满足同一本用职能条件下沟通了不同阶段的古汉字结构的演变关系。由此可见作者的创新意识和变通能力。更为重要的是，作者没有限于单个字形的结构属性比较，而是进一步对不同结构属性的变化情况进行统计和归类，然后逐类加以比较，从而总结出从商周文字到小篆的结构系统的变化趋势。即：含象形构件字和含标志构件字的比例呈下降趋势，其中含象形构件字的比例变化幅度大，含标志构件字的比例变化幅度小；含表义构件字、含示音构件字和含记号构件字的比例呈上升趋势，上升幅度的大小依次是表义构件、示音构件、记号构件。这与我们提出的汉字结构演变规律（义化、音化、记号化）完全相符，但由于有了全部材料和具体数据的支持，显得更为可信。通过甲骨文、金文和小篆三个不同历史阶段的字形结构模式的比较，作者还敏锐地发现，就结构系统而言，金文到小篆的变化幅度比甲骨文到金文的变化幅度大得多，就是说，处于甲骨文和小篆之间的金文，与甲骨文更为接近。

三 深入解释原因

在描写现象、总结规律的基础上，本书进一步分析了汉字结构变化的原因。要对每一组字形的结构变化理据做出合理的解释并非易事，从前的有关论述大都比较简单，缺乏深入的分析和全面的验证。本书则用三章的篇幅，从书写因素、记录职能和社会历史文化三个角度进行了深入探求。至少在两个方面较之前人有很大进步，一是对每个角度的分析都更细致，更有条理，并且有深层的原理阐释。如通过汉字书写者的趋简心理、审美心理以及汉字形体本身的近同和图形性降低来分析书写因素对汉字结构属性变化的影响；通过字词对应和强化字词联系、区别字词混同等原理来分析汉字职能对汉字结构属性变化的影响；通过造字时的人为规定性和约定俗成性、解字时的个人主观性和时代变异性来说明社会历史文化不仅会影响汉字造字取象，也会对汉字形体和结构变化产生一定影响。这些论述不再是蜻蜓点水，不再是空壳框架，而是具有了丰富的细目和理论的深度。第二个方面的进步是，不再是随便举几个例子，而是跟结构属性的穷尽分析一致，通过全面测查归纳出原因类型，每组字形的结构变化都能确定具体的原因，归入某个具体的类型，并且有详细的数据统计。这样，我们不仅能对汉字结构变化的原因有总体的类型式的认识，而且能对任何一个字形的结构变化情况进行原因的解释和检验。

上述三个方面反映了该书的主要贡献。这些成果对丰富汉字学特别是汉字构形学理论、对建立科学系统的汉字史、对考释和整理古文字、对认识《说文解字》的性质和系统、对现行汉字的结构分析和识字教学，都有积极的借鉴意义。

说实话，面对一堆不同时代的古汉字材料，要确认其构意和本职功能，要比较其结构模式和结构属性的变化，要总结变化的规律，还要解释各种变化的原因，其难度之大是可想而知的。本书能够取得上述各方面的成果已经相当不容易了，其他即使有些不足之处也是可以谅解的。但作为曾经指导过她的老师，我还是希望作者能够意识到其中存在的一些问题。例如，引起结构属性演变的原因和结构属性演变的结果有时混为一谈；字形客观演变所造成的结构属性差异跟同一字形由于人为主观解释所造成的结构属性差异理论上不加区分；不同时代字形的职能对应关系究竟指词位而言还是指词位中的某一义位而言没有明确界定，如果指词位而言，则记录派生词的分化本字跟记录源词的原本字不具有同职能对应关系（派生词不等于源词），如果指义位而言，则同词不同义位之间不具有同职能对应关系（引申义不等于本义），可是书中这两种对应关系同时包含而又未加说明。凡此等等，希望作者再版时仔细斟酌或在以后的研究中注意。

汉字结构演变研究的新成果[1]
——评张素凤《汉字结构演变史》

张素凤是我的学生，2004年开始跟我读博士，博士论文写的是《古汉字结构变化研究》，毕业后经过修改，已于2008年7月由中华书局出版。后来以此为基础，申报了河北省社会科学基金项目"汉字结构变化研究"，意图在原书基础上，扩展研究对象，即由殷周文字到秦篆的古文字阶段的汉字结构变化断代研究，扩展到由殷周文字到小篆再到现代楷书的汉字结构变化通史研究。该项目的研究成果又得到国家社会科学基金的后期资助，最近已由上海古籍出版社出版，就是这部《汉字结构演变史》。

作为导师，看到学生的成长进步，自然高兴。她希望我就她的书公开说几句话，我自然也是责无旁贷。但导师说话其实不便，写表扬信有偏私之嫌，指出问题可以面对面，又何必公开！好在这部书不需要怎么拔高，实事求是地介绍它不同于其他著作的地方，想必对作者就是一种肯定，而对读者了解该书也不无裨益。所以下文从四个方面简单谈谈该书的特色。

一　研究视角方面

关于汉字结构的系统变化及变化规律，很多学者已进行过探究。如台湾李孝定先生20世纪60年代就曾将甲骨文、《说文》小篆、宋代楷书按"六书"分类进行比较，发现"各种书体的百分比，有了显著的消长"[2]。大陆学者姚孝遂、何琳仪、詹鄞鑫、王凤阳、梁东汉等也曾对汉字的历时传承关系和结构变化规律有所阐述。然而，这些研究的理论基础主要是传统"六书"，实际用来分析汉字结构的一般只有前"四书"。但"六书"实际上是古代小学的一个教学科目，内容涉及汉字知识的多个方面，并非专门分析汉字结构的类型体系。[3] 用"六书"作为结构类别来分析汉字结构的演变难免圆凿方枘。后来，唐兰、陈梦家、裘锡圭、刘又辛等分别提出"三书说"[4]，虽然比"六书"更关注汉字的结

---

[1] 本文原载《古汉语研究》2012年第4期（总第97期）。
[2] 李孝定：《从六书的观点看甲骨文》，载《汉字的起源与演变论丛》，联经出版社1986年版，第22页。
[3] 李运富：《"六书"性质及价值的重新认识》，《世界汉语教学》2012年第1期。
[4] 他们的"三书说"各不相同。唐兰的"三书说"包括象形、象意、形声，陈梦家的"三书说"包括象形、假借、形声，裘锡圭的"三书说"包括表意、假借、形声，刘又辛的"三书说"包括表形、形声、假借。

构，但对汉字结构类型的分析都非常笼统概括，无法细致比较不同结构之间的差别，而且，还有很多字的结构类型不能被"三书"涵盖。

20世纪90年代，王宁先生创建"汉字构形学"，注重分析汉字的构件及构件功能，根据构件功能及组合关系归纳出汉字构形模式。这一理论不仅系统性强，而且具有可操作性，适用于对古今所有汉字进行结构分析。该理论创建以来，汉字结构研究取得长足发展，北京师范大学的研究生们分别根据不同时期的文字材料对汉字构形系统进行描写，获得了丰硕的成果。但这些成果大都是对某一阶段某一字体的构形状况作断代共时描写，尚未就不同时代断面的汉字构形作系统的历时比较。

张素凤的博士论文《古汉字结构变化研究》，尝试把"汉字构形学"理论应用到汉字结构的历时比较研究上，转换成纵向的研究视角。在此基础上，本书进一步拓展研究范围，在殷周最早字形与对应秦篆进行结构比较的基础上，又把现代楷书字形纳为比较对象。这样，本书的比较对象就由"殷周最早字形—秦篆"变为"殷周最早字形—小篆—现代楷书"，研究目的也由对古汉字阶段结构变化规律的探索，变为对汉字结构变化总体规律的探索，从而贯通了汉字结构发展的历史。所以纵向的"通"，可以看作张书在汉字结构研究视角上不同于他人的特点。

汉字结构变化主要表现为汉字构件的不同和结构模式的差异。周晓文老师曾将本学科点不同时期汉字构形系统的测查结果加以比较，对古今汉字构形的差异进行概括总结[①]。这种历时的比较和宏观的总结是有益的，但各时期不同构形系统测查和描写的字种不尽相同，字数也相差悬殊，尤其是甲骨文和金文的测查字料与小篆、现代楷书的测查字料性质不同，笼统相比，可以看出各项数据的差异，但不便用这些差异说明什么问题，例如无法用这些差异来推导汉字结构的演变规律。为了使测查对象更具可比性、测查结果更科学，张书把比较对象定为具有相同记录职能的异时字，这样就可以做到逐字比较，前后对应，也便于对演变原因和演变规律做出实事求是的分析和合情合理的说明。这才是纵向的汉字结构演变真正"通史性"的研究——当然，由于中间环节缺失较多，还不能称为真正的"通史"。

二 研究技术方面

"通史性"研究的基本思路是比较不同时期同类现象的异同。就汉字结构的演变而言，就是要比较具有相同记录职能的异时字的结构属性的异同情况。汉字的结构属性主要指不同形体中的直接构件功能及功能组合模式。这方面虽有汉字构形学理论作指导，但实际操作起来仍有不少困难。例如汉字构形学理论主要立足于静态的构形系统，以汉字所记录的本词为依据来确定构件功能和结构模式，因而把"假借字"排除在汉字结构类型之外。然而，甲骨卜辞和青铜器铭文中存在大量的假借字，现代楷书系统中，也有很多字所记录的本词已不再使用，假借义成为常用义。如果按照一般思路，依据假借字的形体构造

[①] 周晓文：《汉字构形属性历时演变的量化研究》，中国广播电视出版社2008年版。

分析其跟本词对应的结构模式，就会导致比较对象不具有相同职能，从而丧失可比性。

面对这一难题，作者运用"音本字"理论，把假借字看作所记词项的"音本字"，再依照汉字结构模式的分析原则，将整个假借字看作一个示音构件，其结构模式归作"音零合成字"。这样就使假借字与本字在符合"记录职能相同"的原则下建立起构形模式的对应关系，从而使不同时代的汉字结构之间具有可比性，比较的结果能够合理有效，也正因为这样，不同阶段汉字结构的演变关系才能真正全面沟通。作者对相关理论的综合运用和变通处理，体现了研究素质的成熟和研究技术的灵活，所谓"熟能生巧"是也。

活而不乱，是结论可信的保证。在完成单个字的结构比较后，作者利用现代计算机技术，对各种构件在不同构形系统中所占比例进行统计；并根据统计结果，对各种构件的变化趋势进行定性。统计结果说明，小篆到现代楷书的构形变化趋势与殷周文字到秦篆的变化趋势略有不同。殷周文字到秦篆的构形变化趋势是：含象形构件字和含标志构件字的比例下降，含表义构件字、含示音构件字和含记号构件字比例上升；而小篆到现代楷书的构形变化趋势是：含象形构件字和含标志构件字比例继续下降，含表义构件字、含示音构件字比例也呈下降趋势，含记号构件字比例大幅度上升。显然，与《古汉字结构变化》所得出的框架结论"义化、音化、记号化"相比，本书的量化结论更为具体，也更符合变化实际。同时，通过甲骨文、金文和小篆三个不同历史阶段的字形结构模式的比较，作者还敏锐地发现，就结构系统而言，金文到小篆的变化幅度比甲骨文到金文的变化幅度大得多，就是说，处于甲骨文和小篆之间的金文，与甲骨文更为接近。这种从定量到定性的分析，光有一堆数据也会显得呆板繁杂。作者在论述表达中灵活运用折线图等直观手段，大大增强了该书的形象性和整饬感。

三　研究内容方面

张书涉及三个时段的汉字构形系统和不同系统间各类构形属性的相互比较，内容非常厚重。绝大多数内容都是作者辛勤开发的结果，有些问题虽然有所依据，但一般都在原有基础上有所深化。例如关于汉字结构演变的原因，我曾从书写、职能和文化三个方面作过框架式的简单论述[①]，而张书竟用三章十多万字的大篇幅对这三个方面进行详细阐发，大大深化了问题的探究。具体表现在，首先，她对每个角度的分析都更细致，更有条理，并且有深层的原理阐释。如通过汉字书写者的趋简心理、审美心理、汉字形体本身的近同以及图形性降低来分析书写因素对汉字结构变化的影响；通过强化字词联系、区别字词混同等原理来分析记录职能对汉字结构变化的影响；通过造字时的人为规定性和约定俗成性、解字时的个人主观性和时代变异性来说明社会历史文化对汉字形体结构的影响。这些论述不再是蜻蜓点水，不再是空壳框架，而是具有了丰富的细目和理论的深度。其次，不仅通过全面测查归纳出原因的下位类型，而且每个具体的类型都有详细的数据统计。各种类型的数据，可以反映汉字结构变化不同原因的影响程度，从而通过量化手段揭示出汉字结构

---

① 李运富：《论汉字结构的演变》，《河北大学学报》2007年第2期。

变化的规律。

该书的量化测查并不限于探讨变化原因部分，在描写汉字结构的变化现象时，也不是使用举例方式，而是对选定的字形进行全面的结构属性测查，每种属性不同时代的异同都有翔实的数据说明。数据是现象的总结，也是研究深入的重要标志。

四 研究资源方面

张书研究的字料资源主要依赖有关字书、字表，但并非对字书、字表的简单搬用，而是经过自己筛选和整理的，这样的资料相当于新资料。书中用来比较的有效字形不足5000组，这是从所有材料中经过分析筛选得出的。作者要选出可以用来比较的字，首先必须面对材料范围内所有的字，对各类字书、字表所收录的字形进行了穷尽性的分析考察。那些最后被排除掉的字形也是花费了作者许多心血的，可以说排除和舍弃本身就是研究的成果。例如作者认为有些字书把不具有相同记录职能的甲金文字和秦篆作为"异时字"对应是不合适的，于是将这些字从比较对象中剔除。同样，现代汉字数量十分庞大，各类字书和字库收字标准不同；如果以这些字书或字库所收楷书字形作为研究对象，不仅数目过多而难以操作，而且其中绝大部分字已经成为"死字"，其研究价值和研究意义并不是很大。因此作者以3500个一级汉字为现代楷书研究对象，这在字料的选取上兼顾了全面性和实用性。经过层层筛选，最后确定殷周文字跟秦篆具有对应关系的共1552组，小篆跟现代一级汉字具有对应关系的共2989组。这个数据的得出是不容易的，有了这些符合比较原则的新定材料，才可能有效并全面地描写汉字结构演变的现象。

即使选定现代常用汉字，也尽量采用最新成果。该书初稿以《现代汉语常用字表》为依据，选取3500个常用和次常用字为现代楷书字料。后来根据专家建议，改为从最新研制、尚未正式公布的《通用规范汉字表》中确定现代楷书字料。《通用规范汉字表》是多位专家历经多年研究所取得的最新成果，它以大量的统计数据为基础，同时进行了人工干预和调整，比《现代汉语常用字表》更为优化、更为科学、更为合理①。比较修改前后的3500个目标字，虽然只有103个字不同，却引起了小篆与现代楷书对应总字数的变化，即3500个常用和次常用字中，有对应小篆字形的共2979个；3500个一级汉字中，有对应小篆字形的共2989个。研究目标字的增多，说明新字表的3500字与原来的3500字相比，历史传承字的比例增加了；相应地，对小篆与现代汉字进行历时比较的有效性也增大了。这种积极跟踪最新研究成果，不怕推倒重做的精益求精的治学态度是值得肯定的，它提高了该书研究资源的新鲜度，同时体现出学术品味的前沿性。

---

① 《通用规范汉字表》确定的一、二级字表的6500字，与原《现代汉语通用字表》的7000字比较，减少了500字，但在不同语料库中的覆盖率基本不变。一级字表的3500字与原《现代汉语常用字表》的3500字相比，在不同语料库中的覆盖率比原来的常用字高出0.09%—0.22%，也就是说，一级字表的覆盖率达99.57%—99.70%。

"异体字"研究也要重视"用"
——张青松《〈正字通〉异体字研究》序

"异体"的名称最早见于汉代班固的《汉书·艺文志》："《史籀篇》者，周时史官教学童书也，与孔氏壁中古文异体。"许慎《说文解字·叙》也有"改易殊体""文字异形"的说法。所谓"殊体""异形"跟"异体"一样，都是泛指文字的形体不同，包括历史的差异和共时的差异，也包括外部书写形态的差异和内部理据结构的差异。当然这种形体差异应该是以记录对象的相同为前提的，否则强调形体差异就没有意义，因为几乎所有字符都是有差异的。

现代学术对"异体字"的认识则特别强调"共时"，把材料限定在"同音同义而形体不同"的范围内，并且认为异体字之间"在任何时候都可以互换"。研究的重点在形体之异，即主要从构形上分析形体差异的类型和成因。

这些研究当然是必要的，它可以从书写平面和结构平面解释"异体字"的来源及相互之间的关系。但"异体字"的产生并不全是无意识的分头重造或书写变异，也有很多是特意构造或改写的，是有明确使用目的的。而且无论是无意产生还是有意产生，异体字一旦产生，就有个选择使用的问题。我们认为，人们在书面表达时如何选用某个异体字形应该不会是完全任意的。如果异体字"完全同音同义"并且"在任何情况下都可以互换"，那就没有必要特意构造或改写出异体字，无意识产生的异体字也不可能长期存在，因为多余的形体没有任何附加价值。然而实际上"异体字$_2$"②的数量远比"正体字"多，而且跟汉字的历史相始终，即使在现代严格规范的情况下，也无法完全避免"异体字$_2$"的出现。可见异体字问题不完全是形体和结构问题，也是一个用字问题。因此，我们不得不尊重事实、研究事实、解释事实，不得不对长期大量存在的异体字从使用者的角度去考察其使用心理和使用效果，所以我们不仅要研究异体字的"形"和"构"，还得研究异体字的"用"③，有时候甚至重点不在研究"形""构"的"异"，而应该在"用"的"同"及"同中之异"。

异体字的记词对象虽然相同，但在具体语境中为什么选用这个字形而不选用那个字形，不同字形在表达功能上也许存在"同中之异"的可能，这需要从社会用字规范、个人用字习惯、文本表达意图等多方面去分析。就异构字而言，有的表义构件不同可能显示

---

① 本文为国家社会科学基金重大项目（13&ZD129）相关成果。原载《语文建设》2017年第10期。

② "异体字"有两个含义：一指具有异体关系的一组字，一指异体字组中跟正体字相对的其他字。我们把跟"正体字"相对的"异体字"标记为"异体字$_2$"，以区别组概念的"异体字"。

③ 参见李运富《关于"异体字"的几个问题》，《语言文字应用》2006年第1期。

用字者对所记语词意义的关注点不同（如"绔"与"袴"），有的示音构件不同可能显示用字者的方音特点或时代音变的影响（如"逮"与"迨"），有的构意组合不同可能被用字者赋予了特殊含义（如"圆"与"国"），有的构件重叠可能被利用来强化某方面的追求（如取名用"淼""喆"，不用"渺""哲"），有的可能利用构件的增繁以防止笔画简单的字被轻易篡改（如数字"弌"与"一"），等等。就异写字而言，有的利用笔画的增减表示避讳（如清代"玄"字减点避"玄烨"讳，太平天国姓王的"王"上面加三点避国王讳），有的利用外形的变异表示特殊含义（如倒写"福"字表示"福到"义，大写"酒"字的三点水旁表示酒里掺水太多），有的利用字形的变异表达书法的追求（如王羲之《兰亭集序帖》二十个"之"字无一同形）。就异体字的繁简而言，选用繁或简可能体现用字者追求繁朴之美或简易之便的心理（如"纖"与"伞"）；就异体字的古今而言，选用古或今也许体现用字者的崇古或重今的意识（如"仌"与"冰"）。凡此等等，如果是用字者的有意选择，就不是能够任意"替换"的，特别是一些专名用字，如果换成异体字组中的另一个字形，也许就会被误解为另一个人、另一个地。所以研究异体字既要注意形体之异，也要注意记录同词项的用字之别；既要有共时的观念，也要有历时的眼光。事实上异体字的形成大都是历时的，异体字的解读困难也大都是历时的，只有选用才是共时的。因此过于强调异体字的"共时性"和"互换性"可能并不完全符合异体字的实际存在情况。

研究异体字的主要目的并不是为了自己去使用，而是为了说明别人是如何使用的。一组字形能否构成异体字关系，主要也是根据文献使用的情况判定。但文献中的每次使用都只能出现一个形体，研究异体字组必须将不同语境中功能相同的不同字形系联起来才行，于是就有了大型字书中异体字的沟通和专门搜集整理异体字的字典，于是字书中的异体字也成为异体字研究的重要对象。

明代张自烈的《正字通》就是一部收录了大量异体字并对异体字进行了训释和沟通的大型字书，对此书的异体字及其训释材料进行总结分析，有较高的学术价值。张青松的博士学位论文《〈正字通〉异体字研究》即属于这方面的成果。

我和青松有一段师生缘分。2012年下半年，青松随我做访问学者。访学期间，他除了完成结业论文《〈辞源〉字际关系用语研究》外，还坚持听我主讲的研究生课程——《汉字学》，积极参加每周的研究生论坛活动，给我留下勤奋好学的深刻印象。我相信他的研究也一定是认真完成的。

翻看《〈正字通〉异体字研究》书稿，果然文如其人，规规矩矩，有板有眼，一丝不苟。书稿在对《正字通》进行文献校理和辞书学评介的基础上，围绕"异体字"主要做了以下几项工作：第一，全面介绍《正字通》异体字训释的术语系统与内容；第二，运用汉字构形学理论对《正字通》所沟通的异体字进行构形分析；第三，阐述《正字通》异体字训释成果的价值；第四，探讨《正字通》异体字训释的缺失表现及其原因。可见该书是从学术史的角度来研究异体字的，力求体现《正字通》编者张自烈的异体字观念及其对异体字的处理，所以重点在对《正字通》异体字训释材料进行具体分析与客观评价。为了达到这一目的，作者以汉字学、训诂学、音韵学、校勘学以及辞书学等理论为指导，尽可能广泛地参考现代学者的最新研究成果，尤其是张涌泉先生俗字研究与杨宝忠先生疑难字研究的成果。作者本人也对《正字通》中的一些疑难字进行了考释，有自己的创见。这些都为客观公正地评价《正字通》异体字训释材料的得失奠定了坚实的基础。这种以学史研究为主，以学理研究为辅的写法是可取的。其成果有助于异体字专题理论的深化，也值得汉字发展史和汉字学史研究者参考。

该书还对《汉语大字典》引用《正字通》存在的问题进行了全面梳理，这在学术价值之外，也显示出该书的应用价值。

该书对异体字材料的分析疏证是很见功力的，对张自烈的成就和失误的评价也是客观的。但如前文所论，字书异体字实际上是文献异体字的汇集和沟通，如果研究字书异体字能够克服从字书到字书的局限，更多地结合文献实例；在构形分析的同时，也注意考察具体语境中异体字选用的主观意图和客观效果，则可能会有更多的发现和收获。我相信字书异体字的研究只是作者治学的一个切入点，从此书起步，拓宽视野，坚持不懈，必将为汉字的整理和研究做出更大的贡献。

楚国简帛文字资料综述

楚国自周成王初封于荆蛮，凡传二十九世四十二王，到公元前223年为秦所灭，历时八百余年。楚民族原本偏居一隅，只有荆、睢之间的弹丸之地，曾长期受周王朝及中原诸侯的歧视和欺侮。出于强烈的民族自尊心和自信心，楚人艰苦奋斗，不断发展，逐渐变成了"吞五湖三江"而拥有南方广阔土地（湖北、湖南、河南、安徽、江浙、巴蜀）的诸侯大国，乃至能观兵周郊，问鼎中原，跻身春秋五霸、战国七雄之列。在这一由弱变强的拼搏过程中，楚民族刻意求新、求异，创造了独具特色的灿烂的楚文化。

楚文化的深刻内涵，是随着近现代考古事业的发展而逐渐被人们认识的。其中，地下出土的楚文字资料，对展示和了解楚文化具有毋庸置疑的重要作用，同时为汉语语言学、汉字构形学和汉字发展史的研究提供了弥足珍贵的素材。

现已出土的楚国文字（不包括受楚国影响的邻国和附庸国的文字）丰富多彩，据其质料及应用特点，我们可以把它粗略地分为三大类，即金器文字、简帛文字和其他文字。

金器类主要指铜器，也有少量铁器和金银器等。器的名目不一，有钟、鼎、镈、盉、量、簠、簋、匜、鐏、盘、壶、鉴、缶，等等；兵器如戈、戟、剑、鏚等也是金属，故其铭文亦归此类；还有权、镐、铜牛等，只要是金属所铸刻，其文字都包括在内。从宋代至今，楚国出土的有铭金器见于著录者约130余件（套），共有文字2500字左右。刘彬徽《楚国有铭铜器编年概述》（《古文字研究》第九辑）和李零《楚国铜器铭文编年汇释》（《古文字研究》第十三辑）两文对金器文字的主体铜器铭文作了比较全面的归纳总结，可以为据。

其他类文字比较繁杂，凡不属于金器类和简帛类者皆可归之于此，如货币文字、玺印文字、陶器文字、木器文字等。这类文字的格式大都固定，内容受到局限，件数多而字量少，估计总数在千字左右，尚无集成性的材料。

我们现在所要重点介绍的是楚国的简帛文字。

简指竹简、木简，也包括竹牍、木牍；帛则指绢帛、缯绸等布质。这类文字虽然载体不同，但都是用毛笔手写而成，内容涉及面广，具有书籍性质，可为当时社会通用文字的代表。古书中常常"简帛"连言，陈炜湛《战国以前竹简蠡测》（《中山大学学报》1980年第4期，以下凡刊物的年份和期号都用简称）论之甚详。现代学术界也将出土的简、帛文字放在一起研究，甚至出版了专门的《简帛研究》（李学勤主编，法律出版社1993年版）。所以我们把楚国的简、帛文字归为一类，当作性质相同的文字看待。

---

① 本文原载《古汉语研究》1995年第3期。

据《南齐书·文惠太子传》记载:"时襄阳有盗发古冢者,相传云是楚王冢,大获宝物:玉屐、玉屏风、竹简书。青丝编,简广数分,长二尺,皮节如新,盗以把火自照。后人有得十余简,以示抚军王僧虔,僧虔云是科斗书《考工记》,《周官》所阙文也。是时州遣按验,颇得遗物,故有同异之论。"可见南北朝时期曾经出土过楚简,只是未加著录、保存,得而复失了。我们现在所能看到的楚国简牍文字,都是解放以后陆续出土的。截至1993年底,已知出土的楚国简牍文字共有25批(处),约二万五千字,今简列一表如下(数批同墓者合列一项)。

表 1

序号	出土地点	出土时间	墓葬时代	简数	字数
1	江陵藤店 M1	1973 年	战国早期	24	47
2	信阳长台关 M1(两批)	1957 年	战国早期	148	约 1700
3	江陵天星观 M1(两批)	1978 年	战国中期	70	约 4500
4	荆门包山 M2(四批)	1987 年	战国中期	278	12472
				1(竹牍)	154
5	江陵望山 M1	1965 年	战国中期	24	约 1000
6	江陵望山 M2	1966 年	战国中期	67	约 900
7	慈利石板村 M36	1987 年	战国中期	4557	约 2000
8	德山夕阳坡 M2	1984 年	战国中期	2	54
9	长沙仰天湖 M25	1953 年	战国晚期	43	约 280
10	长沙五里牌 M406	1952 年	战国晚期	37	约 95
11	长沙杨家湾 M6	1954 年	战国晚期	72	约 37
12	临澧九里 M1	1980 年	战国中期	100	不明
13	江陵秦家嘴 M1	1986 年	战国中期	7	不明
14	江陵秦家嘴 M13	1986 年	战国中期	18	不明
15	江陵秦家嘴 M99	1987 年	战国中期	16	不明
16	江陵九店楚墓	1981 年	战国中期	不明	不明
17	江陵鸡公山 M48	1991 年	战国	不明	不明
18	湖北老河口 M(两座墓)	1992 年	战国	不明	不明
19	湖北黄州市 M	1993 年	战国	不明	不明

帛书文字资料不多。1942 年,长沙东郊子弹库墓内盗掘出土一幅完整的楚帛书(又称缯书、绢书),共 960 字左右,属战国晚期。另有若干残帛,数量不明。李学勤《长沙子弹库第二帛书探要》(《江汉考古》90.1)介绍和考释了其中一件残帛的三十余字,《文物》(92.11)又公布商承祚先生藏有子弹库楚国残帛书,文字十几个。

对于这些文字资料，已有中山大学楚简整理小组《战国楚竹简概述》（《中山大学学报》78.4）、陈振裕《湖北楚简概述》（《简帛研究》第1辑）、米如田《战国楚简的发现与研究》（《江汉考古》88.3）等文作了部分简介，下面我们再根据有关发掘报告并综合上述各文及其他资料，对楚国简帛文字材料本身的时代、内容、出土整理及其刊布情况逐一作更为全面的归纳介绍，至于对它们进行考释和其他方面研究的情况及其成果，由于篇幅的缘故，此从略。

1. 江陵藤店 Ml 竹简

1973年，在江陵藤店 Ml 的边箱西部发现一批竹简，保存很差，都已残断散落，只清理出24片，最长的一片18厘米，宽0.9厘米。竹片经过削制，文字墨书于背面。字数最多的一片也只有7字，共47字，内容为记载随葬器物的遣策。所谓遣策，源自《仪礼·既夕礼》"书遣于策"，郑玄注："策，简也；遣，犹送也。"意即死者入葬时，把上司下属及亲友所送礼物记于简上（有时也包括一些墓主人生前享用喜爱之物），并向送葬人朗读简文，然后将竹简与器物一起随葬。这种遣策实为随葬物品的"清单"，但与出土实物对照，往往会有出入。《文物》1973年第9期《湖北江陵藤店一号墓发掘简报》，认为这座墓葬有许多地方类似江陵望山 Ml 墓，加上出有越王州句剑，所以时代在公元前412年以后的可能性最大。据杨宽《战国史》对于战国年限的界定（公元前481年至公元前221年），当属于战国早期。

2. 信阳长台关 Ml 竹简

该墓葬于1957年发掘，墓主为楚国贵族。墓中出土两组竹简。一组为竹书，出于前墓室东部，已全部残断，无一整简。原将残片编为122号，经过整理，缀合了十二处，归并为110号。最长一简有33厘米，23字。从简首简足的数目以及编简组痕情况推算，当在十八简以上，是篇五六百字的政论性文字，可能为墓主生前所写。现残存者四百余字，除字句片段外，全文已无法通读。这是目前所见到的中国最早的原本书籍，史树青《信阳长台关出土竹书考》（《北京师范大学学报》66.4）说"它可能是春秋战国人所整理、阐述的周公《刑书》"，"是我国现存的一部最早的法典"。中山大学楚简整理小组认为"其内容与子思、孟轲的思想相仿佛"，是《一篇浸透着奴隶主思想的反面教材》（《文物》76.6）。总之是些有关儒家政治思想的言论。

另一组为遣策。出于左后墓室，共29支。一般简长67.5—68.9厘米，最长者达69.5厘米；宽0.5—0.9厘米；厚0.1—0.15厘米。每简字数40个左右，最多的一简达49字。字体秀丽，疏密有度，所记器物丰盛，多与出土文物相合。遣策竹简文字完整的较多，但也有一些两端折裂，因而文字模糊难辨。简的上下分别捆编着黑色丝质单带，带宽0.4厘米，上距简头18厘米左右，下距简足15厘米左右，简的背面往往削有小口，用以固定编带。竹简是先编联、后用毛笔蘸墨书写的。每简都单行顶格，不留空白。一组文字告一段落时，另起一行书写。文字排列匀称，间距0.6—1.2厘米。句末加粗横线，需要停顿处，每于字的右下侧画一小横，但常有遗漏。书手水平较高，前后风格一致，似为一人所写。

《文物参考资料》1957年第9期刊出河南省文化局文物工作一队撰写的发掘简报《我国考古史上的空前发现——信阳长台关发掘一座战国大墓》，首次公布全部竹简照片；随后出版了《河南信阳楚墓出土文物图录》（河南人民出版社1959），其中有竹简图版；此外，李学勤《信阳楚墓中发现最早的战国竹书》（《光明日报》57.11.27）、郭沫若《信阳楚墓的年代与国别》（《文物参考资料》58.1）、顾铁符《信阳一号楚墓的地望与人物》（《故宫博物院院刊》79.2）、楚文化研究会编《楚文化考古大事记》（文物出版社1984年版）等论著都有对该墓葬及竹简的介绍，但其正式发掘报告《信阳楚墓》（河南省文物研究所）则迟到1986年3月才由文物出版社出版，其中图版113至128为两组竹简的全部照片，一组编号从1—01至1—119，二组编号从2—01至2—29。

除上述正式公布的照片外，信阳楚简尚有几套摹本行世。一为中山大学《楚竹简汇编》摹本（商承祚1959年有晒蓝本《信阳出土楚竹简摹本》，不知与此是否同一），摹残简103段（编号1—103），《遣策》编号到30，但第30号简无一字完整，只隐约可见六个残字，故实际上仍为29简，但排序与照片影本不同；二是郭若愚《战国楚简文字编》（上海书画出版社1994年版）摹本，只有《遣策》一组，编号依发掘简报公布的照片，从2—01至2—29；还有顾铁符的晒蓝摹本，惜未亲见。几种摹本互有出入，利用时须复核照片。

关于信阳楚墓的年代，颇有争议。郭沫若认为是春秋墓，根据为墓中伴出的钟乃春秋所铸；中山大学楚简整理小组认为钟的铸造年代与随葬年是两回事，"此钟殆系墓主人的家传物或战利品。而墓中又有许多晚期之物可为佐证，如所出之敦，上下对称，敦体更近于球形，这种器形在长沙墓葬中可定为战国中期。再从竹简本身来看，此墓出土的第一组简，内容与子思、孟轲的思想相仿佛。其字体风格则与战国中、晚期楚国的《鄂君启节》《帛书》大体相同，与下文论及的望山墓出土竹简也是一致的，当是战国中晚期之物。所以，此墓仍应定为战国中晚期"。《楚文化考古大事记》依此标为"战国中期"。李学勤称此墓竹书"最早"，发掘报告定其时代为战国早期。分歧的原因除了对墓葬及其文物的看法不同外，还在于战国的起始年代定界有异。根据上述杨宽的界定以及该墓与其他楚墓的序列关系，我们采取战国早期偏后或战国中期偏前的说法。

3. 江陵天星观M1竹简

1978年发掘的江陵天星观M1，是一座规模很大的楚墓，早期曾被盗，但棺椁形制保存完好，发掘时仍出土丰富的遗物，竹简是其中重要的一项。《光明日报》1978年7月23日第三版"文物与考古"第87期刊发《江陵天星观一号楚墓出土大批楚简》作了首次报道，近四年后，又刊布了发掘报告《江陵天星观一号楚墓》（《考古学报》82.1）。据上两文介绍，竹简出于墓的西室，一部分夹在漆皮中，压在兵器杆下，被盗墓者踩断，一部分放在竹笥内，则保存较好。整简长64—71厘米，宽0.5—0.8厘米。简的左侧上下各有一个三角形编口。文字一般墨书于竹黄面，不留天头。有整简七十余支，其余残断，但字迹大部分清晰，共计有4500余字。

经初步整理，简文内容可分为卜筮祭祷和遣策两种。卜筮记录简占大多数，有2700余字，主要是为墓主邸阳君番敕卜筮的记录，少部分是祭祀的内容。遣策简残损较厉害，拼对复原后尚可大致了解其内容：有的记录为墓主助丧者的名字、官职和所赠的物品，有的记录送葬时所用的车辆、仪仗、兵器、饰件以及御者的官职、姓名等。

由于种种原因，这批竹简的文字资料和照片目前尚未全部发表，原件保存在荆州地区博物馆。据该馆馆长彭浩先生说，资料已整理完毕，不久即可全部公布，我们翘首以待。

关于墓葬的年代，发掘报告作了充分论证，认为"墓葬的下葬年代应晚于公元前361年，而在公元前340年前后，即楚宣王或威王时期"。也就是战国中期。

4. 荆门包山 M2 竹简

1987年1月，在南距楚故都纪南城16公里的荆门十里铺镇王场村包山岗发掘了二号楚墓，墓主为楚国左尹昭佗。该墓的东、南、西、北四室分别出土了竹简，共计448枚，其中有字简278枚，总字数12472个，还有一件154字的竹牍。这批竹简保存基本完好，字迹绝大多数清晰可辨。可喜的是很快得到了科学整理，1991年就由文物出版社出版了正式发掘报告《包山楚墓》（上、下）以及介绍竹简的专著《包山楚简》，公布了全部竹简的照片。

据《包山楚简》介绍，出土时竹简的编绳均已腐烂，其编联顺序因水的浮动漫散混乱，但原放位置无大变动。整理后均按内容和文意统一逐简编号。共计编号278枚，其中11枚残断，24枚背面也写有字。这些竹简按内容可分为三大类，即文书、卜筮祭祷和遣策。

文书类竹简共196枚（简1—196），是若干独立事件或案例的记录，有四个书于简背、字形较大的篇题，分别为《集箸》《集箸言》《受期》《疋狱》。《集箸》共13枚简，是有关验查名籍的案件记录。《集箸言》有简5枚，是有关名籍纠纷的告诉及呈送主管官员的记录。《受期》共61枚，是受理各种诉讼案件的时间与审理时间及初步结论的摘要记录。《疋狱》共23枚，是关于起诉的简要记录。另有94枚文书简没标篇题，大致可归为三组。第一组17枚（简103—119），是有关官员奉命为各地贷黄金或砂金事宜的记录；第二组42枚（简120—161），是一些案件的案情与审理情况的详细记录以及呈送给左尹的情况汇报；第三组35枚（简162—196），是各级司法官员经手审理或复查过的诉讼案件的归档登记。

卜筮祭祷类竹简共54枚（简197—250），可分为二十六组，每组记一事，多则四五简，少则一简，内容都是为墓主贞问吉凶祸福，请求鬼神与先人赐福、保佑。各组简按贞问或祭祷的时间顺序排列。

遣策类竹简共27枚（简251—277），分四组与葬器放置一起，所记均为随葬物品，有食品、食器、漆木器与青铜礼器、兵器与车马器、衣物、饰物及床具等。

各类竹简形制不一。卜筮祭祷简和文书简制作较为精细，遣策则相对粗糙。但遣策简较长，最长的达72.6厘米，文书简则相对较短，最短的只有55厘米左右；最宽的简有1厘米，最窄的为0.6厘米；厚度则都在0.1—0.15厘米之间。竹黄一面的边侧大部分刻有1—3个直角三角形小契口，用以固定编联丝线。从契口部件残存的丝线或丝线痕迹看，编联是在文字书写完毕之后进行的。少数简背有刻刀划出的斜线或墨笔画出的斜线，相邻简可据此依次相接，说明确为集中抄写后编联成册的。

文字主要书写于竹黄面，少数在竹青面。除部分遣策（简265—277）的简首与简尾留有1.5—1.8厘米的空白外，其他竹简一律顶格写起，不留天头和地脚。每简字距疏密不一，字数多少悬殊，最少只有2字，最多达92字，一般为五六十字左右。字体因内容不同也有大小之别。一简中不同内容之间往往留有空隙，有时用顿号区分人名、地名或其他名物，用横线或 ✕ 号表示分段，用"="号标出重文或合文。从字体、笔锋及书写习惯来看，竹简似由多人多次抄录而成，书手的文化水平应该都很高。

关于包山 M2 的年代，由于竹简有明确的纪年，各家推定差异不大。《荆门市包山楚墓发掘简报》（《文物》88.5）根据目前考古学界公认的楚墓年代序列，认为在公元前 300 年前后。同期所刊整理小组《包山二号墓竹简概述》则根据卜筮祭祷简最后一组的纪年，认定 M2 年代在公元前 292 年秦人取宛之前。徐少华《包山二号墓的年代及有关问题》（《江汉考古》89.4）又以文献记载为基础，综合考察，认为 M2 的绝对年代应为公元前 303 年。刘彬徽《从包山楚简纪时材料论及楚国纪年与楚历》（《包山楚墓》附录，文物出版社 1991 年版）认为 M2 的绝对年代是公元前 316 年；王红星《包山二号墓的年代与墓主》（《楚文化研究论集》第二集）还进一步考证出 M2 的下葬之日为公元前 316 年楚历 6 月 25 日。凡此种种，要皆属于战国中期。

5. 江陵望山 M1 及 M2 竹简

据《湖北江陵三座楚墓出土大批重要文物》（《文物》66.5）介绍，1965 年底至 1966 年初，在湖北江陵发掘了三座楚墓，其中望山 M1 和 M2 出土了竹简。

望山 M1 的墓主是楚怀王时灭越的大功臣昭固（滑）。竹简放置在墓坑边室东部，出土时已残断，散存于破碎器物的残渣中。最长的一简 39.5 厘米，最短的仅 1 厘米余，一般多在 10 厘米以下；宽 1 厘米左右，厚大约 0.1 厘米。呈深褐色，保存情况欠佳，字迹已不十分清晰。简文共约千字，黑书于篾黄上。书写颇工整，但笔法不甚一致，似出多人之手。就可能辨别的竹简上下头尾数量估算，当有 24 简以上。

这组竹简记录了为墓主昭固多次进行卜筮祭祷的情况，其程序是先记卜筮时间，后记卜筮工具，再记所问事项与卜筮结果，最后还记录为驱邪赶鬼而采取的祭祷措施。这是第一次发现卜筮祭祷简，与后来发现的天星观 M1、包山 M2 等同类竹简相互印证，为研究当时楚国的筮卜祭祷情况提供了重要资料。

该墓虽然墓主明确，但其确切的墓葬年代仍有争议。根据卜筮祭祷自身所记两年三个月的不同日名与时辰，一般推算为战国中期偏后。曾宪通《楚月名初探——兼谈昭固墓竹简的年代问题》（《楚地出土三种文献研究》，中华书局 1993 年版）还进一步确定为"刍闻（问）王于茂郢之岁"，即楚顷襄王十四年（公元前 285 年），认为"这便是我们从竹简历朔本身得出的初步结论"。中山大学楚简整理小组《江陵昭固墓若干问题的探讨》（《中山大学学报》77.2）考证"楚灭越的年代当在楚怀王二十年到二十三年（即公元前 309 — 306 年）之间"，认为这"就给昭固墓确定了年代的上限，而下限则不应超过楚顷襄王二十一年（公元前 278 年）"，比曾说笼统而大体一致。陈振裕《望山一号墓年代与墓主》（载《中国考古学会第一次年会论文集》，1979）则对墓中的铜、陶礼器的组合和主要器物的特征，以及出土的竹简所记载的墓主与先王、先君等方面的内容进行全面分析后，确定该墓葬的相对年代不能早于楚悼王，最大可能是葬于楚威王时期，也可能至楚怀王前期。以上各说互有差异，但属于战国中期则是共同的。

望山 M2 的墓主也是楚国的昭姓贵族，葬墓年代与 M1 相差不远，也属于战国中期。该墓的竹简放置在边室最上层的中部和东部，清理时已散乱，完整的有五简，余皆残断。整简长 64 厘米左右，宽 0.6 厘米左右，厚不过 0.2 厘米。简色深褐，文字墨书，保存情况一般。整简文字最多的达 73 字，最少的也有 34 字。简的一边靠近两端处各刻两个三角形缺口，是用以编册的。初步统计有简 13 枚以上，共 900 余字，内容为记录随葬器物的遣策。

望山 M1 和 M2 竹简在上举发掘报告中曾刊出部分照片和摹本，中山大学楚简整理小组《楚简汇编》有全部竹简的摹本和初步释文。朱德熙、裘锡圭、李家浩三位先生对竹简作了全面整理，其释文与考证，以及竹简的全部照片，可能载于湖北省博物馆撰写的正式发掘报告《江陵望山与沙冢楚墓》中，但我们迄今尚未见到该书，不知是否已正式出版。

6. 慈利石板村 M36 竹简

1987 年，在湖南省慈利县石板村 M36 中发现了一大批楚国竹简。由于淤泥渗入，大部分竹简互相黏连在一起。经过仔细清理，得残段碎片 4557 枚，竹片较薄，厚度仅 1—2 毫米，宽 4—6 毫米，无一完整。估计原长 45 厘米左右，800—1000 枚，共二万余字。现部分残段字迹清晰，但 60% 左右已漫漶模糊，有些字还存在缺笔。字为毛笔墨书，体式风格前后不一，可见不是一人所写。字形结构与信阳长台关、湖北江陵等地的楚简相似。

经过初步整理，知道这批竹简属于记事性的文书，内容以记载吴、越二国的史事为主，如黄池之盟、吴越争霸，等等，可能与《国语》《战国策》《越绝书》等某些记载相似，可据以印证或增补传世文献。

这批竹简现存湖南省文物考古研究所，笔者有幸亲睹原物和照片。据专职保管和研究人员张春龙先生介绍，这批竹简现在正由中科院考古研究所、湖南省文物考古研究所和湖北荆州博物馆三家单位联合整理，因竹简及文字残坏太甚，拼接释读困难较大，所以进展缓慢，预计要到 1996 年才能公布全部资料和照片。但《文物》1990 年第 10 期已经发表《湖南慈利石板村 36 号战国墓发掘简报》，刊出了个别竹简图版，并推断该墓葬的年代为战国中期前段。更为详细的论述有待来日。

7. 德山夕阳坡 M2 竹简

湖南常德市德山夕阳坡 M2 是 1983 年底至 1984 年初发掘的，目前尚未见到正式发掘报告。据杨启乾《常德市德山夕阳坡二号楚墓竹简初探》（载《楚史与楚文化研究》，1987）介绍，该墓只出土两枚竹简，一枚长 67.5 厘米，简首稍微损坏；另一枚长 68 厘米，完好如新；两简宽度均为 1.1 厘米左右。简黄面墨书篆文清晰可见，一枚 32 字，一枚 22 字，共计 54 字。上下简文连读，是一篇完整的记载楚王给臣下士尹赏赐岁禄的诏书。

关于该墓的年代，杨文也作了考证，认为"从时间范围来讲，下限是顷襄王徙都于陈之前，上限如从竹简文字书法风格和墓葬陪葬器物来看，应属战国中晚期。那么，上至楚威王，下至顷襄王二十一年（前 278 年），主要的还是在两者之间的楚怀王时期"。

8. 长沙仰天湖 M25 竹简

1953 年 7 月，湖南古墓葬清理工作队在长沙南门仰天湖清理了战国时代土洞竖穴墓葬一座。此墓的随葬品估计大部分过去已被盗，但仍发现许多有价值的遗物。其中竹简共 43 片，乃用较细竹管剖成数片而成，未去青，文字墨书于竹黄一面。出土时纵横散乱，残损颇甚，上层的竹简已变成黑色，字迹模糊不清。完整的简全长约 22 厘米，宽约 1.2

厘米，厚约 0.1 厘米。四角方形，有编联痕迹。每简一行，所书文字由 2 字到 21 字不等。简文内容为遣策，记载着各种随葬器物，多为服饰和丝织品。墓主不明。

《文物参考资料》先在 1953 年第 12 期以《湖南省文管会清理长沙仰天湖木椁墓发现大量竹简彩绘木俑等珍贵文物》为题作了简要报道，又于 1954 年第 3 期《长沙仰天湖战国墓发现大批竹简及彩绘木俑、雕刻花板》一文刊发该墓竹简照片 40 支，报道称有"竹简计 42 片"。但史树青《长沙仰天湖出土楚简研究》（群联出版社 1955 年版）却称有"43 简"，并据上文顺序刊布了照片和摹本，编号从 1 到 43。《考古学报》1957 年 2 期《长沙仰天湖第 25 号木椁墓》作为正式报告所刊布的照片亦只有 40 枚，郭若愚《战国楚简文字编》中的仰天湖竹简摹本即据此照片摹写。郭若愚解释："长沙仰天湖战国竹简，系仰天湖第 25 号墓出土，计 43 片。其中 3 片因腐蚀厉害，字迹不辨，故未摄影发表。""兹以其缺刻定其编定部位，再以其记载内容，归聚一类，其可缀合者一例，摹成写本 39 片，并其编绦形制，逐简重新编号，以见其全貌。"可见原物实有 43 片，照片只摄了 40 枚，而摹本为 39 支，总计字数 280 个左右。从字体看，似非出自一人所书。原简现藏湖南省博物馆。

除了上述史树青和郭若愚的摹本和释文之外，中山大学古文字室《楚简汇编》和罗福颐（见《金匮论古综合刊》第一期）也有仰天湖楚简的摹本和释文；又罗福颐《谈长沙发现的战国竹简》（《文物参考资料》54.9）和史树青、杨宗荣《读一九五四年第九期文物参考资料笔记》（《文物参考资料》54.12）等也对这批竹简有简略介绍，可以参看。

关于该墓葬的年代，一般泛称为"战国时代"，《楚文化考古大事记》标明为"战国中期"。而《长沙仰天湖第 25 号木椁墓》则报告说："以陶鼎的蹄足来比较，与寿春出的铄鼎相似，竹简上的'铊'字与寿春出土铜器铭文中的'铊'字也相同。玉珥上的雕刻，也是战国时代一般通行的纹饰。而鼎、敦、壶为一组，是为长沙战国墓葬的特征，故我们对于此墓的时代初步推断为战国晚期的墓葬。"

9. 长沙五里牌 M406 竹简

长沙五里牌 M406 竹简是 1952 年初发现的，《科学通报》三卷七期夏鼐《长沙近郊古墓发掘记略》作了首次报道，《文物参考资料》1952 年第 2 期有转载。1957 年科学出版社出版的《长沙发掘报告》里也作了介绍。竹简放在竹笥中，出于墓室边厢，共 38 支，多已残断。最长的 13.2 厘米，宽 0.6—0.7 厘米，多者七字，少者一字，都写在竹黄上。字迹已不甚清晰，根据"金戈八""鼎八"等幸存残句，推知其内容应为"遣策"。原简现藏中科院考古所。

关于该墓的时代，发掘报告及《楚文化考古大事记》皆笼统地标为"战国"。周世荣《湖南楚墓出土古文字丛考》（《湖南考古辑刊》第一集）从字形上作了一些推断，他说，竹简"中"字写作"㄃"，见于"中㦰室钵"印，"金"字偏旁部分见于仰天湖楚简，还有不少字形的横画出现了右挑的笔意，如 4 号简的"金"字，3 号简的"革"字，6 号及 12 号简的"三"字等，其横画皆右挑，带隶意。可见 M406 出土的竹简，其时代必晚于仰天湖 M25。

10. 杨家湾 M6 竹简

杨家湾 M6 是 1954 年 8 月发掘的，墓主为女性，《文物参考资料》1954 年第 12 期刊有署名为湖南省文管会的《长沙杨家湾M006号墓清理简报》。该墓出土竹简72支，与木梳、篦、铜镜、小漆盒等物一起放在一个大漆奁中。竹简上刻有小缺口，用丝带编连，外用绸布包裹，出土时因丝带和绸布腐朽，已散乱。较之其他楚简，这批竹简特别窄短，长仅13.5厘米，宽只有0.6厘米。其中22简无字，有字的50简中，上书二字的4简，余皆仅书一字，而且有13简文字模糊不清，无法辨认。

由于字不成句，又写得草率，模糊难认，所以对其内容和性质颇有争议。中山大学整理小组当时觉得"不知其所指，故这项竹简的性质目前还难确定"。《武威汉简》（文物出版社1964年版）提到这批简时，认为是"算筹"。李学勤《战国题铭概述》（《文物》59.9）说它"不象遣策，而象字书"。周世荣《湖南楚墓出土文字丛考》指出其中可识者有"卒""奴"从"□女"以及"□麦""倚（绮）""□箕"等字，从而认为"前者似为臣仆，后者则为随葬食物与日常用品，其数量多少虽然未见记载，但其性质仍与'遣策'相似"。

在墓葬时代上也有分歧。一般认为属于"战国晚期"，如清理简报及《楚文化考古大事记》等。前举周文觉得"其书法特点也带隶意，而与五里牌M406相近，故相对年代也晚于仰天湖M25"。也有人把时代推得更晚，认为"从陶薰等随葬器物分析，其年代应为西汉初年"。史树青《长沙仰天湖出土楚简研究》则说："从墓的形制、结构及随葬品看来，其相对年代，至早不出战国末年，至迟也在西汉初年。"

11. 其他竹简

还有几批竹简情况不太详明，归在一起作个简介。

1980年，在湖南省临澧九里M1出土楚国竹简百余支，因墓室曾经被盗，竹简已经散乱，且皆已残断。经初步整理，知其内容为"遣策"。文物出版社1990年出版的《文物考古工作十年》（1979—1989）中有《1979年以来湖南省的考古发现》一文，对这批竹简有简单报道，年代定在战国中期。

据《楚文化考古大事记》（文物出版社1984年版，第131页）报道，1981年5月，在湖北江陵九店楚墓群的一座小型墓的壁龛中发现一批珍贵的竹简，其内容类似于秦简《日书》，说明秦简与楚简之间存有一定的内在联系。这批墓葬的年代大致为战国中晚期。

又据《江陵秦家嘴楚墓发掘简报》（《江汉考古》88.2）介绍，在1986年5月至1987年6月发掘的秦家嘴楚墓群中，有M1、M13、M99三座墓出土了竹简，共计47支（段）。M1的7支（段）竹简出土于边箱底层，均残断，主要是"祈福于王父"等祈祷之类的文字。M13竹简出土于边箱后端底层，简上堆积着淤泥，均残断，整理出18支（段），字迹不太清楚，有"占之曰吉"等占卜内容。M99的竹简分置两处，一部分在边箱后端底层，一部分散在棺室后端，共计16支（段），均残损，内容为占卜记录，有"贞之吉无咎"等辞，另有少量遣策。这批墓葬的下限年代当在战国晚期的早段，即公元前278年以前。

1991年，湖北江陵鸡公山M48得以发掘，在接近椁盖板的填土中，清理出一组内容为遣策的楚简。张绪球《宜黄公路仙江段考古发掘工作取得重大收获》（《江汉考古》92.3）对此略有提及。又陈振裕《湖北楚简概述》说："1992年，在湖北老河口市二座战国墓各发现一组内容为遣策的楚简。1993年，在湖北黄州市发现一组内容系遣策的楚简。"但尚未见到详细报道。

以上各批竹简的文字材料和照片都还没有正式公布，详细情况尚不明了。

12. 长沙子弹库帛书

最后，我们来介绍一下长沙子弹库楚帛书。如前所述，子弹库楚墓的帛书事实上不止一件。现存最完整的一件楚帛书也称为楚缯书或楚绢书，或叫作"绢画""时占神物图卷"等，是解放前在湖南长沙东郊盗掘出土的，出土后不久即辗转流失到美国，现藏美国华盛顿赛克列博物馆。由于不是科学发掘，其出土的具体情况（如出土时间、帛书数量、放置状态等）以及辗转流失的具体经过已不太清楚，只有种种互不一致的传说，详参李零《长沙子弹库战国楚帛书研究》（中华书局1985年版）。1973年5月，湖南省博物馆对帛书出土墓做了重新调查和清理，于《文物》1974年第2期发布了《长沙子弹库战国木椁墓》简报。根据简报资料，综合以前的传闻及帛书实物，一般认为帛书的出土地确实在子弹库，盗墓取书时间为1942年9月，原帛应该是折为八叠放置在竹笥之内的。

完整楚帛书是一幅长约47厘米、宽约38.7厘米的长方形丝织物。整个幅面由三部分文字组成：当中是书写方向相反的两段文字，一段13行，一段8行；四周是作旋转状排列的十二段边文，每一方占三段，四方交界处用青、赤、白、黑四木隔开，每段各附有一神怪图形。文字中有一些朱色填实的方框，是用来划分章次的标志，中间两大段各分为三章，边文十二段分为十二章。

帛书的内容各部分不同。通常将中间的八行当作甲篇，十三行当作乙篇，四周边文则是丙篇。甲篇属神话传说，主要讲天地四时的来历，涉及伏羲、女娲及其所生四子，还有炎帝、祝融、帝俊、共工等神话人物。乙篇主要讲天灾变异，告诫人们"敬天顺时"。丙篇的十二章，每章代表一个月份，从"取"至"荼"共十二月，分别讲述各月之宜忌。

帛书文字，根据曾宪通所撰《长沙楚帛书文字编》（中华书局1993年版）统计，甲篇267字，其中重文合文9例，残文23字，缺2字；乙篇412字，其中重文合文8例，残29字，缺7字；丙篇273字，其中合文2例，残文21字，缺文21字。总之，连重文合文在内，帛书文字共计952字，其中残损不明结构者73字，缺佚者约30字。整幅帛书原文估计在960字左右。

楚帛书面世已久，有许多照片和摹本流传，根据李零（1985）的归纳，主要有三种来源：一是蔡修涣目验实物而成的临写本，最早见于蔡季襄的《晚周缯书考证》（1945）。二是华盛顿弗利尔美术馆（The Freer Gallery of Art）的全色照片及其摹本，最早见于日本学者梅原末治《近时出现的文字资料》（1954），但只摹写了一部分；至饶宗颐《长沙出土战国缯书新释》（1958）才有该照片的全摹本。三是纽约大都会博物馆的红外线照片及其摹本。红外线照片有三种：（1）原大照片一幅；（2）放大2.2倍之叠印照片六幅；（3）放大十二倍之接印照片一百一十幅。这些照片及其网格摹本曾在1967年美国哥伦比亚大学举行的"古代中国艺术及其在太平洋地区之影响"的学术会议上展出和发送，现在比较容易见到的饶宗颐、曾宪通的《楚帛书》（中华书局香港分局1985年版）及《楚地出土三种文献研究》（中华书局1994年版）两书中的照片及摹本即来源于此。

关于出土帛书的长沙子弹库楚墓的时代，发掘简报根据多年来发掘长沙楚墓的经验，将其定在战国中晚期之间,《楚文化考古大事记》标为"战国中期"。我们根据帛书文字的形体风格及大多数学者的研究意见,将其定为战国晚期。

另外,1957年长沙左家塘出土朱色印记和墨书纹锦,上有"女五氏"三字。1973年长沙马王堆三号汉墓又出一件阴阳五行帛书,虽然是秦始皇二十五年(公元前222年)的遗物,但书手是"还没有熟练掌握秦人字体的楚人"(李学勤《东周与秦代文明》,上海人民出版社2007年版),所以也可以当作战国末期的楚文字参考。还有1978年在湖北随县属于战国早期的曾侯乙墓出土了240枚竹简,共计6696字。这批简虽不是楚简,但字体和形制都与楚简相近,实际上也属于楚文字大系,可以互为参照。

上述楚国简帛文字资料蔚为大观,实为难得的古代文献珍品,具有重大的研究价值。李学勤先生《新出简帛与楚文化》说:"中国有着悠久辉煌的古代文化,传世典籍数量极多,素有'浩如烟海'之称,但历史上也有很多著作,由于种种原因遭到散失湮没,甚至书名都不为后世所知。还有不少古书,在千百年的传流过程中不免改易脱漏,已经不能保存原有面貌。这种情况对我们探讨古代的历史文化是很大的妨碍。地下发掘出土的简帛古籍,使人们直接看到用纸以前的书籍,为文化史研究提供了新的宝贵线索。"(《楚文化新探》,湖北人民出版社1981年版)楚国简帛文字是楚国历史文化的载体,其中保存了许多传世文献缺载的内容,有文书,有遣策,有卜筮祭祷,有日书,据之可以研究楚国的政治制度、社会礼俗、官爵等级、司法狱讼、卜筮祭祷、墓葬陵寝、天文地理、先祖世系、远古神话以及金属冶炼、丝绸纺织、宫室建筑、衣饰器皿、饮食疾病等各个方面的历史、文化与生活现象。

楚国文字作为南方江淮文化的内涵之一,在与中原黄河文化的长期分庭抗礼的过程中,其形体构造和书写法式具有了自身的特点和风貌,楚国简帛资料是中国现存最早的书籍式原物,其文字字样不仅为汉字书法研究者和书法学习者提供了难得的范本,更重要的也是研究汉字发展史和汉字构形学的珍贵素材。就其所反映的语音、词汇、语法、修辞等现象而言,又必然为汉语语言学研究者所重视。

总之,楚国简帛文字具有十分重要的学术价值、资料价值、文献价值和文物价值,我们将有关材料搜集起来,加以整理和介绍,目的就是为大家提供研究的线索,以便让这批珍贵的文字资料充分发挥其应有的效用。希望能引起大家的注意,及时对这批文字资料进行多方面、多角度的研究。

楚国简帛文字研究概观[①]

我们曾经介绍过 1993 年底以前出土的楚国简帛文字资料，这些文字资料对于楚国历史文化以及楚国语言文字的研究具有十分珍贵的价值，故而引起学术界高度重视，某批资料一经公布，即有许多学者参与研究，论著丰富，成果累累。归纳起来看，与楚国简帛文字资料直接相关的研究大致有七个方面，现在我们就想对这七个方面研究情况列举一些代表性论著略加介绍，以便大家进一步研究时查阅参考。

一　文字释读与考证

文字释读是出土文字资料其他方面研究的基础，每批简帛资料面世，首先见诸报刊的往往是文字考释。例如信阳长台关 M1 竹简，就有刘雨《信阳楚简释文与考释》(《信阳楚墓》附录，文物出版社 1986 年版)、朱德熙、裘锡圭《信阳楚简考释（五篇）》(《考古学报》1973 年第 1 期，以下凡刊物的年份和期号都用简称)，又《信阳楚简屯字释义》(《考古学报》72.1)、李家浩《信阳楚简"浍"字及从"关"之字》(《中国语言学报》第一期)、彭浩《信阳长台关楚简补释》(《江汉考古》84.2) 等文；关于长沙子弹库楚帛书的考释文章更多，有饶宗颐《长沙出土战国缯书新释》(《选堂丛书》之四，香港义友昌记印务公司 1958 年版)、陈梦家《战国楚帛书考》(《考古学报》84.2)、林巳奈夫《长沙出土战国帛书考》(日本《东方学报》第 36 卷)，又《长沙出土战国帛书考补正》(同上第 37 卷)、严一萍《楚缯书新考》(台湾大学《中国文字》第 26、28 册)、金祥恒《楚缯书"雹戏"解》(同上 28 册)、饶宗颐《楚缯书疏证》(《史语所集刊》第 40 册)、陈槃《楚缯书疏证》(同上)、唐健垣《楚缯书文字拾遗》(《中国文字》第 30 册)、巴纳《楚帛书译注》(英文，堪培拉，1973 年)、曹锦炎《楚帛书月令篇考释》(《江汉考古》85.1)、何琳仪《长沙帛书通释》(《江汉考古》86.12)、又《长沙帛书通释校补》(《江汉考古》89.4)、朱德熙《长海帛书考释（五篇）》(《古文字长岛第六届年会论文》，1986 年)、陈秉新《长沙楚帛书文字考释辩证》(《文物研究》88.4)、饶宗颐《楚帛书新证》(《楚地出土文献三种研究》，中华书局 1993 年版)、陈邦怀《战国楚帛书文字考证》(《古文字研究》第一辑) 等；而刘彬徽等《包山二号楚墓简牍释文与考释》(《包山楚简》，文物出版社 1991 年版)、刘信芳《包山楚简遣册考释拾零)》(《江汉考古》92.3)、

[①] 本文原载《江汉考古》1996 年第 3 期。

林沄《读包山楚简札记七则》（同上 92.4）、黄锡全《包山楚简部分释文校释》（《湖北出土商周文字辑证》，武汉大学出版社 1992 年版）、夏渌《读包山楚简偶记》（《江汉考古》93.2）、汤余惠《〈包山楚简〉读后记》（《考古与文物》93.2）、李天虹《包山竹简释文补正》（《江汉考古》93.3）、何琳仪《包山竹简选释》（同上 93.4）、张桂光《楚简文字考释二则》（同上 94.3）、刘钊《包山楚简文字考释》（中国古文字研究会第九届学术研讨会论文，1992 年）、中山大学古文字室《仰天湖二十五号墓楚简考释》（1977 年油印本）、郭若愚《长沙仰天湖战国竹简文字的摹写和考释》（《上海博物馆集刊》第三期）等则分别对包山和仰天湖所出竹简文字进行考释；其他如裘锡圭、李家浩《望山一、二号墓竹简释文与考释》（《望山楚简》，中华书局 1995 年版），又《曾侯乙墓竹简释文与考释》及《曾侯乙墓钟磬铭文释文与考释》（《曾侯乙墓》上，文物出版社 1989 年版），朱德熙《望山楚简里的"毂"和"墨"》（《古文字研究》第十七辑），周世荣《货币帛书文字丛考》（《古文字研究》七）及《湖南楚墓出土古文字丛考》（其中有"缯书与竹简"一节，《湖南考古辑刊》第一集），朱德熙、裘锡圭《战国文字研究》（六种），其中有《仰天湖楚简第十二号考释》，《智履考》属仰天湖简（《考古学报》72.11），李家浩《释"弁"》（《古文字研究》第一辑），又《战国时代的"冢"字》（《语言学论丛》第七辑）、黄锡全《戚郢辨析》（《楚文化研究论集》第二集）、刘信芳《释"戚郢"》（《江汉考古》87.1）、余镐堂《余镐堂简释文》（1957 晒兰本）、许学仁《楚文字考释》（《中国文字》新第七期）、陈邦怀《战国楚文字小记》（《楚文化新探》，湖北人民出版社 1981 年版）、吴九龙《简牍帛书中的"夭"字》（《出土文献研究》1985）、李裕民《古字新考》（《古文字研究》第十辑）、饶宗颐《说"竞（甬土）""（甬土）夜君"与"（甬土）皇"》（《文物》81.5）、郑刚《战国文字中的陵和李》（中国古文字研究会成立十周年学术研讨会论文，1988 年）等，也都与楚国简帛文字的考释相关，值得我们参考。

二　字表的整理与编制

　　编制字表不仅是文字释读工作的总结，同时为该资料各方面的进一步研究提供了方便，是很受欢迎的工作。但难度大，费时多，并非所出的文字资料都有字表可查用。就楚国简帛来说，目前见到有这样的几种字表。

　　（1）《长沙楚帛书文字编》，曾宪通撰集，中华书局 1993 年 2 月出版。该字表初稿原附于饶宗颐、曾宪通合著的《楚帛书》一书。表中文字除反复核对上面三种红外线照片（按指①原大照片一幅；②放大 2.2 倍之叠印照片 6 幅；③放大 12 倍之接印照片 110 幅）外，还参校各家所作的摹本，尽可能避免过去由于照片不够清晰而产生的讹误，力求每字之笔画，结体与照片一致，因而可信性强。全书分单字、重文合文和残文三部分。第一部分收单字 302 个；第二部分收重文 7 组、合文六组凡 21 例；第三部分收残文 69 个，残文中能判明为某字者则于单字下重出。单字排列以隶写笔画多少为序，笔画相同者按起笔之、一丨丿乚（包含丁乙）相次罗列各种形体，每一形体之下分别注明例辞、例句及出处，并附简要注释。重文、合文部分按首字笔画编排，第三部分则以残文出现先后为序。

该字表的最大特色在于每字下附有集释性质的注解，主要采用饶宗颐先生的有关著述，同时参考诸字说解以为补苴，间有编者自己的心得，基本上反映了帛书文字考释的进程及其主要成果。

（2）《战国楚简文字编》，郭若愚编著，上海书画出版社 1994 年 2 月出版。该书名为"战国楚简"，实际上只收了信阳长台关 M1 第二组遣策及长沙仰天湖 M25 共两批竹简。两批简的文字合在一起，按字头隶写笔画多少排序，字下列出的所有用例出处以为索引，凡仰天湖者标"仰"字以为区别，共收单字 360 个。单字字样系依发掘报告所刊照片摹写，字下无注解，字头释文大体上是编者一家之言，后附《长沙仰天湖竹简释文及考证》和《信阳楚简释文及考证》两文，逐简考释，以与字表相印证，同时有墓葬基本情况的介绍和内容分析，可见该书是以字表为纲的综合性研究成果，不同于仅供查阅的一般字表。

（3）《包山楚简·字表》，湖北省荆沙铁路考古队编，文物出版社 1991 年 10 月出版。该字表分为四个部分。第一部分是目前已经识读和可以隶定的字，有单字字头 1522 个，按笔画顺序排列。字形相同而书写，结构相异的字也尽量收入，连这种同形字在内，共收 2611 字。第二部分是合文，大多数字有合文符号；少数虽无合文号而需按合文识读者，亦归入合文，合文共 31 字。第三部分是未隶定的字，共 83 个。以上三部分共收字 2725 个。第四部分是卦画，也出自简文，共 6 个。《字表》中的字均用竹简原大照片剪贴，避免了摹写走样，是其特点。但以图版形式出现，单字不分行，出处索引不全，或者待于改进。

以上三种字表各有特点，都对各自所收对象的研究成果作了初步总结，是我们整理楚国简帛文字单字总表的基本参考资料。但这些表对单字的处理都着眼于功能认同，忽视了形体上的别异，对于构形分析来说，或者不适。因此我们决不能照搬，而是从研究的特定目的出发重校编制。

除上述三种字表外，据说张光裕先生主编过《包山楚简文字编》，并早已由台北艺文印书馆出版，可惜我们没有能找到该书。另有陈建贡、徐敏编的《简牍帛书字典》（上海书画出版社 1991 年版）一书，虽然是以秦汉简帛文字为主，但其中也收了当时已出的部分楚国简帛文字，有字样，有释文和出处，可供参考。

三　语言与文字通论

通论语言文字即从总体上论述楚国简帛文字的特点、规律及由此所反映的语言现象等，系文字或语言学角度的研究，这方面的成果比较少。马国权《战国楚竹简文字略说》（《古文字研究》第三辑）及黄锡全《楚系文字略论》（《华夏考古》90.3）可为代表。马文对 1952—1965 年期间所出土的七批战国楚简共 4200 余字的总体特点作了归纳，认为"这七批竹简文字，具有战国文字所共有的特点，即：地区之间颇有分歧，同地区也有很多殊异，形符、声符和偏旁位置不固定，假借现象普遍等"。并就这些问题分别作了论述，还联系楚国的铜器文字、帛书文字及其他国家的同时期文字作了对比研究，进而探讨了战国文字与古隶之间的关系。黄文首先界定了"楚系文字"的范围、时间和性质，然后从六个方面分析了楚系文字的特性：一、文字形体与他系有别；二、盛行鸟虫书；三、铭文多用"之"韵；四、有别于他系的特殊字；五、有一些特殊用语；六、以国之大事纪年。文末还附有"楚系文字的特殊字形一览表"。彭浩等四人所撰《包山楚简文字的几个特点》（见《包山楚简》）也是这类文章。该文认为，战国时期的楚国已经形成了有别于中原地区的文化体系，在文字方面也表现出突出的地方特点，其文字变化具有一定的规律，因而从"笔画和字形的简省""笔画和字形的增繁""异形"等方面作了论证和分析，并就简文中部分字形和偏旁跟《说文》古文、《汗简》的关系进行了提示。

另如刘先枚《简论楚国语言》（《楚文化新探》）、陈荣开《战国楚简文字通假现象初探：兼论楚简研究的一些问题》（香港中山大学中文系《问学初集》）、李棪《楚国帛书中间两段韵文试读》（伦敦大学演讲稿），又《楚国帛书诸家隶定句读异同表》（稿本1868年）、巴纳《楚帛书文字的韵与律》（英文，堪培拉，1971年）、李棪《评巴纳〈楚帛书文字的韵与律〉》（香港《中国文化研究所学报》第四卷第二期）等则是属于简帛语言现象的探讨。

一些通论战国文字或古代文字的论著，亦间或与楚国简帛文字或语言现象相关，不妨参看。如郭沫若《古代文字之辩证发展》（《考古》72.3）、姚孝遂《古汉字的形体结构及其发展阶段》（《古文字研究》第四辑）、高明《古文字的形旁及其形体演变》（同上）、汤余惠《略论战国文字形体研究中的几个问题》（《古文字研究》第十五辑）、高开贵《略论战国时期文字的繁化与简化》（《江汉考古》88.4）、北文《秦始皇"书同文字"的历史作用》（《文物》73.11）以及裘锡圭《古文字学概要》，何琳仪《战国文字通论》，陈炜湛、唐玉明《古文字纲要》，赵平安《隶变研究》等等，此不详加介绍。

四　内容方面的探索

从考古学意义上说，出土文字资料的主要价值还不在文字本身，而在于文字所记载的内容以及由内容而反映的历史与文化现象。在这方面的研究成果颇丰，它们虽然与文字学上的形体特点、演变规律等关系不甚密切，但与文字释读相互影响、相互印证，所以对于文字学上的研究也有间接的作用。我们在材料概观部分曾提到有关文字的发掘报告，那报告里是往往要介绍文字内容的，为免重复，这里不再引述，仅将其他有关内容探索的论著罗列于下，以便检索参考。

李学勤《论楚帛书中的天象》（《湖南考古辑刊》第一集）、蔡成鼎《〈帛书·四时〉篇读后》（《江汉考古》88.1）、李零《楚帛书与"式"图》（《江汉考古》91.1）、刘信芳《楚帛书与〈天问〉类征》（《楚文化研究论集》第二集）、连劭名《长沙楚帛书与中国古代的宇宙论》（《文物》91.2）、饶宗颐《帛书解题》（日文，日本平凡社《书道全集》第一卷）、饶宗颐《楚缯书十二月名核论》（《人物杂志》第30卷第1期）、金关丈夫《楚缯书上之神象》（日文，据饶宗颐上文引）、饶宗颐《楚缯书之摹本及图像一三首神、肥遗与印度古神话之比较》（《故宫月刊》第3卷2期），又《从缯书所见楚人对对于历法、占星及宗教观念》（英文，《古代中国艺术及其在太平洋地区之形响》第一册）、林已奈夫《长沙出土战国帛书十二神考》（英文，同上书），又《长沙出土楚帛书十二神的由来》（日文，《东方学报》第42册）、庄申《楚帛书上的绘画》（香港《百姓》第41期）、李学勤《楚帛书中的古史与宇宙观》（《楚史研究》初集）、李学勤《再论楚帛书十二神》（《湖南考古辑刊》第四集）、饶宗颐《论楚帛书之二熨（气）与魂魄二元之观念及汉初之宇宙生成论》（《楚地出土文献三种研究》），又《楚帛书之内涵及性质试说》（同上），又《楚帛书十二月名与〈尔雅〉》（同上），又《楚帛书象纬解》（同上），又《帛书丙篇与〈日书〉合证》（同上）等，都是关于楚帛书的专题研究。

关于竹简内容的专题论文有：中山大学古文字室《一篇浸透着奴隶主思想的反面教材：谈信阳长台关出土的竹书》（《文物》76.6）、李学勤《论包山简中一楚先祖名》（《文物》88.8），刘彬徽《包山楚简研究二则》（《简帛研究》第一辑），彭浩《包山二号楚墓"卜筮祭祷"竹简的初步研究》（《楚文化研究论集》第二集），刘信芳《包山楚简神名与〈九歌〉神祇》（《文学遗产》93.5），刘彬徽《从包山楚简纪时材料论及楚国纪年与楚历》（《包山楚墓》附录二一），王红星《包山简牍所反映的楚国历法问题》（同上附录二），刘彬徽、何浩《论新发现的几处楚郢地名》（同上附录二四），又《包山楚简"封君"释地》（同上附录二五）、彭浩《包山楚简反映的楚国法律与司法制度》（同上附录二二）、胡雅丽《包山二号楚墓遣策初步研究》（同上附录一九），又《包山楚简所见政区述略》（失记）、罗运环《论包山简中的楚国州制》（《江汉考古》91.8）、曹锦炎《包山楚简中的受期》（同上93.4）、贾继东《包山楚简"见日"浅释》（同上95.4）、陈伟《关于包山"受期"简的读解》（同上93.4），又《包山楚司法简131139号考析》（同上94.4），又《关于包山"苄狱"简中的几个问题》（同上95.3），又《关于包山楚简所见的司法制度》（《董作宾先生百年诞辰纪念文集》，1995年），又《包山楚简所见邑、里、州的初步研究》（《武汉大学学报》95.4），舒之梅、刘信芳《包山楚简人名研究六则》（《长江文化论集》第一期，湖北教育出版社1995年版），陈伟《包山楚简所见楚国的县、郡与封邑》（同上），武家璧《包山楚简历法新证》（长江文化与楚文化国际学术讨论会论文，1995年），徐少华《包山楚简释地十则》（同上），中山大学楚简整理小组《江陵昭固墓若干问题的探讨》（《中山大学学报》77.2）等。

至于结合简帛或以简帛作为材料之一来探讨当时的历史言语化问题的论著则更多，如李学勤《谈祝融八姓》（《江汉论坛》80.2），李惑之《试论楚先祖祝融谱系》（《江汉考古》88.1），何幼琦《论楚国之历》（《江汉论坛》85.10），曾宪通《楚月名新探》（《中山大学学报》80.1），刘彬徽《楚国纪年法简论》（《江汉考古》88.2），王胜利《再谈楚国历法的建正问题》（《文物》90.3），吴郁芳《包山二号墓墓主昭佗家谱考》（《江汉论坛》92.11），黄文进、黄凤春《包山2号墓礼俗二题》（《江汉考古》91.2），何浩《楚国封君封邑地望续考》（同上91.4），又《文坪夜君身份与昭氏世系》（同上92.3），徐少华《从包山楚简论楚之始封立国》（《长江文化论集》第一辑），舒之梅、何浩《仰天湖楚简"鄝阳公"的身份及相关的问题》（《江汉论坛》82.10），何兹全《简牍学与历史学》（《简帛研究》第一辑），裴明相《谈楚车》（《楚文化研究论集》第一集），罗运环《古文字资料所见楚国官制研究》（《楚文化研究论集》第二集），赵万里《中国印本书籍发展简史》(《文物参考资料》52.4)、李零《楚国族源、世系的文字学证明》(《文物》91.2)、何浩《楚灭国研究》(武汉出版社1989年版)、陈伟《楚东国地理研究》(武汉大学出版社1992年版)、后德俊《楚国科学技术史稿》(湖北科技出版社1990年版)、黄德馨《楚国史话》(华中工学院出版社1983年版)、张正明《楚文化史》(上海人民出版社1987年版)、何光岳《楚源流史》(湖南人民出版社1988年版)、又《楚灭国考》(上海人民出版社1990年版)、石泉《古代荆楚地理新探》(武汉大学出版社1988年版)、宋公文《楚史新探》(河南大学出版社1988年版)、姚汉荣、姚益心《楚文化寻绎》(学林出版社1990年版)、罗运环《楚国八百年》(武汉大学出版社1992年版)等等，其中都涉及楚简帛文字资料，限于篇幅，此类论著不再一一备列。

另有几篇文章，虽然不是楚简帛内容本身的研究，却也是与简帛有关的某一专题探讨，故附列于此：陈炜湛《战国以前竹简蠡测》(《中山大学学报》80.4)、徐山《长沙子弹库战国楚帛书行款问题质疑》(《考古与文物》90.5)、高大伦《遣策与赗方》(《江汉考古》88.2)等。

五 综合研究

综合研究即对简帛文字资料的出土情况、性质意义、文字释读、内容思想、历史文化、形体特点等进行全面或多方面的研究；有的单就简帛文字而论，有的则作为楚国文字、战国文字甚至古代文化的一部分加以介绍和论述的。下面各举一些例子。

楚帛书出土最早，有关它的综合性研究论著也最多。蔡季襄《晚周缯书考证》(1944年石印，台湾艺文出版社1972年重版)是第一部公布楚帛书摹本并全面介绍和研究它的专著，而后有饶宗颐《长沙楚墓时占神物图卷》(香港大学《东方文化》第一卷1期，1954年)、董作宾《论长沙出土之缯书》(《大陆杂志》第十卷6期，1955年)、泽谷昭次《长沙楚墓时占神物图卷》(日本河出书房《定本书道全集》第1卷，1956年)、巴纳《楚帛书》(英文幻灯片说明书，1970年纽约出版)、饶宗颐、曾宪通《楚帛书》(中华书局香港分局1935年版)、李零《长沙子弹库战国楚帛书研究》(中华书局1985年版)、商承祚《战国楚帛书述略》(《文物》64.9)、高明《楚缯书研究》(《古文字研究》十二)、李学勤《长沙楚帛书通论》(《楚文化研究论集》第二集)、安志敏、陈公柔《长沙战国缯书及其有关问题》(《文物》63.3)、李零《楚帛书的再认识》(《中国文化》第十期)等论著相继发表。

楚简方面有：罗福颐《谈长沙发现的战国竹简》(《文物参考资料》51.9)、陈直《楚简解要》(《西北大学学报》57.4)、中山大学楚简整理小组《战国楚简研究》(1977年油印本)、饶宗颐《战国楚简笺证》(《选堂集林》之一，亚洲石印局1955年版)、荆沙铁路考古队《包山楚简》(文物出版社1991年版)、彭浩《包山二号楚墓竹简的初步研究》(《楚文化研究论集》第二集)、史树青《长沙仰天湖出土楚简研究》(群联出版社1955年版)、李学勤《信阳楚墓中发现最早的战国竹书》(《光明日报》1957年11月27日)、史树青《信阳长台关出土竹书考》(《北京师范大学学报》63.4)、湖北考古所与北大中文系《望山楚简》（中华书局1955年版）等。其他如有简墓葬的正式发掘报告《信阳楚墓》（文物出版社1986年版）、《包山楚墓》（文物出版社1991年版），《曾侯乙墓》（文物出版社1989年版）等都对文字资料有综合性的研究和介绍。

又严一萍氏著《帛书竹简》（台湾艺文印书馆1975）兼简帛文字而综合论之；其他在楚文字、战国文字或古代文化研究中涉及或包括简帛文字各方面研究的论著也不少，如蒋玄怡《长沙楚民族及其艺术》（上海今古出版社1950年版）；第二卷"绢画"即楚帛书。陈盘《先秦两汉帛书考》（《史语所集刊》第二十四册，1953年）自然也包括楚帛书。梅原末治《近时出现的文字资料》（日本平凡社《书道全集》第一卷，1954年）第四节为《长沙的帛书与竹简》，李学勤《谈近年新发现的几种战国文字资料》（《文参》56.1）、《战国题铭概述（下）》（《文物》59.9）及《补论战国题铭的一些问题》（《文物》60.7）论及楚国的绢书和竹书，钱存训《书于竹帛》（美国芝加哥大学出版社1962年版）第六章谈《长沙帛书》，郑德坤《中国考古》（英国剑桥大学出版社1963年版）第三册《周代》第十五章有《帛书》一节，庄富良《春秋战国楚器文字研究》（香港中文大学研究院语言文学部硕士论文，1975年）及许学仁《先秦楚文字研究》（台湾师大国文研究所硕士论文，1979年）都有楚国竹简与缯书的专章专节，何琳仪《战国文字通论》（中华书局1989年版）第三章第五节为"楚系文字"，其中也论述了楚国的简帛文字，陈炜湛、唐钰明《古文字纲要》也有章节简介简帛文字，杨宽《战国史》（上海人民出版社1980年版）和李学勤《东周与秦代文明》（文物出版社1984年版）以及其他许多楚国历史或文化方面的专著都论及楚国简帛资料，饶宗颐、曾宪通《楚地出土文献三种研究》（中华书局1993年版）的第二种也是研究楚帛书，收入相关论文十篇。

六　研究综述

对前人研究楚国简帛文字资料的成果进行归纳总结和提供论著索引，是为了使研究进一步深入发展，比较全面的综述性文章有李棪《楚国帛书文字近二十年研究之总结》（据严一萍《楚缯书新考》引）、曾宪通《楚帛书研究述要》（《楚地出土文献三种研究》）、米如田《战国楚简的发现与研究》（《江汉考古》88.3）、王建苏《包山楚墓研究述评》（《华夏考古》94.2），又《包山楚简研究述评》（《江汉论坛》92.11）等。又李零《长沙战国楚帛研究》有一章专门介绍此前的楚帛书研究情况，也是综述性的。还有浩波翻译的《西方楚文化研究》（《江汉考古》90.1）及林原《建国前的楚文化研究综述》（同上95.3），其中也提及楚文字的研究。

七　构形系统研究

以上我们从六个方面概述了楚国简帛文字资料的研究情况，从中可以看出，研究的重点是文字的释读与考证以及文字内容的阐述与有关历史文化问题的讨论，着眼于文字学角度的形体结构分析及其在汉字发展史上的地位、特点、规律等方面的研究则显得比较薄弱，特别是穷尽性的考察、系统性的整体分析与归纳，则几乎是个空白。针对这种情况，笔者最近完成了《楚国简帛文字构形系统研究》这个课题，已作为博士论文通过了答辩。本课题以汉字构形具有系统性的及汉字发展具有渐变性、阶段性和区域性的理论为指导，以计算机为技术手段，运用系统分析、纵横比较、全面测查、文化参照等方法，对楚国出土的几批文字材料（信阳竹简、包山简牍、子弹库帛书、仰天湖竹简）作了穷尽性的系统整理与研究。主要内容包括以下五个方面。（1）单字的整理，以公布的照片为依据，对原始文本中的字样进行认同别异，归纳出近 2000 个单字。（2）构形系统的描写，将整理出的单字逐一拆分，分析其构形单位、构形理据、结构层次、组合关系等，进而归纳楚文字的构件类别、构件功能、形体模式及功能模式等，并对各单项作了数据测查和理论阐述，从而全面地展示出楚文字构形系统。（3）疑难字的考释。运用楚文字构形系统中展示的构形现象和构形规律，提出构形系统分析考字法，新释或改释了一百多个楚简帛疑难字。（4）战国楚文字性质与地位的探讨。将楚文字构形系统置于整个汉字史中进行观察，比较其与前代商周文字、同时代列国文字、后代秦汉文字的异同，从而探讨楚国文字的渊源、战国时代文字异形的实质、秦汉文字对六国文字的继承等汉字史上有争议的问题。（5）与上述内容相配合，论文编制了《楚国简帛单字表》《楚国简帛文字基础构件表》《楚国简帛文字直接构件表》，并收集编写了《楚简帛文字资料研究论著目录》。本课题在完成书面论文的同时，还建立了"楚国简帛单字及构形分析计算机数据库"。数据库以经过整理的字位为记录条，设置了词位、字位、楷定字笔画，直接构件及功能模式、理据分析、基础构件、结构层次、字样、形体比较、字样出处、出现次数等参数项，可以根据需要提供排序、检索、查询、归类、数据统计等多重服务。

考釋出土文字應當重視構形理據[①]

在出土文字的考釋中，辭例文意的驗證是十分重要的工作。但有人認爲只要考釋結果能將句子講通順，那就是正確的，而字形上能否得到解釋就不管了；反之，只要講不通句子，則不管字形分析得如何有理，那考釋結果也是錯誤的或不可信的。其實，這種只求講通辭例，忽視字樣本身構形理據分析的看法不見得正確。文字考釋的本質應該是辨認字形並弄清其構形理據，進而確定它所載負的本詞。至於它在文獻辭例中如何講解，事實上已不完全是文字構形問題，而在很大程度上屬於文字使用問題，解決字用問題當然主要是用文字考釋方法，但也可以用其他的訓詁方法，如聲音通假、辭例歸納等。對於以整理文獻內容爲目的的古文字考釋來説，考辨字詞與訓釋文義往往是結合在一起的，其中的關係可能出現三種情況：一是字詞考辨清楚了，文義也隨之講通了；二是字詞考釋出來了，但文義仍然講不通，這可能是用了通假字，需要借助訓詁學的破讀法來換字訓義，也可能是古代的這個字詞早已死亡或者古代的這種句例沒有流傳，因而確實無法疏通文意；三是辭例可以講通，但並非每個字詞都明確無誤，因爲其中的某個字换成另外的字或許也能講通。由此可見，字詞考釋絶不等於文義訓釋，何況有些片言隻字甚至人名地名等根本就無文例可訓可驗。如果拘泥於辭例語意，就難免削足以適履，曲形以説義。所以，我們認爲，辭例固然重要，但古文字考釋具有一定的獨立性，考釋字形應該是其根本，只要辨明了形體，解析了理據，確定了本詞音義，並且能夠爲同一構形系統所接受，那就是成功的文字考釋。能夠講通辭例文句當然更好，一時講不通，原因可能會是多方面的，不必因此就否定或放棄文字本身的考釋。相反，即使辭例能通達，但如果在字形的構造上得不到合理的解釋，那對該字的認定仍然是值得懷疑的，還需要進一步作形義關係的考察。

漢字構形學告訴我們，漢字的形體不是隨意亂劃的，從理論上説，每個字形的構成都是有理據的，東漢時代的許慎在《説文解字》中就知道某形與某形"同意"，認爲漢字的形體"厥意可得而説"[②]，這個"意"就是造字的用意，亦即構形的理據。考釋一個字，應該弄清楚它的構形理據，也就是各個構件在組合全字時所起的作用。構件的形體異寫繁富，變化多端，認同別異時常有可此可彼、亦此亦彼的情況，這時構形理據往往起決斷作用；即使構件明確，不同的理據關係也常常產生不同的釋字結果。構形理據是可以分析和歸納的，或象形，或表義，或示音，或標識，或區別，或裝飾，或代替，總之是有規律可循的。如果我們在考釋古文字時不僅重視文辭例句的通順，同時顧及構形理據的説明，自

---

① 本文原載日本《中國出土資料研究》第二號，1998年3月。
② 許慎：《説文解字·敘》，中華書局1963年版，第315頁。

覺利用構形系統中已有的理據模式或功能原理來考字，應該會有助於提高識字的效率和準確性。下面我們以地下出土的幾個楚國簡帛文字爲例來看看構形理據分析在文字考釋中的作用。

(一) 釋 "枼" 及从 枼 諸字

信陽楚簡 2-08、2-09、2-14[①] 有 "㭰" 字，或釋爲 "塗"，形與 "余" 字不同，義在文例難通，故多不從。包山楚簡 260-3[②] 亦有茲字，釋文取李家浩先生説。李家浩先生《信陽楚簡 "澮" 字及从 "关" 之字》[③] 曾詳考此字爲 "澮" 而讀爲 "沫"，義訓洗臉、洗面。此解于辭例豁然貫通，誠爲創獲。但原形右部所从與 "會" 字相距甚遠，形體上實難認同。疑原字本不从 "會"，因而釋爲 "澮" 字的構形理據仍然不明。

今按，字樣右部所从疑爲 "枼"（葉）字的省變。甲骨文 枼字作 ✸、✸、✸ 等，采字从 枼 作 ✦、✦ 等，皆爲原初會形字（甲骨文編[④] 262 頁）；金文中，枼字有了兩種寫法，一種基本保持甲文原樣，寫作 ✸、✸（金文編[⑤] 391 頁，原釋作 "櫅"，可疑），一種簡化，寫作 ✸、✸、✸、✸、✸、✸ 等形（金文編 400 頁），無論簡與不簡，較之甲骨文來，其枼形與木形分離了；戰國時代，例如包山楚簡中，枼又有了些變化，但基本上仍是兩種寫法，一種承金文的簡體寫作 ✸（164-2）、✸（175-3）、✸（170-3），而另一種似承甲文並進一步簡化，這就是簡 260-3 ✸ 和 143-1 ✸ 字所从。其簡化的方法是省去左右各一片樹葉而只保留中間的一片，這種簡化情況跟 "栗" 字本有三顆栗子而只留一顆、"集" 字本有三鳥而只留一鳥、"黍" 字本有三穗而只留一穗是同類相似的。山東章丘龍山鎮城子崖的龍山文化層裡發現過一塊陶片，上有 ✸ 形刻文（《城子崖》54 頁），裘錫圭先生認爲 "這也許是樹葉或羽毛的象形符號"[⑥]。這個形體簡直就是甲骨文 "采" 字中帶有莖線的那片樹葉，如果連上木形，也就成了包簡 143-1 ✸ 字右部所从之 枼。聯繫其他各形來看，"枼" 字的演變形式中有兩條線索值得我們注意：

① ✸→✸→✸→✸
   ↘✸→✸

② ✸→✸→✸
   ↘✸

由此看來，被李家浩先生釋作 "澮" 的那個字，其實也可以釋爲从水 枼聲的 "渫"。"渫" 與 "澮" 同在古音月部，"枼" 爲喻紐，"會" 爲匣紐，而上古音喻三歸匣，可見二者音近。郭忠恕《汗簡》引石經 "澮" 作 "✸" 者，或爲換聲符異構字，或爲同音假

[①] 河南省文物所：《信陽楚墓》，文物出版社 1986 年版。"2-08" 等指該書照片對竹簡的編號。劉雨釋文、下引信陽楚簡同此。

[②] 湖北省荆沙文物考古隊：《包山楚簡》，文物出版社 1991 年版。"260-3" 指該書照片對竹簡的編號。彭浩等釋文、下引包山楚簡同此。

[③] 李家浩：《信陽楚簡 "澮" 字及从 "关" 之字》，《中國語言學報》1983 年第 1 期。

[④] 中科院考古所：《甲骨文編》，中華書局 1965 年版。

[⑤] 容庚編著，張振林、馬國權摹補：《金文編》，中華書局 1985 年版。

[⑥] 裘錫圭：《文字學概要》，商務印書館 1988 年版，第 37 頁。

借字，而不必爲同字也。"澮"可以讀爲"沫"，"渫"自然也可以讀作"沫"，仍然訓爲洗面洗臉。這樣，就不單是音義，形體上也能得到合理的解釋了。而且，循着"枼"字的形體演變系列，我們還可以釋讀出相關的一些字來，從而使它們相互證明。

例如李先生文中還提到一個從骨從"朵"的字，以爲即《說文解字》之"體"字，形體上同樣得不到解釋。但如果"朵"確是枼字的話，那該字就可分析爲從骨枼聲。而《金文編》40頁的"𩩙"以及《古璽文編》① 468頁2624號之"𩩙"則又是以"髒"爲聲符的字。這三個字雖然不見於傳世文獻，但仍然能尋找到釋讀的線索。疑《金文編》"韢入韢出"之"韢"當讀爲"渫"，義訓"散"，跟于省吾先生讀"滑"訓"亂"相近。《篇海類編·地理類·水部》："渫，散也。"《漢書·食貨志上》："農民有錢，粟有所渫。"《文選·班固〈東都賦〉》："馬踠餘足，士怒未渫。"李周翰注："渫，散也。"渫即渫字，《集韻·薛韻》："渫，或作渫。"阮元以爲唐人避諱字，其實未必然。一則避諱改字多指全字而言，少見只改字中某一構件者；二則謝靈運《述祖德詩二首》有"臨組乍不緤"句，左太冲《詠史詩》作"臨組不肯緤"，其中的"緤"即"緤"，同出《文選》，一從"枼"一從"枲"，何以或避或不避？而且謝詩還有"改服康世屯""尊主隆斯民"句，不諱"世""民"而諱"緤"中之世，恐無此理。因疑寫作"枲"者本與避諱改字無關，而是"枼"形的另一個傳承變體，從"枲"各字實際上就是從"枼"之字，變化不同而已。又《石鼓文·霝雨》篇有"流迄滂滂，盈某濟濟"句，其中的"某"字先前本作"渫"，郭沫若《石鼓文研究》"疑'涘'之異文。從水，某聲。水涯也"；古文苑本作"渫"，章樵注："鄭［樵］云：今作渫。"按，鄭說是。《集韻·帖韻》："渫，渫渫，波連貌。"又《狎韻》："渫，水貌。"正合辭例。其所從枼聲之形作 某、枲者，蓋由金文 枼字簡體變異而來。渫又作渫者，猶朵又作朵，古文字從木從禾常相混同，故木形可變爲禾形，故 渫、渫皆爲渫之省變。由此，我們推想，《切韻·洽韻》"髒，箛鳴髒髒"的"髒"可能也是"髒"字之訛變。從"某"無論是"某"還是"呆"，都不可能讀入洽韻（仕洽反），作義符也無法圓通。如果是"枼"，那就好解釋了。《廣韻·洽韻》"渫"音"士洽切"，與"髒"完全同音，可見"枼"正是"髒"字的聲符，"髒"所從的"某"必爲"枼"字之省，"髒"之變爲"髒"，正如"渫"之變爲"渫"也。這樣一來，我們終於在字典中也找到了從骨枼聲字的蹤跡，好歹又多了一份放心，可以說上述各字的分析在這種整齊對應的字形演變和理據解釋中得到了充分的證明。

下列各字也都從"枼"，可作相應的釋讀。

《古璽文編》404頁3505之 𣎳 當釋爲"枼"，即後世之"葉"，作姓氏用。《風俗通》："楚沈尹戌生諸梁，食采於葉，因氏焉。"又《通志·氏族略》："葉氏，舊音攝，後世與木葉同音。"

《古璽文編》496頁3258之 𧝁 當釋爲從衣 枼聲之"褋"。《說文》："褋，南楚謂襌衣曰褋。從衣 枼聲。"《方言》："襌衣，江淮南楚之間謂衣褋。"

《古璽文編》404頁3193及3192之 𣎳 爲合文，似有兩種釋讀可能。一是讀爲"多枼"或"枼多"，可能是複姓。也可以釋爲"鄴邑"，而讀爲"葉邑"，《廣韻·葉韻》：

---

① 羅福頤主編：《古璽文編》，文物出版社1981年版。

"葉，縣名，在汝州。"《左傳·成公十五年》："楚公子申遷許於葉。"戰國時代的"邑"旁有時寫得跟"多"字近似，往往混同。

包山楚簡143-1的 ![字] 字，作地名用，原釋文摹而未釋；黃錫全先生楷定爲"鄴"而釋爲"鄴"。何琳儀先生楷定爲"鄴"。① 又望山楚簡有从同一構件的"繰"，凡五見（2-2號簡三見，2-15、2-24各一見）。《望山楚簡》② 116頁考釋説："曾侯乙墓竹簡所記車馬器有'紛墜'。'墜'字所从'杲'作'![字]'，與簡文'繰'所从![字]形近，疑'繰'與'墜'，指同一種東西。"其實，包山簡中另有"杲"字，形作"![字]"，與此形不同，疑"![字]""繰"所从的![字]也應當是甲文![字]的省體。然則"![字]"當分析爲从邑 枼聲，乃枼（葉）地作爲邑名的專字。从邑 枼聲的字又見於包簡170-3，形作![字]，所从 枼字用了另一種寫法。同字異寫，並行不悖，是包山楚簡的重要書寫特點，或因書手不同而然，但許多時候也是因爲字形本身流傳着不同的寫法，如"于"既作![字]又作![字]，"舟"既作![字]又作![字]等，"枼"既作![字]又作![字]，也是屬於這種情況。至於从系 枼聲之字，字書遞載，簡文用意亦自可解。《説文·系部》："緤，系也。《春秋傳》曰：'臣負羈緤。'，緤或从枼。"《文選·思玄賦》"縱餘緤乎不周"，注："緤，馬絆也。"《左傳·僖公二十三年》孔穎達疏："緤是系之別名，系馬系狗，皆謂之緤。"《文選·西京賦》中"緤"與紲鞅連言，李善注認爲"皆所以系制犬者"。又白居易《和皇甫郎中〈秋曉同登天宮閣言懷六韻〉》説："病木斧斤遺，冥鴻羈緤斷。"羈緤亦指絆馬索。望山楚簡之"緤"既爲車馬器，也應該是馬絆之類的東西。

（二）釋㑺、㝱、憂、㥛以及惎、蠚諸字

包山楚簡35-1有![字]字，原釋文釋作弼，又簡139-1有![字]字，原釋文楷作![字]而未釋。與此相關的字還有㑺、㝱，原形作![字]（194-7）、![字]（229-1）、![字]（231-1）等，原釋文都楷作㑺而讀作憂。

今按，要厘清這幾個字的形義關係並作出正確的釋讀，關鍵在於求得"㑺"字的本形本義及其構形理據。原釋文將 ![字] 釋作弼，不確。《説文·弜部》："弼，輔也，重也。从弜，丏聲。㢸、弼或如此。㯹、㢸，並古文弼。"徐鉉引徐鍇曰："丏，舌也，非聲。舌柔而弜剛，以柔從剛，輔弼之意。"又："弜，彊也。从二弓。其兩切。"《谷部》："丏，舌貌。从谷省，象形。㕣，古文丏。讀若三年導服之導。一曰竹上皮，讀若沾。一曰讀若誓。弼字从此。"又"谷，口上阿也。从口，上象其理"。上述可見，許慎等人對"弼"字的構形理據其實並未講清，所从"弜""丏"無論是音是義都難作出合理的解釋，不得不"一曰"又"一曰"，所謂"以柔從剛"，亦屬牽強之至。王國維《觀堂集林·藝林六·釋弼》認爲，"弜"是訓弓檠的"柲"的本字，故"弜之本義爲弓檠，引伸之則爲輔爲重，又引申之則爲彊"。然則其音當讀如"柲"或"弼"。"弜"在甲骨文裡用爲否

---

① 黃錫全：《湖北出土商周文字輯證·包山楚簡部分釋文校釋》，武漢大學出版社1992年版；何琳儀：《包山楚簡釋選》，《江漢考古》1993年第4期。

② 湖北文物考古所、北京大學中文系《望山楚簡》，中華書局1995年版。數字爲該書竹簡編號。朱德熙、裘錫圭、李家浩釋文。下引望山楚簡同此。

定詞，裘錫圭先生説："'弓'和'弜'不但用法很相似，字音也很接近。'弓'是'發'的初文，……，'發'和'弜'都是唇音字（古輕重唇不分）。'發'屬祭部入聲，'弜'屬微部入聲，這兩個古韻部也是很接近的。"① 由此看來，"弜"音"其兩切"是不對的，它在後世的"彌"字中似乎應該是聲符，而與所謂"剛""彊"等意義無關。相對地，"囟"（楷書訛爲"百"）則是義符，但並非口舌之義。《金文編》851 頁收有"彌"（佰）字，寫作 等形。其中有文例爲"簟彌魚備"，編者引吳大澂説："《詩·采芑》'簟茀魚服'，韓弈'簟茀錯衡'，箋云：'簟茀，漆簟以爲車蔽，今之蕃也。'茀當作弗，古文彌字。彌以蔽車，有輔彌之義。"彌以蔽車，則其義符"囟"應當與蔽的功能有關。王國維認爲"彌乃弗之本字，當如毛公鼎及番生敦作 彌，從囟弜聲。囟者，古之席字，《説文》席之古文作 囟，《孝姑敦》宿字作 ，從人在宀下囟上。人在席上，其義爲宿，是囟即席也。《廣雅·釋器》'囟'，席也，意謂囟、席古今字。《説文》：囟'一曰竹上皮，蓋席以竹皮爲之，因謂竹上皮爲囟，亦其引伸之一義矣。囟象席形，自是席字。由囟而訛爲 囟，又省爲因。宿彌二字同也。彌與席皆以簟爲之，故 彌字從囟。……彌既從囟，則弜當是聲"。② 今按王説是也，《甲骨文編》92 頁收囟之形有 、 等，都蓆子形；《金文編》426 頁"因"字作 、 等形，象人睡於蓆上，人形兼作蓆紋。因實爲囟之分化，原本是同一字符。《説文·艸部》："茵，車重席。從艸，因聲。鞇，司馬相如説茵從革。"茵與彌大概是同義詞。可見彌與簟同類，就是蔽車之蕃或墊車之蓆。故字從囟。

將"彌"分析爲從"囟""弜"聲而訓其義爲席類之簟茀，就金文"簟彌魚備"之形義而言確實可信。但聯繫楚文字的"僾、偲、僇"等相關字詞來作系統的分析，則其從弜的構形初意是否一定爲聲符，就很難説了，至少我們可以提出另外一種更有理據性的解釋。我們認爲，彌字當釋爲"宿"，正如因既象席形又象人睡形、鼓既象鼓形又有擊鼓義、雨既指雨水又指下雨一樣，"宿"（彌）字也是名動一體，既有席義又有睡義。其席茀名詞之義見於上舉金文及曾侯乙墓竹簡，動詞睡臥之義則沿用至今。如果這樣的話，那彌字所從的"弜"可能並非聲符，而是臥床之人（尸）或人加被衾之屬，即可將彌字分析爲人睡于席上之多體會形。相應地，字形就當楷定爲佰（實從兩尸）。古文字人、尸義通，而尸形與弓形常互淆，尸爲橫臥之人，其形本象弓，所謂"坐如鐘、行如松、睡如弓"是也，因而金文中的彌字本從尸（人）而寫得有些象弓形，是不足爲怪的。包山簡 35-1 被釋爲"彌"的字，其實也應該是從人或從尸，這從簡 139-1 及 197-4 的 看得更清楚。 字無疑是"佰"的異構字，增"夕"乃顯示其夜睡之義，《説文》宿字古文作" "，也從夕，正與此同。其實，宿也是佰的異構字，住宿在屋，故字從宀。甲骨文作 （970）、 （寧滬 1-348）等，正象人臥席睡於屋中之形。宿字也可以不從宀，而只從人從囟，寫作 （甲 921），從一人與兩人（或一人一被）大意近同，所以它正是簡文佰字之異作，也正是簡文 字上部所從。由此看來，佰、佰、 、 、宿等實際上都是同一字符的異構形體，都應釋讀爲"宿"。至少可以這樣認爲，即使金文中的彌確如

---

① 裘錫圭：《古文字論集》，中華書局 1992 年版，第 118 頁。
② 王國維：《觀堂集林·藝林六·釋彌》，中華書局 1959 年版，第 288—289 頁。

王氏所説是从囟弜聲，楚簡裡的 � 也不應該如此，而可能是另外一個字，仍然要解釋爲會形之"宿"。如將其中任何一形釋爲"弜"聲之弼，將無法解釋其餘各形的理據，因爲弼字所從之"弜"雖然也有可能反過來訛爲兩人或兩尸，但不可能只從一人或一尸，更沒有理由增加夕、宀等義符。而且，只有釋讀爲宿，它才能在 愳、僇 兩字中作聲符，愳、僇 兩字的構形理據才能得到合理解釋；如將 侫 釋爲弼，弼既不能作 愳 和 僇 的義符，也不能作聲符，因爲弼（弜）的古音與憂（愳、僇）相距甚遠，那樣一來，愳、僇 兩字就無法分析了。

　　因此，從系統中諸字形的相互關係來看，包山楚簡的 愳、僇 只能釋爲異構的同一字符"宿"，但簡文並非用其本義，而是用爲姓氏字。《通志·氏族略二》："宿氏，風姓，伏羲之後，武王封之，使主太昊與濟水之祀，宋人遷之，不復見。……後漢有宿仲談。"宿姓蓋與古之宿國有關，《春秋·隱西元年》："及宋人盟與宿。"杜預注："宿，小國，東平無鹽縣也。"而"弼"，史書未見有此姓，這也是簡文 愳、僇 二形必當釋宿而不應釋弼之旁證。

　　楚帛書中亦有 侫 字，重作 侫，一般也都釋文爲"弼弼"。只有嚴一萍先生認爲此處 侫 字疊用，釋弼難通，因疑此字或即宿字，宿 侫 同字，此當讀爲肅，乃肅敬之義。① 今按嚴説極是，正可與包山楚簡的"侫"字及相關各字互證。

　　如果將金文、帛書與簡文之 侫 或 弼 統一起來都釋爲宿，那怎麼解釋字書中從囟（因）從弜的弼字呢？我們漢字中本無"弼"字，輔義之弼原當爲"弜"（柲），弜爲弓檠，夾輔弓而使之直，故引申有輔佐之義；金文簟第之弼原當爲"侫"（宿），宿必用蓆，故引伸而有簟蓆蔽之義。但由於宿之異構字"侫"（宿）所從兩人或兩尸形與"弜"（柲）形近似，後人遂將 侫 字誤認爲從囟從弜而與甲骨文中的"弜"字拉上了關係，積非成是，終於跟"宿"字分化而成了不同的字符。《説文解字》等訓弜爲僵而讀其兩切，故視之作弼的義符；王國維等釋弜爲柲而以囟爲義符，則"弜"自然成爲弼的聲符，於是就產生了兩種很有代表性的弼字理據分析法。這兩種分析法只能看作對訛變字形的理據重構，其實是不能用來分析古文字中的 侫 及其相關字形的。

　　弄清了 侫、僇 的形義關係，愳、僇 的問題就迎刃而解了。簡中 愳 字凡七見，僇 字三見，皆用於"少有 愳（僇）於躬身"這一類辭例中，應該是同一個字符。《包山楚簡》將 愳、僇 "讀作憂"是對的，但楷化其形作 愳、僇，並認爲"簡文此字從 頁，與從頁同"（原注349），因而等同《説文解字》從心從頁之 惪 字，則似不確，它既與原形不符，亦無法解釋從夕的 僇 字。其實，愳、僇 所從的 侫、僇 正是上文所討論的 侫、僇，因此 愳、僇 當分析爲從心宿（侫、僇）聲。宿字或讀"息救切"（見《廣韻》），或讀"所六切"（見《集韻》），"救"與"憂"上古同爲幽部，"六"上古在覺部，也與幽陽入對轉，可知宿（侫、僇）作聲符讀音正與憂相近同，此蓋憂字之異構。

　　《説文解字·心部》："惪，愁也。从心从頁。"又《夂部》："憂，和之行也。从夂惪聲。"其實，憂、惪本並同一字符。中山王墓有 惪 字，原形作 𢝊、𢝇。楚帛書有憂字，原形作 𢝇，下部從虫，實即憂下之夂。蓋字本從頁，而或頁下帶足，則混爲夏，夏與頁在這

---

① 曾憲通：《長沙楚帛書文字編》，中華書局1993年版，第115頁。

裡功能相同，實爲一個構件。甲金文各種人形下之足形，後世往往分離，或變作夂，或變成止，或變爲虫，惪字所從之頁既混爲夏，夏下之足復又離變爲夂、爲止、爲虫，故憂字符既寫作惪，又變作憂、蠹，此猶夏之既作顋又作頔（夏）、顋也，慶之既作慶又作慶、慮也（鹿足亦如人足之變）。"惪"字從頁與從首同，楚文字"首"與"頁"作構件時往往不分，例如"帚"又作"帚""暗"又作"暝""旹"又作"旹"等，實際上"頁"有時候就等於"首"，音義分化是以後的事。裘錫圭等先生《望山一號墓竹簡考釋》（109）："'首''頁'，古本一字，前人早已指出。詛楚文'道'字及《汗簡》所錄'道'字古文皆作'道'，是其確證。"然則"惪"當分析爲從心首（頁）聲，"首"與"憂"古音同在幽部。可見"惪"與"傻、㥑"即是選用了不同的聲符而已，其實是爲同一詞項而造的異構字。至於"憂、蠹"二形，因爲已經發生了異化（夂、虫皆由頁足分離而成），故當特殊處理，可析爲從心從夂（或虫）首（頁）聲，而其中的"夂"（或虫）並不參與會意，只是異化代號而已。如此看來，《說文解字》將惪、憂當成兩個不同的字符並分訓爲二義是不妥當的（許慎蓋無法解決夂與憂的形義聯繫，遂將憂與惪分別爲二詞，訓憂爲"和之行也"，但我們從未在文獻中發現"憂"用於行走義，而該用惪的地方又全都用憂，這就值得懷疑）。曾憲通先生曾謂帛書"蠹"字"當是蟊字，乃虫名。此借爲擾"，① 照上面的分析看來，恐怕不一定如此。

(三) 釋"堅""賢"

包山楚簡179 有 字，原釋文楷作"嬰"，而括注爲"賢"。

今按，原楷定與字形明顯不符，從"="從兩"又"，更無法解釋其構形理據。實際上這是個從"夂""臣"聲的字，應當楷定爲"㪔"而釋讀爲"臤"，也就是"堅"字所從。該字的構件"夂"寫得比較特殊，上斜撇變成了橫畫，但仍然可以與其他"夂"形認同。

又 73、82、85、172、182 等簡有從"力""㪔"聲之字，寫作 、 、 等形，《包山楚簡》釋文都楷作"㔦"而釋讀爲"賢"，恐亦不妥。字當楷作"㔦"，而釋爲"堅"。《說文解字·臤部》："臤，堅也。從又臣聲。……古文以爲賢字。又'堅'，剛也。從臤從土"。古文字義符從又從夂可通，簡文"馭"又作"駮"，"敗"又作"㪔"，是其例。故㪔即臤；㔦從力臤聲，當爲堅字異構。堅者剛勁有力，故從力；土乾則剛勁有力，故或從土。疑楚人眼裡"土"與"力"具有某種內在的聯繫，作義符時常可通用，如簡帛之"教"或從力作"勤"，或從土作"社"，其中義符"言"與"口"相通、"力"與"土"相通，正與"堅"字或從力或從土規律一致。若釋㔦爲賢，則從理據不協。簡文中㔦、㪔皆用作人名，因取義難明，也不必讀爲賢。《公羊傳·成公四年》："三月壬申，鄭伯堅卒。"陸德明《經典釋文》："堅，本或作臤。"是臤、堅（㔦）古代皆可作爲人名用，非獨賢字爲然。

包山楚簡中另有"賢"字，作" "（193），亦用爲人名；又信陽楚簡 1-02 有 字，疑也是 之殘，原釋文楷寫作" "，恐難以成字。賢從"子"者，"子"與學識德行有

---

① 曾憲通：《長沙楚帛書文字編》，中華書局1993年版，第105頁。

關，春秋戰國時代往往稱有德行、有學識之人爲"子"，如"老子""孔子""孟子"等諸子是也。

（四）釋"趺"

包山楚簡 162-2 有⿰足欠字，用作人名。原釋文楷作"趺"而未釋形義。

今按，"趺"字曾見於字書，查《字彙補·足部》："趺，趺且，卻行也。《易》'其形次且'，古本作趺。""趺且"義同"趙趄"。《說文·走部》："趙，趙趄，行不進也。从走次聲。"但"趺"字从足从欠，"欠"的構形功能無法作出解釋。考甲文"欠"字作𠂉，"次"字作𠂇；楚簡文字欠、次同形不分。將⿰足欠字楷定作"趺"雖有欠次同形的根據，但並非最佳選擇，其中的"欠"實際上應是"次"，所以不如將全字楷定爲"跦"，看作从足次聲，更便於解釋理據。"跦"字見於文獻和字書。《易·夬》："臀無膚，其形次且。"陸德明《經典釋文》："次，本亦作趑，或作 跦。且，本亦作趄，或作跙。"可見跦跙就是趑趄，跦即趑，屬於同字符異構字形，漢字構形从足與从走往往同意互用，如趄又作跙、跬又作𧾷、趯又作躍等，皆爲義符相通的異構字。

（五）釋"典"

《包山楚簡》釋文考釋（10）說："典，簡文寫作⿱林丌，《陳侯因資敦》'典'字作⿱林丌，與簡文形近。典，典冊。"

今按，釋義爲是，然摹形爲林，蓋以爲楚文典字从林，則非；又有人據从林之形而釋此字爲"禁"，更誤。簡文"典"字多見，原形作⿱丵丌、⿱丵丌、⿱丵丌等，上部豎畫多少不拘，明顯不是从林。"林"字未見有寫作⿰木木或⿱木木的，故林既不符合字形，於典冊之義也無所取，故理據難釋。字形當分析爲从冊在丌。《說文·丌部》："典，五帝之書也。从冊在丌上，尊閣之也。"所謂"从冊在丌上"正可以用來分析楚簡中的"典"字。或以爲簡文"典"字上部與篆文"冊"字不類，故疑之。然考甲骨文"冊"字豎畫或三或四，或五或六，至有七畫者，長而突出者亦有一有二有三，原本並不固定（見《甲骨文編》87 頁）。簡文"典"字上部豎畫或多或少，正與此同。關鍵是突出的長豎畫上有兩短橫，爲《說文》及甲文冊字所無，但金文（《金文編》126 頁）仍能找到此形。中山王墓大鼎"侖"（論）字作⿱亼冊，方壺"嗣"字作⿰冊司，所从冊字不但有兩豎突出，而且上部也正好有兩短橫或圓點（古文字豎上之圓點後來往往變爲短橫），與簡文典字所从之冊筆劃完全一致。又弭弔簋冊字作⿱冊冊，師酉簋作⿱冊冊，師虎簋作⿱冊冊，皆有長豎短橫，可證陳侯因資敦的⿱林丌字亦爲冊字加短橫之變體，原非从林，不能引爲典字从林之證。誤冊爲林，遂失原字理據矣。

（六）釋"鎜"

信陽楚簡有"鎜"字，見於 2-01、2-08、2-14 等簡，凡 5 次。據文例，各家皆釋爲"盤"，良是。《說文解字》和《汗簡》皆收有从金般聲之字，訓義爲"承槃也"，應即此字符。但信陽簡之"鎜"上部並非"般"字，其形義理據如何，各家皆無說。

今按，就原形分析，"鎜"字應當是由"金""舟""𦣞"三個構件組合而成。"舟"

原是盤的象形初文演變而來，可以仍然當作象形構件，也可以看成異化代號；"金"表示盤的質料，是類屬性義符；這兩個構件容易理解。關鍵是右上的"目"，它起什麼作用呢？我們認爲應該是示音的聲符。"目"字本來有與"盤"音近的讀法，例如包簡的"夐""㚔"取"目"作聲母而讀如"矘"，實即"焌"字；又"允""夋"從"目"得聲而以之爲聲符的"俊""朘""悛""錂""抏""沇"等字卻可讀 juan、quan、cuan 或 yan 音。可見古音之部與文、元兩部關係密切，因而"目"是能夠讀若"盤"的。"鋻"與"盤"同字符而異構。

李家浩先生在《信陽楚簡"澮"字及從"关"之字》中也提到該字，雖然也釋爲"盤"，但將右上角之構件"目"楷作"丩"，不知"丩"與"盤"的形義關係何在，惜未聞其詳。疑"丩""目"形近，作爲構件在戰國文字中有時混用，中山王墓大鼎"矣"字作"夈"，上部當從"目"而亦誤從"丩"，這就是很好的例證。所以"鋻"字右上所從可能與"丩"形相近，而實際上仍然應該是從"目"，其功能在於示音。否則，該字的構形理據就無法解釋。

楚國簡帛文字叢考①

閱讀出土文本，或將文本字樣整理爲單字表，常常會遇到一些音義不明的字樣，這時就需要對該字樣從形音義諸方面進行考釋。關於考釋古文字的方法，前輩學者如吳大澂、孫詒讓、羅振玉、王國維、葉玉森、郭沫若、楊樹達、唐蘭、于省吾、王力、裘錫圭、李學勤、徐中舒、高明、饒宗頤、曾憲通、姚孝遂、林澐、李家浩等先生都曾在考釋實踐中有所提示或作過專門的總結，爲我們提供了寶貴的經驗和理論財富。

在此基礎上，有人作過更進一步的全面歸納，如陳煒湛、唐鈺明編著的《古文字學綱要》35頁說："綜觀以往學者們的論述和近年來的討論，關於古文字的考釋方法，可以歸納爲六個字：分析、比較、綜合。分析，主要着眼於文字的内部聯繫，亦即形、音、義三要素，具體言之，就是從字形着眼的形體分析法、從字音着眼的假借讀破法、從字義着眼的辭例推勘法。比較，主要着眼於文字的外部聯繫，有歷史比較法和文獻比較法。綜合，乃是在分析、比較的基礎上所作的通盤考察，也就是察形、辨音、明義、通讀的辯證過程。"

更有何琳儀的《戰國文字通論》（第五章）根據戰國文字的實際情況，將具體的考釋方法歸納爲"歷史比較、異域比較、同域比較、古文比較、諧聲分析、音義相諧、辭例推勘、語法分析"等八種，認爲"前四種方法側重于字形考釋，後四種方法側重于字音、字義，及其關係的探討"。同時指出："上述八種釋讀方法，並不是孤立的獨體。實際上釋讀者都在交叉地使用這些方法。擇其要旨，可歸納爲三個步驟：一、分析未知文字整個形體的構成或偏旁部件的變化，找出其與已知文字對應點的關係，通過比較確認字形。二、以地上或地下文獻中的辭例驗證所釋字形是否可靠。三、確認字形之後，如感'文意未安'，可試圖用聲音通假來協調字形和字義之間的矛盾。最後也要驗之以辭例。"而且還指出了在分析、比較、徵引辭例及運用聲音通假時應該避免和值得注意的一些問題。"總而言之，釋讀文字是考察文字形、音、義統一關係的推理過程。一篇好的考釋文章，不但其字形精當不磨，而且其字音和字義也無懈可擊。"

這些論述無疑是全面深刻的，從總的方法原則上來看，可謂概括無遺，如果要再發凡起例的話，已經殊非易事了。但在某些古文字的考釋實踐中，我們感到仍然存在着一些問題，主要有如下幾個方面。

第一，孤立地就字論字，以形比形，缺乏相關形體的系列考察。一批字樣出來，眼光

---

① 本文原分爲（一）（二）（三）（四）四篇，分別載《古漢語研究》1996年第3期、《古漢語研究》1997年第1期、《古漢語研究》1998年第2期、《古漢語研究》1999年第1期。爲便於閱讀，今合爲一篇。

祇盯着不認識的字，偶爾在別的地方看到一兩個形體相同或相近，就拿來作簡單的對比，從而認定某字就是某字，單例孤證，往往容易出問題。形體相同相近的不一定就是一字，形體差異較大的也不一定就不是同字。簡單的類比也許就一組或几組形體能夠得到解釋，而聯繫更多的字形來看，就可能出現齟齬而難以貫通整體。有時某個形體與某個形體確實是一個字，但如果眼光限於它們本身，也可能因爲用來作比的形體原本誤釋或不可靠而導致被釋字錯誤或難以讓人信服。

第二，迷信《説文》《玉篇》《汗簡》《古文四聲韻》等後世字書，凡考字都力求要與後世字書中的某字對應相當，找不到對應的字就認爲該字不可釋。殊不知古代有過的字詞不一定都會在字典辭書中保存下來，而且保存下來的字形也可能因爲遞相傳抄刊刻而發生錯訛。這一點隨着近代出土文獻的增多而得到充分的證明，所以僅僅依靠後世字書來考釋古文字是有很大局限性的。一般説來，後世字書祇能作爲考字的線索或旁證，而不宜作唯一證據或主要證據。

第三，只求讀通辭例，忽視字樣本身構形理據的分析。一方面認爲只要將句子讀通了，某個假定的字就算考釋出來了，另一方面則覺得不管字形分析得如何有理，只要講不通句子，那考釋就是錯誤的或不可信的。其實，這種看法不見得正確。文字考釋的本質應該是辨認字形並弄清其構形理據，進而確定它所載負的本詞，也就是通常所説的本字本義。至于它在文獻辭例中如何講解，事實上已不完全是文字構形問題，而在很大程度上屬于文字使用問題，解決字用問題可以用文字考釋方法，也可以用訓詁方法，即聲音通假、辭例歸納等。對於以整理文獻内容爲目的的古文字考釋來説，考辨字形本詞與訓釋文義往往是結合在一起的，其中的關係可能出現三種情況：一是字形本詞考辨清楚了，文義也隨之講通了；二是字形本詞考釋出來了，但文義仍然講不通，這可能是用了通假字，需要借助訓詁學的破讀法來換字訓義，也可能是古代的這個字詞早已死亡或者派生了某種特殊的意義而後人並不知悉，還有可能與古代的句例特殊有關，因而即使無法疏通文意，也不見得是字形本詞的考釋出了問題；三是辭例可以講通，但並非每個字詞都明確無誤，其中的某個字改釋爲另外的字或許也能講通。由此可見，字形本詞的考釋絕不等于文義訓釋，何況有些片言隻字甚至人名地名根本就無文例可訓可驗。如果拘泥于辭例語意，就難免削足以適履，曲形以説義。所以，我們認爲，辭例固然重要，但古文字考釋具有一定的獨立性，考釋字形構意及相應的詞義應該是其根本，只要辨明了形體，解析了理據，確定了本詞音義，並且能夠爲同一構形系統所接受，那就是成功的文字考釋。能夠講通辭例文句當然更好，一時講不通，原因可能是多方面的，不必因此就否定或放棄文字本身的考釋。總而言之，辭例通達只是文獻閱讀方面的要求，應該屬於訓詁學範疇，對古文字考釋來説，符合構形規律和它自己所處的系統環境，恐怕應該是更高的標準。

第四，死守現成的古音音系，所謂音近音遠、聲轉韻通之類都要以某些權威的音系作標準，稍有不符，就會被指責爲濫用通轉或不懂古音，於是畫地爲牢，不敢越雷池半步，致使有些構件的示音功能無法揭出，某些借字與本字的關係無法確認。殊不知權威的音系也是人爲歸納出來的，由於時代的變遷、地域的隔離或者別的一些原因，現有的某些權威音系不見得都是正確無誤的，許多字的聲韻在不同音系中往往歸屬不同就可以證明這一點。那麼，我們在運用古音來考釋古文字時，就不必完全拘泥於成説，可以借音證形證義，也可以用形義來證音，只要材料能夠説明問題，某些字形的古音關係完全可以作出新的歸納。

第五，無論是立論還是反駁，往往只抓住一點而不及其餘。不是聯繫各種證據作綜合性的全面考察，而是片面地以偏概全。事實上考字中遇到的某些現象往往可以從不同角度作出不同的解釋，孤立地看和全面聯繫地看效果上是會有差異的，有時甚至會得出完全相反的結論。因此，運用多重證據多維度地綜合分析，對於考釋古文字來説是十分重要的。

上述問題的存在，並不是因爲有關古文字考釋方法的不健全，而是缺乏漢字構形系統思想的指導和約束。漢字到了甲骨文時代，已經是比較成熟的文字了，它們具有自己的構形系統，字形與字形之間不是毫無關聯的個體，而是由一定的元素或單位按照一定的方式分層次分類別組合而成的網絡體。構形系統可能因時代、地域而不完全相同，我們在考釋古文字的時候，應該首先弄清它所處的構形系統，用系統的規律來加以比較分析，從而確定它在該系統中所處的位置。在自身系統的約束下，盡可能多地運用外部比較和歷史比較，就能避免單字孤證所帶來的種種弊端；而對某字樣的形體分析，衹要能爲自身系統所容納和證明，即使不見於後世字書，即使暫無辭例的驗證，即使音韻關係並不符合某種成説，也是應該可以成立的。由此看來，比較法可以説是古文字考釋的根本大法，但比較的重點應該在系統內部，外部比較只能算輔助手段；而要作系統內部的比較，前提是必須先建立起這樣一個構形系統。前人確實考出了不少疑難古文字，他們雖然沒有將構形系統描述出來，但是心中是有數的，因爲他們對被考字同時代同系統的文字材料非常熟悉。倘若沒有這樣堅實的根基，想要卓有成效地考釋古文字而不出現上述種種問題，恐怕是比較困難的。我們是屬于沒有堅實根基的一類，在整理楚國簡帛文字的時候，也常常遇到一些疑難字需要考釋，爲了使這些考釋比較可信，我們始終堅持以系統論作指導，結合楚文字構形系統的描寫來進行，讓字詞的考釋既接受系統規律的指導提示和檢驗，又反過來豐富和完善該構形系統的描述。我們將這種結合構形系統的描寫或者在已有構形系統的指導下來進行古文字考釋的方法叫作構形系統分析考字法。

構形系統分析考字法不是獨立於已有各種考字方法之外的新方法，而是在系統論思想指導下綜合運用已有各種方法進行考字的一項工程。其要旨可以歸納爲三句話：全面測查，系統比較，綜合分析。具體做法是：先確定一個共時材料範圍，將該範圍內的所有字樣整理爲字位；再將已識的字位進行構件拆分，全面測查每個構件在不同層位上的各種變體、構件與構件之間的各種關係、由構件組合全字的過程、全字表層的功能關係模式及形體結構模式等，從而初步建立起某個共時或共域範圍的文字構形系統；然後將不識的待考字或疑難字置于該構形系統中，與所有相關的類項或單元進行全面系統的比較，從而認同別異，確定它的形體結構及其在該系統中應處的位置；必要時進行適當的外部比較（包括異域比較和異時比較），並聯繫辭例、書證、文化知識等，綜合分析字形本義及使用中的字詞對應關係，借以達到形義解析和文獻閱讀的雙重目的。

運用構形系統分析法考字，其優越性表現在：第一，它以特定的漢字構形系統爲背景，使每個字都處于系統的網絡之中，彼此依存，互爲環境，從而便于多維度多層面地考察疑難字；第二，考字時既可以借助語言環境，又可以脫離語言環境，更可以將語言環境和文字環境結合起來，從而克服單一語言環境可能帶來的釋字隨意性的弊端；第三，構形系統能給我們最大限度地提供各種已知條件，如經過歸納的基礎構件、直接構件以及構件的變體、種類、功能等，還有全字的組合過程、結構關係、理據模式等，都可以成爲被考字的釋讀線索和證據；第四，系統的特點就在於它的成員之間存在着廣泛的聯繫和一致的規律，被考字一旦被置於系統之中，就絕不會是孤立的，往往考釋一字就會帶出相關的一批字，這樣成批地互證互釋，必然大大提高考釋的效率，同時會加強考釋結論的可信性；第五，便於發疑和驗證，如果某字考釋正確，就應該能很好地被系統承認，而不致與周圍或上下的相關項目發生衝突；倘若考釋結果無法被構形系統接受，亦即無法解釋與其他類項的關係，那該字必定考釋錯誤，至少值得懷疑；然則還需要在系統規律的啓示下重新尋找新的線索和論據，直至得出符合構形系統的正確結論。

　　本文所要展示的就是我們運用構形系統分析法考釋楚國簡帛文字的一部分成果。對於楚國的簡帛文字，已有許多學者作過考釋，爲我們分析楚國文字的構形系統及其規律提供了更多的字例，也爲我們的進一步考釋打下了基礎，都是本文的重要參考資料。因篇目繁多，這裏不集中列舉，只在引述時作個別的注明。本文所考字包括目前尚無人釋讀或雖已釋讀但我們認爲尚可商榷的字，也有某些爭議字的決斷與補證，還包括一些常見訛變異化字的理據溯源。

　　需要説明的是，如前所述構形系統分析考字法本是從整理已釋字開始到建立構形系統進而考釋未釋字或疑難字的系統工程，但在表述考釋結果的時候卻無法按字條一一再現這一過程，因而看起來似乎與常見的古文字考釋方法及程序差不多，而實際上我們是有了一個經過整理的楚文字構形系統作爲前提和背景的，也就是説，我們已經基本上掌握了楚文字系統的基礎構件、直接構件以及字位、件位的各種變體，還有構件的類別、功能及其組合模式等。因此，我們在擺出被考的字樣、辭例和現有看法之後，都會對字樣作適當的構形分析，並以系統內部的形體比較和構形規律爲直接證據，同時列舉其他旁證。構形分析主要涉及構件的多寡有無、構件的認同別異、理據的闡釋解説、形體的省借變異等，字條的排列大致按構形分析的重點歸類，而相關各字則聚合爲一條集中論述，以免支離。但正如前面所説，考字是一項系統的工程，每一字條都可能涉及多個方面，因而歸類只是爲了講述的方便，大體上如此而已，事實上許多字條是可以同時屬于多類的，我們認爲這無關緊要，故未十分措意。考字時所引楚簡帛文字辭例，出處均依據公開發表的照片編號，分別見《包山楚簡》（文物出版社1991年版）、《信陽楚墓》（文物出版社1986年版）、《長沙仰天湖出土楚簡研究》（羣聯出版社1956年版）、《望山楚簡》（中華書局1995年版）以及曾憲通先生《長沙楚帛書文字編》（中華書局1993年版）、郭若愚先生《戰國楚簡文字編》（上海書畫出版社1994年版）等，除討論的對象字用原形或楷化形外，其餘都改爲通行字，以利排印。徵引古文字字形，大都見於《甲骨文編》及《金文編》，一般只標明該二書的頁碼，不再注明其原始出處。又，本文是筆者博士論文第四章的改寫，曾得到王寧、裘錫圭、李學勤、郭錫良、趙誠、曾憲通、李維琦、鄒曉麗、謝桂華等先生的指導，謹此致謝。

一　與構件的多寡有無相關之字

　　構件是漢字構形理據的主要載體，一組字樣有沒有某個構件，往往會使它們區別爲不同的字，分載着不同的詞。考釋文字，首先需要對字樣作徹底的構形分析，不應該忽視任何一個構件，特別是某些筆畫究竟是不是構件，即有沒有構形功能，要作認真的分析和確認，否則無論是減少構件抑或增加構件，都可能引起誤釋。例如：

（一）釋"郊"

　　包山楚簡 3-3：鹽族 郊一夫

　　今按，簡文 郊字多見，唯此簡"郊"字形體不同用義也不同，恐釋讀有誤。就字用而言，數十個 郊字皆用作地名或姓氏，衹有此"郊"用作人名。就字形來說，別的 郊字都從邑戈聲寫作 🈯，只有此"郊"原形作 🈯，"戈"形中部多了兩筆。用法不同，正好字形也不同，應該引起懷疑，如果沒有別的理由來加以解釋，則難用"增筆裝飾"或"異寫"之類的說法搪塞過去。🈯 疑爲"或"之省變，🈯 當楷作 郊而釋爲國，🈯 與 郊本非一字。考甲骨文"或"字作 可、叮、戒 等形（《甲骨文編》489頁），金文增短橫作 戒、或、或、戒 等（《金文編》825頁）。《說文解字·戈部》："或，邦也。从口，从戈以守一。一，地也。域，或又从土。"實則"一"不必爲地，蓋爲城垣之象徵，或二或四畫，附于口（城邑）以顯其義。後來上部短橫與戈字橫畫合并，遂只剩一橫。包山簡中，有時將"或"的下橫畫曲寫，甚至呈半包圍狀而與戈之橫畫左端相連，如 🈯（120-2）、🈯（135-1）、🈯（45-1）、🈯（124-2）、🈯（125-2）、🈯（151-1）、🈯（57-1）等。其中的"口"有時草寫作 乙，有時簡省作二。這種將口省作"二"而短橫變作 乚 的或字，正是簡3-3字右邊所從，故知 🈯 字當分析爲从或增邑而釋爲國。有趣的是，上舉或及从或諸字大都用作人名，不同的人取同字或同聲符字爲名，乃楚簡文例中常見的現象，這也可證簡3-3 🈯 字與或及从或諸字關係密切，其右部所從絕非戈而必是或。一般認爲，或即域，亦即國之初文，故《說文解字》訓爲"邦"。金文《毛公鼎》"康能四或""迺唯是喪我或"，《保卣》"東或五應"，《何尊》"宅兹中或"，其中的"或"字都當國講。"國"的中心是邑，原字從口表城邑已不顯，故有增邑以顯其義者。《師寰簋》"弗速我東郊"，國字正从或增邑作 🈯，與簡文 郊完全相同。楚帛書乙4-21、4-33 亦有从邑之國，所謂"西 郊又各""東 郊又各"，其中的 郊作 🈯、🈯，簡3-3 🈯 形與此正當爲一字，只是"或"旁寫法略異而已。

　　又，《包山楚簡》原釋文釋簡45-1之 🈯 及簡135-1 🈯 爲國，這從文獻閱讀來說，固然可以，因爲"或"本是國或 郊的初文，不妨看作同詞。但從構形分析來說，還是楷定爲"或"比較妥當。簡57-1之 🈯 爲惑，簡151-1之 🈯 及簡125-2之 🈯 爲 域，其所從聲符正是"或"。單用與作聲符仍爲同字，形體楷定上應當一致。故簡45-1及135-1之"國"仍當楷定爲"或"。如要讀爲"國"，不妨用"或（國）"的形式注出。

（二）釋"羃"及相關諸字

包山簡文有 ▨（173-2）字，又作 ▨（182-3）、▨（158-1）、▨（159-1）、▨（140-1）、▨（140反-1）等形，《包山楚簡》釋文皆楷定爲畢。畢同畢，指掩捕鳥兔的長柄網。《廣雅·釋器》："畢，率也。"《説文解字·率部》："率，捕鳥畢也。"又《華部》："畢，田網也。從田，從華象形。"（據段注本）可知畢爲網罟之類，甲骨文作 ▨（周原卜甲45），金文作 ▨（段簋），初不從网，後增。网與畢同類，增之以顯其義類，而所記之詞項並不改變，故畢畢爲同詞異構字。但簡文之形，從网從畢之外，明顯都另從廾，蓋會用廾持畢或网以捕鳥獸之義，則其不與畢或畢同詞亦明矣。羃與畢不同詞，猶如囟與弁不同詞。朱芳圃先生云："《說文·竹部》：'箕，簸箕也（依《玉篇》補箕字）。从竹；囟，象形；下，其丌也。囟，古文箕省。▨，亦古文箕。'王筠曰：'箕之古文 ▨，五音韻譜作 ▨，皆譌字也。當作 ▨，上象形，下从廾，兩手簸之也。'（説文釋例補正）按從甲文證之（▨戬9-16，▨拾掇2-399），王説甚確。余謂 囟與 弁實二字。囟，揚米以去糠秕之器也。弁，象兩手奉之以簸揚。其上之川象糠秕。一象其形，一言其用。其結構與口共之爲二字相同（按，朱以爲共字从廾持口，口乃瓮字初文，故云）。許君混而同之，失之。"（《殷商文字釋叢》88頁）畢與 羃 的關係正與 囟、弁 相同，畢爲名物，則羃當爲動作。因疑羃不可釋畢，而應釋羅，蓋羃乃羅字異構。甲骨文羅字作 ▨、▨、▨ 等形（《甲骨文編》332頁），從网罩隹或雉，正爲網鳥之義，動詞。《説文解字·网部》："羅，以絲罟鳥也。从网，从維。"其實當云"从糸从网从隹"，這才符合"以絲罟鳥"之義，糸乃後增，其構形功能與网同，亦爲捕鳥之具。盡管文獻用字畢、羅相通，名、動兩可，然其造字之意畢（畢）指名物，羅（羃）則指行爲，實相別異。《甲骨文編》725頁附錄列有 ▨、▨ 兩形，正象人舉臂持网以捕鳥之形，即畢（羃）字異構，增人張臂舉手形，其動詞之義更明。簡文之 羃 從廾，蓋即源自於此。网與畢同類，持其一即可會其義，故甲文從网不從畢。簡文亦有不從畢而僅從网者，見于簡130反-2，作 ▨，从廾持网，亦捕鳥兔之意。原簡未釋，當爲羅之又一異構。此簡中用爲"邏"字，"須左司馬之羃行將以聞之"，"羃行"者，猶今之巡邏，句言等左司馬來巡視的時候將把這件事情報告他。又《古璽文編》204頁收有从网从糸从畢从又（又形連臂肘畫出）之字，原釋爲"羅"，極是；但同頁又有从攴从糸从网之字和从又从网之字，原編卻楷而未釋，其實也是"羅"字的簡省。璽印"羅"字的繁簡各體正可與包簡"羅"字各體互證。簡文用 羃爲姓氏字或地名字，應該就是文獻之羅字。

羃既釋羅，因推知簡44-1之 ▨，簡74-1及簡193-3之 ▨亦當分別楷定爲 鄴和 遴而釋爲 鄳、邏。原釋爲 鄴、還，並非。簡文本有羅字，見於24、26等簡，形作 ▨、▨；亦有 鄳字，見于22等簡，形作 ▨。羅、鄳與 羃、鄴用法相同，正是同源於甲骨文的異構字。此亦可視爲 羃即羅之旁證。

又簡255-3及256-1有五個算，原形作 ▨，《包山楚簡·釋文》考釋（513）云："算，簡文作 ▨，與弇字古文 ▨ 形近。弇，借作藍。《說文》：'籃，大篝也。'"今按 算 與弇字古文上部差異較大，似難認同。且借讀迂曲，不可信從。實則算即 羃之省變（以曰代畢），在此讀爲籮筐之籮。"薦酳一算"者，即"薦酳一籮"也，餘可類推（算亦可分析爲从⊖象形，罖或羅省聲；則其爲籮筐之專字，即後世籮之初文）。籮爲楚地常用盛物之器，至今猶然，而楚簡記載的眾多器物中居然沒有籮，頗覺怪異。今破釋羅字，知算即羅，正可讀爲籮，實爲幸事也。

【補記】關於這條考釋，裘錫圭先生有不同看法。他認爲，第一，邵鐘、邾公畢鐘、秦簡及臨沂簡等都有"畢"字，而形从廾作，所以因"羅"从廾而釋爲"羅"，理由不足；第二，算與羅用法不同，是否爲一字可疑，而且"算"字上部寫法有異，不一定從网（據裘先生審讀筆者博士論文時的批注及筆者當面請教時的意見整理，下文類似情況同此）。

今按，裘先生的看法很有道理，原擬放棄該條。但思之再三，覺得我們的理由不只是因爲"羅"字從廾，還有辭例、相關字形以及甲金古璽文中"羅"字的構意類比等旁證材料，如果釋"羅"爲"畢"，文中所舉的種種現象將無法得到合理的統一解釋，從互有聯繫的種種證據綜合起來看，作爲一家之言似乎仍有存在的價值。至于裘先生提到的兩點，我們可以作出這樣的解釋：第一，所舉春秋金文及秦漢簡中從畢加廾的字並不一定非釋爲名詞"畢"不可，如果不能跟包山簡一樣釋爲"羅"字，至少也應該釋爲動詞的"敚"，敚與羅本義域（即構形所反映的理據觀念）相同，都表示用手持絲網之類的工具捕罩鳥類動物這一行爲，因疑敚、羅原本或是一字之異構，記載着意義相近的兩個詞，後世分化，才成爲不同的字，此猶月之於夕、史之於吏、隻之與獲、舟之于盤，古文字中並不少見。然則裘先生所舉之字自可釋敚而讀畢，包簡之字亦可釋羅而或用爲邏、籮，原可兩立，似不必以此否彼。無論釋羅釋敚，其字形本義屬動詞性質，這是無可懷疑的，從《甲骨文編》《金文編》到《說文解字》，所收從"廾"之字都是動詞，唯獨廾與畢組合時卻等同於無廾之名詞"畢"，這是不符合構形系統的原則和規律的。第二，"算"字上部的寫法與中山王墓圓壺"罰"字上部的寫法相同近，知其從"网"無疑。包山簡"羅""算"所從之"网"寫法略異，可能是書手不同的緣故（五個算字集中見於簡255和簡256，爲同一人所寫），也可能是因爲用法不同而有意在形體上加以區別。原本爲同字或同詞字，因爲有了新的用法（記載了不同的詞）而故意改變形體或讓原本異寫異構的形體作出功能分工，甚至分化爲異詞字的情況，在文字發展史上並不少見，包山簡中表夏時義之"頵"（頹、頺）字，用作姓氏義時變爲"頔"，借作夜詞用時省爲"昰"，這與捕鳥之"羅"（已專借爲姓地字）用作巡邏義時分工爲"邏"、借作籮筐用時省變爲"算"，性質是一樣的。因此，從構形字源的角度來看，將"羅、邏、算"看作同一字符的異寫或異構，是說得過去的。異形異用並不一定就是異詞異字，需要從形音義用多方面去分析判斷，上條"郮"之與"邶"，形異用異，音義也不相干，各屬於不同的構形系列，各自能得到合理的解釋，所以應該分釋爲異詞字；本條之"羅、邏、算"雖然也形異用異，但這屬于字用分形問題，其構形理據原本相同，音義方面存有內在聯繫，只是用法不同而已，所以盡管使用中記錄了不同的詞，但字源上仍然應該看作同詞字。

（三）釋"杌"

包山楚簡183：〔⿰木兀〕斨之州人周庚

今按，上簡括號內的字《包簡釋文》楷作"柳"，《字表》楷作"杌"，疑前者誤增一點，實如後者以爲從木丹聲之字，字書所無。核之原形，似作 ✦，中橫不清晰，但右下一撇歷然可辨，因知原字不從丹。包簡丹字凡5見，作 ✦、✦ 等形，信陽楚簡作 ✦，右下皆無撇；而包簡凡字作 ✦（137）、✦（153）、✦（4）、✦（204）等形，右下皆從撇，或又增點。鑒此，包簡183之字當釋爲"朹"。"朹"字見於甲骨文，作 ✦（乙9067）。《集韻·凡韻》："朹，木名。"《字彙·木部》："朹，柴皮，俗呼爲水桴木。"簡文"朹 朴之州人"則用爲姓氏或地名，蓋即讀爲"凡"。《莊子·田子方》："楚王與凡君坐，少焉，楚王左右曰'凡王'者三。"成玄英疏："凡是國名，周公之後，國在汲郡界，今有凡城是也。"《廣韻·凡韻》："凡，姓。周公子凡伯之後。"凡屬小國，時已爲楚所滅，置爲縣。因國爲姓，國、姓同字。

（四）釋"炙"及"席"

包簡258有✦字；又作 ✦，257簡中兩見。《包簡》皆楷定作"庶"，考釋（522）云："庶豬，庶即庶字（于省吾、陳世輝：《釋庶》，《考古》1959年第10期），借作炙。炙豬即烤豬。"

今按，楷形不確，又庶本當釋炙，不必言借。原字樣從火從石，應當楷定爲"炻"。石字寫法與簡80、150、189、199等石字一致，也與簡259、262、263等"䇂"字所從之石相同，故知必不另從"广"；楷作"庶"者，蓋由"庶"字反推，其實非也。炻字形體上演變爲"庶"，乃是石之厂變爲广，石之口變爲廿，火則變爲四點，可見庶之广加廿才等于炻之石，並非另有構件"广"。"炻"字從火從石（石亦聲），本應是"炙"的異構或體。炙從火烤肉，炻則從火燒石以炙肉，皆會意象事，所取構件不同而已。後來常借炻表眾庶之義，加上形體已經訛變，于是原形消失，庶成了眾庶義的專字，而炙烤義則只用炙字了。于省吾先生《甲骨文字釋林》："甲骨文'庶'字是從火石、石亦聲的會意兼形聲字，也即'煮'之本字。"按包簡另有"煮"字，從火者聲，見147簡"煮鹽於海"，卻另無"炙"字，燒烤類食物無所反映，故定"炻"爲"炙"之異構字似乎更妥帖一些。中山王墓也有從火者聲的煮字，形作 ✦（衡帽）或 ✦（金泡飾），用作人名。知當時本有"煮"字，不必從火從石方得爲烹煮之本字也。文獻用字"蹠"或從足從炙作，亦可爲庶（炻）即炙之佳證。《漢書·賈誼傳》顏師古注云："跖，古蹠字也，音之石反。"又王念孫《讀書雜志·漢書第九》："《說文》：'跖，足下也。'跖，作蹠者借字，作䠭者別體耳。或從石聲，或從庶聲，或從炙聲，一也。石與炙聲相近，石與庶聲亦相近，故盜跖或作盜蹠。庶與炙聲亦相近，故《小雅·楚茨》篇'或燔或炙'與'爲豆孔庶'爲韻。"按江陵張家山漢墓出土竹簡有《莊子·盜跖》篇，其跖字左從炙右從足，正是蹠字的別體異構（參廖名春《竹簡本〈盜跖〉篇管窺》）。可見，庶（炻）字在分化爲眾庶義專字以前，實爲炙的同詞異構字（庶與炙同詞異構猶蹠與䠭同詞異構），而不應該釋作"煮"字。

又信陽楚簡有 ✦（2-19）字，劉雨釋文楷作"若"，中山大學整理小組楷作"君"，其實皆因辨字不精而誤認。其字上部從艸，下部當從石，只是左邊的一撇稍有殘斷而已，故應楷作"䓏"而釋爲"席"。郭若愚楷作"䇂"，下是而上非，亦未達一間。又信陽簡2-8有✦字，殘漫不甚清晰，劉雨楷作上竹下右，中山大學整理小組楷作上竹下君，皆誤同上。郭若愚楷作"筈",則是。"筈"與"若"都从石聲,義符竹艸可通,故當爲同字異構,也應該釋爲"蓆"。包山簡亦有"筈"字,見259、262、263等簡,原釋文"讀如席",可與此互證。

(五) 釋"剡"及相關諸字

包山簡3有"䤾"字,原未釋。黃錫全《〈包山楚簡〉部分釋文校釋》釋爲"戡",其注云:"䤾,簡10作䤾,170作䤾,从䤾从戈,可隸定作䤾或䤾。頗疑䤾爲'戡'字別體,如同《說文解字》湛字古文作䤾。作爲地名的䤾(戡)當即湛。"

今按,原字左上一橫乃屬火字,右下凵形疑爲飾筆,並無構形功能,故當楷定爲从炎从戈或䤾,而不宜"隸定作䤾或䤾"。又"甚"字甲骨文未見,金文甚鼎作䤾,詛楚文作䤾,說文古文作䤾,從無作䤾者。商承祚《說文中之古文考》:"案甚之古文作䤾,則此不應从䤾,或當有誤。金文毛公鼎〔湛〕作䤾,與篆文同。"商氏所疑有理。考甲骨文炎字或作䤾(粹),金文令簋作䤾,召尊作䤾。此形稍加變化,就跟《說文解字》所謂湛字古文所从的䤾相近同,疑䤾本从炎,即淡字。湛字古文作淡者,大概是借淡爲湛,非同一字也。此猶《汗簡》古文借窟爲宮、借備爲服、借聞爲問(參黃錫全《汗簡注釋》),所謂"古文",本有假借之例,不必盡爲同字。湛字古音在侵部,淡在談部,旁轉可通。因疑䤾字所从亦爲䤾字所變,即䤾→䤾→䤾,其他各形,筆畫或多或少,皆其異寫變體,所以都應該楷定爲䤾。簡文又有䤾字,見60、142等簡,作姓氏字用,原未釋。按此字亦當楷定爲剡而釋爲剡。古文字从刀从戈其意相通,故䤾、剡疑爲同詞異構字,因而䤾亦當釋爲剡。《說文解字·金部》"銳"字下存籒文作䤾,亦當爲䤾、剡同詞字,其左部也是䤾之變體。《說文解字·刀部》:"剡,銳利也。从刀,炎聲。"是剡、䤾、剡同詞而與銳異詞同義。可見《說文解字》所收重文並未嚴格遵守異體字的標準,除雜有假借字外,還包括記錄同義詞的"同義字",前人將《說文解字》重文一律視爲異體字(完全同功能字)是不妥的。李天虹《包山竹簡釋文補正》將簡文䤾字楷定爲剡,並據《說文解字》釋爲"銳",就是由於把籒文剡看作"銳"字異體而誤釋了"剡"字。

簡文剡(䤾)用作地名或姓氏,古代地名與姓氏常相因同字。《漢書·地理志上》:"會稽郡有剡縣。"剡縣在今之浙江嵊縣西南,戰國時或曾屬楚。簡中之剡(䤾)究竟所指何處,尚可進一步研究,但其字从"炎"似足信從。

我們說剡、䤾等字左部所从乃炎字的傳承變體,其"凵"形可以看作飾筆,其實是可有可無的。所以䤾與炎在楚簡文字構形中並行共處,但似有較明確的分工,凡在字的左邊,一般作䤾,如䤾、剡共出現38次而從不作炎;凡在字的右部,則一般作炎,如郯、錟、綖等也多次出現而從不作䤾。這種互補現象的形成,除了傳承的因素之外,恐怕與書寫配形也有一定的關係。

二 與構件的認同別異相關之字

在簡帛文字中,同一構件(包括全字)往往有不同的寫法,不同構件卻又可能寫得完全一樣，于是同中有異，異中有同，認同別異成了辨析字形、確定音義的重要步驟。認同別異需要作全面的形體比較，以構件爲單位歸納出各自的書寫變體是行之有效的好辦法。我們按照一定的原則和方法將系統內全部構件單位的書寫變體清理了出來，編成《楚簡帛文字直接構件表》和《楚簡帛文字基礎構件表》，然後利用這些構件的書寫變體及相互之間的關係來作全面比較。可以幫助我們盡快判斷被考字的形體歸屬，同則同之，異則異之，再結合其他方法來確認個體字樣的音義關係，從而達到考字的目的。認同與別異本來是方向相反的兩種程序，但操作實踐中往往結合在一塊進行，故考釋中不予分別。下舉各例都與構件的認同別異有關。

（一）"肙""易""昜"

包山簡 3-4 有 字，又作 （100-2），《包簡釋文》都楷作 "湯"，注釋（13）云："湯，湯字。"

今按，包簡另有湯字，作 （131、135）、 （265）、 （173、184）等，皆從昜聲，與上引二形不類，知非從昜。包山簡 "易" 字與此二形相近，但細察仍有區別（見下）；且從易而釋爲湯，形音都不切合，恐非客觀。疑此二形當跟 "肙" 字認同。包簡 86 及 119 反有字樣 ，簡 143 有字樣 ，《包簡釋文》楷作 "肙"；從簡 174 "肅" 字作 、簡 262 "繡" 字作 、簡 85 "謂" 字作 來看，釋 爲 肙 無疑是正確的。沈子簋 "淵" 字作 ，帛書 "肙" 字作 ， 形可能是 、 的省變，即 或 變爲 ， 或 變爲 ，中間的水形則省作兩撇；夏承碑 "淵" 字作 ，其省變情況與此類同。如果 釋 肙 正確無誤的話，那上舉 、 則應該釋作 "淵"，其所從 "水" 旁之外的形體正是 "肙" 字。試比較 "肙""易""昜" 三個構件的不同寫法：

顯而易見，上舉待釋形體只能屬于 "肙" 系列，它們的筆畫和形體基本一致，只是寫法交接上略有差異而已。

"淵" 字在簡文中用爲地名和姓氏。"淵邑" 正與簡 86 及 143 的 "肙邑" 相應，淵是 肙 的增義符異構字，淵邑與 肙 邑應是同一個地方。地名往往又成姓氏，宋鄧名世《古今姓氏書辯證·先韻》："淵，《姓源韻譜》曰：出自高陽氏，才子八人，其一曰蒼舒，謚淵。後以謚爲氏。" 高陽氏爲楚祖先，可知 "淵" 正是楚姓。

又，信陽簡 1-48 有字作 ，劉雨及中山大學整理小組皆釋爲 "洭"。今按，原字雖然不甚清晰，但細辨筆畫，右邊實與 同位，略有變化而已，故其字當從水從 肙，亦應改釋爲 "淵"。

(二)"彔""𦰩""帶""羕"

信陽簡 2-07 有 䃂 字，郭若愚《戰國楚簡文字編》釋作"璓"；包簡 115-2 有 䌛 字，原釋文釋作"繡"。

今按，楚簡帛文字"彔""𦰩""帶""羕"四個構件形近易混，下面是它們的系列比較：

彔—
𦰩—
帶—
羕—

比較可見，上舉兩字所從的相關構件都應跟"𦰩"屬同一單位，因而信簡 2-07 之字當釋"璜"，包簡 115 之字則當釋"繡"。帛書有"備"字，作 形。曾憲通《長沙楚帛書文字編》云：此字舊釋爲 儀，但帛書另有羕字作 ，與此字右旁不類，總是疑問。朱德熙先生釋爲備字。𦰩字本象矢箙之形，齊侯壺備字作 ，所從之 𦰩，尚存古意。戰國時期上端變得象羊頭，下端變得近似女字，如子備璋戟備字作 ，𦰩字兩側各加兩點作爲飾筆。這就從形體的演變上講清了楚國簡帛文中 𦰩字作 的構形。中山王鼎備字作 ，再次證明 𦰩字下端增飾之說。然則，𦰩字的形體演變過程大致是：

甲—甲—甲—金—金—中山鼎—楚簡帛

璜、繡都不見于字書，似不必硬求通轉。璜字从玉 𦰩聲，疑爲玉器或者玉飾品；繡字从糸 𦰩聲，疑爲絲帶之類的布織品，包簡用作人名。裘錫圭、李家浩先生《望山楚墓》一號墓竹簡考釋〔56〕認爲"信陽簡的'璜'當是佩玉之'佩'的專字。此墓二八號簡有'繡玉'，'繡'應是'璜'的異體"。

(三) 毛、丯、屯、毛、反、龙

包山 5 號簡：伅大令

黃錫全《包山楚簡部分釋文校釋》："伻，《釋文》釋爲伅。古從人從頁義近，伅字在此當假爲'頓'。《左傳·僖公二十三年》，'楚成得臣帥師伐陳，討其貳于宋也。遂取焦、夷，城頓而還。'杜注：'頓國，今汝陰南頓縣。'即今河南項城縣西之南頓故城。"

今按，原字所從"丯"旁，與楚文字"屯"及從屯之字皆不同，而與簡 7 及簡 236 "邦"字所從之"丯"近同，故"伻"當釋爲"佯"。佯字又見於簡 67，《釋文》釋之爲"毛"，亦誤。又簡 166 之 及簡 167 之 ，《釋文》釋作 鄭，其實所從爲屯，當釋爲邨。它如簡 166、172、191 有字作 、 、 ，當釋 𡨔而被釋爲坨；簡 167 之 當釋爲 邱而被釋爲阪；這些已有黃錫全、湯余惠、劉釗等先生指出其誤。如此等等，大概都是因爲不察毛、丯、屯、壬、尨諸構件之別而致誤的。這幾個構件雖然形近，但只要作系統的比較，還是不難分辨清楚的。下面列出它們的全部形體，以便比較：

[字形對照表：丯、毛、屯、壬、尨、反 各字形體列舉]

比較顯示，丯形中豎較直，而毛形則於上下分別向左右彎曲；丯、毛之上筆曲而平，且與中筆大致等長，屯之上筆則爲左斜撇，即使是橫也較中畫短得多；尨的基本筆畫是大或犬，上部多爲左右兩畫相交而不與右下長筆相連，右下長筆上的兩畫（或一畫或三畫）通常是分左右往下折或爲橫筆，絕不往上曲折；壬的長斜筆上只有一橫相交，若有兩橫則上部斜筆不出頭，故與丯、毛、屯明顯不同；至于壬和反，通常是不會發生混淆的，只有壬加厂旁且采用合筆的時候，才可能造成形近，上舉郔字就是因爲厂的上橫與壬的上筆合一，才被誤會爲阪的，但阪字下从又，通常橫筆稍上曲而縱筆略左斜，與合筆後的壬字在寫法上仍然是有區別的。這樣從總體上對形近構件進行認同別異之後，所從不同構件之字才能得到正確的釋讀。

（四）"妟"與"正"

包山簡 186-1：鄭 郔公 欼

今按，簡中"郔"字原形不太清晰，但與簡 179-3"郔陽"之郔作 形者明顯不同，疑非从"正"。仔細觀察，原形似作 ，右部上口下女，與簡 262 （篡）、簡 259 （綏）、簡 27 （賏）、簡 181 （鄎）等字所从聲符相同，因知 當是簡 181 之 異寫字，應該楷定爲"鄎"而釋爲"郾"。《説文解字·匚部》："匽，匿也。从匚，妟聲。"又《女部》："妟，安也。从女日。《詩》曰'以妟父母'。""匽"字金文作 （匽侯旨鼎）、 （憲鼎）、 （匽公匜）等形，疑妟、匽本从〇（圓）聲，猶袁、肙之从〇聲也。圓、匽上古皆屬元部，又皆爲喉音。〇本抽象標識字，金文增點其中，《説文解字》則變从日。楚簡傳承金文，皆从〇（口）作。鄎與郾異構同聲，實爲同一字符，此猶籔與籬、冱與冠之同聲異構而亦分別爲同一字符。《説文解字·邑部》："郾，潁川縣。从邑，匽聲。"簡文之"鄎"（郾）用作姓名或地名。

又上舉相關各字皆从"妟"聲，字皆可釋。簡 262 之"篡"當釋爲"筵"，妟、延音相近，作聲符自可通。《説文解字·竹部》："筵，竹席也。"（參《望山楚墓》二號墓考釋〔114〕）簡 259 之"綏"原釋爲"纓"，是，見《包簡》考釋（540）。簡 27 之"賏"爲人名，可釋作"賏"，《廣雅·釋詁》："賏，當也。"《玉篇·貝部》："賏，物相當也。"賏之爲賏，猶郾之作鄎，皆同聲異構之字。

又信陽簡 2-23 亦見 ▨ 字，原釋爲"篓"（篓），誤。當與包簡 262 同釋，即"篗"（筳）字。

（五）"号"與"子"

包簡 175-3 有 ▨ 字，又作 ▨（175-2）、▨（169-1），三處皆爲合文。《包簡釋文》楷定爲"鄩"而無説，顯然與字形不符。黄錫全先生《校釋》釋爲"鄠"，認爲右下從子，右上從司，二者共用中間的口形。但楚文字之子無有作 ▨ 者，司字亦從不寫作 ▨，故難以認同。

今按，曾侯乙墓鐘磬銘文有 ▨ 字，裘錫圭和李家浩二位先生釋爲"号"，並且分析説："古隸和古文字中的'号'字，中間也有作兩横的。如馬王堆帛書《老子》甲本卷後佚書《九主》篇'號'字偏旁和臨沂銀雀山漢簡的'号'字都作 ▨。江陵望山二號楚墓遣策有一種器名作 ▨，也應是'号'字，疑讀爲'號'。《説文·虍部》：'号，土鏊也。'"然則，上舉簡文三形右下所從之 ▨，應即"号"字。"▨"形又見於從朋和從 ▨ 之字，如簡 111"鄭"字作 ▨，簡 165"邯"字作 ▨ 等，可以看作"▨"的變體，也可以認爲是裝飾性筆畫，都與字義没有多大關係。因此，上舉三形的主要構件應是從邑号聲，可楷定爲鄩而釋爲鄠。簡文用作地名，合文，當讀爲"鄠邑"。

（六）"朱"與"殺"

包山楚簡 84-2 有 ▨ 字，它簡又寫作 ▨（90-1）、▨（121-3）等，凡 21 見。《包簡釋文》皆釋爲"殺"。

今按，上舉各形，其義爲"殺"，其字不必爲"殺"，而當釋"攱"。考甲金文殺字作 ▨、▨、▨、▨、▨、▨、▨ 等形（見《甲骨文編》134—135 頁，《金文編》207 頁），後世變爲"杀"，又增義符殳而成爲"殺"。包簡借杀爲蔡，又有從邑杀聲之 ▨（蔡），形皆作 ▨、▨、▨、▨、▨ 等。"攱"字所從與杀系形體截然有别，而與信陽楚簡"朱"字（2-16）及包山簡"𣏔"（見簡 94-3, 149-1, 156-1, 162-4）、"株"（108-1, 182-2, 189-2, 117-2, 117-3）、"銖"（170-1, 177-2, 269-1, 牘 1-2）等字所從的"朱"旁基本相同，故 ▨ 當是從攴朱聲之字，應該楷定和釋讀爲"攱"。

甲文戬 4-7 有 ▨ 字，從殳從朱；中山王壺有 ▨ 字，從戈從朱。這兩個字與包簡的"攱"應爲同字符異構形體，古文字義符殳、戈、攴可以通用，例多免舉。攱（殺、戕）所從"朱"既示音，也示義源。"朱"字從木從二，二標識樹木斬斷之處，構意與 ▨（折）之以二斷艸同，故其本義爲斬伐樹木（參朱維德《"朱"字本義探源》，載《寧夏教育學院學報》94 年 1 期），引申而有殺伐之義。"攱"（殺、戕）增加殺伐工具，實爲"朱"之同源孳乳字。《説文解字》無"攱"（殺、戕）字，但有"殊"字，《歺部》："殊，死也。從歺，朱聲。《漢令》曰：'蠻夷長有罪，當殊之。'"又有"誅"，《言部》："誅，討也。從言，朱聲。"《史記·項羽本紀》："立誅殺曹無傷。"是"殊"和"誅"都有殺伐義，亦當與"攱"字同源，而"攱"（殺、戕）則應是殺伐這一義位的本字。

將"攱"（殺、戕）和"殺"二字混爲一談，蓋源自《説文解字》。《殳部》："殺，戮也。從殳，杀聲。▨，古文殺；▨，古文殺；▨，古文殺。"古文 ▨ 大概是甲金文 ▨ 形之稍變；而古文 ▢、▢ 則與"殺"形不類。考《說文解字》所存古文，只是文獻中記錄功能相同的字，一般爲同字符異構或同字符異寫，但也有一些並非同字符，而是異字符的偶然同義或假借通用，正如《汗簡》所載古文也有許多是同義字或通假字一樣（參黃錫全《汗簡注釋》）。"殺"下所收的 ▢、▢ 這兩個古文其實並不是"殺"字，而是與"殺"同義的另一個字，疑即"牀"字，蓋"牀"省變而成 ▢，增繁則爲 ▢。牀義同殺，文獻通用，故《說文解字》收入"殺"下作重文。《說文解字·刀部》："剢，銳利也。"而在《金部》"銳"字下卻以"剢"字的異寫形體 ▢ 作重文，恰可與此互證。後人不明《說文解字》重文夾雜有同義通用的異字符，遂誤將"牀""殺"混同爲一字。《包簡釋文》因之而釋"牀"爲"殺"，雖辭例可通，而殊不合於字形，故特爲辨之。

又簡 91-1 有 ▢ 字，上似從雨，下從 牀，字書不載。簡文用爲人名，其本義不明，待考。《包簡釋文》楷作"霖"，亦誤牀爲殺，不確。

【附記】關於這條考釋，裘錫圭先生提出了很好的質疑。他說："包山簡諸從朱之字皆作 ▢、▢，無作 ▢，更無作 ▢ 者；侯馬盟書殺字作 ▢，不從朱而似朱。"今按，這裡涉及 ▢、▢、▢ 等形體能否與"朱"字認同的問題。其間的主要差別在前者的上部都有一撇，而"朱"沒有。本來，古文字的豎畫上部有時可以隨意加撇而并無區別功能，如在侯馬盟書中"事"字或作 ▢（156-2），或作 ▢（200-10）；"敢"或作 ▢（3-14），或作 ▢（3-14）；"嘉"字或作 ▢（3-21），或作 ▢（16-31）等。"木"與"禾"作構件時常相混用，也是這一現象的反映，故包山簡文 ▢（185）又作 ▢（86）。然則"朱"字上部加撇也應該是可能存在的變體寫法。但問題是，爲什麼其他從朱之字都不加撇，而唯獨"牀"字所從之朱都加撇異寫呢？這確實不太好回答，但也並非無法解釋。估計可能是構字配形的書寫習慣所致，即同一構件在不同的字裡由於配形或習慣的約束，可以寫成不同的樣式，而且往往整齊劃一，不會輕易串亂。戰國文字中，不獨"朱"形如此，類似的現象其實並不少。如包山楚簡中的"女"，一般寫作 ▢，而在"安"字裡甚至作爲省體代表"安"的功能時則都寫作 ▢；又如"東"字單用時上部無撇，而在構合"陳"字"重"字時則一律下部減省而上部加撇；"炎"字單用和在複合字的右邊時作 ▢，而在左邊構字時則都寫作 ▢；"馬"字單用時大都減省，而作偏旁時則不減省；等等。可見"朱"字在不同字形中的變體異寫雖然整齊劃一，但還是可以系聯認同的。至於侯馬盟書中的"牀"又都寫作 ▢，"朱"旁中間只有一橫，這也是個人的書寫習慣所致，不能因此而否定它們的同一關係。其實"朱"字本來就有一橫兩橫的不同寫法，如侯馬盟書的"朱"字 195-8 作 ▢，而 156-19 作 ▢。

（七）"占""由""畄"

包山簡有從"肯"（▢、▢、▢）之字，見簡 138 反、170、267、134、133、271、268 等，《包簡釋文》皆楷而未釋。張桂光《楚簡文字考釋二則》認爲"肯"當釋"冑"，相應地，從心之 悥 則楷定爲 憤，釋爲"怞"；從邑之 郬 則釋爲"鄩"，讀爲"鄩"；從糸之 緤 則釋爲"綪"，而讀爲"綢"。

今按，上舉各形從"肉"無疑，而自甲骨金文以來并無從肉由聲之"冑"。《說文解字》冑字"從曰由聲"，訓"兜鍪"，即頭盔。頭盔之冑金文作 ▢、▢、▢、▢ 等形（《金文編》546頁），乃从目會形之字，既不从肉，也不从由。按古文字的一般演變規律，金文冑字上部 ⊌、⊍ 等形可以變成古、古，即將圓點拉長爲橫或增加短橫，正與包簡"鞜"（皋）字所从同，侯馬盟書"冑"字作 ⿱ (200-26)，"皇"字作 ⿱ (156-22)，上部短橫左右出頭，正是金文冑上帽子形的演變，《說文解字》冑字从由也是這麼演變來的。帽子由形的初文及其變體，與上舉肖字所从的 ⊌、⊍ 或 ⊎ 絕非一字，象頭盔之形的 ⊌、⊍ 是不可能演變成 ⊌、⊍、⊎ 等形的。"肖"字下从肉，上不从由，兩個構件都無法與"冑"字認同，因知絕不能釋爲"冑"，那麼从"肖"各字當然也就不能釋爲从"冑"的各字了。且如張釋，揆之文例并不通暢。如簡138反："與其來，有息，不可證；同社同里同官，不可證；匿至從父兄弟，不可證。"張釋息爲"恤"，訓"憂恐"，解句義說"證人被逼來了，又憂恐，不平靜，因而未能作證"。此大謬。一則盟證是舒 延要求的，對他有利，根本不用"逼來"，也不會"憂恐"；二則"又（有） 息不可證"應是與"同社……不可證"並列的几項法律要求，並非對來者個人的描述，否則後面的兩個"不可證"就無法解釋了。又釋綃爲綃而讀爲"綢"，認爲是動詞，訓纏繞，亦不通。簡文綃字都有定語修飾，應爲名詞。又釋从邑之字爲郇而讀作 鄎，其地望、姓氏淵源及與楚國的關係亦不甚明了。由此看來，張釋形義皆未安，殊可疑也。

其實，上述各字所从之 ⊌、⊍、⊎ 就是《說文解字》的"肖"，因而从心的當釋"悁"，从邑的當釋"郇"，从糸的當釋"絹"。大徐本《說文解字·肉部》云："肖，小蟲也。从肉口聲。一曰空也。烏玄切。臣鉉等曰：'口音韋。'"今按，韋音與肖隔遠，不可信。所以林義光《文源》說："口非聲。肖象頭身尾之形，即蜎之古文。"但正如《段注》所云，蜎爲"蟲之至小者"，即井水中之孑孓。蟲小到連肉眼都不易看清，如何能象其頭身尾之形來造字？大凡象形字，都是用來表達自身形體顯明易見的事物，因知"肖"字必不爲象形。疑《說文解字》所云"从肉口聲"之"口"當音"圓"，其形作"〇"，爲"圓"字初文，于省吾先生認爲"袁"从"〇"聲，裘錫圭先生認爲 ⾣、⾣也从"〇"聲，皆其例。（參裘錫圭《釋殷墟甲骨文裏的"遠""狄"〔邇〕及有關諸字》，收入裘先生《文字學論集》，于先生說據該文引）。《說文解字·員部》謂"員"字"从貝口聲"，其"口"也正當音圓，堪稱"肖"字从"口"音圓之佳證。查"〇"（圓）"肖"古音同在元部，又同爲喉音，用〇作肖之聲符當之無愧。應卲《風俗通·姓氏篇》"楚有賢者環淵"，《漢書·藝文志》作"蜎淵"，是環、蜎音同近，蓋其聲母皆爲〇也。从肉〇聲之"肖"見於信陽簡"絹"字，2-13作 ⾣、2-15作 ⾣；〇已異化與口同形。大概由於"〇"已不單用，其音轉晦，而其形又與口相混同，所以楚文字因其口形置換成與〇音近之占，另造了从肉占（占、占）聲的異構字（⾣、⾣）；也可能是〇訛變爲口，而口與甘古文字常混同（猷字左上原作口，後亦變作甘），故又換用與甘音近的占。《字寶》載㦻、掂之異構字作拈，知甘、占談侵旁轉可通。但占、甘與〇據現有音系似不音近，不過楚方音當自成系，不必合於現有其他音系，正如楚文字用畬爲熊亦不合現有音系。總之，"占"或"占"即占卜之占，這樣比較容易解釋"肖"字的構形。楚簡中的"占"字獨用時亦有"占""占"兩種寫法，前者見197、198、208、250等簡，凡31次；後者見簡200、204、210、245等，凡9次。"肖""肖"同字，"占""占"亦同字，此非偶然的巧合，乃是"占"字在系統中書寫變體的對應表現。占之作占，猶古之作 古，周

之作 周，皆口内增筆異寫。至於 占又作 卣，比之 夌又作 遳或 厬、或又作 戈、民又作 逗、怎又作 㥏，曲筆乃俗寫增飾，無關構意，自當也是異寫之一。《包山楚簡·字表》將"綃""繢"分爲二字，不妥。

釋"㫖"爲"悁"、"綃"爲"絹"、"䣝"爲"郧"，投之簡文句意，皆能暢通無礙。如簡138反的"又㫖"即"有悁"，"悁"當訓仇怨。《說文解字·心部》："悁，忿也。"《史記·魯仲連鄒陽傳》"棄忿悁之節，定累世之功"，《楚辭·九歎·逢紛》"腸憤悁而含怒兮"，所用"悁"皆怨恨之義。"有悁，不可證"者，言與乙方有仇怨之人，不可爲甲方做證說話。這樣理解正好跟後兩句言有親情關係者不可爲親友作證的意思相對並列。楚簡文每言"紲綃之×"，"紲綃"即"生絹"，也就是未經練染的繒絲。《玉篇》："絹，生繒也。"因事關絲織物，又與從糸之"絹"字相連，故"生"字俗寫類化增糸而成"紲"，正如"排比"類化作"排批"、"胡餅"類化作"餬餅"、"騤耳"類化作"騤駬"，皆增旁爲之（參張涌泉《漢語俗字研究》63頁）。《包簡釋文》注611以爲"紲，似讀如牲，牛革"，恐不然。"生絹之×"即用生絹編織之物。楚地盛產生絹，常用來織物縫物，亦用作飾物，著名的長沙子彈庫戰國楚帛書就是用内粘生絹的竹笈裝盛的（參李零《長沙楚帛書的再認識》）。"䣝"之釋"郧"，則爲"鄖"之異構。《漢語大字典·邑部》："郧，同鄖，國名。《字彙補·邑部》：'郧，國名。'按《左傳·桓公十一年》：'我以銳師宵加于郧。'"又《說文解字·邑部》："鄖，漢南之國。从邑，員聲。漢中有鄖關。"朱駿聲《說文通訓定聲》："鄖，字亦作䢵，今湖北德安府安陸縣。"《左傳·桓公十一年》"鄖人軍于蒲騷"杜預注："鄖國在江夏，雲杜縣東南有鄖城。"鄖國春秋時爲楚所滅，其地屬楚。古代地名姓氏往往相因，有其地則有其姓。"鄖"亦既爲地名，又爲姓氏。《字彙·邑部》："鄖，姓。"包簡中無"鄖"字，而有"䣝""䢵"，用法上似有分工：鄖姓用"䣝"（郧）表示，鄖地則用"䢵"表示。䢵字見於簡22-1、24-1、30-1、151-1、191-3，凡5次，形作 。同符異構字按義項分工使用，是楚國簡帛文獻用字的規律性現象，如"畎"與"剌"異構同詞，而"畎"作地名"剌"則用爲姓氏，正與此同。我們將在字用學中系統研究這種現象，此從略。

又望山二號墓亦見"肓"字，《望山楚簡》考釋8云："戰國文字'甾''由''占'等偏旁往往相混，疑'肓'爲從'肉''甾'聲之字，'肓紬'當讀爲'緇紬'，即黑色之紬。"今按，將"肓"看成從肉甾聲之字，用於"肓紬"固然可通，而對"生綃""又㫖""䣝公"等辭例來說，則似乎難以作出合理的解釋。因此我們認爲還是釋爲"肙"比較容易得到系統的接受。"肓紬"讀爲"絹綢"也是說得過去的，似乎不一定要讀爲"緇"。

又望山二號墓簡8有"生䊷之裏"的說法，顯然與包山簡"生綃之經"之類的說法同例，望簡的"䊷"就是包簡的"綃"。前者既可以看作後者的省體（省去"肉"構件），也可以當成另從"占"聲的同符異構字（"占"與"肙"字異聲同），其關係猶"砛"之與"岑"、"佔"之與"侶"、"苦"之與"苕"等等。《望山楚簡》118頁考釋〔37〕："'生䊷'亦見二五號簡。'䊷'疑當讀爲'纖'。《方言》卷二：'繒帛之細者謂之纖。'"恐未必然。

（八）"曰"與"尹"

仰簡 11 有字作 ▨，郭若愚《戰國楚簡文字編》楷定作"繵"，並考釋説："《汗簡》：'▨，尹。見《尚書》。'《説文》：'▨，古文尹。'繵爲從糸尹聲字。當是綑字，通茵。蓐也。《漢書·霍光傳》：'加畫繡綑。'注：'如淳曰：綑亦茵也。'《説文》：'茵，車重席。'《儀禮·既夕禮》：'加茵，用疏布。'注：'茵，所以藉棺者。'疏：'加茵者謂以茵加于抗席之上，此説陳器之時。云用疏布者，謂用大功疏粗之布。''疏布之繵'謂以有畫飾之布爲茵。此'疏布'與'大功疏粗之布'不同；與《霍光傳》之'加畫繡茵'是相似的。"

今按，既然 ▨ 爲尹，則 ▨ 當云從且絅（尹）聲，但從且於義無取，故郭改云"從糸尹聲字"，不想字中的"且"卻沒有了著落。形義不相應，難圓其説。其實，楚文字的"▨"形既可釋尹，也可釋曰（帽字初文），爲數字同形現象。釋尹者除單用外又見 ▨（群）、▨（君）、▨（笋）等字；釋曰者則有 ▨（冒）、▨（暴）、▨（暴）等字。該字所從之 ▨ 不是尹而是曰（帽），因而應楷定爲"曷"，分析爲從曰從糸且聲而釋爲"絭"或"冔"。《廣雅·釋器》："絭，冠也。"王念孫疏證："絭，一作冔。"《釋名·釋首飾》："冔，殷冠名也。"《詩經·文王》："厥作祼將，常服黼冔。"鄭玄注："冔，殷冠也。"《儀禮·士冠禮》："周弁，殷冔，夏收。"《禮記·檀弓下》："周人弁而葬，殷人冔而葬。"冔雖説是"殷冠"名，其實後代的冠也可以稱冔，正如弁爲周冠名而後世之冠亦可稱弁也。上引《詩經·文王》作於西周之後，卻用冔字泛指冠帽，正是其例。冔從曰吁聲，吁又從于聲；絭從曰從糸于聲；曷從曰從糸且聲；三個字樣主要義符相同，聲符也相同近（于、且上古皆在魚部），實爲同字符之異構。因此，仰簡 11 之"曷"當指冠帽而言，"綻布之曷"者，綻布之帽也。

裘錫圭、李家浩二先生似將"曷"直接釋爲"緢（冒）"（參《望山二號墓竹簡考釋》〔31〕）。無獨有偶，包簡 259 又見 ▨ 字，《包簡釋文》楷作"韗"，考釋（543）云："韗，讀如帽，字從韋從冒，可能指皮帽。"今按，將上舉二形直接釋爲從"冒"之字固然可備一説，但於形似覺略有未安。原字形右下皆著有橫畫，疑非"目"字寫法（雖然金文中"相"字目旁有下加橫畫的寫法，但楚國簡帛文字幾乎所有的目字都不加橫畫），而實爲"且"字，然則該字樣應當楷定爲"韗"。韗字從曰從韋且聲，實與上述從曰從糸且聲之曷爲同一字符，亦當釋爲"冔"。韗與曷爲置換義符的異構字（韋、糸義相通），絭與曷爲置換聲符的異構字（于、且聲相通），兩者可以互證。

（九）從"于"之"平"

包簡 87、116 有"▨"字，《包簡釋文》摹而未釋，《字表》放在"未隸定的字"中。黃錫全《校釋》釋爲"兮（？）"。

今按，"▨"當釋爲"平"。知者，簡 86"▨"釋"陓"，簡 163 以及簡 180 之"▨"釋"挎"，簡 85"▨"釋"胯"，《説文解字·大部》："夸，奢也。從大于聲。""夸"旁所從之"于"跟"▨"字下部相同，是"▨"從"于"從"八"無疑。《説文解字·亏部》："平，語平舒也。從亏從八，八，分也。"亏即于，然則"▨"正當釋"平"。楚簡

坪字作 ■、■、■ 等形，所從聲旁正是"平"字，與上釋"⊕"字形近，只是將"八"的兩筆下移，有的另增飾筆而已。可知簡87"大⊕尹"即大平尹，簡116的"■⊕尹"即■平尹，皆爲地名或官職名。

（十）勺、瓜、虫、它

《包簡釋文》所釋從"勺"之字有釣（265）、約（268、271、牘1）、鈞（262、268、277）、邠（190）等共四字九次。已有學者指出簡265的■當釋爲"鈲"（黃錫全、李天虹），262簡的■當釋爲"瓯"（李天虹），其説皆是，而言有未盡。

今按，甲金文未見獨用之勺字，從勺者有"衿"，作■、■（我鼎），江陵楚簡勺作■，馬王堆一號墓竹簡作■，帛書縱橫家書作■，漢代璽印作■，皆一脈相承。《説文解字》："勺，挹取也。象形，中有實，與包同意。"段注："外象其哆口、有柄之形，中一象有所盛也。與包同意，謂包象人裹子，勺象器盛酒漿，其意一也。"上舉簡文字樣與此"勺"形相符者只有190之■、277之■兩字而已，其余皆當另尋他釋。除上述已有學者指出"勺"當作"瓜"者外，還有■（268-1）、■（牘1-2）、■（271-2）、■（268-2）、■（268-2）等幾形可疑。

仔細觀察，這幾形右邊所從構件的共同點是右上都有歧出之短捺，從而構成虫字頭（楚簡虫字多作■形），與勺形之單筆長柄迥然有別；其下部又皆作回旋形，一筆連成，也與勺形"中有實"而離斷者差異很大，所以肯定不是"勺"字。這幾個形體雖然下部之回旋方向、回旋長度甚至筆法都不同，但應該是同一個構件，從"糸"的三個字形辭例相同就是很好的證明。黃錫全《校釋》曾將簡268的■形釋爲"融（？）"，即以右邊所從爲"虫"。從"虫"字的形體發展來看，似有此可能。但如看作"虫"，則無論是從糸的"絀"，還是從鼠的"融"，都無法讀通簡文。字書無"絀"字，故其音義不明。從鼠從虫之字見于《集韻》或體，《集韻·語韻》："蟖，蟲名。《博雅》：蝛螬，蟋蟋。一曰蟖蜴。或從鼠。"然則"鼣"與"蟖"同字，是螽斯的別名，作爲昆蟲，當然不會是簡文之義。

甲骨文虫與它同形一字，均作■或■（參《甲骨文編》509頁），疑包簡■形是由甲文分化而有意識地要與■（虫）形區別，實爲"它"字。簡文中的"它"一般寫作■（164），直承金文；此作■者，似承自甲骨。一字多形，來源不同，楚文多有這種現象，如"于""舟""矢""朱"等都有並行的幾種寫法。然則上舉前三形從糸者當釋爲"紽"，後二形從鼠者當釋爲"鼣"。"紽"字見於《詩·召南·羔羊》："羔羊之皮，素絲五紽。"孔穎達疏："素絲爲英飾，其紽數有五。"《廣雅·釋詁四》："紽，數也。"王念孫疏證云："五絲爲紽，四紽爲緎，四緎爲總。"又《集韻·戈韻》："紽，絲數也。通作它、他。"簡文描述的是車飾，稱"紃紽"或"紛紽"。《包簡》考釋（614）云："紃即以彩色絲線織成的條帶"，"紛如綬有文而狹者"。然則紃、紛都是絲線類的帶狀裝飾物，"五絲爲一紽"，故稱"紃紽""紛紽"，猶言一束紃帶或一束紛帶也。"紽"本相當于量詞，卻置於名物之後，此猶"花朵""車輛""馬匹"之比，亦漢語構詞之固有者也，不足爲奇。"鼣"之辭例有"鼣緹"和"鼣長"，爲車上所載之物。《廣韻》"鼣"音"徒河切"。《玉篇·鼠部》："鼣，鼠名。"《正字通·鼠部》："鼣，鼣鼣鼠。生西番澤中，穴土爲橐，形似獺。"《本草綱目·獸部·土拔鼠》："……《唐書》有'𪖙𪖙鼠'，……皮可爲裘，甚暖，濕不能透。"《漢語大字典·鼠部》："𪖙𪖙，又名旱獺、土拔鼠，松鼠科。體粗壯，頭闊耳小，四肢短而強壯。一般爲土黃色，雜以褐色。生活在草原、曠野和岩石地帶。……然毛皮柔軟珍貴。""縋"當釋爲"緅"，包山簡從出與從止偶有混同，縋從止實爲從出。《玉篇·糸部》："緅，緅狄，衣也。""長"讀爲"韔"，《詩經·小戎》"虎韔鏤膺"毛傳："虎，虎皮也；韔，弓室也。"包簡271有"虎長"，正是《詩》之"虎韔"。然則，簡文"𪖙縋"即"𪖙緅"，指用𪖙鼠皮毛制作的衣物；"𪖙長"即"𪖙韔"，指用𪖙皮制作的弓套。

（十一）"几"與"丙""穴"

包簡266記載木器有"一房▨"，其中"▨"字原形作▨，與楚文字常作干支用的"▨"形明顯不類，疑原釋有誤。黃錫全《校釋》改爲"宆（宏）"，亦與簡文所從"穴"字的寫法不類，恐仍可商。

今按，原形下從"日"，上爲"几"字之異寫，實與楚簡中常見辭例"旮中有喜"之"旮"字同構。《望山楚簡》93頁考釋〔39〕云："'旮'字從'日''几'聲。信陽楚墓竹簡二〇八號'一房机（几）'，'机'字寫作▨，右旁所從即'旮'字。又望山二號墓四七號簡'▨'字所從疑亦'旮'字。'几''季'古音極近，'旮'當是季節之'季'的專字。'季中'指一季三個月的時間之内。一説'旮'爲'昏'之訛體，當釋爲'期'。'期中'指卜筮所問的時期之内。"然則包簡的"一房旮"正是信陽簡的"一房机"（郭若愚釋信陽簡"机"字爲"栓"，亦誤從"穴"），其字皆假作几案之"几"用。

（十二）"季"與"𠇑"

包山楚簡259記載："相尾之器所以行：……一魚皮之縷，一▨韠，二緹婁……。"《包簡釋文》考釋（546）云："壓（引者按，當作韠），借作裝。《説文》：'裝，裹也。'韠，借作袚，《方言四》：'蔽膝，江淮之間或謂之袚。'"

今按，▨字所從聲旁"季"在包簡中曾單用四次，分別見簡88-2、168-1、172-2、175-2，全都用作人名。《包簡釋文》皆釋讀爲"𠇑"，故從韋之字亦取"𠇑"聲爲説而讀爲"袚"。但楚簡帛另有"𠇑"字作"𠇑"，凡41見而並無異寫，"𠇑"與"季"上部形體沒有變體關係又無歷史異源的傳承，似難認同。而且簡文"縷""婁"皆言鞋具，此物介於二者之間，似應該與縷、婁同類而不必爲蔽膝之"袚"。幸好望山楚簡也出現了從"季"之字，恰能給我們以啓發。查《望山楚簡》89頁考釋〔20〕云："'心'上一字簡文屢見，三八號簡作▨，一七號、三七號省'心'作▨。此簡（引者按，指一號墓九號簡）寫法與後者略同，但在'子'之豎筆左側加一斜筆，似借'子'字下部兼充'心'旁。據字形分析，三八號簡似是從'心'從'子'從'丌'，一七號、三七號簡似是從'字'從'丌'。'丌''其'古通，'其'字古音與'亥'相近。《淮南子·時則》'爨其燧火'，高誘注：'萁，讀荄備之荄。'《易·明夷》'箕子之明夷'，陸德明《釋文》引劉向本'箕子'作'荄滋'。《孟子·萬章下》'晉平公於亥唐也'，《抱樸子·逸民》'亥唐'作'期唐'。'季'和'𠇑'可能都是'孩'（《説文》以爲'咳'字古文）的異體。

据简文文义，此字当與心疾有關，疑當讀爲'駭'。《説文》：'駭，驚也。'"然則包山簡中用作人名的"季"也可以釋爲"孩"，而從"季"聲與縷、婁并列的"䩞"則可分析爲從韋孩聲，可能就是"鞋"的異構字，鞋、孩今南方話仍然同音。鞋、縷（婁）雖然同類，都屬于"所以行"的腳具，但其形狀和具體功用可能有所區别。

又，上述"季"及從季之字似乎也可以作另外一種釋讀。"季"字从"子"，"亓"聲，可能是孟仲季或季子之"季"的本字，然則望山簡從心從季之字當釋爲"悸"，心悸正是一種病態；而包山簡從韋从季之字則可釋爲"屐"，屐也是鞋的一種。亓古音在之部，屐爲支部，季屬質部，這幾個韻部古音可以通轉，詳參王力《同源字典》。如此，形音義亦皆可通。

三　與理據的分析解説有關之字

漢字構形學告訴我們，漢字的形體不是隨意亂畫的，從理論上説，每個字形的構成都是有理據的，東漢的許慎在《説文解字》中就知道某形與某形"同意"，認爲漢字的形體"厥意可得而説"，這個"意"就是造字的用意，亦即構形的理據。考釋一個字，應該弄清楚它的構形理據。構件的形體異寫繁富，變化多端，認同別異時常有可此可彼、亦此亦彼的情況，這時構形理據往往起決斷作用；即使構件明確，不同的理據關係也常常產生不同的釋字結果。理據是可以類別的，也有規律可循。我們曾經對楚簡帛文字的構件功能及構形理據作過初步歸納（詳《楚國簡帛文字構形系統研究》第三章），利用已有的理據模式或功能原理來考字，可以提高識字的效率和準確性。下面所舉是這方面的字例。

......
（按，此標題下原舉有八條例證，其中六條跟刊載於日本《中國出土文獻研究》第 2 號的《釋讀出土文字應當注重構形理據》文重，故此處刪除，只保留不重複的兩條。）

（一）釋"章"

有時候釋讀上沒有什麼問題，甚至是常見字，但由於形體的變異、文字功能的分合等原因，現在看來構形理據不一定十分清楚。利用早期的古文字形體和系統的構形規律來考求這類已釋字的構形理據，可以幫助我們弄清其本形本義，從而更好地掌握字詞關係及其形義演變情況，不但知其然，而且知其所以然。

《説文解字·音部》："樂竟爲一章。從音從十，十，數之終也。"

今按，章之古文不從音從十，當另有其形義理據。金文章字作 䇂、䇂、䇂、䇂 等形（《金文編》154 頁），楚帛書作 䇂，信陽楚簡作 䇂，包山簡作 䇂，可見章字本是從"辛"從"曰"交叉構形。林義光《文源》：章字"不從音，亦不從十。本義當爲法。從辛；辛，罪也。從曰束之，法以約束有罪也。"朱芳圃《殷周文字釋叢》："按林説非也。字象薪燃燒時光彩成環之形。《書·堯典》'平章百姓，鄭注：'章'明也。'《易·豐·六五》'來章有慶'虞注：'章'，顯也。《國語·周語》'其飾彌章'韋注：'章'，著也。'是其義也。孳乳爲彰，《説文·彡部》：'彰，文彰也。从彡章，章亦聲。'……或从口，附加之形符也。"其實，所从"曰"形無論如林説象徵法以束之，抑或如朱説像火光成環之形，都嫌虛泛，而且缺乏類似形義的支持；所从"辛"亦未必非罪即薪。郭沫若《甲骨文字研究》："辛、䇂實一字……字乃象形，由其形象以判之，當系古之剞劂。《説文》云：'剞劂'，曲刀也。'"其實"辛"就是鑿子或刻刀；所从"曰"形也可以看成"田"形（田之豎畫與辛之豎畫合筆），乃爲象徵鑿刻之印痕。因此，"章"之構形理據應是以刻刀（辛）鑿刻字畫（曰）；《伯ぎ父鼎》有"￥"字，从廾持辛刻目（與曰同意），也許是"章"的異構字。然則"章"所表字符本義應爲"刻畫"（動詞）或刻畫形成的"花紋"（名詞）。《史記·屈原賈生列傳》："章畫職墨。"章言服飾，即是刻畫義；《尚書·皋陶謨》："天命有德，五服五章哉。"章言服飾，即爲花紋義。引而伸之，則有彰顯、印章、章節、章法、文章等義。

"曰"（田、目）作爲刻畫印痕，不但切合本字形義，而且可以舉出許多類似的字例爲證。彫初作周，正如彰之初作章也。甲骨文周有 ▨、▨、▨、▨、▨ 等形（參《甲骨文編》43頁），金文近同，有 ▨、▨、▨ 等形，或增口作 ▨、▨、▨、▨、▨ 等（參《金文編》70-72頁）。朱芳圃《論叢》："按 ▨ 象方格縱橫，刻畫文采之形，當爲彫之初文。《説文·彡部》：'彫，琢以成文也。從彡，周聲。'《廣雅·釋詁》：'彫，畫也'。又《釋言》：'彫，鏤也。'"又"畫"字，金文作 ▨、▨、▨、▨、▨、▨、▨、▨、▨ 等形（參《金文編》203頁）。郭沫若《甲骨文字研究後記》："古金文畫字作 ▨，從聿從周，當系以規劃圓之意。"朱芳圃"按郭説是也，惟釋周爲圓周之周，尚差一間。余謂聿所以作繪，▨ 即所畫之文采也。或从玉，林義光謂'此爲刻畫之畫，與珊从玉同意'（文源6-30）。其説是也。《爾雅·釋言》：'畫，形也。'郭注：'畫者爲形象。'《釋名·釋書契》：'畫'，繪也。以五色繪物象也。'此本義也。"深受楚文字影響的曾國文字出現了"畫"，其形體也是从"聿"畫"周"（參《曾侯乙墓》）。由上述可見，周（彫、珊）、畫、章等字所从的"曰"（田）及其相關各形都是用來表示刻畫之印痕的，然則"章"之从辛从曰，構意爲以刀刻畫，必無疑矣。"章"與"畫"的字形造意近同，但有工具从"辛"从"聿"之別，章重在刻，畫重在繪，故上舉《史記》"章畫"連言互補。後來畫字孳乳出割，兼含刻、繪兩方面的意思，章的刻畫之義就漸漸消失而鮮有人知了。又章（彰）與周（彫）古音同在章紐，似亦爲一聲之轉，故音近而義得通。

（二）釋"贛"及相關諸字

《説文解字·貝部》："贛，賜也。从貝，竷省聲。▨，籀文贛。"徐鉉等曰："竷非聲，未詳。古送切。"查《夂部》："竷，繇也，舞也。樂有章，从章；从夅，从夂。《詩》曰'竷竷舞我'。苦感切。"段注："繇當作䌛、䌛，徒歌也。上'也'字衍。謠舞者，謠且舞也。"又《玉篇·夂部》："竷，和悦之響也。今作坎。"

今按，"章"之初義爲刻畫或花紋，構字時無用樂章義者，故"竷"字从章从夅从夂，難會"謠舞"之義，亦似與"和悦之響"無關。考《集韻》有"韽，鼓聲"。音匹降切，又音去绛切。但"韸"字从章从夅，與"鼓聲"之義似乎也不切合，疑亦有訛誤。遍觀楚文字甚至整個漢字中从"章"之字，其義皆與章字沒有什麼直接聯繫，因爲"章"字的形義比較具體，難以抽象顯示，所以漢字中未見用它作義符，而大都是聲符。因疑"韸"字亦當从"章"聲。考包山簡有 ▨（255，256）、▨（264）、▨（244）等字，其中的構件"欯"皆爲聲符，應是成字構件，但未見單用，其義不明。疑《集韻》"贛"字實爲包簡"欯"之訛。"欯"字應當分析爲从欠章聲。从"欠"之字多與聲音有關，如欨，《集韻》訓"氣出聲"；欦，《説文》訓"呻吟"，《集韻》訓"痛聲"；欻，《玉篇》訓"急怒聲"；歌，《廣韻》訓"大笑"；欣，《玉篇》訓"聲也"，《字彙》訓"和悦也"；欽，《集韻》訓"聲也"；款，《集韻》訓"聲也"；蚊，《餘文》訓"笑聲"；飲，《玉篇》訓"飲聲"；歐，《集韻》訓"唾聲"；歁，《説文》訓"歉也"；欻，《玉篇》訓"聲"，《集韻》訓"怒聲"；其他如歎、歌、歐、歡等常見字也莫不關涉聲音。"欯"从欠章聲，用爲象聲詞是順理成章的，故《集韻》訓爲"鼓聲"。楚簡欠字與次字同形，寫作 ▨，很容易訛變爲夅。因知"欯"之本義存於"韸"，而"韸"之初形則存於"欯"也。

既知 韸即 欯字，則包山簡之贛亦即《説文解字》之贛也；既知 欯字从欠章聲而訓"鼓聲"，則贛實爲从夂从 欯會意，欯亦聲。欯爲鼓聲，夂爲緩步，故能訓"緟舞"。而"贛"訓賜也，則當分析爲从貝 欯（韸）聲或贛省聲。至於後世字書常見的"贛"字，亦當爲"贛"之進一步訛變，也可能直接從"贛"字訛變，都應該看作"贛"的異寫變體。因而又知包簡之 欯、▨實即《玉篇》之 ▨也。總之"贛"與"贛"是同一個字符，都由"贛"字訛變而成。《漢語大字典》不察其間關係，將"贛"歸入立部，而"贛"字歸入貝部，又不注"同×"參見，是明顯誤分爲二個字符，但其注解卻又同引《説文》"贛"字條，只在贛字條下將所引《説文》的"贛"改爲"贛"而已。如此處理，大謬不然，其原因就在於沒有弄清它們的形義關係，所以無法判斷"贛"與"贛"究竟是不是一個字符，以致造成分不像分、合不像合的尷尬局面。

"贛"（贛、贛）本訓"賜也"，文獻中多假借爲地名、水名字，其形體或又增水作灨，或又簡省作贑。《集韻·感韻》：「灨，水名，出南康。或作贛、贑。」《山海經·海内東經》：「贛水出聶都東山。」郭璞注：「今贛水出南康南野縣西北。」江西有贛水，而其地亦簡稱爲贛州。由於贛（贑等）字的形義淵源失傳已久，後世附會之説難免。宋人王象之《輿地紀勝·贛州》：「章、貢合流爲義。二水爲章、貢，左右擁抱，合流城角，於文爲贛。」象這樣來解釋"贛"字形義，大概就是所謂"俗字源"吧。

又"贛"（贛、贛、贑）"韸""韸""灨""欯（▨）"等字都以"章"爲聲源，其始音當讀在陽部，後一般轉讀侵部，乃是語音歷史演變的結果。今湖南衡陽方言仍然唐、譚讀音不分，即爲上古陽、侵兩部音近的活證；又焦氏《易林·萃》：「黿羹芳香，染指勿嘗；口飢於手，公子恨饞。」談部之饞與陽部之嘗押韻，而談侵兩部至爲密切，亦透出古音陽、侵相近的信息。至於韻書字書又往往讀冬或東部音（如《廣韻》有"古送切"，《集韻》有"匹降切"等），則可能是受到訛誤字形中"夅"字或"貢"字的讀音影響而把"章"分析爲形符的緣故，這正是所謂"音隨形變"現象，跟"舅"訛變爲"䚛"而音男、"切"訛作"𠛎"而音刀、"薩"訛變爲"薩"而遂音隆等等是同類現象（參張涌泉《漢語俗字研究》368—378頁）。

附記：此條可參見《曾侯乙墓竹簡釋文與考釋》515頁考釋（107）、《望山楚簡》128頁考釋（135）及載于《江漢考古》1984年2期的《楚國官印考釋》。裘錫圭、李家浩等先生已經指出"贛"本從"欶"聲，乃見於戰國時的"贛"字之訛。但他們認爲"欶"實從"欠"聲，則恐未必然。雖然"欠""章"音近，似乎任選一個作聲符皆可，但從理據的系統性來說，"從欠章聲"要比"從章欠聲"好解釋得多，因爲"欠"可作該字義符而"章"無法承擔義符的責任，否則將與它們的一貫構形功能不合，難以爲系統所接受。

四　與省借變異有關的字

有時，某些字樣的構件難以確認，理據無法説明，很大程度上是由於形體發生了省借變異。不明省變，是造成形義誤釋的重要原因之一。省借是指構件或筆畫的省略和借用，借用的筆畫或構件在字樣中一般能夠找到，而省略的成分則可能用記號代補，也可能用部分代整體或空闕不留痕跡，無論是省略還是借用，往往都伴隨着移位和形變，如此等等，考字時需要根據不同情況先恢復其本來的面貌，然後才能解釋其形義關係。例如：

（一）釋"酉"

包山楚簡221-1：⿰⿱⿱月已酉之日

今按，包山簡干支字"酉"皆用"酉"表示，無作"酉"者。簡255-2另有酉字，作⿰，與葝字相連，原《考釋》（511）："葝葝，茜，讀如蒨。……葝，讀如苬。……蒨，《說文》以爲水邊草。蒨苬，即生于水中之苬。"此簡"茜"字原寫形作⿰，形義均與茜不同，釋"茜"當誤。⿰形上部雖像"中"，其實爲"木"之省。"木"居字上時通常省作⿰，如簡232楚字作⿰，簡7酉字作⿰，簡239柰字作⿰，簡247作⿰，簡5、146、154等新字作⿰，簡202作⿰，皆是。這裡的"木"下接"酉"之上橫，"酉"的上橫下彎，正巧與"⿰"之下部相合共用，于是看起來像是從中。酉字從木酉聲，包山簡中凡8見；字形又寫作⿰，將"木"移置"酉"内，而省去"酉"中表花紋的筆畫，凡27見。從木從酉聲之⿰，似爲楚國表干支的專字，不見有別的用法。簡中另有"酉"字，凡13見，皆表酒食不表干支，可見酉與⿰字符功能不同。

《包山楚簡》釋文將所有寫作⿰形的酉都誤釋爲"酉"，從而混淆"酉"字的用法，蓋亦不明"酉"字可以移木省變所致。

（二）釋"年"

包簡164-1有⿰字，《包簡釋文》摹而未釋。黃錫全《校釋》釋爲"末"。

今按，"末"字當從木，雖然古文字從木從禾時常通用，但那是在表示義類的情況下，作爲指事字，末與本相對爲義，似不可能換從禾，事實上也未見另有從禾作者。我們認爲當釋作"年"字。《說文解字·禾部》："年，穀熟也。從禾千聲。《春秋傳》曰：

'大有年。'"簡文用爲人名（宋年）。該字形"千"橫在上，禾、千之撇和豎又兩筆共用，故省變難識。

簡 126、127、128 亦有"年"字，爲同一人名（陽年）。字形"千"橫在下，作 ✦、✦，但也借用了"禾"的筆畫，前形借豎爲撇，後形撇豎都借。筆畫共用，同字異寫，是古文字的常見現象，無須例證。其實，甲骨文年字從人負禾，禾、人原本就可以合筆書寫，如 ✦、✦、✦、✦、✦、✦、✦、✦ 等（《甲文編》309—301 頁）；✦（甲534）則直接以"禾"爲"年"，實際上也是借禾的上部爲人。金文年字開始在人形上增點或增橫或增撇以爲飾，而禾與人仍多合筆，如 ✦、✦、✦、✦，其中第一形、第三形正與簡 126、127 的寫法相同。值得注意的是，金文"年"字的點或橫也有加在禾字中部的，如仲簋作 ✦，者尸鐘作 ✦，剌鼎作 ✦，這樣，我們說簡 164 的 ✦ 爲"年"之變體，想必不至於荒誕了。從增筆位置不定（可上可下可中，可在人左可在人右）、筆形不一（或點或橫或斜撇）、數量可一可二的情況來看，金文"年"字尚未改從"千"聲，只是在從禾從人的字形上增加了裝飾性筆畫而已。《說文解字》分析爲"從禾千聲"，不過是根據篆體加以規範而作出的理據重解。

（三）釋"巺"

包山楚簡有"✦"字，見於 69、111、176、182 等簡。《包簡釋文》摹而未釋，各家亦無說。

今按，字當釋爲"巺"，《說文解字·巳部》："巺，長踞也。从巳，其聲。讀若杞。"段玉裁注："居，各本作踞，俗字也。《尸部》曰：'居者，蹲也。'長居，謂箕其股而坐。許云巺居者，即它書之箕踞也。"徐灝箋："箕踞，即今人之盤足而坐耳。……巺从巳者，盤屈之義。其即古箕字。《玉篇》訓巺爲跽，亦跪坐也。"甲骨文"巺"字作 ✦（前 3-18-4），金文作 ✦（無巺簋）、✦（師簋）、✦（巺伯子妊須），下均從"其"。包山簡"其"字都借"丌"爲之，故"巺"字之形亦當寫作"✦"，從巳丌聲。但書寫求簡，構件"巳"之下橫劃與構件"丌"之上橫劃合筆，于是寫成了"✦"。此猶璽印文字"忌"寫作 ✦ 形（參《古璽文編》263 頁"忌"字條），故知"✦"就是"巺"。簡文"巺"字用作人名。

（四）釋"鼠"

帛書乙篇有三個"✦"字。商承祚、李學勤、李零等先生皆釋"鼠"，嚴一萍釋"豸"，饒宗頤釋"兄"，何琳儀、劉信芳釋"兒"。曾憲通先生《長沙楚帛書文字編》認爲，江陵楚簡屢見貞人"鄝䰞"之名，䰞字有 ✦、✦、✦、✦ 幾種寫法，與《汗簡》䰞字作 ✦ 及三體石經豹之古文作 ✦ 相同。然所從鼠旁皆不作 ✦，殆非一字，而釋"兒"也形義乖違，故仍以釋兄爲是。兄字甲金文下部作帶爪之人形，義近的長、老所從人形亦如此作，皆與帛書下部全同，而上部從口從臼（齒）屬義近形旁，可以通用。

今按，包山簡從"鼠"之字共 12 個，凡 24 見，"鼠"字的寫法有省與不省兩種。省寫者所省的筆畫不盡相同：或如上舉江陵簡省去鼠尾，見簡 271-3、273-2、227-2、120-1、91-2、277-1、268-2；或省去鼠足之一，見簡 85-1 ✦、180-1 ✦、165-4 ✦、牘1-3【】等。可見並非"所從鼠旁皆不作【】",其實後一種省寫法與帛書"【】"形是完全一致的。相反,包簡"兄"字及從兄之字凡15個,竟無一例下從帶爪形的人字,形義相關的長、老所從人字也不帶爪;而且上部的口也未見作臼者,口、臼(齒)作爲義符相通應該是晚起的。因此,至少在楚文字的構形系統中,我們實在沒有理由將帛書的三個"【】"形認定爲"兄",而顯然應該跟包簡的"鼠"字認同,即看作"鼠"字的省寫變體。劉信芳先生否定釋"鼠"之説,其重要理由之一也是因爲鼠字沒有省云一足的寫法,看了上面舉出的字樣,相信是會修正自己的觀點的。釋作"鼠"符合字形的省變規律和包山簡從鼠之字的省變事實,對於帛書的文例來説,也並非不能夠講通,李學勤等先生已有過解説,此從略。

(五)釋"褮"

包山楚簡16：僕 褮倌 頵(夏)事將法

原注(47)："褮,勞字。簡文作【】,《説文》古文勞作【】,金文作【】(素命鎛),與簡文形似。"

今按,《説文解字·力部》："勞,劇也。從力,熒省。熒火燒冂,用力者勞。【】,古文勞從悉。"按之簡文,形義皆不合。素命鎛之字作【】,齊叔夷鎛有【】,皆從衣從熒省(金文中實際上有獨用之"炏",故亦可不看作"熒"省,此依《説文解字》),當釋爲"褮"。中山王墓大鼎有"勞"字,上從炏下從心,蓋即《説文解字》所本,實與從衣之褮不屬同一字符。《説文解字·衣部》："褮,鬼衣。從衣,熒省聲。讀若《詩》曰'葛藟縈之'。"錢大昕《論説文》："《儀禮·士喪禮》：'幎目用緇'。鄭讀幎爲'葛藟縈之'之縈。而許亦讀褮如'葛藟縈之',則褮即幎也。幎者,覆面之衣,小斂所用,故有鬼衣之稱。"楚簡衣字常省爲【】,如【】(襦)、【】(袽)等,此簡字樣下部亦爲衣之省,上部炏即熒之省,故與素命鎛及齊叔夷鎛之【】爲同一字符,亦當通釋爲《説文解字》之"褮"。褮倌,蓋即管理喪服之家臣。楚簡中"褮"字亦有不省衣者,如簡189-3"登褮"之褮寫作【】,从衣熒省聲(或炏聲),用爲姓名字。

(六)釋"瘦""瘍"

包山簡12有"大【】【】",簡13有"大【】【】";相應地,簡126和簡127也分別有"大【】【】"和"大【】【】"。

《包簡釋文》將上述"大【】"後的四個字樣全部楷定爲"疸"。湯余惠先生《包山楚簡讀後記》曾指出簡12的【】"右旁疑爲复省,簡文鄭作【】10、【】172,可參看",故釋爲"瘦"。

今按,湯説是。包簡"复"旁有兩種並行的寫法,一如湯氏上舉,一作上如辛形,見包牘1-3【】(複)、簡207【】(腹)。可見簡12字的寫法正來自第二種上作辛形的寫法。簡126的【】亦當是"瘦"字的另一種省寫,故仍當釋作瘦。但簡13及簡127的【】與上述瘦字各形明顯不同,應該不是同一字符,因而既不能如原釋楷作"疸",也不能因湯氏釋12簡之【】爲瘦而類推皆改爲"瘦"。將上述四簡各形看作同一個字符,可能是受到它們前面都有"大【】"二字的影響,以爲四簡指的是同一人。其實,簡12與簡13相對，前面的大宰瘦是"啓漾陵之參鈸"者，而後面的大宰㾂則是"內（入）氏籌"者，並非一人；同樣，簡126與簡127也正好相對，大宰瘦是"言胃（謂）"者，大宰㾂也是"內（入）氏籌"者。可見簡12與簡126爲一人，簡13與簡127則爲另一人，四簡同事對言，涉及兩位大宰。"大宰"是官職，其後爲人名，不同人可以擔任同一官職，故"大宰"後之姓名不必指同一人。大宰瘦已如上述，大宰㾂則當釋爲大宰"痎"。痎字原形右部從"亥"沒有問題，左邊似從"爿"而實從"疒"，楚簡疒與爿作爲構件用每每混同，如"癥""痨"等字都有從疒從爿兩種寫法，實際上是同一字；"痎"字的原形也可以這樣分析，即把右上部的兩橫看作"亥"與"疒"的共同筆畫，那麼"疒"就成了疒的常見寫法。"痎"字見於《說文·疒部》："痎，二日一發瘧。從疒，亥聲。"簡文用爲人名字。以病名爲人名，簡中多見，傳世戰國文獻亦多見，蓋時習如此。

（七）釋翌、瘂

包山簡10有瘂字，原書楷而未釋。黃錫全先生《校釋》注（5）："瘂，從疒從羽，即瘧字。下面'二'爲飾筆，如同簡251食作飤，簡2命作含等。簡189有翌字，也應釋羽。簡188瘧作瘂。瘂亞夫（188）即羽亞夫（189）。"

今按，瘂字李天虹釋瘧，知其翌必是釋羽；林澐先生釋翌爲羽，知其瘂亦當釋瘧。何琳儀則分別釋爲翏和瘳。但各家在字形上似都沒有令人信服的說明。黃謂"二"爲飾筆，舉飤、含爲例。然飾筆是可有可無的，往往能找到沒有飾筆的原字，如飤、含有食（簡257）、命（簡7）與之對應；其他如"身"之于、"胃"月之于"下"、"上"之于"上"、"天"之于"天"等等，莫不如此。而"翌"用爲姓氏義時卻沒有寫作"羽"的，由此知"翌"並非"羽"字之增飾。

考簡268-3有翟字，牘1-1作翟，而簡276-2作翟，273-2作翟，其中的"翌"無疑是"翟"字的省寫，"二"即省簡代補記號，正如"象"可省爲"象"、"馬"可省爲"馬"也。據此，我們認爲"翌"應當釋作"翟"，"瘂"應當釋爲"瘂"。"瘂"字見於《玉篇》，訓"病也"，簡文讀爲"翟"。《通志·氏族略二》："翟，氏。亦作狄。"

形體的變異包括變化和異化兩種情況，變化只是形體的不同，而功能仍然一致；異化則形體變，功能也需要重新解釋。形體變異多半是歷時的，需要歷史的探源比較，局限於平面的構形系統往往難以解決問題。但共時的構形分析可以幫助我們發現問題，同時還可以作爲形體變異的參照或中介，從而使歷時的變異考察得以貫通，而變異形體一旦建立起系統的演變序列，或者歸納出類似的規律現象，從而揭示其形體變異的原委，那相關各字的構件和理據就有可能得到確認和解釋。下面是一些因形體異化而影響釋讀的例子：

（八）釋"赤"

包山簡102有人名作"貞炎"，《包簡釋文》楷定爲"貞炎"。

今按，炎非"炎"字，當釋爲"赤"。包牘1-1"赤金之鉎"，"赤"字正寫作炎。其字下部從火（楚簡火字多作火），上部從大。"大"作大者，乃受下部"火"字類化，故增兩點。俗書手寫常有這種類化變形的現象，如後世"糞"寫作"鱻"或"鱻"，"蠡"寫作"蠹"，"纖"寫作"纖"，"應"寫作"應"等等，都是受字內某部分形體影響而發生類化變形的結果（參見張涌泉《漢語俗字研究》68—69頁）。

又包簡272、276"赤金"之"赤"分別作👁、👁形，實際上也是因本字類化或無意識地增寫某一部分而產生的誤字，如果將這些字都釋作"炎"，就會與辭例文義嚴重不合，類化變異的形體也無法作出合理的解釋。

（九）釋"兹""嬨"

包山楚簡67-2有🔲字，《包簡釋文》楷定作"丝"，而未予任何説明。劉釗先生《包山楚簡文字考釋》以爲"丝字應讀作'兹'。兹，此也"。

今按，讀作艸"兹"是，訓爲"此"則疑非；且"丝"何以能讀爲艸"兹"字，應説明原委。其實，丝、兹、絲原本爲一字之異寫，構意皆象絲形，兹有絲頭，絲有須尾，丝則無頭無尾而已。甲文丝借作艸兹字用，後世遂誤與艸兹視爲同一字符，如《集韻·幺韻》："兹，古作丝。"《字彙·幺部》："丝，古文兹字。"實際上，"兹"訓草木多益，從艸丝聲，也就是絲聲或兹聲（《説文解字》以爲"兹省聲"），故艸兹字不當與所從聲符丝或兹同字符。然丝形單用時既常借爲艸兹字（注意不是絲兹字），遂成習慣；而絲兹因與艸兹形近相混，亦漸被廢棄；於是絲線義就只用"絲"形來表示了。楚文字"絲"字作🔲形，見於信陽簡2-02及2-15，已與丝形分工使用。包山簡中的"丝"正當讀從艸之"兹"，用爲姓氏。簡文云"不🔲虖丝🔲其田以至命，阩門又敗"，與常見的"不遷XX以🔲，阩門又敗"句法基本一致，相當于"XX"的"丝虖"當爲姓名而不應該訓爲代詞"此也"。《通志·氏族略四》："兹氏，姬姓，魯桓公之孫公孫兹之後。"

丝與絲單用時音義漸別（丝既讀兹音又讀幽音），發生了異化，而在構字時仍無差異。包簡🔲（繼）字、🔲（亂）字皆从丝而誤訓讀絲、治絲，可證；又戀字或从絲作🔲，或从丝作🔲，亦可證。

又簡89-2有🔲字，《包簡釋文》楷作"嬨"，固是。但字書無載，音義無法落實。劉釗以爲應釋作"嬨"，可取。嬨从慈聲，慈从兹聲，兹即丝也，是亦丝聲。故从女丝聲與从女慈聲其實一樣，可爲同字符之異構，正如🔲與🔲同字符、佁與侣同字符，皆聲母相同也。

（十）釋"城"

包山簡1：魯陽公後🔲鄭之歲

原注（4）：🔲《説文》籀文作🔲，與簡文形似，🔲即城字。

今按，🔲字原形作🔲，當楷定爲🔲或🔲或🔲，因爲字樣中在亯、土之外並沒有一個獨立的"成"構件，所從土是成的一部分，故成、土不能作爲同級構件而同時出現於楷定字中。記錄"城"這一詞項的字符初文甲骨文作🔲或🔲（參見《甲骨文編》550頁），從戌從午，午（杵）以築之，戌以守之，是爲城也。午字甲骨文象杵形，變而爲🔲、🔲、🔲、🔲，又變而爲🔲、🔲、🔲（均參見《甲骨文編》566頁），再變而爲🔲、🔲、🔲、🔲等（參見《金文編》998頁），與之相應，戚（城）也發生了種種變異：

在楚文字中，戚有🔲（包147-2）、🔲（包91-2）、🔲（帛乙10-29）、🔲（帛丙11-2）等形，顯然是與上述演變一脈相承而其來有自的。不過，戚（城）字本來從戌從午，到了楚文字，下部的午有的已與土完全同形，"土"可以看作"午"的變體，也可以當作土地之土，從而引起"理據重解"，形成歷時異構字。即將"成"理解爲从戍从土之字，築城用土，守城用戍，此與初文从杵从戍的構意近似，也與"或"（城、國）字从口从戈構意類同。可見無論从午還是从土，應該仍是同一字符，包簡120同一個"陽成公"，字符成前面寫作 咸，後面寫作 戌，可證。《包山楚簡》及《長沙楚帛書文字編》都將从午（干）者釋爲成，从土者釋爲城，分爲二個字符，實誤。

包山楚簡中的"䧹"是"成"的增旁異構字，從亯从土（午）从戍，或從亯戌（成）聲。"亯"爲"墉"的古文，增之以強化城牆義。該字形也見於金文班簋（䧹）、城虢遣生簋（䧹）、居簋（䧹）及《說文》所存籀文（䧹），只是其中的 咸仍从午而尚未變異爲土；或僅从戍，如元年師兌簋（䧹）及散盤（䧹）等，則所增墉的功能實類似於杵和土，亦當爲會意之構件。

那麽，《說文解字》所訓"就也，從戍丁聲"之"成"是怎麼來的呢，咸、䧹又爲何被"城"取代了呢？考甲骨文有 咸、咸、咸、咸、咸 字，一般釋爲从戍丁聲的"成"，《甲骨文編》550頁將其與上述从午的"咸"合在一起，都列於"成"字頭下，顯然受到說文的影響。其實，从口（丁）之"成"在甲文里只表商王成或成唐（成湯），與从午之 咸表城牆或城市義不同，當非一字。而且，甲骨文之後，從"口"（丁）之成突然失蹤，周代金文及六國文字中已很難找到从"口"（丁）及其變體的"成"，《說文解字》之"成"訓"就"，亦與从戈从口（丁）之形了不相涉，疑爲从"午"之成的變異，蓋源自秦文字之隸變。云夢睡虎地秦簡成作"成"（24-17-19）、"成"（10-1-7），很明顯，"丿"實爲上舉甲骨文从午之成中"丨"的隸寫，即將"丨"變爲斜畫并與戌中的短橫相連，就變成了"丁"（丁）。而"口"字獨體曾有 ▽→▽→丁→个 的演變過程，隸寫午成中的"丁"正好與口（丁）的變體近似，所以《說文》將它誤析爲"從戍丁聲"，其實它與甲骨文从戍"口"聲之字不一定有聯系，因爲我們看不到從 咸 到 成 的變化過程，不太可能小篆中突然冒出甲骨文的變體，何況《說文解字》解說的形義又無法密合，"成就"之義與从戍口（丁）聲的成湯義無關，而應該是从午从戍表築墻或城牆義的引申，築城而就其高、畢其功，故有成就、成功之義。

"城"字亦見於秦隸，睡虎地秦簡作 城（23-94-3）、城（11-1-4）、城（22-27-8）、城（22-22-6）、城（22-27-2），前兩形猶見从午之跡，後三形則已隸變爲丁，其變化過程與"成"一致，因知城也是从午之成的增旁字。增土與增亯同意，城與䧹爲同字符異構，其間沒有直接的傳承關係。增旁字與初文原本一字同義，但由於引申詞義的分化，增旁字與初文也分化成了二字，這種分化戰國時期已見端倪（如包山簡築城字只用䧹，而帛書築城義仍未增旁），至秦以後則判然有別，即築城、城牆、城邑等本義用城，而成就、成功、姓名等引伸義或假借義用成。

總之，我們認爲，甲骨文中从午之成相當于後世的城，而从丁之成則是商王姓名專字（或另有本義），二者不是一字。戰國時代，从午之成分兩個系列發展，一是"古文"系午異化爲土，並分化出增亭之馘；一是隸書系午異化爲丁而與甲骨文从"口"之成混合，並分化出增土之城。其間關係如下：

```
戌 ········→成→成、城          隸書系→《説文》
     ↗
戌 ---→咸(戌)→馘(馘)           古文系
```

可見"成""城"的真正字源是戌而不是戌，但由於許慎的《説文解字》該字正篆采用的是秦系字形，在這種權威的規範作用下，後世遂以从丁之成、城爲本爲正，而从午之初文反被忽視，以致對六國文字不能作出正確的解説。《包山楚簡》將？楷定爲"墊"，又將"戌""戌"誤分爲兩個不同的字符（曾憲通先生《長沙楚帛書文字編》亦誤分爲二字符），恐怕都是因爲不明形體變異關係的緣故，故特爲辨之。

五　与其他條件相關之字

如果某個字樣形體清晰，又沒有省借變異或同形相混等現象，但無論是構件的認同別異，還是理據的分析解説，或者是字詞義項的對應等，都可此可彼難以確定，這時，也就是字形本身無法解決問題的時候，其他方面的條件，往往就會起決定性的作用，例如辭例語境、事情道理、文化習俗、書手個性等等，都可以作爲有利的證據。下面試舉兩例：

（一）説躬、蒴

包山楚簡 174 有㣇字，用作人名。《包簡釋文》楷作"躬"。又 258 簡有㣇字，爲食物名。《包簡釋文》楷作"蒴"，讀爲"筍"。

有許多人對上述釋文不滿。例如劉釗《包山楚簡釋文》云："簡 174 有字作'㣇'，字表示釋爲'躬'。按此釋大謬，'㣇'乃'瓜'字，應釋爲'瓜'。瓜字見於《説文》，在簡文中用爲人名。"又説："簡 258 有字作'㣇'，字表隸作 蒴，考釋（530）謂'蒴，讀如筍'。按此字乃'菰'字，釋蒴大謬。菰，草實也。簡文即用爲草實之義。"湯余惠先生《包山楚簡讀後記》亦云："字從二瓜，雲夢秦簡瓜子作 $\xi_{30:321}$，古璽文狐字从瓜亦可參看（《古璽文編》卷十，第四頁）。《説文》：'瓜，本不勝末，微弱也。从二瓜，讀若庾。'簡文'黃瓜，乃人名'。"又 255 簡有㣇，原釋"蒴"讀"芛"。湯余惠先生同文中又説："按古文字單復往往無別，釋'蒴'爲'芛'可信。芛，通菰。……此外，258 簡：'菰二筴'，字作㣇，原釋'蒴'，注 530 謂'蒴，讀如筍'。恐誤，亦當釋菰（菰）。"

今按，劉、湯二説從字形上看似乎言之鑿鑿，或以爲定論。然吾有二疑，提出來以爲商榷。其一，簡 258 既有 ▨ 字，又有 ▨ 字，若二者同釋，則爲一物重説，即"蓏二䈰……蓏一䈰"，同一批食物，不合起來説"蓏三䈰"而分説兩次，遍查遣策辭例，無如此者。其二，除待釋的"▨、▨"兩形外，比較肯定可以釋"瓜"的成字構件，其形皆朝右作，包簡如 255 之 ▨（蓏）、258 之 ▨（蓏），以及 265 之 ▨（瓡），95、164、262、295 之 ▨（𧮪）等；就連湯氏所舉的秦簡及古璽亦皆如此。雖説古文字構形正反可以無别，但恰好同辭出而所指不應該相同的字用了反形作，而其他凡可以肯定是"瓜"的卻都不反作，這恐怕就不是隨意的了，按理應該看作不同於瓜的另一個字。由於包簡"身"字多作"▨"形，且字書不見並從二身之字，故原釋"躳""䕀"是否必然姑且不論，但釋爲"瓜""蓏"恐怕也會感到不安的吧。在没有更好的能自圓其説的新解提出之前，我以爲暫釋"躳""䕀"還是勉强可從。甲文"身"字作 ▨（戩 41-3）、▨（乙6733）等形，金文作 ▨（冬簋）、▨（叔向簋）等形，稍加演變而寫成 ▨ 是極有可能的。包簡中同字異寫者眾，"身"之既作 ▨、▨，又可作 ▨，猶"于"之既作 ▨ 又作 ▨，"兆"之既作 ▨ 又作 ▨，"舟"之既作 ▨ 又作 ▨ 也。

（二）説舍、舍

包簡 129：左司馬 ▨ 以王命命恆思 舍葉具王之 ▨

包簡 130：恆思少司馬……以足金六勻（鈞）舍葉

包簡 133：（子䣞公）命隈右司馬彭懌爲僕 筴 䇩，以 舍 ▨ 之勤客

包簡 145 反：小人以八月甲戌之日 舍月 ▨ 之䚻人……金十兩又一兩

包簡 154：王所舍新大瓞以䈴 䕀之田

今按，上舉前三簡"舍"字原形寫作 ▨（129、130）、▨（133），《包簡釋文》楷釋爲"舍"，誤；簡 145 反"舍"原形作 ▨，簡 154"舍"原形作 ▨，《包簡釋文》楷釋爲不同字符，亦不妥。其實，上舉五個字樣下部皆從"口"，上部皆從"余"，當一律楷作"舍"而釋爲"舍"。"舍"或作"▨"者，猶 ▨（137 反）又作 ▨（132），小又作少或尐，增筆爲飾而已；"舍"或作"▨"者，猶帝之作 ▨，士之作 ▨，東之作 ▨，月（今）之作 ▨，亞（亞）之作 ▨，皆省闕筆畫耳。因知余、▨、▨、▨ 皆一字之異寫，然則舍、▨、▨ 之爲同字亦明矣。

湯余惠《包山楚簡讀後記》云："▨₁₅₄，原釋'舍'是。字省直畫。簡云：'王舍新大瓜瓞（瓞）以䈴 䕀之田，舍之言施也，予也；舍田，意謂賜田。"湯説是，其餘各簡之"舍"亦當釋爲"舍"。舍之初文作 ▨、▨，象木架房舍形，後增飾作 ▨、▨ 等，即"余"字。余借爲代詞用，房舍字則另增口形以别之，口既象房舍之圍，又有别義之功。楚文字中，口形已與口形同化，故無飾之字作"舍"，有飾之字則作"舍"，舍、舍同字異寫而已。"舒"字從舍予聲，而包山簡作 ▨（舒），亦可證"余"即是"舍"。《説文解字·人部》："舍，市居曰舍。從亼，中象屋也，口象築也。"其實"亼"象屋頂，人、中相加正與初文合。

"舍"之給予、賜予義當由假借而得。《管子·四稱》："昔者無道之君，大其宫室，高其臺榭，良臣不使，讒賊是舍。"郭沫若等《集校》引孫詒讓曰："舍當爲予之借字。《隸續》載魏三體石經《大誥》'予惟小子'，予字古文作舍，是其證。予、與義亦同，

'讒賊是舍'猶言'讒賊是與'也。"《墨子·耕柱》："見人之生餅，則還然竊之，曰'舍余食'。"孫詒讓《墨子閒詁》云："舍，予之假字。古賜予字或作舍……'舍予食，猶言'與我食'也。"上舉包簡之"舍"亦正當訓施與或給予，用爲動詞。簡130"以足金六勻舍枼"，簡154"舍新大廄以當 壴之田"，前有介賓結構作狀语，後有介賓結構作補语，它們都是施"舍"的直接對象；同時又有"枼"或"新大廄"作事理上的間接賓語，這種句式正符合施舍類動詞語意上要求帶雙賓語的特點。

包簡中另有从"曰"从"余"之"舍"字，見於120、121、122等簡，共出現5次，皆用爲姓氏，顯然與从"口"之"舍"不同義，當爲另一字，疑即余姓之余。雖然楚文字中有些字形體上寫作从口或从曰往往無別，如古與古、周與周、占與占等，但其功用（包括構字功能和记錄功能）必相同或相關，如果形體上有差異，而意義和用法上又毫無關聯，那就應該看作不同的字。"舍"和"舍"的關係就應該是這樣。

《楚国简帛文字构形系统研究》后记[①]

　　这本书的研究工作是从九四年开始的，九六年五月作为博士学位论文写出了初稿，现在的样子就是在论文初稿的基础上修改增补而成的。有关材料的收集原定止于九五年底，后来虽然在综述部分和附录的论著汇编中提及一些新发现的材料和研究成果，但已无法融会到书稿的主体中去，因为书稿的主体部分是对原定材料的穷尽性分析，有各种数据统计，行文论述完全是从材料和数据出发，各章节之间联系紧密，实际上是一个自足的封闭系统，如果要补入新的材料或吸收新的成果的话，则整个系统要作相应的调整，所有章节得重新写过，可谓牵一发而动全身，而这是短时间内难以办到的。考虑到新材料和新成果是永无止境的，补入这一批，又会出现新的一批，要求全责备事实上也是办不到的。所以我们不得不将后来新发现的一些材料和成果舍弃，本书所论述只是就我们所划定的材料范围和截至一定时段的研究成果来进行的。即使在我们所划定的范围和时段之内，也并不是所有的成果都能在本书中得到反映。一方面限于体例和见解的不同，对人家的成果理应有所取舍；另一方面限于条件和见识，有些成果我们至今还没有看到。例如在南京、香港、广州等地召开的古文字学学术讨论会上曾提交过一批与楚国简帛文字有关的论文，其中大部分尚未公开发表，由于我们没有与会，虽然通过各种途径了解到一些篇目并得到个别朋友寄赠的原文，但大多数未发表的会议论文却无缘睹其真颜。由此可能带来的暗合或该引未引、该参考而未参考等情况，只好请有关作者和读者谅解了。

　　本书原有《楚简帛文字直接构件表》《楚简帛文字基础构件表》《楚国简帛单字及其构形分析总表》等几个附表，与正文密切相关，是楚国简帛文字构形系统研究的有机组成部分，也是我数年研究心血的结晶，但由于制版困难，篇幅过大，这次出版只好割爱了。书中有的章节是对这些表格的说明，许多论述和有关数据的统计也是依据这些表格进行的，现在删去了表格，行文时就难免缺乏照应。这种遗憾也是应该向读者说明并请求谅解的。

　　以特定范围的文字材料为对象来研究特定层面的汉字构形现象及其规律，在我们学科点已经不是第一次。在我之前，师兄李国英等作过小篆构形系统研究，王贵元作过马王堆帛书汉字构形系统研究，但小篆有《说文解字》为底本，马王堆帛书有传世文献作参照，性质与楚国简帛文字材料不完全相同。可以说，通过直接整理释读难度较大的原始出土文本来分析和归纳汉字的构形系统并由此大规模地考释系统内的疑难字词，本书还算是探路性的尝试。由于具体材料不同，碰到的实际问题不同，整理材料和解决问题的原则、方法

[①] 本文原载李运富《楚国简帛文字构形系统研究》，岳麓书社1997年版。

和条例并不一致，研究结果自然也会各有千秋。我们的主要任务就是要在汉字构形基本理论的指导之下，通过具体材料的研究，从各个层面为汉字发展史提供阶段性结论，同时从不同角度进一步丰富和完善汉字构形理论的内容和体系。因此，本书在运用汉字构形基本理论和方法的时候，需要对这些理论和方法作适合于楚文字实际情况的具体阐述，有时还得提出一些新的术语和条例。这样一来，本书的理论体系甚至于内容和行文都可能会给人以生疏之感，对我们考释汉字和研究汉字史的构形系统比较方法也可能会有人不理解，我们认为这是正常的，欢迎提出不同意见，但作为一种新理论和新方法的尝试，我们更希望得到宽容和支持，使之能有自我完善的机会，能得到时间的评判和实践的检验。就我们自己而言，还需要更主动地对汉字构形学的理论和方法作进一步阐释和宣传，并提供更多的应用成果，以促进相互间的理解和沟通。我们将为此而继续努力。

尽管还存在许多遗憾，但既已决定付梓，这项研究好歹也就算告一段落了。在整个研究过程中，业师王宁先生费尽了心血。对我这样一个没有什么文字学根底的学生，王先生胸有成竹，教导有方，嘱我先学习基础理论，听听课磨合磨合思路。于是听先生讲汉字构形学，讲训诂学原理，逐渐明白了先生有关汉字构形理论的精神实质以及系统研究汉字发展史的宏观构想。汉字发展史的研究建立在系统比较的基础之上，首先需要将具有代表性的不同时代不同区域的汉字材料作穷尽性的测查和描写，整理出不同层面的汉字共时构形系统，然后按时序排列这些平面系统并加以比较，这样才能全面反映从一个平面到另一个平面各种属性的变化情况，从而建立起系统的汉字发展史。正是在王宁先生这种学术思想的启发下，我对战国文字产生了兴趣，决定以材料丰富的楚国简帛文字构形系统的研究为起点，进而弄清号称诡谲歧异的战国时代这一平面文字的真实面貌。研究方向确定以后，王先生又作了多方面的具体指导，并在工作上生活上给予无微不至的关怀，使我能够比较安心地从事研究和写作。所以如果说该书的出版能标识本人学术上小有进步的话，那首先得归功于王宁先生。

在我人生成长的道路上起过重要作用的，还有硕士导师周秉钧先生、李维琦先生以及引我入门的朱维德先生，谨让我以此书向恩师们表示崇高的敬意和衷心的感谢。另外，湖南师大的王大年先生、王玉堂先生和北京师大的张之强先生、邹晓丽先生、李国英先生、秦永龙先生、杨润陆先生等也给了我许多的教导和帮助；北京大学裘锡圭先生、郭锡良先生、中国社科院历史研究所李学勤先生、谢桂华先生，中华书局赵诚先生，中山大学曾宪通先生等为本书的修改提出过很好的意见；还有许多学友和师兄弟，或切磋商讨，或惠借惠赐资料，或代为寻购图书，或提供其他间接的帮助，特别是汉字研究所的周晓文老师，在计算机技术上为我的研究提供了极大的便利，但却牺牲了许多宝贵的时间和精力；所有这些，我无以为报，只有借此书出版的机会道一声：谢谢了！

这部博士论文能够比较快地得以修改出版，最终有赖于岳麓书社的夏剑钦社长和吴泽顺先生，在学术著作赔本而他们社的经济效益并不太好的情况下，他们毅然接受本书的出版，尤其令我感动。如果这本书能给读者带来些许益处的话，请大家和我一样，永远记住岳麓书社！

最后要提到的是我的家人，为了帮助我完成学业和从事学术研究，他们承担了几乎全部的家务，并在事业上、家庭乐趣和生活享受上作出了很大牺牲，这恐怕不是一个"谢"

字所能了却的，那就让她化作一份情意藏在心里吧。

　　尽管凝聚了老师的心血、朋友的情谊、家属的奉献，但书稿写出来还是不尽如意，虽然也可以找找时间紧、杂事多之类的借口，但主要的原因恐怕还在于自己学识有限、根基太浅，特别是理论素养偏低。学然后知不足，知不足则当努力补足。但愿这部著作能够成为我学业上的一个新起点，因此特别希望得到读者的批评指教。

李运富
一九九七年七月一日

《汉字学新论》后记[1]

2008年初出版《汉字汉语论稿》时曾说过要把原有的一部面向研究生的汉字学讲义修改出版，三年过去了，修修补补，增增删删，调调换换，总是不能如意，也就一直不敢拿出手。但丑媳妇总得见公婆，见了公婆才好做后面的事，所以现在决定印出来算了。

我的文字学基础并不好，特别是古文字修养浅薄。好在十多年来一直跟着王宁先生，耳濡目染，受到王先生学术思想的熏陶，也拾捡到一些牙慧，其中就包括文字学方面的，例如汉字构形学的理论，还有对汉字学基本知识系统的很多看法等。我能够走向课堂讲授汉字学，并敢于就某些问题发表自己的意见，并最终写成这么一本书，是与王宁老师的培养、提携和宽容分不开的。王先生主张传统学术要有师承，也提倡在继承基础上的创新。事实上章黄学术的传承就是伴随着代代学生的不断创新而显示出强大生命力的。所以王老师对学生的幼稚言论在耐心指导的同时总是采取鼓励态度，使我们学科点充满宽松的学术民主气氛。我的书里有很多看法跟王老师的观点并不一致，而且很不成熟，但王老师仍然支持我发表，就是对后学的一种扶持。

多年的教学过程中，常跟学生讨论问题，所以书中的某些想法也与学生的碰撞有关。还有些学生帮我整理过讲课内容、查过资料、提过意见、校对过书稿，在此一并表示感谢。他们是：张素凤、刘琳、于洁、吴吉煌、李玉平、苏天运、龙琳、蒋志远、李建清等。出版社的赵月华女士对本书的出版多所督促和帮助，也在此表示谢意。

这部书的名称本来想叫"汉字学瞽论"，瞽者，目不明也，就是瞎子，所以简单的字面理解"瞽论"便等于"瞎说"。出版社认为这样的名称有点过谦，而且造词生涩，恐怕会影响销路，于是建议叫"新论"。其实要考究一下的话，"瞽论"也是有点来头的，并非我的生造，也并非全是瞎说的意思。《论语·季氏》："孔子曰：侍于君子有三愆。言未及之而言谓之躁，言及之而不言谓之隐，未见颜色而言谓之瞽。""未见颜色而言"就是不顾君子老爷的态度或表情，自顾自地说。我这部书也多半是自己说自己的话，没有顾及他人是臧还是否，所以命之曰"瞽论"。唯其"瞽"，也就难以抄袭；唯其"瞽"，也就言为心声。换个角度看，"瞽论"不免具有"新论"的含义。这样"瞽论"与"新论"就统一起来了，所以把书名改为"新论"也无妨。

既然叫"新论"，就得有点新的内容。本书之"新"，主要在于区分了汉字学的"三个平面"，从汉字的"形体、结构、职能"三个维度建立汉字学系统，将汉字学的

---

[1] 本文原载李运富《汉字学新论》，北京师范大学出版社2012年版。

各种具体问题放到相应的系统中分别讨论,从而避免不同质问题的纠缠不清。例如汉字的性质,有形体方面的属性,有结构方面的属性,有职能方面的属性,笼统地说就很难说清楚。同样,汉字的本体分析,汉字的起源演变,汉字的字际关系,汉字的文化阐释等,也只有从三个方面分别论述,才可能说得清楚。汉字学界许多争论不休的问题实际上就是因为混淆了不同性质的概念,把属于不同层面的东西拉到同一层面相提并论造成的结果。本书之"新",还在于既有发展的眼光,又具辩证的思维,既能看到不同时代、不同材料的各种不同现象,又能用统一的理论和方法把它们串联沟通,从而避免支离破碎和顾此失彼。例如对史前文字的论述和史后文字的论述、对形体来源的分析和形体结构的分析、对构形关系的描写和字用关系的描写、对汉字演变的本体阐释和文化阐释,等等,相互之间都是既有区别又有联系的整体。另外,笔者曾经提出汉字学应该建立一个分支学科,叫"汉字语用学"①,受这种思想影响,本书特别重视汉字的语用职能,几乎在每个问题的论述中,都会有职能系统的独立分析,这也应该算是不同于常见汉字学书籍的一个特色吧。

数出几个"新"来是可以的,但"新"并不等于"优"。奇谈怪论当然新,却未必优,因为奇谈怪论大多是违背事实和常理的。如果实事求是地推陈出新,如果新得有理有据,那么这样的"新"不是"优"也应该算"良"吧。本书主观上是追求后者的,希望从汉字事实出发,提供新的思路,建立新的系统,而不想故作奇谈怪论。客观上是否沦为奇谈怪论,只有交给读者评判。

本书原想改写成"纯专著",即只讨论问题,不介绍客观材料和讲解一般知识。但曾用它的初稿作为硕士研究生汉字学的讲义,出版后也还会继续用它,而且担心说不定有人把它当本科汉字学教材用,所以仍然保留了某些原讲义的一般知识内容,使其又带有点教材的性质。总体来看,其中属于自己原创的东西占多数,所以称为"专著"还过得去,只是不那么"纯"而已。例如第四章"汉字整理"虽然是我自己归纳总结出来的,多少也有些新意,但毕竟没有什么可讨论的,只是一般做法的介绍。第三章"汉字材料"则完全不是我的发明,而是综合介绍各种客观存在的材料,这些材料的图片和说明有的交代了来源,有的出处已忘,量多难查,只好暂付阙如。总之凡"材料"都是别人的东西,教学中搜集到一起作了综合改写,加以条理编排而已,没有内容和观点的创新。这一章"材料"的大众化跟全书风格的个性化其实不太协调,放上它就是出于也可作为教材使用的考虑。

原讲义中还有汉字教学、汉字规范等内容,因为不是汉字学课必讲的,学术性也相对弱一些,就割舍了。至于一般都要讲到的"古今字""正俗字""繁简字"等,本书也没有专门论述,因为我们觉得"古今字"本质上属于"训诂学"范畴②,"正俗字""繁简字"(在"简化字表"意义上)带有评价规范功利,它们都是出于特定目的而提出的个性化用语,不能反映文字本体的属性关系,很难以原有面貌整体地融入汉字学系统。

----

① 参见李运富《汉字语用学论纲》,载《励耘学刊》第1辑,学苑出版社2005年版。
② 参见李运富《早期有关"古今字"的表述用语及材料辨析》,载《励耘学刊》第6辑,学苑出版社2007年版。

"瞽论如是，藉求是正。如有以发我蒙，固所愿闻耳。"这是清人冯桂芬《复庄卫生书》中的话，借用来作为本书的结语。

李运富

2010 年 6 月 12 日

补记：本书稿 2009 年基本完成，并得到北京师范大学民俗典籍文字研究中心自主项目资助，纳入了北京师范大学出版社 2010 年度出版计划。排印过程中，该书申报国家社会科学基金后期资助项目并获得立项，因为需要通过结项程序再重新安排出版，就拖到了现在。时间虽有延迟，但借此机会根据立项评审意见又作了少量修改，对提高书稿质量大有好处。特此感谢北京师范大学民俗典籍文字研究中心，感谢国家社会科学基金，感谢有关评委，感谢北京师范大学出版社。这次付印前，又蒙博士后张道升为我校核一遍，一并感谢！

2012 年 2 月 6 日

《汉字职用研究》前言[①]

古代的汉字研究称为"小学",文字跟语言混合一体,与文献解读密切相关,内容非常广泛;20世纪初开始语言文字学脱离经学独立,语言与文字也明确区分,汉字学排除语言的"音义"后只剩下材料性的"形体"。我在跟随王宁先生学习汉字构形学的过程中,逐渐意识到汉字学范围或过宽或过窄的弊端,并努力分析造成这种局面的原因,尝试提出解决问题的方案。

经过10多年的探索,我们认为汉字学过宽过窄的主要原因是对汉字的本体属性缺乏正确认识,所谓"汉字三要素"(形音义)、"汉字工具论"和"汉字文化学"都或多或少违背了汉字的本体研究原则,这不是说它们没有研究意义和价值,而是说据此难以建立科学的汉字学体系。汉字的本体属性是"符号",关系属性是"泛文化"。就本体属性而言,作为符号的汉字应该在形体、结构和职用三个方面跟别的符号相区别,从而体现自己的特性。就关系属性而言,作为一个文化项的汉字,可以跟任何其他文化项发生关系,从而实现彼此之间的互证。如果以汉字作为研究对象,那其学科体系的范畴应该限定在形体、结构、职用三个本体属性上,描写和阐释本体属性时可以利用有关系的文化项(特别是语言项)来说明或证明,这是研究方法问题,不是研究范围和体系问题。把关系属性当作本体属性的话,任何学科都难以界定自己的范围和构建科学的体系。

如果认可汉字研究应该以本体属性为基本范畴,那汉字学研究的主要内容就应该是汉字的形体、结构和职用,这样的研究会自然形成汉字的形体系统、结构系统和职用系统。形体、结构、职用三个系统不是并列关系和层叠关系,而是处于不同视角的三个学术平面,可以形成共属一体的三个分支学科。这就是我们多年来一直倡导的"汉字学三个平面理论",它是从汉字本体属性出发构建的新体系,很好地克服了传统文字学广而杂的非科学性,也有效解决了现代汉字学窄而薄的纯形体问题。

在汉字学的三个平面中,结构平面是研究得最充分的,从许慎的《说文解字》到王宁先生的《汉字构形学导论》[②],这个分支学科已经相当成熟;形体平面的研究也不少,蒋善国出版过《汉字形体学》[③],但汉字形体的研究多数时候跟结构混在一起,或者衍生到艺术角度,真正的形体系统研究还须继续努力;职用层面是研究得最薄弱的,不是说没

[①] 本文为国家社会科学基金重大项目(13&ZD129)相关成果。原载李运富主编《汉字职用研究·理论与应用》及《汉字职用研究·使用现象考察》,中国社会科学出版社2016年版。

[②] 王宁:《汉字构形学导论》,商务印书馆2015年版。

[③] 蒋善国:《汉字形体学》,文字改革出版社1959年版。

有涉及，事实上汉字的职用是汉字存在的价值，谁也无法回避和忽视，从汉代开始，学者们已关注到用字问题，到宋代和清代，甚至有了一些专门谈用字现象的札记，但前人触及汉字的职用往往是以解读文献为目的的，并没有站在汉字本体的立场从学理上研究汉字的职用规律和体系，因而"汉字职用"的研究尚处于潜意识状态，谈不上"学"。"汉字字用学"的名称是王宁先生最先提出的（1994）①，我们在王先生的启发下，从1996年开始有意识地研究汉字职用问题，到2004年提出"三个平面理论"②，2005年发表《汉字语用学论纲》③，正式倡议建立"汉字职用学"（当时称"汉字语用学"），并在《汉字学新论》（2012）④ 中首次给予汉字职用独立的地位。我们先后从多个角度展开对汉字职用的调查研究，并给研究生讲授"汉字职用学"，指导研究生撰写系列属于汉字职用方面的学位论文，同时在不同场合宣传我们的"汉字本体三属性""汉字研究三平面"以及"汉字职用学"思想，希望引起学术界的重视和讨论。我们高兴地看到，近10多年来，文字学界出现了大批与"汉字三平面理论"相关，特别是与"汉字职用学"相关的应用成果，研究字词关系和文献用字现象已经蔚然成为时尚。我们的一些同道，如黄德宽先生、陈斯鹏先生等也在字用方面做了许多探索和研究。在这种形势下，我们认为有必要也有基础写出一部概论性的《汉字职用学》了，下面就是我们拟定的《汉字职用学》框架：

  汉字职用学（题纲）
  第一章 汉字职用学的提出
  第一节 汉字的三维属性
  第二节 汉字学研究的三个平面
  第三节 汉字职用学的任务
  第四节 汉字职用学与训诂学的关系
  第五节 汉字职用学的理论意义与应用价值
  第二章 汉字的"职"与"用"
  第一节 汉字与汉语的关系
  第二节 汉字的本职与兼职
  第三节 汉字的借用与误用
  第四节 一字多职与多字同用
  第五节 汉字职用的考察角度
  第三章 汉字职用考察的材料
  第一节 语料与字料
  第二节 字典词书的利用与局限

---

① 王宁：《〈说文解字〉与汉字学》，河南人民出版社1994年版，第47页。
② 2004年北京师范大学民俗典籍文字研究中心举办"传统语言文字学高级研讨班"，李运富作《汉字学研究的三个平面》的学术报告，第一次使用了"三个平面"的说法。
③ 李运富：《汉字语用学论纲》，《励耘学刊》（语言卷）2005年第1期。
④ 李运富：《汉字学新论》，北京师范大学出版社2012年版。

第三节　同时文献与后时文献
第四节　同时代的书写材料
第五节　各种材料的综合利用
第四章　字符职能考察
第一节　字符职能的考察方法
第二节　单字构意本职的确定
第三节　单字职能的扩展
第四节　单字职能的减缩
第五节　单字职能变化总图
第五章　语符用字考察
第一节　语符用字的考察方法
第二节　一语符仅用一字
第三节　一语符可用多字
第四节　语符用字变化的历史
第五节　语符用字变化的原因
第六章　字组的职用调整
第一节　字符职用的转移
第二节　字符职用的兼并
第三节　字符的孳乳与职用的调整
第四节　字符的行废与职用的调整
第五节　职用调整的原因
第七章　文本用字考察
第一节　文本用字的考察方法
第二节　文本的字位与字频考察
第三节　文本单字的职能考察
第四节　文本语符的用字考察
第五节　文本用字现象讨论
第八章　汉字职用的系统比较
第一节　比较的目的与方法
第二节　同时职用比较（不同文本、地域、集团、行业的用字）
第三节　异时职用比较（同书异版、不同时代的字符与用字）
第四节　出土文献与传世文献的用字比较
第五节　用字的变化规律及其成因
第九章　汉字的超语符职用
第一节　史前文字的图载职能
第二节　利用汉字笔画表意
第三节　利用汉字构件表意
第四节　利用汉字外形表意

第五节　改变正常形体表意
第六节　汉字的艺术魅力
第十章　汉字职用的规范
第一节　汉字职用的理据性与社会性
第二节　汉字职用的现实调查
第三节　汉字职用的刚性规范
第四节　汉字职用的柔性规范
第五节　汉字职用规范的时代性

　　这个框架基本上反映了"汉字职用学"的内容，也体现了我们对汉字职用研究的一些看法，如果完整地拿出来，既是对此前研究汉字职用实践的总结，也能对目前正在兴起的汉字职用研究热潮起到引领和指导作用。我们已经有了讲义性的简单初稿，但作为理论专著增补加工，写起来并不轻松，经常为一种现象的表述或一个问题的解释是否妥当、一个小标题的拟定或一段论述的摆布是否合理而犹豫不决，甚至绞尽脑汁。眼下我们还有更紧迫的任务是要按时完成国家社会科学基金的一个重点项目和一个重大项目，所以实际上没有充足时间让我们来慢慢打磨《汉字职用学》，如果把尚不成熟的东西包装成理论专著出版，又会心中不安，甚至遗恨终生。在这种窘迫矛盾的情况下，想起古人在正式出版某种学术专著之前，往往会先行出版某种资料性的"长编"，一则展示前期工作成果，二则征求学界意见建议。那么我们似乎也可以把10多年来研究汉字职用的一些论文和有关材料汇集起来先行出版，它们大致能够反映我们这些年对汉字属性、汉字研究三个平面和汉字职用学的认识和探索过程，同时是我们撰写《汉字职用学》理论专著的主要依据。于是，我们编辑了这套《汉字职用研究》论文集。

　　论文集的内容大致分三个方面：一是有关汉字职用的理论性认识和讨论，涉及汉字三平面理论、汉字发展史理论、汉字职用理论、字词关系与字际关系论述，以及对前人有关汉字职用认识的研究等；二是对汉字三平面理论、汉字职用学理论的评述，以及学界对这些理论的有意识应用（限于篇幅，只收部分论文，不收应用了这些理论的专著、硕博士论文和没有明引的论文）；三是对汉字职用情况的实际考察，包括字符职能的考察、语符用字的考察以及用字的比较考察。前两个方面的内容比较杂，不全是讨论汉字职用本身，但都与汉字职用相关，如"汉字三平面理论"是汉字职用研究的理论背景，没有"三平面说"，就没有汉字职用的地位；又如"古今字"反映了不同时代用字的差异，"异体字""通假字"等反映了多字同用的现象，所以都具有汉字职用学方面的价值。我们根据以上内容的字数、篇幅和主题，将第一、第二两个方面编为一册，命名为《汉字职用研究·理论与应用》；第三方面编为一册，命名为《汉字职用研究·使用现象考察》。

　　编入集子中的文章，除评述和应用性质的以外，都是我本人或由我指导学生撰写的（绝大多数跟学位论文相关），所以思想和方法大体一致，体现出团队学术意识。这些论文大多数是公开发表过的（集中注明原刊出处），编入时如有修改会加说明；也有一些是未刊稿，或刚写出还来不及发表，或是从相关硕博士论文中节选和改写，也有出于文集专题需要而临时增写的。来自硕博士论文的，大都限定字数由原作者改写；因毕业时间久而无法联系到的，则委托专人改写，改写者共同署名。未刊稿虽然署了原作者姓名，但并非原作者主动投稿，一般单位也不承认这样的论文成果，所以原作者没有因为本集收录他们的作品而获得半点利益。其实这套论文集跟一般的论文集不同，它是围绕"汉字职用研究"这个主题而进行的专题性资料汇编，无论已刊稿还是未刊稿，都应该属于具有思想倾向性的编辑成果。因此我们特别声明，编入本集的未刊论文只是编者对有关资料的搜集，不算作者成果的正式公开发表，原作者还可以用其他方式刊布自己的成果，以享受作者应得的权益。另外，本集评述和应用性质的文章意在部分反映"汉字三平面理论"和"汉字职用学"的影响和价值，其中的具体内容并不代表本书编者的观点，有关学术创获和文责也由原作者享受。

集中收编的文章虽然大体上有统一的指导思想和研究方法，但成于众手，跨时漫长，前后不一致甚至矛盾的地方在所难免。就我本人的文章而言，由于认识不断变化，思路常有调整，加上写作目的、读者对象、发表场合的不同，某些文章之间也可能存在内容重复、观点参差、表述不一的情况。还有少数几篇原已收入过《汉字汉语论稿》（2008），这次因专题需要再次收入本集，特此说明。本集文章的编排大致按照主题和内容，也适当照顾发表时间的先后；为了节省篇幅，原文发表时的中英文内容提要、关键词和作者简介等都予以删除；根据出版社的规范要求，不管原文发表时是用繁体还是用简体，本集收录时全都转换为简体，涉及字形分析和字际关系说解的字，如转换为简体有可能说不清楚或引起误解，则仍保留繁体或隶古定形体。文集作者众多，稿件丰富，既要编，又要增，还要删改，加工表述，统一格式，直至校对出版，工作量特别大，个人精力有限，故请何余华、张素凤协助，对二位的辛勤劳动表示感谢。

总之，这个论文集是为《汉字职用学》所做的材料准备，也是《汉字职用学》主要思想和方法的提前展示，杂集草创，良莠不齐，唯虑无拘小节，总观大局，或有一二可取焉；亦望学界批沙去泥，点石成金，共铸"汉字职用学"之辉煌。

李运富

2016年5月8日

汉字的构形原理与讲解原则[①]

从近年来出土的远古时代有关文字起源的材料看，我们现在使用的汉字已有8000年左右的历史了。汉字的创造和发展，有一定的构形原理在制约；汉字的分析和讲解，也应该遵循一定的原则。汉字的构形原理可以归纳为五条：1. 理据性，2. 符号性，3. 区别性，4. 便利性，5. 美观性。汉字的讲解原则也可以归纳为五条：1. 扣紧字形，据形讲理；2. 突出功能，据词讲理；3. 注意关联，系统讲理；4. 注意逻辑，客观讲理；5. 注意发展，历史讲理。

一　汉字的构形原理

汉字的形体构造跟表达的功能直接相关，也跟使用者的需要直接相关。既要能够表达，又要便于使用，这是汉字构形的总体要求。具体来说，包括初始构形和构形变化，汉字的构形原理主要体现在五个方面。

（一）理据性

汉字构形具有理据性，也就是可解释性。汉字由一个或若干个具有一定功能的构件组成，构件的功能（即在构字时所起的作用）以及功能之间的关系就是理据。汉字如果直接表达事物，那它体现的是"事物"之理，起源阶段的汉字大体如此。汉字如果表达的是语言，那它体现的是"语言"之理，文献阶段的汉字应该如此。就文献阶段的汉字而言，其理据必须联系它所记录的词语的音义来考虑，即为什么用这么个形体来记录这么个词而表达这么个意义。无论是起源阶段的汉字，还是文献阶段的汉字，其形体构造都不是随便的，都有一定的理据可说。

汉字构形的理据有三个来源。

1. 客观事物

《说文解字·叙》说："仓颉之初作书，盖依类象形，故谓之文。"这里的"类"有物类和事类，"象"有具象和抽象，"形"有实形和虚形。总之是汉字的形体来源于某个客观事物的形貌，而其表达的功能正是具有该形貌的某客观事物。例如：

[①] 本文原载《世界华文教育》2010年第1期。

物类象形构造

〼 〼（鹿）　　〼 〼（麟）

〼 〼（禾）　　〼 〼（木）

〼 〼（女）　　〼 〼（母）

〼 〼（山）　　〼 〼（丘）

〼 〼（眉）　　〼 〼（齿）

以上古文字形就是依据某类具象物体而构造的，"鹿"象鹿类动物的样子，"禾"象禾类植物的样子，余类推。

事类象形构造

〼 〼（步）　　〼 〼（涉）

〼 〼（即）　　〼 〼（既）

以上古文字形是根据某类具有可视情景的事件来构形的，"步"象在路上行走脚步一前一后的情景，"涉"象从水流的一方渡过到另一方的情景，"即"象人靠近食具欲将食用的情景，"既"象人食用已毕扭头离开的情景。

抽象虚形构造

〼（雨）　　〼（立）

〼（甘）　　〼（血）

〼（彭）　　〼（曰）　　〼（牟）

〼（上）　　〼（中）　　〼（下）

以上古文字形中有的构件是根据某类抽象事物的意念构造的虚拟形体，大都起象征作用，无法跟实体对应。"雨"字的上横线象征天，"立"字的下横线象征地，"甘"字口中的横线象征食物，"血"字皿中的点线象征血块，"彭"字的右边三点线象征鼓声，"曰"字口外的短线象征语音，"牟"字的上曲线象征叫声，"上""下"字的长线象征方位参照物，"中"的竖线和圈线象征位置的相互参照物。

2. 语言音义

《说文解字·叙》又说："其后，形声相益，故谓之字。"这里的"形声"不同于"六书"的"形声"，应按动宾关系理解，即"形人之声"，指根据人类的语言来构造形体，从而摆脱客观事物的限制。这样构形的前提是原来根据客观事物构造的字形已跟语言结合而具有了音义，所以作为构件除了原来的形符外，又有了义符和声符。

形符加音符或义符构字

〼（鸡）　〼（凤）　〼（齿）　〼（麋）

〼（胃）　〼（眉）　〼（巢）　〼（渊）

义符音符相互配合构字

音符加义符：采——睬、踩、彩、綵、寀、採

义符加音符：水——河、滨、沟、漂、清、汰

义符加义符：林 众 解 尖 歪 尘（塵）

音符加音符：悟 钦 嚞 筱 迪 就 鼎 静

3. 人为标识

汉字构形主要根据客观事物和语言音义，有时也人为规定一些标识，用来指示部位或区别形近字。这只是一个辅助手段。

起指示作用的

木——下横指示树木的根部

木——上横指示树木的末部

刀——侧点线指示刀的口刃部

夹——两侧的短线指示人的腋窝部

起区别作用的

有的属创造新字时增加标识以区别于原字。跟意义相关的形近字区别，如"太"增一点区别于"大"，"晋"增一横区别于"晋"；跟声音相关的形近字更多，如"百"增一横区别于"白"，"尺"增一横区别于"尺"，"丛"增一横区别于"从"，"乂"增一点区别于"乂"等。

当原有字形容易混淆时，也可以在其中一字上使用区别符，而并不增加新的字种。如"王"跟"玉"音义无关，原来字形也不混，后来演变混同，所以给"玉"加上标识性构件以相区别（字形见《汉语大字典》）：

总之，来源于客观事物的象形构件，来源于语言的表义构件和示音构件，加上人为规定的标识构件，就能构造成千上万的汉字字形，分析汉字构件的功能和作用，就能明了汉字的构造理据。构形之初的汉字都是有理据的。

（二）符号性

汉字构形除了理据性以外，还有一个重要原理，就是符号性。文字是一种可视的符号系统，因此，它的本质属性是符号。符号性表现在两个方面。

1. 符号是约定俗成的。

既然是符号，就带有人为的规定性，是约定俗成的。用什么样的一个符号表达一个什么样的意义，当然是有理据的，但这个理据并非都是必然的，有时需要人为的规定或环境的制约。在上述四类构件中，标识性构件当然是人为规定的符号，其他象形性构件、表义性构件和示音性构件也具有规定的符号性。所以同样一个形体在构字时究竟起什么作用其实并不一定，它的构字功能是人为赋予的。例如"一"在不同汉字中可能作用不同：

象征天（雨）

象征地（旦、立、韭）

象征人头（天、元）
象征覆盖物（豆、灭）
象征铺垫物（葬䒑）
象征簪子（夫）
象征门闩（闩）
象征血（血㿿）
指示某一部位（本、末）
区别另一字符（丛）
提示读音（聿、㝃）
代表词义（二、三）

可见"一"具有符号性，它在构字时所起的作用不是必然的，而是人为规定的。

象形构件的理据性最强，但也只是大致地象，不必逼真地象。例如为"木"提供一个符号，只要能看出"木"跟树形有关系，就不必要一点一画完全对上。没有一个象形字能与原物或原物的图象十分贴切地对应起来，因为事实上任何一个象形字都是从千千万万个具体的物象中提炼概括出来的一个代表性符号，而并不是任何一个客观事物本身，所以我们从现实树林中永远找不到一颗跟"木"字形体完全相同的树，也不要希望真有某一条狗就是"犬"字的样子。

几个代表词义的构件组合为什么会这个意而不会那个意，这也是带有规定性的。例如"休"不能理解为人在树下劳动，而只能理解为人在树下休息，"家"不能理解为房子里的猪，而只能理解为养有猪的人家，这都是人为规定的。又如"朝"和"莫"（暮）的古文字形构意相同，都表示太阳接近地面草木的时间，但造字者规定一个表早晨义，一个表傍晚义，文献中只能按照这样的规定去使用。

䒤 䒤——莫（暮），太阳落在草丛中，傍晚时分。

朝 朝——朝，太阳冒出草丛，月亮尚未隐没，早晨时分。

义符加音符的所谓形声字，其义符只表示意义范畴，声符大多只是近似标音，而且不同含义的词可以从同一个义符，不同读音的字也可以用同一个声符，这种字词联系的人为规定性更强，因而形声字也更具有符号性。其他由义符和音符构成的字同此。

由上述可见，尽管汉字有理据，但理据不是必然的，不是光凭字形就可以随便联想的，它必须跟文献、跟语言联系起来，要受文献和语言的约束，这就是汉字的符号性，具有人为规定的因素，我们必须深刻地认识这一点。

2. 符号是可以变化的。

既然符号是人为的，不同的人可以创造不同的符号，不同时代也可以使用不同的符号，所以同样一个概念或词语可以在同时或历时产生不同的字形来表示。如"国"字：

㘉㘉㘉——甲骨文或金文中，"国"字由一个表示意义的构件"戈"和一个象征范围的构件"囗"（上下加横也象征范围）构成，指武力守卫的某个范围，通常指国家。

國國——小篆阶段，在原来的构形基础上再加一个象征范围的"囗"，而原字由于借用为"或者"的"或"，实际上已经转化为音符，起标音兼示源的作用。这个字形楷化后一直沿用。

圀国囻囯囶——唐朝武则天为了忌讳，或为了追求某种特殊含义，创造了这些新字形，都在保留原来象征范围的"口"构件的基础上，置换某些表义构件，从而产生不同的构意。

国——现代通行的"国"字是在原来"囯"字基础上增加一点造成的，这一点可能是行书书写习惯性赘加，使得表义构件"王"变成记号构件"玉"，反而破坏了原字的明确构意。也有人认为这是现代反王权思想的体现（太平天国崇尚王权选用"囯"字），故意加点改变"王"字。

对于变化了的字形，有的可能改变理据，有的可能失去理据。失去理据的情况我们叫作"记号化"。记号化的形体没有功能理据，但也有演变理据，即为什么会变成这个样子。演变理据是汉字构形理据性的一个方面，也是汉字符号性的重要体现。

（三）区别性

如果创造出来的一套符号个体与个体之间不能区别，这套符号就没办法使用，所以汉字要记录语言，字与字之间必须要有区别。古人在造字时非常注意区别，汉字形体的演变很多也受到区别规律的约束。汉字区别的手段多种多样。

特征区别

Ψ（牛）　　￥（羊）　　𢎘（鹿）

马（马）　　象（象）　　犬（犬）　　豕（豕）

以上汉字都是根据客观事物的形体描摹创造的，但客观事物相似的地方多得很，要把不同事物用简单的线条表示出来，就必须抓住它们的特征。根据事物的特征进行区别，这是汉字构形的一种重要手段。比如说牛的角都是往上翘的，所以创制"Ψ"字时就突出画两个往上翘的角；羊角是弯的，所以"￥"字的上部是两个弯角；而鹿的双角是枝杈状的，于是甲骨文作"𢎘、𢎘"等形。这样虽然牛、羊、鹿都是有角动物，但它们的构形却彼此能够区别，这就是特征构形的效果。再如"猪"和"狗"，也是很相似的两个动物，造字时要象其形怎么区别呢？古人在为"猪"这个动物造字的时候，注意到了尾部往下沉的特征，这就是"豕"（豕）字，尾巴很短且往下沉；而为狗造"犬"（犬）字，尾巴就较长且往上翘。一看字形便可知道"犬"是狗，"豕"是猪，因为它们特征鲜明。可见，古人所造的象形字都抓住了客观事物的特征，因为特征最容易与别的事物区别开来。特征突出了，彼此间能够区别，其他一些不重要的部分也就可以忽略。如"Ψ""￥"只突出角的不同，其他部分不管了；"象"（象）就特别重视它的鼻子，因为鼻子很长，如果是"马"（马）的话就注重马鬃，有了鼻子和鬃毛的区别，其他的身躯、四肢及尾巴即使相同也无所谓。汉字中的象形文字不是随意画的，也不是完全按照客观物体工笔描摹的，而是在理据性和符号性原则的指导下作了人为加工处理的，其目的就是为了区别。因此，对于象形字的理解，除了跟客观对象建立联系外，还要注意跟同类事物进行区别，一定要认真分析象形字的特点在什么地方，抓住了它的特征，才会使字符与字符之间能够区别。这是一种客观描述与人为加工相结合的区别。

构件区别

足——跳、跑、蹦、踏、践、踩、踢、蹭、跟、踪

至——泾、茎、径、劲、颈、胫、经、痊、到、烃

不同的构件会组成不同的汉字,利用构件来区别字形,是汉字构形的最主要方法。这在由不同的义符和声符组合的汉字里得到充分体现。例如"浅"跟"就"、"解"跟"懈"都存在不同的构件,无疑都是不同的字。形声字是汉字构形的主体,因为它最适合于记录汉语,既能表示词语的意义,又能提示词语的读音,与词语的音义都有关系,所以信息量最大。同时它的区别性能也极高,凡同一类事物可以用同一个义符,而彼此之间的区别就靠不同的声旁来承担,比如"跳""跑""蹦""踏""践""踩""踢""蹲""跟""踪"等字都表示脚的动作,都从同一个义符"足",而我们却不会将它们混同,因为它们的声符构件都各不相同。相反,声符相同的,就靠义符来区别,同样的声符,只要它的义符不同,就表示不同的概念,也构成不同的形体,比如以"至"为声符的字,读音大同小异,但从水表示水中间的主流作"泾",从草表示植物秆子的作"茎",如果从彳就表示小路"径",还有从力为"劲",从页为"颈",从肉为"胫",从糸为"经",从疒为"痊",从刀为"到",从火为"烃",从木为"桎",等等,虽然声符相同,但义符构件不同,表示不同的词,记录不同的意义,相互之间的形体区别也很明显。这种成类成系统的区别,是最理性的区别,效果也最好。

数量区别

如果是相同的构件,其数量不同也会构成不同的字。例如由一个构件"木"构成的字是树木的"木",由两个构件"木"组成的字是森林的"林",由三个构件"木"组成的字则是森林的"森"。再如,按照《说文解字》,一个口是"口",两个口是"吅"(xuān),三个口是"品",四个口就是"𠱠"(jí)了。

位向区别

构件的位置和方向不同也会构成不同的字。在古文字中,"𠂉"(人)字是一个人的侧面象形,把人倒过来放置则成为"匕"(化)字;画两个人挨着,面向左,这是"从"(从)字;反过来向右,就是"比"(比)字;如果画两个背靠背的人,那就成了"北"(北),也就是后来的"背"。同样是一个"阜"两个"止",组合时把两个表示脚的"止"朝上是"陟"(陟)字,两个"止"朝下就是"降"(降)字。在后来的楷书系统中,把相同的构件摆在不同的位置,形成不同的布局,也会区别为不同的字。如"吟"与"含","杏"与"呆","杲"与"杳"与"東",等等。

笔画区别

上面大体是从构件的独立理据上来区别的。有时不同的字符间仅有笔画的差异,某些笔画虽然也可以当作构件分析,但它们的主要功能在区别,通常没有独立的理据,要联系相关字形才能理解或辨析。主要有下列情况:

笔画增减:王—玉,鸟—乌,有—冇,兵—乒、乓

笔画长短交接离合不同:土—士,未—末,巳—已—己,田—由—申

笔画形态变化:申—电,用—甩,刀—刃,子—孑—孓

(四) 便利性

从理据性和区别性原理出发,汉字构形应该尚繁,因为构件越多,构件功能所显示的

信息越丰富，字词联系的理据就越清晰，区别度就越大。但汉字毕竟是记录汉语的一种符号，它的价值是通过书写来实现的，而书写却是越便利越好。因而汉字的构形，特别是汉字的发展常常受到便利性原理的约束。构形中的便利性有如下一些表现。

一是将初期的图形符号改为线条，后来又进而改为笔画，这种书写单位的变化体现出汉字在书写上不断追求便利。如"象""牛""旅"等字，楷书的字形显然比先前的字形容易书写：

（象）　　　（牛）　　　（旅）

二是表示同样理据信息的相同或同类构件尽量减少重复，或取线条笔画少的，努力使字形变得简单易写。例如表示草木，构形时可以画一棵"屮""木"，也可以画两棵"艸""林"，还可以画三棵四棵的，其实在跟别的构件组合时多一棵少一棵意思都一样，于是后来逐渐规定除"莫""莽""楚""麓"等少数几个字外，一般情况下表示树木的信息只用一个"木"，表示草的信息只用两颗的"艸"（不选用"屮"是因为它的区别度太小），为了书写便利，隶变后又将"艸"粘连写成一体作"艹"。构形之初，水点、沙石、星辰、鸟鱼等物象往往是多少不拘的，而后来通行的字形大都在保证理据充足而又能区别的条件下，减少了重复形体，不再出现三个以上的水点等同类物体，大件的有形物体通常只保留一个，如"㠭（星）"字的象形部分由五六颗星星减少为二、三颗，继而减少到一个（"星"中的"日"也可以当作表义构件），古文"集"字的上部原也有三个隹（鸟），后来简为一个，"渔"字甲骨文有种写法是在许多表示水的点线中画四条鱼，其实用一个表示水的构件加一条鱼意思也就清楚了，所以又可以写作"鱼"。

㠭——鱼——渔
㠭——㐅——星
雧——隹——集
㠭——茻——莫

三是可有可无的相关信息能简则简，只要理据足以将字词联系起来就行。例如象形字能用物体的部分代替的就可以不用全形，"牛""羊"的构形就是如此。"车"字（见下图）原来是画全形的，有车轮、车厢、车辕、车轭等，后来只用车轮表示整个车。即使象全形，能用轮廓的也不必求细致，如表示房屋的"冂（宀）"只画屋顶和两壁，没有门窗等；表示树木的"木"画出了枝杆根，却可以不画树叶；"虫（虫）"的初形也只是有头有尾有身躯的一个动物符号，根本看不出具体动物的嘴脸和羽毛鳞甲；"犭"（犬）、"豕"（豕）、"鱼"（鱼）、"鸟"（鸟）、"山"（山）等，几乎所有的象形字都没有在字形上反映出客观物体的全部信息，这既是符号性本质的必然，也是便利性要求的体现。会形会义字的构形也很注意不牵扯次要信息，例如表示渔业的"渔"如果仅从事象的关联上考虑，应该有水有鱼有人手甚至有鱼食有网罟，然而构形时一般只取鱼、水两个信息项；再如"监"（监）字有皿而不盛水，"兵"（彘）字有矢而不取弓、人，"析"（析）字有斤而不见用手，还有形声字大都是一形一声而不用数形数声，等等，其实都是构形求简、以便利书写的原则在起作用。

🅧——🅧——🅧——🅧——車——车

四是已有的构形繁难或不便书写的字往往被改造或新造的构形更简单、书写更便利的同功能字所取代。例如会形的"🅧"变成会义兼声的"🅧"，再变为纯会义的"飲"，又简化为"饮"，这些构形的变化，显然是出于简便的需要。再如象形的"🅧"变为形声的"虹"；会义的多鹿"🅧"或"🅧"变为一鹿的"麈"，又变为另一会义的"尘"。

现代简化字运动，是汉字构形便利性原则的集中体现。除了同音替代或职能兼并所引起的字数减少外，一般字形的简化大都是为了书写的便利。如形声的"滅"变为会义的"灭"；形声的"觀"变为存义记号字"观"；形声的"歷"变为记号示音字"历"；笔画繁难的形声字替换笔画简单的义符（豬猪）或声符（態态），以及纯记号字"书""业""严""凿"取代原来的有理结构（書業嚴鑿）等等，都是以便利为动因的。当然构形的便利性原理是有条件的，即使不得已而牺牲个体字符的理据，也最好不要破坏理据系统，同时还必须保证字符之间的区别度，所以便利性简化并不是可以随意进行的。

（五）美观性

汉字是目治符号，构形上讲究赏心悦目，因而需要符合美观性原理。早期构形可能比较偏重追求理据，但在刻、铸和书写的过程中，人们会从美观的要求出发，对原来不太满意的构形作必要的调整，以求达到平衡、对称、整齐或有意识的变化美，有时就导致结构和理据的变化。

为了美观，可以增减构件和笔画。这在战国文字中常见，如"下""不""而"等字上面加横，"上""且""至"等字下面加横，"足""文""胃"等字右边加撇等。下面的"示"字也是为了追求美观而不断变化，并且导致说解变化的：

丅 亍 乑 示 示

示最初的构形本来是象祭祀的祭台，可增加装饰性笔画后，《说文解字·上部》却解释为："天垂象，见吉凶，所以示人也。从二；三垂，日月星也。观乎天文，以察时变，示神事也。凡示之属皆从示。二，古文上字。"

为了美观，原有构件可以改变位置和方向，可以变形让就。如"涉"字原作"🅧""🅧"等形，两只脚被放在水流的两边，后来变成"🅧"，两只脚搁到一边组合成"步"字，字形更匀称，构件的功能也变了。又如穎（穎）、雜（雜）、雖（雖）、條（條）、徒（徒）、裡（裡）等字，其中的某个构件的笔画位置有所让就，也是出于构形美观的考虑。

为了构形美观，有时会废除原字，另造新字。如：

🅧 🅧 🅧 —— 昃

🅧 🅧 🅧 —— 削

🅧 🅧 —— 屎

🅧 🅧 —— 尿

这些字是古代形体，或者歪斜失衡，或者残酷不忍，或者俗鄙不雅，都影响美观享受，所以后来各自重造了别的字形。

总之，无论是初造还是变化，也不管是有意还是无意，汉字的构形都受到五大原理的指导或制约：1. 理据性原理，即字形与所记词语之间要有联系；2. 符号性原理，即字形要经过人为抽象，字词的联系要通过人为约定；3. 区别性原理，即符号与符号之间要能够相互区别；4. 便利性原理，即构件的取舍、形态的确定要考虑书写的简便；5. 美观性原理，即构形上要讲究赏心悦目，符合审美要求。这五大原则角度不同，落实到具体字符的构造上可能有所交叉，或者有所偏重，甚至有所取舍，但总体上来说，它们是相辅相成、不可偏废的。

二　汉字的讲解原则

既然汉字的构形符合一定的原理，那么汉字的讲解就应该从原理出发，遵循一定的原则，把蕴含在字形中的"原理"给揭示出来，也就是把汉字的构形理据或变形理据分析出来告诉学生，让学生知道某个形体的构造原理及其演变过程。这可以叫作"字理教学"。字理教学对于原构字（结构理据没有发生变化的字）来说，主要是讲解形体构造跟所记录的词语之间的关系；而对于变异字（结构理据发生了变化的字）来说，则应该进一步说明形体的演变过程。当然，具体讲到什么程度，哪些一定得讲，哪些可以不讲，应该根据教学对象和具体字料来酌定。现在我们只是从总体上泛论汉字形体讲解的基本原则。

（一）紧扣字形，据形讲理

汉字的构意是靠形体反映出来的，讲解汉字的构形原理首先必须紧扣字形，违背字形的"理"不是真正的字理。如把从"心""非"声的形声字"悲"讲成"像心里面长了韭菜一样悲伤"，把从"礻"（示）、"畐"声的形声字"福"讲成"一口人有田种有衣穿就幸福"，都当作会意字，其实是错误的，因为这样会意歪曲了字形："悲"中的标音构件"非"并不是韭菜的"韭"，"福"中的表义构件"礻"（示）并不是衣服的"衤"（衣）。

历来流行的字谜和测字算命之类，有很多并没有紧扣字形，作为文字游戏当然无可厚非，若引用来进行汉字教学就要慎重，以免误解字形。例如传说明朝末年李自成起义，崇祯皇帝担心国运不保，派人去测字算国运，先后写出"友""有""酉"三字，测字者把"友"讲成"反"贼出头，把"有"讲成"大明"失去一半，把"酉"讲成至"尊"（皇帝）斩头去脚，三字无一吉利。但没有一字讲对了字形。又如有一则谜语叫"三只老虎"，谜底要猜"彪"字，可"彪"字中的"彡"并非数字"三"，由此可能导致学生把"彰"理解为三篇文章，把"彬"理解为三座树林，岂不误人子弟！

（二）突出功能，据词讲理

字形分析对了，还必须把字形构件的功能跟它所记录的词语联系起来，无关词语音义的形体分析也不能达到字理教学的目的。如把形声字"照"讲成"一个日本人拿着一把刀杀了一口人滴了四点血"，形体的分析倒是没错，可这跟"zhào"的读音以及光亮、照射等词义有什么联系呢？何况造"照"字的时候日本人并没有侵华呀，为什么要把杀人的事跟日本人联在一起呢！实际是没有联系词语而把"日""刀""口""灬"等构件的层次及功能讲错了。又如一则谜语说"张飞勇猛力大，关公口说大话，刘备眉清目秀，孔明阴阳八卦"，谜底是繁体的"贺"字。把"贺"分解成"力、口、目、八"四个构件，从形体上看大致能说得过去（其实"八"字有些勉强），可这样分析跟"贺礼、庆贺"的音义有什么联系呢？不联系词语的音义，就可能随意联想发挥，所以这个"贺"字也有"独眼龙，一张嘴，力大如牛八只腿"的说法。这类字谜仅仅是帮助记忆字形的一种手段，却无法借由谜面跟谜底的关系了解汉字真正的构造原理。

（三）符合逻辑，客观讲理

分析了字形，联系了词语，是否就一定会解释正确呢？这要看字词的联系是否自然而然、合情合理，具有客观性；牵强附会、生拉硬扯的联系未必反映字形构造的真正原理。如有人把"鸭"讲成"最优秀的鸟"，因为它是"甲等鸟"。尽管鸭子可以宽泛地属于鸟类，可它跟"甲等"有必然联系吗？如果硬要规定鸭子就是"甲等鸟"，那其他鸟类一定会抗议的。

再如有个"老几"在网上"说字"，几乎每个字都能牵扯出一堆人生道理来。举个例子，他说"元"字："其本意是指事情的开端、岁月的开始。虽然有'无'字一样的造型，但没有穿天过地，还保留了自己的谦虚态度，因此宁愿从头而来。两横在上，寓意敬天敬地；底下'儿'字，寓意有了新的开始，一切愿望都可以从头开始设计与构造，至少会比原来的经历更丰富一些。有了'儿子'，就可以把人生的故事，从头开始再表演一次了！结果如何，只要自己满意就行（有钱了，通常要说多少'元'，寓意天地之间，自己有了最得意的东西）！"这样的形义联系，联系是联系了，换上另一个人能想得出来吗？具有必然性和客观性吗？

（四）注意系统，关联讲理

汉字构形是成系统的，正确的字理必然符合系统、具有规律，游离系统之外而毫无规律的望形生"理"即使能自圆其说，也不能算真正的字理。例如把"韭"字讲成"韭菜不是一根，而是一丛"，把"鸡"字讲成"鸡是又一种鸟"，乍看还真有点道理，可汉字构形中，没有一个"非"能当"不是"讲，也没有哪个"又"是当副词用的。又如"温"字，单就这个字来说，讲成"太阳照晒器皿里的水，水就变温了"，也确实是字词相扣、形义相关的，可联系"瘟愠氲辒蕴缊塭揾榅殟煴瑥"等一系列字来看，我们就知道"温"的字理其实是"从水昷声"，因为"昷"在其他字中都起标音作用，与太阳和器皿无关。再如上面提到的有人说解从"火""昭"声的"照"字是一个"日"本人拿着一把"刀"杀了一"口"人滴下四点（"灬"）血，稍加分析，就知道这完全是一种错误的说解。除了上面指出的字词之间毫无联系外，也不符合汉字的构形系统。在汉字构形系统中，由于字形的演变，构件"灬"少量的代表动物的腿或尾巴（鳥馬燕魚），绝大多数是"火"的变体（热烈煎熬焦煮烹然烝），却从不表示血；把构件"昭"拆分为

"日""刀""口"三个构件也是不符合系统的,因为作为构件的"日"没有表示日本人的,"口"也没有代表人的,其实"照"中的"昭"是一个构件,其功能在示音。这样不顾汉字构形的系统性,胡乱拆解,随意联想,把汉字教学完全当作兜售个人小聪明还美其名曰启发学生"智力"、提高教学效率的游戏,结果本来具有严密构形规律的汉字系统被打乱,一字一个故事,一字一个说法,学会一个,打乱一片,不但未能减轻学生的记忆负担,反而容易让学生养成不顾客观规律而随意乱讲的不良习惯。

汉字是一个互有联系的符号系统,每个汉字的构形理据都不会是孤立的,只要我们掌握其中的规律,就可以由此及彼,举一反三,从而以简驭繁,成批识读。例如上面提到的"昭",在"照"字中是不宜再分解的直接构件,而它本身从"日""召"声,"召"又从"口""刀"声。如果让学生知道"日、口、刀"这三个字作为构件的基本功能,然后按构字原理循序渐进地联系相关字形进行教学,就会引出一系列的互有联系的字。如以"日"为义符,可以组成"明、杲"等会意字,"暖、晴、晚、旺"等形声字;以"口"为义符,可以组成"名、鸣"等会意字和"召、叫、喊、啡"等形声字,以"口"为声符,还能产生"扣、叩"等形声字;"刀"作为构件,同样能构成"利、则"等会意字和"刺刻、叨切"等形声字;进而"召"又组成"昭、招、沼、诏、迢、笤、龆、髫、苕、绍、邵、韶、劭","昭"又组成"照"……诸如此类,注意汉字构件之间的相互联系,从字理出发按构形规律成系统的教学汉字,比起胡编乱造的一字一"理"来,效果无疑会好得多。

注意构形的系统性,还能帮助我们发现隐含在系统中的某些构件的"类"化理据。例如现代的"挨"字,其中的构件"矣"功能不明,如果联系"埃娭唉"等字形一起分析,就知道其中的"矣"实际上具有示音的功能。我们可以把这样的声符叫"类声符",与之相关的还有"类义符"。详参我的另一篇文章《现代形声字的判定及类义符和类声符》。

(五) 顺应发展,历史讲理

放眼历史的长河,汉字的形体在不断变化,语言也在不断变化,那么作为汉字构形理据的字词之间的关系也必然会发生变化。因此,讲解汉字的构形理据,得从不同时代的字形出发,如果形体结构发生了变化,那就得根据变化前后的不同构形原理分别讲解,而不能把从古到今数千年记录同一词义的不同字形都讲成同一结构。例如"鸡"字:

| 甲骨文早期 | 甲骨文后期 | 小篆 | 隶楷繁 | 简化字 |

甲骨文早期是独体象形字;后期在象形构件的左边或右边增加了一个构件"奚",提示这个字的读音,所以构形理据变成形音组合;到小篆,音符没变,但原来象鸡形的构件变成了象鸟形的构件,鸟并非鸡的象形,只表示鸡的类属,所以是义符,全字应分析为义音合成;隶楷以后,虽然字体发生变化,但繁体的"雞、鷄"仍然是义符加音符,跟小篆阶段结构一致;现代简化字,繁体的"鳥"简化为"鸟",仍然是义符,原来的声符"奚"简化为"又"却成了失去功能的记号,所以现代的简化字"鸡"不能再看成形声字(义音合体字),而应该分析为义符加记号字。

上述五项原则是分析讲解古今汉字形体理据都必须遵循的。至于现代汉字，由于经过了长期的发展演变和人为的整理规范，其中的理据情况比较复杂，或承袭字源理据，或理据重构，或理据隐含，或理据丧失，因而在遵循上述原则的基础上，还应该针对不同的理据情况分别主次先后，各自采取相应的方法来加以处理。这个问题我在《字理与字理教学》一文中已经表述清楚，此文不再重复。

　　最后还要强调的一点是，无论古代汉字还是现代汉字，只有本字本义才能讲解构形理据，如果属于借用字，那应该先找到本字，然后才能分析理据。借用字的字形跟所记词语没有关系，这属于用字问题，不能从字形结构上分析出什么原理。例如困难的"難"（难），是借用本义为鸟名的"難"来记录的，我们没有办法从字形上分析出它跟"困难"意义的联系。

　　汉字的构形有理据，汉字的讲解应该符合构形原理。但由于字形和语言的演变，由于用字的复杂多样，事实上很多字的构形理据是讲不清楚的。对于理据不清楚的字形，宁可不讲，也不要随意乱讲。

参考文献

[1] 王宁：《汉字构形学讲座》，上海教育出版社2002年版。
[2] 李运富：《字理与字理教学》，《吉首大学学报》2005年第2期。
[3] 李运富：《现代形声字的判定及类义符和类声符》，《古汉语论集》（第三集），岳麓书社2002年版。

汉字教学的理与法[①]

讨论语文教学，无论如何都得把汉字教学放到基础地位，这是由语文的书面性质决定的，也是中国语文教育的传统。

汉字教学的主要内容是教人识字写字用字，取得成效的关键在于教师要明白汉字构造之理，明理才能得法。理是确定的，法是灵活的。

一　汉字的构造之理

所谓"构造之理"，即汉字的形体是怎么构成的。这是字源问题，体现平面符号如何产生的基本原理。汉字作为突破时空限制而能有效表达信息的平面符号，是通过两个阶段五种方式来构造的。

第一个阶段：原生构字，即构造前所未有的字符。主要有两种方式。一种是直接依据客观事物描摹事物的典型形状或情状，用以代指该事物本身或该事物的特征或跟该事物相关联的事物，从而成为记录某个语词的字符（文中用 { } 号标示）。如"🦌"描绘鹿的全形而代指 {鹿}，"𛀁"选取牛的头形而代指 {牛}，"𝄜"截取水流的一段而代指 {水}，"𤓰"描摹藤瓜相连的情状而代指 {瓜}，"𠧧"描摹鸟在巢上的情景表示 {西}（栖息义的初文）；"髙"描绘亭台高耸的情状表示 {高}，"大"以人体张大四肢的情状表示 {大}，"𐀁"以斧头形象代指执掌斧头而拥有生杀大权的 {王}，"🏺"以酒坛形象代指坛中的 {酒} 等。这就是通常所说的"象形"法，"象形"与否不以表示的意义为标准而以构字时是否描绘了某种或某几种事物的形状为依据。另一种是人为规定某个符号代指某个事物或概念。如规定用"一"代表数词 {一}，用"丨"或"十"代表数词 {十}，用"囗"代表 {方}，用"○"代表 {圆}，用"凹凸"代表 {凹} {凸}；又规定用多个符号或规定符号与象形符号组合构成"⸺ {上}""⸺ {下}""中 {中}""八 {八}""丩（纠）""小 {小}""𠓛 {集}"及"雨 {雨}""韭 {韭}"等。这种人为规定的符号我们称为"标志"，在构字表词时起或象征或指示或区别的作用。

第二个阶段：孳生构字，即利用已有的字符来构造新的字符。包括三种方式。一是用某个已有的字形加上某种非字的象形符号或标志符号构成新的字符。例如"胃 {胃}""杲 {杲}""巢 {巢}""石 {石}""眉 {眉}"等是由现成字肉、木、厂（hàn 山崖）、目

[①] 本文为国家社会科学基金重点项目（13AYY006）相关成果。原载《语文建设》2013年第12期。

和象形符号分别构成的;"⊙{旦}""🧍{夫}""⊟{甘}""🥁{彭}""🐂{牟}"等是由现成字日、大、口、壴、牛和象征性标志符号分别构成的;"𠂆{刃}""🧍{亦}""🌲{本}""🌲{末}""🌲{朱}"等是由现成字刀、大、木等跟指示性标志符号构成的;"太""丛""义""千""百"等是由现成字大、从、乂（yì）、人、白跟区别性标志符号分别构成的。二是将两个或两个以上的现成字符组合为另一个新的字符,现成字符在新组合的字符中有的起标音作用,有的起表义作用,有的仍然起象形作用。如"林""明""间"等取义与义的组合;"悟""静""勇（fū）"等取音与音的组合;"松""柏""椿"等取义与音的组合;"齒{齿}""🐓{鸡}""🦅{凤}"等取形与音的组合;"🌊{渊}""🌲{𣎴}""🌲{秋}"等取形与义的组合。三是利用某个音义相关的现成字符加以形体变化而成为另一个新的字符。如"丩{化}"字是"亻{人}"字倒反,"帀{帀}"字是"之{之}"字的倒反,"世{世}"字是"卅{卅}"字左竖的曲折拉长,"冖{冖}"字是"一"字两端的下垂,"冇"字取"有"之反义而省其笔画,"刁"字借"刀"之音声而变其笔形,"孑孓"源出于"子","乒乓"来自于"兵",如此等等,皆属"变异"造字。

汉字千千万,不外乎原生和孳生;构字之式不外乎象形描摹、规定标志、成字加非字、成字加成字、成字变异等五种。明乎此,则汉字教学可因理而生法也。

二 汉字的教学之法

（一）构形理据分析法

汉字教学,面对的是已经构造出来正在使用着的字符,使用中的字符跟它所表示的音义之间的关系是整体的,掌握起来只能依赖反复的使用和死记硬背,这样效果往往不佳。如果能将使用中的汉字逆推到构造环境,把汉字的构造原理告诉学生,让学生知道某个字符为什么能够表示某个词某个意义,知道不同来源的形体在字符构造中所起的不同作用,那对学生的认读、理解、书写和应用都会很有帮助。因此,汉字教学的首要方法就是"构形理据分析法"。

如上所述,汉字是由五种方式构造成的,构形理据分析法就是要从分析现实的形体入手,根据形体的表达功能,合情合理地把字形拆分为若干部分,说明每个部分的形体在构字表词上的具体作用（无法拆分的按照整体说明作用）,从而弄清楚这个字的构造方式。构造方式清楚了,那这个字的形体与音义的关系以及基本的用法就能够得到合理的解释。例如"伞"字不用拆分,整体像伞形,所以能表示{伞}的音义;"凸"字也不用拆分,整体象征某个物体往外突出,所以能表示{凸}的音义;"甩"字如果单独分析自身形体很难讲出构造理据,其实它与"用"字的形义相关,"甩"是抛弃不用,义与"用"反,故取"用"字之形加以变异来显示{甩}的音义;"果"字可以拆分为两个部分,木表示树木,田象果实形,所以组合起来表示树上的果实;甲骨文"⸺{上}"字可以拆分为两个部分,下面的长线象征某个参照物或平面,上面的短线指示在参照物或平面的上方，所以能够表示上的方位；"⿱长子{射}"字可以拆分为弓、箭两个部分，都是象形符号，组合为张弓搭箭的情状，所以能表示{射}箭的音义；小篆的"牽"字被许慎拆分为三个部分，牛是表义的，玄是标音的，冂是象绳子形的，所以表示用绳子牵牛的{牵}；"解"字可以拆分为角、刀、牛，每个部分都是表义的，所以合起来表示用刀分解牛角，从而记录分解、解剖的{解}。上举"伞、凸、甩"都是作为一个不可拆分的整体来讲解的，属于独体字；"果、上、射、牵、解"则都可以拆分为两个或两个以上的部分来讲解，就属于合体字。这样的"构形理据分析法"重点在于分析讲解形体的功能，也就是形体在构字时所起的作用，从而理解某个字符的形体来源和表词理据，至于被分析的字如何归类、怎样指称并不是很重要。

构形理据分析法是一种非常有效的汉字教学方法，但汉字的理据不是都很清晰的，因为汉字的形体和语言的音义都在不断地发生变化。遇到变化后构造理据不清晰的字形，一般不必硬讲理据。如果想要对高年级学生进行引导的话，可以用两种办法来探究。一种叫类聚显理，就是不局限于一个字形，而把具有相同功能的字形类聚起来考察，以体现它们的共同理据。例如"煮"字单独看理据隐晦不明，但联系"著箸诸猪渚褚翥"等字可知"煮"中的"者"具有标示"-u"音的功能，联系"热烈烹煎熬焦熏"等字可知"煮"中的"灬"具有表示"火"义的功能，那么"煮"就是由标音的"者"和表义的"灬"（火）构成的合体字，所以能表示{煮}的音义。另一种叫溯源显理，就是追溯变化字形的字源，用理据清晰的字形来讲解当初的构造理据。上面所举的"上""射""牵"是按照古文字字形讲解的，站在现代来说就属于"溯源显理"。溯源显理实际上分析的是字源理据，而不是变化后的字形的理据，但字源理据的分析可以帮助学生了解变化后的字形所具有的本义，从而贯通掌握其他引申义。例如"兵"字，现代有人把它拆分为"丘八"，那只是形体识记上的类比，于构造原理无关；如果要讲构造理据，就只好追溯字源，从甲骨文的"⿱斤廾"形可以看出，源字是双手握持兵器，那么{兵}的本义就是拿在手里的兵器（如"短兵相接"），也可以指拿着兵器的士兵（如"兵来将挡"），从这样的形义联系出发，{兵}的打仗义（如"兵不厌诈"）、军队义（如"兵败如山倒"）、兵法义（如"纸上谈兵"）等都好理解和掌握了。

（二）同形比辨分析法

有时为了说明某个字形的写法，或者比较不同字符的异同，可以忽略字形的构造功能而只着眼字形的写法异同。常用的办法是借用其他字对该字的同形部分进行比较辨认，我们把它叫作同形比辨分析法。这种分析方法对于构形理据不明的字符尤其实用有效。《说文解字》虽然是以讲解形体功能及构造原理为主，却也有与功能和原理无关的同形比辨分析。例如"鱼"的小篆字形象鱼的形状，《说文》解释说："水虫也。象形。鱼尾与燕尾相似。"其中的"鱼尾与燕尾相似"就不是讲功能的，而是说小篆"魚"字的尾部与小篆"燕"字的尾部写法相似（繁体"魚"与"燕"的下部仍然相同）。"壶"字的小篆字形也是整体象形的，《说文解字》解释为："昆吾圜器也。象形。从大，象其盖也。"说"壶"字从"大"，并不是壶与大有什么音义联系，而是指小篆"壺"字中包含着一个"大"字形，上部分可以按照"大"字来书写，这个"大"的实际功能则是"象其盖也"。再如"哉"字,《说文解字》解释为:"阙。从音从戈。"所谓"阙",就是不知道这个字的音义。既然不知道字的音义,当然就无法判断字形的构造理据,也就无法知道形体的具体功能,可许慎还是把"哉"字拆分成两个部分,实际上就是借同形字进行比辨,让人根据已识的"音"和"戈"来掌握"哉"的字形。这种从现实形体出发,有理讲理、无理析形或者既讲理又析形的灵活方法值得我们借鉴。在现代汉字的分析中,有些时候也是运用了"同形比辨分析法"的,如我姓"立早章"不是"弓长张",就是通过同形分析来比辨区别同音的"章"和"张"。"赢"字也可以分析为:上面一个"亡",中间一个"口",下面从左到右"月、贝、凡",通过一部分一部分地跟别的字形比辨认同,整个"赢"字的形体就基本掌握了。

"同形比辨"不一定是分割清晰的同形字,有所变异或近似的形体也是可以联系的。如"金"字的形体不好掌握,有人编字谜说"一人平反",就是把"金"拆分为同形的"人"字、"一"字和反过来的"平"字以帮助认知。甚至一些不成字的偏旁部首或部件也可以作为同形部分来加以比辨认同,如"青"字可以分析为"责字头,育字底",就是把"青"跟"责、育"联系起来认同辨析。显然这样的分析都不是为了讲解形体的功能和构造的理据,只是借助已经认识的同形字或同形偏旁来拆分新字,以便通过部分的类比认同而达到整体认知的目的。这种分析汉字的方法目的不在揭示字形构造的理据,而在帮助记忆或区别字形,在教学中适当运用是有好处的。

(三)无理无同记号法

汉字中还有些形体既无法解释其构造功能,也找不到同形的单字或偏旁来类比认同,那就把它当作特殊的记号来硬性掌握,权且称作无理无同记号法。例如,"书"字是由从"聿""者"声的有理字(書)经过草书楷化而成的简化字,就简化后的"书"形说,既无构造功能,又无法拆分出别的同形字或同形偏旁,所以需要把它当作一个记号整体记忆,不宜分析讲解。再如"旁"字可以拆分出一个标音的"方",剩下的部分则"无理无同",只能看作一个记号,那么"旁"字就是标音加记号字。无论整体为记号的字还是包含部分记号的字,掌握起来一般得靠死记硬背,没有多少可以讲解的(除非介绍字形的演变过程,但这对中小学生是没有必要的)。

上述三种方法中,有理分析与无理分析是对立的,不能同时存在;而同形分析,有的存在理据,有的已失去理据,所以跟有理分析和无理分析是交叉的。就是说,有些字的同形部分可以同时进行理据分析,如"果"字的"田"既与田土的"田"同形,又可以分析为果实的象形;而有些字的同形部分因为失去理据也可以看作无理记号,如"些"字可以拆分出"止、匕、二"三个同形部分,但实际上这些同形部件已失去构造理据,把它们都看作无理记号也未尝不可。总之,汉字教学无定法,唯便利有效是从。对一些字形复杂不易理解掌握的字,在上述主要方法的基础上,还可以运用其他谐趣方法,例如结合字形字理及同形字编创字谜、顺口溜、儿歌、故事、形状比喻等来帮助理解和记忆。汉字教学有待更好地探索。

汉字的特点与对外汉字教学[①]

一 引言

汉字已经成为世界性的交际工具，引起越来越多外国人的关注和学习。在对外汉字教学中，普遍感觉汉字难学，因为汉字笔画多、字数多，不容易记，不容易写。这果真是汉字难学的根本原因吗？我们认为还值得研究，最好联系汉字的特点来认识这个问题。汉字特点需要跟别的语种的文字进行比较才能认识，此事物与彼事物相比，比较结果所显示的差异就是特点。比较需要注意两点：一是比较对象，即拿谁跟谁比；比较的对象不同，所得的结果会有不同。二是比较角度，即谁的什么比谁的什么；比较的角度不同，所得的结果也会不同。下面我们针对英文来谈汉字的特点，然后根据汉字特点分析汉字难学的原因，以便采取有针对性的措施来提高汉字学习的效果。

二 汉字特点的比较对象

"比较对象"不能简单地理解为汉字跟英文比，而要具体确定汉字的什么成分跟英文的什么成分比。考察前人对汉字特点的研究，他们也是注重比较的，但比较的对象并不完全相同。主要有以下几种情况。

（一）拿汉字的单字跟英文的字母比

苏培成（2001：32、12）认为："要确定某种具体文字的性质，就要看这种文字的基本单位记录的是什么样的语言单位。""汉字的基本单位是一个个单字，拼音文字的基本单位是一个个字母，而不是一个个单词。汉字的单字是形音义的统一体，记录的是汉语的语素；英文的字母只有形和音，没有义，记录的是英语里的音素（音位）。"显然，苏培成先生是通过汉字单字与英文字母的比较，来分析两种文字的不同特点。

王伯熙（1984）主张通过比较不同文字的"独立符号"，给文字定性。他说："所谓'独立符号'，是指在记录一定的语言单位时不能再分析的符号。如记录词的方块汉字

[①] 本文为国家社会科学基金重点项目（13AYY006）相关成果。原载《世界汉语教学》2014年第3期。又《语言文字学》2014年第10期全文转载，中国社会科学网2014年12月10日全文转载。

'明'就是一个独立符号，它不能再分析了；若再分析成'日''月'，音、义全变，所记录的就不是原来的语言单位了。""英文中的 b 是记录音素的独立符号。""各种文字的独立符号所记录的语言单位不同，其符号系统的性质也就有了区别。因此，可根据文字独立符号所记录的语言单位给文字分类定性。"可见王伯熙先生进行比较的"独立符号"也是汉字单字和英文字母。

拿汉字单字和拼音文字的字母进行比较，是中外很多学者通用的方法。现在的问题是，英文的"字母"能不能算作文字，能不能跟汉字的单字进行对等比较。根据"文字是记录语言的符号系统"这一基本定义，只有具备记录语言成分或单位的功能的符号才能称其为文字。语言有"音""义"两个重要因素，语言中最小的语音单位是音素，最小的意义单位是义素。毫无疑问，英文字母不能表示意义，但一般认为，英文字母记录的就是英语的音素，所以英文字母就是记录英语的文字。其实英文的单个字母与英语的音素之间并不存在一一对应关系，很多时候单个字母并不标记语言中的音素，如字母"r"在单词"right"中可独自表示一个辅音音素，而在单词"work""dirty""sister"中则要与"o""i""e"分别组合成"or""ir""er"，才各自表示一个元音音素，在单词"tree""drop"中，又分别与"t""d"组合成"tr""dr"才表示一个辅音音素。可见，英文字母并不就是音素，不是每个字母都有固定的音值，代表着固定的音素，所以我们学英语还需要国际音标的帮助。英文字母既不能表示意义，有的还不能直接记录音素，那就说明英文字母不能直接记录英语，所以英文"字母"只是生成"字"的"母"，本身并不是文字。

既然"字母"不是文字，那就不能代表英语的文字来跟汉字对等比较，汉字的特点也难以在这种不同类的比较中显示出来。

（二）拿汉字的构件跟英文的字母比

裘锡圭认为，区分不同性质文字的根据是字符（指构成字的构件）特点而不是文字本身。他说："语言有语音和语义两个方面，作为语言的符号的文字，也必然既有音又有义。就这一点来说，各种成熟的文字体系之间并没有区别。只有根据各种文字体系的字符的特点，才能把它们区分为不同的类型。"英文被定性为"表音文字"，是因为"英文的字符，即二十六个字母，是表音的，不是表意的"（裘锡圭，1998：11）。汉字的字符包括意符、音符和记号三种，因此被定性为意符音符记号文字或意符音符文字。

裘先生把"二十六个字母"看成"英文的字符"（构件）而不看成英文的"字"，是有独到眼光的，但还不太准确。因为"汉字的字符包括意符、音符和记号三种"是从功能的角度就构成汉字的直接构件说的，而英文的字母本身没有固定的标音或表义功能，它要转化为构件（一个字母）或拼合为构件（多个字母）后才具有构字功能，才能跟汉字的"字符"（构件）对应。就是说，英文的"字母"不但不是"字"，也不是"字符"（构件）。所以裘先生拿汉字的构件与拼音文字的字母进行比较以探讨汉字特点并给汉字定性，也是不合适的。

(三) 拿汉字的单字跟英文的单词形式比

高名凯、石安石（1999：185）认为："无论哪种文字，都是以不同的形体去记录语言中的各个成分（即记录它的发音和意义）的，因而任何文字都具有字形、字音和字义三个方面……目前大多数文字一般用一个字去记录语言中的一个词，俄罗斯文字、英吉利文字、法兰西文字等就是这样的。因此，这种文字中的每个字，都有一定的字形、字音和字义，从记录的音节数目来看，它既可能只有一个音节，也可能有几个音节……而我国的汉字则是另一种情况，一个字原则上只记录一个音节。"

看懂这段话，就会知道高、石二先生是把拼音文字中记录一个词的单位看作"字"的，这样记录着一个单词的"字"可能只用一个字母组成，也可能用多个字母组成，英语文献中分词连写而形成的一个个自然单位就是一个个"字"。我们非常赞同高、石二先生的观点，因为只有这样的"字"才真正记录了英语，所谓英文是"线型文字"也正是针对分词连写的多个字母横向排列而成的"字"说的，如果"字母"就是"字"，那说每个"字母"都是"线型文字"就难以成立或者不符合人们心里的实际所指。

既然英文的"字母"不是字，那就不能笼统地说英文的 26 个字母比汉字的数量少，因为它们缺乏可比性。既然英文的"字"就是记录英语词的单位，那就不能说汉字的字数太多，因为汉字在每个时期的通用字种不过 6000 个左右，常用字种只有 3000 个左右，历代积累到一起的不同字种也应该在 40000 个之内[①]，而跟英语单词相应的英文的"字"却是海量的，甚至是无穷尽的。由此看来，单字数量众多不一定是汉字的主要特点，如果说汉字确实难学的话，其原因也可能并不在此。人们之所以会有这样的印象，实在是因为没有找准比较的对象。只有把汉字的单字跟记录英语单词的书写形式对应起来比较，才能看清楚汉字的特点。

三　汉字特点的比较角度

确定了汉字特点的比较对象，就知道不能拿汉字的单字跟英文的字母比，也不能拿汉字的构件跟英文的字母比，而应该拿分格书写的汉字单位跟分词连写的英文单位比。但汉字的单字跟英语的单字并不是按字种一一对应的，例如汉字"书"可以跟英文"book"对应，而英文的单字"work"就没有合适的汉字单字对应，只能用"工作"两个单字来做意义上的对译，这就不是文字的比较了。所以要比较汉字与英文的不同，绝非字种的对比，而是在明确各自"字"的单位后进行"字"的属性的比较，这就是比较角度的问题了。

文字究竟有哪些属性，见解会不一致。就汉字而言，通常认为具有"形、音、义"三个要素。但实际上文字的"音义"是语言赋予的，文字在记录语言的时候一般有音有

[①]　目前收录字形最多的《中华字海》有 80000 多个，但绝大多数是同一个字种的不同写法，不能算独立的有计量和比较价值的"字"，如"户""戸""戶"应该算作 1 个字而不是 3 个字。

义，但也存在有音无义或有义无音的情况，所以"音义"不是文字必须同时具备的，而且它们同属于文字的功用层面，不宜分开跟"形"鼎足三立。另一方面，文字应该都有"理据"的属性，只是不同文字的理据方式不同而已。形体是外在可视的，理据是说明形体成因的，功用是形体的存在价值。因此，形体、理据、功用这三者是所有文字都具备的属性。彼此都有的属性才能站在同一角度进行有效的比较。

既然所有文字都具备形体、理据、功用三个方面的属性，那么，比较它们异同以显示各自特点的时候是选择一个角度进行比较，还是应该多个角度同时比较呢？这要根据研究的目的而定。如果只想说明某一方面的差异，当然可以选择某一个角度；而当我们说汉字具有什么特点的时候，实际上是针对汉字的所有属性而言的。因此，拿汉字跟别的文字进行比较来谈各自特点的话，也应该同时关照到各个方面，至少不应该拿某一方面的差异来代替汉字的总体特点。某个方面的差异只能说明某个方面各自的特点，如果以偏概全，把从某个角度观察得到的特点当作汉字的总体特点，就难免引起混乱和争议。因为对同一事物的观察角度可以多种多样，而不同角度的观察结果却往往是不一样的，所谓"横看成岭侧成峰，远近高低各不同"。如果各人选择汉字的不同属性，从不同的角度去跟别的文字比较差异，然后说这就是汉字的特点，而且认为自己观察到的是唯一正确的结论，凡不符合的说法都是错误的，那么，关于汉字特点的种种表述和争议就必然地产生了。

例如上举裘锡圭先生认为"只有根据各种文字体系的字符的特点，才能把它们区分为不同的类型"。所以从构形理据的角度，根据英文字符的表音特点而把英文定性为"表音文字"，根据中文字符包括意符、音符和记号三种的特点而把汉字定性为意符音符记号文字或意符音符文字。但是，如果我们换一个角度来看汉字的特点和性质，可能就会得出另外的结论。例如潘钧（2004）就从汉字功用的角度来看汉字的特点，认为汉字所记录的语言单位跟英文不同，英文记录的语言单位是音素，汉字记录的语言单位是语素，所以记录语素是汉字的根本特点，"语素文字"是汉字唯一的本质属性。裘先生眼里"只有"中文字符（结构角度）的特点，潘先生心中汉字记录语素（功用角度）的特点才是"唯一"的。他们站在不同的角度得出不同的结论，分开来说，限定在各自的视域，当作汉字某一方面的特点，其实都是对的，但各自当作汉字的总体特点，造成两个"只有""唯一"，彼此是非，实际上就是矛盾的。

所以讨论汉字的总体特点，应该兼顾汉字的形体、理据和功用三个方面，从三个角度比较不同文字之间的异同，然后综合表述彼此的特点。如果只谈某一方面的特点，那就限定于某一方面，不能否定其他方面的特点可以共存。

四 汉字的三维特点

根据上面的认识，我们拿汉字的单字跟英文的单字，从形体、理据、功用三个不同角度进行比较，希望得出汉字的三维特点。

(一) 形体单位和形体外观不同

文字都是有形体的，不同文字的形体具有不同的特征，这是首先能感知的。文字的形体可以分为三个层次，一是书写元素，二是构形单位，三是全字。英文的书写元素是线条，构形单位是字母，由一个或多个字母构成全字。现代汉字的书写元素是笔画（小篆以前也是线条），构形单位是字根（也可叫基础部件），由一个或多个字根构成全字。

作为书写元素，汉字的笔画与英文的线条区分不是太严格，比如横竖折与直线斜线折线等基本一致，何况汉字的古文字体和手写字体本来也都是线条，而且无论是线条还是笔画都可以写出各种各样的形态，没有对立区分的实际意义，所以在书写元素的层面，汉字的特点并不突出。如果就每个字的书写元素数量而言，汉字的未必比英文的多。如汉语"大学"一词由两个字记录，平均每个字 5.5 笔，英语"university"用一个字记录，小写共 15 笔，大写共 18 笔。所以说汉字笔画繁难是经不起推敲的。

作为构形单位，英文的字母大致相当于汉字的字根，都是具有组构全字和区别异字作用的基本形体。但英文的字母是既定的符号，数量固定（大小写各 26 个），无论组构什么字形，都采用横向线型加合的方式，字母与字母界线分明，而且自身不会发生变化，所以字母的异同、数量和排列位置一目了然，全字与全字的形体容易辨别。汉字的字根（基础部件）则是全字拆分的结果，由于拆分原则不同，汉字字根的数量不太统一，总体看比英文多且复杂，如王永民（1997）"五笔字型"分 130 多个字根，而《信息处理用 GB13000.1 字符集汉字部件规范》（王宁等，1997）则有 393 组 560 个基础部件。而且，汉字字根的形体会不断变化，黏合离析没有定规，多个字根的组合布局由于方块二维的限制，也存在随意调整和变异的可能，所以一个全字中究竟有几个字根，全字与全字之间究竟有什么差异，往往不易分辨。

作为全字，英文单字的外形呈线型，汉字单字的外形呈方块，这种差异在由多个构形单位合成的字上显示得更清晰，如"book""workshop"等是英文的线型字；"影""萧""国"等是汉字的方块字。所以相对于英文的按线型排列字母的外观而言，把字根组合成"方块"的外形就是汉字形体方面的特点。

(二) 理据单位和理据关联不同

用什么样的形体表达什么样的语言单位，是有理据关联的。理据单位通常称为构件，指在构造字位表达语位时具有某种功能的形体。汉字的构件有的起象形作用，有的起标识作用，有的起表义作用，有的起示音作用，原来具有某种功能由于字形或语言发生变化而失去了功能的构件，我们把它归为代号构件。汉字的"构件"有时与"字根"（部件）重合，但总体上二者并不等同。"构件"就构字理据而言，强调的是形体跟语言单位的关系；"字根"（部件）就形体组合而言，强调的是形体的样貌及其在全字中的位置。例如"谢"可以从构形上分析为"讠+身+寸"三个字根，而从理据上只能分析为"讠（言）+射"两个构件。任何文字都有理据，只是不同的文字其理据单位和理据关联可能不同。汉字的理据单位及关联方式多种多样，有一个构件的独体字，如象形的"伞"，标识的"凹"，代号的"目"；有两个以上构件组成的合体字，如"瓜"是象形构件与象形构件的组合，"上"是标识构件与标识构件的组合，"刃"是象形构件与标识构件的组合，"解"是表义构件与表义构件的组合，"胹"是示音构件与示音构件的组合，"请"是表义构件与示音构件的组合，简体字"对"已变成代号构件与代号构件的组合，"牵"已变成表义构件、象形构件与代号构件的组合，等等。

英文单字的理据单位也是构件，但英文的构件功能没有汉字构件复杂，它几乎每个构件都要标示所记词语的某个音素；对于复合词的复合构字来说，其中的直接构件在示音的同时还兼表义，即与词语的意义相关。如："Work"可以切分出三个构件 w+or+k，三个构件都是纯表音的；"workshop"可以切分出两个直接构件"work（w+or+k）""shop（sh+o+p）"，这两个构件的功能是既表音又表义的，但其下位构件则是记录音素的纯表音单位。可见，表音是英文构件的主要功能。英文构件都能标记音素，用来构字的关联模式基本统一，都可以看作对词语音素的拼合。即使构件兼义，也大都是加合式的，而且往往被拼音现象所掩盖，所以人们只注意英文构件的拼音功能而把英文称为拼音文字。通过对照可以发现，英文的理据属性比汉字的理据属性要简单得多，反过来说，构件功能多样、理据模式复杂，正是汉字理据方面的特点。

（三）记录语言的职能及对应关系不同

成熟的文字都是用来记录语言的，但记录语言时，文字单位跟语言单位的对应关系可能不同。英文的单字记录的是英语的单词，字与词完全对应，是真正的"表词文字"，所以使用英文的国家只有英文词典没有英文字典，有的虽称字典而实际上仍是词典，英文的字典与词典无法分开。汉字的单字记录的则是汉语的语素或音节，字跟词不完全对应，只有当单语素作为词使用时，记录语素才等于记录词。现代汉语如此，古代汉语也有字词不对应的地方，例如"不律谓之笔"，"不律"是两个字，分别记录两个不同的音节，合起来才记录一个词 {不律}①；"寡人之于国也"，"寡人"也是两个字，分别记录两个不同的语素（同时也是音节），合起来才记录一个词 {寡人}；而"信"是一个字，却既可以本用记录诚信义的本词 {信}，也可以兼用记录信息义的派生词 {信}，还可以借用记录伸展义的他词 {伸}。正因为汉字的字与汉语的词不对应，所以使用汉语汉字的国家编了字典还要编词典。由此可见，记录职能不确定，字词难以完全对应，这是汉字在功用方面具有的特点。

综上所述，可以说英文是用具有表音功能或者表音的同时兼具表意功能的构件拼合单字以记录英语单词的线形符号系统，而汉字是用表意构件（含象形、表义、标示构件）兼及示音和记号构件组构单字以记录汉语语素和音节的平面方块型符号系统。线形外观、拼音理据和字词对应是英文的主要特点，而方块形外观、多功能的复杂理据、记录职能不确定则是汉字的主要特点。通常人们把英文称为"表音文字"，把汉字叫作"表意文字"，只是突出某一方面，其实不太准确。当然，为了指称方便，我们也可以分别从形体上把汉字叫作"方块形文字"，以区别于英文等"线形文字"；从理据上把汉字叫作"表意主构文字"，以区别于英文等"表音主构文字"；从功用上把汉字叫作"语素音节文字"，以区

---

① 本文用 { } 号标示语言中的词或语素，以区别作为记录符号的字。下同。

别于英文等"表词文字"。但必须注意，单方面称述的时候，只体现单方面的特点，不能代替汉字的整体特点。

五　从汉字的特点看对外汉字教学

"特点"并不等于"优点"或"缺点"，汉字与英文各有特点，也各有利弊。比较分析各自的特点和利弊，才能真正找到汉字难学的原因，从而采取有效措施，突出教学重点，克服教学难点。

（一）形体方面的教学

就形体属性而言，英文的书写元素是线条，包括直线、斜线、弧线、曲线和短线（点），古代汉字也有这些线条（如小篆），隶书以后才逐渐形成笔画系统，但笔画系统实际上限于软笔（毛笔）和特定字体（隶楷宋），就现代的硬笔手写体而言，跟线条没有多大的区别。而且，作为书写元素，无论是线条还是笔画，除了印刷体，在一般的实用文字中是千变万化的。不仅线条与笔画没有截然的界限，就是同为线条或者同为笔画，也可以写出各种各样的形态而并没有功能区别价值。所以书写元素在实用文字中具有随意性，不必过于拘谨。就汉字的书写而言，古人从不讲究统一笔序，各人自便即可，笔形也随心所欲，粗细长短正斜曲直，多一笔少一笔，只要不跟别的字混同，也不严重影响美观，通常是不予计较的。例如刻写甲骨文，经常会先把字中的所有横线刻完，再刻所有的竖线，圆形的"日"也不必刻成圆形（难度大）而刻成方形。所以同一字往往可以有多种写法。其实汉字书写只是汉字形体呈现的一种方式，而汉字的呈现方式本来是可以多种多样的，现代信息技术的输入输出，已经更加降低了逐笔书写的重要性。由此我们发现现代汉字教学的一个误区，是过于强调书写的笔形和笔序，以致花大量时间和精力在笔画和笔序的教学上，结果得不偿失。例如"万"字，在一横后是先写一撇还是先写横折钩，字形是写成"万"还是"万"，其实都无所谓，只要不写成"方"或"刀"就行。尤其对留学生而言，书写习惯大都已经形成，要他们严格按照汉字的所谓"笔画"和"笔序"来书写字形，事实上做不到，所以才会出现留学生字形"出错"比例偏大的现象。如果我们不强求一笔一划的循规蹈矩，而让他们根据自己的习惯随意书写，只要最终的字形能够辨认，不影响表达功用，那许多的字形之"错"就不再是错，留学生们会学得更轻松。当然如果站在书法艺术的立场，讲究一些笔形笔序还是必要的，可书法艺术的笔序跟汉字教学的规范笔序仍然不是同一的。

真正在字形上具有认知价值的是字母或字根，因为不同字位（单字）的差异不表现在笔画线条层面，而在于字母或字根不同，包括字母（字根）的种差、数量差和位置差。汉字的字根（基础部件）不如英文的字母简单规范，除了数量众多外，字根与笔画有时重合，甲字根可能包含着乙字根，字根与字根需要组合成方块，因而每个字占用的空间小，字与字的识别要以字根的辨析为基础。这些是前面陈述过的汉字字形不同于英文的特点。抓住这些特点，我们认为对外汉字教学在形体方面不必重视笔画和笔序，而应重视字根的辨析，特别是字根的空间分布，这样才能有效识别不同的字根及由字根组合的不同字形。

由此可见，汉字形体的识别是汉字教学的难点之一。从这个难点出发，如果形体差异决定字根和字位的不同，就需要认真辨析，仔细讲解；否则可以忽略或者不必花费大量精力。汉字中有许多形体相近的字，它们的差异不在笔画线条的对立，而是组字字根的对立，需要在字根的层面进行辨认。如"土"与"士"，"未"与"末"，差别不在笔画横，而在各自两横的相对长短；"已""巳""己"，差别不在竖弯钩，而在竖弯钩的相对位置；"人"与"入"，差别不在撇或捺，而在捺跟撇的相接点；"由""甲""申"，差别不在笔画竖，而在中竖出不出头和往哪个方向出头。"王"与"玉""大"与"犬""戊"与"戍"与"戌"，虽有笔画有无或笔画种类的不同，但认知价值不体现在这些笔画本身，而在包括"无"某笔画的所有组字字根的对立，所以需要识记的也不是这些笔画本身而是相关的字根。除字根的形体外，字根的组合布局也是字形识别要注意的地方。汉字的方块外形，使得几个字根组合的时候重方位而不重时序。所以针对留学生原有的字母先后时序感，应该有意强化他们对汉字字根组合的"方块"观念，通过字根在方块中的方位关系掌握字形，例如上下、上中下、左右、左中右、全包围、半包围、斜角对称、偏居一角等等基本布局关系，应该让学生熟练掌握，因为这是跟英文不同的地方，也是留学生最容易出错的地方。有时候字根相同而只是组合布局不同，就可能成为不同的字，如"吟含""呆杏束困"等，这种现象对于留学生而言，是难以掌握的。在教学中强调汉字形体组合的方位意识，可以有效避免留学生出现把"陈"写作"东阝"、把"多"写作"夕夕"之类的错误。

（二）理据方面的教学

就理据属性而言，虽然英文拼记合成词的构件可以表义，但总体上所有构件都是表音的，而且都是横向加合式的，所以比较简单。汉字的构件功能多样，理据方式五花八门，而且还讲究方位关联，比如"呆"与"杏"，两字的构件形体基本相同而只是上下置向变化，结果成为构件功能和理据关联都不相同的字；特别是还有一些同形构件干扰，如"果""東"可能被看作"日"跟"木"在上部和中部的相交，也可能被看作跟"胃""番""里"中的"田"同形。这种复杂的同形不同理的构件分析，对只有前后或先后音素拼合和意义加合观念的留学生来说，掌握起来确实比较困难。所以在留学生刚刚接触汉字的初级阶段，可以不必多讲汉字的构造理据。

到了中高级阶段，随着留学生对中国历史文化知识了解的增多，对汉字构造的理解能力和接受能力也会增强，这时适当讲解一些汉字的理据关联和结构规律，是很有好处的。而且来中国学习汉语汉字的留学生大都是成年人，理解能力本来就强，如果说在书写方面他们处于劣势，那么对汉字结构理据的学习，可能正是他们的兴趣和优势所在，所以加强汉字构造理据的教学，可能取得事半功倍的效果。一可以让学生知道汉字的形体是怎么构成的，为什么能够用来记录某个词语；如"解"字由角、刀、牛三个构件组成，每个构件都是表义的，所以关联起来表示用刀分解牛角，从而记录分解、解剖的｛解｝。二可以让学生了解所记词语的本义，进而通过关联推衍掌握引申义；如上举"解"字的理据分析说明它所记录的语素｛解｝的本义是分解、解剖，由此引申沟通，学生能够更好地掌握｛解｝的解开、解散、解释、解放、解除、解冻、解决、理解、和解、溶解等意义和用法。三可以通过理据分析发现字与字之间的音义关系，从而类聚群分成批地掌握汉字；如通过分析"掌"字的上部其实是"尚"的变形而起表音的作用，就可以联系"党""堂""棠""裳""赏"等字，知道它们的上部也是"尚"作声符。四可以通过理据分析，让学生了解汉字是发展演变的，有些构件的形体和功能需要从演变的途径来理解；如本义指城镇的"邑"字在作义符时演变为"阝"，通常位于字的右部，俗称"右挂耳"，表示城镇、地名、姓氏等义（邯郸郴郑邻），而本义为山的"阜"字作义符时也演变为"阝"，但通常位于字的左边，俗称"左挂耳"，表示山岭、土坡、峰崖等义（陵障阻陂险）。五可以通过理据的分析，帮助学生辨析形近而用法易混的字；如"即"与"既"形音皆近，常常混用，实际上"即"的构造理据是一个人靠近食器准备用餐，故"若即若离""即刻""即将"等词语当用"即"字，而"既"的构造理据为一个人吃完饭掉头正要离开食器，故"既然""既已""既成事实"等词语当用"既"字。六可以借助理据分析开阔学生眼界，进一步了解和印证某些形体构造时代和形体演变过程中的历史文化现象；如以"贝"为表义构件的字，大都与钱财货物相关（资贸贫贱赐），这说明中国古代曾经以"贝"作为通货，由此可以了解中国的货币历史。这六个方面都与汉字理据的分析相关，把其中的原理运用于汉字教学就是"字理教学"（参见李运富，2005）。对留学生进行字理教学，让他们尝到分析理据的甜头，会大大增强他们学习汉字的积极性，甚至引起他们有兴趣主动自觉地探究汉字构造和发展的原理奥秘。

　　但对留学生讲解汉字的构造理据需要注意下面几点。第一，汉字的初创都是有理据的，但经过数千年演变后，现代汉字的理据很多已经消失，有的可以追溯，有的追溯也不再可能。即使可以追溯的，由于文化背景不同，有的理据现代的留学生也未必能够理解。所以我们应该把讲解汉字构件的功能和汉字构造的理据看作教学手段而不是教学目的。既然是手段，就应该选择运用，即只讲那些理据清晰的、留学生容易接受的，而不要试图给每个字都讲出一个"理"来。对于无理可讲或有理难讲的字，应该采用其他教学方法让学生掌握。第二，辨析汉字形体的时候不一定非得借助构造理据，但讲解汉字构造理据的时候必须从形体出发，要依据正确的形体才能讲解正确的理据。如有人把"福"字的理据讲解为"一口人有田种有衣穿就幸福"，显然违背了字形，因为"福"字左边的表义构件是"礻"（示）而不是"衤"（衣）。不同时代汉字的形体不同，理据也可能不同。所以当现代汉字理据不明的时候，可以适当追溯它们的原始字形，以了解其原始理据和演变过程。如"隹"在现代不独用，但常作为构件出现，其功能则可追溯原始字形来确定："隹"原为鸟的象形符号，表示短尾巴鸟，读音为"zhui"。所以在现代汉字中可作义符，表示鸟类，如"雀雌雄雉雁隼"等，也可以作声符，提示"-ui（uei）"的读音，如"崔椎谁睢锥骓"等。但追溯古文字形体应该适当适量，不可滥用，不可为了讲理据而把现代汉字教学变成古文字学课。通常只有原本为独体象形字或形形合体字而现代不再象形的字或构件，比较适合通过追溯原形的方式来讲解理据。第三，无论讲解原始理据还是形体变化后的现代理据，形义的联系都必须合情合理，要有历史的根据或者文字系统的支持，不能随心所欲地胡乱拆解和发挥联想。如有人把"球"讲成"一个姓王的在打球，投了四个篮板球（指求下面的四点），罚了一个点球（指求右上的一点）"，把"恕"讲成"如果你得罪了领导，就去找他心上的女人开口求情，一定会宽恕你的"，这样的讲解属于胡说八道，不是符合文字规律和形义系统的汉字构造理据。第四，教学汉字理据的目的在于通过形体结构的分析，了解单字与语词之间的固有关系，所以着眼点应该放在讲解各个构件对于表达语词的作用上，而不要陷入汉字结构的分类和归类的泥坑里。纠缠某个字是属于"六书"的象形字、指事字、会意字还是形声字，很多时候难以肯定，肯定了也没有实际意义，何况"六书"本身并不是一个汉字分类系统（参见李运富，2012）。

（三）功用方面的教学

就功用属性而言，英文的字记录的是词，字词高度一致，学字就是学词，掌握了词就等于掌握了字，所以有了一定词语积累的学生并不存在学字的困难。而汉字的功用却要复杂得多，尽管形体构造时对应的是某个特定的语词，但实际使用中，除了本用（记录形义相关的本词）外，还有兼用（记录音义相关的派生词）和借用（记录同音而形义无关的他词），加上所记某些语言单位的性质变化，造成汉字不仅可以记录词，也可以记录语素，还可以记录纯音节。而且一个字可以记录多个不同的语素或词或音节，如"干"可以记录"干湿"的{干$_1$}、"干预"的{干$_2$}、"干事"的{干$_3$}、"树干"的{干$_4$}等。反之，由于异体字、分化字、通假字的存在，一个语素或词也可以用多个字记录，如表示裤子意义的{裤}可以用"裤""袴""绔"分别记录（现代汉字已经规范用"裤"），表示第三人称代词的{ta}可以用"他""她""它"分别记录，表示现任美国总统的人名需要用"奥""巴""马"三个字来记录等。汉字的功用如此不确定，单字与语言单位没有固定对应关系，一字多用、多字同用成为汉语用字的普遍现象，这是汉字的最大特点。明代方以智在《通雅》中早已指出："字之纷也，即缘通与借耳。若事属一字，字各一义，如远西因事乃合音，因音而成字，不重不共，不尤愈乎。"可见汉字确实要比英文繁难，但最大的难点不在笔画多字数多，也不在字形繁结构复杂，而在汉字功用的不确定，在汉字单位与汉语单位具有多重多向的对应关系。所以对外汉字教学的重点应该是汉字的功用。

其实，学习汉字的最终目的也是为了功用，所以汉字功用理应成为汉字教学的重点，这是本文所要特意强调的。字形写得好不好看，结构理据讲不讲得出来，可能并不影响你的语文生活，但如果不知道文献中的某个字的实际功用，不知道某个语言单位应该用哪个字来记录或表达，那就既读不懂别人的文章，也写不出自己的语言。所以无论是对外还是对内，无论是低级阶段还是高级阶段，汉字教学都应该把功用的讲解和练习作为主要任务。遗憾的是，汉字教学的现状好像并非如此。大量的时间花在字形笔序上，花在结构归类上，花在形义关系的随意联想上，花在汉字文化的牵强附会上，而对汉字的实际功能、词语的规范用字、字词的对应关系等功用层面的内容却讲得很少，所以学生认识了字却读不懂文章，写得出字却写不好文章。至于哪些是错别字，哪些是字的异写和合理的通假借用，学生们一般也都说不出所以然。这种现象在对外汉字教学中尤其值得注意，因为留学生们文献阅读量少，不太了解汉字的使用习惯，而且常常认为学好汉字就能读懂文献，就能写好文章，结果往往抄写了很多遍《新华字典》，能认识两三千字了，还是不能达到顺利读书写文章的目的，一读书就懵，一用字就错，有人因此垂头丧气不知所措，严重影响继续学习汉字汉语的兴趣和信心。

要使留学生走出能识字写字却不能解字用字的困境，就必须加强汉字功用方面的教学。首先，得让留学生知道，汉字不等于汉语，单字不等于单词。在现代汉语中，单字通常记录的是一个音节一个语素，而单词大多是多音节和多语素的，所以往往要用多个单字才能记录一个语词。这样，光认识一个一个的字，并不一定能够理解包含多个字的词语的意思。例如认识了"浪"也认识"漫"，但不一定懂得｛浪漫｝的意思。所以最好的办法是在认字的时候结合组词来进行，或者利用《现代汉语词典》来学字，效果可能会比较好些。对于汉语水平还不太高的留学生来说，离开词语和语境的集中识字不是明智的选择。

其次，要让留学生知道，汉字的使用，并不是简单的一字一用，而是普遍存在一字多用和多字同用的复杂现象。特别是汉字的借用，突破了汉字的形义关联，是造成汉字职能纷乱的重要原因。汉字的借用分两种情况，一种是某个词语没有专门为它构造本字，只能借用别的同音字来记录。这种没有本字的借用往往会成为该词语的固定用字，无法用别的字取代，掌握起来相对比较容易。如记录连词｛然而｝的两个字都是借用，"然"的本用记录燃烧的｛燃｝，后来燃烧义另造本字"燃"，"然"就成了连词｛然｝的固定用字；"而"的本用记录胡须义的｛而｝，后来这个词语消亡，"而"也成了连词｛而｝的固定用字。又如花钱的｛花｝借用花朵的"花"，男子汉的｛汉｝借用汉水的"汉"，本用和借用同时存在，但借用也是固定的，无法用别的字取代的。另一种是，某个词语有为自己构造的本字，但在某些时候也借用另一个同音的字记录。这种有本字的借用大都发生在古代，部分用法相沿成习流传到了现代，如"内容翔实"本字应为"详"，"流言蜚语"本字应为"飞"，"发聋振聩"本字应为"震"，"幡然悔悟"本字应为"翻"，"危言耸听"本字应为"悚"，等等。这些相沿成习的借用虽然有本字可以更换，但通常不算写"别字"，不需要改正。现代的网络语言也有许多同音（音近）借用字是有本字的，如"斑竹（版主）""鸭梨（压力）""神马（什么）""油墨（幽默）""大虾（大侠）""人参公鸡（人身攻击）"等等，这些同音（音近）字的借用大都属于有意为之，以求达到新鲜别致、凸显个性、增强情趣等用字效果，所以通常也不算写"别字"，也无须改正。那么，什么情况下算是写了不当的"别字"呢？我们认为，凡是没有约定俗成、没有特别意图而无意识写用的可能引起误解的同音（音近）字，就算写"别字"，就是不规范的，需要改正的。讲清楚合理的借用和不规范的别字之间的区别，有助于留学生减少错别字。

六 结语

对外汉字教学，要受生源、语种、文化背景、教育规律、心理规律、教学条件等多方面因素的影响，实践性强，方法灵活，很难有一种突见奇效的灵丹妙药。但作为教师，储备一定汉字知识，自觉用汉字理论作指导，效果可能会事半功倍。通过与外文的比较，凸显汉字的特点，针对汉字的特点采取相应措施，以突破汉字教学的重点难点，是值得尝试的一种策略。跟英文比较，汉字的形体呈方块布局，每个字占用的空间一样，而且字根分合灵活多变，视觉上不容易辨别，所以教学中应把重点放在形近字组的辨析上，不必过多计较个体字的书写过程。汉字的理据比英文丰富，表现为构件功能多样，组合模式多样，而且同形构件多，构件功能不易确定，因而教学重点应该是如何拆分构件，如何建立构件及构件的组合跟语言音义的联系，以正确把握形义切合的字词本义，至于该字归属"六书"或其他多少"书"的哪种结构类型无关紧要。汉字的功用比英文复杂，一字多用或多字同用是其主要特点，那么教学的重心应该放在讲解字词的对应关系上，让学生明白字的单音节和词的多音节不相一致的情况，明白一字可以记录多词和多字可以记录一词的情况，从而建立字不等于词、汉字不等于汉语的基本观念，养成自觉把汉字跟汉语结合起来学习的意识。总之，汉字的特点决定了汉字的学习确实比英文要难，而最大的难点在于如何使用汉字，因此汉字教学的重中之重应该放在汉字的功用上。汉字的形体虽难，可以通过字组比较和借助汉字的理据来辨析；汉字的理据虽难，可以通过系统归纳和借助历史文化来突破；只有汉字的使用，情况非常复杂，规律性差，可以凭借的条件少，很多时候形义脱节，字词不对应，单字的使用职能基本上靠人为规范。所以汉字教学应该抓住这个难点和重点。至于说汉字数量多、笔画多，因而难读、难认、难写、难记，还不利于信息处理，等等，实际上是建立在拿汉字的单字跟英文的字母进行比较的基础之上的，单字（记录语言的单位）跟字母（建构字形的单位）不处在同一级别，缺乏可比性，因而由此得出的种种结论是靠不住的。如果明确汉字与英文的比较对象都是单字，那英文有多少词就有多少字，比汉字数量多得多，平均每个字的笔画或线条数也比汉字多得多。这是一个认识误区，纠正这种错误的认识，合理选择形体、理据、功用三个比较角度，我们才能全面认识汉字的真正特点，也才能发现汉字学习的真正难点，并且找准汉字教学的真正重点。

汉字教育的泛文化意识[①]

语文教育应该担负起传承优秀文化的重担，这是不用怀疑的问题。但文化传承不是抽象的说教，不是特意的剥离，而是跟语文的实际材料和具体内容结合在一起的。比如汉字教学，就是进行传统文化教育的窗口。

一 汉字教育是语文教育的基石

语文教育的实质是通过书面言语作品的教学培养学生的语文能力和文化素养，而文字是构成书面言语作品的基本材料。一个文盲话说得再好也不能称之为"语文水平"高，最多只能算"会说话"。而"识文断字"却往往被看作"有文化"的标志，培养学生成为"有文化"的人正是语文教育的目标之一。所以文字是语文的基石。语文教育必须抓准这个基石。

二 汉字的泛文化性

汉字通常被看作记录汉语口语的"工具"，认真计较起来其实并不妥当。因为工具是凭借的东西，是外在独立的，无法跟它所要服务的对象、事物融为一体，更不能代替服务对象；而汉字在记录汉语时却是跟汉语的音义结合为一体的，是可以代替汉语的。而且汉字记录汉语也不等于用录音机之类的工具记录汉语，录音机记录的汉语是可以还原的，汉语本身不会有任何变化（除非机器坏了才会失真），而汉字记录的口语往往并非口语的原貌。书面语可以尽量接近口语，但永远不会等于口语。所以与其把汉字看作记录口语的工具，不如把汉字看作把口语转换为书面语的"符号"。作为书面语的符号系统，汉字的符号性才是其本质属性。这一点比较容易理解和接受，无须多说。

汉字除了符号性，还具有"泛文化性"。就广义的"文化"而言，凡是人类创造的事物都属于文化的范畴，那么汉字本身就是中华文化的一部分，可独立成为一个文化类项，因为它不是自然产物，而是我们的祖先用自己的心智创造的一套符号。但这个文化类项跟

---

① 本文为国家社会科学基金重大项目（13&ZD129）相关成果。原载《中小学课堂教学研究》2016年第1期（总第1期）。又人大复印资料《初中语文教与学》全文转载。

一般的文化类项不同，它所涉及的文化元素是非常宽泛的，没有固定的内容和归属，所以具有泛文化性。这种泛文化性体现在汉字符号属性（形体、结构、职用）的各个方面。

首先，在汉字形体的构造上，古人"近取诸身，远取诸物"，通过描摹客观事物的形象来构造字符，后来又把语言的音义固定在已有的字形上，通过音义的重新组合构造出更多的字符。在这个构造字形的过程中，无论是造字者的思维方法、情感意识、智慧技巧，还是时代背景、社会生活、历史典制等等文化因素都或多或少或此或彼地渗透其中，使得每个汉字都有一定的取形构意的理据，即使形体产生以后的演变和改造，也是受到各种人文因素制约的。虽然个体汉字的文化元素可能是一定的，但总体而言，汉字构造的理据是泛文化的，并不固定跟某种文化类项发生单一关联。

其次，汉字的书写也是泛文化的。从甲骨金石到简帛纸张，再到版刻荧屏，书写材料不断变化；从刀刻范铸到软笔键盘，书写工具也与时俱进；瘦甲肥金、纵篆横隶、正楷行草、张王欧柳，各种字体书法的产生和变迁，也无不带有历史的印痕、文化的踪迹。与汉字书写密切相关的笔墨纸砚这"文房四宝"甚至成为中国传统文化的代表。

再次，汉字的职用更是宽泛无边。可以用形体直接传递信息，也可以负载语言音义写成书面文章来表达任何文化内容，还可以利用形体的变异和组合表达各种言外之意，如避讳、字谜、拆字算命、字形对偶、特殊寓意等。而且不同时代可能用字不同，不同地域可能用字不同，这些不同的用字也往往是有文化因由的。

三　汉字教育应有"文化意识"

汉字既然是泛文化的，教师在教学中就应该要有文化意识。汉字作为一种文化项，与其他文化项可以互证。所以无论是汉字的形体、结构还是职用，当某种文字现象无法从符号本身很好地说明时，就可以联系有关的文化事项来解释。相应地，借助汉字的阐释关联其他文化事项，也可以增加传统文化的知识涵养。这两个方面彼此互显互证，其实是紧密结合在一起的。

例如在形体方面，汉字的外形为什么会是方块状的？教师就可以联系古代的造字取形（最初的汉字取形于客观实物形体，描摹下来就是块状的）、书写材料（简牍帛书以及后来雕版的条块方正形状和依边线成行书写的习惯对于规整汉字的方块外形也是有影响的）、汉民族的"崇方意识"（古人认为"天圆地方"，"方"为立身之本，"方正"具有"准则""规范"的意义，是正直贤良的象征）等文化因素来加以阐释。同时，也可以利用汉字的"方正"特点，教育学生要一笔一画写字，端端正正做人。

在汉字的构造理据方面，蕴含着更多的文化元素。例如，汉字系统中为什么表示钱财之类意义的字（财、资、贸、贫、贱、赏、赐、贿、赂、账）大多含有"贝"这个构件？《说文解字》说："古者货贝而宝龟，周而有泉，至秦废贝行钱。"原来古代曾经用"贝"作为通货（"贝""泉""钱"都相当于现代的钱）进行交易，借此可以让学生了解古代的货币制度。为什么汉字中表示思想和心理活动意义的字大都含有"心"（思、想、意、志、念、愿、惧、怕、怡、恨）这个构件？《孟子》说："心之官则思。"原来古人认为心脏是主管人的思想意识的，说明当时的人体生理知识还没有完全认知大脑的功能，借此可以让学生了解古代的科技水平。"葬"字为什么是"艹"（草）字头？小篆形体写作"𦺇"，下面也是草，合起来是"𦺇"（葬），中间还有一横。要解释清楚"葬"字的构形理据，就必须联系古代的丧葬习俗。《孟子·滕文公下》："盖上世尝有不葬其亲者，其亲死，则举而委之于壑。"《易·系辞》说："古之葬者，厚衣之以薪，葬之中野，不封不树，丧期无数。"可见，远古时期葬制并不是把死者埋入地下，而是将死者遗体投到荒野，有的在死者遗体下铺垫草席，上面覆盖柴薪。所以《说文解字》这样解释："𦺇，藏也。从死在茻中，一其中，所以荐之。"抛尸荒野，覆盖柴草，这就是"葬"字从"艹"或"茻"的理据。显然"葬"字的构形反映的是远古葬俗，跟后来将死者遗体埋入地下、封建坟堆的葬俗不符，跟现代的火葬、水葬等形式更无关系。只有用泛文化的意识才能讲清楚"葬"字的形义，并且能让学生了解中国丧葬制度的发展概况。

汉字的职用也有许多文化因素的参与，也需要泛文化解释。例如古代的"通假"用字（借用音同音近的字代替本字）很普遍，有人等同于现代的写"别字"，其实"通假"很多时候是有文化追求的，不能简单地看作别字、错字。《史记·廉颇蔺相如列传》："顷之，三遗矢矣。""三遗矢"不是丢了三只箭，而是拉了三次屎。为什么不用"屎"而用"矢"？如果只用"通假"解释或斥之为"别字"，就很难解释为什么古代文献普遍用"矢"代替"屎"，甚至用笔画多的"溺"代替笔画少的"尿"，难道某个时代的所有人都无意识地写用同样的"别字"？如果从文化的角度看，这很可能就是古人有意回避"屎""尿"字本身的秽气，而另用音同（近）的"矢""溺"字来追求委婉文雅。避讳中也有通假用字现象，如清代的《千字文》第一句"天地元黄"，其中的"元"本应用"玄"而改用了音近的"元"，就是为了表示对清代皇帝"玄烨"的尊敬。古代影响文献阅读理解的用字现象多种多样，改用音同音近字只是其中之一。现代的中小学生直接接触古代用字的机会很少，但网络用字的非规范用法却是常见的，有的甚至就是"中小学生"们自己创造的。例如"斑竹"（版主）、"鸭梨"（压力）、"人参公鸡"（人身攻击）等谐音用字，"囧""囝""槑"等借形用字，"悲伤丿继蓅晟菏"等"火星文"杂乱用字，这些当然是不合现有用字规范的，但并非是用字者无意识的错误，其用意和原理也许跟古代的通假用字有某些相通之处，所以如果从时代背景、交际群体、心理诉求、表达目的等方面作泛文化的解释和引导，可能更有意义或更有效果。

四　目前汉字教育存在的问题

汉字具有符号性和泛文化性，把汉字当作符号来掌握，当作文化产品和文化载体来教学，内容一定是丰富的，视野一定是广阔的，途径一定是多向的。但长期以来，教育界似乎忽视汉字的符号性和泛文化性，只把汉字当作"工具"。于是汉字教学的重点放在如何掌握和利用这个"工具"上，可能会导致一些不良后果，主要有如下两种。

一是过度规范。"文化"是软性的,是开放性的,"符号"是有相应内容的,而"工具"则是固定的、形式的、功利的。对汉字进行多方面的规范,正是汉字"工具"观指导下的行为。例如"笔序规范"就是其中之一,这其实是不必太在意的。历代由于书写工具、书写载体、书写风格的不同,笔序并无严格规定,大都以各自方便为准。为了适应现代的模式化教学,做一些宏观的不限定具体笔画的书写顺序规范也是可以的,如"从上到下、从左到右、先内后外"等,这些顺序符合绝大多数人的书写习惯,确实有助于学生快速提高书写效率。但具体到对某个字某两个笔画的谁先谁后做出规范(忄、火、匕、万、乃、及、母、登、凸、出、义等),甚至每个字每一笔的书写顺序都做出规定,就大可不必。学习汉字的目的是为了阅读和表达,这些字先写哪一笔后写哪一笔在用字功能上毫无区别,何况这些个别的规范还时常跟某些宏观的通则相抵牾,甚至不合运笔便利原则,如"万"字规定第二笔写横折钩第三笔写竖撇,这既不合"从左到右"规则,也不合"从上到下"规则,而且从运笔衔接看,将最后一笔竖撇跟下字接序笔程是最远的,不如最后写横折钩再接着写下一字来得顺畅。也许有人说这种规范是为了字典中字序的编排和查检,但如果存在多种可能时采用"兼容并存"的"任选"办法,查检效率会更高。索引中重复出现几个字的麻烦,比起亿万人耗费大量时间精力死记硬背唯一顺序的损失也要小得多。

二是胡乱拆解字形。汉字的形体是可以拆解的,但拆解的主要目的应该是阐释形体构造或演变的理据,为了更好地理解汉字形音义的来源及其跟各种实际职能的内在关系,因而形体的拆分和讲解必须从字形本身出发,符合构造原理和演变规律,符合文化背景和逻辑事理。但现在的中小学老师讲字,乱讲的非常多,主要原因就在于把汉字"工具化"。所以有的为了掌握这个"工具"而拆解字形,编出种种便于记忆的儿歌、谜语甚至故事,目的就在让学生记住这个字形,以能认会写作为评判标准,全然不顾历史,不顾系统,不顾形体跟音义有何联系。有的老师则利用这个"工具"牵强附会地发挥"奇思妙想",甚至低级趣味地讲解形义关系。如有人把"恕"字讲成"如果你得罪了当官的,就要找他的心上女人开口求情,才会得到宽恕",这样讲好像是从"文化"的视角来阐释构形理据的,但你能相信这是构造"恕"字的人的初衷吗?这样的"文化阐释"显然是不合理的,不是真实理据的揭示和还原。缺乏历史依据和文化内涵的胡拆乱讲汉字是不负责任的行为,对学生没有积极意义。

五 汉字教育的正确方向

在"工具"观指导下,汉字教育很容易陷入掌握工具的死板和利用工具的功利,致使汉字教育的主要精力花在认字写字上,主要趣味体现在随意联想上,而忽略了汉字的"符号"职能及"文化"内涵。其实在现代信息技术社会环境中,认读和书写已不是汉字学习的主要问题,因为信息社会有大量的汉字视觉刺激,幼儿阶段感知和认读两三千汉字不算特别难的事,少年时期利用各种输入输出技术实现汉字的高效书写甚至艺术展示也轻而易举。汉字除形体的认读和书写外,结构理据和实际应用是最大的难点，因为汉字单位和它所记录的语言单位并不是一一对应、固定不变的，同字异词和异字同词的现象普遍存在，能认能写几千个汉字，不一定就能读懂或创作几千字的文章，更不一定就能知道汉字跟语言（字的形体跟语言的音义）的内在联系。现代的汉字教育应把重点放在汉字的文化解构和职能应用方面，让学生不仅知其然而且知其所以然，在掌握汉字之用的同时，感受汉字之美，了解汉字之源，明白汉字之理。只有这样，才能突破汉字工具的局限，真正把汉字当作符号来应用，当作文化来传承，汉字教育才会内涵丰富而生机盎然。

古代的形體分析方法及其在現代的應用[①]

汉字教學是語文教育的基礎，在中小學課堂教學中占有很大比重，第二語言學習者也離不開漢字教學。漢字教學方法很多，可以根據不同的教學目標而運用不同的教學方法。就漢字形體分析而言，按照傳統"六書"來講解分類一直是學者們提倡的"科學方法"（通常只用到"象形、指事、會意、形聲"四書）。傳統"六書"雖然跟漢字教學有關，但並非後人所理解的是對漢字形體結構的分類。"六書"應該屬於古代基礎教育中的一門教學科目，具體內容涉及漢字的形體來源、功能分析、類聚關係、用字法則等，構成實用的漢字基礎知識教學體系，而不是漢字的學術系統或學術理論。[②]

東漢許慎編著《説文解字》時對"六書"有簡單解釋，但他沒有説要按照"六書"來"説文解字"，考察《説文解字》的體例和字形分析，儘管很多方面跟"六書"有關聯，但其分析的漢字結構類型總體上無法跟"六書"的所謂"類别"相對應。可見許慎分析漢字形體結構的方法不全是"六書"[③]。那麽，許慎在《説文解字》中是如何分析漢字的？他使用的方法對現代的漢字教學有沒有借鑒意義？下文討論這兩個問題。

一　許慎的形體分析方法

《説文解字》作爲一部學術著作，以形體分析爲手段，以字義解釋爲目的。從它系統分析的近萬個小篆字形的實例來看，許慎采用的漢字形體分析方法主要有以下三種。

（一）構件功能分析

即根據漢字形體與詞語音義的關係將某個漢字拆分爲若干構件，並説明每個構件的功能及功能組合關係。如《肉部》："𦜝（胃），穀府也。從肉；囟，象形。"這是把小篆的"胃"字分析爲"肉""囟"兩個構件，並分別説明兩個構件的功能：下"從肉"，"肉"與人體相關，"胃"屬於人體中藏"穀"（食物）的器官，故"肉"的功能在於表義，表

[①] 本文爲國家社會科學基金重大項目（13&ZD129）相關成果。原載韓國慶星大學韓國漢字研究所《漢字研究》第17輯，2017年4月。

[②] 参見李運富《"六書"性質及價值的重新認識》，《世界漢語教學》2012年第1期。

[③] 参見李運富《〈説文解字〉的析字方法與結構類型非"六書"説》，《中國文字研究》第14輯，河南教育（大象）出版社2011年版。

示"胃"的屬類；上部"困"的功能則在於"象形"，象胃中充滿食物之形。又如《牛部》："𤜜（牽），引前也。從牛，[∩]象引牛之縻也，玄聲。"這是把小篆的"牽"分解爲三個構件，並逐一説明三個構件的功能："從牛"説明"牛"屬表義構件，表示牽的對象是牛；[∩]"象引牛之縻"，説明"∩"是象形構件；"玄聲"説明"玄"是示音構件，標出"牽"的讀音。所以小篆"牽"是由多個不同功能的構件組合而成，屬於多功能合體字。這些字通過構件的拆分和構件功能的説明，字形與所記録的詞語之間就建立了理據聯繫，人們可以借此明白爲什麽這個字形能夠記録這個詞語，從而正確掌握有關字詞的應用。

（二）字形變異分析

有些字形是通過改造另一個字形而來，那要分析這個字形的理據的話，就應該説明這個字形的變異情況，借助原字（構件）的形義（功能）來理解被析字。如《帀部》："帀（帀），周也。從反之（㞢）而帀也。"這是説小篆"帀"字的形體是"之"字形體倒反而成，所以意義也跟"之"相反，"之"是往，"帀"是返回，如果不是直線，從一個起點往前走，最終回到原點的話，正好是一個圈，所以許慎解釋爲"周也"。《人部》："匕（匕），變也，從到人。"段注："到者，今之倒字。人而倒，變匕之意也。"又如《老部》："𡥈（孝），善事父母者。從老省，從子，子承老也。"這是説"孝"字的上部分是"老"字的省變，應該按照"老"的表義功能來理解，子輩承奉老人，就是孝順。再如《足部》："蹇（蹇），跛也。從足，寒省聲。"這是説"蹇"字的上部是"寒"字的省變，應該按照"寒"的讀音來分析其構字功能，因而省變的部分仍是起示音作用。後人比較注意省形、省聲的研究，對全字變異的情況有所忽略，其實它也是許慎對漢字形體的一種分析方法。明瞭變異字形的來源及其跟原形的音義關係，不僅能有效掌握該字本身，事實上還能掌握相關的其他字。

（三）部件同形分析

具有明確功能的形體分析單位叫"構件"，功能不明或者忽略其功能的形體分析單位可以叫"部件"。有時從全字中拆分出部分形體（部件），目的並非説明功能，而是跟另一個具有同形關係的字進行認同，以幫助記憶和正確書寫字形，這就是同形部件分析法。如《壺部》："壺（壺），昆吾圜器也。象形。從大，象其蓋也。"前面的"象形"是就整個"壺"字而言的，這是把"壺"看作一個構件構成的獨體字。而後面又説"從大"，這是"壺"字的上面部分，單獨拆分出"大"來，並非用大小的"大"來説明"壺"的音義功能，只是説明小篆"壺"的上面部分跟"大"字同形，可以按照"大"的形體來書寫和記憶，而這個"大"的實際功能仍是象形，"象其蓋也"。再如《戈部》："戠（戠），闕。從戈從音。"所謂"闕"是指這個字音義不明，既然音義不明，那就無法分析其形體的功能，可許慎卻分析爲"從戈從音"，也就是把"戠"拆分成"戈""音"兩個構件，但並非説明這兩個構件的功能跟"戈""音"的音義有什麽關係，而只是説明"戠"字中包含兩個跟"戈""音"同形的構件，因而可以借助"戈""音"來書寫和記住這個字。這説明《説文解字》中的"從某"不一定都是分析表義構件的，但用"從某"分析的字中必定包含着跟"某"同形的那個部件,所以"从某"是同形分析的專用術語,不能據以判定"从某从某"的字必然是會意字,也不能據以判定"从某某聲"的字必然是形聲字。①

以上三種分析漢字形體的方法是從《說文解字》中總結出來的,但我們相信這些方法不只是"五經無雙"的大學問家許慎能用,而是古代研究漢字和教學漢字通常使用的方法,甚至日常生活中也會不經意用到這些方法。例如《東觀漢記》卷十二記載:"光武以馬援爲伏波將軍。援上書:臣所假伏波將軍印,書'伏'字,'犬'外向。城皋令印,'皋'字爲'白'下'羊';丞印'四'下'羊';尉印'白'下'人','人'下'羊'。即一縣長吏,印文不同,恐天下不正者多。符印所以爲信也,所宜齊同。"馬援建議統一符印文字,他描述當時"皋"字有多種形體時,用的就是"部件同形分析法":城皋令的皋"白下羊",換成許慎的用語就是"從白從羊";城皋丞的皋"四下羊",換成許慎的用語就是"從四從羊";城皋尉的皋"白下人,人下羊",換成許慎的用語就是"從白從人從羊"。這種方法雖然不涉及功能,但能將字的形體和寫法說清楚。

二 現代漢字教學對古代形體分析方法的借鑒

許慎用上述三種方法分析了近萬個小篆字形,建立起小篆漢字的構形系統。但這些分析方法不只適用於小篆字形,馬援所分析的"皋"字就應該是隸書形體,其實無論是古代漢字還是現代漢字,無論是繁體漢字還是簡化漢字,都可以運用這幾種方法來進行分析。而且,漢字形體的分析也不限於漢字的學術層面,在語文教育的漢字教學(包括第二語言的漢字教學)中,同樣可以借鑒這些方法來分析形體,從而提高漢字教學的效果。

(一) 借鑒構件功能分析法

漢字的初始構形(包括歷代構造的新字)都是有理據的,在漢字發展過程中,漢字的理據有的一直傳承,有的因形體變化而重構,因而現代漢字中仍有相當多的漢字是有理據可講的,講解漢字理據就必須用到構件功能分析法。如"明"是個傳承字,古今都可以分析爲"日""月"放光"明"(人們感覺"月"能發光,不必科學解釋);"灭"是繁體"滅"的簡化,古今理據不同,現代的"灭"屬於理據重構,用覆蓋物"一"蓋住"火",火就"灭"了;"鎂"(镁)是近代爲記錄化學元素而造的新字,"金"或"钅"旁表示金屬,"美"表示讀音。

漢字教學中通過拆分構件、解析功能、揭示理據,可以幫助學生瞭解漢字形體跟詞語音義的內在聯繫,從而掌握字詞的本來用法,進而推知字詞的其他相關用法。例如"解"字可以分析爲"刀""牛""角"三個構件,構意是"用刀把牛角跟牛身分離開",因而"解剖動物"義應該是"解"本來的用法(即"本義"),如《莊子》"庖丁爲文惠君解牛";由此引申發展,"解"可以用於"解開""分解""溶解"別的物體,如"解繩結"

---

① 參見李運富《〈說文解字〉"从某字"分析》,《民俗典籍文字研究》第9輯,商務印書館2012年版。

"土崩瓦解""解凍";也可以用於抽象的鬆開、散開,如"解放思想""解決問題";還可以進一步虛化爲"解釋""解除""理解""瞭解"等。把這些意義跟"解"的構形理據聯繫起來理解和掌握,將會事半功倍。

構件功能分析不能誤解對象形體,不能破壞文字系統,不能穿越字形所在的歷史時代,不能違背生活邏輯和日常事理。如現代有人將"福"字解釋爲"一口田,衣祿全",意思是有"一口田"種,有"衣"穿,就"福"祿齊全了。這樣解釋首先不合被解釋字的形體,因爲"福"字從"示"沒有"衣";其次破壞了文字系統,漢字系統中,"畐"作爲構件都是起示音作用（-u/-i）,這裡講成"一口田"好像跟"福"相關,那"副、幅、蝠、鍢、匐、逼、愊、煏、堛、鶝"等字中"畐"怎麼講?再次,如果説在古代有田種有衣穿就會幸福還算有點道理的話,那現代生活中幸福的人兒大多數都不種田,有衣穿有田種的農民未必就福祿齊全了,這種思想不合現代生活常識,頗有牽強附會之弊。

（二）借鑒字形變異分析法

變異構字不只是古代有,後代和現代仍然存在,因而變異分析法在現代漢字教學中也有用武之地。如"冇"實爲"有"的省筆新造字,應取"有"的反義來理解"冇";"乒乓"實爲"兵"的減筆新造字,應聯繫"兵"的形音來認知;"甩"是"用"的豎筆變異字,因而形義相關,甩掉就是不用了。古代產生的省變字不少傳承到現在,也需要用變異分析法來解説。如"毫"字下面的"毛"是義符,表示"毫"是動物的毛,而剩下的部分則是"高"的省變,實爲聲符,取"高"的讀音（此類還有"豪""毫""槀"及"鼕"等）;"亭"字的上部也是"高"的省變,但不作聲符,而是義符,表示亭子往往建造在高處,下面的"丁"才是表示讀音的聲符。現代漢字中還有大量成系統的省變偏旁,聯繫變異之前或未變的單用形體,才能理解偏旁的功能。如"訁—言""阝（左）—阜""阝（右）—邑""王（斜玉）—玉""扌—手""氵—水""𧾷—足""灬—火""宀—宀""辶—辵""纟—糸""罒—网""月—肉/舟"等等。

推而廣之,許多因形體演變而失去理據的現代漢字其實也可以借助變異分析法來説明其形體變異過程,從而追溯其歷史理據。如"射"字的形體理據現在無法解説,一般只能用同形部件分析法説明这个字包含"身"和"寸"两个部件,但其實"射"是金文字形"𰍹"逐漸省變而成的:原字象手拉弓射箭形,其中的"弓"訛變爲"身","又"（手）訛變爲"寸","矢"則省減了。這樣分析,學生不僅知道"射"的本義是射箭,而且明白了現在形體的來源。

變異分析也可以不限於形體,有時音義變化的説明也有助於揭示字形結構的理據。如表示錢財的字大都包含"貝"作構件（"資、財、賞、賜、賄、賂"等）,現代常用義貝殼、寶貝等難以解釋這種功能,可是遠古時代"貝"還有錢幣義,屬通貨,正如《史記·平準書》記載:"農工商交易之路通,而龜貝金錢刀布之幣興焉。"所以古代造字時用"貝"來表示這個字跟錢財相關,講清這種意義變化,漢字從"貝"的理據就明白了。又如"頁"在構字時常常表示跟頭部相關（"頂、項、額、頷、領、頰"等）,但現代的"頁"並沒有這方面的意義,於是需要告訴學生古文字的"頁"字象人頭形（𩑋）,本義就是指人頭,所以古人造字用"頁"作頭部類義符,只是後來"頁"字單用時意義發生了變化，才造成作構件時表義不明顯。實際上"貝""頁"意義變化的是單字，作爲構件的功能並未變化，可以通過字形類聚反映出來。這樣的變異分析，不僅能幫助學生掌握字詞的形音義關係，還可以間接瞭解古代的歷史文化。

（三）借鑒部件同形分析法

漢字形體從古到今發生了巨大變化，形體變化了理據不一定變化，這就是上面所說的"理據傳承"；也可以導致變成另一種理據，這就是上面所說的"理據重構"。只要有理據，就可以運用構件功能分析法。但漢字形體的演變也可能導致結構理據的部分喪失或徹底喪失，這些喪失理據的字形有的可以用變異分析的辦法來恢復歷史理據，有的則不明變異軌跡，所以連歷史理據也無法找到。對這些理據不明或理據難求的字形，教學中其實也可以不必硬去講理據，如果把字形中某些跟其他字或其他字的部件同形的部分分析出來，通過同形的聯繫，借助已知形體來認識未知形體，也能提高學生掌握新字的效果，這其實就是借鑒了許慎的部件同形分析法。

同形分析是利用已知字形認識未知字形的一種方法，對記憶形體和正確書寫很有好處，對掌握相關字形的聯繫和區別有實用價值，但對理解詞義並沒有幫助。正因爲同形分析跟功能和意義無關，所以比較適合於喪失理據的代號字或形體繁複的難寫字。如現代的"某"和"矮"無法講解理據，就可以各自分解爲幾個同形部件來掌握："某"分解爲"甘"和"木"，"矮"分解爲"矢""禾""女"（或"矢"和"委"）。書寫繁難的字還可以在分解爲若干同形的簡單字時說明其位置關係，如"贏"可以分析爲"上部亡口豎疊，下部月貝凡橫列"，"薅"可以說成"草頭下面左邊一個女右邊一個辱"，這樣學生記起來、寫起來就容易多了。有時甚至無須書寫示範，只要口頭說明包含哪幾個同形部件及其位置關係就行。上述馬援對"皋"字多種形體的同形部件分析也是說明了位置關係的。

一組字如果系聯了同形部件，那它們不同的部分也會顯示出來，所以同形部件分析法可以用來辨析字組之間的形體異同，藉以區別形近字，同形分析結合位向說明效果更佳。如"口內人爲囚，口內大爲因，口內木爲困，口內才爲团"，"口"是"囚""因""困""团"的同形部件，"人""大""木""才"是形近部件；又如"日在木下爲杳，日在木上爲杲"，兩個部件都同形，而置向不同，異同立辨。構件的同形分析還可以用來區別同音字。例如把"章"拆分爲"立早章"就不是功能分析而是同形分析，目的不是講"章"的意義，而是要跟"弓長張"區別。

推廣這一方法，同形分析的單位不一定限於有音有義能獨立成字的部分，經常出現的一些偏旁部首甚至具有比較辨析價值的局部形體也可以拆分出來。假如學生已經學過春天的"春"字，現在要學"秦"字，就可以把"秦"字分析爲下面是"禾"，上面是"春字頭"，或者學"春"的時候就可以把"秦""泰""春""奉"等上部同形的字聯繫起來教。又如現代的簡化字"归"雖然筆畫簡單，但並不容易識記和書寫，如果告訴學生"归"的左邊就是老師的"师"字邊，右邊就是下雪的"雪"字底，學生應該就會調動已有的印象牢固掌握這個字形。

總之，漢字教學的方法可以多種多樣，但上述三種形體分析方法是最基本的方法，也是古代學者例如許慎很早就用過的方法。這些方法根據字形的實際情況，從不同角度着眼，或注重形體的功能理據，或注重形體的變異來源，或注重形體的異同關係，它們不僅適用於學術研究，也適用於教學層面；不僅適用於古文字，也適用於今文字。如果以此三種方法爲基礎，再根據需要適當結合字謎、兒歌、韻語、故事等形式，當今的漢字教學應該是有理有據、生動活潑、系統高效的。而且通過這樣的漢字教學，學生會逐漸認識到漢字的形體構造是有理據的，漢字的形體變化是有軌跡的，漢字的表達功能是有規範的，漢字之間是互有聯繫的，因此學習和使用漢字時不能胡亂拆解字形，不能隨意講解字理，也不能把這個字寫成或用成那個字。如果這樣，學生對漢字的科學理念就形成了，漢字教學的效果就不只是體現在眼前，而是會讓學生受益終身。

文字不只是语言的代码[①]
——领悟《说文解字》的丰富内涵

会认字写字的人，通常把文字看作语言的代码，运用文字来记录语言，通过文字去阅读语言，这固然是正确的认识，但并非全面的认识。东汉许慎的《说文解字》告诉我们，文字没有这么简单。

就记录汉语的汉字来说，它显然不等于汉语。一方面，汉字与汉语之间并不是完全对应的，书面语不等于口语，字也不等于词，同字异词、同词异字的现象比比皆是；另一方面，汉字的个体构形具有自己的理据，这种理据既与语言的要素有关，也与构造者对世界的认知有关，其中蕴含着许多不是语言本身能够解释的自然现象和历史文化现象。所以许慎对"文字"的"说解"，既有文字对应的那个语言单位的要素——音、义，也有文字自身构形的理据——这个"形"为什么能够代指那个"音、义"。为了探究每个形体的"为什么"，许慎发明了"构件分析法"，把每个汉字的形体拆分成若干构件（包括独体构件），逐一说明每个构件的功能及构件组合的意图；为了显示汉字自身的系统，许慎创造了"部首编排法"，将所收 9353 个汉字分别为 540 部，从形义关联上用部首字统帅部属字。于是，从《说文解字》中，我们除了得到字典式的知识外，还看到与语言相关但独立于语言之外的汉字构形系统，同时看到与构形系统和语言系统都相关的历史文化背景以及古人的思维心智特征。

许慎对汉字形音义的解说及其构造理据的分析建立在小篆形体上，相对于更早的甲骨文金文来说，有些解释未必正确，但总体上是符合小篆构形系统的。而且许慎"今叙篆文，合以古籀，博采通人，至于小大，信而有证。……其于所不知，盖阙如也"，说明除了"阙如"的字外，他的解说都是有根据的，也不是完全忽略古文字的。这种从实际材料出发，不懂就问、问不到就存疑的治学态度，很值得我们学习。可如今，胡乱拆解汉字者有之，随意发挥联想者有之，借字形兜售个人观念者有之，不知他们所解所想有无根据，是否符合汉字构形的基本规则，是否破坏汉字的形义系统。如果这些人读读《说文解字》，恐怕不会好意思再糟蹋汉字了吧。

文字虽然有不少语言之外的东西值得探究，但其主要功能还是记录语言，是"前人所以垂后，后人所以识古"的"经艺之本"。许慎编撰《说文解字》，客观上解释了每个字的形音义，揭示出汉字的构形规律和构形系统，成为中国第一部字典，也成为不朽的文字学著作，但作为"五经无双"的古文经学家，许慎的初衷是为了帮助时人正确解读文

[①] 本文原载《中学语文教学》2013 年第 4 期。

献，为当时的古文经学和汉字教学服务的，所以他常常引用古文经书来印证文字的说解，并在《叙》中阐释以"六书"为主要内容的汉字教学体系，批评当时"诸生竞说字解经谊"而"人用己私，是非无定，巧说邪辞，使天下学者疑"的不良学风。

《说文解字》流传了近2000年，长盛不衰，这是因为它内涵十分丰富，"万物咸睹，靡不兼载"，因而价值也是多方面的，不同学科可以各取所需。人们凭借它考释古今文字，解读典籍文献，了解历史文化，研究语言文字，一本书竟然衍生出一门显学——《说文》学或许学，我也靠了许老先生这本书吃饭呢。当然，这不意味着《说文解字》就是专家学者们的专利，其百科全书式的内容和对汉字形音义的经典解说，将使每位愿意翻阅它的人获益。

坚守汉字的文化担当[①]

汉字是中华文化的一部分，又是其他文化事项的重要载体。由于汉字形体本身的变化，以及汉字负载的汉语音义的变化，加上使用汉字的社会环境和工具条件的变化，汉字的文化内涵也会发生改变。

现代社会信息技术高度发达，给汉字的书写和运用带来前所未有的影响。键盘输入、语音输入、扫描输入等方式在给人们提供便利的同时，也造成书写机会的减少和书写规范意识的削弱，继而引起字形的陌生化和写字用字的随意化。历史车轮滚滚向前，汉字呈现方式的变革谁也无法扭转，因此不必大惊小怪，不必深感危机，但从感情上来说，汉字是祖先的传家宝，是瞻仰古代中华文化殿堂的钥匙，我们不愿意就这样把汉字书写完全交给机器处理。于是《中国汉字听写大会》《汉字英雄》等电视节目隆重推出，靠着强大的媒体效应唤醒了中国人对汉字书写日渐逝去的热情。

陕西省中小学规范汉字书写大奖赛，属于同类活动，但绝非照搬重复，而具有开创性特色。首先，按照小学组、初中组、高中组分类出题（据说以后还有大专院校组），体现了程度差异，各组比赛难度限定在选手实际所学所用和应该掌握的程度范围内，避免了背字典和追求冷僻怪异的"娱乐"导向。其次，题型多样，既有词语字形的听写和书写规范知识的检测，也有词语用字正误的判断，还有同部首、同音节字记写数量的比拼，更有古诗文语句的填写，可见活动虽然命名为规范汉字书写，但这个"书写"是广义的，包括汉字应用。活动倡导的是全面掌握汉字，使学生感受到汉字不仅要规范书写，还必须合理运用，只有写用结合，才能最终体现汉字在当代的文化价值。最后，活动互动环节多，参与面广，影响所及不仅仅是参赛选手，而且包括教师、有关领导、家庭成员及社会团体在内的各方人士，有力推动了陕西省中小学以汉字为中心的语文教学，极大提高了社会各界对汉字的关注度。从比赛的实际情况看，选手们的汉字书写规范水平和汉字运用能力都较高，说明活动取得了良好效果。

当然比赛中也反映出一些问题，值得今后学习汉字过程中注意。第一，在读音和释义成为已知条件的情况下，写出的字形所代表的音义应跟已知的音义具有关联并相一致，否则就会出错。例如，"yǎnyì，一种推理方法，由一般原理推出关于特殊情况下的结论"，有选手写出"演艺"，音虽同而义无关。又如"wùmiàn，见面"，有选手写出"觌面"，"觌"虽有见面义，可读音为"dí"而并非"wù"。第二，形近字容易混淆或误写，可以利用理据结构的分析加以区别。例如，"zìsuī，任意妄为"，写出来应该是"恣睢"，"睢"

[①] 本文原载《语言文字报》2014年11月7日。

字从"目",本义为仰视,故引申有自得自大、无所顾忌义;其中的"隹"是表音的声符。可有选手写成了"恣睢","睢"跟"睢"是音义完全不同的两个字:"且"表音,犹如"狙、疽、沮"中的"且","隹"则不再表音而变成义符,"睢"是一种鸟,犹如"雀、雉、雄"中的"隹"。第三,要尽量多地了解古代文化,有时可以借助古代的文化事项来选择正确的词形。例如"xiūqì,修缮,修理",有选手写作"修砌",但"砌"重在新建,没有修理义。如果了解古代多用茅草盖房、用茅草修补,就会推知这个词应该写作"修葺"。上述这些问题还可以举出很多,限于篇幅,希望大家举一反三。

汉字的形态会变,内涵会变,呈现方式会变,但汉字的文化承载功能不会变。写好汉字,用好汉字,只要对汉字情感坚守,汉字就永远不会丧失自己的文化担当。

第三届汉字与汉字教育国际研讨会学术综述[①]

本次会议共收到论文和发言稿120多篇（包括最终未与会者），其中属于汉字本体研究的60多篇，属于汉字教育的40多篇，其他与汉语汉文有关的近20篇。总体上主题集中，少量的涉及面广，基本上符合会议的宗旨。这些论文内容丰富，观点新颖，形式多样，归纳起来看，有如下几个方面的学术收获值得重视。

一 宽广的国际学术视野

这次会议不仅人员来源广泛，境外学者达40余人，而且提交的论文有很多使用了广角的国际镜头，展现出宽广的学术视野。例如李国英教授提出的《广义汉字研究刍议》拓宽了汉字的观察视野，"汉字"不再局限于"汉族"，也不再局限于"中国"，从学理上把"汉字"界定为超国度、超民族的信息符号，成为汉字文化圈乃至所有使用汉字的国家和关注汉字的学者的共同研究对象。宋秉烈教授论述《现代汉字文化圈使用汉字的情况》，关注到中国、韩国、日本等国汉字形体的差异，就如何统一标准体，认同各国字形变体等提出了意见。法国学者安雄根据欧洲四国十几位中文学者的一项研究成果提出《汉字教与学的新方案》，即参照"欧洲语言共同参考框架"构建"欧洲中文参考框架"。又如黄妙意《国际汉字教育新视角》、姚福伟《非汉语语境下汉语汉字的教学》、罗嘉怡《香港非华语幼儿汉字学与教的研究》、侯红玉《非汉字圈初级阶段的词汇与汉字教学》、陈家宁《汉字文化圈内的对外汉字教学》、胡振华《中亚东干人学习汉语文的难点是汉字》等，他们讨论的汉字教学问题都没有局限在单一的区域和单一的对象。许喆提出的《汉字教育关联英译术语统一的必要性及方案》也是着眼于国际汉字教育的相互沟通。

还有一批论文关注国外的汉字材料与研究，关注国外的汉字教与学，或者作中外字词的比较研究，同样体现了作者的国际视野。如何华珍《俗字在韩国的传播研究》、洪仁善《日本常用汉字字体存在的主要问题及其原因探究》、吕永进《日本汉语学习者对中国通用汉字书写的偏误类型及其教学对策》、冯良珍《唐代日本使用汉字的一个典范》、路志英《美版汉语教材的汉字习得》、金东锡《韩中汉字词汇的范围和特征》、温敏《中韩同义异形词类型及成因探析》等，笹原宏之先生的《"串"字探源》更是通过"串"字产生、发展和传播的考察，梳理了中国、日本、韩国之间的文化渊源关系和现实交流情况。

[①] 本文原载李运富主编《汉字与汉字教育国际研讨会论文集》，中华书局2013年版。

二 多角度的汉字理论探讨

围绕汉字研究的主题，理论性的多角度探讨表现得非常突出。

首先是汉字结构方面的理论，包括构字理据、结构分析方法、结构系统、结构单位及其演变等。如苏培成先生《试论汉字的理据性》在肯定汉字结构理据的基础上提出理据度概念，用赋值的手段实现汉字理据的量化描写和演变规律的量化说明。朱歧祥先生《谈甲骨文的区别符号》指出，分析汉字结构不能只就字论字，还应注意字元之间的使用关系，有些形体的作用不在个体结构本身，而在区别彼此的功能。认识这种区别符号，不仅能避免强解或误解字形，还能说明字与字之间的纵衡关系。齐元涛《强势结构与汉字的发展》指出汉字系统中的强势结构有义音合成结构、层次结构、二合结构等，它们影响着个体汉字的发展，并最终使汉字系统化的程度提高。

连登岗介绍了《中国古代汉字结构研究的流变》，认为中国古代已经构建了系统的汉字结构理论。在汉字学史上，"六书"被看作分析汉字结构的权威理论或方法，所以围绕"六书"的研究经久不息，这次会议又出现不少新论或补论。李玉平《郑众、郑玄转注观探隐》、李春晓《马叙伦象形理论之阐释》属于对传统六书研究的阐发，李添富先生《从假借的音读条件谈文献解读》通过文献材料的解读分析，剔除不真实的例证，也是从音读条件上维护了传统"假借"的定义。戴汝潜《六书的相似论原理》则阐发了自己的理解，刘敬林《审"事""名""譬"确义，求"形声"条例的旨》通过对关键字词的考释，也表述了对形声字名义的重新认识。施正宇《六书、偏旁和部件》、胡云凤《常用形声字声符表音功能研究》、贾爱媛《从"魑魅魍魉"看汉字形符变易的主观性》、张新艳《〈说文〉声符字的时代层次》、王敏《试议现代汉字部首的命名规则》、叶正渤《浅析汉字构造与汉字查检在部首归类方面的差异》等也是以"六书"理论为背景来关注汉字结构成分的分析和发展演变的。

其次是汉字形体方面的探讨，主要涉及书写和字体问题。如孙鹤《论书写方式对汉字形态的影响》以秦国简牍书写为例，认为影响汉字形态的内因是书写，书写方式能起到制约或推动文字演化进程的作用。李洪智《试论汉字学中行草书研究的意义》探讨了书体学跟汉字学之间的互动关系。吴国升《春秋时期汉字字体演变的初步考察》、张晓明《近百年来战国文字字体研究》、高淑燕《试论电脑字体研究在汉字字体学中的地位与价值》等分别就某一时期或某一类型的字体演变或字体研究情况作了描写和介绍。

再次是汉字职能方面的探讨，即用什么字记录什么词，涉及用字的属性（本字、借字）和各种字词关系。如赵小刚《字用背景下形声字的职能转换》指出用字过程中遇有文献所表意义与字形构造取义不相一致的时候，汉字系统会利用形符所示意义的弹性范畴，调整既有形声字，有效地保持自身的表意特性。陈英杰《谈两周金文中史、事、使、吏等词的形体使用规范及其分化的时代层次》以两周金文材料为主，上溯殷商甲骨文，下延战国简帛材料，并联系传世文献，从用字职能的角度考察记录"史、事、使、吏"等词的形体规范情况，以及这些词形体分化的时代层次。李圭甲先生《异体字形符互用类型研究》根据字元和构件的功能关系提出了异体字的类型地图问题。另如吕浩《本字论》，兰世光《拟声类用字的内缘词性》，耿铭《汉字偏旁化与异体字的发生与发展》，李运富、蒋志远《分别文、累增字与古今字的关系辨正》等，也都是与汉字职能有关的研究。

也有着眼点在其他角度，而实际上关涉汉字理论或研究方法的。如严志德为了解决汉字的科学编码问题，讨论了《汉字系统逻辑体系的构建及其意义》；张朋朋针对"语文一体"的教学理念，《论视觉符号的"文字观"和生成论的"语言观"》；林伟业《利用"R"分析汉字——迈向汉字统计学的建立》，提出了汉字统计学思路；许寿椿《百年汉字，两个时代：铅字时代与电脑时代》从汉字呈现方式的进步，谈到不同时代汉字的特点及发展趋势。另有张泰昌《时代视角看汉字文化科学发展方向》、暴希明《甲骨文：殷商文明真实而又丰繁的镜像》、申斗焕《关于汉字古代书法与审美教育的小考》、蔡恒奇《汉字——道法自然的文化系统》、汪潮《试论汉字书写的生理学基础》等则是从文化角度来研究汉字的。这些论文虽然不是专门探讨理论的，却由具体问题涉及了汉字的某些理论或研究方法。

三　细致扎实的材料整理及字词考辨

理论是建立在材料考证和现象分析基础上的，所以一门学科的理论是否成熟，很大程度上取决于材料研究是否细致扎实。汉字学以视觉符号为研究物件，汉字史材料的整理和考辨更显得重要。可喜的是，这次会议收获了很多这方面的成果。有的对古代原始文字材料进行解读、分析和整理，如王蕴智《甲骨文可释字形解析》，曹兆兰、吴丽婉《牛肩胛颈刻辞顺序的再认识》，张新俊《夕阳坡楚简新释》，罗卫东《黄国金文及其地域特征研究》，肖晓晖、文兰《古玺分域浅识》，周阿根《五代墓志俗字类型及成因探析》等；有的对字典辞书或字表中的汉字进行整理与考辨，如周晓文《字书整理与汉字编码》，邓福禄《从〈玉篇〉看〈汉语大字典〉疑难义项的成因》，张道升《〈五侯鲭字海〉与〈汉语大字典〉义项比照纠谬七则》、崔一非、张传博《对〈说文解字〉〈干禄字书〉〈宋元以来俗字谱〉中出现的简化字的整理及研究》，陈双新和孙建伟关于《第一批简体字表》的研究，于昕《〈说文解字约注〉述评》等；有的对某类特殊语料的文字进行研究，如周文德《地名汉字研究当受重视》、韩延锡《文献所见新罗的官名人名地名的语言文字探讨》等；也有的对个别疑难单字或字群进行考释，如李守奎《释楚文字中的"羼"》、陈晓强《说"臣"》、吴先文《释"拇"》、巫称喜《"贞"字辨》、黄海波《"觅"字源流考》、周掌胜《说"抱薪救火"的"抱"》、安兰朋《表示"呼喊"义的字的历史研究》；还有的涉及古文字形体资源的现代应用，如王心怡《古汉字艺术与创意》、蔡渔《古汉字与生活艺术》等。

四　改革进取的汉字教育

　　汉字教育是本次会议的重要议题，包括汉字教育理念、汉字教育方法、汉字教育材料、汉字教育技术等。就教育理念和教育方法而言，传统的汉字教育思想仍然显示出活力。如岳辉提倡《识字与阅读结合》，谈的正是"中国传统语文识字教学经验"；朴兴洙总结《〈三字经〉的教育特点》、金血祚进行《初学教材〈童蒙须读千字文〉研究》，也是着眼于传统教育；张田若先生《中文五步教学法——汉字教学的新思路》同样主张继承中国千百年来的传统经验，他根据中国古代中文启蒙教学的基本做法，倡议中文五步教学法：集中识字→集中识词→集中读短语→集中读句→集中读文言文，而现代白话文则主要靠自学。

　　当然更多的人在探索与时俱进的汉字教学改革。要改革首先必须调查现状，弄清楚既有的成绩和存在的问题，所以总结反思类的研究不可缺少。韩国学者金庆洙先生介绍了《韩国语文政策与汉字教育变化概况》，金殷嬉谈到《韩国汉字教学现状：兼谈移动学习（M-Learning）与汉字识字教学法的运用》，杨沅锡提出《韩国汉字字源教育的现况及构筑字来源资料库的方案》；中国学者吴丽君《关于汉字教学改革的思考与实践》则针对中国当前汉字使用和教学中存在的问题而尝试提出改革建议，李润生也在各种各样的汉字教学方法的现实中讨论《汉字教学法的分类标准、体系及相关问题》。现状既明，改革的思路就会比较清晰。从相关论文归纳，现代的汉字教学改革思路突出地表现在以下四个方面。

　　一是明确地在汉字学理论指导下进行汉字教学。如曹念明《中国文字学与汉字教育》、刘兴均《基於漢字構形學的對外漢字教學》、张素凤《根据汉字特点进行字理教学》、黄亢美《字理——识字析词的根本》、王立军《汉字字形规范与汉字教育》、张秋娥《汉字的"形、意、用"与汉语国际教育中的汉字教学》、董兆杰《再论"字用规律"与汉字教育科学化》、王晓霞《"和·序"识字教学及其理论基础》、柴南南等《〈说文解字〉与小学教学初始字》、赖秋桂《论对外汉字教学——以繁体字部件为例》、张林华《在汉字文化语境中进行识字教学》、赵明德《汉字易学——我们的探索》等都是运用汉字学的某些理论和规律来谈论汉字教学的，这种明确的理论意识是时代进步的表现。

　　二是充分利用现代化的信息技术和网络手段来进行汉字教学。探讨这类问题的论文有：谢锡金先生《字词网络与汉字学习》、安熙珍先生《用电脑教学汉语词汇的实践与结果》，以及姚鸿滨《信息技术在识字写字教学中的日常化应用》、王晓霞《网络化对我国小学生汉字识读写能力的影响调查报告》、叶东生《汉字作为人性、人力、人文张力场模型的语计算学习》、白光镐《网上课堂"汉字与汉文"运用经验报告》、钟镇城等《任务型教学法下的华语读写活动探讨：以数位课室为例》等。

　　三是注重特色教材的编写和辅助软件的设计。如赵志峰提出《关于小学"写字"教材编写的几点思考》、李新轩呼吁《我们应努力编出通俗易记的集中识字读本》、邢军《基于"语文分开"教学模式的基础汉语教材的编写》也包括汉字教材，康东日提出了

《一个面向汉字识字教学软件系统的功能设计》。

四是进行各种形式的汉字教学改革实验和调研，针对实际问题提出改革措施。如付新营《循环识字法与天津市低年级识字教学》，张立、靳少功《儿童循序诵读识字教学》，陈良璜《汉字教育的引人入胜与适时适量》，李丽《试论对外汉语教学中的汉字教学难点及策略》，张璇《小学生识字的回生现象及应对措施》等。

五　额外的收获——文言文教学及其他

本次会议的标题为"汉字与汉字教育"，无法涵盖其他内容。由于韩国学者的建议，我们在标题外附设了一个议题，即文言文教学。由此会议取得了一份额外的收获，不少论文讨论了文言文（汉文）的教学问题。如安载澈《韩国汉文文法教育之研究方向》、王元华《对文言文教学的全面、彻底反思与重建》、许长安《台湾关于文言文教育的论争》属于比较宏观的讨论。巢伟仪《古典小说中的文言字词教学》、李艳红《留学生古文课教学的几点思考》、石皇冠《农村方言地区小学的汉字教学和文言文教学》、金相洪《〈长恨歌〉与〈琵琶行〉之教授方法一考》等则是对文言文教学方法或某一方面问题的具体论述。还有郑敬熏《对于唐宋古文另一种典范的研究》、任完爀《〈明心宝鉴〉研究》、宋赫基《从汉字文化圈共通传统观点试论王世贞与金昌协的碑志叙事》、李受映《李达题画诗的格律特征及运用方法》、李君善《虚词的韩国代表义检讨》等也与文言文教学有某种联系。

另有几篇论文涉及汉语普通话语音教学、写作教学、汉语合成词、韩语中的汉源词和检字查字法等（马晓玲《如何利用汉字形体解决普通话教学中前后鼻尾韵混读问题》、王春杰《解决识字难作文难的有效途径》、岑绍基《文类教学法对提高非华语学生记叙文写作能力的成效》、周成《汉语部分合成词理据分析和结构类型确认》、尹在敏《韩国儿童读物中的汉源词状况》、王永民《王码查字法的研究和应用》），虽与会议主题关系稍远，也给了我们意外的收获。

以上是本次会议所收到的论文和发言内容的大致情况。这些文稿涉及面广，角度不同，层次不一，观点或有参差，看法难免有争议。这都是很正常的。作为学术会议，重要的不是提供结论，而是产生讨论。讨论的开始以了解为前提，不明白人家的意思，就无由参与讨论；讨论的过程以尊重为原则，各抒己见，彼此交流，才是真正的讨论；讨论的结果以共进为目的，相互促进，共同提高，但不一定取得共识。共识并非学术研究的最高境界，互补才有学术讨论的真正价值。遗憾的是，本次会议由于时间短、与会人员多，实际上讨论并不充分。希望会后大家仍能创造条件积极交流，加强相互了解，促进彼此沟通，从而达到取长补短、共同进步的目的。

词汇语义训诂研究

论汉语词汇意义系统的分析与描写[①]

一

中国的语言学史是以探究汉语词义为中心的，但传统的探究多表现为文献释义或词义纂集，虽然涉及形义关系、音义关系，但不太注重义义关系，因而除了雅书基本按事类纂集词汇、声训基本按音义关系联同源词外，很少描写展示汉语的词义系统。直到近代的章太炎、黄侃，用"变易"与"孳乳"的规律系联字词，意在"求语言文字之系统与根源"[②]，也仍然没有摆脱"形义""音义"关系，所求到的系统只是局部的"同源字""同源词"系统，并非整个汉语词汇的意义系统。

现代学者王宁先生在总结传统训诂学有关理论和方法的基础上推陈出新，明确提出"语义中心论"，并以建立词义系统为目标，提出一系列词义分析方法，汉语词义系统的探究才步入科学轨道。王先生认为："语义中心论建立在语义独立的基础上。实现这一点的前提，必然是实词的词汇意义自成系统。""同一种语言的意义之间互有联系，或处于级层关系，或处于亲（直接）、疏（间接）的关系，词汇意义的演变牵一发而动全局，首先是自身的系统决定的。"[③] 这就揭示了词义系统的本质，并使词义系统的研究真正摆脱了文献和形、音的局限。根据我的理解，王宁先生一系列论著中体现出来的词汇语义系统理论包括以下具体内容或观点：（1）词的意义的认知具有社会性、经验性和民族性，而不能一概用逻辑规范；（2）多义词内部各义位之间的语义关系及其引申变化规律可以科学分析；（3）词义的确定和分析应该建立在训诂材料的基础之上，词义的内部构成应该采用传统训诂学的"一分为二"的义素分析法；（4）词汇意义是成系统的，词义系统具有共时性和层级性；（5）汉语词汇的发展具有原生、派生和合成三个阶段，原生阶段的词语的形式和内容的关系总体上是约定俗成的，但派生词和合成词是有语源和理据的；（6）个体词的语源义或构词理据对共时词义系统有影响；（7）词汇意义系统的描写要以词项和义位作单位，相关的词项和义位构成网状联系；（8）词汇意义系统可以分类、分角度进行多方面的描写，但这些描写是局部的，它们可以证明词汇意义总系统的存在，但

[①] 本文原载《民俗典籍文字研究》第8辑，商务印书馆2010年版。因篇幅太长，收录本书时划分了几个部分，以便阅读。又《语言文字学》2012年第7期全文转载，《中国社会科学网》2012年10月12日全文转载。

[②] 黄侃述、黄焯编：《文字声韵训诂笔记》，上海古籍出版社1983年版，第181页。

[③] 王宁：《汉语词汇语义学在训诂学基础上的重建与完善》，《宁夏大学学报》2004年第4期。

难以展示词汇意义的总体面貌;(9)词汇意义系统的形成和发展表现为累积律、区别律和协调律;(10)词汇意义系统是独立的,不依赖语法形式而存在。

王宁先生指出:"中国训诂学最核心的语义观,是语义系统论,也就是说,词汇的意义存在一种有层次的关系,观察意义和解释意义,都要放到这个网络关系中去才能够保持客观,也只有有了这种互相依存的关系,词汇语义学才能成为一门独立的科学而不附庸于语法学。但是,以词义为重的词汇系统是否可以证实?是否可以局部描写出来?在这个工作没有进行之前,语义系统论只是一个未经证明的命题。从训诂学的长期实践和词汇语义的种种现象看,我们相信这个命题具有真实性,但如何设计一套行之有效的操作办法来验证它的真实,一直是我们追求的学术目标。"[①] 正是出于这样的学术追求,在王宁先生词汇语义系统理论指导下,北京师范大学的博士生开展了多个角度的词汇语义系统探究和描写。如肖晓晖《汉语并列双音词构词规律研究》、符渝《汉语偏正式双音合成词词素结合规律研究》、卜师霞《源于先秦的现代汉语复合词研究》等是从构词法角度探究并描写汉语构词理据与词汇语义系统的关系;王东海《〈唐律疏议〉法律专科词汇语义系统研究》、李润生《〈齐民要术〉农业专科词汇系统研究》、李亚明《〈周礼·考工记〉先秦手工业专科词语词汇系统研究》等是从专科词汇角度描写和解释以专业知识为背景的词汇意义系统;王军《上古汉语形容词词汇语义特征及语义分类研究》、吕云生《〈礼记〉动词的语义分类研究》、孙炜《名词的语义特征及分类研究》则是从语法范畴的角度研究语法范畴跟词汇语义系统的一致性。这些研究成果展示了不同词汇集的规律和系统性,但相对于整个词义系统来说都是局部性的。

许多年前,我在《古汉语词汇学说略》[②] 中也对词汇和词义的系统性作了阐述,认为词义系统可以突破共时平面的分类,可以变化角度和标准进行多次划分,而且可以进行不同层次的下位分类,例如可以用义系、义族、义群、义域等不同层次的义位聚合群来整理词义系统。但那只是一个初步的整体性构想,没有付诸材料实践。后来通过学习王先生的有关论著,认识到整体词汇意义系统是难以全部展示的,光有宏观构架起不了什么作用。词汇意义的系统描写只能从实际材料出发,分门别类一部分一部分地进行。由于词汇系统的开放性和词义变化的经常性,词汇意义的系统展示只能是历史的、局部的,恐怕永远不会有整体的全面的词义系统出现,这跟语音系统和语法系统是不一样的。

于是,我也带着博士生走向了局部描写词汇意义系统之路。那么,这个"局部"如何选择、如何确定呢?王先生已经实践的按构词类别选词、按专科知识选词、按语法范畴选词都是行之有效的,我们以此为参照,举一反三,尝试开拓更多角度的选词范围。于是我们想到,可以将传统训诂学蕴含的理论方法跟国外流行的词汇语义学理论方法结合起来,突破自然语言材料的属界,自觉类聚某些词汇范畴,然后对范畴内的词汇意义作系统描写。

[①] 参见王宁先生为王东海《古代法律词汇语义系统研究》所作之序,中国社会科学出版社2007年版。
[②] 李运富:《古汉语词汇学说略》,《衡阳师专学报》1988年第4期。

二

　　语义场理论首先引起我们的注意和尝试。语义场理论跟中国传统训诂学的词汇类聚方法有很多相通的地方，在证明词汇系统性和对词义系统进行局部描写方面，语义场理论应该是行之有效的。所以王宁先生说："中国自古代以来存在的类聚方法，与西方语义学的语义场理论不谋而合，但训诂学在类聚材料中探讨语义有一套较成熟的操作方法，又是语义场理论所不具备的，它们之间应当相互补充。"① 王宁先生一贯主张从汉语自身的实际出发，将现代语义学的理论和传统训诂学的成果相结合。例如她从古代训诂材料的注释与纂集中总结出"同类类聚""同义类聚"和"同源类聚"三种类聚模式，又从语义场的角度提出语义场内词语密度测查、词义对立关系测查、词义相关规律测查、意义元素分类测查等系列方法。② 可见王宁先生实际上已经在运用语义场理论，而且给了我们灵活变通运用的启示。

　　语义场理论展现了词义的系统性，让人们看到词义是可以聚合成"场"的，一个场内的词义互相联系、互相制约，一个义位的改变可以引起整个场意义系统的改变，这对于认识词义系统和词汇系统具有重要的指导意义。

　　但语义场理论也存在自身的不足与缺陷，构建语义场的条件与义素分析的条件互相依赖，就是其中的主要问题。请看下面的论述。

　　"如果若干个词义位含有相同的表彼此共性的义素和相应的表彼此差异的义素，因而联结在一起，互相规定，互相制约，互相作用，那么这些义位就构成一个语义场。"③

　　"'义素'是由处于同一语义场中相邻或相关的词相比较而得出的。构成一个词的若干义素，就是这个词区别于其他词（特别是同一语义场中相邻或相关的词）的区别性特征（distinctive feature）。"④

　　一方面，语义场的确定要以一群词的共性义素和差异义素为前提，即语义场的构成依赖于义素的分析。另一方面，义素的得出又依赖于语义场内各词项的互相对比，即义素得出的前提是语义场的已然存在。如此，语义场的划定和义素的分析就形成了在理论上说不清的"鸡"与"蛋"的关系，实际操作起来难免主观随意。

　　贾彦德对此提出了从小场入手的办法。他说："一种语言的所有的义位就是互相联系、互相制约的，因而也就构成了一种语言的语义的总场。而语义场又可以进一步分为若干较小的场，这些较小的场就称为子场。子场往往可以分为更小的子场，这样一层层分下去，分到不能再分时，就叫做最小子场。""汉语尤其是现代汉语的总语义场包含着大量的义位，而这浩如烟海的义位又处在纵横交错、层层叠叠、极其复杂的关系之中。我们分

---

① 参见王宁《训诂学原理》，中国国际广播出版社1997年版，第204页。
② 同上书，第212—214页。
③ 贾彦德：《汉语语义学》，北京大学出版社1999年版，第150页。引文中的着重号为笔者所加，下同。
④ 蒋绍愚：《古汉语词汇纲要》，商务印书馆2005年版，第32页。

析义素是无法也没有必要从整个总场下手的。"① 事实上由于"总场"只是个理论概念，想从总场下手也无法办到，所以无论是谁都只能从小场入手。但如何科学地确定小场和最小子场，他也没有给出办法，因而不得不承认最小子场的确定"只能靠分析者的初步判断来认定哪些义位构成最小子场"，"这样确定的最小子场，其结果并不十分可靠"②。而且这样实际操作得出的"语义场"似乎是语义分类的结果，与由共同义素归纳成场而场内成员互有差异的语义场理论思路不符。

看来光用语义场理论是解决不了汉语词义系统描写问题的。因此我们又想到另外一种相关的理论——"概念场"理论。这种理论从认知的角度认为语言的意义在于人类如何对世界进行范畴化和概念化。"认知语义学最大的特点就是把意义看作是概念化，认为语言意义与人类的一般认知能力和方式具有密切的关系"③。范畴化是人类对世界万物进行分类的一种高级认知活动，在此基础上人类才具有了形成概念的能力，才有了语言符号的意义。特里尔（J. Trier）是"概念场"（conceptual field）理论的提出者，他的概念场主要着眼于词的聚合关系，认为在概念场上覆盖着词汇场，词项的划分反映了概念的划分。所以词汇场是与概念场对应着的，词汇场中的各个词互相联系、互相制约，每一个词的意义只能根据和它相邻近或相反的其他词的意义而确定。这种范畴化的概念场及其词汇场是以分类为基本操作手段的，这就为上述语义场的实际划分与理论思路相违背的困境开辟了一条新的认知语义学的解释途径。

蒋绍愚是比较成功地运用"概念场"理论来具体研究汉语词汇语义系统的学者。他认为，"概念场是人类共同的，但在不同语言或同一种语言的不同时期中，覆盖在这个概念场上的语义场各不相同，也就是说，覆盖着这个概念场的词汇的成员和分布各不相同。所有表示某概念的词语构成了词汇场，词汇场处于不断变化之中，既有新成员的加入，也有旧成员的消亡。""'概念场'是一个层级结构。包括全部概念的是总概念场，总概念场下面又分若干层级。"④ 他把总概念场下的各个层级称为"概念域"。与此对应，词汇场也是一个层级结构，各个层级的词汇，分别覆盖在相应的概念域中。不同词汇系统的词汇面貌是不相同的，所以，同一个概念域被词汇覆盖的情况也会不同，即覆盖在这个概念域上的成员不同，各个成员的分布不同。在每一个概念域中，都存在一个由各种维度交叉而构成的多维网络，这些词在某个概念域中的位置可以用明确的坐标来标明。他用《汉语词义和词汇系统的历史演变初探——以"投"为例》《打击义动词的词义分析》⑤ 等论著实践了这种理论。通过蒋先生的阐述和有关研究实践，我们认可"以'概念场'为背景，考察各个概念域中的成员及其分布在不同历史时期的演变，是研究词汇系统历史演变的一种有效的方法"⑥。

---

① 贾彦德：《汉语语义学》，北京大学出版社 1999 年版，第 59—60 页。
② 同上书，第 60 页。
③ 束定芳：《认知语义学的基本原理、研究目标与方法（之一）》，《山东外语教学》2005 年第 5 期。
④ 蒋绍愚：《古汉语词汇纲要》，商务印书馆 2005 年版。
⑤ 分别载《北京大学学报》2006 年第 4 期和《中国语文》2007 年第 5 期。
⑥ 参见蒋绍愚《"打击义"动词的词义分析》，《中国语文》2007 年第 5 期。

当我们在为语义场的设立无从下手的时候，概念场理论帮了大忙，它的范畴化认知机制和概念层级分类方法，使我们在没有全面义素分析因而无法系联共同义素的前提下，能够将对应于某个概念场的词汇场组建起来。其实，我国古代从《尔雅》开始的按事类归纳词语的方法，与其说跟语义场理论相通，不如说是跟概念场理论一致的，只是概念场理论从认知的角度作了阐释，使得人们能够把语义归类的问题说清楚。事类就是概念的范畴化，一个事类实际上就是一个概念场。覆盖在某个概念场上的词汇场才可以看作语义场，由概念场产生的语义场避免了语义场理论建场的逻辑缺陷。因此，我们可以用概念场的范畴化认知方式来组建语义场，而用语义场的义素分析法来分析概念场内的词项关系，这就将语义场理论跟概念场理论有效地结合起来了。

　　用"两场"结合的思路，我带着部分博士生从 03 级开始进行了汉语历史词汇语义系统的研究，已经完成的博士论文有杨凤仙《上古"言说类"动词词义系统研究》、尹戴忠《上古"看视"概念域词语研究》、梅晶《上古"时间词语"语义研究》、陈灿《上古"饮食"类动词词义研究》、邓进隆《汉泰语"教育类"名词对比研究》等。这些论文虽然题目表述不同，但基本做法是一致的。所谓"言说类动词""看视概念场词语""时间词语""饮食类动词""教育类名词"等，其实都是一个个"概念场"。这些"场"并不是按照语义场理论所要求的通过对立义素的分析找到共同义素再一组组系联、一层层归纳出来的，而是从认知的某一个概念范畴的角度来圈定场内成员，即只要某词项的义位在认知上属于该概念范畴（跟概念的定义基本相应），就可以进入该概念场，而不必先进行义素分析，所以这样的"场"只能叫"概念场"，而不是理论上的"语义场"。概念场的大小、层级、时代等，可以根据研究需要灵活确定。

三

　　确定某个概念场后，如何分析其中的词项关系或意义关系，是我们需要解决的又一重要问题。建立概念场的目的并不是为了定义逻辑式的概念，而仍然是为了研究词的意义关系，仍然要从语言事实出发，所以分析的目光要突破概念的层面落到词汇场上来。也就是从概念场入手，实质是构建词汇场，进而用义素分析法分析词汇场各词汇成员的语义关系，最终达到描写语义场的目的。这就是我们把语义场理论和概念场理论结合起来再进行义素分析的一种研究思路。

　　义素分析法也叫词义成分分析法。20 世纪 50 年代由美国人类学家在研究亲属词的含义时提出，70 年代被介绍到中国。[①] 这种方法通过相关义位之间的对比，对义位进行分解，从中找出语义的共同特征和区别特征。例如"男孩、女孩"的共同特征是［人类］和［未成年］，区别特征是［性别］，因而它们的义位分别可以表示为：男孩 =［+ 人类］

---

① 参见周绍珩《欧美语义学的某些理论与研究方法》，《语言学动态》1978 年第 4 期。

［＋男］［－成年］；女孩＝［＋人类］［－男］［－成年］。义素分析法对于系联语义场以及辨析部分同类词、同义词和反义词是有效的，而且语义特征的分析还可以用来说明词语使用的搭配差异。

但这种方法也有不少局限，比如存在义素抽取的主观性与不可穷尽性问题，而且也不是所有词的义位都能规则地切分为若干具有对立关系（有或无二分）的义素。

中国传统训诂学对词义的解释也包含着对词义构成的分析。正如贾彦德所说："当他们（古代训诂家）在用词组、句子解释词时，他们的释义实际上却包含了不同的成分。""孕育了义素、义素分析法。"① 王宁先生从古人的词义解释的比较中切分出了三种不同作用的义素：类义素、核义素（源义素）和表义素。类义素是指单义项中表示义类的意义元素，例如江、河、淮、汉可提取类义素［河流］。核义素（源义素）指称同源词所具有的共同语义特点，例如从稍、秒、艄、宵、鞘、梢中可以提取共同的核义素［尖端－渐小］。除了这两种特殊的义素外，其他义素都可称为表义素。在此基础上，王宁先生将训诂材料中的义界释义方式规范为"主训词+义值差"的结构公式，认为主训词一般是类义素，义值差则可反映表义素，也可反映核义素（源义素）。并把古人的这种解释词义的方法命名为"一分为二的义素分析法"，可以简称为"二分法"。②

显然，训诂式的义素"二分"法跟西方式的义素"二分"法是不一样的。前者的"二分"是对单个义位（义项）而言的，即把一个义位分析为"义类"和"义差"两个部分，这两个部分代表着整个义位，因而是穷尽性的。后者的"二分"是针对两个或多个不同义位而言的，即在对立的两个或多个义位中，有没有某个义素，这种二分对立的义素，随机提取，多少不定，因而总体上是无法穷尽的。或者说，训诂式的"二分"是组合的分析，通过组合的理解才能系联到相关的聚合；而西方式的"二分"是聚合的分析，通过聚合的对比才能理解义素组合的含义。这两种分析方法各有利弊，组合的分析便于义位的理解，聚合的分析便于关系的确立，两种结合起来，才能把词汇场中各词汇成员的意义及相互关系描述清楚。即先用组合式的切割分析描述每个词项的义位，再用聚合式的对比分析描述义位与义位的关系。这就是我们尝试的"两分"结合即两种义素分析法结合研究的基本思路。

把义位的成分组合分析为"主训词"和"义值差"两部分，是上层的总体概括，实际上每个部分特别是"义值差"部分还可以进行多分，因为义位的差别可以同时包含多个方面。但这是"二分"之下的多分，不影响"二分法"的成立。我们认为只有"二分"与"多分"结合进行，词的义位的内涵才能分析清楚。例如动词由于具有"非自足性"，释义时除了揭示动作行为本身的主要义素外，还必须交代其他相关的义素才能理解。所以于屏方认为，动作义位的释义框架，同时受到认知框架和语言框架的双重制约。非自足性使动作义位在释义过程中表现为对其他范畴的依赖

---

① 贾彦德：《汉语语义学》，北京大学出版社1999年版，第127页。
② 王宁：《训诂学原理》，中国国际广播出版社1996年版，第208—211页。

性，其语义分析式中开放了数量不等的空位，形成一个典型的待完形结构。① 徐小波也认为，动词义位的释义表现为不同关涉角色以核心动词为中心形成的语义配列式，一个动词义位的完善释义应该包括两大部分："核心动词+关涉角色"。② 如果把这种动词的释义模式对应于传统训诂的义界模式"主训词+义值差"，则"核心动词"相当于"主训词"，而"关涉角色"相当于"义值差"。显然，动词的"关涉角色"是很多的，可以再分析的，那么"义值差"也应该可以再分析。因而我们主张对于词义的分析可以在第一层分为"二"，而"二"的下层还可以多分。例如徐小波就将动词的"关涉角色"分为主体角色、客体角色、与体角色、时间角色、工具角色等17类。冯海霞把动词义位的关涉成分叫"别义因子"，包括主体因子、客体因子、条件因子、原因因子、目的因子、范围因子、工具因子、凭借因子、性状因子、时间因子、处所因子、方向因子、基准因子、数量因子、结果因子、补充因子等共18类。③ 当然，表示不同概念的动词义位，其关涉成分或别义因子可以不同，还可能有其他各种不同的分析结果。例如对于看视类动词而言其语义关涉成分包括"方向""情态""距离""时间""结果""受事"等④，而饮食类动词的语义关涉成分则可以分析出"方式""主体""器官""对象""目的"等⑤，各自的语义成分类别并不完全相应。这些"语义关涉成分"或"别义因子"之类的"义素"，无论怎么切分如何表述，都可能产生多项，所以光用"义素二分法"显然是解决不了的。而且它们也不完全等同于西方义素分析法中的"义素"，因为它们尽管多分，也不一定是最小的终极语义单位。但为了表述的方便，我们可以把义位中的各级语义成分都泛称为"义素"，义素之间的关系和命名可以根据分析需要作适当调整。

词义聚合的对比分析也不能局限于对立义素的"+"和"-"，而应该是不同义位的各种义素（包括"主训词"代表的"类义素"和"义值差"代表的"表义素"所包含的各种下层义素）的全面比较，通过各种义素的比较，找出不同义位的共同义素和区别性义素，进而用共同义素系联成各种不同的语义场，用区别性义素辨析同场词项的差异，这才是比较理想的词汇场语义成分分析。如果运用"义素分析法"仅限于"区别性特征"的对立，那就会失之片面，难以全面展示语义场的各种语义关系。

由共同义素系联成的语义场由于义位与义位之间的关系不同可以分为不同的类型，如贾彦德认为词汇场的最小子语义场有十个类型：分类义场、部分义场、顺序义场、关系义场、反义义场、两极义场、部分否定义场、同义义场、枝干义场、描

---

① 于屏方：《动作义位释义的框架模式研究》，博士学位论文，广东外语外贸大学，2006年。
② 徐小波：《动词词义的非自足性研究》，硕士学位论文，鲁东大学，2006年。
③ 冯海霞：《语义类别释义模式研究——基于〈现代汉语词典〉与〈简明牛津英语词典〉的比较》，博士学位论文，南开大学，2008年。
④ 尹戴忠：《上古"看视"概念域词语研究》，博士学位论文，北京师范大学，2008年。
⑤ 陈灿：《上古"饮食"类动词词义研究》，博士学位论文，北京师范大学，2009年。

绘义场等。① 同一类型的义场也可以选择不同义素而归纳成不同角度的系列子义场，例如饮食类动词的词义成分可以归纳为模式：饮食类义位＝饮食动作＋饮食关涉义素（饮食主体＋饮食对象＋饮食方式＋饮食器官＋饮食目的）。其中的"饮食动作"是建立"饮食类动词"词汇场的认知基础，而其他的"关涉义素"可以分别从不同角度系联出各自成系列的子语义场：根据"饮食主体"系联，可以归纳出"泛主体"子场和"特定主体"子场；"特定主体"子场实际表现为"人"子场和"动物"子场；"动物"子场又表现为"鱼"子场、"鸟"子场、"兽"子场。根据"饮食器官"系联，可以归纳出"全部器官"子场、"部分器官"子场、"个别器官"子场；"个别器官"子场实际表现为"唇""齿""舌""咽喉"子场。根据"饮食方式"系联，可以归纳出"入嘴-咀嚼-吞咽"子场（即"吃类"子场）、"入嘴-吞咽"子场（即"喝类"子场）、"抿舔"子场、"吸吮"子场、"啃咬"子场、"咀嚼"子场、"含衔"子场、"吞咽"子场、"品味"子场、"入嘴-咀嚼＼＼不咀嚼-咽下"子场（即"泛饮食"子场）。根据"饮食对象"系联，可以归纳出"泛对象"子场和"特定对象"子场；"特定对象"子场又可以从食物形状分为"固体食物"子场、"液体食物"子场和"流体食物"子场。根据"饮食目的"系联，可以归纳出"泛目的"子场和"特定目的"子场；特定目的又可以有"品尝辨别""便于咀嚼""便于消化"等下位子场。这样，各子义场都处在一定的语义关系层级中：同层级者为并列关系，不同层级的为上下位关系。不同关涉义素归纳出的子场其词项成员总数是相同的，这些词项的语义成分互相配合，共同构成饮食类动词的语义场系统。②

四

　　无论哪种语义场，理论上说场内的词项一方面必须有共同义素，同时都能相互区别，否则就不应该同场存在。共同义素是词项类聚为一个语义场的前提条件，词项间的区别性义素则是不同词项在同一个语义场内共存的价值要求。可事实上，如果我们仅按上述义位描写和义素分析的结果来区别场内的词项，有时会出现无法区别的情形。这说明对语义场内词项的分析即使照顾到共同义素和区别性义素，也还是不够的。有些词项的差别恐怕不在语义本身。

　　因此，我们认为，在进行词义成分分析时，可以只限于语义属性；而进行同义语义场的词项辨析时，则不应局限于语义属性，还可以把词项的生成属性和使用属性也纳入分析的范围。研究词义系统而关照生成规律和使用条件，是一种新的价值取向，已引起越来越多的学者重视。我们将这种理念设计出下面的词项分析框架。

---

① 贾彦德：《汉语语义学》，北京大学出版社1999年版，第147—213页。
② 参见陈灿《上古"饮食"类动词词义研究》，博士学位论文，北京师范大学，2009年。

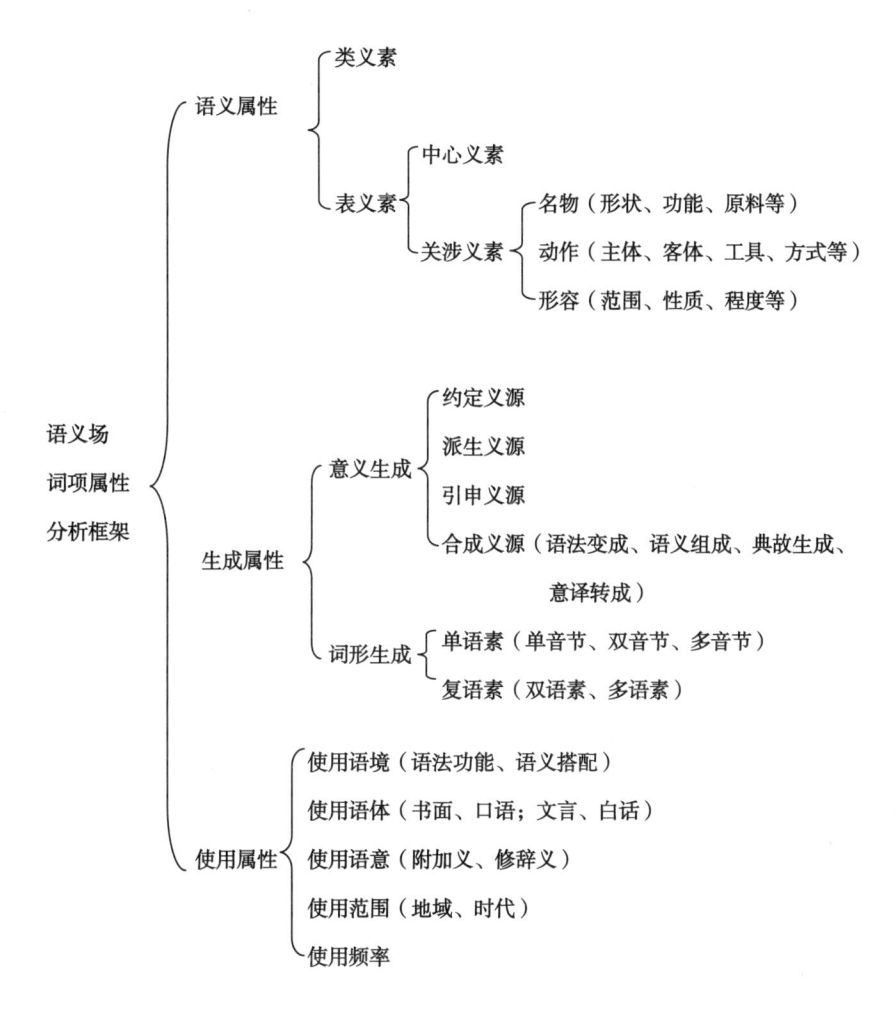

```
                          ┌ 类义素
              ┌ 语义属性 ┤
              │          │          ┌ 中心义素
              │          └ 表义素 ┤              ┌ 名物（形状、功能、原料等）
              │                     └ 关涉义素 ┤ 动作（主体、客体、工具、方式等）
              │                                  └ 形容（范围、性质、程度等）
              │
              │                     ┌ 约定义源
语义场        │                     │ 派生义源
词项属性 ┤  │          ┌ 意义生成 ┤ 引申义源
分析框架      │ 生成属性 ┤         └ 合成义源（语法变成、语义组成、典故生成、
              │          │                        意译转成）
              │          │          ┌ 单语素（单音节、双音节、多音节）
              │          └ 词形生成 ┤
              │                     └ 复语素（双语素、多语素）
              │
              │          ┌ 使用语境（语法功能、语义搭配）
              │          │ 使用语体（书面、口语；文言、白话）
              └ 使用属性 ┤ 使用语意（附加义、修辞义）
                         │ 使用范围（地域、时代）
                         └ 使用频率
```

  这样，我们从语义属性、生成属性和使用属性三方面来辨析处于同一语义场的各个词项的异同关系，应该就能够区分所有成员了。"语义属性"是主要的，"生成属性"和"使用属性"是语义属性的补充部分，在不需要的时候可以不加分析，框架中列出这两种属性是为了显示同义词项的必然差异。三种属性的具体内涵如下。

  "语义属性"是词项属性中最核心的部分，指语义场各词项本身固有的不可缺少的意义成分，包括类义素和表义素。"类义素"表示义位的类属，是人们对义位所反映的客观事物的认知范畴。认知的视角不同，归纳的范畴可能不一样。范畴的大小是相对的，描写义位时可以上下类连属，但不能同级交叉。"表义素"是义位固有的可感知的意义成分，它规定了义位的主要特征，是义位的实质内容，也是用来交际表达的内容。表义素一般是复合的，或者多元的，可以再分为"中心义素"和"关涉义素"。中心义素是关涉的树干，关涉义素是中心的枝叶。例如对动词"饭"的义位分析，"饮食动作"是其"类义素"，"把食物纳入食道"是其"中心义素"，而"关涉义素"则可以从主体、对象、器官、方式、目的等多方面分析（此略）。

  "生成属性"指词的来源而言，包括词的意义的生成和词的形式的生成，两者密切相关，但可以分别表述。词义的来源不等于源义素，源义素是同源词所共有的，不是每个词义都有源义素，但每个词义都应该有个来源。词的某个意义可能有四种来源：一是约定俗成本有此义；二是由别词派生该词而有该义；三是由本词的别义引申而有该义；四是由语素组合而产生该义。语素组合体现的词义又有四种情况，有的由句法结构演变而来，有的根据语义关系选择语素组合，有的出于典故凝结，有的根据翻译需要组合语素。就词形的来源而言，则有单语素词和复语素词。单语素词可以从音节上分为单音节、双音节和多音节。复语素词有的两个语素，有的可能多个语素。

"使用属性"指词语在语言实际使用中所需要的条件或临时产生的信息，包括使用语境、使用语体、使用语意、使用范围和使用频率等。其中的"使用语境"包括词项的语法功能和功能涉及的语法关系，语法功能指在句子中做什么成分，语法关系指跟什么样的词语搭配，是否有主语、宾语等连带成分的强制性要求等。"使用语意"指使用中临时产生的意义，如附加义、修辞义等，这些意义不是凝固在词义中的，义位解释无须表明，但辨析词项时可能有用。

这样的词项属性分析，包括但不限于义素分析，所以当义素分析的语义属性不足以区别不同词项时，可以从生成属性和使用属性角度帮助辨析，结果表明，处于同一语义场中的各个词项都是有区别的。

五

归纳和描写语义场，辨析场内词项的关系，都是平面的工作。如果将不同时期或时段的语义场串成序列，就有了历时比较的价值。如果研究的对象是历史词义系统，历时的比较工作是应该要做的。所以我们对语义场的描写和分析实际上包括两个方面的内容。一是该场成员的认同别异。即根据"词项属性分析"说明场内各词项的共同属性有哪些，相互之间存在哪些属性差异。二是该场成员的历时变化。按时期说明成员的增减变化及成员关系的调整，包括成员的异时异域替换关系和词项属性的彼此影响关系。

以上就是我们对汉语词汇意义系统进行分析和描写的基本思路。概括起来说，有这么几个要点。(1) 从认知范畴入手，根据通常对某一概念的理解，把封闭材料中属于该概念范畴的所有词项类聚起来，建立覆盖在该概念场之上的词汇场。(2) 对词汇场中的所有词项进行"二分+多分"的义素分析和义位描述，根据某一角度的共同义素系联出不同语义场。(3) 对各个语义场中的词项分别进行"语义属性"及"生成属性""使用属性"的分析，比较同场中不同词项的属性差异。(4) 比较不同时期同一概念场中语义子场的变化、同一语义场中词项成员和词项属性的变化，从而揭示词汇和词义演变的某些规律。这个研究思路中体现了概念场理论与语义场理论的结合、义素分析与词项属性分析的结合、义素二分与义素多分的结合、有无对立与差异互存的结合、共时描写与历时比较的结合。

前面提到的我所指导的几篇博士论文基本上都是按照这个思路而选择某一个概念场所作的研究，具体的表述可能各有差异，但研究的步骤和方法是基本一致的。本文意在阐述思路，总结方法，提出框架，至于具体材料的分析和描写，限于篇幅从略，读者有兴趣的话，可以参看有关博士论文（参考文献［5］至［9］）。

参考文献

［1］王宁:《训诂学原理》，中国国际广播出版社1997年4月第2版。

［2］王宁:《汉语词汇语义学在训诂学基础上的重建与完善》，《宁夏大学学报》2004年第4期。

［3］贾彦德:《汉语语义学》，北京大学出版社1999年版。

［4］蒋绍愚:《古汉语词汇纲要》，商务印书馆2005年版。

［5］尹戴忠:《上古"看视"概念域词语研究》，博士学位论文，北京师范大学，2008年。

［6］陈灿:《上古"饮食"类动词词义研究》，博士学位论文，北京师范大学，2009年。

［7］杨凤仙:《上古"言说"类动词词义研究》，博士学位论文，北京师范大学，2006年。

［8］梅晶:《上古"时间词语"语义研究》，博士学位论文，北京师范大学，2008年。

［9］邓进隆:《汉泰语"教育"类名词对比研究》，博士学位论文，北京师范大学，2010年。

［10］李运富:《古汉语词汇学说略》，《衡阳师专学报》1988年第4期。

论汉语复合词意义的生成方式[①]

一

按照一般的说法，汉语词汇分为单纯词和合成词，合成词下又分为复合词、派生词和叠素词。我们现在讨论的对象是复合词。复合词是指由两个以上实义语素组合的词。

关于复合词在书面上的判断，有许多争议，至今没有统一的标准。我们认为，复合词首先是一个"词"。而词是语言中能够独立运用的最小单位，因此复合词必然是不能再拆分的整体。这样的复合词具有两大基本特性：1. 非句法性：就语法而言，复合词必须是一个句法单位，而且是最小的句法单位，因而复合词内部不能再作句法分析（句子成分分析或词组结构分析）；2. 非句义性：就语义而言，复合词必须是一个词汇单位，而且词义只能是一个整体，因而复合词内部不能同时包含两个独立的解释单位。其次，复合词是"复合"而成的，复合以前必然有两个以上的成分，经过复合才变成一个单位。因此"组合变异"是复合词的基本特征，包括三个方面：1. 多个意义单位组合变异为一个意义单位；2. 多个语法单位组合变异为一个语法单位；3. 多个音节单位组合变异为一个韵律单位。因此，复合词应该是具有两个以上语素而只有一个语义单位和语法单位并且符合语感韵律的最小运用单位。

判定复合词可以有两种方法：一种是按照传统范畴理论，要求范畴内所有成员具有充分必要条件，那么必须符合以上三方面的条件才是复合词，否则不是；一种是按照原型范畴理论，认为范畴内的成员不必都具有该范畴的所有属性，都具有的是典型成员，部分具有的是非典型成员。那么复合词可以分为不同的层级：

典型复合词：意义的整体性，语法的黏合性，韵律的音步性
非典型复合词1：只符合意义标准
非典型复合词2：只符合语法标准
非典型复合词3：只符合韵律标准

复合词的划分困难不在词汇内部，而在词与非词之间。这不是研究复合词能独立解决

[①] 本文原载《励耘学刊》第2辑（总第12辑），学苑出版社2010年版。又《语言文字学》2011年第6期全文转载。

的。就复合词与短语的界限而言，原本不是绝对的，有许多的中间状态。所谓"非典型复合词"就是既可以看作复合词，也可以不看作复合词的。关键在于划分复合词的目的是什么，为什么非得确定某个形式是或者不是复合词，判断错了会有什么后果。

我们研究复合词，是想准确地理解词义和句义，因而主要从意义上来考虑复合词的确立，同时参考语法来帮助分析。而符合语义标准和语法标准的复合词必然符合韵律标准。所以实际上我们讨论的是典型复合词。王宁先生在《当代理论训诂学与汉语双音合成词的构词研究》①中提出的"非现行语法鉴定法"和"非词源意义鉴定法"揭示了复合词的本质属性，跟我们分析的典型复合词的判定标准是一致的。按照这两个标准，当一个组合出现时，就看这个组合的表达义是否等于组合成分的正常句法意义，等于的是词组，不等于的是词。如果是词组，必然包含多个具有句法关系而各自可以独立的意义单位；如果是词，必然只有一个意义单位，这个意义单位不是由句法关系表示的。因而"组合变异"是判定汉语复合词的简单有效的方法。判断准确，词义和句义就能合理解释；判断错了，就可能误解词义和句义。例如：

> 两兄弟一个在走廊上读书，一个在卧室里写字。
> 他今年七岁，该上学读书了。

前句中的"读书"义等于"阅读书籍"的动宾句法关系义，有两个意义单位，所以是词组；后句中的"读书"不等于"读+书"，只是句法分析中的一个成分，实际表达的含义是"学习"这样一个比较抽象的意义单位，包括阅读书籍、写字、唱歌、画画……一切学习内容，所以是复合词。由此可见分辨复合词与词组对准确解读句义是多么重要。

古人训诂早就知道复合词表义的整体性，并且已经注意到语素义和词义的不同。如郑玄注《周礼》②，往往把复合词当作整体来注释："艰厄，犹困乏也。"有的则既解释语素义，又解释复合词义："郑司农云：'要会，谓计最之簿书。月计曰要，岁计曰会'。③"分解语素义是为理解复合词整体义服务的，不是直接用来解读文献的。可见古人已经认识到复合词的意义并不等于组成复合词的语素义，只是没有用这一类的概念来表述而已。

研究复合词的构造应该以意义为中心。如果仅从语法上分析会有很大困难，因为构词法并不等于造句法。④以前我们借用语法术语把复合词的内部结构分析为"主谓""动宾""偏正""动补""并列""连动"等，很多跟实际表达的词义并不一致，带有明显的人为规定痕迹。例如跟"座机"相对而言的"手机"表示"拿在手里使用的无线电话机"，其中的"手"跟"机"没有直接句法关系，可是分析词法的人却把它看作"偏正

---

① 王宁：《当代理论训诂学与汉语双音合成词的构词研究》，载《当代语言学理论和汉语研究》，沈阳、冯胜利主编，商务印书馆2008年版。
② 《周礼注疏》，东汉郑玄注，唐孔颖达疏。《十三经注疏》本，中华书局。
③ 孙诒让《周礼正义》："一月之计少，举凡其要而已，故谓之要；一岁之计多，则总聚考校，故谓之会也。"
④ 关于这一点，已经有很多学者论及，如王宁《汉语双音词结构的非句法特征》，《江苏大学学报》2008年第1期。

关系"的复合词。再如"少数民族"也被看作偏正式的复合词，以为"少数"修饰"民族"，而实际上"少数"并不是限定"民族"的，"少数民族"指"人数很少的民族"或"由少数人组成的民族"，这样的"少数民族"相对于人口众多的"汉族"来说并非少数，而是多数。可见用句法是不能完全解决构词问题的。无论从复合词研究的现实困境看，还是从古代词汇研究的优良传统看，只有抓住意义分析，才是复合词研究的出路。

分析和掌握复合词的意义得同时考虑三个方面：一是组成复合词的语素义，二是语素与语素的关联义，三是语素关联义如何生成词义。只有这三个层面的意义都分析清楚了，才算真正掌握某个复合词。其中，语素义的确定是基础，而语素义如何关联并产生复合词义是关键。复合词的产生途径比较复杂，主要有三条。一是句法短语的词汇化（可简称"词化"），如"责备"由动宾式短语演变成复合词；"天子"由偏正词组构合为复合词。二是选取语素非句法组合成词，如选取"谢"和"幕"组合成非句法的"谢幕"；选取"吃"和"请"组成非句法的"吃请"等。三是用典故手段把某种意义固化于某个相关组合，如"恭维""知音"等的字面组合无法产生词义，实际词义是典故赋予的。上述三种情况的共同点是组合成分都必须发生意义变化，也就是在成词以后的静态平面上，语素的参构意义无论是各自还是相加都不等于复合词的表达意义，如果某个形式表达的意义等于几个成分顺序组合的意义，那就仍然是句法义而不是词汇义，可以不叫作复合词。如"赏罚分明"的"赏罚"、"身心健康"的"身心"、"毁誉参半"的"毁誉"等，由于都不止一个意义单位，都应该是词组。如果说因为"誉"已经变为非自由语素，心理记忆上习惯把"毁誉"当作一个单位，那也可以看作复合词，但不是典型的复合词，因为意义没有变化。我们之所以分辨"复合词"，就是因为"复合词"的整体意义不同于词组或句法意义。

由于复合词的产生途径不同，整体词义的具体生成方式也不相同。本文暂只讨论短语词汇化中的词义生成方式。

二

短语词汇化是指原有的短语表达形式演变成为复合词，或者用符合短语关系的语素组合形式构造复合词的情况。"符合短语关系的语素组合形式"不一定是语言中实际使用过的句法表达形式，可能只是对实际句法形式的仿拟或巧合。这种临时组合的短语形式生成复合词义的机制跟实际短语形式的词汇化是一致的，所以我们不对短语形式是否有实际用例加以考证，而只作语素意义的关联分析。

短语形式的语素义之间都具有直接句法关系，即按照语素义的逻辑或事理关系用语句或短语表述出来，符合正常的句法结构。包括：

（一）并列句法关系

  悲哀 外表悲伤+内心悲伤——外表悲伤和内心悲伤（近义并列）
  开关 开启+关闭——可以开可以关（对义并列）

书契　书写+契刻——或书写或契刻（同类并列）
口吻　口腔+嘴唇——口腔和嘴唇（相关并列）

（二）动宾句法关系

责备　要求+完备——要求完备（行为和行为内容）
司令　掌管+命令——掌管命令（行为和行为对象）
打针　打+针——用针管注射（行为和行为工具）
走路　走+路——走在路上（行为和行为处所）
就义　走近+道义——为道义走向死地（行为和行为目的）

（三）主谓句法关系

地震　大地+震动——大地震动（主体发生某种状态）
心疼　心脏+疼痛——心里疼（主体发生某种状态）
月亮　月+亮——月球光亮（主体具有某种性状）
自首　自己+告白（道）[①]——自己告白（主体采取某种行为）

（四）定中句法关系

布衣　布料+衣服——布料衣服（限定事物的原材料）
公路　公家+道路——公家的路（限定事物的主体）
飞机　飞翔+机械——能飞翔的机械（限定事物的功能）
结晶　凝结+晶体——凝结而成的晶体（限定事物的成因）
乡村　乡+村——乡里的村庄（限定事物的范围）

（五）状中句法关系

飞快　飞+快速——像飞一样快速（形容事物状态）
雪白　雪+白净——像雪一样白（形容事物性质）
密探　秘密+侦探——秘密地侦探（修饰行为方式）
上诉　上级+申诉——向上级申诉（介绍行为的对象）

（六）动补句法关系

说明　解说+明白——解说事情或道理使其明白（动作及其结果）
阻止　阻挡+停止——阻挡某事物使其停止（动作及其结果）

[①] 王宁先生认为"自首"的"首"为"道"的通假字，道白、说明的意思。

推翻　推+翻倒——推动某事物使其翻倒（动作及其结果）
提高　提+高——提起某物使其升高（动作及其结果）

（七）连动句法关系

爱护　喜爱+保护——因喜爱而保护（动作之间具有因果关系）
退休　退职+休息——退下来休息（动作之间具有先后关系）
考取　考试+录取——参加考试后被录取（动作之间具有先后关系）
查封　检查+封闭——检查后予以封闭（动作之间具有先后关系）

　　以上短语的语素之间都可以用句法关系加以解释和表述，而这些短语也都被看作复合词，于是有人认为复合词的内部结构就是句法结构，构词法跟造句法高度一致，或者说"今天的词法就是过去的句法"。并且在这种思想的指导下，对复合词进行系统的语法分类，所谓"联合式""偏正式""动宾式""动补式""主谓式"成了复合词的基本系统框架，所有复合词都被纳入这个框架内，然后在这个框架内比较不同时代不同专书的类型有无和数量多少，从而描写汉语词汇的历史。这几乎成了汉语词汇系统和汉语词汇史研究的范式。
　　且不说大量的复合词并不具有直接的句法关系（如选取语素可以非句法组合成词，典故固化形式也有许多是非句法的），[①] 即使上述可以作直接句法关系分析的复合词，其中的句法关系究竟是针对复合词而言还是针对短语而言？人们忽略了这个关键问题。事实上，所谓"偏正""动宾"等等句法关系分析的是短语（词组）结构，而不是复合词的结构，短语结构表达的是复合词所取的语素与语素之间的关联意义，而并非复合词词义。从短语到复合词还要经历一个"词汇化"阶段，也就是语素关联义要经过变异才能成为词义。而一旦完成词汇化，也就是到复合词具有整体词义的时候，短语的句法关系就不存在了，它对复合词的内部结构没有解释力。所以我们认为王宁先生提出的复合词的"非语法性"应该具有普遍意义，不仅指字面上不合语法的情况，也可以包括这种字面上符合语法而实际上并非复合词的语法的情况。由此看来，复合词本来是"非句法"的，因而没有分析内部语法结构的必要，需要解释的应该是复合词义的变异方式。这一过程的关系如下：

司令——掌管命令——词化——掌管命令的人——司令
短语　动宾关系　　？　　　词义　　　复合词

　　在词化之前，"司令"是短语，"动宾"是对短语句法关系的分析，词化之后，复合词"司令"的意义成为整体，不需要再作语法分析，需要了解的是词化过程，也就是分

[①] 复合词的非句法组合表现为有的语素义无法搭配，有的勉强搭配后语义不明（多歧义），有的语义羡余，有的无法类推再生，等等。这样的复合词数量众多，笔者有另文论述。

析语法词义在转化为语素义后跟复合词义的关系以及变异为复合词义的方式。由于短语"司令"跟复合词"司令"同形，导致把短语的语法关系当作复合词的语法关系。

关于语素义跟词义的关系已有不少人论及，大多仍然没有摆脱句法关系的影响。直到王宁先生提出"基于理论训诂学的汉语双音合成构词的意义中心分析方法"才真正注重意义关系。王先生把参与表达复合词意义的语素义分为中心语素（HS）、直接相关语素（ZS）、间接相关语素（JS）三种，加上"隐去而需要补充的意义成分"（YS），就可以构成三种双音复合词的意义结构模式：直接生成式、半直接生成式、非直接生成式。①例如：

直接生成式：HS+HS 或 HS+ZS

　　芳（HS）香（HS）（芳=香，一般不独用）
　　成（ZS）人（HS）（成=成年，一般不独用）

半直接生成式：HS+0 或 HS+JS

　　窗（HS）户（0）（户=门，词义中失落）
　　菜（JS）农（HS）（菜=种菜）
　　合成词的意义=种植（Y）+菜（JS）+农（HS）

非直接生成式：JS+JS

　　煎（JS）熬（JS）（喻痛苦折磨）
　　合成词的意义=煎（JS）熬（JS）≈难奈（ZS-Y2）+痛苦（HS-Y1）
　　耳（JS）目（JS）
　　合成词的意义=耳听（JS）+目观（JS）+报信（ZS-Y2）+人（HS-Y1）

这种分析方法解决了单个语素意义跟整个复合词意义的关系描写问题，反映了单个语素在复合词整体词义中的作用和地位。同时，"直接""半直接""非直接"也是对语素义生成词义的方式的概括。

在这个基础上，我们还需要进一步分析语素义生成复合词整体词义的具体过程。既然是"复合"，整体词义除了跟单个语素的意义相关外，更直接的来源应该是参与组合的几个语素的"关联义"。所谓"关联义"是指语素与语素之间能够建立的逻辑语义关系。前面说过，"复合词"的成立标准，就在于它的整体词义不等于语素之间的"关联义"，无论是符合句法的关联义还是非句法的关联义，它必须"变异"为复合词义，才能算典型的复合词，否则没有必要把它们区分为"复合词"，或者只能当作非典型复合词。

---

① 参见王宁《当代理论训诂学与汉语双音合成词的构词研究》，载《当代语言学理论和汉语研究》，沈阳、冯胜利主编，商务印书馆2008年版。

三

那么，短语语素的关联义生成复合词义的具体方式究竟有哪些呢？董秀芳认为短语的词汇化"在语义变化中，最常见的几种形式是：a. 部分语义弱化或脱落；b. 发生了隐喻引申或转喻引申；c. 由转类（即不改变外部形式而由一类词变为另一类词）而引起的语义转变"。① 我们认为，"转类"是语义演变的结果而不是原因，更不是变化的方式；隐喻和转喻都可能引起转类，并列起来也容易交叉。所以实际上董女士提出的演变方式只有前面两种，如果把隐喻和转喻分开，仍可以算三种。董女士对于短语词汇化的研究具有开创性，她提出的三种语义变化方式都很重要，但还不够全面和具体。"隐喻"和"转喻"理论只是把传统的"引申"理论分为两类，实际上涵盖不了引申的复杂情况②，即使涵盖了，仍然基本上等于"引申"，这样笼统的分类没有实际应用价值，所以还需要做细化工作。我们认为，符合句法关系的短语（不一定是语言里原先存在的），其语素关联义变异为复合词义，至少有如下十种方式。

（一）概括

将短语中两个并列的意义相近或相类的语素义概括为一个可以涵盖原有内容并且可以超出原有内容的广义。例如：

平安　既平稳又安全——概括——没有危险没有事故
平静　平和安静——概括——没有骚扰、没有激动、没有喧闹的情态
衣裳　上衣和下裙——概括——衣服
治理　治水和理玉——概括——处理一切事物
朋友　同门者和同志者——概括——有交往有情谊的人
学习　仿效和练习——概括——通过仿效和练习等方式获得知识或技能
建设　建立和设置——概括——创建原来没有的新东西
消息　消失和生息——概括——发生变化的情况
疾病　轻病和重病——概括——所有的病痛
图书　图画和文字作品——概括——所有的书籍
买卖　买和卖——概括——做生意、经商
人民　地位高的人和地位低的民——概括——君王之下的所有人
出入　超出和不足——概括——数目或内容跟标准不符
悲哀　外表悲伤和内心悲伤——概括——情感伤痛
一再　一次两次——概括——反复多次

---

① 董秀芳：《词汇化：汉语双音词的衍生和发展》，四川民族出版社2002年版，第40页。
② 关于词义引申的具体方式可参看陆宗达、王宁《古汉语词义研究——关于古代书面汉语词义引申的规律》，《辞书研究》1981年第2期。

可以进行概括的短语，都具有同类的并列语素，这是语义概括的基础，因为概括只能在同类事物之上进行。但可能并不一定需要概括，需要概括的往往是并列的语素之外还可能存在另外的同类项，或者列举的并列项是具有中间状态的连续统，所以经过概括后的整体词义，其内涵都大于或高于短语语素的意义，既不是原有语素义的加合，也不等于其中任何单个语素的意义。许多人认为"同义并列复合词"的词义等于其中任何一个语素的意义，那是受到以词训词的不精确训释的影响，如果采用定义法解释并列复合词的词义，情况就不同了。复合词的意义一定不等于短语的意义，如果等于，那就仍然是短语，没有必要判定为复合词。至于复合词在使用中的实际所指可能是其中任何一个语素的意义，也可能兼指两个语素的意义，但只要无法肯定，就不能说复合词的词义等于原来某个语素的意义。如果能够肯定指的是某个语素或两个语素，那就是偏义复词或并列短语。词义具有概括性，要从总体的储存状态立说，具体辞例只是用来证明的。如《陈书·沈众传》："其自奉养甚薄，每于朝会之中，衣裳破裂，或躬提冠屦。""衣裳破裂"虽然可能是上衣破裂，也可能是下衣破裂，但只要存在全身衣服包括鞋帽都破裂的可能，那就是用的概括义。这种概括义的"衣裳"不等于"衣"，不等于"裳"，也不等于"衣+裳"。

（二）虚化

短语中的语素都是有实义的，但词化以后，其中的某个语素义虚化或者脱落，使得复合词的词义相当于短语中的另一个语素义。虚化的语素义很多时候仍然具有背景提示作用，衬托或显示另一个语素的意义。例如：

```
窗户    窗和门——虚化"门"——窗
质量    品质和数量——虚化"量"——品质
国家    国和家——虚化"家"——国
好歹    好事和坏事——虚化"好事"——坏事
死亡    死去和逃亡①——虚化"亡"——死
家庭    家中庭院——虚化"庭"——家
睡觉    睡着醒来②——虚化"醒"——睡眠
事情    事件的实情——虚化"情"——事
知道    知晓道理——虚化"道"——知晓
```

一般只注意由并列短语虚化的复合词，称作"偏义复词"。董秀芳举到其他类型的语

---

① "死亡"作为词组最初是"死去"和"逃亡"的异义并列，后来"亡"引申出"死"义，则"死亡"可以重新分析为同义并列关系。
② "睡觉"作为词组最初表示睡着醒来，属于连动关系，后来"觉"变成睡觉的量词，进而代替睡眠，因而睡觉也可以重新分析为动宾关系。

素义"脱落"现象,① 值得重视。

(三) 模糊化

有些短语中具有并列关系的语素互相对立，彼此区分，但义域内没有其他并列项。作为短语理解的话，两个语素的意义各自独立，所指清晰。但实际使用中有时两个语素对应的指称对象是模糊的，只表示具有某种关系，并不明确具体所指，具体所指需要通过理解者的选择才能确定，这可以看作通过模糊化方式来实现复合词义的转变，即由于清晰的对立意义变成了模糊的选择意义，而使短语变成了复合词。如果语素的关联意义没有模糊化而指向明确，就仍然是短语而不是复合词。例如：

  父母 父亲和母亲——模糊化——父亲或母亲（你们都是孩子父母）
  夫妻 丈夫和妻子——模糊化——具有夫妻关系的人（邻家的两夫妻很恩爱）
  兄弟 哥哥和弟弟——模糊化——具有兄弟关系的人（三兄弟都考上了大学）
  姐妹 姐姐和妹妹——模糊化——具有姐妹关系的人（张家五姐妹相依为命）
  男女 男人和女人——模糊化——具有性别区分的人（山下走来一对男女）

以上短语都是对人的称谓，都具有对立和全举关系，成为复合词后，原来指称明确的并列项语义变得模糊，只表示身份关系，而不确指具体的身份。

这种复合词的词义特点既不同于"概括"类，也不同于"虚化"类。概括式的复合词意义一定大于短语，而模糊式的只能等于；虚化式的必定有个语素义脱落，而模糊式的语素义都在，只是不明确。

(四) 泛化

短语中的某个或某几个语素义所指单一，复合成词后，意义变为泛指同类事物。例如：

  衣架 挂衣的架子——泛化——挂衣服、帽子等任一可挂物品的架子
  吃饭 吃谷类食物——泛化——吸纳各种食物②（喝粥、啃骨头等）
  读书 阅读书籍——泛化——学习各种知识（写字、唱歌、做练习等）
  听戏 听戏剧唱腔——泛化——欣赏戏曲表演（既听且看，既有声也有形）
  首饰 头部饰物——泛化——全身饰物
  天气 天空气体——泛化——天空所有气象
  冠军 在军中数第一——泛化——在比试人群中排第一
  改善 使德行变好——泛化——使任何事物变好

---

① 董秀芳：《词汇化：汉语双音词的衍生和发展》，四川民族出版社 2002 年版，第 91—97 页。
② 《汉语大词典》解释"吃饭"有一个义项是"泛指生活或生存"。其实这是"吸纳各种食物"的引申义（由行为引申指行为目的），而不是"泛指"。

河流　黄河水流——泛化——地面上所有的岸道水流

泛化不同于概括的地方在于，概括是针对两个以上的同类语素义而言，一个事物无所谓概括；而泛化是从一个扩大到很多甚至所有的同类。

（五）抽象化

短语中的语素义指向某种具体的事物、动作或对象、工具、方式等，复合成词后，具体所指变成无指，事物和动作抽象化，具体的工具、方式和对象等可以不落实。例如：

提高　用手提的方式使物体位置变高——抽象化——使位置、程度、水平、数量、质量等方面比原来高
拉动　用手拉的方式让某个物体移动——抽象化——采取措施使提高、增长或发展
锁定　用锁固定——抽象化——使固定不动
点明　加点标明——抽象化——指出来让人知道
打破　打击使破裂——抽象化——突破事物的旧规、习状
武断　凭威势决断——抽象化——主观判断
深入　深深进入某处——抽象化——进入某事物内部
说明　通过解说使事情或道理明白——抽象化——证明某个道理或事实

抽象化不同于概括，因为它不是针对多个同类项而言；抽象化也不同于虚化，因为抽象化的语素义没有脱落而是替换；抽象化也不同于模糊化，因为它表义明确不需要选择；抽象化更不同于泛化，因为抽象的意义跟原义往往不同类。

（六）特指（具体化）

短语语素的关联义所指较宽泛，复合为词后，意义变为特指其中的某个事物。例如：

后事　后来的事情——特指——死了人以后要处理的丧事
事变　事情变化——特指——突然发生的政治军事行动
平反　把不平的平过来，把颠覆的翻过来——特指——把冤屈误判的案件纠正过来
即位　走向某种职位——特指——走向皇帝、王、后、诸侯等最高位
运动　运行活动——特指——政治、文化、生产等方面有组织、有目的而规模声势较大的群众性活动
修行　修养品行——特指——佛教修习教义
打针　用针管注射——特指——把液体药物用注射器注入有机体内

特指跟泛化相反，泛化是由一种到多种或全体，特指是由全体或多种专于一种。

（七）代指

语素的组合符合句法关系，但复合词的意义不是该句法关系本身的意义，而是用句法意义代指另一个相关的意义。代指前是短语，代指后是复合词。例如：

  社稷 土神和谷神——部分代整体——国家
  江山 江河和山岭——部分代整体——国家、国家领土
  城市 城墙和市场——部分代整体——人口集中、工商业发达、有高大建筑的地区
  驸马 掌管驸马的都尉——职务代任职者——皇帝的女婿（因此职常由皇帝女婿担任）
  布衣 布料制作的衣服——物品代指使用物品的人——平民百姓
  知事 主持政事——行为代指行为施事者——地方行政长官
  将军 率领军队——行为代指行为施事者——高级将领
  裁缝 裁剪缝纫——行为代指行为施事者——裁缝衣服的人
  捐馆舍 抛弃房舍——行为代指行为原因——死亡
  纤芥 两种细小的东西——物体代指物体性质——细微
  街坊 街道胡同——处所代指处所之人——邻居
  心眼 心脏的洞窟——物体代指其功用——思想、主意、计谋
  火烧 用火烧烤——制作方式代指成品——一种烤饼
  开关 可以开可以关——功能代指物体——电器装置上接通和截断电路的设备
  秘书 秘藏的书籍——物体代支配者——掌管秘书的职位或人
  鼓舞 击鼓跳舞——行为代结果——振奋、激励
  书契 或书写或契刻——行为代结果——文字
  规矩 画圆和方的工具——工具代功能——标准、依据

事物的关联有时是多方面的，因而相同的语素组合代指的意义也可能是多方面的。例如：

  笔墨 两种书写工具——工具代指行为——写字、画画等工作
  工具代指产品——文字作品或书画作品
  尺寸 两种长度单位——与长度有关代指长度——长短、高低、大小
  与细小有关代指细小——数量不多、细微
  与定数有关代指标准——标准、法度
  与测量有关代指量具——测量长短的工具

（八）喻指

语素义的组合符合句法关系，但复合词的意义不是该句法结构本身的意义，而是用句法结构中的事物比喻另一个具有相似特征的事物。由于没有比喻词，一般称为"隐喻"。例如：

风云　风和云——隐喻容易变化的事物——时局
权衡　秤锤和秤杆——隐喻起决定作用的事物——权力、标准
领袖　衣领和袖口——隐喻处于重要位置的人——领导者
元首　头+脑——隐喻处于最高地位的人——君王、总统
骨肉　骨头和肌肉——隐喻关系亲密的人——亲人
煎熬　两种烹饪方法——隐喻难以承受的痛苦——受折磨
皮毛　皮肤和毛发——隐喻外在的表面的东西——外表，肤浅的东西
要领　腰和脖颈——隐喻事物的重要处——事物的重点关键
提纲　提起网罟大绳——隐喻掌握或提取事情要领——掌管大事，内容要点

隐喻一般发生在短语的关联义上，是针对所有语素而言的。但也可以发生在短语的某个语素上，一个语素变异，整个短语也被词汇化。例如：

铁牛　铁铸的牛——隐喻铁制的像牛一样能耕地的机器——拖拉机

如果同一短语的关联意义跟多个事物具有相似点，也可能隐喻多个事物，从而产生多个复合词义。例如：

阶级　台阶的层次——隐喻人的尊卑等级
　　　隐喻集团的社会级别
　　　隐喻时间的次第分段

有的喻指义不是语素生成的本义，而是复合词本义的引申义，这需要区别对待。例如"花絮"由语素"花"和"絮"组合，语素义可以关联为"花如絮"，然后通过变序的方式生成复合词义"像棉絮般白而轻柔的花"，由于这种花轻柔容易飘散，给人散漫有趣的感觉，所以通过比喻又引申指各种有趣而零碎的新闻或事件的有趣片段。

（九）变序

语素义的组合符合句法关系，但复合词的意义不是该句法结构本身的意义，而是通过在语义理解上改变语素的逻辑语序，调整语义重心的位置的方式，达到改变语素关联义所指的目的。例如：

月亮　月+亮——月球光亮——变序——光亮的月球
壮观　壮丽+景观——壮丽的景观——变序——景观壮丽
海拔　海面+超出——海面超出——变序——超出海平面
纸张　纸+量词——纸可用张计量——变序——可用张计量的纸
政治　政事+治理——政事被治理——变序——治理国政的事宜
天空　天+空——天体空旷——变序——空旷的天体

有人把这类短语变异也看作语素虚化（脱落），如董秀芳认为"天空"等于"天"，语素"空"脱落；"月亮"等于"月"，语素"亮"脱落。但这种说法不能类推"壮观"等于"壮"，"海拔"等于"拔"。其实"天空"并不等于"天"，例如可说"天空中"，却不能说"天中"或者可说"天中"但意思不同。这说明"天空"的"空"意义并没有脱落，只是地位变了：在短语中，处于中心义位置（谓语）；在复合词中，中心义素是"天"，"空"成了修饰性义素。"月亮"也并不都等于"月"，例如胡云翼《西泠桥畔·爱神落在谁的发上》："回想三年前订交此地，恍如昨日；昔时的月亮，又照着我们飘泊东流了。"如果把其中的"月亮"改为"月"或"圆月"，效果是不一样的。

（十）典故化

有的短语，其语素义关联后虽然符合句法关系，但是无法按上述各种方式生成复合词义，那么这些语素的来源和复合词义的产生则可能跟某个典故有关，通过典故才能解释复合词意义的生成。典故包括语典、事典和制典。例如：

  恭惟 恭敬地思考——语典——奉承、说好话
  知音 精通音乐——事典——了解心事、了解人（的人）
  公主 公侯主持——制典——帝王的女儿
  堕落 坠落——制典——道德败坏、思想行为下流
  倒戈 掉转戈头——语典事典相兼——放下武器投降

"恭惟"今作"恭维"，"维"是"惟"的通假字。"恭惟"原指下级对上级特别是对皇帝的谦词，相当于"敬思、窃以为"，其中的"惟"表"思"义。如汉王褒《圣主得贤臣颂》："恭惟《春秋》法王始之要，在乎审己正统而已。"宋苏轼《杭州谢放罪表》："恭惟皇帝陛下，睿哲生知，清明旁达。"清吴伟业《上马制府书》："恭维老祖公望重枢衡，功高戡定。""恭惟"（维）的语素义不能直接生成词义，但这个短语都用在说好话的开头，接在它后面的都是"好话、奉承话"。所以这样的语境成了语典，把语境的意义附会到了跟这个语境相关的前两个字上，也可以说是用语境的前两个字代指了语境的意思。

"知音"作为短语，它的语素义只能表示"精通音乐"，之所以能成为复合词而表达"了解人的内心"的"知己"，是因为古代的一个故事。《列子·汤问》载："伯牙善鼓琴，钟子期善听琴。伯牙琴音志在高山，子期说'峨峨兮若泰山'；琴音意在流水，子期说'洋洋兮若江河'。伯牙所念，钟子期必得之。"可见钟子期是通过音乐而了解了伯牙的"意念"，不只是音乐本身，所以后世用"知音"来概括此事（事典中并没有"知"字），表达的是"知己、知心朋友"的意思。

"公主"作为短语，是公侯主持的意思，字面意义跟"皇帝女儿"不挨边。宋高承《事物纪原·天地生植·公主》："《春秋公羊传》曰：天子嫁女于诸侯，至尊不自主婚，必使同姓者主之，谓之公主。盖周事也。《史记》曰：公叔相魏，尚魏公主，文侯时也，盖僭天子之女也。《春秋指掌碎玉》曰：天子嫁女，秦汉以来，使三公主之，故呼公主也。"可见古代制度规定，皇帝女儿出嫁时，要由公侯主持婚礼。由于这样的制度，"公

主"才能够指代皇帝的女儿。所以"公主"的词汇义来自制典。

"堕落"作为并列短语，其语素义是坠落和脱落，这样的语素义关联，只能概括出掉落、落下义，进而引申出陷入、沦落、衰落等义，而无法生成道德败坏之义。如《汉书·宣帝纪》："朕惟耆老之人，发齿堕落，血气衰微。"唐南卓《赠副戎》诗："翱翔曾在玉京天，堕落江南路几千。"《古今小说·吴保安弃家赎友》："将军……不可深入其地，恐堕落诈谋之中。"那么思想品德的堕落是怎么来的呢？实源于佛教。佛教世界有六道之说。天道、人道、修罗道合称三善道；地狱道、饿鬼道、畜生道合称三恶道。这六道是从上到下依次排布的，人死后会根据自己生前的行为善恶而在这六道中轮回，人如果品行不好，做了坏事，就会进入恶道，由于三恶道居于三善道下方，所以把进入恶道叫作堕落恶道。《法华经·譬喻品》："或当堕落，为火所烧。"《京本通俗小说·西山一窟鬼》："因你凡心不净，中道有退悔之意，因此堕落，今生罚为贫儒。"由于这个缘故，"堕落"指不好的思想行为就容易理解了。明唐顺之《答吕沃州》："居乡无朋友夹持，深惧堕落。"杨沫《青春之歌》第一部第十二章："一个人政治上一后退，生活上也必然会腐化堕落。"

"倒戈"，从字面上看，只能构成"倒转戈头"的短语，但这个短语本身的语素义，无法生成"放下武器，投降敌方"的词义来。之所以会有这样的词义，也是因为《尚书·武成》篇记载的一件事情，讲周武王兴兵伐商，商纣王驱兵抵抗，可是"前徒倒戈，攻于后以北，血流漂杵"，最终败亡。这里商纣王的前头部队掉转武器攻击商朝军队，实际上就是投降了周武王，所以"倒戈"代表这件事，也就会有掉转武器或放下武器投降敌人的意思。如唐鱼玄机《浣纱庙》诗："一双笑靥才回面，十万精兵尽倒戈。"《三国演义》第六二回："却说玄德立起免死旗，但川兵倒戈卸甲者，并不许杀害。"由于"倒戈"在记述该事件的语句里是现成的短语，所以也可以算作语典。

上述十种方式，是短语性的语素义如何生成词义的基本类型，也许还有别的形式，需要进一步发掘。就这十种方式而言，也不是一词一式简单对应的，有时显得比较复杂。例如短语词汇化的"多步生成"和"多向生成"现象就很值得注意。

所谓"多步生成"，是指有的语素义从关联成短语到生成复合词义，不是一步到位，而要经过逻辑事理上的几个步骤才能完成，每个步骤的生成方式可以不同。例如：

耳目　耳朵和眼睛（短语式语素义关联）——探听和观察情况（物体代指功能）——探听和观察情况的人（行为代指主体）

活口　活动的口（短语式语素义关联）——具有活动口舌的人（部分代指整体）——能用活口提供情报的人（大范围内特指某种）①

铁窗　铁制的窗户（语素义关联）——装有铁制窗户的建筑（部分代指整体）——牢房（大范围内特指某种）

---

① "活口"这个词的语义构成很容易理解为"活人"，因为"口"确实可以指"人"，而"活"当然可以跟"死"相对。可是，"活人"是个现成的词，为什么不直接从它引申出"活的见证人或知情人"的意义，而要另造"活口"表示活人，再由活人义引申？可见从构词心理来说，这个"口"一定跟说话有关，"活口"取的是能说话的含义。"活口"还有个用义指"留有余地不把话说死"，也是由说话灵活义生发的，不可能来源于"活人"义。

所谓"多向生成",是指有的短语其语素组合可以发生多种关联,具有多种特性,因而可以通过多种方式生成多个复合词义。这些复合词义之间难以建立正常的引申关系,与其看作一个词的多个义项,不如看作同形的多个复合词。例如"影响"可以通过代指、喻指和虚化等不同方式生成不同的复合词;同一方式下也可以生成不同的复合词。以"影响"为例:

  影子和回响(来自光和声)——代指影响产生的原因——模拟、仿效;根据、依据

  影子和回响(不像光和声真实)——代指影响的性质——虚无、不实在;大概、轮廓;模糊、恍惚

  影子和回响(跟光和声一致)——喻指其他事物关系一致——相应、相似

  影子和回响(是光和声的反映)——喻指事物的相关信息——踪迹、音信、消息

  影子和回响(是光和声的反映)——喻指事物的反应效验——效果、反应;起作用、施加作用

  影子和回响——光和声音(虚体代指实体)——声响、声音(虚化"光")

参考文献

[1] 罗竹风主编:《汉语大词典》网络 2.0 版。
[2] 王宁:《当代理论训诂学与汉语双音合成词的构词研究》,载《当代语言学理论和汉语研究》,沈阳、冯胜利主编,商务印书馆 2008 年版。
[3] 王宁:《汉语双音词结构的非句法特征》,《江苏大学学报》2008 年第 1 期。
[4] 董秀芳:《词汇化:汉语双音词的衍生和发展》,四川民族出版社 2002 年版。

论汉语复合词的词素意义[①]

一 词素意义的特殊性

  在汉语构词研究中，通常把构成复合词的词素等同于语素，因而词素义就是语素义。我们认为还是区别对待为好。语素相对于语言系统而言，是语言中最小的音义结合体，它可以是独立运用的词，也可以是构词的词素；而词素相对于具体词语而言，是构词的基本单位，只有词内才存在词素。虽然很多时候词素跟语素所指的对象一致，但两者命名角度不同，适用的范围也不相同，因而并非所有时候两者的具体所指都是相同的。
  首先，语素是抽象的理论概念，而词素是构词的具有实际功能的成分（相当于构成合体汉字的直接构件）。换言之，语素是语言中最小的音义结合体，在意义上只有一个单位，不能再作组合分析；而词素作为构成复合词的直接构件，不一定是最小的音义结合体，有的还可以再作下位切分。例如"北京师范大学"作为一个多音节复合词，是由"北京""师范""大学"三个直接构件即词素构成的，而语素却可以切分为"北""京""师""范""大""学"六个最小单位。"复合词"作为一个复合词，也可以分析为"复合+词"两个词素，而再分析为"复+合+词"三个语素。区分词素和语素，便于这类多重复合词的分析和指称。
  其次，也是更重要的，词素义有时候并不等于语素义，因为有的词素义只见于构词中，离开构词框架，就不存在这样一个"最小的音义结合体"。所以它不同于普通的语素义，而是词素意义的特殊表现，分析词素意义时应该明确指出来。这种情况不能用所谓"非自由"来解释，"非自由"就不能单独使用，而这种词素却可以转化为语素单独使用，只是作为相同的"语形"（词素和语素的表现形式），单独使用和构词时的意义不完全相同，构词所取的意义跟单用相关，却有变化，可以看作根据构词需要而产生的特殊意义。
  例如"烧开水""打开水""喝开水"中的"开水"虽然都是复合词，但意义并不一样，因为"烧开水"的"开"保留了语素义，而后两个"开"变异成专用的词素义。语素义的"开"可以单用，指液体受热而沸腾，温度达到沸点。"烧开水"是要把凉水加热到沸点，跟"水开了""水烧开了""把水烧开""烧成开水"等说法一样，"开"都指沸点而言。而"打开水"是把已经烧开的水取来，这种"开水"多半已经降到沸点以下；至于能喝的"开水""白开水""凉开水"，那肯定是沸点以下的水，否则谁敢喝！这种

[①] 本文原载《训诂学与词汇语义学论集》，语文出版社 2011 年版。

表示煮沸过而实际上在沸点以下意义的"开"实际上并不等于"水开了"的"开"，它只能出现在复合词里。可见作为复合词的"开水"，其中的"开"有的跟语素义相同，表示达到沸点而沸腾的意义；有的却变成了专用词素义，表示经煮沸后冷却能喝的意义。

再如"出入"作为复合词可以表达概数，指所估计之数可能或上或下，相当于大概、大约。《韩非子·十过》："献公不幸离群臣，出入十年矣。"汉王充《论衡·气寿》："武王崩，周公居摄七年，复政退老，出入百岁矣。"这个词义后来引申出差别、不同的意思，即"跟某个标准数目或比较的内容不一致、不相符"。宋苏辙《历代论四·梁武帝》："东汉以来佛法始入中国，其道与《老子》相出入，皆《易》所谓形而上者。"宋叶梦得《避暑录话》卷上："《进学解》即《答客难》也，《送穷文》即《逐贫赋》也。小有出入，便成一家。"这一系列的意义，组构它的词素义应该是"超出+不足"，即有的超出，有的不足，都接近标准而并不等同标准，所以只是"大概"，实际上也就是"不一致、不相符"。"出"当然有"超出"的义项，而"入"独立使用时却没有"不足、不够"的义项。所以有人根据"出""入"的本义来解释这个复合词"出入"的词素义，认为是"出去和进来"，还有人按"出""入"的引申义"支出和收入"来分析，但无论是"出去和进来"，还是"支出和收入"，都无法生成"大概""不一致、不相符"的词义来。事实上凡表达"出去和进来""支出和收入"的意思时，它们属于句法关系，没有复合成词。例如《史记·项羽本纪》："所以遣将守关者，备他盗出入与非常也。"《汉书·王陵传》："天下钱谷一岁出入几何？"这些"出入"都是词组。只有当"出""入"的词素义分别是"超出"和"不足"时，才能产生出"大概""不一致、不相符"的词义，因此应该根据构词需要把"入"的词素义分析为"不足、不够"。

又如"墨水"，除了指"墨汁"外（墨水1），也泛指书写或印刷用的有色液体（墨水2），所以有红墨水、蓝墨水、黑墨水之称。这里的词素"墨"泛指各种颜色，而作为语素单用的"墨"一般只指黑色。"墨"的词素义和语素义也不相同。

可见尽管一般情况下不必区分语素义与词素义，但应该了解词素义的特殊性，在需要辨析时可以将词素义跟语素义对立着说。当然，"词素"也不一定叫作"词素"，叫什么名称无所谓，关键是要了解它的功能和特性。

二 词素意义的确定

词素虽然跟语素不同一，但词素大都是语素转化或变异而成的，所以词素的意义跟同形语素的意义密切相关。当词素关联的语素具有多个义项时，复合词中词素义的确认就具有选择性。选择语素的义项来确定词素的意义，既要考虑词素跟语素的关系，也要考虑组合词素之间的关系，还得考虑词素以及词素的组合跟整个复合词意义的关系。只有各方面的关系都理顺了、讲通了，词素义的确定才是可信的。所以确定词素义的过程是综合的、全面的、同时的、无法切割的。但为了表述的方便，下面还是权且分为几点，从不同角度来谈谈确定词素义时应该注意的一些问题。

(一) 注意从复合词的本义出发调适词素义

语素通常是多义的,有本义有引申义;复合词也可能是多义的,也有本义有引申义。但构成某个复合词的词素则是单义的,其具体义值受到构词环境的限定。构词环境包括词素与词素的关系、词素与复合词的关系以及词素复合成词的途径和时代等,这些都与复合词的本义相关。复合词的本义是跟词素义密切相关而使用最早的意义,或者说是由词素义组合生成的原初意义。词素大都由语素转化,当一个具有多义的语素,在参与构词而转化为词素时,该词素究竟取什么意义,需要从复合词的本义出发加以确定。而复合词的本义又是由词素义组合生成的,得根据词素义来确定,这看起来有点循环论证。但实际上,复合词的本义跟构成它的词素义本来就是密切相关的,不需要证明。只是当复合词有多项表达义、词素也有多项语素义时,要确定是哪些词素义生成了该复合词义,或者说哪项复合词义是由这些词素义生成的,这就需要相互调适,找到密切结合的交点。我们所做的判定工作,只是关系适合的双向选择,而不是循环论证。为此,当词素义取语素的引申义时不要纠缠语素的本义;当复合词的引申义干扰词素义时则要立足于复合词的本义。总之要厘清不同词素义跟不同复合词义的各自对应关系,才能真正确定适合于复合词本义的词素义。例如①:

  颜色 现代的常用义是指各种色彩,所以有人把"颜色"的"颜"分析为"颜料","色"分析为"色彩",当作"五颜六色"的"颜""色"。但表示色彩义的"颜色"唐代以后才有,肯定是个引申义,并非"颜""色"作为词素的参构意义。"颜色"的本义指面容、脸色,从古到今,一直通用。如《礼记·玉藻》:"凡祭,容貌颜色,如见所祭者。"清黄遵宪《今别离》诗:"揽镜妾自照,颜色桃花红。"曹禺《雷雨》第四幕:"颜色惨白,鬓发湿漉漉的。"在这个意义上,词素"颜"的意义就是指面容脸色,是"颜"的本义"眉上发下、两额角间"的引申义。如《诗·郑风·有女同车》:"有女同车,颜如舜华。"《汉书·韩王信传》:"为人宽和自守,以温颜逊辞承上接下,无所失意。"唐杜甫《茅屋为秋风所破歌》:"安得广厦千万间,大庇天下寒士俱欢颜。"复合词"颜色"中的词素"颜"应该就是单用的表脸色义的"颜"。而另一个词素"色",也当取其脸色义。根据《说文》"颜气也"的解释,"色"的本义就是指脸色、气色,泛指色彩是引申义。可见"颜""色"应该是在脸色的词素义上复合成词的。之所以要把两个同义语素复合成词,是因为日常语感里"颜"的色义不明显,"色"的脸义不明显,复合后,"脸色"的意义更突出。当然,把"颜"理解为"脸面","色"理解为"气色",也能跟"颜色"的本义相合。

  精致 作为语素,"精"的本义是精细的米,"致(緻)"的本义是细密的布;作为复合词,"精致"的本义指事物品质的精巧或美好。宋周文璞《姜尧章金涂佛塔歌》:"形模远自流沙至,铸出今回更精致。"宋李清照《〈金石录〉后序》:"纸札精

---

① 本文词例的释义及书证大多参考网络版《汉语大词典》2.0版及商务印书馆《现代汉语词典》第5版。

致，字画完整，冠诸收书家。"巴金《利娜·第十四封信》："我真想不到，他把我引到一间非常精致的闺房里来了。"《西游记》第十八回："不期三年前，有一个汉子，模样儿倒也精致……"对"精巧、美好"这个复合词本义来说，词素"精""致"如果取"精细的米"和"细密的绢"义，那就过于拘泥了。"精"当取引申义"精纯"，"致（緻）"当取引申义"细密"，经过概括，才能产生"精巧美好"的复合词词义。"精纯""细密"早已是"精""致"的独立义项，完全可以直接参构组词，没有必要扣住它们的本义"米"和"绢"来解释复合词"精致"。

  物色 作为复合词，现代的常用义是有选择性的寻找，但这个意义跟"物""色"的各种语素意义都联系不上，因为它是通过语典方式而产生的特殊义。语典见于《后汉书·逸民传·严光》："帝思其贤，乃令以物色访之。"李贤注："以其形貌求之。"语典中含有"访求"义，代表语典的"物色"也就有了择求义。在语典中，"物色"的原义指"形貌"。"物色"不仅指人的形貌，也可以指物体的形貌。《西京杂记》卷二："高帝既作新丰，并移旧社、衢巷、栋宇，物色惟旧。士女老幼相携路首，各知其室；放犬羊鸡鸭于通涂，亦竟识其家。"这种表示人物形状外貌的意义，才是作为复合词的"物色"的本义。从这个本义出发，复合词"物色"当是表"牲畜毛色"的词组"物色"词汇化的结果。由"牲畜毛色"泛指物体颜色，再代指人物的外表、形貌，词素义与词义才有合理的联系。表"牲畜毛色"的用例如：《礼记·月令》："〔孟秋之月〕乃命宰祝，循行牺牲，视全具，案刍豢，瞻肥瘠，察物色。"陈澔集说："物色或骍或黝。"《史记·龟策列传》："占龟与物色同。"

（二）注意同形词素在不同复合词中的不同意义

  一个语素的多个义项，可以分别组构不同的复合词。或者说，如果复合词之间不具有引申或派生关系，就不能看作一个复合词，而应该看作几个同形复合词。那么其中的词素也属于同形词素，同形词素的意义应该跟对应同形复合词的整体表达义分别相关。例如：

  指斥 作为复合词有两个基本义项，一是指称，二是斥责。有人因此将"指斥"的词素义解释为"指名斥责"，但"指名斥责"这样的结构关系在古汉语中并不存在，所以不能理解为"指名斥责"短语结构的词汇化；而且"指名斥责"的词素义组合跟"指称""指责"的复合词义项都不完全相应，无法解释另一个词素义的失落。其实，"指称"义与"斥责"义并不相干，其间没有引申关系，因而表"指称"义的"指斥1"与表"斥责"义的"指斥2"应该看作两个词，其中的词素义也分别不同。"指斥"表"指称"义的，如蔡邕《独断》："谓之陛下者，群臣与天子言，不敢指斥，故呼在陛下者而告之，因卑达尊之意也。"在这个复合词中，"斥"也是指的意思。如《诗·周颂·雝》："假哉皇考。"郑玄笺："皇考，斥文王也。"故"指斥"是同义复合，相当于"指称"。而作"责备"义讲时，两个词素的意义都不同，"斥"是斥责，"指"也是斥责，构成另一种同义复合，相当于"指责"。如

《汉书·王嘉传》："千人所指，无病而死。"其中的"指"就是斥责义。①

黑车₁ 夜行不点灯的车。《清朝野史大观·清代述异一·京城坐黑车之奇闻》："黑车者，夜行不点火，并密遮车窗，使乘客不知所经之途径。"《孽海花》第四回："京里有一种神秘的黑车，往往做官娃贵妇的方便法门。"这时的"黑"取的是黑暗义，"黑车"内部没有正常的句法关系，属于复合词。

黑车₂ 非法运营的车。这时的"黑"取的是非法（偷偷地）义，"黑车"内部也没有正常句法关系，当然也是复合词。而且"黑车₂"跟"黑车₁"由于词素义不同，组合后的词义也不同，实际上是两个同形不同义的复合词。

黑人₁ 黑种人。这是短语结构"黑（色）人"通过特指方式产生的复合词，其中的"黑"取黑色义。梁启超《论学会》："非洲之黑人，印度之棕色人，美洲、南洋、澳岛之红人，所占之地，居地球之十六七。"

黑人₂ 姓名没有登记在户籍的人。这时的"黑"同"黑车₂"的"黑"，取非法、暗地义。柳青《创业史》第一部："可怜娃子……是个钻终南山不敢在平原上露面的黑人。"古华《芙蓉镇》第四章："反正娃娃一直是个黑人，公社、大队不承认他，不给登记户口。"这个意义引申指隐匿行踪、不让知道身世底细的人。刘波泳《秦川儿女》第十二章："你自己也变成一个黑人，撂下婆娘老母出去逃命。"

（三）注意联系复合词的理据确认词素义

复合词是由两个以上词素组合而成的词，这"两个以上"的词素之间必然具有某种合理的关系，词素意义的确定必须符合其中的关系，也就是能对词素的相互组合作出合理解释。这就得考察复合词产生的途径及其理据。汉语复合词的产生大致有三条途径：一是短语结构的词汇化，那词素是由词转化的，词素义应该跟对应短语结构中的词义一致；二是选择词素组构新词，这时词素的意义通常是新词意义的某个要点，词素意义的合理关联通常需要补充完整；三是典故造词，词义直接来源于典故而不是由词素义生成，这时的词素义往往跟典故相关，要根据典故来确定。总之，确认复合词词素的意义，既要能说清楚词素之间的关系，又要能说明白词素义跟复合词义的关系，也就是要有理据。理据需要多方面说明。例如：

活口 作为复合词，通常指可以提供线索或情报的人。例如："该案满门杀绝，未留活口，侦查起来难度很大。""张连长带人摸入敌营抓了个活口回来。"那么，构成"活口"的词素"活"和"口"的意义是什么呢？有人认为"活"指活着，跟"死"相对，"口"指人，"活口"就是"活人"。"口"确实可以指代"人"，具有"人"的义项，如"养家活口"就是"养活家人"的意思（这个"活口"是动宾短语，跟本条讨论的复合词"活口"无关）。但如果"活口"的词素义组合是"活着

---

① 参见赵丕杰《中型语文词典加强释义理据性的体会》，《民俗典籍文字研究》（第2辑），商务印书馆2005年版。

的人"，那语言中本来有个现成的词"活人"，为什么不直接从它引申出"活的见证人或知情人"的意义，而要另造"活口"表示活人，再由活人义引申？可见从构词心理来说，这个"口"一定跟说话有关，"活口"取的是能说话的含义。"活口"还有个用义指"留有余地不把话说死"，也是由说话灵活义生发的，不可能来源于"活人"义。《汉语大词典》将"活口"解释为"活的见证人或知情人"，其实不准确，因为"活的见证人或知情人"如果被割去舌头、斩断手指，他一样提供不了情报或线索。留下的命案活口也好，抓来的俘虏活口也好，关键是要能说话，能说话当然肯定是活着的，但活着的人不一定能说话。所以"活口"的构词理据应该是"活动的口舌"而不是"活着的人"。由词素组合出"活动的口舌"义，通过部分代指整体的方式，产生"具有活动口舌的人"义，再由"具有活动口舌的人"义通过特指某种人的方式，才产生出"能用活口提供情报的人"这个复合词义。这样说明以后，"活口"的词素义及其复合成词的理据就清楚了。

人们对事物的认识和对词义的概括是多元的，语言又是变化的，因而复合词的理据可以多解，也可以重构。同义复合词理据不同，词素义就会不同。例如：

累胝/累茧　《后汉书·冯衍传》："三王背畔，赤眉害主，未见兼行倍道之赴，若墨翟累茧救宋，申包胥重胝存楚，卫女驰归唁兄之志。"其中的"累茧"也作"累胝"，用脚上的重重硬皮表示长途艰难跋涉。"胝"的本义即指"手脚掌因摩擦而生的厚皮"，"累胝"的构词理据十分明显。而"茧"本指"蚕在变成蛹之前吐丝作成的壳"，似与跋涉义无关，所以通常看作"胝"的通假字。其实蚕茧硬壳既粗又厚，跟手脚掌上的老皮相似，所以用蚕茧来比喻手脚掌上的厚皮未尝不可，那么"累茧"的构词理据就可以解释为"一层层像蚕茧一样的厚皮"，这通常是长途跋涉的结果，所以能表示此义。这种俗解一旦形成，"累茧"也就是有理据的复合词，那么词素"茧"的意义应该是蚕茧，而不必看作"胝"的通假词形。如果这样，"累茧"和"累胝"就不是一个词而是两个同义词。

缙绅/搢绅　在表示官员的词义上，一般认为"搢"是本字，"缙"为假借字。《仪礼·乡射礼》："三耦皆执弓，搢三而挟一个。"郑玄注："搢，插也。插于带右。""绅"指士大夫的丝织腰带，"搢绅"本指官员上朝时将朝笏插在带间，以为记事用；后来指代官员。如《晋书·舆服志》："所谓搢绅之士者，搢笏而垂绅带也。""搢"又写作"缙"，《汉书·郊祀志上》："其语不经见，缙绅者弗道。"李奇注："缙，插也，插笏于绅。绅，大带也。"颜师古注："李云'缙，插'，是也。字本作'搢'。插笏于大带与革带之间耳，非插于大带也。"清朱骏声《说文通训定声》："缙，假借为搢。"可见这个词本来是用"官员上朝时将朝笏插在带间"的行为代指官员。"缙"的本义指赤色的帛，与上面所说的理据义无直接联系，所以被当作通假字。但如果换一个理据解释，则可以把"缙""绅"看作类义词素，因为古代做官人多穿丝织衣袍，表"赤色帛"的"缙"可以代表官服，跟"绅"的腰带义代表官服相辅相成，从而使这个复合词的理据变为用服饰代指"古代有官职或做过官的人"。

那么"缙绅"和"搢绅"也是词素义不同的同义词。①

（四）词素义的确定有时还得考虑文化事理因素

有些复合词的意义是由于特殊的社会文化因素造成的，虽然跟词素义相关，但不是很直接，因此确定词素义时可能得不到复合词义本身的有力支持，词素义之间的关联也可能存在多种选择，这就需要考虑文化事理因素才能沟通词素义跟复合词义。例如：

马路　作为复合词，"马路"一般是指跟小路相对的大路，那么"马"的词素义可能被理解为"大"。"马"确实有"大"义，明李时珍《本草纲目》解释"马蓼"说："凡物大者，皆以马名之，俗呼大蓼是也。"章太炎《新方言·释言》："古人于大物辄冠马字。"但"马"的"大"义应该比较晚，而且多用于动植物的命名，强调的是体积大。可"马路"之名已见于《左传·昭公二十年》："褚师子申遇公于马路之衢，遂从。"那么可能"马路"是指"马行走的路"，但春秋时期中原各国还没有骑马走路的习惯。联系当时的车马制度，"马路"应该是指"供马车行走的路"，后来泛指大路。

公路　与"马路"相关，"公路"通常理解为"公众之路"或"公共之路"，但这与"公路"的词义不合，而且非公路也是公众公共的路，路是很少私有的。其实，"公路"就是"马路"，古代又称官道，也是供马车行走的。因为这种路都是官方修筑，跑的也多是官车，所以叫作"官道"；现代把官方叫作公家，公家修筑的路就叫"公路"，所以"公路"的"公"取的是"公家"或"官方"义。洪深《青龙潭》第一幕："据说，是为了县长老爷，要叫我们造一条公路。"可见"公路"是官方的。当然，现代的"公路"已经不限于跑马车了，而主要是供汽车通行的平宽道路。

东西　在指称"物品"时，词素义与词义没有直接关系。于是有多种来源推测：有的认为"东""西"表示五行的木金，典出宋代朱熹或清代乾隆，意味篮子只能装东西，不能装南北（火水）；可五行共生物质，非唯金木，且装物何必篮子。有的认为物产四方，故略举"东西"以代，犹略举"春秋"以代四时；可春秋代四时，仍然为时，东西代四方，应该还是方位，方位可以代指土地、场所，怎么会有物品义？从事理考虑，还是以东西代市场、市场代物品比较容易接受。据说东汉时商人大都集中在东京洛阳和西京长安，人们到东西二京购货，就说"买东"或"买西"，约定俗成，"东西"就成为货物的代称。或者说，长安城南北为通道，东西为市场，所谓"一条大路通南北，两边小店卖东西"，故而东西可以代指物品。"东西"多指商品，泛指人和动植物应该是后起的用法，所以用市场代指物品更为合理。

（五）词素义的确定有时需要破假借

分析词素义的时候，还得注意用字假借问题。遇上通假字，要破读为本字，才能求得

---

① 参见邹玉华《论通假异形词的规范》，（香港）《语文建设通讯》2002年11月版（第72期）。下文"序文""叙文"的词例虽理解不同，也受到此文启发。

符合组构复合词需要的词素义。如果拘于字形，就可能误解词素义。例如：

面缚　《汉语大词典》解释为"双手反绑于背而面向前"。这个解释来源于《史记·宋微子世家》"周武王伐纣克殷，微子乃持其祭器造于军门，肉袒面缚，左牵羊，右把茅，膝行而前以告"的司马贞索隐："面缚者，缚手于背而面向前也。"这是把词素"面"的意义理解为"面向前"。可"面向前"跟"缚手于背"没有必然逻辑关系，缚手于前也是"面向前"的，而缚手于背也不可能面向后。《左传·襄公十八年》："乃弛弓而自后缚之。其右具丙亦舍兵而缚郭最，皆衿申面缚，坐于中军之鼓下。"杨伯峻注："面缚，即自后缚之。"这是词义，看不出"面"的词素义是什么。其实这个"面"通"偭"，取其"背"义。《楚辞·离骚》："固时俗之工巧兮，偭规矩而改错。"王逸注："偭，背也。"唐柳宗元《柳州复大云寺记》："越人信祥而易杀，傲化而偭仁。"违背义源于背反义。"偭缚"即背反而缚，也就是缚手于背或自后缚之。

名堂　《汉语大词典》设立四个义项：①名目；名称。②办法；花样。③结果；成就。④内容；道理。这些义项都无法跟"名""堂"的本用词素发生合理联系，也就是按照"名堂"字面表示的各种意义无论怎么组合也产生不出这些义项。那么，"名堂"的词素义可能跟"名""堂"无关。有人考证，"名堂"的用例最早见于《全宋词》，意义与"文章"相同，其中古的读音也与"文章"相近。"文"字《广韵》无分切，明纽文韵，"章"字《广韵》诸良切，章纽阳韵；"名"字《广韵》武并切，明纽耕韵，"堂"字《广韵》徒郎切，定纽阳韵。"文章"与"名堂"的读音，除名、文二字的韵尾不同外，其余都相同或相近。在中古的唐宋，在某些具有存古风格的方言中，"文章"的读音近乎"名堂"，照音写字，就写成了"名堂"。元代以后，由于北方官话的推广，"文章"一词出现了文白异读，口语音仍读"名堂"，而读书音却是"文章"，"文"字的双唇鼻音声母消失，"章"字声母由腭化的舌尖塞音变成舌尖后塞擦音。这两个读音的区别很大，久而久之，人们便不能把口上的"名堂"和书面的"文章"联系起来，不知道口上的"名堂"在书面上应该写作"文章"，只好写两个记音字"名堂"，于是"名堂"就从"文章"中分化出来了。"文章"的本义是"错杂的色彩或花纹"，引申有"书面言语作品（文辞）"之义。这两个意义正是"名堂"的各个义项的源头，"名堂"的各个义项都与"文章"的意义相关，可以看出两词之间存在着源流关系。[①] 这样，"名""堂"的词素意义及其与复合词词义的理据关系就清楚了。

通假字的确定必须跟复合词的整体意义联系起来考虑，如果整体词义变化了，词素的字用性质也可能跟着变化。例如：

序文/叙文　这是两个在词素和用字上有纠葛的复合词。"叙文"本指放在著作后面的说明性文字，也叫"后叙""叙跋"。《说文解字》训"叙"为"次第"，指顺

[①] 星空角落《"名堂"来源于"文章"》，http://www.63263.cn/view-114204-2.htm。

序在后，正属本字本用。如果写作"序文"也表达这个意义的话，那"序"应该是通假字，因为"序"的本义指东西墙，也没有相关的引申义。可是后来"叙文"一般都写作"序文"，并且转指放在著作前面的说明性文字，则"序""叙"都失去理据，变为通假字，其本字应该是"绪"，因为"绪"指"丝端"，引申有开头的意思。古书中"序""绪"通用较多，故"绪文""绪论"写作"序文""序论"的也较多。"序列"从复合理据上讲，也应该是"叙列"的通假用字，但已成为常见词形。对这类情况，分析词素义时特别值得注意。

三　词素意义的词典处理

词典收录的是"词"，解释的是"词义"。对复合词而言，除了解释整体词义外，为了帮助了解词义的理据，也可以进一步解释组构复合词的词素义。这种做法，在古人的训诂注释中就已经实践了，经过历史的检验，效果是理想的。例如：

《周礼·天官·小宰》："听出入以要会。"郑玄注引郑司农曰："要会，谓计最之簿书。月计曰要，岁计曰会。"孙诒让正义："一月之计少，举凡其要而已，故谓之要；一岁之计多，则总聚考校，故谓之会也。"

《孟子·尽心上》："孩提之童，无不知爱其亲也。"赵岐注："孩提，二三岁之间，在襁褓知孩笑，可提抱者也。"

上面第一例，"计最之簿书"（总账簿）是复合词"要会"的词义，接着解释什么是"要"，什么是"会"，目的是帮助了解"要会"词义的来源。第二例，"二三岁之间"是"孩提"的词义，而"在襁褓知孩笑，可提抱者也"则是对"孩""提"作为词素的意义的组合串讲。"孩提"与"孩抱"同义，《列子·杨朱》："得百年者，千无一焉。设有一者，孩抱以逮昏老，几居其半矣。"《后汉书·周章传》："和帝崩，邓太后……贪殇帝孩抱，养为己子，故立之。"可证赵岐将"提"的词素义确定为"提抱"是有根据的。解释复合词的词义，是为了理解文献句意，解释复合词的词素义，是为了知道复合词词义的所以然，两者结合，相得益彰，产生很好的注释效果。

这种复合词的注释传统可以为今天的词典释义所继承。特别对一些词素义跟词义关系不太明显的复合词，既解释词义，又解释词素义，是一种很好的处理办法。但现代的某些词典，并没有能够很好地继承这种传统，在对待复合词的词素义上，存在一些值得注意的问题。

（一）不解释词素义，甚至无视词素义的存在，致使复合词的意义来源不明。例如：

行李　《现代汉语词典》："出门所带的包裹、箱子等。"只解释了词义，没有解释词素义。但这个复合词的词素义不明确，不解释的话，读者无法知道"行李"何以会指"出门所带的包裹、箱子等"。如果说明"行李"本应作"行使"，指负责行聘的使者，其中的词素"行"义为行聘，"使"指使者。如《左传·昭公十三年》："行理之命，无月不至。"杜预注："行理，使人，通聘问者。"《国语·周语中》："敌国宾至，关尹以告，行理以节逆之。"韦昭注："行理，小行人也。"章炳麟《官制索隐》："行人之官，其名曰使，亦或借理为之，《周语》云：'行理以节逆之'是也。亦或借李为之，《左氏》云'行李之往来'是也。"可见"行李"的本义指行聘使者，引申为出行、旅行，再引申为出行所携带的物品。所以词典注释应该增补如下内容："行李"本作"行使"，原指出行的使官，古书中常写作"行理"或"行李"，"理""李"都是"使"的通假字。现代习惯写作"行李"，转指出行所携带的东西。

执牛耳　有的词典释为："……主盟人亲手割牛耳取血，故用'执牛耳'指盟主。"有的词典释为："由主盟的人割牛耳取血，盛在盘里，供与盟的人取用。"既然如此，为什么不说"割"而说"执"，不说"牛血"而说"牛耳"呢？这是全然不顾复合词词素义的例子。据《周礼·秋官·司盟》及《天官·玉府》等记载，古代诸侯会盟由戎右（车右）帮助主持会盟仪式的司盟杀掉牲牛，先割牛的左耳，放在珠盘里，交给盟主拿着，称为"执牛耳"。《玉府》郑玄注："合诸侯者，必割牛耳，取其血，歃之以盟。珠槃以盛牛耳，尸盟者执之。"所以才用"执牛耳"指盟主，后借指在某领域中居于领导地位的人。①

(二) 词素义跟词义关系隔远时不加沟通，致使复合词义理据不明。例如：

领联颈联　《汉语大词典》解释"颔联"为"指律诗的第二联（三、四对句）"，解释"颈联"为"指律诗的第三联（五、六两句）"，书证都列举了宋严羽《沧浪诗话·诗体》："有古律……有今律，有颔联，有颈联，有发端，有落句。"但就是没有说明为什么律诗的第二联、第三联要叫做"颔联""颈联"。尽管词素"颔""颈"的意义不难理解，可它们跟律诗的联句有什么关系呢？如果联系"首联""尾联"，说明词素"颔""颈"是用人体的部位比喻律诗联句的次序，岂不更好？

(三) 随意乱解词素义，或者望文生训，致使由错误的词素义推出不准确的词义。

名状　《现代汉语词典》："说出事物的状态（多用在否定词后面）：兴奋之情，不可名状。"这是用串讲词素义的方法来解释词义，即认为词素"名"是"说出"的意思，"状"是"状态"的意思，两个词素义组合为动宾关系。其实"名"和"状"在这个复合词中都应该取"描述"义，属于同义词素的并列组合。所以《汉语大词典》将"名状"的词义解释为"形容、描述"是对的，尽管并没有分解词素的意义。就词素对应的语素而言，"名""状"单用都有"形容、描述"的义项。如《论语·泰伯》："大哉，尧之为君也！巍巍乎，唯天为大，唯尧则之！荡荡乎，民无能名焉！"朱熹集注："言物之高大，莫有过于天者，而独尧之德能与之准。故其德之广远，亦如天之不

---

① 参见赵丕杰《中型语文词典加强释义理据性的体会》，《民俗典籍文字研究》（第2辑），商务印书馆2005年版。

可以言语形容也。"金王若虚《瑞竹赋》："天何为者耶？视之苍苍，诘之冥冥，不可得而名。"《庄子·德充符》："自状其过。"《文心雕龙·物色》："故'灼灼'状桃花之鲜，'依依'尽杨柳之貌"。可见"名状"就是用语言形容描绘，两个词素是并列关系。《现代汉语词典》由于误解词素的意义，串讲出来的词义也就不准确。

(四) 只解释词素义，不解释词义。

复合词的词义一定不会完全等于词素义的组合，所以只解释词素义不等于解释了词义。如果"词素"义的直接加合等于"词"义，那根本就可以不看作复合词，而是句法短语，没有必要收入词典作整体解释。例如"名状"，《汉语大词典》的第一项解释为："名称与形状。"举例有北魏郦道元《水经注·漯水》："平舒城东九十里，有广平城，疑是城也，寻其名状，忖理为非。"宋王令《八桧图》诗："旁摹石刻署名状，各有凭附相夤缘。"《广群芳谱·凡例》："今每一物，详释名状，列于其首。"这些"名状"都是"名"与"状"的联合词组。

如果是复合词，就不应该只解释词素义，否则就混同了词素义与词义，可以说没有真正把握词义。例如：

安静 《汉语大词典》第一项解释为"安定、平静"，举例有"边境安静"；《现代汉语词典》的第二项解释为"安稳平静"，举例有"过了几年安静生活"，至于"孩子睡得很安静"似乎应该属于"没有声音、没有吵闹和喧哗"的义项。两部词典都只是直接给出两个词素的意义，让人觉得词素的意义相加就是词义。实际上，"安定（稳）"与"平静"是两个意义单位，不能看作一个义项。作为义项的解释，应该再加概括：没有异常事件或没有动乱的生活状态。

(五) 将词素义误作词义，或将词义错当成词素义。

词素义只适合在词中解释，作为词义解释的补充。可是有的词典误将词素当作词，把词素义提升到独立义项的地位，而举例却是复合词，没有单用的书证。例如：

墨 《汉语大词典》"墨"字头的第二个义项为："泛指书写绘画颜料，不限于黑色。如墨水，银朱墨。"其实这个意义是"墨"作为词素构成"墨水""银朱墨"等复合词时的意义，作为单词使用的"墨"并没有这样的义项。

烟 《汉语大词典》"烟"字头的第四个义项是"柔美貌；摇曳貌"，可这个义项应该是复合词"烟态"的意义，"烟态"词目下解释为"娇媚袅娜的姿态"，义同。用例如唐李商隐《木兰》诗："波痕空映袜，烟态不胜裾。"南唐李煜《赐宫人庆奴》诗："多谢长条旧相识，强垂烟态拂人头。"可见词典将"烟态"复合词的意义强加给了词素"烟"。

以上存在的种种问题，说明词典编撰者对"词素义"以及词素义与词义的关系没有清楚的认识。

佛缘复合词语的俗解异构[1]

一

佛教对汉语词汇产生过重大影响，许多汉语词语，包括至今仍在频繁使用的常见词汇，可能跟佛教有关，也就是以佛教为外在条件或者因佛教的机缘而产生，我们称之为"佛缘词语"。

对佛缘词语的研究已有许多成果，代表性篇目详见参考文献。现有成果通常把跟佛教相关的词语统称为"佛源词语"，全都看作"外来词"，这是不妥当的。佛法认为：世间万事万物，皆由因缘和合而成。因是原因，内在的；缘是条件，外在的。比如种瓜种豆，瓜种和豆种是因，土地、阳光、雨水、肥料、管理等等是缘。种瓜得瓜、种豆得豆是内因决定的；而瓜豆的数量、形状、颜色、大小等则是外因造成的。内因决定事物的本质，外因决定事物的形式。由此而言，佛缘词语不一定是"外来词"，因为除音译词语外，大多数佛缘词语是利用汉语中原有的语素按照汉语自身的构词方式构造出的新词，或者让汉语中原有的词语引申出新义，从而能够表达来自佛教的新事物。这与我们为了表达本民族的新事物而构造新词语、派生新用法在本质上是一样的，表达的事物是外来的，用以表达的词语是自产的（因为种子是汉语的语素），所以仍然应该是汉语词，所以我们称之为"佛缘词语"而不是"佛源词语"。

由于没有把外来事物跟表达外来事物的词语区别对待，学者们研究佛缘词语时观念上离不开"佛源"，所以现有成果的内容除宏观讨论佛教对汉语词汇的影响外，具体词语的研究多偏重于"探源"，或者追溯汉语中某个佛教词语的文献出处和音译原文，或者考证某个通用词语的意义来源于佛教，某个通用语词是由具有佛教意义的语素构成，或者指出某个现代词形是由佛教文献中某个词形变来的，某个后代词义是由某个佛教词义变来的，等等。这些研究都是很必要的，但对词汇演变现象只看到原始用法和后代用法的不同，只知道某个词语来源于某个词语，是很不够的，还应该就不同的过程和理据加以解释，更应该就原始用法和变化后的用法之间的词语关系加以说明。现有研究成果客观上展现和解释了部分佛缘词语的历史演变情况，但还不能解释全部佛缘词语的源流，其中有一种对佛缘词语进行"俗解异构"的词汇发展现象就尚未得到充分认识。本文拟就此作专门讨论。

所谓"俗解"，就是世俗大众的理解，也就是不符合佛界构词原意的理解。这里的

---

[1] 本文原载《中国语文》2013年第5期（总第356期）。又《中国社会科学网》2015年5月20日全文转载。

"俗"相对"佛"而言，不是低俗庸俗的贬义。一个佛缘词语出现不同于佛界创词原意的世俗理解，可能是由于世俗大众不知该词语的佛教原意而不自觉地按照字面常见意义来理解，也可能是故意利用语素的多义性而选择非佛教意义来俗解原词以达到旧瓶装新酒的效果。无论是"无意"还是"故意"，俗解的结果往往构成另一个不同于佛缘词语的同形新词，形成新的构词理据和新的词义，这就是"异构"。俗解异构的情况通常见于佛缘复合词语，属于对已有复合词语内部成分和结构关系的重新解析，所以不同于词义的引申，也不同于原创新词。

二

佛缘复合词语的俗解异构通常发生在构词语素层面或语素关系层面，大致有三种情况。

（一）构成佛缘词语的语素义由汉语通用语素义引申而出，后来俗解按照引申之前的汉语通用语素义理解该词语，从而产生新的意义或用法，形成同形异构词语。

念念不忘

"念"在佛教传入之前的汉语里通常用作动词，表示思念、想念、思考、忧虑、顾念等义，佛教传入后，"念"引申指心念、意念、信念，当名词用。这个名词义的语素在佛教中还被当作构词单位构造了"念念不忘"这个新词，原义是指把心思意念专注于某个对象，不放弃，不离开，不杂入别的意念。所以这里的"念念"是指"每一个念头"，包括横向的每一个意念，也包括纵向的每一个意念；而"忘"取的也是"离开""失去""放弃"之类的引申义。"念念不忘"适用的语境通常与佛或佛教修行相关，强调的是对佛教的信念专一，即所有的意念集中于佛，系联于佛，不离不弃，所以"念念"常跟"心心"相并，"不忘"常跟"无减""无间""不离""无失"等相应。例如（例句中的对象词语划线标出）：

后汉·安世高译《四谛经》卷一："何等为贤者直正念？若贤者道德弟子，苦为念苦，习为念习，尽为念尽，道为念道，相念从念，念念不忘，少言念不离。是名为正直念。"

（1）云：何时处正念无减？善男子如来始从无间道，后得阿耨多罗三藐三菩提，即观三世一切众生，心行相续，生灭流注，如是知已念念不忘，不求不退，故常无减。（唐·般若共牟尼室利译《守护国界主陀罗尼经》卷六）

（2）齐戒洁己，清心静虑，面西安坐，闭目默然。观想阿弥陀佛真金色身，在西方七宝池中大莲花上坐，其身长丈六，两眉中间向上有白毫一条，八棱中空，右旋转五匝，光明照曜金色面与金色身。次停心注想于白毫，更不得妄有分毫他念，当令闭眼开眼悉皆见之，盖欲念念不忘也。如此久久，念心成熟，自然感应见佛全身。（宋·王日休撰《龙舒增广净土文》卷四论"修持法门九"）

（3）科家慈心太煞，指示叮咛，故云"心心无间理全彰，念念不忘文自现"。"念念"者，与前"心心"义同，当换其文，义即一也。"无间"者，"不忘"也，亦但变其文耳。即一念

专注其心，不容漏泄走作也。如此则其文自现，其理自彰。（宋·宗镜述、明觉连重集《销释金刚科仪会要批注》卷一）

（4）念念不忘于净土，心心不离于弥陀。（元·普度编《庐山莲宗宝鉴》卷一）

（5）如是四事（按指佛教的四种戒律），若不遗失，心尚不缘色香味触，一切魔事云何发生？……"不遗失"者，谓念念不忘、纤毫不犯也。（明·承旹《楞严经讲录》卷七）

（6）"宁舍身命念念不去心"者，谓于前十愿，发坚固心，念念不忘，纵遇失命难缘，誓不贪惜四大而舍去此心、违犯于戒也。（明·弘赞述《佛说梵网经菩萨心地品下略疏》卷六）

（7）"愿心连"者，承上以果行因之愿心故，须当念念不忘，心心无间，相连相续。（明·寂光《梵网经直解》卷一）

（8）"一心不乱"有二义：一者，事一心。口中执持名号，以心系缘佛声，心心相续，念念不忘，深信净土，志趣西方，无有刹那间断，名事一心。（明·圆通《楞严经圆通疏》卷五）

上述"念念不忘"都是指"每个意念都不离开某种目标"而言，"念念"是名词的重叠使用。与此类似的词语有个"念念相续"，丁福保编的《佛学大辞典》解释说："行者所起之心念系住一处而不散，后念继前念，中间不杂余念，即一向专念也。"其中的"念念"也是名词性的。

但从宋代开始，学者们面对"念念不忘"这个佛缘词的词形，却并不一定按照佛缘词的意义来理解和使用，而是还原为普通的汉语语素义来俗解"念"和"忘"，于是在非佛教语境下，出现了对"念念不忘"的重新分析。例如：

（9）圣人之德必始于念，故曰"帝念哉"，"念兹"者固"在兹"矣。及其念之至也，则虽释而不念，亦未尝不在兹也。其始也念仁而仁，念义而义，及其至也，不念而自仁义也，是谓念兹在兹，释兹在兹。……此帝念念不忘之功也，故曰"惟帝念功"。（宋·苏轼《书传》卷三）

（10）"帝念哉"者，欲舜念念不忘皋陶之德，禹所以为皋陶地者至矣。念者，心不暂舍，造次颠沛必于是，念之在兹，德也，释之在兹，亦德也。……"惟帝念功"，念皋陶种德之功也。（宋·史浩《尚书讲义》卷三）

（11）念者，念念不忘也。书中多说此字，曰"苗顽弗即工，帝其念哉"，曰"念兹在兹"，皆不忘之谓也。且修身之道，要须是能念，然后其德日进。人主治天下亦须念念不忘天下，然后天下始治。稍有怠荒，便不能念，才能念，则所谓逸游怠荒这许多事自然是无。古之人主造次颠沛，无顷刻不在天下，所谓念只是要勿忘了。（宋·袁燮《絜斋家塾书钞》卷二）

如果说宋代学者还可能是有意借用佛教的"念念不忘"来阐释《尚书》的微言大义，巧妙地把佛教的"念"和"忘"跟《尚书》的"念"和"释"沟通起来理解，那么则可能不再意识到"念念不忘"跟佛教的关系，而认为本来就是宋代学者那样的解释，即"念念不忘"重在体现行为状态的连续性或经常性，其中的"念念"已经不再理解为名词，而是还原为汉语语素的常用动词义"思念""挂念"，"忘"也还原为常见义"忘记"

了，所以在非佛教的语境中，"念念不忘"的构造理据和表达词义被重新解析为"念了又念，总不忘记"。例如：

（12）明知你是个薄情郎，我只是念念不忘。（明·冯梦龙《桂枝儿·不忘》）

（13）慈恩者，慈谓慈爱。爱子者莫过于父，如庭训求师，通诗习礼，所当供给，不悋家财，情深虑重，念念不忘。（清·来舟《大乘本生心地观经浅注》卷一）

（14）大概是太过于念念不忘了，连阿长也来问《山海经》是怎么一回事。（鲁迅《朝花夕拾·阿长与〈山海经〉》）

这样一来，表示记挂思念意义的"念念不忘₂"和表示信念专一意义的"念念不忘₁"就可以看作两个同形异构词语了。其关系为：

念念不忘₁　佛缘词语原义：每个意念都不离开某目标，指专心信"佛"
念念不忘₂　俗解异构新义：经常思念不忘记

就该组复合词语的历史而言，"念念不忘₁"产生在前，"念念不忘₂"出现在后，"念念不忘₂"可以看作对"念念不忘₁"词面理据构造进行重新解析而发展成的新词新义。这两个词语虽然整体意义相关，但不宜看作词义的引申，因为它们的构词语素义不同，结构关系也不同，已然是两个不同的词，而且"思念"和"忘记"的语素义比"意念"和"离开"的语素义更早，所以"经常思念不忘记"的词义不可能是由"每个意念都不离开某目标"的词义引申而来。"念念不忘₂"虽然是一个新词，但也不宜看作原创的新词，因为它毕竟与"念念不忘₁"同形，而且意义上也有关联，所以"念念不忘₂"应该是在"念念不忘₁"的基础上有意无意重新解析导致的结果。

打成一片

这个词语也因佛教产生。佛教主张消弭心境、人我、理事、苦乐等差别和对立，将不同种类或有差异的人、事、物融合为一体，不分彼此，这种修行的境界叫作"打成一片"。其中的"打"是由通用义引申出的融合、混合、结合之类的意思，"一片"也是佛教中特有的"整体""一体"义。例如：

（15）守个无字，日久月深，打成一片，忽然心花顿发，悟佛祖之机，便不被天下老和尚舌头瞒，便会开大口。（唐·裴休集《黄檗断际禅师宛陵录》）

（16）上堂云：……世法佛法，打成一片。若作一片会，遇贵即贱；不作一片会，麦里有面（卷八）。更待他人唤作什么，直是打成一片，如水入水，如金博金（卷十三）。一闻千悟不为难，要须根脚牢实谛当彻信，把得定作得主，于一切违顺境界差别因缘打成一片（卷十四）。（宋·绍隆等编《圆悟佛果禅师语录》卷八）

（17）上堂：七手八脚，三头两面，耳听不闻，眼觑不见，苦乐顺逆，打成一片。（宋·普济《五灯会元》卷二十）

（18）故佛果勤禅师示众云：汝等诸人但向十二时中，上不见有诸佛，下不见有众生，外不见有山河大地，内不见有见闻觉知，好恶长短打成一片，一一拈出更无异见。此则一合相理历然明矣。（元·普度编《庐山莲宗宝鉴》卷第十）

（19）若知十方刹海即内心，则打成一片，故我任意于中舍秽取净，厌东忻西，不出自心，以实有彼大愿果佛能接引故，故求无不得。又"示诸佛二土折摄法门第八"：且放下者，但放下世间业缘耳，岂是放下精进体道之心哉？……若谓放下自在是道，而不勤加精进一心修行，岂得心会境融、<u>打成一片</u>、与道合耶！（明·妙叶集《宝王三昧念佛直指》卷上"斥妄显真第二"）

"打成一片"的这种佛教意义也可以用于一般场合，成为沿用至今的汉语熟语。如：

（20）今来伯恭（吕祖谦）门人却亦同父（陈亮）之说者，二家<u>打成一片</u>。（宋·朱熹《朱子语类》第一百二十三卷）

（21）看那感情和思想跟音节是否配合得恰当，是否<u>打成一片</u>，不漏缝儿。（朱自清《论朗诵诗》）

（22）在战时，要密切联系群众，要官兵<u>打成一片</u>，军民<u>打成一片</u>。（毛泽东《坚持艰苦奋斗，密切联系群众》）

以上"打成一片"无论是佛教意义还是扩大到日常用语，其中的"打"都是取"搅拌""融合"之类的意义；"一片"则取的是"整体""一体"之类的意义。但现代除了沿用佛教意义外，还有可能是故意借用佛缘词语的词形而改变佛教原义，按俗解重新组构新词的用法。例如：

（23）《大连晚报》2004年5月5日以《婚礼竟成一场闹剧，奶奶大喜日儿孙<u>打成一片</u>》为题报道："奶奶在晚年时与意中人举行了一场隆重的婚礼，没想到，自己的子孙儿媳却在婚宴尾声中大打出手，并打了酒店工作人员，踹了店外正常行驶的轿车。……"

（24）《齐鲁晚报》2006年2月10日以《乌克兰议会<u>打成一片</u>》为题报道："2月9日，在乌克兰首都基辅，总统尤先科的支持者和反对者在尤先科发表年度国情咨文前相互扭打。"

（25）新华网2007年4月13日报道，在一场一波三折的比赛中，沈阳军区女篮队员与球迷互砸水瓶子，于是"球员球迷<u>打成一片</u>"。

以上报纸和网页的用法很普遍，其中的"打"取"殴打""厮打"之类的意义，"一片"指"一堆""一群"之类的意义。

因此"打成一片"由于语素义的选取不同，实际上可以分析为两种不同的结构：

打成一片₁　佛缘词语原义：融合为一体。

打成一片₂　俗解异构新义：扭打到一起。

这两种结构同形而不同义，正如"念念不忘"条所分析的道理，"打成一片₂"并非原创新词，其意义也不是从佛缘词语的意义引申而来的，而是对"打成一片₁"进行俗解而引起构词理据重新解析的结果。

（二）佛缘词语中的语素义由汉语通用语素义比喻而生，后来俗解用比喻之前的通用语素义重新理解词语，产生跟佛缘词义无关的新义，从而形成同形异构词语。

一尘不染

"尘"的普通词义是灰尘、尘土，"染"为染色、沾染。但佛教谓色、声、香、味、触、法为六尘，眼、耳、鼻、舌、身、意为六根。把修道者或归隐者达到六根清净、不被世俗六尘所染污，称为"一尘不染"，所以说"万法皆空心佛现，一尘不染六根通"（清·果能述《时时好念佛》）。其中的词素"尘"指世俗物欲，是比喻用法。"染"指污染或受影响，是引申义。宋·周琪《圆觉经夹颂集解讲义》卷三："尘以染污为义，以能染污情识，故通名为尘也。"取"尘"之比喻义和"染"的引申义构成的"一尘不染"

是为了表达佛教思想而产生的一个佛缘词语,最早见于宋代,沿用至今。例如:

(26) 一尘不染,一毫不现,真空妙冶。(宋·曹勋《水龙吟》)

(27) 直是不待功勋,一尘不染。(宋·智昭《人天眼目》卷三《五位王子颂》"草榻柴扉守志孤")

(28) 范蠡霸越之后,脱屣富贵,扁舟五湖,可谓一尘不染矣。(宋·罗大经《鹤林玉露》)

(29) 既言一尘不染,又言万法俱摄;既说不许亲近国王大臣,又言佛法付托国王大。(元·李翀《日闻录》)

(30) 盖真性中本来荡然空空,所谓一法不立、一尘不染者是也。(明·洪莲编《金刚经注解》卷三)

(31) 他从小出家,真个是五戒具足,一尘不染,在皋亭山显孝寺住持。(明·冯梦龙《喻世明言》)

佛教的"一尘不染"本指脱离世俗、不受世俗"六尘"的牵累和影响,其中的"尘""染"未必是贬义,"尘世"跟"佛界"只是供人选择的两个不同的生存环境,本身无关人品的优劣褒贬。但在通用语言中,"一尘不染"常指为官清廉或品格清高,其中的"尘"不再是佛教所说的"六尘",而是缩小范围专指尘世中不好的东西。这个意义可以看作佛缘词语意义的引申,是由泛指到专指的引申。例如:

(32) 他(指武昌总督)自己做了几十年的官,依然是两袖清风,一尘不染。(清·李伯元《文明小史》)

(33) 听起来,老人家又是位一尘不染、两袖皆空的。(清·文康《儿女英雄传》第九回)

(34) 他(指贺龙)从旧营垒冲出来,但一尘不染。他能艰苦奋斗,是个革命乐观主义者。(王震《忠诚的战士,光辉的一生》)

上面的"一尘不染"都是比喻用法,缘起佛教。到清代以后,人们见到"一尘不染",有时却并不按佛教的比喻意义去理解,而是按照"尘""染"的常见意义理解,即"尘"指灰尘、尘土,"染"指沾染、附着,"一尘不染"指一点灰尘也没有,非常清洁。这就变成了与佛缘词语字面形式相同而语义结构不同的另一个词。如:

(35) 几个绣墩错落地放在一尘不染的石板上。(曹禺《王昭君》第一幕)

(36) 院子扫得干干净净,玻璃擦得一尘不染。(赵大年《公主的女儿》)

这个"一尘不染$_2$"就是佛缘词语"一尘不染$_1$"通过俗解而产生的同形异构词,它们的关系简括如下:

一尘不染$_1$ 佛缘词语原义:一点不受世俗六尘的影响。

佛缘词引申义:一点不受世俗贪腐恶习的影响。

一尘不染$_2$ 俗解异构新义:一点灰尘也没有沾附。

很显然,"一尘不染$_2$"的意义跟"一尘不染$_1$"的佛教原义及其引申义没有关系,不是引申产生的。但"一尘不染$_2$"也不是完全新造的一个词,而是对"一尘不染$_1$"进行俗解而形成的异构异义词,因为"一尘不染$_2$"出现于"一尘不染$_1$"之后,意义上并非毫无联系,而且如果要替"一点灰尘也没有沾附"的意义重新造个新词的话,恐怕也不会用"染"字①。

醍醐灌顶

"醍醐"是由牛乳炼制而成的酥油类食物，为牛乳制品中最高之美味，而且具有清凉的药用价值。三国时代的佛教译经中就出现了"醍醐"一词（参看朱庆之，1994），开始指食药两用的实物，后常用来比喻"无上法味"（最高教义）、"佛性"等。"灌顶"，原来是古印度新王登基时的仪式：取四大海之水装在宝瓶中，流注新王之顶，象征新王已享有"四海"的统治权力。佛教借用此礼，有种种灌顶仪式，象征向不同级别的佛教徒灌输不同程度的佛法。因而在佛教语境中，"醍醐"与"灌顶"分别使用时往往取的是比喻义和象征义，而不完全是字面的原义。例如：

（37）故龙树师子之尊者，喻芭蕉于西天；宏忍惠能之祖师，谭醍醐于震旦。（唐·金颖《新罗国武州迦智山宝林寺谥普照禅师灵谥碑铭》）

（38）三千界里洒醍醐，十六国中倾法雨。（唐·《敦煌变文集新书》十六《维摩碎金》）

（39）此菩萨摩诃萨悉于三世诸如来所，受灌顶法，一切世界境界无障碍。（东晋·佛驮跋陀罗译《大方广佛华严经》卷五五）

（40）以无着无缚解脱心，修习普贤菩萨行愿，得佛灌顶，于一念中入方便地，成满安住众行智宝。（唐·实叉难陀《大方广佛华严经》卷三一）

偶尔也组合成"醍醐灌之""醍醐灌顶"使用，仍然表示灌输智能或佛法的意思，其中的"醍醐"比喻佛法，"灌（之）顶"表示授予或输入，也不完全是字面原义。例如：

（41）尔时长者闻太子敕，心大欢喜，礼太子足。还至家中，象负其子，送与太子。太子见已，醍醐灌之。（后秦·鸠摩罗什《禅秘要法经》卷三）

（42）恒与如来光明交接，常蒙如来醍醐灌顶、甘露洒心，授我等持，开我妙慧。（明·禅修《依楞严究竟事忏》卷二）

但这种组合起来使用而表示佛教义的其实很少。大多数情况下，"醍醐"与"灌顶"配合使用时须按字面本义俗解，指用醍醐浇头或抹额。因醍醐具有药效，可使人清凉舒

---

① 有人认为，"一尘不染"来源于唐·道世《法苑珠林》卷十六所引《智度论》的一段话："世尊身好，细薄皮相，尘土不著。身如莲华叶，不受尘水。若菩萨在干土山中经行，土不着足，随岚风来吹破土山令散为尘，乃至一尘不着佛身。"其实未必。这段描述意在说明世尊身体的特殊，犹如"天女散花"不能黏着在佛菩萨身上一样，所谓"尘土不著""不受尘水""一尘不著佛身"都是指尘土不能附着在世尊的身上。注意这里的"尘土"是山中的自然物，并不一定"脏"，而且"著""受"是附着、黏稳的意思，没有浸染、污染的意思，所以跟"一尘不染"的取义不同。"尘"指尘土、灰尘是常见义，用它比喻世俗欲念不需要典故的附会，佛教"六尘"的观念并非出自"一尘不著佛身"的典故。"一尘不染"无论是指不被世俗欲念侵蚀，还是指不被灰尘弄脏，"染"都是污染的意思，"尘"则意味着不干净。这种取义跟世尊行山中而尘不著身的事情无关。虽然"著""染"意义相近，但在清代以前，佛教经典中跟"染"相关的"尘"都是用比喻义，因为"染"没有独立的附着义项。如果要表示实际尘土的沾着，一般得用"著"。由此可见后来出现的表示清洁意义的"一尘不染"一定是受到比喻意义的"一尘不染"的影响而产生的，并非直接来源于"一尘不著"。所以我们认为，表示佛教特殊含义的"一尘不染"是受佛教"六尘"比喻用法的影响而产生的，表示清洁干净意义的"一尘不染"则是在佛教意义的成语基础上，淡化佛教比喻意义，还原语素"尘"的本体意义，从而形成的同形异构词语，它们之间不是词义引申的关系。

适,或猛然清醒,所以可用比喻的方式来形容或描述这种清爽舒适的感觉或醒悟明白的状态。这种比喻通常有"比喻词"的参与,应该看作修辞方式的运用,其语义解读不同于佛教特有的比喻词义。例如:

(43) 岂知灌顶有醍醐,能使清凉头不热。(唐·顾况《行路难》)

(44) 有如醍醐灌,坐受清凉乐。(唐·白居易《嗟落发》)

(45) 又所蒙处分,令问维摩,闻名如甘露入心,共语似醍醐灌顶。(《敦煌变文集·维摩诘经讲经文》)

(46) 古人有一日不作、一日不食之語,时时提起咬嚼过,如醍醐灌顶。(宋·崇岳、了悟等《密菴和尚语录》卷一)

(47) 余疾读数则,不觉终卷,虽老眼昏花,亦勇然精[采]百倍。若摩尼在室六窗明耀,醍醐灌顶五内清凉。(元·杨宗瑞《天如惟则禅师语录》卷一)

(48) 宋江觉道这酒馨香馥郁,如醍醐灌顶,甘露洒心。(《水浒传》第四二回)

(49) 王生闻得,满心欢喜,却似醍醐灌顶,甘露洒心,病体已减去六七分了。(《初刻拍案惊奇》卷十一)

上述"醍醐灌顶"无论是否处于佛教语境,大都用于比喻句中,前有"如、若、似"等比喻词,那么"醍醐灌顶"本身就只能是实物实事的喻体,用来比喻身体的或心理的某种感受或状态,而不可能是"灌输佛法"之类的抽象喻义。可见作为佛缘词语的表达佛教意义的"醍醐灌顶$_1$"与俗解的作为喻体出现的"醍醐灌顶$_2$"也属于同形异构词语。现代辞书对此多有误解,以为清凉、清醒的意义来自佛缘词语"醍醐灌顶$_1$",其实出于俗解异构词语"醍醐灌顶$_2$"的比喻用法。即:

醍醐灌顶$_1$ 佛缘词语原义:佛法(最好的食物)+授予(授权的仪式)——输入佛法

醍醐灌顶$_2$ 俗解异构新义:(好像)用醍醐浇头或抹额——清爽、清醒

需要注意的是,这里的"醍醐灌顶$_2$"未必是对"醍醐灌顶$_1$"的直接俗解异构,因为"醍醐灌顶$_1$"出现较晚,而且使用较少。但"醍醐灌顶$_2$"的产生肯定受到佛教中分开使用的"醍醐"与"灌顶"以及"醍醐灌之"的用法影响,是对佛教比喻象征义的字面义还原,因为在佛教义之前,"醍醐"本义没有跟"灌顶"连用的。

(三)佛缘词语中的语素义属于通用义,但语义结构比较特殊,这样的佛缘词语因难以正确理解而常导致俗解。俗解时可能选取该复合词中语素的另一个常见义项,以便按照通常的结构形式来理解,从而产生跟佛缘词语同形异构的新词新义。例如:

心眼

佛教的"心眼"跟"肉眼"相对而言,指心理上的眼,也就是心灵如眼,能感知洞察外界事物。中国佛教文化研究所编《俗语佛源》解释说:"佛教指观察了悟事物之心,心之洞察如眼之明见,故称心眼。"例如:

(50) 尔时大王虽在幽闭,心眼无障,遥见世尊。(刘宋·西域三藏法师畺良耶舍译《观无量寿经》)

(51) 行者以心眼见于己身,亦在于彼光明照中。(日本·源信《往生要集》)

但世俗看到"心眼",除了心和眼的并列外,一般会理解为"心脏的眼孔"。古人认

为心脏有孔穴才能思维想问题，孔穴越多智巧越多，所以"心眼"代指心思、心计。例如：

（52）为德者尚不可以有心眼，况为恶者乎？（唐·李德裕《慎独论》）

（53）甚新雨情怀，故园心眼，明日西江，斜阳帆影转。（宋·刘天迪《齐天乐》）

（54）及至处下来，见他一味诚实，不辞劳，不自大，没一些心眼儿，没一分脾气……因此大家不但不笑他，转都爱他敬他。（清·文康《儿女英雄传》第十三回）

（55）"祥子送的，看他多么有心眼！"虎妞堵着爸爸的耳根子吹嘘。（老舍《骆驼祥子》十三）

现代所谓"心眼多""缺心眼""斗心眼""心眼好""心眼灵活""多个心眼""留个心眼"等，都是从"心脏的孔穴"的角度来理解的，不符合佛缘词语的原结构和原义，所以算是俗解。结果造成：

心眼$_1$　佛缘词语原义：像眼睛一样能看到实物的心灵。

心眼$_2$　俗解异构新义：心脏的孔穴，代指心思、心计。

现身说法

丁福保编《佛学大辞典》："谓神力广大，能现种种身，向种种人说法也。"作为佛缘词语，"现身"是显现说法对象之身，"说法"是宣讲佛法。例如：

（56）我（观音菩萨）于彼前，皆现其身，而为说法，令其成就。（唐·般剌蜜帝译《楞严经》卷六）

（57）（释迦佛昔在兜率天为菩萨时）于十方界，现身说法。（宋·普济《五灯会元》卷一）

"皆现其身，而为说法"既是"现身说法"的来源，也是佛教对"现身说法"的意义诠释。后来人们见到此词，忘却了佛缘本义，把"现身"理解为现实之身，即亲身、说话者本人，"说法"则指讲说亲身经历，于是"现身说法"变成了说话者用自己的亲身经历和行为去劝说或教育别人的意思。例如：

（58）敬亭才出阮家，不肯别投主人，故此现身说法。（清·孔尚任《桃花扇·听稗》）

（59）这算是开场白。以后，就让登场的人物自己来现身说法。（茅盾《清明前后》）

（60）芙蓉姐姐北大演讲，现身说法鼓励颓废学子。（中国广播网 2009 年 12 月 23 日）

后来的这种用法和意义并非原词引申所致，而是套用原词并俗解原词的语素意义和意义关系所造成的，它们产生表达之义的内部结构已然不同：

现身说法$_1$　佛缘词语原义：显现出各种化身，为化身同类的事物讲说佛法

现身说法$_2$　俗解异构新义：用现实之亲身讲述自己的经历感悟

三

当一个复合的词语形式具有多个义项或用法的时候，人们首先想到它们的关系是

"引申"，包括同源词之间的"派生"，上述各组词语的不同义项在有关辞书的解释中就都是当作引申义或派生义处理的，有的还被颠倒了时代顺序。但无论是"引申"还是"派生"，都应该从词语意义的整体出发，即变化的起点应该是整个词语的表达义而不是其中的某个词素义，而且前后义项之间都应该有比较明晰的引申或派生路径，能说出是隐喻关系还是转喻关系等。可是上述词语的义项之间并不具有这样明晰的关系。它们之间的关联主要由于语素层面和结构层面的俗解变异，导致词语的外在形式虽同而内部的词素意义和结构关系已变，因而词语的整个表达意义也就必然不同。这种不同是内因变异的结果，所以不再是同一个词语，而应该看作不同的词语，它们同形而异实。其复杂的关系可以概括出如下几个要点来表述。

1）俗解异构词语跟佛缘复合词语字面形式相同，但表达的意义不同。

2）俗解异构词语跟佛缘复合词语的表达意义之间没有引申或派生关系，所以不宜看作多义词语，而应该看作同形词语。词典中应该分立词项（词目）。

3）俗解异构词语出现在佛缘复合词语之后，形式上具有明显的承继或袭用关系，不是完全新造，而是俗解原词语中的词素义和语义结构关系导致的，因而不同于各自原创而偶然同形的词语。

这种俗解异构词语的产生前提是原词语的组合成分来自汉语，是大家熟知的，而因佛缘复合后其间的成分意义或结构关系变得比较特殊，如果没有佛学修养，人们看到这样的词语往往想不到会有某种特定的意义和关系，于是"望文生义"，按照普通汉语复合词语的字面通俗义或常见义理解，从而无意识地进行重新解析，导致新词语和新意义的产生。当然，也有故意利用佛缘词语的形式而另解其语素义和结构关系，以达到"旧瓶装新酒"的语言效果的情况。无论是无意俗解还是有意俗解，结果都导致新词新义的产生，促进了汉语词汇的发展。

这种词汇发展的模式其实不限于佛缘词语，面对某些古语词，包括成语和典故等，在不知原义的情况下，或者在刻意追求某种效果的情况下，也可能发生类似的俗解异构。例如"七月流火"，源出《诗经·国风·豳风》："七月流火，九月授衣。"原意是说农历七月看见大火星从西方落下去之后，天气就转凉了。可现在"七月流火"常被用来形容暑热，"流"不再是流落义，"火"也不再指火星，所以此古语词已被俗解而异构了。对于这种语言现象，已有学者作过个案研究，如邢福义（2008）《"人定胜天"的古代原本用法与现代通常用法》，就分析了"人定胜天"一词古今意义的不同和内部结构的差异，但邢先生尚未作为一条规律或一种普遍现象提出来。本文从佛缘词语的角度印证了邢福义的观察，并进一步提出"俗解异构"的分析理论，阐明"俗解异构"现象是汉语词汇发展史上产生新词新义的一种合理存在，它不同于词义引申和重造新词，而是"推陈出新"的具有独特理据的词汇发展规律，值得引起汉语词汇史研究者高度重视。

参考文献

陈文杰：《汉语佛源释例》，《古籍整理研究学刊》2002年第1期。
储泰松：《"和尚"的语源及其形义的演变》，《语言研究》2002年第1期。
董志翘：《俗语佛源（二则）》，《语文建设》2001年第12期。

李运富：《论汉语复合词意义的生成方式》，《励耘学刊》2010 年第 2 期。
梁晓虹：《佛教词语的构造与汉语词汇的发展》，北京语言学院出版社 1994 年版。
刘凌云：《"盲人摸象"源流考》，《辞书研究》2010 年第 6 期。
孟广道：《佛教对汉语词汇的影响》，《汉字文化》1997 年第 1 期。
朴洪艳：《试论汉语中佛源俗语的特点》，《世界宗教文化》2006 年第 4 期。
齐昆：《浅析佛教成语的源流及结构》，《语文学刊》2003 年第 4 期。
任利霞：《汉语外来词中的佛源词汇研究》，《现代语文（语言研究）》2010 年第 9 期。
阮文成：《成语佛源》，硕士论文，华中师范大学，2006 年。
若木：《佛源词语十二问》及《参考答案》，《咬文嚼字》2007 年第 2、3 期。
宋海燕：《现代汉语佛源词汇探析》，《语文学刊》2008 年第 17 期。
邢福义：《"人定胜天"的古代原本用法与现代通常用法》，《山西大学学报》2008 年第 1 期。
张诒三：《论佛源外来词世俗化的过程》，《浙江万里学院学报》2007 年第 3 期。
朱庆之：《佛典与中古汉语词汇研究》，文津出版社 1992 年版。
朱庆之：《"醍醐""三昧"的早期用例——兼谈汉语佛教用语溯源》，《文史知识》1994 年第 4 期。

宋代墓志複音詞來源考察[①]

一　引言

　　研究漢語詞彙史，傳世紙本文獻當然是主要材料，但帶有文物性質的出土或搜集到的非紙本材料也值得重視，只有把歷史上各種性質和各種文體的語料綜合起來，才能看到詞彙發展的全貌。近年來，碑刻文獻，特別是其中的墓志文獻越來越受到研究者關注，就是語料拓展帶來的好現象。這種語料，除了載體的特殊性外，內容上的切合社會實際生活和文體上的仿文言性質，使其在漢語史研究中具有補充傳世紙本文獻的特殊價值。相對於漢魏隋唐的墓志來說，宋代墓志文獻的研究還比較薄弱，至今沒有經過整理的宋代墓志文獻全編或彙編，更不用説利用其中的語料來研究漢語史。基於這種情況，我們嘗試對宋代墓志文獻做基礎的整理，並以此爲材料，考察宋代墓志文獻中的複音詞狀況。

　　根據徐自強等編著的《北京圖書館藏歷代石刻拓本彙編》（宋代部分）和國家圖書館善本金石組編制的《宋代石刻文獻全編》（影印本），以及其他專書、期刊中所著錄的宋代墓志類文獻材料，如《蓬萊金石錄》《古代墓志通論》《洛陽新獲墓志》《洛陽新獲墓志續編》《西安碑林博物館新藏墓志彙編》《晉中碑刻選萃》《嘉興曆代碑刻集》《司馬光塋祠碑志》等，我們共搜集到宋代墓志文獻1000餘篇，其中內容完整、字跡清楚的有580多篇。研究宋代墓志的複音詞，理應對這580多篇清晰完整的墓志文獻進行全面整理，但限於時間和精力，暫時無法做到，所以我們根據死者的不同年齡、不同身份、性別、官職地位、去世時間，以及不同的撰寫者、不同的體裁、不同的字數、不同的著錄形式（拓本或文本）等信息，抽樣選取180篇（17萬字）墓志加以校勘、標點、釋讀，整理出標準文本，然後以文本爲語料基礎，考察其中的複音詞狀況。

　　我們按照"詞"的一般原則，從經過整理的宋代墓志文獻中共提取出2878個複音詞，分解爲2960個詞項[②]。詞項是只負載一個義項的詞語形式。複音詞具有多方面的屬性，可以從多個角度加以研究。限於篇幅，本文只考察宋代墓志複音詞的來源情況，基本以詞項爲考察單位，出於表述方便，有時也只稱複音詞，但實際指的是複音詞項。宋代墓志複音詞的來源根據首見時代可以分爲傳承複音詞和新生複音詞兩大類。關於首見時代的

[①]　本文原載《訓詁學與詞彙語義學論集》，語文出版社2011年版。署名李運富、王海平。
[②]　由於"詞"的判斷及"詞項"的歸納目前沒有精確統一的標準，所以本文提供的資料都是大致的。本文的目的在於考察詞彙演變的基本類型，不強調資料比率的變化。

處理特作如下四点説明。

第一，所謂"首見"限於我們測查的文獻材料範圍而言，包括《四庫全書》《四部叢刊》《漢語大詞典》《漢語大字典》《中國曆代石刻史料匯編》等收録或引用的文獻，以及我們整理的宋代墓志文獻。

第二，首見時代的指稱采取先秦、漢魏、隋唐三階段劃分法，而不采用上古、中古的兩階段劃分法。一是因爲上古材料和先秦材料的差別主要表現爲對《史記》文獻的取舍，而《史記》的用詞特點和先秦還是有差別的，此外，從兩漢到唐代語言詞彙也發生了較大的變化，把漢魏一並歸入中古有些籠統；二是因爲"上古—中古"是屬於漢語史研究的學理性分期，對准確感知詞語的首見時代有影響，而"先秦—漢魏—隋唐"分期法能提高時間表述的清晰度。

第三，首見時代的確定以複音詞項成爲凝固的獨立詞彙單位的時代爲准，而不是以其語源出現的時代爲准。如"歧嶷"一詞，源自《詩·大雅·生民》"克岐克嶷，以就口食"一句，毛傳："岐，知意也；嶷，識也。"後謂幼年聰慧爲"歧嶷"，《後漢書·馬援傳》："客卿幼而岐嶷，年六歲能應接諸公，專對賓客。"本論文認爲"歧嶷"成爲複音詞項的首見時代應該是漢代而不是先秦。

第四，對具體歷史文獻的語言材料的時代性不作一刀切，尤其是那些由後代人修撰但記載的是前代史實的文獻材料，需要認真辨別。蔣紹愚在談到"語言資料的分析"時説："編史書不可能毫無憑借，修史者一定擁有大量前朝的文獻，如奏議、書信以及前朝人所寫的一些史料。如果是忠實地抄録，當然是前朝的語言。但修史者是後代人，史書的敘述語言肯定是後代語言，即使是前朝的史料，也可能經過修史者的改動，這就應該看作後代語言。"① 因此本文對史書材料也做兩種處理，如果是引述前代成説，即算前代語言，如果是作者的敘述或議論，就算作者所處時代的語言。例如《新唐書》是宋代人撰寫的史書，如果所查驗的詞彙屬於引述隋唐人物語言或史料，則算前代傳承詞語，如果僅見於作者語言，而不是引述前代語言，那該詞項的首見時代定爲宋代而不是隋唐。

二　宋代墓志中的傳承複音詞

傳承前代的複音詞項，是指從墓志中提取出的複音詞項在宋以前文獻中已經出現過。

宋代墓志中傳承前代複音詞項的情況有兩種：一是完全沒有變化的傳承詞項，該類複音詞項在宋代墓志中的含義、形體完全傳承於前代，屬於舊詞舊義舊形；二是出現新詞形的傳承詞項，該複音詞項在宋代墓志中的含義傳承於前代，但書寫形體與前代有所不同，屬於舊詞舊義新形。

（一）沒有變化的傳承詞

宋代墓志中共提取出 2960 個複音詞項，先秦、漢魏、隋唐時代已經出現並爲宋代墓

---

① 蔣紹愚：《近代漢語研究概要》，北京大學出版社 2005 年版，第 29 頁。

志文獻完全傳承使用的，共計 2786 個，其中首見於先秦的 964 個，首見於漢魏的 1361 個，首見於隋唐的 461 個。

1. 先秦時期

伍宗文《先秦漢語複音詞研究》統計出的先秦複音詞爲 950 個，與本文的統計數據接近，但二者具體情況有所不同。一是統計方式不同，前者統計的是詞，後者統計的是詞項，因而數據有差異。按詞項統計，承載不同義位的同一個詞語被看作兩個或多個詞項，而伍氏之書僅統計爲一個詞。例如"布衣"伍氏算作一個詞，而我們分別爲兩個詞項：

"布衣$_1$"，布制的衣服。宋《司馬光墓志銘》："公之在朝，布衣脫粟。"是説司馬光執政生活儉樸，穿布衣，吃粗糧。這個詞項已見於《大戴禮記·曾子制言中》："布衣不完，蔬食不飽，蓬戶穴牖，日孜孜上仁。"

"布衣$_2$"，代指平民。宋《曾鞏墓志銘》："公自布衣，譽望四出。既位於朝，其剛不屈。"平民著"布衣$_1$"，不能衣錦繡，故稱。這個詞項已見於《荀子·大略》："古之賢人，賤爲布衣，貧爲匹夫。"

二是立足點不同，前者立足於先秦，後者立足於宋代。或者説，前者統計的是反映先秦同時代作品中實際語言面貌的詞彙，而後者統計的是宋代墓志作品中見於先秦的詞彙；不但材料範圍不同，而且由於語言的變化，不同時代詞與非詞可能發生變化，因而統計結果會有不同。例如"子孫"在宋代墓志文獻中出現 41 次，使用頻率相對較高，它在墓志文獻中泛指"後代"，詞素義"子""孫"結合通過概括的方式產生了新義，本文把它定性爲複音詞，但在《先秦漢語複音詞研究》中並未統計爲複音詞，大概就是看作詞組了。先秦用例如《書·洪範》："身其康強，子孫其逢吉。"其中的"子孫"定性爲詞或詞組都是説得通的。

由於上述原因，本文統計出先秦時代已經出現並在宋代墓志文獻中繼續使用的詞項數量爲 964 個，舉例如下：

【即位】宋《司馬光神道碑》："上即位之三年，朝廷清明，百揆時敘，民安其生，風俗一變。""即位"專指王、后、諸侯等登位就職。《左傳·桓公元年》："春王正月，公即位。"

【出入】宋《朱勔墓志》："[楊畏]朝暮與[朱]侯兄弟出入，同幾硯。""出入"指"往來"，這在先秦中已經有用例，《左傳·成公十三年》："餘雖與晉出入，餘唯利是視。"杜預注："出入，猶往來也。"

【未亡人】宋《趙仲伋妻劉氏墓志》："三十有八，而以未亡人自居，又一年而卒命。""未亡人"爲舊時寡婦的自稱，並不是所有在世之人都可稱未亡人，"未亡"是相對於"夫亡"而言的，具有特指義。《左傳·成公九年》："穆姜出於房，再拜曰：'大夫勤辱，不忘先君以及嗣君，施及未亡人。先君猶有望也！'"杜預注："婦人夫死，自稱未亡人。"

【捐館舍】宋《錢景諴墓志銘》："初，先君捐館舍，彥祖尚幼。""捐館舍"語素意義爲"拋棄館舍",代指"死亡"。先秦已經有此用法,如《戰國策·趙策二》:"今奉陽君捐館舍。"

【學問】宋《朱舜舉妻范氏墓志》:"非有學問、師友之助也。""學問"指"知識、學識",先秦用例如《荀子·勸學》:"不聞先王之遺言,不知學問之大也。"

【終日】宋《任寬之墓志銘》:"公至,閉戶終日,詞諜填委,一省輒中其情偽。""終日"指整天。先秦用例如《易·乾》:"君子終日乾乾。"

【輔佐】宋《任稷妻吳氏墓志銘》:"既不能終養其舅姑,又不獲輔佐君子,銜冤抱恨,何時已乎!""輔佐"後來一般指大臣對君王的輔助佐理,而本墓志中的"輔佐"是指妻子處理家庭事務以使丈夫安心效國,這種用於普通人的"輔佐"跟後世略有不同,其實是對先秦已有用法的繼承。在先秦,"輔佐"的對象是無論貴賤的,如《左傳·襄公十四年》:"是故天子有公,諸侯有卿,卿置側室,大夫有貳宗,士有朋友,庶人、工、商、皂、隸、牧、圉皆有親昵,以相輔佐也。"可見普通的親人之間是可以互相"輔佐"的。

以上這些例證都是複合詞。宋代墓志文獻中傳承先秦詞彙最多的是重疊式合成詞。周薦曾指出,"重疊構詞取決於言語習慣"。① 宋代墓志重疊式合成詞有50.9%傳承自《詩經》等先秦文獻。如見於宋代墓志的"諄諄""勉勉""欣欣""膴膴""惴惴""赫赫""泱泱""煌煌""綿綿""萋萋""詵詵""謇謇""冥冥""雄雄""偲偲""申申""巍巍""切切""蕩蕩""恢恢""井井""熙熙""昭昭""人人""孜孜""嘻嘻""炎炎"等,都承自《詩經》等先秦文獻,意義基本一致:

> 《詩·大雅·抑》:"誨爾諄諄,聽我藐藐。"
> 《詩·大雅·棫樸》:"勉勉我王,綱紀四方。"
> 《詩·大雅·鳧鷖》:"旨酒欣欣,燔炙芬芬。"毛傳:"欣欣然,樂也。"
> 《詩·大雅·綿》:"周原膴膴,堇荼如飴。"毛傳:"膴膴,美也。"
> 《詩·小雅·小宛》:"惴惴小心,如臨於谷。"
> 《詩·小雅·節南山》:"赫赫師尹,民具爾瞻。"
> 《詩·小雅·瞻彼洛矣》:"瞻彼洛矣,維水泱泱。"毛傳:"泱泱,深廣貌。"
> 《詩·陳風·東門之楊》:"昏以爲期,明星煌煌。"
> 《詩·王風·葛藟》:"綿綿葛藟,在河之滸。"毛傳:"綿綿,長不絕之貌。"
> 《詩·周南·葛覃》:"葛之覃兮,施於中谷,維葉萋萋。"毛傳:"萋萋,茂盛貌。"
> 《詩·周南·螽斯》:"螽斯羽,詵詵兮;宜爾子孫,振振兮。"毛傳:"詵詵,眾多也。"
> 《楚辭·離騷》:"餘固知謇謇之爲患兮,忍而不能舍也。"
> 《楚辭·九章·涉江》:"深林杳以冥冥兮,乃猿狖之所居。"

---

① 周薦:《漢語詞彙結構論》,上海辭書出版社2004年版,第102頁。

《楚辭·大招》："雄雄赫赫，天德明只。"朱熹集注："雄雄，威勢盛也。"
《論語·子路》："切切偲偲，怡怡如也，可謂士矣。"
《論語·述而》："子之燕居，申申如也。"何晏集解引馬融曰："申申，和舒之貌也。"
《論語·泰伯》："巍巍乎！舜禹之有天下也而不與焉。"何晏集解："巍巍，高大之稱。"
《論語·子路》："朋友切切偲偲，兄弟怡怡。"
《論語·述而》："君子坦蕩蕩，小人長戚戚。"
《荀子·非十二子》："恢恢然，廣廣然，昭昭然，蕩蕩然，是父兄之容也。"
《荀子·儒效》："井井兮其有理也。"
《老子》："眾人熙熙，如享太牢，如春登臺。"
《老子》："俗人昭昭，我獨昏昏。"
《禮記·表記》："子曰：'仁之難成久矣。人人失其所好，故仁者之過易辭也。'"
《書·益稷》："予何言？予思日孜孜。"孔穎達疏："孜孜者，勉功不怠之意。"
《易·家人》："婦子嘻嘻，終吝。"
《國語·吳語》："夫越王好信以愛民，四方歸之，年穀時熟，日長炎炎。"韋昭注："炎炎，進貌。"

2. 漢魏晉南北朝

在宋代墓志文獻中使用而已見於漢魏晉南北朝時代的複音詞項爲 1360 個，超過先秦首見詞項的數量。承自這個時段的複音詞有不少屬於佛教類用語，或者出自佛教文獻，說明佛教文化對漢語詞彙的發展產生了深遠影響。例如：

【門戶】宋《成延年墓志》："顧門戶，有高大志。"其中"門戶"代指"家庭"，"顧門戶"即"顧家"。該詞項出現於漢魏時期，如《樂府詩集·相和歌辭十二·隴西行》："健婦持門戶，亦勝一丈夫。""持門戶"猶"持家"。北齊顏之推《顏氏家訓·後娶》："異姓寵則父母被怨，繼親虐則兄弟爲讎，家有此者，皆門戶之禍也。"王利器集解："門戶，猶今言家庭。"而"門戶"在先秦時代主要用來指"出入口或必經之地""途徑，門徑""事物的關鍵"等，沒有家庭的意思。

【遺腹女】宋《王士英墓志》："仲兄士衡蚤世，有遺腹女。""遺腹女"指"懷孕婦人於丈夫死後所生的女兒"。這種用法最早見於《東觀漢記·劉平傳》："（劉平）抱仲遺腹女而棄其子。"

【功德】宋《妙光塔銘》："余聞中國自東漢始有經像，學焉者率以有爲爲功德，逮梁益甚。"其中"功德"爲佛教語，大意指行善修行。《大乘義章·十功德義三門分別》："功謂功能，能破生死，能得涅槃，能度眾生，名之爲功。此功是其善行家德，故雲功德。"此義位出現於漢魏時期，如《南史·循吏傳·虞愿》："陛下起此寺，皆是百姓賣兒貼婦錢，佛若有知，當悲哭哀湣，罪高佛圖，有何功德！"

【玄關】宋《安崇禮墓志》："終年履道，達空寂之玄關。"其中"玄關"並非指我們今天所説的屋內門口設置的屏風或櫃子，而是用來指稱"佛教中入道的法門"，屬於佛教用語。這種意義最早出現於漢魏時期，用例如《文選·王中〈頭陀寺碑文〉》："於是玄關幽鍵，感而遂通。"李善注："玄關幽鍵，喻法藏也。"

【窈窕】宋《妙光塔銘》："松徑森森窈窕門，到時微月正黃昏。"其中"窈窕"非"窈窕淑女"的"窈窕"，而指"深遠、秘奧"。"窈""窕"都有深邃的意思，作爲複音詞使用這個意義，首見於佛教文獻。南朝宋宗炳《明佛論》："萍沙見報於白兔，釋氏受滅於昔魚，以示報應之勢，皆其窈窕精深，迂而不昧矣。"

【律師】宋《妙光塔銘》："得戒於晉州慈雲寺智瓊律師，得法於鄧州丹霞山德淳禪師。"此"律師"是佛教中對善解戒律的人的指稱，非今天所言負責打官司的"律師"。早於宋代的佛經用例如東漢譯經《涅槃經·金剛身品》："如是能知佛法所作，善能解説，是名律師。"

3. 隋唐五代時期

於隋唐五代十國時期出現並在宋代墓志文獻中繼續使用的詞項數量爲461個，舉例如下：

【勉強】宋《解賓王墓志銘》："得之於天而不爲勉強。"其中"勉強"指"能力不足而強爲之"，應該是"勉力、努力"義的引申用法。該詞項在唐代已有使用，如杜甫《法鏡寺》詩："身危適他州，勉強終勞苦。"

【蹭蹬】宋《仇公著墓志》："然後知君爲能安於命，不以顛躓蹭蹬爲慊也。"其中"蹭蹬"指"困頓、失意"。此義初見於唐杜甫《上水遣懷》詩："蹭蹬多拙爲，安得不皓首。"

【出身】宋《何令孫墓志》："進士出身。"此"出身"特指科舉考試中選者的身分、資格。唐韓愈《贈張童子序》："有司者總州府之所升而考試之，加察詳焉，第其可進者，以名上於天子而藏之屬之吏部，歲不及二百人，謂之出身。"

【及格】宋《沈忞墓志》："薦員及格，改通直郎，知袁州萍鄉縣。""及格"指考核中達到規定的最低標準。唐鄭處誨《明皇雜錄》："楊國忠之子暄，舉明經，禮部侍郎達奚珣考之，不及格，將黜落，懼國忠而未敢定。"

【通籍】宋《溫仁朗墓志》："陟明載舉，通籍斯榮。""通籍"原指可供查驗進出宮門的名單，代指做官。這種意義已見於唐杜甫《夜雨》詩："通籍恨多病，爲郎忝薄遊。"

【中興】宋《王德神道碑》："自古帝王中興，戡定禍亂，必有心腹爪牙之臣，感會風雲，應時而起。""中興"特指恢復並非由本人失去的帝位。《南唐書·蕭儼傳》："儼獨建言：帝王，己失之，己得之，謂之反正；非己失之，自己複之，謂之中興。"

【所生母】宋《潘子儀墓志》："繼丁父所生母王氏艱。""所生母"指"生身之母"，即"生母"。唐代已有用例，如《舊唐書》卷一百九十三："初，年二歲，所生母亡，爲繼母鞠養，至年十五，父征遼而沒，繼母尋亦卒，王乃收所生及繼母屍柩。"

【琬琰】宋《妙光塔銘》："其徒相與,侈上德意,刻之琬琰,傳示永久。""琬琰"爲碑石之美稱。該詞隋唐已經出現,唐玄宗《孝經序》："寫之琬琰,庶有補於將來。"

(二) 出現新詞形的傳承詞

宋代墓志文獻中複音詞項出現新詞形,是指該詞項於宋代之前已經出現,宋代墓志中出現了該詞項的另一種形體,從而形成異形詞現象。異形詞的界定有寬有窄,狹義的異形詞僅指同音（聲韻調完全相同）同義而書寫形式不同的一組詞語;廣義異形詞則不必同音,只要整詞意義相同,語素及其組合次序可以有同有異。換句話說,狹義異形詞的"異"屬於用字不同,廣義異形詞的"異"包括語素的不同和組構的不同,但整詞表達的意義相同是一致的。只要整詞意義不同,就不能算作異形詞。

根據異形詞廣狹的不同,宋代墓志中出現的新詞形可分爲兩類情況:一是新詞形與舊詞形的讀音、意義相同而形體不同,屬於狹義的異形詞現象。如:"消遙/逍遙、傾之/頃之、晉紳/搢紳、織紉/織紝"。二是新詞形與舊詞形記錄了相同的語義、在使用中沒有差別,但只有部分詞素相同,屬於廣義的異形詞現象。這主要表現爲新舊詞形中的部分對應詞素存在同（近）義等關係或新舊詞形的詞素順序不同,如:"芥蒂/蒂芥、欷嗟/嗟欷"等。具體用例如下:

【消遙】宋《張正中墓表》："營雲水消遙之趣,以自高絜。""消遙"指悠閑自在貌,又如宋文瑩《玉壺清話》卷一："李集賢建中,沖退喜道,處縉紳,有消遙之風。""消遙"在宋代以前常寫作"逍遙",如《莊子·逍遙遊》："彷徨乎無爲其側,逍遙乎寢臥其下。""逍遙"爲單語素詞,常可據音借用不同形體來表示。如果認爲"逍遙"是本字本用的話,"消"可以看作"逍"的通假字。

【織紉】宋《梁文獻墓志》："誨之織紉,歸士君子。""織紉"指織作布帛之事。先秦已有"織紝",如《墨子·非攻下》："農夫不暇稼穡,婦人不暇紡績織紝。"《禮記·內則》："執麻枲,治絲繭,織紝組紃,學女事,以共衣服。""紉"與"紝"爲異構字,使得"織紉"與"織紝"成爲異形詞。

【傾之】宋《司馬沂墓表》："生男詠、裹,及一女子而寡。傾之,詠及女皆卒。"其中的"傾之"指"不久"義,該義形體通常寫作"頃之",早見於《史記·田單列傳》："頃之,燕昭王卒,惠王立,與樂毅有隙。"

【晉紳】宋《張祖德墓志銘》："顧公譽望已籍晉紳間,次任鄂州戶曹時出內公廉、用度充給。""晉紳"的本字形體爲"搢紳",指官員上朝時插笏版於紳帶,以備記事,後用爲官宦或儒者的代稱。如《周禮·春官·典瑞》"王晉大圭"鄭玄注引漢鄭司農曰："晉讀爲搢紳之搢,謂插於紳帶之間,若帶劍也。"也作"縉紳",如《漢書·郊祀志上》："其語不經見,縉紳者弗道。"顏師古注："李奇曰:'縉,插也,插笏於紳。'……字本作搢,插笏於大帶與革帶之間。"宋代繼承這一詞語,但詞形多作"晉紳"。如宋田況《儒林公議》卷下："況臣早聞忠義,久預晉紳。"

【芥蒂】宋《司馬池碑銘》："退處小郡，未嘗芥蒂於心，亦不以曲直之理而思校焉。"宋《陳瓘壙記》："不以家累芥蒂於懷，談咲而卒。"漢代時有"蒂芥"一詞，指因細故而耿耿於懷。如《漢書·賈誼傳》："細故蒂芥，何足以疑。"宋代墓志中的"芥蒂"顯然是前代"蒂芥"的逆序組構，實爲同詞同義。"芥蒂"在宋代不只用於墓志文獻，見於其他文獻的用例很多，如蘇軾《送潞都曹》："恨無乖崖老，一洗芥蒂胸。我田荆溪上，伏臘亦麤供。"又《與王定國書》："今得來教，既不見棄絕，而能以道自遣，無絲髮芥蒂。"《宋史》："天下之大，納之胸中，而成敗得喪不能爲之芥蒂，斯綽綽有餘裕矣。"清翟灝《通俗編·草木》指出："今人每顛倒言之曰'芥蒂'，乃自宋人詩始。"

有的異形詞是宋代以前就存在的，宋代傳承了該詞的所有詞形，但沒有出現新的詞形，則不屬於此類，而仍屬上面"沒有變化的傳承"一類。如：

【歎嗟】宋《司馬光妻張氏墓志銘》："客至無衫以見之，余不能不歎嗟。""歎嗟"指歎息、感慨。這個詞項宋代以前多作"嗟歎"，如《禮記·樂記》："言之不足，故長言之。長言之不足，故嗟歎之。嗟歎之不足，故不知手之舞之足之蹈之也。"《東觀漢記·牟融傳》："帝數嗟嘆，以爲才堪宰相。"《世說新語·文學》"晏聞弼名"劉孝標注引《王弼別傳》："弼之卒也，晉景帝嗟歎之。"也可作"歎嗟"，如南朝梁何遜《秋夕仰贈從兄寘南》詩："撫弦乏歡娛，臨觴獨歎嗟。"唐周繇《經故宅有感》詩："昔年埏埴生靈地，今日生人爲歎嗟。"宋代文獻傳承了這個詞項，詞形既有作"歎嗟"的，也有作"嗟歎"的。如曾鞏《上歐陽學士第二書》："及行之日，又贈序引，不以規而以賞識其愚，又歎嗟其去。"歐陽修編《新五代史》："世宗命舁仁贍至帳前，歎嗟久之，賜以玉帶禦馬，複使入城養疾。"倪天隱述胡瑗《周易口義》曰："齎咨者，嗟嘆之貌。出自目曰涕，出自鼻曰洟。上六居卦之極上，進無所往，引退無所適，當萃之時而又下無其應，是以嗟嘆而涕洟，以求其萃聚也。"宋代墓志雖只出現"歎嗟"一種詞形，但由於例證少，無法證明另一個詞形不能用，應該與宋代其他文獻一致，所以算作沒有變化的傳承。

三　宋代墓志中新見的複音詞

從宋代墓志中提取出的複音詞項如果在前代文獻中沒有發現用例，就看作宋代墓志新見的複音詞項。既然首見於宋代墓志，也就可以說它們沒有別的來源，應該是宋代墓志中新產生的。但"新產生"只是爲了便於描述而採取的相對說法，實際上它們未必就真是在宋代墓志中產生的。

在宋代墓志複音詞中，《漢語大詞典》收錄並以宋代書證爲首見的詞項有222個，《漢語大詞典》失收的詞項有303個，但把這兩部分詞語放入《四庫全書》電子文獻中進行檢索驗證，發現許多詞項已經見用於前代，實際上屬於宋代新見的複音詞項只有174

個。這説明在文言系統中，漢語的基本詞彙在宋代以前已經發展成熟，宋代墓志作爲仿古文言作品主要是傳承舊有詞彙，新增的詞彙並不多。

宋代墓志中新增的複音詞項包括兩種情況：一是新出現的詞語（同時是新詞項），即該詞語的原初義和詞形均於宋代首見而未見於唐以前的文獻；二是舊詞語出現新的義位（新義位合并表現形式而言就是新詞項）①，即該義位（詞項）所屬之詞的其他義位已經於前代出現，宋代墓志文獻中出現的新義位是從所屬之詞的已有義位中引申出來的。

（一）新出現的詞語

在新出現的詞語中，又分兩種情況：一是該新詞語采用了新的詞形，屬於新詞新義新形；二是新詞語借用了原有的其他詞語的形體，或該新詞語使用的形體恰巧與已有的某詞語形體相同，屬於新詞新義舊（同）形。

1. 新詞新義新形

這類新詞語的産生，大致有三類情況：（1）出現新事物，産生新詞語；（2）對應舊事物，産生新詞語；（3）對應舊詞語，産生新詞語。

（1）出現新事物，産生新詞語

社會生活、體制發生了較大變革，産生新的事物，需要用新的詞語來表達，從而引發了新詞語的産生。這類新複音詞數量在宋代墓志文獻中并不多，舉例如下：

【趙官家】宋《吳忠嗣墓志銘》："君曰：'此趙官家世界，汝何敢爾？'"其中的"趙官家"指大宋皇帝或大宋王朝。唐代所修《晋书·石季龙载记上》："官家難稱，吾欲行冒頓之事，卿從我乎？"宋司馬光纂《资治通鉴·晋成帝咸康三年》引此文，胡三省注云："稱天子爲官家，始見於此。西漢謂天子爲縣官，東漢謂天子爲國家，故兼而稱之。或曰：五帝官天下，三王家天下，故兼稱之。"盡管"官家"一詞作爲舊時對皇帝的稱呼已見於《晋書》，但"官家"之前加上姓氏表示相應的朝代卻始於宋朝，後來的文學作品中多使用"趙官家"一詞表宋朝。宋李幼武《宋名臣言行録別集·下卷十一》："州人甚愛之，見公舉事，咸歡呼鼓舞，以手加額曰：'複見趙官家有日矣。'"明施耐庵《水滸傳·第十九回》："眾人且住了舡聽時，那歌道：'打魚一世蓼兒窪，不種青苗不種麻。酷吏贓官都殺盡，忠心報答趙官家。'"清沈季友《檇李詩系·吳山懷古》："當日偏安遊翠華，殘山剩水趙官家。重陽樓閣遺香甕，試聽黃冠述夢華。"

【耆英會】宋《王尚恭墓志》："潞公集舊德之年高者爲耆英會。"是説宋文彥博留守西都洛陽時，集合年老士大夫十一人，聚會作樂，當時謂之"洛陽耆英會"。《宋詩記事·耆英會》："洛下衣冠愛惜春，相從小飲任天真。隨家所有自可樂，爲具雖微誰笑貧。不待珍羞方下筯，只將佳景便娛賓，庚公此興知非淺，蔡蕚終難作主

---

① 一般來説，詞項和義項、義位所指是等同的，詞項是從詞彙學角度而言的，義項是從詞典學角度而言的，義位是從語義學角度而言的，爲避免與本文的選取條目稱名——"詞項"發生混淆，凡從歷時角度分析時均采用"新義位"的説法。

人。"明沈自晉演其事爲《耆英會》傳奇，後亦以"耆英會"指年高有德者的集會。

(2) 對應舊事物，產生新詞語

某種事物已經存在，但以前沒有專門的詞語反映該事物，而是用其他的方式表述。到宋代，針對這一舊有事物創造專門詞語，從而產生了新的複音詞。如：

【應格】宋《何令孫墓志》："向所薦者淪亡且老，卒不應格。"宋《范子舟墓志》："舉者應格，而君不幸死矣。""應格"指"合格、符合標準"。古代爲官者，自身需要符合一定的資質才有資格舉薦他人做官，被舉薦的人也要經過考核，達到一定標準才能錄用。這種官吏舉薦制度自古有之，但并沒有專用詞語來指稱。宋代才對應此現象產生了"應格"的說法。宋葉夢得《石林燕語》記載："故事，臺官皆禦史中丞知雜與翰林學士互舉。其資任須中行員外郎以下，太常博士以上，曾任通判。人未歷通判，非特旨不薦，仍爲裏行。此唐馬周故事也。議者頗病太拘，難於應格。"該詞在宋代時期被頻繁使用，其他用例如歐陽修、宋祁等奉敕撰《新唐書·選舉志》："每歲五月頒格於州縣，選人應格則本屬或故任取選解，列其罷免善惡之狀，以十月會於省。"而《舊唐書》對應的文句中尚無"應格"一詞。元代以後，"應格"一詞仍被繼續使用，如《元史·崔彧傳》："臣等以爲中書樞密宜早爲銓定，應格者與之，不當與者明語其故，使去。"

【占籍】宋《王仲方墓志銘》："偕占籍曹南，後詔還新榆次以保之，府君遂君焉。"宋《穆氏先塋石表》："至君挈其帑益東，遂占籍於齊州之章丘縣。""占籍"指"上報戶口，入籍定居"，用今天的話來說，就是"落戶"。暫未發現宋代以前關於"落戶定居"的複音詞，"占籍"一詞的最早用例見於宋代，其他例證如宋梅堯臣《送韓欽聖學士京西提刑》詩："昔在漢家時，近親多占籍。"

【碑刻】宋《韓翼肯墓志》："下至詞賦、傳記、碑刻、卜筮之書，莫不涉獵，手抄而口誦之，無暇日。""碑刻"可以指碑帖，亦指有文字的碑石或以碑石爲載體的文獻，此例中指碑帖，主要針對碑石的字形書法而言。又如宋洪适《隸釋·漢石經〈論語〉殘碑》："觀遺經字畫之妙，非蔡中郎輩不能爲，以黃初後來碑刻比之，相去不啻霄壤，豈魏人筆力可到！"指有文字的碑石，如宋周密《武林舊事》："碑刻舊有《屏峰院記》《封山記》。"宋代金石學興起，文人學者對碑刻文獻開始關注，關於碑的論述漸多，盡管碑及"碑"的稱名於秦代已經出現，但"碑刻"一詞目前發現的最早使用年代是宋代。

【家釁】宋《魏延福墓志》："思求鄉薦，奈疊罹家釁，弗果進趨。""釁"本指血祭，引申指禍患、禍亂，如《後漢書·隗囂傳論》："夫功全則譽顯，業謝則釁生。""家釁"連用，特指"家庭內部的禍患"，即親人去世。"疊罹家釁"指接連不斷遭受親人去世的災禍。

【總角交】宋《潘子儀墓志》："與東萊呂先生爲總角交。既娶，生三子。""總角交"即我們今天所說的發小，指從小一起長大的好朋友，元代沿用，如元唐元撰《筠軒集·卷十》："余與君總角交，今皆爲六十人。"

（3）對應舊詞語，產生新詞語
某事物原有詞語表達，宋代又產生新詞語，新舊詞語構成同義詞關係。例如：

【填諱】宋《沈忞墓志》："振叔濡血實書於石而納諸壙，表兄章炬填諱。"宋《陳璩壙記》："表弟免解進士申屠大安寘諱。""寘"與"填"同屬"端"紐，音義相同，"寘諱"即"填諱"。舊時子孫爲祖先撰寫行狀碑志等文字時請人代寫祖先名號，稱填諱。又如宋周必大《跋初寮王左丞贈曾祖詩》末題"通直郎田橡填諱"。而唐人稱題諱，如唐貞元十五年《徐浩碑》，張式撰，浩次子峴書，碑尾有"表侄前河南府參軍張平叔題諱"一行。

【曾祖考】宋《司馬褰墓志銘》："曾祖考諱某，妣某氏。""曾祖考"指曾祖，即祖父的父親，在宋代以前多用"曾祖""曾祖府君"，宋代墓志文獻中首見"曾祖考"的説法，又如宋《朱弼墓志》："世居永嘉珍溪之原。曾祖考旺，曾祖妣周氏。"在宋代墓志文獻中，多用"曾祖（考）""祖（考）""考"或"大王父""王父""父"兩類固定用詞來指稱自己去世的曾祖、祖父和父親。

【康穴】宋《韓傅母時氏改葬志》："奉所生母柩葬於崇福院之東、九兄所生母艾氏墓圍内之康穴云。""康穴"即對墓穴的婉稱，唐代美稱墓穴之詞爲數衆多，如"窀穸、玄穸、厚穸、穸室、穸堂、泉室、泉堂、泉宫、泉房、壽宫、玄宫、玄房"，到宋代數量減少，對"窀、穸、泉、堂"等唐代高頻用字不再大量集中使用，而是開始使用其他稱名來指稱墓穴。

【溫礎】宋《司馬池碑銘》："琢此溫礎，永識端良。""溫礎"指碑石，唐代以來對墓碑的美稱數不勝數，如"翠版、翠礎、翠碣、翠銘、翠琬、翠石、翠琰、青琬、綠礎、玄礎、玄石、玄琬、玄琰、紺琬、方瑶、片石、片碣、方磚、芳琬、芳石、貞礎、貞碣、貞珪、貞瑶、貞史、貞琬、豐珪、豐銘、豐琬、豐石、圓石、高碣、堅石、金石、瑶版、琬石、彤瑜、陰版、陰石、窆石、沈礎、沈石、沈版、幽礎、幽石、泉碑、冥志、墓版、墳版、碑版、碱砆、瑶礎、石銘、銘石、銘志、琬琰、琬石"，使用"礎"做稱名有見，用"溫"來修飾少有，大部分是用色彩（玄、翠、綠）、品質（貞、方、高、堅）、形狀（方、片）等來修飾。

【少吝】宋《吴玠墓碑》："既貴而自奉之約，不逾平時。至推以予士，不少吝，故家無貲，而至無宅而居。嗚呼！雖古名將，何加焉？""少吝"在該墓碑文中的含義是"爲人小氣，不舍得錢財"，在宋代之前表達"過分愛惜己之財物，當用而不用"之義通常用"吝嗇"一詞，如《三國志・魏志・曹洪傳》："洪家富而性吝嗇。"宋代及至今沿用"吝嗇"一詞，如《朱子語類》卷七一："六五居尊位，卻如此敦本尚儉，便似吝嗇。"但宋代另又產生了"少吝"一詞，宋代以降此詞的用法不變，繼續用來比喻人品、性格，如：

《新唐書・裴行儉傳》："軍吏趣跌盤碎，惶怖叩頭流血。行儉笑曰：'爾非故也。何至是色？'不少吝。帝賜都支資產、皿金三千餘物，橐馳馬牛稱是，行儉分給親故泊麾下，數日輒盡。"

《宋史・黄震傳》："自奉儉薄，人有急難，則周之不少吝。"

《明文海》第四三〇卷：“凡婚、喪、貧、困與夫鰥、寡、孤、煢之弗克振者，輒賑恤之，無少吝，其爲人大率類此。”

【畏暑】宋《顯達塔銘》：“惟以口誦法華梵綱，雖祁寒畏暑，時無輟焉。”“畏暑”在本句中作名詞，表示“酷熱”。與“畏暑”並列使用的“祁寒”一詞出現比較早，一直是表示“嚴寒”之義。《尚書·君牙》：“冬祁寒，小民亦惟曰怨咨。”蔡沈《集傳》：“祁，大也。”南朝·梁·沈約《梁明堂登歌·歌黑帝》：“祁寒坼地，暑度回天。”《金史·宣宗紀中》：“京師丐食死於祁寒。”宋代之前，有用“酷暑”表示炎熱義的，如唐李洞《題竹溪禪院》詩：“鳥觸翠微濕，人居酷暑寒。”“畏暑”與“酷暑”同義，最早出現於宋代。宋代與此同義的複音詞還有“烈暑”，而且使用更廣泛，如《新唐書·薑確傳》：“行本性悎敏。所居官，雖祁寒烈暑無懈容。”宋王讜《唐語林·補遺四》：“每盛夏烈暑，乃肉袒以自負。”宋陸游《暑夜泛舟》詩之二：“烈暑元知不可逃，天將清夜付吾曹。”

【保妊】宋《顯達塔銘》：“母始保妊時，每兆熊羆。”“保妊”指懷孕，“妊”也可寫作“姙”。這個意義在宋代以前已有“妊娠”一詞，如漢荀悅《漢紀·成帝紀二》：“后姊安平侯夫人謁等爲后求媚道，呪詛後宮妊娠者。”宋代除新產生“保妊”一詞外，也傳承使用“妊娠”，如北宋張齊賢《洛陽縉紳舊聞記·衡陽縣令周妻報應》：“周舊畜婢數人，內二人妊娠。後妻每加以他事鞭撻之，無虛日。”

2. 新詞新義舊形

有些宋代新產生的複音詞，可能跟前代已有的某個詞或短語形體相同，但由於彼此意義無關，各自產生的途徑不同，我們不把宋代的詞語看作前代詞語的傳承使用，而看作跟前代詞語同形的不同詞位。例如：

【示化$_1$】宋《顯達塔銘》：“於大觀三年十二月始三日，儼然示化正寢，享年九十二。夫貴賤壽夭，天也。賢者必貴，仁者必壽，師兼得之。嗚呼！其生兮若浮萍，其死兮若流水。臨終不昧，獲悟真如。逝化昭明，定超覺地。粤大觀四年閏八月十五日，本師柩葬於河南府洛陽縣杜澤村原先塋之次，禮也。”此例中“示化$_1$”意義等同於“逝化”，可以看作後者的異形詞。宋代以前已有“示化$_2$”一詞，多指“啟示化導”，與此“示化$_1$”表“逝去”義無關，如唐元稹《大雲寺二十韻》：“示化維摩疾，降魔力士勳。聽經神變現，説偈鳥紛紜。”後晉《舊唐書》卷八十九：“故知聖人之道隨緣示化，方便之利博濟良多。”可見“示化$_1$”雖然跟“示化$_2$”同形，但分別承載的是意義無關的兩個詞位，所以“示化$_1$”可以看作宋代新產生的詞。

【愛親$_1$】宋《丁寶臣墓表》：“與諸學士群居怐怐，人皆愛親之。”此篇墓志文爲歐陽修所寫，其中“愛親$_1$”指“愛昵親近”，用例又可見其另一篇墓志文《永春縣令歐君墓表》：“乾德之人，初未識學者，見此三人，皆尊禮而愛親之。”而“愛親”連用的形式在宋代以前早已存在，有兩種用法，通常表示愛親屬義，這樣的“愛親$_3$”應該算作詞組，如《國語·晉語一》：“自桓叔以來，孰能愛親，唯無親，故能兼翼。”《孝經·天子》：“愛親者不敢惡於人，敬親者不敢慢於人。”《漢魏六朝百三家集》："生，事以禮；死，葬以禮；愛親有王祥之孝，同氣有薑肱之睦。"也有指受愛昵的亲属的用法，這樣的"愛親₂"已經詞彙化爲名詞了，如《漢書·文三王傳贊》："梁孝王雖以愛親故，王膏腴之地，然會漢家隆盛，百姓殷富，故能殖其貨財，廣其宮室車服。"顔師古注："太后愛子而帝親弟，故曰愛親。"名詞義的"愛親₂"與"愛親₁"複合成詞的方式不同，應該看作兩個同形的不同詞位。"愛親₂"是漢代就有的，"愛親₁"是宋代新産生的。

【誕節₁】宋《惠潤塔銘》："會紹天皇帝誕節，試天下僧尼童，而師以誦經得度。""誕節₁"指"帝王的生日"，《漢語大詞典》引宋洪邁《容齋隨筆·誕節受賀》："誕節之制，起於明皇。"但目前見到的"誕節₁"一詞的最早用例爲宋代文獻，即使起於唐代，也只能把它暫時看作名源或事源，而不能看作唐代已産生該詞。漢魏時已經出現"誕節₂"，但表達的是另一個義爲"放縱不羈"的詞位，《前漢書·敘傳下》："陳湯誕節，救在三惡。"顔師古注曰："誕節，言其放縱不拘也。"宋代産生的"誕節₁"與漢代已有的"誕節₂"同形而異義。

【末士₁】宋《劉漢遇墓志》："載淹中末士，稷下微人，忘思鵬翼之程。""末士₁"指淺薄平庸的讀書人，後期用例如清姚鼐《複秦小峴書》："天下之大，要必有豪傑興焉，盡收具美，能袪末士一偏之蔽，爲羣材大成之宗者。"但在漢魏時期，由於"末事"之"事"曾借用"士"字，所以"末士₂"成爲"末事"的異形詞，指"不足道的小事"，如《文選·潘嶽〈秋興賦〉》："感冬索而春敷兮，嗟夏茂而秋落。雖末士之榮悴兮，伊人情之美惡。"呂延濟注："草木榮悴，誠爲末事，且猶有感，況惟人情善惡乎！"清黃景仁《城南晚步》詩："山邱忽零落，顧影馳暉飄。所以古先哲，相勉唯濁醪。無爲末士感，永貽來世嘲。"就是襲用了《秋興賦》的"末士₂"。

【體量₁】宋《王拱辰墓志銘》："以公爲體量安撫史。"該"體量₁"爲官職稱名的一部分，分離出來的詞義實指"體察衡量、親自考察"，如《宋史·仁宗紀四》："（嘉佑六年）七月乙酉，泗州淮水溢。丙戌，詔淮南、江、浙水災，差官體量蠲稅。"宋代以前有"體量₂"，指"稟性"或"氣量、器度"。"稟性"義的用例如：三國吳韋昭《吳書》："吳王體量聰明，善於任使，賦政施役，每事必咨。"《世說新語·言語》"滿奮畏風"劉孝標注引晉傅暢《晉諸公贊》："奮（滿奮）體量清雅，有曾祖寵之風。""氣量、器度"義的用例如：《舊唐書·高瑀傳》："瑀性寬和，有體量，爲官雖無赫赫之譽，所至皆理，尤得士心，論者美之。"表"稟性""氣量"義的"體量₂"讀"tǐ liàng"，表"親自考察"義的"體量₁"讀"tǐ liáng"。前者的"體"指本體、本性，"量"指容量；後者的"體"指親身、親自，"量"指丈量、衡量。兩者的語素義和組合方式都不同，詞義之間沒有引申關係，所以宋代的"體量₁"不同於前代的"體量₂"，屬於新産生的同形詞。

【儀度₁】宋《任顗妻王氏墓志銘》："母柔婉誠孝，動成儀度，機識精鑒。"又宋曾鞏《光祿少卿晁公墓志銘》："閭丘夫人爲身治家，皆應儀度。"其中的"儀度₁"指"禮儀法度"。而漢代有"儀度₂"，指用來測算日月星辰行度的渾天儀的度數，實際上是個詞組，如《東觀漢記·明帝紀》："登靈臺，正儀度。"《後漢書·律歷志中》："當據儀度，下參晷景。"這是宋代的新詞與前代的詞組同形。

【亡過$_1$】宋《羅再昌買地券》："一買以後，永［歸］① 亡過人羅再昌、羅懷間爲住宅。"其中的"亡過$_1$"指"亡故，去世"，此義後代有沿用，如元秦簡夫《剪發待賓》第三折："想你那父親亡過，若不是老身，豈有今日也呵。"前代文獻中也有"亡過$_2$"，指"逃亡、經過"，實際上是連動式的詞組，如《史記·鄭世家》："七年，晉文公秦穆公共圍鄭，以其無禮於文公亡過時及城濮時鄭助楚也。"這也是宋代的新詞跟原有的詞組同形。

【謹立$_1$】宋《丁寶臣墓表》："君爲人，外和怡而內謹立，望其容貌進趨，知其君子人也。"其中的"謹立$_1$"指品性方面嚴守立身爲人之道。前代文獻中也能查到"謹立$_2$"，義爲謹慎地建立，也是詞組，如梁沈約《宋書·律曆志下》："敢率愚瞽，更創新曆。謹立改易之意有二，設法之情有三。"可見"謹立$_1$"屬新詞，"謹立$_2$"爲原有詞組，兩者表面同形，實際沒有關係。

（二）新出現的義位

一個詞項負載一個義位，同一個複音詞可以有不同的義位，也就有不同的詞項。在宋以前某詞已經出現了其他義位，在宋代墓志文獻中又發現在已有義位基礎上引申出的新義位，也就可以看作產生了新的詞項，但它們屬於同一個詞。這種情況跟上面沒有意義關係的不同詞是不一樣的。例如：

【嗣子$_1$】宋《李千墓志》："嗣子二人：大男……，次男……。"宋代墓志文獻中有15個這樣的"嗣子$_1$"，都指嫡生兒子，即包括長子在內的所有親生兒子。前代文獻中另有"嗣子$_2$"，意義指法定繼承父親地位的兒子（一般是嫡長子）。如《左傳·哀公二十年》："趙孟曰：'黃池之役，先主與吳王有質，曰：好惡同之。今越圍吳，嗣子不廢舊業而敵之。'"杜預注："嗣子，裏子自謂。"《史記·五帝本紀》："堯曰：'誰可順此事？'放齊曰：'嗣子丹朱開明。'"《漢書·高后紀》："今欲差次列侯功以定朝位，臧于高廟，世世勿絕，嗣子各襲其功位。"唐韓愈《唐故檢校尚書左僕射右龍武軍統軍劉公墓志銘》："子四人：嗣子光祿主簿繼，學於樊宗師，士大夫多稱之；長子元一……次子景陽、景長，皆舉進士。"清王應奎《柳南隨筆·嗣子》："又〔昌黎〕《節度使李公墓志銘》云：'公有四子，長曰元孫，次曰元質，曰元立，曰元本。元立、元本皆崔氏出。葬得日，嗣子元立與其昆弟四人請銘於韓氏。'昌黎所謂嗣子，與《漢書》正同，皆所謂嫡長子也。蓋庶出之子，雖年長于嫡出，而不得爲嗣子。""嗣子$_2$"與"嗣子$_1$"有意義聯繫，後者實際上是前者的引申義，所以應該看作同一個詞的不同義項，也就是意義互有關聯的不同詞項，詞項"嗣子$_1$"是宋代新產生的。

【淹殡$_1$】宋《余戩墓志》："將考妣淹殡於村西。"這個"淹殡$_1$"是"埋葬"的

---

① 該買地券釋文作者按："刻文中永亡二字間，疑漏'歸'字。"

意思，應該引申自前代的"痷瘵$_2$"。"痷瘵$_2$"本指病不太重、時臥時起的樣子，揚雄《方言》卷二："自關而西，秦晉之間，凡病而不甚曰痷瘵。"郭璞注："病半臥半起也。"引申指不動貌，《廣韻·入業》："痷瘵，不動貌。"又由"不動"引申爲"死亡"，再由"死亡"引申出"埋葬"。這個引申過程比較曲折，所以把"痷瘵$_1$"與"痷瘵$_2$"看作兩個詞也未嘗不可。

【一旦$_1$】宋《司馬浩墓表》："相地爲新墓，稱家之有無，一旦悉舉而葬之。"宋《吳忠嗣墓志銘》："祖先勳業，著在盟府，忍一旦墜地耶。"其中的"一旦$_1$"指"很短時間內"，相當於"一下、一下子"。這個義項應該來源於前代的"一旦$_2$"，"一旦$_2$"意義比較實在，指"一朝"或"一天"，有比較確定的時間，如《戰國策·燕策二》："伯樂乃還而視之，去而顧之，一旦而馬價十倍。"《史記·晉世家》："一旦殺三卿，寡人不忍益也。"漢王充《論衡·程材》："一旦在位，鮮冠利劍；一歲典職，田宅並兼。""一朝"或"一天"都是短時間，所以宋代引申出新的義項，從而產生新的詞項"一旦$_1$"。

【執中$_1$】宋《解賓王墓志銘》："是時陳榮公執中，爲天章閣待制、京東安撫使。至邑，上公治狀，天子嘉之，就遷著作佐郎。"這個"執中$_1$"指凌駕各方之上的官員考察和協調各方政事，有執掌公權、主持公道、評騭地方官員的意思。這個意義可能來源於斷獄公平的"執中$_2$"，見於《韓詩外傳》卷二："聽獄執中者，皋陶也。"斷獄時對訴訟雙方主持公平、不偏不倚，跟考察和評判各地方官員的公斷行爲相似，故可引申。

宋代墓志文獻中的新詞語、新義位不是太多，但仍然值得重視，它們體現了漢語詞彙發展的新質要素和基本規律。從實際材料看，宋代新產生的複音詞項主要是新詞，占65%，引申出的新義只占35%；主要是雙音節詞，占98%，多音節的很少；主要是實詞，占96.8%，虛詞罕見；主要是合成詞，占97.6%，單語素複音詞只有幾個；絕大多數是單義詞，墓志中使用多義的詞有十來個；新產生的詞項使用頻率都較低，只有兼表男女的"曾孫$_2$"（相對于專指"孫子的兒子"的"曾孫$_1$"而言是新詞項）使用了20次以上。這些情況跟漢語詞彙發展的總趨勢是基本一致的。

論"典故詞"的詞典處理[1]
——以《辭源》"射"字頭爲例

關於"典故"和"典故詞",典故詞的"典源"和"典面","典故詞語"與"成語"等的關係,以及典源如何形成典面、如何編撰典故詞典、如何解釋詩文中的用典等理論問題,都有不少論述。[2] 本文在既有成果基礎上,結合《辭源》[3] "射"字頭下有關典故詞的釋文缺憾,重點論述詞典處理"典故詞"應該注意的一些問題,同時關注"典故詞"跟"用典"的區別,爲詞典編纂收錄解釋典故詞提供參考。

一

所謂"典故詞"是指由典籍中故有的某個事件或語段通過變異而形成的詞,變異前的事件或語段就是變異後的典故詞的"典源"。典故詞除了必須有典源外,還得具有"典面"(與典源相關的語符形式)、"典義"(與典源相關而與典面字詞原義不同的意義)和"典例"(隱去典源而出現典面的用語)。不具備這些特點和要件,就不能算典故詞,即使作爲典故使用,也只能算修辭用典或引用典故而不是典故詞的運用。例如《左傳·哀公十六年》記載過一個故事,説春秋時楚有勇士姓熊名宜僚,居於市南,因號市南子。楚白公勝謀作亂,將殺令尹子西。白公以宜僚勇士,可敵五百人,遂遣使請他幫助。宜僚正上下拋弄鐵丸,既不爲利誘,又不爲威惕,終不從命。白公不得宜僚,亂事未成。白公、子西兩家之難因此化解。後來許多書提到此事,但不一定都是典故詞。例如:

《莊子·徐無鬼》:"市南宜僚弄丸,而兩家之難解。"
唐盧照鄰《五悲·悲人生》:"請弄宜僚之丸,以合兩家之美。"
元無名氏《隔江鬥智》第二折:"怕只怕母兄上別了情,愁只愁夫妻上傷了美,從今後做了個弄丸的宜僚,我只從中兒立直,著他兩下裏干戈再不起。"

---

[1] 本文原載《中國语言学》第6輯,北京大學出版社2012年版。
[2] 參見羅積勇《用典研究》,武漢大學出版社2005年版。郭蓉:《典故研究文獻綜述》,《上饒師範學院學報》2006年第1期。
[3] 廣東、廣西、湖南、河南辭源修訂組,商務印書館編輯部編,《辭源》(修訂本)1—4,商務印書館1979年(第一冊)、1980年(第二冊)、1981年(第三冊)、1983年(第四冊)。

上面幾例出現了"宜僚""弄丸""兩家之難解"（合兩家之美、兩下裏干戈再不起）等信息符號，基本上是《左傳》故事的複述，關聯典故的詞語不單一，"弄""丸"只是其中的兩個要素，而且用的都是字面原義，沒有變異出新的意義，所以沒有產生典故詞，只能算修辭用典。典故詞出自典故，但不是典故原意的直接引用或間接暗用。典故詞必須用比原典簡潔得多的語詞形式來表達比字面意義更豐富或跟原典語意不相同的內容，因此典故詞的使用不會出現原典的真實語境。例如下面的"弄丸"就不再是用典，而演變成了典故詞：

宋劉弇《龍雲集·感遇二十首》之十四："射戟與弄丸，解紛竟勞神。"

句中的"弄丸"和"射戟"都是典故詞，因爲它們具備了可考的典源（"射戟"的典源見下文）、變異的典義（詞義不限於"弄丸"和"射戟"本身，而是指象宜僚和呂布那樣用特殊的方式居中調解）、精簡的典面形式和隱源的典面用例。

沒有形成典故詞的"典故"不宜作爲詞目收入《辭源》之類的普通語文詞典（專門的典故辭典另論），而《辭源》于此有處理失當者。例如：

【射虱】《列子·湯問》："紀昌者，又學射於飛衛。……昌以犛懸虱於牖。南面而望之，旬日之間，浸大也；三年之後，如車輪焉。以覩餘物，皆丘山也。乃以燕角之弧、朔蓬之簳射之，貫虱之心，而懸不絕。"言射藝之精，雖微細如虱亦能射而必中。

編者"言射藝之精，雖微細如虱亦能射而必中"解釋的是上面所引的文意或者故事意。這個故事有沒有成爲典故詞"射虱"，要看有沒有"射虱"作爲典故詞的用例，我們沒有找到這樣的用例。文獻中的"射虱"都是處於事件中的原義，所以"射虱"不宜作爲典故詞收釋。這個故事倒是產生了另一個典故詞：

聖處分明世鮮知，古人豈是異肝脾。謂鼇可釣無傳法，視虱如輪有悟時。（宋·劉克莊《答陳楸伯二首》其二）

例中"視虱如輪"就是由紀昌學射的故事精簡變異而成的詞語，義指像紀昌學射一樣苦練基本功，全神貫注於某一事物，自然會有感悟成功的時候。

典故詞也包括由典制形成的具有特定含義的詞。典制不是一件具體的人事，而是某種包含若干活動的制度，如果從某項制度中提煉出某個活動情節作爲語符形式用以代指這個制度，那就成了典故詞。例如《辭源》：

【射牛】古時帝王祭天地宗廟，必親自射牛以示隆重。《國語·楚》下："天子禘郊之事，必自射其牲。……諸侯宗廟之事，必自射牛、刲羊、擊豕。"《史記·封禪書》："上（武帝）與公卿諸生議封禪。封禪用希曠絕，莫知其儀禮，而羣儒采封禪

《尚書》《周官》《王制》之望祀射牛事。"

　　《辭源》的兩段話都沒有引全，但大體不影響"射牛"的字面意義，它們以本來的意義處於敘述歷史制度的語境中。這種情況下的"射牛"還不是典故詞，因爲它並沒有代指這個制度。而到宋代秦觀的《淮海後集》卷一《進南郊慶成詩》"路寢前齋玉，清宮復射牛"詩句裏，"射牛"指按照制度由君王親射以行祭祀，這才成爲典故詞。可惜《辭源》只收了"射牛"這個典故詞而沒有提供"射牛"的典義和典例。

二

　　運用典故詞不能出現典源，但詞典收錄典故詞則必須解釋典故詞的典源。《辭源》對典故詞的典源一般都作了交代，但交代典源時有的張冠李戴，有的把修辭用典當作典源，從而掩蓋了典故詞的真正典源，這是值得注意的。例如：

　　【射潮】相傳五代吳越王錢鏐築捍海塘，怒潮洶湧，版築不成。鏐於是造竹箭三千，在疊雪樓命水犀軍架強弩五百以射潮，迫使潮頭趨嚮西陵，遂奠基而成塘。又建候潮、通江等城門，置龍山、浙江兩閘，以阻江潮入河。見宋孫光憲《北夢瑣言》。又蘇軾《分類東坡詩》二四《八月十五日看潮》之五："安得夫差水犀手，三千強弩射潮平。"參閱清吳任臣《十國春秋》七八《武肅王世家》下。

　　編者敘述"射潮"的典源後，注明"見宋孫光憲《北夢瑣言》"，但查《北夢瑣言》，無錢鏐射潮事。實際上，錢鏐射潮事始見於宋范坰、林禹所撰《吳越備史》，但文作"射濤"，"射潮"之文則見於《宋史·河渠志》。然兩者都記敘簡略，沒有"三千竹箭"之類的細節。編者所述當據清人吳任臣的《十國春秋》，而《十國春秋》正文也沒有這些細節，實際上是吳任臣自注中引用《昭勳錄》中才有詳細記載。所以就典源來說，當出自《吳越備史》，就編者的敘述來說，當據《昭勳錄》，而詞條釋文張冠李戴，全弄錯了。再者，用"又"將蘇軾的詩跟《北夢瑣言》併列，意思是錢鏐"射潮"這個典故詞也源於蘇軾《八月十五日看潮》詩。其實蘇軾詩中的"射潮"雖然不是典故詞，但也屬於修辭用典，並不是典源。就典源而言，這兩句詩包含着兩個歷史故事，作者把它們巧妙地联系在一起，表達人定勝天的願望。前句"夫差水犀手"的故事，出自《國語·越語》："今夫差衣水犀之甲者亿有三千"，因而战胜越國，成为一時霸主。"三千強弩射潮平"的故事，出自上述《昭勳錄》。由於兩件事都有"水犀軍"，所以詩人把它們巧妙地融爲一體。其中的"射潮"處於"三千強弩射潮平"的事件中，用的仍然是字面原義，沒有變異爲新的詞義，所以只能算用典而不能算典故詞。蘇軾《東坡全集·表忠觀碑》"強弩射潮，江海爲東"也是用整個句子來敘述錢鏐射潮事件的，"射潮"本身尚未成爲可以獨立代表整個事件的典故詞，所以也屬於用典。作爲用典，不能算是典源。

　　《辭源》不僅有典源出處錯指或把用典當典源的，也有把典故詞當典源的情況。這是因爲有的典源不明顯，甚至明確叙述典源的文字記載後出。如：

【射鈎】春秋時齊襄公昏亂，其弟糾奔魯，以管仲、召忽爲傅；小白（桓公）奔莒，鮑叔爲傅。襄公死，糾與小白爭入齊爲君。在路，管仲射中小白衣帶之鈎。小白先入，得爲君。迫魯人殺糾，俘管仲。桓公不記舊仇，任仲爲相，終成霸業。事見《左傳·僖公二十四年》、《史記·齊世家》。後來詩文中因以射鈎指稱管仲。《文選》晉劉越石（琨）《重贈盧諶》詩："重耳任五賢，小白相射鈎。"

釋者說"射鈎""事見《左傳·僖公二十四年》《史記·齊世家》"，實際上《左傳》僖公二十四年既非事件的發生時，亦非事件的記載處。僖公二十四年原文記載的是寺人披欲爲晉文公效力的故事，寺人披用齊桓公不記管仲射鈎之仇的故事諷喻晉文公不該記自己的仇，其中只有一句"齊桓公置射鈎而使管仲相"的話，顯然這裏並非叙述故事發生時的境況，"射鈎"已經不限於字面意義，而是指代了管仲爲公子糾射殺公子小白而中其衣帶鈎的事件，說明已經是作爲典故詞在使用了。那麽這個典故詞的源在哪裏呢？應該在《左傳》莊公八年和莊公九年，那是發生射鈎事件的年份。但那兩年的《左傳》原文很簡略，只記載了小白兄弟爭位，管仲失敗被囚後被拜相的情節，沒有出現"射鈎"的具體過程。明確叙述射鈎事件的是《管子·小匡》，文曰："桓公自莒反於齊，使鮑叔牙爲宰。鮑叔辭曰：'……夫管子，民之父母也，將欲治其子，不可棄其父母。'公曰：'管夷吾親射寡人，中鈎，殆於死，今乃用之，可乎？'鮑叔曰：'彼爲其君勤也，君若宥而反之，其爲君猶是也。'"更詳的記載則見於《史記·齊太公世家》："初，……群弟恐禍及，故次弟糾奔魯。其母魯女也。管仲、召忽傅之。次弟小白奔莒，鮑叔傅之。小白母，衛女也，有寵於釐公。小白自少好善大夫高傒。及雍林人殺無知，議立君，高、國先陰召小白於莒。魯聞無知死，亦發兵送公子糾，而使管仲別將兵遮莒道，射中小白帶鈎。小白詳死，管仲使人馳報魯。魯送糾者行益遲，六日至齊，則小白已入，高傒立之，是爲桓公。桓公之中鈎，詳死以誤管仲，已而載溫車中馳行，亦有高、國內應，故得先入立，發兵距魯。……乃詳爲召管仲欲甘心，實欲用之。管仲知之，故請往。鮑叔牙迎受管仲，及堂阜而脫桎梏，齋祓而見桓公。桓公厚禮以爲大夫，任政。"整個事件有始有終了。《左傳》莊公八、九年雖然沒有出現"射鈎"字面，但跟《管子·小匡》和《史記·齊太公世家》所記爲同一件事，其中略去了射鈎的過程而已，《左傳·僖公二十四年》的"射鈎"指的就是莊公八、九年發生的這件兄弟爭位、君臣仇遇的故事，所以《左傳》莊公八年九年所記的事件應該看作《僖公二十四年》"射鈎"一詞的典源，而這個典源需要《管子》《史記》等後世文獻的補充和印證。

可見，準確判斷典故詞的典源並不是一件容易的事。如果某個典故詞的典面關涉幾個不同的事件，那辨析典源就更加複雜。例如：

【射石飲羽】相傳春秋楚熊渠子夜行，見大石橫臥，以爲伏虎，張弓射之，箭頭入石，陷沒箭上的羽毛。見《韓詩外傳》六、漢劉向《新序·雜事》四。一說養由基射兕，中石飲羽。見《呂氏春秋·精通》。又漢李廣、北周李遠也有類似的傳說。

見《史記》、《周書》本傳。後以射石飲羽喻用心精誠或功力深湛。唐李白《李太白詩》六《豫章行》："精感石沒羽，豈云憚險艱。"參閱漢王充《論衡·儒增》。

從指稱典故本身的典故詞本義而言，應該是一典一源的，每個源的具體事件不同，所指當然也不同。例如清無名氏《杜詩言志》卷三："李廣終身不侯，而能射石飲羽，藉以爲喻，其所以吐胸中之氣而置生平之怨毒者，兩爲精當也。"這個"射石飲羽"特指《史記》所載李廣射石飲羽的故事①，不是說李廣具有隨時隨地能射石飲羽的本事，這與其他幾位的事蹟無關，因而它的典源只能是《史記》而不可能是其他。但不同的典故可能具有相同的喻義或引申義，所以也存在把幾個類似的典故合起來提煉典故詞面而產生典故詞的現象，這就是所謂一典多源，本條大致取此意。其說源自東漢王充《論衡·儒增》："儒書言：'楚熊渠子出見寢石，以爲伏虎。將弓射之，矢沒其衛。'或言：'養由基見寢石，以爲兕也，射之，矢飲羽。'或言李廣。"②這個故事的關鍵意義在誤石爲真虎（兕）因而全神貫注以射，無意間使箭羽沒入石中，一旦知道是石，心就不"誠"了，再也射不進了。說明心誠神振，爆發力大。後來的成語"精誠所至金石爲開"以及本條所引李白詩"精感石沒羽"③等都是扣住了"精誠"和"爆發力"這個源意的。至於本來想射的對象是虎、是兕，射手是熊渠子還是養由基或者李廣，並不重要。所以王充在舉出儒書三言後接着說："或言沒衛，或言飲羽，羽則衛，言不同耳，要取以寢石似虎、兕，畏懼加精，射之入深也。"④清代趙翼在《陔餘叢考》中又增加一人："射石沒羽有四人。《呂氏春秋》：養由基射虎中石，矢乃飲羽。《韓詩外傳》：楚熊渠子夜行，見石，以爲伏虎而射之，沒金飲羽，下視乃知其爲石也。《史記》：李廣爲北平太守，嘗出獵，見草中石，以爲虎也，射之，中石沒矢，視之石也。他日再射，終不入矣。《北史》：李遠出獵，有石在叢薄中，疑爲伏虎，射之，鏃入寸餘，視之乃石。"《辭源》據此爲"射石飲羽"列舉了四個源，而將《北史》改爲《周書》。《周書·李遠傳》："（遠）嘗校獵於莎柵，見石於叢蒲中，以爲伏兔，射之而中，鏃入寸餘，就而視之，乃石也。"其實《北史》所載李遠射石事，原文也是疑爲"伏兔"，《陔餘叢考》誤引爲"虎"。如果李遠以爲石頭是兔子，大概不需要高度緊張吧，因而只是"鏃入寸餘"，并沒有"飲羽"或"沒羽"，更沒有發現是石後再射石不入的情節，可見這個故事是對前幾個故事的不準確的套用，沒有強調精誠引起的爆發力，跟"射石飲羽"作爲典故詞的意義（用心精誠）不太相合，不一定要算作"射石飲羽"的典源。

---

① 《史記·李將軍列傳》："廣出獵，見草中石，以爲虎而射之，中石沒鏃。視之石也。因復更射之，終不能復入石矣。"裴駰集解引徐廣曰：'沒鏃'一作'沒羽'"。

② "熊渠子"事見《韓詩外傳》卷六："勇士一呼而三軍皆避，出之誠也。昔者楚熊渠子夜行，見寢石以爲伏虎，彎弓而射之，沒金飲羽，下視知其石也，因復射之，矢躍無跡。熊渠子見其誠心，金石爲之開，而況人乎？夫倡而不和，動而不償，中心有不合者矣。""養由基"事見《呂氏春秋·精通》，原文爲："養由基射先，中石，矢乃飲羽，誠乎先也。""先"或作"兕"。《精通》篇旨也在說明"精誠所至，金石爲開"的道理。

③ 所舉李太白詩"精感石沒羽"，沒有出現典面"射石飲羽"，實際上只能算用典，還不具備典故詞的資格，因而不能算典故詞"射石飲羽"的典型用例。

④ 王充《論衡·儒增》。

三

　　典源不是典故詞，交代典源也不等於解釋典故詞的詞義。提供典源是爲理解典故詞詞義服務的。典故詞義有兩種，一是典故本義，即用跟典故相關的某個詞（典面）代指典故本身。這個詞指代某個特定的典故，字面上卻不出現典故的所有要素，也不需要語境提供其他典故信息，說明它的詞義超出了字面內容，所以成了典故詞。二是典故引申義，或指代跟典故相關的人物，或隱喻跟典故類似的事情，或表示由典故產生的形狀特徵等。有的典故詞只有本義，有的典故詞既有本義也有引申義。作爲詞典辭書，對典故詞的解釋，除了典源，都應該明確典故詞不同於典故中字面原義的新詞義，並且提供典故詞用例。①《辭源》在這方面頗有欠缺，很多典故詞只有典源，沒有典故詞義和典故詞例。如上述"射潮"除了典源錯誤外，就沒有提供典故詞義和典故詞例。實際上"射潮"有典故詞的用法，例如：

　　　　射潮之鐵箭沉沙，䉼浙之艅艎遺石。（元沈夢麟《花溪集·清平山賦》）

　　這個"射潮"就不再是字面意義的射潮了，而是代指錢鏐築塘射潮的整個典故，具有了特定含義，所以可列舉爲表示典故本義的典故詞用例。

　　《辭源·寸部》"射"字頭下還有如下典故詞也缺少典故詞義和典故詞例，我們可以爲它作出增補：

　　【射天】相傳殷武乙、紂王、宋康王都曾用革囊盛血，懸而仰射，名爲射天，以示威服鬼神。見《史記·殷本紀》武乙、《宋微子世家》、《龜策傳》紂、《戰國策》宋衞。

　　作爲典故詞，當補典義：後用以指代君王射天般的血腥暴行。并補典例：《梁書·武帝紀上》："至於悖禮違教、傷化虐人，射天彈路，比之猶善。"其中的"彈路"字面意義指以彈丸彈射路人，這裏也是典故詞，事見《左傳·宣公二年》："晉靈公不君。厚斂以彫牆；從臺上彈人，而觀其辟丸也。"後提煉出"彈路"一詞指代晉靈公的暴虐行爲。

　　【射日】古代神話。堯時，十個太陽並出，曬枯禾稼草木，民無所食。堯使羿射落九個太陽，爲民除害。見《淮南子·本經》。參見"十日"。

　　今按，《淮南子·本經訓》："逮至堯之時，十日並出，焦禾稼，殺草木，而民無所食……［堯乃使羿］上射十日。"《辭源》用叙述語言交代典源，未嘗不可，但其中沒有

---

① 郭蓉："通常情況下，典故辭典對典故采取一種簡明、完整的註釋方式，主要包括三方面內容：典源出處；典故含義或派生義；書證。"見《用典修辭的意義生成及典故義的闡釋》，《廣西社會科學》2006年第4期。

涉及"射日"字面，不如直引原文。作爲典故詞，還應該有典義和典例。"射日"有兩個典義：一是用"射日"特指堯時后羿射日的故事。如王充《論衡·感虛》篇："夫射水不能卻水，則知射日之語虛非實也。"二是用"射日"隱喻攻擊強敵。如明夏完淳《夏節愍公集·大哀賦》："既追風而西捷，遂射日以南侵。"

【射戟】指呂布爲了和解袁劉之爭，在營門射戟的故事。東漢末袁術遣將紀靈攻劉備，備向呂布求救。布招備輿靈等共飲，在營門立戟，說："諸君觀布射戟小支，中者當各解兵；不中，可留決鬭。"布一發正中戟支，遂各罷兵。見《後漢書》七五《呂布傳》。

《辭源》先解釋了"射戟"作爲典故詞的本義："指呂布爲了和解袁劉之爭，在營門射戟的故事。"然後引述《後漢書·呂布傳》說明典源。卻沒有提供印證典義的典例。可補上文提到過的宋劉弇《龍雲集·感遇二十首》之十四："射戟與弄丸，解紛竟勞神。"

【射蛟】《漢書·武帝紀》："〔元封〕五年冬，行南巡狩……自尋陽浮江，親射蛟江中，獲之。"唐李白《李太白詩》八《永王東巡歌》之九："祖龍浮海不成橋，漢武尋陽空射蛟。"後作爲頌揚帝王勇武的典故。

《漢書·武帝紀》引文屬於典源，李白詩用的是字面義，屬於用典。"後作爲頌揚帝王勇武的典故"可以看作典故詞義，但《辭源》沒有提供典例，我們也沒有找到切合於這項典義的用例。其實"射蛟"的典義只有代指典故本身，而且成典比較晚，明清時有"射蛟臺"之名，這裏的"射蛟"不再是一般意義的射蛟，而是特指漢武帝射蛟的故事，所以成了典故詞的用例。如明李賢等《明一統志》："射蛟臺在樅陽鎮，漢武帝親射蛟即在此處。"清姚鼐《夜抵樅陽》："輕帆掛與白雲來，棹擊中流天倒開。五月江聲千里客，夜深同到射蛟臺。"

【射虎】指漢李廣善射的故事。《史記》一〇九《李將軍傳》："廣出獵，見草中石，以爲虎而射之，中石没鏃，視之石也。因復更射之，終不能復入石矣。廣所居郡聞有虎，嘗自射之。及居右北平射虎，虎騰傷廣，廣亦竟射殺之。"後來詩文中常用射虎形容武將射藝的高強。《文苑英華》二八四唐盧綸《送彭開府往雲中觀使君》詩："奪旗貂帳側，射虎雪林前。"參見"射石飲羽"。

釋文所列有兩個義項：一是"指漢李廣善射的故事"，二是"形容武將射藝的高強"。後者舉了"射虎雪林前"的用例，但《辭源》沒有給"指漢李廣善射的故事"提供書證，我們也沒有找到合適的書證，那麼這個義項可以不出。反映這個典源本義的是另外一個典故詞"射石飲羽"，用例有清無名氏《杜詩言志》卷三："李廣終身不侯，而能射石飲羽，藉以爲喻，其所以吐胸中之氣而置生平之怨毒者，兩爲精當也。"這個"射石飲羽"就是特指《史記》所載李廣射石飲羽的故事。而《辭源》"射石飲羽"條也沒有列出這個典故詞本義和相應典例，參見上文"射石飲羽"條分析。

【射鈎】春秋時齊襄公昏亂，其弟糾奔魯，以管仲、召忽爲傅；小白（桓公）奔莒，鮑叔爲傅。襄公死，糾與小白爭入齊爲君。在路管仲射中小白衣帶之鈎。小白先入，得爲君。迫魯人殺糾，俘管仲。桓公不記舊仇，任仲爲相，終成霸業。事見《左傳·僖二十四年》《史記·齊世家》。後來詩文中因以射鈎指稱管仲。《文選》晉劉越石（琨）《重贈盧諶》詩："重耳任五賢，小白相射鈎。"

上文我們已經指出了本條典源的錯誤。這裏再看它的典義和典例。《辭源》本條只列了一個典義（指稱管仲）和相應的一個典例，其實"射鈎"作爲典故詞很早就被使用，具有多項典義。前文指出《左傳·僖公二十四年》"齊桓公置射鈎而使管仲相"的書例，其中"射鈎"用的就是指代管仲射小白而中衣鈎這個事件的本義，此失收。"射鈎"還可以指代曾經傷害自己而有宿仇者，如《舊五代史·唐書·符存審傳》："遠夷極塞，皆得面覿彤墀，射鈎斬袪之人，孰不奉觴丹陛。""斬袪"也是典故詞，源出寺人披追殺晉公子重耳斬斷衣袖脫逃的故事，見載于《左傳·僖公五年》。這裏"射鈎"與"斬袪"同義，《辭源》也失收。

四

只有典源而沒有典義和典例的典故不宜作爲典故詞收釋，前文已論。《辭源》中還有一種情況，所收詞本來是典源、典面、典義、典例俱全的典故詞，卻不作典故詞處理，而只看作一般詞語。等於漏收了典故詞義項或同形的典故詞。例如：

【射柳】古鮮卑族風俗，舉行秋天祭祀时，眾騎環繞所植柳枝馳馬三周。辽金史都記載了射柳儀式。宋人作爲一种遊戲，折柳環插球場，軍士馳馬射柳，其矢鏃闊於常鏃一寸多，中柳即斷，名叫躧柳。明時宮中常於清明或端午日舉行射柳之戲：以鵓鴿貯葫蘆中，掛在柳上，射中葫蘆，鴿即飛出，憑鴿飛的高低決勝負，名叫剪柳。參閱宋程大昌《演繁露》十三《躧柳》、《遼史·禮志》一《瑟瑟儀》、《金史·禮志》八《拜天》、明陳繼儒《偃曝談餘》下、清高士奇《天祿識餘》下《剪柳》。

這個詞條用參閱方式代替了直接書證，這是可以的。但只注意到"射柳"的典制義，而忽略了"射柳"的典故詞義。《戰國策·西周策》："［蘇厲］謂白起曰：'楚有養由基者，善射；去柳葉者百步而射之，百發百中。左右皆曰善。有一人過曰，善射，可教射也矣。養由基曰，人皆善，子乃曰可教射，子何不代我射之也。客曰，我不能教子支左屈右。夫射柳葉者，百發百中，而不已善息，少焉氣力倦，弓撥矢鈎，一發不中，前功盡矣。……'"所以後來用"射柳"指稱春秋時養由基善射的故事，也可以引申指射藝高超。如北周庾信《周大將軍司馬裔碑》："藏松寶劍，射柳琱弓，推誠賈復，屈節廉公。"

其中的"射柳"就是指養由基射柳葉百發百中的故事。其實,"射柳"作爲一種祭祀儀式或者演武遊戲,可能也與養由基射柳的故事相關,即借射柳的儀式和遊戲演練射藝,希望達到養由基的射箭水平。所以養由基射柳葉的故事,不僅是指稱這個故事和形容射藝高超的"射柳"的源,也可能又進而演變爲含有練習射藝和比賽射藝內容的祭儀和遊戲。如果在"射柳"詞目下首先交代出典源,後面的典故詞和典例的意蘊就都容易理解了。

【射雉】古代一種田獵活動。《易·旅》:"六五,射雉,一矢亡,終以譽命。"《左傳·昭公二十八年》:"昔賈大夫惡,娶妻而美,三年不言不笑。御以如皋,射雉,獲之。其妻始笑而言。"魏晉以來,多以射雉爲戲。晉潘安仁(嶽)有《射雉賦》。其後南朝宋齊射雉之事亦盛。宋陸游《劍南詩稿》十《懷成都十韻》:"鬭雞南市各分朋,射雉西郊常命中。"參閲清郝懿行《晉宋書故·射雉》。

今按,《辭源》此條所釋皆普通用法,固然正確。然"射雉"可作爲典故詞卻被忽略了。其實,《左傳》所載賈大夫以射雉博取其妻言笑的故事,還有賈大夫的一番感言:"才之不可以已。我不能射,女遂不言不笑。"後來這個故事已經作爲典源而有了典故用法,并產生出了典故詞,除了用典指稱賈大夫本事外,也引申指憑藉某種才藝博取女子歡心的行爲。如宋蘇軾《和梅戶曹會獵鐵溝》:"不向如皋閑射雉,歸來何以得卿卿。"《西湖二集·文昌司憐才慢注禄籍》:"從來女子多皮相,一笑須從射雉回。"這兩個書證還算是用典,因爲有"如皋""歸來""一笑""回"等原始語境要素。到清方文《甘泉山展墓》詩:"西風空有椎牛恨,北闕曾無射雉緣。"其中的"射雉"就是典型的典故詞了,《辭源》應該補上這個典故義。

论造词用典与言辞用典[1]

不少人从理论上写过各种有关"典故"的论著,从实践上编撰了各种"典故词典",普通语文词典中也常收录"典故词语"。但我们感到,有些问题仍然没有说得很清楚或处理得很妥当,特别是跟典故相关的造词现象与言辞现象本不同质却长期被混为一谈,尚未有人作出细致区分和理论阐述。笔者在《论典故词的词典处理》(2012)一文中曾对典故词与用典的区别略有涉及,但没有总体论述,而且现在观点有些变化,故就此问题再作讨论。

一 典故与用典

"用典"必须先有"典","典"就是"典故"。那什么是"典故"呢?

关于"典故",《辞源》《辞海》《汉语大词典》《现代汉语词典》等中大型工具书都有解释,王光汉(1995)、吴直雄(2003)、唐子恒(2008)等也都先后就这些解释做了评论,并分别提出了自己的看法。种种关于"典故"的定义或表述,各有可取之处,但总体上都没有能够明确区分"典故"与"用典",因而根据这些定义很难指出"典故"的实际存在:是存在"古书"中,还是相对的"后代言语作品"中?是一种言语事实,还是一种言语活动?好在也有罗积勇(2005)、贾齐华(2008)等能将"典故"和"用典"明确区分开来,罗云:"为了一定的修辞目的,在自己的言语作品中明引或暗引古代故事或有来历的现成话,这种修辞手法就是用典。"相应地,被明引或暗引的古代故事或有来历的现成话就应该是典故。贾云:"写作者或说话人直接或间接地把前代故事或诗文语句用于书面或口头作品以服务于传情达意的过程是用典,用典者所依据的前代故事和诗文语句是典故。"两家意思基本一致。

我们赞同罗、贾将"典故"和"用典"严格区分的做法,但在界定和表述上要作一些修正和补充。首先,"诗文语句"应该理解为"诗、文及语句",而不是"诗文中的语句",也不等于"现成话"。因为有些典故指的是整首诗或整篇文,甚至有以某类文体格式作为语境的,后世用典用的是诗旨篇意或格式语境。例如:

(1)《汉书·谷永传》:"贱者咸得秩进,各得厥职,以广继嗣之统,息白华

---

[1] 本文原载《汉语史学报》总第15辑,上海教育出版社2015年版。

之怨。"

(2)《官场现形记》第三二回："赵大架子听了他这一番恭维，心上着实高兴。"

例（1）中"白华"作为"怨"的修饰语，字面上无法理解，这是因为它用了典，原典指《诗经·小雅》的《白华》篇。该篇小序说："《白华》，周人刺幽后也。幽王取申女以为后，又得褒姒而黜申后，故下国化之，以妾为妻，以孽代宗，而王弗能治。"可见《白华》这首诗讽刺的是妾夺妻位，正妻失宠，所以后世用"白华"这个诗篇名代指女子失宠。例（2）的"恭维"，本应作"恭惟"，"维"是"惟"的通假字。"恭惟"原是古代文书中下级对上级特别是对皇帝行文的开头套语，相当于"敬思、窃以为"，其中的"惟"表"思"义。如汉王褒《圣主得贤臣颂》："恭惟《春秋》法王始之要，在乎审己正统而已。……故世必有圣智之君，而后有贤明之臣。虎啸而谷风冽，龙兴而致云气，蟋蟀俟秋吟，蜉蝣出以阴。易曰：'飞龙在天，利见大人。'诗曰：'思皇多士，生此王国。'故世平主圣，俊乂将自至，若尧舜禹汤文武之君，获稷契皋陶伊尹吕望之臣，明明在朝，穆穆列布，聚精会神，相得益章。"宋苏轼《杭州谢放罪表》："恭惟皇帝陛下，睿哲生知，清明旁达。"清吴伟业《上马制府书》："恭维老祖公望重枢衡，功高戡定。""恭惟（维）"的语素义不能直接生成词义，但这个短语都用在说好话的开头，接在它后面的都是"好话、奉承话"。所以这样的格式语境成了语典，把语境的意义附会到跟这个语境相关的前两个字上，用语境的前两个字代指语境的意思，于是"恭维"就成了源自语典的典故词，表示说好话或奉承话。以上"白华"显然不是"语句"，"恭维"存现的格式语境也不同于一般的语句，这些都是原定义概括不了的。

其次，原定义只提到"事典"（古代故事）和"语典"（诗文语句），其实还有"制典"和"人物典"。制典和人物典虽然见于文献记载，但没有具体语境，往往反复出现，但有特定的背景和实际的内容，后世如果不是用篇章重复制度内容和人物事迹，而是用某个词语代指与制度和人物相关的意义，那这个制度和人物也就成为典故。比如"诸葛亮"如果是指称诸葛亮这个具体的人，那就是普通的专有名词，而当它表示"智者""计谋多端的人"或"谨慎的人"之类意义的时候，就应该属于用典了，因为它跟典故相关，必须结合原典——诸葛亮的生平事迹和性格特点才能理解这些意义。又如"东宫"如果指"东边的宫室"，仍为普通名词，而指"太子"时就应该是用典了，因为这个意义是典故赋予的，必须结合原典——古代皇宫居室分配制度才能理解。这些制度性的典故和人物性的典故当然也是存在于古籍文献的，但并不表现为特定语境的某个故事或某个语句，而是分散的、多见的、没有确切出处的，所以光说"古代故事和有来历的现成话"或者"前代故事和诗文语句"涵盖不了制典和人物典的情况。

再次，把用典看作"为了一定的修辞目的"的"修辞手法"，理论上未尝不可，但实际上没有必要。因为"修辞"是有歧义的，取狭义的修辞格，会把大量实际用典语例排除，取广义的修饰言辞，则所有言语表述都属于修辞，等于没说。从用典分析的事实看，关键在于有无典故与之相应，至于用典的修辞目的，可能是积极的，也可能是消极的，可能有别于一般言语表达，也可能就是一般的言语表达。所以"用典"的目的可以根据需要随意分析，可以属于广义的修辞学，但不必在定义上用"修辞"来加以限定，以免有人把它理解为狭义的修辞。

那么，我们是否可以这样来表述"典故"与"用典"：典故是被后世在新语境中有意利用的带有原语境或旧背景信息的古籍故事、制度、人物或言辞篇章；相应地，后世在新语境中对古代有关故事、制度、人物或言辞篇章的有意利用就是用典。这里的"利用"不同于一般语言运用的地方就在于它"带有原语境或旧背景的信息"；所谓"有意"就是总有某种目的，这个目的是广泛的，构词造句谋篇皆为目的；所谓"在新语境中"，表明一定是把"典故"作为"新语境"的有机成分加以利用，而不是古籍故事、制度、人物或语篇的单独复制。

"典故"和"用典"是对立而相互依存的关系，没有典故，就不会有用典，没有用典，也无所谓典故。但毕竟它们是两种语言事实，典故是原始的、静态的，用典是后出的、变化的。虽然两者相互依存而无法割裂，但研究重点应该在"用典"而不在"典故"，通常所谓"典故词典""典故词语""典故研究"等，立目和解释的对象实际上都是"用典"，并非"典故"。所谓"典源""典面""典义"之"典"，也应该指的是用典语言事实，而不是指原有典故，如果把这个"典"等同于"典故"，那就成了原典的来源（不通）、原典的字面、原典的意义，跟实际研究的取向不符。

罗积勇的《用典研究》（2005）是以"用典"为研究对象的，唐子恒的《汉语典故词语散论》（2008）实际上也是以"用典"为研究对象的，他们都取得了很高的成就，但也还存在共同的局限：没有发现或者没有明确论述"用典"也具有两种不同的性质，一为"造词用典"，一为"言辞用典"。前者构造语言单位，属于词汇学研究的范畴；后者造成言语作品，属于修辞学研究的范畴。所以下文重点讨论这两种用典的区别。

二 造词用典

虽然都是"用典"，但使用典故的平面和目的或有不同，因而形成性质不同的用典：有的用典处于造词的语言平面，有的用典处于表达的言语平面。

处于造词平面的用典叫作"造词用典"。造词用典的直接目的是创造"典故词"，即利用典故来构造某个词语，使该词语具有跟原典相关但并不等于原典的某种新意义。这种利用典故来构造词语的"用典"行为，发生在语言平面，并未将典故直接使用于言语表达，言辞中使用的是"典故词"而非"典故"，所以这种语言平面的造词性用典跟言语平面的表达性用典是有本质区别的。

典故有事典、语典、制典和人物典，它们都可能产生相应的典故词。"典故词"当然跟典故相关，但并非所有与典故相关的语言成分和语言表述都属于"典故词"。作为"典故词"，除了内容跟典故相关外，还必须像一般复合词那样具有语法和语义上的独立性。就是说，在语法上它必须是一个独立作句子成分的单位，不能分割为几个基本单位，也不能加组到别的基本单位；在语义上它必须是一个具有内涵可以理解的基本表达单位（义位），不能同时具有多义，也不能语义虚无。因此，真正的"典故词"必然不是典故的重复和再现，而是在典故的背景下经过语法的凝合和语义的变异才能够产生的，所以典故词的基本特征是不能从字面作出合理解释，而要结合所依据的原典来解释。原典是典故词的来源，也是理解典故词的根据。典故词可以独立存在于语言系统，使用于言辞语境时以自己的词义参与语句表达，所以语句表面跟原典无关。原典只在解释典故词的词义时才需要追溯。例如《辞源》中收录的几个典故词：

（1）【以手加额】
表示欢欣庆幸。《晋书·石勒载记》下："勒见（刘）曜无守军，大悦，举手指天，又自指额曰：'天也。'"《资治通鉴》九四作"举手指天复加额"。宋杨万里《诚斋集》七六《章贡道院记》："斯言一出，十邑之民，以手加额，家传人诵。"（《辞源》上册182页）

《章贡道院记》："斯言一出，十邑之民，以手加额，家传人诵。"其中的"以手加额"当然不是实写，不能按照字面来理解，而是表示"欢欣庆幸"之义，所以相当于一个词。可把手放在额头上，怎么就有"欢欣庆幸"义呢？从字面上得不到合理解释。原来这是综合《晋书》和《资治通鉴》中关于石勒攻战侥幸获利的故事而产生的一个典故词，方法是用原典中的一个特征动作代指其"大悦"而庆幸（"天也"）的情态。摆出原典，其义自现。

（2）【使华】
《诗·小雅·皇皇者华·序》："皇皇者华，君遣使臣也，送之以礼乐，言远而有光华也。"后因称朝廷的使者为使华。《宋诗钞》孔平仲《清江集·送马朝请使广西》："海水扬波今合清，秋风千里使华行。"（《辞源》上册225页）

"使华"能够表示"朝廷使者"义，从字面上无法作出合理解释，必须联系《诗·小雅·皇皇者华》的序言才能释疑，可见这篇序言就是"使华"之所以成词并具有"朝廷使者"义的原始语典。"使华"的语法功能相当于一个词，其意义也与字面无法对应，显然已经发生了变异，即用语典中的两个语符代指跟语典相关的某个概念，所以可认定为典故词。

（3）【三槐九棘】
《周礼·秋官·朝士》："朝士，掌建邦外朝之法，左九棘，孤卿大夫位焉。……面三槐，三公位焉。"注："树棘以为位者，取其赤心而外刺，象以赤心三刺也。槐之言怀也，怀来人于此，欲与之谋。"后来即以称三公九卿。《后汉书》七四《袁绍传》："乞下臣章，咨之群贤，使三槐九棘议臣罪戾。"（《辞源》上册55页）

"三槐九棘"在《后汉书·袁绍传》中相当于一个词，表达的意义指"三公九卿"，跟字面的"槐""棘"并不相应。那么"三槐九棘"怎么会有"三公九卿"的意义呢，这就需要考察《周礼》所记载的"朝士"制度。周代礼制，群臣外朝处，在不同方位种植三槐九棘作为标帜,以确定三公九卿各自站立的位置,所以"三槐九棘"能够代指"三公九卿",可见"三槐九棘"是源于周礼典制的典故词。

(4)【宰衡】

殷汤时伊尹为阿衡,周武王时周公为太宰。汉王莽专权,汉平帝加王莽称号为宰衡,意谓可媲美伊周。见《汉书·平帝纪》元始四年,又九九上《王莽传》。后泛称宰相为宰衡,文选南朝梁刘孝标(峻)《辩命论》:"此则宰衡之与皂隶,容彭之与殇子,……咸得之于自然,不假道于才智。"北周庾信《庾子山集》一《哀江南赋》:"宰衡以干戈为儿戏,缙绅以清谈为庙略。"(《辞源》上册914页)

"宰衡"是"太宰"和"阿衡"两种职官的省称,实际上代表伊尹和周公两个人。用在《辩命论》和《庾子山集》中的"宰衡"已凝固为一个词,泛指宰相要职。"宰相要职"这个意义表面上可以看作"太宰"和"阿衡"两种职官的省称和泛指,与典故无关,那就不是典故词。但实际上作为官职,"阿衡"仅见于殷商,"太宰"有许多朝代设置而职权地位大小高低不同,所以用这两个职官名来泛指"宰相要职"缺乏代表性。那么更有可能是,"太宰"专指周公,"阿衡"专指伊尹,由于这两个人分别是商汤王和周武王的重臣,职位相当于后世的宰相,所以用来代指"宰相要职"。这样"宰衡"的词义就与伊尹和周公两个历史人物相关,属于源自人物典故的典故词。历史人物的名称如果只是指称这个人,那属于普通词汇;如果表示的不是人物本身,而是跟人物相关的某个特征意义,就基本上都属于典故词,其所依据的原典即该人物有关生平事迹的记载。

以上分别举了与事典、语典、制度典、人物典有关的典故词例,它们都具有"词"的资格,并且都源于某个典故,所以是典故词。典故词必须有明确的可以界定的词义,该词义与典故相关,但不等于典故,也不等于字面意义。典故词的表达功能是"词"而不是"典故",典故只是产生词义的背景,用于构造词语平面,不属于言语表达平面。典故词属于词汇的一类,所以词典应该收释典故词。词典对典故词的解释首先应该界定词义,其次要交代原典并分析词义跟原典的关系,再次要提供典故词的使用语例。这就明显不同于一般词语的解释(比一般词语多出原典引述和分析),也不同于对言辞用典的分析(不必像言辞用典那样需要说明用典目的和修辞效果)。

典故词的词形有的完全来自原典,如本节例(2)(3)(4);有的部分来自原典,如本节例(1);也有词形根本不见于原典的,那就只能从词形的字面意义去关联典故,再通过典故的内容来理解典故词的词义。例如【知音】一词具有"知己"的意义,这是大家常用的。但从词形字面看,"知音"应该是"精通音乐"义,怎么出来"知己"义了呢?这就需要联系跟"精通音乐"相关的一则典故:

(5)伯牙善鼓琴,钟子期善听。伯牙鼓琴,志在高山。钟子期曰:"善哉?峨峨兮若泰山!"志在流水,钟子期曰:"善哉,洋洋兮若江河!"伯牙所念,钟子期必得之。伯牙游于泰山之阴,卒逢暴雨,止于岩下;心悲,乃援琴而鼓之。初为霖雨之操,更造崩山之音。曲每奏,钟子期辄穷其趣。伯牙乃舍琴而叹曰:"善哉,善哉,

子之听夫志，想象犹吾心也。吾于何逃声哉？"（《列子·汤问》）

原来钟子期能通过音乐了解伯牙的心思，所以知音可以知心，这才产生"知己"的词义。可见表达知己义的【知音】来源于《列子》中的典故，属于典故词。但这个典故词的词形在原典中却没有一个对应的语符，而且在使用【知音】这个典故词时，一般也不出现跟原典相关的其他信息，如：

（6）唐·杜甫《哭李常侍峄》："斯人不重见，将老失知音。"
（7）明·唐顺之《谢病赠别高参政》："逝将归旧林，复此别知音。"

由此可见，典故词虽然跟典故相关，但通常是构词平面的意义关联，词形上不能充分反映原典，使用语境一般也不提供原典信息，因为"典故词"是作为语言的独立单位在使用，交际中起作用的是词义而不是典故。解释典故词虽然要引出原典，但目的不是分析典故在言语表达中的作用，而是要探求词义理据，帮助准确理解典故词的词义。

多数人认为，"典故词（语）"是经过长期"用典"而逐渐形成的固定词语。这个"用典"指的是言辞表达平面的用典，就是说得先有"言辞用典"，然后才有"典故词"。典故词是言辞用典的一种结果，在言辞用典中，如果典面或典形凝结成了词，那就是典故词。如《汉语典故词语散论》（2008）说："典故词语就是用典形成的词语。""典故被使用时，用典人并不会有意考虑要形成什么样的典故词语，而只是根据自己的行文表意的需要采用词语或句子，形成典面或典形。"（30页）"有些典故在长期的使用过程中，某些典形的形成日趋稳固，其意义也渐渐固定下来，进入了汉语词汇，成了其中不可或缺的成员，这就是典故词语。"（33页）这种看法是值得商榷的。

不能说某个典故被运用到言辞表达中先不成词后来却成了词的情况没有，但后来成词的词是否一定是前面的言辞用典造成的，其实很难说。因为这个词可能直接来源于典故，是人们根据典故构造的而不是言辞用典演变的。事实上很多典故词一直被当作词使用而没有当作典故使用，例如前文提到的"白华""恭惟""使华""三槐九棘""宰衡"等源自语典、制典、人物典的典故词大都只是作为词在使用，没有言辞用典的同形实例。即使是事典，也有很多典故一开始是在造词中使用（暗含于典故词中），后来才有言辞用典。例如：

（8）唐·杜牧《樊川文集》二《河湟》："元载相公曾借箸，宪宗皇帝亦留神。"
（9）宋·陈思《翠微南征录·挽戚虚中》："安得九重容借箸，尽将军国为前筹。"
（10）元·冯子振《鹦鹉曲·四皓屏》："借箸筹灭项兴刘，到底学神仙去。"

例（8）的"借箸"典出《史记·留侯世家》，话说秦末楚汉相争，郦食其劝刘邦立六国后代，共同攻楚。刘邦正在吃饭，张良进来了，认为郦食其的计谋不可行，于是说："臣请藉（借）前箸为大王筹之。"意为借刘邦吃饭用的筷子来指画当时形势。杜诗的

"借箸"显然不是实指,因为元载没有借过筷子。这里的"借箸"是"替人筹划"的意思,指宰相元载曾经替唐朝代宗皇帝提出过收复河湟地区的策略。那"借箸"这个词是怎么来的?为什么会有"替人筹划"之义呢?自然是依据《史记》所载的"臣请藉(借)前箸为大王筹之"这一典故直接产生的典故词。后两个语例显然也是直接用《史记》的典故,但因为是在言辞中使用,"借箸"必须按照字面原义串讲,所以属于言辞用典。但这个言辞用典的时代却在"借箸"作为典故词使用之后。所以说"典故词是经由言辞用典产生的"这样的观念是不符合语言事实的。

再者,言辞用典也必然要用"词"来表述,而且是一串"词",以用典时成词与否来判断是否为典故词,很难跟普通词语相区别。因为言辞用典中跟原典相关的词语很多,如果意义没有变化,按照字面原义能够讲通,那就仍然是普通词语而不宜看作典故词,否则提出典故词语就没有意义。可《汉语典故词语散论》就把典故词语看作是言辞用典,因而把言辞用典中的许多普通词语(包括词语的组合)也看成典故词语。例如:

(11) 何曾举意西邻玉,未肯留情南陌金。(唐·骆宾王《代女道士王灵妃赠道士李荣》)
(12) 住处方窥宋,平生未嫁庐。(唐·吴融《即席十韵》)
(13) 前村昨夜访梅花,东邻休更夸容色。(宋·王之道《归朝欢·对雪追和东坡词》)
(14) 邻女乍萌窥玉意,文君早乱听琴心。(《古今小说·闲云庵阮三偿冤债》)
(15) 有世家子,读书坟园……一日,于墙缺见丽女露半面,方欲注视,已避去。越数日,见于墙外采野花,时时凝睇望墙内,或竟登墙缺露半面身。以为东家之窥宋玉也,颇萦梦想。(清·纪昀《阅微草堂笔记·槐西杂志》)

《散论》认为这几例中的"西邻玉""窥宋""东邻""窥玉""东家之窥宋玉"是典形,它们出自同一个典源,即宋玉《登徒子好色赋》:"玉曰:'天下之佳人,莫若楚国;楚国之丽者,莫若臣里;臣里之美者,莫若臣东家之子:增之一分则太长,减之一分则太短;着粉则太白,施朱则太赤;眉如翠羽,肌如白雪,腰如束素,齿如含贝,嫣然一笑,惑阳城,迷下蔡。然此女登墙窥臣三年,至今未许。'"在这五个典形中,前四个都形成了典故词语,而最后一个"东家之窥宋玉"则不是典故词语。

《散论》这样判断,主要标准就是看"典形"字面的长短像不像一个"词"。但是第一,作为一个实"词",必须得有独立的词义,词义是抽象的,我们能解释出"西邻玉""窥宋""窥玉"独立而抽象的意义并将这个意义代入原句中讲通吗?第二,所谓"典形"就是用典时跟典故相关的字面,可实际上例句中跟典故相关的字面并不限于这几个"词"。比如例(14)"邻女乍萌窥玉意"是以整个句子关联典故的,还是仅限"窥玉"指向典故呢?如果是整个句子,那"邻女"也与典故相关,算不算典故词语?以此类推,前几例的"容色""住处""何曾"等也是在叙述典故的句子中,是不是也应该算典故词语?其实这些词语虽然都与典故有关,但都可以按照字面原义在句子中讲通,所以都是普通词语(正如在原典中是普通词语一样),不应该算典故词语。如果着眼言语平面,这些普通词语组合成句子共同表述了典故事件，涉及了典故，应该可以算作言辞用典。

总之，典故词属于语言的词汇系统，言辞中使用典故词不等于使用典故。但构造典故词需要利用典故，通常是将典故大意或典故中的某些元素经过语法凝结和语义变异而产生固定词形，表示新的词义。这种用典是造词平面的，不表现在言语平面上，而且不必经过言辞用典的过程才形成典故词。因而典故词及其内含的用典现象不能看作言辞用典的一种形式或言辞用典造成的结果，而应该独立为不同于言辞用典的造词用典。

三 言辞用典

我们把处于言语平面的用典叫作"言辞用典"。言辞用典属于言语表达行为，外在形式并不固定，其基本特征是，与典故有关的表述绝不只一个单词，而且没有意义变化，仍然属于普通词语，在被组合的新语境中都能够从字面上讲通。这使"言辞用典"很容易跟"构词用典"区别开来。但长期以来没有学者从理论上明确阐述这种区别，因而实践中即使无意识偶有区分，却也会有大量的混淆。例如《辞源》收录了很多涉典条目，在给出原典后，属于典故词的，往往用"后称……为……""后用……作……的代称""……即……的意思""……表示……""……叫……"等表述来解释词义；属于言辞用典的，往往用"后来诗文遂用……为……的典故""后用……作为……的套语"等表述指出言辞用典的意图而不直接解释词义。但通观《辞源》，这种区分并不严格，特别是解释说明跟语例书证不合的现象大量存在，或者把典故词的用例当作言辞用典来分析，或者把言辞用典当作典故词来解释。说明《辞源》中的释文用语差异是潜意识的、经验性的，并非理性的认识，所以"体例"中没有说明，条目中多有混乱。

罗积勇的《用典研究》应该是站在修辞的角度研究言辞用典的，因为书中的第七章专讲"用典的修辞效果"，分为"提升性效果""曲折性效果""反差性效果"三种情况，并分析了"产生预期效果的条件"。吴礼权（2008）评论《用典研究》时也是着眼于它的"修辞学研究"的。在"修辞"的目标下，罗积勇探讨了"用典的显与隐"，将"用典"分为"明引"和"暗用"两类。但罗的"明""暗"之分是以有无"引用标志"为判断标准的，跟"修辞"没有什么关系。事实上罗著没有从总体上先把虽与典故相关但并非为了言语表达的典故词用例排除在外，所以他的"用典"仍然把使用典故跟使用典故词混为一谈。

我们所说的"言辞用典"是指把典故内容用多个词语或语句组合进言辞表达的情况。这是一种言语活动，表现形式并不固定，所以很难从形式上对其分类描写。但言辞表达总有特定的语意指向，相当于广义的修辞目的，以此为据，可以把言辞用典分为两种情况。一种是字面上明显指向原典，通过再现原典语境直接表达某种修辞目的。一种是字面上明显指向现实，而同时暗扣原典，通过联想原典来间接表达某种言外之意。我们把前者叫"指原用典"，后者叫"扣原用典"。这种"指原"与"扣原"的区分跟罗积勇"明引"与"暗用"的区分相似而不完全相同，因为我们着眼的是"语意指向"而不是"引用标志"，而且我们的"言辞用典"是排除了"构词用典"的。

(一) 指原用典

指原用典对原典的引用是直接的，或有标志性词语点明，或重现多个甚至全部原典信息（字面意义不变），让人一看就知道这段文字是指向某个典故的；指原用典的目的也是直接的，或借用故事进行教育，或叙述历史怀古抒情，或引述古语说明道理，或提供材料作为证据，或介绍人物加以比较，或用此事比喻别事，如此等等，一般在行文中会有相关字词明确点示用典的目的。"指原用典"使用的就是原典中的普通词语，没有另外的特殊含义，所以通常不需要作为"典故词语"加以专门解释（如有疑难字词需要解释也属普通字词范畴，不是典故词语），但在分析文章时需要说明其用典意图。例如：

（1）唐·周昙《前汉门·曲逆侯》："一朝如得宰天下，必使还如宰社时。"

例（1）两句诗歌咏的是曲逆侯陈平的一件史实，最早记载于《史记·陈丞相世家》："里中社，平为宰，分肉食甚均。父老曰：'善，陈孺子之为宰！'平曰：'嗟乎！使平得宰天下，亦如是肉矣！'"《曲逆侯》全诗为："社肉分平未足奇，须观大用展无私。一朝如得宰天下，必使还如宰社时。"述说的就是《史记》记载的陈平分肉一事，只不过《史记》叙述较详，诗句精简概略，但语意指向的对象都是陈平分肉之事，有关字词的意思也一样，所以《曲逆侯》歌咏的就是《史记》所载陈平宰肉之典，属于怀古咏史之类，目的在用陈平宰肉的典故歌颂赞扬陈平胸怀大志，具有辅国之才。《曲逆侯》这个标题实际上就点明了属指原用典。这种咏史性的述典，有人排除在"用典"范围外；我们认为，如果所咏的史实具有确切出处，而且言辞表述进行了再创造，不是原典的照搬，就可以看作言辞用典，即利用原典创造了新的语境。

（2）《易·乾·文言》："同声相应，同气相求。"唐孔颖达《正义》："非唯同类相感，亦有异类相感者。若磁石引针，琥珀拾芥，蚕吐丝而商弦绝，铜山崩而洛钟应。"

孔颖达《正义》引用了"蚕吐丝而商弦绝，铜山崩而洛钟应"两个典故，目的是为了证明"同声相应，同气相求"确有其事，而且"非唯同类相感，亦有异类相感者"。前句引用的典故出自《淮南子·览冥训》："故东风至而酒湛溢，蚕吐丝而商弦绝，或感之也。"高诱注："新丝出，故丝脆，商于五音最细而急，故绝也。"用典与原典字面完全一样，目的在说明"或感之也"。后句所用典故见于南朝宋刘敬叔《异苑》，说三国魏时，殿前大钟无故大鸣，人问张华，华曰："此蜀郡铜山崩，故钟鸣应之耳。"也是异类事物相感应的实例。用典中的字句跟原典全同或部分相同，意义没有引申和变化，指的就是典故本身，在新的语境中起证明和示例作用，修辞效果也是明显的，所以属指原用典。

（3）元·陈栎《曹弘斋答先生书》："如行山阴道上，应接不暇。感喜何可名，今书答如下。"//清叶昌炽《缘督庐日记抄·十七日得叔彦一函》："目疲于览，手疲于答,几如山阴道上,应接不暇,作七律一首。"//清花村看行侍者《花村谈往补遗·地坛社祭》:"一物一事,情与神会,如山阴道上,应接不暇也。"

上举三个语例都有"如"明确标出属比喻的修辞用法,"山阴道上,应接不暇"作为喻体应该实有所指,很显然都是引用了《世说新语·言语》中的一段话:"王子敬(献之)云:'从山阴道上行,山川自相映发,使人应接不暇。'"用典时虽然字面上有所简省,但仍然代表着原典的完整语意,句中的"应接不暇"仍然应该是指"山川自相映发"的景物,否则构不成比喻句。《辞源》以"山阴道上,应接不暇"立目,认为"本指一路山水秀美,看不胜看,后来偏取下句之意,用以形容头绪纷繁,应付不过来"。其实所谓"形容头绪纷繁"是用"从山阴道上行,山川自相映发,使人应接不暇"整个典故做"如"的宾语构成比喻句而产生的比喻义,"如"后面引述的就是原典,仍然用的原典本义,没有发生"偏取下句之意"的变化,"应接不暇"的仍然是山川美景,所以这些语例对原典的引用都是直接的陈述性的,"山阴道上,应接不暇"不宜作为有意义变化的典故词解释。

(4)《梁书·武帝纪上》:"至于悖礼违教,伤化虐人,射天弹路,比之犹善。"

这段话被"百度百科"当作"射天"条的示例使用,认为"射天,典故名,典出《史记》卷三《殷本纪》等。据史传,某些暴君常用革囊盛血,悬而仰射,以示威武,与天争衡。后借以'射天'指暴虐和叛乱行为",显然把句中的"射天"看作了典故词。其实这里的"射天"意思并没有变化,仍然是指悬血仰射的实际行为,主体仍然是原典中的暴君,用为比较句的一方,代表的是原典本身,全句意思为:南齐君王东昏侯悖礼违教、伤化虐人,连古时候商纣王等囊血射天的暴行也比他好。可见句中的"射天"是在直述原典的事实,是原典的代替符号,本身不表示后人的"暴虐和叛乱行为",拿原典来比现实的意图是用"比之犹善"明着表述的,不是暗扣的。《中华典故大全》"弹路"条:"春秋时,晋灵公暴虐无道,竟然在台上以弹丸射人,看到路人躲避弹丸的样子,他就哈哈大笑。事见《左传·宣公二年》。后以'弹路'指统治者的暴虐行为。"所举语例也是《梁书·武帝纪》中的这段话,但其中的"弹路"仍是实指晋灵公的暴行,同样属于指原用典性质。用典的目的在于通过"比"较而突显东昏侯的更加残暴。

(5)唐·元稹《酬东川李相公十六韵》附启:"昔楚人始交,必有乘车戴笠,不忘相揖之誓,诚以为富贵不相忘之难也。"

这个语例中的"乘车戴笠"被《辞源》处理为典故词,认为典出《初学记》十八晋周处《风土记》:"越俗性率朴,初与人交有礼,封土坛,祭以犬鸡,祝曰:'卿虽乘车我戴笠,后日相逢下车揖。我步行,卿乘马,后日相逢卿当下。'""后来以乘车戴笠指故旧之交",以上句为例。但句中的"乘车戴笠"是对"始交"的描述,显然不能解释为

"故旧之交",所以不可能是典故词。其实,"昔楚人始交,必有乘车戴笠不忘揖之誓"是对原典的引述(只是将"越"讹成了"楚"),指称的是原典所述的事实,"诚以为富贵不相忘之难也"则是对这一事实的评议。引述原典,发表感慨而已,并非变义"指故旧之交",所以属于指原用典。

(6) 南朝梁·刘勰《文心雕龙·练字》:"晋之史记,三豕渡河,文变之谬也。"

这个语例中的"三豕涉河"也被《辞源》当作典故词加以解释。原典追溯为《吕氏春秋·察传》:"子夏之晋,过卫。有读《史记》者曰:'晋师三豕涉河。'子夏曰:'非也,是己亥也。'夫己与三相近,豕与亥相似。至于晋而问之,则曰晋师己亥涉河也。"《辞源》认为"后用以指文字讹误或传闻失实",就举了上引句子为例。但《文心雕龙》的"晋之史记,三豕渡河"明明点示为"晋之史记",显然是对原典的复述,"文字之谬也"则是对原典事实的评议。刘勰之意在以晋史记有文字讹误之实,说明"练字"须谨慎小心。原典清晰,用典直接,字词表述没有任何值得特别解释的地方。

(二) 扣原用典

扣原用典不同于使用典故词,也不同于前面说的指原用典。它表面上是对现实情境的描述,但字词暗扣某个典故。换句话说,扣原用典虽然也在字面上关联原典,但不像指原用典那样明确点出原典的主体或出处,而是在叙述现实的语句中兼含某些跟原典相联相应的信息,使人能够联想到原典,从而达到某种言辞效果。所以扣原用典既有字面能够贯通的表层语义,又有联想原典而生发的"言外之意"。如果要对扣原用典进行解释分析,重点应该在两个方面,一是追溯原典体味原典语境,二是揭发原典在此新语境中暗含的"言外之意"。至于跟原典相应的字面意义,如果原本没有疑难字词就可以不解释。例如:

(7) 宋·苏轼《辛丑十一月十九日既与子由别于郑州西门之外马上赋诗一篇寄之》:"寒灯相对记畴昔,夜雨何时听萧瑟。"又《东府雨中别子由》:"对床定悠悠,夜雨空萧瑟。"又《送刘寺丞赴余姚》:"中和堂后石楠树,与君对床听夜雨。"苏辙《后省初成直宿呈子瞻》诗:"射策当年偶一时,对床夜雨失前期。"

苏轼和苏辙多首诗中都有关于"夜雨""对床"之类的词句,虽然表述不完全相同,但内容意境都指向同一语典,即唐白居易的《雨中招张司业宿》诗:"能来同宿否,听雨对床眠。"但这些用典的语例中,其"雨"其"床"并非白居易与张司业对眠时的"雨"和"床",而是苏轼和苏辙遇到的或想起经历过的,表面上写的是苏轼和苏辙的对床听雨,而暗扣白居易与张司业的对床听雨,通过联想典故的友情关系增强表达苏氏兄弟情谊深厚的效果,暗示白居易只是希望能和张司业"听雨对床眠",而苏氏兄弟则曾确实有过"对床夜听雨"的真情经历,这就是苏诗用典的言外之意。

（8）唐·张说《为人作祭弟文》："予羸老矣，伤心几何。人琴两亡，命也命也。"

这是张说代人所作祭奠亡弟的文章。其中"人琴两亡"只能按照字面理解，即人和该人所用之琴都不存在了。这看起来应该是在描述现实，但亡弟也不一定实有一琴。熟悉典籍者不难感知，这里即使是写实，也应该是在用典。原典出《世说新语·伤逝》："王子猷（徽之）子敬（献之）俱病笃，而子敬先亡。子猷……来奔丧，……便径入坐灵床上，取子敬琴弹。弦既不调，掷地曰：'子敬子敬，人琴俱亡！'"所以后来用"人琴两亡"之类的表述体现悼念之情。"体现悼念之情"正是用典的修辞意图，是言外之意，并非"人琴两亡"的词义，所以这里的"人琴"或"人琴两亡"不是典故词，也不是指原用典，而是表面上写此人实际上暗扣原典之人的扣原用典。

（9）北周·庾信《和王内史从驾狩》诗："犹开三面网，谁肯一山重。"

"三面网"跟"开"字搭配，也只能按照字面原义理解，写的是现实情景。但作者的表达意图不限于字面意义，还有言外的赞扬仁德之意。这种言外之意就是靠暗扣原典来实现的。该句"开三面网"的原典见《史记·殷本纪》："汤出，见野张网四面。祝曰：'自天下四方皆入吾网。'汤曰：'嘻，尽之矣！'乃去其三面，祝曰：'欲左，左。欲右，右。不用命，乃入吾网。'诸侯闻之，曰：'汤德至矣，及禽兽。'"原典叙说汤的仁德施及禽兽，庾信暗扣此典赞颂当朝君王省刑爱民。这种修辞效果从字面上看不出来，必须联系原典才能体现，所以属于扣原用典。

（10）唐·岑参《酬成少尹骆谷行见呈诗》："浮名何足道，海上堪乘桴。"

句中的"乘桴"字面意义是乘坐竹木小筏，能连贯其他字词讲通全句。但作者的实际意思并非真的有人要去海上乘筏漂流，而是说想要抛弃浮名，避世隐居，这就是言外之意。这种言外之意不是字面产生的，而是联想到《论语·公冶长》中的一个语典获得的："子曰：道不行，乘桴浮于海。""海上堪乘桴"既是诗作者说的话，又暗扣"乘桴浮于海"的语典，所以除字面意思外，还有表达"避世"心情的言外之意，这正符合扣原用典的特征。类似的用典语例还有不少，如"已闻能狎鸟，余欲共乘桴"（唐·王维《济上四贤咏》）、"飘然欲作乘桴计，一到扶桑恨未能"（宋·王安石《次韵平甫金山会宿寄亲友》）、"缝掖今谁贵，乘桴任所之"（宋·陈思《翠寒集·寄翰苑所知》）等，都是以《论语》为原典的扣原用典。由于字面意义跟原典相同，不像典故词那样产生新的意义，所以基本上不存在解释特别词义的问题。

四　结语

通过上面的界定和阐述，我们得到 10 个概念，它们的关系是：

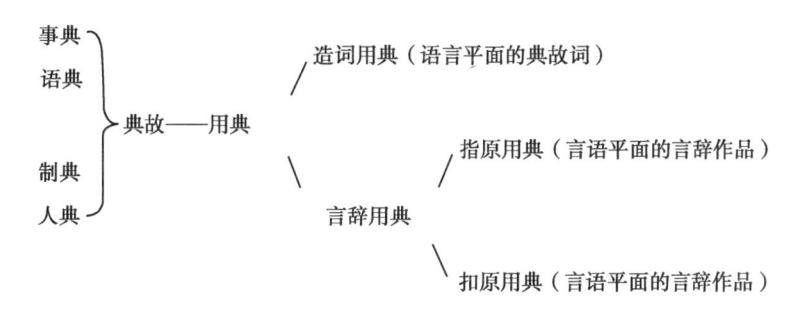

```
事典 ┐
语典 │         ╱ 造词用典（语言平面的典故词）
    ├ 典故——用典
制典 │         ╲      ╱ 指原用典（言语平面的言辞作品）
人典 ┘           言辞用典
                       ╲ 扣原用典（言语平面的言辞作品）
```

这 10 个概念涉及 7 种语言事实，即属于"典故"范畴的"事典、语典、制典、人典"和属于"用典"范畴的"造词用典、指原用典、扣原用典"。其中"事典、语典、制典、人典"属于原有的言辞材料，"造词用典"利用典故产生语言新词，"指原用典"和"扣原用典"利用典故产生新的言语篇章。典故和用典相对而言，彼此依存，没有典故就没有用典，没有用典也无所谓典故，但我们理解和研究的重点应该在用典。用典的三种语言事实分属于语言造词和言辞表达两个平面，由于用典故构成的典故词也要被运用到言语中，所以这三种与典故有关的语言事实都会在言语篇章平面表现出来，需要仔细分辨才不至于误解。这三种用典事实在意义表达上有明显区别，语例形式上也有差异。严格说来，"言辞用典"不是以"词"为表达单位的，而且形式不固定，所以词典不便收释。但实际上许多词典的涉典条目中既有典故词，也有属于言辞用典的。从实用的角度看，适当收释可以抽取代表性语符的言辞用典语例也未尝不可，但在条目处理和释文上应该跟典故词有所区别。具体情况如下表：

	构词用典	指原用典	扣原用典
语符形式	复合性独立单词（语言）；字面上或源于原典，或不见于原典	短语、语句或篇段（言语）；字面上基本同于原典，或有多个词语见于原典	短语、语句或篇段（言语）；字面上有多个词语见于原典或与原典相关
意义内容	用新词义串通句义；新词义不同于字面原义而与原典相关；用典暗含在构词平面，跟新语境关系不大	按字面意义串通语义；语义直接指向原典，表述原典；用典的意图明显，新语境中有体现	按字面意义串通语义；语义表面指向现实，但暗扣原典；用典的意图隐晦，意在言外
词典解释	词目跟语例中典故词相同；解释词义；揭示原典，分析词义与原典的关系	词目只是用典的代码，可见于语例，也可不必全同；说明用典目的或用典条件；提供原典，指出原典跟新语境前后文的关系	词目只是用典的代码，可见于语例，也可不必全同；揭示用典言外之意；提供原典，分析原典跟新语境背景关系

可见，不仅典故与用典不是一回事，而且用典也有语言造词时用和言语表达中用两种不同情况，但学界对此尚认识模糊，理论上概念混淆、类别不清，词典编撰中常将不同的用典事实等同，在立目、举例、释文等方面都没有区别对待，这是需要我们进一步探讨和改善的。

参考文献

［1］《辞源》，商务印书馆 2010 年 6 月修订本重排版。
［2］《汉语大词典》，Compiled by G&E，2006，V.2.0。
［3］王光汉：《为典故正名》，收入《词典问题研究》，安徽大学出版社 2010 年版。
［4］吴直雄：《界定典故多歧义，〈辞海〉定义应遵循》，《南昌大学学报》2003 年第 3 期。
［5］罗积勇：《用典研究》，武汉大学出版社 2005 年版。
［6］吴礼权：《"用典"的定义及其修辞学研究——评〈用典研究〉》，《武汉大学学报》2008 年第 1 期。
［7］贾齐华：《典故研究三题》，《郑州大学学报》2008 年第 5 期。
［8］唐子恒：《汉语典故词语散论》，齐鲁书社 2008 年版。
［9］李运富：《论典故词的词典处理》，《中国语言学》（第 6 辑），北京大学出版社 2012 年版。

略谈源自佛教的汉语熟语[①]

一 引言

中国对佛教的认识是从翻译佛教经书开始的,从东汉到北宋期间,"翻译过来的经律论三藏共有一千六百九十余部,六千四百二十余卷,出现了著名的中外译师二百多人"[②]。在讲解经书和传教修行的过程中,也产生了许多中国人自己写的阐发佛教教义和记录佛事活动的佛教典籍。我们把翻译的佛教经书和中国人写的佛教典籍统称为"佛教经籍"。随着佛教经籍的刊行和各种佛事活动的开展,佛教在中国得到广泛传播,并渗透到中国社会的各个领域,与汉民族本有的儒家、道家思想结合起来,成为中国传统文化的三大支柱之一。佛教对中国文化的影响,不仅表现在哲学思想、伦理道德、政治经济、文学艺术、历史制度、天文地理、医学民俗等方面,而且更直接更深度地影响了中国的汉语,特别是汉语的词汇。

汉语词汇系统的发展壮大,除了自身的成长因素外,还靠不断吸收外族语言词汇或受外族语言影响。佛教的传入,是汉语史上对汉语词汇发生影响最大的一次,它不仅给汉语直接带来数万条新词语,而且扩大了汉语词汇的构词语素,激活了汉语词汇的多音节构造方式,从而提高了汉语组合新词的能力。

许多与佛教有关的词语至今仍然活跃在我们的日常用语中,例如"世界、平等、如实、实际、真谛、单位、迷信、觉悟、相对、过去、现在、有缘、化身、忏悔、真空、生老病死、大千世界、芸芸众生、想入非非、不可思议、一尘不染、三心二意、在劫难逃、苦海无边、执迷不悟、清规戒律、当头棒喝、走火入魔"等等。这些词语已经成为现代汉语词汇不可分割的一部分,以至我们耳熟能详、司空见惯,却很少有人知道它们来自佛教。因此可以说,不管懂不懂佛法,不管信不信佛教,其实我们每个说汉语的人都在接受佛教的恩泽,都在潜移默化地受到佛教的影响,实际上谁也没有离开佛教。正如赵朴初先生所说:"如果我们要完全撇开佛教文化的话,恐怕连话也说不周全了。"[③]

正因为如此,我们研究汉语词汇,特别是词汇的来源和形义变化,就不能忽视佛教文

[①] 本文原分为《略谈源自佛教的汉语熟语(上)》和《略谈源自佛教的汉语熟语(下)》两篇,连载于新加坡《愿海》第56期(2008.7)和第57期(2008.9)。

[②] 梁晓虹:《小慧丛稿》,香港亚太教育书局1992年版,第2页。

[③] 赵朴初:《佛教与中国文化的关系》,《中国宗教》1995年第1期。

化的影响。这里无法全面探讨所有跟佛教相关的词语，只是举例性地简略谈谈源自佛教的汉语熟语。

二 佛源熟语的判别

所谓"熟语"，又叫习用语，是人们常用的定型化了的多音节固定结构。它形式上不等于词，而功能上相当于词，所以是一种特殊的词汇单位。熟语包括成语、歇后语、谚语和习用并且意义比较特殊的多音节固定结构。汉语中的熟语有近 800 条源自佛教，其中成语占 500 多条①。

我们把源自佛教的汉语熟语叫"佛源熟语"（文中用【 】号标识）。之所以说这些熟语来源于佛教，有两条主要的判断标准：一是熟语内容跟佛教文化直接相关（包括部分语素的相关）；二是熟语形式出自佛教经籍（包括尚未定型的形式）。符合其中任何一条都可以算作"佛源熟语"。

（一）熟语内容跟佛教文化直接相关

1. 熟语内容跟佛教理论、佛教教义相关

佛教作为一种世界性的宗教，具有系统的理论和丰富的教义。许多汉语熟语就是因这些佛教的教义理论而产生的。

例如原始佛教的教义（即释迦牟尼在菩提树下所彻悟的道理）有所谓"四谛"，指苦、集、灭、道。"苦谛"居四谛之首，是佛教的理论核心。佛教认为世俗的本质是"苦"，整个人生过程充满了苦，所以有二苦（内苦和外苦）、四苦（生老病死）、八苦（生、老、病、死、爱别离、怨憎会、求不得、五蕴盛）等多种说法，并且把充满苦难具有生死的现实世界比喻为"苦海"，于是产生【生老病死】【苦海茫茫】或【茫茫苦海】等熟语。

佛教还把苦难的现实世界比喻为"此岸"，而以"彼岸"比喻超越痛苦与生死的涅槃境界，所以又有【苦海无边，回头是岸】的说法。"回头"表示醒悟、悔改、皈依佛门。佛教认为，只要信佛修道，就能超越生死苦难，到达幸福快乐的"彼岸"。"苦海无边，回头是岸"作为佛家语，讲的是佛理，不能用常规的思维去理解，"海"不是真海，"岸"也不是实岸，不能拘泥说既然"无边"了，怎么还会有"岸"？既然"岸"在"彼"，为什么要"回头"？这不过是佛教借"海""岸"打个比方，劝人信佛以摆脱苦难而已。现在作为熟语，常用来劝告作恶或干坏事的人，只要悔悟向善，就能得救。

受佛教人生苦难哲学思想的影响，汉地僧人甚至认为人的脸形就是一个代表人生苦难的"苦"字——双眉构成上面的"艹"字头，两眼与鼻子合成中间的"十"字，嘴是下面的"口"字，这就是佛教的"苦脸"。加上"愁眉"，于是有了【愁眉苦脸】这个熟语，用来形容忧愁痛苦的神情。值得注意的是，汉语中的"愁眉"还有另外一种含义，

---

① 参见朱瑞玟《佛教成语》，汉语大词典出版社 2003 年版。

指中国古代女子的一种化妆方法。《后汉书·梁冀传》记载：东汉美女孙寿化装时喜欢"作愁眉、啼妆"，显得娇媚，惹人爱怜，京都女子纷纷效仿，成为时尚。"所谓愁眉者，细而曲折；啼妆者，薄试目下，若啼处。"（《后汉书·五行志》）南朝陈后主《有所思》："落花同泪脸，初月似愁眉"，将泪脸和愁眉并称，写的是花容月貌，并无一点痛苦的表情。

佛教对于宇宙的认识跟汉文化有同有异。汉语叫"宇宙"，战国时期的《尸子》说："上下四方曰宇，往古来今曰宙。"而佛教相当于汉语"宇宙"的词语叫"世界"，《楞严经》卷四："世为迁流，界为方位。汝今当知，东、西、南、北、东南、西南、东北、西北、上、下为界，过去、现在、未来为世。"简称为"十方三世"。佛教认为宇宙是由无数个小世界组成的。世界的中心是须弥山。山四周有七重山、八重海围绕。七山八海的外面，又有大铁围山围绕。须弥山以上则是天界，包括欲界天和色界天。

佛教对宇宙的认识从小到大，通过日月的集合系统来体现。受同一个太阳和月亮照临的地方，即一个太阳系，组成一个"小世界"。集一千个太阳系为一小千世界，集一千个小千世界为一中千世界，集一千个中千世界为一大千世界。因为这中间有三个千的倍数，所以大千世界又叫"三千大千世界"。现在我们常说"大千世界无奇不有"，这【大千世界】指广阔无边的空间，就来自佛教对宇宙的认识。由"世界"组成的熟语还有【娑婆世界】（由释迦牟尼佛教化的人类世界）、【极乐世界】【西方世界】（由阿弥陀佛创建的没有痛苦和生死的佛国净土，常用来代指极其快乐的地方）、【花花世界】（专指繁华地区或泛指人类社会）、【内心世界】（指人的思想感情境界）、【清平世界】（和平安定的社会）等等，都与佛教的"世界观"紧密相联。表示人们对于整个世界总看法的【世界观】本身也可以看作源自佛教的一个熟语。

佛教对于世界的本质具有独到的看法。它把地、水、火、风叫作"四大"，认为世界万物与人之身体皆由地、水、火、风这四大和合而成，都是妄相。《四十二章经》："佛方当念身中四大，各自有名，都无我者。""四大"的本质也是空假，而非"恒常不变"者，由此体悟万物皆无实体之真理。这就叫作"四大皆空"。佛教希望人们认清宇宙人生的空无真相，以解除身心的束缚，获得自在。【四大皆空】作为熟语就是佛教思想的直接反映，常用来表示身无牵挂的意思，也比喻看破俗世红尘。

"红尘"本是我国传统词汇，指尘埃，因在日光照耀下呈红色，故名。佛教借用该词表示"人事间"（与彼岸世界"出事间"相对）或"尘世"（与佛居"净土"相对），即现实世界。所以有【滚滚红尘】或【红尘滚滚】的说法。魏晋时，流行两大佛学派别：北派流行"禅学"，主张默坐专念，是实践之学。禅为心的完全整体，也是智的因素。南派流行"般若学"，解释《般若经》，是理论之学。"般若"意为智慧，或智、慧、明。《般若经》是大乘佛教的主要经典之一，它将宇宙分为"色法"（物质世界）与"心法"（精神世界）两个部分，认为这二者都没有实体，"自性是空"，因此主张看破红尘。认为只要具有"般若"智慧，就能看透现实世界"自性是空"的本质。所以【看破红尘】也是佛教世界观的反映，现指看透了世情，对一切持超然的态度。

佛教有过去、现在、未来三世因果报应之说。《涅槃经》："善恶之报，如影随形。三世因果，循环不失。"因即因缘，果为果报。哲学上的因果联系是客观世界的普遍联系形式之一，但佛教的因果不限于客观世界，而是跟三世轮回的报应思想结合在一起，所以佛教主张种善因，得好报，做坏事，有恶报。【因果报应】【善有善报，恶有恶报，不是不报，时辰未到】等熟语就是佛教这种思想的反映。【三生有幸】的"三生"也正是佛教所说的过去生（前生）、现在生（今生）、未来生（来生），"三生有幸"极言幸运得很，那必是行善获得的好报。

人难免有七情六欲。"七情"是汉语传统用语，指儒家所说人的喜、怒、哀、惧、爱、恶（憎）、欲七种感情，是与生俱来的，"弗学而能"（《礼记·礼运》）。"六欲"则为佛教名词，包括色欲、形貌欲、威仪姿态欲、言语音声欲、细滑欲和人想欲六种欲望。现在常用【七情六欲】来泛指各种情欲。佛教把色、声、香、味、触、法六种外在的物质比喻为"六尘"，而把人的眼、耳、鼻、舌、身、意六种器官叫作"六根"。认为六根接触六尘就会产生"六识"（眼识、耳识、鼻识、舌识、身识、意识），从而导致各种情欲和烦恼，甚至犯下罪恶。所以佛教要求佛教徒潜心修行，不受外界尘俗的影响，做到【六根清净】【一尘不染】，这里的"根"和"尘"都是比喻用法。作为熟语，现在也表示清正廉洁、品格高尚，不受坏风气影响。

如果六根不清净，迷恋尘俗的声色犬马，就会产生贪欲、烦恼，最终造下恶行漏业。《观世音菩萨陀罗尼神咒经》："若善男子善女人，具造十恶五逆等罪，如阎浮提（即南赡部洲，指人世间）履地微尘，一微尘成于一劫。"这里的"十恶五逆"指十种大恶和五种极大之恶。"十恶"包括杀生、偷盗、邪淫、妄语、恶口、两舌、绮语、贪欲、嗔恚、邪见。"五逆"包括杀父、杀母、杀阿罗汉、出佛身之血、破和合之僧。后来用【十恶五逆】泛指不容赦免的极大罪恶，民间在此基础上又产生【十恶不赦】这一熟语，指大逆不道、恶贯满盈而不可赦免的罪行。

犯下罪恶不可赦免，必然受到惩罚，也就是苦报。佛教认为"十恶"可以分为三品：犯"上品恶"（杀生、偷盗、邪淫）者死后变为畜生；犯"中品大恶"（妄语、恶口、两舌、绮语）者死后成为饿鬼；犯"下品恶中恶"（贪欲、嗔恚、邪见）者死后堕入地狱。至于"五逆"，《大乘义章》说："杀父最轻，杀母次重，杀阿罗汉次重，出佛身血次重，破和合僧最重。"若犯五逆中任何一种，死后必堕入无间地狱。"地狱"是佛教根据古印度传说创造的用来惩罚罪人的地下世界。据《五苦章句经》说，地狱共有十八层，由十八个判官分管。"无间地狱"是十八层的最低一层，也叫"阿鼻地狱"。地狱里有刀山、火海、寒冰、油锅等酷刑，越往下层，受的苦难越多，刑罚越重。所以"地狱"成为凶险悲惨境地的代名词，人们常用【十八层地狱】【无间地狱】形容令人恐惧的灾难深重之地，而【打入十八层地狱】则是对坏人最严厉的惩罚，或比喻最低的等级。由于佛教宗旨为普度众生、解人危难，所以也强调【我不下地狱谁下地狱】的勇担责任、吃苦受难在前的牺牲精神。

佛教对于时间的认识也有一些特殊的方法和用语。如"刹那"是古印度最小的计时单位，本指妇女纺绩一寻线所用的时间，借用来表示时间之极短者，唐玄奘《大唐西域记·印度总述》："时极短者，谓刹那也，百二十刹那为一咀刹那。""咀"也作"怛"。佛教表示短时间的词语还有"瞬""念""一弹指""罗预""罗婆""摩睺罗""须臾""顷"等，其中只有"须臾""顷"是中国原有的表短时间的汉语词，其他大都是引申汉语的动词来表示佛教的时间概念。至于这些时间概念的关系，有不同的说法。宋洪迈《容斋三笔·瞬息须臾》："瞬息、须臾、顷刻，皆不久之辞，与释氏'一弹指间'，'一刹那顷'之义同，而释书分别甚备。"《毗昙论》："一刹那者翻为一念，一怛刹那翻为一瞬，六十怛刹那为一息，一息为一罗婆，三十罗婆为一摩睺罗，翻为一须臾。"《僧祇律》："二十念为一瞬，二十瞬名一弹指，二十弹指名一罗预，二十罗预名一须臾，一日一夜有三十须臾。"《翻译名义集》："壮士一弹指顷六十五刹那。"佛教的这些时间观念深深影响到汉语，汉语中许多熟语跟佛教的时间词有关。如：

【一刹那】【刹那间】表极短的时间。茅盾《子夜》："然而只一刹那，四小姐那眼光就又转成为迷惘惶惑。"又："刹那间的静默。巷堂里馄饨担的竹筒托托地响了几下。"

【一弹指顷】【弹指一挥间】表极短的时间。赵朴初《满庭芳·为人民大会堂作》词之一："一弹指顷恒沙涌，楼殿重重。"毛泽东"水调歌头"《重上井冈山》："三十八年过去，弹指一挥间。"

【念念不忘】片刻不忘。《云笈七签》："日日存之，时时相续，念念不忘。"

【瞬息万变】形容在极短的时间之内变化多而快。茅盾《委屈》："李秘书点着头，十分郑重其事的说道：'不简单，不简单，商业上的情形，真真是瞬息万变。'"

佛教认为世界经历若干万年会毁灭一次，重新再开始，这样一个周期叫作一"劫"。所以"劫"成为佛教表示时间极其久远的词。佛教同时认为"一劫"包括成、住、坏、空四个时期，到了坏劫，出现风、水、火三灾，世界归于毁灭，如此周而复始，因此人们把天灾人祸等也称为"劫"或"劫数"。下面的成语即包含"劫"的时间义或灾难义，它们源自佛教：

【万劫不复】"一劫"若干万年，"万劫"何其长久！"万劫不复"指永远不能恢复。鲁迅《南腔北调集·漫与》："如果从奴隶生活中寻出'美'来，……那可简直是万劫不复的奴才了。"

【在劫难逃】命中注定要遭受祸害，不能逃脱。巴金《〈序跋集〉跋》："那么重的包袱！那么多的辫子！我从小熟习一句俗话：'在劫难逃'，却始终不相信。"

【劫后余生】谓大灾大难后留存下的人或物。宗璞《弦上的梦》："那里面，乐珺锁着几本劫后余生的文学名著。"王西彦《古屋》第一部六："他带着女人孩子回来了，和我一见面便摇头不迭，连说'劫后余生！'"

【十年浩劫】特指中国"文化大革命"时期的十年内乱。冰心《空巢》："老梁看到我涂黑脸的那一天，只是十年浩劫的开始！"

2. 熟语内容跟佛教的"人物"相关

佛教的"人物"分属于三个世界。一在天上，二在地下，三在人世。

天上有"净土"，也就是佛国，是通过修行而脱离了生死痛苦的享乐天堂。"佛"是净土世界的统治者，也是佛教的教主。在佛教徒和普通民众的心里，佛是崇拜的对象，也是慈爱和美好的象征。汉语中的许多熟语都跟"佛"有关，如：

【借花献佛】原指借用别人的鲜花敬献给佛，表示对佛的尊崇和敬仰。《佛本行集经》《修行本起经》等记载：释迦牟尼曾为善慧仙人，那时他听到普光佛应世的消息，非常高兴，想用名花来施以供养。于是外出寻花，遇到一位青衣人，密持七支莲花而过，莲花感善慧之诚，有五支莲花跳出瓶外。青衣人即以五花相赠，善慧则拿了青衣人送给他的五支莲花供奉普光佛。后来比喻借用别人之物转送他人做人情。如清刘鹗《老残游记》第六回："今儿有人送来极新鲜的山鸡，烫了吃，很好的，我就借花献佛了。"

【佛性禅心】指佛教徒通过修行而养成的清心寡欲、不贪美色的性情。《水浒传》第四十五回："那众僧都在法坛上看见了这妇人，自不觉都手之舞之，足之蹈之，一时间愚迷了佛性禅心，拴不定心猿意马。"《金瓶梅词话》第八回："那众和尚见了武大这个老婆，一个个都昏迷了佛性禅心。"

【放下屠刀，立地成佛】佛教指停止作恶，就能修成正果。后比喻只要真心改恶从善，就可成为好人。清纪昀《阅微草堂笔记》："夫佛法广大，容人忏悔，一切恶业，应念皆消。放下屠刀，立地成佛。汝不闻之乎？"吴晗《论法统》："放下屠刀，立地成佛！放下你们唱得太多的滥调，也可以立地成佛。"

【送佛送到西天】僧人做佛事超度亡灵时，要发牒请佛，献斋上供；佛事做完后，要烧纸钱把佛送走，叫作"送佛"。"西天"即极乐世界，是佛居住的净土。"送佛送到西天"比喻帮助别人帮到底。《儿女英雄传》第九回："姐姐原是为救安公子而来，如今自然'送佛送到西天'。"《魂断梨园》第二回："张老四说：'我很明白，本来连我也要带去的，是督察长的恩德；不过，你能送佛送到西天，摆渡摆到江边，恩德就更大了。'"

【不看僧面看佛面】指不看和尚的情面也要看佛菩萨的情面。后比喻不顾某个人的情面，也要照顾他的主人或长辈、亲友的情面。《西游记》第 31 回："古人云：'不看僧面看佛面。'兄长既是到此，万望救他一救。"周而复《上海的早晨》："当然，朋友有困难不好袖手旁观，最近公会方面又约我谈了，不看僧面看佛面，总得给公会一个面子。"

【拣佛烧香】大小乘佛教在佛陀观念、修习方法、修习目标、教义理论等许多方面存在分歧，如小乘佛教认为佛是唯一的，只有释迦牟尼这一个佛。而大乘佛教却认为在十方三世有无数无量的佛，除了"横三世佛"和"竖三世佛"以外，还有"过去七佛""过去十佛""东方八佛""东方十佛""十方十佛""千佛"等。由于佛成千上万，世间塑造的佛像也各种各样，人们只能选择自己信仰和需要祈求的佛来烧香礼拜。后比喻出于某种需要而对某人进行访问馈赠，多指势利者厚此薄彼、看人行事。

【平时不烧香，临时抱佛脚】也作"闲时不烧香，急来抱佛脚"，或只说其中一句。出自明代张岱《夜航船》："云南之南一番国，俗尚释教。有犯罪当诛者，趋往寺中，抱佛脚悔过，愿髡发为僧，使贳其罪。今谚曰'闲时不烧香，急来抱佛脚'本此。"

【佛是金妆，人是衣妆】意为佛像的光彩要靠涂金，人样的俊俏要靠衣饰。清沈自晋《望湖亭·自嗟》："虽然如此，佛是金妆，人是衣妆，打扮也是极要紧的。"亦作"佛是金装，人是衣装"。《醒世恒言·两县令竞义婚孤女》："常言道：'佛是金装，人是衣装。'世人眼孔浅的多，只有皮相，没有骨相。"

再如【佛眼相看】【佛眼佛心】指用善意对待别人；【佛口蛇心】比喻嘴上说得好听，心里非常狠毒；【佛旨纶音】指必须遵行的号令（纶音：皇帝的诏令）；【佛头着粪】比喻在原本很好的东西上面添加不好的东西，使好东西受到亵渎和破坏；【佛烧一炷香，人争一口气】，等等。

天界除了"佛"外，还有菩萨、天王、金刚、罗汉及其他神话人物。"观世音菩萨"

（唐朝避李世民讳省称"观音菩萨"）是家喻户晓的，她大慈大悲、救苦救难，深得民众喜爱。跟菩萨有关的熟语除了口头常常念叨的"大慈大悲观音菩萨"外，还有【活菩萨】（比喻心地善良扶危救困的人）、【泥菩萨】（比喻虚弱不中用、没本事的人）、【菩萨心肠】【观音菩萨——年年十八】【泥菩萨过江——自身难保】等。佛教二十诸天中有四位护法天神，侍立"天王殿"，称为"四大天王"，俗称"四大金刚"。但作为宗教意义消失后的汉语熟语，"天王"通常指某个领域成就最高或地位最高的人，而"金刚"则指某人或某集团的得力助手。如20世纪90年代的香港娱乐圈，把成就最大的张学友、刘德华、黎明、郭富城称为【四大天王】。"罗汉"原指释迦的高足弟子，后代表小乘佛教的最高果位，指已断烦恼、超出三界轮回，应受人天供养的尊者。中国寺庙中供奉的罗汉有十六尊、十八尊、五百尊、八百尊之分，以"十八罗汉"和"五百罗汉"为常见。宋苏轼《十八大阿罗汉颂》："今于海南得此十八罗汉像，以授子由弟，使以时修敬。"寺庙中的罗汉像大都一个叠一个，所以口语有【叠罗汉】的习惯说法，常指一种体操、杂技表演项目。人上架人，重叠成各种造型。罗广斌等《在烈火中得到永生》："几个人聚集拢来，站成一个圆圈，又有几个人爬上去站在他们肩上，他们是在叠罗汉。"

还有几个常用熟语跟佛教的神话人物相关：

【三头六臂】本是描写佛教神话人物"哪吒"（也写作"那咤"）的。相传他是四大天王中北方多闻天王的第三个儿子，后来演化成托塔天王李靖的第三子，成为如来佛祖的弟子之一，在天宫任三坛海会大神。哪吒年少，但法力广大，可以变化为三头六臂，足蹬风火轮，手使一柄金枪，项戴乾坤圈，又有斩妖剑、砍妖刀、缚妖索、降妖杵、绣球儿等六件法宝，变化多端，是天上人间公认的少年小英雄。《景德传灯录·善昭禅师》："三头六臂擎天地，忿怒那咤扑帝钟。"后来用以形容某人神通广大、本领出众。《红楼梦》第八十三回："别说是女人当不来，就是三头六臂的男人，还撑不住呢。"夏衍《秋瑾传》："听人家说，我还以为您是一个三头六臂的女英雄。"

【独具只眼】【独具慧眼】据《大智度论》记载，佛界有个神名叫"摩醯首罗天"，汉语意译为"大自在"菩萨。这位神"八臂三目骑白牛"，他独具的第三只眼竖着生在头顶，不是凡胎肉眼，而是"天眼"。"天眼所见，自地及下地六道中众生诸物，若近若远，若粗若细，诸色莫不能照。""独具只眼"最初指的就是这位天神顶门上的"天眼"。佛教还有"五眼"之说：凡夫所见为肉眼，天人禅定所见为天眼，罗汉照见真空之理为慧眼，菩萨照见普度众生的一切法门为法眼，佛陀具种种眼而照见中道实相为佛眼。佛教中用"独具慧眼"指佛教徒因修行而获得的特异本领，或是对佛法有独到的领悟和见解。后来"独具只眼""独具慧眼"都泛指对某人对事物具有与众不同的独特眼光和见解；或形容眼光敏锐，能发现别人不易发现的事物。清宣鼎《夜雨秋灯录·阿韩传》："而韩能于风尘中独具慧眼，女侠也。"

佛教的天界人物既有正面的，也有反面的。欲界第六天的天主波旬被称为魔王，就是跟佛法作对的反面人物。他常率众魔干扰佛教徒心智，破坏他们修道行善。所以佛教把一切扰乱身心、破坏行善和修行的心理活动都称作"魔"，认为这些心理活动是受"魔"控制的。"魔"是梵文音译"魔罗"的略称，"魔"字汉语原无，为佛教词而特制。《大智度论》卷五："问曰：'何以名魔？'答曰：'夺慧命、坏道法功德善本，是故名为魔。'"

"魔"在佛教代表着邪恶势力,所以常用来比喻坏人坏事坏学说,很多汉语熟语与此有关。如【群魔乱舞】【邪魔外道】【妖魔鬼怪】【佛高一尺魔高一丈】等。

地下世界叫"地狱",统治者叫"阎罗王"(简称"阎罗"或"阎王"),他率领众多鬼怪,对堕入地狱的人进行审讯和惩罚。所以阎罗王和各种鬼怪的传说故事也深入中国人心中,许多熟语与此相关。如:

【阎王老子】这是"阎罗王"的俗称。周立波《山乡巨变》:"我大崽死了,得伤寒死的。他到阎王老子那里当军长去了。"也代指地位高或非常厉害可怕的人。常语:"阎王老子来了我也不怕。"

【阎王好见,小鬼难当】比喻下属比官长难对付。"当"作"挡"讲。《官场现形记》第十九回:"'阎王好见,小鬼难当。'旁边若有人帮衬,敲敲边鼓,用一个钱,可得两钱之益。"张天翼《清明时节》:"(谢老师骂罗家的清客老七)我跟罗二爷说话去,……阎王好见,小鬼难当!这太那个了。"

【牛头马面】即牛头鬼和马头鬼,泛指地狱里的鬼卒。《敦煌变文集·大目干连冥间救母变文》:"目连行前至一地狱,……狱中数万余人总是牛头马面。"《儒林外史》第四三回:"〔汤镇台〕又叫家丁妆了一班牛头马面、魔王夜叉,极狰狞的怪物。"

【牛鬼蛇神】"牛鬼"即牛头鬼,是地狱中一个著名的恶鬼,名叫阿旁。他牛头人身,两脚牛蹄,力壮排山,持钢铁叉。"蛇神"则是中国的蛇精。中国古代传说中的许多神话人物都是人与蛇的混合体,如伏羲、女娲、共工、烛阴等都是人首蛇身。牛头鬼是牛头人身,而蛇精是人头蛇身,形象非常奇特。所以"牛鬼蛇神"可用来比喻各种歪门邪道或敌对势力的坏人。《儿女英雄传》第四十回:"至于外省那班作幕的,真真叫作牛鬼蛇神,无般不有,这都是我领教过的。"蒋光慈《新梦·莫斯科吟》:"十月革命,如大炮一般,轰隆一声,吓倒了野狼恶虎,惊慌了牛鬼蛇神。"中国的"文化大革命"期间,将被打倒的老干部和知识分子也统称为"牛鬼蛇神",带有侮辱的性质。

【笑面夜叉】【母夜叉】"夜叉"是梵语的译音,指地狱中一种形象丑恶凶残的鬼。《红楼梦》第五回:"只听迷津内响如雷声,有许多夜叉海鬼,将宝玉拖将下去。"常用来比喻丑恶凶恨的人,产生"母夜叉""笑面夜叉"等熟语。宋吴曾《能改斋漫录》:"建中靖国元年,侍御史陈次升言章,以蔡元度为笑面夜叉。"老舍《骆驼祥子》:"他知道娶来一位母夜叉,可是这个夜叉会作饭,会收拾屋子,会骂他也会帮助他,教他怎样也不是味儿!"

另外,汉语中还有许多跟阎王鬼怪相关的歇后语,如:【阎罗王贴告示——鬼话连篇】【阎王拉家常——讲鬼话】【阎王说谎——骗鬼】【阎王开店——无人买】【阎罗王请客——鬼敢来吃】【阎王爷请客——净是鬼】【阎王开会——都不是人】【阎罗王跳海——根本淹不死】【阎王拉二胡——鬼扯】【阎王的令箭——要命】【阎王招手——没救了】【阎王的扇子——煽阴风】【阎王办事——尽想鬼点子】【阎王吃栗子——鬼炒(吵)】【阎王出的计——鬼主意】【阎王吸鸦片——大烟鬼】【阎王嫁女——鬼才要】【阎王耍魔术——鬼把戏】【阎王爷审案子——全是鬼事】【阎王殿里演戏——鬼看他的】【阎王殿里卖狗皮膏药——只能骗鬼】【阎王老爷嫁女儿——抬轿的是鬼,坐轿的也是鬼】【阎王爷下请帖——不去不行】【阎王爷做的芝麻饼——鬼点子多】【替阎王办事——鬼差事】【阎王爷敲门——鬼到家了】【阎王爷出主意——净是诡（鬼）计】【阎王爷皱眉头——又在想鬼主意】【阎王审小鬼——不打自招】【阎王老子做木匠——鬼斧神工】【阎王出丧——一片鬼哭声】【阎王讨债——催命鬼】【阎王爷讨饭——穷鬼】【阎王爷照相——鬼头鬼脑】【阎王的爷爷——老鬼】【阎王的爸爸——老不死的鬼】【阎王的外甥——小鬼精】【阎王奶奶绣荷包——鬼花招】【阎王奶奶害喜病——身怀鬼胎】【夜叉演戏——鬼作乐】【旱魅拜夜叉——尽（精）见鬼】

　　人世就是人类社会。佛教感化人类，使得许多人信佛修行，从而出现大量佛教信徒。佛教信徒因身份地位性别之异而有不同的名称，如僧侣、和尚、尼姑、方丈、住持、出家人等。跟这些人物相关的熟语也有不少，光是歇后语、俗语、谚语就可以举出如下一些：【沙河僧挑担子——忠心耿耿】【白骨精骗唐僧——一计不成又生一计】【白骨精给唐僧送饭——假情假意】【唐僧念经——一本正（真）经】【和尚打伞——无法（发）无天】【老和尚敲木鱼——实笃笃】【和尚念经——自念自听】【和尚念经——老一套】【老和尚念经——句句真言】【小和尚念经——有口无心】【一百个和尚念经——异口同声】【歪嘴和尚念经——不好看好听】【歪嘴和尚念经——音不正】【和尚拜丈人——没有这回事】【和尚拜堂——全是外行】【和尚出山——走下坡路】【和尚打架扯辫子——没有的事】【和尚打架——抓不住辫子】【和尚到了姑子庵——不妙（庙）】【和尚跟着月亮走——借光了】【和尚化缘——到处求人】【和尚回庙——走老路】【和尚看花轿——空欢喜】【和尚敲钟——响当当】【和尚娶媳妇——今生休想】【和尚头上盘辫子——空绕一圈儿】【和尚下山——出事（寺）了】【和尚训道士——管得宽】【和尚养儿子——岂有此理】【和尚坐岩洞——没事（寺）】【和尚的儿子——拣的】【和尚的木鱼——合不拢嘴】【和尚的脑壳——没法（发）】【和尚的念珠——串通好的】【和尚的住处——妙（庙）】【和尚庙对着尼姑庵——没事也得有事】【和尚庙里的老鼠——听的经卷多】【和尚庙前讲假话——惹是（寺）生非】【丈二和尚——摸不着头脑】【跟和尚借梳子——找错了对象】【和尚庙里借梳子——摸错门了】【庵庙里的尼姑——没福（夫）】【尼姑捡着梳子——无用】【尼姑头上难插花——无发（法）】【尼姑的脚——难缠】【尼姑生孩子——暗中行事】【尼姑生孩子——不敢告人】【尼姑生孩子——要也不是，不要也不是】【尼姑偷汉——躲躲闪闪】【尼姑下山——心野了】【尼姑有喜——不好处理】【尼姑只剃半边头——不诚心】【出家人娶媳妇——不守规矩】【做一天和尚撞一天钟】【一个和尚挑水吃，二个和尚抬水吃，三个和尚没水吃】【远来的和尚好念经】【跑了和尚跑不了庙】【和尚无儿孝子多】【怕吃斋莫当和尚】【未进山门，就想当方丈】【出家人不打诳言】【出家人不说在家话】【官向官，民向民，和尚向着出家人】，等等。这些熟语大都出于普通民众对佛教信徒身份、生活的认识，虽然不乏揶揄、调侃的贬义，甚至有损佛教庄严的形象，但作为汉语的词汇却是诙谐幽默、生动灵活的。

　　3. 熟语内容跟修行活动及佛事相关

　　佛教用各种方式传播教义，强调通过修行来摆脱尘世牵累，达到"佛"的境界。各宗派具体的传教方式和修行要求有所不同，它们共同构成了佛教的行为文化，那便是出家、拜佛、供佛、参禅、诵经、斋戒、化缘，等等。这种行为文化深刻影响了中国人的生活，并在汉语熟语中表现出来。

【面壁功深】【面壁磨砖】这两个成语跟佛教的坐禅修炼方式有关。《五灯会元·菩提达摩大师》："当魏孝明帝孝昌三年也，寓止于嵩山少林寺，面壁而坐，终日默然。人莫之测，谓之壁观婆罗门。"这种面向墙壁端坐静修的方式就叫坐禅。廖仲恺《壬戌六月禁锢中闻变有感》诗之四："朝朝面壁学《维摩》，参到禅机返泰初。"因此，"面壁功深"指僧徒经过长期修炼，达到很高境界；也喻指普通人经过长期钻研而在某个领域达到很高造诣。"面壁磨砖"则还涉及一个修炼故事：据《景德传灯录》记载，有个沙门叫道一，他为了修炼成佛而终日面壁坐禅。南岳怀让禅师为了开导他，"乃取一砖，于彼庵前石上磨。一曰：'师作什么？'师曰：'磨作镜。'一曰：'磨砖岂得成镜邪？''坐禅岂得成佛邪？'"怀让禅师意在告诫道一，面壁坐禅只是形式，重要的在于体悟，即从生活中体验禅的意趣；如果一味枯坐而不体悟，就如同磨砖不能做镜一样，也是修不成佛道的。所以后来用"面壁磨砖"比喻事情难以成功。宋陈师道《请月长老再住荐福疏》："守株待兔虽达者所不为，面壁磨砖亦古人之常事。"

【香象渡河】【金翅擘海】《优婆塞戒经》："如恒河水，三兽俱渡，兔、马、香象。兔不至底，浮水而过；马或至底，或不至底；象则尽底。恒河水者，即是十二因缘河也。声闻渡时，犹如彼兔；缘觉渡时，犹如彼马；如来渡时，犹如香象。是故如来得名为佛。"这是用兔、马、象三种动物渡过恒河的不同情况来比喻参禅悟道的不同境界。参禅悟道像兔渡河时"不至底，浮水而过"，只能得到佛法的皮毛，是"小乘"证道；如像马渡河时"或至底，或不至底"，则只得到佛法的骨肉，是"中乘"证道；只有如来"犹如香象""尽底"，才得到佛法的精髓，是真正的"大乘"证道，终于能够修炼成佛。所以佛教用"香象渡河"比喻修禅时对佛法最精深、最彻底的领悟。佛教还用"金翅擘海"比喻悟佛的深刻透彻，如《法苑珠林·受报》："若卵生金翅鸟，飞下海中，以翅搏水，水即两披。"离开宗教意味，"香象渡河""金翅擘海"则常用来形容文章、诗词写作精辟、透彻。如宋代诗人严羽《沧浪诗话·诗评》："李杜数公，如金翅擘海，香象渡河，下视郊岛辈，直虫吟草间耳。"称赞李白、杜甫的诗文写得精辟而透彻，不像孟郊、贾岛等人那样只是虫吟草间、无甚深度。清吴锡麒《程息庐同年心吾子诗钞序》："昔人比之金翅擘海、香象渡河者，诚观止之叹也。"

【沿门持钵】【沿门托钵】原指佛教徒挨门向人求布施，是修行的一种方式，后来泛指常人因贫困而到处乞讨。明高攀龙《君子所性仁义礼智根于心》："若天分之我不承受，此家当我却无分了，便至沿门持钵，仰息他人。"钱锺书《围城》："现在我真是无家可归，沿门托钵，同事和学生全瞧不起的。"

【五体投地】原是佛教表示礼节的一种方法。《观无量寿经》："今向世尊五体投地，求哀忏悔。"五体也叫五轮，指两手、两膝、头顶。在行礼的时候，先右膝着地，然后左膝，再次两肘着地，两个手掌舒展过额头，然后头顶着地。这是佛门中最恭敬的行礼仪式①，后来借用这种礼节表示对人事佩服到了极点。如清刘鹗《老残游记》第六回："屡闻至论，本极佩服，今日之说，则更五体投地。"鲁迅《而已集·新时代的放债法》："因

---

① 唐代玄奘著《大唐西域记·三国》中记载，佛教"致敬之式，其仪九等：一、发言慰问，二、俯首示敬，三、举手高揖，四、合掌平拱，五、屈膝，六、长跪，七、手膝踞地，八、五轮俱屈，九、五体投地。"

为他是天才而且革命家，许多女性都渴仰到五体投地。"

【顶礼膜拜】顶礼，指跪伏在地上，用头顶去触及佛的脚。膜拜，口称"南膜"而拜。这种虔诚的跪拜也是佛教徒对佛的最高敬礼。后来泛指对人对事的崇拜尊敬。玛拉沁夫《活佛的故事》："他们深躬腰身，随时准备跪下去顶礼膜拜。"邹韬奋《学生救亡运动》："记者为着民族解放的前途，要对你们这先锋队顶礼膜拜，致最诚挚的无上敬礼！"

【晨钟暮鼓】钟鼓在中国古代多用作乐器，佛教则用来报时和集众。凡大的佛寺，都在大雄宝殿的左右建钟鼓楼，小佛寺也在大殿两旁悬挂大钟和安置大鼓。"晨钟暮鼓"属于互文，即早晚既撞钟也击鼓，各撞钟一百零八下，击鼓三通。所不同者，早晨先撞钟后击鼓，暮晚先击鼓后撞钟。佛寺中早晚撞钟击鼓以报时，后因以"晨钟暮鼓"形容时日推移。清平步青《霞外攟屑》引《敬业堂诗集·中山尼》："晨钟暮鼓流光易，荏苒今年三十二。"钟鼓声雄壮深沉，也用来比喻令人警悟的话。清宣鼎《夜雨秋灯录·玉红册》："三复此编，可当晨钟暮鼓，唤醒众生。"

【当头棒喝】佛教禅宗认为佛法不可思议，开口就错，动念则乖。为了打破学人的迷执，不少禅师用棒击或喝斥的方式来施教，以求达到猛然顿悟的效果。后用"当头棒喝"比喻促人醒悟的打击或警告。袁鹰《悲欢·用生命和血写成的诗》："这声音如晴天霹雳，当头棒喝，使叛徒们心惊胆战，无地自容。"

【深得三昧】【得其三昧】"三昧"，梵文音译词，意译为"正定""禅定"，指心念专注于一境而不昏沉、不散乱的精神状态。这是佛教修行很高的一种境界，故常用来比喻精髓、奥妙或诀窍，如果对某种事情或学说达到很高程度、掌握了其中的奥妙和诀窍，就叫作"得三昧"。唐李肇《唐国史补》："长沙僧怀素好草书，自言得草圣三昧。"宋周紫芝《竹坡诗话》："集句近世往往有之，唯王荆公得此三昧。"《红楼梦》第四八回："听你说了这两句，可知'三昧'你已得了。"秦牧《艺海拾贝·数字与诗》："我觉得唐、宋许多诗人，都是深懂此中三昧的。"这就是"深得三昧""得其三昧"之类成语的来源。

【游戏三昧】"游戏"本为汉语固有词语，指使人身心愉快的活动。佛教传入后，"游戏"引申指自在无碍的精神状态，成为佛教词。"游戏"与"三昧"结合起来，表示自在无碍而不失定意，也是一种非常高的修行境界。《景德传灯录·池州南泉普愿禅师》："〔普愿〕扣大寂之室，顿然忘筌，得游戏三昧。"这时的"游戏"与"三昧"是反义并列关系。也指用自由随意或开玩笑的方式表达深刻的含义或高超的修养，这时的"游戏三昧"就是动宾关系。宋沈作喆《寓简》卷五："东坡表启乐语中间有全句对，皆得于自然，游戏三昧，非用意巧求也。"《花月痕》第十回："剑秋游戏三昧，弄出什么诗扇来，想要赚我，呆不呆呢！"还可用作偏正关系，指游戏的奥妙、诀要。明郎瑛《七修续稿·诗文·破题》："尝闻或因俚语，或因事物，滑稽者以之为题而作破，虽无惊人之才，亦得游戏三昧。"

【救人一命，胜造七级浮屠】"浮屠"是梵语音译词，后专门造了个"塔"字来意译，也叫佛塔、宝塔。佛塔的层次一般为单数，如五、七、九、十三级等，而以七级为最多，故有"七级浮屠"之称。塔原来是用来埋葬佛教圣贤的身骨或藏佛经的，造塔的功德很大。然而，为死去的人造塔，毕竟不如"救人一命"的功德更大，更有意义，故俗语云："救人一命，胜造七级浮屠"，意在鼓励人们奋不顾身，去援救面临死亡威胁的人。

这是佛教修行的最大功德。明吴承恩《西游记》第八十回："救人一命，胜造七级浮屠。快去救他下来，强似取经拜佛。"亦作"救人一命，胜吃七年长斋"，陈登科《活人塘》："大凤子在后边急了，抢上说：'妈！救人一命，胜吃七年长斋，我去想办法'。""七年长斋"指长年吃斋修行。

【聚沙成塔】把细沙堆成佛塔。原指从小具有佛性，童心向佛。《法华经·方便品》："乃至童子戏，聚沙为佛塔；如是诸人等，皆已成佛道。"后比喻积小善为大行，或集少成多。冰心《再寄小读者》："'渺小'是从个人的角度来看的，'聚沙成塔，集腋成裘'，党是永远重视群众的力量的。"

【无事不登三宝殿】"三宝"是佛教名词，指佛宝、法宝、僧宝。"三宝殿"泛指一般的佛殿，除了祈祷、礼拜等有关的信仰活动，一般人不能随便进入嬉戏，所以产生"无事不登三宝殿"这句成语，用来比喻没有事情不会上门。明冯梦龙《警世通言·白娘子永镇雷锋塔》："白娘子道：'无事不登三宝殿，去做什么？'"

【衣钵相传】"衣钵"是佛教僧尼的袈裟与饭盂。禅宗初祖至五祖师徒间传授道法，常付衣钵为信，故用"衣钵相传"表示佛法的传授和继承，后泛指一般技艺和学术上的传承。《文明小史》："将来谈《文明小史》的，或者有取法诸公之处，薪火不绝，衣钵相传，怕不供诸君的长生禄位么？"梁启超《论中国学术思想变迁之大势》："其所以衣钵相传，为希学之正统者，盖有由也。"

跟佛事修行相关的熟语还有很多，如【屠夫念经——假慈悲】【猫儿念经——假充善人】【挂着腊肉吃斋——难熬】【师傅引进门，修行靠个人】等等。

（二） 与佛教关系隐晦的熟语

所谓"与佛教关系隐晦"是说从词语表面看不出与佛教有什么关系，可以按照汉语原有的意思理解，其内容不反映佛教独有的概念和教义，也不属佛教特有的行事名物，但其最早的出处见于佛教经书或典籍，而且语境大都跟佛教有关：或针对佛教事理而言，或为说明某种佛理而打的比方、编的故事，或记载佛教人士的行为，或是佛教人士的言论。总之，如果没有佛教，也就没有这些词语，因此本文把它们都看作"佛源熟语"。

1. 出自佛教经书

【梦幻泡影】佛教认为世上事物无常，一切都是空的，犹如梦境、幻象、水泡和影子。所以《金刚经》说："一切有为法，如梦幻泡影，如露亦如电，应作如是观。"今常比喻空虚而易破灭的幻想。

【不可思议】指无法想象也不能用言语表达的微妙境界。出自《维摩诘经·不思议品》："诸佛菩萨有解脱，名不可思议。"《增一阿含经》："有四不可思议事，非小乘所能知。"《金刚经》："须菩提，当知是经义不可思议，果报亦不可思议。"《晋书·艺术传·鸠摩罗什》："方等深教，不可思议，传之东土，惟尔之力。"明宋濂《般若波罗蜜多心经文句引》："其神功浩浩乎不可思议，是以历代宝之。"《云笈七签》："思虑所不达，行用所无阶者，则叹不可思议。"今用来形容事物无法想象或难以理解。闻一多《端节的历史教育》："那时的人在自然势力威胁之下，常疑心某种生物或无生物有着不可思议的超自然力量。"巴金《灭亡》："杜大心底瘦削的面容，在月光下，看起来是不可思议的美丽。"

【水中捞月】这个成语出自《摩诃僧祇律》记载的一个故事，说有一群猕猴在山林中游玩，看到树下有井，井中有月影。猴王想救出月亮，就跟众猴商议，"我捉树枝，汝捉我尾，展转相连"，直到接触水面以捞出月亮。结果猕猴越连越多，越来越重，还没够着水面，树枝就断了，连接的猕猴都掉入井水中。后人根据这个故事概括出成语"水中捉月""井中捞月""水底捞月""水底摸月"等，逐渐固定为"水中捞月"。故事原意是说，有"悲心"而没有"智慧"，不但不能救济别人，连自己的生命也有危险。现在常用以比喻白费力气，达不到目的，所谓"水中捞月一场空"。

【味同嚼蜡】出自《楞严经》："我无欲心，应汝行事。于横陈时，味同嚼蜡。"后用来指文章、说话枯燥无味，或对某事某物毫无兴趣。清代吴敬梓《儒林外史》第一回："但世人一见了功名，便舍着性命去求他，及到手之后，味同嚼蜡。"

2. 出自佛教典籍

【对牛弹琴】出自汉牟融所撰中国最早的佛教论著《理惑论》："公明仪为牛弹清角之操，伏食如故。非牛不闻，不合其耳矣。"又见佛教典籍《建中靖国续灯录·汝能禅师》："对牛弹琴，不入牛耳。"后用来比喻对不懂道理的人讲道理，也用来讥讽讲话不看对象。《镜花缘》九十回："对牛弹琴，牛不入耳。骂的狠好，咱们一总再算账。"

【少见多怪】也出自汉牟融《理惑论》："谚云：少所见，多所怪。睹骆驼，言马肿背。"意思是由于见识少，看到不常见的事物就会感到奇怪。虽是引的"谚语"，但见诸文字记载始于佛典。后常用来嘲讽别人孤陋寡闻。茅盾《霜叶红似二月花》："宝珠这人，也是个教不乖的，少见多怪，一点点儿眉毛大的事儿，就疑神疑鬼似地。"

【泥牛入海】出自宋释道原《景德传灯录》："我见两个泥牛斗入海，直至如今无消息。"泥塑的牛掉到海里，还能回来吗？所以这个成语用来比喻一去不再回来。清吴趼人《二十年目睹之怪现状》第七回："那两个钱庄干事的人，等了好久，只等得一个泥牛入海，永无消息。"

【叶落归根】出自《景德传灯录·慧能大师》："众曰：'师从此去，早晚却回。'师曰：'叶落归根，来时无日。'"本指外出的人总要回家，后用来比喻人最终返回故乡或事物总有一定归宿。《初刻拍案惊奇》："至于那鸨儿们，一发随波逐浪，那晓得叶落归根？"刘绍棠《瓜棚柳巷》："树高千丈，叶落归根。柳梢青一走三十年，带着一个十三四岁的女儿柳叶眉，从关外重返运河滩。"

【有口皆碑】比喻人人称颂。碑，指功德碑。语本《五灯会元·太平安禅师》："劝君不用镌顽石，路上行人口似碑。"《老残游记》第三回："宫保的政声，有口皆碑，那是没有得说的了。"

【火烧眉毛】形容情势非常急迫。出自《五灯会元·蒋山法泉禅师》："（蒋山法泉禅师）问：'如何是急切一句？'师曰：'火烧眉毛。'"后世沿用这一说法。《镜花缘》第三五回："小弟此番揭榜虽觉孟浪，但因要救舅兄，不得已做了一个'火烧眉毛，且顾眼前'之计，实是无可奈何。"周立波《暴风骤雨》："共产党是为全国老百姓都翻身，为了大家将来都过美满的日子，不是火烧眉毛，光顾目前。"

【抛砖引玉】出自《五灯会元·赵州从谂禅师》："师云：'比来抛砖引玉，却引得个墼子。'"后常用为以浅拙引出高明的谦词。张抗抗《淡淡的晨雾》："他原以为自己人微言轻，只起一个抛砖引玉的作用，想不到自己的话会有这么强烈的反响。"

【不经一事，不长一智】也作"不因一事，不长一智"。指不经历一件事情或失误，就不能增长对于那件事情的知识和才智。出自宋悟明《联灯会要·道本禅师》："老赵州十八上便解，破家散宅，徒为戏论，虽然如是，不因一事，不长一智。"洪深《电影戏剧的编剧方法》："所谓'不经一事，不长一智'，一个人多一次经验，才会多明白一个环境的意义。"还有"经一事，长一智""经一失，长一智"等说法。鲁迅《华盖集续编》："然而'经一事，长一智'，二十世纪已过了四分之一，脖子上挂着小铃铎的聪明人是总要交到红运的，虽然现在表面上还不免有些小挫折。"

【做贼心虚】出自宋悟明《联灯会要·重显禅师》："却顾侍者云：'适来有人看方丈么？'侍者云：'有。'师云：'作贼人心虚。'"后减缩为"做贼心虚"，用来比喻做了坏事怕人觉察出来而心里不安。曹禺《北京人》第一幕："咦，奇怪，你看这做贼心虚的劲儿。我说你们怎么啦！"

【飞蛾投火】出自晋支昙谛《赴火蛾赋》："悉达有言曰：'愚人贪身，如蛾投火。'诚哉斯言，信而有征也。"后变词形为"飞蛾投火""飞蛾扑火"，意思基本没变，都是比喻自寻死路、自取灭亡。元杨显之《潇湘雨》第二折："他走了，我一向寻他不着，他今日自来投到，岂不是飞蛾扑火，自讨死吃的。"《儿女英雄传》第八回："偏偏的又投了这凶僧的一座恶庙，正所谓'飞蛾投火，自取焚身'。"

三 佛源熟语的演变与应用

内容与佛教相关的汉语词语很多，不都是熟语。熟语是有固定形式和特殊含义的，从佛源出发，到现代日常生活中的应用，熟语的词面形式和意义内容大都经历过演变发展的过程。总的变化趋势是形式上越来越凝固定形，意义上宗教意味逐渐淡化、消失，成为使用范围扩大的日常普通词语。具体表现在如下几个方面。

（一）源无定形，据故事内容概括成形，意义基本不变

【盲人摸象】据古代印度佛经中讲，古时印度有一小国，国王名叫镜面王。他信奉释迦牟尼的佛教，十分虔诚。可是，国内当时流行着很多神教巫道，多数臣民被他们的说教所迷惑，而对佛教没有全面认识，多所批评，以致人心混乱，是非不明，很不利于国家治理。镜面王很想消除臣民对佛教的各种偏见，希望他们都皈依佛教，于是想出一个主意：叫人找来一群盲人，让他们到象苑去触摸大象的身体，然后问他们象长得是什么模样。结果，"其触牙者即言象形如芦菔根，其触耳者言象如箕，其触头者言象如石，其触鼻者言象如杵，其触脚者言象如木臼，其触脊者言象如床，其触腹者言象如瓮，其触尾者言象如绳"。一群盲人吵吵嚷嚷，争论不休，都说自己正确而别人说的不对。在场的臣民大笑不止，镜面王也意味深长地笑了起来。于是镜面王讲出大象真相，教育大家看问题要全面，要统一，不能各执一端。这个故事见于《涅槃经》及《菩萨处胎经》，翻译过来后，逐渐被汉语概括为"瞎子摸象"，凝结为成语，比喻对事物只是片面了解就妄下结论。

【顽石点头】语本晋《莲社高贤传·道生法师》:"师被摈,南还,入虎丘山,聚石为徒。讲《涅槃经》,至阐提处,则说有佛性,且曰:'如我所说,契佛心否?'群石皆为点头,旬日学众云集。"后因以"顽石点头"比喻道理讲得透彻,说服力强,足以使人信服。《五灯会元·黄龙南禅师法嗣》:"道源不远,性海非遥。但向己求,莫从他觅,……直饶说得天花乱坠,顽石点头,算来多虚不如少实。"清蒋士铨《香祖楼·情转》:"陛下这番劝化,可令顽石点头,泥牛转磨矣。"

(二) 源无定形,据故事内容概括成形,但意义跟故事原意不同

【群魔乱舞】传说佛祖释迦牟尼坐在菩提树下冥思苦索的时候,魔王波旬率领众魔来到这里,千方百计地捣乱、搔扰他,但释迦牟尼不为所动,魔王只好率领群魔退去。这个故事的本意是想通过释迦牟尼修行的专一执着,说明修行要达到觉悟的境界,既要战胜来自内心的贪欲,还必须战胜来自外界的各种诱惑。后来根据这个故事概括出"群魔乱舞"一词,取意偏重"魔"的一方,指一群魔鬼乱蹦乱跳,比喻众多的坏人干坏事或一群人扭动身躯在做不雅观的动作。如网络语言:"真是该谢谢这些群魔乱舞的美女们,一边刺激着男人的眼球,一边改写着科学历史。"

【天女散花】出自《维摩经·观众生品》:"时维摩诘室有一天女,见诸大人,闻所说法,便现其身,即以天花散诸菩萨、大弟子上,花至诸菩萨即皆堕落,至大弟子便着不堕。一切弟子神力去化,不能令去。"本以花是否着身验证诸菩萨、声闻的向道之心,声闻结习未尽,花即着身。后概括为"天女散花",取字面意思,形容抛洒东西或大雪纷飞的样子。唐宋之问《设斋叹佛文》:"龙王献水,喷车马之埃尘;天女散花,缀山林之草树。"宋陆游《夜大雪歌》:"初疑天女下散花,复恐麻姑行掷米。"

【天花乱坠】佛教传说:佛祖讲经,感动天神,诸天各色香花,纷纷下坠。《法华经·序品》:"尔时世尊,四众围绕,供养恭敬尊重赞叹,为诸菩萨说大乘经……佛说此经已,结跏趺坐,入于无量义处三昧,身心不动。是时天雨曼陀罗华、摩诃曼陀罗华、曼殊沙华、摩诃曼殊沙华,而散佛上及诸大众。"《心地观经·序品偈》:"六欲诸天来供养,天华乱坠遍虚空。"后用来比喻说话有声有色,非常动听。多指夸张的、不切实际的。《景德传灯录·鄂州清平山会遵禅师》:"若未会佛意,……聚徒一千二千,说法如云如雨,讲得天华乱坠,只成个邪说争竞是非。"《朱子语类》卷三五:"凡他人之言,便做说得天花乱坠,我亦不信,依旧只执己是。"《红楼梦》第六四回:"〔贾蓉〕说得天花乱坠,不由得尤老娘不肯。"杨沫《青春之歌》第一部第十四章:"你说得美妙动人,天花乱坠,闹了半天只是拐弯抹角地迷惑人、动摇人。"也作"宝花乱坠",宋朱熹《朱文公文集·答吴伯丰(其二十二)》:"凡所悟解,一一皆是圣贤真实意思,如其不然,纵使说得宝花乱坠,亦只是自家杜撰见识也。"清李宝嘉《官场现形记》第五十六回:"傅二棒锤索性张大其词,说得天花乱坠。"也用来比喻雪花飞舞,宋陆游《剑南诗稿(一二)·拟岘台观雪》:"山川灭没雪作海,乱坠天花自成态。"

(三) 形式、意义基本不变,只是扩大使用范围

有些熟语由于开始就没有宗教的特殊含义,而且形式上符合熟语的格式,所以后来词

面上基本不动，意义上也没有什么变化，只是使用场合从佛教典籍或佛教人士的范围扩大到一般语言场合，变成了普通词语。例如：

【皆大欢喜】见于诸多佛经，如《无量寿经》："阿阇王子与五百大长者，闻之皆大欢喜。"《法华经·普贤菩萨劝发品》："佛说是经时，……一切大会，皆大欢喜。"《金刚经》："一切大众，闻佛所说，皆大欢喜，信受奉行。"意思是大家都很高兴。历代沿用。茅盾《雨天杂写之三》："目前此间文化市场，……，似乎都相安无事，皆大欢喜。"

【隔靴搔痒】出自《五灯会元》："问：圆明湛寂非师意，学人因底却无明？师曰：辨得也未？曰：恁么则识性无根去也。师曰：隔靴搔痒。"意思是还没有说到点子上。后指说话、作文不中肯、不贴切、不透彻，没有抓住本质要害或没有真正解决问题。宋严羽《沧浪诗话·诗法》："意贵透彻，不可隔靴搔痒。"周而复《上海的早晨》第四部三十："柳惠光觉得江菊霞和唐仲笙唱的都是高调，对私营中小商业的情况并不了然，讲的净是些隔靴搔痒的话。"

【神通广大】佛教里的"神通"指的是"变化莫测"和"无拘无碍"，就是既能使人莫测高深，又能为所欲为。通常指佛界人物和与之相对的妖魔鬼怪而言。元郑廷玉《忍字记》第一折："贫僧神通广大，法力高强。"《西游记》第六七回："这猴儿凡事便要自专。倘或那妖精神通广大，你拿他不住，可不是我出家人打诳语么？"现代汉语用来形容某人本领、手段极为高强。基本意思没变，只是不限于佛界人物和妖魔罢了。茅盾《子夜》四："可是话刚出口，他又后悔不该得罪这位神通广大的李四。"

【头上安头】出自《五灯会元·夹山会禅师法嗣·洛浦元安禅师》："今有一事问汝等：若道这个是，即头上安头；若道不是，即斩头求活。"意思是对禅宗意旨应该顿悟，反复思量分辨犹如"头上安头"，都是累赘重复，多此一举。后文学家用来指称写诗作文中的重复啰唆、因循守旧现象。如宋吴可《学诗》："学诗浑似学参禅，头上安头不足传。跳出少陵窠臼外，丈夫志气本冲天。"清王夫之《读四书大全说·论语·学而篇》："固不必就上面一截起论，为头上安头之说矣。"也泛指其他累赘多余的东西。宋黄庭坚《拙轩颂》："何况头上安头，屋下盖屋，毕竟巧者有余，拙者不足。"

（四）形式上略有变化，意义基本未变

【百尺竿头，更进一步】"百尺竿头"指桅杆或杂技长竿的顶端。佛教用来比喻修行达到的极高境界，但认为仍然可以再提高。出自《五灯会元·径山杲禅师法嗣》："百尺竿头须进步，十方世界现全身。"亦见《景德传灯录·景岑禅师》，"尺"作"丈"。也比喻学问、事业取得很高成就后再争取更高成就，或者比原来的某种程度更好。宋朱熹《答陈同甫书》："但鄙意更欲贤者百尺竿头进取一步，将来不作三代以下人物。"又《答巩仲至书》："故聊复言之，恐或可以少助百尺竿头更进一步之势也。"秦牧《艺海拾贝·辩证规律在艺术创造上的运用》："运用这种手法表现的事物，往往能够比实际生活中的事物还要'百尺竿头更进一步'。"也可以省做"百尺竿头"，夏衍《文艺与体育的因缘》："我希望我国的体育事业百尺竿头，日新月异。"

【八字没见一撇】出自《续灯录》卷二九："若问是何宗，八字不着撇。"比喻事情毫无眉目，未见端绪，言之尚早。后演变为"八字没见一撇"或"八字还没有一撇""八

字没见两撇"等,《儿女英雄传》第二九回:"不然,姐姐只想,也有个'八字儿没见一撇儿',我就敢冒冒失失把姐姐合他画在一幅画儿的道理吗?"杜鹏程《保卫延安》第四章:"我们是来保卫延安的,八字没见一撇,延安就能放弃?"老舍《四世同堂》九四:"虽说救钱先生的事儿八字还没有一撇,可他总算有了指望。"

【昙花一现】(又作【优昙一现】)昙花、优坛都指优昙钵花,跟莲花相似,共十二瓣,一开即收,时间极短。出自《长阿含经·游行经》:"〔佛〕告诸比丘,汝等当观,如来时时出世,如优昙钵花时一现耳。"又《法华经·方便品》:"佛告舍利弗,如是妙法,诸佛如来时乃说之,如优昙钵花时一现耳。"后形式上简化为"昙花一现"或"优坛一现",但意思基本相同,都用以比喻事物一出现马上就消失,因而难得。清陆诒经《〈小螺庵病榻忆语〉题词》:"昙花一现只匆匆,玉瘁兰凋感谢公。"吴玉章《从甲午战争前后到辛亥革命前后的回忆》:"光绪帝颁布'定国是'的诏书,表示决心要实行变法,这样就开始了昙花一现的'百日维新'。"清吴烺《绮罗香·集橙里书斋观雨中玉兰》词:"审厘休放空观,只解优昙一现,顿成憔悴。"陈去病《有悼》诗之一:"幻影空花忒渺茫,挽留不得几回肠。优昙一现真无那,蜡泪低垂只自伤。"

【看风使舵】原作"看风使帆",比喻跟着情势转变方向,随机应变。出自《五灯会元·法云法秀禅师》:"看风使帆,正是随波逐浪。"后改为"看风使舵",意思一样。骆宾基《胶东的"暴民"》九:"他们懂得看风使舵,也懂得看眉眼搭话。"浩然《艳阳天》第一二七章:"我得在紧要的时候再出马;比如说,把粮食分了,乱子起来了,他们又不能收拾,把李乡长吓住了,我再看风使舵。"

【种瓜得瓜,种豆得豆】比喻做了什么样的事情,就会得到什么样的结果。据翟灏《通俗编·草木》引,语出《涅槃经》,原作"种瓜得瓜,种李得李",是佛教因果报应思想的比喻说法。后仿改为"种瓜得瓜,种豆得豆",意思一样。清纪昀《阅微草堂笔记·滦阳消夏录四》:"夫种瓜得瓜,种豆得豆,因果之相偿也。"黄公《大魂》:"鄙谚有之曰:'种瓜得瓜,种豆得豆。'欲收他日之良果,必种今日之好因。"石祥《周总理登上虎头山》诗:"种瓜得瓜,种豆得豆,大寨人相信,总有一天与'四人帮'算账的时候!"

【作茧自缚】语本《楞伽经》:"妄想自缠,如蚕作茧,堕生死海。""如蚕作茧,以妄想丝,自缠缠他。"用蚕吐丝结茧将自己包在里面的事象,比喻人做事自陷困境,自己给自己制造麻烦。有许多种变体说法,意思都相同。唐白居易《江州赴忠州至江陵已来舟中示舍弟五十韵》:"烛蛾谁救护?蚕茧自缠萦。"《景德传灯录·志公和尚十四科颂》:"声闻执法坐禅,如蚕吐丝自缚。"宋陆游《书叹》:"人生如春蚕,作茧自缠裹。"后一般用"作茧自缚"。清沈复《浮生六记·养生记逍》:"始悔前此之一段痴情,得勿作茧自缚矣乎!"鲁迅《华盖集·答KS君》:"于是从他的行为上感到失望,发生不平,其实是作茧自缚。"张贤亮《绿化树》二七:"看着他作茧自缚和与世无争的模样。"

【痴心妄想】"痴心"是佛教所说的三毒之一。《法苑珠林》卷九十四:"依邪见故,痴心增上。""妄想"是与"真如"相对的各种虚妄不实的念头。《楞严经》卷一:"一切众生从无始来,生死相续,皆因不知常住真心,性净明体,用诸妄想。"后组合成词,指难以实现的不好企图。

（五）形式未变，意义有引申、比喻等变化

【功德圆满】"功德"本为我国传统词汇，指功业和德行。《汉书·礼乐志》："君臣男女，有功德者，靡不褒扬。"佛教传入后被赋予新义。"功"指做善事；"德"指得到福报。《仁王经疏》卷上："施物名功，归己曰德。""恶尽言功，善满曰德。"《胜鬘经宝窟》卷上："德者，得也，修功所得，故名功德也。"佛教净土宗提倡广修功德，为日后往生西方净土创造条件。通过修功德，能够往生净土者，就算达到了功德圆满。这是就修行的整体境界而言，指修功积德的修行过程完成结束。也指某件跟宗教相关的具体佛事、祭祀或善事完满结束。隋杨广《入朝遣使参书》之二："用慰驰结，仰承衡岳。功德圆满，便致荆巫。"唐陈集原《龙龛道场铭》："更于道场之南造释迦尊像一座，遂得不日而成，功德圆满。"洪深《五奎桥》第一幕："四百多亩呢，起码得打四十九天的大醮！七七四十九天功德圆满，那时自然是甘霖广降大雨倾盆了！"进而完全生活化，泛指某件普通的事情的结束或完成。茅盾《"惊人发展"》："那时候，李顿调查团功德圆满，全中国都成了共管下的太平世界。"

【邪魔外道】指佛教或某个正教之外的旁门左道。"外道"原本是婆罗门教用语，指婆罗门教以外的教派，说它们"心行理外"，所以称之为"外道"。后来泛指一切"不受佛法"的教派。佛经里常提到"六师外道"或"九十六种外道"，六师指沙门系中6个有影响的领袖人物；六师麾下各有15个不同派别，加上六师，共96种。佛教认为他们是一群扰乱佛法的邪恶的魔鬼，故称"邪魔外道"。作为四字成语，最早见于《药师如来本愿经》："又信世间邪魔外道，妖孽之师，妄说祸福。"宋张元干《西禅隆老海印大师赞》："其辩口谈天也，邪魔外道为之胆碎。"《续金瓶梅》第三九回："这三教中，邪魔外道原是和正教相参的。"引申指不纯正的学说或文字。《儒林外史》第十一回："若是八股文章欠讲究，任你做出甚么来，都是野狐禅，邪魔外道！"也指妖精鬼怪。元无名氏《神奴儿》第四折："你将金钱银纸快安排，邪魔外道当拦住，只把那屈死的冤魂放过来。"元无名氏《盆儿鬼》第三折："是什么邪魔外道通名讳。"进而喻指不好的途径或行为。《红楼梦》第八一回："说起宝玉的干妈，竟是个混账东西，邪魔外道的。"《歧路灯》第七五回："如今世上许多做假银的，俱是邪魔外道。"康濯《东方红》第五章："偏偏他却娶了个邪魔外道的老婆，对自己软绵绵的，待外人竟是虎辣辣的没边没底！"

【点铁成金】出自《景德传灯录·灵照禅师》："还丹一粒，点铁成金；至理一言，点凡成圣。"本指仙道丹药的功效：能够将铁石点化成黄金。宋杨万里《荷池小立》诗："点铁成金未是灵，若教无铁也难成。"后比喻写文章或修改文章，用少量字句使不太好的文章变为好文章，化腐朽为神奇。宋黄庭坚《答洪驹父书》："古之能为文章者，真能陶冶万物，虽取古人之陈言入于翰墨，如灵丹一粒，点铁成金也。"清王士禛《香祖笔记》卷一："《唐国史补》谓'漠漠水田飞白鹭，阴阴夏木啭黄鹂'，乃右丞窃取李嘉佑语。论者或为王讳，以为增'漠漠'四字，便是点铁成金手段。此亦呓语，然此事往往有之。"《二十年目睹之怪现状》第四三回："真是点铁成金，会者不难，只改得二三十个字，便通篇改观了。"亦省作"点铁"。清袁枚《随园诗话补遗》卷八："附以涂鸦，敢求点铁。"苏曼殊《与刘三书》："思维畴昔，随公左右，教我为诗，于今东涂西抹，得稿

盈寸，相去万里，反不得公为我点铁，如何如何？"进而又可比喻将某种低级的东西变成高级的东西。茅盾《子夜》三："只有一个月的期，除非到那时他会点铁成金，不然，干茧就不会再姓朱了。"

【单刀直入】出自《景德传灯录·旻德和尚》："若是作家战将，便须单刀直入，莫更如何若何。"原意指认定目标，勇往直前，不分心旁顾。现在用来比喻说话直截了当，不绕弯子。周立波《暴风骤雨》第一部六："为了缩小斗争面，萧队长单刀直入，提到韩老六家。"

【打成一片】佛教原意指将一天十二个时辰连成一个整体，不间断地修行悟禅，所以要求修行的人"二六时中，打成一片"。这个意义偏重在把零散的东西接续拼合为整体，《朱子全书》卷二："只要常自提撕，分寸积累将去，久之自然接续，打成一片耳。"也是这种用法，但后来很少沿用。佛教还有一种用法，指将各种感情和遭遇看作一回事，不加区分。如宋释普济《五灯会元》第二十卷："耳听不闻，眼觑不见，苦乐顺逆，打成一片。"这个意义后来得到发展，引申泛指不同种类的人、事、物融合为一体，不分彼此。宋朱熹《朱子语类》第一百二十三卷："今来伯恭（吕祖谦）门人却亦同父（陈亮）之说者，二家打成一片。"明吕坤《答孙立亭论格物第三书》："明道《识仁》一书，知行打成一片。"朱自清《论朗诵诗》："看那感情和思想跟音节是否配合得恰当，是否打成一片，不漏缝儿。"毛泽东《坚持艰苦奋斗，密切联系群众》："在战时，要密切联系群众，要官兵打成一片，军民打成一片。"巴金《寒夜》二七："可是他看看四周……打锣鼓唱戏，骂街吵架，种种奇特的声音打成了一片。"

【头头是道】佛教指处处都存在着佛理。语本《续传灯录·慧力洞源禅师》："方知头头方是道，法法本圆成。"后引申指说话或做事很有条理。宋严羽《沧浪诗话·诗法》："及其透彻，则七纵八横，信手拈来，头头是道矣。"清恽敬《与舒白香》："然此事如禅宗箍桶，脱落布袋打失之后，信口接机，头头是道，无一滴水外散。"清沈复《浮生六记·闺房记乐》："其癖好与余同；且能察眼意，懂眉语，一举一动示之以色，无不头头是道。"马烽《三年早知道》："这人也真有两下子，看地势，开井口，一切准备工作都是他负责，工作安排的头头是道。"

【家贼难防】佛教以色声香等六尘为外六贼，以眼耳鼻舌等六根为内六贼。家贼即内贼。《五灯会元·梁山缘观禅师》："问：'家贼难防时如何？'师曰：'识得不为冤。'"本是比喻用法，指六根易染尘欲，犹如家贼难以防范；后来用字面实义，指家庭内部的贼人或内奸最难防范。清李渔《凰求凤·悟奸》："这等看起来，真个是家贼难防，连星相医卜的话都是他教导的了？"

【本来面目】佛教指人本有的心性，属比喻用法。《坛经·行由品》："不思善，不思恶，正与么时，那个是明上座本来面目。"亦省作"本面"。清李颙《学髓》："水澄则珠自现，心澄则性自朗，故必以静坐为基，……虚明寂定为本面。"后来又恢复字面本义。宋苏轼《老人行》："一任秋霜换鬓毛，本来面目常如故。"明李贽《与周友山书》："即日加冠蓄发，复完本来面目。"《红楼梦》第五八回："他这本来面目极好，倒别弄紧衬了。"也引申指事物原来的样子。鲁迅《且介亭杂文·门外文谈七》："这一润色，留传固然留传了，但可惜的是一定失去了许多本来面目。"

（六）形式未变，语素关系重构，变为同形词

【六根清净】出自《妙法莲华经》卷六："得是六根清净已，更增寿命百万亿那由他岁。"六根乃佛教词语，指眼、耳、鼻、舌、身、意六种人体器官。佛教认为，六根一旦与"色、声、香、味、触、法"六尘相接，就会受其控制，产生种种欲望和罪孽，坠入生死轮回的苦海之中。因此，修佛者应使六根不受六尘支配，也就是要内心清净，没有任何欲念，不受外界干扰。《大智度论》卷十一："布施时六根清净，善欲心生；善欲心生，故内心清净。"五代后梁高僧布袋的《种秧歌》："手把青苗插满田，低头便见水中天。六根清净方为道，退步原来是向前。"但《水浒传》第四回"一寸不留，六根清净，与汝剃了，免得争竞"则指的是头发根，语义关系发生了变化，实际上已不是原来的"六根清净"了。

【现身说法】根据大众部"超人间佛陀"的理论，佛祖释迦牟尼能显现出各种各样的形象，向不同的人讲说佛法，是为现身说法。《楞严经》卷六："我于彼前，皆现其身，而为说法，令其成就。"《景德传灯录·释迦牟尼佛》："亦于十方界中现身说法。"清袁枚《随园诗话补遗》卷八："〔徐灵胎〕度曲赠我云：'端的是菩萨重来，现身说法，度尽凡夫。'"后来指以亲身经历为例证，对人进行解说或劝导。"现身"的意思已经由显现人身变化为亲身经历了。《儿女英雄传》第五回："如今现身说法，就拿我讲，两个指头就轻轻儿的给你提进来了。"茅盾《〈清明前后〉序》："这算是开场白。以后就让登场的人物自己来现身说法。"

【一丝不挂】语出《楞严经》："一丝不挂，竿木随身。"原意是比喻心中没有一点尘俗的牵累。宋黄庭坚《僧景宣相访寄法王航禅师》诗："一丝不挂鱼脱渊，万古同归蚁旋磨。"宋苏轼《赠虔州慈云寺鉴老》诗："遍界难藏真薄相，一丝不挂且逢场。"宋楼钥《攻媿集·静斋迂论序》第52卷："郡邑来仕者，闻其风多与之交，俗务一丝不挂。"用的都是这个意义。后来"一丝不挂"指赤身裸体，身上连一根丝线布帛也没有。这是用的字面实义。如：宋杨万里《诚斋集·清晓洪泽放闸四绝句》四首之一："放闸老兵殊耐冷，一丝不挂下冰滩。"或作"寸丝不挂"。中国人取名讲求用意。著名中国歌手刘欢的女儿叫刘一丝，其取意应该是"一丝不挂"的佛教本义，即希望修炼佛行达到最高境界，对尘世"无牵无挂"。但对于普通大众来说，没有多少人还能知道该词的本来含义，所以难免引起误会。有人说："这名字别人叫倒还罢了，就是姓刘的不能叫。为什么呢？既然都一丝不挂了为什么还要'留一丝'呢！"

【念念不忘】1. 片刻不忘。《云笈七籤》卷五五："日日存之，时时相续，念念不忘。" 2. 指不断地考虑或想念而不忘记。《朱子语类》卷三四："若不是心与理契，念念不忘者，不能学不厌。"明冯梦龙《桂枝儿·不忘》："明知你是个薄情也，我只是念念不忘。"鲁迅《朝花夕拾·阿长与〈山海经〉》："大概是太过于念念不忘了，连阿长也来问《山海经》是怎么一回事。"

【七手八脚】原指人多手忙脚乱。《五灯会元·育王德光禅师》："上堂七手八脚，三头两面，耳听不闻，眼觑不见，苦乐逆顺，打成一片。"《红楼梦》第二六回："众小厮七手八脚，摆了半天，方才停当归坐。"赵树理《三里湾》："社场上卸了骡子，二十来个社员七手八脚忙起来。"也指一个人手忙脚乱地连续进行多次动作。老舍《二马》："马威七手八脚的把箱子什么的搬下去。"也可按字面理解,指一个人不可能有许多的手脚。《朱子语类》卷五五:"人也只孝得一个父母,那有七手八脚,爱得许多?"元无名氏《延安府》第一折:"三牛车的文书,与小人三日假限便要完,便有那七手八脚,也攒造不来。"《何典》第十回:"不过两个养发强盗,又不是三头六臂七手八脚的天神天将,就这等怕如折揿!"

(七) 形式、意义都有改变

【心心相印】在佛教的禅宗中,历代祖师相传多强调超越语言文字之外的传教,即师徒彼此默契、以心传心。据说有一次如来佛在讲法大会上手拈鲜花,而台下的弟子迦叶竟然明白佛祖的意思,发出会心的微笑。这种"拈花微笑"的传教方式被称为"传心印""心印",如《黄檗传心法要》:"自如来付法迦叶以来,以心印心,心心不异。"《祖庭事苑》:"心印着,达摩西来,不立文字;单传心印,直指人心,见性成佛。"后人把"以心印心"之类的说法改造为"心心相印"的固定格式,用来表示彼此之间的心灵感通,也特指男女之间的情意相投,已和原来的意思相去甚远。

【想入非非】佛教把无色界天之最高处称为"非想非非想天",又叫"非想非非想处"。《楞严经》卷九:"于无尽中发宣尽性,如存不存,若尽非尽,如是一类,名为非想非非想处。"后变其形为"想入非非",成了动词,指念进入玄妙境界,或产生不切实际的胡思乱想。清梁廷枏《曲话》三:"至其离奇变幻者,莫如《临川梦》,竟使若士先生身入梦境,与四梦中人一一相见,请君入瓮,想入非非;娓娓清言,犹余技也。"《官场现形记》第四七回:"施大哥好才情,真要算得想入非非的了。"鲁迅《集外集·关于〈关于红笑〉》:"只因'疑心',而竟想入非非。"峻青《海啸》第三章:"正当他趾高气扬想入非非的时候,突然感到:东面,枪炮声越来越稀疏了。"

【镜花水月】镜中花,水中月。语本唐裴休《唐故左街僧录内供奉三教谈论引驾大德安国寺上座赐紫方袍大达法师元秘塔碑铭》:"峥嵘栋梁,一旦而摧。水月镜像,无心去来。"比喻虚幻不实在的东西。《景德传灯录》:"三界六道,唯自心现。水月镜像,岂有生灭?"后作"水月镜花"或"镜花水月"。《再生缘》第六七回:"水月镜花空好看,不过是,今生如此算收梢。"《说岳全传》第六一回:"阿弥陀佛,为人在世,原是镜花水月。"《白雪遗音·玉蜻蜓·游庵》:"我和你镜花水月闲消遣,何必名贤胜地逢。"柯灵《香雪海·春节书红》:"这些镜花水月式的幻想早被现实的罡风吹了个烟消云散。"也用来比喻空灵的文学意境。明谢榛《四溟诗话》卷一:"诗有可解,不可解,不必解,若水月镜花,勿泥其迹可也。"黄小配《〈廿载繁华梦〉序一》:"数千言锦绣文章,都是水月镜花之影。"何其芳《梦中道路》:"我喜欢那种锤炼,那种色彩的配合,那种镜花水月。"

【妖魔鬼怪】泛指一切害人的妖怪。元李好古《张生煮海》第一折:"安知他不是个妖魔鬼怪?"《西游记》第三七回:"师父,我不是妖魔鬼怪,亦不是魍魉邪神。"也比喻坏人。魏巍《东方》第一部第二章:"你们这些妖魔鬼怪,想当初是多么凶恶,多么猖狂呵!"

【佛高一尺,魔高一丈】佛,指佛法;魔,指魔法。原为佛家告诫修行者要警惕外界诱惑。因为正气难以修得，而邪气容易高过正气，所以要防止"魔"的侵扰。明李贽《与梅衡湘书》："'佛高一尺，魔高一丈。'昔人此言，只要人知有佛即有魔，如形之有影，声之有响，必然不相离者。"也作【道高一尺，魔高一丈】《初刻拍案惊奇》卷三六："道高一尺，魔高一丈。冤业随身，终须还账。"喻指某一事物兴起时必然会遇到的极大阻力。清谭嗣同《仁学》四三："道高一尺，魔高一丈，愈进愈阻，永无止息。"梁启超《说动》："于是道高一尺，魔高一丈，事涉求新，辄生阻力。"周恩来《"四八"烈士永垂不朽》："但是'道高一尺，魔高一丈'。政协决议、停战协定和整军方案的实施，是决不会顺利的。"茅盾《子夜》十："风浪是意料中的事；所谓'道高一尺，魔高一丈'！他，吴荪甫，以及他的同志孙吉人他们，都是企业界身经百战的宿将，难道就怕了么？"但是这个熟语常有用错的时候，即用"魔高一丈"比喻自己一方或正义一方的力量。如浩然《艳阳天》第一三六章："大家不要怕，道高一尺，魔高一丈，我看他这一回是走到最后一步了。"这个意义如果改造为"魔高一尺，道高一丈"就切合了。

四 结语

　　从上面分析的材料可以看出，佛源熟语演变的总趋势是形式上逐渐固定、规范，意义上宗教色彩逐渐淡化和消失，通过词义范围的扩大、缩小和转移以及词义内涵的引申、喻指和重解，佛教词语逐渐日常化、生活化。从某种意义上讲，这种词义的变化，是佛教跟汉语更深入的融合。众多的佛教语汇在现代汉语中留存下来，它们的宗教意义虽然不断的淡化甚至消失，但在宗教意义弱化的同时，逐步就有新的意义生成，它们在新的时代表达着新的内容，继续发挥着语言交流作用。

　　佛源词语属于外来词的一种。就汉语外来词的研究而言，正如张永言先生所说："我们不仅要研究一个外来词是从哪里传来的，什么时候传来的，为什么传来的和怎样传来的，而且要研究它是怎样被同化的，也就是说它是怎样服从或适应借方的语音系统（包括音节构造）和语法结构（包括构词法）的，它的意义发生了什么变化，这些变化是怎样发生的，它的出现引起了借方词汇里的哪些变化，等等。只有这样，才能通过外来词的研究阐明语言词汇发展的规律性，说明词汇中发生的现象及其原因，揭示个别词语的历史、语言的历史和人民的历史三者之间的关系。"[①] 上面关于佛源熟语的介绍，只是来源和演变情况的简单涉及，没有能全面展开，有待以后进一步的拓展和深入。

[①] 张永言：《词汇学简论》，华中工学院出版社1982年版，第94页。

"一丝不挂"多义源流考辨[①]

一

（一）"一丝不挂"是个常见成语，现代多指赤身裸体，不穿任何衣服；但在古代，特别是在佛教领域，"一丝不挂"多指摆脱一切杂念、不受任何世俗牵累。现在，对于这个成语的源流，即这个成语的本义是什么，有无其他意义，各种不同意义之间到底是什么关系，人们似乎没有十分清楚的认识，说法歧异，有的甚至错误。例如关于"摆脱一切杂念、不受任何世俗牵累"的佛教比喻义是如何产生的这个问题，几种有代表性的词典有如下几种表述[②]。

《汉语大词典》[③]：【一丝不挂】①原指鱼类不受钓丝的挂碍，禅家常以此喻不为尘俗所牵累。按：佛语本作"寸丝不挂"。见《景德传灯录·南泉禅师》[④]。宋黄庭坚《僧景宣相访寄法王航禅师》诗："一丝不挂鱼脱渊，万古同归蚁旋磨。"《警世通言·庄子休鼓盆成大道》："把世情荣枯得丧，看做行云流水，一丝不挂。"

《俗语佛源》[⑤]：【一丝不挂】"一丝不挂"之"丝"有两解。一解为一缕衣饰。《五灯会元》卷十二："诸上座终日着衣吃饭，未曾咬着一粒米，未曾挂着一缕丝。"另一解为一根钓丝。《五灯会元》卷十四："僧问：一丝不着时如何？师曰：合同船子并头行。"意思是说，"一丝不着"，便达到了船子和尚超脱的境界。船子和尚有诗偈云："金鳞不遇空劳力，收取丝纶归去来……钓竿斫尽重栽竹，不计功程得便[⑥]休。"可见"一丝不挂"本是禅语，比喻超然洒脱，绝无患得患失的念头，丝毫不受尘俗的牵挂，是很高的修持境界。后用以泛指毫无牵挂。如《警世通言·庄子休鼓盆成大道》："把世情荣枯得丧看做行云流水，一丝不挂。"

[①] 本文原载《励耘学刊》（语言卷）2009年第1期，题为《"一丝不挂"源流考辨》。收入吴福祥、王云路编《汉语语义演变研究》时改为现题，商务印书馆2015年版。

[②] 本文引用文献都经博士生吴吉煌、陈灿、王海平查核原文，学友赵家栋也多所帮助，谨此致谢！

[③] 罗竹风主编《汉语大词典》，上海辞书出版社1986年版。第一卷，第89页。

[④] 同是《汉语大词典》所引，此"南泉禅师"在"寸丝不挂"条下作"普愿禅师"，不一致。"南泉"为地名，"普愿"为法号，书篇全名当作"池州南泉普愿禅师"。

[⑤] 中国佛教文化研究所编《俗语佛源》，上海人民出版社1993年版，第8页（本条编写者为李明权）。

[⑥] 《俗语佛源》引"得便"作"便得"，误。今依原文校正。下文几处均依改。

"百度知道"网：【一丝不挂】了无牵挂。语出《楞严经》："一丝不挂，竿木随身。"意思是钓鱼人虽然钓竿随身，钓丝上空无一物。宋黄庭坚《僧景宗相访寄法王航禅师》诗："一丝不挂鱼脱渊，万古同归蚁旋磨。"比喻人虽活于世上，当无所牵挂，不为尘俗所牵累。宋苏轼《赠虔州慈云寺鉴老》诗："遍界难藏真薄相，一丝不挂且逢场。"后将钓丝转为布丝，一丝不挂遂指赤身裸露。宋杨万里《清晓洪泽放闸四绝句》四首之一："放闸老兵殊耐冷，一丝不挂下冰滩。"或作"寸丝不挂"。

《佛教成语》[①]：《楞严经》里面还有这样两句话："一丝不挂，竿木随身。"意思是：钓鱼的人虽然拿着竿木等渔具，却什么也没有钓到；人虽然生活在俗世之中，却没有一点牵挂。这正是佛教要求信徒们保持的心态。

可见，关于"一丝不挂"佛教比喻义的来源，大都认为其中的"一丝"本义指一根钓丝，"一丝不挂"是用钓鱼事件中鱼不挂丝或竿不挂丝或丝上无物等现象，来比喻佛教徒没有尘俗欲念或不受尘俗欲念的牵累。这种看法值得商榷。

（二）上述看法并不符合古代文献用词造句的习惯。

首先，钓鱼之"丝"没有说"挂"的，因而推不出"一丝不挂"的词形。我们知道，钓鱼事件涉及四类七个参与要素：主体"人"；工具"钓竿、钓丝（纶/线/绳）、钓钩、饵食"；客体"鱼"；场所"水"（渊、潭、江等）。就主体而言，可以说垂丝、牵丝、弄丝、抛丝、垂钓、垂钩等，没有说"挂丝"的；就客体而言，可以说含线、含钩、悬钩、吞钩、吞饵、贪饵、带丝、被钓丝牵等，也没有说"挂丝"的；就工具而言，可以说丝悬、（用）丝牵、（用）丝系，也没有说"丝挂"的。场所与"挂"当然更无关联。

其次，"一丝不挂"这种"一……不……"的固定格式语义上是用来极言其少的，但这个少（即"一"）必须以多为前提。衣服有很多"丝"，才能说"一丝不挂"；世间有很多"尘"，才能说"一尘不染"；人有诸多的杂念贪欲，才能用"一丝不挂""一尘不染"来比喻。可见这个"一"是多数中的"一"，不是单一唯一的"一"（对"寸丝不挂"也当如此分析）。而钓竿上的"丝"却是唯一的，一条鱼不可能被许多"丝"牵挂，因而既不可能也没必要说鱼"一丝不挂"。

请看下面有关钓鱼的描述，我们无法从中演绎出"一丝不挂"（寸丝不挂）来：

（1）隋·阇那崛多译《佛本行集经》卷二十一："山羊被杀因作声，飞蛾投灯由火色，水鱼悬钩为吞饵，世人趣死以境牵。"（T03n0190_ p0753b03）[②]

（2）唐·道宣撰《续高僧传》卷十七："加以识鉴苦空，志排尘俗，形虽廊庙，器乃江湖。是以属叹牵丝，兴言世网，辞同应陆，调合张严。"（T50n2060_ p0562a24）

[①] 朱瑞玟编著：《佛教成语》，汉语大词典出版社2006年版，第276页。

[②] 本文所引佛教文献检自"中华电子佛典协会"（Chinese Buddhist Electronic Text Association，简称CBETA）的电子佛典系列光碟（2008），并据《大正新修大藏经》（台北：佛陀教育基金会出版部，1990年）与《大藏新纂卍续藏经》（河北：河北省佛教协会虚云印经功德藏，2006年）查检核对。各引文出处依册数、经号、页数、栏数、起始行数的顺序标记。其中：T表示《大正新修大藏经》经文，X表示《大藏新纂卍续藏经》经文，其后数字为册数；n后接经号；p后接页数；a、b、c分别表示每页的上、中、下栏，其后接引文自右向左数起始行数。下同。

（3）宋·重显拈古、克勤击节《佛果击节录》卷上："举船子颂云：千尺丝纶直下垂，一波才动万波随。夜静水寒鱼不食，满船空载月明归。"（X67n1301_ p0238b18）

（4）宋·宗杲集《正法眼藏》卷四："又问：垂丝千尺，意在深潭。离钩三寸，子何不道？山拟开口。船子便以篙打落水中。才上船又曰'道！道！'，拟开口又打。夹山忽然大悟，乃点头三下。船子曰：竿头丝线从君弄，不犯清波意自殊。山遂问：抛纶掷钓，师意如何？曰：丝悬渌水，浮定有无之意。"（X67n1309_ p0597b23）

（5）宋·法应集、元·普会续集《禅宗颂古联珠通集》卷十六："碧波深处钓鱼翁，抛饵牵丝力已穷。一棹清风明月下，不知身在水晶宫。"（X65n1295_ p0573a14）

（6）宋·法应集、元·普会续集《禅宗颂古联珠通集》卷三十："清风吹动钓鱼船，鼓起澄波浪拍天。堪笑锦鳞争戏水，到头俱被钓丝牵。"（X65n1295_ p0661b20）

（7）明·林弘衍编次《雪峰义存禅师语录》卷下："长江抛钓子，游鱼带丝缘。恩重钩头饵，轻欺上祖歌。"（X69n1333_ p0085a03）

（三）上述看法也不符合古人比喻取义的事理。

鱼所贪者为"食饵"，人所贪者为"尘欲"。如果用鱼贪食来比喻人贪欲，合情合理；而用鱼不挂丝来比喻人不贪欲，似隔一层。鱼没有自觉不贪食的，鱼被丝（实际为钩）牵挂是本能贪饵的后果，不被丝挂只是没有遇上而已，这个事理跟佛教要比喻的"摆脱而没有杂念贪欲"义并不切合。所以佛教文献用钓鱼事件作比时，通常是以鱼贪"食饵"来比喻人贪"尘欲"，而用鱼因贪饵导致"含线""吞钩""为钩所牵制"等来比喻人因贪欲而导致"患""丧身"等后果。并且都是从正面（肯定）设喻说明贪欲之害，没有从反面（否定）设喻赞扬"不贪"（不挂）之德的。例如：

（8）姚秦·昙摩耶舍译《乐璎珞庄严方便品经》："如鱼为食故，为钩所牵执。"（T14n0566_ p0935b28）

（9）北凉·昙无谶译《大般涅槃经》卷三十一："耽惑致患，如鱼吞钩。"（T12n0374_ p0553a17）

（10）唐·般若译《大乘理趣六波罗蜜多经》卷五："如鱼沉潜深隐处，游泳水中难可见，为求其食吞钩饵，贪欲丧身亦复然。"（T08n0261_ p0887b10）

（11）唐·般若译《大方广佛华严经》卷二十八："世间染欲诸众生，如鱼吞钩为所食。"（T10n0293_ p0791a01）

（12）唐·楼颖录《善慧大士语录》卷三："不须贪。看取游鱼戏碧潭，只是爱他钩下饵，一条线向口中含。"（X69n1335_ p0116a02）

用钓鱼事件比喻佛教修行还有一些别的取义，都无法说明跟"一丝不挂"（寸丝不挂）的合理联系。例如：

（13）隋·智𫖮说《摩诃止观》卷二："若人性多贪欲，秽浊炽盛，虽对治折伏，弥更增剧，但恣趣向。何以故？蔽若不起，不得修观。譬如纶钓，鱼强绳弱，不可争牵，但令钩饵入口，随其远近，任纵沉浮，不久收获。于蔽修观，亦复如是。蔽即恶鱼，观即钩饵。若无鱼者，钩饵无用。但使有鱼，多大唯佳，皆以钩饵随之。不舍此蔽，不久堪任乘御。"（T46n1911_ p0017c22）

（14）唐·湛然述《止观辅行搜要记》卷二：上述"譬中纶者，丝索也，即钓绳也。

亦可作轮，钓法似轮故也。大论云：吞钩之鱼，虽在池中，在水不久。行者亦尔，深信般若，生死非久。重欲如鱼强，观微如绳弱。恐观力劣，却为欲牵，是故且恣，不可争牵。观法如钩，恣起如饵。饵者，食也。欲输观，便名为入口。长时为远，少时为近。增盛为浮，微劣为沉。恒以观观，名为不舍。无使成业以至当来，名为不久。欲坏观成，名为收获。初成为收，入位为获。于蔽下合譬，若无等者。此观既有治欲之能，纵起重欲，弥观唯妙，故云有鱼多大唯佳。数起为多，深重为大。此蔽不久者，复重借喻，帖合御进也。"（X55n0919_ p0766a21）

（15）宋·周琪述《圆觉经夹颂集解讲义》卷三："此六尘境，大能引人入于恶道。大修行人道俗，须用防谨如家贼。贪欲炽盛者，且当恣其所向。如轮钓鱼，鱼强丝弱，不可强牵。但钓饵入口，其近远亦不久而获。于尘修观，亦复如是。"（X10n0253_ p0274c04）

以上数例，用"鱼"比喻尘境贪欲，用"钩、饵"比喻佛法，用"丝"（绳）比喻佛法对人的约束。如果某人贪欲太重，修行尚未入道，则不必勉强，可暂时任其所为，只要他食饵吞钩，接触了佛法，不久自然就范。

（16）唐·栖复集《法华经玄赞要集》卷七："佛言譬如大海之中无量鱼等，欲至岸者，要吞钩饵，方得出岸。汝已吞钩，当趣生死，如证应果。"（X34n0638_ p0314a19）

此例以"大海"比人世，以"鱼"比众生，以"钩饵"比佛法，意谓要脱离人世苦海，就得修行佛法，犹如鱼要脱离大海，只有吞钩上钩。

（17）明·妙叶集《宝王三昧念佛直指》卷下："然今一切众生无明业识遍周法界，苟起一念世心，便被如是等尘劳魔党牵拽将去，全身陷没，求出无期。譬如游鱼虽逸，一丝可系，其害非不大也。"（T47n1974_ p0368b05）

此例仍以"鱼"比众生，而以"丝"比尘心贪欲。但"一丝可系"的意思是只要有一点贪念，身心就会被牵制，就像吞钩的游鱼可以被一根钓丝牵住一样。这里用钓丝的牵制作用比喻欲念的危害，也是正面的警戒，而不是反面说鱼会"一丝不挂"。

总之，虽然古人常以钓鱼之事比喻佛法修行，但没有一个本体与喻体的关系能够用"一丝不挂"来概括，所以我们认为"一丝不挂"的比喻义不是来自"钓丝"。

（四）之所以会产生上述不切实际的看法，应该是出于对文献用例的误解。

前列各说用到的直接书证有好几例，实际上没有一例能够确证"一丝不挂"（寸丝不挂）的"丝"是指钓丝，因为对这些用例都可以做出另外的更合理的分析。其中《景德传灯录》卷八《池州南泉普愿禅师》中的"寸丝不挂"、《警世通言·庄子休鼓盆成大道》中的"一丝不挂"因为语境不涉及"鱼"，无须反驳。其他几例容易发生误解，还有一些没有被词典提到但也容易发生误解的相关用例，现一并分析如下：

宋·普济集《五灯会元》卷十四："僧问：一丝不着时如何？师曰：合同船子并头行。"（X80n1565_ p0298a01）《俗语佛源》认为其中的"一丝"当"解为一根钓丝"，并引唐代船子和尚诗偈为证："金鳞不遇空劳力，收取丝纶归去来……钓竿斫尽重栽竹，不计功程得便休。"这显然是受到句中"船子"的影响而致，但所引船子诗偈不全，理解亦有误。据元·道泰集《禅林类聚》卷十五："有一官人问：'如何是和尚日用事？'师（指船子和尚）竖起桡子云：'会么？'云：'不会。'师云：'棹拨清波，金鳞罕遇。'因示偈云：'三十年来坐钓台，钩头往往得黄能。金鳞不遇空劳力，收取丝纶归去来。三十年来海上游，水清鱼现不吞钩。钓竿斫尽重栽竹，不计功程得便休。千尺丝纶直下垂，一波才动万波随。夜静水寒鱼不食，满船空载月明归。"（X67n1299_p0094a23）可见船子和尚的日常生活就是泛舟江波钓鱼，但却很少钓到鱼，因为他只是用这种方式来修炼道行，随缘化度众生，并不以钓到鱼为目的。他的诗偈表现的正是这种"不计功程""满船空载"的修行境界。其人其诗都不能证明《五灯会元》的"一丝不着"必然指"一根钓丝也不挂着"。其实，这里的"一丝不着"用的是比喻义，僧问："修行修到心中没有任何尘念的时候该怎么做呢？"师答："那就应该可以跟船子和尚一样逍遥江湖了。"船子虽然以钓鱼为乐，但跟句中的"一丝不着"没有直接关系。

　　"百度知道"网引唐·般刺蜜帝译《楞严经》"一丝不挂，竿木随身"为证，说这句话"意思是钓鱼人虽然钓竿随身，钓丝上空无一物"，因而"比喻人虽活于世上，当无所牵挂，不为尘俗所牵累"。《佛教成语》亦引用此例。今按，查《楞严经》原文，无"一丝不挂"语，亦无"竿木随身"语。而且"竿木随身"在别的佛经里出现时大多跟"逢场作戏"连用，从来没有跟"一丝不挂"连用的。其实这里的"竿木"指的是古代艺人用来表演各种技艺动作的长竿，并非钓竿。"百度知道"等工具书杜撰"一丝不挂，竿木随身"语句，并误以为"竿木随身"是指钓鱼人随身带着钓竿，因而推断"一丝不挂"是"钓丝上空无一物"。这真是无中生有，大错而特错。况且，"钓丝上空无一物"，则"丝"是存在的，只是"丝"上没有别的东西（如钩、饵、鱼）而已，说"丝不挂一"还勉强可行，怎么能说"一丝不挂"呢？义不符文。

　　宋黄庭坚《僧景宗相访寄法王航禅师》："抱牍稍退凫鹜行，倦禅时作橐驼坐。忽忆头陀云外人，闭门作夏与僧过。一丝不挂鱼脱渊，万古同归蚁旋磨。山中雨熟瓜芋田，唤取小僧休乞钱。"（集部·别集类《山谷集》卷三）① 诗中"一丝不挂鱼脱渊"句，因为有"鱼"有"丝"，遂被理解为"鱼不被钓丝牵挂"而成为"丝"指"钓丝"的主要证据。《汉语大词典》和"百度知道"都引用了此例。但正如前文所论，古代文献涉及钓鱼事件没有从反面说"鱼不挂一丝"的，而且如果"一丝不挂"是指鱼不被一丝所挂的话，那"鱼脱渊"怎么解释呢？"脱"如果指脱离"丝"或钓钩，可本来就"一丝不挂"，哪里用得着"脱"呢！如果指脱离"渊"，那就不能"一丝不挂"，反而要"吞钩""挂丝"才能被钓上岸。这个意思佛经中有例证，见前文所举例（16）唐·栖复《法华经玄赞要集》卷七："佛言譬如大海之中无量鱼等，欲至岸者，要吞钩饵，方得出岸。汝已吞钩，当趣生死，如证应果。"这是佛入灭涅槃之前跟侍者阿难的对话，阿难舍不得佛离世，而且悲叹自己跟佛修行几十年，如今只得初果而未证极果，佛就给他打了个比方，说：鱼要脱离大海到岸上去，只有食饵吞钩才能被钓上岸，人要脱离尘世苦海，就得修行佛法入灭涅槃（也就是抛弃现有生命），才能证成极果。你现在已经修行佛法（"已吞钩"），就应该勇敢地选择死亡（灭掉肉身），去证成佛果。黄庭坚作诗，特别强调读书据典，要求"无一字无来处"，并善于推陈出新，追求"脱胎换骨、点铁成金"的效果。所以我们觉

---

① 本文引自《四库全书》的文献，均检自《文渊阁四库全书（电子版）》（上海人民出版社、迪志文化出版有限公司合作出版），并据所附原文图版核对。出处标明文献在《四库全书》中的部类以及书名卷数。下同。

得，本诗的"鱼脱渊"应该是根据《法华经玄赞要集》中这个比喻的取义化用的。如果这样理解，那"鱼脱渊"就与前面的"一丝不挂"没有直接关系，"一丝不挂"出自另外的"来处"。就是说，"一丝不挂"跟"鱼脱渊"出于两个典源，都是佛教的比喻用法，"一丝不挂"指修行不存尘念、看空一切，"鱼脱渊"则是更高的境界，指彻底脱离人世苦海。"一丝不挂鱼脱渊"属于理想的追求，而"万古同归蚁旋磨"则是现实的写照（人摆脱不了命运的牵制）[1]，两句诗构成强烈的心理矛盾。黄庭坚还有一首《筇竹》诗："道人手插两三竹，使君忽来唾珠玉。不须客赋千首诗，若是赏音一夔足。世人爱处但同流，一丝不挂似太俗。客来问我有何好，道人优波远山绿。"（集部·别集类《山谷集》卷六）其中的"世人爱处但同流，一丝不挂似太俗"也表现出对"一丝不挂"的疑虑。宋觉范《石门文字禅》卷十七《云庵和尚生日烧香偈》："妄见往来颠倒性，智入三际刹那定。即此名言是污染，知为污染心清净。此知不属缘非缘，一丝不挂鱼脱渊。梦幻死生藏不得，永夜清宵常现前。"（集部·别集类《石门文字禅》卷十七）一方面希望"一丝不挂鱼脱渊"，一方面丢不开"梦幻死生"，其取意跟黄庭坚诗颇相似。其实，比黄庭坚早百年左右的宋代诗人王禹偁就已用过"鱼脱渊"的典故，他的《七夕》诗："客计鱼脱泉，年光蚁旋磨。"（集部·别集类《小畜集》卷三）"鱼脱泉"就是"鱼脱渊"，这里没有连用"一丝不挂"，而意义仍然相当，恰可旁证"一丝不挂"跟"鱼脱渊"不是一回事。

当然，"鱼脱渊"也可能来自另一个语源。老子《道德经》第三十六章："鱼不可脱于渊，国之利器不可以示人。"吴·支谦译《佛说四愿经》："道不可失，德不可离。远道失德，如儿生无母，鱼脱于渊。"（T17n0735_ p0537b12）俗话说："虎离山则失威，鱼脱渊则必困。"如果取这个语源的话，那"一丝不挂鱼脱渊"的大意就该理解为"若一丝不挂，则如鱼脱渊，必失去依靠而寸步难行"。这恐怕不符合佛教提倡"一丝不挂"的意旨，是否符合诗人的心境则不得而知。但无论取哪种语源，"一丝不挂"的"丝"都不宜指"钓丝"，据此诗句说佛家用鱼不挂钓丝来比喻人不受尘俗牵累，在语源和事理上是说不过去的。宋任渊《山谷内集诗注》卷六认为黄庭坚诗的"一丝不挂"出自《景德传灯录》陆亘对普愿禅师的回答"寸丝不挂"，而"鱼脱渊"出自《老子》"鱼不可脱于渊"，并说："此特借用其语，以言航游戏自在，如鱼之脱于钓丝也。"（集部·别集类《山谷内集诗注》卷六）其语义理解跟语源之义各不相干，难以信从。

还有一个比较晚的书例也可能被人利用来证明"丝"指"钓丝"，这就是元陈岩《九华诗集·嘉鱼池》："客有忘形物我间，寸丝不挂漫垂竿，游鱼得计洋洋乐，人作西方丙穴看。"（集部·别集类《九华诗集》）这里的"寸丝不挂"处于"垂竿""游鱼"的语境，很容易被理解为指钓鱼人未在钓竿上系钓丝钓钩，只是随便拿着钓鱼竿钓鱼。这样理解语句上自然没有问题，但不符合常理。即使传说中的姜太公钓鱼，也只是说用直钩，没

---

[1] 参《汉语大词典》【蚁旋磨】条。《晋书·天文志上》："天旁转如推磨而左行，日月右行，随天左转，故日月实东行，而天牵之以西没。譬之于蚁行磨石之上，磨左旋而蚁右去，磨疾而蚁迟，故不得不随磨以左回焉。"后以"蚁旋磨"比喻芸芸众生皆由命运摆布。宋·黄庭坚《僧景宗相访寄法王航禅师》诗："一丝不挂鱼脱渊，万古同归蚁旋磨。"

有听说无钓丝。上举船子和尚算是佛家一尘不染的逍遥派代表了吧,他几十年泛舟江湖垂钓,而并不希望钓着鱼,可他的钓竿仍然是有钓丝的,所以才说"收取丝纶归去来""千尺丝纶直下垂"。事实上,我们见不到不用钓丝的钓鱼行为,文献中也从无记载。如果真的没有钓丝,只用钓竿,那恐怕就不能叫作"钓"鱼,而只能说是"扑"鱼或"打"鱼了。因此,我们认为"一丝不挂漫垂竿"的"一丝不挂"仍然不能理解为"不挂一根钓丝",还是应该看作别的本体的比喻用法。即"一丝不挂"讲的是道行修养,跟前面的"忘形物我间"意思互补,而"漫垂竿"则是行为表现,随随便便地垂竿(竿上当然是有丝钩的),目的并不在钩鱼,所以跟船子和尚一样,"金鳞不遇空劳力,收取丝纶归去来"。遇上这样一心向往"西方"的钓鱼者,难怪"游鱼得计洋洋乐"了。

总之,认真分析起来,实际上没有一个书例能够证明"一丝不挂"(寸丝不挂)来源于钓鱼之"丝",人们之所以把"一丝不挂"(寸丝不挂)的本义理解为"鱼不受钓丝牵挂",或"人不在钓竿上系钓丝",或"钓丝上空无一物",都是因为对相关文献用例产生了似是而非的误解。

二

(一)那么,"一丝不挂"的源头在哪儿?本义是什么?"不受尘俗牵累"的比喻义究竟是如何产生的呢?本节对此略加考察。

(二)"一丝不挂"的初形作"寸丝不挂",后来也有作"条丝不挂"的,但明清以后一般只用"一丝不挂","寸丝不挂"和"条丝不挂"的词形遭淘汰。其中的"丝"《说文》训为"蚕所吐也",本义指织布的丝线。"寸丝不挂"的本义也是指"丝线"而言,最早见于宋代的文献,记载的却是唐人的语录:

(1)宋·普济集《五灯会元》卷二:"温州净居尼玄机,唐景云中得度,常习定于大日山石窟中。一日忽念曰,法性湛然,本无去住,厌喧趋寂,岂为达邪。乃往参雪峰。峰问甚处来,曰:大日山来。峰曰:日出也未?师曰:若出,则镕却雪峰。峰曰:汝名甚么?师曰:玄机。峰曰:日织多少?师曰:寸丝不挂。遂礼拜退。才行三五步,峰召曰:袈裟角拖地也。师回首。峰曰:大好寸丝不挂。"(X80n1565_ p0059a06)

这里说玄机"唐景云中得度",景云年间在公元710年至711年,那么"雪峰"应该不是唐朝有名的"雪峰义存"和尚,因为雪峰义存的生卒年为822年—908年,两人相差百多年,不可能有这场对话。所以"四库全书"《五灯会元》附小字注云:"世传玄机乃永嘉大师女弟,尝同游方,以景云岁日考之,是矣。第所见雪峰,非真觉存也。永嘉既到曹溪,必岭下雪峰也。未详法嗣,故附于此。"但不管是此雪峰还是彼雪峰,只要玄机确有其人,那么这条语料看作唐代语言事实还是说得过去的。

玄机所说的"寸丝不挂"语义双关。其字面本义是说,织机上一寸丝线也没有挂,也就是没有织布,这是对"日织多少"的回答。而言外之意当然是指修行修到了一尘不染、四大皆空的地步,也就是没有任何世俗的牵挂,所以才有下文回头看袈裟而招来的"大好寸丝不挂"的讥讽。雪峰讥讽玄机"大好寸丝不挂",正是针对她的言外之意而来的。可见，这里的"寸丝不挂"犹如"镕却雪峰"的"雪峰"既明指雪的山峰又暗指人名雪峰一样，也具有两种语义：一指"寸截丝线不挂于机"，一指"点滴尘念不挂于心"，前者是语素体现出来的本义，后者是通过比喻而产生的言外之意。织机上张挂丝线跟心灵上牵挂尘欲都具有被缠绕、被牵制的意象，这种相似性是形成比喻的基础。如果把玄机的对话看作"寸丝不挂"可见的最早语料，那么可以说，"寸丝不挂"的本义和比喻义几乎同时产生，共存一身。

"寸丝不挂"的比喻义不以双关为条件而独立成为义项，也是在唐代。例见下：

（2）宋·道原纂《景德传灯录》卷八："陆异日又谓师曰：弟子亦薄会佛法。师便问：大夫十二时中作么生？陆云：寸丝不挂。师云：犹是阶下汉。"（T51n2076_p0258b12）

例中的"师"指唐朝池州南泉院的普愿禅师（748—834），"陆"指陆亘，时任池州太守，亦信奉佛法。陆亘说自己已经参悟到佛法，禅师就问他整天都干些什么，陆亘回答说"寸丝不挂"。这个"寸丝不挂"应该不再表"丝线"的字面本义了，而是指"俗欲凡务一点都不牵挂"。普愿禅师与陆亘的对话似乎有点答非所问，但禅门说话讲究机锋，往往有上句没下句，或者前言不搭后语，这是他们的老套，不必认真追究。① 反正这里不是用字面本义，而是用比喻义，比喻的具体内容是可以灵活理解的。

"蚕丝"或"丝线"是织布缝衣的原料，所以跟衣服关系密切。下面一则语例较早涉及"丝"与"衣"两种东西，而且出现"未尝挂一缕丝"的说法，可能是在"寸丝不挂"基础上导致"一丝不挂"词形出现的直接源头：

（3）宋·普济集《五灯会元》卷十五："终日说事，未尝挂着唇齿，未尝道着一字。终日着衣吃饭，未尝触着一粒米、挂一缕丝。"（X80n1565_p0303b01）

这是唐末韶州云门山光奉院文偃禅师（864—949）的话，后来，宋代的南岳云峰文悦禅师和东京法云佛照杲禅师都转述过类似的话，分别见《五灯会元》卷十二："诸上座终日着衣吃饭，未曾咬着一粒米，未曾挂着一缕丝。"（X80n1565_p0252b12）《五灯会元》卷十七："其证人者，不被文字语言所转、声色是非所迷，亦无云门临济之殊、赵州德山之异。所以唱道须明，有语中无语，无语中有语。若向这里荐得，可谓终日着衣，未尝挂一缕丝，终日吃饭，未尝咬一粒米。"（X80n1565_p0365c03）揣摩这几段话的意思，大概是说：整天穿着衣服，感觉不到身上挂着一根丝线；整天吃饭，感觉不到口里嚼着大米；整天说话，感觉不到动用了唇齿和文字；同样的道理，修证佛法，也不要被语言文字左右，不要被尘俗的声色是非迷惑，而应该抛弃一切，直接明了地感悟佛道。

（三）"寸丝""一缕丝"作为本义，极言蚕丝之小之少，作为比喻义，则指任何细小的尘欲俗务。因此，"寸丝不挂""未曾挂一缕丝"（后仿"寸丝不挂"演变为"一丝不挂""一丝不着""条丝不挂"等）就隐喻产生了摆脱一切世俗牵累、不受任何尘欲污染的固定词义，从宋代开始大量使用起来，其范围不限于佛教修行，也可指普通人的修身养性。例如（宋代以后用例略）：

（4）宋·苏轼《赠虔州慈云寺鉴老》诗说："遍界难藏真薄相，一丝不挂且逢场。"

---

① 此意受李维琦先生启发，谨谢。

（集部·别集类《东坡全集》卷二十八）

（5）宋·惟白集《建中靖国续灯录》卷四："僧曰：如何是清净法身？师云：寸丝不挂。"（X78n1556_ p0662b09）

（6）宋·孙觌《内简尺牍》卷六《与衢守汪少卿》："名利之场，跬步如漆。公翛然独往，一丝不挂。顾恨不得奉杖屦以从也。"（集部·别集类《内简尺牍》卷六）

（7）宋·李弥逊《筠溪集》卷二十二《云居悟公真赞二首》之一："远之子，演之孙，持心以介，接物以温。其真纯之机一字不立也，似演；其虚寂之守一丝不挂也，似远。"（集部·别集类《筠溪集》卷二十二）

（8）宋·张孝祥《于湖集》卷二十六《南山昭庆观音障坐偈》："南山昭庆白衣观音，作始何人，如此相好，……而况庄严稽首大士，本来无住，一丝不挂，清净法身，况此尘垢而可污染？"（集部·别集类《于湖集》卷二十六）

（9）宋·张孝祥《于湖集》卷二十六《请龙牙长老疏》："混融禅师具足神通，纲维象法，一丝不挂，无人无我无众生，万境皆融，能纵能夺能杀活。"（集部·别集类《于湖集》卷二十六）

（10）宋·楼钥《攻媿集》卷八十一《涂毒策老赞》："涂毒已化，一丝不挂。谁模其形，强为描画？是见佛便呵、见祖便骂者。我铭其塔，已成话霸。更要注脚，我则不暇。为此老从来颠蹶，不知今在何许，而精爽犹为可怕也。"（集部·别集类《攻媿集》卷八十一）

（11）宋·普济集《五灯会元》卷十四："僧问：一丝不着时如何？师曰：合同船子并头行。"（X80n1565_ p0298a01）意思是：没有任何尘欲牵挂的时候怎么样？那便达到船子和尚超脱的境界了。"着"或作"著"，取附着义，跟"挂"义同。

（12）宋·师明集《续古尊宿语要》卷二："佛法也无如许多般，只要诸人一切时中放教身心空索索地，条丝不挂，廓落无依，本地灵明，毫发不昧，若恁么履践得到，自然一切时合，一切时应，了无纤尘许你障碍处。"（X68n1318_ p0384b04）

（13）宋·陈元晋《渔墅类稿》卷八《李徽猷病后许赏莲而未酬小诗发一笑》："僧夏分来一榻凉，爱莲更擅水云乡。露融初日敷朝采，雨卷凉飙送晚香。天女群参青叶髻，水仙争护紫荷囊。一丝不挂根尘净，莫怪先生久覆觞。"（集部·别集类《渔墅类稿》卷八）

三

（一）还有一个问题值得讨论，即"赤身裸体"义是怎么来的，跟上面的意义是什么关系。有人认为"赤身裸体"义是本义，引申出"心无牵挂"义；也有人相反，认为是由"心无牵挂"义引申出"赤身裸体"义；"百度知道"则把"钓丝"当本义，认为"后将钓丝转为布丝，一丝不挂遂指赤身裸露"。其实这些看法都是经不起推敲的。

（二）前文说过，"丝"的本义指蚕丝（或丝线），"一（寸）丝不挂"本来指"一根（半截）丝线也不挂着"。确定了这个本义，问题就比较容易解决。从这个本义出发，既可以通过隐喻而产生"一点尘俗也不沾染"的比喻义,也可以通过借代而产生"一点衣服也不穿"的引申义(或借代义)。因为"蚕丝(丝线)"是织布缝衣的原料,用原料代指产品是一种很常见的词义发展规律。所以"丝"可以代指"衣服","一丝不挂"就引申出"一点衣服也不穿"的赤身裸体义。值得注意的是,这种引申是词语整体的引申,不是"丝"作为语素的引申。也就是说,虽然"一丝不挂"整体上表示"一点衣服也不穿",但其中的语素"丝"还是"蚕丝""丝线"义,不是"衣服"义,如果是"衣服"义,后面就不宜用"挂"了。"丝"可以代指"衣服"只是"一丝不挂"可以引申出"不穿一点衣服"的内在条件而已。

"一丝不挂"(寸丝不挂)这种引申用法也是从宋代开始的,多属佛教文献,但不限于佛教文献。后来历代沿用,直到今天成为它的主要用义。现代词书列举此义项的书证时往往偏晚,而且跟佛教比喻义"心无牵挂"义项的排列顺序或前或后,却都不说明彼此的来源和关系,容易使人误解"赤身裸体"义就是本义,或者误认为"赤身裸体"义是从佛教比喻义"心无牵挂"引申而来。其实"赤身裸体"义和"心无牵挂"义属于平行义项,它们同出一源,都来自"一根(半截)丝线都不挂"的本义。下面只举宋代"赤身裸体"义的语例:

(1)宋·绍隆等编《圆悟佛果禅师语录》卷五:"本然居士请上堂云:寸丝不挂,犹有赤骨律在;万里无片云处,犹有青天在。"(T47n1997_ p0735a15)

(2)宋·绍昙记《五家正宗赞》卷二:"师至帐前,见着寸丝不挂,仰卧于床。"(X78n1554_ p0598c02)

(3)宋·绍昙记《五家正宗赞》卷三:"僧问:有人衣锦入来,见师后,为甚寸丝不挂?"(X78n1554_ p0601c11)

(4)宋·师明集《续古尊宿语要》卷五:"寸丝不挂,赤肉尚存;万里无云,青天犹在。"(X68n1318_ p0490a13)

(5)宋·法应集、元·普会续集《禅宗颂古联珠通集》卷三十:"赤骨力寸丝不挂,净倮倮兮赤洒洒,浴出低头满面惭,为我说时定相骂。"(X65n1295_ p0659c15)

(6)宋·姜特立《梅山续稿》卷三《醉后苦热狂吟》:"休说唐装与晋装,一丝不挂谩风狂。登枝解衵不快意,脱帽露顶犹寻常。我生惮暑老益甚,束缚冠屦如以桎梏置我旁。"(集部·别集类《梅山续稿》卷三)

(7)宋·洪迈《夷坚志》丁卷三《李氏红蛇》:"披发裸体,一丝不挂。"(子部·小说家类《夷坚志》丁卷三)

(8)宋·杨万里《清晓洪泽放闸四绝句》之一:"放闸老兵殊耐冷,一丝不挂下冰滩。"(集部·别集类《诚斋集》卷二十七)

(三)赤身裸体就是身上什么东西都没有,所以"一丝不挂"由赤身裸体义还可以进一步引申指一无所有,用来形容贫穷。例如:

(9)明·王世贞《弇州四部稿续稿》卷十《偶成自戏》:"愚公自笑昔日愚,日对黄卷声伊吾;那知愚公今更愚,问着胸中一字无。贫子自笑昔日贫,但有载籍无金银;那知贫子今更贫,一丝不挂悲田身。"(集部·别集类《弇州四部稿续稿》卷十)

但这种用法极少,而且见例较晚,能否成立,尚待材料证明。

四

（一）"一丝不挂"除了上面互有关联的几个意义外，还有些用法似乎属于本义所指不同，也就是语义结构不同，那尽管其中的语素义可能仍然有比喻或引申的关系，却不宜看作整个词语意义的比喻或引申，而应该看作同形的不同词语。例如：

（1）宋·王柏《鲁斋集》卷十九："谙仕途之局面，熟世道之机锋。当其勇往，霆轰电裂，意所不可，万仞壁立；及其事定，月霁云收，一丝不挂，一痕不留。"（集部·别集类《鲁斋集》卷十九）

意思是：这个人办起事来，雷厉风行，锐不可当；事情办完，就将自己的锐气收敛起来，像"月霁云收"一样，"一点云丝也不飘挂，一点痕迹也不留存"。这里的"一丝不挂"是针对"月霁云收"而言，"丝"指"云丝"。尽管"云丝"也是"丝线"义的比喻，跟"蚕丝"有密切关系，但这只是语素义的关系，表示"天上没有一点云丝"和表示"机上没有一根纱丝"的两个词语之间不存在整体意义的引申或比喻关系，所以它们属于语义结构不同的两个同形词语。

（2）宋·俞德邻《佩韦斋集》卷四："古琴一张，徽弦不具，持赠刘汉卿经历，因赋：枯桐三尺蹙龙纹，爨下新焦偶未焚。七窍已开犹浑沌，一丝不挂绝声闻。至音澹薄何如默，大道希夷岂在文。"（集部·别集类《佩韦斋集》卷四）

这是针对古琴而言，意思是这张琴虽然初具规模，但未拉琴弦，所以弹不出声音。其中的"丝"指的是"弦丝"，"一丝不挂"表示"琴上一根丝弦也没有张挂"。这里的"弦丝"也是"丝线"义的比喻，但同样属于语素层次，"琴上一根丝弦也没有张挂"跟"机上一根纱线也没有张挂"的两个词语之间同样没有比喻或引申的关系，所以这里的"一丝不挂"也是另外的一个同形词语。

（二）"一丝不挂"还有一种特殊的用法，其中的"丝"不再是名词，而转化成了量词，即"一丝一毫"的"丝"。《孙子算经》："十忽为一丝，十丝为一毫，十毫为一厘，十厘为一分，……。"可见汉语中"丝"原是可以作量词用的。当"一丝不挂"的"丝"是量词时，"挂"的对象不再是"丝"，而是另外的事物，一般在语境中会明确出现。这样，"一丝不挂"的结构关系就变了，表达的意思是"（对某些事情）一点也不挂念"。这种用法不属于上面几个"一丝不挂"词义的引申或比喻，而是结构语义关系的重新分析，所以当然也要算作另外一个同形词语。下面例中的"丝"都应该是量词的用法：

（3）宋·楼钥《攻媿集》卷五十二："文钱公……俗务一丝不挂，得酒则酣畅自适，贯穿今古，多识前辈行事，清谈亹亹，听者忘倦。"（集部·别集类《攻媿集》卷五十二）

（4）宋·楼钥《攻媿集》卷七十四："秉义自六十岁即以家事付之，一丝不挂。时已近八十，略无老人衰惫之气，寿至八十八而终。"（集部·别集类《攻媿集》卷七十四）意即把家事托付给儿孙辈，"自己对家事一点也不过问"。

（5）宋·楼钥《攻媿集》卷一百五："嫂氏亦为之早衰，年逾从心，犹执妇道，姑嫜娣姒，欢然终身。晚耽内典，一丝不挂，养痾自佚，得寿七十有五。"（集部·别集类

《攻媿集》卷一百五）意即除内典外，"其他事务一点都不再操心"。

（6）宋·楼钥《攻媿集》卷一百八："（姜公）既属疾，挂衣冠杜门自颐。家庭孝谨，调娱药饵，久而不倦。多拱手默坐，间乘安舆致敬家庙、佛像，一丝不挂，讫以寿终，可以无憾矣。"（集部·别集类《攻媿集》卷一百八）意即除前面指出的拱手默坐、间乘舆致敬家庙、佛像外，"其他事务一点也不过问"。这正是对"挂衣冠杜门自颐"的具体说明。

（7）明·冯梦龙《警世通言·庄子休鼓盆成大道》[①]："把世情荣枯得丧，看做行云流水，一丝不挂。"意为"对世情荣枯得丧一点都不放在心上"。

（8）清·黄宗羲《明儒学案》卷三十一："若真正入圣门，头便将平时习气、虚知虚见、许多妄想、各样才智伎俩，尽数扫荡，一丝不挂。"（史部·传记类《明儒学案》卷三十一）一点都不挂念的是尽数扫荡了的"许多妄想、各样才智伎俩"等。

五

综上所述，我们得出如下几点看法。

（一）"一丝不挂"就构词语素的组合而言，具有不同的本义，应该分析为语义结构不同的四个同形词位。混淆这些不同的语义结构是不科学的。

一$\underline{丝}$不挂$_1$：机上一根纱线也没有。"丝"指"丝线"。

一$\underline{丝}$不挂$_2$：天上一点云丝也没有。"丝"指"云丝"。

一$\underline{丝}$不挂$_3$：琴上一根丝弦也没有。"丝"指"弦丝"。

一$\underline{丝}$不挂$_4$：（对某些事务）一点也不过问。"丝"指"丝毫"。

（二）从词语的意义和使用情况分析，"一丝不挂$_1$"也作"寸丝不挂""条丝不挂"，是最早最基本的用法，其本义为"一根（半截）丝线也不挂"，以此为基础产生出比喻义和引申义。

一丝不挂$_1$：机上一根（半截）丝线也不挂。

——比喻义$_A$：心灵一点尘俗欲念也不沾染，心无牵挂。

一丝不挂$_1$：机上一根（半截）丝线也不挂。

——引申义$_A$：身上一点衣服也不穿，赤身裸体。

——引申义$_B$：一无所有，什么东西也没有。

（三）尽管早在隋唐时期佛教就以钓鱼事件比喻修行，但"一（寸）丝不挂"的"丝"不是钓丝的"丝"，佛教所用"一（寸）丝不挂"的比喻义跟"钓丝"无关。把"钓丝"当作"一（寸）丝不挂"比喻义的来源，是出于对有关文献用例的误解，既不符合古人遣词造句的习惯，也不符合古人比喻取义的事理。

[①] （明）冯梦龙：《警世通言》，人民文学出版社 1956 年版，第 14 页。

从成语的"误解误用"看汉语词汇的发展[①]

一

　　一般认为,"成语是语言词汇中的一部分定型的词组或短句。汉语成语有固定的结构形式和固定的说法,表示一定的意义,在语句中是作为一个整体来应用的"[②]。于是,大家都觉得成语的理解和使用必须符合原意(出处语境义或最初使用的意义),否则就是"误解误用",就应该通过溯源来纠正。但偏偏不合原意的"误解误用"层出不穷,所以在中小学常常会有辨析纠正"误解误用"成语的练习和考试,连高考也几乎每年都有这类试题出现,至于媒体、网络上的"误解误用"实例以及对"误解误用"实例的分析纠错文章,可谓触目皆是。用"成语误解"到"百度"搜索一下,会发现"百度为您找到相关结果约2250000个",换用"成语误用"再搜索,又会发现"百度为您找到相关结果约1030000个"(2012年11月19日数据),其中涉及"误解误用"的成语上千条!这样海量的成语被"误解误用",竟至需要兴师动众长年累月地来纠错更正,难道是成熟语言应该具有的现象吗?难道不值得深思吗?

　　我们认为,问题出在判断标准上。只要不符合成语原意,就被斥为"误解误用",这是缺乏发展演变的僵化思想,是对成语的偏执理解。事实上,汉语中绝大多数词语都不只是按照最初的某个意义在使用,而是有或多或少的词义引申和新词派生,这是符合语言发展规律的正常现象。"成语"当然有"现成"的特点,但也并非"一成不变"。如果"成语"的理解或使用不合原意了,那首先要看新的解释和用法是否具有理据:毫无理据可讲的当然要判其"误解误用",责令改正(对个别积非成是难以改正的也只能认可);但如果有理据的话,就不必断定为"误解误用",就应该顺应其自然发展。成语变化的"理据"主要有两个方面:一是合理引申,产生新义新用法;二是异解另构,产生新词新意义。所谓"误解误用"的成语,其实绝大部分属于有理据的变化。

[①] 本文原载《江苏大学学报》(社会科学版)2013年第3期。
[②] 《互动百科》"成语"条。http://www.hudong.com/wiki/。

二

  汉语词汇的发展主要有两条途径：一是在原词上引申新义，二是另构新词（包括句法单位的词汇化、典故造词、语素组合成词等）。成语的发展变化也符合这两条规律。
  先看第一条词义引申。词义引申包括改变内涵（中心义素）和改变外延（适用范围）两个方面。成语的引申用法主要表现为后者。成语的形成大都是有出处的，在最初使用的时候，可能具有特定的语境或条件限制，例如特定的主体、特定的对象、特定的情感等。现代成语的使用，有时会突破原定的语境或条件，扩大、缩小或转换使用范围，从而产生不合原意的新义或新用法。对此类用法，一般看作成语的误解误用，其实不必，因为其他词语的新意义新用法大都是通过突破原有用法而引申的，只要符合引申规律，就不看作误解误用，成语亦当如此。例如：

  1. 博物馆里保存着大量有艺术价值的石刻作品，上面的各种花鸟虫兽、人物形象栩栩如生，美轮美奂。
  2. 这部轻喜剧逗得大家哈哈大笑，人们所有的烦恼都涣然冰释了。
  3. 搞好群众关系对工作具有很大的作用，可是有人等闲视之。

  这是网络上被人批评为误解误用的几个成语用例，有的据说还是高考中用来纠错的病句。分析者认为例1的"美轮美奂""多用于赞美建筑物。此句中用来赞美'花鸟虫兽、人物形象'，属于对象误用"[①]。该成语的类似用法常见，也常受到批评。如有人"近读2011年4月24日《黄山日报》第三版刊载的题为《打造旅游新亮点，提升黄山新业态》的文章，发现该文中有'美轮美奂的服装道具'一句，颇觉有些不对劲。作为一名老中学语文教师，忍不住要来说一说"[②]。还有人不仅是"说一说"，甚至愤怒地骂起了人：说"美轮美奂""只形容建筑之美，如今，被滥用到所有事物上。尤其是电台、电视台那些自我感觉良好的半吊子主持人，往往是张嘴就来，出口成错——错了也不改，脸皮就是厚"，"这个成语指高大的意思，专门形容房屋建筑高大华丽。现在连唱歌跳舞、喝酒吃饭都'美轮美奂'了，上哪儿说理去？"[③] 其实要说"理"的话，首先得说说为什么这么多人会"用错"，为什么用错了大家也都能理解，为什么大家都理解的常见用法一定要算"错"？人们判断"错误"的唯一理由就是现在的这些用法不符合最初的语境。因为这个成语来自《礼记·檀弓下》："晋献文子成室，晋大夫发焉。张老曰：'美哉轮焉，美哉奂焉！歌于斯，哭于斯，聚国族于斯。'"汉代的郑玄注："轮，轮囷，言高大。奂，言众多。"于是大家认定这个词只能用来形容建筑物的高大众多，用在其他场合就是错的。其

[①]《成语误用分类举例》，道客巴巴网，http：//www.doc88.com/p-383778410025.html。
[②] 鲍飞立：《小议成语"美轮美奂"语义及其他》，《语言文字周报》2011年8月17日。
[③] 网文《被误解的成语》，http：//www.zzbbs.com/thread-317898-1-1.html。

实,"美轮美奂"可以看作典故词,它截取源典的部分语符组合成词,代表的是语境的"美哉美哉"之义,主要用于赞美。至于为什么赞美,赞美的是高大众多还是华丽漂亮,并不很重要。而且"高大众多"跟"美"之间也没有必然联系,"轮"解释为"高大"并无更多的用例证明,"奂"解释为"焕",指色彩艳丽金碧辉煌也不是不可以。所以"美轮美奂"不一定非得限于建筑物,也不必拘泥于"轮""奂"的具体含义,后人理解"美轮美奂"就相当于"美啊美啊"。即使当初确实是赞美建筑物的高大众多,后来引申之,取其抽象的赞美之意,也可以泛指某个事物美得不得了,美得千变万化、多姿多彩(这与"轮换"的同音联想恐怕也有关系)。这种由特指到泛指的引申,符合词义引申规律,能够满足人们的用词需求,有什么不好呢?

　　对于例2,分析者认为"'涣然冰释'是比喻嫌怨、疑团消除,这里用来指'烦恼',显然用错了"①。这种说法当然是有辞书解释作依据的,例如《汉语大词典》解释为"像冰冻遇热似的一下子消融。多喻疑团、困难等很快消除"。但也只是"多喻"而已,并未限制"只能比喻"疑团、嫌怨、困难消除,那用来比喻人的烦恼消除,为什么就"显然用错了"呢?而且成语的原始出处《老子》第十五章"涣兮若冰之将释",也并未明确比喻的本体一定限于什么。现代辞书之所以在解释此词时常加上"多喻"之类的限制,实际上只是根据部分名家的用例作出的简单归纳,并非这个词的内部理据上必须限于某些事物。即使最初的用例是针对某一或某些事物而言,后来扩大适用对象也是合情合理的。

　　例3的分析者认为"'等闲视之'前面往往要加上'不可''不能''岂能'等否定词语,故这里不符合使用习惯"②,属于"误解成语"。但"等闲视之"从词面分析,就是指把某件事情看得很平常,在例3中完全可以说是文从字顺。虽然较早在《三国演义》中使用时见于否定句(第九五回:"今令汝(魏延)接应街亭,当阳平关冲要道路,总守汉中咽喉:此乃大任也,何为安闲乎?汝勿以等闲视之,失吾大事。"),虽然后人也"多用于否定句"(《汉语大词典》),但改变词语使用习惯的例子何其多,我们有什么理由让"等闲视之"一定不能用在肯定句中呢?

　　这类被批评为"误解误用"的成语还有很多,如"灯红酒绿"用于非贬义、"不胫而走"用于具体事物、"济济一堂"用于非人才、"炙手可热"用于非权势等等,都会遭遇批评。其实,这些不合"最初用法"或"习惯用法"的成语只是扩大、缩小或改变了使用范围,符合词语发展演变的一般规律,既不破坏语法,也不影响交流,如果宽容一点,完全可以接受。为了说明这个问题,我们举几个为大家接受了的正面例子:"短小精悍""一尘不染""亭亭玉立"。

　　从语素"悍"就可看出"短小精悍"原本是说人的,"形容人身材矮小而精明强干"③。如《史记·游侠列传》:"解(郭解)为人短小精悍,不饮酒。"唐杜甫《八哀诗·赠司空王公思礼》:"短小精悍姿,屹然强寇敌。"《明史·史可法传》:"可法短小精

---

① 《成语误用分类举例》,道客巴巴网,http://www.doc88.com/p-383778410025.html。

② 《误解成语的常见类型》,宁波教科网,http://www.nbedu.gov.cn/zwgk/article/show_article.asp?ArticleID=16603。

③ 本文举例词语的释义凡加引号而未注明出处者皆见《现代汉语词典》第5版,商务印书馆2005年版。

悍，面黑，目烁烁有光。"但后来也可以"形容文章、戏剧等篇幅不长而有力"。如阿英《小品文谈》："这一类作品，在当时，正和'巴尔底山'一样，是一种短小精悍的敏锐的袭击。"魏巍《东方》第五部第十章："节目都是新编的，短小精悍，新鲜活泼。"后来的用法改变了形容主体，扩展了适用范围，但一般并不看作误解误用。

"一尘不染"源出佛教。佛教谓色、声、香、味、触、法为六尘，眼、耳、鼻、舌、身、意为六根。修道者或归隐者达到六根清净、不被世俗六尘所染污，称为"一尘不染"。其中的语素"尘"指世俗物欲，是比喻用法。这个为表达佛教思想而产生的汉语词"一尘不染"最早见于宋代，沿用至今，被看作成语。例如宋曹勋《水龙吟》词："一尘不染，一毫不现，真空妙治。"元李翀《日闻录》："既言一尘不染，又言万法俱摄；既说不许亲近国王大臣，又言佛法付托国王大臣。"明冯梦龙《喻世明言》："他从小出家，真个是五戒具足，一尘不染，在皋亭山显孝寺住持。"清果能《时时好念佛》："万法皆空心佛现，一尘不染六根通。"佛教的"一尘不染"本指脱离世俗、不受世俗"六尘"的牵累和影响，其中的"尘""染"未必是贬义，"尘世"跟"佛界"只是供人选择的两种不同的生存环境，本身无关人品的优劣褒贬。但在通用语言中，"一尘不染"常指为官清廉或品格清高，其中的"尘"不再是佛教所说的"六尘"，而是缩小范围专指尘世中不好的东西。这个意义就是原佛教成语义的引申，是由泛指到专指的引申。例如清李伯元《文明小史》："他（指武昌总督）自己做了几十年的官，依然是两袖清风，一尘不染。"清文康《儿女英雄传》："听起来，老人家又是位一尘不染、两袖皆空的。"王震《忠诚的战士，光辉的一生》："他（指贺龙）从旧营垒冲出来，但一尘不染，他能艰苦奋斗，是个革命乐观主义者。"这个意义显然也不同于成语"原义"，因为使用范围缩小了，但没有人认为这是误解误用。

"亭亭玉立"原是形容花木主干挺拔修长的。如元无名氏《醉高歌带喜春来·咏玉簪花》曲："禁苑中试看花开，谁似他幽闲洁白，亭亭玉立珊轩外。"后来形容的对象转移到人，指女子身材修长苗条。如清沈复《浮生六记·闺房记乐》："有女名憨园，瓜期未破，亭亭玉立，真'一泓秋水照人寒'者也。"巴金《家》二三："尤其可爱的是她那亭亭玉立的身材，比他妻子沈氏的短胖的身子好看多了。"由形容树木转换为形容女子，也没有人认为用错了。

上述"短小精悍""一尘不染""亭亭玉立"都属于后来的用法不符合原义的，有的使用范围扩大，有的使用范围缩小，有的使用范围转换，我们都承认他们是合理发展，不是误解误用。那么前述"美轮美奂""涣然冰释""等闲视之"等也不外乎这些变化，也可以看作是在原词基础上产生的新用法，是词汇发展演变的自然结果，为什么就一定要看作误解误用呢？

三

词汇发展中的另构新词包括很多种情况，有的源于句法结构的词汇化，有的源于典故，有的利用语素完全新构原来没有过的新词形，而有的是利用已有的词形重新分析从而产生同形的新词。最后一种情况的构词现象至今尚未引起重视，从而导致许多成语的同形异构新词被看作误解误用。许多成语产生的新用法并非原有词义引申的结果，而是属于原词形的重新造词，即有意无意地对原词形作出不同于原词的理解从而构造出另一个新词，我们把这种构词现象称为"异解另构"。"异解另构"不同于完全新造词的偶然同形，因为是在既有词形基础上产生的，所以多多少少会受到原词的某些影响。成语包含两个或两个以上的语素，不同语素之间存在一定的语义关系，语义关系通过某种方式生成整个词语可以用来表达的实际意义，因而对成语的"异解"对象可以是原词语的某个或某几个语素，也可以是原词语的语义关系，还可以是原词语语义关系生成表达意义的方式。凡是通过"异解"而获得了新的构词理据并且产生了新意义的现象，也属于词汇发展的正常现象，不应该被看作误解误用。

（一）"异解"原词语的语素而"另构"新词语

有意或无意地不按照原词语的构成语素的原义理解，而把它看作另一个语素，随着语素义的改变，如果词语的整体表达意义也发生变化，那实际上就等于另外构造了一个词。例如：

【感同身受】

原指心里感激就像亲身接受过对方的恩惠一样，多用于代别人向对方致谢。而"现多指虽未亲身经历，但感受就同亲身经历过一样"。这两个意义之间没有引申关系，因为不符合引申规律——讲不出引申的原理。分析两个意义跟词形的联系可以看出，其实后一个义项也是直接从词形上生发的，这个词形实际上包含两个结构理据不同的词。原义可以记作"感同身受$_1$"，其中的语素"感"是感激、感谢之类的意思，"受"是接受、蒙受之类的意思。现义可以记作"感同身受$_2$"，其中的"感"是感觉、感受之类的意思，而"受"是经受、经历之类的意思。由于参构的语素不同，"感同身受$_1$"和"感同身受$_2$"应该看作异构同形词。新的义项2可以从字面的语素结构上作出合理解释，尽管已不符合原义原结构，也不应判断为误解误用。

【望洋兴叹】

原义为仰天长叹，来源于《庄子·秋水》"[河伯]望洋向若（海神）而叹"，其中的"望洋"是复音语素，也可写作"望阳""望羊"，形容仰视的样子。所以作为成语运用时，并不需要跟"海洋"相关。如元刘壎《隐居通议·诗歌五》："真能笼乾坤万里於一咏之内，千古吟人，望洋兴叹。"这是"望洋兴叹$_1$"。由于"望洋"作为复音单纯语素义比较冷僻，一般人不太熟悉，看到"望洋兴叹"这个词语，很容易想当然地按照"望洋"的常见义理解，即"望着海洋发出感叹"，于是产生"望洋兴叹$_2$"。"望洋兴叹$_2$"语素之间的组合关系也符合规律，所以大家乐意接受。清王韬《瓮牖余谈·用西船捕盗说》："中国捕盗诸艇不能缉治也，徒望洋兴叹而已。"这个"望洋兴叹"就应该按照字面常见义理解。而且由于"兴叹"的原因或用意可以因事而异，人们按照"望着海洋生发感叹"这样的理解思路，还造出类似的"望书兴叹""望山兴叹""望人兴叹""望河兴叹"等词语，大大扩展了异解构词的效率,同时反过来强化了"望洋兴叹₂"异解构词的合理性。这是异解语素义而构词成功的典型例子。

【文不加点】

作为典故,"文不加点₁"出自萧统对祢衡的称赞。祢衡少有才辩,长于笔札,在江夏时,黄祖的长子黄射大会宾客,有人献鹦鹉,黄射就叫祢衡写赋以娱嘉宾。祢衡揽笔而作,只字未改,辞采甚丽,这便是有名的《鹦鹉赋》。萧统就曾这样评价祢衡:"衡因为赋,笔不停缀,文不加点。"显然这里的"点"是涂在原字上的黑点,"加点"表示改动、修改的意思,"文不加点₁"是指写文章一气呵成,无须修改。现在很多人却望文生义,把"文不加点₁"中的"点"异解为"标点",于是产生"文不加点₂",变成"写文章不加标点"的意思,有人认为这是误用,实际上也可以看成同形的另外一个词语。如学生说:"在语文老师的帮助下,我逐渐改变了时常文不加点的习惯。"这应该是说得过去的。

(二)"异解"原词语的语义结构而"另构"新词语

有些成语中的语素义常见或没有异解,但语义结构比较特殊,因而人们在运用这类词语时也有可能不知或无视原来的特殊语义结构,而按照通常的结构形式来理解,从而产生同形异构的新词新义。当然,更多的是因为语素义的异解,同时导致内部语义结构的异解。例如:

【不可理喻】

原义指不能用道理使之明白,其语义关系为"不可以理喻之",记作"不可理喻₁",其中的"喻"带有使动的语法功能,常用来形容态度蛮横或愚昧无知。明沈德符《万历野获编·褐盖》:"此辈不可理喻,亦不足深诘也。"王西彦《一个小人物的愤怒》:"她的日益变成暴躁、偏狭,有时竟至横蛮不可理喻,过错完全由他铸成。"但其中的"喻"也可以看作自动词,语义上不带宾语,即"家喻户晓"的"喻"。那么"理喻"的语义关系就是"依理而喻",也就是从道理上明白,可记作"不可理喻₂",这时的"理喻"相当于"理解"。如《陈德铭:贸易战是双刃剑,中美谁都输不起》①:"欧洲的同事告诉我,说美国人疯了,对华光伏征最高达249%关税是一个不可理喻的概念。"而高考语文把"一个成年人做出如此荒唐的事,真让人不可理喻"当作病句来纠正,其实没有必要。

【不一而足】

原指不是一两件事就可以满足的,"足"为满足义。语见《公羊传·文公九年》:"始有大夫,则何以不氏?许夷狄者,不一而足也。"后指同类的事物或情况很多,不止一件或是不止出现一次,其中的"足"为多义。《朱子语类》卷六三:"到此已两月,蒙先生教诲,不一而足。"明沈德符《万历野获编补遗·刑部·重刊闺范序》:

---

① 中国新闻网 2012 年 11 月 10 日,记者:周锐、张子扬。

"上溯唐、虞、三代,下迄汉、宋、我朝,贤后哲妃,贞妇烈女,不一而足。"可见"不一而足"有两种解释,同形而异构,不/一而足₁——不是只有一两件就能满足的(足:满足);不一/而足₂——不是一两个,而是很多(足:多)。

【空穴来风】

语出战国宋玉《风赋》:"臣闻于师,枳句来巢,空穴来风。"原意是有了空穴才有风进来,比喻消息或传说不是没有原因或根据的。但是后来常用"空穴来风"表示消息或传说没有任何根据,意思完全相反。这两个意思完全相反的义项当然不可能是引申关系,而应该分析为"空穴来风₁"(有空穴才进来风)和"空穴来风₂"(没有洞穴却出来了风)两个同形词,后者是通过对前者的"异解"(把空间的"空"异解为空无的"空",把进来的"来"异解为出来的"来",把条件关系异解为转折关系)而"另构"的新词,不应该简单地判定为"误解误用",虽然"误解误用"有时也可能是造成"异解另构"的原因。就是说,"空穴来风₂"之所以能被人们普遍用来"比喻消息和传说毫无根据",是因为其中的"空"可以另解为"无",无穴却出来了风,当然是没有根据的风言风语。这样理解的"空穴来风₂",其中的语素义(不一定是全部语素)及语素之间的组合关系不同于原来的"空穴来风₁",应该看作是同形的另一个新词。

(三)"异解"原词语的词义生成方式而"另构"新词语

语素之间相互组合的意义一般并不等于复合词语的意义,从语素组合义到词语表达义往往要通过某种方式来生成。如果原词用的是甲方式产生甲意义,而后来却用乙方式产生了乙意义,那实际上也等于产生了一个新词。不少成语的新义正是通过这样的"异解"而产生的。例如:

【目无全牛】

语素之间的语义关系是:眼中没有完整的牛。语出《庄子·养生主》:"始臣之解牛之时,所见无非牛者;三年之后,未尝见全牛也。"意谓庖丁在解牛技术娴熟时看到的只有牛的筋骨结构,所以人们用"目无全牛"这样一种心理状态来代指造成这种状态的原因——之所以"目无全牛",是因为对牛体的筋骨结构非常熟悉,这是技艺高超的表现。可见"目无全牛"可以表达技艺高超、洞察事理、办事精熟等意义,是通过具有因果关系的"代指"方式来实现的。唐杨承和《梁守谦功德铭》:"操利柄而目无全牛,执其吭如荔蔘悦口。"谢觉哉《不惑集·目无全牛》:"我们称赞人会办事,常说他'目无全牛',意思就是说他碰到一件事,能分析它的来踪去迹,分析它的各个方面,分析它相互间的矛盾,然后决定用何方法,从何下手。"说的就是这个意思。

但是我们也可以根据"目无全牛"的字面意义进行比喻,喻指具有相似关系的对某事没有整体把握、没有整体构思或不顾大局等,这样表达的意义就跟出处原义相反了。例如高考语文有题云:"不少语文老师上课就是以一连串的问与答贯穿课堂教学始终,长此以往,学生自然是目无全牛了。"说明这种用法很普遍,而且合理,那就可以看作异解另构，不必认为是原词的误用。

可见"目无全牛"由于复合成词时采用不同的意义生成方式，结果可以构成两个不同的词。一个跟"胸有成竹"意义相近，一个跟"胸有成竹"意义相反：目无全牛$_1$——借代（因果关系）——熟悉牛的筋骨结构（技艺高超）；目无全牛$_2$——比喻（相似关系）——没有整体观念（办事不怎么样）。

清宣鼎《夜雨秋灯录续集·小癫子》："所谓精者如承丈人之蜩，如运郢人之斧，如射甘蝇之箭，胸有成竹，目无全牛。"这个"目无全牛"显然跟"胸有成竹"意义相近，属于原词原典的用法。假如我们说："你这样做事顾此失彼，目无全牛，怎能算是胸有成竹呢！"那其中的"目无全牛"就跟"胸有成竹"相反了。如果不明白它们词义生成方式的不同，就难以解释这样奇怪的现象。

【不忍卒读】

原义指由于文章写得太悲伤太感人，以致使人无法忍受读完的感动。这样理解的时候实际上是称赞文章写得好。如清淮阴百一居士《壶天录》上卷："闽督何公小宋，挽其夫人一联，一字一泪，如泣如诉，令人不忍卒读。"但现在也有用"不忍卒读"来形容文章写得太差的，如："近年致力于诗歌以及海子研究的同学，提供给我们的只是一堆不忍卒读的五号汉字。在数百页纸上，余同学展示了他急功近利而且浅薄苍白的叙述语言，飘忽不定而又刚愎自用的叙述视角。"（《新京报》2004年4月30日）后来的这个新用法也不是词义引申的结果，而是对"不忍卒读"的原因进行了重新分析，通过异解原因而产生代指文章太差的新义。其关系为：不忍卒读$_1$——不能忍受读完——代指（原因1）——（因为）文章太悲惨；不忍卒读$_2$——不能忍受读完——代指（原因2）——（因为）文章太差。

造成异解另构①的原因多半是不知原词原义而按照字面常见义或比较容易理解的结构关系和生成方式来理解和运用，结果必然会产生新词语，新词语与原词语虽然同形，但表达的意义之间没有直接的逻辑或事理关系，因而与同一词语的意义引申属于不同的现象。这种新产生的词义或用法既然跟原词的原义没有引申关系，跟原词的构造也没有词义生成关系，所以很容易被看成"误解误用"。要想不被看成"误解误用"，就必须讲清楚新义产生的理据，我们提出的"异解另构"就是对成语（也适用于其他复合词语）产生上述各种新义的一种理性的解释。

例如上举"空穴来风"的新义"比喻消息和传说毫无根据"当然不可能是从原义"比喻消息和传说不是没有原因的"引申而来，因为这两个意义之间不能构成"比喻"关系，也不存在别的逻辑事理关系。那么新义是否从原词的构意中直接引出，就如所谓"辐射性引申"一样？也不是，因为原来的构意"有了空洞才会有风进来"不能"比喻消息和传说毫无根据"，它们之间缺乏相似点。可见原义与新义完全是两个毫不相干的独立义项，必然来源不同。如果我们把"空穴来风"分成"空穴来风$_1$"和"空穴来风$_2$"，认

---

① 这种"异解另构"的现象也可以看作"重新分析"，但"异解"可能导致词形变异，如"莫明其妙""每况愈下"等，而"重新分析"不能有形式上的变化，实际上不完全相同。

为新义来源于"空穴来风$_2$",是对"空穴来风$_1$"进行异解而产生的新词新义,这才能对此类新义的来源作出合理的解释;也正是因为此类新义的产生确实有理,确实符合词汇发展的一般规律,才能被认可而广泛应用。

四

那么成语中是否就没有"误解误用"的现象呢?当然有。但真正的"误解误用"必然是没有道理的,既无法就词面构意跟新义的关系作出合理解释,也无法就新义与原义之间的关系作出合理解释,有时甚至连导致误解误用的原因也无法合理解释。这类的新义或新用法就是需要纠正的。例如:

【安土重迁】
正确的理解是:安居故土,不愿随便迁往别处。其中的"重"指重视,把某件事看得很重,就不会随便去做,因而"重迁"是不轻易迁徙。语出《汉书·元帝纪》:"安土重迁,黎民之性;骨肉相附,人情所愿也。"但现在有人把"安土重迁"理解为喜欢迁移、经常迁移,跟原义相反,不属原义的引申。就词面而言,这样理解对"重迁"可以讲通,因为重视某件事,既可能不轻易做,也可能喜欢多做;但无法解释"安土",无论怎样异解"安土",都难以推出"喜欢迁移、经常迁居"的新义,所以这样理解和使用"安土重迁"是错误的。

【屡试不爽】
正确的理解是:多次试验都没有差错。"爽"为差错义。金庸《笑傲江湖》三:"可是只要一见尼姑,这一天就不用赌啦,赌甚么输甚么,当真屡试不爽。"这是正确的用法。但有人按照"多次试验都不成功"的意思来理解和使用,那就是错误的,因为"爽"没有成功的意义。如果认为可以把"屡试不爽"理解为"多次试验都不爽快",所以有"不成功"的意思,那也是经不得推敲的,一则"爽快"或"愉快"并不等于"成功",二则对"试验"而言,不能用"爽快""愉快"之类形容人的词义来描述。

【首当其冲】
正确的理解是:最先面对或承受某种冲击。例如《清史稿·兵志九》:"欧舰东来,粤东首当其冲。"孙中山《国民会议为解决中国内乱之法》:"中国每次有大乱,我总是首当其冲。"但是常常被人误用为首要或首先应当做某事。例如:"发展生产力是当前首当其冲的大事,是一切工作的重中之重。""第二次世界大战时,德国展开了潜舰艇战,于是使用水声设备寻找潜舰艇,成了同盟国要解决的首当其冲的问题。"这些见诸报端的错误用法完全不顾"当其冲"的含义而只看到一个"首"字,所以无法合理地将构词语素跟词义联系起来,也无法将"首要"或"首先要做某事"看作"最先面对某种冲击"的引申义。

总之，判断一个词语是否误解误用，主要看它的构词组合及其词义之间能否作出合理解释。不合理的是误解误用，如果能够讲出"理"来，即使跟词语的原初意义或用法不同，即使跟原词的构词理据不同，也不宜随便断其为误解误用，如果大家接受，很可能就成为汉语词汇中的新词新义新用法。所以我们认为，在大量所谓"误解误用"词语的背后，除了词义引申而造成使用范围的变化外，还蕴藏着词汇发展的一种潜动力，这就是对既在词语有意或无意地进行不合原义的"异解"，从而"另构"出同形的新词新义①。"另构"是有理据的，是可以解释的，因而是有生命力的。

　　无论是原词义的引申用法还是原词形的异解另构，都是暗含理据的，这是它们能够得到普遍认可而被广泛使用的基础和根源所在。将这类新词新义新用法一律看作原词的"误解误用"显然不合实际，再三要求纠错改正也难以奏效。不如讲清道理，因势利导，承认和规范那些虽不同于原义而有某种理据的新义新用法。我们把成语的使用范围的变化和异解另构现象都看作汉语词汇发展的正常规律，可以免除大批被判为"误解误用"的新词新义被扼杀，从而保证汉语词汇的正常健康发展，这是本文希望达到的主要目的②。

　　可喜的是，这类原来常常遭到非议的所谓"误解误用"的成语，有许多在《现代汉语词典》这样的权威词典中得到了认可，说明成语的变化事实已经越来越得到理性的对待。例如"美轮美奂""灯红酒绿""空穴来风"等，《现代汉语词典》既收列了原来的意义，也收列了后来或现在的新意义③。但限于词典体例没有说明新义的来源和认可的理由，因而并未引起重视，这些成语在使用条件或使用范围发生变化的时候，在出现新义实际变成新词的时候，仍然被许多人看作"误解误用"，特别是在中小学基础教育领域，为成语用法纠错的思想根深蒂固，如果不从理论上加以阐释和引导，恐怕难以有效扭转动辄指责成语"误解误用"的现象。

---

① 也有少量异解而变形的新词新义，如"每况愈下"（原词"每下愈况"）、"莫明其妙"（原词"莫名其妙"）等。

② 邢福义先生《"人定胜天"一语话今古》（2007年7月19日《光明日报》）已经涉及同一词形而古今结构和含义不同的现象，但"人定胜天"的原义现在已经不用，而且人们也不把"人定胜天"的今义看作"误解误用"，所以邢先生的文章重在探源和辨析，跟本文立意不同。

③ 《现代汉语词典》（第5版）"美轮美奂"条释为："形容新屋高大美观，也形容装饰、布置等美好漂亮"；"灯红酒绿"条释为："形容寻欢作乐的腐化生活，也形容都市或娱乐场所夜晚的繁华景象"；"空穴来风"条释为："有了洞穴才有风进来（语出宋玉《风赋》）。比喻消息和传说不是完全没有原因的，现多用来比喻消息和传说毫无根据。"

汉语同义词研究大有作为[①]
——《〈汉书〉单音节形容词同义关系研究》序

在语言学界，同义词的研究是个非常重要而又十分复杂的课题。说它重要，因为它是语言表达中以情设词、同义替换的有效修辞手段；也是注释家解读文本、编辑字典辞书时同义相训的基本方式；更是类聚词语、描写词语系统的客观依据。说它复杂，首先因为"同义"的概念不专指"词"而言，也可以指同义字（例如某字跟某字的构意相同《说文》叫"同意"）、同义语（例如成语和谚语之间可以同义）甚至同义修辞（例如不同的表达方式可以同义），这些关系如何处理比较麻烦；其次，即使就"词"而言，有的"同义"是指词的义素而言，有的"同义"是指词的义位而言，有的指一个义素或义位而言，有的指多个义素或义位而言，有的指储存状态下的固定意义而言，有的指使用状态中的临时意义而言，有的指复合词的参构语素义而言，有的指整个复合词的合成词义而言，这些不同的"同义"常被混为一谈；再次，所谓"同义"并不真正相同，总是有"异"存在的，甚至研究同义词的重点并不在"同"而是在"异"，那么如何辨别各种不同的"异"也不是件容易的事；最后还有个词音和词性的问题，由此又引出跟同源词的关系问题。凡此，够复杂的吧！

唯其重要，才值得研究；唯其复杂，才需要探讨。中国古代已经不乏对同义词的研究成果，例如《尔雅》的前三篇基本上就是以同训为基础而进行的同义词汇编，只是其中的"同义"标准并不统一。古人的"对文""散文"及"混言""析言"学说也已注意到同义词的辨析问题，只是所用的"别异"手段过于简单。到了现代，同义词的研究成为热点。从20世纪50年代起，学者们围绕同义词所进行的探讨涉及同义词的界定、同义词的系联、同义词的辨析、同义词的运用等各方面问题。其中有三点理论上的开拓值得我们重视：一是运用"场"理论聚合"同义词群"，并描写出同义词群的组织结构；二是运用"义素"理论辨析同义词的异同，从形式上展现同义词之间的内部意义关系；三是结合语法修辞研究同义词，认识到同义词的相对性和灵活性。这三点大大推进了现代汉语同义词研究的深度。

对古代汉语而言，值得称道的则是专书同义词的研究。《尚书》《孟子》《荀子》《韩非子》《晏子春秋》《国语》《战国策》《论衡》《盐铁论》《史记》《三国志》《魏书》等先秦两汉经典文献中的同义词，以及《尔雅》《说文》等收集文献词语的工具书中的同义词，都有人进行研究。故友宋永培君精通古代词汇词义系统，对专书同义词尤其重视，在

[①] 本文原载李艳红《〈汉书〉单音节形容词同义关系研究》，中国社会科学出版社2010年版。

生命的最后几年，曾指导多名博士生做这方面的学位论文，李艳红的《〈汉书〉单音节形容词同义关系研究》就是其中的一种。后来李艳红对博士论文做了进一步修改，现在拿出来出版，使同义词研究领域又多了一份成果。

《汉书》由于篇幅宏大、语言古奥，通读一遍已属不易，理解考证更须费时，所以极少有人对它进行专书性质的语言研究。李艳红敢啃硬骨头，选择《汉书》来做同义词研究，具有垦荒的开拓意义。为了在有限的时间内完成，她选取《汉书》中有代表性的单音节形容词作为重点研究对象，参照历代各家注释，证之以小学专书，认真研读原文，在解读文意的基础上概括词义，再根据自己确立的标准和词与词的意义关系判定同义词，共提取出141组单音节形容词同义词，并把它们全部列举出来。这是首次对《汉书》的单音节形容词同义词作出全面而系统的清理，为汉语词汇史同义词的研究提供了一份有价值的资料。提取材料以后，文章对《汉书》单音节形容词的同义关系作了分类描写，并对其中的20组进行重点分析，包括共同义位的确定以及差异的辨别等。这20组同义词都是汉语中的基本词汇，既能代表《汉书》同义词的特色，又与现代汉语接轨。论文通过对这20组同义词的透视，归纳了《汉书》同义词使用特点和规律，并探讨了这些特点对汉语发展的影响等。所以就文章整体来说，目标明确，点面结合，思路清晰，方法得当。

具体来看，该论文值得肯定的地方很多，主要有五个方面。（一）注意同义词判定的可操作性。文章对同义词作出了明确的界定，实际判断的时候又提出具体的"比较互证法"和"双重印证法"，使得操作符合规程。例如所谓"双重印证法"即经典文献原文与训诂材料双重印证的方法，具体做法是：先根据经典文献原文确定词的意义，清理出有共同义位的词；再利用文献注疏、小学专书等训诂材料和词在文献中依存的文本格式对从经典文献原文中考察出的同义词进行验证。（二）注意吸取相关研究的最新成果。例如前面提到的现代研究同义词比较先进的的三个理论方法在本文中都有不同程度的反映；又如在确定词义的时候，有时根据今人甲金文的研究新说，或用其他的出土材料加以证明，从而纠正《说文》或《汉书》注释中的某些不足。（三）注意在语言的流变中来把握同义词的发展轨迹。文章采用共时与历时相结合的研究方法，即以《汉书》所展示的汉代语言面貌作断代的共时平面描写，同时对每组同义词中的每个词进行历时扫描，包括追溯这些词在先秦文献中的使用，比较它们在"二十四史中"的变化，并联系它们在现代汉语中的实际应用等，从而对这些词的演变情况有一个全面而纵深的把握。（四）注意同义词现象对语言发展及语言应用的影响。论文通过考察单音节形容词同义词在《汉书》中的存在格式，归纳了《汉书》中单音节形容词同义词的两个特点，依此概括了它们对后世汉语的影响。如同义连言是后世并列式双音合成词形成的基础；同义词与其反义词连用或出现于对当、对应的位置上，有些导致后世汉语语词形成固定的搭配。这对揭示汉语发展的复音化规律有一定意义。（五）注意从多角度对同义词进行辨析，细致周密。如对"少""小"和"美""甘""旨"等组词的辨析，既从词的本义出发根据词的引申义列考察各词的词义特点差异，又联系反义词进行对照以比较其聚合差异，同时考虑到词在运用中结合能力方面的组合差异。

李艳红对《汉书》同义词的研究开了个头，但还有很多工作可以继续做。同义词不限于单音词，更不限于形容词。要全面研究《汉书》同义词并且使这种研究具有断代词汇史意义的话，还得扩展材料范围，最好对语言材料的实际来源和时间层次也应该有所甄别和说明。同时，对同义词的判定和辨析，要更加注意义位的科学归纳和字词关系的妥善处理；对同义词发展演变的比较，最好要有明确的比较对象和有效的比较数据。

总之，汉语词汇的同义关系是一种重要而复杂的关系，对它进行研究，不仅涉及同义词群的类聚和同中之异的辨析，也跟词汇发展演变的研究、反义词的研究、近义词的研究、同源词的研究、词义训释的研究、同义修辞的研究、词义搭配组合的研究等密切相关，因而对词汇学、词义学、词典学、修辞学和语法学都有裨益，是一个大有作为的研究课题，值得我们在既有成果的基础上去做进一步的努力。

善学者明其理　善行者推其法[①]

——王宁先生新著《训诂学原理》简介

　　王宁先生的《训诂学原理》（中国国际广播出版社 1996 年）汇集了她近十年间有关训诂学的系列论文，经过整理，分门别类，各篇论文相互联系配合，形成了一部具有严密系统的训诂学理论专著。

　　全书共分八个部分。第一部分属总论，主要阐述对训诂学在当代发展的宏观认识和改造旧训诂学的总思路。第二、三、四部分重点论述训诂学原理，包括词义构成原理、注释原理和词源原理等。第五部分是关于训诂学史的论述。第六部分是关于训诂学与语言学关系的论述，主要阐明了训诂学与语义学、语法学之间虽已分立却又相互依存的关系。第七部分可以看作训诂学应用的示范，收编了有关中学语文教学、辞书的编纂和评论、烹饪名源探讨等三个方面的数十篇短文。第八部分是两篇附录。

　　著述中让人深切感受到作者怀着强烈历史责任心为传统学科的现代化所作出的努力。王宁先生是著名文字训诂学家陆宗达先生的学术传人，同时是具有自身特点而影响更为广泛的新一代语言学家。她不仅具备深厚的传统小学功底，而且熟悉现代语言学理论，并进而能使两者沟通，长期致力于用现代语言学理论分解提炼传统小学从而使之与现代学科接轨。她曾与导师陆先生合作研究达八年之久，取得的主要成果已汇编为《训诂与训诂学》一书先期出版（山西教育出版社 1994 年）。如果说《训诂与训诂学》还是偏重于对传统小学的总结、介绍和普及的话，那她独立撰著的《训诂学原理》则是更进一步的"理"和"法"的思考，集中反映了她的现代化学科意识。

　　善学者明其理，善行者推其法。作为一门现代学科，必须具备两方面的要求：一是理论的系统化，即有关内容及其术语要有明确的内涵和外延，要有相互依存的类别和层次；二是方法的科学化，即有关研究的步骤和程序要能够分解和说明，要便于操作和验证。王宁先生对于旧训诂学的改造正是朝着这个方向进行的。王先生认为，中国的传统学科具有综合性和混沌性，往往只重视有实用价值的具体材料本身，而不甚系统地追究对自然与社会的理性解释。因此，旧训诂学从它在 20 世纪 70 年代末重新兴盛的那天起，便面临着能否被现代人接受和能否在未来得到发展的考验，在这个领域里，缺乏的不是材料，而是现代人易于接受的原理、方法、思路，训诂学能否在现代站住脚并得到长期重视，关键取决于它是否能改变自己理论上和方法上与现代不相适应的

---

① 本文原载《中国教育报》（语言文字版）1996 年 12 月 6 日。

状况，用新的姿态来继承和发展既往的精华。所以，如今对训诂学的研究，工作重点应该放在训诂学的基础理论建设上，放在训诂原理的探讨上，放在自觉的、可操作的训诂方法的完善上。正是出于发展训诂学的历史责任感和对训诂学现状的本质把握，王先生确立了自己的研究目标，花去近十年的时间用来思考训诂学的理论建设问题，终于向学术界献上了这本带总结性的《训诂学原理》。

《训诂学原理》所论及的理论和方法是多方面的，诸如训诂学在当代的学科地位问题、训诂学的术语体系问题、训诂学的应用与教学问题，以及词义的推求方法、词源的系联方法、词汇的分类方法，等等，我们无法在此——详述，简单举个例子，聊以管窥该书的特点。传统训诂学习惯以字代词、以训代义，现代学者由于不明其间原理而简单照搬，结果往往弄出错误。王先生认为，传统的字不等于现代的词，传统的训也不等于现代的义，字、词、训、义之间的关系是错综复杂的，应该区分不同的类别和层次。因此她设置并论述了词训与词项、义位（义项）与义素、造意与实义、义类与义差、源义素与表义素等一系列具有不同性质的理论概念，从而建立起字、词、义、训的关系网络理论以及词义内部结构的层次分析方法。这一理论方法的突破，澄清了对诸多训诂现象理解上的混乱，使得诸如同源词的意义关系、同义词意义的同与异、义界的构成原理、直训必须在言语中方能成立的原理、《尔雅》同训不必同义的本质、词类与词义的一致性、词义引申的机理、反训的成因等，都可以作出清晰的说明。只要明了其"理"，运用起来就会得"法"，读过该书，读者会发现有关古汉语词义的探求、比较和类聚其实并不太难，它同现代的技术科学一样，是可以按程序操作，又可以分步骤检验的。

总之，该书涉及训诂学的方方面面，具有很强的系统性和实用性。它既是作者十余年有关训诂学理论研究的总结，也是对长期从事训诂工作实践所获宝贵经验的提炼。其中贯彻始终的科学原理阐述和科学方法分解，使得训诂学这门古老的传统学科具有了强烈的现代化意识，由号称难懂而难学、难教、难用，逐步变得明白易晓而好学、好教、好用，从而在当今时代显示出新的生命力，并将在未来的学术发展中保持自己应有的学科地位。

语法修辞研究

数量结构的误用[①]

语言交际离不开数量。数量的表达往往借助"内""外""前""后""左右""上下""以上""以下"等语词组成某种数量结构来进行,如"三天内""五斤以下""九个左右"等。数量结构运用得当,能够准确地显示数量的限度或者范围。但如运用不当,也容易造成界限模糊甚或表意失误。请看下面的例子:

(1) 人类短时记忆的限度为七个左右(7+2)的模块。
(2) 像语句这样的线性序列,为了有效地记住它,理想的方法是将其切分成一个由七个左右以下的模块组成的序列。
(3) 从而使每个流程内的成分不超过七左右,实现了限度("限度"两字下缺三角符号)为七左右的有限多项式。

以上三例均摘自1986年第2期《思维科学》上陆丙甫的文章,类似的说法在该文及陆氏的其他文章中还有很多。我们知道,限度是一定范围的极限,即最高或最低的数量。表达限度的数量词应该是具体的、确定的,它只能有一个数点,而不能有两个或两个以上的数点。"左右"所组成的数量结构表示概数,其数值可以在所附基数的二分之一内波动,因而不只一个数点。陆文中的"左右"定为"+2",则"七个左右"包含有"左5右9"两个数限,56789五个数点。显然,这样模糊的概数不可能是限度。因此,"限度为七个左右""限度为七左右"等说法是矛盾的,我们无法理解这里的"限度"究竟是9还是5,是8还是6,抑或就是7本身。"超过"和"以下"也是针对某一数点而言的,同样不能跟"左右"同时使用。陆文"七个左右以下""不超过七左右",不知是"9以下"还是"5以下",是"不超过9"还是"不超过5"。如果是指9,则不足9的数包括在内,完全不必重说;如果是指5,而又同时言9,则有矛盾:678三个数点虽然未超过9,却已经超过了5,虽然是在9以下,却不是在5以下。也许还可以理解为左不超过5,右不超过9,限制在5和9之间,但显然也不合情理。难道人类的短时记忆只能记5至9这几个板块,5块以下就记不住吗?难道自然语言只能切分为5至9块,却不能切分成2至4块吗?其实,这类错误并不难修正,要么去掉"限度""超过""以下"等语词,要么把"七左右"改成定数(揣作者之意,这个数当定为9)。

以上"七(个)左右"是无法跟"限度""超过""以下"等定点语词搭配使用的数量结构。这些数量结构的误用应该引起我们的重视。

[①] 本文原载《中国语文天地》1989年第6期。

《马氏文通》的价值，九十年汉语语法学的不足及其他[①]

——全国青年汉语史研究会第二届年会综述

一、中国青年汉语史研究会于今年4月6日到10日在华南师大召开。时值《马氏文通》出版90周年，纪念《文通》，评判其价值及其后90年汉语语法学的不足，探讨如何用多种科学的方法开拓汉语语法研究，成了年会的主要内容。

（一）《马氏文通》影响了整整一代中国语言学家。拥护的与不满的甚或是反对的，谈起汉语语法学来，几乎都不能不提及它。从20年代陈承泽始，对它的批评与研究，仁智互见，聚讼纷纭。没有哪一本语法专著能拥有那么多的研究专著与论文，也没有哪一本语法专著受到了如此多的批评。今天，应以怎样的历史观来衡量它在汉语语法学史上的价值，又以怎样的价值观来称量前辈学者对它的评价？会议认为，它既有模仿的一面，更有创新的一面，创新是主流；批评界自30年代文法革新讨论后得以普及似成定论的，其体系"仿西方之葛朗玛"的模仿说，是有失偏颇的。且不说近年来，不少语言学家已指出了马氏助字类的建立，连字、介字的描写等方面继承了传统语文学的成果，许多"华文所独"的语言现象被发掘；单从整体上看，他就一直是处于模仿与创新的矛盾之中的。华中师大史舒薇说："马氏一方面依据西方现成的语法，描摹汉语语法；另一方面又发现了汉语语法自身的规律，可以毫不夸张地说，他所揭示的规律，比后来研究古汉语语法的任何学者所揭示的都要多。"南京大学丁新柏突出论述了马氏的创新精神。上海师大吴为善指出《文通》模仿与创新的二重性要放到马氏整个思想系统及时代背景中去考察。广州师院苏新春说，模仿与创新的二重性正反映了马氏思想深层中观念（"普遍语法"）与动机（"确知华文义例之所在"）的矛盾，这又在深层影响着其他种种矛盾，诸如理论与实践不和谐，框架与细节、定义与论述、观点与材料的不协调等矛盾。而其中起着更内在作用的是"动机"，它保证了《文通》价值的实现。会议认为，其价值体现在三方面：一是批判地继承了传统语文学的许多成就。华南师大谭世勋对《文通》引述前贤之说作了统计，其引用古说（不包括没指明出处的）共223次，涉及小学专著16种，传笺注疏20种，所引学者有名姓可查的40余人。该校袁东华就其对"者"字的论述，指出马氏在虚词研究方面对前人成说，更多的是修正与革新。二是对汉语语法许多独特现象进行了发掘与描写，除前文所述"字"类方面的外，内容上重句读也是他的创见。尽管《文通》的编排以词类为纲，但并不妨碍它在词类纲目下重句法问题的论述。实际上，它较多地讨论

[①] 本文原载《活页文史丛刊》（语言文字专题），《淮阴师专学报》增刊1988年版。署名李运富/刘晓南/马啸。

了句子的构造、词的组合、句式的构成等句法现象。华南师大陈绿薇还进一步指出它有意无意地涉及了超句体问题,归纳出 8 种超句体形式。可惜,这一点为后来的汉语语法研究忽略了。该校甘甲才、林活力、章新传、董超凤、周承高、吴辛丑等则从其中"字、词、次"方面进行了探讨。湘潭大学周继邦、上海师大刘民钢、天津师大崔立斌等又从其中"接读代字""语序""述宾结构"进行肯定的研究、评述。三是一面谈构造,一面审辞气、味情旨,即以修辞讲语法。史舒薇说,马氏在语法和修辞紧密结合基础上对不少修辞现象做了提示,客观上它已涉及了比喻、反复、顶真、排比、错落等修辞现象。上海师大沈锡伦也就其修辞论谈了自己的看法。可惜,马氏这方面的思想为后来的语法研究忽略了。

（二）《马氏文通》的不足,完全属于马氏的也有,如写作中的逻辑混乱,像前后矛盾、互相抵牾;标准不一,划界不清;术语混乱、概念不明等。而根本缺陷,似乎更是 90 年来汉语语法研究的缺陷。淮阴师专马啸指出,这就是在比较研究的实践中发现了汉语"无变"的最基本特点后,仍在"普遍语法"观指导下求证汉语词类与句法,使得至今汉语语法学仍在"词"的定义及界说、词类划分、句成分确定、单复句分别这四大难题中左冲右突,陷入困境;而没有一改思路,探究其成因,忽视印欧语要先弄清结构才能弄清意思,而汉语则要先弄清意思才能弄清结构,甚至还弄不清结构（因为这结构是印欧语的）的根本差别,从而使得汉语语法研究越来越呈现出非汉语化的趋向。因此,要吸取这一理论线性模仿的教训,重新认识汉语的本质。代表们指出"无变"（无形态变化）的分析性、重语境场景的意会性,蕴蓄灵便、富有弹性的人文性都是汉语的基本特点。马啸深入指出,这些都"源于汉民族务实的民族性格和重'阴''阳'体验与模糊感受的思维方式,这也就决定了汉语音义结合,声韵二分及句读灵活简约的语言面貌,构成汉语'无变'这一最基本特点的民族性格、心理思维、语言表达等方面深层与表层、直接与间接的原因"。云南民院赵虹从近年所有现代汉语教材都论及的所谓"病句"入手,论证了汉语的意会性:目下流行的"病句",一进入交际场合,经语境限定后,就可意会、理解,完成交际任务,也就非"病"了,汉语语法有比"结构"更重要的东西。重庆师院罗琴、湖南师大陈松长说,语用省略使言语呈现出一种简练、含蓄、富有暗示性的特点,这是汉语,特别是古汉语的共同特点。马啸说:"传统科学中'语'与'文'不分,正是由汉语的这些特点决定的。王充、刘勰、程端礼乃至上述马氏语法修辞相结合,以修辞讲语法等语言研究传统不应丢弃。90 年来,汉语语法学以'汉语言结构规则'的定义为'题',以词句法的研究实践为'文',一直在做着文不对题的答卷。这种狭义语法学（SyntaX）,半个多世纪来,在孤立的范围内取得了片面深刻的同时,孤立与片面的根本缺陷即刻否定了这种深刻,近年关联词语、句群等研究的深入,乃至唐诗与宋词章法的破译,迎来的必然是汉语书面语研究中'篇本位'汉语广义语法学（Grammar）的建立。这既是庖丁解牛与盲人摸象的问题,又是分析程序上的方法问题:狭义汉语语法学讲五级语言单位总是用了一种'倒扒皮'的方法并辅以循环论证。这种方法,在未引入句群为研究对象时就无法再'扒'、再'论'了。"

（三）讲到方法的革新,科学方法的可行性问题,说到底是个实践问题。西方现代语言学的许多方法,如生成语法的转换、描写语法的替代与扩展,历史比较语言学的类比等在现代汉语研究中取得了显著效果,但在语言材料已封闭且有"不可变性"的古汉语研究中可否运用呢?中山大学唐钰明列举古代主动句与意念被动句、意念被动句与被动式、主动句与被动式、"被"字句与"把"字句等句型的实例进行变换,说明变换方法用以对古汉语句型作动态分析有积极意义。苏州大学董志翘、东北师大董连池、辽宁师大刁晏斌等分析具体问题时,也都指出了句型间的变换关系。有趣的是,董连池、湖北大学孙玉文用替代与扩展法辨识《左传》中的双宾句都不约而同地得出"谓"字后可带一个词组充当远宾语这一与传统语法相异的结论。南开大学白晓红则用汉藏语系里亲缘语种与古汉语进行类比,研究"者"字源流,认为"者"在最初作"指代"用,然后演变作"称代",再由"称代"虚化为语气助词。该校兰鹰又从少数民族语言比较中研究了"而"字虚词用法的形成过程。该校关键则把类比方法运用于本族语研究,得出了《论语》与《世说新语》语言结构的异同。

此外,代表们还用其他一些方法有成效地研究了一些问题。徐州师院韩陈其用信息科学的方法具体分析了"所"字结构在言语运用中的繁化与简化,阐述了语言发展的本质特征和言语使用经济原则间对立统一关系。贵州民院金美用历史心理学方法对古汉语虚词研究的历史概貌作了有益的尝试。广西中医学院黄海波、华南师大梁金荣用模糊学方法指出过去的研究过分强调确定性,忽视语言实际中的模糊性,像词类划分,宜用类聚分析与模式识别相结合的方法,通过模糊统计,给出词语归类的贴近率,完成模糊类的划分。他还对意义最多也最复杂的"於"字,用模糊方法作了正本清源的工作。

(四)重汉语的本质、重研究方法,必然重各方面的开拓。董志翘说,纪念《马氏文通》更重要的是学习马氏的开创精神,不断寻觅新的出击方向。他还跳出《文通》材料圈子,用"中世汉语"材料,论述"被"字句的衍变与发展。刁晏斌也描写了近代汉语"把"字句与"被"字句及其融合情况。吉林大学徐正考探讨了清代选择疑问句系统。四川大学骆晓平立足《搜神记》20卷本,旁征40余部同时期文献,从词语、词义、构词等三方面,对汉语词汇在六朝的发展进行了有益的考察。马啸论述了汉语语法本身最基本的特点后,分析90年汉语语法研究的不足,提出汉语语法学要不要另起炉灶的问题,并描绘了"汉语广义语法论"。

二、与会议中心内容相关,广西大学周莹,河南师大荆贵生,湖南师大刘晓南,东北师大宋培学、刘继延,福建中医学院林楠,四川雅安教院刘永康,西南民院钟如雄等还分别就一般的汉语语法问题,如上古汉语代词"是"作宾语的特点、定语后置、古汉语中固定搭配句式、《左传》的"谓"字句式、介词宾语前置现象、《孟子》中的"动+於+名"结构的同形异构、古汉语述宾结构间的语义关系、名词作状语等发表了各自的见解。荆贵生力排众议,肯定古汉语定语后置的存在并进行了范围限定。刘晓南提出由古汉语固定搭配式建立句式系统的设想;河北师大苏宝荣、湖南师大李运富、四川大学伍宗文、重庆师院徐流、四川社会主义学院张牧筠等提出词汇训诂与词典编纂方面的问题,引起热烈讨论。苏宝荣认为义素必须有个所依凭的客观载体语素,而语素也就具有语法单位与语义载体的二重性,并进一步区别了义素与语素,提出语素的意义研究是个理论问题,语义研究则是解释词义,属传统训诂领域。李运富通过《毛诗评议》训诂失误的分析,指出词义考求与形式逻辑有密切关系:"不注重逻辑或没有自觉的逻辑意识,是传统训诂中潜在的弊病之一。这正是造成训诂失误或不能令人信服的重要原因。""训诂作为一种思维活动,除了在结论上要'揆之本文而协,验之他卷而通'外,还应求其考证过程遵守逻辑,符合形式逻辑所概括的普遍思维规律。"伍宗文就词典的编纂如何处理通假同源字说:"汉字三位一体,致使记录一组同源词的字族(同源字)与通假字间有交叉关系,造成了一类特殊的,不仅古音相同相似,而且意义相通相关的通假字。在大型辞书编纂中,相关的字头下有关意义是否作为通假义项收列,应从词汇学观点出发,考察词义引申发展和文字产生发展历史,分别作出科学处理。"

三、本次会议是继"全国青年语言学家聚会研讨古汉语研究方法"(1986年10月,南开大学。参见申小龙文,载《语文导报》1987年第1期)后的又一次会议,开得热烈、紧凑、成功。代表来自全国40多所高等院校、科研团体、出版机构;有在读的博士、硕士生,有副教授、讲师、助教,有专职的研究人员和编辑。华南师大副校长管林教授、该校《语文月刊》主编唐启运教授、广东省语言学会副会长李新魁教授给本次会议以热情的关怀、鼓励。本文作者谨代表学会常务联系会向他们表示由衷的敬意!

《左传》中"吾""我"格表示的分裂条件[①]

序

本文的中心论点如下：

《左传》中"吾""我"，在用于主语位置和名词限定语位置时，体现出格表示的分裂。其分裂条件大致如下二点。

Ⅰ．主语位置

吾——通常出现在否定句、疑问词句（包括反问问）、"其"字句等带有非现实性语气的句子里。

我——没有明确的标志。

Ⅱ．限定语位置

吾——（1）谈到说话人或说话者个人所有物的时候。（2）对与自己属于同一集团的听话人谈到该集团所有物的时候。

我——对与自己属于不同集团的听话人谈到说话人所在集团的所有物的时候。

一 "格"概念的使用

（一）基本事项

首先，我们要对使用名词和代词的格体系时的基本事项作如下的确认。

（1）格变化的形态和各种形式的分布（处于什么样的位置就表现出什么样的格）等肯定具有历时性的变化。

（2）格体系具有词形变化的功能不只一种，我们对这些功能的认识还不全面。

（3）格表示的分裂现象是许多语言中都能见到的普遍现象。

下文，我们将就先秦汉语作具体的描述。

[①] 本文原载《古汉语研究》1993年第1期（总第18期）。署名：[日] 山崎直树·作，李运富·译。

（二）时间差，地区差

（1）现存的文献资料，大部分在时间上不连贯，这是我们使用先秦汉语时应该注意的。因为语言时间的变化而变化。所以格体系自然也是变化的。不过，我们不一定要在现有的资料中对这种变化轨迹作详尽解释。再者，在研究先秦汉语时，我们还应该注意地区方言的差异，我们还不太清楚哪种资料是哪种方言写成的。

因此，作为对用某种足够的材料建立起来的规律例外而提出的别的材料，如果不能证明这种例外材料跟建立规律所用的材料的时代和地域都相同，那是没有意义的。B. karlgren 曾指出先秦汉语的人称代词具有通过"西方语言似的真正内部屈折"而产生的格变化现象（请参看 karlgren，1949）。从那以来，出现了许多反对意见，而认为 karlgren 提出的体系（参见表1）例外太多，就是其中有代表性的反对意见之一。

表 1

	一人称	二人称	三人称
主格・属格	吾	汝	其
与格・对格	我	尔	之

但是，karlgren 断定：比较清楚地显示这个体系的是《论语》《孟子》。这两种材料的语言，作为"鲁地区方言"，通常是合在一起来处理的。对于这个体系，把一些在时间性和地区性方面相距甚远的材料作为例外提出来，那正如桥本 1984 早就指出的那样，是没有意义的。

我们应该采取的方向是：尝试调查各种材料中的代名词的用法，并研究时间性和地区性的差异会给格体系带来怎样的变异。作为这种设想的第一步，我在本文提出对《春秋左氏传》第一人称代词用法的分析。

（三）格表示的体系功能

（2）在格表示体系所具有的功能中，其根本性的功能当然是"统语"功能，也就是表示谁是主语、谁是宾语、谁是名词限定语等，或者表示性的区别、数的区别的功能。但是，此外也还有附带的功能。

例如，在法语中，第二人称代词复数形"voue"用来指称单数的对方，这种时候就体现了作为敬语功能。这是大家熟知的事实。

再如，在《红楼梦》所反映的清代汉语里，第一人称复数除外形"我们"，被当作第一人称单数的谦让语来使用（如用人对主人说话的时候）。

另外，还有满洲语的例子。根据服部・山本（1955），满洲语的第一人称复数代词有"包括形"和"除外形"。但是，据同一篇论文说，虽然一律作"包括形"和"除外形"，可在书面语和口语中，它们的意义并不相同。即：在书面语中，包括形是包括听话人的"我们"，除外形是不包括听话人的"我们"，从而构成大家熟知的模型对立。而在口语中，两种第一人称复数代词"bo"（除外形）和"mase"（包括形）则构成如下的对立。

bo 指称包含说话人的一方。即将因某种关系结成集团的人们区分成包含谈话对方在内的一方和其他人。bo 指称前者。从其他人一方来看，谈话对方不一定被除外。而从说话人一方来看，被除外的人即使不在场也行。

mase 指称全体。它作为因某种关系结成集团的人，兼指说话人和谈话的对方，或者还包含第三者。这种时候，被包含的第三者不在场也行。而跟这个集团没有关系的人即使在场，也不能由这个代词来表示，但他不是被排除在人称之外，而被放在问题之外。（服部·山本，1955）

上面的例子提示了如下两点：第一构成包括形和除外形的区别性特征也仍然能随着时间的推移而发生变化；第二，这样一来，今后就有可能经常发现至今尚属未知的存在于特定语言中的代词之间的功能对立。因此，我们不能局限于已有的结构。

（四）格表示的分裂现象

（3）格表示的分裂（split）现象，Taunod（1981）和角田（1984）有详细论述。下面作一简单的介绍。

在日语里，典型的他动词句有"が——を"这样的格标志配搭；自动词句中，主语用"が"表示。

　　1a. ゴモデが大阪城を壊す。
　　1b. 大阪城が壊れる。

通常把这种（格标志：他动词主语=自动词主语≠他动词目的语）的模型（只有目的语的标志不同）叫作对格型。日语里对格型占优势。

现代汉语没有形态式的格标志。无论什么位置的名词、代词都是同形的。这种（他主=自主=他目）的模型叫中立型。

还有（他主≠自主=他目）这样的模型叫能格型。巴斯克语就是典型的能格型。

由于日语的对格型占优势，所以被称为对格型语言。但如下所示，二项动词的格搭配往往并不表现为 [が——を] 这样典型的模式。

　　1c. ゴモデが大阪城によつがる。[が——に]
　　1d. わよレピフノができる（こと）。[が——が]
　　1e. わよよ何がわがるのよ。[よ——が]

这种在同一语言中格表示模型可能发生变化的现象，就叫作格表示的分裂（split）现象。日语里如上所述的变化条件，是动词的意义（据角田1984：75页之表）。

Taunoda（1981）和角田（1984）认为，造成格表示"分裂"的条件具有规律性和普通性，这些条件就是：(1) 名词短语的意义，(2) 述语的意义，(3) 时、体、语气等。

（五）本文的目标

就先秦汉语进行考察。据周生亚（1980），关于先秦汉语代词的用法有"四派十一说"。如下（周 1980：127）：

　　Ⅰ．训诂派：(1) 互用 (2) 称谓 (3) 通假说
　　Ⅱ．修辞派：(4) 亲贱 (5) 严倨 (6) 互辞说
　　Ⅲ．时空派：(7) 方言 (8) 沿革说
　　Ⅳ．语法派：(9) 形态 (10) 重读 (11) 强调说

　　本文不想逐一评论这些说法，因为我认为这些说法不一定互相矛盾、互相排斥，本文提出的观点跟上述说法的关系也是如此。不过，我们应该考虑：哪种解释说中了主要的功能？哪种解释抓住了附带的功能？但这是本文负担不了的重大问题，所以留待日后讨论。

　　为了尽量排除地区性和时间性的差异，我们先把考察的对象局限在《左传》里，根据前面介绍的各说和别的观点，探讨第一人称代词"吾""我"在主语位置和名词限定语位置上的不同使用条件（分裂条件）。

二　主语位置

（一）主语位置的"吾"和"我"

　　主语位置上的"吾"和"我"的分裂条件较简单。那么，用"吾""我"作主语的句子是些什么样的句子呢？据此，我们归纳成表 2。

　　比率＝吾／（吾+我）　　比率＝我／（吾+我）
　　《左传》总数：吾——335 次；我——256 次（黄盛璋，1963）
　　吾／（吾+我）＝0.58　　我／（吾+我）＝0.42

表 2

	"吾"的出现次数（比率）	"我"的出现次数（比率）
(1) "未"否定句	7（0.875）	1（0.125）
(2) "不"否定句	50（0.76）	17（0.25）
(3) "其"字句	10（0.91）	1（0.09）
(4) 疑问词疑问句	12（0.57）	9（0.43）

　　由于在《左传》的全部"吾""我"中，"吾"的出现比率＝0.58，所以在上表各种形式的句子中，只要"吾"的比率比 0.58 高，就说明"吾"的出现比例比"我"高；如果相反，那就是"我"的出现比例比"吾"高了。

　　(1) 项的所谓"未"否定句，是指如下形式的句子：

　　2a. 吾未获死所。(文公 2 年)
　　2b. 我未及亏，而有城下之盟，是弃国也。(哀 8)

在这种形式的句子中，出现"我"的只有2b一例。
（2）项的所谓"不"否定句，是指如下形式：

2c. 吾不得志于汉东也。（桓6）
2d. 我不可以后之。（隐11）

（3）项的所谓"其"字句，是指如下形式的句子：

2e. 吾其与之。（襄30）
2f. 我其收之。（襄27）

这种句式表示的意义大多是"命令、疑问、反语、意愿、不久的将来"等，这些解释完全要依据文理来进行，但在具有"假定语气"这一点上是相同的，所以我们在这里把他们放到一块处理，关于这个问题，参照了山崎（1989）。在这种句式中，出现"我"的只有2f一例。
（4）项所说的疑问词疑问句，是指如下的形式：

2g. 吾又何求。（襄24）
2h. 我其收之。（庄8）

从表2可见，"吾"大多出现在（1）（2）（3）项的句子里，而（4）项的句式似乎跟"吾""我"的选择无关，除（1）（2）（3）项外，难以归纳出和"吾"作主语的句式，经常用"我"作主语的其他句式也没有发现。在《左传》中，用"我"作主语的句式可以说没有明确的标志。

为便于参考，特把《孟子》的情况显示如下：
比率=吾/（吾+我）　　比率=我/（吾+我）
《孟子》总数：吾—73次；我—55次（黄盛璋，1963）
吾/（吾+我）= 0.57　　我/（吾+我）= 0.43

表3

	"吾"的出现次数（比率）	"我"的出现次数（比率）
（1）"未"否定句	6（1.0）	0（0.0）
（2）"不"否定句	5（0.38）	8（0.62）
（3）"其"字句		
（4）疑问词疑问句	11（0.92）	1（0.08）

（3）项的句式在《孟子》中已经不是能产型的，用例非常少，没有用"吾""我"

作主语的例子。(1) 项表现出跟《左传》相同的倾向。(2) 项似乎已与"吾""我"的选择无关，但要说它表现了相反的倾向，根据则还薄弱了些（5 例比 8 例）。值得注意的是，"吾"在 (4) 项的句式中出现比率很高。这里，仍然归纳不出主语位置容易出现"我"的特定的句式。

在先秦的其他文献中，也有少量用例，但跟上述倾向基本相同，仍然看不出相反的倾向。①

根据以上事实，我们可以作出如下推测：
(1)《左传》中"吾""我"作主语的分裂条件是句中有无特定的语气。
(2) 这种语气是跟否定句、疑问句等一致的"非现实性（reality）语气"。
(3) 在具有"非现实性语气"的句子中，"吾"容易出现，根据现有的材料，难以看出适合"我"作主语的特定条件，"我"作主语没有明确标志。

（二）别种语言的例子

上节已经提到，引起格表示分裂现象的主要原因有名词的意义、述语的意义、时、体、语气等，根据角田 (1984)，由于语气而引起格表示模型发生变化的语言，有巴期克语、ヨユルタ语（豪州北部）、俄罗斯语等。巴斯克语的他动词句，在肯定句的时候，采取［能格+绝对格］的型式，在否定句（目的语不确定的情况）时，就变成（能格+部分格）型式。在ヨユルタ语里，当句子表达现实语气（即表达实际发生了的/正在发生的/一定会发生的事物）时，用［能格+绝对格］的句型，而在表达非现实语气（即表示尚未发生的/不可能发生的事物）的情况下，就变成（绝对格+与格）的形式。在俄语中，肯定句用［主格+对格］型，否定句（限于目的语不确定的情况）则用［主格+生格（所有格）］的形式。把《左传》中例子跟上述这些相提并论是否合适，还不能遽断，需要进一步的研究。

三　名词限定语的位置

（一）"吾"的用法 (1)

"吾"的用法有两种。先看第一种。
3a. 吾子孙其覆亡之不暇。（隐 11）
【郑伯说】"我的子孙单是考虑郑国存亡犹恐精力不够。"②
3b. 吾甥也。（庄 6）

---

① 体现出这种倾向的《左传》和《孟子》有一个特征，即主语位置的"吾""我"用例总数大致相当。《国语》被认为是《左传》的姊妹篇，但这种倾向不明显。还有，在《国语》中，主语的"吾"跟同一位置的"我"相比，用例多得多。（黄盛璋，1963：472）

② 用例的日语翻译，大都依据镰田正 (1971：81)。下同。

【邓祁侯以楚文王说】"是我的外甥。"

3c. 我食吾言，背天也。(僖 15)

【秦穆公说】"我如果违背我说的话，那就是背叛天地。"

3d. 吾岂面如吾面乎。(襄 31)

【郑国的子产说】"我不认为你的脸面像我的脸面。"

3e. 吾刃将斩矣。(昭 12)

【子革说】"我的刀不久就要开斩了。"

3f. 吾梦如是。(昭 31)

【晋国的赵简子说】"我的梦是这个样子。"

3g. 树吾墓槚。(哀 11)

【伍子胥说】"在我的墓旁种上槚树吧。"

以上是指称说话者个人和说话者本身所有物（包括亲族）的情况。在这种情况下使用"我"的例子只有一个，即：

3h. 为我子。(哀 26)

【宋平公说】"是我的儿子。"

（二）"吾"的用法（2）

"吾"的另一种用法如表 4。

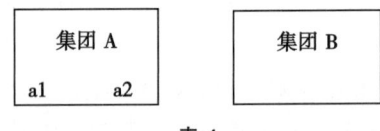

表 4

集团 A、B 大多是指类的单位。a1、a2 是集团 A 的成员。a1 对属于同一集团的 a2 指称集团 A 的所有物（领土、君王等），说到"我的/我们的/其中的××"时，就使用"吾"。

4a. 吾先君新邑于此。(隐 11)

【郑庄公→郑大夫公孙获】"我先君刚刚在这里建都的时候。"

4b. 我张吾三军。(桓 6)

【楚大夫头伯比→楚武王】"我统率我们的军队。"

4c. 吾兄弟之不协。(僖 22)

【周大夫富辰→周襄王】"我王的兄弟关系不融洽。"

4d. 且今之勍者皆吾敌也。(僖 22)

【宋司马子鱼宋襄公】"现在的强国都是我们的敌人。"

4e. 秦不丧而伐吾同姓。(僖 33)

【晋先轸→晋栾枝】"秦国不哀痛我国的丧事，反而攻打我国的同姓国。"

4f. 吾师必尽。(宣 12)

【晋国的大将随季→晋驹伯】"我军一定会全部覆灭。"

4g. 必执吾使。(宣公 17)
【齐君的近从→齐君】"一定会抓住我们的使者。"
4h. 楚虽大，非吾族也。(成 4)
【鲁国季文王→鲁成公】"楚国虽然是大国，但不是我国的同族。"
4i. 姑从楚以纾吾民。(襄 8)
【郑国的子驷→郑国的子孔等】"暂且依从楚国，以便让我国的人民快乐。"
4j. 何故以兵入吾门。(昭 25)
【季平子→臧氏的手下】"为什么带着武器进入我季氏的门？"

"吾"的这种用法，在下面的例子中表现得更典型：

4k. 子如外盗而大礼，何以止吾盗？(襄 21)
【鲁国的臧武仲→鲁国的季孙】"你把别国的盗贼招来，给我们很高的待遇，那还怎样来止息我国的盗贼呢？"

作为分析对象的"吾"的用例是 130 多个，其中只有一部分用例还留有疑问（能够作出跟上述规律相抵触的解释，或者明显矛盾）。

(三) "我"的用法

"我"没有跟（一）节提示的"吾"的用法（1）相对应的用法，全都是跟（二）节所提示的"吾"的用法（2）相对应的用法。先看表 5。

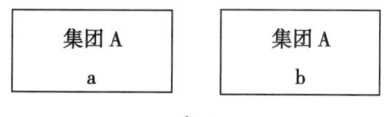

集团 A	集团 A
a	b

表 5

集团 A、B 多指国家一类的单位。a 是集团 A 的成员，b 集团 B 的成员。a 向属于不同集团的 b 指称自己集团（集团 A）的所有物（领土、君王等），说到"我的/我们的/其中的××"时，就用"我"。

5a. 唯我养车之有请谒焉。(隐 11)
【郑伯→许国的大夫百里】"如果我郑国有什么请求。"
5b. 昔，召康公命我先君太公曰。(僖 4)
【齐国的管仲→楚国的使者】"从前，召康公命令我先君太公说。"（请比较 4a）
5c. 我敝邑用是不敢保聚。(僖 26)
【鲁国的大夫展喜→齐孝公】"因为这个缘故，我国不敢故意去集聚兵力、守卫城池。"
5d. 蔑我大惠，弃我姻亲。(襄 25)
【郑国子产→晋人】"轻视我郑国的大恩惠，放弃跟我国的婚姻关系。"
5e. 来获成命，则又有我东门之役。(襄 25)
【同上】"在还没有得到命令的时候，就发生了攻打我东门的战争。"（请与 4j 比较）
5f. 散离我兄弟。(成 13)

【晋国的吕相→秦人】"让我们兄弟国家（滑国）的人民游离失所。"（请与 4c 比较）
5g. 唯襄公之辱临我丧。（昭 7）
【楚国大宰→鲁昭公】"希望襄公屈贺前来吊问我康王的丧事。"（请与 4e 比较）
下面一则材料典型地表现了这种"我"的用法特征。这段话是关于晋侯命令臣下吕相去跟秦国断交的口述的记录：
5h. ……蔑死我君，寡我襄公，迭我殽地，奸绝我好，伐我保城，殄灭我费滑，散离我兄弟，挠乱我同盟，倾覆我国家。我襄公未忘君之旧勋……（成 13）
【秦穆公在晋文公死时没有来吊问】"看不起我君（文公）的死，欺侮我君襄年纪小，攻入我殽地，蹂躏我国的友好，进攻我小城，灭亡我属国滑，让我兄弟国家（滑）的人民离散，把我同盟国家搞乱，使我国家倾危。我君襄公没有忘记穆公的旧恩……"
在这段话中，按上述证据使用的"我"有 31 个。
我们分析了 110 多个"我"的用例，其中只有小部分存在疑问（可以作出跟上述规律不相符合的解释，或者明显地相抵触）。

四　分析的对象

我们把以下部分排除在本文的分析对象之外，这些材料主要与"我"的用例有关。
（1）来自《书经》《诗经》的引文及民歌
（2）《春秋》的经文以及《左传》中转述经文的被解说文字
（1）项理由很明显，因为《诗经》中没有出现"吾"，《书经》里也只在《秦誓》和《微子》中各出现一例（都不是原文同，这些例子值得怀疑）。关于民歌（以下所论，尚无明确证据），其文体非常古老（接近《诗经》文体），而《左传》的会话部分几乎都是士大夫阶层以上的话，所以从（社会）方言差异角度考虑，应该除外。
（2）项的理由是，在经文部分也没有出现"吾"的用例。所以尽管传中有像 6a 这样的跟经文不同的句子：
6a. 我师败绩。（庄 9）
或者有像 6b、6c 那样大致相同的例子，我们也把它们排除在对象之外。①
6b. 齐人侵我西鄙。（僖 26 经）
6c. 齐师侵我西鄙。（僖 26 传）
另外，在《左传》的述经文字里，在类似上述 6a、6c 的情况之外（即经文中没有相同或相似的句子的场合），说到"我×"的时候（这时候"我"＝"鲁国的"），要使用"我"。本文认为这也是一种特殊的文体，所以排除在考察对象之外（只有少数例子）。
换句话说，在《左传》的述经文字里；不管有没有跟经文相当的表述，只要说到"鲁国的××"，就会毫不例外地（这是难得的事）使用"我"。虽然没有将这种现象当作

---

① 或许在深入研究《左传》是谁对谁、为何而写这类问题时，应该把这些用例包括在考察的对象中。但这样的工作对现在的我来说不堪重荷，所以只有寄希望于日后了。

考察对象，但我们从中发现了贯穿始终的规律。我们认为这是值得注意的现象。

五 结语

在上述两种分析（处于主语位置和限定语位置的用法分析）中，限定语位置的"吾""我"分裂条件是明确的，但主语位置还有较多的不确定因素。出现比率很难说是确定无误的，用例的绝对数据也难以说是充分的。今后要做的是，对没有出现"未""不"等字面的句子的语气，或者时、体等加以注意，进行调查研究。

参考文献

［日］桥本万太郎：《格表现的各种类型》，《言语》1984年第13卷第3期。

［日］服部四郎·山本谦吾：《满洲语中的第一人称复数代词》，《言语研究》1955年28号：19—29。

黄盛璋：《古汉语的人身代词研究》，《中国语文》1963年第6期。

［日］镰田正：《春秋左氏传》，新释汉语大典30-33，东京：明治书院，1971：81。

Karlgren, B. 1949. "The Chiese Language – An Essay on its Nature and History". New York: the Ronald Press Company.

周生亚：《论上古汉语人称代词繁复的原因》，《中国语文》1980年第2期。

Tsunoda, Tasak. 1987 "Split case-marking: patterns in verb-types and tense/aspect/mood" *Linguistics* 19: 389–438.

［日］角田太作：《能格与对格》，《言语》1984年第13卷第3期。

［日］山崎直树：《关于先秦汉语中的"其"的功能》，《中国语学》1989年第236期。

《中國古典語法》前言[1]

  中國的歷史和文化淵遠流長，典籍文獻是中華文明最主要的載體。要想感知中國歷史，承繼中華文明，發揚傳統文化，最直接有效的辦法就是閱讀古代的文獻典籍。但古代的文獻典籍是用文言寫成的，即所謂文言文。文言又叫作古代漢語（不包括古代白話），它跟現代漢語不同，如果不經過專門的學習，現代人一般是看不懂的。可見要能閱讀並理解古代的文獻典籍，還必須首先了解和掌握用來記錄文獻典籍的古代語言，也就是文言。這對中國人來說是如此，對外國人來說也是如此。

  中國文化很早就傳播到亞洲的其他國家，二十世紀八十年代以來，隨著中國的改革開放，中國文化跟亞洲其他國家文化的交流更趨頻繁，外國人學習漢語的熱情日益高漲，特別是曾經借用過漢字漢語的韓、日等國，不僅有很多人精通現代漢語，也有不少人對中國的文言感興趣。

  我所認識的檀國大學安熙珍教授，就是一位熟悉中國歷史文化，也精通漢語文言的韓國學者。2011年他來到北京師範大學作學術交流，談起韓國的大學都開設有漢語文言課程，但缺乏系統的適用的文言語法教材，希望我跟他合作爲韓國大學師生提供一套這樣的教材。我雖然沒有爲外國人編寫教材的經驗，但想到有"中國通"安教授幫助，就勇敢地應承了這項任務。於是商定，由我負責用漢語編寫《中國古典語法》，而由安教授負責翻譯成韓文出版。

  雖然知道這本教材是專爲韓國大學編寫，但由於我們不了解韓國大學教學文言的實際情況，編寫起來還是脫不了"中國味"，比如使用了整套的古漢語語法學術語，這對韓國學生來說估計是不太容易理解和掌握的，可我們離開這套術語就無法把文言語法的現象和規則講清楚。當然，爲了幫助韓國學生更好地理解和掌握文言語法，我們也作了一些不同於國內古漢語語法類著作的編寫改革。首先，考慮到韓國學生接觸中國文言文的機會比較少，沒有成熟的文言語感，對講解語法知識時所用的脫離語境而孤立出現的文言語句不一定能夠準確理解，所以我們在每一章的前面設置"文言文選讀"（簡稱"文選"）部分，讓學生先學習幾篇文言文，目的就是以成篇的作品帶出本章要學習的文言語法知識，而知識講解部分也儘量配合文選，用文選中出現的例句來說明問題。如果本章文選的用例不能滿足本章語法知識系統的需要，也一般不舉其他文獻的例句，而儘量使用本書其他章節的文選例句，並注明所在章節，以便學生能夠隨時查找到例句出現的語境，根據上下文和注釋來正確理解例句及例句中包含的語法現象。其次，我們認爲學習文言知識，閱讀文言作

---

[1] 本文原載李運富等《中國古典語法》，韓國博而精出版社2014年版。

品，不僅僅是爲了繼承古代的文化遺產，它對我們深入理解現代漢語、提高現代語文能力也有相當大的幫助。因爲現代漢語是從古代漢語發展演變而來的，現代漢語中還保留著許多的文言成分，所以學習古代漢語並不是跟現代漢語毫無關係。我們可以運用文言知識來理解現代漢語中的文言成分，也可以反過來利用現代漢語的語感，通過分析理解現代漢語中的文言成分而更有效地學習和掌握古代漢語。這種古今溝通、古爲今用的學習方法，既可以讓學生感覺到古代漢語知識的現代價值從而增強學習的動力，也可以適當降低學習文言知識的難度從而提高學習的興趣。所以我們的教材編寫也儘量展示文言語法成分在"現代漢語"中的存現情況，或者通過比較，說明古今漢語語法上的差異。當然，也不是所有內容都要結合現代漢語來講，例如語氣詞古今完全不同，判斷句現代比較單一，就沒有古今溝通的必要，只有現代確實還留存較多文言用法的內容（包括成語）才在有關章節中談及。這在體例上有點不統一，但文言語法現象在現代的保存情況本來就不一致，需要溝通的就作適當的比較和歸納，不需要的就略去，一切以有利於外國學生學習爲准。

　　該教材的漢語文本原計劃由我一個人獨立完成，但時間精力有限，所以邀請了幾位後輩同人共事。他們是：張素鳳，中國唐山師範學院教授，博士；李玉平，中國天津師範大學副教授，博士；王海平，中國中央廣播電視大學講師，博士；溫敏，中國鄭州大學講師，碩士；紀淩雲，中國北京聯合大學講師，碩士；周妮，中國北京華文學院講師，碩士。還有個韓國的留學生白鐘怡，正好在我這里讀博士，雖然漢語文言的功底不怎麼深，但考慮到她了解韓國的教學情況，也讓她加入了該教材的編寫隊伍。在我根據安熙珍教授的意圖提出總體編寫思路和具體寫作提綱之後，大家分工合作：他們按照提綱各自完成1—3章的草稿，然後請王海平老師做了部分格式體例方面的統一工作，最後由我逐章審改加工（有些章節幾乎重寫），並再次統稿。主觀上我們希望能有統一的學術框架、統一的行文風格、統一的體例格式，但書成眾手，其實很難統一。好在還有安熙珍教授最後把關，但願他的翻譯能夠修正和改善我們的缺憾，讓該教材的表述風格能更統一，更適合韓國大學教學使用。

　　謝謝安熙珍教授提供機會並精誠合作！謝謝參與編寫的學友們的努力幫助！

锐意创新　独具特色[①]
——读李维琦先生《修辞学》

周秉钧先生主编的"古汉语丛书"之一、李维琦先生著的《修辞学》，最近已由湖南人民出版社出版。笔者读后，觉得该书颇富创新精神，至少具有四个方面的成就和特色。

一　建立了更科学更符合实际的古汉语修辞学体系

汉语修辞学体系以陈望道《修辞学发凡》和杨树达《汉文文言修辞学》最有代表性和影响力，此后的修辞学研究基本上是对它们的调整和修补。比较来说，李先生的《修辞学》在体系上作了两点突破。

第一，取消传统的"积极修辞"和"消极修辞"两大分野，重新区别为"一般修辞"和"特殊修辞"。这样做有不少好处。1. 便于显示修辞学的性质。著者认为，"修辞学属于语言科学，阐述怎样利用语音、词汇、语法等要素来加强语言表达效果。但修辞又不限于利用语言三要素，能充分发挥语言效能的其他形式，只要有相当的价值，也不可忽略。这类利用其他因素的修辞，我们统称为特殊修辞。"（187页）既有"特殊修辞"，当然就有"一般修辞"。对本属于语言学的修辞学来说，利用语言各因素所进行的修辞就是"一般修辞"。标明"一般"和"特殊"，就不仅反映了修辞学研究的对象，同时显示出修辞学的语言学性质。2. 便于整个体系的布局。"一般"跟"特殊"的划分，标准单一，就是看利用的是什么因素或手段。一般的因素包括语言三要素，那么"一般修辞"中就很自然地可以再分出"音韵修辞""词汇修辞"和"语法修辞"。"特殊修辞"也同样可以根据它所包括的特殊因素而再次划分，本书的五节就是分别依据其文艺因素、心理因素、逻辑因素、历史因素和美学因素来划定的（参《后记》）。这样，从总系统到分系统到子系统，上下递属，标准一致，既便利又科学。3. 便于处理古汉语修辞材料。例如"词类活用""分音词"和"合音词"等，其实都是修辞现象，但是"积极"的还是"消极"的，却不太好定，因为它们既普遍通用、没有定格，又有比较具体强烈的修辞效能。如果按照"一般"和"特殊"的区分标准来判断，就方便多了，根本无须考虑什么文体、什么格式、什么效果，只要看它是利用语言的因素，就知道它们都是"一般修辞"了。

第二，以"一般修辞"为主，"特殊修辞"为辅，排除"篇章风格"修辞。"一般修

[①] 本文原载《湖南师范大学社会科学学报》1987年第5期，署名尹福，为李运富笔名。

辞"包括传统所谓"消极修辞"。对这种修辞，著者是很重视的。他在297页说："《发凡》中论述粗略的部分包括所谓的消极修辞，本来应当详加论列、深入探讨的，因为消极修辞和运用语言的过程相终始，普遍地存在于一切言语现象之中。"299页又说："我们以为，修辞学无论将怎样变动，如果不将《修辞学发凡》已触及到的问题深化，如果不将王易以来称为消极修辞的那一部分的研究加强，不把它的内容扩展，那就没有修辞学研究实质性的进步。"很明显，李先生的"一般修辞"其实就是换个角度来"加强"和"扩展"传统的消极修辞，目的是要让它"成为修辞学的主要部分"。而"特殊修辞"的大部分就是传统"修辞格"，著者在《后记》中说明："本书不以辞格为主"，那也就可以看出他对"特殊修辞"的态度了。正因为如此，著者才有意把"音韵修辞""词汇修辞""语法修辞"提高一级而与"特殊修辞"并立为章。

著者不仅否定以辞格为主的传统，同时也不追随"篇章风格修辞"的时尚。《后记》中说："本书对于修辞学论述文体风格持有异议，因此没有专门讨论。"12页指出："目前的修辞学著作有讲篇章段落与语体风格的，许多人都以为篇章段落是文章学的内容，而语体风格可以建立一门独立的风格学。"这可能正是著者持有异议的理由。

二 增添了新鲜而有价值的古汉语修辞学研究的内容

体系跟内容密切相关。李著在改革体系的同时，又吸收了不少现代理论，充实了修辞学研究的内容，显示出强烈的创新意识。

首先，是同义学说的采用。修辞中的同义学说来源于苏联，近年来国内有不少论文在探讨。但它们多只着眼于现代汉语，而且仅仅是理论上的认识，既未指出纳入同义学说后的修辞学体系究竟是什么样子，也未用以大量地分析汉语的实际材料。李先生《黄犬奔马句法工拙论》(《湖南师院学报》1984年第4期)第一个有意识地用同义学说来分析古汉语修辞现象，并在本书中给它相当地位，用大量的材料事实归纳了一些同义修辞的条例，这主要体现在第三章"语法修辞"里。语法修辞分为"权衡繁简""比量同义结构""选择同义句型"三节，每节之下都条分缕析，归纳出许多项同义事实，如第二节列有"成分的不同位置同义""句子的不同成分同义""结构或成分的不同表示法同义""合叙共用与分述同义"等项。每项之下又分许多小类，如"句子的不同成分同义"下计有"宾补同义""状补同义""宾状同义"等十数条。如此对实际材料进行细致的归纳和分析，就使我们对同义修辞理论有了比较具体的认识。

其次，是信息理论的吸取。也是在《黄犬奔马句法工拙论》中，李先生第一次提出信息的选取应该是修辞学研究的对象。本书14页重申："在要说的意思即题旨已经确定的情况下，选用什么信息来表达这个意思，即信息的选取，应当纳入修辞的范围。这至少也是修辞的伴随现象，合在修辞里一起研究，有一定的实用价值。因此，本书给了信息选取以一席之地，姑且叫它做提炼。""提炼"安排为"特殊修辞"的第一节，那里进一步地说明："提供的信息量不多不少，能切合题旨与情境的需要，这就是讲究提炼的任务，也是衡量提炼得当与否的标准。或者说，提炼即选取恰当的信息。"

再次，是模糊理论的引进。模糊理论在修辞学中本不是新鲜的东西了，但把它引进古汉语修辞的研究，本书似乎也是先例。第二章第一节"选用同义词"下有"模糊同义"一项，著者分析说："不求其意义之精确，而只含含糊糊地用不同的语词指同一对象，这就是模糊同义。模糊同义能够存在，是因为无法精确，或不必精确，或者是为了在用语上创新。"同时指出："不但词与词、语与语，就是句与句也有模糊同义的情形。"

需要表明的是，李先生引进新的理论来研究古汉语修辞，绝没有半点生搬硬套的痕迹，而是在归纳实际修辞材料和总结古人修辞认识的基础上，根据古汉语的特点加以有机结合的。比如同义学说，李先生认为，"它对汉语的修辞研究，特别是对古汉语的修辞研究是很有用处的，因为古汉语大量可资对比的材料中，许多便是同义形式或同义手段……不仅素材丰富，而且我们的祖先早已积累了若干分析语言同义形式的经验"（13页）。按着他举了一些《公羊传》分析同义形式的例子，然后说，"古汉语中同义材料丰富，有分析同义形式的先例，我们就尝试把同义学说引进到古汉语修辞学中来"。可见，他的引进同义学说，是有《公羊传》的认识作基础的，是同古汉语的修辞实际相合的。这样的修辞观点，有所借鉴，有所继承，已不是外国的原样子，也不是古代的老样子，而是带有创造性的新学说了。

三 挖掘了更为丰富典型的古汉语修辞素材，运用了最适合修辞研究的比较方法

大量地、系统地使用对比材料，是李著的一大特色，如第二章、第三章以及第四章的第一节基本上都用对比材料铺成。这里的对比材料，是指对同一事实或同一内容的不同记载。其来源大致有：古书的不同版本，《尚书》《左传》《国语》与《史记》，《史记》与《汉书》，《后汉书》与《三国志》，新旧《唐书》，新旧《五代史》，类书与群书，引文与原文，以及同书中不同章节之所载。这些深入挖掘长期积累取得的对比材料，是李先生新的修辞观能够形成、本书得以成功的先决条件，它为一般修辞或消极修辞的研究开辟了有效途径，因为对比材料最能说明问题。

与对比材料相适应的，是在归纳法的同时广泛地运用了比较方法，对一组组的对比材料从修辞角度去比较它们的异同、辨析其细微区别，指出为什么要这样写，并尽可能评价其优劣。如《史记·叔孙通传》："礼乐所由起，积德百年而后可兴也。"《汉书》改作："礼乐所由起，百年积德而后可兴也。"比较说："前者'百年'作补语，后者作状语，所表达的意思相同，但有不同的附加意义，上句强调时间延续之久，透露成就事业之难，又含有功到自然成的意味；下句也说久，通过久强调难，又含有按预想行事的意味。"（145页）

修辞是语言的运用，是要用各种手段来改善语言的表达方式，加强它的表达效果。修辞学就是要分析这些手段的不同功能和效果，权衡各种表达形式在具体情况下的优劣，阐明用此舍彼的道理，从而总结出选择运用的规律。这就必须经过比较。可见，"比较法"乃是修辞和修辞学的根本大法。本书正是抓住了这个根本方法，从不同材料的比较中让人

们明白修辞的道理。所以 132 页指出，"修辞的任务之一就是要归纳出各种同义形式，并分析它们之间的细微区别，从而看出在具体语境中有哪些结构与句型可供选择，如果可能的话，就进一步确定哪些是最佳的语法形式"。其实，不只是同义词、同义结构和同义句型需要比较，一切修辞形式都可以和它们的非修辞形式相比较，只有通过比较，才能看出"修辞"的价值。因此，对比材料和比较方法可以说是修辞学研究的最佳选择。

四 行文质朴细密，论述深入浅出，加强了古汉语修辞学的实用性

研究和学习古汉语修辞，除了给现代汉语提供借鉴外，主要不是为了说写运用，而是为了认识和了解古代汉语，增强语言修养，从而提高对古籍的阅读能力和欣赏水平。出于此目的，本书一般不空谈理论，而注重材料事实的归纳比较，条分缕析，自然而然地概括出一些规律。特别是论述那些难于领会的修辞现象时，著者力戒玄乎，深入浅出，尽量地分析得具体实在，叫人可以捉摸把握，能够应用于阅读实践。例如著者联系音韵学知识、音乐知识、文学知识、词汇知识及其他特殊修辞手段等，化难为易，把神秘莫测的"音韵修辞"讲得深入具体、形象可感。

上面，我们从体系、内容、材料方法和行文论述四个方面谈了一些体会。总起来看，我们认为，李先生的《修辞学》是一部把当代先进理论与古代可靠材料结合起来，既有理论价值、又有实用价值的好书。唯其体系上有突破，内容上有创新，故对继续探讨修辞学理论有启发作用；唯其材料朴实、方法得当，而又论述详明，故对研读古代典籍有指导作用。如果说陈望道的《修辞学发凡》是借用西方理论而没有立足于古汉语实际材料的话，如果说杨树达的《汉文文言修辞学》是从古汉语材料事实出发而没有建立科学理论的话，那李先生的《修辞学》就是兼采两家之长而并去二人之短的成功范例。

当然，《修辞学》也并不十全十美，某些方面仍有可商之处。例如，内容上似乎还可以拓展"字形修辞"和"虚词修辞"的研究；再如，在吸收同义学说等现代理论时，有些概念及其相互间的关系似乎还应该交代得更明确些。

简评宗廷虎先生《中国现代修辞学史》[①]

以前曾出过两部修辞学史专著，即郑子瑜《中国修辞学史稿》（1984）和易蒲、李金苓《汉语修辞学史纲》（1989）。虽各具特色和价值，但名为通史，而实则详古略今，现代修辞学史稍有涉及而已。真正以现代（当代）修辞学为研究对象，写成断代学术史专著的，宗廷虎先生的《中国现代修辞学史》（浙江教育出版社，1990）应是第一部。其如下三点特色。

（一）取材全面、新颖、真实。所谓"全面"，指基本上占有了20世纪内与修辞学有关的资料。正宗修辞学论著自不待说，其他语言学专著中的有关章节或与修辞相关的其他论著也搜罗殆尽。如周钟游《文学津梁》、刘金弟《文法会通》、王力《古代汉语》、周振甫《诗词例话》、刘焕辉《言语交际学》等，实际都不是修辞学专著，但其中有一定的修辞学内容或与修辞学相关的材料，作者皆能深入挖掘，为我所用。所谓"新颖"，是指有些修辞学史料从未有人提过或很少有人评论过，而作者慧眼独识，能予以首次披露，给人以新鲜惊奇之感。如30年代祝秀侠的社会修辞学系列论文，汪震等人的白话修辞学专著，郭步陶等人的实用修辞学著作，宫廷璋的语言风格学论著，张文治的古汉语修辞学资料汇编，胡光炜研究中国修辞学史的论文等，都是通过本书的介绍，人们才有幸认识到它们的价值的。所谓"真实"，是指本书的材料大都是"第一手"的，是跟原书校对无误的。书中第20页和第460页关于校对原书的两个脚注很能说明作者这种实事求是、一丝不苟的治学精神。

（二）论述细致周密、见解独到。写"史"最忌偏见，简单地否定一切或肯定一切。克服这种顾此失彼的片面毛病，需要作者用历史的客观的态度进行全面而周密的考察。本书"有些评价可能与前人大不一样"（后记），主要就表现在能全面地看问题，是则是，非则非。如对郑奠《中国修辞学研究法》一书，郑子瑜《中国修辞学史稿》和濮之珍《中国语言学史》都只用两三句简单提及，态度基本上是否定的。宗书则在第三章第二节中为郑书专门立条，详介了它的两个"主要特点"：（1）按专题汇集了古代修辞学说，（2）用"按语"形式提出自己的修辞见解。从而认为"此书既是修辞理论的资料汇编，又有编者明确的修辞观点，并冠以'修辞学'的书名，因此，可以说是一本编著兼具的修辞学著作，它对古汉语修辞学研究做出了一定的贡献"。在充分肯定郑著的同时，宗先生没有忘记郑著"也存在着某些不足"："此书名为《中国修辞学研究法》，实际上并未谈修辞学的'研究法'，因此书名与内容不相符"，"一味排斥吸收外来新观点，将中外文化

[①] 本文原载《湖南师范大学社会科学学报》1991年第6期。

对立起来，则表现了闭关自守的守旧思想"等等。这样的评述确实细致周密，同时也是新颖独到的。

对具体学术论著评判如此，对整体的修辞学发展的认识，也常能提出自己独到的见解。如一般认为我国现代修辞学是从1919年五四运动开始的，宗先生则列举大量史料证明，从1905年到1918年，已有一批修辞学著作问世，因而将这一时期辟为"现代修辞学的萌芽时期"，从而使我国现代修辞学的时间延伸到20世纪初，填补了修辞学史的一段空白。

（三）结构简明系统、别具一格。作者在引论的第三节中介绍说："本书根据时代的发展，把现代修辞学大别为新中国建立前和新中国建立后两个历史阶段。新中国建立前为'20世纪上半叶的修辞学'，即本书的上编。共分三个时期：现代修辞学的萌芽时期、现代修辞学的逐步建立时期、现代修辞学的发展时期。新中国成立后迄今为'建国以来的修辞学'，即本书的下编。也分为三个时期：白话修辞学的创立与发展时期、大陆修辞学的'沉寂期'和港台修辞学的发展期、现代修辞学开始走向繁荣时期。"这两个阶段六个时期的划分，简单明了，既显示出时代发展的线索，也概括了各时期自身的特点。各时期内部，大致按修辞学研究的内容归纳成节，各节之下的项目则以方便为宜，不求一律。从阶段到时期，从节到项，纵横交错，彼此关联，构成一个完整的有机系统。其中，为修辞学史的研究立节撰史（如第四章第九节"修辞学史研究的兴起"、第五章第七节"修辞学史研究"等），为港台修辞学研究立章专论（第六章"'沉寂'期的修辞学与港台修辞学的发展"），都是本书独具一格的地方。

修辞同义关系的"同"与"异"[①]
——序程国煜《〈诗经〉修辞同义词研究》

三年前，我曾给李艳红女士的《〈汉书〉单音节形容词同义关系研究》写过序，其中说：

> 在语言学界，同义词的研究是个非常重要而又十分复杂的课题。说它重要，因为它是语言表达中以情设词、同义替换的有效修辞手段；也是注释家解读文本、编辑字典辞书时同义相训的基本方式；更是类聚词语、描写词语系统的客观依据。说它复杂，因为首先，"同义"的概念不专指"词"而言，也可以指同义字（例如某字跟某字的构意相同《说文》叫"同意"）、同义语（例如成语和谚语之间可以同义）甚至同义修辞（例如不同的表达方式可以同义），这些关系如何处理比较麻烦；其次，即使就"词"而言，有的"同义"是指词的义素而言，有的"同义"是指词的义位而言，有的指一个义素或义位而言，有的指多个义素或义位而言，有的指储存状态下的固定意义而言，有的指使用状态中的临时意义而言，有的指复合词的参构语素义而言，有的指整个复合词的合成词义而言，这些不同的"同义"常被混为一谈；再次，所谓"同义"并不真正相同，总是有"异"存在的，甚至研究同义词的重点并不在"同"而是在"异"，那么如何辨别各种不同的"异"也不是件容易的事；最后还有个词音和词性的问题，由此又引出跟同源词的关系等等。

可喜的是，这个重要而复杂的问题一直有人在研究，今天呈现在大家面前的《〈诗经〉修辞同义词研究》就是程国煜先生奉献给学术界的一项新成果。程先生2006年曾来北京师范大学访学，在确定研究课题时跟我商量，我就建议他做这个题目。尽管我对"修辞同义词"并没有什么研究，但凭语感觉得这是个值得探讨的问题，因为《诗经》中有许多词语的语境表达义应该近同，却无法按照一般的同义词沟通理解，我想应该可以从修辞的角度加以阐释。程先生接受我的建议，一年访学结束，写成《〈诗经〉修辞同义词研究》的论文，刊发于《励耘学刊》总第5期（2008）。那篇论文已就《诗经》修辞同义词的几个主要问题作了探讨，作为访学成果，我很满意。没想到几年后，程先生来信说他把论文扩展成了一部专著，希望我能给他写个序。我一看稿件，竟然从论文的1.5万多

[①] 本文原载《赤峰学院学报》（哲学社会科学版）2013年第4期。又载程国煜《〈诗经〉修辞同义词研究》，中国社会科学出版社2015年版。

字扩充到了专著的 25 万多字，这令我既高兴又惊讶。专著在原来论文的基础上全面论述了《诗经》修辞同义词的有关问题，"上篇"不仅有诸如修辞同义词跟词汇同义词的关系、《诗经》修辞同义词的研究方法、《诗经》修辞同义词的形成基础与基本类型、《诗经》修辞同义词的构组与辨释、《诗经》修辞同义词的修辞作用等着眼"修辞"的论述，而且有从《诗经》修辞同义词看古汉语同义并列复合词、从《诗经》修辞同义词看古人的认识能力等内容，基本形成了描述《诗经》修辞同义词的自足框架。更为难得的是，"下篇"按照《诗经》修辞同义词的基本类型列举了全部词例，每组修辞同义词例都包括构组和辨释两项内容，这样翔实的材料分析，大大增加了专著的分量。

当然，这部书稿在标题拟定、行文表述方面还不太精致，有关问题的讨论及材料分析上也可能见仁见智，但它以专书为研究对象，又以专著的形式来展现，第一次从修辞和词汇相结合的角度正式提出专书修辞同义词的问题，第一次描述《诗经》修辞同义词的基本面貌并穷尽性地提供全部材料，这种开创之功是值得肯定的。有了这个基础，我们再深入讨论某些问题就会方便得多。下面就《诗经》修辞同义的认"同"和别"异"问题谈一点个人的看法。

通常所说的同义词，是就储存状态而言，即两个词的数个义项中，只要各有一个义项相同，就算同义词。储存状态下的同义词的认同别异是针对词的全部功能的，所以一组同义词既要"认同"，也可以"别异"。而修辞同义词则与此不同，它是就使用状态而言，是针对具体的某个义项来分析的，所以要么是"同"，要么是"异"，"同"时要说明该组词"同"的是什么义，为什么能同义；"异"时要说明它们的不同义各是什么，为什么要共现使用。可见对具体语境中的某组修辞同义词，站在理解赏析的角度，认同和别异是各有偏重的。这就需要首先弄清楚具体语境中的一组修辞同义词究竟是在"同"的义项上发生了关系，还是在"异"的义项上发生了关系。

古人有所谓"对文则别，散文则通"，可以借用来帮助我们确定修辞同义词在具体语境中的使用义是取"同"还是取"异"。"对文"就是一组词相对出现，即在不同的语位上共现，这时它们的意义是不同的。"散文"就是一组词的某个成员单独出现，但在这个成员的语位上可以换用同组的其他成员，那么替换使用的一组词表达的应该是同一个意义。就《诗经》而言，异位共现的修辞同义词和同位换用的修辞同义词都有，分析时应区别对待。例如：

（1）去其螟螣，及其蟊贼。（《小雅·大田》）
（2）于以盛之？维筐及筥。于以湘之？维锜及釜。（《召南·采苹》）

这是两个含有异位共现修辞同义词的例句。例（1）的"螟、螣、蟊、贼"四词的上位义相同，都属于害虫，所以在害虫的意义上可以看作一组同义词。但在句中使用的不是它们的共有义"害虫"，而是互有区别的专名义。《毛传》："食心曰螟，食叶曰螣，食根曰蟊，食节曰贼。"可见"螟、螣、蟊、贼"分别指吃植物心、叶、根、节的不同害虫。这里之所以共现，是因为这些害虫共同侵害田间的幼苗，一一列出同一对象的不同侵害者，可以显示害虫之多和稼穑之苦，强调其"异"才能体会作者使用这组同义词的修辞目的。例（2）的"筐"与"筥""锜"与"釜"也分别属同类同义词。《毛传》："方为筐，圆为筥。"则"筐"与"筥"同属竹制容器。《毛传》："锜，釜属，有足曰锜，无足曰釜。"《说文段注》："锜，三脚釜也。"则"釜"与"锜"同属锅类器物。尽管"筐"与"筥""锜"与"釜"属于同类同义词，但在句中的使用义仍然是各自的专名义，否则"及"作为并列连词就无法落实。这些类属相同的同义词由于在句中占据着不同的语法位置，各自表达不同的专名意义，作为修辞同义词来分析时，应该强调其"异"，才能体现修辞的本意。

某组同义词如果处于同位换用的语境，那其修辞取义则在于"同"，强调的是共同的意义特征。例如：

(3) 葛之覃兮，施于中谷，维叶萋萋。黄鸟于飞，集于灌木，其鸣喈喈。
葛之覃兮，施于中谷，维叶莫莫。是刈是濩，为𫄨为绤，服之无斁。
(4) 绵绵葛藟，在河之浒。终远兄弟，谓他人父。谓他人父，亦莫我顾。
绵绵葛藟，在河之涘。终远兄弟，谓他人母。谓他人母，亦莫我有。
绵绵葛藟，在河之漘。终远兄弟，谓他人昆。谓他人昆，亦莫我闻。

例（3）是《诗经·周南·葛覃》的前两章。其中前三句结构、语意都相同，只是第二章将第一章相同位置的"萋萋"换成"莫莫"。例（4）是《诗经·王风·葛藟》的全部三章，其中第一章的"在河之浒"在第二、第三章分别换成"在河之涘""在河之漘"。这就是我们所说的"同位换用"语境。用以替换的词语本来是潜在的，每次只能出现一项；而《诗经》用重章叠咏的方法将可以替换的词语分章列出，就整个诗篇来说好像是"对文"共现，但就单章来看，仍然是"散文"式的替换用法。所以这种重章同位换用的词语一般应该意义相同。例（3）《毛传》："萋萋，茂盛貌。"朱熹《诗集传》："莫莫，茂密貌。"马瑞辰《毛诗传笺通释》："《广雅》：'莫莫，茂也。'莫莫犹言萋萋，故训为茂。"可见"萋萋"与"莫莫"属于同义换用。例（4）《毛传》："水厓曰浒。"《说文·水部》："涘，水厓也。"《说文·水部》："漘，水厓也。"可见"浒""涘""漘"也属于同义换用。为什么要在不同章段换用同义词语，就须从修辞上解释了。一则求变化，二则为叶韵，所以如此之类的同义换用是有特殊的修辞目的的。对这种分章换用的同义词语如果从词义上硬生生地辨析其"异"，似乎没有必要。

以上所论同义词实际上离开《诗经》语境仍然成立，只是用在《诗经》中另有修辞效果，这就是程著所说的"语境词汇同义词"。《诗经》中还有不少"语境临时同义词"，更需要从修辞上说明其"同义"的实质和所以同义之"理据"。例如：

(5) 萚兮萚兮，风其吹女。叔兮伯兮，倡予和女。
萚兮萚兮，风其漂女。叔兮伯兮，倡予要女。
(6) 彼美淑姬，可与晤歌。
彼美淑姬，可与晤语。
彼美淑姬，可与晤言。

例（5）《郑风·萚兮》是《诗经》中最短小的诗，共二章八句。其中第一章的"风其吹女"第二章同位换用为"风其漂女"。《毛传》："漂犹吹也。""漂"与"吹"八竿子打不着，应该是"飘"的通假字。"飘"怎么会与"吹"同义呢？这就是语境临时赋予的。但语境临时赋予也应该有某种理据，不能无缘无故就说"某犹某"。其实"飘"是"吹"的结果，风一吹，树叶就飘起来，所以"飘"包含着"吹"义，所以作者把"飘"用在跟"吹"相同的语位，所以毛传说"飘犹吹也"。这可以解释为因果相关而临时产生的同义。但这种同义与其看作字面的替换，不如看作字面意义的加合，即"飘"字面上对应于"吹"，而实际上并不是为取代"吹"，诗人要表达的意思应该等于第一章"吹"和第二章"飘"词义的加合，也就是说，第一章的"风其吹女"和第二章的"风其飘女"都是指风把树木的枯叶"吹得飘落"。这样来理解"吹"与"飘"的意义关系和修辞作用，则不仅能满足求变化、协音律的需要，而且使表义更为丰富生动，也许更符合诗意。那么"飘"与"吹"的同义就不是词义的相同，也不完全是为了替代，而是换用相关词语以便把相关词语加合起来表达同一个意思。例（6）是《陈风·东门之池》中三章的各两句，说"语""言"同义，大家能接受，而说"歌"与"语""言"同义，则缺乏训诂依据。实际上也需要将"歌"与"语""言"合起来理解，才可能符合诗意。"可与晤歌""可与晤言""可与晤语"并没有分别解释的必要，而是总体表达或者都是表达"可以跟他一起唱唱歌、说说话"的意思。当然，"歌"与"语""言"之所以能够合起来理解，也是因为它们同类相关。这种分言合解式的修辞同义现象在《诗经》中并不少见，其原理有点像"互文"，甲句包含着乙句的意思，乙句包含着甲句的意思，甲乙句合起来理解才能得到完整的意思。

除了相关加合的同义形式外，《诗经》中的语境临时同义还更多地表现为同类概括。即分章列举同类的具体事物，实际表达的是从具体事物概括出的抽象类属义。例如：

(7) 孑孑干旄，在浚之郊。素丝纰之，良马四之。彼姝者子，何以畀之？
孑孑干旟，在浚之都。素丝组之，良马五之。彼姝者子，何以予之？
孑孑干旌，在浚之城。素丝祝之，良马六之。彼姝者子，何以告之？

这是《诗经·鄘风·干旄》的全文。其中"旄、旟、旌"如果"对文"的话，是古代三种不同的旗帜：旄，用旄牛尾做装饰的旗帜；旟，用鸟隼图画做装饰的旗帜；旌，用五色羽毛做装饰的旗帜。而在此诗中分置三章，各自属于"散文"，其义可通。就是说，该诗并不强调三种旗帜的区别，而是取它们的共属概括义：旗帜。那为什么不直接用通名或表示上位概念的词语？这就有修辞同义的妙处了：除一般同义替换所具有的变化、叶韵等作用外，概括起来理解还兼有举例或不确定的模糊效果，即"像旄、旟、旌之类的旗帜"。同样的道理，尽管"郊、都、城"各有其义，但都属于市区外的地域，《尔雅·释地》："邑外谓之郊。"陈奂《诗毛氏传疏》："周制，乡、遂之外置都、鄙，都为畿疆之境名。"城，本指城墙，亦属市区外围。诗句"在浚之郊""在浚之都""在浚之城"并非要精确区分具体位置，只是概言在城外某个地方而已，所以只取"郊、都、城"的类属概括义：郊外。"纰"重在缝合，"组"义为交织，"祝"（通"属"）义为用线连接，三词本不同，但在重章"素丝纰之""素丝组之""素丝祝之"的语境中，其实表达的是同一个意思，所以当取其共属概括义：缝制。究竟旗帜上的装饰是怎么缝制的，可能是"纰"，可能是"组"，可能是"属"，也可能都是，也可能都不是而是另外某个近似的方式，模糊表意即可，不必认真追究。其实"良马四之""良马五之""良马六之"也是同一个意思，皆指良马很多，而不是一会儿四匹马，一会儿五匹马，一会儿六匹马。凡此类重章同义，如果拘泥字面原义，辨析彼此差异，可能失去诗章修辞的含蓄模糊之美。当然，《诗经》的重章叠句往往同义，但不必尽为同义。如"何以畀之"与"何以予之"同义，都是指拿什么东西送给他；可"何以告之"则是拿什么话来向他诉说。"告"之与"畀、予"，我们无法找到同义的理据，就不能强以"语境"加之。所以说《诗经》的章法句法可以为修辞同义创造语境，但不能为词语同义提供理据，因而这样的语境同义不是必然的。

  总而言之，从词汇的角度来分析词语的同义关系，针对的是词语的全部功能，故可认其"同"而辨其"异"，"同""异"共存于词际之间。而从修辞角度来理解词语的同义关系，则是针对某个具体意义，所以要根据实际使用语境或求"同"而舍"异"，或取"异"而略"同"。一般来说，"对文"（对立使用）取其"异"，"散文"（单独使用）求其"同"。"散文"之"同"，或替换同义，或加合同义，或概括同义，已经不限于"词"的层面。这些修辞同义关系所体现出来的不同于一般词汇同义的特点，值得我们继续深入研究。

1978—1990年修辞学再度繁荣综述[①]

汉语修辞学研究在经历"文化大革命"的消沉后，新时期以来开始复苏，并再度走向繁荣。这主要表现在以下几个方面。

（一）有组织，有阵地，有活动，研究队伍空前壮大。1980年12月，我国有史以来第一个全国性的修辞学学术团体——中国修辞学会在武汉成立，随后，各大行政区又陆续成立分会（现改名为各大行政区的"修辞学会"），有些省及个别直辖市也成立了修辞学会，总会和各大行政区、省、市的会员总数已近两千人。这是我国语言学界组织层次最多、会员人数最众的一个部门。全国修辞学研究者组织起来后，立即着手办刊物、出丛书、编论集、开年会、开设选修课、招收研究生、举办各种类型的讲习班、编写各种修辞学教材，从而出现了现代修辞学史上空前繁荣的新局面。例如中国修辞学会到1990年底，共召开年会和专题学术讨论会9次，编辑出版论文集7部。又如华东修辞学会创办了我国修辞学史上第一份专业杂志——《修辞学习》（1982年创刊，原为季刊，1986年起改为双月刊，1990年又改为季刊，并编辑出版了第一套"修辞学丛书"（共计划出30本）和系列论文集《修辞学研究》（已出版四辑））是修辞学界最活跃、最有成就的一支劲旅。再如中南修辞学会曾举办过数次修辞学习讲习班，培训了大批修辞教学与研究人员。暨南大学出版社也编辑出版过《大众修辞》（1985）杂志。所有这些组织和活动，都为当代修辞学的繁荣和发展做出了杰出贡献。

（二）发表的论著品种繁多，数量惊人。据不完全统计，1978年至1990年期间，全国各类报刊登载的有关修辞学的论文近4000篇，比前80年的近30篇增加了10倍以上；出版的修辞学书籍近200部，比前80年的近百部也翻了一番。这些论著有系列讲座，有成套丛书，有论文集，有通俗读物和教材，有学术专论和专著，还有译评综述。种类繁多，角度多样，充分显示出修辞学大树上结出的累累硕果。

（三）在研究的广度和深度上有新的开拓。第一，通过对陈望道等前辈学者修辞学思想的总结阐发，展开了有关修辞学对象、范围和性质等理论问题的重新探讨和争鸣，提出了许多有价值的新见解。第二，在辞格、语体、风格、篇章等专题研究中有所深化和突破。第三，出现了系统的修辞学史专著。中国修辞学史的研究在以前只有单篇文章和修辞学专著中的章节论述，本阶段就有了数种系统的专著出版，如郑子喻《中国修辞学史稿》，易蒲、李金苓《汉语修辞学史纲》，宗廷虎《中国现代修辞学》等，实为一大进展。第四，加强了古汉语修辞的研究。自杨树达《汉语文言修辞学》出版后，古汉语修辞的

[①] 本文原载《益阳师专学报》1992年第3期。

研究一直处于停滞状态,除了个别古汉语教材中稍有涉及外,几乎见不到一部这方面的专著,甚至连通俗读物也没有。而在本阶段内竟然出版了近10部古汉语方面的读物和专著,例如朱祖延《古汉语修辞例话》(湖北人民出版社1979年,11万多字)、赵克勤《古汉语修辞简论》(商务印书馆1983年版,8万余字)、《古汉语修辞常识》(河南人民出版社1984年7月,10万字),姜宗伦《古典文学辞格概要》(云南人民出版社1984年11月,22万字),季绍清《古汉语修辞》(吉林人民出版社1986年5月,31万字),李维琦《修辞学》("古汉语学习丛书"之一,湖南人民出版社1986年10月,20余万字),常棣、蔡振浩《文言修辞概要》(北京出版社1988年版,约12万字),李维琦、王玉堂、王大年、李运富四人合著《古汉语同义修辞》(湖南师范大学出版社1989年12月,30万字)等,这是一个很了不起的成就。第五,开辟了演讲修辞、同义修辞、公关修辞、口语修辞、信息修辞、交际修辞、模糊修辞、比较修辞等新领域。例如郑颐寿《比较修辞》(福建人民出版社1982年),刘焕辉《言语交际学》(江西教育出版社1986年),李维琦等四人《古汉语同义修辞》(1989年),吴士文、唐松波等人的《公共关系修辞学》(辽宁教育出版社1989年)以及台湾学者蒋金龙的《演讲修辞学》(1981年)等都是这方面的尝试。虽然刚刚起步,成果不多,但显示了现代修辞学的发展方向,值得重视。

(四) 出现了本学科的总结性研究成果——辞典或辞书。它们往往是在学科研究比较成熟的基础上才可能出现的。本阶段内,共出版了4部辞典式的修辞学专著,这无疑是对修辞学研究成果的最有力的自我肯定。所谓四部辞典式专著即王德春主编《修辞学辞典》①(浙江教育出版社1987年5月)、张涤华、胡裕树、张斌、林祥楣主编《汉语语法修辞辞典》②(安徽教育出版社1988年8月),吴士文《修辞方式例解辞典》(吉林教育出版社1988年),唐松波、黄建霖主编《汉语修辞格大辞典》(中国国际广播出版社1989年12月)。这些辞典的问世,奠定了修辞学的经典式学科地位,也为该学科知识的普及和应用做出了贡献。

(五) 教学研究成果显著。如果说修辞教学与现代修辞学的诞生几乎同步的话(早期的许多修辞学专著本身就是教材),那对修辞教学进行自觉的、系统的研究却是本阶段的特点。在中国修辞学会成立大会上,北京大学的姚殿芳、潘兆明就针对以前高校不重视修辞教学的问题提出了《关于大学文科开展汉语修辞教学与研究的一些想法》(修辞学论文集1981年),希望在"三五年内,凡有条件的高校中文系,都能力争开设一两门修辞学方面的课程,让修辞学从《写作》或《现代汉语》的附庸升格为一门独立的课程",希望"能在全国修辞学会的指导和协助下,通过各校同志的充分协商,适当做出一些组织上的安排,以推动教材建设和科研工作的顺利进行"。此后,随着教育事业的健康发展,修辞教学及教学研究逐渐受到重视,各级各类学校的修辞教学都有人进行了专门研究。《修辞学习》从创刊开始,几乎每期都设有"修辞教学"栏目,发表了近40篇阐述修辞教学重要性、探索修辞教学规律和方法的文章,如何蕴秀《修辞教学浅谈》(82.1)、俞正贻

---

① 参见晓东《我国第一部〈修辞学词典〉年内出书》,《修辞学习》1986年第4期。
② 参见倪宝元《巧熔古今中外理论实践于一炉——郑重推荐〈汉语语法修辞辞典〉》,《修辞学习》1988年第5期。

《浅谈中学修辞教学》(82.2)、徐国强《加强中学修辞教学之我见》(82.3)、葛克雄《用发展变化的观点进行修辞教学——回忆陈望道先生40年前的修辞课》(84.2)等；还有"语文教材修辞分析"或"作品修辞技巧赏析"之类的文章近百篇，也是直接为修辞教学服务的。1988年春，《修辞学习》编辑部还主持召开了"修辞教学改革座谈会"，集中讨论了修辞教学。中国修辞学会也编有《修辞和修辞教学》一书，在研究成果的反映上，明确地给了"修辞教学"一席之地。

总之，这一时期的修辞研究人多、书多、论文多、内容广、观点新，可以说是现代修辞学史最兴旺最发达的时期。正如王希杰所说："八十年代的中国修辞学打起向广度进军的大旗，大大扩大了视野，开拓了一块又一块研究的新领地，它已经打破原来的局限，扩大到了口头语，扩大到用词、造句、篇章、语体、风格等，扩大到法律语言、公文语言、相声语言、笑话语言、商业语言等，扩大到语调、声调、标点符号、字形、字体等，总而言之一句话，几乎是一切口话和一切书面语和其中的一切方面，都没有逃脱80年代中国修辞学家敏锐的、搜索的，猪狗般的鼻子和眼睛，他们运用'同义手段'等新的概念来重新发现修辞学的对象，正是它导致了中国修辞学成功地登上现代中国修辞学史上的第二个高峰。"（《再论修辞学的研究对象问题》，《湖南师大学报》1990年第1期）但这是就学科总体来看的，具体到人到书，却不曾有划时代的里程碑式的著作出现，这大概与社会的快节奏、多头绪以及功利、环境诸因素的影响有关，确实是时代留给我们的遗憾！

现在，我们来介绍一些本阶段内较有特色的带整体性的修辞学著作（具有分科性质或专题性质的将另文介绍），以供读者参考。

郑远汉《现代汉语修辞知识》，湖北人民出版社1979年8月出版，14万字。该书主要由语言三要素的运用及语体风格等部分组成，基本上是张弓《现代汉语修辞学》体系的扩大和发展。但其第四章"逻辑性和形象化"，从逻辑思维和形象思维的角度谈修辞现象，分析了几种与逻辑有关的修辞手段，如"概念转移""巧用矛盾""以错改错"等，较有新意。

吴士文《修辞讲话》，16万字，甘肃人民出版社1982年出版，该书基本上是陈望道"两大分野"体系的具体化，其贡献在于一方面加强了消极修辞（书中叫"一般性修辞"）的研究，篇幅几乎与积极修辞（书中叫"特殊性修辞"）相等，共论述26种一般性修辞手法，比特殊性的辞格还多数一种；另一方面是能够从语言结构的新角度坚持用一个标准为辞格分类，从而减少了辞格类别的交叉性。

倪宝之《修辞》，浙江人民出版社1980年6月初版，1984年10月浙江教育出版社再版。全书21万字，分为6章。第一至第三章是修辞理论，论述修辞的定义、原则、目的、方法、要求及修辞与语言三要素的关系等；第四至第六章谈词语的选用、句式的选择和辞格的运用。该书的特色是糅合众家之长，既有张环一用词、造句、辞格体系的经验，又有张弓论修辞与语言三要素的影子，而且在实例的搜集和分析方面较多地运用了比较法。[①]

王希杰《汉语修辞学》，28万字，北京出版社1983年12月出版。该书的主要贡献是理论阐述的加强和辩证观点的运用。全书共12章，就有3章及"结束"部分阐述修辞学

[①] 参见钟一平《一本富有特色的修辞书》，《中学语文教学》1981年第3期。

的有关理论（第一章论修辞的对象、任务、范围、功用，第二章论交际的矛盾和修辞的原则，第三章论语言的变体和同义手段的选择，"结语"论修辞学与辩证法的关系），篇幅约占全书1/3，其中对自我、前提、视点等问题的论述吸收了国外语言学新理论，饶富创见。这样详备而有新意的理论阐述，不能不说是该书的显著特色。同时，作者用辩证法思想统率全书、结构全书，认为修辞学研究中提倡多一点辩法、少一点形而上学很有必要，所论"准确"与"模糊"、"均衡"与"变化"、"纵式结构"与"横式结构"等，无不体现出对立统一的辩证法思想。①

宋振华、吴士文、张国庆、王兴林主编的《现代汉语修辞学》，31万字，吉林人民出版社1984年9月出版。这是我国第一本集体编纂（参加人员达24位）的修辞学专门教材。该书体系上虽无突破，但较完整，包括词句修辞、辞格运用、篇章段落、语体风格等内容，还有范文分析和修辞练习。张寿康在该书的《跋语》中曾指出它在体制上有六个特点。一、不仅注意文艺作品的修辞现象，也留意一般文章的修辞现象。二、不仅从用词、造句、辞格选用的平面谈修辞，而且从语体风格、语言要素的平面上作综合研究，具有立体感。三、不仅谈"句"以下的范围的修辞，而且探讨了篇章的修辞。四、不仅有单项的修辞分析，而且有综合的直至全篇文章的修辞分析。五、既谈修辞知识，又谈修辞教学。六、既有知识体系，又有"思考与练习"。②

李维琦《修辞学》，20万字，湖南人民出版社1986年10月出版。该书的体系基本上继承张弓的语言三要素加辞格，但有两点突破：一是"尝试把同义学说引进到古汉语修辞学中来"，二是基本上选用对比性材料来进行修辞效果上的比较分析。③ 这两个特点在后来李维琦、王玉堂、王大年、李运富《古汉语同义修辞》（湖南师范大学出版社1986年12月）里得到了充分的扩展和深化。《古汉语同义修辞》专门研究不太为人注意的一般修辞现象，分为"修辞学信息论""同义词""同义语法形式""借代""模糊同义"和"省略"六大部分，而以同义学说为总纲贯串其中，归纳出同一内容同一意思的不同表达形式及其规律，从而创建了一个全新的修辞学天地。这块天地虽然不是修辞学的全部，但作为与特殊修辞（辞格）相对立的部分，却也自成体系。这个体系是以同义学说为理论基础构建的，这本书是我国第一部系统地研究同义修辞的专著，其在修辞学史上的地位自然不可低估。

《修辞新论》，宗廷虎、邓明以、李熙宗、李金苓等四人合著，上海教育出版社1988年8月出版。该书38万字，分为5章，第一章"总论"论述了修辞学的基本理论问题；第二章"修辞现象的辩证法（上）——偏重于内容方面"；第三章"修辞现象的辩证法

---

① 另可参看苞园、建华《一本系统、全面而富有新意的修辞学专著——评介王希杰〈汉语修辞学〉》（《汉语学习》1985年第1期），及李玉琯《继承发展、开拓前进：读希杰〈汉语修辞学〉》（《滁州师专学报》1985年第2期）。

② 另可参看乐秀拔《修辞学园地上的新蓓蕾——评〈现代汉语修辞学〉》（《修辞学习》1985年第4期）。

③ 另可参看尹福《锐意创新，独具特色——读李维琦先生〈修辞学〉》（《湖南师大学报》1987年第5期）和王希杰、秦卿旭《一本富有八十年代特色的古汉语修辞学著作——李维琦〈修辞学〉读后》（《广西师大学报》1988年第4期）。

（下）——偏重于形式方面"；第四章"语言风格"，论述语言风格和语体；第五章"汉语修辞学史概说"，勾勒了古今汉语修辞学发展轮廓。本书旨在继承陈望道修辞观的基础上，提出一些新的体会。例如加强了语体风格和修辞学史的研究，认清了修辞学是"一门多边性学科"的性质，并从内容和形式两方面，从辩证的对立统一角度，分析众多的成双成对的修辞手法，构成了一个新的修辞手法体系。①

程希岚《修辞学新编》，吉林人民出版社1984年出版。该书的体系沿用常见的用词、造句、谋篇、辞格四块系统，但在各部分的具体论述中详尽而周密，且有一些新颖独到的分析。如指出带有特定的文体（语体）色彩的专用词，主要是名词、动词、形容词，其中有些词的文体色彩只有在一定的语言环境中才能显示；又如对用词时响度的配合问题比较重视，分析比较深入。作者在"绪论"中认为"修辞学是研究语言表达效果的科学"，"是语言研究中的一门综合性科学"，这些提法也具有自己的特色，且较易为人接受。②

黎运汉、张维耿《现代汉语修辞学》，商务印书馆香港分馆1987年出版。该书的最大特色是"注意吸取近几年的研究成果"（后记），内容较新。例如同义形式、语段修辞、语言风格、修辞学史等是近年来颇受关注并已取得了一定成就的课题，作者对这些课题的新观点、新提法等加以别择、吸取，融到整个体系之中，使全书内容充实，并富有新意。在体例结构上，本书也作了明显的变革，它"以某一标准为依据将不同语言材料、表现方法构成'组合'再拼合而成整体"，共包括"绪论""中国古代修辞理论""汉语修辞学的建立和发展""语言同义形式的选择""修辞方式""句段的组合""语言风格"等7章。这显然不同于常见的对某种单一的材料（或手法）作单层平列式排开的体系，但能扩充体系的容量，以便从不同角度不同层次把大量的修辞学新内容容纳到这一体系中来，从而比较合理而系统地向读者提供共时和历时两方面的信息。该书行文中采用的综合评述法也很具特色，如对"修辞"的认识共有三类七种不同看法，然后通过比较分析，肯定其中的"修辞活动"说。这种写法跟吴士文的《修辞格论析》较相近，其好处在"学""史"结合，既能弄清某些问题的发展脉络，又能开拓视野，获取新知识。

---

① 另可参看邸巨《建国以来既有继承又有创新的修辞专著——评〈修辞新论〉》，《修辞学习》1989年第4期。
② 参见胡裕树《修辞学专著必须具有鲜明的个性——评程希岚〈修辞学新编〉》，《修辞学习》1986年第2期。

80 年代修辞学史研究概述[①]

80 年代以来，汉语修辞学史的研究逐渐走向成熟。郑奠、谭全基《古汉语修辞学资料汇编》（1980 商务印书馆）为修辞学史研究的成熟提供了集中、全面的资料，而郑子瑜的《中国修辞学史稿》（1984 上海教育出版社）则是成熟的标志。其后，易蒲、李金苓等《汉语修辞学史纲》（1989 吉林教育出版社），宗廷虎《中国现代修辞学史》（1990 浙江教育出版社），袁晖、宗廷虎等《汉语修辞学史》（1990 安徽教育出版社）相继出版，更是成熟的产物。

郑子瑜的《中国修辞学史稿》是在他的《中国修辞学的变迁》基础上扩充而成。全书 42 万多字，分十篇，除首篇"绪论"和末篇"结论"外，中间八篇根据中国各朝代修辞思想发展的特点，将修辞学史分为八个时期，涉及材料的下限为 1979 年。

易蒲、李金苓等的《汉语修辞学史纲》共 49 万字，也分十章。它"根据古今修辞理论发展的轨迹，分段论述了每个时期的演变特征，把汉语修辞学史的发展大别为古代和现代两个阶段。古代阶段分为四个时期，现代阶段分为两个时期：20 世纪上半叶和新中国建立后至 1966 年前"。

宗廷虎的《中国现代修辞学史》是一部断代修辞学史，时限为 1905 年至 1988 年。该书共七章，约 34 万字。它根据时代的发展，把现代修辞学大体分为新中国建立前和建立后两个历史阶段。新中国成立前为"20 世纪上半叶的修辞学"，即本书的上编。分三个时期：现代修辞学的萌芽时期（1905—1918），现代修辞学的逐步建立时期（1919—1932），现代修辞学的发展时期（1933—1945）。新中国成立后为"建国以来的修辞学"，即本书的下编。也分三个时期：白话修辞学的创立与发展时期（1949—1965），大陆修辞学的"沉寂期"和港台修辞学的发展期（1966—1976），现代修辞学开始走向繁荣时期（1977—1988）。

袁晖、宗廷虎主编的《汉语修辞学史》，凡 41 万字，分为九章，从先秦一直写到 80 年代末，虽然内容、方法、构架等与前述各书大同小异，但从通史的角度将笔触延伸到了 1989 年。

之所以说这几部专著是成熟的修辞学史，因为它们具有这样几个特点：（1）有独立完整的体系，内容涉及修辞学的各个方面；（2）材料翔实，论述具体深入；（3）有系统的修辞学史理论作指导，对研究修辞学史的目的和重要性、原则和方法、体系和分期等都有比较明确的认识。相对来说，《中国修辞学史稿》的最大成就在于它建立了第一个中国

[①] 本文原载《修辞学习》1993 年第 2 期。又《语言文字学》1993 年第 5 期全文转载。

修辞学史体系;《汉语修辞学史纲》的突出贡献在于它创造性地运用了系统论的方法和采用了以特定的项目为纲目的新路子;《中国现代修辞学史》的真正价值在于展示和评论了前两本书只略有提及的现、当代修辞研究的最新成果,而《汉语修辞学史》则将古今融贯到底,堪称比较完备的"通史"。

成熟期的修辞学史研究,也有一些表现为专篇论文或修辞学著作中的专章。例如唐启运《汉语修辞学的过去和现在》(《华南师院学报》1981年第2期)、罗淑芳《汉语修辞研究史小引》(《河北大学学报》1981年第5期)、杨鸿儒《中国修辞史略》(《成都大学学报》1990年第1期);又如周秉钧《古汉语纲要·修辞篇》(湖南人民出版社1981年版)中有《汉语修辞研究简史》,电大教材《现代汉语》(人民教育出版社1982年版)下册刊有周振甫《中国修辞学简史》,李维琦《修辞学》(湖南人民出版社1986年版)里有《古汉语修辞学简史》,黎运汉、张维耿《现代汉语修辞学》(香港商务印书馆分馆1987年版)有第二章《中国古代修辞理论》及第三章《汉语修辞学的建立和发展》,宗廷虎等《修辞新论》(上海教育出版社1988年版)的第五章为《汉语修辞学史概说》等,它们都以相当的篇幅全面而简略地论述了数千年来汉语修辞学的发展历程。

如果说从总体上通论汉语修辞学史的专著、专章或专文还屈指可数的话,那么涉及修辞学史个别问题或片断时期的论著就简直难以作出精确的统计了。这些论著大致可分为几种类型。

(1) 对修辞学论著的评介。

修辞学论著是一定时期内修辞学术成果的具体表现形式。介绍这些成果的内容,评论其得失,正确评价它们在学术发展史上的地位,这是修辞学史的当然责任。因而书评、文评本身也就是学术史研究的成果。就修辞学而言,目前的情况是书评很多而文评偏少。对新中国成立后出版的每一种有关修辞的书几乎都有评介,或述其内容而推介于人,或论其得失而申明己见,或借题发挥由此及彼,或就事论事人云亦云,或序或跋,或信或文,凡此种种,不一而足。粗略统计,有二百余篇。还有不少文章评论了新中国成立前的一批修辞学专著,涉及《汉文文言修辞学》(又名《中国修辞学》)、《修辞格》《作文修辞讲话》《中国修辞学》(张弓)、《修辞学讲义》《文字发凡·修辞卷》《修辞学教科书》等数十种,而最多的是对陈望道《修辞学发凡》的研究和评论。复旦大学曾编辑出版《〈修辞学发凡〉与中国修辞学》(1983)一书,收入从各个角度评论《修辞学发凡》的文章48篇,《修辞学习》于1982年1至4期及87年第5期设有纪念专栏,也发表有关《发凡》的书评类文章20余篇。

不唯本世纪的修辞学专书,对古代有关修辞学的其他著作,亦多所发掘,如对《春秋繁露》《续锦机》《书序指南》《文则》《文心雕龙》,甚至《论语》《墨子》《论衡》等,都有文章从修辞学的角度加以评介。香港学者谭全基还就《文则》写成《〈文则〉研究》专书,对这部南宋的修辞名著作了系统深入的研究评述。

(2) 对修辞学者的评介。

学术活动离不开人,一位专家学者的学术思想和学术成果不一定只表现在一部书中。因此,突破论著评介的局限,联系某位学者的其他甚至全部的学术实践,往往能更系统地掌握该学者的学术精华,从而更准确地判断其在某学术领域的价值和地位。这类文章有

40余篇。例如秦旭卿、鲁文《理论要有超前意识——王希杰先生修辞学研究的意义》（《云梦学刊》1989年第4期）一文，介绍了王希杰在修辞学发展的各个关键时刻所率先提出的各种导向性理论，从而概括出王氏修辞学研究的一大特点：理论上的超前意识。正是这种理论的超前意识，推动和引导着修辞学的发展，从而也奠定了王希杰在修辞学史上的领头式人物的地位。又如吴士文、张德明《宗廷虎修辞研究中的纳新、创新和出新》（《营口师专学报》1990年第1期）一文，介绍了宗廷虎在继承陈望道等前辈学者有关成果的基础上，如何汲取当代学术精华，并加以融会贯通，进而创新、出新，完成一系列学术史专著的治学过程，给人以振奋和启迪。

（3）对修辞学史上某个具体问题或某个侧面进行专题评述。

同一个专题，研究者往往不限于同一本书、同一个人甚至同一个时代。把有关某专题的研究综合起来，加以归纳评判，就能使人知己知彼，掌握某个问题的全局，从而明确进一步研究的方向。这是学术研究中最有实际意义的史评。例如晨言《建设中的比较修辞学》（《语文导报》1985年第2期）就评介了比较修辞学的产生、发展过程及其取得的成果，对正在从事比较修辞学研究的人来说，无疑有重要的参考价值。再如吴士文《修辞格研究史略》（《丹东师专学报》1984年第2期）和王建华《修辞格研究的新进展》（《语文导报》1985年第2期）两篇文章，对古今有关修辞格研究的论著作了历时性的评述，清晰展示出修辞格研究的过去和现状，不但有助于修辞格的进一步研究，其本身也是一份难得的学术史料。这类文章专题可大可小，评述可断可连，灵活实用，很受欢迎，这里不一一列举。

（4）对某一时期或某一阶段的修辞研究作断代性总体评述。

这类文章限定时代而一般不限定内容，所以能使人们对一定时期内的修辞研究有一个总体的印象。把不同时期的"总体"连起来，就有可能贯通修辞学的全过程，从而为"通史"的撰写提供参考。例如《修辞学习》从1985年起发表了一系列分别评述汉代（李金苓）、魏晋南北朝（张嵩岳）、唐代（赵蒙良）、宋代（戴婉莹）、金代（万国政）、明代（万国政）、清代（万国政）等不同时期修辞理论的文章，加上李金苓《先秦修辞理论试探》（《语文论丛第3辑》，上海教育出版社1986年版）、《战国修辞理论数则》（《语文研究》1983年第3期）、《宋代修辞理论的特点》（《修辞学研究第3辑》）等数文，可谓勾勒了我国古代修辞学各个历史阶段的面貌，虽单环显示，但环环相扣，连成了一部较完整的中国古代修辞学史。

时代上的大而分之，则有"古代""现代""近代"之谓，如濮侃、庞蔚群《试论我国古代修辞研究的特点》（《修辞学研究第2辑》），戴婉莹《中国古代修辞学论略》（《修辞学研究第3辑》），李金苓、易蒲《我国古代修辞理论的特点》（《修辞学习》1987年第2期），戴婉莹《近代修辞理论试说》（同上1990年第2期），张会森《现代中国修辞学：成就和任务》（同上1989年第6期），王德春《现代修辞学的发展趋势》（《修辞学研究第2辑》）等；小而分之，则可一年、几年或某一个阶段，如李运富《1977年—1984年古汉语修辞学研究综述》（《湖南师大学报》1986年增刊《古汉语专辑》），宗廷虎《论解放前现代汉语修辞学的发展》（《齐鲁学刊》1989年第3期），又《解放后修辞学研究述评》（《语文论丛》第2辑，上海教育出版社1983年版），李金苓《试论我国现代修辞学的第一次繁荣》（修辞学论文集第3集），张会森《现阶段的修辞学》（同上），王建华《新时期修辞学研究述评》（《广西师院学报》1988年第2期）、《修辞学：年代之交的审视与选择——骆小所、童山东、王希杰三人谈》（《云梦学刊》1990年第4期）等。另有濮侃、胡范铸《简论汉语修辞学的研究方向》（《语文论丛第2辑》），濮侃《汉语修辞研究的回顾与展望》（《修辞学习》1984年第4期），陈光磊《对汉语修辞学发展趋势的推想》（同上1987年第1期），宗廷虎《修辞学研究的新进展和发展趋势》（修辞和修辞教学），刘焕辉《中国修辞学的新发展及其他》（同上1987年第2期），李维琦《修辞学研究的反思和探索》（《湖南师大学报》1988年第2期）等总论性文章，虽未作时代上的明确划分，而实际上是侧重于修辞学研究的现状的。回顾过去，分析现实，展望未来，这正是修辞学史的内容。

（5）对某种流派及其修辞理论加以评述。

这类文章是以学术思潮或学者间的人际关系为着眼点的。例如戴婉莹《道家的修辞》（《求是学刊》1984年第1期）就以道学为范，评述了老子、庄子等道家代表人物的修辞学说及其与道家思想的关系。又如张德明《修辞学大军中的一支劲旅——略评"复旦大学语法修辞研究室"的修辞研究》（《修辞学习》1990年第4期），评述了以宗廷虎为代表的一群人在陈望道修辞思想熏陶下所从事的修辞研究情况及其成就，肯定了他们对汉语修辞学所作出的巨大贡献。另有杨贺松在《学习与研究》上发表了《桐城派的修辞主张》（1983年第1期）等多篇文章，分别评述了先秦儒家直到清代桐城派的修辞理论。这种评述对了解学术史上学派或学者之间的渊源关系及其相互影响很有大帮助。但由于中国修辞学特别是现代修辞学流派本来不多，所以研究文章也相对较少。

（6）对修辞学史研究的研究。

研究修辞学的历史是学问，对这种研究进行再研究也是一门学问，可以叫做"修辞学学史"。像怎样研究修辞学史、修辞学史的研究成果如何等，都属于这一类。如李金苓等《汉语修辞学史研究中的几个问题》（《东疆学刊》1985年第1期）就是针对目前汉语修辞学史的研究实际来评论得失、探讨方法的；而吴士文《多角度、多侧面地研究汉语修辞学史——论李金苓等修辞学史研究的道路》（《营口师专学报》1986年第3期）则通过介绍李金苓修辞学史研究的经过和成就，总结了她的治学经验和研究方法。当然，这类文章最多的还是对修辞学史成果本身的评介或在评介论著中探讨修辞学史的研究规律。例如：李金苓、易蒲《评郑子瑜〈中国修辞学史稿〉——兼论中国修辞学史的研究》（《复旦学报》1986年第1期），倪宝元《一曰严、二曰全——浅评〈中国现代修辞学史〉》（《修辞学习》1990年第4期），郑子瑜《〈汉语修辞学史纲〉序》（《修辞学习》1989年第2期），周成《汉语修辞学史的系统化研究——评〈汉语修辞学史纲〉》（《修辞学习》1989年第6期），陈亚川《郑子瑜和他的中国修辞学史研究》（《修辞学习》1985年第4期），陈亚川《〈中国修辞学史稿〉评介》（《修辞学习》1987年第1期）等等。

上述各类，涉及修辞学史研究的各方各面，题目小而实用，研究深入及时，正是整体修辞学史研究日趋成熟的基础，同时是我们进一步研究修辞学史的重要参考资料。

关于修辞学的对象和范围研究述评[①]

任何一门学科的建立，必须要有明确的对象和范围。我国第一部系统的现代修辞学专著《修辞学教科书》（1905）就已论述过这个问题。作者汤振常认为，修辞学的范围不外两种，一是"体制"，二是"构想"。所谓"体制"，"法在明其言语之使用，与句节章段之配列"，包括"文之构成"（论"文字""句节""段落""篇章"）、"转义与辞样"（论二十几种修辞格）等内容。所谓"构想"，"法在明其结构与润饰"，实际上即指文体，包括"记事""叙事""解释""议论"四种。可见一开始，修辞学就涉及了消极（文字、句节）、积极（辞格）、篇章、文体等广阔的范围。而在几乎同时的龙伯纯《文字发凡》的"修辞学第三""修辞学第四"两卷中，除了文体、"修辞现象"和句段篇章的修辞法外，还包括"句法""句读""文法图说""辨品""评论古文""作文秘诀"等语法学、文学批评、写作学方面的内容，范围几无边际，实际是古今中外杂凑起来的体系，并未明确自身独特的对象与范围。这种范围混淆的现象在学科的创始阶段是不可避免的。

到了二三十年代，人们已认识到修辞学是一门独立的学科，所以逐渐舍弃那些不属于自己范围的内容，大都只谈修辞理论、辞藻论（或字句篇章修辞和辞格）及文体风格等内容，实际上又回到汤振常所奠定的范围内。但在理论上已经有了明确的认识，大都能联系其他学科自觉地界定修辞学的对象和范围。例如张弓在《中国修辞学》的"例言"中声明："本稿的范围限于'说明中国美饰文辞的过程'，毫不侵及'文法学''作文法''文字学''文学概论'等科的领土。"王易《修辞学通诠》（1930）也明确指出："修辞学非批评也，非美学也，盖自有其独立之范围。""修辞学研究之范围，乃由想而移为辞中间之过程。"陈介白《修辞学》（1931）对范围问题更作了明确的界定，认为修辞学"一是研究语言的使用，称为语性。二是研究所用的种种辞象，称为辞格。这两种结合，称为辞藻。其归趋为文体"。

把"修辞现象"看成修辞学的研究对象，是大多数学者都同意的。但如何理解"修辞现象"，却存在着分歧，因而各自涉及的范围也不相同。"修辞现象"一词最早见于龙伯纯《文字发凡》（1905）"修辞"卷，又称"词藻"。龙书把"修辞现象"分为"语彩""想彩"两大类，各包括积极和消极的两种，每种下面又有小类。但"词藻"只是龙书众多章节中的一章，也就是说，龙氏的"修辞现象"只是修辞学中的一项具体内容，是修辞学范围的一部分，并不具有概括性。首先明确提出"修辞现象"为修辞学研究对象的是王易，

[①] 本文原载《重庆师范大学学报》（哲学社会科学版）1992年第1期。又《语言文字学》1992年第4期全文转载。

他在《修辞学》（1926）中说："本书研究之中心，在修辞之现象。"而"修辞本身有内容形式二面：一根据想念之发展；二根据表情之利用。修辞学绝非如寻常误解之空疏，观此可明。适应在此种种方式过程间之现象，谓之修辞现象，即修辞学之所研究者也"。王易对"修辞现象"的看法和分类基本上沿用龙氏，实际上仍然只是修辞学研究的对象之一。但他同时认为"实际上更有一种重要现象，以统一其他各现象，即'文体'是也"。"文体乃修辞现象之归趋；诸种词藻之运用，皆为其所统一焉"。这就把文体也看成修辞现象了。

真正扩大"修辞现象"的外延，把它当作修辞学研究的唯一对象的是陈望道。他在《修辞学发凡》中把语辞的形成分为收集材料、剪裁配置、写说发表三个阶段，认为修辞现象产生于第三阶段。他说："材料配置定妥之后，配置定妥和语辞定着之间往往还有一个对于语辞力加调整、力求适用的过程；是随笔冲口一晃就过的，或是添注涂改穷日累月的。这个过程便是我们所谓修辞的过程；这个过程上所有的现象，便是我们所谓修的现象。"可见陈氏的"修辞现象"包括修辞过程中"所有的现象"，绝不同于以往各家专指"辞藻"的"修辞现象"。陈望道的这一思想，在解放后的一些报告和讲演中曾有过总结式的更为明确的论述，如《谈谈修辞学的研究·修辞学的对象》中说："修辞学研究的对象——修辞现象，就是运用语文的各种材料、各种表现方法，表达说者所要表达的内容的现象。"① 陈氏把"修辞现象"区别为消极修辞和积极修辞两大分野，以此范围修辞学的全部内容，这跟龙伯纯、王易、陈介白等人把"消极""积极"当作"想彩""语彩"下面的次类也是完全不同的。《发凡》还提到"篇章结构也是一种修辞现象"，但未展开论述。"文体风格"在《发凡》中的地位好像是附论，它是否属于"修辞现象"，陈氏并没有明说，但可以推知也是包括在修辞学研究范围之内的。

作为一部里程碑式的代表著作，陈望道所界定修辞学对象和范围，对后世影响很大。从理论上说，《修辞学发凡》几乎涉及修辞学研究的各方各面，以至以后近半个世纪的修辞学研究都未能超出《发凡》的范围。但也有人认为《发凡》论述的范围太广阔了，应当加以限制。例如吴哲夫和林兴仁都认为不应把表达内容列入修辞学对象，而不恰当地扩大了修辞学研究的范围。② 完全抛开"表达内容"来谈修辞，恐怕并不比陈望道高明，因为纯从形式上是难以比较修辞效果的；但陈氏的"所有现象"甚至包括"关涉修辞的诸论著"的研究范围，也确有过宽之嫌，比如"关涉修辞的诸论著"就应该是修辞学史研究的对象，而不是修辞学研究的对象。还是张维耿、黎运汉论述得比较客观，他们认为任何修辞现象都有修辞内容、修辞手段、修辞效果三个方面，修辞学研究的对象，正是具有具体思想内容的言语作品的修辞现象，其研究范围包括语言三要素同修辞的关系、辞格、文章的布局谋篇，以及语体风格。③

如果说陈望道在理论上使修辞学研究的范围几乎无所不包，那他在研究实践中却是倚轻倚重，并未全面开花的。《修辞学发凡》论述最精到最详明的是积极修辞的辞格部分，而消极修辞说得简略，文体风格作为附论，篇章结构只偶尔提及。这种研究示范给人一种

---

① 参见陈望道《陈望道修辞论集》，复旦大学语言研究室编，安徽教育出版社1985年版。
② 参见《哈尔滨师院学报》1963年第2期吴哲夫文及《南京大学学报》1980年第2期林兴仁文。
③ 张维耿、黎运汉：《汉语修辞学的对象、任务和范围》，《中山大学学报》1982年第1期。

错觉，好象修辞学的主要内容就是"辞格"，这恐怕是曾经一度流行以辞格为研究中心的修辞学体系和思想的主要原因（唐钺《修辞格》的成功以及美化文辞观的影响等当然也是原因）。辞格研究的过分突出，引起了新中国成立后有关修辞学对象和范围的长期讨论，讨论的趋向是范围的逐步扩大（实际上许多只是原有某一方面的加强）。前后讨论到的具体问题很多，现择要介绍如下。

（一）积极修辞与消极修辞是否都是修辞学的研究对象，其间的关系和比重如何

新中国成立以前的修辞学在"美化文辞"观的指导下，大都是以积极修辞为主体的，这种观点和实践到解放后仍有一定的市场。例如谭正璧《修辞新例》（1953）提出："把语文修饰得美丽生动"，"这就是所谓修辞"。张环一《修辞概要》说："话的内容对不对，合不合客观现实的规律，也就是平常所说的'想法对不对''合不合事理'，这是属于逻辑学的范围的。"这里联系逻辑、语法来划界，修辞学只研究"好不好"的问题，实际上就是以积极修辞为主。黎锦熙1962年为张弓《现代汉语修辞学》写序说："那么修辞学本身要独立说明的是什么？毫无疑问，就是各色各样的修辞方式了。"这里的"修辞方式"就是指修辞格。新中国成立后出版了一系列以辞格为纲或以辞格为主体的书，充分说明这类观点影响深远。

但由于新中国成立初期语文知识普及的需要和吕叔湘、朱德熙《语法修辞讲话》的成功，消极修辞的研究也越来越受到人们重视，以辞格为中心的樊篱渐被冲破。周振甫的《通俗修辞讲话》（1956）首先对消极修辞的作用及其重要性作了强调：

> 无论就写作或阅读说，修辞的消极手法更重要。我们运用语言，先要做到明白清楚、准确贴切、有条理，把自己的意思恰好地表达出来，这是首要的。要是忽略了修辞的消极手法，认为谈修辞就是要讲积极手法，结果忽略了语言的明白确切，不注意肃清语言中不纯洁不健康的东西，却专谈什么积极修辞，那是不对的……倘要分缓急先后来说，我们应该先学习消极手法，因为它比积极手法更急需。

其后，吕景先的《修辞学习》（1958）从实践上做到了以消极修辞研究为主，全书消极修辞的篇幅比积极修辞的还多，这在一般以"修辞学"命名的专著中是个突破。

七十年代末以来，这个问题重被提出来讨论。有人认为"把修辞分为消极修辞和积极修辞，这样定名是不科学的"，而且，"从消极修辞的表达效果来看，是说话和作文所要达到的起码标准，没有它特定的要求"，"从消极修辞的内容来看，把词汇学、语法学、语音学甚至逻辑学的研究对象同修辞学混为一谈，没有独特的角度和内容"。因此，消极修辞"不应当属于修辞学研究的范围"。[①]

[①] 季世昌、费枝美：《现代汉语修辞学研究中的几个问题》，《徐州师范学院学报》（哲学社会科学版）1981年第1期。

但大多数人还是反对以辞格为中心并赞成研究消极修辞的。如吕叔湘在《漫谈语法研究》① 中指出："那种认为修辞学主要是讲修辞格的想法恐怕是不妥的"；王希杰《修辞的定义及其他》② 认为："今天的汉语修辞的研究，就应当进一步打破以修辞格为中心的做法，把修辞学从修辞格这一狭窄的牢笼中解放出来，在一个广阔的平面上研究各种修辞现象"。郑远汉在《现代汉语修辞知识》（湖北人民出版社1979年版）一书和《关于修辞学的对象和任务》③ 一文中也论述了修辞现象的广泛性，指出"不能用辞格论取代修辞学，要广泛地研究各种言语形式及其同义现象"。更有李维琦，他从学科发展的高度阐述了研究消极修辞的重要性，认为"修辞学无论将怎样变动，如果不将《修辞学发凡》已触及的问题深化，如果不将王易以来称为消极修辞的那一部分的研究加强，不把它的内容扩展，成为修辞学的主要部分，那就没有修辞学研究实质性的进步"④。在《修辞学研究的反思和探索》⑤ 中，李维琦进一步强调了上述观点，指出"积极修辞"并"不能在什么地方起多少积极作用"，而"被称为'消极修辞'的那一部分修辞，也就是把文章（或话）写（或说）得明确通顺，平匀稳密，只要你开口说或动手写，这样的修辞就无所不在。它帮助你完成语言的交际任务，发挥语言最根本的功能，实际并不消极"。因此，要把修辞学推向前进，关键在于研究"消极修辞"，研究那些一开口说一动手写就会碰到的修辞现象，做出的成果必须对说和写（甚至在说写之前的思考中）有实际指导意义。他的《修辞学》（湖南人民出版社1986年版）以消极修辞为主，《古汉语同义修辞》（湖南师范大学出版社1989年版）干脆不谈辞格，都是他这一思想的实践。还有华宏仪，他最近出版了我国第一本消极修辞专著——《汉语消极修辞》（广西教育出版社1990年版），用事实说明了消极修辞作为修辞学的研究对象之一是值得研究的。

（二）文风以及主题思想的提炼和题材的选择是否为修辞学研究的范围

1958年，毛泽东提出了写文章要注意"三性"（准确性、鲜明性、生动性）的文风理论。这本是文章学的问题，但当时却有一批文章⑥出来，提出要以"三性"为纲，建立"新修辞学体系"，认为"观点怎样统率材料，材料如何选择、剪裁，又如何组织起来，都是修辞学所要研究的内容"⑦，并指出"把主题划入修辞学的范围是修辞学具有强烈的阶级性政治性的表现"。这些看法显然受到政治因素的影响，偏离了学术研究的轨道。所以随后也有一些文章不同意上述看法。例如吴尚夫的《汉语修辞学的对象和任务》⑧ 指

---

① 载《中国语文》1979年第1期。
② 载《南京大学学报》（哲学社会科学版）1979年第2期。
③ 载《华中师院学报》（哲学社会科学版）1980年第3期。
④ 李维琦：《修辞学》，湖南人民出版社1986年版，第300页。
⑤ 《湖南师大社会科学学报》1988年第2期。
⑥ 如周迟明《汉语修辞学的体系问题》（《山东大学学报》1959年第4期）、张煦侯《修辞学体系要由破到立》（《合肥师院学报》1960年第3期）、唐濑石《学习毛主席著作，建立马克思主义修辞学》（《吉林大学学报》1960年第4期）、潘允中《在毛泽东思想指导下建立修辞学的新体系》（《中山大学学报》1961年第1期）等。
⑦ 见唐濑石文。
⑧ 《哈尔滨师院学报》1963年第2期。

出，修辞谈的是"语言技巧问题"，管不到如何提高思想认识、如何端正文风和如何选择主题和题材的事。虽然"研究什么学问，也脱离不开思想和思想方法，但不等于任何科学都要研究思想方法问题"，因此"我们不主张用文风的'三性'要求作为修辞学的纲领，是为了明确这门科学的对象和任务，以便更好地确定它的内容和体系；并不意味着研究修辞可以忽视改进文风的'三性'要求"。

十多年后，这场讨论仍在继续。1978 年，张德明在《延边大学学报》第 4 期发表《试谈修辞学和风格学、言语学》一文，指出"文风不仅仅是文章和讲话的作风问题，实质上是思想作风和政治路线，是表现党和学风的"。建立好的文风，"不能仅仅靠修辞，还要涉及到内容和形式的好多方面"。宗廷虎《试评修辞学理论研究》①一文中也指出："文风要涉及思想作风和政治路线，这就远远超出了修辞学的管辖范围"，"把文风和修辞两者混淆起来，既模糊了文风，也模糊了修辞学"。修辞学不必研究文风的观点，似乎已得到绝大多数学者的赞同。

（三）篇章结构是否为修辞学研究的范围

新中国成立以前，涉及篇章的修辞学著作很多，但大都从文章学、文学评论等角度论述，跟修辞学结合不紧。所以新中国成立后谈论篇章结构的修辞书少了，甚至有人提出修辞学不应该研究篇章结构。如张弓《现代汉语修辞学》（天津人民出版社 1963 年版）认为，语法学等语言学科的研究范围只到句子为止，因此修辞学的研究"总不能出乎语言词句之外"，"篇章结构等事情，我们认为不应归入修辞学范围。这类问题是作文法、文艺创作论所应当解答的。假使把篇章结构（起头、结尾等）放在修辞学中讨论，就会侵占文艺创作论、文章作法的领域，就会模糊修辞学语言学的性质。"

80 年代，仍然有人赞同张弓的观点。如季世昌、费枝美认为："修辞学研究的对象不应当包括篇章结构"，因为"篇章结构应当是写作学的任务，修辞学要负担这样的任务是不胜其荷的"。② 戴磊《汉语修辞学研究的对象和范围》③ 也指出："篇章结构、文章风格虽由选词造句和语言风格等组成，但不能因此就把篇章结构、文章风格包括在修辞学之中……因为修辞学只着眼于语言的修饰、加工和运用，它不超出语言学的研究范围，主要以选词造句为限。"持上述观点的还有李维琦，他认为"修辞学要独立于文章学之外，不从文章学角度讨论篇章结构，是理所当然的"。④

与上述观点相对，也有人主张修辞学应当研究篇章结构。例如张环一《修辞概要》（新知识出版社 1953 年版）说："修辞学的内容……是怎样选择合适的词，怎样整饰句子组成篇章，怎样运用修辞的方法，怎样养成说话作文的风格这些问题。"其中就提到"篇章"。吕叔湘、朱德熙在《语法修辞讲话·再版前言》（中国青年出版社 1978 年版）中把"只讲用词和造句，篇章段落完全没有触及"作为一个缺点来谈，说明他们也是主张修辞

---

① 《修辞学论文集》，1981 年版。
② 《现代汉语修辞学研究中的几个问题》，载《徐州师院学报》1981 年第 1 期。
③ 见《修辞学研究》第一辑。
④ 《修辞学》，湖南人民出版社 1986 年版，第 300 页。

学要研究"篇章段落"的。宗廷虎《试评修辞学理论研究》① 态度更明确："我们认为，修辞学既然是研究语言运用技巧的，如果只研究词和句的用法而置篇章修辞于不顾，则很不全面……'修辞学'绝不只是'修词学'或'修句学'，这儿的'辞'指的是语辞，乃是包括全部语言的运用在内的。"张寿康《望道先生纪念》② 一文对此表示赞同，也认为"'篇章结构'是修辞学研究的对象，但是研究这一问题与文章学的角度、切面不同……修辞不仅研究词语句的选择，而且要研究句子以上到篇的选择即篇章结构的选择，而文章学则把文章当作一种客观存在，研究文章的构成规律和读写的规律"。徐炳昌《论篇章的修辞》③ 则从古人的修辞理论研究、现代修辞学的发展趋势、修辞实践、修辞事实以及语法学研究的新内容等方面说明篇章结构是修辞学和文章学（或称"作文法"）共同研究的对象。只不过研究目的和研究重点有所不同。"修辞学是从语言运用的角度来研究用于段落、篇章中的各种表达手段和技巧的。如使语言通顺流畅、文章气势贯通衔接，修辞学就应该着重研究。而作文法则是从立意布局的角度，根据主题与体裁的需要，利用修辞学研究成果解决如何对材料作出合理的处理和安排等问题。"为此，他进一步提出了篇章修辞的内容和组段成篇的具体手法。之后，篇章段落作为修辞学研究的对象之一，得到多数人的承认。1983年以后发表了一大批这方面的论文，甚至出版了专著，这些成果确立了篇章段落在修辞学中的地位。

（四）语体风格是否为修辞学的研究范围

新中国成立前的修辞书大都谈到"文体"，三四十年代还出现了文体论专著。④ 但"文体"似乎并不等于"语体"。"风格"往往跟"文体"或"语体"掺和在一起，也是我国修辞研究的"传统项目"，30年代也有专著出现。⑤

到了50年代，随着苏联新的语体风格理论的输入，修辞学界重新对它们产生兴趣，讨论了语体风格是否属于修辞学及其在修辞学中的地位等一系列问题。例如周迟明在《汉语修辞学的体系问题》⑥ 一文中说："风格和语体在汉语修辞学的整个研究领域之中应该占怎样的一个地位？据我个人浅薄的了解，觉得这两者应该占主要的地位，而语体应该占更重要的地位，或者可以说是处于主导的地位。我觉得有些语言学家'认为修辞学的主要任务就是研究语体'的看法，是很合理的。我们所以要研究语体，我觉得不仅仅'因为说话时必须选择哪些修辞手段，同语体的关系很大'，更重要的还是因为语言的各种修辞现象集中地、具体地表现在语体上面。"这种思想在他次年出版的《汉语修辞》（山东人民出版社1960年版）中得到重申。当时甚至还有人干脆把"修辞学"叫作"风

---

① 《修辞学论文集》，1981年版。
② 载《〈修辞学发凡〉与中国修辞学》，复旦大学出版社1983年版。
③ 《福州师院学报》1983年第1期。
④ 如施畸《中国文体论》（北京立达书局1933年版），蒋伯潜、蒋祖怡《文体论纂要》（正中书局1942年版）等。
⑤ 如宫廷章《修辞学举例·风格篇》，中国学院国学系1933年版。
⑥ 载《山东大学学报》1954年第4期。

格"，如高名凯《语言风格学的内容和任务》①，实际上谈的是修辞学，张志公发表《词章学？修辞学？风格学？》②着重探讨三者在理论上的划界，也说明当时确有将修辞学与风格学混同的现象。

80年代，语体风格的研究再度受到重视。虽然有人提出要把语体风格学从修辞学中独立出来，例如季世昌、费枝美"觉得语体和风格应该成为独立的学科，不应当包括在修辞学研究的范围之内"③，李维琦的《修辞学》（湖南人民出版社1986年版）也"对于修辞学论述文休风格持有异议，因此没有专门讨论"（作者"后记"）。但认为修辞学应该研究语体风格的观念仍占主导地位。例如乐秀拔在心《论语体》④中说："语体作为修辞学研究的对象，它不是研究个别的用词确切或精炼的问题，而是研究从词到句式乃至整个篇章是否适应语体的风格特点，因此它是属于修辞学中语言风格的研究范畴。"后来，他又进一步提出："现代汉语修辞学要以语体的修辞手段为研究对象，要切合实际，就必须以语体为中心，建立现代汉语修辞学新体系。"⑤

（五）"同义现象"是否为修辞学研究的对象

首先提出这一问题的是高名凯。他1959年6月4日在天津作《语言风格学的内容和任务》⑥时说："总而言之，语言各方面的要素及其配合手段都可以具有平行的同义系列。这些同义系列正是各平行的言语风格的构成要素或手段，对这种要素或手段进行分析和研究正是风格学的主要任务。"其后，张弓的《现代汉语修辞学》实践并发展了这种观点。

到了80年代，"同义现象"又被提出来并展开了争论，争论的焦点是同义结构能否作为修辞学研究的唯一对象或主要对象。郑远汉《关于修辞学的对象和任务》⑦把修辞学的研究范围概括为"利用语言手段和非语言手段构成的各种同义形式和表达方式"与"各种言语风格"两部分，而"广义地讲，言语风格类型也是一种同义系统"，可见在他心目中，修辞学的对象实际上都归结为同义现象。林兴仁在《汉语修辞学研究对象初探》⑧中认为"语言各方面的要素及其配合手段大都可以具有平行的同义结构"，因此，"汉语修辞学研究的主要对象是汉语平行同义结构，次要对象是非平行的同义结构"。王希杰《修辞学的对象及其他》⑨也认为"修辞学的对象就是同义手段或语言变体的选择问题"。

对上述观点持异议的有陈光磊、宗廷虎、陆稼祥、林文金、刘焕辉等人，他们认为，同义结构值得重视，但不能包括修辞的全部，不应绝对化地把它看作唯一的或主要的对

---

① 见北京大学《语言学论丛》第四辑，1960年出版。
② 载《中国语文》1961年第8期。
③ 《现代汉语修辞学研究中的几个问题》，载《徐州师院学报》1981年第1期。
④ 载《〈修辞学发凡〉与中国修辞学》，复旦大学出版社1983年版。
⑤ 《以语体为中心建立修辞学新体系》，载《修辞学习》1985年第3期。
⑥ 见北京大学《语言学论丛》第四辑，1960年出版。
⑦ 载《华中师院学报》1980年第3期。
⑧ 载《南京大学学报》1980年第3期。
⑨ 载《语文研究》1981年第2期。

象。例如陈光磊《修辞学研究什么》①说"修辞现象涉及四个方面：题旨情境，思想内容，语文形式，表达效果"，而"思想内容和语文表达这一对矛盾就是修辞学研究对象'特殊的矛盾'之所在"。并在《〈关于同义结构的几个问题〉书后》②中进一步指出："如果同义结构、修辞格或语音修辞学等都成为修辞学的一个部门，其所代表的语言手段与所要表达的内容、题旨、情境发生矛盾，由此构成各自的矛盾的特殊性，修辞学也应该对它们进行研究，但是未必能把其中某种'矛盾的特殊性'如同义结构强调为整个修辞学对象的矛盾特殊性。"否则，就不免把同义结构"普遍化、绝对化"了。刘焕辉的《中国修辞学的新发展及其他》③也认为："从汉语修辞的实际考虑，除同义词语可以选择以外，对于句子以上的言语形式，客观上并不存在什么现成的同义形式等着你去选择，这只是作者的一种主观构想罢了。"我们比较倾向于后一派的意见，即"同义现象"只是修辞学的对象之一，而不是唯一的或主要的对象。但"同义现象"所指的范围显然还可以扩大一些。

除上述讨论比较集中的问题外，涉及修辞学研究对象和范围的文章还有不少。例如陈望道《关于修辞学对象等问题答问》④就修辞学是否研究"怎样适应题旨情境"、是否"研究修辞规律的运用""是否要研究修辞病例"以及"文章中的艺术手法是否也属于修辞学研究的范围""是不是每一句通顺的话都是修辞"等问题作了肯定性回答。李维琦《黄犬奔马句法工拙论》⑤通过对《修辞学发凡》中提到的有关"黄犬""奔马"六个句子的比较分析，认为它们的区别主要在两方面：一是同义手段的选择，二是相关信息的选择，而这两个方面正是修辞学所要研究的重要对象。再如王德春《社会语言学、言语规律和修辞学对象》⑥一文，从语言、言语、文字符号分科的角度，认为"修辞学这门语言学分科的对象主要是人们使用语言的状况，即言语的规律和特点。它研究怎样依赖于特定的言语环境，正确选择语言成分，组成话语，来准确、鲜明、生动地表达思想，最有效地完成社会交际任务。再具体些说，它研究语体、风格和文风的规律，研究修辞方法和规则，研究选择词语和句式的规律，以及组织话语的规律。总之，主要研究言语规律。当然，在研究言语规律时，不能抛开语言本身的规律"。王氏此文的观点实为他本人发表于1962年3月1日《文汇报》上的《语言学的新对象和新学科——言语和修辞学》一文的补充和发挥。陆稼祥也论述过《修辞学研究的对象和任务》⑦，他把前人对修辞学现象的认识概括为六种看法：语言现象、文艺现象、文学语言的综合现象、言语现象、语文现象、修辞现象。作者自己同意第六种看法，认为"修辞学研究的对象是一种独立的修辞现象"，所谓"修辞现象是指运用语文各种材料，各种表达技巧，以提高表达效果的方式

---

① 见《修辞学研究》第一辑。
② 同上。
③ 载《修辞学习》1987年第2期。
④ 见《修辞学论文集》第一集。
⑤ 载《湖南师院学报》1984年第4期。
⑥ 见《修辞学论文集》第一集，1983年版。
⑦ 《修辞学论文集》，1981年版。

方法"，而"修辞学则是揭示和阐明修辞技能技巧、方式方法规律的科学，又是评论修辞技能技巧、方式方法好坏美丑的效果的科学"。濮侃《修辞学研究的对象和任务》① 一文作为知识讲座，大体是对通常说法的归纳概括，因而较能为多数人所接受。他在回顾陈望道等人有关论述后指出："我们在这种认识的基础上还可以再前进一步。即凡是出于增强语言表达效果的动机，而有效地对语文材料进行选择、加工和调整的一切现象，都是修辞现象。这就是修辞学研究的对象。这种修辞现象是语言运用中产生的具有修辞效果的现象，准确、贴切、鲜明、生动、简练、周密、含蓄……都是修辞的效果，具有这些效果的语言运用现象，才是修辞学研究的对象。这种修辞现象是与语法现象、语义现象、逻辑现象不同的，它可以自成体系，保持特色。""具体说来，修辞学的研究对象应该包括：词语和句子中的修辞现象，篇章段落中的修辞现象，语体类型中的修辞现象，语言风格中的修辞现象这些方面。"

此外，吴哲夫《汉语修辞学的对象和任务——"修辞五论"之一》②、郑远汉《修辞学的对象和任务》③、宗廷虎《从修辞学的发展看修辞学对象和任务的研究》④、王希杰《修辞的对象及其他》⑤ 等文章都对修辞学的对象、范围及相关问题作过深入而全面的论述，值得参看。

上述所论，修辞学的对象固不止一，修辞学的范围已够宽广。但最近，王希杰在《再论修辞学的研究对象问题》中⑥，从六个方面进一步扩大了修辞学研究对象的范围。他认为：首先，修辞学的研究对象应当是从说写者到话语听读者这一全部过程，即处在交际全过程的中心位置的，作为说写者和听读者的中介话语，而不是孤立的话语本身。第二，修辞学的研究对象是"一切"。是一切的说写者，是一切的听读者，并不局限耍笔杆子的文人和伟大的政治家。就是说，社会一切成员的一切语境中的一切话语的一切方面，从语音到语义，从用词到造句，从语素到句群，从句际关系到标题、标点，都是现代修辞学的研究对象。第三，修辞学研究的是语言的表达效果。只有同表达效果有关的东西才是修辞学所关心的。正是信息流通过程中信息的增殖和损耗，或者说交际过程中的偏离现象，构成了修辞学的研究对象。第四，修辞活动中存在着潜意识、无意识的情况，这也是修辞学的研究对象，而且是重要的对象。第五，修辞学不但要研究已经存在的作为我们的经验事实的语言形式和表达方式，还应当研究并不存在的各种潜在的可能的语言形式和表现方式。第六，修辞学还应当研究交际活动中的非语言因素，但不是这些非语言的东西本身，而是这些非语言东西的模式、类型、抽象物同语言之间的关系。

总之，就整体趋势看，修辞学的对象越来越繁，范围越来越广，原有的被加强、深化，新的领域和课题也在不断地增多。到王希杰的《再论修辞学的研究对象问题》六条，

---

① 载《修辞学习》1986 年第 3 期。
② 见《哈尔滨师院学报》1963 年第 2 期吴哲夫文及《南京大学学报》1980 年第 2 期林兴仁文。
③ 载《华中师院学报》1980 年第 3 期。
④ 载《复旦学报》1981 年第 4 期。
⑤ 载《语文研究》1981 年第 2 期。
⑥ 载《湖南师大学报》1990 年第 1 期。

简直是无以复加了！那么，这众多的"对象"或"范围"是否同一个标准、同一个层次，其间关系如何，该怎样从整体上来加以把握呢？不少学者也提出了自己的看法。

例如王希杰《修辞学的定义及其他》[①] 认为：修辞学研究所有的"和提高语言表达效果有关的现象"，可以分为三个次类：1. 微观修辞学，研究各种同义手段和各种修辞格；2. 宏观修辞学，在社会、历史、文化、习俗等广阔画面上研究和语言表达有关的各种问题；3. 边缘修辞学，与文学、美学、心理学、语法学、逻辑学、社会学等密切合作，探讨各种交叉问题。张志公认为，要从理论和应用两个角度认识修辞的范围："从理论研究的角度来讲，它同美学、心理学、文艺学、语言学、逻辑学有着多方面的联系。从应用的角度来看，它又同语言运用，信息传递，文艺创作，语文教学等息息相关。修辞学还有显著的民族性、社会性、时代性。"[②] 再如王建华，他在《新时期修辞学研究述评》[③] 中认为："如果用现代语言学关于语形、语义、语用的观点来看，修辞学研究的对象应该从语言形式、指称意义、语用条件三方面同时考虑，才是比较全面的。"所有这些，都试图从整体上为修辞学的对象和范围划界分类，其意义当然是积极的。

由上述可知，在修辞学理论的研究中，有关修辞学对象和范围的研究最敏感、最热闹。除了专著和教材必然要论及外，谈到这一问题的论文不下二百篇。这些探讨推动了修辞学的发展，修辞学对象和范围的扩大，是跟当代学术研究的交叉、渗透和综合特点相适应的。但修辞学的对象和范围应该有一定的限度，应该有主有次，切不可把相关的内容或学科都当作修辞学的本体来研究，把次要的现象都当作主要矛盾来强调。如果修辞学无所不包，什么都重要，那实质上等于取消了修辞学。同时，研究修辞学的对象和范围，还有个统一的标准和前提问题。如果甲说的对象和范围是指修辞的单位而言，乙说的又是指修辞现象而言，丙说的乃是指修辞内容而言，丁说的却是指修辞书中应该涉及的问题而言，甚至还有指修辞与别种学科的关系或研究修辞可能用到的种种知识而言的，那么，这样的"对象"或"范围"由于含义各自不同，是很难达到一致的意见，因而也很难明确的。

---

① 载《南京大学学报》1979 年第 2 期。
② 《修辞学论文集》第二集《前言》。
③ 载《广西师院学报》1988 年第 2 期。

修辞现象分类综述[①]

"修辞现象"最初只指"辞藻",后来也可包括篇章、文体、风格等,凡修辞学所要研究的客观内容,都可叫作"修辞现象"。这里所介绍的各家分类,其对象并不完全一致。

(一)"想彩""语彩"分类法

龙伯纯的"修辞"卷(1905)首先将"修词现象"(词藻)分为"想彩"和"语彩"两类。语彩即"言语上之彩色,属于外形的词藻",想彩即"思想的彩色",属于内容上的词藻。语彩和想彩,又各分为"消极的"和"积极的"两种。这样分类的依据是内容与形式的区别,后来王易、陈介白等人都采用此法。这种分类法系模仿日本岛村龙太郎《新美辞学》而来,且修辞的内容与形式事实上也难分清,所以后世多不取。

(二)"消极""积极"分类法

陈望道的《修辞学发凡》(1932)创造性地把龙伯纯等人放在第二层次的"消极""积极"的划分标准,提高到第一层次,根据表达的不同效果或作用,也就是对修辞的不同要求。将修辞现象(主要指修辞手法)从总体上分为消极修辞和积极修辞,号称"两大分野"。消极修辞,是指能使语辞呈现明白、清晰情貌的修辞,是"抽象的、概念的";积极修辞,是指能使语辞呈现生动、形象情貌的修辞,是"具体的、体验的"。消极修辞是一种基本的修辞法,是修辞的基础。"积极修辞"又分为"辞格"和"辞趣"两类。新中国成立后,陈望道对此有更明确的表达。"所谓消极修辞就是讲不好的修辞现象的。消极修辞研究零点和零点以下的东西,所谓零点以下的就是不通的,零点就是普通的通顺明白的;积极修辞要研究零点以上的东西"。强调"两大分野完全可以包括一切修辞现象"。

"两大分野"说在修辞学界影响很大,许多著作都赞同这种观点,直到80年代,仍有不少文章对"两大分野"说加以发挥和阐释。如张德明《试论"修辞两大分野"的理论基础》、杜高印《试论修辞的两大分野》、宗廷虎《探索修辞的美——〈修辞学发凡〉与美学》等。但不同意"两大分野"说的人也不少。例如季世昌、费枝美《现代汉语修辞学研究中的几个问题》认为"把修辞分为消极修辞和积极修辞,这样定名是不科学的"。邱巨《试论消极修辞和积极修辞及其关系》也指出,"消极修辞"和"积极修辞"其实是"很难截然分开"的,"消极修辞"和"积极修辞"应该融入用词、造句、语段、篇章、语体、风格、标点等内容之中,不必分开来单独讲。谭永祥的反对态度更为明显坚

[①] 本文原载《当代修辞学》1992年第1期。又《语言文字学》1992年第3期全文转载。

决,他的《"修辞的两大分野"献疑》认为,"两大分野"的划分,存在无法克服的内外矛盾,所谓外部矛盾"是指消极修辞跟语法、逻辑、词汇等方面界限不清,而根子主要在消极修辞身上";所谓内部矛盾包括"消极修辞跟积极修辞的矛盾"和"消极修辞理论自身存在的矛盾"两方面。这种矛盾说明"两大分野"的术语和划分应该取消。他的《消极修辞的专著在哪里》用事实说明,"消极修辞"名存实亡,完全没有虚设的必要。张静、郑远汉主编的《修辞学教程》(1939)进一步指出,所谓"消极修辞""积极修辞",其实不是"运用语言、进行实际修辞活动的人意识到的分别",而是"修辞学者根据自己提出的标准'建立'起来的类别","这样的分法缺乏坚实的科学根据",权威的"两大分野"受到了冲击。

(三)"一般"与"特殊"分类法

吴士文在《修辞讲话》(1982)中将修辞手法分为"一般性修辞"和"特殊性修辞"两类,他后来的《修辞格论析》(1986)仍坚持这种分法,只把"特殊性修辞"改称"特定性修辞"。一般性修辞又分为"辞规"和"辞风"两类,特定性修辞也分为"辞格"和"辞趣"两类。这种分类实质上跟"两大分野"说一样,"一般性修辞"相当于"消极修辞","特定性修辞"相当于"积极修辞",名称不同而已。吴士文、冯凭主编的《修辞语法学》(1985)中"常规"与"超常规"、"规范"与"变通"等提法与上述看法类似。

李维琦在《修辞学》(1986)中将利用文艺的、心理的、逻辑的、历史的、美学的等语言因素而构成的修辞统为"特殊修辞",与之相对立的当然是"一般修辞",即利用语言因素而进行的修辞,包括"音韵修辞""词汇修辞"和"语法修辞"。这种分类标准是根据修辞的利用因素而定,完全不同于"消极"与"积极"的划分,也跟吴士文的"一般性"和"特定性"相异。这样分类从理论上来看简明清楚,容易把握,但实际上也有扯不清的地方,因为修辞时所利用的因素往往不是单一的,而是综合的或多重的。

(四)"规范修辞"与"艺术修辞"分类法

戴磊《汉语修辞学研究的对象和范围》认为,无论说话或写文章,"主要要求达意的明白和语言本身的规范化(包括语音、词汇、语法的规范化),可以称之为规范修辞";如果进一步要求"形象、生动和语言本身的美化(艺术化),这可以称之为艺术修辞(或美的修辞)"。"前者是基础,后者是提高。"这种分类跟"消极""积极"说异名同实,标准是一样的。

(五)"四法"分类法

所谓"四法",是指"譬喻法""化成法""布置法""表出法",也源自日本岛村泷太郎的《新美辞学》。在龙伯纯最初采用这一学说时,"四法"只是"积极的想彩"下面的小类,陈介白《修辞学》(1926)调整为"五法"(减"布置法",增"结构法"和"代替法"),也明确为"辞格"下面的小类。这都不是对整个修辞现象的分类。但到郭步陶的《实用修辞学》(1934),则将传统的篇章句字的修辞法都归属于"四法",这实际上已是对整个修辞现象的分类了,其分类根据是修辞的具体手段。但这种分法实难范围所有的修辞现象,故对后世影响不大。

(六) 语言单位分类法

即根据语言运用的单位(字、词、句、段、篇)归纳修辞现象,分为炼字(词)、选句、谋段(章)、布篇等等类项。这是一种传统的分类法,古今常用,或称为用词、造句、谋篇,或称为字法、句法、段法、章法、篇法等。每级语言单位中都可以归纳出若干具体的修辞方法。有的在语言单位下还分有次类,如宋文翰《国语文修辞法》(1935)先按篇、句、词的语言运用单位分为几部分,每部分下再分为"消极修辞"与"积极修辞"两类。也有不涉及篇章段落的,只谈用词、造句,外加"辞格",如倪宝元的《修辞》(1980)等。

(七) 语言要素分类法

即按照语言的三要素,把相关的修辞现象分为三类:语音修辞、词汇修辞、语法修辞。但一般在三类之外再加上"辞格"或"修辞方式"一类,这实质上就跟李维琦的"一般"与"特殊"的划分相一致了。张弓的《现代汉语修辞学》(1963)可算是这种分类的代表。

(八) 语体领域分类法

通常见到的"广告修辞""秘书修辞""文艺修辞""课堂用语修辞""相声修辞"等等说法,实际上就是按应用领域或语体特征标准分出来的类别。有人提出要以语体为纲建立修辞学新体系,也正是想用语体的分类来统领修辞的各种现象。

上述八种分类,前五种都是按照修辞现象本身的某一性质或特征来划分的,而后三种却不然。语言的单位要素、语体特征或应用领域,这些都不是修辞本身的性质或特征,而是与修辞有关的另一事物;语言单位是修辞支配的具体对象,语言要素是修辞得以进行的物质工具,语体特征是修辞活动的结果,应用领域是修辞服务社会的范围。根据这些事物来分类显然并不是修辞现象本身的分类,原则上并不可取,但作为一种学术体系或专著构架,仍有存在的价值,只是在这种体系或构架之下,修辞现象本身还需要再分类。

拙意以为,对修辞现象的大类,可以尝试从结构特征的角度进行划分:凡是具有比较固定的结构方式,可以类推和反复出现的修辞现象为一类,例如通常所说的"辞格""辞式""修辞手法""修辞方式"以及吴士文等人所总结的"辞规"等,这类修辞现象可以称为"有定修辞",比所谓"积极修辞"的范围要广,从效果来说并不全是积极的,用得不好,也可能消极甚至糟糕透顶。除此之外是另一类,即没有固定的结构方式,只是随情适境的偶然性修辞,不可以类推到别的句子别的场合,因而一般不会反复出现,例如通常所说的"选词""炼字""选择词义句型"等。这类修辞现象可以称为"无定修辞",比所谓"消极修辞"的范围要窄小得多。我们不认为所有的语句都是修辞,修辞实质上是对可能存在的同义形式作出选择,要选择当然是选好的,因此,所有的修辞现象从主观效果上说都应该是积极的。但这只是个初步想法。有定式究竟有哪些结构形式,无定式又究竟包括哪些具体情况,还有待进一步的分析研究。

文艺修辞学研究概观[1]

文艺修辞学实际上是"语体修辞学"的一个分支，它以文艺作品或文艺语体中的修辞现象为研究对象，从语言运用的角度阐述文艺修辞的特殊方法和规律。由于分科的角度不同，文艺修辞研究的具体内容跟其他各类和各科的修辞现象的研究有不少重复或交叉的地方。王建华曾作过《文艺修辞学的回顾和前瞻》（《语文导报》1986年第2期），我们这里参考王文的部分材料再作一些增补调整，力图更全面地反映该学科的研究概貌。

"文艺修辞学"这个名称是近年来才出现的。传统的对文艺作品的修辞学研究通常称为"作家作品语言研究"，现在也还有叫"作家作品修辞技巧欣赏"之类的。对古典文学的语言研究和鉴赏，在我国有着源远流长的历史。张志公对此有过比较简明恰当的总结，他说："我国的文学语言研究有很悠久的历史。这种研究从如何做文章的角度，从遣词造句入手，大部分精力花在词语的解释、训诂上。到《文心雕龙》，开始有些系统性。后来又有了众多的诗话、词话、杂记、随笔等。在作家文学语言的研究方面，取得了一定成果。但这些研究多囿于欣赏的圈子，大都是一鳞半爪的、感想性的、评论性的，缺乏系统性，也很少定性定量的分析，因此比较玄虚，科学性不很强，也就不很有说服力。甚至同一语言现象，不同人可以有完全不同的分析、评价。例如宋祁有名的'红杏枝头春意闹'一句中的'闹'字，李渔和王国维就有截然不同的评价。"[2] 可见，传统的作家作品分析基本上还是属于文章学、文学评论之类的，并没有真正建立起从语言修辞着眼的比较完备的科学体系。

文艺修辞学作为修辞学的一门分支学科在现代的独立，首先是以理论上的探索和体系的逐步形成为标志的。二三十年代有关"积极修辞"的分类和论述，事实上已经涉及文艺修辞的基本要求和某些理论，如陈望道《修辞学发凡》（1932）所谓"表现的境界"就是以生动地表现生活的体验为目的，表达的手法是具体的、体验的、情感的。这些都适合于文艺语体，陈望道还先后写过《关于文学的诸问题》（1933）、《语言学和修辞学对于文学批评的关系》（1935）、《文言白话和美丑问题》（1923）、《美学概论》（1926）等论著，阐述了他的符合语文辩证法的文艺修辞思想，具体表现在他始终用对立统一的观点来阐明"文艺修辞和文艺批评""文艺修辞和白话文学"以及"文艺修辞和语言美'等各种关系。[3] 1949年铁马的《论文学语言》出版，分别从诗的语言、小说的语言、戏剧的

---

[1] 本文原载《襄阳师专学报》（社科专号）1991年第3期。
[2] 王建华整理《张志公先生就作家文学语言研究问题答问》，《修辞学习》1985年第1期。
[3] 参见张德明《陈望道的文艺修辞思想——纪念陈望道逝世十周年》，《修辞学习》1987年第5期。

语言、散文的语言等不同角度，较全面地论述了文学语言及其各个分支语体在语体运用上的特点。这是文艺修辞学理论探讨的先声，它为文艺语体的修辞研究奠定了基础。

其后，随着语体学的兴起和深入，文艺语体的研究渐被重视，并略成系统。杨欣安等人编著的《现代汉语》第四册第六编《修辞》（1958）、张弓《现代汉语修辞学》（1963）、王希杰《汉语修辞学》（1983）等著作都曾论及文艺语体的修辞特征。如张弓认为文艺语体"以语言形象的完整性、生动性，语言的丰富、高度的美感性为特征"，并指出"文艺作品语言的研究，是修辞学语体部分的最丰富生动的内容"。王希杰把文艺语体的特征归纳为"语言的形象性、平常词语的艺术化和人物语言的个性化"，并具体分析了文艺语体各分支（散文体、韵文体和戏剧体）的语言特点和修辞要求，如散文体的特点是"多样性和统一性"，韵文体的特点是"音乐美和变异性"，戏剧体的特点是"口语化、个性化和动作化"。这些都是比较自觉和有系统地研究文艺修辞的。

郑颐寿《论文艺修辞学》（《修辞学论文集二》（1984））的发表，则标志着这门分支学科地位的基本确立，因为该文比较全面地论述了文艺修辞学的性质、作用、特性及任务等一系列基本理论。文章认为，"研究各种语体，阐明修辞方面普通的、基本的概念、理论、方法、规律、目的和效果的科学，就是'普通修辞学'；集中一个门类，阐述修辞方面特殊性的概念、理论、方法、规律、目的和效果的科学，就是'专门修辞学'"。而"文艺修辞学"正是"专门修辞学"的一种，其任务主要"在于从语言运用的角度阐述文艺修辞特殊性的方法和规律"，"普通修辞学"与"文艺修辞学"的关系是面与点、一般与特殊、普及与提高的关系。"文艺修辞学"本身由于诗歌、散文、小说、戏剧等不同的作品对象，它既要研究这些不同体裁文章修辞的共性，也要研究其特殊性，所以下面又可以形成诗歌修辞学、散文修辞学、小说修辞学和戏剧修辞学等更小的分支。文章分析了文艺作品在语言运用方面所具有的"形象性、生动性、情意性、变异性、音乐性、多样性和独创性"等基本特征及其下位语体的个性特征，进而指出："文艺修辞是沟通文学和语言学的一座桥梁，是一门边缘科学，它还同文章学、文艺学、风格学、美学、心理学等都有着十分密切的联系。学习研究文艺修辞学必须与这些有关学科融会贯通才能左右逢源，相得益彰。"所有这些论述，表明文艺修辞的理论地位已经确立，其学科体系也已基本形成。

在郑颐寿前后，研究文艺修辞的理论性文章还有一些，它们共同丰富和完善了文艺修辞学的理论和体系，自然不可忽视。例如张德明的《文艺修辞学的研究对象刍议》（《锦州师院学报》1982年第2期）一文先于郑颐寿正式打出了"文艺修辞学"的牌子，并探讨了研究对象问题，这无疑为后来文艺修辞学的正式确立奠定了基础。再如哈华《文学是语言的艺术——文学随笔之一》（《修辞学习》1982年第3期），刘焕辉《修辞的社会性与文学作品的时代气息》（《修辞学论文集二》），黎运汉《论文学作品的语言波澜》（《修辞学论文集二》），吕叔湘《文学与语言的关系》（《修辞的理论和实践》），尹世超《幼儿文学语言的修辞特点》（《修辞学论文集二》），刘善群、周建民《文学作品中科技语言的运用》（《修辞学论文集二》），王建华《张志公先生就作家文学语言研究问题答问》（《修辞学习》1985年第1期），彭嘉强《"语言要有形象，也要有美感"——工人作家胡万春谈文学语言》（《修辞学习》1984年第4期）及《心中语、笔下文——著名剧作家曹禺谈语言艺术》(《修辞学习》1984年第4期),《写诗作文须讲究修辞——作家夏征农谈学习文学语言》(《修辞学习》1985年第1期),张乃立《戴厚英谈小说语言的锤炼》(《修辞学习》1986年第2期),王希杰《语言艺术古今谈》(《修辞学习》1986年第1、2、3、4、6期),张宏梁《戏剧语言中嫁接艺术》(《修辞学习》1986年第1期),马鸣春《戏剧称谓变换显示的人物关系变化》(《修辞学习》1986年第2期),刘大为《语义场与诗歌语言》(《修辞学习》1986年第3期),方克强《锐意创新的诗歌语言——新时期诗歌语言探讨之一》(《修辞学习》1986年第3期)及《表现方法的现代倾向——新时期诗歌语言探讨之二》(《修辞学习》1986年第6期),刘大为《诗歌:挣脱语法的桎梏》(《修辞学习》1986年第6期,1987年第1期),叶澜《新奇的艺术时空》(《修辞学习》1986年第6期),李忠初《相声修辞初探》(《修辞学论文集》1981年),苍舒《修辞是诗歌的生命》(《修辞学习》1982年第3期),金路、金自强《古诗的音律美》(《修辞学习》1984年第3期),孙占琦《占铁成金——谈点化》(《修辞学习》1984年第3期),徐祖友《"化腐朽为神奇"举隅》(《修辞学习》1984年第3期),江公奴《文章语言的音乐美》(《修辞学习》1984年第4期),孙晓野《古汉语文学语言的语言性质》(《古籍整理研究学刊》1990年第3期),柴春华《谈散文语言的节奏美》(《修辞学论文集一》),张德明《鲁迅的文学修辞观和修辞技巧初探——为纪念鲁迅诞辰一百周年而作》(《修辞学论文集一》),潘嘉静《现代散文体的语言》(《修辞学论文集四》),黄汉生《比拟与人物塑造》(《修辞学论文集四》),陈晨《台词动作性的修辞规律》(《修辞学论文集四》(1987)),常敬宇《老舍谈修辞》(《修辞学习》1987年第1期),彭嘉强《谌容谈文学语言和小说创作》(《修辞学习》1987年第2期),朱永燚《小说中的超长型定语》(《修辞学习》1987年第2期),周成《从唐人绝句的含蓄美看积极修辞的特殊效应》(《修辞学习》1988年第4期),王芃《对"探索小说"语言的探索》(《修辞学习》1988年第1期),李雪梅《雨的描写与语境》(《修辞学习》1988年第1期),刘大为《文学语言研究方法论》(《修辞学习》1988年第3期),胡范铸《文学语言阐释刍议》(《修辞学习》1988年第3期),张宁《形与声:文学语言的双线研究》(《修辞学习》1988年第3期),申小龙《汉语文学语言的流块建构》(《修辞学习》1988年第3期),童山东《当代小说:语言之潮》(《修辞学习》1988年第3期),齐沪扬《突破日常逻辑之后——小说语言句式的新变》(《修辞学习》1988年第3期),方克强《语象结构的修辞功能——新时期诗歌语言探讨之三》(《修辞学习》1989年第3期),刘成刚《诗歌语言与内部语言》(《修辞学习》1989年第3期),马鸣春《戏剧称谓变换显示的出场人物变化》(《修辞学习》1989年第3期),万国政《唐诗"景语"的视角——修辞鉴赏随谈》(《修辞学习》1988年第1期),王学奇《元曲反语见意修辞论析》(《修辞学习》1990年第3期),于其化《诗歌的借喻》(《修辞学习》1990年第3期),李凌云《浅谈唐宋绝句中的比喻》(《修辞学习》1984年第2期)等等,或总论文艺(文学)修辞的性质、特点、方法和规律,或分论文艺(文学)修辞某一方面的理论问题,或就某类文艺(文学)作品的总体语言特点和修辞现象作归纳整理,或就某类作品的某一方面某个具体问题作专门论述,总之都是对某类作品或某类现象的带有理论性或规律性的探索,它们从各自不同的角度和方面丰满着文艺修辞学的形象。

文艺修辞学第二个方面的重大成绩是全面展开了对具体作家作品中修辞现象的揭示总结和分析评价。《修辞学习》自创刊以后，几乎每期都刊有这方面的文章，所设"作家作品修辞技巧赏析""语文教材修辞分析""文学语言"等栏目是这类文章出现比较集中的地方，1988年第3期还是文学语言研究专号，其他修辞学论文集中也有不少此类文章。据不完全统计，1949年至1990年，全国报刊和有关论文集中共发表这方面的文章560余篇。这些论文就范围来说，几乎遍及古往今来各种常见的作家和作品，如殷孟伦《略谈〈红楼梦〉作者曹雪芹对语言艺术的认识》(《文史哲》1955年第2期)，卫仲潘《司马迁的讽刺语言艺术》(《文史哲》1958年第2期)，郭在贻《试论李贺诗的语言艺术》(《杭州大学学报》1978年第1期)，吴晓铃《试论关汉卿的语言》(《中国语文》1958年第6期)，张涤华《李商隐诗里的修辞手法》(《修辞学习》1982年第1期)，程俊英、万云骏《〈诗经〉的语言艺术——兼谈诗、词、曲的修辞》(《文学遗产》1980年第3期)，傅继馥《论〈儒林外史〉语言的艺术风格》(《江淮论坛》1980年第4期)，聂国栋《略谈〈左传〉的语言艺术》(《四川大学学报》1979年第3期)，徐金域《试论〈水浒传〉的语言特色》(《广西师院学报》1983年第2期)，张稔穰《〈聊斋志异〉语言特色简论》(《文学遗产》1983年第2期)，万云骏、宋绍发《漫谈稼轩词修辞技巧的特点》(《修辞学习》1982年第4期)，范进军《辛词用典的修辞作用》(《修辞学习》1984年第1期)，程先熙《〈老子〉语言美浅谈》(《修辞学习》1984年第4期)，潘晓东《〈红楼梦〉语言的立体感》(《修辞学论文集一》)，张维耿《〈老残游记〉的语言艺术》(《修辞和修辞教学》1985年)，黄岳洲《〈出师表〉修辞分析》(《修辞和修辞教学》)，黎运汉《简谈〈岳阳楼记〉的声律美》(《修辞和修辞教学》)，乐秀拔《一曲抒写归田情趣的乐章——〈归去来辞〉修辞特色浅谈》(《修辞学习》1988年第4期)，吕美生《月照秦淮庆难排——李煜〈浪淘沙〉赏析》(《修辞学习》1989年第2期)，高蓬洲《〈琵琶行〉的语言特色》(《修辞学习》1989年第5期) 等等，都是对古代作家作品的修辞赏析，可以说从先秦到明清，大凡群经诸子、史记汉书、赋体乐府、唐诗宋词、剧曲小说以及某些典范的散文名篇等都有专文分析研究；甚至连甲骨金文中文学意味比较强的片断或篇章也有修辞语言方面的赏析文章，如张寿康《甲骨刻辞和吉金铭文的修辞举例》(《天津师专学报》1983年第1期)，叶保民《西周铭文〈师𩰫鼎铭〉的修辞技巧》(《修辞学习》1982年第2期) 等。在古典名著语言修辞赏析中，探讨《红楼梦》的文章最多，共计约有百篇。至于现代当代作家作品的分析研究，文章最多的数鲁迅及其作品，如林立《鲁迅旧诗的艺术风格》(《修辞学论文集二》)，欧川复生《鲁迅著作中的语言调整》(《修辞学论文集》1981年)，陆文蔚《试谈中学语文教材中鲁迅作品的修辞》(《修辞学论文集》1981年)，范嘉荣《鲁迅是讲究修辞的榜样——学习〈鲁迅手稿选集〉札记》(《修辞学习》1982年第1期)，金路《鲁迅小说中动词的运用》(《修辞学习》1982年第4期)，史锡尧《鲁迅作品实词换用试析》(《修辞学习》1984年第1期)，陈小荷《讽刺的语义分析——鲁迅作品学习札记》(《修辞学习》1984年第3期)，朱继华《动词与人物形象——谈鲁迅小说中动词的修辞功能》(《修辞学习》1984年第4期)，朱泳燚《鲁迅小说中运用比喻的特色》(《修辞学研究1》)，彭嘉强《论鲁迅"炼话"的修辞艺术》(《修辞学研究3》) 等，共计约150篇。其他如郭沫若、茅盾、老舍、巴金、赵树理、叶圣陶、朱自清、曹禺、郁达夫、冰心、沈从文、杨朔、孙犁、艾青、张天翼、李准、徐迟、峻青、王蒙、黄宗英、王拓、三毛、范小青、李存葆、何立伟、张笑天、贾平凹、刘索拉、刘兰芳、胡万春、魏巍、郑振铎、钱钟书、田汉、侯宝林、刘吉、琼瑶等作家艺术家的作品以及入选大中学各级语文教材中的文学篇章都有人从语言修辞的角度加以分析评论。

就被赏析作品的体裁形式来说，也已涉及文艺修辞学的各个分支部门。诗歌修辞方面的如：张德明《天安门革命诗歌的语言特色》（《延边大学学报》1979年第2期），木央《歌词赏析》（《修辞学习》1987年第6期），应华《例论〈诗经〉修辞艺术》（《河北学刊》1984年第4期），张器友《雅俗交触，文野一体——郭沫若旧体诗词语言艺术浅谈》（《修辞学习》1984年第3期）等；小说修辞方面的如：徐中玉《〈儒林外史〉的语言艺术》（《语文学习》1954年第6期），姜德梧《谈〈子夜〉的语言》（《语言教学与研究》1980年第1期），李保均《〈红旗谱〉的语言艺术》（《四川大学学报》1980年第3期），杨一冰《略谈赵树理小说的语言特色》（《修辞学论文集一》）等；戏剧修辞方面的有：钱谷融《曹禺戏剧语言艺术的成就》（《社会科学战线》1979年第2期），宋绵有《〈西厢记〉语言运用的技巧》（《南开学报》1980年第4期），韩立群《论郭沫若历史剧的语言特色》（《山东师大学报》1984年第6期），吴家珍《谈曹禺戏剧的舞台指示语言》（《修辞学论文集四》）等；散文修辞方面的有：振甫《韩愈散文的技巧》及《柳宗元的散文》（《新闻战线》1959年第22、19期），陈启彤《杨朔散文的语言风格》（《吉林大学学报》1979年第6期），柴春华《试谈朱自清散文的语言艺术》（《修辞学论文集》1981年），蒋荫楠《感情深沉真挚、语言质朴自然——〈背影〉语言艺术简析》（《修辞学习》1985年第2期）等。此外还有电影：刘景清《李准电影剧作的语言特色》（《电影新作》1979年第3期），周家筠《影片命名的艺术》（《修辞学论文集二》），吴慧颖《〈芙蓉镇〉运用对偶的特色和创新》（《修辞学习》1984年第4期）；曲艺：钱倚云《试谈飞白辞格在曲艺中的运用》（《修辞学习》1983年第2期），潘晓东《侯宝林相声语言略论》（《修辞学习》1987年第3期），张德明《刘兰芳评书语言风格——以〈岳飞传〉为例》（《修辞学习》1988年第3期），汪人文《动态艺术的杰作——扬州评话动词运用技巧初探》（《修辞学习》1989年第1期）；儿童文学：尹世超《幼儿文学语言修辞特色》（《修辞学论文集二》），实为对《365夜》这本儿童读物的修辞艺术所作的分析；史传文学：韩兆琦《〈史记〉的特殊修辞与畸形句例》（《北方论丛》1983年第4期），聂国栋《略谈〈左传〉的语言艺术》（《四川大学学报》1979年第3期）；诸子散文：吴旭民《〈孟子〉的修辞技巧》（《修辞学习》1982年第4期），黄敏《〈庄子〉修辞手法初探》（《修辞学习》1982年第4期）等等不同角度、不同层次的专体文学修辞研究。

就评析文章的内容和方式来说，更是五花八门。有就某一作家的整体语言艺术或修辞技巧作探讨的，如吴晓铃《试论关汉卿的语言》（《中国语文》1958年第6期），吴立昌《"文字的魔术师"——沈从文》（《修辞学习》1987年第4期）；有就某一作家在某一类文学作品中的整体语言艺术或修辞技巧作探讨的，如俞正贻《朴实、生动、简练——茅盾短篇小说语言特色初探》（《修辞学研究1》），杨一冰《略论赵树理小说的语言特色》（《修辞学论文集一》），陆稼祥、孙春芳《郁达夫小说语言的艺术特色》（《修辞学习》1988年第2期），杨音《形象刻画逼真，叙述娓娓动听——王拓小说的语言艺术》（《修辞学习》1988年第2期），郑琅《谈田汉歌词的语言特色》（《修辞学习》1987年第2期），史青《冰心散文的语言艺术》（《修辞学习》1987年第5期），张劲秋《略谈李清照的修辞手法》（《修辞学习》1985年第1期），杨小翠《通俗：白居易诗歌语言的特色》（《修辞学习》1986年第3期）；有就某一方面或某一代表作来窥探某一作家或某一类文艺作品的总体艺术特色和修辞技巧的，如：朱希祥《文学语言琐议——从贾宝玉大观园题额谈起》（《修辞学习》1985年第1期），张觉《从〈归园田居〉（其一）看陶渊明的语言艺术追求》（《修辞学习》1987年第6期），徐丹晖《从〈小木屋〉看黄宗英作品的修辞特色》（《修辞的理论与实践》）；有就某一作家的某种语言特色或某一修辞现象加以研究的，如李海珉《全方位的文学比喻——张笑天比喻特色谈片》（《修辞学习》1989年第4期），朱泳燚《协调语言音节的种种手段——叶圣陶修辞艺术学习札记》（《修辞学论文集》1981年），黄德宽、杨晓黎《"他有真正的画笔和颜料"——谈张天翼小说语言中色彩词的运用》（《修辞学习》1984年第3期），罗昕如《沈从文作品词语锤炼管见》（《修辞学习》1985年第1期），刘一玲《语体的翻新——王蒙小说里的艺术化公文》（《修辞学习》1986年第2期），高乃云《老舍小说的用词艺术》（《修辞学习》1986年第2期），于根元、刘一玲《淡绿的底色——王蒙小说语言的鲜活》（《修辞学习》1986年第2期），陆黛《田汉戏曲唱词的音乐性》（《修辞学习》1987年第2期），廖光霞《曹禺剧作中"双关"的妙用》（《修辞学习》1987年第4期），徐子亮《地方色彩的透现——谈范小青作品方言词的表现力》（《修辞学习》1988年第6期），王国娟、王文强《从李存葆小说谈俚俗语的合理运用》（《修辞学习》1988年第6期），贺锡翔《试析艾青诗作的用词、造句特色》（《修辞学习》1989年第1期），谢红华《新意·诗意·画意——析何立伟小说语言的创新》（《修辞学习》1989年第3期），史锡尧《老舍关于人物的比喻》（《修辞学习》1989年第4期），常敬宇《老舍作品中的变异修辞》（《修辞学习》1989年第4期），刘一玲《不断探索的历程——王蒙小说语言的历史发展》（《修辞学习》1988年第3期）；有探讨整部（篇）作品的总体语言特色或修辞方法的，如：王永《论〈红楼梦〉的语言艺术》（《延河》1957年第1期），柴春华、肖天柱《〈存〉的修辞分析》（《修辞学习》1982年第2期），游品珩《虚写衬托，简淡清新——〈与朱元思书〉中的语言艺术浅析》（《修辞学习》1984年第2期），孙古琦《"稽新"生机趣——〈红楼梦〉修辞艺术漫笔》（《修辞学习》1985年第1期），张乃立《"秋声"何以夺人心？——谈〈秋声赋〉的语言艺术》（《修辞学习》1985年第3期），杨达英《喻声拟志，抒情写意——浅谈〈听潮〉的语言艺术》（《修辞学习》1985年第3期），谢则林《情动词发，言随意遣——〈离不开你〉的修辞特色》（《修辞学习》1985年第4期），班吉庆《口述实录文学〈北京人〉修辞特色初探》（《修辞学习》1986年第2期），裴彦贵《浅谈〈世说新语〉的语言美》（《修辞学习》1986年第2期），殷国明《〈野草〉——语言梦幻美的精品》（《修辞学习》1986年第3期），黄岳洲《〈孔雀东南飞〉修辞分析》（《修辞学习》1986年第3期），安达《滑稽人传，深得语言三味——〈史记〉语言艺术举隅》（《修辞学习》1987年第4期），张学贤《〈阿房宫赋〉修辞赏析》（《修辞学习》1988年第1期），杨青《声色俱美、清新隽永——〈我的空中楼阁〉赏析》（《修辞学习》1987年第2期），宁义辉《〈杜晚香〉的语言特色》（《修辞学习》，1988年第6期），彭嘉强《胡万春〈蛙女〉的文学语言》(《修辞学习》1989年第1期)，徐念奎《诗意联翩，悄思绵绵——魏巍〈依依惜别的深情〉的语言特色》(《修辞学习》1989年第4期)，江涛《情真辞切促归降——谈〈与陈伯之书〉的修辞艺术》(《修辞学习》1989年第4期)，崔志勇《析郑振铎〈海燕〉的语言特色》(《修辞学习》1989年第5期)；有专论某部（篇）文学作品种某种修辞现象或某一方面的语言特色的，如吴蓝铃《〈红楼梦〉象声词妙用举隅》(《修辞学论文集四》)，步梅新、刘铁岩《谈巴金〈家〉的比拟》(《修辞的理论与实践》)，许毅《〈琵琶行〉的语言音乐美》(《修辞学习》1986年第3期)，文达《红花绿叶、烘云托月——〈明湖居所听书〉的衬托手法》(《修辞学习》1986年第6期)，王国娟、王文强《用情炼字，一字传情——〈二月〉的遣词特色》(《修辞学习》1986年第3期)，许利英《通俗易懂，发人深思——谈〈水浒传〉俗语运用》(《修辞学习》1986年第3期)，尤志心《〈红楼梦〉比喻赏析》(《修辞学习》1987年第1期)，和鸣《浅谈〈聊斋志异〉中的用典》(《修辞学习》1987年第5期)，彭嘉强《谈〈子夜〉惯用语的民俗修辞特色》(《修辞学习》1989年第4期)，辛尚奎、周成《〈骆驼祥子〉中色彩语辞的功能凸现》(《修辞学习》1989年第3期)，蒋星煜《〈西厢记〉名句初探》(《修辞学习》1989年第5、6期)，邵敬敏《毛茸茸的感情与下意识的力量——〈红高粱〉心理描写语言分析》(《修辞学习》1988年第3期)；有专就某部（篇）作品的部分章节或部分人物场景或部分特定的内容来评析其修辞技巧和语言特色的，如：杨庆蕙《浓淡相宜，起伏有致——漫谈〈红楼梦〉第三回的修辞特色》(《修辞学论文集一》)，陈坚《论李逵语言的特点》(《修辞的理论与实践》)，李锡澜《孔子语言艺术一例——〈论语·季氏将伐颛臾〉章修辞简析》(《修辞学习》1986年第5期)，樊鸿武《〈荷花淀〉标点的修辞作用》(《修辞学习》1986年第3期)，谭学钝《〈水浒〉一百零八将浑名的修辞艺术》(《修辞学习》1986年第1期)，刘力生《"齐桓晋文之事"的语言特色》(《修辞学习》1986年第2期)，岳云堂《〈新星〉旁白的艺术》(《修辞学习》1986年第6期)，木良《感心动耳、荡气回肠——略谈〈陈州粜米〉第一折唱词的修辞特色》(《修辞学习》1987年第2期)，邹光椿《"没嘴葫芦"的口语技巧——袭人的一次心理战剖析》(《修辞学习》1987年第1期)，邱来璜《摹神写真，曲折传情——从一个场面描写浅赏〈聊斋〉》(《修辞学习》1988年第2期)，徐朝辉《林黛玉的语言特色》(《修辞学习》1989年第3期)，谢浩范《怡红院里的一场"我们"仗——〈红楼梦〉对话赏析》(《修辞学习》1989年第4期)；也有比较作家作品语言修辞的异同或指出作家作品语言修辞毛病的，如万国政《班马异趣，文史殊途——〈鸿门宴〉修辞比较》(《修辞学习》1987年第1期)，杨达英《谈贾平凹〈腊月·正月〉与话本笔记》(《修辞学习》1988年第3期)，谭学钝《月亮与太阳：李白与艾青诗歌的核心语象》(《修辞学习》1988年第3期)，于根元《他有待于写出更加成熟的作品——王蒙小说语言的不足之处》(《修辞学习》1988年第3期)，嵇鸿《从一篇儿童小说谈起》(《修辞学习》1986年第6期)，罗宋坤《〈史记〉修辞辩证篇——也谈〈史记〉修辞之偶疏》(《修辞学习》1986年第5期)，邹光华《〈鸿门宴〉的若干败笔》(《修辞学习》1986年第5期)；如此等等，角度不同，方式各样，使文艺修辞展现出了立体的全方位的研究态势。

文艺修辞学研究的第三大方面的成就是出版了相当可观的学术专著，如周振甫《诗词例话》（中国青年出版社 1962 年版），李葆瑞《诗词语言的艺术》（吉林人民出版社 1981 年版），张静《文学的语言》（河南人民出版社 1981 年版），林东海《诗法举隅》（上海文艺出版社 1981 年版），朱泳燚《叶圣陶的语言修辞艺术》（宁夏文艺出版社 1982 年版），陆文蔚《鲁迅作品的修辞艺术》（山东教育出版社 1982 年版），陈如江《诗词百品》（上海社会科学院出版社 1989 年版），方师铎《详析〈匆匆〉的语法与修辞》（台湾学生书局 1983 年版），王臻中、王长俊《文学语言》（江苏人民出版社 1983 年版），陆炎《中学语文修辞举要》（新疆人民出版社 1983 年版），严迪昌《文学风格漫说》（江苏人民出版社 1983 年版），姜宗伦《古典文学辞格概要》（云南人民出版社 1984 年版），林兴仁《〈红楼梦〉的修辞艺术》（福建教育出版社 1984 年版），夏传才《诗经语言艺术》（语文出版社 1985 年版），马威《戏剧语言》（上海文艺出版社 1985 年版），胡永林主编《文学比喻词典》（陕西人民出版社 1986 年版），倪宝元、章一鸣《书家锤炼词句》（浙江教育出版社 1988 年版），启功《诗文声律论稿》（中华书局 1977 年版），周中明《〈红楼梦〉的语言艺术》（漓江出版社 1982 年版），卢兴基、高鸣鸾《〈红楼梦〉的语言艺术》（语文出版社 1985 年版）等等，有就整体论述的，有就某类文艺作品立论的，有专论某部文艺作品的，也有专论某方面的修辞现象的。作为一门专科学术，能出版这么多的专著，实属难得。这与文艺修辞学的边缘性质和它在整个修辞学中的重要地位是有关的。下面介绍几部与作家作品修辞分析直接相关的著作和概论文学语言的著作。

陆文蔚的《鲁迅作品的修辞艺术》，8 万余字，对 1956 年以来历次选入统编中学语文教材中的 26 篇鲁迅作品，从选词炼句、联辞结采（包括 13 个常用辞格和修辞手法的综合运用）、布局谋篇、人物名称和题目标点等五个方面进行了全面具体的分析。与陆著同年（1982）还出版过刘焕辉的《语言的妙用——鲁迅作品语言独特用法举隅》，它着重分析鲁迅作品中独具匠心的特殊语言现象，计有"词语的创新用法"（包括特造、仿造、翻造、易词、古语词和外来词的灵活借用等），"词类的精彩活用"（包括名词和形容词当动词用、连词的重复和叠用、连词和介词的特意混用、数词的特意变动、"们"字的特殊用法等），"句子的特殊组织"（包括句子成分的特意增删、同位成分的多重叠用、独词句的警辟用法、句子结构和句群的特殊组织等），"标点符号的特殊用法"共四节。这些"语言形式的特殊用法，实际上是个修辞方式问题，即人们通常所说的辞格"（作者《初版后记》）。

林兴仁《〈红楼梦〉的修辞艺术》，15 万余字，第一次用专著形式全面论述曹雪芹的语言表达艺术。全书除前言后记外，分语音修辞手段的运用、词语的选择和运用、句式的选择和运用、修辞方式的运用等四个部分。每部分又分若干小类，条分缕析，共论及 34 种修辞手法，并为每种修辞手法从《红楼梦》原著中找一句相关的话作标题，新颖别致，体现了文学修辞研究应有的特色。[①] 此书前后还出版过周中明的《〈红楼梦〉的语言艺术》和卢兴基、高鸣鸾《〈红楼梦〉的语言艺术》二书，也对《红楼梦》的总体语言特色和作者曹雪芹所用的具体修辞手段作了较为深入的探讨和分析。

---

① 参见朱泳燚《研究古典名著语言技巧的可贵探索——评〈红楼梦的修辞艺术〉》，《修辞学习》1986 年第 2 期。

张静《文学的语言》约 15 万字，共分六章。第一章概述语言、文学及文学语言的特点；第二至第六章按照文学语言的共同特点，分"准确贴切""鲜明犀利""生动活泼""精练含蓄""节奏明快"等专题，论述了各种体裁的文学作品对于语言的基本要求以及常见的运用语言的艺术技巧和表现手法。王臻中、王长俊的《文学语言》约 12 万字，共分九章。前三章主要谈文学语言的概念及性质特征，第四章"文学语言的搜集和提炼"，第五章"文学语言运用的辩证法"，第六章"文学语言的风格"，第七章"叙事文学的语言"，第八章"抒情文学的语言"，第九章"戏剧文学的语言"，分别论述了文学创作中的语言运用及各种文体中的文学语言现象。张、王二书比之四十年前铁马的《论文学语言》，自有其发展和创新处。

陈如江《诗词百品》也是修辞学与文学交叉研究的成果。它对古典诗词的艺术手法，诸如感情的表达、意象的浮现、情景的交融、语言的锻炼、结构的安排、韵律的和谐、诗趣的创造等，作了多视角、多层次的阐述。比如在结构的安排方面，作者分析了逆叙倒换法、疏密相间法、一字作纲法、交综呼应法、藕断丝连法；在韵律的和谐方面，分析了声义相切法、双声迭韵法、随情用韵法、四声参互法；在诗趣的创造方面，分析了无理而妙法、尺水兴波法、反复成趣法、借人映己法、认假作真法；如此等等，作者都结合大量的诗词作品进行深入贴切的剖析，可谓穷幽测深、发隐抉微，为读者结合修辞和文学来评析欣赏诗词提供了范例。[①]

[①] 参见梦君《〈诗词百品〉语言审美感受的独特结晶》，《修辞学习》1989 年第 3 期。

《二十世纪汉语修辞学综观》后记[①]

我做学问是从写一篇关于主谓之间用"之"字的文章开始的。当时，大学刚毕业，初生牛犊不怕虎，冒昧将稿子投到了《求索》杂志，谬承编辑先生的错爱，居然打算采用。正巧这时拜识了我后来的老师李维琦先生，他也认为此文写得可以，但说好像已经有人发过类似的文章，于是指导我去查阅五六十年代的《中国语文》，果然看到一篇。虽然观点和材料不尽相同，但毕竟是在探讨同一问题，不提及是不行的。结果文章是没有发成了，但我从中明白了一个道理：做学问得注重信息，得掌握已有的成果。此后，我就经常有意识地搜求有关资料，作为进一步研究的参考。如今，我好歹已发表了六十余万字的论著，但始终忘不了我的第一篇"遇难"的文稿以及李先生对我的教诲。

这本书就是从信息资料角度对20世纪汉语修辞学研究成果所作的综合评述，也间有自己的看法和设想。原本想写一部较完整的《二十世纪汉语学术史》，分绪论（偏重于汉语学史研究）、总论（偏重于汉语总体性或综合性研究）、分论（偏重于汉语分科研究）三大块，而修辞学只是"分论"中的一章。因跟着李维琦等先生写过一部《古汉语同义修辞》（已出版），对修辞学方面的材料较熟悉，所以写汉语学术史就从修辞部分开始。但由于本职工作负担过重，几乎不能在正常的时间从事写作，故而从1989年到1991年，历经两载半，仍然陷在修辞学材料中，根本没有办法全面展开。请了几位同人合作，也因为各自的事情而耽搁，始终未能进入状态。这样一来，要在近几年内完成初始的整体构想，恐怕十分困难。只好走一步算一步，先把修辞部分的材料整理成书再说，于是就有了这部《二十世纪汉语修辞学综观》。

《二十世纪汉语修辞学综观》写作后期，得见宗廷虎先生的《中国现代修辞学史》，获益匪浅，我从中增补了不少材料，有些观点也受其启发。但现在看来，《综观》的材料仍不完整，成书后不断有所发现，却没有精力再补进去了。原计划的几个附录（《二十世纪汉语修辞学大事谱》《国外修辞学研究译介论著目录》《港澳台地区汉语修辞学研究概述》等）也没有搞成。至于1991年以后出版的书刊，原本就是定在范围之外的，但书拖到这个时候才出版，中间这段空白无疑也成了遗憾。其他方面的缺陷固然还多，敬请读者诸君不吝赐教。

本书在撰写和出版过程中，得到林定川先生的大力支持和帮助。林先生是位对学术有执着追求的学者，我很高兴能够与他合作。马啸、赵云两位先生也向本书倾注

[①] 本文原载李运富、林定川《二十世纪汉语修辞学综观》，香港新世纪出版社1992年版。

了热情，谨此表示衷心的感谢。至于其他教育过和关心过笔者的先生和朋友，就不敢一一列举了，因为我怕这本不像样子的书玷污了他们的大名。但我心里是记着他们的，万一我有朝一日真的"出息"了的话，我会自豪地去向他们献礼！

李运富

一九九二年元月

综合及其他

当务之急在于全面提高教师的文化素质[①]
——21世纪中小学语文教育改革漫议

一

我自己读小学、中学的时候,恰值"史无前例的无产阶级文化大革命",一切懵懵懂懂,昏昏然成为过去,已想不起什么值得一提的学习体会了。高中毕业后,在农村当过几年民办教师,教过一点中小学的语文,每篇课文从解题、介绍作者和写作背景、读写生字生词、分析段落大意、归纳中心思想,到总结写作特点、练习组词造句等,依据固定的模式,照本宣科,周而复始,毫无变化。这样当教师基本上只起到一个传声筒或中转站的作用,无须动什么脑筋,没有任何的创新意识。虽然也搞"公开课"什么的,但评价教学的好坏主要是看板书清不清楚、学生回答问题积不积极和能否回答得出来,示范教师往往在课前就写好了小黑板,并要求全班同学在老师提问时懂与不懂都得举手,当然点名回答问题的总是那事先背熟了答案的几个尖子生。至于对课文的理解和知识点的掌握情况,通常是不会有什么争议的,大家彼此彼此,一切以教材提示或教参资料(那时的教参还比较少)为准,谁也不想弄出实际上也弄不出什么新道道来。因此,初中毕业的可以教初中,高中毕业的可以教高中,能有几个师范毕业的中专生或工农兵大学生,那已是凤毛麟角了。在这种状况下,中小学的教育质量可想而知。我当时总的感觉是特烦讲课,常常讲着讲着就没词了或不想讲了,于是让学生默读或朗读课文,自己茫茫然来回走动着,无聊得没劲透顶。1977年恢复高考制度以后,我有幸考入师范院校,并通过不断深造,最终获得文学博士学位,成了一名大学教授。随着自己文化素质的提高,我才发现语文知识的天地是如此广阔并充满情趣,我才悟出当年特烦讲授语文课的根本原因是自己胸中无货,一知半解地贩卖教材的那点死东西,自然会味同嚼蜡了。我敢保证,如果现在让我去教中学语文,我肯定能够游刃有余,绝不会再像当年那样因无话可说而感觉无聊了。记得在读大学时的教育实习中教高一语文,就明显感觉到比以前的语文课效果要好得多。由此可见,教师自身文化素质的提高对他所从事的教育工作是何等的重要。

现今的中小学师资队伍想必跟二十多年前大不相同,难以用我当年的情况来论衡了。但相对而言,随着社会的发展,国家的整体教育水平迅速提高,对从事教育工作的教师的文化素质的要求本来应该更高。从这样的高标准来看,如今的教师队伍是否普遍适应教育

[①] 本文原载《问题与对策:中小学语文教育改革》论文集,人民教育出版社2000年版。

工作的新要求恐怕也颇为值得怀疑。我说这话不是毫无根据的。我的女儿上小学五年级时做过一次用"训"组词的作业,她看到我有许多训诂学方面的书,问我"训诂"是不是一个词,我作了肯定的回答并略作了解释,结果她的语文老师给这个组词画了一个大大的"×",我女儿从此对我的语文水平产生了大大的怀疑,不再问我什么问题。进了初中,考试评卷后学生照例要改错,并要求家长检查签名。有一次我发现女儿在分析一个简单自然段的结构作用时丢了两分,她说这段话起"承上启下"的作用,而老师的标准答案是起"过渡"作用。我跟女儿说你的回答不算错,因为"承上启下"就是一种"过渡"的方式,比答"过渡"更为具体,不应该扣这两分。女儿对我的理解和宽容表示感谢,但还是坚持要按老师的要求予以更正。还有一次课外练习,要学生自己查资料或在家长的帮助下阅读一篇指定的文言文,然后到班上讲解。这可是我的专业长项,不管女儿乐不乐意,我都要借这难得一遇的机会在女儿面前显示一下自己的"才华",也好让女儿到班上去"抖抖神",于是摇头晃脑地给女儿讲了半天"之乎者也"。女儿听得兴致勃勃,似乎已经心领神会,恐怕还为有这样懂古董的爸爸而感到自豪呢。不料第二天女儿哭丧着脸回到家,说老师指出她有好几个地方理解错了。我叫女儿一一道来,原来并没有原则上的分歧,大多只是从字面上如何理解和根据文意如何翻译的问题。老师当然是有教参作依据的,而对跟教参稍有不同的表述就一律视为错误,这是否也可以看作知识欠宏通的一种表现呢?我对女儿的学习一向不太关心,因为女儿很自觉,而我也很忙,但通过上述之类偶尔接触的一些情况,使我对现今中小学语文教师的文化素质也算多少有一些间接的了解,老实说,我担心这样的师资队伍带到 21 世纪会很难适应教育形势的发展。

  我现在也有一些直接接触中学语文教师的机会,所了解的素质情况同样不容乐观。有的中学语文教师看到我发表的一些文章,把我错当成语文专家,写信来向我"求教"问题,甚至托我推荐发表他们的文章;在我们系里所办的自学考试辅导班、本专科函授班和硕士研究生职业课程班中,有许多就是中学语文老师,我常被派去给他们讲课,因而也常常被他们"请教"一些中学语文教材里的问题。作为中学老师,能够自觉主动地求学,并敢于提出问题来讨论,这本身确实是一大进步,是我当中学老师那个时代所不曾有的现象。但从他们所提的问题来看,语文知识的缺乏,分析解释语文现象能力的贫弱,是值得引起重视的。例如有两位中学老师联名写信来向我反映第一线语文教师的呼声,要求废除多音多义字,说每个字只规定一个读音,学生们就不会念错了,殊不知文字只是记录语言的一种工具,随意更改或增减字符的读音,势必削弱文字记录语言的功能,甚至引起口语交际中词语发音的混乱和语言系统中音义关系的混乱,这是缺乏语文常识的观点,是必然行不通的,我只好鼓励这两位好心的语文老师先看看有关语言文字的一些基础书籍再说。有人当面问我"听"的繁体字(聽)左边"耳"下的"土"如何讲解,我吃惊地告诉她那不是"土"而是"壬"(读作"挺"),是"听"字的声符;还有人坚持"鸡""赵"等简化字仍然是形声字,我说繁体的"鸡""赵"是形声字,而简化后的"鸡""赵"用简化符号"又"和"×"分别取代了原来的声符"奚"和"肖",它们不再具有标音功能,因而不再是形声字,这类字用传统的"六书"已无法分析,不要硬作分析,如果一定要分析的话,应该寻求另外的解说方法,例如我们可以说"鸡"是由义符"鸟"和简化符号"又"组成的合体字。又有人问我:"是故有天下七十二圣,其法皆不同"一句中的"有"教材注为"统治","统治"七十二圣似乎讲不通,是不是教材注错了?我说教材的注解不算错,"有"即"拥有""占有",可以意译为"统治",关键是你的句法分析错了,致使整个句意讲不通。"有"的对象是"天下"而不是"七十二圣","天下"不是"七十二圣"的定语,而是"有"的宾语,"有天下"这个动宾结构共同作"七十二圣"的定语,这样全句就讲通了,即"(曾经)统治(过)天下的七十二代圣人,他们(统治天下)的法制都不相同"。还有一句"譬犹两虎相斗,其势不得俱生"(未查对原文,大意如此),据说中学老师们颇有争议,分歧在"其势"是作主语还是作状语,坚持状语说的理由是"势"不得言"生"(生存),"生"的主语应该是"两虎"。其实这种分歧只是观察角度的不同,理论上是可以兼容并解释清楚的。从表层的语法结构看,"其势"处于主语的位置,"不得俱生"是对两虎相斗这种态势的说明,"其势"与"不得俱生"之间应该是主谓关系,如果将句式转换为"其势乃不得俱生之势",其中的主谓关系就显示得更清楚;但从深层的语义结构看,"俱生"无法与"其势"搭配,其逻辑主语应该是"两虎",句子的意思是,在两虎相斗的态势下这两虎是不能同时生存的。因此,我们可以根据语义结构补出"两虎"来作句意理解,而在语法形式上,无论是"其势〔两虎〕不得俱生"还是"其势不得俱生","其势"都应该是句子的主语。上述种种问题,都来自中学语文教材,它要求语文教师能够给予清楚正确的解释,然而我们有相当多的中学语文老师却难以胜任,往往力不从心。这充分说明现有师资队伍的文化素质还偏低,因此在讨论21世纪中小学语文教育的改革问题时,我们认为当务之急是要全面提高中小学语文教师的文化素质。

二

我们所说的中小学是指普通学校而言,所说的文化素质则主要是指专业知识而言。作为肩负着"传道、授业、解惑"重任的教师应该具备的素质是多方面的,现在强调的"素质教育"就是要求在学习文化知识的同时能让学生全面发展,包括德育、体育、美术、技能、性格,等等。针对目前存在的片面追求知识分数的倾向来强调全面发展是必要的,但这并不意味着在普通学校可以抛弃或轻视基础专业知识,我们决不能因此而走向另一个极端。实际上,学校教育的内容是随时代的变化而有所不同的,在先秦时代,社会结构和知识结构都比较简单,文史哲不分,学习与修身、齐家、治国、平天下有密切的关系,所谓"学而优则仕,仕而优则学",就是强调学中干、干中学的,因此当时的学校教育可以包括职业教育,通常以"六艺"(指五礼、六乐、五射、五驭、六书、九数)为主要内容,知识、技能、礼仪、人格、数理以及从政的原则方法等等都同样重要,但即使这样,也还有所不教,如樊迟"请学稼",孔老夫子就不肯教他,说"吾不如老农",意思是这类技术可以去向老农学习,而没有必要到学校来向老师学习。时代发展到今天,社会结构更为复杂,知识结构更为丰富,人生所需的一切知识、技能和品质都靠普通学校来培养事实上已办不到,因此教育必须分工。就普通学校的教育来说,基础知识方面的智能教育始终应该是重点、是中心,否则也就失去了办普通学校的意义。因为一般的生活技能或适应社会生存环境的能力主要是靠家庭和社会来培养（包括师傅带徒弟的培养方式），专业技术能力的培养则主要靠职业学校和职业实践，普通学校教育是辅助性的；而文化基础知识如语言、文史、数、理、化等知识的接受则主要靠普通学校教育，家庭和社会以及职业学校都是辅助性的。我们必须了解这种主、辅关系，以免轻重不分，浪费教育资源。教师是学校教育的主体，普通学校教育的主要内容是文化素质的培养，因而普通学校的教师所应该具备的多方面的素质中，文化素质也应该是主要的。当然这是就总体而言，落实到个体的教师身上，则要根据个人所承担的教学任务来确定自己的素质重点。我们现在所谈的对象是普通中小学语文老师，对他们而言，所谓"素质"，就主要是指文化素质，也就是语言文字、文学历史等方面的专业知识了。因此，"素质教育"并不能成为阻碍提高教师文化素质的借口，文化素质的提高正是落实素质教育的重要前提。

有人认为，中小学老师不就是跟孩子们打交道吗，能理解教材应付孩子就行，根本用不着什么广博高深的知识，因而也就无须提高什么文化素质。此言差矣！且不说现在的中小学老师未必真的都能理解掌握教材并应付孩子们的各种知识需求（上文所举的各种事例可以为证），即使果真如此，也没有什么值得骄傲和满足的。俗话说，要给学生一滴水，教师先得有一桶水。这话深得教育之理！名师出高徒，教师的知识越丰富越好。一个知识丰富、才华横溢的人，无形中会对周围的人产生影响；如果这个知识渊博、才华横溢的人是教师，那对他的学生们来说，无疑是一种福气。历史上的孔子、孟子、朱熹老夫子等教育大家，之所以能培养出大批有学有识有成就的学生以至对后世产生深远的影响，就在于他们具有深邃的思想和渊博的学识。近现代社会的一些知名学者和教授，如章太炎、黄侃、鲁迅、郭沫若、钱钟书、赵元任、王力、吕淑湘等，也无不堪称"通才"，他们的知识面是绝不限于自己所教或所从事的专业范围的。我们当然不能要求中小学老师都像这些"圣人""通人"那样无所不能、无所不晓，但尽可能提高自己的文化素质，以尽量满足中小学生天真好奇的知识需求，这一基本的教育原则是应该值得肯定的。实际上，孩子们对于文化知识的获取不仅仅限于课堂和教材，有相当一部分是在课外同教师的日常接触中、交谈问难中获取的，可见一个合格的优秀的中小学语文教师的知识储备是应该远远高于语文教材的。掌握更高层次的系统知识，不仅有益于课外辅导学生，即使对于教材本身的认识理解也是有帮助的。曾有几个教育学硕士研究生选修我给语言文字专业研究生所开的训诂学课程，他们原来都是中学语文教师，毕业后也会继续从事中学语文教学，我给他们布置了一次训诂学作业，随意写一则训诂札记，从他们交给我的作业来看，大都是谈的训诂学对中学语文教学的作用，如《浅谈形训在初中字词教学中的作用》《从语文教师角度谈训诂学的功用》《浅谈在中学语文教学中我对训诂方法的认识和体会》等，他们都把研究生课程与自己所从事的中学语文教学实践联系起来，认为中学语文教师学点训诂学，不但对教好文言文是绝对必要的，就是对教好现代文和现代汉语也大有裨益。训诂学如此，其他文化知识也是有助于中学语文教学的，这就用事实充分论证了中学语文教师提高自身文化层次的必要性。

人们谈到教育和教学改革，往往一味强调教学方法。我个人认为，教学方法固然也重要，但对于整个社会的教育改革来说，绝不是最根本的东西。就教育学的方法论原则来说，改来改去反正也就是那么几条，例如"教学相长""因材施教""循序渐进""全面发展"之类，基本方法也就是所谓"启发式"啦、"讨论式"啦、"直观"教学啦、"实验"教学啦、"电化"教学啦，等等。这些原则和方法一般老师其实都是知道的，但教学中的具体做法和实际效果却是因人而异、千差万别的。为什么针对同样的教学内容、采用同样的教学方法甚至于统一用某位特级教师的"优秀教案"，而实际教学效果会有不同呢？恐怕关键问题就在于教师的个人素质各不相同，久而久之，给学生所带来的影响自然不同。再说，教学方法基本上是一个稳定的体系，需要各自配合、相辅而行才能发挥总体效益。就具体的方法本身来看，其实并没有什么一成不变的模式，也没有绝对的优与劣，就看你如何运用和运用得是否是时候、是地方，是否恰当适度，是否符合特定的环境与条件，是则优，否则劣。正如机耕的方法看起来比牛耕的方法先进，但在路无三尺平的山区，面对巴掌大小的奇形怪状的梯田，机耕就未必比牛耕见效。有人看到电视里日本教师带着学生围坐在环境优雅的草坪里聊天讨论问题，觉得这种教学方法好，于是天天把学生带到花园草地上课，结果不但学生集中不了思想难以达到预期效果，而且校园环境也遭到极大破坏，这样的教学改革自然无法长久。据说美国的学生课堂行为极不规范，而教师也习惯于跟学生一起闹腾，"闹"中施教；然而在目前的中国却未必行得通，一个班五六十人，"闹"起来就难以收拾，而且会严重影响相邻教室的上课，这得根据条件而定。适当的课堂讨论有时是有益的，但如果每堂课都让学生们去发挥，恐怕时间难以控制，教学任务就没法完成了。必要的电化教学固然好，但如果仅仅把一篇课文从书上投影到银幕上，学生的理解未必就能加深。可见教学方法问题并不是什么"改革"的问题，而是从总体上如何把握、在实践中怎样运用的问题，这就不是改变一下形式就能解决得了的，而必须要求运用者具有渊博的学识，学识渊博了，才能高屋建瓴，驾驭自如，运用起任何方法来都会得心应手。因此也可以这样说，即使要改革教学方法，其改革的成败也取决于教师的素质。让一个无法把握中学语文知识体系因而吃不透语文教材的教师去教中学语文，即使你交给他一系列的好方法，每堂课都使用电化设备，也是培养不出高水平学生来的。相反，如果教师知识渊博，能从宏观上把握教材，并从微观上吃透教材，那不管遇到什么样的问题，都会随机应变，用适当的方法来解决问题。可以说，素质的高低决定方法的优劣，对同样的问题，不同素质的教师往往会采用不同的方法。例如初中语文教科书中有不少辨别形似字的练习，要求学生"给下列各组形似字注音、组词"或"辨别下列形似字的形、音、义"等，一般老师只要求学生查字典辞书完成练习了事，结果学生抄完字典后照样"肓、盲"不分，"祭"字头与"登"字头难别；或者机械地告诉学生这个字少一笔，那个字多一画，而学生并不知道为什么这个字要多一笔那个字要少一点，结果是越比较越糊涂，错别字照写难改。如果教师素质高，就可能运用构形分析法来讲清各字的构造原理，让学生明白各字形义差别的所以然："盲"字义为瞎眼，与眼目有关，故从"目""亡"声，"肓"是人肉体中的一个部位，指心脏和隔膜之间，故构字从"月"（肉）、"亡"声；"祭"的上部是用手（又）拿肉（斜月）以供祭祀，"登"的上部则是由左右相背的两个"止"形变来的，与足趾的攀登行走有关。这样讲清各字的形义来源，学生们再用错写错的可能性就不大了。又如对常用多义词的掌握，一般老师多随课文孤立地分散讲授，即使到高年级总复习时，也只要求学生归纳并记住某个字（词）一共有几项意义或用法，而这些意义或用法之间究竟有什么联系，他们就不管了，结果学生死记硬背，记了这个又忘了那个。如果老师素质高，懂得词义引申规律，他就可能用词义系列来统辖各个义项，让学生通过词义的相互联系来总体把握，结果自然是事半功倍。像初中语文教材中的"兵"出现过五种用法，这五种含义分散在不同年级不同册次的课文里，要孤立地一一记住殊非易事，而实际上这五个意义是有联系的："兵"字从双手持斤，斤在古代是斧子，当武器用，故知其本义为武器，"短兵相接"用的就是这个意义；由武器可以引申指手持武器的人，故有士兵义，所谓"兵多将广"是也；军队是由士兵组成的，引而申之，兵又可以指军队，"于是为长安君约车百乘，质于齐，齐兵乃出"，"齐兵"就是齐国的军队；军队是用来作战的，动用军队就意味着发动战争，因而兵又有战争的义项，所谓"兵不厌诈"即指战争而言；战争要讲究法则即战略战术，所以兵又可以引申出兵法的意义来，成语"纸上谈兵"正是在谈兵法。这样，从武器到士兵到军队到战争到兵法，"兵"字的五个义项构成一个引申系列，学生们记起来就不再是孤立的、强硬的了。由此可见，素质低劣的教师，其教学方法往往是机械生硬而不知变通的，抄抄写写、反复练习成了他们的法宝，有时甚至靠罚学生抄写一百遍来"增强效果"，教师精疲力尽，学生苦不堪言；而素质高超的教师，其教学方法则往往是机动灵活得心应手的，用宏通的学识驾驭具体的现象，老师明源知流，学生心领神会，效果自然上佳。因此，教育改革的重点不是教学方法而在于提高教师素质，素质提高了，方法问题是比较容易解决的，大不了向有经验的老师多学学，而一个人的文化素质通常是需要专门培养的。

三

提高现有中小学教师的文化素质的具体措施是多种多样的，得根据客观条件和实际需要来进行。大致说来，有下述几个方面的工作值得一做。一是采用多种形式普遍提高中小学教师的学历层次。学历虽然并不等于素质，但总体来看，学历的提高对于素质的提高是有积极意义的。改革开放二十多年来，我国的教育事业已经获得重大发展，中小学教师的平均学历有了一定程度的提高。中师毕业当小学教师，专、本科师范生毕业当中学教师，基本上成了规律。近几年如北京等少数大城市还出现了硕士研究生到中学任教的现象。高等教育为基础教育提供合格师资，基础教育为高校输送优秀生源，这种良好的循环态势正是"文革"以后实施学历教育所造成的，它本身就说明了提高学历层次对于发展中小学教育的重要。如果说目前中小学教师的学历比以前有所提高是件值得高兴的事，那高兴之余我们还须继续努力，因为事实上中小学教师的学历水平并没有达到高标准要求。在发达国家，大学毕业教小学、研究生毕业教中学是普遍现象，具有博士学位的中学老师也不难见到。相比之下，即使我们的中小学教师都具有中专或大专学历，也还差着若干档次，何况在广大的农村中小学，还有大量的民办或民办转公办的初级学历甚至根本无学历的教师呢！据新华社北京10月28日电文报道，今明两年全国有25万名民办教师转为公办，民办教师将在下世纪消失。这固然是一大好事，但民办转公办，实质上只是人事身份的变化，并不意味着他们的学历和素质就因此提高了。要想21世纪的中小学教育有大的发展，教育部门在解决民办教师问题的基础上，还应该有计划地大幅度地普遍提高在职中小学教师的学历层次。中小学师资严重匮乏的时代已经过去,许多地方如北京等大城市甚至出现了师资过剩现象,这种情况使普遍提高师资学历水平的目标完全有可能达到。具体措施很多,如年龄大而学历低的老教师可以退居二线,一时难以提高的低学历年轻教师可以劝其改行,其余有培养基础的教师应该分期分批地组织学历进修。目前已有自学高考、函授本专科、研究生课程班、教育硕士班、在职申请学位等面向中小学教师的学历进修渠道,但参与进修的多半属于个人行为,缺乏计划,时间得不到保证。中小学教师的工作负担很重,边工作边进修学历的做法效果并不太好,往往流于以"混"学历为目的,而不是把学历当作提高素质的途径。因此,有条件的地方应该统筹安排,分批抽出教师来脱产进修,这样轮流几年到十几年,现有教师的学历层次就会大为改观。如果中学教师确实人手少,抽不开,也可以向高等学校求援,请高校派专家教授来基层定向培养,还可以提倡高校教师到中学兼课,解放前的高校教师就常到中学兼课,这是可以借鉴的经验,因为高校教师相对来说不只是学历层次高一些、专业知识渊博一些,而且他们的工作负担较轻,完全有富余的时间来从事兼职工作。大学教师到中学兼职,这对中学教师的素质提高会带来积极的影响。同时,我们不应该只着眼于对现有教师的提高,还要注意对新增教师的学历要求,今后要逐渐形成非高学历不能当教师的局面。如果在进入21世纪后的前15年中,我们的小学老师都能达到专科或本科学历和相当素质,中学老师都能达到本科或研究生学历和相当素质,那我们就可以期望,我国的中小学教育在21世纪会有一个飞跃性的大发展。当然,普遍提高中小学教师的学历层次和素质水平,绝不是个人行为和单方面措施就能奏效的,它必须有政府的资金投入作前提,有教育行政管理部门的组织作依靠。据说教育部已经提出"面向21世纪振兴教育行动计划",其中师资建设被放在重要地位,希望能够尽快落实。

加强中小学语文教材研究,提高教参水平,给教师提供高层次的知识辅导,是提高中小学语文教师专业素质的另一条途径。工欲善其事,必先利其器。供教师使用的教学参考资料,可以说就是教师的"器"。这个"器"的好坏,不但直接影响教学效果,对教师本人的素质提高也有一定的关系。如果教师没有学历进修的机会,他本身的专业素质又不太高,那么他对教学参考资料的依赖性就会很强。好的教参应该从更高的层次上提供相应教材必备的知识系统,从而弥补使用者在素质储备上的不足,实际上等于提高了使用者的素质。现在的中小学语文教材都有相应的教参,但大都是针对教材的具体篇目进行重复讲解,建议或规定用什么教学方法,替教师写教案、出习题并提供答案,如此而已。这样的教参,就知识层次来说等于教材,它只告诉教师怎么去教,代替教师做了许多应该由教师来做的工作。其结果,教师变得更懒,根本不需要动任何脑筋,照本宣科就行。一旦教参代替了教师,就谁都可以当教师,教师还用得着提高素质吗?这样的教参实在还算不得好教参。好的教学参考资料,应该兼顾下列四个方面来编写。

(1) 从总体上介绍各阶段教材的编辑思路,弄清每册教材的知识要点以及与前后各册的内在联系,使教师对中学或小学语文教材的知识结构体系有一个全面的认识,至少让各阶段各年级的教师对该阶段该年级的教材能有一个整体把握,以免教哪册管哪册,使本有联系和照应的知识相互割裂,轻则增加理解和记忆的难度,重则主次失调甚至造成矛盾。(2) 针对教材中的知识要点,给教师提供有关知识的系统辅导。讲解课文会涉及许多语文知识，教材往往通过注释、习题、知识小短文等方式来介绍或运用这些知识，由于有的知识并不需要学生从理论上掌握，所以教材对这些知识的介绍往往是点到即止，并不全面系统深入。不要求学生掌握，并不意味着教师可以不掌握，要求学生知其然，教师应该知其所以然。考虑到目前中小学教师的知识结构普遍存在不足，面向教师的教参在这方面的责任更为重大。例如针对汉字教学问题，我们可以向教师介绍有关汉字构件功能分析的系统方法，从而避免乱拆乱讲汉字；针对文言文注释问题，我们可以向教师介绍一些训诂学原理，告诉他们怎样作注、如何读注等；针对字词的使用和音义积累问题，我们可以向教师介绍字际之间的种种关系以及词义演变规律和本义、引申义、假借义等字义系列整理方法等，从而避免孤立地记学单字单词。凡此等等，都可以联系教材实际进行系统的知识整理和介绍，既可以提高教师的理论素养，也可以直接运用于教学，帮助教师解决教学中遇到的实际困难。（3）发现教材本身存在的问题，帮助教师分析和解决这些问题。由于种种原因，现行中小学语文教材本身还不完善。即以文言文的注释为例，有的注解错误，如将《出师表》"五月渡泸，深入不毛"的"不毛"解释为"不长草木的地方"，泸水在西南山区四川境内，时值盛夏草木繁茂之季，怎么会不长草木呢？既无草木，何言"深入"！可见此注有误。其实"毛"本指动植物表皮上生长的丝状物或茸状物，引申泛指地面上生长的植物，有时特指植物当中人工种植的"庄稼（含蔬菜等）"或野生的"草木"。"深入不毛"的"毛"应是特指庄稼而言，"不毛"即未经开垦不长庄稼的原始山地，那里偏僻荒芜、林深草茂，不是"不长草木"。《甘薯疏序》"丽土之毛，可以活人者多矣"句中的"毛"正好是泛指植物的，可有的教材注为"草木"，有的教材释为"庄稼"。草木中虽然有许多"可以活人"的东西，但"甘薯"并非草木，故不确。庄稼都是"可以活人"的，怎么能说"多矣"！说"多矣"就意味着"毛"中有些是不能"活人"的，而且"可以活人"的东西也不见得都是庄稼，草木的果实也有不少可以吃，因此"丽土之毛"的"毛"只能解释为泛指的"植物"。《愚公移山》有"曾不能损山之一毛"句，教材注"毛"为"草木"，这倒可以算是注对了。三处"毛"，注解一是两非，可见教材问题不少。有的注解欠准确，如《孟子·齐桓晋文之事》有"颁白者不负戴于道路矣"句，教材注释认为"颁"通"斑"，"斑白者"指头发花白的老年人。这勉强可以讲通，但老年人的头发为什么一定是"花白"而不"全白"？头发花白的就一定是老年人吗？而且"斑"指斑点、斑纹，并没有头发花白的义项。其实老年人的典型特征是头发全白，所谓"白头翁""白发老人"是也，因此用白头、白发来代指老年人恐怕更为准确，那么"颁"就应该是通"皤"，《说文解字》训"皤"为"老人白也"，正指老人白发而言。有的注解只注其然而不交代所以然，如《采草药》中的"愆伏"一词，注言指天气的冷暖失调、变异无常，但何以会有此义，学生不知道，老师也不知道。还有的注解含混笼统，句意与字词的意义难以对应；有的注解则该注的不注，不该注的却又注了；有的注解使用术语混乱，叫人弄不清是字词本身的含义，还是文意或言外之意；凡此等等，限于篇幅，就不再举例分析了。现在中小学教师的素质还不足以发现教材本身的问题，即使发现也未必有能力加以解决，作为教参，就应该弥补教师的不足，将教材本身存在的问题发掘出来，有理有据地加以纠正、补充或调整。（4）对具体课文的教学提供相关材料和教学建议，包括作者情况、社会历史背景、课文分析、教案设计、习题答案，等等，这方面现行教参已经作了不少工作。如果教参能同时从上述四个方面着眼，那它必然高出教材；掌握这种教参的教师，也就等于间接具备了高出教材的素质。教参应该具有权威性、规范性，所以不宜过多，多了教师无所适从，反而会失去教参的价值。

　　改革考试制度，允许教师发表合理的不同意见，也是促使教师主动提高自身文化素养的有效措施之一。中小学教师过分依赖教参，讲课死抠教材，不敢越雷池一步，与目前通行的应试教育体制有关。应试教育使教师陷于应付考试的泥坑不能自拔，好像教学就是为了考试，而不是为了开发智力和传授知识，因此一切从考试出发，考试又以教材教参作唯一标准，所以教师只好照本宣科，唯教材教参是从。在教材教参没有标准答案的时候，教师们往往茫然不知所措，即使有自己的意见也不敢坚持，生怕影响考试，负不起责任。这样一来，不仅将学生培养成了应付考试的机器，连教师本人也变得机械盲从，自觉钻研问题的积极性和独立思考问题的能力都大大削弱。有时我们也会看到教师们为一些可此可彼的小问题争论不休，他们之所以要争，是因为教参或别的什么书上有不同的说法，而考试时却只能有一种答案。其实，对同一种性质的东西，观察角度不同，得到的印象和说法就会不同，而且语言中本来就存在一些过渡现象，因此有些问题原本是可以有不同说法的，几种答案可以共存，不一定要分出个谁是谁非。例如"所"和"者"在跟别的词语组合成结构时，着眼于它们的语法结构功能，可以称之为结构助词，若着眼于它们的语义指代功能，则又可以称之为特殊代词，或者综合统称为指代性结构助词。同理，"相煎何太急"的"相"有人称为代词，是就其具有指代语义（指代说话者"我"）而言，有人叫作副词或助动词，是因为在语法结构上它处于动词之前，起修饰作用，其实还可以合起来叫作指代性副词或指代性助动词。至于句子末尾的"焉"究竟是兼词还是语气词，有时也是可以随意的，作为兼词通常相当于一个介词加一个表示处所或对象的代词，没有指代处所或对象作用的"焉"就应该是语气词，但如果"焉"可以涉及处所或对象而句中又另有明确表示处所或对象的词语，那这个"焉"看作语气词固然可行，而当作兼词也未必算错，像"彭蠡口有石钟山焉""寡人之于国也，尽心焉耳矣"之类的"焉"就是如此。面对这些问题，完全可以宏通一点处理，只要掌握了某词在句中的实际作用和意义就行，不必在名词术语上斤斤计较是非。那么，考试时也应该重在考实际能力，考分析问题和解决问题的素质，对于答案的表述应该允许多样化，甚至可以完全不同，只要有理有据。如果这样，应试教育就会改革为素质教育，考试就变成了提高素质的手段而不再是教育的目的。只有这样，教师才能挣脱考试的束缚，自身素质才能在教学中发挥作用；而一旦到了教学需要教师素质而不完全依赖教材教参的时候，教师才会真正重视自身素质的修养；只有教师自己认识到素质的重要，整个中小学语文教师的专业素质才有可能真正得到全面的提高。

借古鉴今谈语文阅读教学[①]

阅读教学是语文教学的重要内容。中国的阅读教学商周已具雏形，春秋时孔子整理古代文献，并用"五经"教授学生，奠定了阅读教学的基础。秦汉以后，阅读教学成为学校教育的基本活动，持续发展。清末民初语文课程单独设科以后，阅读教学发生了很大变化，但内在的联系仍然一脉相承。梳理古人阅读的特点和效用，借古鉴今，或许不无启发和助益。

一　阅读目的

阅读以文本为对象。古人认为"文以载道""文以明道"，"诗书教化，所以明人伦也"，可见古人阅读不仅有语言文字的疏解，更有对文本中所传达的"道"的阐发，读"文"是为了得"道"，以达到"修身、齐家、治国、平天下"的目的。这说明古代的文献阅读带有综合性和功利性。孔子说："小子何莫学夫《诗》？诗可以兴，可以观，可以群，可以怨，迩之事父，远之事君，多识于鸟兽草木之名。"（《论语·阳货》）"入其国，其教可知也。其为人也，温柔敦厚，《诗》教也；疏通知远，《书》教也；广博易良，《乐》教也；洁净精微，《易》教也；恭俭庄敬，《礼》教也；属辞比事，《春秋》教也。"（《礼记·经解》）由此可见，孔子教学生阅读儒家经典，主要是为了学"道"。

"道"是抽象概念，实际上古人的"道"有狭义和广义之分，狭义的指思想品德，广义的指文化知识，"明道"就是要通过文献阅读来继承先贤的观念和智慧，修养品性，增广见识，成就"君子"人格，"为天下国家用"。这种重"道"致"用"的阅读目的跟当时的"道统"教育理念是一致的，跟当时的"精英"教育体制也是相应的，所以在没有学科区分、阅读写作与政经文史哲融为一体、学校教育与社会教育融合的"单一化"教育背景下长期合理地传承着。

但发展到20世纪以后，中小学各门课程互有分工，而且教育大众化、生活化、多语化、信息化，这些变化导致现代阅读教学的目的已然不同于古代。如果以"文"代指语文本体（语言文字及其作品），以"道"代指语文的附属内容和相关知识，那我们认为，现代"阅读教学"的间接目的仍然在于"道"，而直接目的则应该注重于"文"：通过阅读提高理解语文作品内容的能力，并在读懂的基础上学习体验各种体裁作品的表达技术。

[①] 本文原载《语文建设》2014年第3期；《高中语文教与学》2014年第12期全文转载。

至于附属于语文作品的"道"——非语文的思想意识和文化知识，在读懂的同时会自然而然地影响学生，但不应该是语文课程刻意追求的目标，因为"非语文"的"道"现在另有政治、品德、历史、哲学及各种文化专科课程承担，无须语文课程越俎代庖或全权包揽。现代的学校教育也不等于社会教育和终身教育，在有限的课时内，课文的"道"是有限的，光靠语文课程来学"道"，难免挂一漏万，所以课堂内只能把直接目标放在基础的语文知识和基本的语文能力上，间接目的是希望学生把语文知识和语文能力当作工具，能在社会上、在以后的人生中获取更多的"道"。所以如果说古代的语文阅读属于"重道兼文"，那今天的课内语文阅读应该调整为"重文兼道"。当然，"教书育人"这种狭义的"道"是古今应该贯通的，现代的阅读教学仍然不能忽视"育人"的积极引导。

二　阅读教材

阅读材料的选择受阅读目的的制约。古代的阅读教学既以"传道"为直接目的，于是阅读材料的选择也以正统思想为基本标准。先秦时孔子兴办教育，阅读教材选的是"五经"，即儒家经典《诗》《书》《易》《礼》《春秋》。汉代的"太学"学的也是"五经"。汉武帝"罢黜百家，独尊儒术"后，"五经"更成为历代学子必读的经典教材。后来又陆续扩大为"九经""十一经""十三经"等，当然不再限于"太学"的学习，实际上大都作为学者终身研读的经典书籍。宋代朱熹作《四书章句集注》，抽取《礼记》中的《大学》《中庸》篇，连同《论语》《孟子》合称"四书"，加上前代推崇的"五经"，成为科举考试的主考教材。除儒家经典外，也有一些诸子书和历史书是需要阅读的，正如唐彪《读书作文谱》所说："从古未有只读四书一经之贤士，亦未有只读四书一经之名臣。故欲知天下之事理，识古今之典故，欲作经世名文，欲为国家建大功业，则诸子中有不可不阅之书，诸语录中有不可不阅之书，典制志记中有不可不阅之书，九流杂技中有不可不阅之书。"可见古人阅读的文献，不仅要有符合统治阶级思想意识的"道"，也尽量富含历史文化知识的"道"。

还有一些文学选集，主要不是着眼于"道"，而是作为写作范文来阅读的。如南北朝时期梁太子萧统编选《昭明文选》，收集从周代到梁朝七八百年间700多篇作品，包括诗赋杂文等数十种文体。唐以后的文人学子，大都要读这部书。明清时期，又新编了一些文选读本，有《唐宋八大家文抄》《古文观止》《千家诗》《唐诗三百首》《经余必读》《古文辞类纂》《续古文辞类纂》等，文章体裁更加丰富。这是因为古人意识到阅读教学的目的不只是"传道"，也兼"习文"，要通过阅读来学习各种文体的写作技巧。

现代语文课程中阅读教学和写作教学的材料是共享的，没有特别注意各种文体的配合，可以说现代的语文阅读教材更多地继承了古代"重道"的传统，而比较忽视"习文"的传统。我们认为，既然现代语文阅读主要是培养理解能力和表达能力，那么语文课本的文选及辅助阅读材料的选定，就不能再以"道"作为唯一标准或主要标准，不能把语文课本和辅助阅读材料编选成政治读物和道德修养读物，也不宜过多考虑各种文化品类的平衡兼顾，因为语文教材不是文化教材，不必要也不可能包含所有的文化品类。所以选择阅读材料应该主要考虑"语文本体"的标准，即有助于相应年龄段提高理解能力的具有不同理解难度的各种内容作品，有助于相应年龄段提高表达能力的具有写作示范作用的各种体裁作品。也就是内容上注重理解难度的需要，文体上注重写作示范的需要，至于思想意识方面，只要尽量避免消极反动的东西就可以了。

三 阅读方法与要求

古代识字为先，利用童蒙教材认识 3000 左右汉字后才开始文献阅读。指导学生阅读，古人非常注意步骤和方法。元人程端礼《程氏家塾读书分年日程》规定的阅读程序和方法是分为五个步骤。第一步学生自读。要求圈定假借字音，点定句读，然后到教师面前试读。第二步教师教诵。教师指导学生将所读文字划出细段，教诵以细段为基点。第三步学生学诵。先按细段分读直至背诵，再将细段合读至背诵。第四步教师教解。教师先说通朱子本注，再解说正文，做到字求其训，再依傍所解字训句意，说每句和每段大意，并令学生面试复说。第五步学生温读。这是巩固复习阶段，完全由学生独立进行，通过温读玩索，达到烂熟的程度。清代阮元也提出过一套读书训练法，分为四个步骤。首先是"句读"，要求学生分清书文的句读，读通诗文。包括把字音读准，掌握断句停顿，了解字句含义。第二步是"评校"，校指校对，即拿所读书文与其他版本进行对校，勘定正误；评指评点，即根据自己对文本的理解，评定其是非优劣，或将自己的阅读感受，写在字里行间、文前文后、天头地角。三是"抄录"，在读通读懂文字后，将所读书文的警句格言等精妙内容加以抄写，以加深理解，巩固记忆。第四步是"著述"，即将阅读所得写成笔记、著作，以便公诸社会，与人交流。

上述阅读过程包含着许多阅读方法和阅读要求，值得注意的有下面几点。

（一）熟读成诵

古人的阅读注重"诵读"，就是要发出声音，甚至拉腔拖调地"吟唱"。《论语》中就有"诵诗三百"的记载，《荀子·劝学》把求学过程概括为"始乎诵经，终乎读礼"，可见这种带声的诵读吟唱之法在文献已经成熟的先秦时期就很普遍了。

古人对"诵读"有具体的要求。宋代朱熹在《训学斋规》中说："凡读书……须要读得字字响亮，不可误一字，不可少一字，不可多一字，不可倒一字，不可牵强暗记，只是要多诵遍数，自然上口，久远不忘。"清代崔学古在《幼训》里指出读书要"毋增、毋减、毋高、毋低、毋疾、毋迟"；曾国藩在其《家书》里也强调："凡精读的书，要高声诵读，要密咏恬吟，……非高声朗诵则不能得其雄伟之概，非密咏恬吟则不能探其深远之韵。"

自由阅读浏览贵在"博泛"，所谓"能读千赋，则能为之"，强调的是数量多，范围广。而教学中的"诵读"吟唱则贵在"精熟"。明代王守仁《训蒙大意示教读刘伯颂等》指出："凡授书，不在徒多，但贵精熟。""精熟"也叫"烂熟"，程端礼说："一字一句一章，分看合看，要析之极其精，合之无不贯。去了本子，信口分说得出，合说得出，于身心体认得出，方为烂熟。"

大声朗诵，可以让人集中思想，融入情境，心生敬畏；熟读能背，可以让文献印入记忆，对理解原文、积累知识、提高语文素养和写作能力都是切实有效并且能终身获益的。所以王守仁说诵经习典可以使儿童的智力得到开发，是"栽培涵养之方"。唐彪《家塾教学法》也说："凡经史之书，惟熟则能透彻其底蕴，时文、古文，熟则听我取材，不熟，安能得力也？"所谓"书读百遍，其义自见"，"熟读唐诗三百首，不会作诗也会吟"，讲的都是诵读、熟读的效用。正因为如此，诵读法成为千百年来经久不衰的传统，古代许多文人、学者都有熟读、熟记的经验。颜之推在《颜氏家训》中自叙："吾七岁时，诵《灵光殿赋》，至于今日，十年一理，犹不遗忘。"可见熟读背诵是有借鉴价值的。现在的中小学生能够背诵的东西太少，阅读量也不是很多，这方面需要大力加强。

（二）咀嚼体味

阅读文献，重要的是理解原意。诵读可以帮助理解作品原意，但不一定理解得深透。因此，朱熹提出了咀嚼体味的阅读方法，主张读书要虚心涵泳，体味作者思想，而不要先入为主。《朱子读书法》说："学者读书，须是敛身正坐，缓视微吟，虚心涵泳。""看文字须是虚心，莫先立己意。""凡看书须虚心看，不要先立说。"读书要"虚心切己，虚心则见道理明，切己自然体认得出"。并批评"今人观书，先自立了意，后方观。尽率古人语言，入做自家意思中来。如此，只是推广自家意思，如何见得古人意思？"要真正理解文献原意，就不能先有任何成见，"读书正如听讼，心先有主张乙底意思，便只寻甲底不是；先有主张甲底意思，便只见乙底不是。不若姑置甲乙之说，徐徐观之，方能辨其曲直"。"文字且虚心平看，自有意味。勿苦寻支蔓，旁穿孔穴，以汩乱义礼之正脉。""读书遇难处"，更要"笃志虚心，反复详玩"，才可能"理会道理"。这就如同吃果子一般，"劈头方咬开，未见滋味便吃了；须是细嚼慢咽，则滋味自出，方始识得这个是甜是苦，是甘是辛，始为知味"。可见读书必须用心体味，反复咀嚼，才能够真正揣摩到文本中的深意，从而获得真正的收获。

（三）思辨质疑

古人对阅读的要求不只是熟读能背，玩味原意，还提倡读思结合，在深入理解文献原意的基础上质疑驳辩，切磋研讨。孟子说"尽信书则不如无书"，就是指对书中所言不能不加分辨地完全相信，要有独立的思考和见解，要勇于怀疑。朱熹《朱子家训》在这方面有比较详细的阐说："读书无法，读一遍了，又思量一遍；思量一遍，又读一遍，始诵者，所以助其思量，常教此心在上面流转。若只是口里读，心里不思量，看如何也记不仔细。""观书先须熟读，使其言皆若出于吾之口；继以精思，使其意皆若出于吾之心，然后可以有所得耳。""观书当虚心平气，以徐观义理之所在，如其可取，虽世俗庸人之言，有所不废。如有可疑，虽或传以为圣贤之言，亦须更加审择，自然意味和平，道理明白，脚踏实地，动有依据，无笼罩自欺之患也。"不因"庸人"而废言，不因"圣贤"而盲从，就是要有客观的评价标准，有自己的主见。"读书有疑者，须看到无疑；无疑者，须看得有疑。有疑者看到无疑其益犹浅，无疑者看得有疑其学方进。"从不懂到懂，虽有收获，仅是浅层的；经过深入思考找出书中的疑问并加以解决，才能够真正进步。

朱熹的质疑读书法影响深远。清黄宗羲说："读书始读未知有疑，其次则渐渐有疑，中则节节是疑。过了这一番后，疑渐渐解，以致融会贯通，却无所疑，方始是学。"陈宪章也说："学贵有疑，小疑则小进，大疑则大进。疑者，觉悟之基也。一番觉悟，一番长进。"

古代读思结合、质疑探讨的阅读传统很值得现代继承。熟读背诵不是目的而是手段，真正的阅读应该是思考、质疑、研讨的过程。多思考才能对书中内容有更准确的理解，才能有所选择和判断，从而取其精华去其糟粕；多质疑才能发现问题，有问题才能将理解引向深入；多研讨才能解决疑点，获取新的知识。所以现代的阅读教学应该传承古人的阅读观念，积极引导学生独立阅读、自主阅读、多角度阅读、创造性阅读，鼓励学生思考质疑，求新求异，以培养学生的怀疑精神和探究能力，为学生终生发展奠定良好的基础。

（四）勤做笔记

阅读中抄录原书的警句妙言，记写下疑问心得，是古人倡导的一种重要的读书方法。唐彪《家塾教学法》说："凡书中有疑，不当因有师可问，便不登记。偶遇师数日不到馆中，欲问之事，多至遗忘，当记者一也；又，精微之理，我所疑者，或亦先生所未晰，苟非请教有学大儒，乌能得解？当记者二也；又，古今典故繁多，常人不及考究者，何可计数？若不请问博雅之友，必不知其根据，当记者三也。有此三者当记，苟不专置一册子记之，久而遗忘，不及请问高贤，生平学问，因此欠缺者不少矣！"王筠《教童子法》也主张在阅读时眉批圈点："即读经书，一有所见，即写之书眉，以免他日涂改。""若所读书都是干干净净，绝无一字，可知是不用心也。"可见读书时应该准备好记录工具，把有疑问的材料，不明白的地方，或者自己的心得、自己认为值得探究的内容都随时记录下来，以便请教、查考和著述。有人认为现代电脑输入、影像扫描、原声录音都十分方便，没有必要再像古人那样写笔记了。其实自己做的笔记是有选择的，甚至经过加工的，哪怕只是纯粹抄一遍也会加深印象，所以不能完全由扫描、录音所取代。当然如今做笔记也不一定仍然要用卡片课本形式，如何利用新的条件来继承传统的优秀阅读方法，可以根据个人的实际情况灵活掌握。

（五）参考他书

阅读某书而参考其他相关的书，特别是针对某书而作的注释书，古人叫作"参读法"。古代的经典文献大都有传注笺疏等讲义传世，如对《诗》的理解有鲁、齐、韩三派，孔子作《易》传，孔安国作《书》传，郑玄注"三礼"（《周礼》《仪礼》《礼记》），孔颖达疏"五经正义"，朱熹传《四书章句集注》；《史记》有"三家注"（刘宋裴骃《史记集解》、唐司马贞《史记索隐》和张守节《史记正义》），《汉书》有颜师古注和洪兴祖补注；《文选》有李善注、五臣注；他如《论语集解》《孟子正义》《战国策注》《楚辞集注》《吕氏春秋注》《庄子集释》《韩非子集解》《墨子间诂》等。这些传注笺疏既是作者的研究成果、读书心得，也是用来教授学生的讲义，更是广大读者阅读原著的指导书或参考教材，对阅读理解经典文献作用巨大。现代的中小学语文教学很少阅读古典原著，当然没有必要直接参考古代注疏，但阅读某篇文章，多联系一些相关的材料阅读，这种"参读"的方法是可以借鉴的。

"语文"的核心是"言语作品"[①]

关于什么是"语文",争论了很多年,至今没有定论。为什么?因为汉字具有多义性,如果仅从字面来进行意义组合的话,就可能出现多种理解:口语和文字、语体文和文言文、语言和文字、语言和文学、语言和文章、语言和文化。这样的字面歧义永远不会争吵出谁是谁非,行不通。那么最好的办法是先抛开字面,换从别的角度借助意义之外的条件来确定"语文"的实际所指。有两个角度值得尝试:一是从"历史"的角度,二是从"实践"的角度。

历史是客观存在,不容随意篡改。"语文"作为教育领域的一门课程,历史并不长,很容易找到名称的源头和初始含义。1905年,清朝在废除科举制度以后,开始创办新学堂。除了从西方引进课程和教材外,还自主设立了一门"国文"课,讲授中国历代的古文。五四运动提倡白话文,反对文言文,国文课受到冲击,于是把小学的"国文"课改称"国语",教材全是具有口语特点的自编短文;而中学仍叫"国文"课,只是明显增加了白话文。到20世纪30年代后期,叶圣陶、夏丏尊提出把"国语"和"国文"合并为"语文",重新编写教材,但因抗日战争而未实现。新中国成立后,叶圣陶再次提出将"国语"和"国文"合二为一,改称"语文"。这一建议被政府教育机关采纳,于是"语文"正式成为中小学的一门主课。由此看来,"语文"就是"国语"和"国文"的合称,教材包括"语体文"(白话文、现代汉语)和"文言文",都是书面的"言语作品"。

如果从"实践"的角度来界定,那就要看"语文"课究竟教了什么,语文教学的内容是什么,"语文"就是什么。语文教学通常以语文教材为根据,语文教材通常又以语文课程大纲为根据。各时期的语文大纲有不同要求,编写的教材也各种各样,但实际的语文教学中,具体的内容不外乎三种东西:一是语言文字知识,包括语音、词汇、语法、文字等;二是各种文体知识,如记述文、议论文、应用文、诗歌、小说、散文等;三是各种形式的具体言语作品,包括标语、对话、文章、故事、诗歌、小说等所有能表达一定意义的语段和文本。在这三者中,语言文字是形成言语作品的材料,文体风格是对言语作品的体裁分类,有关知识都是为理解别人的言语作品和创造自己的言语作品服务的。

可见无论从"语文"课程设置的历史看,还是就语文教学的实际内容看,"语文"的核心都是指向"言语作品"。所谓"言语"是指处于具体语境中的含有实际表达意义的句子,由储存状态下意义不确定的语言单位生成;所谓"作品"是指言语构成的固定表达形式,不限于小说、诗歌、戏曲等文学作品,包括一句口号、一组对话、一篇日记、一则

[①] 本文原载《语文学习》2014年第5期。

请假条等等所有意义完整、表达独立的言语形式。所以简单地说,"语文"就是"言语作品",完整地表述,则可以说"语文是由语言文字生成的各种言语作品"。相应地,"语文教学"就是指导学生解读各种言语作品和创造各种言语作品。

有人担心把"作品"定义到"语文"中,语文的范围会太大,因为各种作品的内容无所不包,所以把"语文"的本体限定为"语言文字",而把"语文教学"看作"语言文字的运用"。其实"语文"教材中提供的并非静态的语言文字单位及系统,而是使用中的言语作品,只有结合作品来学习语言文字才有意义。"言语作品"也不等于"语言文字的运用",因为会写字、会组词、会造句,不一定会理解陌生语境的言语作品,也不一定能创作优秀的言语作品。所以"语文"的本体可以包括"语言文字",但更重要的是"言语作品";"语文教学"当然要学习"语言文字的运用",但更重要的是学会理解别人的"言语作品"和创造自己的"言语作品"。教材编选的"言语作品"可能会涉及各种各样的思想内容,不仅历史哲学类,理工农医类也不排斥,但语文教学的着眼点始终是作品的解读和作品的生成,需要用到的材料和知识仅限于语言文字和文体语体,所以语文课永远不会变成历史哲学课或者理工农医课。例如教学《陈涉世家》这篇课文,应该是通过语言文字的讲解来读懂课文内容,并客观分析作者是怎样刻画陈涉等相关人物和怎样表述起义事件经过的,进而可以探讨作者为什么要这样写,还可能有哪些写法,各自的优劣如何。可见语文教学以作品为核心,主要落实到两个方面:一是理解语言文字的言语意义,二是体验作者的创作过程。如果离开语言文字的表达语境,离开作者创作作品的立场,纯粹就事件本身进行讲解,就事件背景进行评价,甚至借助别的史料来复原事件真实,联系前后历史来鉴定是非功过,那就不是语文教学而是历史教学或历史研究了。所以语文教材可以有历史等非语文的内容,但语文教学不能围绕历史等内容进行考证和发挥,不能进行超脱言语环境和作者初衷的"科学"评价,否则就游离于"语文"之外了。至于如今的有些语文教学,把课文分析得"五彩缤纷",许多"微言大义"连作者自己都莫名其妙,拔高的"中心思想",空洞的"教育意义",牵强附会的"人文关怀",远远超出"言语作品"的原意,当然更不应该属于"语文"的范围。

可见"语文"教材和"语文教学"以"言语作品"为核心,并非就漫无边际、包罗万象。打个不太确切的比方,学习语文就像学习厨艺。厨艺的教材是菜品,菜品的内容是各种各样的,也可以分成不同的系列。厨艺教学是以具体菜品为核心,让学习者了解各种菜品的原料、风味特色以及厨师是怎样用这些原料制作了具有如此风味的菜品的。至于菜品中包括的鸡鸭鱼鳖等动物学的知识、菠菜萝卜等植物学知识,教学中难免要涉及,但并非教学的目的,因而并不属于厨艺的范围。如果怕"菜品"涉及各种各样的动物植物范围太广,就将厨艺的本体限定为油盐酱醋葱姜蒜韭等基础原料,那显然是不符合实际的。厨艺教学的目的是为了培养厨师(烹饪菜肴的人),语文教学的目的是为了培养作家(创作言语作品的人),二者有相通之处。值得注意的是,通常把"语言文字"看作"工具",其实并不妥当,因为工具是事件本体之外的东西,正如烹饪菜肴的"工具"是锅铲盆瓢和电热火炉等非菜肴的东西,创作言语作品的"工具"也只能是笔墨纸砚和口舌等非言语的东西。而"语言文字"应该相当于搁在案台上可以随时取用的油盐酱醋葱姜蒜椒等辅助原料,是要跟鸡鸭鱼肉或苦瓜萝卜等主要原料组合到一起成为菜品的,"言语作品"

的主要原料是作品的思想内容，取用语言文字跟思想内容组合成具体语境，才能创造出有血有肉的言语作品。思想内容虽然是言语作品的主要原料，但并非语文教学的重心，正如烹饪教学的重心不会是鸡鸭鱼肉或苦瓜萝卜等主要原料，而是围绕主要原料如何调剂油盐酱醋葱姜蒜椒等辅料以及适当运用烹煎炒煮微火猛火等方法，语文教学的重心也应该是围绕思想内容如何选用语言文字等表达材料和怎样营造语境布局谋篇等表达技巧。菜肴中包含的动物植物知识和各种营养成分可供相应专家研究，但不是学习烹饪者所必须掌握的；言语作品中的历史地理或其他各科知识可供相应专家研究，但也不是语文学习者所必须掌握的。尽管"任何比喻都是跛脚的"，但我们还是愿意借用烹饪的生活常识来说明"语文的核心是言语作品"这一命题的具体内涵，希望能对语文教学的实践带来些许启示。

《新概念语文·中学文言文读本》前言[1]

首先得说说编者一般都得说的一些套话，如果你嫌腻味，可以跳过去，只看最后两节或者直接进入正文。

中国的历史和文化源远流长，除了物质文明的传承之外，典籍文献是中华文明最主要的载体。从殷商的甲骨卜辞到战国的简册帛书；从五经六艺到诸子百家；从"春秋"三传到二十五史；从干宝的《搜神记》，到蒲松龄的《聊斋志异》；从楚辞汉赋到唐诗宋词；从评书话本到四大名著；我们的祖先给我们留下了无数的典籍文献，它们虽是昨夜星辰，而今天依然灿烂。我们要想感知历史，承继文明，发扬国粹，最直接有效的办法就是阅读古代的文献典籍。

但古代的文献典籍是用文言写成的，即所谓文言文。文言又叫作古代汉语（不包括古代白话），它跟现代汉语不同，如果不经过专门的学习，现代人一般是看不懂的。可见要能阅读并理解古代的文献典籍，还必须首先了解和掌握用来记录文献典籍的古代语言，也就是文言。不过，学习文言又是不能离开文言文的，这就产生了矛盾：要阅读文言文得先懂文言，要懂文言又得先读文言文，那怎么办呢？办法是：借助现代人用现代汉语所做的注释，先阅读一定数量的浅易文言文，在阅读浅易文言文的过程中，培养文言语感，积累文言知识，初步掌握文言的基本特点，然后再去阅读程度更深的文言作品，进而掌握更多的文言知识，直到能够解读普通的文献典籍。可见阅读文言文跟培养文言文的阅读能力其实是同步进行而相互推进的。

我们编著的这本小书就是想给还没有多少文言知识的中学生们提供一些可读性强的浅易文言作品，以便大家初步了解古代文献典籍的基本情况，并通过对这些浅易文言作品的学习提高自己文言文阅读和理解的能力，为以后进一步阅读古代典籍、继承传统文化打下良好的基础。其实，学习文言知识，阅读文言作品，还不仅仅是为了继承古代的文化遗产，它对我们深入理解现代汉语、提高现代文的写作能力也有相当大的帮助。因为现代汉语是从古代汉语发展演变而来的，现代汉语中还保留着许多的文言成分，例如"介绍""要领""狐假虎威""南辕北辙"等双音词和成语都直接来源于古代，"星罗棋布""坐以待毙""受制于人""以其人之道还治其人之身"等常见的语句里还完全保留着古代的词义和语法，有了文言文的基础，然后来看这些现代的词句，你会觉得认识加深了。另一方面，文言文结构的简约，词语的文雅，韵律的优美，句式的工整和表达手法的灵活等，

---

[1] 本文原载《新概念语文·初中文言文读本》，南海出版公司2001年版。作为一套书，本来还有《新概念语文·高中文言文读本》，但后来不知何故，高中部分并未出版。

也很值得我们写作白话文借鉴。在现当代文学史上，像鲁迅、钱锺书、沈从文等许多名家，他们都有着非常深厚的文言功底。如果我们想成为鲁迅、钱锺书、沈从文式的人物，那我们也多读点文言作品吧！

本书选编的文言文，首先注意到了中学阶段学生的接受能力，一般篇幅短小，内容浅易，同学们借助注释大体能理解原文，并回答有关问题。同时我们还注意了选文的知识性和趣味性。一方面希望这些作品确实能够有助于同学们提高文言文阅读能力，并学到课本以外的某些知识，或受到某些有益的启发；另一方面力求每篇选文都生动有趣，或故事性强，希望能够给同学们带来新鲜感和快乐。全书共选文260余篇（则），根据内容性质和题材形式，大体区分为"语文品趣""成语典故""哲理寓言""散闻轶事""神话鬼怪""圣贤之教""人物传记""高谈阔论""山川美景""技术博览"等十类，前五类为初中部分，后五类为高中部分，每类中的各篇大体按出处及时序排列。这样做的目的是为了方便大家有选择地加以阅读。但由于很难按统一的标准分类，某些篇目的归属可能两可甚至三可，这不要紧，同学们有兴趣的话，可以根据自己的标准重新加以编排。

为了帮助同学们理解原文，每篇选文都作了注释。由于大家还没有多少古文基础和语言知识，我们的注释在初中部分一般不使用专业术语，也一般不交代注释的理由和根据；高中部分将逐渐减少注释，并适当使用学科术语。对于常用的文言词语、古今意义相差较大的词语以及用法较为特殊的词语，则采取重见重注的办法，让同学们反复感知，自然记住，不要去死记硬背，也暂不忙于问"为什么"。每篇选文之前都有"导读"，"导读"交代选文出处，并简单提示选文的主要内容、理解角度或写作背景等，以便同学们在正式阅读之前对选文的内容和相关知识有个大致的了解，从而降低阅读的难度。出处相同的只在第一篇介绍原著情况，其余仅标明出处而已。不常见的书名和人名不详细介绍。每篇选文之后有"想一想"，这是针对选文而出的开放性思考题，主要是帮助大家开拓思路，启发联想，不一定真要去做。选文的标题大都不是原有的，而是本书编者根据内容或其他线索代拟的，这样的标题具有提示作用，并便于指称和检索。

编写课外读物的主要目的是帮助读者开阔眼界，增长见识，活跃思维，大家要在愉悦的情绪和轻松的心态下去浏览，千万不要过于认真，不要把它当作负担。如果你不想读，那就让它睡觉，别理它；等你忍不住想看看的时候，才去吵醒它，让它陪你玩一会儿。"开卷有益"，你不会后悔的。

由于编写时间仓促，编者水平有限，书中必定有不少不如意的地方，希望广大读者朋友们不吝赐教！

编著者

2000/3/28

《三国演义》导读[1]

一 《三国演义》解题

同学们，大家都看过中央电视台播放的电视连续剧《三国演义》吧？这部电视连续剧是根据我国第一部历史长篇小说《三国演义》改编拍摄的。"三国"指的是魏（220—265）、蜀（221—263）、吴（222—280）三个国家，那么"演义"是什么意思呢？

"演义"本来指阐发义理，如《后汉书·逸民传·周党》说周党等人"文不能演义，武不能死君"，就是说在文才方面不能阐发经书义理，在武功方面不能替君王去打仗，是群没用的人。后来把根据史事、传说添枝加叶编成的通俗长篇故事叫作"演义"，成为古代长篇小说的一种体裁。清·钮琇《觚賸续编·文章有本》："传奇演义，即诗歌纪传之变而为通俗者。"《三国演义》就是元末明初人罗贯中根据《三国志》等史书资料改编创作的通俗长篇历史小说，曾叫《三国志通俗演义》或《三国志演义》，也可以简称《三国》。

《三国志》是晋代人陈寿所写的一部历史书，分《魏书》《蜀书》《吴书》三部。记载了汉朝末年社会动荡，封建割据，先后形成魏、蜀、吴三国，而最终统一为晋朝的历史。《三国志》的叙事虽然简略，但南朝宋裴松之为《三国志》作注时，补充了很多史料，引书多达一百五十余种，加上晋裴启《语林》、干宝《搜神记》、王嘉《拾遗记》，南朝宋刘义庆《世说新语》等杂书也记载不少有关三国的史料及逸闻逸事，使得"三国"的人物和故事在晋宋时就广为流传。后来，经过隋唐民间艺人的讲唱，经过宋元戏剧的演饰，"三国"故事更加丰满生动，流传更加广泛深入，几乎到了妇孺皆知的地步。正是在这样的基础之上，元末明初的大文学家、戏剧家罗贯中（生卒年不详），把史料、杂记和民间艺术结合起来，进行整理、加工、改编、充实、虚构等再创作，终于成就了《三国演义》这样一部史无前例的长篇历史小说。

二 作者罗贯中

《三国演义》的作者一直有争议，现在学术界大都认为是元末明初的罗贯中。其实罗

---

[1] 本文原载《三国演义》（名师导读美绘版），题为"阅读准备"，云南教育出版社2010年版。

贯中其人其事也不是很清楚，说他是元末明初人，主要是根据元末明初人贾仲名《录鬼簿续编》中的记载：罗贯中，太原人，号湖海散人。与人寡合。乐府隐语，极为清新。与余为忘年交。遭时多故，天各一方。至正甲辰复会，别后又六十余年，竟不知其所终。

既然罗贯中跟贾仲名"为忘年交"，贾在"别后又六十余年"写这段话，说明罗比贾的年纪要大很多。元朝"至正甲辰"为公元1364年，据此，鲁迅先生推测罗贯中大约生活在1330年至1400年之间①。

此外，明人王圻《稗史汇编》说罗贯中是"有志图王者"，清人徐渭仁《徐炳水浒一百单八将图题跋》说罗贯中曾与元末农民起义领袖张士诚有过接触。至于具体的生平事迹，有待于新的可靠资料的发现。

在书目著录里，署名罗贯中的著述，除了《三国演义》外，还有章回小说《隋唐志传》《残唐五代史演义》《三遂平妖传》及杂剧《宋太祖龙虎风云会》等10多种，可以说是位多产的文学家。

三 主题思想

《三国演义》全书120回，整个故事起于东汉末年灵帝刘宏中平元年（184）的黄巾起义，止于晋武帝司马炎太康元年（280）统一全国，共96年的历史。主要内容是描写曹操、刘备、孙权三个集团的政治、军事斗争及其盛衰兴亡的过程，人物众多，事件纷纭，情节复杂，展现了一幅汉末三国时期风云变幻、壮丽多彩的历史画卷。

在如此丰富的内容和大量的信息中，要用一两句话概括总结作品的思想主题是很困难的。但是，书中有几种比较明显的思想倾向，在阅读过程中应该是能够感受得到的。我们在这里先归纳一下，大家阅读中再加留意吧。

（一）盼望仁政的思想

《三国演义》通过描写特定历史时期皇朝腐朽、政治黑暗、奸臣弄权、军阀混战的社会现实，揭露了封建统治者的昏庸和残暴，反映了人民在动乱时代的灾难和痛苦，表达了百姓迫切渴望仁君一统天下、恢复和平生活的愿望。刘备就正是这样一位明君。作者在书中着力刻画刘备之"仁"，将他与曹操、董卓和袁氏兄弟等残暴专制的领袖形成鲜明对比，从道德素养、思想品性等各个方面来拔高这一人物。正因为他仁厚，徐庶才走马荐诸葛；正因为他仁厚，诸葛亮才为了他临终的嘱托鞠躬尽瘁，操劳至死；也正因为他仁厚，在新野避难时不忍抛弃十万民众，由此得到了百姓的拥戴。得民心者得天下，在罗贯中看来，蜀汉取得天下本应是天经地义的事情，只可惜天意弄人，蜀国的支柱相继殒命，后主昏庸，宠信黄门，不思朝政，终致亡国。可以认为，作者将蜀国灭亡的原因归于君主的昏愚不明，实际上正是从反面来强化"仁政者王"的思想。

---

① 参见《鲁迅全集》第9卷《中国小说史略》，第十四篇《元明传来之讲史（上）》，人民文学出版社2005年版。

(二) 提倡忠义的思想

忠义，是我国传统文化的重要组成部分，是构成传统伦理道德的骨架。《三国演义》中用不少篇幅描绘了一个个至忠至义的人物，如审配、董承、陈宫、吉平，等等。这些人物不分阵营，不论身份，甚至还有许多女流之辈，只要施行了忠孝节义之事，书中就一律表示赞赏。罗贯中重点塑造的"忠义形象"应该是"义重如山"的关羽。他勇武过人，对刘备的君臣之忠、兄弟之义，更被世代传为佳话。关羽曾经战败，本欲自杀，但为了兴汉报兄之"大义"，他与曹操约定三事而降。尽管曹操以礼遇、金钱、美女、官职等各种手段想留住关羽，但关羽"身在曹营心在汉"，始终不为所动。得知刘备的下落后，关羽不惜封金挂印，千里走单骑，过五关斩六将，历尽艰苦，只为遵守"忠臣不事二主"之义，真正是"富贵不能淫，威武不能屈"的大丈夫。后来关羽在华容道甘冒违犯军令而被杀头的危险"义释"曹操，尽管放走的是敌人，但出发点是为了"义"，为了报答曹操恩情，所以作者对他仍然赞誉有加。可见作者对"忠义"的推崇是不计得失的。

(三) 歌颂英雄的思想

"滚滚长江东逝水，浪花淘尽英雄。"《三国演义》随处可见"英雄"一词，可以说是一部英雄的史诗。但英雄并不是一个空洞的概念，不同人眼中的英雄具有不同内涵。李儒曾向吕布推崇董卓为英雄，王允也曾当面称赞吕布为英雄，但他们或是逞凶一时的军阀，或是徒勇无信的武夫，雄则雄矣，但在世人眼里最多算个凶残的"枭雄"，根本算不得英雄。曹操"煮酒论英雄"，认为"夫英雄者，胸怀大志，腹有良谋，有包藏宇宙之机，吞吐天地之志者也"。并且说"今天下英雄，惟使君（刘备）与操耳！"曹操虽然自称为英雄，而且从他的才干和业绩来看，也确实够得上他的英雄标准，但在作者罗贯中眼里，他也只能算个反面的英雄，即所谓"奸雄"，是遭到贬斥的。那么，作者所要歌颂的"英雄"究竟是什么样的人呢？除了才干、能力、业绩等外在的东西，更重要的是具有仁厚、智谋、英勇、忠义等优秀品质的人。小说倾情描写刘备的仁厚君主形象，还有一大批智谋之士、英勇之将、忠义之臣，如诸葛亮、关云长、张飞、赵云、黄忠、姜维、孙权、周瑜、鲁肃、陆逊、王允、司马懿、庞德等，这些人也有很多缺点，结局也不一定理想，但他们的基本品质是好的，所以作者尽情地加以歌颂，表现了他对于历史英雄的崇拜。

(四) "拥刘反曹"的思想

《三国演义》"拥刘反曹"的思想倾向是很明显的，作者直言指斥曹操"托名汉相，实为汉贼"，而强调刘备是"汉室宗亲"，应该名正言顺地即位"续大统"。罗贯中之所以有这样的思想，除了唐宋以来民间艺术的影响外，还有如下一些原因：作者所处的元末明初时代，社会动荡，南方汉人与北方元人的冲突不断，据说罗贯中本人就参加过抗元战争，因此他的汉民族意识非常强烈，提倡"汉室宗亲""汉家正统"的思想在当时具有提高汉民族凝聚力的作用；罗氏同情百姓的疾苦，对长期生活在专制暴政中的广大人民的内心感情与要求愿望比较了解，人们渴望仁君德政，渴望和平，反对暴政，反对战乱。作者极力赞颂刘备的仁慈宽厚，指责曹操的残暴虚伪，正是为了顺应百姓们的思想需要。

四　文学艺术鉴赏

《三国演义》虽然取材于三国历史，但历史只不过是一个故事框架，一个时空断限。作为小说，其中的历史人物已被重新塑造，历史事件已被重新安排；它不必像史书那样真实地记录历史，而要根据创作意图，把作者对历史人物的爱憎、对历史规律的把握和对历史精神的阐释全都融合到一起，将三国的历史通过人物和事件加以演义、虚构、渲染，使之成为文学性质的艺术品。因此，《三国演义》本质上属于文学作品，其价值主要体现在文学艺术方面。今天，《三国演义》当之无愧地成为中国古典小说"四大名著"之一，正是以它的文学艺术成就为标准的。在文学方面，《三国演义》的艺术性可以从下面几个角度分析和欣赏。

（一）结构建造艺术

《三国演义》时间跨度长达近百年，空间上更是遍及整个中华大地。在如此悠久的时间和广阔的空间范围内，叙述头绪纷繁的历史事件和关系复杂的众多人物，如果没有高超的结构建造艺术，是很难驾驭的。罗贯中毕竟是大手笔，他紧扣各统治集团的政治、军事斗争的主线，集中笔墨描写曹、刘、孙三家的矛盾冲突，以宏伟的结构，把头绪纷繁、错综复杂的事件和众多的人物，组织得完整严密，脉络清晰，叙述得有条不紊，前后呼应，彼此关联，环环紧扣，层层推进，而且主次分明，详略得当。这是一种值得称道的整体结构艺术[①]。

所谓"整体结构"，最主要的特征就是具有"整一性"，即结构完整，环环相扣，不可分割。《三国演义》的结构形式虽是章回体，章回之间可以相对独立，但实际上每个章回都相互联系，都在主要线索的统御之下，犹如珠玉之于项链，一旦被分割，则项链将荡然无存。罗贯中以三国的代表人物曹操、刘备、孙权为重要人物线索，或单线独进，或并驾齐驱，或交叉错综，将汉末晋初近百年间的诸多历史人物和事件紧密地维系起来，构成一个严密的艺术整体，全书的情节发展、时间安排、人物构成、事件关联以及章回的布置，都受这三条人物线索的统御或制约。例如刘备"三顾茅庐"的故事，讲徐庶走马荐诸葛，向刘备推荐了卧龙先生，刘备求贤若渴，便三赴卧龙岗相请，终于请出了有雄才大略的诸葛亮。这是一个比较完整的情节，似乎可以独立出来。但是，作为《三国演义》艺术整体的一部分，它却没有独立的可能，它是《三国演义》艺术结构的重要环节，是诸葛亮这一重要人物大展雄才的前奏曲，也是刘备由弱到强的转折点，没有这个环节，整体结构就会呈现出某种程度的欠缺，因而失去连贯与完整。所以不仅叙述这个故事的几个章回彼此联系紧密，缺一不可；而且这个故事决定了魏、蜀、吴三国未来的命运，所以也是全书不可或缺的重要环节。

[①] 参见夏炜《略论〈三国演义〉的整体结构特色》，载《〈三国演义〉论文集》，中州古籍出版社1985年版。

"整一"不等于"均一"。《三国演义》在布局整体结构时,并不讲究平均用力,即在完整、统一的链条上,各个环节的联系方式和相互间的密度并不固定,而是根据需要灵活变化。因而情节有主有次,有张有弛,有虚有实。三个国家人物故事的多少以及各自所占的篇幅并不均衡对等,但却在变化中现出自然和谐,这是《三国演义》艺术结构的独特之处。例如诸葛亮是作者理想化了的人物,他不仅占篇幅多,而且有他出场故事就写得生动、细致、逼真、有吸引人的力量。从诸葛亮出山到五丈原,前后时间仅二十七年,其篇幅却占了全书的二分之一强;五丈原之后凡三十年,仅用了十六个回目,占全书的六分之一。这是因为五丈原之后,作者理想中的人物死去了,等于抽掉了整体结构的栋梁,所以后面的部分历时虽长,作者也只好把它作为全部三国故事的尾声来处理了。这样安排似乎前后不均衡,实际上合情合理,并没有损害整体结构的和谐性。

(二) 材料加工艺术

《三国演义》是历史小说,须要处理好历史真实与艺术真实的关系,既不能完全照搬历史素材,也不能违背历史杜撰虚构。对此,罗贯中从小说的创作意图出发,采取了许多有效措施,体现了他的材料加工艺术才能。

首先,对于客观存在的总体历史面貌,要尊重,不能随意改变事实,但可以改变叙事立场和评价角度。例如汉代末年群雄割据,导致三家分立,这是历史的真实,谁也无法改变。史书从推动历史进程的主导方面来叙述这个事实,自然站在"曹魏"的立场上,把《魏书》摆在最前面,并最先讲述曹操的事迹;但《三国演义》从"拥刘反曹"的民意出发,改变了史书的叙事立场,以"刘汉正统"的观念重新组织材料和安排故事,把"桃园结义"摆在了全书的第一回,先声夺人,从而确立了刘、关、张在《三国演义》中的正面人物地位,这样的素材处理无疑体现了作者的"拥刘"立场,但却并不违背"三国分立"这个总体的历史真实。再如三国鼎立的结局是统归于晋,这是历史事实,但又是作者最不愿意接受的。因此作者对这个史实也作了艺术处理,把晋之代魏,写成是曹丕篡汉的报应;而东吴降晋,是因为孙皓残暴荒淫;只有蜀汉的姜维继承诸葛亮遗志,机智勇武,尽忠报国,虽然最终失败,但那是天意,不是人力能够挽回的。这样,将蜀汉的灭亡写得悲壮动人,既不违反历史真实,又能体现作者的评价意志,从而满足读者的审美欲望,富于艺术感染力。

其次,调整历史事件的主体或时空。前面说过,《三国演义》中的故事是虚实结合的。作者往往为了集中突出某个人物的个性,在保留大致历史骨架的同时,又根据三国戏剧和民间流传的种种奇闻异说,重新解构历史,进行再创作。例如"怒鞭督邮",这本是发生在刘备身上的事情,而作者巧妙地移花接木,将施事的主体改成了嫉恶如仇、率直冲动的"猛张飞",不但一下子将张飞不畏强权、直来直去的性格展现得痛快淋漓,也保留了刘备仁厚稳重的形象,使得文中的人物个性更加统一,更加真实而典型。在对诸葛亮的塑造上,这种张冠李戴的手法就更为常见:火烧博望坡实际是刘备所为,当时诸葛亮还未出山;草船借箭的乃是孙坚、孙权父子,他们分别在跨江击刘表和濡须之战中采用过这样的战术;火烧赤壁是黄盖的主意和功劳;空城计其实是曹操对抗吕布的时候用过的……罗贯中将这些妙计奇功抽象出来,改变它们发生的时间和空间,统一地灌注到诸葛亮一个人身上,于是,一个博古通今、知天晓地、运筹帷幄、谈笑风生、指挥若定、安之若素的"神人",一个为后世无数人敬仰膜拜的高度艺术形象便蕴集着众人的智慧,傲然出世。也有事件主体不变而仅改变发生时间的。如太医苑医生吉平下毒药害曹操被杀的事,本来发生在建安二十三年至二十四年,但紧接着建安二十五年,曹操又因怀疑民间医生华佗要害他而囚杀了华佗,这两件医生"谋杀"案相隔太近,写在书里,会显得重复,所以罗贯中把吉平投毒事调到了十八年前的建安五年,这样相隔的时间就远了,避免了情节雷同而使之错落有致。[①]

再次,虚构细节,丰富小说内容。自古以来,桃园三结义、三英战吕布、刘备三顾草庐、诸葛亮舌战群儒、关羽过五关斩六将等故事就是老少皆宜的谈资话料,长期为人们所津津乐道。而实际上,这些情节在史料中多数并无确切的记载,有的也只是寥寥数语,一带而过。到了《三国演义》这里,作者则凭借已有的材料基础,根据时事的发展趋势,再附以生动的想象,运用大量的细节渲染,侧面烘托,丰满了故事的血肉。这些篇章也随即成为小说中最出彩,最令人赏心悦目的章回,极大地提升了整部书的艺术地位。比如"三顾茅庐"的故事,在《三国志》中只有五个字:"凡三往,乃见。"而《三国演义》居然洋洋洒洒地将其扩充到了上万言,不但大大丰富了故事的可读性和趣味性,而且使刘备求贤若渴、礼贤下士的仁君形象,诸葛亮才华横溢、清高傲骨的知识分子气质跃然纸上。这一事件作为全书的一个转折,也是通过一些细节的虚构,才将前后情节浑然串联起来的。小说首先用徐庶走马荐诸葛的方式引出"卧龙",经过司马徽再荐,再到刘备两顾而不得:孔明尚未出场,他的才华与魅力已然处处彰显,难以韬藏。而在他周围,灵秀非凡的山岳,快乐歌唱的山民,仙隐清奇的亲朋,……这一切不凡的渲染也是为了衬托和捧出诸葛孔明这个最令人好奇、最神秘也最核心的人物。在吊足了读者的胃口之后,罗贯中终于让这个神机妙算、满腹经纶的年轻人现出了真身,却还要用睡着的特殊方式出场!于是,刘备就恭恭敬敬地等,孔明却坦坦然然地睡。这一对英雄的信任与相惜,大概从这一刻起就已经注定了。诸葛亮毕竟没有让人失望,他的"隆中对"抛出了"三分天下"的预言,第一次直接点明小说的题旨。至此,刘备集团的领导核心阶层彻底完备。天地变色,风起云涌,三强正式弯弓逐鹿的局面即将轰轰烈烈地拉开帷幕。如果没有这一系列的环境渲染和细节虚构,仅凭史书短短的五个字怎么能够表达小说的意图,怎么能够凸显一个"眉聚江山之秀,胸藏天地之机,飘飘然当世之神仙"的奇才形象呢!

(三) 事件描写艺术

《三国演义》叙述的是乱世的历史,有许多场面宏大、人物众多、情节复杂的历史事件。作者对这些事件的描写,通常采用全知全能的视角,巧妙地结合实写、虚写、详写、略写、插叙、倒叙等多种叙述方式,快速地切换叙事主体,使多条暗线穿插发展,推动情节前进,将同一历史时段中每个主要人物不同的活动都平铺出来,便于读者统观全局。书中光军事战争就写了四十多次,战斗场面更是多达上百个。其描写的战争时间之长、形式

[①] 参见刘世德在中国现代文学馆的讲座《话说刘备》。载《明清小说:刘世德学术演讲录》,傅光明主编,线装书局2007年版。

之多样、规模之宏大、局面之复杂，在世界文学史上也是很少见的。通过对这些大小战争的描述，我们能够充分感受到作者高超的叙事艺术。

《三国演义》中描写战争，并不是生硬地展现尸骨遍野、血漫黄沙的残忍，而是重在表现战争的背景和人物的智勇。每一场战役，都有着不同的政治外交背景，有着复杂的局势实力变化，作者以局外人的身份，驾驭整个场面，从不同角度，或直或曲、或详或略、或虚或实地将战争的条件背景、各方不同的思想倾向、力量分布等情况交代清楚。同时，从人物的语言、神态、心理活动等方面入手，着重描写战争中各方统帅的思想和决策，即如何部署，如何规划，如何用计，如何诱敌……战争所对抗的，不仅仅是双方的兵力军备，更重要的是将领的谋略与胆识。作者正是这样带领我们走进了气势磅礴的战争世界，把握局势的每一丝变化，体会步战、马战、火攻、水淹、偷袭、诱敌深入、险地埋伏、双人交手、冲阵掩杀、攻城略地等等千变万化的作战手段，感受书中人物的英勇悲壮，领略那气吞山河、金戈铁马的激情岁月。

例如书中用了八回篇幅所描写的赤壁之战，就是极富艺术性的一场精彩大战。这场战争曹、刘、孙三方共同参与，可谓群雄聚首，豪杰云集，明争暗斗，智谋重重；旌旗楼船，刀光剑影，山水东风，烈焰腾空。这样波澜壮阔的场景，这样紧张激烈的冲突，这样复杂多变的局势，这样气势雄浑的规模，作者写来，却是有条不紊，游刃有余。他以曹、孙两家为主线，辅之以孙、刘结盟，一环套一环地展开情节：曹操强兵压境，诸葛亮亲临江东，舌战群儒，智激周瑜，终于说服孙吴与己方结盟，共同抗曹。然而，在结盟抗曹的同时，盟军内部的矛盾冲突时有发生，周瑜几次三番陷害诸葛亮，都被诸葛亮用巧计化解。曹方水战不利，派周瑜老友蒋干前来作说客，周瑜将计就计，反间成功，一举除掉曹方仅有的两名懂得水战的将领。然后，又用苦肉计、诈降计、连环计等，一步步将故事推向高潮。最终，联盟军借助东风作美，使用火攻，将曹操八十三万大军，烧得灰飞烟灭。在恢宏庞大的战争场面中，作者用从容的笔调加入一些戏剧性的小插曲，例如"曹操横槊赋诗""蒋干盗书中计""庞统挑灯夜读""孔明草船借箭"等情节，使得故事有张有弛，疾缓合宜，读起来智巧诙谐，妙趣横生，不知不觉中缓和了战争的紧张气氛，这正是作者巧妙高明的叙事艺术所致。

（四）人物塑造艺术

毛宗岗说："古史甚多，而人独贪看《三国志》者，以古今人才之众未有盛于三国者也。"[①]《三国演义》总共写了一千二百多个人物，其中有名有姓的将近一千人，堪称古代小说中写人物最多的巨著。[②] 在这众多的人物当中，作者刻意塑造的就有四百多人。其中的主要人物活灵活现，性格鲜明，给人们留下了不可磨灭的印象。例如曹操、诸葛亮、关羽三人的形象，在文学史上被公认为"三奇"或"三绝"：曹操为"古今来奸雄中第一奇人"；诸葛亮为"古今来贤相中第一奇人"；关羽为"古今来名将中第一奇人"。[③]

---

① 参见毛宗岗《读三国志法》，载毛宗岗批评本《三国演义》卷首，岳麓书社2006年版。
② 参见沈伯俊《〈三国演义〉与明清其他历史演义小说的比较》，载《明清小说研究》1999年第2期。
③ 参见毛宗岗《读三国志法》，载毛宗岗批评本《三国演义》卷首，岳麓书社2006年版。

《三国演义》在人物的塑造上，有着极为典型的类型化的倾向。作者往往选取人物个性中某个比较鲜明的特征进行集中描写，不断强调夸大。曹操的形象在书中算是比较丰满复杂的，但他仍然带有类型化的特征。曹操的典型特征就是奸诈。因此罗贯中在塑造这个形象的时候，几乎把民间有关奸诈多疑的传说全都集中起来写到他身上：说他从小就懂得假装中风，欺骗父亲，诬陷叔叔。长大后更是变本加厉，遇难逃亡到吕伯奢庄上，因怀疑人家想谋害自己而先下手为强，杀死了吕家八口。后来发现杀错了，不但不悔过，索性连吕伯奢也一并杀死，说是"宁教我负天下人，休教天下人负我"。为了防止有人暗杀自己，他借口"梦中好杀人"，拔剑斩了夜晚替他盖被的近侍，第二天起床却故作惊讶，表示"极为悲痛"，给予厚葬，从优抚恤家属，其实是用这种方法警告别人不要随便靠近他。祢衡出言不逊，曹操很恨他，但是因为远近皆知祢衡有才，曹操要在天下人面前做出大度爱才的样子，于是派祢衡出使刘表，想以祢衡嚣张的个性激怒刘表，借刀杀人。如此等等。罗贯中也表现了曹操的"雄才大略"，写他非凡的政治远见与政治气度，写他知人善用，爱惜人才。如他哭典韦，放关羽，替陈宫照顾家人等，这些都表现出他善的一面。但这个"善"是无法与"奸"抗衡的，这个"善"的根本出发点还是以自我为中心的，因为对方帮了他或没能对他造成严重的威胁。曹操永远不可能像刘备那样"吾宁死，不为不仁不义之事"，他虚伪多疑、不择手段、奸诈不仁的性格从始至终都没有变过。《三国演义》把曹操这个极端利己的野心家和阴谋家的形象描写得生动贴切，对他进行谴责，很大程度上迎合了老百姓对残暴虚伪的封建统治者不满的心理。

　　这样类型化塑造人物的手法有一定的优点，它可以使人物的个性鲜明突出，让人物形象更加统一和谐。由于类型化的特征是固定的，所以有时候只需要几笔粗线条的勾勒，就足以到位地传达出某类人物既定的神韵。例如关羽"温酒斩华雄"，只是通过"前将战华雄，屡战屡败"这样的背景烘托，以及"关羽斩华雄，归来酒尚温"这一个细节的描写，红脸关公勇猛冷静、万夫莫敌的形象一下子就体现出来了。而张飞"威震长坂桥"，只一声怒吼，瞬时吓退曹操大批的追兵，好一员猛将！并不需要多作描述，读者自然能够心领神会，这就是鲜明典型的人物个性带来的好处。同时，这样统一化的人物个性也容易给读者留下极为深刻的印象，我们现在一提到张飞，就感觉一个从外形到言谈到举止，任何方面都带着一丝鲁莽气的黑大汉，虎虎生风地站在眼前；一想到诸葛亮，脑海中便浮现出一个羽扇纶巾、儒雅聪慧、冷静从容的智者形象；这正是人物类型化的效果。

　　但是，每个人的性格都不可能是平面单一的。因此，这样模式化的人物脸谱也存在着一定的弊端。它会使得整体人物形象比较简单浅白，缺少复杂细腻的感情，缺少内心激烈的思想冲突，缺少性格发展成熟的过程。另外，过于追求个性的某一方面，过分地夸张、烘托及渲染，会让人物脱离现实，变得难以置信。鲁迅先生在《中国小说史略》中就曾批评《三国演义》："至于写人，亦颇有失，以致欲显刘备之长厚而似伪，状诸葛之多智而近妖。"说的正是这个意思。

五　阅读价值

《三国演义》的价值当然不限于文学艺术的范畴，它的内容涉及历史、军事、行政、企业、商业、文化教育等更为广泛的领域，从而为军事学、管理学、谋略学、心理学、未来学、决策学、运筹学、指挥学、人才学、公关学、艺术学、伦理学、民俗学、地理学、医学、科技史等种种现代科学和文化课题所重视；同时，《三国演义》的影响也跨越了国界，被译成各种语言，在国际上广为传播。可以说没有哪一部文学作品能像《三国演义》这样既能为统治阶层所利用，也能为知识分子所欣赏，还能为普通老百姓所津津乐道。不仅在中国历史上产生过巨大影响，到了今天，仍然是我们取之不尽的宝藏。除了文学艺术，对《三国演义》的价值，我们应该有更广泛的认识。

（一）语言价值

《三国演义》是一个难得的语料库，它储存了明朝初年以前的近 80 万字的语言材料。这近 80 万字的语料文白夹杂，文言不是太深，白话又不太俗，从中可以发现和学习到许多语言文字方面的知识。例如书中使用的白话，出现了一些属于近代汉语的词汇和语法现象，有的就是现代汉语的源头；书中保留的文言成分，特别是诗词歌赋和奏章疏表以及檄文书信等，基本上都是用文言写的，但这些文言相对于上古的典范文言来说比较浅显，有的词义或句式已经发生变化。如果我们在阅读时留意其语言上的规律和特点，把文言、白话和现代汉语加以对照，这对我们了解汉语的发展历史是有帮助的。

《三国演义》也是一部优秀的言语作品，体现了作者运用语言的方法和技巧。总体来看，罗贯中的语言表达通俗、简练、明快、生动，具有自己的个性特点。具体地说，其中包含有种种修辞的方法和技巧。例如《三国演义》运用拆字或合字的手段，来委婉地表现人物性格或预言某种事象，耐人寻味而别有情趣。这在把"一合酥"拆分为"一人一口酥"的故事、"门"中添"活"合成"阔"字的故事，以及"千里草，何青青！十日卜，不得生！"之类的许多童谣中都有体现。再如相对于其他几部小说名著而言，《三国演义》在使用叠字方面具有特色，全书总共只用了叠字 520 次，连续使用叠字只有 23 例，且绝大部分是连用两叠，唯有一次紧连四叠。可见罗贯中使用叠字少而精，具有自己独特的审美个性，轻貌重神，自然流露，不肆意堆砌，在稀疏、平易、朴实的文字技巧中，达到和谐有致、驯化有素、淡雅有情等表达效果。这说明叠字之美，不在于使用多少，而在于恰到好处。① 至于夸张、比喻、拟人、双关、对仗等常见修辞手法，衬托、渲染、对比、暗示、悬念等常用表达技巧，在《三国演义》中比比皆是；只要我们在阅读中随时留意，认真分析鉴赏，学习运用，就一定会有许多收获。

《三国演义》作为一部文学名著，其语言对后世有很大影响，许多成语、歇后语等特殊词汇源出于此。阅读《三国演义》，有助于我们了解这些特殊词汇的出处、原意和引申

---

① 参见沈荣森《〈三国演义〉叠字撷美》，载《成都大学学报》1994 年第 3 期。

义，从而正确地加以理解和运用。据研究，出于《三国演义》或跟《三国演义》的人物、故事相关的成语近千条，例如"步步为营""不出所料""初出茅庐""出言不逊""过关斩将""刮目相待""虚张声势""偃旗息鼓""作奸犯科"，等等，都是今天还在常用的。由《三国演义》衍生的歇后语也不少，例如："曹操杀吕伯奢——将错就错""曹操用计——又奸又滑""草船借箭——坐享其成""貂蝉唱歌——有声有色""东吴招亲——弄假成真""刘备摔阿斗——收买人心""鲁肃讨荆州——空手而回""三个臭皮匠——顶个诸葛亮""司马昭之心——路人皆知""徐庶进曹营——心不在焉""张飞穿针——大眼瞪小眼""诸葛亮用空城计——不得已""周瑜打黄盖——两厢情愿"等等。还有"青山依旧在，几度夕阳红""三军易得，一将难求""宁为玉碎，不为瓦全"等格言，也都来源于《三国演义》。这些我们"耳熟"却未必"能详"的词语，在读过《三国演义》之后，你应该会有新的感受和认识，当然你必须得先留意它。

（二）历史价值

《三国演义》是以《三国志》及其注释材料为基础写成的历史小说，清代史学家章学诚认为《三国演义》的内容"七实三虚"①。所谓"七实"就是说有百分之七十的内容跟历史事实相符，这主要是指社会背景、主要事件和主要人物而言；所谓"三虚"是说也有百分之三十的内容是虚构的，这主要是指具体情节中的小事件小人物而言。从"实"的角度讲，它能起到通俗历史教科书的作用。过去很多人，尤其是老百姓，他们的某些历史知识，就是通过《三国演义》而获得的。事实证明，历史小说普及历史知识的作用是不容忽视的。阅读历史小说，是读者了解历史、认识历史的一条途径。在今天，阅读《三国演义》，仍然有助于我们详细了解汉代末年至三国归晋这一历史时期的政权性质、官制体系、社会结构、地理沿革、民族关系和主要历史事件、主要历史人物以及人们的生活状况等。同时，《三国演义》中还涉及许多汉代及汉代以前的历史，例如周文王、周武王，伊尹、周公、齐桓公、晋文公、孙武、庞涓、吴起、乐毅、刘邦、项羽、张良、韩信、陈平、灌婴，等等，通过《三国演义》的故事，联系这些早期的历史人物，我们的历史知识会得到有效的强化和极大的扩展。

（三）文化价值

沈伯俊先生指出，对"三国文化"可以作三个层次的理解和诠释：(1) 历史学的"三国文化"观（或曰狭义的"三国文化"观），认为它就是历史上的三国时期的精神文化；(2) 历史文化学的"三国文化"观（或曰扩展义的"三国文化"观），认为它就是三国时期的物质文明与精神文明的总和；(3) 大文化的"三国文化"观（或曰广义的"三国文化"观），认为"三国文化"并不仅仅指、也不等同于"三国时期的文化"，而是指以三国时期的历史文化为源，以三国故事的传播演变为流，以《三国演义》及其诸多衍生现象为重要内容的综合性文化。②

---

① 参见章学诚《丙辰札记》，载于《章氏遗书》（外篇卷三，第29册），吴兴刘氏嘉业堂刻本，1922年。
② 参见沈伯俊《"三国文化"概念初探》，载《中华文化论坛》1994年第3期。

如果取"广义文化"的认识,《三国演义》的文化资源可以说是取之不尽的。例如物质文明方面,我们可以看到当时的宫廷园林建筑、服饰车船形制、武器种类、城郭样式、道路状况以及家具、饮食、歌舞,等等,还有连发十箭的"弓弩"、会走的"木牛流马",以及"火炮""地雷""麻沸散"等科技发明,也给我们留下深刻印象。就精神文明而言,《三国演义》中的诗词歌赋赏心悦目,礼仪习俗内涵深刻,政治意识和军事思想给人启迪,以忠孝节义为代表的传统美德凝聚了中华民族的灵魂,以诸葛亮为代表的智慧谋略永远激励着后人奋进。至于由《三国演义》衍生出来的文化现象更是数不胜数,看看历代经久不衰的戏剧演唱和遍布各地香烟缭绕的庙宇祭祀,特别是电视连续剧《三国演义》的播放,以及现代渗透各行各业的《三国演义》应用研究,我们就会感到《三国演义》在文化上的魅力无穷、价值无限。

单以谋略而言,《三国演义》可以说是一个"谋略库",甚至堪称"谋略大全"。谋略,是民族智慧的最高表现形式,也是民族文化心理的最高体现。《三国演义》各政治集团的胜败存亡,最终取决于谋略的成功与否,谋略的较量,构成了整部小说政治、军事、外交风云的核心内容。就大的方面说,在军阀混战的动乱年代,曹、孙、刘三家都想统一天下,曹操的整个战略是挟天子以令诸侯,先伐袁术,继克袁绍,统一北方,然后消灭刘备、收服孙权,完成统一大业;孙权的战略是先剿除黄祖,进伐刘表,统一江南,凭借长江天险,徐图中原,完成统一大业;刘备的谋略则是打出兴复汉室的旗号,先占据荆州,再夺取益州,创立以荆、益为中心的根据地,然后北伐中原。而当时刘、孙两家处于劣势,要图中原,必须先联盟;联盟内部,却有荆州这个战略要地的争夺。总体来说,曹操占天时,孙权占地利,刘备占人和,各有优势,如何发挥自己的优势,使自己立于不败之地,这是三家谋略的基础。曹操最终没能制服孙、刘,在于远交近攻的策略失利;孙、刘两家北伐中原也不成功,在于他们之间的联盟策略屡遭破坏。这就暂时注定了三国鼎立的局势。具体地说,《三国演义》中的每场战争、每次外交、每个事件几乎都存在着计谋,诸如"草船借箭""出奇制胜""调虎离山""夺气攻心""釜底抽薪""将计就计""借刀杀人""金蝉脱壳""韬光养晦""望梅止渴""以逸待劳""远交近攻""欲擒故纵",以及"反间计""空城计""苦肉计""连环计""美人计",等等,都体现了中华民族的传统智慧。其实在军事上,《孙子兵法》也讲谋略,但理论性强,不容易掌握和运用,而《三国演义》的谋略则具体形象,可以看作《孙子兵法》的实用案例,所以易于理解和接受,也更具有传播、普及和应用的价值。总之,阅读《三国演义》,我们可以从各军事集团如何分析形势、预测判断、谋划决策、组织指挥、应变调整等谋略中,感受到民族深厚的文化底蕴,同时也就为今天的处事、创业、经营、交际、国防等提供了丰富的智慧资源。

六 本书阅读指导

《三国演义》不愧是知识的渊薮,文化的宝藏,艺术的殿堂,具有很高的阅读价值,高中生是应该好好读一读的。大家在阅读此书时,有以下四点提请注意。

1. 注意历史与小说的关系。易中天老师说，读历史小说要把握三种形象：一是历史形象，二是文学形象，三是民间形象。我们觉得很有道理，大家可以借鉴。民间形象因人因时因地而异，没有什么依凭，但历史形象和文学形象却不是能够随便乱说的，得有根据，历史形象要根据史书记载还原，文学形象要根据小说本身来分析。小说不等于历史，《三国演义》作为历史小说虽有一定的传播历史知识的作用，但也有许多人物和情节并非历史事实，如果我们要把它当作历史来引用或论述问题的话，最好还是查验一下有关史书，仅凭小说来学习和研究历史是不可靠的。反过来说，我们也应该具有一定的历史知识，了解相关的历史背景，才能真正读懂《三国演义》。

2. 注意对消极内容的识别和批评。如前所述，《三国演义》具有多方面的现实价值，但它毕竟是封建时代的产物，不可避免地具有一些历史的局限。比如过于强调"正统"观念，反对推翻腐朽的封建统治；宣扬君权神授，无论谁做皇帝，都要先出现一些所谓"祥瑞"天兆；描写神灵鬼怪，散布迷信思想，杜撰"关公显圣""诸葛亮预知未来""星斗仙人给人增数添寿"等等违背科学的情节；无原则地赞扬个人忠义，致使危害集团利益和国家利益而不顾。凡此等等，都是我们在阅读时应该注意识别和扬弃的。

3. 注意利用相关资料和工具书。《三国演义》虽然通俗，但毕竟是古代作品，所用语言文白夹杂，在词汇语法上与现代有不少差异，又大量引用历史典故、疏表奏章、诗词歌赋，加上职官、地理等文化方面的隔阂，这就导致《三国演义》虽人人皆知，却未必个个能读。书中的字词障碍、典故瓶颈等，常常会影响小说的魅力和阅读的兴趣。尤其是我们中学生，古文阅读能力和历史文化知识都还有限，在缺乏注释和讲解的情况下，要真正吃透《三国演义》绝不是件轻松的事情。如果不能读懂字面含意、了解文本内容，那就难以进一步领悟小说的表现手法、艺术魅力、文学思想等精髓。为此，本书提供了比较详细的注释，还有一些相关的知识和参考资料，但恐怕还难以解决所有问题，例如书中大量的人名、地名、职官名、武器名、服饰名等，不可能全部加注，所以大家还得利用别的文献资料，要养成勤查资料的习惯。建议大家勤查有关的史书，如《三国志》及裴松之注；勤查有关的工具书，如《三国演义词典》；勤查有关《三国演义》的评论和研究文章，如毛宗岗父子对《三国演义》的点评、易中天老师《品三国》、沈伯俊《近二十年〈三国演义〉研究述评》等；勤查一些相关网站，如"江汉传媒网""三国论坛"等，有时间的话，也不妨适当玩玩三国游戏。

4. 讲究阅读方法，不必平均用力。本书一百二十回，要完全读下来，得花费不少时间。其实你不必每回都认真读，我们大致给你分了"精读""泛读""略读"三种模式，你也不必按照我们的划定来读，感兴趣的章节就精读，一般的泛泛而读，觉得没有多大意思的话，就可以略读甚至不读。读不懂的地方也不必死抠，溜过去往前看，也许看到后面就明白了，少数地方不明白也没有关系。但最好在阅读了一定篇幅后能尝试回顾、猜想，也就是把前后联系起来。如果能参考我们提供的"探究思考"题对某些知识和感兴趣的内容加以整理、总结、扩展，进而研究，提出自己的看法，表述自己的意见，那你的阅读会更愉快，收获会更大。

《大学语文》序[①]

  高等院校大学语文课程，最初是复旦大学前校长苏步青教授针对理工科学生偏科现象严重而提出设置的，试图起到弥补理工科学生文化素养欠缺的作用。随着社会和教育形势的发展，人们对开设大学语文课意义的认识越来越深刻，对大学语文课的教学工作越来越重视。目前，在大多数高等院校，大学语文是作为非中文专业一门综合性的文化基础课而开设的。但是，在长期的教学实践中，大学语文作为一门课程所存在的问题与缺陷逐渐暴露出来。一方面是教材问题，传统大学语文教材从形式到内容，与中学语文教材没有本质区别，被人们戏称为"高四语文"，学生缺乏学习兴趣；近年来新出现的大学语文教材又拔得太高，专业性、理论性太强，既不符合语文特点，又脱离了教学实际。另一方面，大学语文作为一门公共课虽然受到普遍重视，但由于它不是一个独立学科，所以，有的任课教师往往把它作为"副业"来"经营"，有的刚刚参加工作的青年教师，把大学语文教学作为从事专业教学的过渡，这样的"大学语文"教学效果显然是值得怀疑的。

  面对上述问题，张路安等几位年轻的大学语文教师，专心于大学语文教学工作，并积极进行大学语文教学改革，为提高大学语文教学质量而不断探讨、潜心研究。现在，他们结合自己多年的教学实践经验，编写出这本大学语文教材，希望借此推动大学语文教学的进一步改革，这是非常有意义的。该教材具有如下几个方面的特点。

  一、体现了科学的大学语文教育观念。他们以提高大学生的阅读和表达能力、培养学生的人文精神、提高学生文化素质特别是民族文化素质作为教材的总目标，将欣赏和解读文学作品与文化探索相融合，在文学形象的感染下培养学生的审美能力，提高学生的文化素养。所以，他们既没有把大学语文当作纯文学课，更没有当作思想教育课，充分体现了大学语文课的教学特点，也适应了高等院校理工科学生的学习需要。

  二、构建了立体的大学语文教材编写体例。根据大学语文课的性质和教学要求，他们构建了点、线、面相结合的大学语文结构体系，以阅读和表达为基础搭建了上下两个平台。上编为阅读审美与文化探索，按照大学生的文化需求和民族文化特点，依照不同的文化话题，设置了七个单元。每个单元从浩如烟海的优秀文学作品中，根据时间、地域、创作流派和风格的不同，精选了与该单元文化话题有关的若干篇文章；根据七个文化话题内涵，每单元又整理编写了文化探索提示，试图为学生提供一条探索思路，激发学生阅读和探索兴趣，同时，力求将学生阅读和探索的视角延伸到课外；另外，为引导学生从审美的角度开展阅读与探索，提高学生的审美能力，每单元还编

[①] 本文原载高路安等《大学语文》教材，吉林人民出版社2003年版。

写了一篇关于"美与美育"的常识短文。每单元若干篇文学作品和一个文化话题，可以看作大小不同的点，七篇互相关联的关于"美与美育"的常识短文可以看作一条线，点与线互相交织而构成一个完整的阅读平台。下编为常用文体写作，编排了论文、生活应用文、公文、事务文书、法律文书等写作常识，构建了一个适应大学生特点的文字表达平台，以适应现代社会对复合型人才的需求。

三、重视民族文化的熏陶。该教材对文化的介绍以民族文化为核心，特别编排了诗词文化和戏曲文化两个单元。中国是诗的国度，诗词文化在中国源远流长，诗与词最能体现中国人特有的思维模式和审美心理；中国戏曲显示着鲜明的民族特色和独特的艺术风格，亦能体现中国人的审美观念和审美心理，是传承民族文化的重要渠道。所以，引导学生探索中国诗词文化和戏曲文化，对提高学生的民族自信心，增强学生的民族自豪感，有着极其重要的意义。

四、注意培养学生主动的求知欲和独立的探索精神。传统大学语文教材，在选文中除详细的注释外，还编排了思考题和对文章的分析提示，这样做，虽有其利，但很大程度上限制了学生的阅读思路，不利于培养学生独立思考能力和创造性思维能力，而该教材对选文只作简单注释，为学生解读和欣赏文章提供了广阔的空间。特别是七个文化话题的设置，编者只提供了一个大体思路，充分尊重了大学生精神上的自主和情感上的成熟。书后的几个附录，也有利于拓宽学生的视野，为有兴趣深造的学生指引了门径。

当然，该教材并不是完美无缺的。各单元的分类角度不一，内容难免交叉。"语文"者，或谓语言文字，或谓语言文学，或谓语言文化，或兼而有之，但谁都不能缺了"语言"。对理工科大学生的"语文"课而言，如能适当讲点语言文字方面的内容，恐怕会有助于他们更有效地欣赏文学和写好文章。尽管如此，该教材仍是一部很有特色的比较理想的教材。我相信有了像这几位青年教师一样的大胆探索精神，大学语文教材必将越来越完善，大学语文教学质量也必将逐步提高。

《古代汉语教程》前言[①]

"古代汉语"教材的编写从20世纪50年代开始，至今在全国范围内一共出版过多少种已经很难统计了。按理说，编教材就像编字典辞书一样，要有权威性，宜精不宜多，所以应该多修改而少新编，可现在新教材仍然层出不穷。为什么呢？除了功利的因素外，时地的不同、教学对象的不同、教育者的期望不同、施教的策略不同等，也会产生各种各样的社会需求，从而促使教材建设朝着多元化方向发展。

北京师范大学中文专业也编写过几种"古代汉语"方面的教材，例如张之强先生主编的《古代汉语》、王宁先生主编的《古代汉语》都长期作为本校的本科教材和北京市高等教育自学考试教材使用，影响深远。北师大的古代汉语课程有一个优良传统，就是比较注重文献的阅读和古注的利用，这从陆宗达、萧璋、俞敏等先生提倡起一直沿袭到现在。实践证明，让学生从原材料出发，较早地直接接触古人的注释，对培养学生的古代语感和解读能力很有好处。

我们的这本《古代汉语教程》是北京师范大学文学院成立后，由汉语言文字学研究所古代汉语专业的9位老师共同编写的。本教材继承和吸收了北京师范大学原有各种教材的营养，同时尽量追求自己的特点。第一，知识系统完整。全书除前言外，包括文字学、词汇学、音韵学、语法学、训诂学、修辞学六个部分。我们认为，词汇、音韵、语法是构成古代汉语的基本要素，文字是古代汉语的书面形式，修辞从表达的角度看古代汉语的运用，训诂从理解的角度看是古代文献的阅读，这六个部分对于古代汉语课程来说同样重要，不可偏废。作为教材，应该让学生掌握的知识点和知识系统都要有所交代。第二，内容材料具有伸缩性。除了必讲的基础知识外，我们在每章设有"问题讨论""补充资料"和"文选阅读"三个部分，作为练习和深入学习的选择。"补充资料"是与章节内容有关的古代或近现代已故学者的学术专论，"文选阅读"是与章节内容有关的古代文献典型语料，训诂学部分包括古代注释语料。"问题讨论"则提出一些有争议的或教材中没有详讲的问题，这些问题值得思考、讨论或进一步归纳，从而给学生留下查找资料和发挥自己意见的余地。第三，适用面广。由于本教材既有一般知识的系统讲授，又有深入学习的材料，而且加强了学术史方面的内容，所以除可作本科古代汉语教材外，还可以供函授研究生班、本科选修、汉语言文字学专业硕士生入学考试和入学后的补修等选择使用。

"古代汉语"是个模糊概念，最广义的可以指"五四新文化运动"（1919年）以前的所有汉语，最狭义的可以指先秦两汉典范的文献语言，一般的是指不包括"古白话"、也

[①] 本文原载《古代汉语教程》，北京师范大学出版社2007年版。

不包括甲骨文金文等出土文献的"古代文言文"。"古白话"习惯放到近代汉语中研究，古代汉语课程可以回避；但甲骨文金文等出土文献虽有古文字学专业，可其语料在"古代"的范围内，古代汉语课不能完全不顾，所以我们所说的古代汉语大致是指"古代文言文"，也涉及甲骨文金文等出土文献资料。

古代汉语课程的目标是让学生通过书面文字符号了解古代汉语在语音、语义、语法方面的系统和演变规律，熟悉古人运用古代汉语表达思想的习惯和方法，从而提高阅读古代文献、理解古代文化的能力。为了达到这一目标，我们认为教学中应该注重培养学生三个方面的修养：一是基本掌握有关古代汉语的知识理论系统，二是大致了解前代学者研究语言文字的历史和成果，三是精读讲解足够数量的典范文言作品。本教材正是根据这样的教育思路来设计框架和安排内容的。其中的"文选阅读"部分使用繁体字，保留异体字，并且不加标点，目的就是要让学生直接接触古代文献的原貌，以增强古代语感，提高解决阅读障碍的实际能力。

本教材由李国英、李运富组织编写，李运富提出了编写思路和总体框架，统稿工作由李国英和李运富共同完成。各部分的写作者是：

前　言——李运富

第一章——李国英、赵平安

第二章——齐元涛、王立军

第三章——刘利

第四章——黄易青

第五章——李运富

第六章——易敏、朱小健

各部分的具体内容和学术观点由作者决定，不强求一致。

本教材是集体合作的结果，凡并列姓名两个以上者，皆按姓名拼音为序。

本教材的编写得到王宁先生的指导和支持，特此致谢！

编者

《古汉语字词典》前言[1]

一

中华五千年文明史，源远流长，而记载传承如此浩博的文明信息的符号就是古代汉语，不习古代汉语就无以真切地感触与享受我国古典文化的无穷魅力。而且，我们今天所使用的现代汉语也正是古代汉语的继承与发展。古代汉语与现代汉语，一脉相承。鉴古可以知今，学习古代汉语有助于学好现代汉语。

从今天的教育形势来看，随着中学《语文课程标准》及"新课标"语文教材的进一步推广，随着大学人文教育的进一步加强，随着国学的日益走向大众，阅读古代原典而不是仅仅阅读一点翻译成白话文的作品，再一次成为我国民众面临的重要课题。

古代汉语十分重要，但毕竟在当今的日常交际中使用频率不高，对于一般读者而言，能够比较熟练地阅读与理解文言文还是有一定难度的。在这种情况下，拥有一本大小适中、功能实用的古代汉语工具书就是必要的。有鉴于此，我们就编辑了这本中型的供学习查用的工具书《古汉语字词典》。

二

这本工具书为何命名为《古汉语字词典》？因为它既不是单纯的"字典"，也不是单纯的"词典"。"字"与"词"在古代汉语里本来就不太容易分清，单编《字典》或《词典》有时会遇到一些问题。比如，在《字典》和《词典》中分别处理通假字、异体字、繁简字、同形字以及假借义等具体材料时就比较困难，即使理论上勉强可以分清，例如字典不应收复音词，词典不能列假借义等，但这种做法对于只想借助工具书解决阅读古籍疑难的一般读者来说，并没有什么实际意义，如果只买了其中之一的字典或词典，由于各自的内容都不齐全反而会带来查找和使用的不便。因此，我们编写的这部工具书的总体原则是，既不限定为"字典"，也不限定为"词典"，而是字也收，词也收，义项的归纳和解释也不刻意区分是字义还是词义，所以笼统地叫作《古汉语字词典》。

---

[1] 本文原载李运富主编《古汉语字词典》，中国青年出版社2007年第1版，2010年第2版，2014年第3版。

三

　　这是一部帮助中等以上文化程度的人学习文言文和阅读古代典籍的工具书。这部工具书的最大特点是，在符合科学的前提下一切从读者实用的角度出发。除了上面提到的字、词兼收合编的总体原则外，我们还注意突出如下几个方面的特点。

　　第一，解释详明，尽量拓宽有用的知识。我们在一般字词典注音、释义、举例这种常规做法的基础上，增加了许多实用性较强的知识，主要有：（1）给每个词都标注了词类，包括各种实词和虚词；（2）给每个例证标明了详细出处，包括作者姓名及其所处的朝代；（3）给每个通假用法标注了本字和读音；（4）用"☆"号说明一些义项的"特指""专指""泛指""转指"等引申用法或"活用"等特殊用法；（5）加【注意】字样提示需要辨析的内容，如词义辨析、词与词组的辨析、古今词义或用法差异的辨析等；（6）对例句中除字头词条之外的疑难偏僻字词尽量随文加注读音和简单解释。凡此等等，大大充实了字词典的内容和信息量，有助于读者开阔眼界，丰富知识，从而更好地理解古代文献。

　　第二，取舍得当，尽量减少无用的内容。我们对字、词及其音、义项的选取以实用为标准，也就是以解读古代文献的实际需要为准，凡是无助于古籍阅读的，一般不取。因此，我们的做法是：（1）凡是意义和用法与现代汉语相同的字、词一般不予收录，如"骂""吗""瓷""磁""躲""瘟""膀胱"等，试想有谁会把它们当作古汉语的字、词去查找呢？（2）有一些字词虽然是古代独有的，但一般读者很难碰到，因为它们极其冷僻，它们的音义只见于古代的字典辞书，一般文献中很难找到用例，这样的古汉语字、词一般也不收录。（3）对于已收录的字、词，一般也不收它们过于冷僻的音项和义项。（4）对于古今基本上没有变化，而且现代还在使用的音与义，通常列举出该音义项以便体现整个字词的音义系统，但一般不再提供古代的书证。凡此等等，既突出了"古代"和"实用"的重点，又节省了字词典的篇幅，实际上等于为读者省了钱。

　　第三，例证丰富多样，尽量拓宽读者的知识视野。在本书中，除了古今没有变化的音项与义项，一般的释义后我们都提供例证，每个例证都注明详细出处，包括作者及其生活的朝代。例证的作用是验证和补充释义，并且能提供音项与义项所依存的具体的语境，以显示其丰富性和灵活性，进而加深理解，达到活学活用。例证的详细标注，也体现了本工具书的知识容量与文化内涵，将有助于读者开阔眼界，丰富知识，从而获得更大的信息量，全面提高读者的文言文阅读理解能力。

　　第四，使用方便，尽量提供多种检索。根据大多数读者喜欢顺手按拼音翻查正文的习惯，这部字词典的正文放弃了以笔画为序的编排原则，采用了检索便利的音序排列方式。同时以字形为单位，把多音字词的所有音义项都集中在一个音节的字头下，以便读者查阅时能系统地利用相关的音义。考虑到读者对古汉语字词的读音也有可能不太熟悉或读音不很准确，我们另编有"部首检字表"，被检字包括繁体字和异体字。对于那些不易区分部首的字、词，我们还编写了"难检字表"，让读者通过笔画也可以检索到。这样不同的检索方式相互配合，查找起来就十分方便了。

四

　　这部工具书主要由北京师范大学汉语言文字学研究所的部分教师（包括进修教师）和博士生（包括已经毕业在其他单位工作者）编写。虽然我们拟定了详细的编写体例，但书成众手，各自的条件不同，审稿和统稿的时间有限，所以难免体例不一，水平参差，甚至疏漏谬误，敬请方家和广大读者批评指正，待修订时予以改正、完善。本书编写时参考了《古代汉语词典》（商务版）、《古代汉语大词典》（上海辞书版）、《古汉语常用字字典》（商务版）、《辞源》《汉语大词典》《汉语大字典》《王力古代汉语字典》《十三经词典》《故训汇纂》及有关专书词典等，同时得到姬忠勋和赵学清二位先生的帮助，在此一并致谢。

《汉字汉语论稿》前言[1]

黄侃季刚先生治学极为严谨,认为"敩古不暇,无劳于自造","惟以观天下书未遍,不得妄下雌黄",因此以"量守居士"自称,决定"五十岁以前不著书",在老师章太炎先生的多次敦促下,仍然说:"年五十,当著纸笔矣!"可惜黄侃五十岁即辞世,其著述多未写定,后经学生整理刊印才得以传世。

我们敬佩季刚先生的渊博学识和严谨态度,却不能仿效黄先生的做法。倒不是因为怕"重著书"而受到"吝"和"不仁"的批评[2],而是生活的环境逼迫我们不能那么做。试想,如今有的学校要求硕士生就得发表论文,博士生更是没有正式发表的论文就没有答辩的资格,在单位,评副教授要成果,评教授要专著,评硕导、博导也要若干若干的著作,所以几乎所有从事学术工作的人都不可能等到五十岁才著书立说,于是现在年轻的"著作等身"的"学者"大有人在。我不是圣人,免不了也要为"名利"而著述。屈指算来,已经出版过十多种独著、合著、主编或参编的著作,发表过百多篇论文了。但其中真正是不受功利因素催生的并不多,因而真正有价值的也不多。今年我五十岁,到了黄侃规定的可以真正著书立说的年龄,这时我们已经基本上不需要为功利而凑成果数了,倒是真想为学术而贡献点什么。于是决定先做两件事,一是把自己多年来有关汉字学的一些独特想法写出一部专著,二是从五十岁以前的百多篇论文中挑选出一些自己认为还有点新东西的编成一部论文选集。计划出版这两部书,真的没有多少"功利"意图,不是外在压力逼着做的,因为我不再需要申请学位,也不再需要评职称、升博导。专著还得慢慢修改,论文选集是可以立即着手进行的。经过近两个月的收集和整理,共选出60篇[3],编为《汉字汉语论稿》,算是对我五十岁前不够成熟的学术历程的一个总结吧。

这60篇论文大致按内容安排,分为文字学、词汇训诂学、语法修辞学及综合应用四个部分;编在最后的几篇就学术内容而言当归入词汇训诂学,但形式上属书评书序性质,比较特殊一点,故专分一类。相关内容的文章写作时间或先或后,某些观点或表述可能不一致,原则上当以时间在后的为准。为了让读者在阅读之前知道文章的写作背景,我们在每篇文章的标题下面标明本文的原载书刊及出版时间,并根据需要略

---

[1] 本文原载李运富《汉字汉语论稿》,学苑出版社2008年版。

[2] 章太炎先生敦促黄侃著书,说:"人轻著书,妄也;子重著书,吝也。妄,不智;吝,不仁。"见章太炎为黄侃所写的《墓志铭》。

[3] 有些篇是分上下两次发表的,为了方便阅读而有所整合,所以实际上不止60篇。

加说明。所收文章除个别内容表述上有所修改外，一般保持原样，但有明显排校错误或用字不当者则予以校正，发表时被编辑删改的如有不当也酌情补勘；原文各篇的注释位置作了统一调整，但各篇的注释格式、参考文献格式以及标题序号和例句标号等行文方面的格式改起来工作量太大，就只好参差其旧了；还有早期的一些论文在引文注释方面可能不太符合现在的规范标准，改之或有不尽。鉴于古文字字形描摹和复制的烦难，加上篇幅的限制，有几篇本来应该收入的古文字考释方面的文章最终放弃了收录，略感遗憾。文集收编过程中，博士生吴吉煌、陈灿和硕士生王小明帮我做了部分校对工作，谨此致谢。

  从1983年发表第一篇论文，到这个论文集的出版，自己在学术的道路上摸爬滚打，已经历了二十多个年头。回顾这一历程，每个关键的步骤都是老师扶携着我走过来的，所以如果说今天的这个论文集算得上一个小小成果的话，首先得感谢我的几位恩师。衡阳师专（今衡阳师范学院）的朱维德老师软磨硬泡、据理力争（所谓"理"就是我的综合成绩全年级第一，他谬以为我是可造之材），花费数月的时间和精力，终于打破当时大学生分配哪来哪去、农村生源不得留城的政策僵局，把我从已经报到上课的一所县级中学给拽回母校，从而使我站在高校教师的行列，开始了教学与科研并重的学术生涯。如果说这是我人生进步的第一个台阶的话，那第二个台阶的攀升就是在湖南师大了。作为周秉钧先生的关门弟子，我在那里学习了三年，获得硕士学位。期间，李维琦老师协助周先生给了我们许多具体切实的指导和关爱。正是在周先生、李先生的教诲和敦促下，我们认真研读了《尚书》《诗经》《论语》《孟子》《左传》《说文》《尔雅》《读书杂志》《经义述闻》等先秦经典和小学专书，作了许多读书笔记，打下了一定的文献功底。毕业之际，两位老师（还有王大年老师等）又千方百计、不惜答应委培学校的种种苛刻条件，把我这个非统招研究生留在了湖南师大工作，从而使我有了进一步提高的机会。第三个台阶则是王宁先生拉我上来的。蒙她不弃，接受我做博士生，并在二年级的时候就决定要留我在她的身边，为此还专门给湖南师大的校长写信，商议取消我的定向合同。多年来，王先生耳提面命、言传身教，我从她身上感受到强烈的继承传统学术的责任心和使命感，学到了自主创新的治学精神和系统观照的研究方法，我的许多论著里都渗透着王先生的学术思想，吸纳了王先生的无私赐予。她使我懂得了什么是学问，什么是做学问的人。正是在她的熏陶和培养下，我这个学术领域的愣头青才得以长大并渐趋成熟。孔子"五十而知天命"，我知不了天命，却懂得人情，知道有贵人相助，人生是何等的幸运！衷心感谢我的恩师们！

  季刚先生曾经说过："夫所谓学者，有系统条理而可以因简驭繁之法也，明其理而得其法，虽字不能遍识，义不能遍晓，亦得谓之学，不得其理与法，虽字书罗胸，亦不得名学。凡治小学，必具常识；欲有常识，必经专门之研究始可得之。故由专门而得之常识，其识也精；由浏览而得之常识，其识也迷。盖专门之小学，持之若网在纲，挥之若臂使指；而浏览之学，则雾中之花，始终模糊尔。"[①] 并且指出："学问之道有

[①] 黄焯整理黄侃先生的《文字声韵训诂笔记》。

五：一曰不欺人；二曰不知者不道；三曰不背所本；四曰为后世负责；五曰不窃。"①我的这些以往的论文，不知道有没有点"理与法"，是否"由专门而得之常识"，能不能达到"学问之道"的五项要求，自己不敢肯定，唯师友读者批评之。但我愿意在以后的治学路上谨遵黄先生的训诫，努力做一个真正的"学者"，以不辜负师长们的教诲、朋友们的鞭策、弟子们的期望。

李运富

2007 年 7 月 16 日于北京昌平西湖新村

---

① 黄侃《量守庐论学札记》。

《谢灵运集》前言[①]

一

　　谢灵运，生于东晋孝武帝（司马曜）太元十年（385），死于南朝宋文帝（刘义隆）元嘉十年（433）。祖籍陈郡阳夏（今河南太康县一带），出生地在会稽郡始宁县（今浙江上虞县南及嵊县西北）。祖父谢玄，因为淝水战役有功而封爵康乐公。谢玄死后，谢灵运十五岁由钱唐（今浙江杭州市）入京师建康（今江苏南京市），袭封康乐公。当时还授他员外散骑侍郎，但谢灵运"不就"。谢灵运真正做官始于东晋义熙元年（406），那时他二十一岁，任琅邪王大司马行参军。第二年，改从刘毅任记室参军，先后随刘毅镇守豫州、江州、荆州，在荆州时改任卫军从事中郎。义熙八年刘毅反刘裕而兵败自杀，谢灵运转投刘裕任太尉参军。次年随裕还都，任秘书丞。义熙十一年任咨议参军，转中书侍郎，后又为世子中军咨议、黄门侍郎。义熙十四年，刘裕在彭城（今江苏徐州市）建宋国，谢灵运任宋国黄门侍郎，迁相国从事中郎。元熙元年（419），谢灵运由彭城返京，任世子左卫率。次年，东晋亡，刘裕建宋朝，将谢灵运的公爵降为侯爵，仍任太子左卫率。永初三年（422），刘裕死，少帝即位，谢灵运被权臣徐羡之、傅亮排挤出京，任永嘉郡（今浙江温州市）太守。在职一年，谢灵运托病回故乡始宁隐居。元嘉三年（426），宋文帝诛徐羡之、傅亮等，召谢灵运回京任秘书监，寻迁侍中。因无实权，谢灵运不满，经常擅离职守，肆意遨游。于是文帝讽旨令自解，谢灵运就趁机托病回故乡，开始过第二次隐居生活。元嘉五年被免官。元嘉八年，因决湖造田之事被会稽太守诬告，谢灵运急驰京师申辩，文帝不予追究，但不让他再回会稽，而派他到临川（今江西抚州市西）任内史。谢灵运在临川依然荒废政事，陶醉山水，再次为有司所纠。司徒刘义康遣使收谢灵运，他竟然兴兵拒捕，犯下死罪。文帝惜其才，不忍加害，于是降死一等，流放广州。元嘉十年，却又有人告发谢灵运参与农民谋反，皇帝终于下令在广州将谢灵运杀头示众。

二

　　谢灵运的一生是复杂而悲惨的。作为政治人物，我们不想多说，历史自有评判。这里

[①] 本文原载李运富编注《谢灵运集》，岳麓书社1999年版。

只想简单介绍一下作为文学家的谢灵运，他的诗文创作的基本内容和特色。

（一）山水诗文是谢灵运创作的主要内容，因而奠定了他在中国文学史上的崇高地位。魏晋时期，玄学盛行，文学创作受到严重影响，玄言诗的晦涩艰深、无病呻吟就是突出的表现。陶渊明创田园诗派，对玄言诗已有不小的冲击，而真正扫荡玄言诗，开创整个诗坛清新明丽风格的还是谢灵运。本集收录的两百余篇（首）诗文，约有三分之二是主要描写山水的，"名章迥句，处处间起；典丽新声，络绎奔会"（钟嵘《诗品》卷上），真是令人应接不暇。可以说，谢灵运是我国第一个大量发掘自然美，自觉地以山水景物为主要审美对象的文学家。他的山水诗文往往能将情、景、意融为一体，境界开阔，清新自然，对后世影响很大，受到历代评论家的高度赞扬。例如清人王夫之说谢灵运《登上戍石鼓山》诗"情不虚情，情皆可景；景非滞景，景总含情"（《古诗评选》卷五）。南朝宋鲍照评论说："谢五言如初发芙蓉，自然可爱。"（《南史·颜延之传》）明王世贞云："余始读谢灵运诗，初甚不能入，既入而渐爱之，以至于不能释手。其体虽或近俳，而其意有似合掌者。然至浓丽之极，而反若平淡，琢磨之极，而更似天然，则非余子所可及也。"（《艺苑卮言》）唐白居易认为谢诗能包容万千气象，"大必笼天海，细不遗草树"（《读谢灵运诗》）。有关谢灵运山水诗的赏析评论随处可得，这里就不再赘述了。值得注意的是，仕途偃塞，政治上遭受排挤打击，使人不得不把目光转向大自然，把山水看成官场的对立面，从而深爱之、咏叹之，这种避世隐居（包括名仕实隐）的生活固然是谢灵运创作山水诗并取得重大成就的直接原因，但同时我们也应该看到，谢灵运并不是一个真正的隐者，他的留连山水甚至隐居，不过是一种仕途失意的消极反抗方式，其实心底里对高官厚禄的贵族生活并未忘情，所以他时刻处于做官与隐退的矛盾之中，这种心态在他的诗文创作中有比较普遍的反映。一方面在欣赏山水风光时经常流露出对亲友和过去生活的依恋，另一方面在赞美自然景物中又反反复复地表示自己要抛开世俗，隐居修养，之所以要"反反复复地表示"，其实正是他内心深处矛盾犹豫的结果。这种矛盾心态造成了谢灵运山水诗文的特有风格，即在写景叙物之后或之中往往会加上一些表述自己心愿或叹惜感悟性质的话，这虽然可以说是"融情入景"，对我们认识谢灵运的为人有一定帮助，但入景之"情"如此单调，千篇一律地重复，也难免影响山水诗的意境，使读者乏味。

（二）如果说政治上的失意导致了谢灵运走向山水，那么热衷佛事、徘徊道门恐怕也是谢灵运逃避现实的一条出路。谢灵运一生与佛教关系密切，特别是二十八岁以后参与了一系列佛事活动，因而产生了相当可观的佛教方面的作品。如义熙九年（413）冬或十年春应释慧远之请作《佛影铭》；永初三年（422）秋至景平元年（423）秋在永嘉任太守时与诸僧辩顿悟义，写下《辨宗论》及答诸道人问等多篇专论；景平元年秋至元嘉三年（426）春第一次隐居故乡始宁时，建石壁精舍，与昙隆、法流诸道人共游，作《和范光禄佛像赞》（三首）、《维摩经十譬赞》（八首）、《和从弟惠连无量寿颂》等；元嘉八年（431）在京师与释慧严、释慧观共同改治《大般涅槃经》，著《十四音训叙》，为《金刚经》作注等等。佛之与道，既有区别，也有联系，特别在逃避现实这一点上它们是相通的。谢灵运研究佛学的同时，受道家思想的影响恐怕更为深刻，道家的顺性轻物主张几乎成了他的行动指南。他为官不愿循规蹈矩，散漫放纵；他羡慕隐士，追求岩栖穴居以修身养性；他对道家经典推崇备至，几乎言必称老庄，以至连山水诗也往往拖着一条玄理尾巴；他作《山居赋》《逸民赋》《入道至人赋》以及《衡山岩下见一老翁四五少年赞》，反复展示自己的内心宿愿，歌颂仙隐道士，其实都是道家思想的反映。佛道属于哲学范畴，阅读欣赏这方面的作品应该带有理性的睿智。

（三）谢灵运是一个非常重感情的人。他一生坎坷，但尊亲重友，情真意切，因而回顾往事、思念亲友、寄托自己情谊的诗文占有一定比例。他敬爱自己的祖父，撰《述祖德》诗二首以颂扬之；他与自己的族人（堂叔伯兄弟等）关系密切，亦亲亦友，互勉互励，交情感人，所以留下了《答中书》《赠从弟弘元》《赠从弟弘元时为中军功曹住京》《赠安成》《答谢咨议》《酬从弟惠连》《答谢惠连》《与从弟书》《答从弟书》等一系列充满亲情友爱的诗文；他对朋友以诚相待，平时晤赏倾心，死后悲伤哀悼，所以他拥有庐陵王、范泰、颜延之、羊璿之、何瑜之、慧远、昙隆、雷次宗等一大批朋友，也写下了一批与朋友唱和应答以及追思诔悼的书信诗文，如《送雷次宗》诗、《答纲琳二法师书》《与庐陵王笺》以及《慧远法师诔》《昙隆法师诔》，等等。

（四）我们当然不应忘记谢灵运主要还是个贵族官僚，他毕竟在官场上混过大半生，因而他的荣辱兴衰、行事经历自然在诗文中也会得到反映。通过《谢封康乐公表》《九日从宋公戏马台集送孔令》《彭城宫中直感岁暮》《三月三日侍宴西池》《侍泛舟赞》《命学士讲书》《种桑》《撰征赋》《辞禄赋》《劝伐河北表》《自理表》《临川被收》等诗文，我们不难看到一个在官场游戏挣扎的政客形象。

（五）剩下来的诗文可以概括为闲杂类。或拟古，如《会吟行》等乐府诗；或就俗，如《东阳溪中赠答》二首有民歌风情；或代人捉笔，如《拟魏太子邺中集诗》八首；或游戏唱和，乃至于拆字为诗，衍事成文，如《作离合》《七夕咏牛女》《江妃赋》，等等。纯粹是些无关痛痒的消闲作品，但从中也可以看出一些文人的才情与志趣。

谢灵运的作品从内容上看，大致就可以分为上述五类，其中第一类和第三类艺术成就最高，因而流传得更为广泛些。但如果要对谢灵运的人生经历、思想感情、志趣爱好以及文学创作情况作全面深入的了解，那其余三类作品也是不应忽视的。

三

我对谢灵运及其诗文素无研究，因朋友的照顾，替我在岳麓书社的"集部经典丛刊"选题中接下编注《谢灵运集》的任务，说好半年内交稿出书。原以为这是份美差事，不用费多大气力就会有可观的收益，比起我花数年功夫才做出一本薄薄的"专著"，还要靠朋友帮忙才能出版、还不好意思要稿费来得自然划算。却不料真正动将起来竟也非常棘手，前前后后断断续续弄了两年多才弄出现在这样子，作为"编注"类成果，委实有点得不偿失了。不过，由原来对谢灵运的一无所知，经过这番折腾后终于能略知一二，这又似乎可以用"塞翁失马，焉知非福"来安慰了。

如果让专家来做这事，自然是轻而易举，可我并非专家，问题就多了。首先得把谢灵运的诗文收集起来加以编排，能找到一种比较全的本子作基础那就最好。于是请教了几位搞古典文学的老师，问是否有今人所作的谢灵运集或注本，答曰不知道。隔行如隔山，连他们都不知道，我可得要小心了。赶紧到图书馆去查，查来查去，发现了这样几种书：一是明张溥纂《汉魏六朝百三名家集》中的《谢康乐集》，线装本二卷，收诗文共119篇（其中诗81首，文38篇）；二是清人严可均纂辑的《全上古三代秦汉三国六朝文》，其中《全宋文》卷三十至卷三三（部分）是谢灵运的文，共49篇（包括部分诗序）；三是近人丁福保编《全汉三国晋南北朝诗》，其中《全宋诗》收谢灵运诗81篇；四是今人逯钦立辑校的《先秦汉魏晋南北朝诗》，其中《宋诗》收谢灵运诗100篇；五是近人黄节的《谢康乐诗注》，以焦本《谢康乐集》为底本，收注谢诗78篇；六是今人叶笑雪的《谢灵运诗选》，选注谢诗56篇。各本所收谢灵运的诗文互有异同，数量不等。我既非专家，自然无法考证谁是谁非。原想"宁滥勿阙"，以求其"全"，所以凡是各家收录的都"加"起来，去其重复，就成了我所编定的集子。这样做的结果，所收诗文数目无疑是最多的，窃喜这才是真正的"全集"，于是"收编"的工作宣布大功告成，接着进入了"校注"阶段。

校勘应该选择善本全本作底本，张溥本是我当时所见唯一的全本，但属线装孤本，图书馆不出借，也不让复印，我请人去照了相，洗出来又不太清楚，因此只好将诗文分开：诗用黄节本照录，增补参校其他本（主要是逯校本）；文用《全宋文》照录，用张溥本及中华版《宋书·谢灵运传》所收各篇对校。好在各本大都附有校记，总其成也就不算太难。真正难做的是注释。上面所列前四种属辑校性质，后二种才是注读本。黄节本用的是旧注形式，仿《文选》李善注，主要作征引词句出处的工作，对词义句意很少作正面的解释，所以并不适合普通读者阅读。叶笑雪的选注本倒是比较地现代化了，字词句义大都有了比较通俗的解说，还对全诗加以评述，便于读者对诗意作整体的把握，但他只注解了56篇诗。黄、叶两种注本加起来，可供我们参考的诗注不到80篇，还有近20篇诗没有任何参考资料可供利用。至于文，那就更得白手起家了。如果说谢诗在各种古代诗选中都能找到若干首代表作的话（当然不会超出黄、叶所注的范围），那谢文既无单注单选本，甚至所有的古代文选（包括针对性很强的魏晋南北朝赋选之类）中都难以见得到谢灵运的名字，这不能不说是一种奇怪的现象，难道谢灵运诗名那么大，而他所写的数十篇文章（字数要比诗多两倍）竟然就没有值得"选读"的？这种遗憾自然给我们编注谢灵运文集带来了难以克服的困难。特别是对于我这个外行来说，收编一下还可以对付，要替谢灵运的诗和文全面作注，根本就不具备条件。但既然出版社要求带注，以便具有中等文化程度的人能够阅读，我也就只好在黄、叶诗注的基础上利用各种工具书硬着头皮一首一篇地慢慢注将起来，其间因无法作注而卡壳甚至生气搁置不管的事时有发生，这样拖到什么时候能作完还很难说，真是后悔不该捡这个"便宜"了。

天无绝人之路。在我盲目折腾了一年多之后，1998年4月幸得学友王云路君惠赠大著《汉魏六朝诗歌语言论稿》（陕西人民教育出版社1997年11月），其"参考书目"中赫然列有顾绍柏先生的《谢灵运集校注》，我喜出望外之余，颇为感到纳闷，这本42万多字的由中州古籍出版社1987年出版并印行了2000册的学术著作，怎么在北京师范大学这样的名牌大学的图书馆里就没有呢？赶紧托人到外单位去找，结果是学友赵平安兄替我从北京大学图书馆借到了一本。拿回来一看，却又傻了眼，这可以说是谢灵运集的权威本子，各方面的资料都有，除文章部分还来不及详注外，简直可以说完美无缺，人家都研究到这份上了，我还去穷折腾啥？干脆拉倒不弄了！可出版社不答应，他们认为读者对象不同，丛刊规模不同，编纂体例不同，注解详略不同，应该还有再出版的价值，所以要我参考顾著继续弄完。仔细想想也是，作为文学史上的一代大家，近二百篇（首）的诗文，仅有一种今人的注本就能满足广大读者的需要？我已经弄得差不多了，对照顾本再作一些调整，补足原来阙疑的部分，拿出来应该还是会有自己的特色的，要真的放弃，前面一年多的功夫岂不白费！如此想来，我就决定以顾先生的《校注》为蓝本，充分吸收他的研究成果，对我原来的编注初稿重作董理，结果形成了现在这个样子。下面就本集在编、校、注及附录等方面与顾本的不同做法作点说明。

顾先生在《前言》中说："谢灵运原有集，早已失传，今所见诗文集都是明清人据总集、类书、史书等纂辑而成。最早为明沈启原等辑、焦竑校勘并刊行的《谢康乐集》，共四卷，收诗文一百一十篇，但并不全，且有舛讹……嗣后，张溥纂《汉魏六朝百三名家集》，其中《谢康乐集》二卷较之沈辑本又有增益，共收诗文一百一十九篇，但仍不全。它纠正了沈辑本的部分错误，同时又增加了一些新错误……至于二书在文字上的讹误，亦有可指摘处。但是相比之下，它们还算是较好较全的，其余辑本多未超过他们。清严可均编《全上古三代秦汉三国六朝文》，近人丁福保编《全汉三国晋南北朝诗》，所辑灵运诗文数量超过了以前的总集和别集，但仍不能说收罗无遗。于是又有近人冒广生在张溥辑本的基础上再次钩沉，纂成《谢集拾遗》一卷，成绩可观，虽仍有遗漏，但是已经很少了。由于迄今没有一部理想的、完整的辑本，所以我索性另起炉灶，重新从现存的总集、类书、史书等古籍中寻索采撷，裒辑成目前这本诗文集，厘定为一百三十九篇，其中诗九十七篇（存目四）。"顾先生确实比前人多辑出了不少篇目，并增加了某些原有篇目的内容，同时对前人错收、重收的篇目作了考证和删除。我们基本上接受了顾先生的辑证成果，只是前人收入的某些篇目是否错收、重收或分割，恐怕见仁见智，我们担心过于严格而漏收，除了字句完全相同的篇目酌收一处（如《石门岩上宿》和《夜宿石门》实为一篇），以及所有诗序随诗收录而不再作为文重收（《全宋文》收有《述祖德诗序》《赠宣远诗序》《拟魏太子邺中集诗序》等三篇，其实不妥，因为其他诗序并未一律提出来独立，唯此三篇单列为文，既重又不合体例，故删）之外，其他只要有文字差异的所谓错收、重收或分割的篇目仍予以保存（如《咏冬》《楠溪》诗之类），但分别注明疑误、疑重及可与某篇合并的理由，以便别人进一步研究决定。《又答王卫军问及书》《答纲琳诸道人问及书》，顾本重在保存原貌，故将数人书、论合为一篇，我们考虑到阅读的爽目和文体的分类，从《全宋文》将各人之书信与问难一一分立。另外，顾先生辑出了谢灵运所撰《晋书》的若干片段却作为附录处理，我们认为这也是谢灵运所作之文，故独立篇目正式收录。如此这般，我们所收列的篇目就与顾本不完全相同，总计收入诗文153篇，其中存目4篇，存疑5篇，正式立目的诗94篇、文50篇。篇内含有多首或多个小标题者皆按一篇计数，故实际上应有近200篇（首）。当然，其中有一些是属于残篇。

顾本将收录的"诗文分别按写作时间先后编排。乐府诗不编年，置于杂诗后，这是因为只有少许如《会吟行》《鞠歌行》《苦寒行》等可大致确定写作年代，多数无可考。为了保持乐府诗的全貌，我们没有将有年代可考者单独抽出置于编年部分。文亦有四篇无法判断写作时间，故置于文类编年部分之后"（见《前言》）。前人编的集子比较注重文体分类却完全不顾时间先后（如张溥《谢康乐集》），顾本则强调时间先后（虽然由于许多作品的时间不明而事实上无法贯彻到底）却相对地忽视了诗文内部的分类整理。我们想综合两家的长处，以分类为纲，以时间为纬，尝试给读者提供一个多维度的编排体系。即首先分为"诗集"和"文集"两编。"诗集"中先将存目、疑重的诗篇单独抽出附列末尾，其余正篇按体裁分成"乐府诗"和"杂诗"两部。"乐府诗"不再分类，按四言、五言、六言、杂言顺序排列。"杂诗"又按内容（是否与谢灵运自己的言行直接相关）分为"行事诗"和"闲杂诗"两类，各类按诗作时间先后排列，"行事诗"还进一步分期编年，以便读者了解诗人的生平事迹。"文集"按体裁和内容分为"赋""书·笺""论·答问""赞·颂·铭""诔""表""其他"等七类，每类中的各篇尽量按时间先后排列。这就是我们所编《谢灵运集》的基本面貌。

　　校勘是本集的重要工作之一。顾本的"校勘与注释是结合着进行的，没有单独列校勘记"；它"尽量做到详校（包括异文）"，"凡异文均出校"，"把不能出校的异体字减少到最低限度"；为了尽量保持底本的原貌，除了形体极相近的讹字如'己'讹作'巳'、'末'讹作'未'，以及避讳字（包括缺笔字）径直改正不出校外，一般错字保留，而在校注中加以说明。但为了增强原文的可读性，对于极其明显的错字，则不得不在其后面加一个正字，用方括号标识。同时在校注中加以说明。对于脱文也以同样办法处理，也用方括号标识"（以上引文均见顾本《前言》）。我们除直接用前述已见各本及顾本互校外，还全部吸收了各本原有的校勘成果。凡异文而可能有音义之殊者一律出校，但音义可以互代的异体字都直接改用通行字（如"迳"改作"径"），常见的通用字也往往直接改用本字（如"沈"改作"沉"），不一一出校；同样的异文见于多本时往往只列举一二种版本作代表，用"等"字省略其余版本。考虑到本集主要是为普通读者提供一个可读性强的读本，所以正文不必保存底本原貌，就是说，当异文比底本原文更好时，我们直接用异文改换原文，而在注释中出校说明改文依据，无法判断优劣或可此可彼的异文则仅列举于后，一般不作说明。实际上，本集正文是用众本对校，经综合取舍后改定的，并不拘泥于某一底本，但从校注中能推出各本的原貌。为了阅读方便，校、注按出现顺序混排，一般读者可看可不看的异文校勘用〔〕号标出，以免繁乱。校勘中提及的各种版本详情及其简称见附录六。

　　谢灵运诗文清新自然是就一部分句子而言，其实难注难读的地方很多。造成这种现象的原因大致有三个方面。一是夹杂玄言佛理，抽象晦涩；二是用典用事过于繁密，有时还直接搬用经子成句，不知出处就难晓其意；三则还时露雕琢痕迹，"语多生撰，非注莫解其词，非疏莫通其义"（清吴淇《选诗定论》卷十四）。如果说玄言入诗和喜用典故是当时的风尚使然，那生造词语则是他个人过分求新求奇造成的。清汪师韩曾将其"不成句法者"及蹇涩词语指摘出近百条，如"寡欲罕所阙""樵拾谢西芘""微戎无远览""感往虑有复，理来情无成""浘至宜便习，兼山贵止托""盅上贵不事，履二美贞吉"等，乍看这样的词句，难免会"丈二和尚摸不着头脑"。黄节先生在《谢康乐诗注》序中也深有感触地说："康乐之诗，合诗易聘周骚辩仙释以成之，其所寄怀，每寓本事，说山水则苞名理。康乐诗不易识也，徒赏其富艳。"其实，不只是"康乐诗不易识"，康乐之文更有难识者！因此，要想使谢灵运的诗文集走向普及，注释解说工作是必不可少的。我们对谢诗的注释主要参考了黄节的《诗注》和叶笑雪的《选注》，也有一些篇章完全是首次创注，得到顾本后，又参考顾注对原稿作了部分修改和补正，特别是每篇的写作时间和背景，我们基本上都改从了顾先生的考证成果，在此对各位先生表示衷心的感谢。但黄注热衷于语源征引，叶注往往只概言大意，而顾注的史实舆地考证又过于详赡，其实对于一般读者来说，最需要的还是疏通字词句本身的意思，因此，我们在参考三家注解的时候，大刀阔斧地删汰了不必要的引文、分析和考证资料，而将注解的重点放在字词句本身（包括典故），个别难以落实到字词或注解了字词还难以明白的句段，才采用串讲和归纳大意的方法。顾注每篇都写内容提要，叶注每首都有篇段赏析，黄注篇末也都附有古人的点评，这些对读者全面把握作品意旨确有作用，但分量太重，非一般注本所能承担，因此我们概所不取，必要时也只在题注中略为点示一下篇旨或内容。如前所述，谢文向无注本或选注本，作为全集的顾本本来是应该要注"文"的，但"考虑到诗注部分和几个必要的附录，分量已经很重，如再加上文注，篇幅实在太大"，所以顾先生"对文采取以校为主，适当加注的办法。所谓适当加注，就是每篇仍有内容提要，同时对有些与谢灵运生平有关的人物、事件、地名等稍加解说或考证；至于语词，如果不是校勘需要，则一般不进行诠释，典故也一般不加说明"（引文皆见顾本《前言》）。我们为了保持诗文注解体例的基本一致，同时想使谢集的注释工作有所发展，所以硬着头皮在缺乏底注参考的情况下，尽量替谢文的难解词语和典故也作上注。但谢文含有大量的史实和典故，又多佛道术语。所以注起来十分困难，几乎每句都要查资料，有时字字必查，而对于生造词句和某些缺乏线索的典故史实，甚至查也查不到。为此我确实尽了最大的努力，花费了不少的时间，但由于能力水平不够，本职工作又不允许我"旁骛"太久，所以勉强弄到现在，好歹算是注完了，而阙疑仍然很多，已注的错误也必不少，只好请方家来补正了。由于注文繁重，如果每个注项都编号的话，就会注号太多看起来眼花缭乱又不省篇幅，所以我们尽量减少注号，使每个注号内可以容纳若干个注解项：即对于需要出注的诗文，不管注解项的多少，诗以节律句为单位，一个节律句（含两个自然句）只编一个注号；文以语意句为单位，一个语意相对完整的句子（可能包含若干个自然句）只编一个注号。又为了阅读的方便，重见于各篇的相同注解项都分别作注，一般不用"参见"的办法（本篇重出和个别费辞者可酌情使用）；诗文过长者，酌情分为若干章、段插入注解，注号序列则以篇为单位连编。注音方式采用直音，则是因为计算机输入拼音字母不方便的缘故。凡此，大致都可以算作注释方面的条例，但由于篇幅太大，操作时间过长　前后可能有不相一致的地方。

　　必要的附录可使全集更趋完美。顾本有《谢氏家族成员简介》《〈隋书〉等古籍中所著录的灵运著作及所纂总集》《评丛》《灵运像等图片及灵运行踪示意图》等附录八种，总共近200页，约15万字。我们考虑到篇幅和一般读者的需要，集末只列六个附录，即《宋书·谢灵运传》、《谢灵运行事简谱》、焦竑《谢康乐集·题辞》、张溥《谢康乐集·题辞》、黄节《谢康乐诗注·序》、《本书校注所称书目版本情况》。其中《谢灵运行事简谱》是根据顾本《谢灵运生平事迹及作品系年》改编的。顾先生的《系年》资料考证非常详细，引述丰富，有关背景人物和事件也交代得较多，因而长达五万余字；我们不作任何考证，只取谢灵运本人的行事及少量与谢灵运有直接关系的其他人物事件列成编年简谱，不足万字，以图眉目清爽。

　　作为前言，本来直接交代本集的编注体例就可以了，而我却写了不少自己的编注过程，并重点介绍了顾绍柏先生的《校注》。如此这般的用意是想向读者说明这本《谢灵运集》是由外行人弄出来的，一般读者如像我这样只想初步了解一下谢灵运，闲暇时浏览浏览这本集子大概也可以了，倘若要作进一步的研究，那就千万别以此书为据，一定要去拜读别的本子，特别是像顾绍柏先生那样真正称得上谢灵运专家的书。另一层意思当然是想用这种方式来表示对顾先生及我的学友们的感谢，如果不是他们给我提供了顾先生的大著作参考，我编这本集子恐怕还要走不少弯路从而拖延一些时日，而且肯定最终也编不出目前这样勉强还过得去的水平，所以我应该将顾先生的大著首先推荐给读者。

李运富
1999年2月

《〈吕氏春秋〉精选本》前言[1]

春秋战国时代，统治天下的周王室及周代的礼乐制度对诸侯国的约束力越来越弱，诸侯国各自为政，"田畴异亩，车途异轨，律令异法，衣冠异制，言语异声，文字异形"[2]，相互攻伐兼并，征战不休。同时，伴随着贵族阶层的衰落，士阶层渐渐兴起。面对政局的混乱与人民的困苦，很多有智识的人士提出了各种不同的解决当时社会问题的方案，在思想文化方面形成了"百家争鸣"的局面。儒家主张恢复周代的礼制，墨家主张"兼爱""非攻""尚贤"，道家倡导无为，法家注重法与术，名家提倡"正名实"。士人们在各国间四处游说，希求自己的主张得到君主们的采纳。有的士人进而著书立说，可称为中华文化"元典"的经典著作大都在这一时期逐步成形。

经过春秋战国几百年的混战，诸侯国数量大大减少，中国的政治版图呈现出统一的趋势。战国中后期，秦、楚、魏等国任用商鞅、吴起、李悝（kuī）等人主持变法，社会结构发生剧烈的、根本性的变化。经由变法强大起来的秦国最强盛，在战国七雄中首屈一指，拥有了重新统一天下的实力。与此同时，思想文化领域也出现整合、统一的趋势，于是在强大的秦国诞生了一部囊括各家学说、整合各种思潮的著作——《吕氏春秋》。这部书由秦国权相吕不韦组织编纂，历来被视为杂家的代表著作。

一　吕不韦其人

吕不韦是一个富有传奇色彩的人物。《史记》《战国策》中记载了吕不韦的生平事迹，20世纪70年代出土于长沙马王堆汉墓的《战国纵横家书》也载有与他有关的内容。我们对吕不韦生平的了解主要来自这些文献。

吕不韦是濮阳或阳翟（dí）人，阳翟即今河南禹州。家庭从事商业，"往来贩贱卖贵"，在各国之间做倒买倒卖的生意。"家累千金"，非常富有。

吕不韦继承家业，不仅是一个成功的商人，而且还很有政治头脑。他在赵国的首都邯郸做生意时，认识了秦国在赵国做人质的异人。异人是秦昭王的孙子，太子安国君的儿子。安国君妻妾众多，他把最宠爱的一个立作正夫人，称为华阳夫人。华阳夫人没有儿子。异人是夏姬的儿子，不得宠，因此被送到赵国做人质。当时秦赵之间多次发生战争，

---

[1] 本文原载李运富、刘波选注《〈吕氏春秋〉精选本》，高等教育出版社2008年版。

[2] 东汉许慎《说文解字·叙》。

赵国自然不会礼遇异人，他的日子过得很窘迫。

吕不韦见到异人，觉得他"奇货可居"。于是跟父亲商量说："耕田获得的收益最多几倍？"父亲回答："最多十倍。""贩卖珠宝赚的钱最多几倍？""最多百倍。""那么拥立一个君主安定一个国家能赢利多少呢？""那就无数了。"所以吕不韦做了决定：要去帮助异人得到秦国的君位。异人动了心，对吕不韦许诺：如果自己做了秦王，要"分秦国"与吕不韦"共之"。

吕不韦把所有家财押在异人身上，让异人肆意挥霍，广交宾客。他自己前往秦国，游说华阳夫人，称赞异人的贤能智慧和孝心，说华阳夫人一旦"色衰"，安国君不再宠爱她，她又没有儿子，就危险了。所以让华阳夫人把异人收为自己的养子，改名子楚。这样，子楚就名正言顺地成了安国君的嫡长继承人。

秦昭王五十年（前257），秦国进攻赵国，赵国打算杀死子楚。子楚在吕不韦和众宾客的帮助下逃到秦军中，得以回到秦国。又过了六年，秦昭王去世。安国君继位，他就是秦孝文王。子楚成为秦国太子。这时候，赵国把子楚的妻子和儿子嬴政送回秦国，嬴政就是后来的秦始皇。

一年以后，孝文王去世。太子子楚继位，他就是庄襄王。庄襄王践行许诺，任命吕不韦做丞相，封为文信侯，把洛阳十万户赏给他做食邑。又过了三年，庄襄王去世，太子嬴政继位。秦王嬴政尊吕不韦为相国，称他为"尚父"。吕不韦的权力更大，财富也更多，家中的僮仆超过万人。吕不韦达到了他政治投机的目的。

吕不韦担任丞相之后，就"招致宾客游士，欲以并天下"。庄襄王元年（前249），吕不韦带兵灭掉东周，周王朝正式结束。吕不韦执政期间，秦国分别在庄襄王元年、庄襄王二年（前248）、秦王政三年（前244）发动了三次对韩、赵、魏三国的战争，获得不少城池和土地，新建了三川郡、太原郡、东郡。又在庄襄王三年（前247）和秦王政六年（前241）分别瓦解了东方六国的最后两次合纵。吕不韦还利用东方各国的矛盾，分别与燕、韩两国连横，对东方各国形成了分割包围的局势，这对以后的统一战争是很有利的。总之，吕不韦执政的13年，秦国的势力变得更加强盛。

吕不韦与庄襄王之间的亲密关系也埋下了他最终死于非命的种子。《史记》记载，庄襄王还在邯郸做人质时，吕不韦挑选了一名美貌善舞的女子，在让她怀孕之后献给庄襄王。生了孩子之后，庄襄王就把她立作夫人。那个孩子就是后来的秦王嬴政[①]。秦王政继位时年龄很小，太后尚且年轻，常与吕不韦私通。吕不韦眼看秦王政渐渐长大，担心自己的行为会招来祸害，就给太后推荐了一个叫嫪毐（lào ǎi）的人。太后非常宠爱嫪毐，让他进宫做了个假宦官，与他生了两个孩子，还封他做长信侯，国家政事"皆决于嫪毐"。

秦王政九年（前238），秦王政亲自主政。有人向他告密，称嫪毐不是真宦官，而且与太后生了两个儿子，并与太后谋划在秦王政死后让他的儿子继位。秦王政于是处死嫪毐，夷灭他的整个家族，杀死他和太后生的两个儿子。这件事牵连到吕不韦。第二年，秦王政免去吕不韦的相国职位，命令他回到河南洛阳的封地。吕不韦从此一蹶不振。很多学者认为，吕不韦被秦王政贬黜，根本原因不是真假难辨的宫闱秽闻，而是刚刚成年的雄主

[①] 《史记》的这些记载并不一定可靠，梁玉绳、钱穆、郭沫若等学者都有辩正。

与久掌大权的权相之间的矛盾。

吕不韦被削除官职之后,各诸侯争相聘用吕不韦。据《战国策》记载,吕不韦曾去赵国,做了短时间的"守相",因为秦国进攻赵国,不得已离开赵国。秦王政担心吕不韦会引发事端,下诏把他和他的家族迁移到蜀地(今四川)。吕不韦知道自己免不了被杀的命运,自己服毒自尽。他的门客上千人把他葬在北邙山下(在今河南偃师)。

司马迁在《史记·吕不韦列传》中评论说:"孔子之所谓'闻'者,其吕子乎?"孔子所称的"闻",《论语·颜渊》说:"夫闻也者,色取仁而行违。""色取仁而行违",意思是表面上仁义,实际行为却相违背。裴骃《史记集解》引马融的话说:"此言佞人也。"他们对吕不韦的品行评价都不高。

总体上说,吕不韦是战国末年一位有智略、有胆识,善于机巧权谋、擅长笼络人心的政治人物。

二 《吕氏春秋》的成书

要谈《吕氏春秋》的成书过程,我们必须先了解当时的养士风气。春秋战国时期,贵族阶层日渐衰微,旧有的世禄制度解体。为了应对新的局势变化,各诸侯国不得不依靠士阶层的力量来维持或改善统治,士阶层在社会中的作用和地位逐渐提升。一方面,贵族们很难全面熟悉内政、外交以及自己封地等方面的繁杂的具体事务,不得不依赖士人的辅助;另一方面,士人中的许多人没有固定产业,只能投靠权臣贵族,依靠他们获得衣食和仕宦的机会。这样就形成了贵族养士的风气。

战国时期的权臣贵族,大都养着一批门客或舍人,也就是具有一定知识或某种技能的士人。有的大贵族门客过千。门客数量众多时,也会形成一定的组织,甚至有等级之分,比如孟尝君的门客就分传舍、幸舍、代舍,每舍设有舍长,每个门客都属于上中下不同的等级,饮食车马待遇也有所差别。战国时期养士最有名的四位贵族是魏国的信陵君魏无忌、楚国的春申君黄歇、赵国的平原君赵胜、齐国的孟尝君田文。吕不韦觉得,秦国国力比东方六国强盛,这方面也不能落后,所以他大量招致士人,给予很优厚的待遇。他的门客达到3000人。

战国时期,各学派的代表人物收徒讲学,著书立说,他们的著作在各国间流传。《史记》记载,吕不韦受这种风气的影响,"使其客人人著所闻,集论以为八览、六论、十二纪,二十余万言,以为备天地万物古今之事,号曰《吕氏春秋》"。《史记》的简要记载留给我们很多信息,也留下不少谜团。

一是《吕氏春秋》的作者。《史记》认为是吕不韦让他的门客们每人写下自己的想法,然后"集论"而成的。这就是说,《吕氏春秋》是吕不韦的门客们撰写的。班固的《汉书·艺文志》把《吕氏春秋》著录为"秦相吕不韦辑,智略士作",这个"智略士"指的就是吕不韦的门客群体,他们具体是谁已经很难考证了。《史记》记载,甘罗、李斯、司空马等人曾经做过吕不韦的门客,他们都有可能参加了撰写或编辑工作,不过,现在没有任何资料可以证实。

二是吕不韦在编纂《吕氏春秋》过程中所起的作用。《史记》所称的"集论"、《汉书·艺文志》所说的"辑"都表示：吕不韦是这部书的主持者、编辑整理者，用现在的话来说，吕不韦是《吕氏春秋》的主编。不过，历代学者对《吕氏春秋》在多大程度上表达了吕不韦的思想这个问题的看法分歧很严重：有的认为吕不韦只是编纂的组织者，对全书的内容和思想没有直接的贡献；有的认为《吕氏春秋》有明确的宗旨，各部分之间基本是协调的，表达了吕不韦的思想体系。我们觉得，《吕氏春秋》既然确定无疑是由吕不韦主编，那么承担编写任务的门客们虽然秉承了不同学派的思想，但也不至于提出与吕不韦的主张背道而驰的观点；此外，吕不韦也大可在编辑过程中将不合己意的文字黜落删削。正如清代学者章学诚在《文史通义》中所说："二家（指《吕氏春秋》与《淮南鸿烈》）固以裁定之权，自命家言，故其宗旨未尝不约于一律，斯又出于宾客之所不与也。"因此，认为《吕氏春秋》在一定程度上表达了吕不韦的思想，应是比较可信的。

三是《吕氏春秋》的编辑成书过程。据《史记·吕不韦本纪》的说法，似乎《吕氏春秋》是一次性编成的。不过，很多学者根据其他材料提出了不同的看法。《吕氏春秋》包括纪、览、论三部分，另有《序意》一篇，放置在纪之后。但是先秦著述的惯例，序都放在全书的最后。因此吕氏春秋可能是分两次编纂的，第一次完成十二纪，而览、论两部分则是后来补充的。另外，《吕氏春秋·安死》篇载："以耳目所闻见，齐、荆、燕尝记亡矣，宋、中山已亡矣，赵、韩皆亡矣，其皆故国矣。"这段话中提到的几个国家，齐国是最后灭亡的，时间是秦王政二十六年（前221）。因此有学者推论：《吕氏春秋》的初稿完成之后，还经历过多次补充修改，直到秦统一天下之后才定稿。

在传世的先秦古书中，《吕氏春秋》是仅有的一部有明确编纂纪年的著作。《序意》篇开头就写道："维秦八年，岁在涒（tūn）滩。"这就明确记载了《吕氏春秋》成书的时间。不过关于这句话的理解同样有分歧。涒滩是古代天文历算的术语，指太岁在申，照历法推算，应是秦王政六年（前241）。但是"秦八年"如果指秦王政八年（前239），这两者之间就有两年的差距。因此有学者认为"秦八年"应该指秦灭周之后八年（即秦王政六年）；有学者认为一般的历法推算有误，差了两年，秦王政八年才是真正的太岁在申年；也有学者认为，秦国所用的颛顼历与夏历有一年的差别，加之吕不韦把秦王政的纪年从庄襄王去世嬴政即位当年算起，而不是循惯例把第二年算作元年，所以《序意》的"秦八年"是秦王政八年，实际指的就是通常说的秦王政六年；还有学者认为"秦八年"实际所指是秦王政七年。不管这句话怎么解释，都可以确定，《吕氏春秋》成书时间在公元前241年至前239年之间。

吕不韦编纂《吕氏春秋》，除了诸子百家著述流传的影响之外，还有更深层更现实的目的。《序意》中说："文信侯曰：'尝得学黄帝所以诲颛顼也。'"显然，文信侯吕不韦在这里是用黄帝与颛顼的关系来隐喻他与秦王政的关系，他要用这部书教育秦王政如何治国安邦。《吕氏春秋》的很多篇章，都有直接告诫君主应当怎样治理国家的内容，比如《勿躬》《用民》《达郁》《分职》等篇，更是切中秦王政的弊病，使人感到这是针对秦王政而发的议论。另一方面，吕不韦主政时期，秦国统一天下的大势已较明朗，吕不韦招致宾客的目的之一就是"欲以并天下"。他主持编纂这本书，可能也含有总结治国之道、为统一天下提供思想武器的目的。

《吕氏春秋》编成之后，吕不韦把它"布咸阳市门，悬千金其上，延诸侯游士宾客有能增损一字者予千金"。当然，《吕氏春秋》并不是字字珠玑，连一个字都没法"增损"；相反，《吕氏春秋》的文字错讹不少（当然许多是流传过程中产生的），内容重复甚至语言重复的更多。所谓"一字千金"的修改费，不过是借助相国的威势而进行的炒作罢了，目的当然是为了扩大《吕氏春秋》的影响。事实证明，这次文化炒作跟他押宝异人的政治投机一样，也取得了商业化的巨大成功。

三 《吕氏春秋》的内容与思想

《吕氏春秋》全书分三部分：十二纪、八览、六论。十二纪各有五篇，共六十篇。八览各有八篇，共六十四篇。六论各六篇，共三十六篇。全书总计一百六十篇。加上《序意》一篇，共一百六十一篇。现在流传下来的本子《有始览》遗失一篇，所以我们能看到的全书只有一百六十篇。

《吕氏春秋》的编排很有条理，这一点在"纪"有集中体现。纪分为十二部，用春夏秋冬四季各加孟仲季三月的组合月名作为纪名，如"孟春纪""仲春纪""季春纪"等。每一纪五篇，"以第一篇言天地之道，而以四篇言人事"。所谓"天地之道"实际上是指月令，记录这个月的物候、天象、施政活动、民事活动及相应的禁忌，它们是十二纪的主干，又称十二月纪。"纪"就是纲纪，既统率着自然时令，也是当时国家施政的根据。《吕氏春秋》用十二月纪作为主干，有强烈的为帝王建规立制的意思。

《吕氏春秋》的"十二纪"归属于春夏秋冬四季，"以春为喜气而言生，夏为乐气而言养，秋为怒气而言杀，冬为哀气而言死，所谓春生夏长秋收冬藏也"。按照这样的思路，用四季统辖与节候有关的人事内容：春季是万物生长的季节，因此《孟春纪》《仲春纪》《季春纪》三部分包含了《本生》《贵生》等以养生为主要内容的篇章；夏季意味着壮大，音乐是一种蓬勃向上的力量，所以论音乐的《大乐》《音律》等篇章都收在《孟夏纪》《仲夏纪》《季夏纪》中；秋风萧瑟，有一股肃杀之气，因此《孟秋纪》《仲秋纪》《季秋纪》中多为论用兵用刑的篇章，比如《荡兵》《决胜》等；冬天是收敛储藏的季节，也是一年的末尾，因此关于死亡的篇章如《节葬》《安死》等篇收在《孟冬纪》《仲冬纪》《季冬纪》中。

所谓"览"是观览的意思。第一篇《有始览》说："天斟万物，圣人览焉，以观其类。"就明示了"八览"的宗旨。"八览"从开辟天地的"有始览"出发，按"孝行览""慎大览""先识览""审分览""审应览""离俗览""恃君览"排列，主要探究国家祸福的由来，以历史为鉴，总结治国的经验和方法。如《孝行览》论孝行是做人的根本，也是治国的良方，以下七篇都围绕君子之行展开。《慎大览》论强国更要谨慎，其下各篇乃治国用兵方略。《审分览》论为君之道，下属七篇就阐述君王的统治手段。《审应览》说君主要慎重其辞，其下各篇都与察辨相关。

"六论"包括"开春论""慎行论""贵直论""不苟论""似顺论""士容论"，"盖博言君臣氓庶之所当务者也"[①]。例如《开春论》由春主生命阐述王者应该厚德积善、救

---

① 吕思勉：《先秦学术概论》。

死缓刑，以下五篇或论尚贤，或论养生，或论爱民，都与春之生有关。《慎行论》论君子小人的处世，以下五篇都是讲处世的原则和具体要求。《贵真论》论君王应该贵直，以下数篇就讲进谏、纳谏、拒谏的故事和道理。

可见"八览""六论"同样是经过精心设计的，每览或每论包括若干篇，以第一篇的名称为某览某论的名称。"览"与"览"之间、"论"与"论"之间，以及同一览或同一论中的各篇之间，虽不如"十二纪"那样排列有序，也不如每"纪"各篇的内容紧密相关，但大致也是有某种联系的。当然，由于编撰者过于追求每一部分篇数的等同，所谓内容的关联其实并不那么自然，明显带有人为分合的痕迹。例如《士容论》论国士的操守仪态和知识修养，但其中的《务大》与《有始览》的《谕大》同，其余四篇则论农业为本，与"士容"关系不大。

《吕氏春秋》以十二"纪"为纲，"览"古"论"今，内容十分丰富。其中最主要的议题是关于怎样做好国君、怎样治理天下。有的论述为君治国的根本原则，比如《圜道》《君守》等篇；有的告诫君主应返躬自省，修养身心，比如《论人》《自知》等篇；有的告诫君主尊重贤才，求取贤才，如《当染》《下贤》等篇；有的主张治国以民为本，如《务本》《爱类》等篇；有的主张治国要以德治为主、赏罚为辅，如《当赏》《用民》《上德》等篇。这些论述从各个角度总结了为君治国的经验，可以看作一次成系统的政治思想的整理。

《本生》《贵生》《重己》《情欲》《尽数》等篇章论述了养生之道，主张养生是最为重要的事情；强调饮食、情绪与声色享乐都应该适中，不能过度，过度就会引起疾病；强调精气流通，如果贪图安逸享乐，缺少运动，精气郁结，就是"招蹷之机"。《吕氏春秋》保存的这些医学与卫生方面的资料，它所主张的"法天顺时""知本去害""顺性贵生""胜理归朴"等养生原则，对现代生活依然有启发意义。

论述音乐的篇章主要有：《大乐》讲音乐的起源；《侈乐》反对淫侈的音乐，主张"节乐"；《适音》论音乐的和谐；《古乐》记载传说时代各代的乐舞，可以看成上古音乐发展史；《音律》论述音律相生的原理，是乐律学的专论；《音初》记载诸音调的始创；《致乐》《明理》谈到了音乐与社会治乱的关系。这些篇章涉及音乐发展史、乐律的原理、欣赏音乐的原则、音乐与政治的关系等方面，是研究中国音乐史的重要资料。

论述战争与军事的共有八篇：《荡兵》《振乱》《禁塞》《怀宠》《论威》《简选》《决胜》《爱士》。这八篇讲的都是军事理论，对具体的战争技术并没有展开论述。其核心思想是"义兵"说，主张用义兵"诛暴君而振苦民"，反对主张停止一切战争的"偃兵"说；认为战争取胜的关键在于"三军一心"，主张重视士卒的选择与训练、兵器的选择与改进。这些论述是以战国时期战乱频仍却"无义战"的现实为背景的。

关于教育思想，《劝学》《尊师》《诬徒》《用众》四篇有集中的论述。它们推崇教育的功用，把学习看作实现耳目心智固有功能的必要途径。因此主张重视教育，尊敬教师；倡导"善教""善学"，批评教育和学习过程中的一些错误做法。《吕氏春秋》的这些篇章和《礼记·学记》等文献一样，是我们了解先秦教育思想的重要资料。

《吕氏春秋》的最后四篇是关于农业的论述：《上农》论述重农思想与农业政策；《任地》谈如何使用土地；《辩土》论耕作要根据土地的不同情况采取不同的措施；《审时》

论耕作要适应天时。这些篇章总结了上古农业生产经验，是现存最早关于农业生产知识的著作，非常珍贵。

以上介绍并不全面，《吕氏春秋》的内容远不止政治、军事、教育、农业、音乐、养生这几个方面，实际上还涉及哲学、文学、历史、外交、德行以及天文地理、时令气象、动植百物等各个领域，这里不再详述。

就《吕氏春秋》的思想体系而言，历来被视为"杂家"。不过，在很多学者眼里，杂家并不成为先秦诸子中独立的一家。因此，历代都有人试图找出《吕氏春秋》的主导思想究竟属何流派。东汉人高诱在《吕氏春秋序》中说："此书所尚，以道德为标的，以无为为纲纪，以忠义为品式，以公方为检格，与孟轲、孙卿、淮南、扬雄相表里也。"把它看作以道家思想为核心的著作。也有学者认为《吕氏春秋》的思想以儒家为主，《四库全书总目提要》中说它"大抵以儒家为主，而参以道家、墨家，故多引六籍之文与墨子、曾子言"。清代学者卢文弨认为《吕氏春秋》的核心思想是墨家学说，"大约宗墨氏之学，而缘饰以儒术"。郭沫若在《十批判书》中说《吕氏春秋》主要摄取儒道两家的思想，"政治理论的系统大体上是因袭儒家"，而"在君道一层颇近于道家"。陈奇猷则认为阴阳家学说才是《吕氏春秋》全书的重点。

以上列举的远远不是关于这一问题的全部论述，真可谓众说纷纭，莫衷一是。各种观点各有道理，这本身就说明《吕氏春秋》不能简单地归入先秦诸子百家的某一家。阅读时稍加留意，就能大致分辨出《吕氏春秋》中某些内容的学派归属：论养生，论无为而治，显然是道家思想；论节义，论教化德治，论行孝修己，都是儒家学说；论薄葬，论尚贤，与墨家思想若合符节；论君主权术、审时任法，俨然法家口吻；论正名审分，是名家言；论用兵，是兵家言；论农业的四篇，应该源自先秦农家的文献。某些篇章虽然有各家学说混杂糅合的痕迹，不过大体上每一篇的学派属性还是能辨别出来，所以陈奇猷的《吕氏春秋校释》和管敏义的《吕氏春秋译注》在每一篇下都注明其学派属性，值得参考。

吕不韦养士三千，编书时大概很难用学说流派来加以选择和分类。他让门客"人人著所闻"，没有用某一家学说做指导思想的记载，也没有用某一家学说来删削整齐诸家论述的痕迹，所以旨趣与命题相差甚远且当时曾激烈论争的各家学说在书中纷然杂陈。虽然客观上倾向于儒道两家思想的篇章数量较多，但是很难说全书有用这两家学说来统摄的主观故意。可能只是因为儒道两家影响本来就大，采集时篇幅略多原是合情合理的，并非编撰者的刻意追求。如此看来，似乎可以这样认为，《吕氏春秋》是集各家各派之说而成的，它在思想上的特色就在于杂合各家学说，而不是用某一家学说指导贯穿全书。

当然，内容和思想两方面的"杂"，并不等于《吕氏春秋》是杂乱无章的零散篇章的堆砌。其实，《吕氏春秋》对各家的思想观点并非原封不动地接收，而是尽量摒弃相互之间的矛盾，通过综合形成自己的思想体系。因此，《吕氏春秋》在选择各家思想和学说时具有统一的主题，那就是如何治理国家，如何当好国君，所有的论述都是围绕君主治国这个中心展开的。换句话说，只要有利于君主治国，不管是哪家哪派的学说，都拿来为我所用。即使论述音乐、农业等具体问题，也是为君主治国服务的，因为《吕氏春秋》认为从事农业能让人民保持质朴品性，从而把农业作为一种治理人民的手段；同样，儒家特别重视音乐，认为音乐与国家的治乱有关，所以《吕氏春秋》也是把音乐当作治理国家、移风易俗的一种手段。正是由于治国主题的明确统一，《吕氏春秋》才会具有"杂家"性质，也才会被人称作"帝王学"或"王政全书"。

四 《吕氏春秋》的影响及后世对它的研究

《吕氏春秋》成书以后，说无人能"增损一字"，那恐怕是慑于丞相的权威。但通过"一字千金"的重赏炒作，很快在当时的学者游士之间，甚至是各国的朝廷官吏之间，产生了相当大的影响。当然光靠炒作的话，影响是不会长久的。事实上，《吕氏春秋》在历史上占有一席之地，主要靠自己的政治思想和文化内容。

例如《礼记》的《月令》篇，文字与《吕氏春秋》的十二月纪非常接近，只增添了一些与五行体系相关的词句。汉代学者郑玄认定《礼记·月令》取自《吕氏春秋》的十二月纪；唐代学者陆德明《经典释文》中说《月令》是由十二月纪"删合"而成。这说明，《吕氏春秋》的十二月纪是《礼记·月令》的直接来源，可见《吕氏春秋》在战国秦汉之际已经产生了相当的影响。

司马迁在《史记·十二诸侯年表》的序中，把《吕氏春秋》与《左氏春秋》《铎氏微》《虞氏春秋》相提并论，这几部都是纂辑人物史事、阐述成败所由，供君主作为借鉴的书，说明司马迁很赞赏《吕氏春秋》在总结治国之道方面的成就。在《报任少卿书》中，司马迁又将它与《周易》《春秋》《韩非子》等著作并列，作为"圣贤发愤之所为作"的一种。可见，从汉代开始，《吕氏春秋》就已经受到学术界、知识界的重视。

《吕氏春秋》的编纂方式与结构体系也被后代的著作家模仿。清代大学者章学诚的《校雠通义》说："吕氏之书，盖司马迁之取法也。十二本纪仿其十二月纪，八书仿其八览，七十列传仿其六论，则亦微有所以折衷是也。"就是说，司马迁《史记》的结构是仿《吕氏春秋》确定的。西汉还出现了一部模仿《吕氏春秋》编纂的书——《淮南子》。淮南王刘安组织他的门客，合作撰成《淮南子》，又称《淮南鸿烈》。这部书在《汉书·艺文志》中也列入杂家，是汉代学者对汉以前古代文化一次最大规模的汇集与融合。书中杂合了道家、阴阳家、墨家、法家、儒家思想，但主要是发挥先秦道家思想。

到东汉，出现了为《吕氏春秋》作注释的著作。高诱的《吕氏春秋注》是其代表。高诱在序中称赞《吕氏春秋》"大出诸子之右"，古人以右为上，意思是《吕氏春秋》远比先秦诸子的著作高明。

唐代，《吕氏春秋》中总结的治国之术、人生要义得到重视，魏征《群书治要》中有《吕氏春秋治要》，马总《意林》中也摘录《吕氏春秋》要语四十五条，他们摘引《吕氏春秋》中的文句，给当时的君臣百姓提供借鉴。历史学家也利用《吕氏春秋》中的历史记述来补证史实，比如司马贞的《史记索隐》就多次引用《吕氏春秋》来证明或补充《史记》的叙事。

明代，《吕氏春秋》多引史实、短小精练的行文风格很受世人的欣赏，明代人赏评、批点《吕氏春秋》的作品很多，严灵峰《周秦汉魏诸子知见书目》的《吕氏春秋》部分就列出了约二十种。

清代纂修《四库全书》，收入了《吕氏春秋》一书。《四库全书总目提要》中说《吕氏春秋》"较诸子独为醇正"，"其持论颇为不苟。论者鄙其（指吕不韦）为人而不重其书，非公论也"。清代朴学兴盛，学者们花费很大精力对先秦古书进行系统的校勘整理。在这个学术气氛的影响下，《吕氏春秋》的整理研究取得重要的成就。毕沅、卢文弨、钱大昕、段玉裁、钱塘、孙星衍、洪亮吉、梁玉绳、臧镛堂等，都是学养深厚的校雠训诂名家，其中很多人还著有研究《吕氏春秋》的专著，他们在毕沅的召集下合作撰写了《吕氏春秋新校正》（也叫《吕氏春秋集解》），这部书是以前研究成果的总结，在版本校勘、文字考订方面成就卓著，此后出现的各种整理研究著作大多是以毕校本为基础的。

　　毕沅之后，还有不少学者对《吕氏春秋》进行全面系统的校释，比较著名的有以下几种：蒋维乔等人《吕氏春秋汇校》、许维遹《吕氏春秋集释》、陈奇猷《吕氏春秋校释》（2002年出版的修订本名为《吕氏春秋新校释》）、王利器《吕氏春秋注疏》等。这些著作博采众说，间以作者个人的观点，在资料搜集、文字校勘、疏通文意等方面都有一定的推进。

　　此外，对《吕氏春秋》的部分文句进行校释研究的著作也有数十种，比如：王念孙的《读书杂志》内有《吕氏春秋杂志》、俞樾《诸子平议》内有《吕氏春秋平议》、孙诒让《札迻》内有《吕氏春秋》部分、梁启超《诸子考释》中有《吕氏春秋不二篇校释》、刘师培《左盦集》中有《吕氏春秋斠补》和《吕氏春秋高注校义》、杨树达《积微居读书记》中有《吕氏春秋札记》、于省吾《双剑誃诸子新证》中有《吕氏春秋新证》、刘文典《三馀札记》中有《吕氏春秋斠补》等。

　　现代人读《吕氏春秋》，不可避免会遇到语言文字方面的障碍。因此，很多学者从事《吕氏春秋》的今注今译工作，用现代白话文注释、翻译《吕氏春秋》。这方面的书出版了很多，质量也参差不齐。比较著名的有：管敏义《吕氏春秋译注》、张双棣、殷国光等《吕氏春秋译注》、王宁主编《评析本白话〈吕氏春秋〉》、林品石《吕氏春秋今注今译》等。

　　20世纪，《吕氏春秋》思想研究逐渐受到学术界关注。胡适的《读〈吕氏春秋〉》，是《吕氏春秋》思想研究的第一篇重要作品。郭沫若1943年写成的《吕不韦与秦王政的批判》（收入《十批判书》），全面探讨《吕氏春秋》的思想及其与秦国主流政治思想的关系，对后来的研究影响很大。最近20余年，《吕氏春秋》思想研究更为深入，这方面的代表著作有：王范之《吕氏春秋研究》、牟钟鉴《〈吕氏春秋〉与〈淮南子〉思想研究》、田凤台《吕氏春秋探微》、洪家义《吕不韦评传》、刘元彦《杂家帝王学》、张富祥《王政全书》等。

　　从语言角度研究《吕氏春秋》的也不少，多为单篇论文，专著有张双棣的《吕氏春秋词汇研究》和殷国光的《吕氏春秋句法研究》，张双棣还编有工具书《吕氏春秋词典》。

　　有兴趣深入研究《吕氏春秋》的读者，可以参考以上提到的各种著作。

五　关于本书

　　本书是《吕氏春秋》的选注，读者对象为大学生及一般古文爱好者。

"选"指选择篇目而言。《吕氏春秋》凡一百六十篇，本书只选了八十一篇。选文兼顾不同内容的篇章，力图展现各学派的思想，尽量囊括具有哲理智慧、文学性强、语言风趣的经典节段。选文大都有比较明确的主题，有观点，有材料，结构比较完整。内容芜杂，知识偏科，文字繁难，历代解释分歧较多的篇章一般不选。选入的篇章中，也有个别句段被删除，文中用省略号表示。这些被删除的句段或者与主题无关，或者语意烦琐，或者特别难懂，或者存在错讹。选文主要出自"纪""览"两部分，"论"部分许多篇章跟前两部分内容重复，所以选入较少。

"注"指对选文字词句篇的解释说明。我们在每一篇选文的前面都写了个简短的"题解"，目的是让读者对每篇的内容和主旨先有个大致了解。"题解"首先解释篇题的意思，再简要概括本篇的基本内容和主要观点。由于《吕氏春秋》的篇幅都限于两个字，表意有时较模糊，需要根据文章内容来确定。解题时尽量不做主观评论，只是原原本本地呈现原书的思想。希望我们的归纳能对读者理解文意有所帮助，至于观点的是非优劣，大学生自有能力鉴别。

字词句的注释紧扣文意进行。考虑到读者不一定都是中文专业的大学生，我们尽量不纠缠复杂的语法问题，不做烦琐的字词考证，少用专门的学科术语。注文力求简洁，以理解句意为度。仅对单字解释难以串通句意的地方，一般对词组、结构或句子作整体的解释。原书的繁体字和异体字经改为现代对应的简体字和通行字，不加注；通假字用"通X"注明本字；源本字用"后作X"注明分化本字；生僻字加注音，疑难词和多音多义字会反复加注；人名地名也略作说明。大致说来，前面的注释较详细，后面的注释适当简略。

因为本书是普及性读物，根据丛书的统一规定，对选文原文中的讹、脱、衍、倒等文字语句错误，我们参考各家的说法，择善而从，直接在正文中改正，不另出校记，一般也不在注释中加以说明。现在利用这个机会略作交代。我们选择原文时依据的底本是上海书店印行的"诸子集成"所收高诱注《吕氏春秋》，但参考了毕沅等《吕氏春秋新校正》、陈奇猷《吕氏春秋新校释》、王利器《吕氏春秋注疏》、管敏义《吕氏春秋译注》、张双棣等《吕氏春秋译注》、王范之《吕氏春秋选注》等著作，吸纳了他们的一些校勘和注释成果。由于对各家观点有所综合，也加入了我们自己的理解和看法，经过取舍剪裁后，这个选注的文本不仅在注释上，而且在原文字句上，在分段、标点和用字上，都可能会有不同于其他版本的地方，请读者阅读时注意。

《吕氏春秋》的根本宗旨是指导帝王治国，我们今天的读者都不可能成为帝王，那我们为什么还要选注以供大家阅读呢？我们认为，帝王也好，君主也好，圣贤也好，他们也都是人，他们需要修养、掌握、知道的东西，对普通人来说也有某种程度的适用性，何况《吕氏春秋》作为古代的典籍还具有其他许多方面的文化价值。因此，只要我们用心去读，还是能够从中获得许多教益的。下面随便列举几点，供读者参考。

高超的领导管理艺术。《吕氏春秋》教帝王君主如何治国，我们虽然当不了帝王君主，但参与领导集团和社会管理工作的可能性还是存在的。治理一个国家，跟管理一个企业、领导一个集体、当好地方长官，其道理原则有许多是相通的。例如尊重人才、集思广益、赏罚分明、因势利导、各守其职，等等，都是《吕氏春秋》所倡导的。阅读《吕氏春秋》，可以学到很多驾驭人、使用人、处理各种复杂关系的手段和方法，这对提高领导才能和管理水平无疑是有帮助的。

良好的人格品行修养。治国先治人，正人先正己。《吕氏春秋》对君王、群臣、士人的品格德行修养有很高的要求，其中许多可以看作社会公德，作为普通人中的精英分子也是应该具备的。例如大公无私、节制贪欲、孝敬父母、谦虚谨慎、讲求信誉、重节守义、尊师爱长，等等，我们今天建设和谐社会，不也提倡诸如此类的良好德行吗？

丰富的历史文化知识。《吕氏春秋》号称"杂家"，因为它兼容并包了先秦众多的思想流派。读一部《吕氏春秋》，对儒家、道家、法家、墨家、名家、农家、阴阳家等三教九流的思想都会有所了解。同时，该书通过征引《诗经》《尚书》《周易》《礼记》《春秋》及《论语》《孟子》《老子》《庄子》《荀子》《韩非子》等典籍，通过讲述历史人物和故事，包含了丰富的历史文化知识和学术资料，其内容涵盖哲学、政治、经济、历史、军事、医学、农业、教育、音乐、天文、地理、养生、外交等各个领域。从这个意义上说，《吕氏春秋》简直可以称得上是一部秦代的"百科全书"。

聪颖的为人处事智慧。我们的日常生活是由人与人、人与事的关系组成的。如何为人处事，首先在明白为人处事的道理，这里面充满着智慧，不是每个人都知其然并知其所以然的。而《吕氏春秋》在这方面会给我们许多点悟，让我们恍然明白自己熟悉的事原来是这个理。例如它告诉我们：名声不能转让，好与不好全出于自身的行为；厚葬死人并不是因为死人有知，而是因为活着的亲人感情上需要；后人看待今人，就如同今人对待古人；野外有一只兔子，大家都去追抢，因为它的归属未定，动物市场上满是兔子却没有人争抢，因为它的归属已定；人们轻视远方的珍宝，因为它与自己毫无关系，重视身边的小东西，因为它们为自己所有，能给自己带来好处；生命属于自己，没有生命就没有一切，所以生命是最重要的。这些朴素的人生道理，在《吕氏春秋》中俯拾即是。而且这些道理通常不是空洞的说教，很多情况下是通过寓言或历史故事来寄托的，例如《察今》篇用"荆人循表渡水""刻舟求剑""引婴投江"等故事和寓言说明一个简单的道理：事物是发展变化的，"病万变，药亦万变"，如果不变，就要吃亏。

科学的世界认知途径。《吕氏春秋》认为天地万物具有客观必然性，因而是可以认知的。人具备感知事物的器官，只是认识世界的一个条件，还需要通过学习才能获取知识。认知的方法重在观察，要察今，要察微，要察传，要察贤，要察疑，还要察不疑。而且要透过现象看本质，要审名求实、名实相当，要运用逻辑思维分清是非真假。这些认知方法，无疑是正确而有效的，是值得我们借鉴的。

还有文学方面的价值、语言方面的价值，等等。可以说《吕氏春秋》中值得我们吸取的营养是多之又多，只要你愿意花点时间去亲近它，它一定会给你丰厚的回报。

李运富

2008 年 2 月于北京师范大学

涌泉之恩述点滴[①]
——写在维琦先生论集出版之时

恩师维琦先生从众多文章中选择二十多篇结集出版，命我写几个字，其提携爱护之意令我无法谢辞。先生集中诸篇，大部分发表时我大都学习过，也有一些属首次发表，今得以先睹为快。先生文章之广博、之高深，非我所能置论。愿借此机会，略述自己学术成长过程中与先生相关的些许往事，冀能展示先生培育深恩之点滴。

大概在1982年，我从北京师范大学进修一年后回到衡阳师专，尝试写了一篇关于古汉语中主谓之间用"之"字的文章。当时，大学刚毕业，初生牛犊不怕虎，冒昧将稿子投到了《求索》杂志，谬承编辑先生错爱，居然打算采用。正巧这时湖南省语言学会开年会，我在会上拜识了维琦先生，向他请教。他也认为此文写得可以，但说好像已经有人发表过类似的文章，于是指导我去查阅五六十年代的《中国语文》，果然看到有宋祚胤先生的一篇。虽然观点和材料不尽相同，但毕竟在探讨同一问题，不提及不行，而且只能算补证不能算原创了。于是我撤回文章，修改后才发到其他刊物。[②]

作为湖南省语言学会的会长，维琦先生从这件事情上看到了培养青年学者的问题。不久，他把我和娄底师专的彭蓬澍等几个青年老师集中到湖南师大，要我们搜集整理国内外有关语言文字学的研究成果，分学科按专题写出综述。在先生的指导下，我们天天泡图书馆，经过几个月的努力，终于完成任务。作为这次活动的成果，我们在《湖南师大学报》（1986古汉语专辑）上发表了《1977—1984年古代汉语研究综述》的文章，还在别处发表了几篇分题综述。[③] 这样做既能为学界提供学术信息（在20世纪80年代没有电脑网络的情况下，这类信息是很受欢迎的），又切实锻炼了我们年轻学者的科研能力。

这件事对我影响很大。我不仅明白了做学问得注重资讯、掌握已有成果，因而继续实实在在地做学术综述方面的工作，先后发表过十余篇相关文章，还曾计划写一部较完整的《二十世纪汉语学术史》，分绪论（偏重于汉语学史研究）、总论（偏重于汉语总体性或综

[①] 本文原载《李维琦语言学论集》（序二），语文出版社2011年版。

[②] 有关内容分成三篇：《"之"在主谓间的作用》，《衡阳师专学报》1983年第1期；《间"之"主谓结构的语法功能》1983年第3、4期；《也谈"M1之于（於）M2"》，1984年第2期。

[③] 彭蓬澍、李运富：《1983年古代汉语研究综述》，《湖南语言研究通讯》1984年第1期；李运富：《1977—1984全国训诂学研究综述》，《衡阳师专学报》1985年第4期；彭蓬澍：《1977—1984古汉语语法研究综述》，《云梦学刊》1986年第1期。

合性研究)、分论(偏重于汉语分科研究)三大块。后来虽然由于种种原因并没有完成初始的整体构想,但还是写成了作为"汉语学术史"一部分的《二十世纪汉语修辞学综观》,并得以单独出版。①

1985年,我有幸考入湖南师范大学,做周秉钧先生的研究生,作为周先生的助手,维琦老师给了我们更多的实际指导。更为有幸的是,毕业后,周先生、维琦先生,还有王大年老师、王玉堂老师等都一致同意把我这个委托代培的硕士生留在湖南师大工作。这当然主要靠时为副校长的李老师斡旋,据说他代表学校跟我的委培单位(衡阳师专)谈判,答应了对方很多交换条件。老师们这样做当然是出于公心,而对我个人而言,则是人生事业上升的一个重要节点。

留校后的主要工作是在李老师直接领导下编辑《古汉语研究》,一年四期,每期128页。关于该刊的创办过程和初始阶段的工作情况,维琦先生曾作《〈古汉语研究〉琐忆》一文详加陈述,从中可以看到李老师对该刊的拳拳深情和艰辛付出。我作为刊物的责任编辑,对此有更为深切的感受。先生不仅为入不敷出的办刊经费绞尽脑汁,更重要的是还得为确保刊物的全国性和学术性而严把品质关。先生身为副校长,工作繁忙,却坚持亲自敲定每一期的文章篇目,仔细审读和修改每一篇文章。如果编辑部还保留当时的稿件加工本的话,一定能看到上面先生密密麻麻留下的笔迹。先生是修辞专家、改稿高手,经过他审改的稿件,无论是内容还是文笔往往会有很大提高,不时引来作者本人的惊叹和感谢。我原想只负责文字校改和拼版时某些句段的简单增删就可以了,一般不作内容审改。但主编维琦先生的以身作则使我认识到,一个合格的编辑,不能只是文字校对工,还应该有评断文章优劣、引导刊物方向的学术眼光和调整文章思路、化腐朽为神奇的稿件加工能力。编委审稿往往只是提出一些宏观的建议,稿件的具体加工修改应该是编辑的职责。于是我也学着对稿件提出修改意见,并尽量进行直接修改加工,然后提交先生终审。我常常比对原稿和李老师的改稿,揣摩其中的玄机。在长期的请教交流中,经过李老师的指点,我学到了很多审稿、改稿方面的知识和技能,这些收获使我现在基本能独立应对一份刊物的组编、审改和出版工作,而且在指导和审改研究生论文方面也受益无穷。

虽然我在维琦先生身边学习和工作的时间只有短短八年,但先生对我学术能力的培育和治学方法的影响却是长期的。除了前面提到的搜集整理学术资讯的锻炼外,先生还特别重视我们的古文献阅读能力,不仅指定必读的古注和小学书目,而且每有机会,就提携我们直接参与古籍整理工作,例如让我参加他领衔的《左传》《国语》等古籍的标点和译注。对于指定阅读的古籍注疏文献和小学专著,周先生和维琦先生要求我们写读书笔记和报告,并经常检查,发现可取之处就会批注鼓励。我的某些研究成果就是在得到老师们的肯定后提炼出来的。例如我读《论语》及有关注疏,发现其中的"必也正名乎"之类的句意没有得到准确理解,于是在读书报告中提出应按假设复句关系来理解这类句式的想法,周先生朱批"新颖可喜",维琦先生也鼓励"可专题探讨",于是我把读书报告摘出来充实论证,写成《〈论语〉里的"必也.P"句式》投寄《中国语文》,发表于1987年第3期。读王念孙的《读书杂志》《广雅疏证》和王引之的

---

① 李运富:《二十世纪汉语修辞学综观》,香港新世纪出版社1992年版。

《经义述闻》时,我对"连语"和相关的"联绵字"产生兴趣,认为现代人把"连语"和"联绵字"当作复音单纯词,不符合古人的思想。我分析了很多材料,打算以此为题做硕士论文。出于稳妥考虑,老师没有同意把这个作硕士论文选题,但鼓励我可以继续研究,不要放弃。所以我另选俞樾的《群经平议》为材料作训诂学方面的硕士论文[1],而同时继续探讨"联绵字"和"连语"的有关问题,先后发表四篇系列文章[2]。在周先生和维琦先生亲自指导下完成的这些成果,夯实了我的文献训诂基础,也坚定了我走学术之路的志向和信心。

维琦先生属通识型学者,训诂、词汇、修辞、语法、音韵、方言、文字,样样精通。他的学衍研究工作及有关成果对我的学术成长有更直接的影响。

先生曾任中南修辞学会会长,在修辞学领域声望崇高。他的修辞学研究独辟蹊径,以古代文献为基本语料,以"同义手段"为核心理论,在继承杨树达等先生修辞学成就的基础上,开创了现代修辞学的"湖湘学派"[3]。先生先后出版过《修辞学》(湖南人民出版社 1986 年版)、《古汉语同义修辞》(湖南师范大学出版社 1989 年版),并发表多篇修辞学论文。我是从学习先生的《修辞学》入门的,写过体会文章[4]。先生见我对修辞学有兴趣,就让我参与他的《古汉语同义修辞》的写作,负责第二章"修辞学信息论"和第七章"模糊同义",并且合作发表《信息修辞略论》(《修辞学习》1990 年第 1 期)。正是因为先生的耳提面命,我在修辞学领域也算小有成绩,被看作"湘派修辞学"的重要成员。个人专著《二十世纪汉语修辞学综观》出版后,得到许多好评[5]。还有许多修辞学论文和专著引用,并被著名修辞学家王希杰先生称为"修辞学史家"[6]。

作为学生,我为能够忝列先生领导的"湘派修辞学"队伍而感到自豪。

先生熟谙佛经佛理,所著《佛经释词》《佛经续释词》及《佛经词语汇释》[7],在学界影响巨大。其书选词立目皆以新质为条件,因疑而发,举证而成,释理而明。我认真读

---

[1] 硕士论文题目为《从〈毛诗评议〉看训诂中的逻辑问题》,分"论据部分""证明部分"及"训诂结论的检验问题"三篇分别发表于《古汉语研究》1989 年第 1 期、1989 年第 4 期及《汉字文化》1990 年第 2 期。

[2] 《"离黄"及相关语词考——联绵词性质新探》,《湖南师范大学学报·研究生增刊》1987 年;《王念孙父子的"连语"观及其训诂实践》(上/下),《古汉语研究》1990 年第 4 期、1991 年第 2 期;《是误解,不是"挪用"——也谈古今联绵字观念的差异》,《中国语文》1991 年第 5 期。

[3] 参见王希杰《湘派修辞学家李维琦》,《古汉语论集》第 3 辑,岳麓书社 2002 年版;郑庆君《湖湘修辞学研究及其发展前景》,《船山学刊》2004 年第 4 期。

[4] 李运富:《锐意创新,独具特色的〈修辞学〉》,《湖南师范大学学报》1987 年第 5 期。

[5] 如宗廷虎主编《二十世纪中国修辞学》(中国人民大学出版社 2007 年版)第 628 页:"《二十世纪汉语修辞学综观》是一部综述性修辞学史,它对 20 世纪中近 90 年的修辞学研究情况进行了较为全面的评价……该书既有着较明晰的史的轨迹,也有较高的学术性品格……可以说是一本材料与见识结合得较好的史学著作。"又如周守晋《二十世纪的汉语修辞学与汉语修辞学的二十世纪——读〈二十世纪汉语修辞学综观〉》(《汉字文化》1993 年第 4 期):"这本书在内容和形式两方面具有了不同于以前任何一本修辞学史专著的比较鲜明的时代特色。"

[6] 见王希杰《同义手段与同义修辞学——兼评聂焱〈广义同义修辞学〉》,http://www.52dq.net/"我爱分享"。

[7] 李维琦:《佛经释词》,岳麓书社 1993 年版;《佛经续释词》,湖南师范大学出版社 2004 年版。

过先生的书①，受其影响，也曾斗胆尝试探索一些与佛经或佛教有关的词语，发表过《略谈源自佛教的汉语熟语》及《"一丝不挂"源流考辨》②等文。先生是这方面的专家，自然少不了向他问疑讨教。先生赐教颇具禅风，通常不会明说正误，而用暗示参悟之法。例如关于"一丝不挂"的源流，我考得很辛苦，面对大量佛界语料，常常拘泥字面实义而陷于迷茫，难以厘清词义的演变脉络。先生看过我的初稿后，没有提什么具体意见，只回信说："禅门说话讲究机锋，往往有上句没下句，或者前言不搭后语，这是他们的老套，不必认真追究。"一语点醒梦中人，许多原来想不通的地方豁然开朗，有关词形词义的源流终于贯通。

先生尤擅音韵。研究生阶段给我们开设"音韵学"课，讲解基础知识外，也介绍他后来出版的书稿《〈中国音韵学研究〉述评》③。这本书名为"述评"，实际上是研究专著，不仅对高本汉的音韵学成就分析深透，而且提出了许多自己的方法和观点。遗憾的是我对音韵有恐惧症（因为说不好普通话，又读不准国际音标），当时的音韵课成绩不太好，后来在音韵学方面也没有什么传承，更谈不上建树，这是很对不起先生的。但我仍然要感谢先生，因为先生没有看不起我的音韵弱智，反而千方百计引导我学习和应用音韵知识，"逼迫"我写近体诗就是其中一招。我只会写打油诗，而且认为现代人写诗，即使讲究格律也不应该以古音为标准。所以曾有点调皮地写过一首"现代格律诗"交差，先生看着不合古韵、也不合平仄的"诗"，摇头苦笑。不久，我们一起去庐山参加会议，利用这个机会，先生亲自作了两首近体诗送我，意在现身说法，"逼我就范"。没有理由回避，不得不勉强作了一首所谓"格律诗"复命。诗及序如下：

和恩师如琴湖一首

赴京攻博前，与恩师维琦先生同游庐山，得赠诗《如琴湖二首》，并鼓励作诗。余于古诗未曾尝试，然师命难违。适过乐天草堂，联想当年白、顾诗交而易居京师④，感知遇之诚可贵，故仿赠诗之韵而和焉，聊表寸心，且以求教也。

京居不易且登临，草舍飞诗激我心。
数载寒窗灯伴影，师恩难报翠湖吟。

1993 年 8 月 14 日晨

这是我的唯一近体"诗作"，是先生"软硬兼施"诱导出来的。因胆怯，记不清有没

---

① 参见李运富《佛经津梁，辞典资源——读李维琦先生〈佛经释词〉〈佛经续释词〉》，《古汉语研究》2001 年第 1 期。

② 《略谈源自佛教的汉语熟语》（上/下），新加坡《愿海》第 56 期，2008 年第 7 期、第 57 期，2008 年第 9 期。《"一丝不挂"源流考辨》，《励耘学刊》2009 年第 1 期。

③ 李维琦：《〈中国音韵学研究〉述评》，岳麓书社 1995 年版。

④ 唐·张固《幽闲鼓吹》："白尚书应举，初至京，以诗谒著作顾况，顾睹姓名，熟视白公曰：'米价方贵，居亦弗易。'"又宋·吴开《忧古堂诗话》"野火烧不尽"条："乐天初举，名未振，以歌诗投顾况，况戏之曰：'长安物贵，居大不易。'及读至《原上草》云：'野火烧不尽，春风吹又生。'曰：'有句如此，居亦何难？老夫前言戏之耳！'"

有交给先生，至今尚不知是否合格。

　　先生于我，既是老师，也是领导，更是亲人。先生费尽周折好不容易把我留在身边，按理当希望为之多效力，但出于我的前途考虑，他竟然鼓励我赴京深造；博士毕业时，他又配合王宁先生说服湖南师大校方放弃定向协议，让我留在北京。这种胸襟，这种情谊，不是一般关系所能体现的。从1982年认识先生，到做先生的学生，到留在先生身边工作，到离开先生来北京，一直到现在，先生无时无刻不在关心我、鼓励我、提携我。我的成长经历，每一步都有先生伴随的印迹，可谓师恩如泉，涌流绵长。弟子不才不肖，愧对先生栽培，有负先生厚望，难报先生隆恩，唯借此机会，散记点滴，虽语无伦次，不章不题，然感怀所至，心意在焉。

　　祝贺先生论集出版，祝贺先生八十华诞！

学生　李运富
2011年8月于北京师范大学

说"和"[1]

中国有句古话，叫"礼之用，和为贵"，又有句俗话，叫"家和万事兴"，还有句商业用语，叫"和气生财"，可见中国人对"和"的重视。那么，什么是"和"呢？这得"咬文嚼字"才能说清楚。

"和"字由"口"和"禾"组成，"禾"表示"和"的读音，"口"表示"和"的意义关联，其本义指声音相应，即跟着某种声音发出一模一样的声音，如"和声""曲高和寡"的"和"就是用这个意义。这个意义跟中国人所重视的"和"显然无关。中国人所重视的"和"原来作"龢"，也读"禾"音，但意义却跟"龠（yuè）"相关，"龠"是把竹管编连在一起做成的排箫类的乐器，所以"龢"指音乐和谐。音乐的最大特点就是高低强弱粗细长短不同的音素，或者金石丝竹匏土革木不同的乐器，有机地配合，和谐地相处，从而产生恰到好处的乐感。如果只有一种声音，或者许多声音并不和谐地杂混在一起，那就不叫作音乐了。所以音乐的"龢"不是简单的一致，不是完全的相同，也不是互不相干的各自分离，而是不同事物甚至对立事物的和谐统一。这是一种很高的境界，人们希望人类社会也能达到这样一种音乐似的和谐，所以才提出政治文化、伦理道德、行为规范等方面的"龢"。为了书写简便，文献中常用同音字"和"代替"龢"，现在"龢"字已被淘汰，"龢"的所有意义都归并给了"和"字。因而会有"和平""和好""和合""和约""和悦""和睦""和蔼""和气""和谐""和美""和善""和煦""祥和""共和""温和""暖和""融和""调和"等词语，其实这些词的意义都来源于"龢"。

日本称为"大和民族"，这个"和"应该也是取音乐和谐的含义吧。来日本一年，我深切地感受到，日本人对"和"的重视绝不亚于中国，而且比中国做得更好。日本社会的一个重要特点可以说就是"和"，是东方文化和西方文化、传统文化和现代文化的和谐统一。所以这里既有中国传统的儒家思想，又有美国现代的民主意识，既有天皇，又有国会，既有"索尼""东芝"，又有"神社""鬼豆"，既有洋房，也有和居，既有西服，也有和服，既有洋食，也有和食，当然还有中国饭菜和韩国料理，甚至连厕所里也同时备有和式蹲坑和洋式马桶，厕所的名称更有"トィレ""便所""更衣室""化妆室""洗手间"等种种叫法，公共场所大都同时使用日文、英文、中文、韩文等多种文字和语言，日文本身也是拼音的线形文字和表意的方块文字的调和，日语中的外来词之多更是其他语言所罕见，这些现象说明日本社会善于吸纳、包容，并且能按一定的规则组合协调为新的系统，因而不同的文化、不同的事物都可以在这里井然有序地和平共处，从而使日本社会

---

[1] 本文原载日本大东文化大学《中国语学科报》2003年3月。

具有了多元化、国际化、标准化的特征。日本的"和"还表现在人与人之间礼貌谦让，关系融洽。见面鞠躬问好，说话轻言细语，相互关照，乐于助人，遵守秩序，买卖公平，服务周到，态度热情，在日常生活的方方面面都体现出"一团和气"，以至我好像从来就没有看见有人吵过架。在我工作的大东文化大学，也是长者温和，同辈亲和，晚辈谦和，全都勤勤恳恳，和睦友善，真像一个和谐的大家庭，通过跟他们的具体接触，我对日本的"大和"有了更深刻的理解。

中国和日本都是礼仪之邦，日本和中国都是"和"的国度。人和则气顺，气顺则情悦，情悦则事勤，事勤则业旺，业旺则财富，财富则礼兴，礼兴则人更和。人和家必和，家和国必和，国和世界必和。愿人人和气，家家和睦，国国和平，世界共谱和谐的乐章。

2003年1月26日写于日本大东文化大学

北京市社科规划工作见闻点滴[①]

我是2001年增补到北京市社科规划"文学艺术"学科专家组的，正好赶上"十五"规划启动，参加了2001年1月4日至5日召开的北京市哲学社会科学"十五"规划工作会议和2001年4月22日至27日召开的北京市社科"十五"规划项目评审会议，可后来不久我就去了日本，直到今年3月底才回国，所以实际上参与北京市社科办组织的活动并不多。但有两件事令我印象深刻，由此增加了我对北京市社科规划工作的关注和热情。

第一件事发生在2001年4月22日至27日召开的北京市社科"十五"规划项目评审会期间。由于北京市哲学社会科学规划办公室对"十五"规划的各项准备工作做得充分，2000年就制定了《北京市哲学社会科学"十五"规划纲要》，并在组织有关专家认真领会《纲要》精神的基础上提出和制定了"十五"规划《课题指南》，而后又召开了北京市哲学社会科学"十五"规划工作会议，有目的地宣传和动员，有步骤地组织各单位学者积极申报规划项目，从而扩大了北京市社科规划的影响，使这次申报项目的数量比以往历年都多，共收到申报课题1147份，按原计划只能评出250项，淘汰率达78%以上。参加这次评审工作的十个学科的专家们共百余人，他们出于对市社科规划工作的支持，大部分也热心地申报了项目。为了保证评审工作的公正公平，在评审预备会上，规划办王新华主任作了评审工作动员，强调要认真领会《北京市哲学社会科学"十五"规划纲要》的精神，处理好为中央为国家服务与为北京市的经济社会发展服务的关系、处理好基础理论研究与应用对策研究的关系、处理好中央研究单位与市属研究单位的关系。同时王新华主任还特别重申了学科专家的职能，明确了评审纪律，并提醒专家们正确对待自己申请的项目。当时的规划管理处李建平处长（现已提升为副主任）还详细讲述了评审工作中的具体要求和注意事项。尽管评委们自己申报课题是正当的，而且评审到自己的项目时要采取回避措施，其结果是合法合理的。但评委们的项目太多，客观上可能影响到评审工作的公正，也容易引起社会的猜疑。对此，规划办的领导不无担心，实际评审中也常出现为难的局面。正在这时，我们文学艺术学科小组的张健教授宣布撤销自己的申请，好让自己放下包袱，也让同组的其他评委消除顾虑。规划办领导得知这一情况，及时宣扬表彰，予以热情支持。由于张健教授的表率作用，加上规划办领导的积极引导，各学科小组的评委们又有不少主动撤出了自己的申请，还有的主动将自己本来可以获得重点项目的降为一般项目。就这样，评审专家们尽量排除来自内部的干扰，本着平等竞争、择优录取、宁缺毋滥的原则，大公无私，严格把关，对一千多项课题申报材料进行了认真审读，经过三人联名

[①] 本文原载《我与社科规划》，北京市哲学社会科学规划办公室编印，2003年12月。

推荐、初审、评议、投票等程序，最后公正地评审出了 285 项准备立项的课题，其中重点项目 60 项、一般项目 200 项、自筹资金项目 25 项，圆满完成了市社科"十五"规划首批立项工作。

第二件事是跟朋友聊天获知的。据首都师范大学的周建设教授说，他因事曾跟市规划办的李建平副主任有过接触，言谈中提到我，李主任马上就说："哦，李运富，那是我们的专家，我认识。"我听后有些吃惊，因为我这个人不善言谈，怯于交际，虽然参加过两次市规划办组织的会议，但每次人都很多，我作为新手，除了本学科组的工作接触，平时基本上是静静地躲在一边观察学习，很少主动跟别人结识，当然也没有机会拜识当时非常繁忙的李处长，我想他要应付很多人很多事，也根本不会注意到我这个刚来的没有丝毫影响的小人物，何况那两次会后我因为出国已经很久没有参加过规划办的活动了。那他怎么会在偶然的谈话中记起我的名字，并对我的情况有所了解呢？这只能说明李主任对本职工作的负责和用心，他不只是把眼光盯在规划事务上、盯在各种会议上，不只是管理着几百个项目、联系着上百个科研单位，不只是跟领导汇报、向顾问咨询，不只是了解各相关科研单位管理人员的情况，不只是认识各学科组的召集人，而且熟悉每个学科组的每一位专家，而且对专家们都十分尊重，真正当成"我们的专家"。只有这样，他才可能随时随地地谈他的工作、谈他的专家，才可能将一个并不真正认识却跟他的工作有关的小人物记在心里！这是多么扎实、多么细致的工作作风，有了这样的工作作风，还有什么事情办不好呢？

既然市规划办把专家们当作"我们的专家"，我们自然也是把规划办当作"我们的规划办"的。为了加深对我们规划办的了解，我除了认真阅读每期的《北京社科信息》之外，还经常浏览北京社科规划网站，从中获得了很多信息，汲取了不少营养。他们人手有限，能同时提供一刊一网两个信息交流窗口，而且办得很有特色，真是辛苦了，衷心感谢他们！但作为自己家的东西，总是希望它最好。现在网站上的栏目都是需要编辑处理的，如果有可能的话，是否可以在网站上开辟一个项目交流园地，让大家自主地把课题研究中的收获、疑难、咨询、建议甚至需要提供帮助或寻求合作的资料信息等随时在网上贴出，以加强北京市社科界项目之间、学者之间的自由争鸣和交流互助，组织得好的话，既能吸引更多的眼光关注北京社科规划工作，又会有助于项目研究质量的提高，还可以方便规划办对部分项目研究状况的了解。另外，网刊的校对工作也还应该多加注意，如网站"社科要闻"中报道的《北京市社科规划办召开"十五"规划工作座谈会》说"2001 年 2 月召开了北京市哲学社会科学'十五'规划工作会议"，实际上这次会议是元月 4 日至 5 日召开的。同文又说："现已由专家评审出 285 项课题，这次获准立项的 285 项中重点项目 60 项、一般项目 200 项、自筹资金项目 26 项。"可 60 项加 200 项再加 26 项之和应该是 286 项，跟总数"285 项"不符。这些虽然只是小问题，但稍微注意一下就会使网站锦上添花的。

愿北京市社科规划工作与时俱进，蓬勃发展！

全国青年汉语史研究会
第二届年会在广州举行[①]

全国青年语言学家继古汉语研究方法讨论会（1986.10 南开大学）后，于今年 4 月 6 日到 7 日在广州华南师大学术交流中心召开第二次学术讨论会。本次与会代表 75 人，来自全国 18 个省市的 40 多所高等院校、科研团体、出版机构。他们之中，有在读的博士、硕士，有副教授、讲师、助教，有专职研究人员和编辑。华南师大副校长管林教授、《语文月刊》主编唐启运教授、广东省语言学会副会长李新魁教授到会祝贺。

本次会议主题是古汉语句法研究。时值《马氏文通》出版 90 周年，纪念其价值、评判其后 90 年汉语语法学的不足、探讨如何用多种科学的方法开拓汉语语法研究，成了年会的主要内容。此外，进行了学会组织工作的建设，决定将原"中国青年语法史研究会"更名为"全国青年汉语史研究会"，选出湖南师大中文系为常务联系处，该系李运富、钱宗武、刘晓南、陈松长、阳太等为常务联系人，各地常务骨干联系人是：

天津　洪波、关键

北京　朱晓农、冯蒸

上海　申小龙、吴为善

广东　苏新春、吴辛丑

四川　兰膺、骆晓平、徐流

江苏　韩陈其、马啸

河北　苏宝荣

东北　刁晏斌、徐正考

河北　孙玉文

贵州　金美

江西　欧阳宗书

广西　周莹

会议决定由湖南师大继续编辑发行《青年汉语史学刊》，拟定下届会议于 1990 年在四川大学举行。

（湖南师大　李运富）

---

① 本文原载《淮阴师范学院学报》（哲学社会科学版）1988 年第 2 期。

肩历史重任，创学术新风[①]
——1989年全国青年汉语史研究会首届理事会纪要

全国青年汉语史研究会第一届理事会1988年11月20日至23日在湖南师大召开。会议讨论了下届年会以前的主要工作。

（一）进一步加强组织建设，包括巩固骨干队伍，充分发挥理事会的作用，积极发展会员，健全组织手续，筹办会员证等。

（二）继续办好会刊，扩大学术影响。原《青年汉语史学刊（论坛）》和《青年汉语史学刊（信息）》合为一种，李运富任主编，每年两期；另有江西师大编印一份报纸，暂名《研究生信息》，陈海洋任主编，每年四期。要求每个会员踊跃投稿。

（三）组织词义研究年，开好下届年会。下届年会将于1990年在四川大学召开，中心议题定为词汇和词义。理事会决定1989年为本会的词义研究年，要求会员将论文在1989年底前寄交秘书处。

（四）帮助发行《中国语言学大辞典》。

附：

全国青年汉语史研究会理事会名单（按姓名音序排列）

会长：申小龙

副会长：陈海洋　洪波　李运富　邱尚仁　苏新春　朱晓农

秘书长：李运富（兼）

副秘书长：刘志刚　徐流　张德意　郑全和

理事：冯隆　冯蒸　顾之川　黄富成　蒋冀骋　匡国建　李葆嘉　兰膺　马啸　钱宗武　苏宝荣　宋永培　王艾录　王建华　吴为善　王远新　姚亚平　赵虹　张黎　张玉金

[①] 本文原载《青海民族大学学报》（社会科学版）1989年第2期。署名云夫，为李运富笔名。

章太炎黄侃研究中心成立[①]

为了弘扬章太炎、黄侃两位先生的爱国精神和学术成就，促进传统语言文字学的进一步发展，1998年10月25日，北京师范大学汉字研究所宣告成立"章太炎黄侃研究中心"，同时在校内英东学术会堂召开"章太炎黄侃研究中心成立暨学术座谈会"，北京师范大学及中国社会科学院语言研究所、北京大学、北京语言大学、北京政法大学、北京市文史馆、四川大学、武汉大学、南京大学、华中师范大学、湖南师范大学、徐州师范大学等单位的有关专家学者共60余人参加了座谈会，座谈会围绕"章黄研究的现时代意义"这一主题进行了讨论。

章炳麟太炎先生是近代民主革命家、思想家和国学大师。他用"国粹激动种性，增进爱国热肠"，把学术活动和革命活动紧密结合起来，在哲学、文学、历史学和语言文字学等领域都有突出贡献。特别是在语言文字学方面，他吸取顾炎武以来清代小学的最佳成果，又接受20世纪初传入中国的世界科学先进方法的启迪和影响，在继承中创新，不仅为旧的经学小学作了全面的总结，又为新的语言文字科学构筑框架，提出理论体系，从而使传统"小学"真正摆脱经学的附庸地位，发展成为一门独立的语言文字之学。

黄侃季刚先生是太炎先生的弟子，早年投身革命，后来一意学术，全面继承了章氏的语言文字之学并有进一步的发展。他在前人研究基础上定古韵二十八部和古声十九纽，影响巨大。又逐一研究古代训诂专书，考求疑难词义，探索文字流变，剖析训诂原理，扩大了训诂学研究和应用的领域，并初步建立了训诂学的理论体系，在训诂学史上占有重要地位。除语言文字学外，季刚先生在经学、文学和哲学上也有相当高的成就。

章太炎、黄侃先生治学既重根底而能贯通经史，又重理论而能总结规律，古为今用，洋为中用，具有自己鲜明的特色，被学术界称为"章黄之学"。座谈中大家认为，如何正确理解和评价章太炎、黄侃这两位在中国近代社会发生过巨大影响的人物，不仅涉及学术领域的是与非，对当前建设具有中国特色的社会主义精神文明也有借鉴意义。我们应该准确无误地吸取历史的经验和教训，认真辨别文化遗产中的糟粕与精华，使今后的社会主义文化建设少走弯路。座谈会后，受香港知名人士杨克平、潘锦两位先生的委托，该中心将着手筹备全国性的"章太炎黄侃学术研究会"，预计明年将有更大规模的研究章黄的学术会议召开。

---

① 本文原载《中国教育报》1998年10月27日第七版《语言文字》第86期。

继承优秀文化传统　开创现代学术新风[①]
——"章太炎黄侃先生纪念会暨国际学术研讨会"综述

2001年9月2日至4日，章太炎黄侃先生纪念会暨国际学术研讨会先后在浙江省杭州市和海宁市隆重举行。来自日本、韩国及港、台、大陆等地的海内外专家、学者百余人参加了大会。

章太炎先生是浙江余杭人，作为近代民主革命家、思想家和国学大师，他用"国粹激励种性，增进爱国热肠"，把学术活动和革命活动紧密结合起来，在哲学、文学、历史学和语言文字学等领域都有突出贡献。特别是在语言文字学方面，他吸取顾炎武以来清代小学的最佳成果，又接受20世纪初传入中国的世界科学先进方法的启迪和影响，在继承中创新，不仅为旧的经学小学作了全面的总结，而且为新的语言文字科学构筑框架，提出理论体系，从而使传统小学真正摆脱经学的附庸地位，发展成为一门独立的语言文字之学。可以说，太炎先生是清代朴学的最后一人，同时也是开创近代学术的第一人，无论是治学的精神还是治学的方法，都称得上近代学术史上的巨匠。黄侃先生是太炎先生的弟子，早年投身革命，后来一意学术，全面继承了章氏的语言文字之学并有进一步的发展。他在前人研究基础上考定古韵二十八部和古声十九纽，影响巨大。又逐一研究古代训诂专书，考求疑难词义，探索文字流变，剖析训诂原理，扩大了训诂学研究和应用的领域，并初步建立了训诂学的理论体系，在训诂学史上占有重要地位。除语言文字学外，黄侃先生在经学、文学和哲学上也有相当高的成就。章太炎、黄侃先生治学既重根底而能贯通经史哲文，又重理论而能总结规律方法，古为今用，洋为中用，具有自己鲜明的特色，被学术界合称为"章黄之学"。

"章黄之学"不是一个狭隘的学派，而是属于整个中华民族的一种文化遗产。章黄作为继承传统的代表人物，同时也是革新学术的代表人物，他们的学术思想、学术态度、治学方法及其学术成果，始终是和振兴中华、复兴中国文化紧密联系在一起的，不仅促成了传统学术向现代学术的过渡，在新旧交替的特定历史中发挥过重大作用，即使在今天也仍然具有积极意义。正因为"章黄之学"既有历史价值，也有现实价值，学术界十分重视对"章黄之学"的研究，新时期以来，就先后在武汉、南京、杭州、香港、北京等地召开过多次章黄学术研讨会，取得了很好的成果，并产生了积极的效应。

北京师范大学是继承和传播章黄学术的重镇。长期在北师大任教工作的著名文字训诂学家陆宗达先生就是黄侃的高足弟子、章黄之学的直接传人，由他创建的北师大汉语文字

[①] 本文原载《古籍整理研究学刊》2001年第6期。署名尹福，为李运富笔名。

学博士点一直是传统语言文字学的研究中心。现在该学科点在章黄再传弟子王宁教授的带领下，仍然坚守着继承传统的精神，同时积极探索传统学科的现代化建设。先后成立了汉字与中文信息处理研究所、章太炎黄侃研究中心、民俗典籍文字研究中心，把对章黄的研究放在一个学科交叉的环境中，运用现代化的技术手段来进行，有效地继承和发展了章黄的学术传统。

2001年适逢章太炎先生逝世65周年、黄侃先生诞辰115周年，为了纪念这两位近代史上的革命家和国学大师，进一步发挥北师大作为继承和传播章黄学术重镇的作用，以北京师范大学民俗典籍文字研究中心语言文字学研究室为主，联合浙江大学汉语史研究中心（含古籍研究所）、杭州市章太炎纪念馆（含章太炎研究会）及海宁市文化艺术界联合会，共同筹备并召开了这次"章太炎黄侃先生纪念会暨国际学术研讨会"。会议成立了以北京师范大学民俗典籍文字研究中心主任王宁教授为主任的组织委员会和以南京师范大学徐复教授为主任的学术委员会，北师大民俗典籍文字研究中心语言文字学研究室主任李运富教授和浙江大学古籍研究所所长张涌泉教授担任大会秘书长。

会议分为相对独立而又密切相关的两个阶段。第一阶段为"章太炎黄侃先生纪念会"，9月2日在杭州市浙江大学邵逸夫科技馆学术会堂举行。会议由张涌泉教授和浙江大学汉语史研究中心主任方一新教授主持，王宁教授代表大会致开幕辞和欢迎辞，杭州市、浙江大学及章太炎纪念馆有关领导到会并讲话，中国训诂学会原会长徐复教授、湖南师范大学原副校长兼《古汉语研究》主编李维琦教授、台湾师范大学陈新雄教授、中华书局赵诚编审、南京师范大学文学院副院长马景伦教授、全国人大常委会联络局原局长杨逢春先生，以及特邀代表、章太炎黄侃先生的亲属章念驰（台湾研究所所长）、黄念宁（武汉大学教授）、杨克平（香港寰宇集团董事长）等在大会上发了言。第二阶段为"章太炎黄侃国际学术研讨会"，9月3日至4日在海宁市海宁宾馆举行。李运富教授主持开幕式，海宁市有关领导到会并讲话，台湾青年书法家王心怡小姐向有关单位赠送了金文族徽集字书法作品。研讨会闭幕式由马景伦教授和北师大民俗典籍文字研究中心副主任李国英教授主持，王宁教授作总结发言，徐复、许惟贤（南京大学教授）、祝鸿熹（浙江大学教授）、姚荣松（台湾师范大学教授）、党怀兴（陕西师范大学文学院副院长）、黄念宁、杨克平等先生也在闭幕式上讲了话。

"章太炎黄侃先生纪念会暨国际学术研讨会"圆满结束了。经过这次会议，大家对章黄的爱国热情和民族精神、学术思想和学术成就都有了更深刻的认识，对传统学术与现代科学的关系、民族文化与世界文明的关系也有了更深刻的认识。我们纪念章黄、研究章黄，正是为了继承优秀的民族文化遗产，开创现代的能走向世界的学术研究新局面。传统跟现代并不是割裂的矛盾的，只有最民族的才是最能引起世界注意的，因此优秀的传统永远不会过时，民族的特色必然走向世界。正如王宁先生在提交会议的《论中国传统语言文字学发展的道路——纪念章太炎先生逝世65周年黄侃先生诞生115周年》一文中所说："传统不是一个短期概念，而是一个长远的概念，继承传统不是'古代化'，不能与现代接轨的传统不是传统。传统不仅仅是一个民族或地域概念，而是一个各具自己民族和地域特色的世界概念。每一个国家要为自己的传统被世界吸收而努力工作，而不要放弃自己的特色去与别的特色雷同。特色与普遍规律并无对立，从自己的特色出发，只要是真科学，一定会殊途同归。"这正是章太炎、黄侃先生既坚持传统又注重创新的学术实践给我们的启示，也正是我们纪念章黄、研究章黄的现实意义所在。我们应该像章太炎、黄侃先生那样，"以正德、利用、厚生为三德"，"为天地立心，为生民立命，为往圣继绝学，为万世开太平"，以高度的历史责任感和使命感，肩负起弘扬民族传统文化的重任，并致力于传统文化的现代化和国际化，使之为中国当代社会的精神文明建设发挥更大的作用。

附 录

李运富未入集文章存目

限于篇幅和其他方面的考虑，下列 2017 年年底前发表的文章未收入李运富《汉字汉语论稿》（学苑出版社 2008 年版）和《汉字汉语论稿续编》（中国社会科学出版社 2018 年版），为了留存纪念和需要时方便查阅，特列此存目。篇目按发表时间先后排列，合作者列出全部署名。

1. 《一九八三年古代汉语研究综述》，载《湖南语言研究通讯》1984 年第 1 期，署名：彭逢澍　李运富。

2. 《1977—1984 年全国训诂学研究简述》，载《衡阳师专学报》1985 年第 4 期；又《语言文字学》1986 年第 2 期全文转载。

3. 《古代汉语研究综述（一九七七年——一九八四年）》，载《湖南师大学报》（古汉语专辑）1986 年增刊，署名：彭逢澍　李运富。

4. 《〈论语〉里的一种特殊句式》，载《衡阳师专学报》1986 年第 2 期。

5. 《〈左传〉谓语"请"字句探析》，载湖南省语言学会编《语文研究论丛》，1987 年。

6. 《古文中的语句省略》，载《语言研究》1990 年第 2 期。

7. 《大千语言世界风光无限（代序）》，载《大千语言世界丛书》，湖南师范大学出版社 1991—1992 年，署名：申小龙　李运富。

8. 《修辞学现代化综述》，载《铁岭师专学报》1992 年第 2 期。

9. 《楚国简帛文字有关论著汇编》，载日本《中国出土资料研究》创刊号，1997 年 5 月。

10. 《言人间得失　论世事臧否——〈抱朴子外篇全译〉简介》，载《光明日报·语言文字版》1998 年 6 月 8 日。

11. 《化难为易的〈抱朴子外篇全译〉》，载《中国教育报·读书与出版》1998 年 6 月 30 日。

12. 《词语一点通·提纲挈领》，载中华书局《活页文选》2000 年第 19 期。

13. 《词语一点通·噤若寒蝉》，载中华书局《活页文选》2000 年第 20 期。

14. 《词语一点通·偃旗息鼓》，载中华书局《活页文选》2000 年第 21 期。

15. 《词语一点通·沸沸扬扬》，载中华书局《活页文选》2000 年第 22 期。

16. 《词语一点通·"做作"及"做""作"》，载中华书局《活页文选》2000 年第 23 期。

17. 《词语一点通·"矍铄"》，载中华书局《活页文选》2000 年第 24 期。

18.《词语一点通·"缥缈"》，载中华书局《活页文选》2001年第4期。

19.《2004年10月高等教育自学考试·训诂学阅卷概要》，分两次载《北京考试报》2004年12月5日第11版、2004年12月12日第11版。

20.《了解教材思路　掌握基本框架——〈训诂学〉备考指南》，载《北京考试报》2005年8月10日第11版。

21.《训诂与训诂学的基本概念——〈训诂学〉备考指南》，载《北京考试报》2005年8月13日第11版。

22.《训诂与训诂学的历史——〈训诂学〉备考指南》，分两次载《北京考试报》2005年8月17日第10版、2005年8月20日第10版。

23.《明确题型目的　掌握考试技巧》，分两次载《北京考试报》2005年9月14日第11版、2005年9月21日第11版。

24.《三种能力是考查重点——（2005年）10月训诂学阅卷简析》，载《北京考试报》2005年11月9日第11版。

25.《成语"一丝不挂"的来源》，载新加坡药师行愿会双月刊《愿海》第58期（2008年11月15日出版）。

26.《"余予古今字"考辨》，载《古汉语研究》2008年第4期。

27.《训诂学复习指要》，分两次载《北京考试报》2009年9月2日第12版、2009年9月5日第13版。

28.《尹戴忠〈上古"看视"概念场词义系统研究〉序》，湖南人民出版社2011年版。

29.《杨凤仙〈上古"言说类动词"词义系统研究〉序》，花木兰文化出版社2013年版。

30.《汉字形义讲解举例》，载《三联生活周刊》2013年第32期（20130812），署名：李运富　何余华。

31.《The Trans-glossematic Function of Chinese Characters》，韩国英文版《世界汉字通报》（创刊号）2015年10月。

32.《Theory of Three Planes of the Science of Chinese Characters by a Synthetic Account》，韩国《汉字研究》第18辑2017年8月。

学史求真，学理求通

——李运富教授学术述略[①]

何余华

李运富教授（下文省"教授"二字，称引其他学者亦免"先生"等），1957年生，湖南衡阳人。1988年湖南师范大学硕士毕业后留校任教，1993年破格晋升副教授。同年考入北京师范大学攻读博士学位，1996年毕业留校任教，1998年破格晋升教授，2000年遴选为博士生导师，2014年成为教育部"长江学者"特聘教授，并晋升北京师范大学二级教授。2002年3月至2003年3月在日本东京大东文化大学任客座教授。先后担任教育部重点研究基地民俗典籍文字研究中心常务副主任，北京师范大学文学院学术委员会主任（轮值），汉语言文字学研究所和古代汉语研究所所长，《励耘语言学刊》（CSSCI）主编，郑州大学汉字文明研究中心主任。主要从事汉语言文字学的教学、科研和古文献的整理、释读工作，出版有《汉字学新论》《汉字职用研究·理论与应用》《汉字职用研究·使用现象考察》《汉字汉语论稿》《楚国简帛文字构形系统研究》《汉字构形原理与中小学汉字教学》《二十世纪汉语修辞学综观》等各种著作、教材、工具书和古籍整理作品20多部，在《中国社会科学》《中国语文》《世界汉语教学》《语言科学》及《中国语文通讯》（香港）、《中国出土文献研究》（日本）、《世界汉字通报》（韩国）、《愿海》（新加坡）等国内外重要刊物上发表论文160多篇，主持国家社会科学基金重大、重点项目等20多项，荣获教育部第七届高等学校社科研究优秀成果奖三等奖、北京市第十三届社科研究优秀成果奖二等奖、第二届语言文字应用研究青年优秀论文奖二等奖（一等奖空缺）等多项奖励。主要社会兼职：国家社会科学基金学科评审组专家，国务院法制办立法用语咨询专家，全国人大立法用语规范化专家委员会委员，教育部高等院校中文教学指导委员会委员，中国社会科学院语言所学术委员会委员、职称评定委员会委员，中国文字学会理事，北京市社会科学规划办评审专家，《古汉语研究》等多家刊物编委。国际学术兼职：韩国中语中文学会海外编委，世界汉字学会中国理事，《世界汉字通报》（英文）及《汉字研究》（韩国）编委，日本"中国出土文献研究会"会员等。

李运富在《汉语学术史研究的基本原则》（2010）中将学术研究区分为学理和学史两种类型。学理指某门学科的理论和方法，包括学科应有的论题和内容，以及相关的概念、术语、类别、规律、体系等。学史指某门学科的研究历史，即已经产生的研究者、研究材料、研究方法、研究过程、研究成果和研究流派等。学理是开放性的，需要不断探求和完

[①] 本文原载《文化学刊》2017年第6期"学林人物"专栏。

善，学史是封闭型的，已经产生的学术研究事实无法改变。研究学理的目的是为了分析现象，解释问题，建立学科系统。研究学史的目的是为了清理家底，奠定基础，以便在新的学术研究中吸收已有成果，借鉴历史经验，从而更好地研究学理。李运富认为这两种学术研究要遵循不同的原则："学史求真，学理求通"。他自己正是这样践行的。

一 实事求是，学史还其真

研究学术史是从事一切学术研究工作的基础。对于前人研究的有无、原文原意是什么、如何评价等，都应该实事求是、客观公正地进行论述。但由于种种原因，在汉语言文字学的学术史研究中，有的无中生有、以偏概全、张冠李戴，有的以今律古、强人就己、误解或篡改古人原意，有的主观评议、人为拔高或贬低，致使产生不少偏见和错误，有的甚至以讹传讹，形成共识。李运富反对随意构拟学术史，主张学术史研究要从文本原意、原举实例和学术背景出发，"求真有、求真意、求真评"，由此使得学术史上许多被误解的理论和事实得以澄清。

1. 训诂学史方面

训诂学是传统学科，具有悠久的历史，产生过许多跟文献解读相关的概念和术语，有些被现代人长期误解。例如将古代的"联绵字""连语"等同于现代"复音单纯词"，认为王念孙"凡连语之字皆上下同义，不可分训"讲的就是单纯词的特征。李运富发表《"离黄"及相关语词考——"联绵词"性质略辨》（1987）、《是误解不是"挪用"——也谈古今联绵字观念上的差异》（1991）、《王念孙父子的"连语"观及其训解实践》（1990/1991）等论文，对这几个概念的内涵外延和种种误解的来龙去脉进行详尽梳理和辨正，指出古人的"联绵字"是与"单字"相对立的复字概念，包括现代意义的部分合成词和复音单纯词；"连语"则是同义并列复合词或同义词连用，王念孙"凡连语之字皆上下同义，不可分训"意谓连语由两个意义相同的语素或词构成，不能将同义语素或同义词分别训解为不同的意义。所以王念孙的"连语"不等于传统的"联绵字"，而传统的"联绵字"也不等于今天的"复音单纯词"，它们是处于不同体系中的不同概念。但古人分析"联绵字""连语"事实时，大都从训诂需要出发，选用词形与词义关系不太透明因而易于误解的词例，今人遂误认为这些词都是字面不表义的单纯词，并将"联绵字"改称为"联绵词"，进而以单纯的联绵词观念批评王国维《联绵字谱》和符定一《联绵字典》收词不纯。李运富认为这种以今律古、强人就己的研究思路不符合"学史求真"的原则，应该按照古人的原意来理解作为学术史概念的"联绵字"和"连语"。沈怀兴《联绵字理论问题研究》[1]《现代联绵字理论负面影响研究》[2]高度评价并完全采纳了李运富的观点。《中国大百科全书》邀请李运富撰写"连语""联绵字""《联绵字谱》""《联绵字典》"等条目，其结论已得到权威辞书认可。

传统语言学与"连语"相关的还有"连文""连言""复语""复文""兼言""并及""连类而及"和"并言""并称""省文""省言"等说法，今人一般不加区分，统称为"连类而及"，并等同于现代的"偏义复词"。李运富认为这也是不顾辞例事实和古人原意而产生的误解，所以在《论意域项的赘举、偏举与复举》（1998）中对以上术语反映的语言现象仔细离析甄别，根据其辞例性质的不同分成异意域相关信息项的赘举、同意域相关信息项的偏举、同意域相同信息项的复举三类，同时辨析传统术语与三类现象的关系（"并及""连类而及""兼言"属第一类，"并言""并称""省文""省言"属第二类，"连语""连文""连言""复语""复文"属第三类）。这不仅使模糊错综的传统术语得到清理，也使古典文献中复杂的语言现象得到合理解释，颇有正本清源之功。

"古今字"原本是传统训诂学概念，用于指出不同时代记录同一词项而分别使用的不同字符。但后来被偷换改造成文字学意义上的概念，通常将"古今字"等同于"分化字"，认为古今字是为了区别记录功能而以原来的某个多功能字为基础分化出新字的现象。李运富《早期有关"古今字"的表述用语及材料辨析》（2007）、《论王筠"分别文、累增字"的理论背景与研究意图》（2012）、《从"分别文、累增字"与"古今字"的关系看后人对这些术语的误解》（2013）等文对"古今字"学术史探源溯流，澄清了今人许多错误认识，引发系列相关概念的重新定位。李运富对"古今字"学术史的研究获得国家社会科学基金重大项目和重点项目的支持，作为项目成果的《历代注列"古今字"字组汇编》和《"古今字"学术史丛书》将为"古今字"的百年争议画上句号。

2. 文字学史方面

在文字学史上，"六书"长期被看作六种造字方法或六种结构类型，由此引起相关汉字理论研究，产生"六书学"。李运富认为"六书学"不等于"六书"，"六书学"大都是后世学者对"六书"的借题发挥或误解，未必符合"六书"原意。他发表《〈说文解字〉的析字方法和结构类型非"六书"说》（2011）、《"六书"性质及价值的重新认识》（2012）、《〈说文解字〉"含形字"分析》（2009）、《〈说文解字〉"从某字"分析》（2012）等文，多角度论证"六书"不是汉字构造的方法类系，也不是《说文解字》的析字方法和结构类型，指出"六书"的性质应该属于古代小学教育中的一门教学科目，"六书"之名是对该科目知识内容的概称，具体内容涉及汉字的形体来源、构件功能、类聚关系、用字法则等，构成汉字基础知识的教学体系，而不是单一理论的类型系统。至于《说文解字》的析字方法，李运富认为有"构件功能分析""部件同形分析"和"形体变异分析"三种，跟"六书"不完全对应。李运富的系列论述，或许能够还原"六书"本义，并理顺跟《说文解字》的关系。

宋代郑樵提出"独体为文、合体为字"，认为许慎的"文""字"之分就是"独体""合体"之分，这种观念今日已成学界共识。但李运富《汉字"独体""合体"论》（2015）及《"形声相益"新解与"文""字"关系辨正》（2017）指出，这是对许慎"文""字"观念的误解，许慎把最初"依类象形"而产生的符号叫作"文"，后来"形声相益"而产生的符号叫作"字"，是就构字取形的方法或造字途径而言，并非针对汉字结构所作的分类。从宋至今，大家都按"独体""合体"来分析汉字的结构类型，但"独体""合体"的"体"指什么一直没有明确定义，只是跟"六书"的前"四书"进行简单对应，即"独体=象形+指事"，"合体=会意+形声"，可"六书"本来也不是结构类型，结果导致每个人提取出来的"独体字"都不一样，甚至出现"准独体字""合体象形字"等自相矛盾的说法。李运富认为要分独体、合体的话，这个"体"应该指汉字的结构单位——构件，那么只有一个构件的字就是独体字，由两个或两个以上的构件合成的字就是合体字。至于"文"与"字"的关系，李运富认为首先要正确理解"形声相益"的含义，"形声相益"并非"形符、声符相加合"之意，因为训诂上讲不通。根据"形声"具有动宾结构用法和"取譬相成"的互证，"形声相益"应该理解为"形化语言以益象形"，就是在象形造"文"方法基础上增加音义造"字"方法，以突破客观事物局限，达到大量滋生汉字的目的。因此"文"与"字"的区分不在于"独体""合体"结构的不同，而在于构字取形的途径和方法不同。

类似的经典学案还有很多。如有人根据章太炎、黄侃对甲骨文金文等出土文字的质疑或不够积极，断定章黄不相信甲骨金文，思想保守，反对新生事物，阻碍学术进步。李运富《章太炎黄侃先生的文字学研究》（2004）认为此评价有失公允，忽略了章黄提出质疑的出发点，也无视章黄前后态度的转变，更没有根据当时的整个学术背景和章黄的实际学术活动来分析。事实上章黄质疑的是假材料，反对的是个别学者凭借新材料招摇炫世，主张以传世正统文献为根底，合理利用出土新材料，黄侃先生对《说文解字》的批注就多次引用甲骨金文等古文字材料。何九盈看到这篇文章后写信给李运富说："关于黄侃，你的看法很正确……对章黄的正确评价，需要时间，也需要传人。"近来学者全面考察了章黄的有关论述，验证李运富的看法是客观的。

3. 修辞学史方面

李运富对修辞学史的研究除发表过系列综述类文章和书评外，主要成果是专著《二十世纪汉语修辞学综观》（1992），这本书得到许多修辞学大家的高度评价。如袁晖（2002）认为"这是一部特色鲜明、学术性强、信息量大的修辞学史著作""这样完善的系统，其科学性和信息量都会有可靠的保证的""论文资料的翔实与取材的广泛，在同类著作中是空前的"。[3] 宗廷虎（2007）评价说："《二十世纪汉语修辞学综观》是一部综述性修辞学史，它对20世纪中近90年的修辞学研究情况进行了较为全面的评价……该书的最大特点是：对修辞学的每一方面既进行历时的研究追踪，也进行共时的成果评价；在对修辞学家和修辞学著作评介时，既进行研究内容和方法的介绍，也进行成绩和不足的评论。所以，该书既有着较明晰的史的轨迹，也有着较高的学术品格。同时，该书占有材料非常丰富，不仅穷尽式地介绍修辞学著作，而且尽可能多地列举修辞学论文，可以说是一本材料与见识结合得较好的史学著作。"[4] 王希杰（2008）评论李著是"一本有独立见解的修辞学史著作，同样体现了杨树达以来严谨的学风"。[5] 此外还有郭焰坤《一部独具特色的现代修辞学史——评〈二十世纪汉语修辞学综观〉》[6]、周守晋《二十世纪的汉语修辞学与修辞学的二十世纪——读〈二十世纪汉语修辞学综观〉》[7] 等评论文章。众多专家的赞誉应正是李运富"学史求真"的态度所致。

二 勇于创新，学理求其通

学理研究务求符合逻辑、符合规律、符合科学、符合系统，能够有效地描写现象、阐释规律、推广应用，这是李运富对"学理求通"原则的具体解说。学术的进步，从根本上说就是学理的越来越"通",新理论新范式的不断建立。李运富在这方面作出了很多贡献。

1. 汉字学方面

李运富20世纪90年代开始自觉从"形构用"三维视角分析汉字学的基本理论问题,2005年《汉字语用学论纲》正式提出"形体、结构、职用"是汉字本体的三种基本属性,相应地也是研究汉字的三个基本维度,分别从三个维度着眼研究汉字可形成汉字形体系统、汉字结构系统和汉字职用系统,它们作为三个分支学科共同构成汉字学新体系,这就是"汉字学三平面理论"。2012年出版的《汉字学新论》以"形体、结构、功能"三个平面的汉字本体分析为纲,以"汉字属性、汉字起源、汉字关系、汉字文化"为纬,创建了立足"三个平面"多角度讨论问题的立体式研究思路和知识体系新框架。赵家栋(2016)评论说:"该书最突出的特点就是突破传统的'形音义'研究视角,另辟蹊径,提出了形构用三个平面的汉字研究系统,这一系统的提出很好地解决了传统汉字研究存在的一些悬而未决的问题,为汉字研究提供了一个全新的研究角度,是汉字学研究理论的一次新突破。"[8]此外,张道升[9]、郭敬燕[10]、付海燕[11]、赵一夫[12]也从不同角度对《汉字学新论》给予高度评价。李运富《"汉字学三平面理论"申论》(2016)进一步论证了"汉字三要素说"的理论缺陷、"汉字三维属性"与"汉字学三个平面""汉字职用学"是"三个平面"的重点、"汉字学三平面理论"的意义和价值等问题。该理论的思想和方法已经积极地影响到汉字学领域的方方面面,近年来学术界涌现了大批与该理论相关的成果,具体参见何余华《汉字"形构用"三平面研究的回顾与展望》[13]。

在汉字学的"三个平面"中,李运富特别重视"职用"平面,致力于建构"汉字职用学"分支学科。李运富带领团队成员探索汉字职用理论和考察汉字职用现象的成果已结集出版,分为两册。《汉字职用研究·理论与应用》(2016)包括汉字三平面理论、汉字发展史理论、汉字职用理论、字词关系与字际关系理论,以及对前人有关汉字职用认识的总结评述等,也有少数文章属于学界对上述理论的评述和有意识应用等。《汉字职用研究·使用现象考察》(2016)主要在汉字职用学理论指导下进行字符职能考察、语符用字考察、文本用字考察、个人用字考察、集团用字考察、断代用字考察、用字比较考察等,意在通过文字材料的系统考察,描写用字现象,揭示用字规律,总结用字特点,解释用字成因,反映用字历史。汉字职用的研究主要是字词关系研究,陈斯鹏(2011)评价说:"在这方面,裘锡圭先生的《文字学概要》可以说是一个例外,该书对汉语字词关系给予了高度的关注……另外一位比较重视汉语字词关系研究的文字学家是李运富。"[14]在"汉字职用学"提出以后,以字词关系考察为核心的汉字职用研究已成为学界的前沿热点,引起越来越多的学者重视,相关研究成果层出不穷。

"汉字学三平面理论"之"通",在于既能化解各种理论争议,又能解释各种文字现象,还能解决各种相关领域的实际问题,具有理论和实践的多方面意义。[15]李运富先后发表的论著很多都是针对具体问题而言,但大都跟"三个平面理论"相通。如《汉字的形体演变与整理规范》(1997)、《从楚简帛文字构形系统看战国文字在汉字发展史上的地位》(1997)、《本体·系统·比较——汉字史研究方法论》(1999)、《论汉字职能的演变》(2001)、《现代形声字的判定及"类义符"和"类声符"》(2002)、《论汉字结构的演变》(2007)、《汉字演变的研究应该分为三个系统》(2009)、《"两"字职用演变研究》(2014)等,主要就汉字发展演变的历史问题进行讨论,主张要从汉字本体出发,分形体、结构、职用三个方面各自进行比较,分别描写形体演变史、结构演变史和职用演变史;又如《论汉语字词形义关系的表述》(1997)、《论汉字数量的统计原则》(2001)、《论汉字的字际关系》(2002)、《论汉字的记录职能》(2003)、《论出土文本字词关系的考证及表述》(2005)、《关于"异体字"的几个问题》(2006)、《汉字性质综论》(2006)、《论汉字起源的具体所指》(2006)、《汉字的文化阐释》(2012)、《传世文献的改字及其考证》(2016)、《"异体字"研究也要重视"用"——序张青松〈正字通异体字研究〉》(2016)等,也都是围绕三个平面展开的:统计单位汉字的数量、描写汉字之间的关系、讨论汉字的性质、探寻汉字的起源、对汉字进行文化阐释、文献用字现象的分析等,都应该从形体、结构、职用三个维度分别进行,不能把不同平面的问题放到同一平面讨论辨析,否则由于角度不同、所指不同,会永远争辩不清;再如《汉字构形原理与中小学汉字教学》(2001)、《字理与字理教学》(2005)、《汉字的构形原理与讲解原则》(2010)、《汉字教学的理与法》(2013)、《汉字的特点与对外汉字教学》(2014)、《汉字教育的泛文化意识》(2016)等,则是李运富将汉字学三平面理论应用于指导汉字教学,同样取得了"通"的效果。

2. 出土文献与古文字方面

李运富对汉字理论的探讨往往结合古文字材料和出土文献来进行。他的博士论文《楚国简帛文字构形系统研究》(1996)归纳出近2000个楚文字,分别从构形理据、结构层次、组合关系和构件类别、构件功能、形体模式、功能模式等多方面进行细致分析,首次全面展示楚国文字的构形系统和构形规律,并将楚文字构形系统置于整个汉字史中进行考察,比较其与前代商周文字、同时代列国文字、后代秦汉文字的异同,从而探讨楚国文字的渊源、战国时代文字异形的实质、秦汉文字对六国文字的继承等汉字史上有争议的问题。博士论文还对100多个楚简帛疑难字进行新释或改释,多发前人所未发,被学界反复征引。该论文由岳麓书社1997年出版,苏瑞评价该书是"战国时期国别文字构形系统研究的开拓之作","在战国文字研究乃至整个古文字研究领域,这部书都不失为一部具有开创意义的著作"。[16]李守奎《出土楚文献文字研究综述》:"从理论上探讨楚文字的构形、特点、流变等的论著不很丰富。李运富的《楚国简帛文字构形系统研究》是这方面的力作。全书对楚文字的构形分析细致,凸现楚文字特点,对文字理论很有贡献。"

李运富《战国文字"地域特点"质疑》(1997)在学界引发震动,该文认为现有列举的各"系"文字的"地域特点"不具有整体区别性,只能算某系文字具有的现象而非某系文字独有的特点。问题主要出在研究方法上,因为这些特点是按照既有的国别地域"描述"出来的,而不是从汉字实际材料中"比较"出来的,而且描述的对象不限于文字。这种先入为主的做法得出的有关结论混淆了材料范围跟文字系统的关系,混淆了普遍现象跟独有特点的关系,混淆了综合文化属性跟文字专业属性的关系,因而即使符合事实,也难以从逻辑上让人信从。李运富指出,现在能够看到的战国文字国别之间的差异属于局部书写风格或个体字符字样的不同,从文字的本体特征和总体说,战国文字还无法整齐地按国家或地域分系。战国文字的部分成员可能存在国别地域的不同,但不应该是学者们现在表述的这个样子。董琨《楚文字若干问题的思考》（2006）认为李运富的质疑是值得注意和重视的。[17] 尽管李运富的质疑未必得到古文字学界主观上的普遍认同，但客观上却推动了战国文字各系材料由描述性研究转向了比较性研究，近年来关于相同词语用字方面的差异也确实比较出了一些系列特点。

疑难字词的考释是古文字及出土文献研究的重要内容，也是最容易主观发挥而歧异众多的。为了提高考释的有效性和可信度，避免单一考释方法的偶然性，李运富在他的博士论文（1996）和《楚国简帛文字丛考》（1996/1998）、《考释古文字应重视构形理据的分析》（1998）、《楚简"謰"字及相关诸字考辨》（2003）等论文中，通过考释实践，提出了"构形系统考证法"，在《论出土文本字词关系的考证与表述》（2005）中进一步提炼为"完全考释""非完全考释""证据链"等系列概念，认为考释古文字要有"系统证据"，要像公安局破案一样形成没有反证和缺环的"证据链"，只有在字词的"形、音、义、用"（或形体、结构、职用）各方面都能作出合理的解释说明，才算是确切无疑的"完全考释"。"非完全考释"当然也需要，但不宜作为定论。这对古文字考释摆脱猜谜射覆式的主观臆测，无疑具有学理意义。

李守奎先生曾谓："当前汉字研究被分裂为以释读古代文字为主要目的的古文字学和以理论探讨为核心的'文字学'或'汉字学'，……像唐兰、裘锡圭这样能够融通古文字学与汉字理论的学者很有限。当今的学术日益专门化，'古文字学'与'汉字学'之间的裂痕有扩大的趋势。"[18] 李运富能够融通古文字和汉字理论的研究，应该属"有限"者之一，难能可贵。

3. 训诂学与词汇语义学方面

训诂学与词汇语义学也是李运富长期关注的领域。他曾就传统训诂术语的内涵和逻辑关系、如何评判验证注释或训诂材料的是非优劣、汉语部分词语词义的来源、《诗经》《尚书》《论语》《孟子》《毛诗平议》中的疑难训诂问题等进行探讨，对古汉语词汇学和训诂学的区别、如何创建古汉语词汇学的学科体系和理论框架、古汉语词汇学研究中存在的问题等也有独到见解。相关论文如《古汉语词汇学说略》（1988）、《古汉语词汇学与训诂学关系谈》（1989）、《从〈毛诗平议〉看训诂中的逻辑问题（论据部分）》（1989）、《从〈毛诗平议〉看训诂中的逻辑问题（证明部分）》（1989）、《古汉语词汇研究中的几个问题》（1989）、《〈毛诗平议〉训诂结论的检验问题》（1990）、《〈左传〉训诂札记》（1992）、《"乐岁终身苦"新解》（1996）、《〈诗经·邶风·北风〉篇新解》（1997）、《〈诗经·豳风·九罭〉篇新解》（1997）、《〈尚书〉〈论语〉札记十则》（1998）、《中·身·年音义关系小考》（1999）、《〈孟子〉"蹴尔而与之，乞人不屑也"疑诂》（2002）、《略谈源自佛教的汉语熟语》（2008）、《"一丝不挂"源流考辨》（2009）、《宋代墓志复音词的来源》（2011）等。

这里主要介绍李运富对汉语词汇和语义系统方面的几种理论贡献。一是注意到汉语词汇发展中的"异解另构"事实，指出绝大多数复合词和成语的所谓"误解误用"现象可以做"异解另构"的合理解释，不宜因其"不符合原义原用法"就一律判作"误解误用"，从而揭示了汉语复合词产生新词新义的一条重要途径，详见《佛缘复合词语的俗解异构》（2013）、《从成语的"误解误用"看汉语词汇的发展》（2013）。二是对复合词的分类和分析方法主张从语法转向语义，指出汉语复合词的本质特征在意义变异，因而研究复合词重点应在说明复合词的词义是如何生成的，不宜纠缠语素之间的语法关系；对复合词的词素意义的确定和组合关系的分析也要排除字形束缚和语法干扰，从复合词的本义出发，联系复合词的成词理据和文化背景，进行多方面的权衡斟酌；详见《论汉语复合词意义的生成方式》（2011）、《论汉语复合词的词素意义》（2011）。三是在《论典故词的词典处理》（2012）、《论造词用典与言辞用典》（2015）中将用典区分为"造词用典"和"言辞用典"，前者属语言层面，用典结果是产生存储性的备用词汇；后者属言语层面，用典结果是形成修辞性的言语表述。文章对造词用典的方式和言辞用典的类型，以及大型工具书如何处理这两种用典的条目等作了深入论析。四是《论汉语词汇意义系统的分析与描写》（2010）把概念场理论与语义场理论结合，把义素分析与词项属性分析结合，把义素二分与义素多分结合，把共时描写与历时比较结合，从而提出分析和描写汉语词汇意义系统的新思路。要点是：（1）从认知范畴入手，根据通常对某一概念的理解，把封闭材料中属于该概念范畴的所有词项类聚起来，建立覆盖在该概念场之上的词汇场。（2）对词汇场中的所有词项进行"二分+多分"的义素分析和义位描述，根据某一角度的共同义素系联出不同语义场。（3）对各个语义场中的词项分别进行"语义属性""生成属性""使用属性"的分析，比较同场中不同词项的属性差异。（4）比较不同时期同一概念场中语义子场的变化、同一语义场中词项成员和词项属性的变化，从而揭示词汇和词义演变的某些规律。这个辨析相关词项和描写词汇意义系统的新框架极具方法论意义，已引起学界广泛关注，有多篇博士论文运用"词项属性分析框架"研究词义系统。

4. 语法学与修辞学方面

李运富治学是从语法开始的，前期发表过不少这方面的文章。如《"之"在主谓间的作用》（1983）、《间"之"主谓结构的语法功能》（1983）、《也谈"M1之于（与）M2"》（1984）三篇是讨论文言文主谓之间用"之"的现象，认为：主谓之间的"之"作用不在"取消句子独立性"，而在舒缓语气，以达到延伸语势、悬启下文、强调谓语、和谐音节等效果；间"之"主谓结构跟无"之"主谓结构语法功能基本相当，既能作句子的各种成分，甚至成分中的成分，又能作各类复句的各种分句，也能作独立的单句；"天之于民厚矣""今秦之与齐也犹齐之与鲁也"之类的"名+之于（与）+名"结构也是主谓结构，其中的"于（与）"保留动词属性。《试谈使动、意动用法的归属和注释问题》（1984）、《使动、意动误例辨》（1989）两文则对将使动、意动看作"词类活用"提出质疑，认为它们应该属句法问题，反映的是"主语·动词·宾语"之间的语义关系，跟"词类活用"相关但不处在同一层面，因而注释使动、意动现象应该跟注释词类活用现象区别对待，并通过某些误判误注例句提出了分辨是否使动意动句和究竟是使动句还是意动句的方法。《〈左传〉谓语"请"字句的结构转换》（1994）认为《左传》中的谓语请字句共有8种表层结构，来源于3个深层结构，可见"请"是汉语中一个十分特殊的动词。《状语"请"字的意义分析》（1987）提出不能把状语位置的"请"都简单地看作表敬副词，根据中心义素代表义位的理论，状语"请"应该区分为表请求、表意愿、表将要、表希望、表礼敬5个义项。《〈论语〉里的"必也，P"句式》（1987）讨论的是

"必也正名乎"这种句式，通常把"必也"当作副词状语理解，李文认为《论语》里的"必也，P"都是放在否定性语意之后，"必也"是对前文否定语意所作出的不得已的假设性肯定，"P"是在假设的情况下所引出的结果。因此，"必也"与"P"构成假设复句，"必也"是一个分句，后面当加逗号。李运富研究语法往往跟文献阅读结合，目的在借助语法手段解决词语训释和句意理解的疑难。

前面评介过李运富对汉语修辞学史的研究，其实在修辞学理和修辞现象的研究上也有不少成果。如与李维琦先生等合著有《古汉语同义修辞》（1989），并发表过《信息修辞略论》（1990）、《古文中的语句省略》（1990）、《省略新论》（1991/1992）、《生活中的语言困惑》（1993）、《散文名篇〈春〉修辞解析疑误二则》（2002）、《修辞同义关系的"同"与"异"》（2013）等论文。其中谈"省略"的几篇文章认为，"省略"不完全是语法现象，而是综合性的语文现象，主要是一种言语表达方式。因此应该根据语意和逻辑来判定"省略"与否，而从修辞的角度来分析省略效果。这种从修辞角度探讨省略的原因、意图和效果的做法，跟通常仅限于语法成分的省略分析比，不仅理论上更宏通，实践上也更有用。这些论文多数收入李运富《汉字汉语论稿》（2008），张素凤认为是于细微处见理论、于细微处见功夫[19]。

以上所述是李运富的主要学术成就，未能全面反映其学术工作和贡献。例如李运富还主编过《古代汉语教程》等多种教材，主编过《古汉语字词典》等多种工具书，主编过《训诂学与词汇语义学论集》等多种论文集，甚至创办过《励耘语言学刊》等多种学术刊物，负责过全国性学会（中国语言文化学会副会长兼秘书长）的工作，培养的硕士生、博士生、博士后、访问学者、进修教师等各类专门人才已有130多名。这些虽然与李运富的学术研究相关，但并非学术思想本身，此不赘述。

三　李运富的治学特点

通过对李运富主要学术成就的简单介绍，可以看出李运富是位学术个性鲜明的学者，"学史求真，学理求通"是其遵循的总原则。具体来说，如下几个方面都值得我们借鉴。

（1）博涉多门，学识宏通，跨越不同学科。

李运富常说："做学问，理论上要有学科界域，没有学科界域很多问题就说不清；但实践上不要被'某某学'所限制，跨学科才能开阔眼界，相互借鉴。系统性、逻辑性和质疑精神是所有学科都需要的，具有这些科学素养就可以迁移打通相关学科。"李运富治学领域博涉汉字学、古文字学、训诂学、词汇语义学、修辞学、语法学、文献学等，所以观察问题视野宏阔，立意高远，能站在学术前沿，见人所未见，发人所未发，故其立论见解往往不同凡响。如他主持的国家社科重大项目"古今字"资料库建设及相关专题研究，以历代注列"古今字"材料为线索，全面测查这些"古今字"在不同时代文献中的实际使用情况，从历时的角度研究汉字职能变化和字符群组关系的变化，总结不同时代的用字特点，揭示汉字使用的发展规律，分析汉字职用演变的原因，从而打通训诂学、文字学、文献学，创立了新的汉字职用学理论。

(2) 不泥陈说，质疑问难，富有批判精神。

张载《经学理窟·义理》云："于无疑处有疑，方是进矣。"学术的进步需要新问题的提出和解决。《汉字学新论》这本书是出版社定名的，李运富自己原想叫"瞽论"，《后记》中解释说："'未见颜色而言谓之瞽'，就是不顾君子老爷的态度或表情，自顾自地说。我这部书也多半是自己说自己的话，没有顾及他人是臧还是否，所以命之曰'瞽论'。唯其'瞽'，也就难以抄袭；唯其'瞽'，也就言为心声。"诚如所言，李运富治学的另一鲜明特点就在于不囿陈说，不惧权威，不人云亦云，而是善于发疑设问，常能于无疑处有疑，敏锐地发现习焉不察的问题，甚至对学术界几乎形成共识的概念和理论进行大胆批判，进而提出自己独到的见解。同样的材料解读出新的观点，述说己见从不隐瞒也不保守，这不仅需要深厚的学术功底和敏锐的学术眼光，更需要傲然世外的勇气和魄力。无论是对学术史上的"联绵字""连语""古今字""六书""分别文""连类而及""并言"等概念进行追源讨流，还是挑战"战国文字'地域特点'""汉字形音义三要素""独体为文，合体为字"等说法，抑或对"形声相益""蹴尔而与之"等作出新的解释，李运富都是从近乎定论的命题中提出疑问，经过全面钩稽爬梳原始材料，抽丝剥茧，环环紧扣地展开逻辑演绎，得出自己的新结论。

(3) 重视理论，讲究系统，追求中国特色。

李运富一贯重视汉语言文字学的理论建构，追求学术研究的体系化和科学化，主张用理论统率材料，用理论解释现象。并认为理论都是人为建构的，是主观的；一种理论好不好，主要看它的各种概念通不通，各种类别成不成体系，能否描写并解释范围内的全部事实或大部分现象。类系通达、解释力强的理论就是有用的好理论。他提出的汉字学三平面理论、汉字职用学理论、词项属性分析框架理论、复合词的意义生成方式理论等，都是概念清晰、体系严密的，不仅能有效描写和解释汉字、汉语词汇词义本身的各种事实现象，在相关的古籍整理、字典编纂修订、汉字教学与规范、少数民族文字整理与研究等领域也有应用和参考价值。而且李运富不是运用西方理论解释汉语言文字现象，也不是以汉语言文字现象去验证西方理论，而是从汉字汉语的实际出发，尝试建构有中国特色的语言文字理论体系，这种学术追求是值得赞赏的。

(4) 分辨异同，严谨推论，遵循逻辑规则。

李运富说："逻辑是一种抽象化了的形式，对任何科学都适用，当它注入一定的内容时，就必须跟这内容的实际相符合。所以形式逻辑应该要求它的每一个结论都必须接受实践的检验，只有被实践检验通过了的结论，才能算是正确可行的结论。"（《汉字文化》1990年第2期）早年他曾发表《从〈毛诗平议〉看训诂中的逻辑问题》（证据部分）、《从〈毛诗平议〉看训诂中的逻辑问题》（证明部分）、《〈毛诗平议〉训诂结论的检验问题》等论文，指出前人训诂实践中存在"违反同一律、以相对为绝对、循环论证、机械类比、硬相传递"等逻辑问题，因而有关结论难以信从。汪少华《训诂论证的有效与结论的可靠》（2010）对此给予充分肯定。逻辑思维的重要不只体现于训诂，在文字学研究中，李运富提出区分三个平面，强调将具体研究对象置于各自适应的平面中分别考察，避免把不同系统的问题纠缠一起，因为立场不同、角度不同、概念所指不同的辩论是无效的。所以李运富特别注意讨论问题时先辨明概念，不做牛头不对马嘴的无谓争议。如讨论汉字性质问题时区别形体属性、结构属性和职用属性，讨论字际关系问题时区别"文字系统（构形系统）"和"文献系统（职用系统）"，讨论汉字起源问题时先界定什么是"字"，是"字"的什么"源"，进而区分"源出"（源创者、源处、源素、源体、源式）"源头"和"源流"，讨论结构分类时先界定什么是"体"，然后才能分清什么是"独体"，什么是"合体"，讨论汉字发展演变时也从形体、结构、职用三方面分别说明，凡此等等，明确概念所指，分别类系所属，用严谨的逻辑规则化解了许多不必要的争议。

（5）全面观察，辩证表述，力避偏颇绝对。

以偏概全，绝对表述，是学术研究中常见的毛病。例如关于文字与语言的关系，通常认为文字是记录语言的符号，记录语言是文字存在的唯一理由，所以文字是语言的翻版，文字符号只有转换为对应的语言符号才能表达意义，由此形成汉字"工具论"。李运富认为这些观点失之绝对，实际上自源文字与他源文字相对于语言的关系是不同的。汉字属于自源文字，起源阶段的汉字取形于客观事物，直接表现客观事物，其功用在记物记事而不在记录汉语；在跟汉语结合的过程中，汉字也不能一开始就完整记录汉语；即使在汉字体系完整以后，汉字记录汉语也是重在语义而模糊语音的。而且汉字在记录汉语的同时，还能够表达超语符信息：以字符的构件表示某些跟字符所记语符不对应的信息，以字符的外形表示非对应语符的信息，以变异的字形表示对应语符之外的信息等。所以汉字并非汉语的翻版，不只是记录汉语的工具这么简单；汉字应该是跟汉语功能互补的另一套符号，不仅可以独立表达信息，还可以影响汉语音义的发展演变。这些看法在李运富《汉字学新论》（2012）、《论汉字的超语符功能》（2014）、《汉字教育的泛文化意识》（2016）等论著和一些学术演讲（如2017年4月在湖南师范大学"至善讲堂"所讲《汉字的符号性漫谈》）中都有提到。

参考文献

[1] 沈怀兴：《联绵字理论问题研究》，商务印书馆2013年版。

[2] 沈怀兴：《现代联绵字理论负面影响研究》，中国社会科学出版社2015年版。

[3] 袁晖：《二十世纪的汉语修辞学》，书海出版社2002年版。

[4] 宗廷虎：《20世纪中国修辞学》，中国人民大学出版社2007年版。

[5] 王希杰：《中国当代修辞学的现状和未来》，《扬州大学学报》2008年第6期。

[6] 郭焰坤：《一部独具特色的现代修辞学史——评〈二十世纪汉语修辞学综观〉》，《修辞学习》1993年第5期。

[7] 周守晋：《二十世纪的汉语修辞学与修辞学的二十世纪——读〈二十世纪汉语修辞学综观〉》，《汉字文化》1993年第4期。

[8] 赵家栋：《浅议〈汉字学新论〉之"新"》，《中国文字研究（总第23辑）》，上海教育出版社2016年版。

[9] 张道升：《论李运富对汉字学理论的贡献》，《求索》2012年第9期。

[10] 郭敬燕：《汉字研究从"形音义"到"形意用"——读李运富〈汉字学新论〉》，《语文知识》2013年第4期。

［11］付海燕：《汉字结构类型新论——读李运富〈汉字学新论〉》，《辽宁工业大学学报》2015年第5期。

［12］赵一夫：《读〈汉字学新论〉，谈对汉字性质的认识》，《读天下》2016年第24期。

［13］何余华：《汉字"形构用"三平面研究的回顾与展望》，《语文研究》2016年第2期。

［14］陈斯鹏：《楚系简帛中字形与音义关系研究》，中国社会科学出版社2011年版。

［15］陈灿：《"字用学"的建构和汉字学本体研究的三个"平面"——读李运富先生〈汉字汉语论稿〉》，《语文知识》2008年第4期。

［16］苏瑞：《战国时期国别文字构形系统研究的开拓之作——读李运富〈楚国简帛文字构形系统研究〉》，《简帛研究（第3辑）》，广西教育出版社1998年版。

［17］董琨：《楚文字若干问题的思考》，《古文字研究》（第26辑），中华书局2006年版。

［18］李守奎：《面向全球的汉字学——关于汉字研究融入国际学术体系的思考》，《吉林大学社会科学学报》2012年第2期。

［19］张素凤：《内容丰富、观点新颖、学理与学史并重——李运富先生〈汉字汉语论稿〉述要》，《励耘学刊（语言卷）》（第7辑），学苑出版社2008年版。